AF269410

EL NUEVO COMENTARIO INTERNACIONAL AL TESTAMENTO GRIEGO

Editores
I. Howard Marshall
y
W. Ward Gasque

La epístola a los
HEBREOS

La Epístola a los HEBREOS

Un comentario sobre el texto griego

por

Paul Ellingworth

Consultor de traducciones
de las Sociedades Bíblicas Unidas

Traductor: Reynaldo Gastón Medina
Editor: Guillermo Powell

La Epístola a los Hebreos
Título original en inglés: The New International Greek Testament Commentary:
The Epistle to the Hebrews
Autor: Paul Ellingworth
Publicado por William B. Eerdmans Publishing Co.
2140 Oak Industrial Drive N.E., Grand Rapids, Michigan 49505 © 2002
Y por Paternoster Press
P.O. Box 300, Carlisle, Cumbria CA3 0QS, U.K.

Título: La Epístola a los Hebreos, un comentario sobre el texto griego
Serie: El Nuevo Comentario Internacional al Testamento Griego

Traductor: Reynaldo Gastón Medina
Editor: Guillermo Powell
Diseño gráfico: Outboard Marketing
Tipografía y maquetación: Sonia Martínez

"La Fundación Hurtado se dedica a la traducción de trabajos teológicos en español, posibilitado gracias a las donaciones generosas de sus socios y la gracia de Dios".

"Puede obtener una copia digital de esta obra en www.logos.com/es*"*.

Publicado por
FUNDACIÓN HURTADO
4536 Longfellow Drive, Plano, Texas 75093-3520

ISBN versión impresa: 978-1-943840-28-1
ISBN versión ebook: 978-1-943840-29-8

CONTENIDO

INTRODUCCIÓN

COMENTARIO

ÍNDICES

PRÓLOGO

En los últimos años se han escrito muchas series de comentarios sobre el texto en inglés del Nuevo Testamento; sin embargo, poco se ha hecho con el fin de atender específicamente a las necesidades de los estudiantes del texto griego. Es innegable que en este tiempo se ha observado cierto decaimiento en el estudio del griego en muchas instituciones teológicas tradicionales, no obstante, en las nuevas escuelas evangélicas, sobre todo en América del Norte y en el Tercer Mundo, ha habido un encomiable aumento en el estudio del Nuevo Testamento en su lengua original. Cabe, pues, esperar que la publicación del "Nuevo comentario internacional al Testamento griego" demuestre la importancia que tiene estudiar el Nuevo Testamento en su lengua original y contribuya al resurgimiento de este estudio.

El propósito de la serie es satisfacer las necesidades de los estudiantes que quieren algo que sea menos técnico que un comentario crítico minucioso. Al mismo tiempo, los comentarios tienen por objeto relacionarse con la erudición contemporánea y hacer su propio aporte académico al estudio del Nuevo Testamento. Ha habido un gran caudal de estudios detallados del Nuevo Testamento en artículos y monografías en los últimos años, y la finalidad de la serie es cosechar los resultados de esta investigación de un modo que resulte más fácilmente accesible. Por tanto, los comentarios incluirán bibliografías adecuadas, aunque no exhaustivas, y procurarán abordar todos los problemas importantes de historia, exégesis e interpretación que puedan surgir.

Uno de los beneficios de los últimos logros académicos ha sido el reconocimiento del carácter eminentemente teológico de los libros del Nuevo Testamento. Por ese motivo, esta serie intentará proporcionar una comprensión teológica del texto, basada en una exégesis histórica, crítica y lingüística. No tratará, sin embargo, de aplicar ni de explicar el texto para los lectores modernos, aunque sí se espera que la exégesis ofrezca algún indicio del modo en que debe explicarse el texto.

Dentro de los límites establecidos por el uso del idioma inglés, la serie aspira a tener un carácter internacional, aunque los colaboradores no fueron escogidos con el objetivo principal de lograr su difusión entre los distintos países, sino atendiendo, ante todo, a las calificaciones especializadas que cada uno posee para realizar su labor específica. La meta suprema de la serie es ayudar a los que están dedicados al ministerio de la Palabra de Dios y glorificar de ese modo su nombre. Nuestra oración es que estos comentarios puedan resultar útiles en esta tarea.

I. Howard Marshall
W. Ward Gasque

PREFACIO

El estudio de la Epístola a los Hebreos se ha visto tradicionalmente obstaculizado por una serie de factores.

(1) Durante la mayor parte de la historia cristiana, la atribución de su autoría a Pablo hizo que a los lectores cristianos les resultara más difícil percatarse de su carácter peculiar.

(2) Entre los cristianos gentiles, se ha dado por sentado erróneamente que Hebreos solo podía despertar el interés de los que seguían la tradición judía, y a menudo se ha cuestionado si para ser cristiano es necesario entender y aceptar toda la lógica de los sacrificios veterotestamentarios.

(3) Se he llegado incluso a pensar en algunas ocasiones que Hebreos representaba algún tipo de concesión o de etapa intermedia entre el judaísmo y el cristianismo, en contraste con el mensaje puro de los evangelios y el cristianismo radical de Pablo. Esto, de hecho es lo contrario de la verdad: aunque Hebreos mantiene la continuidad del pueblo de Dios antes y después de Cristo, el propósito esencial de la epístola es alentar a los lectores a basar sus vidas únicamente en Jesús.

(4) El estudio de Hebreos en el occidente se ha visto afectado, más que la mayoría de los libros de la Biblia, por una dicotomía entre las tradiciones exegéticas católico romanas y protestantes. Mientras que algunos intérpretes católico-romanos tienden a adaptar el mensaje de Hebreos a sus propias categorías del sacerdocio y el sacrificio, los conceptos personales de algunos intérpretes protestantes no les han permitido arrojar conclusiones provechosas con respecto al sacerdocio y al sacrificio.

Estos factores suelen combinarse para darle a Hebreos en general una reputación inmerecida de oscuridad. No puede negarse que el capítulo 11 ha escapado en gran medida de este destino, pero su contenido, en cambio, se ha considerado desvinculado del resto de la epístola.

Además de estos factores generales, el estudio de Hebreos en el mundo angloparlante se ha visto afectado hasta hace poco por una relativa falta de comentarios científicos de primer rango. La obra de eruditos como A. B. Davidson, A. B. Bruce, B. F. Westcott y J. Moffatt continúa siendo indispensable. En los últimos años, F. F. Bruce, P. E. Hughes, S. J. Kistemaker, H. W. Attridge y W.

L. Lane han hecho mucho por remediar esta falta. El presente comentario está endeudado de manera particular con la obra de F. F. Bruce; en las etapas finales de su preparación se benefició enormemente de la obra de Attridge y Lane. Es lamentable que no fuera posible tener en cuenta el reciente comentario de H.-F. Weiss (Göttingen 1991).

No obstante, los estudiantes de Hebreos permanecen en una considerable desventaja si no pueden participar por adopción de la riqueza de la exégesis alemana; porque desde F. Delitzsch, casi ningún comentario exhaustivo en alemán ha encontrado a alguien que lo traduzca al inglés o que lo edite en el mundo angloparlante. La obra de F. Bleek (que después de más de 150 años todavía no ha encontrado nada que la sustituya en algunos aspectos), Delitzsch, E. Riggenbach, O. Michel y H. Braun, por mencionar solo unos cuantos, constituye una tradición diferente, aunque coherente, de la interpretación que no tiene parangón en inglés. En francés, el monumental comentario de C. Spicq de 1952 está provechosamente complementado por su contribución más breve de 1977 a la serie de Sources Bibliques, mientras que el arroyo cristalino de los estudios de Vanhoye ha corrido libremente por más de treinta años.

La simple mención de esos nombres obliga al autor de otro comentario a preguntarse si su obra es realmente necesaria; pero son otros los que deben responder esta pregunta. Yo solo puedo alegar mi interés prolongado, aunque intermitente, por esta epístola que comenzó en 1955 cuando todavía era un estudiante de Teología y me invitaron a presentar una serie de estudios bíblicos sobre Hebreos a la Sociedad Metodista de la Universidad de Cambridge; ese interés revivió a fines de la década de 1970 y principios de la de 1980 con la investigación bajo la tutela del Dr. (ahora profesor) I. Howard Marshall sobre el uso del Antiguo Testamento en Hebreos, y la preparación con el Dr. Eugene A. Nida de *"A Translator's Handbook on the Letter to the Hebrews"*, publicado por las Sociedades Bíblicas Unidas (SBU) en 1983; y por último, dicho interés fue confirmado por la invitación a escribir este comentario. Un breve comentario sobre Hebreos del presente autor fue publicado en 1991 en la serie de comentarios de Epworth.

Además de los que ya mencioné, tengo una deuda especial de gratitud para con mis colegas de las SBU, que hicieron posible que escribiera este libro mientras trabajaba como consultor de traducción de las SBU; y para con mi esposa por su inconmovible apoyo. Cada comentario sobre Hebreos le debe un reconocimiento especial a Orígenes, que dijo la última palabra sobre la autoría de la epístola. Dedico este comentario a la memoria del Rev. W. F. Flemington, ex director de Wesley House, Cambridge, el cual me enseñó el griego del Nuevo Testamento y mucho más.

Paul Ellingworth

PREFACIO A LA EDICIÓN ESPAÑOLA

La traducción de palabras y frases griegas y hebreas al inglés resulta en una variedad de palabras o frases traducidas de la misma palabra original. Por consiguiente, a través de los años, se han producido una gran cantidad de ediciones en inglés de las Escrituras hebreas y griegas. Lo mismo ha sucedido en español donde gozamos de muchas versiones de la Biblia.

En este comentario, como en otros, el autor considera varias traducciones de los pasajes bíblicos tratados. El propósito es mostrar como una frase o palabra ha sido interpretada por diferentes expertos del texto.

Debido a que existen una buena cantidad de traducciones del texto bíblico en español así como en inglés, en ciertos momentos se ha tomado la libertad de usar varias traducciones españolas en lugar de las que el autor utiliza en inglés, respetando de igual manera la intención del pensamiento del autor.

De igual manera, animamos al lector a que consulte varias versiones de la Biblia en español y compare como estas han traducido esos términos del idioma original. La comparación de textos en las diferentes versiones de la Biblia, es un ejercicio de gran valor para el estudiante serio de las Escrituras.

PLANO, TEXAS
ABRIL, 2023

ARTURO HURTADO
FUNDACIÓN HURTADO

ABREVIATURAS

GENERALES

acc.	acusativo
AT	Antiguo Testamento
ap.	apud (= citado por)
Byz.	Bizantino
c.	circa (con fechas)
c.	*contra* (en títulos)
cf.	compare
cap (s).	capítulo(s)
Cod.	Codex
m.	murió
dat.	dativo
ed.	editado por, edición
e.g.	*exempli gratia* (= por ejemplo)
Ep (p).	Epístola(s)
esp.	especialmente
ET	traducciones inglesas
et al.	y otros
s (ss.).	y siguiente[s] (versículo[s] o página[s])
fl.	floruit, era activo
gen.	genitivo
Hom.	*Homily*
Lect.	Leccionario/-s
LXX	Septuaginta (generalmente A. Rahlfs's ed., Stuttgart 1932)
mg	lectura marginal
Midr.	Midrash
min (n).	minúsculo(s)
mss	manuscrito(s)
MT	Texto Masorético
m.	murió
n (n).	nota(s)
NF	Neue Folge (= nueva serie)
n.s.	nuevas series
NT	Nuevo Testamento
p (p).	página(s)
pc	unos pocos
pesh	Peshita

pm	casi todos
Qm	Qumran
ref(s).	referencia(s)
rel	el resto
sc.	*scilicet* (= a saber)
s.v.	*sub voce, sub vocibus* (debajo de la palabra[s])
tr.	traductor
TR	Textus Receptus
v (v).	versículo(s)
vg	Vulgata
v.l.	*varia lectio* (= lectura variante)
vol.	volumen
x	cantitades (e.g., 6x)
Θ	Teodoción (Daniel)
*	todas las referencias en Hebreos mencionadas
**	todas las referencias en el NT mencionadas
***	todas las referencias en la Biblia griega mencionadas
‖	+ paralelo(s)
≠	diferente (e.g., LXX ≠ MT)

TRADUCCIONES Y PARÁFRASIS MODERNAS

ARV	American Revised Version
AV	Authorized Version (= KJV)
BHD	*Die Bibel in heutigem Deutsch (NT = Die Gute Nachricht)*
BJ	*Bible de Jérusalem*
CLTs	*common language translations*
DuCL	*Groot nieuws bijbel, Boxtel and Haarlem, Netherlands 1983*
ERV	*English Revised Version*
EV (V)	*English Version(s)*
FrCL	*La Bible ... en français courant, París 1982*
GN	*Die Gute Nachricht (= Die Bibel in heutigem Deutsch New Testament)*
GrCL	Ἡ Καινή Διαθήκη. Τό πρωτότυπο κείμενο νεοελληνική δημοτική μετάφρασῃ, Athens 1985, 21989
ItCL	*Parola del Signore. La Bibbia. Traduzione interconfessionale in lingua corrente, Turin and Rome 1985*
LB	Living Bible
LBLA	La Biblia de las Américas
NAB	New American Bible
NASB	New American Standard Bible
NEB	New English Bible
NIV	New International Version
NTV	Nueva Traducción Viviviente
NVI	Nueva Versión Internacional
(N)JB	(New) Jerusalem Bible
NRSV	New Revised Standard Version
REB	Revised English Bible
RSV	Revised Standard Version
RV60	Reina Valera 1960
TEV	Today's English Version (= Good News Bible)
TNT	The Translator's New Testament
TOB	Traduction Œcuménique de la Bible
TOT	Translator's Old Testament

ANTIGUO TESTAMENTO

Gn.	Génesis
Éx.	Éxodo
Lv.	Levítico
Nm.	Números
Dt.	Deuteronomio
Jos.	Josué
Jue.	Jueces
Rt.	Rut
1, 2Sa.	1, 2 Samuel
1, 2Re.	1, 2 Reyes
1, 2, 3, 4 Re.	1, 2, 3, 4 Reyes (LXX = 1, 2Sa., 1, 2Re.)
1, 2Cr.	1, 2 Crónicas
Esd.	Esdras
Neh.	Nehemías
Est.	Ester
Job	Job
Sal.	Salmos
Pr.	Proverbios
Ec.	Eclesiastés
Cnt.	Cantares (= Cantar de los Cantares)
Is.	Isaías
Jer.	Jeremías
La.	Lamentaciones
Ez.	Ezequiel
Dn.	Daniel
Os.	Oseas
Jl.	Joel
Am.	Amos
Abd.	Abdías
Jon.	Jonás
Mi.	Miqueas
Nah.	Nahúm
Hab.	Habacuc
Sof.	Sofonías
Hag.	Hageo
Zac.	Zacarías
Mal.	Malaquías

NUEVO TESTAMENTO

Mt.	Mateo
Mr.	Marcos
Lc.	Lucas
Jn.	Juan
Hch.	Hechos
Ro.	Romanos
1, 2Co.	1, 2 Corintios
Gá.	Gálatas
Ef.	Efesios
Fil.	Filipenses
Col.	Colosenses

1, 2Ts.	1, 2 Tesalonicenses
1, 2Ti.	1, 2 Timoteo
Tit.	Tito
Flm.	Filemón
Heb.	Hebreos
Stg.	Santiago
1, 2Pe.	1, 2 Pedro
1, 2, 3Jn.	1, 2, 3 Juan
Jud.	Judas
Ap.	Apocalipsis

APÓCRIFOS

1 Bar.	1 Baruc
1, 2 Esdr.	1, 2 Esdras
Jdt.	Judit
Mac.	Macabeos
Prol.	Sirac: Prólogo
S3C	Cántico de los tres jóvenes
Sir.	Sirac (= Eclesiástico)
Sus.	Susana
Sab.	Sabiduría de Salomón

LITERATURA PSEUDEPIGRÁFICA Y PATRÍSTICA TEMPRANA

Hch Andr.	*Hechos de Andrés*
Adv. Haer.	Ireneo, *Adversus Omnes Haereses*
Adv. Jud.	Tertuliano, *Adversus Judaeos*
Ap. Const.	*Constituciones apostólicas*
Ap. Abr.	*Apocalipsis de Abraham*
Ap. Adán	*Apocalipsis ode Adán*
Ap. Dn.	*Apocalipsis de Daniel*
Ap. Elías	*Apocalipsis de Elías*
Ap. Esdras	*Apocalipsis de Esdras*
Ap. Sgo.	*Apocalipsis de Santiago*
Ap. Ped.	*Apocalipsis de Pedro*
Ap. So.	*Apocalipsis de Sofonías*
Ap. Trad.	Hipólito, *Tradición apostólica*
Asc. Isa.	*Ascensión de Isaías*
Aug.	*Agustín*
Barn.	*Carta de Bernabé*
2, 3 Bar.	*Siríaco, Apocalipsis griego de Baruc*
Civ. Dei	Agustin, *Civitas Dei* (= *La cuidad de Dios*)
1 Clem.	*1 Clemente*
Cl. Alex.	Clemente de Alejandría
Contra Cels.	Orígenes, *Contra Celsum*
Dial.	Justino, *Diálogo*
Did.	*Didaché*
1, 2, 3 Enoc	*Enoc etiópico, eslavo, hebreo*
Ep. Ap.	*Epístola de los apóstoles*
Ep. Diog.	*Epístola de to Diogneto*
Ef.	Ignacio, *Efesios*
Euseb.	Eusebio

Ev. Verdad	*Evangelio de la verdad*
HE	Eusebio, *Historia Eclesiástica*
Herm.	Hermas
Ign.	Ignacio de Antioquía
Iren.	Ireneo
Jub.	*Jubileos*
Mag.	*Ignacio, Magnesians*
Man.	*Hermas, Mandates*
Mart. Is.	*Martirio de Isahías*
Mart. Pol.	*Martirio de Policarpo*
Od. Sol.	*Odas de Salomón*
Fil.	Ignacio, *Filipenses*
Pol.	Ignacio, *Policarpo*
Pol.	Policarpo, *A los Filipenses*
Praep. Ev.	Eusebio, *Praeparatio Evangelica*
Ps.Clem. Hom.	*Homilías Pseudo-Clemente*
Sal(s). Sal.	*Salmos de Salomón*
Schol. ap. Matt.	Teofilacto, *Scholia apud Matthaeum*
Sim.	Hermas, *Similitudes*
Smirn.	Ignacio, *a Esmirna*
Strom.	Clemente de Alejandría, *Stromateis*
Tert.	Tertuliano
Test.	Cipriano, *Testimonia*
Test. Abr.	*Testamento de Abraham*
Test. As.	*Testamento de Aser*
Test. Benj.	*Testamento de Benjamín*
Test. Dan	*Testamento de Dan*
Test. Isa.	*Testamento de Isacar*
Test. Jacob	*Testamento de Jacob*
Test. Jos.	*Testamento de José*
Test. Jud.	*Testamento de Judá*
Test. Levi	*Testamento de Leví*
Test. Nef.	*Testamento de Neftalí*
Test. Rub.	*Testamento de Rubén*
Test. Sim.	*Testamento de Simeón*
Test. Zab.	*Testamento de Zabulón*
Trall.	Ignacio, *Trallians*
Vis.	Hermas, *Visiones*

ROLLOS DEL MAR MUERTO Y OTROS TEXTOS RELACIONADOS

CD	Book of the Covenant of Damascus (Qumran)
1QapGn	*Genesis Apocryphon* de Qumran, Cueva 1
1QH	*Hôḏāyôṯ* (Hymns of Thanksgiving) de Qumran, Cueva 1
1QpHab	*Commentary on Habakkuk* de Qumran, Cueva 1
1QM	*Milḥāmâ* (War Scroll) de /
1QS	*Rule (Sereḵ)* of the Community de Qumran, Cueva 1
1QSa	Appendix A to 1QS (Rules of the Congregation)
1QSb	Appendix B to 1QS (Blessings)
4QDt	Commentary on Deuteronomy de Qumran, Cueva 4
4QFlor	Florilegium de Qumran, Cueva 4
4QTest	Testimonia de Qumran, Cueva 4
11QMelch	Melchizedek text de Qumran, Cueva 11

LITERATURA RABÍNICA, MISHNAICA RELACIONADA

'Ab.	*'Abot*
'Abot R. Nat.	*'Abot de Rabbi Nathan*
Ber.	*Berakot*
B. Bat.	*Baba Batra*
Ḥag.	*Ḥagiga*
Meg.	*Megilla*
Mek.	*Mekilta*
Men.	*Menaḥot*
Pesiq. R.	*Pesiqta Rabbati*
Pirqe 'Ab.	*Pirqe 'Abot*
Rab.	*Rabba*
Shab.	*Shabbat*
Sam. Tg.	*Samaritan Targum*
Sanh.	*Sanhedrin*
Suk.	*Sukka*
t.	*Tosephta*
Tg.	*Targum*
Tg. Neof.	*Targum Neofiti*
Tg. Onq.	*Targum Onqelos*
Yeb.	*Yebamot*
Zeb.	*Zebaḥim*

LITERATURA CLÁSICA Y HELENÍSTICA

Aeschylus
    Ag. — Agamemnon
    Sept. — Septem contra Thebas
Apol. — Apology
Appian
    Bella Civ. — Bella Civilia
Aristóteles
    An. Pr. — *Analecta Priora*
    Hist. An. — *Historia Animalium*
    Mem. — *De Memoria*
    Met. — *Metaphysica*
BGU — *Aegyptische Urkunden aus den königlichen staatlichen Museen zu Berlin. Griechische Urkunden, 1895–1937*
Cicerón
    Inv. — *De Inventione*
Corp. Herm. — *Corpus Hermeticum*
Dem. — Demosthenes
Diod. Sic. — Diodorus Siculus
Dion. Hal. — Dionysius of Halicarnassus
Ditt. *Syll.* — *W. Dittenberger (ed.), Sylloge Inscriptionum Graecarum. 2 vols., Leipzig* 21888–1901, 31915–24
Epict. — Epicteto
    Diss. — Disertaciones
Eur. — Eurípides
    Andr. — Andromache
    Hipp. — Hippolytus
Hdt. — Herodoto

Horacio
    Serm.   Sermones
Isocr.   Isócrates
    Or.   Orator
Jos.   Josefo
    Ant.   Antigüedades de los judíos
    Ap.   Contra Apión
Lucian
    J. Tr.   Tragedia de Júpiter
P. Fay.   *B. P. Grenfell et al., Fayûm Towns and Their Papyri, Londres 1900*
P. Goth.   *H. Frisk, Papyrus grecs de la Bibliothèque Municipale de Gothembourg, Göteborg, Suecia 1929*
P. Grenf.   *B. P. Grenfell and A. S. Hunt, New Classical Fragments, Oxford 1897*
P. Oxy.   *Oxyrhynchus Papyri, ed. B. P. Grenfell and A. S. Hunt, Londres 1898–1909*
P. Ryl.   *Catalogue of the Greek Papyri in the John Rylands Library at Manchester, 3 vols., 1911–38*
P. Tebt.   *Tebtunis Papyri, ed. B. P. Grenfell et al., 3 vols., Londres etc. 1902–38*
P. Warren   *A. S. Hunt (ed.), "The Warren Papyri", en Studi in onore de S. Riccobono II, Palermo, Italia 1932, 521–525, and Aegyptus xiii (1933), 241–246*
Philo   Filón
    Abr.   *De Abrahamo*
    Aet. Mundi   *De Aeternitate Mundi*
    Agric.   *De Agricultura*
    Cher.   *De Cherubim*
    Conf. Ling.   *De Confusione Linguarum*
    Cong. Erud.   *De Congressu Eruditionis Gratia*
    Decal.   *De Decalogo*
    Det. Pot. Ins.   *Quod Deterius Potiori Insidiari Soleat*
    Deus Imm.   *Quod Deus Sit Immutabilis*
    Ebr.   *De Ebrietate*
    Flacc.   *In Flaccum*
    Fuga   *De Fuga et Inventione*
    Gig.   *De Gigantibus*
    Jos.   *De Josepho*
    Leg. All.   *Legum Allegoriae*
    Leg. Gai.   *Legatio ad Gaium*
    Migr. Abr.   *De Migratione Abrahami*
    Mut. Nom.   *De Mutatione Nominum*
    Omn. Prob. Lib.   *Quod Omnis Probus Liber Sit*
    Op. Mundi   *De Opificio Mundi*
    Plant.   *De Plantatione*
    Post. Caini   *De Posteritate Caini*
    Praem. Poen.   *De Praemiis et Poenis*
    Prov.   *De Providentia*
    Quaest. in Ex.   *Quaestiones in Exodum*
    Quaest. in Gn.   *Quaestiones in Genesin*
    Rer. Div. Her.   *Quis Rerum Divinarum Heres Sit*
    Sacr.   *De Sacrificiis Abelis et Caini*
    Sobr.   *De Sobrietate*
    Somn.   *De Somniis*
    Spec. Leg.   *De Specialibus Legibus*

Virt.	*De Virtutibus*
Vit. Mos.	*De Vita Mosis*
Philostratus	
VA	*Vita Apollonii*
Pindar	
Ol.	Olympian Odes
Isth.	Isthmian Odes
Platón	
Alcib.	*Alcibiades*
Cra.	*Cratylus*
Leg.	*Leges*
Phd.	Phaedo
Phlb.	Philebus
LamentationsRep.	Republic
Symp.	Symposium
Tht.	Theaetetus
Plutarco	
Aem.	*Aemilius Paulus*
Art.	*Artaxerxes*
Cons. ad Apoll.	*Consolatio ad Apollonium*
Conv. Disp.	*Convivales Disputatae*
Fac. Lun.	*De Facie in Orbe Lunae*
Mor.	*Moralia*
Non Posse Suav.	*Non Posse Suaviter Vivi Secundum Epicurum*
Puer. Educ.	*De Puerorum Educatione*
Them.	*Themistocles*
Polyb.	Polibio
Pseudo-Xenophon	
Ep.	Epistulae
Quintilian	
Inst.	Institutio Oratoria
Sextus Empiricus	
Adv. Logic.	*Adversus Logicos*
Hyp. Pyrrh.	Πυρρώνειοι ὑποτυπώσεις
Sib. Or.	Sibylline Oracles
Soph.	Sófocles
Ant.	Antigone
El.	Electra
Phil.	Philoctetes
Stob.	Iohannes Stobaeus
Tácito	
Ann.	Anales
Tatiano	
Or. ad Graec.	Oratio ad Graecos
Thuc.	Tucídides
Xen.	Jenofonte
Anab.	*Anabasis*
Cyr.	*Cyropaedia*
Ep.	*Epistulae*
Mem.	*Memorabilia*

OBRAS MODERNAS

AB	Anchor Bible
ABD	*The Anchor Bible Dictionary, ed. D. N. Freedman*
AER	*American Ecclesiastical Review*
AJBA	*American Journal of Biblical Archaeology*
AJT	*American Journal of Theology*
AnBib	Analecta Biblica
ANET	*Ancient Near Eastern Texts*
AsSeign	*Assemblées du Seigneur*
ATANT	Abhandlungen zur Theologie des Alten und Neuen Testaments
ATR	*Anglican Theological Review*
AUSS	*Andrews University Seminary Studies*
BASOR	*Bulletin of the American Schools of Oriental Research*
BD	Blass-Debrunner, A Greek Grammar of the New Testament
BEvT	*Beiträge zur Evangelischen Theologie*
BFCT	*Beiträge zur Förderung christlicher Theologie*
Bib	*Biblica*
BibLeb	*Bibel und Leben*
BJRL	*Bulletin of the John Rylands Library*
BNTC	*See HNTC*
BR	*Biblical Research*
BSac	*Bibliotheca Sacra*
BT	*The Bible Translator*
BTB	*Biblical Theology Bulletin*
BVC	*Bible et Vie Chrétienne*
BWANT	*Beiträge zur Wissenschaft vom Alten und Neuen Testament*
BZ	*Biblische Zeitschrift*
BZAW	Beihefte zur *Zeitschrift für die Alttestamentliche Wissenschaft*
BZNW	Beihefte zur *Zeitschrift für die Neutestamentliche Wissenschaft*
CB	*Cultura Bíblica*
CBQ	*Catholic Biblical Quarterly*
CBQMS	CBQ Monograph Series
CGTC	Cambridge Greek Testament Commentary
CH	*Church History*
CJT	*Canadian Journal of Theology*
CollTh	*Collectanea Theologica*
ConNT	*Coniectanea Neotestamentica*
CSEL	*Corpus Scriptorum Ecclesiasticorum Latinorum*
CTM	*Concordia Theological Monthly*
CuTM	*Currents in Theology and Mission*
DBSup	*Dictionnaire de la Bible, Supplément*
EstBíb	Estudios Bíblicos
EstEc	Estudios Eclesiásticos
ETL	*Ephemerides Theologicae Lovanienses*
EvQ	*Evangelical Quarterly*
EvT	*Evangelische Theologie*
ExpTim	*Expository Times*
FRLANT	Forschungen zur Religion und Literatur des Alten und Neuen Testaments
GPM	*Göttinger Predigtmeditationen*
Greg	*Gregorianum*
HBC	*Harper's Bible Commentary*
HBD	*Harper's Bible Dictionary*

HibJ	*Hibbert Journal*
HNT	*Handbuch zum Neuen Testament*
HNTC	Harper's (Black's) New Testament Commentary
HTR	*Harvard Theological Review*
HUCA	*Hebrew Union College Annual*
IB	*Interpreter's Bible*
IBD	*Illustrated Bible Dictionary*
ICC	International Critical Commentary
IDB (S)	*Interpreter's Dictionary of the Bible (Supplement)*
IEJ	*Israel Exploration Journal*
Int	*Interpretation*
JBL	*Journal of Biblical Literature*
JETS	*Journal of the Evangelical Theological Society*
JQR	*Jewish Quarterly Review*
JR	*Journal of Religion*
JRS	*Journal of Roman Studies*
JSJ	*Journal for the Study of Judaism*
JSNT	*Journal for the Study of the New Testament*
JSOT	*Journal for the Study of the Old Testament*
JSS	*Journal of Semitic Studies*
JTS	*Journal of Theological Studies*
KD	*Kerygma und Dogma*
KEK	Kritisch-Exegetischer Kommentar (Meyer's Kommentar)
LQ	Lutheran Quarterly
LSJ	Liddell-Scott-Jones, Greek-English Lexicon
McCQ	*McCormick Quarterly*
MHT	Moulton-Howard-Turner, *Grammar of New Testament Greek*
MM	Moulton-Milligan, *Vocabulary of the Greek Testament*
MNTC	Moffatt's New Testament Commentary
MTZ	*Münchener Theologische Zeitschrift*
NA	*Novum Testamentum Graece*, ed. K. Aland, M. Black, C. M. Martini, B. Metzger, and A. Wikgren
NedTTS	Nederlands Theologisch Tijdschrift
Neot	*Neotestamentica*
NKZ	*Neue kirchliche Zeitschrift*
NovT	*Novum Testamentum*
NovTSup	*Novum Testamentum, Supplements*
NRT	*La Nouvelle Revue Théologique*
NTS	*New Testament Studies*
ODCC	*Oxford Dictionary of the Christian Church*
OLZ	*Orientalische Literaturzeitung*
OPTAT	*Occasional Papers on Translation and Textology*
OTS	*Oudtestamentische Studiën*
PG	Migne, *Patrologia Graeca*
PL	Migne, *Patrologia Latina*
RB	*Revue Biblique*
RBén	*Revue Bénédictine*
RCB	Revista de Cultura Bíblica
REJ	*Revue des Études Juives*
RevBíb	Revista Bíblica
RevExp	*Review and Expositor*
RGG	*Die Religion in Geschichte und Gegenwart*

RHPR	*Revue d'Histoire et de Philosophie Religieuses*
RQ	*Revue de Qumran*
RSPT	*Revue des Sciences Philosophiques et Théologiques*
RSR	*Revue des Sciences Religieuses*
RTL	*Revue Théologique de Louvain*
RTP	*Revue de Théologie et de Philosophie*
RTR	*Reformed Theological Review*
SB	Sources Bibliques
S-B	Strack-Billerbeck
SBFLA	*Studii biblici franciscani liber annuus*
SBL	Society of Biblical Literature
SBLASP	SBL Abstracts and Seminary Papers
SBLDS	SBL Dissertation Series
SBLMS	SBL Monograph Series
SE	*Studia Evangelica*
SEÅ	*Svensk Exegetisk Årsbok*
SJT	*Scottish Journal of Theology*
SNT	Studien zum Neuen Testament
SNTS	Society for New Testament Studies
SNTSMS	SNTS Monograph Series
SR	*Studies in Religion/Sciences Religieuses*
ST	*Studia Theologica*
STK	*Svensk Theologisk Kvartalskrift*
SWJT	*Southwestern Journal of Theology*
TBl	*Theologische Blätter*
TBT	*The Bible Today*
TD	*Theology Digest*
TDNT	*Theological Dictionary of the New Testament*
TGl	*Theologie und Glaube*
THKNT	Theologischer Handkommentar zum Neuen Testament
TLZ	*Theologische Literaturzeitung*
TP	*Theologie und Philosophie*
TPQ	*Theologisch-Praktische Quartalschrift*
TQ	*Theologische Quartalschrift*
TRev	*Theologische Revue*
TRu	*Theologische Rundschau*
TS	*Theological Studies*
TSK	*Theologische Studien und Kritiken*
TTZ	*Trierer Theologische Zeitschrift*
TU	Texte und Untersuchungen
TynB	*Tyndale Bulletin*
TZ	*Theologische Zeitschrift*
UBS	*The Greek New Testament (Sociedades Bíblicas Unidas)*
USQR	*Union Seminary Quarterly Review*
VD	*Verbum Domini*
VSpir	*Vie Spirituelle*
VT	*Vetus Testamentum*
VTSup	*Vetus Testamentum, Supplements*
WA	Luther's Works, Weimar Edition
WH	Westcott-Hort, Greek New Testament
WMANT	Wissenschaftliche Monographien zum Alten und Neuen Testament
WTJ	*Westminster Theological Journal*

WUNT	*Wissenschaftliche Untersuchungen zum Neuen Testament*
ZAW	*Zeitschrift für die Alttestamentliche Wissenschaft*
ZKT	*Zeitschrift für Katholische Theologie*
ZNW	*Zeitschrift für die Neutestamentliche Wissenschaft*
ZRGG	*Zeitschrift für Religions- und Geistesgeschichte*
ZST	*Zeitschrift für Systematische Theologie*
ZTK	*Zeitschrift für Theologie und Kirche*
ZWT	*Zeitschrift für Wissenschaftliche Theologie*

Las referencias bíblicas son a las versiones en inglés excepto cuando se indica de otra manera.

BIBLIOGRAFÍA

Una bibliografía extensa sobre Hebreos hasta 1977 se encuentra en Spicq 1.397–411, Spicq 1966, y Spicq SB, 44–54; véase también Feld 1985.103–141. Las obras publicadas antes de 1978 no se mencionan por lo general en la presente bibliografía a menos que se haga referencia a ellas en este comentario.

COMENTARIOS SOBRE HEBREOS Y OBRAS DE REFERENCIA

(véase también la lista de abreviaturas)

Aland et al.	Aland, K., et al. (ed.), *The Greek New Testament. Nueva York etc.* 1966, 1968, 1975, 3* (3rs edición corregida) 1983, 1993.
Aland 1991	Aland, K. (ed.), *Text und Textwert der griechischen Handschriften des Neuen Testaments. II. Die paulinischen Briefe. Band 1, Allgemeines, Römerbrief und Ergänzungsliste. Berlín y Nueva York 1991.*
Andriessen-Lenglet	*Andriessen, P., y A. Lenglet, De brief aan de Hebreeën. Roermond, Netherlands 1971.*
Attridge	*Attridge, H. W., The Epistle to the Hebrews (Hermeneia). Philadelphia 1989.*
Attridge, ABD	*Attridge, H. W. "Hebrews, Epistle to the", en ABD 3.97–105.*
Attridge, HBC	*Attridge, H. W., "Hebrews", en HBC 1259–1271.*
Barclay	*Barclay, W., The Epistle to the Hebrews (Daily Study Bible). Edinburgh a Philadelphia 1955, 21957.*
Barnes, A.	Barnes, A., *Notes, explanatory and practical, on the Epistle to the Hebrews. Nueva York 1844.*
Bauer	*Bauer, W., Griechisch-deutsches Wörterbuch zu den Schriften des Neuen Testaments und der frühchristlichen Literatur. 6ta ed. revisada por K. y B. Aland. Berlín y Nueva York 1988. Traducción y adaptación en inglés de la 5ta ed. por W. F. Arndt y F. W. Gingrich, A Greek-English Lexicon of the New Testament and Other Early Christian Literature. 2da ed. Revisada y aumentada por F. W. Gingrich y F. W. Danker. Chicago y Londres 1979.*
Bénétreau	Bénétreau, S., *L'Épître aux Hébreux.* Commentaire Évangélique de la Bible 10). Vaux-sur-Seine, Francia, vol. 1, 1989; vol. 2, 1990.
Bengel 1742a	Bengel, J. A., *Gnomon Novi Testamenti. Tübingen 1742. ET Gnomon of the New Testament. 5 vols., Londres 1857–58.*
Bengel 1742b	*Bengel, J. A., In epistolam ad Hebracos. Tübingen 1742.*

BIBLIOGRAFÍA

Biesenthal	*Biesenthal, J. H. R., Das Trostschreiben des Apostels Paulus an die Hebräer. ... Leipzig 1878.*
Blass, F. W.	*Blass, F. W., Brief an die Hebräer. Text mit Angabe der Rhythmen. Halle 1903.*
Blass-Debrunner	*Blass, F., y A. Debrunner, A Greek Grammar of the New Testament and Other Early Christian Literature. Una traducción y edición ... por Robert W. Funk.* Chicago y Londres 1961.
Bleek	Bleek, F., *Der Brief an die Hebräer. 3 vols.,* Berlin 1828–40
Bleek 1868	*Bleek, F., Der Hebräerbrief erklärt. Elberfeld 1868.*
Böhme	*Böhme, C. F., Epistola ad Hebraeos latine vertit atque comment. instruxit perpetuo. Leipzig 1825.*
Boisacq	*Boisacq, E., Dictionnaire Étymologique de la langue grecque. Heidelberg/Paris 1938.*
Boman, J. W.	*Boman, J. W., The Letter to Hebrews; the Letter of James; the First and Second Letters of Peter (Layman's Bible Commentary). Londres y Richmond, Virginia 1962.*
Bonsirven	*Bonsirven, J., Saint Paul. Épître aux Hébreux (Verbum Salutis XII). París* 51943.
Bourke	Bourke, M. M., "The Epistle to the Hebrews", en Brown, R. E., et al. (ed.), *The New Jerome Biblical Commentary, 920–924. Englewood Cliffs, New Jersey 1990, y Londres 1991.*
Bover	*Bover, J. M., Novi Testamenti Biblia Graeca et Latina. Madrid 1943,* 51968.
Bowman, G. M.	Bowman, G. M., *Don't Let Go! An Exposition of Hebrews. Phillipsburg, New Jersey 1982.*
Bowman, J. W.	*Bowman, J. W., The Letter to the Hebrews; the Letter of James; the First and Second Letters of Peter (Layman's Bible Commentary). Richmond, Virginia 1962.*
Braun	*Braun, H., An die Hebräer (HNT 14). Tübingen 1984.*
Braunius	*Braunius, J., Commentarius in epistulam ad Hebraeos. Amsterdam 1705.*
Bristol	*Bristol, L. O., Hebrews. A Commentary. Valley Forge, Pennsylvania 1967.*
Brown, John	*Brown, John, An Exposition of the Epistle of the Apostle Paul to the Hebrews. Nueva York 1862.*
Brown, Raymond	*Brown, Raymond, The Message of Hebrews. Christ above All. Leicester, U.K. 1978.*
Bruce, A. B.	*Bruce, A. B., The Epistle to the Hebrews. The First Apology for Christianity. Edinburgh 1899.*
Bruce, F. F.	*Bruce, F. F., Commentary on the Epistle to the Hebrews. Grand Rapids, Michigan 1964 (New International Commentary on the New Testament), Londres 1965 (New Londres Commentaries); revised ed. 1990.*
Bruce, F. F. 1962	*Bruce, F. F.,* "Hebrews", en Black, M., y H. H. Rowley (ed.), *Peake's Commentary on the Bible, 1008–1021. Londres 1962*
Buchanan	*Buchanan, G. W., To the Hebrews (Anchor Bible). Garden City, Nueva York 1972.*
Calvin	*Calvin, J., In epistola ad Hebraeos commentarius, 1549. ET The Epistle of Paul the Apostle to the Hebrews* ... Edinburgh y Grand Rapids, Michigan 1963.
Carter	*Carter, C. W.,* "Hebrews", en *Wesleyan Bible Commentary, vol. 6.* Grand Rapids, Michigan 1966.

Casciaro, J. M.   Casciaro, J. M., et al., *Epístola a los Hebreos* (Sagrada Biblia, traducida y anotada por la Facultad de Teologia de la Universidad de Navarra, vol. X). Pamplona 1987. The Navarre Bible: *The Epistle to the Hebrews. Dublin 1991.*

Casey, J.   Casey, J., *Hebrews (New Testament Message 18). Wilmington, Delaware 1980.*

Caudill   Caudill, R. P., *Hebrews. A Translation with Notes. Nashville, Tennessee 1985.*

Chadwick   Chadwick, G. A., *The Epistle to the Hebrews. A Devotional Commentary. Londres 1907.*

Charlesworth   Charlesworth, J. H. (ed.), *The Old Testament Pseudepigrapha. Garden City, Nueva York, vol. 1, 1983; vol. 2, 1985.*

Chilstrom   Chilstrom, H. W., *Hebrews: A New and Better Way. Philadelphia 1984.*

Cockerill 1979   Cockerill, G. L., *The Melchizedek Christology in Heb. 7.1–28. Ann Arbor, Michigan 1979.*

Cody 1969   Cody, A., "Hebrews", en Fuller, R. C., et al., *A New Catholic Commentary on Holy Scripture, 1220–1239. Londres 1969.*

Conybeare   Conybeare, F. C., *Grammar of Septuagint Greek. Boston, Massachusetts 1905; reprinted Peabody, Massachusetts 1988.*

Corbishley   Corbishley, T., *Good News in Hebrews: The Letter to the Hebrews in Today's English Version. Cleveland, Ohio 1976.*

Danker   Danker, F. W., *Invitation to the New Testament. Epistles IV. Garden City, Nueva York 1979.*

Davidson, A. B.   Davidson, A. B., *The Epistle to the Hebrews. Edinburgh 1882.*

Davies, J. H.   Davies, J. H., *A Letter to Hebrews (Cambridge Bible Commentary). Cambridge 1967.*

Delitzsch   Delitzsch, F. J., *The Epistle to the Hebrews. 2 vols., Edinburgh 1868 (German Kommentar zum Brief an die Hebräer. Leipzig 1857).*

Dods   Dods, M., et al. *The Expositor's Greek Testament IV. Londres 1910*

Du Bose   Du Bose, B. P., *High Priesthood and Sacrifice. Londres 1908.*

Ellingworth-Nida   Ellingworth, P., y E. A. Nida, *A Translator's Handbook on the Letter to the Hebrews (Helps for Translators). Londres 1983.*

Ellingworth   Ellingworth, P., *The Epistle to the Hebrews (Epworth Commentaries). Londres 1991.*

Evans   Evans, L. H., Jr., *Hebrews (The Communicator's Commentary). Waco, Texas 1985.*

Farrar   Farrar, F. W., *The Epistle of Paul the Apostle to the Hebrews (CGTC). Cambridge, U.K. 1881.*

Garcia del Moral   Garcia del Moral, A., Carta a los Hebreos y Cartas católicas. Madrid 1973.

Gayford 1928   Gayford, S. C., "The Epistle to the Hebrews", en Gore, C., et al. (ed.), *A New Commentary on Scripture, 596–627. Londres 1928.*

Gianotto   Gianotto, C., *Melchizedek e la sua tipologia: Tradizioni giudaiche, cristiane e gnostische (sec. II a.C.–sec. III d.C.) (RevBíb Supplements 12). Brescia, Italia 1984.*

Gooding   Gooding, D., *An Unshakeable Kingdom: The Letter to the Hebrews for Today. Grand Rapids, Michigan 1989.*

Goodspeed 1908   Goodspeed, E. J., *The Epistle to the Hebrews. Nueva York 1908.*

Grässer   Grässer, E., *An die Hebräer: 1. Hebr 1–6 (Evangelisch-Katholischer Kommentar). Zurich 1990.*

Gromacki — Gromacki, R. G., *Stand Bold in Grace: An Exposition of Hebrews.* Grand Rapids, Michigan 1984.

Grosheide 1922 — Grosheide, F. W., *De Brief aan de Hebreeën.* Kampen, 1922, 31953.

Grosheide — Grosheide, F. W., *De Brief aan de Hebreeën en de Brief van Jakobus.* Kampen, Netherlands 21955.

Guthrie — Guthrie, D., *The Letter to the Hebrews (Tyndale New Testament Commentaries 16). Leicester, U.K. y Grand Rapids, Michigan 1983.*

Häring — Häring, T., *Der Brief an die Hebräer. Stuttgart 1925.*

Hagner 1983 — Hagner, D. A., *Hebrews (Good News Commentaries). San Francisco 1983.*

Hagner 1990 — Hagner, D. A., *Hebrews (New International Biblical Commentary). Peabody, Massachusetts 1990.*

Hegermann 1988 — Hegermann, H., *Der Brief an die Hebräer (THKNT 16). Berlin 1988.*

Héring — Héring, J., *The Epistle to the Hebrews. Londres 1970 (French L'Épître aux Hébreux. Neuchâtel 1954).*

Hewitt — Hewitt, T., *The Epistle to the Hebrews (Tyndale New Testament Commentaries). Londres 1960.*

Hillmann — Hillmann, W. (ed. J. Hillmann), *Der Brief an die Hebräer. Düsseldorf 1965.*

Howard — *Véase Moulton-Howard-Turner.*

Hudson — Hudson, J. T., *The Epistle to the Hebrews. Edinburgh 1937.*

Hugedé — Hugedé, N., *Le sacerdoce du Fils. Commentaire de l'épître aux Hébreux. París 1983.*

Hughes, P. E. — Hughes, P. E., *A Commentary on the Epistle to the Hebrews. Grand Rapids, Michigan 1977.*

Ironside — Ironside, H. A., *Studies in the Epistle to the Hebrews. Nueva York 1932, 31942.*

Javet — Javet, J. S., *Dieu nous parla. Commentaire sur l'épître aux Hébreux. Neuchâtel and Paris 1945.*

Jewett — Jewett, R., *Letter to Pilgrims. A Commentary on the Epistle to the Hebrews. Nueva York 1981.*

Johnsson — Johnsson, W. G., *Hebrews (Knox Preaching Guides). Atlanta, Georgia 1980.*

Josipovici — Josipovici, G., "The Epistle to the Hebrews and the Catholic Epistles", en Alter, R., y F. Kermode (ed.), *A Literary Guide to the Bible, 503–522. Londres 1987.*

Kähler — Kähler, M., *Der Hebräerbrief in genauer Wiedergabe seines Gedankenganges. Halle 1889.*

Keil — Keil, C. F., *Commentar über den Brief an die Hebräer. Leipzig 1885*

Kent — Kent, H. A., *The Epistle to the Hebrews. A Commentary. Grand Rapids, Michigan 1972.*

Ketter — Ketter, P., *Hebräerbrief—Jakobusbrief—Petrusbriefe—Judasbrief (Herders Bibelkommentar 16,1). Freiburg, Germany 1950.*

Kistemaker 1984 — Kistemaker, S. J., *Exposition of the Epistle to the Hebrews. Grand Rapids, Michigan 1984.*

Klijn — Klijn, A. F. J., *De Brief aan de Hebreeën. Nijkerk, Netherlands 1975.*

Krodel — Krodel, G. A. (ed.), *Hebrews, James, 1 and 2 Peter, Jude, Revelation (Proclamation Commentaries). Philadelphia, Pennsylvania 1977.*

Kümmel — Kümmel, W.-G., *Einleitung in das Neue Testament. Heidelberg 171973. ET Introduction to the New Testament. Londres 1975, 388–403.*

Kurtz	*Kurtz, J. H., Der Brief an die Hebräer. Mitau, Germany 1869.*
Kuss 1966	*Kuss, O., Der Brief an die Hebräer (Regensburger Neues Testament). Regensburg 1953, 21966.*
Lane	Lane, W. L., *Hebrews 1–8, 9–13 (Word Biblical Commentary 47a, b). 2 vols., Waco, Texas 1991.*
Lang	*Lang, G. H., The Epistle to the Hebrews. Londres 1951.*
Laubach	*Laubach, F., Der Brief an die Hebräer. Wuppertal 1967.*
Leonard 1953	*Leonard, W.,* "The Epistle to the Hebrews", en Orchard, B., *A Catholic Commentary on Holy Scripture, 1153–1171. Londres 1953.*
Liddell-Scott-Jones	*Liddell, H. G., and R. Scott, A Greek-English Lexicon, revisada y aumentada por H. S. Jones; with a supplement 1968. Oxford 1968.*
Lightfoot, N. R.	*Lightfoot, N. R., Jesus Christ Today: A Commentary on the Book of Hebrews. Grand Rapids, Michigan 1976.*
Louw-Nida	*Louw, J. P., E. A. Nida, et al., Greek-English Lexicon of the New Testament based on Semantic Domains. 2 vols., Nueva York 1988.*
Lünemann	*Lünemann, G., Kritisch-exegetisches Handbuch über den Hebräerbrief (KEK 13). Göttingen 1855, 4th ed. 1878. ET Critical and Exegetical Handbook to the Epistle to the Hebrews. Edinburgh 1882.*
MacDonald, W.	*MacDonald, W., The Epistle to the Hebrews: from Ritual to Reality. Nueva York 1972.*
Marshall, J. L.	*Marshall, J. L.,* "Melchizedek in Hebrews, Philo and Justin Martyr". *SE 7 (1982) 339–342.*
März	*März, C.-P., Hebräerbrief (Die neue Echter Bibel). Würzburg, Germany 1989.*
Médebielle	*Médebielle, A.,* "L'Epître aux Hébreux traduite et commentée", en Pirot, L., y A. Clamer (ed.), *La Sainte Bible, 12.269–372. París, 31951.*
Merk	Merk, A., *Novum Testamentum Graece et Latine. Rome 1933, 101984.*
Metzger	Metzger, B. M., *A Textual Commentary on the Greek New Testament. Londres and Nueva York 1971.*
Michel	*Michel, O., Der Brief an die Hebräer (KEK 13). 1936, 71975.*
Moffatt	Moffatt, J., *A Critical and Exegetical Commentary on the Epistle to the Hebrews (ICC). Edinburgh 1924, reprinted 1948.*
Montefiore	*Montefiore, H., A Commentary on the Epistle to the Hebrews (HNTC). Londres y Nueva York 1964.*
Mora	Mora, G., La Carta a los Hebreos como Escrito Pastoral. Barcelona, España 1974.
Morris	Morris, L., *Hebrews (Bible Study Commentary). Grand Rapids, Michigan 1983.*
Moule	*Moule, C. F. D., An Idiom Book of New Testament Greek. Cambridge, U.K. 21959.*
Moulton-Howard -Turner	Moulton, J. H., *A Grammar of New Testament Greek. Vol. I: Prolegomena. Edinburgh 31908.* Idem y W. F. Howard, *Vol. II. Accidence and Word-Formation, 1929.* N. Turner, *Vol. III. Syntax, 1963.* Idem, *Vol. IV. Style, 1976.*
Mugler	*Mugler, C. Dictionnaire historique de la Terminologie optique des Grecs. París 1964.*
Nairne	*Nairne, A., The Epistle of Priesthood. Studies in the Epistle to the Hebrews. Edinburgh 1913, 21915.*
Nairne 1921	Nairne, A., *The Epistle to the Hebrews. Cambridge, U.K. 1921*
Neirynck-van Segbroeck	*Neirynck, F., y F. van Segbroeck, New Testament Vocabulary. A Companion to the Concordance. Leuven 1984.*

Nestle-Aland	*Nestle-Aland, Novum Testamentum Graece. Stuttgart* 251963, 261979.
Nichols	Nichols, F. D. (ed.), *The Seventh Day Adventist Bible Commentary.* 7 vols., Washington, D.C., 1957, 21980.
Nicolau 1962	Nicolau, M., Carta a los Hebreos (La Sagrada Escritura). Madrid 1962.
Owen, J.	Owen, J., *Exercitations on the Epistle to the Hebrews. 4 vols. Londres 1668, 1671, 1680, 1684, reimpreso 1790. Abreviado como Hebrews: The Epistle of Warning.* Grand Rapids, Michigan 1968.
Oyen	Oyen, H. van, *De brief aan de Hebreeën.* Nijkerk, 1939, 31962.
Peake	Peake, A. S., *Hebrews (Century Bible). Edinburgh n.d.* [1902].
Pfitzner	*Pfitzner, V. C., Chi Rho Commentary on Hebrews. Adelaide, Australia 1979.*
Pirot	*Pirot, L.,* "Hébreux (l'épître aux)", *en DBSup III.1409–1440.*
Preisendanz	*Preisendanz, K., Papyri Graecae Magicae. 4 vols., Leipzig, 1928–31.*
Purdy-Cotton	*Purdy, A. C., y J. H. Cotton,* "The Epistle to the Hebrews". *IB 11, 1955, 575–763.*
Rahlfs	*Rahlfs, A., Septuaginta. Stuttgart, 2 vols. 1935; reprinted in 1 vol. Stuttgart y Athens 1979.*
Riggenbach	*Riggenbach, E., Der Brief an die Hebräer. Leipzig and Erlangen 1913, 2nd/3rd ed. 1922 (Zahn's Kommentar zum Neuen Testament 14). Reimpreso con una nueva introducción, Wuppertal 1987.*
Robertson	*Robertson, A. T., A Grammar of the Greek New Testament in the Light of Historical Research. Nashville, Tennessee 1934.*
Robinson, T. H.	*Robinson, T. H., The Epistle to the Hebrews (MNTC). Londres 1933.*
Rohr	*Rohr, I.,* "Der Hebräerbrief", *en Tillmann, F. (ed.), Die Heilige Schrift des Neuen Testaments, 10.1–60. Bonn 1912, 41932.*
Schick	Schick, E., *Im Glauben Kraft empfangen. Betrachtungen zum Brief an die Hebräer. Stuttgart 1978.*
Schierse 1968	*Schierse, F. J., Der Brief an die Hebräer (Geistliche Schriftlesung). Düsseldorf 1968. ET The Epistle to the Hebrews and the Epistle of James, xi-123 (The New Testament for Spiritual Reading). Londres 1969.*
Seeberg 1912	*Seeberg, A., Hebräerbrief. Leipzig 1912*
Segond	*La Sainte Bible ... Nouvelle Version Segond Révisée. 4ª ed., Paris 1978.*
Smit	*Smit, E., Die Brief aan die Hebreër: vrae vir groepbybelstudie. Pretoria 1982.*
Smith, R. H. 1984	*Smith, R. H., Hebrews. Minneapolis, Minnesota 1984.*
Snell 1959	*Snell, A., A New and Living Way. An Explanation of the Epistle to the Hebrews. Londres 1959.*
Soden	*Soden, H. von, Der Brief an die Hebräer (Handkommentar zum Neuen Testament). Freiburg 31899.*
Soden 1902–13	Soden, H. von, *Die Schriften des Neuen Testaments in ihrer ältesten erreichbaren Textgestalt hergestellt auf Grund ihrer Textgeschichte.* I. Teil: *Untersuchungen.* Berlin 1902–10. II. Teil: *Text mit Apparat. Göttingen 1913.*
Spicq 1950	Spicq, C., "L'Épître aux Hébreux" en *La Bible de Jérusalem.* París 1950.
Spicq	Spicq, C., *L'Épître aux Hébreux.* 2 vols., París 1952.
Spicq 1966	Spicq, C., "L'Épître aux Hébreux", en *DBSup VII.226–279.*
Spicq SB	Spicq, C., *L'Épître aux Hébreux (Sources Bibliques). París 1977.*

Spicq 1978 Spicq, C., *Notes de lexicographie néotestamentaire. 2 vols.,* Fribourg and Göttingen 1978.

Spicq 1982 Spicq, C., *Notes de lexicographie néotestamentaire. Supplément.* Fribourg and Göttingen 1982.

Stedman Stedman, R. C., *Hebrews. Downers Grove, Illinois y Leicester, England 1992.*

Stibbs Stibbs, A. M., *So Great Salvation. The Meaning and Message of the Letter to the Hebrews. Exeter 1970.*

S-B Strack, H. L., and P. Billerbeck, *Kommentar zum NT aus Talmud und Midrasch. Munich 1924–26, reprinted 1982–83.*

Strathmann Strathmann, H., *Der Brief an die Hebräer. Göttingen,* 61963.

Strobel Strobel, A., *Hebräerbrief. Göttingen 1975,* 41991.

Stuart *A Commentary on the Epistle to the Hebrews.* Andover, 2 vols. 1827–28; Londres 1833.

Teodorico Teodorico da Castel S. Pietro, P., *L'Epístola agli Ebrei.* Rome 1952

Tholuck Tholuck, A., *Kommentar zum Briefe an die Hebräer. Gotha 1836, 6th ed. Hamburg 1868. ET A Commentary on Hebrews. 2 vols., Edinburgh 1842.* Traducción del Apéndice al inglés de la 3ra edición alemana "The Citations of the Old Testament in the New". *BSac* 11 (1854) 568–616.

Thompson 1971 Thompson, J. W., *The Epistle to the Hebrews. Austin, Texas 1971.*

Tischendorf Tischendorf, C., *Novum Testamentum Graece. 8th ed., 3 vols., Leipzig 1869–72.*

Trentham Trentham, C. A., "Hebrews", en *Broadman Bible Commentary, 1–99*

Turner *See Moulton-Howard-Turner.*

Turner, S. H. Turner, S. H., *The Epistle to the Hebrews in Greek and English. Nueva York 1852.*

Vanhoye 1969 Vanhoye, A., *Situation du Christ. Hébreux 1–2. París 1969.*

Vaughan Vaughan, C. J., *The Epistle to the Hebrews with notes. Londres 1890, Nueva York 1891.*

Vogels Vogels, H. J., *Novum Testamentum Graece et Latine. Düsseldorf 1929,* 4Freiburg 1955.

Weiss, B. Weiss, B., *Der Brief an die Hebräer. Göttingen,* 61897.

Weiss, H.-F. Weiss, H.-F., *Der Brief an die Hebräer (KEK). Göttingen 1991.*

Westcott Westcott, B. F., *The Epistle to the Hebrews. Londres 1892; reimpreso Grand Rapids, Michigan 1970.*

Westcott-Hort Westcott, B. F., and F. J. A. Hort (ed.), *The New Testament in the original Greek. Londres 1885.*

Wickham Wickham, E. C., *The Epistle to the Hebrews (Westminster Commentaries). Londres 1910, 2nd ed. Londres 1922, 322–324.*

Williamson 1965 Williamson, R., *The Epistle to the Hebrews. Londres 1965.*

Wilson Wilson, R. McL., *Hebrews (New Century Bible Commentary). Grand Rapids, Michigan and Basingstoke, U.K. 1987.*

Windisch Windisch, H., *Der Hebräerbrief. Tübingen 1913,* 21931.

Zedda Zedda, S., *Lettera agli Ebrei. Rome 1967.*

Zerwick Zerwick, M., *Graecitas Biblica. Rome 1944,* 41960. ET *Biblical Greek. Rome 1963.*

Zerwick-Grosvenor Zerwick, M., y M. Grosvenor, *A Grammatical Analysis of the Greek New Testament. Vol. 2. Epistles-Apocalypse.* Rome 1979.

OTROS LIBROS Y ARTÍCULOS

Aalén Aalén, S., "Das Abendmahl als Opfermahl im Neuen Testament". *NovT* 6 (1963) 128–152.

Adams 1964 Adams, J. C., *The Epistle to the Hebrews with special reference to the problem of Apostasy in the Church to which it was addressed*. M.A. thesis, Leeds 1964.

Adams 1967 Adams, J. C., "Exegesis of Hebrews vi.1s". *NTS* 13 (1967) 378–385.

Agua Pérez 1984a Agua Pérez, A. del, "Procedimentos derásicos del Sal 2,7b en el Nuevo Testamento: 'Tu eres mi hijo, yo te he engendrado hoy'". *EstBíb* 42 (1984) 391–414.

Agua Pérez 1984b Agua Pérez, A. del, "Derás cristológico del Sal 110 en el Nuevo Testamento", En Marcos, N. F., et al. (ed.), Simposio Bíblico Español, 637–662. Salamanca, España 1984.

Ahlborn Ahlborn, E., *Die Septuaginta-Vorlage des Hebräerbriefes*. Göttingen 1966.

Aland-Aland Aland, K., and B. Aland, *Der Text des Neuen Testaments*. Stuttgart 1982, ²1988. ET *The Text of the New Testament*. Grand Rapids, Michigan 1987, ²1989.

Albani Albani, J., "Hebr. V,11–VI,8". *ZWT* NF 12 (1904) 88–93.

Alemany Alemany, J., "Interpretación Mesiánica del Salmo 2". *CB* 32 (1975) 255–277.

Allen, E. L. Allen, E. L., "Jesus and Moses in the New Testament". *ExpTim* 67 (1955–56) 104–106.

Allen, L. C. Allen, L. C., "The Old Testament Background of (προ) ὁρίζειν in the New Testament". *NTS* 17 (1970) 104–108.

Allenbach Allenbach, J., *Biblia patristica. Index des citations et allusions bibliques dans la littérature patristique*. París , vol. 1, 1975.

Almqvist Almqvist, H., *Plutarch und das Neue Testament. Ein Beitrag zum Corpus Hellenisticum Novi Testamenti*. Uppsala 1946.

Alomía Alomía B., M., "La singularidad de Jesús en la epístola a los Hebreos". *Theologika* 4 (1989) 2–33.

Amsler Amsler, S., *L'Ancien Testament dans l'Eglise*. Neuchâtel 1960.

Anderson, A. A. Anderson, A. A., *The Book of Psalms* (New Century Bible Commentary). 2 vols., Grand Rapids, Michigan y Londres 1972.

Anderson, C. P. 1966a Anderson, C. P., "The Epistle to the Hebrews and the Pauline Letter Collection". *HTR* 59 (1966) 429–438.

Anderson, C. P. 1966b Anderson, C. P., "Who wrote 'the Epistle from Laodicea'?" *JBL* 85 (1966) 436–440.

Anderson C. P. 1975–76 Anderson, C. P., "Hebrews among the Letters of Paul". *SR* 5 (1975–76) 258–266.

Andriessen 1960 Andriessen, P., "De betekenis van Hebr. 1.6". *Studia Catholica* 35 (1960) 2–13.

Andriessen 1971 Andriessen, P., "Das grössere und vollkommenere Zelt (Hebr. 9,11)". *BZ* 15.76–92.

Andriessen 1972a Andriessen, P., "L'eucharistie dans l'épître aux Hébreux". *NRT* 94 (1972) 269–277.

Andriessen 1972b Andriessen, P., "Le seul sacrifice qui plaît à Dieu. Hé 10,5–10". *AsSeign* 8 (1972) 58–63.

Andriessen 1974a Andriessen, P., "Angoisse de la mort dans l'épître aux Hébreux". *NRT* 96 (1974) 282–292.

Andriessen 1974b Andriessen, P., "La communauté des 'Hébreux' était-elle tombée dans le relâchement?" *NRT* 96 (1974) 1054–1066.

Andriessen 1975 Andriessen, P., "Renonçant à la joie qui lui revenait...." *NRT* 97 (1975) 424–438.

Andriessen 1976 Andriessen, P., "La teneur judéo-chrétienne de Hébr. I,6 et II,14b–III,2". *NovT* 18 (1976) 293–313.

Andriessen 1977 Andriessen, P., "En lisant l'épître aux Hébreux". Vaals, Netherlands 1977.

Andriessen-Lenglet 1970 Andriessen, P., y A. Lenglet, "Quelques passages difficiles de l'épître aux Hébreux (5,7; 7,11; 10,20; 12,2)". *Bib* 51 (1970) 207–220.

Anonymous "A Lawyer Looks at Hebrews 9:15–17". *EvQ* 40 (1968) 151–156.

Appel Appel, H., *Der Hebräerbrief. Ein Schreiben des Apollos an Judenchristen der Korinthischen Gemeinde.* Leipzig 1918.

Archer-Chirichigne Archer, G. L., y G. Chirichigne, *Old Testament Quotations in the New Testament.* Chicago 1983.

Argyle 1952 Argyle, A. W., "The Heavenly Session of Christ". *Theology* 55 (1952) 286–289.

Argyle 1955 Argyle, A. W., "The Causal Use of the Relative Pronouns in the Greek New Testament". *TBT* 6 (1955) 168–169.

Arowele 1977 Arowele, P. J., *Diaspora-Concept in the New Testament.* Disertación no publicada, Oka, Nigeria 1977.

Arowele 1990 Arowele, P. J., "The Pilgrim People of God (An African's Reflections on the Motif of Sojourn in the Epistle to the Hebrews)". *Asia Journal of Theology* 4 (1990) 438–455.

Asmussen Asmussen, H., *Die heilige Schrift. Sechs Kapitel zum Dogma von der Bibel.* Berlin 1967.

Attridge 1979 Attridge, H. W., " 'Heard because of his reverence' (Heb. 5.7)". *JBL* 98 (1979) 90–93.

Attridge 1980 Attridge, H. W., " 'Let us strive to enter that rest': the Logic of Hebrews 4:1–11". *HTR* 73 (1980) 279–288.

Attridge 1986 Attridge, H. W., "The Uses of Antithesis in Hebrews 8–10", in Nickelsburg, G. W. E., y G. W. MacRae (ed.), *Christians among Jews and Gentiles. Essays in Honor of Krister Stendahl on his Sixty-fifth Birthday.* Philadelphia 1986.

Attridge 1988 Attridge, H. W., "New Covenant Christology in an Early Christian Homily". *Quarterly Review*, Nashville, Tennessee, 8 (1988) 89–108.

Attridge 1990 Attridge, H. W., "The Possible Location of, and Socialization in, the 'Epistle to the Hebrews.'". *Semeia* 50 (1990) 211–226.

Auberlen Auberlen, C. A., "Melchizedek's ewiges Leben und Priestertum. Hebr 7". *TSK* 30 (1857) 453–504.

Auffret 1978 Auffret, P., "Note sur la structure littéraire d'Hb ii.1–4". *NTS* 25 (1978) 166–179.

Auffret 1980 Auffret, P., "Essai sur la structure littéraire et l'interprétation d'Hébreux 3,1–6". *NTS* 26 (1980) 380–396.

Aulén Aulén, G., *Christus Victor.* Londres 1931.

Aune Aune, D., *The New Testament in its Literary Environment.* Philadelphia 1987.

Austin Austin, J. L., *How to do things with words.* Oxford 1962, ²1975, revisión de 1980.

Baarlink Baarlink, H., "De stem van het bloed". Gereformeerd Theologisch Tijdschrift 74/2 (1974) 73 86.

Bachmann 1987	Bachmann, M., "Hohepriesterliches Leiden. Beobachtungen zu Hebr 5.1–10". *ZNW* 78 3/4 (1987) 244–266.
Bachmann 1990	Bachmann, M., " '...gesprochen durch den Herrn' (Hebr 2,3). Erwägungen zum Reden Gottes und Jesu im Hebräerbrief", *Bib* 71 (1990) 365–394.
Bacon 1900	Bacon, B. W., "The Doctrine of Faith in Hebrews, James and Clement of Rome". *JBL* 19 (1900) 12–21.
Bacon 1902	Bacon, B. W., "Heb. 1,10–12 and the Septuagint rendering of Ps. 102,23". *ZNW* 3 (1902) 280–285.
Badcock	Badcock, F. J., *The Pauline Epistles and the Epistle to the Hebrews in their Historical Setting*. Londres 1937.
Baigent	Baigent, J. W., "Jesus as Priest: An Examination of the Claim that the Concept of Jesus as Priest May be Found outside of the Epistle to the Hebrews". *Vox Evangelica* 12 (1981) 33–44.
Bailey	Bailey, G., *Leading Ideas of the Epistle to the Hebrews*. Dublin/Londres 1907.
Bailly	Bailly, J.-J., "La mention de Sara en Héb. 11,11". Tesis no publicada, Louvain 1987–88 (*RTL* 20 [1989] 137).
Ballarini 1964	Ballarini, T., "Epistola agli Ebrei", en *Introduzione alla Bibbia*, 2.187–256. Turin 1964.
Ballarini 1978	Ballarini, T., "Il Peccato nell' epistola agli Ebrei". *Scuola Cattolica*, Milan, 106 (1978) 358–371.
Balthasar	Balthasar, H. U. von, "Jesus and Forgiveness". *Communio* 11 (1984) 322–334.
Bamberg	Bamberg, C., " 'Melchisadech'. Erbe und Auftrag". *Benediktinische Monatschrift* 40 (1964) 5–21.
Bandstra	Bandstra, A. J., "Heilsgeschichte and Melchizedek in Hebrews". *Calvin Theological Journal* 3 (1968) 36–41.
Barclay	Barclay, W., "The Epistle to the Hebrews", en W. Barclay, *Many Witnesses, one Lord*, ²1966, 42–50.
Barker	Barker, P. R. P., "Studies in Texts (Heb. 6.1ss.)", *Theology* 65, 282–284.
Barnes, A. S.	Barnes, A. S., "St Barnabas and the Epistle to the Hebrews". *HibJ* 30 (1931–32) 103–117.
Barrett	Barrett, C. K., "The Eschatology of the Epistle to the Hebrews", en Daube, D., y W. D. Davies, *The Background of the New Testament and its Eschatology*, 363–393. Londres 1956.
Barth	Barth, M., "The Old Testament in Hebrews: an essay in biblical hermeneutics", en Klassen, W., and G. Snyder (ed.), *Current Issues in New Testament Interpretation*, 53–78. Nueva York 1962.
Barthélemy	Barthélemy, D., *Les Devanciers d'Aquila.* VTSup 1963.
Bartlet 1903	Bartlet, V., "The Epistle to the Hebrews as the Work of Barnabas". *Expositor*, 6th series, vol. 8 (1903) 381–396.
Bartlet 1905	Bartlet, V., "More Words on the Epistle to the Hebrews". *Expositor*, 6th series, vol. 11 (1903) 431–440.
Bartlet 1922	Bartlet, J. V., "The Epistle to the Hebrews once more". *ExpTim* 34 (1922) 58–61.
Barton	Barton, G. A., "The Date of the Epistle to the Hebrews". *JBL* 57 (1938) 195–207.
Batdorf	Batdorf, I. W., "Hebrews and Qumran. Old Methods and New Directions", en Barth, E. H., y R. E. Cocroft (ed.), *Festschrift to Honor F. Wilbur Gingrich*, 16–35. Leiden 1972.

Bates	Bates, W. H., "The Authorship of the Epistle to the Hebrews, Again!" *BSac* 79 (1922) 93–95.
Bauer, J.	Bauer, J., "Πῶς in der griechischen Bibel". *NovT* 2 (1958) 81–91.
Baumgärtel	Baumgärtel, F., *Verheissung. Zum evangelischen Verständnis des Alten Testaments*. Gütersloh 1952.
Beare	Beare, F. W., "The Text of the Epistle to the Hebrews in 𝔓⁴⁶". *JBL* 63 (1944) 379–396.
Beavis	Beavis, M. A., "The New Covenant and Judaism". *Bible Today* 22 (1984) 24–29.
Beekman-Callow	Beekman, J., and J. Callow, *Translating the Word of God*. Dallas, Texas 1974.
Behm 1912	Behm, J., *Der Begriff διαθήκη im Neuen Testament*. Leipzig 1912
Behm 1919	Behm, J., "Der gegenwärtige Stand der Frage nach dem Verfasser des Hebräerbriefes", en *Festschrift zum 350-jährigen Jubiläum des Friedrich-Franz-Gymnasiums*, 75–97. Parchim, Germany 1919.
Bénétreau 1979	Bénétreau, S., "Hébreux 11/4". *ETL* 54.4 (1979) 623–630.
Bénétreau 1988	Bénétreau, S., "La mort du Christ selon l'épître aux Hébreux". *Hokhma* 39 (1988) 25–47.
Bentzen	Bentzen, A., *King and Messiah*. Londres 1955.
Berényi	Berényi, G., "La portée de διὰ τοῦτο en Hé 9,15". *Bib* 69 108–112.
Bergh van Eysinga	Bergh van Eysinga, van den, "De Brief aan de Hebreeën en de Oudchristelijke Gnosis". *Nieuw Theologisch Tijdschrift* 28 (1939) 301–330.
Berkey	Berkey, R. F., "ΕΓΓΙΖΕΙΝ ΦΘΑΝΕΙΝ and Realized Eschatology". *JBL* 82 (1963) 177–187.
Bernard	Bernard, R., "Le Christ dans l'épître aux Hébreux". *VSpir* 1937.139–145.
Bertetto	Bertetto, D., "La natura del Sacerdozio secondo Hebr. 5,1–4 e le sue Realizzazioni nel Nuovo Testamento". *Salesianum* 1964.395–440.
Bertram	Bertram, G., "Der Begriff der Erziehung in der griechischen Bibel", en Bornkamm, H. (ed.), *Imago Dei. Festschrift G. Kruger*, 33–51. Giessen 1932.
Betz 1961	Betz, J., *Die Eucharistie in der Zeit der Griechischen Väter*, 2.144–166. Freiburg 1961.
Betz 1987	Betz, O., "Firmness in Faith: Hebrews 11:1 and Isaiah 28:16", en Thompson, B. P. (ed.), *Scripture: Meaning and Method*, 92–113. Hull, U.K. 1987.
Beyschlag	Beyschlag, K., *Clemens Romanus und der Frühkatholizismus*. Tübingen 1966.
Bieder	Bieder, W., "Pneumatologische Aspekte im Hebräerbrief", en Baltensweiler, H., and B. Reicke (ed.), *Neues Testament und Geschichte*. Zurich 1972.
Bietenhard	Bietenhard, H., *Die himmlische Welt im Urchristentum und Spätjudentum* (WUNT 2). Tübingen 1951.
Bihler	Bihler, J., *Die Stephanusgeschichte*. Munich 1963.
Bjerkelund	Bjerkelund, C. J., *Parakalô*. Oslo 1967.
Black, D. A. 1986	Black, D. A., "The Problem of the Literary Structure of Hebrews: an evaluation and a proposal". *Grace Theological Journal* 7/2 (1986) 163–177.
Black, D. A. 1987a	Black, D. A., "A Note on the Structure of Hebrews 12.1–2". *Bib* 68 (1987) 543 551.

Black, D. A. 1987b Black, D. A., "Hebrews 1:1–4. A Study in Discourse Analysis". *WTJ* 49 (1987) 175–194.

Black, M. 1964 Black, M., "Critical and Exegetical Notes on Three New Testament Texts: Hebrews xi.11, Jude 5, James i.27", en Eltester, W. (ed.), *Apophoreta*, 39–45. Berlin 1964.

Black, M. 1967 Black, M., *An Aramaic Approach to the Gospels and Acts*. Oxford ³1967.

Blass, F. Blass, F., *Grammatik*. Göttingen 1896, ²1902.

Blass, L. Blass, L., "Die rhythmische Komposition des Hebräerbriefes". *TSK* 75 (1902) 420–461.

Bleek 1835 Bleek, F., "Einige Bemerkungen über die dogmatische Bedeutung für den christlichen Ausleger, mit besonderer Beziehung auf Hebr 1,5–13". *Theologische Studien* 8 (1835) 441–461.

Bligh 1964 Bligh, J., "The Structure of Hebrews". *Heythrop Journal* 5 (1964) 170–177.

Bligh 1965 Bligh, J., "Typology in the Passion Narratives: Daniel, Elijah, Melchizedek". *Heythrop Journal* 6 (1965) 302–309.

Bloch Bloch, R., "Midrash", en *DBSup* 5.1265–1981.

Blumenthal Blumenthal, D. R., *Understanding Jewish Mysticism. The Merkabah Tradition and the Zoharic Tradition*. Nueva York 1978.

Bodelschwingh Bodelschwingh, F. von, *Jesus der Mittler des Neuen Testaments nach dem Zeugnis des Hebräerbriefes*. Bethel 1939.

Bolewski Bolewski, H., *Christos Archiereus*. Dissertation, Halle, Germany 1939.

Bolkestein Bolkestein, H., *Wohltätigkeit und Armenpflege im vorchristlichen Altertum*. Utrecht 1939.

Boman, T. "Der Gebetskampf Jesu". *NTS* 10 (1963–64) 261–273.

Bonnard 1963 Bonnard, P., "Actualité de l'épître aux Hébreux". *Foi et Vie* 62 (1963) 283–288.

Bonnard 1975 Bonnard, P.-E., "La traduction de Hébreux 12,2: 'C'est en vue de la joie que Jésus endura la croix'". *NRT* 97 (1975) 415–423.

Bonsirven 1935 Bonsirven, J., *Le judaïsme palestinien au temps de Jésus-Christ*. 2 vols., París 1935. ET *Palestinian Judaism in the Time of Jesus Christ*. Nueva York 1964.

Bonsirven 1939 Bonsirven, J., "Le sacerdoce et le sacrifice de Jésus-Christ d'après l'épître aux Hébreux". *NRT* 71 (1939) 641–660, 769–786.

Bonus Bonus, A., "Heb. ii.16 in the Peshitta Syriac Version". *ExpTim* 33 (1921–22) 234–236.

Borchert Borchert, G. L., et al., *Hebrews*. *RevExp* 82,3 (1985).

Bornhäuser 1905 Bornhäuser, K., "Die Versuchungen Jesu nach dem Hebräerbrief", en *Theologische Studien M. Kähler ... dargebracht*, 71ss. Leipzig 1905.

Bornhäuser 1932 Bornhäuser, K., *Empfänger und Verfasser des Hebräerbriefes* (BFCT 35/3). Gütersloh 1932.

Bornkamm 1942 Bornkamm, G., "Das Bekenntnis im Hebräerbrief". *TBl* 21 (1942) 56–66. Reimpreso por G. Bornkamm, *Gesammelte Aufsätze* II (*BEvT* 28) 188–203. Munich 1963.

Bornkamm 1946 Bornkamm, G., "Der Lohngedanke im Neuen Testament". *EvT* 6 (1946) 143–166. Reimpreso por Bornkamm, G., *Studien zu Antike und Christentum*, II.69–92. Munich 1963.

Bornkamm 1960 Bornkamm, G., "Sohnschaft und Leiden", en W. Eltester (ed.), *Judentum, Urchristentum, Kirche. Festschrift Jeremias*, 188–198. Berlin 1960.

Bornkamm 1974   Bornkamm, H., *The New Testament. A Guide to its Writings.* Londres 1974, 123–127.

Bos   Bos, L., Ἡ παλαιὰ διαθήκη κατὰ τὴν ἑβδομήκοντα. *Vetus Testamentum ex versione Septuaginta interpretum.* Franequerae 1709.

Bourgin 1958   Bourgin, C., "Le Christ-Prêtre et la purification des péchés selon l'épître aux Hébreux". *Lumière et Vie* 7 (1958) 67–90.

Bourgin 1969   Bourgin, C., "La Passion du Christ et la nôtre. Hé 4,14–16; 5,7–9". *AsSeign* 21 (1969) 15–20.

Bourgoin   Bourgoin, H., "Alliance ou Testament?" *Cahiers du Cercle Ernest Renan* 25 (101) (1977) 18–25.

Bover 1926   Bover, J. M., "La epístola a los Hebreos citada por S. Ireneo". *EstEc* 1926.98–104.

Bover 1938   Bover, J. M., "La esperanza en la Epístola a los Hebreos". *Greg* 19 (1938) 110–120.

Bover 1951   Bover, J. M. "Las variantes en Hebr. 9.11". *Bib* 32 (1951) 232–236.

Bovon   Bovon, F., "Le Christ, la foi et la sagesse dans l'épître aux Hébreux (Hébreux 11 et 1)". *RTP* 18 (1968) 129–144.

Bowen   Bowen, C. R., "The Original Form of Paul's Letter to the Colossians". *JBL* 43 (1924) 177–206.

Bowker   Bowker, J., "The Son of Man". *JTS* n.s. 28 (1977) 19–48.

Boyd   Boyd, J. A., "What was in the Ark?" *EvQ* 11 (1939) 165ss.

Boyer   Boyer, J. L., "Second Class Conditions in New Testament Greek". *Grace Theological Journal* 3 (1982) 81–88.

Brady   Brady, C., "The World to Come in the Epistle to the Hebrews". *Worship* 39 (1965) 329–339.

Brandenburger   Brandenburger, E., "Text und Vorlagen von Hebr V.7–10. Ein Beitrag zur Christologie des Hebräerbriefes". *NovT* 11 (1969) 190–224.

Brandt   Brandt, W., "Die Wortgruppe λειτουργεῖν im Hebräerbrief und bei Clemens Romanus". *Jahrbücher der theologische Schule Bethel*, 145–176. Bethel 1930.

Braude   Braude, W. G. (tr.), *The Midrash on Psalms* I. New Haven, Connecticut 1959, 1976.

Braulik 1975   Braulik, G., *Psalm 40 und der Gottesknecht.* Würzburg 1975.

Braulik 1976   Braulik, G., "Psalm 40 und der Gottesknecht". *Bib* 58 (1976) 283–287.

Braulik 1988   Braulik, G., "Gottes Ruhe—Das Land oder der Tempel? Zu Psalm 95,11", en Haag, E., y F.-L. Hossfeld (ed.), *Freude an der Weisung des Herrn. Beiträge zur Theologie der Psalmen (Festschrift H. Gross).* Stuttgart 1988.

Braumann   Braumann, G., "Heb. 5.7–10". *ZNW* 51 (1960) 278–280.

Braun, F. M.   Braun, F. M., "L'arrière-fond judaïque du quatrième évangile et la communauté d'alliance". *RB* 62 (1955) 5–44.

Braun 1964   Braun, H., "Qumran und das Neue Testament. Ein Bericht über 10 Jahre Forschung (1950–59)". *TRu* 30 (1964) 1–38.

Braun 1966   Braun, H., *Qumran und das Neue Testament.* 2 vols., Tübingen 1966.

Braun 1970   Braun, H., "Das himmlische Vaterland bei Philo und im Hebräerbrief", en Böcher, O., and K. Haacker (ed.), *Verbum Veritas. Festschrift Stählin*, 319–327. Wuppertal 1970.

Braun 1971a   Braun, H., *Wie man über Gott denken soll.* Tübingen 1971.

Braun 1971b   Braun, H., "Die Gewinnung der Gewissheit im Hebräerbrief". *TLZ* 96 (1971) 321–330.

Bream-Weeks	Bream, H. N., and W. R. Weeks, "More on Hebrews xii.1". *ExpTim* 80 (1969) 150s.
Bretscher	Bretscher, P. M., "Faith Triumphant—echoes from the Epistle to the Hebrews". *CTM* 31 (1960) 728–739.
Bright	Bright, J., "An Exercise in Hermeneutics. Jeremiah 31:31–34". *Int* 20 (1966) 188–210.
Brinkmann	Brinkmann, A., review of Esteve, H. M., De caelesti mediatione sacerdotali Christi juxta Hebr 8,3–4. Scholastik 26 (1951) 262–265.
Bristol 1949	Bristol, L. O., "Primitive Christian Preaching and the Epistle to the Hebrews". *JBL* 68 (1949) 89–97.
Brock, N. van	Brock, N. van, *Recherches sur le vocabulaire médical du grec ancien.* París 1961.
Brock, S. P. 1974	Brock, S. P., "Sarah and the Aqeda". *Muséon* 87 (1974) 67–77.
Brock, S. P. 1981	Brock, S. P., "Genesis 22 in Syriac Tradition", en P. Casetti et al. (ed.), *Mélanges Dominique Barthélemy*, 1–30. Fribourg and Göttingen 1981.
Brock, S. P. 1983	Brock, S. P., "Hebrews 2:9b in Syriac tradition". *NovT* 27.236–244.
Brockington	Brockington, L. H., "The Septuagintal Background of the New Testament Use of δόξα", en Nineham, D. E. (ed.), *Studies in the Gospels*, 1–8. Oxford 1955.
Brooks	Brooks, W. E., "The Perpetuity of Christ's Sacrifice in the Epistle to the Hebrews". *JBL* 89 (1970) 205–214.
Brown, J. V.	Brown, J. V., "The Authorship and Circumstances of 'Hebrews'—Again!" *BSac* 80 (1923) 503–538.
Brown, R.	Brown, R., "Pilgrimage in Faith: The Christian Life in Hebrews". *SWJT* 28 (1985) 28–35.
Brown, R. E.	Brown, R. E., *The Gospel according to John* (AB). Garden City, Nueva York 1966, 1970.
Bruce 1963	Bruce, F. F., " 'To the Hebrews' or 'to the Essenes'?" *NTS* 9 (1963) 217–232.
Bruce 1969a	Bruce, F. F., "Recent Contributions to the Understanding of Hebrews". *ExpTim* 80 (1969) 260–264.
Bruce 1969b	Bruce, F. F., "The Kerygma of Hebrews". *Int* 23 (1969) 3–19.
Bruce 1975	Bruce, F. F., "Apollos in the New Testament". *Ekklesiastikos Pharos* 57 (1975) 354–366.
Bruce 1978	Bruce, F. F., *The Time is Fulfilled.* Exeter, U.K. 1978.
Bruce 1984	Bruce, F. F., *The Epistles to the Colossians, to Philemon, and to the Ephesians.* Grand Rapids, Michigan and Exeter, U.K. 1984.
Bruce 1985	Bruce, F. F., "The Structure and Argument of Hebrews". *SWJT* 28 (1985) 6–12.
Bruce 1987	Bruce, F. F., " 'To the Hebrews': a Document of Roman Christianity?", en Haase, W. (ed.), *Aufstieg und Niedergang der Römischen Welt*, II, 25.4, 3496–3521. Berlin 1987.
Buchanan 1975	Buchanan, G. W., "The Present State of Scholarship on Hebrews", en Neusner, J. (ed.), *Christianity, Judaism and other Greco-Roman Cults, I. Festschrift Morton Smith*, 299–330. Leiden 1975.
Buchanan 1977	Buchanan, G. W., "The Use of Rabbinic Literature for New Testament Research". *BTB* 7 (1977) 110–122.
Büchel	Büchel, F., "Das Hebräerbrief und das Alte Testament". *TSK* 79 (1906) 508–591.
Büchsel 1922	Büchsel, F., *Die Christologie des Hebräerbriefes.* Gütersloh 1922.
Büchsel 1926	Büchsel, F., *Der Geist Gottes im Neuen Testament.* Gütersloh 1926.

Bullock   Bullock, M. R., *The Recipients and Destination of Hebrews*. Dissertation, Dallas Theological Seminary 1977.

Bulman   Bulman, J. M., "The Only Begotten Son". *Calvin Theological Journal* 16 (1981) 56–79.

Bultmann   Bultmann, R., "Ursprung und Sinn der Typologie als hermeneutische Methode". *TLZ* 75 (1950) 205–212.

Buntness   Buntness, J. H., "Plato, Philo and the Author of Hebrews". *LQ* 10 (1958) 54–64.

Burch 1921   Burch, V., "Factors in the Christology of the Letter to the Hebrews". *Expositor*, 8th series, XXI (1921) 68–79.

Burch 1936   Burch, V., *The Epistle to the Hebrews. Its sources and message*. Londres 1936.

Burggaler 1908   Burggaler, E., "Das literarische Rätsel des Hebräerbriefes". *ZNW* 9 (1908) 110–131.

Burggaler 1910   Burggaler, E., "Neue Untersuchungen zum Hebräerbrief". *TRu* 13 (1910) 369–381, 409–417.

Burns   Burns, D. K., "The Epistle to the Hebrews". *ExpTim* 47 (1935–36) 184–189.

Burton   Burton, E. de W., *Syntax of the Moods and Tenses in New Testament Greek*. Edinburgh ²1894.

Burrows 1957   Burrows, M., *The Dead Sea Scrolls, with Translations*. Londres 1957.
Burrows 1958   Burrows, M., *More Light on the Dead Sea Scrolls*. Londres 1958.
Byington   Byington, S. T., "Hebrews x,1". *ExpTim* 55 (1943) 54.
Byrne   Byrne, B., *'Seed of Abraham'—'Sons of God'*. Rome 1979.
Caballero Cuesta   Caballero Cuesta, J. M., "Para mejor comprender la 'Carta a los Hebreos'". *Burgense* 29/2 (1988) 367–415.

Cadbury 1924   Cadbury, H. J., "The ancient physiological notions underlying Joan., I,13 and Hebr., XI,11". *Expositor*, 9th series, II.430–439.

Cadbury 1930   Cadbury, H. J., "Θεατρίζω no longer a New Testament Hapax Legomenon". *ZNW* 29 (1930) 60–63.

Caird 1959   Caird, G. B., "The Exegetical Method of the Epistle to the Hebrews". *CJT* 5 (1959) 44–51.

Caird 1961   Caird, G. B., "Under-estimated theological books: Alexander Nairne's *The Epistle of Priesthood*". *ExpTim* 72 (1961) 204–206.

Caird 1969   Caird, G. B., "Towards a Lexicon of the Septuagint". *JTS* n.s. 20 (1969) 21–40.

Camacho   Camacho, H. S., "The Altar of Incense in Hebrews 9:3–4". *AUSS* 24/1 (1986) 5–12.

Cambier 1950   Cambier, J., "Eschatologie et hellénisme dans l'épître aux Hébreux". *Analecta Biblica et Orientalia* II/12 (1950) = *Salesianum* XI/1 (1949).

Cambier 1965   Cambier, J., "Hebrews", en Robert, A., y A. Feuillellet, *Introduction to the New Testament*, 526–548. Nueva York 1965. ET of *Introduction à la Bible*, II. París 1959.

Campbell, J. C.   Campbell, J. C., "In a Son. The Doctrine of Incarnation in the Epistle to the Hebrews". *Int* 10 (1956) 24–38.

Campbell, K. M.   Campbell, K. M., "Covenant or Testament? Heb. 9.16s. reconsidered". *EvQ* 44 (1972) 97–111.

Campenhausen   Campenhausen, H. von, "Das Alte Testament als Bibel der Kirche", en Campenhausen, H. von, *Aus der Frühzeit des Christentums*, 152–196. Tübingen 1963.

Campos	Campos, J., "A Carta aos Hebreus como apelo á superação de 'Certa religiosidade popular'". *RCB* 8 (1984) 122–124.
Cantalamessa	Cantalamessa, R., "Il papiro Chester Beatty III ($\mathfrak{P}^{46}$) e la tradizione indiretta di Hebr. x,1". *Aegyptus* 45 (1965) 194–251.
Cappell	Cappell, J., *Observationes in epistolam ad Hebraeos*. Amsterdam 1657.
Carlston 1959	Carlston, C. E., "Eschatology and Repentance in the Epistle to the Hebrews". *JBL* 78 (1958) 296–302.
Carlston 1978	Carlston, C. [E.], "The Vocabulary of Perfection in Philo and Hebrews", en Guelich, R. A. (ed.), *Unity and Diversity in New Testament Theology*, 133–159. Grand Rapids, Michigan 1978.
Carlston 1990	Carlston, C. E., "Commentaries on Hebrews: A Review Article". *Andover Newton Review* 1 (1990) 27–45.
Carmignac	Carmignac, J., "La notion d'eschatologie dans la Bible et à Qumran". *RQ* 7 (1969) 17–31.
Carmona	Carmona, A. R., "La figura de Melquisedec en la literatura targúmica". *EstBib* 37 (1978) 79–102 Carpzov Carpzovius, J. B., *Sacrae Exercitationes in S. Pauli Epistolam ad Hebraeos ex Philone Alexandrino*. Helmstadii (Helmstedt) 1750.
Carr	Carr, G. L., "The Old Testament Love Songs and their use in the New Testament". *JETS* 24 (1981) 97–105.
Carroll	Carroll, R. P., "The Sisyphean Task of Biblical Transformation". *SJT* 30 (1977) 501–521.
Carson	Carson, D. A., D. J. Moo, and L. Morris, *Introduction to the New Testament*. Grand Rapids, Michigan 1991.
Casalini 1984a	Casalini, N., "Una *Vorlage* extra-biblica in Ebr 7,1–3?" *Liber Annuus* XXIV (1984) 109–148.
Casalini 1984b	Casalini, N., "Ebr 7.1–10: Melchisedek prototipo di Cristo". *Liber Annuus* XXIV (1984) 149–190.
Casalini 1987	Casalini, N., "I sacrifici dell' antica alleanza nel piano salvifico di Dio secundo la Lettera agli Ebrei". *RevBib* 35.4 (1987) 443–464
Casalini 1989	Casalini, N., Dal simbolo alla realtà: L'espiazione dall' Antica alla Nuova Alleanza secondo Ebr 9, 1–14. Una proposta esegetica (Studium Biblicum Franciscanum 26). Jerusalem 1989.
Casey, J. M. 1977	Casey, J. M., *Eschatology in Heb 12:14–29: An Exegetical Study*. Dissertation, Catholic Universidad de Leuven 1977.
Casey, J. M. 1982	Casey, J. M., "Christian assembly in Hebrews: a fantasy island?" *TD* 30.4 (1982) 323–335.
Cassien	Cassien, J., "Jésus le précurseur (Hébr VI, 19–20)". *Theology* 27 (1956) 104–122.
Castelvecchi	Castelvecchi, J., "La homologia en la carta a los Hebreos". Ciencia e Fe 19 (1963) 329–369.
Cueva	Cueva, C. H., *The Influences of the Lectionary of the Synagogue on the Formation of the Epistle to the Hebrews*. M.A. thesis, Nottingham 1960.
Cerfaux	Cerfaux, L., "Le sacre du grand-prêtre d'après Héb 5,5–10". *BVC* 21 (1958) 54–58.
Chapman	Chapman, J., "Aristion, author of the Epistle to the Hebrews". *RBén* 22 (1905) 50–64.
Charles, D. J.	Charles, D. J., "The Angels, Sonship and Birthright in the Letter to the Hebrews". *JETS* 33 (1990) 171–178.
Charles, R. H.	Charles, R. H., *The Book of Jubilees*. Londres 1902.

Childs	Childs, B. S., *Biblical Theology in Crisis*. Philadelphia, Pennsylvania 1970.
Childs 1984	Childs, B. S., *The New Testament as Canon. An Introduction*. Londres 1984, 400–417.
Chilton	Chilton, B., "A Comparative Study of Synoptic Development: The Dispute between Cain and Abel in the Palestinian Targums and the Beelzebul Controversy in the Gospels". *JBL* 101 (1982) 553–562.
Chomsky	Chomsky, N., *Aspects of the Theory of Syntax*. Cambridge, Massachusetts 1965.
Chopineau	Chopineau, J., "Midrache sur aujourd'hui". *Foi et Vie* 79 (1990) 85–89.
Cilia	Cilia, L., "La novità del culto sacrificiale cristiano secondo Eb 13,15–16", en *Sangue ed antropologia. (IV) Nella liturgia*, 737–822. Rome 1984.
Cladder	Cladder, H., "Hebr I,1–V,10 und V,11–X,39". *ZKT* 1905.1–27, 500–524.
Clark 1959–60	Clark, K. W., "Worship in the Jerusalem Temple after A.D. 70". *NTS* 6 (1959–60) 269–280.
Clark 1972	Clark, K. W., "The Meaning of APA", en Barth, E. H., y R. E. Cocroft (ed.), *Festschrift to Honor F. Wilbur Gingrich*. Leiden 1972.
Clark 1980	Clark, K. W., *The Gentile Bias and other essays* (*NovTSup* 54). Leiden 1980.
Clarkson	Clarkson, M. E., "The Antecedents of the High Priest Theme in Hebrews". *ATR* 89 (1947) 95.
Clavier	Clavier, H., "Ὁ λόγος τοῦ θεοῦ dans l'épître aux Hébreux", en Higgins, A. J. B. (ed.), *Essays in Memory of T. W. Manson*, 81–93. Manchester 1959.
Cleary	Cleary, M., "Jesus, Pioneer and Source of Salvation. The Christology of Heb. 1–6". *Bible Today* 18 (1973) 1242–1248.
Clemen, A.	Clemen, A., *Der Gebrauch des Alten Testaments in den neutestamentlichen Schriften*. Gütersloh 1895.
Clemen, C.	Clemen, C., "The Oldest Christian Sermon (Hebrews iii. and iv.)". *Expositor*, 5th series, III (1896) 392–400.
Clements 1976	Clements, R. E., "Covenant and Canon in the Old Testament", en McKinney, R. W. A. (ed.), *Christ, Creation and Culture*, 1–12. Edinburgh 1976.
Clements 1985	Clements, R. E., "The Use of the Old Testament in Hebrews". *SWJT* 28 (1985) 36–45.
Cockerill 1978	Cockerill, G. L., "Heb 1:1–14, *1 Clem.* 36:1–6 and the High Priest Title". *JBL* 97 (1978) 437–440.
Cockerill 1979	Cockerill, G. L., *The Melchizedek Christology in Heb. 7:1–28*. Ann Arbor, Michigan 1979.
Cockerill 1991	Cockerill, G. L., "Melchizedek or 'King of Righteousness.'". *EvQ* 63 (1991) 305–312.
Cody 1960	Cody, A., *Heavenly Sanctuary and Liturgy in the Epistle to the Hebrews*. St. Meinrad, Illinois 1960.
Coffin	Coffin, E. A., "The Binding of Isaac in Modern Israeli Literature", en O'Connor, M. P. (ed.), *Backgrounds for the Bible*, 429–444. Winona Lake, Indiana 1987.
Coless	Coless, B. E., "The Letter to the Hebrews and the Song of the Pearl". *Abr-Nahrain*, Melbourne 25 (1987) 40–55.

Collins, B.	Collins, B., "Tentatur nova interpretatio Hebr 5,11–6,8". *VD* 26 (1948) 144–151, 193–206.
Collins, R. F.	Collins, R. F., *Letters that Paul did not Write: The Epistle to the Hebrews and the Pauline Pseudepigrapha*. Wilmington, Delaware 1988.
Colson	Colson, F. H., "Philo's Quotations from the Old Testament". *JTS* n.s. 41 (1940) 237–251.
Combrink	Combrink, H. J. B., "Some Thoughts on the Old Testament Citations in the Epistle to the Hebrews". *Neot* 5 (1971) 21–36.
Conybeare	Conybeare, F. C., *Philo about the Contemplative Life*. Oxford 1893
Cooke 1961	Cooke, G., "The Israelite King as Son of God". *ZAW* 73 (1961) 202–225.
Cooke 1964	Cooke, G., "The Sons of (the) God(s)". *ZAW* 35 (1964) 22–47.
Coppens 1956	Coppens, J., "La portée messianique du Psaume CX". *ETL* 32 (1956) 5–24.
Coppens 1959	Coppens, J., "Les apports du Psaume CX à l'idéologie royale israélite", en *The Sacral Kingship/La Regalità Sacra* (Supplements to *Numen* IV), 331–348.
Coppens 1962	Coppens, J., "Les affinités qumraniennes de l'épître aux Hébreux. I. État de la question et position du problème. II. Les apports respectifs de Qumran et du judaïsme hellénistique à la théologie de l'épître". *NRT* 84 (2) 128–141; (3) 257–282.
Coppens 1976	Coppens, J., "Le Fils de l'homme dans le dossier paulinien". *ETL* 52 (1976) 309–330.
Cosby	Cosby, M. R., *The Rhetorical Composition and Function of Hebrews 11, in Light of Example Lists in Antiquity*. Macon, Georgia, USA 1988.
Coste	Coste, J., "Notion grecque et notion biblique de la 'souffrance éducatrice'. A propos de Héb. 5.7–8". *RSR* 43 (1955) 481–523
Cothenet	Cothenet, É., P. Le Fort, P. Prigent, and L. Dussaut, *Les écrits de Saint Jean et l'Épître aux Hébreux*. París 1984.
Courter	Courter, J. L., *Semantic Structure Analysis of Hebrews 1–10 and analysis of quotes in the discourse structure*. M.A. tesis, University of Texas en Arlington 1983.
Cox	Cox, W. L. Paige, *The Heavenly Priesthood of Our Lord*. Oxford 1929, 1938.
Cranfield	Cranfield, C. E. B., "Hebrews 13.20s". *SJT* 20 (1967) 437–441.
Creed	Creed, J. M., "Great Texts Reconsidered (Hebr. xiii,10)". *ExpTim* 50 (1938–39) 13–15.
Cullmann	Cullmann, O., *Die Christologie des Neuen Testaments*. Tübingen 1957. ET *The Christology of the New Testament*. Londres 1959.
Culpepper	Culpepper, R. H., "The High Priesthood and Sacrifice of Christ in the Epistle to the Hebrews". *Theological Educator* 32 (1985) 46–62.
Cuming	Cuming, A., "Service-Endings in the Epistles". *NTS* 22 (1975) 110–113.
Dahl 1941	Dahl, N. A., *Das Volk Gottes. Eine Untersuchung zum Kirchenbewusstsein des Urchristentums*. Oslo 1941, reprinted Darmstadt 1963.
Dahl 1951	Dahl, N. A., "A New and Living Way. The approach to God according to Hebrews 10:19–25". *Int* 5 (1951).
Dahms	Dahms, J. V., "The First Readers of Hebrews". *JETS* 20 (1977) 365–375.

Daly 1978a — Daly, R. J., *The Origins of the Christian Doctrine of Sacrifice*. Philadelphia y Londres 1978.

Daly 1978b — Daly, R. J., "The New Testament Concept of Christian Sacrificial Activity". *BTB* 8 (1978) 99–107.

D'Angelo — D'Angelo, M. R., *Moses in the Letter to the Hebrews*. Missoula, Montana 1979.

Daniel — Daniel, S., *Recherches sur le vocabulaire du culte dans la Septante*. París 1966.

Daniélou — Daniélou, J., *Sacramentum futuri*. París 1950. ET *From Shadows to Reality*. Londres 1960.

Daniélou 1955 — Daniélou, J., "La communauté de Qumrân et l'organisation de l'Église ancienne". *RHPR* 35 (1955) 104–115.

Daniélou 1957 — Daniélou, J., *Eschatologie sadocite et eschatologie chrétienne. Les manuscrits de la Mer Morte*. París 1957.

Daniélou 1958 — Daniélou, J., *Qumran und der Ursprung des Christentums*. Mainz 1958.

Darnell — Darnell, D. R., *Rebellion, Rest, and the Word of God: an exegetical study of Heb. 3:1–4:13*. Disertación, Duke University, South Carolina 1973.

Daube 1949 — Daube, D., "Rabbinic Methods of Interpretation and Hellenistic Rhetoric". *HUCA* 22 (1949) 239–264.

Daube 1953 — Daube, D., "Alexandrian Methods of Interpretation and the Rabbis", en *Festschrift Hans Lewald*, 25–44. Basel 1953.

Daube 1956 — Daube, D., *The New Testament and Rabbinic Judaism*. Londres 1956.

Dautzenberg — Dautzenberg, G., "Der Glaube im Hebräerbrief". *BZ* 17 (1973) 161–177.

Davidson, R. M. — Davidson, R. M., *Typology in Scripture: a study of hermeneutical $\tau\acute{u}\pi o\varsigma$ structures*. Berrien Springs, Michigan 1981.

Davies 1968 — Davies, J. H., "The Heavenly Work of Christ in Hebrews", en TU 102 (= *SE* IV), 384–389. Berlin 1968.

Davies and Allison — Davies, W. D., y D. C. Allison, *The Gospel according to Saint Matthew*. Edinburgh, vol. 1, 1988; vol. 2, 1991.

De Jonge, H. J. — De Jonge, H. J., "Traditie en exegese: de hogepriesterchristologie en Melchizedek in Hebreeën". *NedTTS* 37 (1983) 1–19.

De Jonge, M. — De Jonge, M., "Christian Influence in the Testaments of the Twelve Patriarchs", en De Jonge, M. (ed.), *Studies on the Testaments of the Twelve Patriarchs*, 193–246. Leiden 1975.

De Jonge-van der Woude — De Jonge, M., and A. S. van der Woude, "11QMelch and the New Testament". *NTS* 12 (1966) 301–326.

De Keulenaer — De Keulenaer, J., "De epistola ad Hebraeos 5,1–4; 5,7–10; 6.20–7.3". *Collectanea Mechliniensa* 34 (1934) 417–420; 35 (1935) 404–406; 37 (1937) 582s.

De Young — De Young, J. C., *Jerusalem in the New Testament. The Significance of the City in the History of Redemption and in Eschatology*. Kampen, Netherlands 1960.

Deichgräber — Deichgräber, R., *Gotteshymnus und Christushymnus in der frühen Christenheit*. Göttingen, Germany 1967.

Deissmann 1897 — Deissmann, G. A., *Neue Bibelstudien*. Marburg 1897.

Deissmann 1902 — Deissmann, G. A., "Die Sprache der griechischen Bibel". *TRu* 5 (1902) 59–69.

Delcor 1971 — Delcor, M., "Melchizedek from Genesis to the Qumran texts and the Epistle to the Hebrews". *JSJ* II.2 (1971) 115–135.

Delcor 1973 — Delcor, M., *Le Testament d'Abraham*. Leiden, Netherlands 1973.

Delling — Delling, G., *Die Taufe im Neuen Testament*. Berlin 1963.

Del Medico — Del Medico, H. E., "Melchisédec". *ZAW* 69 (1957) 160–170.

Delorme — Delorme, J., "Sacrifice, sacerdoce, consécration. Typologie et analyse sémantique du discours". *RSR* 63 (1975) 343–366.

Delporte — Delporte, L., "Les principes de la typologie biblique et les éléments figuratifs du sacrifice de l'expiation". *ETL* 3 (1926) 307–327.

Del Verme 1986 — Del Verme, M., "La 'prima decima' giudaica nella pericope di *Ebrei* 7,1–10". *Henoch* 8 (1986) 339–363.

Del Verme 1987 — Del Verme, M., "La 'prima decima' nel Giudaismo del Secondo Tempio". *Henoch* 9 (1987) 5–38.

Delville — Delville, J.-P., "L'Epître aux Hébreux à la lumière du prosélytisme juif". *Revista Catalana de Teologia* 10/2 (1985) 323–368.

Demarest 1976 — Demarest, B., *A History of the Interpretation of Hebrews 7, 1–10 from the Reformation to the Present Day*. Tübingen 1976.

Demarest 1977 — Demarest, B., "Hebrews 7:3; a *crux interpretum* historically considered". *EvQ* 49 (1977) 141–162.

De Pinto — De Pinto, L., "Mondo, polis, ecumene nell' epistola agli Ebrei", en De Gennar, G. (ed.), *Il cosmo nella Bibbia*, 431–467. 1983.

Derambure — Derambure, J., "Melchisédech, type du Messie". *Revue Augustinienne* 1908.36–62.

Derrett — Derrett, J. M. M., "Mt 23,8–10 a Midrash on Is 54.13 and Jer 31.33–34". *Bib* 62 (1981) 372–386.

Des Places — Des Places, E., "Epithètes et attributs de la Sagesse (Sg 7,22–23 et *SVF* I 557 Arnim)". *Bib* 57 (1976) 414–419.

Descamps 1954a — Descamps, A., "La structure de l'épître aux Hébreux". *Revue Diocésaine de Tournai* IX (1954) 251–258.

Descamps 1954b — Descamps, A., "Le sacerdoce du Christ d'après l'épître aux Hébreux". *Revue Diocésaine de Tournai* IX (1954) 333–338.

Deshpande — Deshpande, P. J., *St Jude as the Author of Hebrews*. No publicada, 1981.

DeVries — DeVries, S. J., *Yesterday, Today and Tomorrow*. Grand Rapids, Michigan 1975.

Dey — Dey, L. K. K., *The Intermediary World and Patterns of Perfection in Philo and Hebrews*. Missoula, Montana 1975.

Dhôtel — Dhôtel, J. C., "La 'sanctification' du Christ d'après Héb. II.11. Interprétation des Pères et des scolastiques médiévaux". *RSR* 47 (1959) 515–543; 48 (1960) 420–452.

Dibelius, F. — Dibelius, F., *Der Verfasser des Hebräerbriefes*. Strasbourg 1910.

Dibelius 1942 — Dibelius, M., "Der himmlische Kultus nach dem Hebräerbrief". *TBl* 21 (1942) cols. 1–11. Reimpreso por Bornkamm, G. (ed.), *Botschaft und Geschichte*, 160–176. Tübingen 1956.

Dibelius 1953 — Dibelius, M., "Gethsemane", en Bornkamm, G., and H. Kraft (ed.), *Botschaft und Geschichte. Gesammelte Aufsätze*, I.258–271. 1953.

Dibelius 1956 — Dibelius, M., "ἐπίγνωσις ἀληθείας", en Bornkamm, G., and H. Kraft (ed.), *Botschaft und Geschichte. Gesammelte Aufsätze*, II.1–13. 1956.

Dickie — Dickie, J., "The Literary Riddle of the 'Epistle to the Hebrews'". *Expositor*, 8th series, V (1913) 371–378

Díez Macho — Díez Macho, A., *"Děraš y exégesis del Nuevo Testamento"*. *Sefarad* 35 (1975) 37–89.

Dimmler — Dimmler, E., *Melchisedech. Gedanken über das Hohepriestertum Christi nach dem Hebräerbrief*. Kempten, Germany 1921.

Dobschütz — Dobschütz, E. von, "Rationales und irrationales Denken über Gott im Urchristentum. Eine Studie besonders zum Hebräerbrief". *TSK* 95 (1923–24) 235–255.

Dodd 1932 — Dodd, C. H., *The Epistle of Paul to the Romans* (Moffatt New Testament Commentary). Londres 1932.

Dodd 1936 — Dodd, C. H., *The Apostolic Preaching and its Developments*. Londres 1936.

Dodd 1938 — Dodd, C. H., *History and the Gospel*. Londres 1938.

Dodd 1952a — Dodd, C. H., *According to the Scriptures. The Sub-structure of New Testament Theology*. Londres 1952.

Dodd 1952b — Dodd, C. H., *The Old Testament in the New*. Londres 1952.

Doormann — Doormann, F., "Deinen Namen will ich meinen Brüdern verkünden (Hebr 2,11–13)". *BibLeb* 14 (1973) 245–252.

Dorival — Dorival, G., M. Harl, and O. Munnich, *La Bible grecque des Septante. Du judaïsme hellénistique au christianisme ancien* (Initiations au christianisme ancien). París 1988.

Dörrie 1955a — Dörrie, H., "Zu Hebr 11:1". *ZNW* 46 (1955) 196–202.

Dörrie 1955b — Dörrie, H., "Ὑπόστασις. Wort-und Bedeutungsgeschichte". *Nachrichten der Akademie der Wissenschaften in Göttingen aus dem Jahre 1955*, Philosophisch-historische Klasse, 35–92. Göttingen 1955.

Dörrie 1956 — Dörrie, H., "Leid und Erfahrung. Die Wort-und Sinn-Verbindung παθεῖν-μαθεῖν im griechischen Denken". *Abhandlungen der Wissenschaften und der Literatur in Mainz, Wiesbaden, Geistes-und Sozialwissenschaftliche Klasse*, 5.307–318. Mainz 1956.

Dormandy — Dormandy, R., "Hebrews 1:1–2 and the Parable of the Wicked Husbandmen". *ExpTim* 100 (1989) 371–375.

Doty — Doty, W. G., *Letters in Primitive Christianity*. Philadelphia 1973.

Drane — Drane, J. W., *Introducing the Bible*, 756–764. Oxford 1990.

Dreyfus — Dreyfus, F., "L'actualisation à l'intérieur de la Bible". *RB* 83 (1976) 161–202.

Dubarle — Dubarle, A. M., "Rédacteur et destinataires de l'épître aux Hébreux". *RB* 48 (1939) 506–529.

Du Bose, W. P. — Du Bose, W. P., *High Priesthood and Sacrifice*. Londres 1908.

Dulière — Dulière, W. L., "Antioche et la Lettre aux Hébreux. Essai de datation de la Lettre". *ZRGG* 13 (1961) 216–219.

Dumbrell — Dumbrell, W. J., "The Spirits of Just Men Made Perfect". *EvQ* 48 (1976) 154–159.

Dunkel — Dunkel, F., "Expiation et jour des expiations dans l'épître aux Hébreux". *Revue Réformée* 33 (1982) 63–71.

Dunn 1970 — Dunn, J. D. G., *Baptism in the Holy Spirit*. Londres 1970.

Dunn 1977 — Dunn, J. D. G., *Unity and Diversity in the New Testament*. Londres 1977.

Dunn 1980 — Dunn, J. D. G., *Christology in the Making*. Londres y Philadelphia 1980.

Duplacy — Duplacy, J., "La lecture chrétienne du psaume huit à l'école de la Bible". *BVC* 18 (1957) 85–93.

Du Plessis	Du Plessis, P. J., *Teleios. The idea of perfection in the New Testament*. Kampen, 1959.
Dupont	Dupont, J., " 'Assis à la droite de Dieu'. L'interprétation du Ps. 110,1 dans le Nouveau Testament", en Ghiberti, G. (ed.), *Resurrexit. Actes du symposium international sur la Résurrection de Jésus*, 340–422. Rome 1974.
Dussaut	Dussaut, L., *Synopse structurelle de l'épître aux Hébreux*. París 1981.
Dyck	Dyck, T. L., *Jesus our Pioneer:* Ἀρχηγός *in Heb. 2:5–18; 12:1–3....* Disertación, Northwest Baptist Theological Seminary 1980.
Eagar	Eagar, A. R., "The Authorship of the Epistle to the Hebrews". *Expositor* X (1904) 74–80, 110–123.
Eaton	Eaton, J. H., *The Psalms*. Londres 1967.
Eccles	Eccles, R. S., "The Purpose of the Hellenistic Patterns in the Epistle to the Hebrews", en Neusner, J. (ed.), *Religions in Antiquity*, 207–226. Leiden 1968.
Ejengele Ngoupa	Ejengele Ngoupa, H., *La Perfection dans l'épître aux Hébreux*. Tesis, Montpellier 1982.
Elbogen	Elbogen, I., *Der jüdische Gottesdienst in seiner Geschichtliche Entwicklung*. Frankfurt a.M. ²1931.
Ellingworth 1977	Ellingworth, P., "Just like Melchizedek". *BT* 28 (1977) 236–239.
Ellingworth 1978	Ellingworth, P., "New Testament Text and Old Testament Context in Heb. 12.3". *Studia Biblica 1978* III.89–96 (*JSNT Supplement* 3).
Ellingworth 1979	Ellingworth, P., "Hebrews and 1 Clement: Literary Dependence or Common Tradition?" *BZ* 23 (1979) 262–269.
Ellingworth 1983	Ellingworth, P., " 'Like the Son of God': form and content in Hebrews 7:1–10". *Bib* 64 (1983) 252–262.
Ellingworth 1985a	Ellingworth, P., "Reading through Hebrews". *Epworth Review*, January 1985.80–88.
Ellingworth 1985b	Ellingworth, P., "The Unshakable Priesthood: Hebrews 7.24". *JSNT* 23 (1985) 125–126.
Ellingworth 1986	Ellingworth, P., "Jesus and the Universe in Hebrews". *EvQ* 58 (1986) 337–350.
Elliott 1972	Elliott, J. K., "When Jesus was apart from God: an examination of Heb. 2:9". *ExpTim* 83 (1972) 339–341.
Elliott 1977	Elliott, J. K., "Is post-baptismal sin forgivable?" *BT* 28 (1977) 330–332.
Elorduy	Elorduy, E., "La Teología de la Alianza y la Escritura". *EstEc* 36 (1961) 335–376.
Eltester	Eltester, F. W., *Eikon im Neuen Testament*. ZNW Beiheft 23, 1958
Emerton 1966	Emerton, J. A., "Melchizedek and the Gods: fresh evidence for the Jewish background of John X.34–36". *JTS* n.s. 17.399–401.
Emerton 1977	Emerton, J. A., "Problems of Habakkuk II.4–5". *JTS* n.s. 28 (1977) 1–18.
Emery	Emery, P. Y., *Le Christ notre récompense*. Neuchâtel 1962.
Endemann	Endemann, K., "Ueber den Verfasser des Hebräerbriefes". *Neue Kirchliche Zeitschrift* 1910.102–126.
English	English, E. S., *Studies in Hebrews*. Traveler's Rest, South Carolina 1955.
Enslin	Enslin, M. S., *Christian Beginnings*. Nueva York 1938.

Esbroeck   Esbroeck, M. van, "Héb. XI,33–38 dans l'ancienne version géorgienne". *Bib* 53 (1972) 43–64.

Esteve   Esteve, H. M., De caelesti mediatione sacerdotali Christi juxta Hebraeos 8,3–4. Madrid 1949.

Eybers   Eybers, I. H., "The Addressees and Author of the Epistle to the Hebrews". *Theologia Evangelica* 4 (1971) 101–117.

Fabris   Fabris, R., "La Lettera agli Ebrei e l'Antico Testamento". *RevBíb* 32 (1984) 237–252.

Fahey   Fahey, M. A., *Cyprian and the Bible. A study in third century exegesis*. Tübingen 1971.

Fairbairn   Fairbairn, P., *The Typology of Scripture*. Edinburgh 1847, reprinted 1975.

Fascher   Fascher, E., "Theologische Beobachtungen zu δεῖ", en Eltester, W. (ed.), *Neutestamentliche Studien für R. Bultmann zu seinem 70. Geburtstag* (BZNW 21), 228–254. 1954, ²1957 *Fauna Fauna and Flora of the Bible*. Nueva York, ²1980.

Feld 1971   Feld, H., *Martin Luthers und Wendelin Steinbachs Vorlesungen über den Hebräerbrief*. Wiesbaden 1971.

Feld 1976   Feld, H., *Das Verständnis des Abendmahls* (Erträge der Forschung 50). Darmstadt 1976.

Feld 1985   Feld, H., *Der Hebräerbrief* (Erträge der Forschung 228). Darmstadt 1985.

Feld 1987   Feld, H., "Der Hebräerbrief: Literarische Form, religionsgeschichtlicher Hintergrund, theologische Fragen", en Haase, W. (ed.), *Aufstieg und Niedergang der Römischen Welt*, II, 25.4.3522-3601.

Fensham   Fensham, F. C., "Hebrews and Qumran". *Neot* 5 (1971) 9–21.

Fenton   Fenton, J. C., "The Argument in Hebrews". *SE* 7 (1982) 175–181

Fernández   Fernández, V. M., "La vida sacerdota de los cristianos según la carta a los Hebreos". *RevBíb* 52 (90) 145–152.

Ferris   Ferris, T. E. S., "A Comparison of 1 Peter and Hebrews". *Church Quarterly Review* 3 (1930–31) 123–127.

Feuillet 1961   Feuillet, A., "L'Attente de la Parousie et du jugement dans l'épître aux Hébreux". *BVC* 42 (1961) 23–31.

Feuillet 1964   Feuillet, A., "Les points de vue nouveaux dans l'eschatologie de l'épître aux Hébreux". TU 87 = *SE* II, 369–387. Berlin 1964.

Feuillet 1975   Feuillet, A., *Le sacerdoce du Christ et de ses ministres*. París 1972. ET *The Priesthood of Christ and His Ministers*. Nueva York 1975.

Feuillet 1976   Feuillet, A., "L'Évocation de l'agonie de Gethsémani dans l'épître aux Hébreux". *Esprit et Vie* 86 (1976) 49–53.

Feuillet 1978   Feuillet, A., "Le 'commencement' de l'économie chrétienne d'après He ii.3–4; Mc i.1 et Ac i.1–2". *NTS* 24 (1978) 163–174.

Feuillet 1984   Feuillet, A., "Une triple préparation du sacerdoce du Christ dans l'Ancien Testament: introduction à la doctrine sacerdotale de l'épître aux Hébreux". *Divinitas* 28 (1984) 103–136.

Feuillet 1988   Feuillet, A., "Le dialogue avec le monde non-chrétien dans les épîtres pastorales et l'épître aux Hébreux". *Esprit et Vie* 98 (1988) 152–159.

Field, F.   Field, F., *Notes on the Translation of the New Testament*. Cambridge, U.K. 1899.

Field, J. E.   Field, J. E., *The Apostolic Liturgy and the Epistle to the Hebrews*. Londres 1882.

Filson   Filson, F. V., *Yesterday*. Londres 1967.

Fiorenza   Fiorenza, E., "Der Anführer und Vollender unseres Glaubens. Zum theologischen Verständnis des Hebräerbriefes", en Schreiner, J. (ed.), *Gestalt und Anspruch des Neuen Testaments*, 262–281. Würzburg 1969.

Fisher   Fisher, L. R., "Abraham and his priest-king". *JBL* 81 (1962) 264–270.

Fitzer   Fitzer, G., "Auch der Hbf legitimiert nicht eine Opfertodchristologie. Zur Frage der Intention des Hbfs und seiner Bedeutung für die Theologie". *KD* 15 (1969) 294–319.

Fitzmyer 1957 Fitzmyer, J. A., " '4QTestimonia' and the New Testament". *TS* 18 (1957) 513–537. Reprinted in Fitzmyer 1971.59–89.

Fitzmyer 1960–61 Fitzmyer, J. A., "The Use of Explicit Old Testament Quotations in Qumran Literature and in the New Testament".*NTS* 7 (1960–61) 297–333. Reimpreso en Fitzmyer 1971.1–58.

Fitzmyer 1963 Fitzmyer, J. A., " 'Now this Melchizedek ...'". *CBQ* 25 (1963) 305–321. Reimpreso en Fitzmyer 1971.221–243.

Fitzmyer 1967 Fitzmyer, J. A., "Further Light on Melchizedek from Qumran Cueva 11". *JBL* 86 (1967) 25–41. Reimpreso en Fitzmyer 1971.245–267.

Fitzmyer 1971 Fitzmyer, J. A., *Essays on the Semitic Background of the New Testament*. Londres 1971.

Fitzmyer 1974 Fitzmyer, J. A., "Some Notes on Aramaic Epistolography". *JBL* 93 (1974) 201–225.

Fitzmyer 1981 Fitzmyer, J. A., "On the use of Hab. 2:3–4 in the New Testament", en Carrez, M., et al. (ed.), *De la Tôrah au Messie*, 447–445. París 1981.

Flemington   Flemington, W. F., *The New Testament Doctrine of Baptism*. Londres 1948.

Flew   Flew, R. N., *The Idea of Perfection in Christian Theology*. Oxford 1934.

Floor   Floor, L., "The General Priesthood of Believers in the Epistle to the Hebrews". *Neot* 5 (1971) 72–82.

Fonseca   Fonseca, L. G. da, "Διαθήκη—Foedus an Testamentum?" *Bib* 8 (1927) 31–40, 161–181, 290–319, 418–431; 9 (1928) 26–40.

Ford   Ford, J. M., "The First Epistle to the Corinthians or the First Epistle to the Hebrews?" *CBQ* 28 (1966) 402–416.

Frankowski 1965 Frankowski, J., "Requies, Bonum Promissum populi Dei in Vetero Testamento et in Judaismo (Hebr. 3,7–4,11)". *VD* 43 (1965) 124–149, 225–240.

Frankowski 1968–69 Frankowski, J., Le problème de l'auteur de l'Épître aux Hébreux et les étapes de l'exégèse catholique contemporaine". *Studia Theologica Varsaviensia* 6 (1968) 201–233; 7 (1969) 3–33.

Frankowski 1982 Frankowski, J., "Les hymnes chrétiens primitifs cités dans le Nouveau Testament (Essai de révision du problème à la lumière de Hé 1,3)". *Studia Theologica Varsaviensia* 20 (1982) 83–96.

Frankowski 1984a Frankowski, J., *Les Courants et les orientations du développement de la pensée christologique néotestamentaire à la lumière de Hé 1, 3*. Disertación, Warsaw Academy of Catholic Theology 1984.

Frankowski 1984b Frankowski, J., "Courants et tendances de la pensée christologique du Nouveau Testament à la lumière de Hé 1, 3", en Frankowski, J., y S. Medala (ed.). *Studia z biblistyki* 4. Warsaw and Nueva York 1984.

Fransen   Fransen, I., "Jésus Pontife parfait du parfait sanctuaire (épître aux Hébreux)". *BVC* 20 (1957–58) 79–91.

Friedländer   Friedländer, M., "La Secte de Melchisédek et l'épître aux Hébreux". *REJ* 5 (1882) 1–26, 188–198; 6 (1883) 187–199.

Friedrich 1956   Friedrich, G., "Beobachtungen zur messianischen Hohepriestererwartung in den Synoptikern". *ZTK* 53 (1956) 265–311.

Friedrich 1962   Friedrich, G., "Das Lied vom Hohenpriester im Zusammenhang von Hebr 4,14–5,10". *TZ* 18 (1962) 95–115.

Fritsch   Fritsch, C. T., "τὸ ἀντίτυπον", en van Unnik, W. C. (ed.), *Studia Biblica* [for] T. C. Vriezen, 100–107. Wageningen, Netherlands 1966.

Furlani   Furlani, G., "Il significato di ypostasis in Hebr. I,3". *Rivista Trimestriale di Studi Filosòfici e Religiósi* 1922.257–271

Gaide   Gaide, G., "Jésus, le Prêtre unique (Hébreux 4,14–10,25)". *Evangile* 53 (1964) 5–73.

Galizzi   Galizzi, M., Gesù nel Getsemani. Rome 1972.

Galley   Galley, H.-D., "Der Hebräerbrief und der christliche Gottesdienst". *Jahrbuch für Liturgik und Hymnologie* 31 (1987–88) 72–83.

Galling   Galling, K., "Durch die Himmel hindurchgeschritten (Hebr 4:14)". *ZNW* 43 (1950–51) 263s.

Galopin   Galopin, P.-M., "Le Sacerdoce du Christ dans l'épître aux Hébreux". *BVC* 30 (1959) 34–44.

Galot 1979   Galot, J., "Le Sacrifice rédempteur du Christ selon l'épître aux Hébreux". *Esprit et Vie* 89 (1979) 368–377.

Galot 1981   Galot, J., "Le Sacerdoce catholique. III. Le sacerdoce du Christ selon l'épître aux Hébreux". *Esprit et Vie* 91 (1981) 689–696.

Gamble   Gamble, J., "Symbol and Reality in the Epistle to the Hebrews". *JBL* 45 (1926) 162–170.

Gammie 1961–62   Gammie, J. G., *Melchizedek. An exegetical study of Genesis 14 and the Psalter*. Edinburgh 1961–62.

Gammie 1971   Gammie, J. G., "Loci of the Melchizedek Tradition of Gen. 14:18–20". *JBL* 90 (1971) 385–396.

Garnet   Garnet, P., "Hebrews 2:9: *chariti* or *chōris*?" en *Studia Patristica* 18, vol. 1, 321–325. Nueva York 1985.

Gärtner   Gärtner, B., *The Temple and the Community in Qumran and the New Testament*. SNTSMS 1, 1965.

Garvie   Garvie, A. E., "The Author and Finisher of Faith: Lenten Meditations". *Londres Quarterly and Holborn Review* 1940.184–194.

Gaster   Gaster, T. H., "Psalm 45". *JBL* 74 (1955) 239–251.

Gaston   Gaston, L., *No Stone on Another* (*NovTSup* 23). Leiden 1970.

Gayford 1923   Gayford, S. C., "The Aorist Participle in Hebr. 1,3; 7,27; 10,12". *Theology* 7 (1923) 272.

Gayford 1953   Gayford, S. C., *Sacrifice and Priesthood*. Londres 1953.

Gelin   Gelin, A., "Le Sacerdoce du Christ d'après l'épître aux Hébreux", en Études sur le sacrement de l'ordre. Lex Orandi 22 (1957) 43–75. ET "The Priesthood of Christ in. the Epistle to the Hebrews", en *The Sacrament of Holy Orders*, 30–59. Collegeville, Minnesota 1962

Gerleman   Gerleman, G., *Studien zur alttestamentlichen Theologie I*. Heidelberg 1980.

Gianotto   Gianotto, C., Melchisedek e la sua tipologia. Tradizioni giudaiche, cristiane e gnostiche (sec. II a. C.–sec. III d. C.).RevBíb Supplements 12, 1984.

Gilbert   Gilbert, G. H., "The Greek Element in the Epistle to the Hebrews". *AJT* 14 (1910) 521–532.

Giles 1973   Giles, P., *Jesus the High Priest in the Epistle to the Hebrews and in the Fourth Gospel*. M.A. thesis, Manchester 1973; Nueva York 1984.

Giles 1975	Giles, P., "The Son of Man in the Epistle to the Hebrews". *ExpTim* 86 (1975) 328–332.
Gilmore 1984	Gilmore, J. L., "Who wrote Hebrews?" Monografía no publicada, 1984.
Gilmore 1986	Gilmore, J. [L.], "The Genre of Hebrews". Monografía no publicada, 1986.
Giversen	Giversen, S., "Evangelium Veritatis and the Epistle to the Hebrews". *ST* 13 (1959) 87–96.
Glasson	Glasson, T. F., " 'Plurality of Divine Persons' and the quotations in Hebrews i.6ss". *NTS* 12 (1966) 270–272.
Glaze	Glaze, R. E., "Introduction to Hebrews". *Theological Educator* 32 (1985) 20–37.
Glazik	Glazik, J., "Jesus—Apostel und Hohepriester. Skizze einer bibliblischen Missionslehre", en *Mission—der stets grössere Auftrag*, 27–59. Aachen 1979. Reprinted from *Zeitschrift für Missionskunde und Religionswissenschaft* 44 (1960) 87–98, 175–183, 282–292.
Glombitza	Glombitza, O., "Erwägungen zum kunstvollen Ansatz der Paraenese im Brief an die Hebräer X.19–25". *NovT* 9 (1967) 132–150.
Glover	Glover, T. R., "The Writer to the Hebrews", en *The Pilgrim. Essays on Religion*. Londres 1921, 104–124.
Gnilka	Gnilka, J., "Die Erwartung des messianischen Hohenpriesters in den Schriften von Qumran und im Neuen Testament". *RQ* 2 (1960) 395–426.
Goguel	Goguel, M., "La doctrine de l'impossibilité de la seconde conversion dans l'épître aux Hébreux et sa place dans l'évolution du christianisme", en *Annuaire de l'Ecole Pratique des Hautes Etudes (Sciences Religieuses)* 3–38.
Golka	Golka, F. W., "Keine Gnade für Kain", en Albertz, R., et al. (ed.), *Werden und Wirken des Alten Testaments. Festschrift für C. Westermann*, 56–73. Göttingen 1980.
Goodenough	Goodenough, E. R., *Jewish Symbols in the Greco-Roman Period*. 13 vols., Nueva York 1953–68.
Goodspeed 1911	Goodspeed, E. J., "First Clement called forth by Hebrews". *JBL* 30 (1911) 157–160.
Goodspeed 1922	Goodspeed, E. J., *The New Testament. An American Translation*. Chicago 1922.
Goodspeed 1945	Goodspeed, E. J., *Problems of New Testament Translation*. Chicago 1945.
Goodspeed 1954	Goodspeed, E. J., "The Problem of Hebrews". *JBL* 73 (1954) 122
Goodwin	Goodwin, D. R., "On the use of καί in Hebrews X.38". *JBL* 5 (1885), 84–85.
Goppelt 1939, 1982	Goppelt, L., *Typos: die typologische Deutung des Alten Testaments im Neuen*. Darmstadt 1939, reprinted 1969. ET *Typos: The Typological Interpretation of the Old Testament in the New*. Grand Rapids, Michigan 1982.
Goppelt 1976	Goppelt, L., *Theologie des Neuen Testaments*, vol. 2. Göttingen 1976.
Gordon	Gordon, R. P., "Better Promises: Two Passages in Hebrews against the Background of the Old Testament Cultus", en Horbury, W. (ed.), *Templum Amicitiae. Essays on the Second Temple presented to Ernst Bammel (JSOT Supplement* 48). Sheffield, U.K. 1991, 434–449.

Gourges 1976	Gourges, M., "Lecture christologique du Psaume CX et fête de la Pentecôte". *RB* 83 (1976) 5–24.
Gourges 1977	Gourges, M., "Remarques sur la 'structure centrale' de l'épître aux Hébreux. A l'occasion d'une réédition". *RB* 84 (1977) 26–37.
Gourges 1978	Gourges, M., À la droite de Dieu: Résurrection de Jésus et actualisation du Psaume 110:1 dans le Nouveau Testament. París 1978.
Gourges 1981	" 'On t'appelleras d'un nom nouveau.' Jésus nomme Dieu, Dieu nomme Jésus". *VSpir* 135 (1981) 108–126.
Gössmann	Gössmann, F., "Scabellum pedum tuorum". *Divinitas* 11 (1967) 218–280.
Graham	Graham, A. A. K., "Mark and Hebrews". TU 102 = *SE* IV, 411–416. Berlin 1968.
Grant	Grant, R. M., *The Letter and the Spirit*. Londres 1957.
Grässer 1964	Grässer, E., "Der Hebräerbrief 1938–1963". *TRu* 30 (1964) 138–236
Grässer 1965a	Grässer, E., *Der Glaube im Hebräerbrief*. Marburg 1965.
Grässer 1965b	Grässer, E., "Der historische Jesus im Hebräerbrief". *ZNW* 56 (1965) 63–91.
Grässer 1971	Grässer, E., "Zur Christologie des Hebräerbriefes", en Betz, H. D., and L. Schottroff (ed.), *Neues Testament und christliche Existenz*, 196–206. Tübingen 1973. = *Evangelisch-Katholischer Kommentar zum Neuen Testament. Vorarbeiten*, Heft 3, 55–91. Neukirchen, Germany 1971.
Grässer 1972	Grässer, E., "Das Heil als Wort. Exegetische Erwägungen zu Hebr 2,1–4", en Baltensweiler, H., and B. Reicke (ed.), *Neues Testament und Geschichte. Festschrift Cullmann*, 261–274. Zurich 1972.
Grässer 1973a	Grässer, E., "Hebräer 1,1–4. Ein exegetischer Versuch", en Grässer, E., *Text und Situation. Gesammelte Aufsätze*, 182–228. Gütersloh 1973.
Grässer 1973b	Grässer, E., "Christologie und historischer Jesus. Kritische Anmerkungen zu Herbert Brauns Christologieverständnis". *ZTK* 70 (1973) 404–419.
Grässer 1973c	Grässer, E., "Zur Christologie des Hebräerbriefes", en Betz, H. D., and L. Schottroff (ed.), *Neues Testament und christliche Existenz*. Tübingen 1973.
Grässer 1975	Grässer, E., "Beobachtungen zum Menschensohn in Hebr 2,6", en Pesch, R., and R. Schnackenburg (ed.), *Jesus und der Menschensohn*, 404–414. Freiburg 1975.
Grässer 1976	Grässer, E., "Rechtfertigung im Hebräerbrief", en Friedrich, J., et al. (ed.), *Rechtfertigung*. Tübingen 1976.
Grässer 1979	Grässer, E., "Die Heilsbedeutung des Todes Jesus in Hebräer 2,14–18", en Andresen, C., and G. Klein, *Theologia Crucis—Signum Crucis*, 165–184. Tübingen 1979.
Grässer 1985	Grässer, E., *Der Alte Bund im Neuen*. Tübingen 1985.
Grässer 1986	Grässer, E., "Das wandernde Gottesvolk: Zum Basismotif des Hebräerbriefes". *ZNW* 77 (1986) 160–179.
Grässer 1991	Grässer, E., "Neue Kommentare zum Hebräerbrief". *TRu* 56 (1991) 113–139.
Grayston 1975	Grayston, K., "Obedience Language in the New Testament". *Epworth Review* 2 (1975) 72–80.
Grayston 1981	Grayston, K., "ἱλάσκεσθαι and related words in the Septuagint". *NTS* 27 (1981) 640–656.

Grayston 1982	Grayston, K., "Salvation Proclaimed. III. Hebrews 9:11–14". *ExpTim* 93 (1982) 164–168.
Graystone	Graystone, G., "The Dead Sea Scrolls and the New Testament". *Irish Theological Quarterly* 22 (1955) 214–230, 329–346; 23 (1956) 25–48; 24 (1957) 238–258.
Grech 1972–73	Grech, P., "The 'Testimonia' and Modern Hermeneutics". *NTS* 19 (1972–73) 318–324.
Grech 1975	Grech, P., "The Old Testament as a Christological Source". *BTB* 6 (1975) 127–145.
Greenlee	Greenlee, J. M., "Hebrews 11:11—Sarah's faith or Abraham's?" *Notes on Translation* 4 (1990) 37–42.
Greer	Greer, R. A., *The Captain of our Salvation. A Study in the Patristic Exegesis of Hebrews*. Tübingen 1973.
Grelot	Grelot, P., "La Légende d'Hénoch dans les Apocryphes et dans la Bible". *RSR* 70 (1958) 5–26, 181–210.
Griffin	Griffin, H. P., Jr., *An Investigation into the Origin of the High Priest Christology in the Epistle to the Hebrews*. Ph.D. thesis, Aberdeen, U.K. 1978.
Groenen	Groenen, C., De notione *epangelia* in Epistola ad Hebraeos. Rome 1954.
Grogan	Grogan, G. W., "Christ and His People. An exegetical and theological study of Hebrews 2:5–18". *Vox Evangelica* 6 (1969) 54–71.
Grosheide 1915	Grosheide, F. W., "καὶ γάρ in het Nieuwe Testament". *Theologische Studiën* 33 (1915) 108–110.
Grothe	Grothe, J. F., *Was Jesus the Priestly Messiah?* Disertación, Concordia Seminary, 1981.
Grundmann	Grundmann, W., "Die νήπιοι in der urchristlichen Paränese". *NTS* 5 (1959) 188–205.
Gryson	Gryson, R., "Melchisédech, type du Christ, selon saint Ambroise". *RTL* 10 (1979) 176–185.
Guilding 1952	Guilding, A., "Some Obscured Rubrics and Lectionary Allusions in the Psalter". *JTS* n.s. 3 (1952) 41–55.
Guilding 1960	Guilding, A., *The Fourth Gospel and Jewish Worship*. Oxford 1960
Gundry	Gundry, R. H., *A Survey of the New Testament*, 314–322. Exeter, U.K. 1970.
Gunkel-Begrich	Gunkel, H., revised by J. Begrich, *Einleitung in die Psalmen: Die Gattungen der religiösen Lyrik Israels*. Göttingen 1966.
Gute Nachricht	*Die Gute Nachricht*. Stuttgart 1967 (= *BHD* NT).
Guthrie 1990	Guthrie, D., "The Epistle to the Hebrews", en Guthrie, D., *New Testament Introduction*, 4th ed. Leicester, U.K. y Downers Grove, Illinois 1990, 668–721.
Guthrie, G. H.	Guthrie, G. H., *The Structure of Hebrews: A Textlinguistic Analysis*. Disertación no publicada, Southwestern Baptist Theological Seminary, Fort Worth, Texas 1991.
Gutzwiller	Gutzwiller, R., "Zur Diskussion um den Hebräerbrief". *Orientierung* 21 (1957) 49–52.
Gyllenberg 1934	Gyllenberg, R., "Die Christologie des Hebräerbriefes". *ZST* 11 (1934) 662–690.
Gyllenberg 1957–58	Gyllenberg, R., "Die Komposition des Hebräerbriefes". *SEÅ* 22–23 (1957–58) 137–147.
Haacker 1969	Haacker, K., "Creatio ex auditu. Zum Verständnis von Hbr. 11:3". *ZNW* 60 (1969) 279–281.

Haacker 1983   Haacker, K., "Der Glaube im Hebräerbrief und die hermeneutische Bedeutung des Holocaust". *TZ* 39 (1983) 152–165.

Haensler   Haensler, B., "Zu Hebr. XIII,10". *BZ* 11 (1913) 403–409.

Hagen 1965   Hagen, K., "The First Translation of Luther's *Lectures on Hebrews: a review article*". *CH* 34 (1965) 204–213.

Hagen 1974   Hagen, K., *A Theology of Testament in the Young Luther. The Lectures on Hebrews* (Studies in Medieval and Reformation Thought 12). Leiden 1974.

Hagen 1981   Hagen, K., *Hebrews Commenting from Erasmus to Bèze, 1516–1598*. Tübingen 1981.

Hagner 1973   Hagner, D. A., *The Use of the Old and New Testaments in Clement of Rome*. Brill 1973.

Hagner 1981   Hagner, D. A., "Interpreting the Epistle to the Hebrews", en Inch, M. A., and C. H. Bullock (ed.), *The Literature and Meaning of Scripture*, 217–242. Grand Rapids 1981.

Hahn, F. 1965–66   Hahn, F., "Hebräer 12,18–25a". *GPM* 20 (1965–66) 74–84.

Hahn, F. 1967   Hahn, F., "Die alttestamentlichen Motive in der urchristlichen Abendmahlsüberlieferung". *EvT* 27 (1967) 337–374.

Hahn, W.   Hahn, W., *Gottesdienst und Opfer Christi*. Göttingen 1951.

Ham   Ham, F. C. van den, Dissertatio Theologica exponens Doctrinam de Veteri Novoque Testamento, en Epistola ad Hebraeos exhibitam. Trajecti ad Rhenum [Rotterdam] 1847.

Hamerton-Kelly   Hamerton-Kelly, R. G., *Pre-existence, Wisdom and the Son of Man*. Cambridge, U.K. 1973.

Hamm   Hamm, D., "Faith in the Epistle to the Hebrews: The Jesus Factor". *CBQ* 52 (1990) 270–291.

Hamp 1960   Hamp, V., "Melchizedek als Typus", en *Pro Mundi Vita. Festschrift zum Eucharistischen Weltkongress*, 5–20. Munich 1960.

Hamp 1974   Hamp, V., "Ps 110,5b und die Septuaginta", en Gnilka, J. (ed.), *Neues Testament und Kirche. Für Rudolf Schnackenburg*, 519–529. Freiburg i.B., Germany 1974.

Hancock   Hancock, J. M., *Eschatology and the Epistle to the Hebrews*. M.A. tesis, Durham 1969–70.

Hannam   Hannam, W. L., "The Present-Day Significance of the Epistle to the Hebrews". *Londres Quarterly and Holborn Review* 1940.43–50.

Hanson, A. T. 1949   Hanson, A. T., "The Gospel in the Old Testament according to Hebrews". *Theology* 52 (1949) 248–252.

Hanson, A. T. 1964   Hanson, A. T., "Christ in the Old Testament according to Hebrews". *SE* II (= TU 87) 393–407.

Hanson, A. T. 1965   Hanson, A. T., *Jesus Christ in the Old Testament*. Londres 1965.

Hanson, A. T. 1974   Hanson, A. T., *Studies in Paul's Technique and Theology*. Grand Rapids, Michigan and Londres 1974.

Hanson, A. T. 1978   Hanson, A. T., "Rahab the Harlot in Early Christian Tradition". *JSNT* 1 (1978) 53–60.

Hanson, A. T. 1982   Hanson, A. T., "The Reproach of the Messiah in the Epistle to the Hebrews". *SE* 7 (1982) 231–240.

Hanson, A. T. 1983   Hanson, A. T., *The Living Utterances of God. The New Testament Exegesis of the Old*. Londres 1983.

Hanson, R. P. C.   Hanson, R. P. C., *Allegory and Event*. Londres 1959.

Harder   Harder, G., "Die Septuagintzitate des Hebräerbriefes", en *Theologia Viatorum*, 33–52. Munich 1939.

Häring 1917	Häring, T., "Gedankengang und Grundgedanken des Hebräerbriefes". *ZNW* 18 (1917) 145–164.
Häring 1921	Häring, T., "Ueber einige Grundgedanke des Hebräerbriefes". *Monatschrift für Pastoraltheologie* 1921.260–276.
Häring 1923	Häring, T., "Noch ein Wort zum Begriff 'τελειοῦν' im Hebräerbrief". *NKZ* 34 (1923) 386–389.
Harnack 1900	Harnack, A. von, "Probabilia über die Adresse und den Verfasser des Hebräerbriefes". *ZNW* 1 (1900) 16–41.
Harnack 1908	Harnack, A. von, *The Mission and Expansion of Christianity in the first three centuries*. 2 vols., Londres and Nueva York 1908.
Harnack 1920	Harnack, A. von, "Studien zur Vulgata des Hebräerbriefes", en *Sitzungsberichte des Preussischen Akademie der Wissenschaften* 1920.179–201. Reprinted in Harnack, A. von, *Studien zur Geschichte des Neuen Testaments und der Alten Kirche*, 191–234. Berlin 1931.
Harnack 1929	Harnack, A. von, "Zwei alte dogmatische Korrekturen im Hebräerbrief", en *Sitzungsberichte der Preussischen Akademie der Wissenschaften*, Philosophisch-historische Klasse, 1929.62–73.
Harris, J. R. 1916, 1920a	Harris, J. R., *Testimonies*. 2 vols., Cambridge, U.K. 1916, 1920.
Harris, J. R. 1919	Harris, J. R., "Jesus and the Exodus". *Expositor*, 8th series, XVIII (1919) 64–72.
Harris, J. R. 1920b	Harris, J. R., "Traces of Targumism in the New Testament". *ExpTim* 32 (1920–21) 373–376.
Harris, J. R. 1921	Harris, J. R., "The Sinless High Priest". *ExpTim* 33 (1921) 217s.
Harris, J. R. 1925–26	Harris, J. R., "The Influence of Philo upon the New Testament". *ExpTim* 37 (1925–26) 565s.
Harris, J. R. 1928	Harris, J. R., "Two remarkable glosses in the text of Hebrews". *ExpTim* 39 (1928) 550–553.
Harris, J. R. 1928–29	Harris, J. R., "An Orphic Reaction in the Epistle to the Hebrews". *ExpTim* 40 (1928–29) 449–451.
Harris, M. J. 1984	Harris, M. J., "The Translation of *Elohim* in Psalm 45:7–8". *TynB* 35 (1984) 65–89.
Harris, M. J. 1985	Harris, M. J., "The Translation and Significance of ὁ θεός in Hebrews 1:8–9". *TynB* 36 (1985) 129–162.
Harrison	Harrison, E. F., "The Theology of the Epistle to the Hebrews". *BSac* 121 (1964) 333–340.
Harrisville	Harrisville, R. A., "The Concept of Newness in the New Testament". *JBL* 74 (1955) 69–79.
Harrop	Harrop, C. K., *The Influence of the Thought of Stephen upon the Epistle to the Hebrews*. Disertación doctoral, Southern Baptist Theological Seminary, Louisville, Kentucky 1955.
Hartman-Di Lella	Hartman, L. F., y A. Di Lella, *The Book of Daniel* (Anchor Bible). Garden City, Nueva York 1978.
Hartmann	Hartmann, A. T., *Die enge Verbindung des Alten Testaments mit dem Neuen*. Hamburg 1831.
Harvey	Harvey, A. E., *Jesus and the Constraints of History*. Londres 1982.
Harvill 1979	Harvill, J., "Focus on Jesus (Studies in the Epistle to the Hebrews)". *Restoration Quarterly* 22 (1979) 129–140.
Harvill 1985	Harvill, J., "Focus on Jesus: The Letter to the Hebrews". *Spirituality Today* 37 (1985) 336–347.

Hasenzahl   Hasenzahl, H., *Die Gottesverlassenheit des Christus nach dem Kreuzeswort bei Matthäus und Markus und das christologische Verständnis* (BFCT 39.1). Gütersloh 1937.

Hastings   Hastings, J., *The Greater Men and Women of the Bible*. Edinburgh 1942.

Hatch, E.   Hatch, E., *Essays in Biblical Greek*. Oxford 1889.

Hatch, W. H. P.   Hatch, W. H. P., "The Position of Hebrews in the Canon of the New Testament". *HTR* 29 (1936) 133–151.

Hay   Hay, D. M., *Glory at the Right Hand: Psalm 110 in Early Christianity* (SBLMS 18). Nashville, Tennessee 1973.

Hayes   Hayes, J. H., "The Resurrection as Enthronement and the Earliest Church Christology". *Int* 22 (1968) 333–345.

Healon   Healon, F. A., "Hebrews XII,2". *Theology* 2 (1930) 43s.

Hebert   Hebert, A. G., *The Authority of the Old Testament*. Londres 1947.

Hegermann 1961   Hegermann, H., *Die Vorstellung vom Schöpfungsmittler im hellenistischen Judentum und Urchristentum*. Berlin 1961.

Heigl   Heigl, B., *Verfasser und Adresse des Briefes an die Hebräer*. Freiburg i.B., Germany 1905.

Helderman 1984   Helderman, J., *Die Anapausis in Evangelium Veritatis*. Leiden: Brill 1984.

Helderman 1989   Helderman, J., "Melchizedeks Wirkung. Eine traditionsgeschichtliche Untersuchung eines Makrokomplexes in NHC XI, 1, 1–27, 10 (Melchizedek)", en Sevrin, J.-M., *The New Testament in Early Christianity*, 335–362. Louvain, Belgium 1989.

Heller   Heller, J., " 'Stabesanbetung? [Heb 11.21–Gen 47.31]". *Communio Viatorum* 16 (1973) 257–265.

Helyer   Helyer, L. R., "The Prototokos Title in Hebrews". *Studia Biblica et Theologica* 6 (1976) 3–28.

Henderson   Henderson, M. W., *The Priestly Ministry of Jesus in the Gospel of John and the Epistle to the Hebrews*. Disertación doctoral, Southern Baptist Theological Seminary, Louisville, Kentucky 1966.

Hengel 1974   Hengel, M., *Judaism and Hellenism*. Londres and Philadelphia 1974. German *Judaismus und Hellenismus*. Tübingen ²1973.

Hengel 1975   Hengel, M., *Der Sohn Gottes*. Tübingen 1975. ET *The Son of God*. Londres 1976.

Héring 1956   Héring, J., "Eschatologie biblique et idéalisme platonicien", en Davies, W. D., y D. Daube (ed.), *The Background of the New Testament and its Eschatology*. Cambridge, U.K. 1956.

Herrmann   Herrmann, L., "L'Épître aux Laodicéens et l'apologie aux Hébreux". *Cahiers du Cercle Ernest Renan* 15 (1968) 1–16.

Hession   Hession, R., *From Shadow to Substance. The Rediscovery of the Inner Message of the Epistle to the Hebrews, centered around the words "Let us go on"*. Grand Rapids, Michigan 1977.

Hickling   Hickling, C. J. A., "John and Hebrews: The Background of Hebrews 2.10–18". *NTS* 29 (1983) 112–116.

Higgins 1963   Higgins, A. J. B., "The Old Testament and some aspects of New Testament Christology", en Bruce, F. F. (ed.), *Promise and Fulfilment. Essays presented to S. H. Hooke*, 128–141. Edinburgh 1963.

Higgins 1966–67   Higgins, A. J. B., "The Priestly Messiah". *NTS* 13 (1966–67) 211–239.

Hill   Hill, D., *Greek Words and Hebrew Meanings*. Cambridge, U.K. 1967.

Hillmann 1960   Hillmann, W., "Einführung in die Grundgedanken des Hebräerbriefes". *BibLeb* 1 (1960) 17–27, 87–99, 157–178, 237–252.

Hobbs   Hobbs, H. H., *Studies in Hebrews*. Nashville, Tennessee 1954.

Hodgson   Hodgson, R., "The Testimony Hypothesis". *JBL* 98 (1979) 361–378.

Hoekema   Hoekema, A. A., "The Perfection of Christ in Hebrews". *Calvin Theological Journal* 9 (1974) 31–37.

Hoennicke   Hoennicke, G., "Die sittlichen Anschauungen des Hebräerbriefes". *ZWT* NF X.1 (1902) 24–40.

Hofius 1970a   Hofius, O., *Katapausis. Die Vorstellung vom endzeitlichen Ruheort im Hebräerbrief*. Tübingen 1970.

Hofius 1970b   Hofius, O., "Das 'erste' und das 'zweite' Zelt. Ein Beitrag zur Auslegung von Hbr 9:1–10". *ZNW* 61 (1970) 271–277.

Hofius 1970c   Hofius, O., "Inkarnation und Opfertod Jesu nach Hebr 10,19f", en Lohse, E. (ed.), *Der Ruf Jesu und die Antwort der Gemeinde. Festschrift Jeremias*, 132–141. Göttingen 1970.

Hofius 1971   Hofius, O., "Stomata machairēs. Hebr 11.34". *ZNW* 62 (1971) 129s.

Hofius 1972   Hofius, O., *Der Vorhang vor dem Thron Gottes*. Tübingen 1972.

Hofius 1973   Hofius, O., "Die Unabänderlichkeit des göttlichen Heilsratschlusses". *ZNW* 64 (1973) 135–145.

Hofius 1976   Hofius, O., *Der Christushymnus Philipper 2, 6–11. Untersuchungen zu Gestalt und Aussage eines urchristlichen Psalms*. Tübingen 1976

Hohenstein   Hohenstein, H. H., "A Study of Hebrews 6:4–8". *CTM* 27 (1956) 433–444, 536–546.

Holbrook   Holbrook, F. B. (ed.), *Issues in the Book of Hebrews*. Silver Spring, Maryland 1989.

Hollander   Hollander, H. W., "Hebrews 7.11 and 8.6: a suggestion for the translation of *nenomothetētai epi*". BT 30 (1979) 231–233.

Holsten   Holsten, C. C. J., *Exegetische Untersuchungen zu Hb 10,20*. Bern 1875.

Holtz   Holtz, T., "Einführung in Probleme des Hebräerbriefes". *Die Zeichen der Zeit* 23 (1969) 321–327.

Holtzmann   Holtzmann, O., "Der Hebräerbrief und das Abendmahl". *ZNW* 10 (1909) 251–260.

Holtzmeister   Holtzmeister, U., "Zum Eingang des Hebräerbriefes". *ZKT* 1913. 805–830.

Homburg   Homburg, K., "Psalm 110,1 im Rahmen des judäischen Krönungszeremoniells". *ZAW* 84 (1973) 243–246.

Hommes   Hommes, N. J., Het Testimoniaboek. Amsterdam 1935.

Hooke   Hooke, S. H., *The Resurrection of Christ in History and Experience*. Londres 1967.

Hooker   Hooker, M. D., *Jesus and the Servant*. Londres 1959.

Hoppin   Hoppin, R., *Priscilla, Author of the Epistle to the Hebrews*. Nueva York 1969.

Horak 1989   Horak, T., "De eschatologia Epistolae ad Hebraeos". *CollTh* 59 (1989) 5–20 [Polaco].

Horak 1991   Horak, T., "Theologia fidei in Epistola ad Hebraeos". *CollTh* 61 (91) 49–62 [Polaco].

Horbury   Horbury, W., "The Aaronic Priesthood in the Epistle to the Hebrews". *JSNT* 19 (1983) 43–71.

Horgan   Horgan, M. P., *Pesharim. Qumran Interpretations of Biblical Books*. Washington, D.C. 1979.

Horning   Horning, E. B., "Chiasmus, Creedal Structure, and Christology in Hebrews 12.1–2". *BR* 23 (1978) 37–48.

Horst   Horst, P. W. van der, "Cornutus and the New Testament". *NovT* 23 (1981) 165–172.

Hort   Hort, F. J. A., *Two Dissertations*. Cambridge and Londres 1876.

Horton   Horton, F. L., Jr., *The Melchizedek Tradition*. Cambridge, U.K. 1976.

Hoskier   Hoskier, H. C., *A Commentary on the Various Readings on the Text of the Epistle to the Hebrews in the Chester-Beatty Papyrus* $\mathfrak{P}^{46}$ *[circa 200 A.D.]*. Londres 1938.

Howard, G.   Howard, G., "Hebrews and the Old Testament Quotations". *NovT* 10 (1968) 208–216.

Howard, W. F.   Howard, W. F., "The Epistle to the Hebrews". *Int* 5 (1951) 80–91.

Hübner   Hübner, H., *Biblische Theologie des neuen Testaments. Band 1, Prolegomena*. Göttingen, Germany 1990, 97–99.

Hughes, G. R. 1971   Hughes, G. R., *Revelation in Hebrews*. Ph.D. tesis, Cambridge, U.K. 1971.

Hughes, G. R. 1979   Hughes, G. R., *Hebrews and Hermeneutics*. Cambridge, U.K. 1979.

Hughes, J. J.   Hughes, J. J., "Hebrews ix.15ss. and Galatians iii.15ss.: a study in Covenant Practice and Procedure". *NovT* 21 (1979) 27–96.

Hughes, P. E. 1972   Hughes, P. E., "The Doctrine of Creation in Hebrews 11.3". *BTB* 2 (1972) 64–77.

Hughes, P. E. 1972–73   Hughes, P. E., "Hebrews 6:4–6 and the peril of apostasy". *WTJ* 35 (1972–73) 137–155.

Hughes, P. E. 1973–74   Hughes, P. E., "The Blood of Jesus and His Heavenly Priesthood in Hebrews. Part I: The Significance of the Blood of Jesus; Part II: The High Priestly Sacrifice of Christ; Part III: The Meaning of 'The True Tent' and 'The Greater and more Perfect Tent.'". *BSac* 130 (1973–74) 99–109, 195–212, 305–314.

Hughes, P. E. 1985   Hughes, P. E., "The Christology of Hebrews". *SWJT* 28 (1985) 19–27.

Humphrey   Humphrey, J. F., "The Christology of the Epistle to the Hebrews". *Londres Quarterly and Holborn Review* 1945.427–432.

Hunt, B. P. W. S.   Hunt, B. P. W. S., "The 'Epistle to the Hebrews'. An antijudaic treatise?" *SE* II = TU 87.408–410.

Hunt, I.   Hunt, I., "Recent Melchizedek Study", en McKenzie, J. L. (ed.), *The Bible in Current Catholic Thought*, 21–33. Nueva York 1962.

Hurst 1983   Hurst, L. D., "How 'Platonic' are Heb. viii.5 and ix.23s.?" *JTS* n.s. 34 (1983) 156–168.

Hurst 1984   Hurst, L. D., "Eschatology and 'Platonism' in the Epistle to the Hebrews". SBLASP 23 (1984) 41–74.

Hurst 1985   Hurst, L. D., "Apollos, Hebrews, and Corinth: Bishop Montefiore's theory examined". *SJT* 38 (1985) 505–513.

Hurst 1987   Hurst, L. D., "The Christology of Hebrews 1 and 2", en Hurst, L. D., and N. T. Wright (ed.), *The Glory of Christ in the New Testament*. Oxford 1987.

Hurst 1990   Hurst, L. D., *The Epistle to the Hebrews. Its Background of Thought*. Cambridge, U.K. 1990.

Hutoff   Hutoff, M. D., "The Epistle to the Hebrews: an early Christian sermon". *Bible Today* 99 (1978) 1816–24.

Hutton   Hutton, W. R., "Hebrews iv.11". *ExpTim* 53.316s.

Huxhold   Huxhold, H. N., "Faith in the Epistle to the Hebrews". *CTM* 38 (1967) 657–661.

Hydon   Hydon, P. V., *The Priesthood of Jesus as presented by the Epistle to the Hebrews*. Boston, Massachusetts 1941.

Immer   Immer, K., *Jesus Christus und die Versuchten. Ein Beitrag zur Christologie des Hebräerbriefes*. Dissertation, Halle 1943.

Irwin	Irwin, J., "The Use of Hebrews 11:11 as Embryological Proof-Text". *HTR* 71 (1978) 312–318.
Jaeger, H.	Jaeger, H., "Parrēsía and fiducia", en *Studia Patristica* I (1957) 221–239.
Jaeger, W.	Jaeger, W., "Paideia Christi". *ZNW* 50 (1959) 1–14.
James	James, A. G., *The Unseen Reality*. Londres 1929.
Jatho	Jatho, G. F., *Blicke in die Bedeutung des Mosaischen Cultus, zugleich ein Beitrag zum Verständnisse des Hebräerbriefes*. Hildesheim 1876.
Jaubert	Jaubert, A., *La Notion d'Alliance dans le judaïsme aux abords de l'ère chrétienne*. París 1963.
Javierre	Javierre, A.-M., "Réalité et transcendance du sacerdoce du Christ. He 5,1–6". *AsSeign* 61 (1972) 36–43.
Jelonek 1977	Jelonek, T., "Conceptus Sionis in Apoc. et Hebr". *Studia Warmínskie* 12 (1977) 489–494.
Jelonek 1978	Jelonek, T., " 'Congregatio Primitivorum conscriptorum in coelis' (Hbr 12, 23a)". *Analecta Cracoviensia* 10 (1978) 176–182 [Polaco].
Jelonek 1981a	Jelonek, T., "Summarium operum s. Lucae in Epistola ad Hebraeos". *Analecta Cracoviensia* 13 (1981) 143–151 [Polaco].
Jelonek 1981b	Jelonek, T., "Moseo en la Nova Testamento". Biblia Revuo 17 (1981) 61–64.
Jelonek 1988	Jelonek, T., "Regulad revelationis biblicae: continuitas et transpositio in Epistola ad Hebraeos". *Analecta Cracoviensa* 20 (1988) 165–176 [Polaco].
Jennrich	Jennrich, W. A., *Rhetorical Style in the New Testament. Romans and Hebrews*. Disertación doctoral, Washington University, St. Louis, Missouri 1947.
Jeremias, G.	Jeremias, G., *Der Lehrer der Gerechtigkeit*. Göttingen 1963.
Jeremias 1952–53	Jeremias, Joachim, "Hebr 5,7–10". *ZNW* 44 (1952–53) 107–111 = Jeremias, Joachim, *Abba*. Göttingen 1966, 319–323.
Jeremias 1971	Jeremias, Joachim, "Hebräer 10:20: tout' estin tēs sarkos autou". *ZNW* 62 (1971) 131.
Jeremias 1973	Jeremias, Joachim, "ΙΕΡΟΥΣΑΛΗΜ/ΙΕΡΟΥΣΟΛΥΜΑ". *ZNW* 65 (1974) 273–276.
Jeremias, Johannes	Jeremias, Johannes, *In der Werkstätte des neutestamentlichen Schrifttums*. Leipzig 1936.
Jérôme	Jérôme, F. J., *Das geschichtliche Melchisedech-Bild und seine Bedeutung im Hebräerbriefe*. Strassburg n.d. [1917].
Jervell	Jervell, J., *Imago Dei*. Göttingen 1960.
Jewett	Jewett, R., "The Form and Function of the Homiletical Benediction". *ATR* 51 (1969) 18–34.
Jobes	Jobes, K. H., "Rhetorical Achievement in the Hebrews 10 'Misquote' of Psalm 40". *Bib* 72 (1991) 387–396.
Johnson, H.	Johnson, H., *The Humanity of the Saviour*. Londres 1962.
Johnson, S. L.	Johnson, S. L., "Some important mistranslations in Hebrews", en Lincoln, C. F., et al., "A Critique of the Revised Standard Version". *BSac* 110 (1953) 50–66.
Johnsson 1973	Johnsson, W. G., *Defilement and Purgation in the Book of Hebrews*. Disertación doctoral, Vanderbilt University, Nashville, Tennessee 1973.
Johnsson 1978a	Johnsson, W. G., "The Cultus of Hebrews in Twentieth-Century Scholarship". *ExpTim* 89 (1978) 104–108.

Johnsson 1978b	Johnsson, W. G., "Issues in the Interpretation of Hebrews". *AUSS* 15 (1976–77) 169–187.
Johnsson 1978c	Johnsson, W. G., "The Pilgrim Motif in the Book of Hebrews". *JBL* 97 (1978) 239–251.
Johnston	Johnston, G., "Christ as Archegos". *NTS* 27 (1981) 381–385.
Jonas 1934	Jonas, H., *Gnosis und spätantike Geist*. Göttingen, Germany 1934
Jonas 1963	Jonas, H., *The Gnostic Religion*. Boston, Massachusetts 1958, ²1963
Jones, A. H. M.	Jones, A. H. M., "Inscriptions from Jerash". *JRS* 18 (1928) 144–178
Jones, C. P. M.	Jones, C. P. M., "The Epistle to the Hebrews and the Lucan Writings", en Nineham, D. E. (ed.), *Studies in the Gospels*, 113–144. Londres 1955.
Jones, E. D.	Jones, E. D., "The Authorship of Heb. xiii". *ExpTim* 46 (1934–35) 562–567.
Jones, I. H.	Jones, I. H., "Musical Instruments in the Bible". *BT* 37 (1986) 101–116; 38 (1987) 129–143.
Jones, P. R.	Jones, P. R., "The Figure of Moses as a heuristic device for understanding the pastoral intent of Hebrews". *RevExp* 76 (1979) 95–107.
Josipovici	Josipovici, G., "The Epistle to the Hebrews and the Catholic Epistles", en Alter, R., y F. Kermode (ed.), *A Literary Guide to the Bible*, 503–522. Londres 1987.
Junod	Junod, P., *Valeur et signification de l'Ancien Testament d'après l'épître aux Hébreux*. Thesis, Neuchâtel 1948.
Kallenbach	Kallenbach, W. D., *The Message and Authorship of the Epistle "to the Hebrews"*. St. Paul, Minnesota 1938.
Käsemann 1939, 1984	Käsemann, E., *Das wandernde Gottesvolk*. Göttingen 1939, ²1957, ⁴1961. ET *The Wandering People of God*. Minneapolis, Minnesota 1984.
Käsemann 1948	Käsemann, E., "Hebr. XII.1–12". *GPM* 1948.63–67.
Käsemann 1960	Käsemann, E., "Hebräer 4,14–16", en Käsemann, E., *Exegetische Versuche und Besinnungen*, I.303–307. Göttingen 1960.
Käsemann 1969	Käsemann, E., *Jesus means Freedom. A polemical survey of the New Testament*. Londres 1969. German *Der Ruf der Freiheit*. Tübingen ³1968.
Katz 1945	Katz, P., "The Early Christians' Use of Codices instead of Rolls". *JTS* 46 (1945) 63–65.
Katz 1950	Katz, P., *Philo's Bible*. Cambridge, U.K. 1950.
Katz 1952	Katz, P., "Οὐ μὴ ἀνῶ, οὐδ' οὐ μή σε ἐγκαταλίπω Hebr. xiii.5. The Biblical Source of the Quotation". *Bib* 33 (1952) 523–525.
Katz 1955	Katz, P., "ἐν πυρὶ φλογός". *ZNW* 46 (1955) 133–138.
Katz 1958	Katz, P., "The Quotations from Dt in Heb". *ZNW* 49 (1958) 213–223.
Katz 1973	Katz, P., *The Text of the Septuagint*. Cambridge, U.K. 1973.
Kawamura	Kawamura, A., "ἀδύνατον in Heb 6,4". *Annual of the Japanese Biblical Institute* 10 (1984) 91–100.
Kee-Young	Kee, H. C., and F. W. Young, *The Living World of the New Testament*. Englewood Cliffs, New Jersey 1957, Londres 1960, 415–432.
Kellermann	Kellermann, U., *Auferstandenen in den Himmel. 2. Makkabäer 7 und die Auferstehung der Märtyrer*. Stuttgart 1978.
Kelley	Kelley, D. F., "Prayer and Union with Christ". *Scottish Bulletin of Evangelical Theology* 8 (1990) 109–127.
Kennedy	Kennedy, G. T., *St. Paul's Conception of the Priesthood of Melchisedech. An Historico-Exegetical Investigation*. Washington, D.C. 1951.

Kenyon-Adams	Kenyon, F. G., *The Text of the Greek Bible*. Londres 1936. 3rd ed. revised and augmented by A. W. Adams. Londres 1975.
Kessler	Kessler, H., *Die Bedeutung des Todes Jesu*. Düsseldorf 1970.
Kidner	Kidner, D., "Sacrifice—Metaphors and Meaning". *TynB* 33 (1982) 119–136.
Kierkegaard	Johannes de Silentio [pseudonym of S. Kierkegaard], Frygt og bæven. Copenhagen 1843. ET *Fear and Trembling*. Harmondsworth 1985.
Kiley 1980	Kiley, M., "A note on Hebrews 5.14". *CBQ* 42 (1980) 501–503.
Kiley 1986	Kiley, M., "Melchizedek's promotion to high priest and the translation of ta stoicheia tēs archēs". SBLASP 25 (1986) 236–245.
Kilpatrick	Kilpatrick, G. D., "The articular infinitive in the New Testament". *JTS* n.s. 41 (1990) 95–97.
Kim	Kim, Chan-Hie, "The Papyrus Invitation". *JBL* 94 (1975) 391–402
Kirby	Kirby, V. T., "The authorship of the Epistle to the Hebrews". *ExpTim* 35 (1923) 375–377.
Kistemaker 1961	Kistemaker, S., *The Psalm Citations in the Epistle to the Hebrews*. Amsterdam 1961.
Klappert	Klappert, B., "Die Eschatologie des Hebräerbriefes". *Theologische Existenz Heute* 156 (1969) 7–61.
Klassen	Klassen, W., "To the Hebrews or against the Hebrews? Anti-Judaism in the Epistle to the Hebrews", en Wilson, S. G. (ed.), *Anti-Judaism and early Christianity. Vol. 2: Separation and Polemic*, 1–16. Waterloo, Ontario 1986.
Klauck 1980	Klauck, H.-J., "Θυσιαστήριον—eine Berichtigung". *ZNW* 71 (1980) 274–277.
Klauck 1989	Klauck, H.-J., *Gemeinde, Amt, Sakrament. Neutestamentliche Perspektiven*. Würzburg, Germany 1989, 361–365.
Klinzing	Klinzing, G., *Die Umdeutung des Kultus in der Qumrangemeinde und im Neuen Testament*. Göttingen 1971.
Kloker	Kloker, G., "Das Hohepriestertum Christ nach dem Hebräerbrief", en *Zeugnis des Geistes. Gabe zum Benediktusjubiläum 547–1947*, 157–169. Beuron 1947.
Kluge	Kluge, O., *Die Idee des Priestertums in Israel-Juda und im Urchristentum*. Leipzig 1906.
Knox, E. A.	Knox, E. A., "The Samaritans and the Epistle to the Hebrews". *The Churchman* n.s. 41 (1927) 184–193.
Knox, W. L.	Knox, W. L. "The Divine Hero Christology of the New Testament". *HTR* 41 (1948) 229–249.
Kobelski	Kobelski, P. J., *Melchizedek and* Melchireša'. *The Heavenly Prince of Light and the Prince of Darkness in Qumran Literature* (CBQMS 10). Washington, D.C. 1981.
Koch	Koch, D.-A., "Der Text von Heb. 2.4b in der Septuaginta und im Neuen Testament". *ZNW* 76 (1985) 68–85.
Koester, H. 1961	Koester, H., "Die Auslegung der Abraham-Verheissung in Hebr 6", en Rendtorff, R., y K. Koch, *Studien zur Theologie der alttestamentlichen Ueberlieferungen*, 95–109. Neukirchen 1961.
Koester, H. 1962	Koester, H., " 'Outside the Camp': Hebrews 13:9–14". *HTR* 55 (1963) 299–315.
Koester, H. 1982	Koester, H., *Introduction to the New Testament*. Philadelphia 1982. ET of Köster, H., *Einführung in das Neue Testament*. Berlin and Nueva York 1980, 710–714.

Koester, W.   Koester, W., "Platonische Ideenwelt und Gnosis im Hebräerbrief". Scholastik 4 (1956) 545–555.

Kögel 1904   Kögel, J., *Der Sohn und die Söhne, Eine exegetische Studie zu Hebr. 2:5–18*. Gütersloh 1904.

Kögel 1905   Kögel, J., "Der Begriff τελειοῦν im Hebräerbrief", en *Theologische Studien für Martin Kähler dargestellt*. Leipzig 1905.

Korn   Korn, J. H., "ΠΕΙΡΑΣΜΟΣ. Die Versuchung des Gläubigen in der griechischen Bibel". BWANT 4.20, 1937.

Körte   Körte, A., *Hellenistic Poetry*. Nueva York 1929.

Kosmala   Kosmala, H., *Hebräer, Essener, Christen*. Leiden 1959.

Krämer   Krämer, H., "Zu Hebräer 2, Vers 10". *Wort und Dienst* 3 (1952) 102–108.

Kreft   Kreft, W., "Die Kirche als liturgische Versammlung nach dem Hebräerbrief". Ruch Biblijny i Liturgiczny 26 (1973) 185–194 [Polaco].

Kruse   Kruse, H., "Dialektische Negation als semitisches Idiom". *VT* 4 (1954) 385–400.

Kubo   Kubo, S., "The Influence of the Vulgate on the English translation of certain Psalms". *AUSS* 3 (1965) 34–41.

Kudasiewicz   Kudasiewicz, J., "Circumstans peccatum (Hbr 12, 1)". *CollTh* 46 (1976) 127–140.

Kugel-Greer   Kugel, J. L., y R. A. Greer, *Early Biblical Interpretation*. Philadelphia, Pennsylvania 1986.

Kuss 1952   Kuss, O., "Ueber einige neue Beiträge zur Exegese des Hebräerbriefes". *TGl* 52 (1952) 186–204.

Kuss 1956   Kuss, O., "Der theologische Grundgedanke des Hebräerbriefes. Zur Deutung des Todes Jesu im Neuen Testament". *MTZ* 7 (1956) 233–271.

Kuss 1958   Kuss, O., "Der Verfasser des Hebräerbriefes als Seelsorger". *TTZ* 67 (1958) 1–12. Reimpreso por Kuss, O., *Auslegung und Verkündigung*, I.329–358. Regensburg 1963.

Kuss 1967   Kuss, O., "Zur Deutung des Hebräerbriefes". *TRev* 53 (1957) 247–254.

Kutsch 1973   Kutsch, E., *Verheissung und Gesetz. Untersuchungen zum sogennanten "Bund" im Alten Testament*. Berlin and Nueva York 1973.

Kutsch 1977   Kutsch, E., "Von der Aktualität alttestamentlicher Aussagen für das Verständnis des Neuen Testaments". *ZTK* 74 (1977) 273–290

Kutsch 1978   Kutsch, E., *Neues Testament—Neuer Bund? Eine Fehlübersetzung wird korrigiert*. Neukirchen-Vluyn, Germany 1978.

Laansma   Laansma, J., *"The Rest Motif in the New Testament, with reference to Matthew 11 and Hebrews 3*. Aberdeen, U.K., tesis en progreso La Bonnardière La Bonnardière, A. M., L'Épître aux Hébreux dans l'oeuvre de saint Augustin". *Revue des Études Augustiniennes* 3 (1957) 137–162.

Lach   Lach, S., "Les ordonnances du culte israélite dans la lettre aux Hébreux". *Sacra Pagina* II (1959) 390–403.

Laflamme   Laflamme, R., y M. Gervais (ed.), *Le Christ hier, aujourd'hui et demain. Colloque de christologie tenu à l'Université Laval (21 et 22 mars 1975)*. Quebec 1976.

Lane 1978   Lane, W. L., "Detecting Divine Wisdom Christology in Hebrews 1.1–4". *NTS* 5 (1978).

Lane 1982 — Lane, W. L., "Unexpected Light on Hebrews 13:1–6 from a Second Century Source". *Perspectives in Religious Studies* 9 (1982) 267–274.

Lane 1985a — Lane, W. L., *Call to Commitment. Responding to the Message of Hebrews*. Nashville, Tennessee 1985.

Lane 1985b — Lane, W. L., "Hebrews: A Sermon in Search of a Setting". *SWJT* 28.19–27.

Lane, W. R. 1959 — Lane, W. R., "A New Commentary Structure in 4QFlorilegium". *JBL* 78 (1959) 343–346.

Langevin — Langevin, P. É., "Le sacerdoce du Christ dans le Nouveau Testament, surtout d'après l'épître aux Hébreux", en *Le prêtre hier, aujourd'hui, demain. Travaux du congrès de la Société canadienne de Théologie tenu à Ottawa du 24 au 28 août 1969*, 63–79. Montreal 1970.

Langkammer 1966 — Langkammer, H., " 'Den er zum Erben von allem eingesetzt hat' (Hebr 1,2)". *BZ* 10 (1966) 273–280.

Langkammer 1968 — Langkammer, H., "Der Ursprung des Glaubens an Christus den Schöpfungsmittler". *SBFLA* 18 (1968) 55–93.

Langton — Langton, S. C., "Christ over his house (Hebrews 3:6 and Hebrew אשר על־הבית". *NTS* 37 (1991) 473–477.

Lanzen — Lanzen, J. G., "Habakkuk 2:2–4 in the light of recent philological advances". *HTR* 73 (1980) 53–78.

Lara — Lara, R. R., "¿Qué significa 'comer de nuestro propiciatorio'? Lectura de Hebreos 13,7–17". *CB* 37 (1980) 113–135.

Larcher — Larcher, C., *L'Actualité chrétienne de l'Ancien Testament*. París 1962.

Larsson — Larsson, E., "Om Hebréerbrevets syfte". *SEÅ* 37–38.296–309.

Laub 1980 — Laub, F., *Bekenntnis und Auslegung. Die paränetische Funktion der Christologie im Hebräerbrief*. Regensburg 1980.

Laub 1981–82 — Laub, F., "Verkündigung und Gemeindeamt. Die Autorität der ἡγούμενοι Hebr 13,7.17.24". *SNT* 6–7 (1981–82) 169–190.

Laub — Laub, F., " 'Ein für allemal hineingegangen in das Allerheiligste' (Hebr 9,12). Zum Verständnis des Kreuzestodes im Hebräerbrief". *BZ* 35 (1991) 65–85.

Leach — Leach, E., "Melchizedek and the emperor: icons of subversion and orthodoxy", en Leach, E., y D. A. Aycock, *Structuralist Interpretations of Biblical Myth*, 67–88. Cambridge, U.K. 1983.

Lécuyer — Lécuyer, J., " 'Ecclesia primitivorum' (Hébr. 12,23)". AnBib 18 (1963) 161–168.

Le Déaut 1961 — Le Déaut, R. "Traditions targumiques dans le corpus paulinien?" *Bib* 42 (1961) 28–48.

Le Déaut 1962 — Le Déaut, R., "Le titre de Summus Sacerdos donné à Melchisédech est-il d'origine juive?" *RSR* 50 (1962) 222–229.

Le Déaut 1963 — Le Déaut, R., *La nuit pascale*. Rome 1963.

Le Déaut 1965 — Le Déaut, R., *Liturgie juive et Nouveau Testament*. Rome 1965.

Le Déaut 1969 — Le Déaut, R., "A propos d'une définition du midrash". *Bib* 50 (1969) 395–413. ET "Apropos a Definition of Midrash". *Int* 25 (1971) 259–282.

Le Déaut 1982 — Le Déaut, R., *The Message of the New Testament and the Aramaic Bible (Targum)* (Subsidia Biblica 5). Rome 1982. Ed. Revisada de Le Déaut 1965.

Lee, E. K. — Lee, E. K., "Words denoting 'pattern' in the New Testament". *NTS* 8 (1961–62) 166–173.

Lee, J. A. L.	Lee, J. A. L., "Equivocal and Stereotyped Renderings in the LXX". *RB* 87 (1980) 104–117.
Legg	Legg, J. D., "Our Brother Timothy. A suggested solution to the problem of the authorship of the Epistle to the Hebrews". *EvQ* 40 (1968) 220–223.
Lehne	Lehne, S., *The New Covenant in Hebrews*. Sheffield, U.K. 1990.
Leishman	Leishman, T. L., "Paul and the Epistle to the Hebrews". *Christian Science Journal* 1942–43.165.
Leivestad 1954	Leivestad, R., *Christ the Conqueror*. Londres 1954.
Leivestad 1973	Leivestad, R., "Jesus som forbillede ifølge Hebréerbrevet". *Norsk Teologisk Tidsskrift* 74 (1973) 195–206.
Lenski	Lenski, R. C. H., *The Interpretation of the Epistle to the Hebrews and the Epistle of James*. Minneapolis, Minnesota 1946.
Leonard 1939	Leonard, W., *The Authorship of the Epistle to the Hebrews*. Londres 1939.
Leschert	Leschert, D., *Hermeneutical Foundations of the Epistle to the Hebrews. A Study in the Validity of its Interpretation of some core Citations from the Psalms*. Disertación, Fuller Theological Seminary 1991.
Lescow	Lescow, T., "Jesus in Gethsemane bei Lukas und im Hebräerbrief". *ZNW* 58 (1967) 215–239.
Levey	Levey, S. H., *The Messiah: An Aramaic Interpretation*. Cincinnati 1974.
Levoratti	Levoratti, A. J., " 'Tu no has querido sacrificio ni oblación'. Salmo 40,7; Hebreos 10,5". *RevBíb* 48 n.s. 22 (1986) 67–87; 23 (1987) 141–152.
Lewis 1965	Lewis, T. W., III, *The Theological Logic in Heb. 10:19–12:29 and the appropriation of the Old Testament*. Disertación, Drew University, Madison, New Jersey 1965.
Lewis 1976	Lewis, T. W., " 'And if he shrinks back ...' (Heb. 10.38b)". *NTS* 22 (1976) 88–94.
Lidgett	Lidgett, J. S., *Sonship and Salvation. A Study of the Epistle to the Hebrews*. Londres 1921.
Lightfoot, J. B.	Lightfoot, J. B. (ed. and completed by J. R. Harmer), *The Apostolic Fathers*. Londres and Nueva York 1891.
Lightfoot, N. R.	Lightfoot, N. R., "The Saving of the Savior, Heb. 5.7ss". *Restoration Quarterly* 16 (1973) 166–173.
Lincoln	Lincoln, A. T., "Sabbath, Rest and Eschatology in the New Testament", en Carson, D. A. (ed.), *From Sabbath to Lord's Day. A Biblical, Historical and Theological Investigation*. Grand Rapids, Michigan 1982.
Lindars 1961	Lindars, B., *New Testament Apocalyptic*. Londres 1961.
Lindars 1976	Lindars, B., "The Place of the Old Testament in the Formation of New Testament Theology". *NTS* 23 (1976) 59–66.
Lindars 1989	Lindars, B., "The Rhetorical Structure of Hebrews". *NTS* 35 (1989) 382–406.
Lindars 1991a	Lindars, B., *The Theology of the Letter to the Hebrews*. Cambridge, U.K. 1991.
Lindars 1991b	Lindars, B., "Hebrews and the Second Temple", en Horbury, W. (ed.), *Templum Amicitiae. Essays on the Second Temple presented to Ernst Bammel* (*JSOT Supplements* 48). Sheffield, U.K. 1991, 410–433.

Lindars 1991c   Lindars, B., *review of Attridge Bib* 72 (1991) 286–290.

Lindeskog   Lindeskog, G., "Autorität und Tradition im Neuen Testament". *ASTI* 9 (1973) 42–63.

Lindsay   Lindsay, W., *Lectures on the Epistle to the Hebrews*. 2 vols., Edinburgh 1967.

Linss   Linss, W. C., "Logical Terminology in the Epistle to the Hebrews". *CTM* 37 (1966) 365–369.

Linton   Linton, O., "Hebréerbrevet och den 'historisk Jesus'. En studie till Hebr V 7". *STK* 26 (1950) 335–345.

Loader 1978   Loader, W. R. G., "Christ at the Right Hand—Ps cx.1 in the New Testament". *NTS* 24 (1978) 199–217.

Loader 1981   Loader, W. R. G., *Sohn und Hohepriester. Eine traditionsgeschichtliche Untersuchung zur Christologie des Hebräerbriefes* (WMANT 53). Neukirchen, Germany 1981.

Loane 1961   Loane, M. L., *Key Texts in the Epistle to the Hebrews*. Londres 1961.

Loane 1986   Loane, M. L., "The Unity of the Old and New Testaments as illustrated in The Epistle to the Hebrews", en O'Brien, P. T., y D. G. Peterson (ed.), *God Who is Rich in Mercy: Essays presented to Dr D. B. Cox*, 255–264. Homebush West, Australia 1986.

Lo Bue   Lo Bue, F., "The Historical Background of the Epistle to the Hebrews". *JBL* 75 (1956) 52–57.

Loew   Loew, W., *Der Glaubensweg des neuen Bundes. Eine Einführung in den Brief an die Hebräer*. Berlin 1931, ³1951.

Loewenich   Loewenich, W. von, "Zum Verständnis des Opfergedankens im Hebräerbrief". *TBl* 12 (1933) 167–172.

Logan   Logan, I., "The Epistle to the Hebrews. An Expository Study". *ExpTim* 50 (1938–39) 39–42.

Lohmann   Lohmann, T., "Zur Heilsgeschichte des Hebräerbriefes". *OLZ* 79 (1984) 118–126.

Lohmeyer   Lohmeyer, E., *Diatheke. Ein Beitrag zur Erklärung des neutestamentlichen Begriffes*. Leipzig 1913.

Lohse   Lohse, E., "Emuna und Pistis—jüdisches und urchristliches Verständnis des Glaubens". *ZNW* 68 (1977) 147–163.

Loisy   Loisy, A. F., *Les livres du Nouveau Testament*. París 1922.

Lombard   Lombard, H. A., "Katapausis in the Epistle to the Hebrews". *Neot* 5 (1971) 60–71.

Longenecker 1977   Longenecker, R. N., "The 'Faith of Abraham' Theme in Paul, James and Hebrews: a study in the circumstantial nature of New Testament teaching". *JETS* 20 (1977) 203–212.

Longenecker 1978   Longenecker, R. N., "The Melchizedek Argument of Hebrews", en Guelich, R. A. (ed.), *Unity and Diversity in New Testament Theology*, 161–185. Grand Rapids, Michigan 1978.

Lorimer 1966   Lorimer, W. L., "Romans xiii.3, Hebrews iii.13". *NTS* 12 (1966) 389–391.

Lorimer 1966–67   Lorimer, W. L., "Hebrews vii.23s". *NTS* 12 (1966–67) 389–391

Losada   Losada, D. A., "La reconciliación como 'reposo'". *RevBíb* 36 (1974) 113–128.

Louw   Louw, J. P., *The Semantics of New Testament Greek*. Philadelphia, Pennsylvania y Chico, California 1982.

Lövestam   Lövestam, E., *Son and Saviour: a study of Acts 13,22–37*. Lund, Sweden 1961.

Luck	Luck, U., "Himmlisches und irdisches Geschehen im Hebräerbrief. Ein Beitrag zum Problem des 'historischen Jesus' im Urchristentum". *NovT* 6 (1963) 192–215.
Lührmann 1975	Lührmann, D., "Henoch und die Metanoia". *ZNW* 66.103–116.
Lührmann 1978	Lührmann, D., "Der Hohepriester ausserhalb des Lagers (Hebr 13:12)". *ZNW* 69 (1978) 178–186.
Luther	Luther, J. H., *The Use of the Old Testament by the Author of Hebrews*. Disertación, Bob Jones University, Greenville, South Carolina 1977.
Luz	Luz, U., "Der alte und der neue Bund bei Paulus und im Hebräerbrief". *EvT* 27 (1967) 318–336.
Lyonnet 1952	Lyonnet, S., "Bulletin d'exégèse paulinienne (V). L'Épître aux Hébreux". *Bib* 33 (1952) 240–257.
Lyonnet 1959a	Lyonnet, S., "De notione expiationis". *VD* 37 (1959) 336–352.
Lyonnet 1959b	Lyonnet, S., "Expiation et intercession. À propos d'une traduction de saint Jérôme". *Bib* 40 (1959) 885–901.
Lyonnet 1970	Lyonnet, S., y L. Sabourin, *Sin, Redemption, and Sacrifice. A Biblical and Patristic Study*. Rome 1970.
Lyons 1969	Lyons, J., *Introduction to Theoretical Linguistics*. Cambridge, U.K. 1969.
Lyons 1977	Lyons, J., *Semantics*. 2 vols., Cambridge, U.K. 1977.
McConnell	McConnell, J. F., Epístola a las Hebreos. Santander, España 1966.
McCown	McCown, W. G., Ο ΛΟΓΟΣ ΤΗΣ ΠΑΡΑΚΛΗΣΕΩΣ. *The Nature and Function of the Hortatory Sections in the Epistle to the Hebrews*. Disertación doctoral, Union Theological Seminary en Virginia 1970.
McCullough 1971	McCullough, J. C., *Hebrews and the Old Testament*. Tesis, Queen's University, Belfast 1971.
McCullough 1972	McCullough, J. C., "Jesus Christ in the Old Testament". *Biblical Theology* 22 (1972) 36–47.
McCullough 1974	McCullough, J. C., "The Impossibility of a Second Repentance in Hebrews". *Biblical Theology* 24 (1974) 31–37.
McCullough 1978–79	McCullough, J. C., "Melchizedek's Varied Role in early exegetical tradition". *Near East School of Theology Theological Review* 1/2 (1978–79) 52–66.
McCullough 1980	McCullough, J. C., "The Old Testament Quotations in Hebrews". *NTS* 26 (1980) 363–379.
McCullough 1980–81	McCullough, J. C., "Some Recent Developments in Research in the Epistle to the Hebrews". *Irish Biblical Studies* 2 (1980–81) 141–165.
Macdonald, J.	Macdonald, J., *The Theology of the Samaritans*. Londres 1964.
McFadyen	McFadyen, J. F., "The Message of the Epistles: Hebrews". *ExpTim* 45 (1933–34) 312–318.
McGaughey	McGaughey, M., *The Hermeneutic Method of the Epistle to the Hebrews*. Boston, Massachusetts 1963.
McGee	McGee, J. V., "The Theology of the Tabernacle". *BSac* 37 (1937) 155–175, 295–320, 420–429; 38 (1938) 22–39.
McGehee	McGehee, M., "Hebrews: the Letter which is not a Letter". *The Bible Today* 24 (1986) 213–215.
Mackay 1944	Mackay, C., "The Order of Melchizedek, Hebrews V.6". *Church Quarterly Review* (1944) 175–191.
Mackay 1967	Mackay, C., "The Argument of Hebrews". *Church Quarterly Review* 168 (1967) 325–338.
McKelvey	McKelvey, R. J., *The New Temple*. Oxford 1969.

McKenzie	McKenzie, J. L., "The Divine Sonship of the Angels". *CBQ* 5 (1943) 293–300.
MacLeod 1989a	MacLeod, D. J., "The Literary Structure of the Book of Hebrews". *BSac* 146 (1989) 185–197.
MacLeod 1989b	MacLeod, D. J., "The Doctrinal Center of the Book of Hebrews". *BSac* 146 (1989) 291–300.
MacLeod 1991	MacLeod, D. J., "The Present Work of Christ in Hebrews". *BSac* 148 (1991) 184–200.
McNamara 1966	McNamara, M., *The New Testament and the Palestinian Targum to the Pentateuch* (AnBib 27). Rome 1966.
McNamara 1972	McNamara, M., *Targum and Testament*. Shannon, Ireland 1972.
MacNeill	MacNeill, H. L., *The Christology of the Epistle to the Hebrews*. Chicago 1914.
McNicol, A. J.	McNicol, A. J., *The Relationship of the image of the highest angel to the high priest concept in Hebrews*. Disertación doctoral, Vanderbilt University, Tennessee 1974.
MacRae, G.	MacRae, G., " 'A Kingdom that cannot be Shaken': the Heavenly Jerusalem in the Letter to the Hebrews". *Tantur Yearbook* 1979–80. 27–40.
MacRae, G. W.	MacRae, G. W., "Heavenly Temple and Eschatology in the Letter to the Hebrews". *Semeia* 12 (1978) 179–199.
McRay	McRay, J., "Atonement and Apocalyptic in the Book of Hebrews". *Restoration Quarterly* 23 (1980) 1–9.
Maar	Maar, O., *Philo und der Hebräerbrief*. Disertacion, Vienna 1964.
Mack 1973	Mack, B. P., *Logos und Sophia. Untersuchungen zur Weisheitstheologie im hellenistischen Judentum*. Göttingen 1973.
Mack 1990	Mack, B. P., *Rhetoric and the New Testament*. Minneapolis, Minnesota 1990.
Madsen	Madsen, N. P., *Ask and you will Receive. Prayer and the Letter to the Hebrews*. St. Louis, Missouri 1989.
Maeso	Maeso, D. G., "Lengua original, autor y estilo de la Epístola a los Hebreos". *CB* 13 (1956) 202–215.
Mánek	Mánek, J., "Composite quotations in the New Testament and their Purpose". *Communio Viatorum* 13 (1970) 181–188.
Manson, T. W. 1949–50	Manson, T. W., "The Problem of the Epistle to the Hebrews".*BJRL* 32 (1949–50) 1–17 = Black, M. (ed.), *Studies in the Gospels and Epistles*, 242–258. Manchester 1962.
Manson, T. W. 1958	Manson, T. W., *Ministry and Priesthood: Christ's and ours*. Londres 1958 and Richmond, Virginia 1959.
Manson, W.	Manson, W., *The Epistle to the Hebrews. An historical and theological reconsideration*. Londres 1951.
Marbury	Marbury, C. W., *Old Testament textual traditions in the New*. Ph.D. dissertation, Harvard 1968.
Marchant	Marchant, G. J. C., "Sacrifice in the Epistle to the Hebrews". *EvQ* 20 (1948) 196–210.
Margot 1951	Margot, J.-C., *L'Épître aux Hébreux et le problème de l'interprétation de l'Ancien Testament*. Tesis, Lausanne 1951.
Margot 1962	Margot, J.-C., "La christologie de l'épître aux Hébreux". *Foi et Vie* 62 (1962) 299–311.
Marrow	Marrow, S. B., "Parrhesia and the New Testament". *CBQ* 44 (1982) 431–446.
Marshall, A.	Marshall, A., "A note on τε ... καί". *BT* 5 (1954) 182s.

Marshall, I. H. 1969 Marshall, I. H., *Kept by the Power of God*. Londres 1969.

Marshall, I. H. 1987 Marshall, I. H., "Some observations on the covenant in the New Testament", en Bøckman, P. W., y R. E. Kristiansen (ed.), *Context. Festskrift til P. J. Borgen*, 121–136. Trondheim 1987.

Marshall, J. L. Marshall, J. L., "Melchizedek in Hebrews, Philo and Justin Martyr". *SE* 7 (1982) 339–342.

Martin, R. A. Martin, R. A., *The Exegetical Method of the Epistle to the Hebrews*. Tesis, Princeton 1952.

Martin, R. P. Martin, R. P. *Carmen Christi*. Cambridge, U.K. 1967.

Martins Terra Martins Terra, J. E., "A Libertação Escatológica na Epístola aos Hebreus". *RCB* 2 (1978) 325–343.

Massyngberde Ford Massyngberde Ford, J., "The Mother of Jesus and the Authorship of the Epistle to the Hebrews". *University of Dayton Review* 11 (1975) 49–56.

Mateos Mateos, J., "Análisis de un campo lexemático, Εὐλογία en el Nuevo Testamento 2". *Filologia Neotestamentaria* 1 (1988) 5–25.

Mathis 1920 Mathis, M. A., *The Pauline ΠΙΣΤΙΣ—ΨΠΟΣΤΑΣΙΣ according to Hebr. XI,1. An historico-critical investigation*. Washington, D.C. 1920.

Mathis 1922 Mathis, M. A., "Does 'Substantia' mean 'Realisation' or 'Foundation' in Hb 11,1?" *Bib* 3 (1922) 79–87.

Maurer Maurer, C., " 'Erhört wegen der Gottesfurcht', Hebr 5,7", en Baltensweiler, H., y B. Reicke (ed.): *Neues Testament und Geschichte*, 275–284. Zurich and Tübingen 1972.

Maurice Maurice, [J.] F. D., The Epistle to the Hebrews (Warburton Lectures). I. "*How the New Testament fulfils the Old*". Londres 1846.

Maxwell Maxwell, K. L., *Doctrine and Parenesis in the Epistle to the Hebrews, with special reference to pre-Christian Gnosticism*. Disertación doctoral, Yale 1953.

Mealand Mealand, D. L., "The Christology of the Epistle to the Hebrews". *The Modern Churchman* 22 (1979) 180–187.

Médebielle Médebielle, A., "L'Épître aux Hébreux traduite et commentée", en Pirot, L., y A. Clamer (ed.), *La Sainte Bible*, 12.269–372. París, ³1951.

Mees 1970 Mees, M., *Die Zitate aus dem Neuen Testament bei Clemens von Alexandrien*. Bari, Italia 1970.

Mees 1978 Mees, M., "Die Hohepriester-Theologie des Hebräerbriefes im Vergleich mit dem Ersten Clemensbrief". *BZ* 22 (1978) 115–124.

Meeter Meeter, H. H., *The Heavenly High Priesthood of Christ*. Grand Rapids, Michigan 1916.

Melbourne Melbourne, B. L., "An Examination of the Historical-Jesus Motif in the Epistle to the Hebrews". *AUSS* 26 (1988) 281–297.

Mende Mende, T., " 'Wen der Herr liebhat, den züchtigt er' (Hebr 12,6). Der alttestamentliche Hintergrund von Hebr 12,1–11; 1,1–4; 2,6–10". *TTZ* 100 (1991) 23–28.

Ménégoz Ménégoz, E., *La Théologie de l'épître aux Hébreux*. París 1894.

Mercado Mercado, L. J., "The Language of Sojourning in the Abraham Midrash in Heb. XI,8–10: its Old Testament Basis, exegetical traditions and function in the Epistle to the Hebrews". *HTR* 59 (1967) 494–495.

Mercier Mercier, R., "La Perfección de Cristo y de los cristianos en la carta a los Hebreos". *RevBíb* 35 (1973) 229–236.

Metzger 1951   Metzger, B. M., "The Formulas Introducing Quotations of Scripture in the New Testament and the Mishna". *JBL* 70 (1951) 297–307.

Metzger 1981   Metzger, B. M., *Manuscripts of the Greek Bible. An Introduction to Greek Palaeography*. Nueva York and Oxford 1981.

Metzger 1987   Metzger, B. M., *The Canon of the New Testament*. Oxford y Nueva York 1987. Reimpreso con correcciones 1988.

Metzger 1992   Metzger, B. M., *The Text of the New Testament*. Oxford y Nueva York 1968, ²1970, ³1992.

Michaelis   Michaelis, W., "Der Beitrag der LXX zur Bedeutungsgeschichte von πρωτότοκος", en *Sprachgeschichte und Wortbedeutung. Festschrift A. Debrunner*, 313–320. Bern 1954.

Michaud   Michaud, J.-P., "Le passage de l'ancien au nouveau, selon l'Épître aux Hébreux". *Science et Esprit* 35 (1983) 33–52.

Michel 1934–35   Michel, O., "Die Lehre von der christlichen Vollkommenheit nach der Anschauung des Hebräerbriefes". *TSK* 106 (1934–35) 333–355.

Michel 1940   Michel, O., "Zum Sprachgebrauch von ἐπαυσχύνεσθαι in Rom 1.16", en *Festschrift für G. Wehrung. Glaube und Ethos*, 36–53. 1940.

Michel 1963   Michel, O., "Zur Auslegung des Hebräerbriefes". *NovT* 6 (1963) 189–191.

Mickelsen   Mickelsen, A. B., *Methods of Interpretation in the Epistle to the Hebrews*. Chicago 1959.

Middendorf   Middendorf, H., "Das heilige Messopfer nach dem Hebräerbrief". *Oberrheinisches Pastoralblatt* 1941.141–144, 161–165.

Miller, M. P.   Miller, M. P., "Targum, Midrash and the use of the Old Testament in the New Testament". *JSJ* II (1971) 29–82.

Miller, M. R. 1984   Miller, M. R., *The Theological Argument of Hebrews 11 in Light of its Literary Form*. Diertación doctoral, Concordia Seminary, St. Louis, Missouri 1984.

Miller, M. R. 1986   Miller, M. R., "What is the Literary Form of Hebrews 11?" *JETS* 29 (1986) 411–417.

Milligan, A.   Milligan, A., *The Ascension and Heavenly Priesthood of our Lord*. Londres 1908.

Milligan, G. 1899   Milligan, G., *The Theology of the Epistle to the Hebrews*. Edinburgh 1899.

Milligan, G. 1901   Milligan, G., "The Roman Destination of the Epistle to the Hebrews". *Expositor*, 6th series, IV (1901) 437–448.

Minear 1966   Minear, P. S., "Ontology and Eschatology". *NTS* 12 (1966) 89–105.

Minear 1978   Minear, P. S., "An Early Christian Theopoetic?" *Semeia* 12 (1978) 201–214.

Modersohn   Modersohn, E., *Heiligungsleben. Biblische Betrachtungen über den Hebräerbrief*. Neumünster 1923.

Moe 1947   Moe, O., "Das Priestertum Christi im Neuen Testament ausserhalb des Hebräerbriefes". *TLZ* 72 (1947) 335–358.

Moe 1949   Moe, O., "Der Gedanke des allgemeinen Priestertums im Hebräerbrief". *TZ* V (1949) 161–168.

Moe 1951   Moe, O., "Das Abendmahl im Hebräerbrief". *ST* IV,1.102–108.

Moe 1953   Moe, O., "Das irdische und das himmlische Heiligtum. Zur Auslegung von Hebr. 9,4s". *TZ* 9 (1953) 23–29.

Moffatt 1913   Moffatt, J., "Not Ashamed". *Expositor* VIII.5.285s.

Mommsen   Mommsen, T., *Römisches Strafrecht*. Leipzig 1899, reimpreso 1955.

Montgomery   Montgomery, J. A. *A Critical and Exegetical Commentary on the Book of Daniel*. Edinburgh 1927.

Moore, A. L.   Moore, A. L., *The Parousia in the New Testament*. Leiden, 1966.

Moore, B. R.   "Rhetorical Questions in Second Corinthians and in Ephesians through Revelation". *Notes on Translation* 97 (1983) 3–33.

Moore, G. F.   Moore, G. F., *Judaism in the first centuries of the Christian Era, the age of the Tannaim*. 2 vols., Cambridge, Massachusetts 1932.

Morgenthaler   Morgenthaler, R., *Statistik des neutestamentlichen Wortschatzes*. Zurich y Frankfurt a.M., Germany 1958.

Moriarty   Moriarty, F., "Abel, Melchizedek, Abraham". *The Way* 5 (1965) 95–104.

Morin   Morin, J., "L'Eglise dans l'épître aux Hébreux". *Studia* 13 (1962) 117–127. También en *L'Eglise dans la Bible*. París y Brujas 1962.

Morrice   Morrice, W. G., *Joy in the New Testament*. Exeter 1984.

Morris 1958   Morris, L., "'Asham". *EvQ* 30 (1958) 196–210.

Moule 1950   Moule, C. F. D., "Sanctuary and Sacrifice in the Church of the New Testament". *JTS* n.s. 1 (1950) 29–41.

Moule 1956   Moule, C. F. D., *The Sacrifice of Christ*. Londres 1956 y Greenwich, Connecticut 1957.

Moule 1958   Moule, C. F. D., "Commentaries on the Epistle to the Hebrews". *Theology* 61 (1958) 228–232.

Moule 1959   Moule, C. F. D., "The Influence of Circumstances on the Use of Christological Terms". *JTS* n.s. 10 (1959) 247–263.

Moule 1966   Moule, C. F. D., *The Birth of the New Testament*. Londres 1962, ^{2}1966.

Moule 1967   Moule, C. F. D., *The Phenomenon of the New Testament*. Londres 1967.

Moule 1973   Moule, C. F. D., review of Grässer, *Der Glaube im Hebräerbrief*. JTS n.s. 17 (1973) 147–150.

Moule 1977   Moule, C. F. D., *The Origin of Christianity*. Cambridge, U.K. 1977.

Moule, H. C. G.   Moule, H. C. G., *Messages from the Epistle to the Hebrews*. Londres 1937.

Moussey   Moussey, C., *Recherches sur* τρέφω *et les verbes grecs signifiant "nourrir"*. París 1969.

Mugridge   Mugridge, A., "Warnings in the Epistle to the Hebrews". *RTR* 46 (1987) 74–82.

Müller 1973   Müller, P.-G., ΧΡΙΣΤΟΣ ΑΡΧΗΓΟΣ. *Der religionsgeschichtliche und theologische Hintergrund einer neutestamentlichen Christusprädikation*. Bern 1973.

Müller 1986   Müller, P.-G., "Die Funktion der Psalmzitate im Hebräerbrief", en Haag, E., y F.-L. Hossfeld (ed.), *Freude an der Weisung des Herrn. Beiträge zur Theologie der Psalmen. Festschrift Heinrich Gross*, 223–242. Stuttgart 1986.

Mundle   Mundle, W., "Die Stephanusrede Apg. 7. Eine Märtyrerapologie". *ZNW* 20 (1921) 133–147.

Muntingh   Muntingh, L. M., " 'The City which has Foundations'. Heb. 11:8–10 in the Light of the Mari Texts", en Eybergs, I. H., et al. (ed.), *De fructo oris sui. Essays in honour of Andrianus von Selms*, 108–120. Leiden 1971.

Mussner 1956a   Mussner, F., *Die Auferstehung Jesu*. Munich 1969.

Mussner 1956b   Mussner, F., "Zur theologischen Grundfrage des Hebräerbriefes". *TTZ* 56 (1956) 55–57.

Nagel   Nagel, R., "Ueber die Bedeutung Melchisedeks im Hebräerbriefe". *TSK* 1849.332–386.

Nairne 1915   Nairne, A., *The Epistle of Priesthood*. Edinburgh 1913, [2]1915.

Nakagawa   Nakagawa, H., *Christology in the Epistle to the Hebrews*. Ph.D. dissertation, Yale 1955.

Nardoni   Nardoni, E., "Partakers in Christ (Hebrews 3:14)". *NTS* 37 (1991) 456–472.

Nash   Nash, R. H., "The Notion of Mediator in Alexandrian Judaism and the Epistle to the Hebrews". *WTJ* 40 (1978) 89–115.

Natho   Natho, E., "Hebr 9,15.26b–28" (GPM). *Pastoraltheologie* 77 (1988) 187–193.

Nauck 1955   Nauck, W., "Freude im Leiden. Zum Problem der urchristlichen Verfolgungstradition". *ZNW* 46 (1955) 65–80.

Nauck 1958   Nauck, W., "Das οὖν paräneticum". *ZNW* 49 (1958) 134s.

Nauck 1960   Nauck, W., "Zum Aufbau des Hebräerbriefes", en Eltester, W. (ed.), *Judentum—Urchristentum—Kirche. Festschrift J. Jeremias*. BZNW 26 (1960) 199–206.

Neeley   Neeley, L. L., *A Discourse Analysis of Hebrews. OPTAT* 3–4 (1987) 1–146.

Neil   Neil, W., *The Epistle to the Hebrews. Ritual and Reality*. Londres 1968.

Nellessen   Nellessen, E., "Lateinische Summarien zum Hebräerbrief". *BZ* 14 (1970) 240–251.

Neotestamentica   *Neotestamentica 5. Essays on the Epistle to the Hebrews.*

Nestle 1898–99   Nestle, E., "On the Address of the Epistle to the Hebrews". *ExpTim* 10 (1898–99) 422.

Nestle 1910   Nestle, E., "Hebrews iii.8, 15". *ExpTim* 21 (1910) 94.

Neudecker   Neudecker, R., *Die alttestamentliche Heilsgeschichte in lehrhaft-paränetische Darstellung. Eine Studie zu Sapientia und Hebr. 11.* Dissertation, Innsbruck, Germany 1971.

Neyrey   Neyrey, J. H., " 'Without Beginning of Days or End of Life' (Hebrews 7:3): Topos for a True Deity". *CBQ* 53 (1991) 439–455

Nicolau 1979   Nicolau, M., "El 'Reino de Dios' en la carta a los Hebreos". *Burgense* 20 (1979) 393–405.

Nicole 1975   Nicole, R., "Some Comments on Hebrews 6:4–6 and the Doctrine of the Perseverance of God with the Saints", en Hawthorne, G. F. (ed.), *Current Issues in Biblical and Patristic Interpretation*, 355–364. Grand Rapids, Michigan 1975.

Nicole 1977   Nicole, R., " 'Hilaskesthai' revisited". *EvQ* 49 (1977) 173–177.

Nicolet   Nicolet, G., *Essai sur le style de l'épître aux Hébreux*. París 1904.

Niebuhr   Niebuhr, R. R., "Archegos. An essay on the relation between the biblical Jesus Christ and the Present-Day Reader", en Farmer, W. R., et al. (ed.), *Christian History and Interpretation. Studies presented to John Knox*, 79–100. Cambridge, U.K. 1967.

Nielen   Nielen, J. M., *The Earliest Christian Liturgy*. Londres 1941.

Nikiprowetsky   Nikiprowetsky, V., "La Spiritualisation des sacrifices et le culte sacrificiel au Temple de Jérusalem chez Philon d'Alexandrie". *Semitica* 17 (1967) 98–114.

Nisius   Nisius, J. B., "Zur Klärung von Hebr 12,2". *BZ* 14 (1917) 44–61.

Nissilä   Nissilä, K., *Das Hohepriestermotiv im Hebräerbrief* (Schriften der Finnischen Exegetischen Gesellschaft 33). Helsinki 1979.

Nitschke   Nitschke, E., "Das Ethos des Wandernden Gottesvolkes. Erwägungen zu Hebr 13 und zu den Möglichkeiten evangelischer Ethik". *Monatschrift für Pastoraltheologie* 46 (1957) 179–183.

Nixon — Nixon, R. E., *The Fulfilment of the Old Testament, in a comparative study of St. Matthew's Gospel and the Epistle to the Hebrews*. Ph.D. dissertation, Durham, U.K. 1963.

Noesselt 1771 — Noesselt, J. A., *Opusculorum ad interpretationem Sacrarum Scripturarum fasciculus*. Halle, Germany 1771.

Noesselt 1773 — Noesselt, J. A., *De Eo, qui sanctificat, illisque, qui sanctificantur, ab uno omnibus, ad Hebr. II,11 dissertatio*. Halle, Germany 1773.

Nomoto 1965 — Nomoto, S., *Die Hohepriester-Typologie im Hebräerbrief. Ihre traditionsgeschichtliche Herkunft und ihr religionsgeschichtlicher Hintergrund*. Dissertation, Hamburg 1965.

Nomoto 1968 — Nomoto, S., "Herkunft und Struktur der Hohepriestervorstellung im Hebräerbrief". *NovT* 10 (1968) 10–25.

Norden — Norden, E. *Agnostos Theos*. Darmstadt, Germany [6]1974.

Nordheim — Nordheim, E. von, "König und Tempel. Der Hintergrund des Tempelbauverbotes in 2 Samuel vii". *VT* 27 (1977) 434–453.

Oberholtzer — Oberholtzer, T. K., "The Warning Passages in Hebrews". *BSac* 145 (1988) 83–97, 185–196, 319–328, 410–419; 146 (1989) 67–75.

Obermüller — Obermüller, R., "Una mística del camino. El tema de la peregrinación en la carta a los Hebreos". *RevBíb* 33 (1971) 55–66.

Oepke — Oepke, A., *Das neue Gottesvolk im Schrifttum, Schauspiel, bildende Kunst und Weltgestaltung*. Gütersloh, Germany 1950.

Ogara — Ogara, F., "Christus Rex in throno sedens: Angeli ministri (Hebr. I,7)". *VD* 13 (1933) 41–50, 79–83.

Okure — Okure, T., *The Johannine Approach to Mission*. (*WUNT* 2nd series 31). Tübingen 1988.

Olson — Olson, S. N., "Wandering but not Lost". *Word and World* 5 (1985) 426–433.

Omark — Omark, R. E., "The Saving of the Savior. Exegesis and Christology in Hebrews 5:7–10". *Int* 12 (1958) 39–51.

O'Neill — O'Neill, J. C., "Hebrews II.9". *JTS* 17 (1966) 79–82.

Osborne — Osborne, G., "Soteriology in the Epistle to the Hebrews", en Pinnock, C. (ed.), *Grace Unlimited*. Minneapolis, Minnesota 1975.

Oudersluys — Oudersluys, R. C., "Exodus in the Letter to the Hebrews", en Cook, J. I. (ed.), *Grace upon Grace*, 143–152. Grand Rapids, Michigan 1975.

Oulton — Oulton, J. E. L., "Great Texts Reconsidered (Hebr XIII,10)". *ExpTim* 55 (1944) 303–305.

Owen, E. C. E. — Owen, E. C. E., "Ἀποτυμπανίζω -σμός (τυμπανισμός), τυμπανίζω, τύμπανον (τύπανον)". *JTS* n.s. 30 (1929) 259–266.

Owen, H. P. — Owen, H. P., "The 'stages of ascent' in Heb. 5.11–6.3". *NTS* 3 (1957) 243–253.

Padolskis — Padolskis, V., "L'idée du sacrifice de la croix dans l'épître aux Hébreux". Vilkaviskis, Lituania y París 1935.

Padva — Padva, P., *Les Citations de l'Ancien Testament dans l'épître aux Hébreux*. París 1904.

Pagels — Pagels, E., *The Gnostic Paul*. Philadelphia, Pennsylvania 1975.

Panagiotides — Panagiotides, J. G., "Λεξιλόγιον τῆς πρὸς Ἑβραίους ἐπιστολῆς". Θεολογία 9 (1931) 307–317; 10 (1932) 163–172

Panier — Panier, L., "À propos d'un commentaire de l'épître aux Hébreux". *Sémiotique et Bible* 17 (1980) 6–37.

Papatzakanis — Papatzakanis, G., "Οἱ Χριστολόγικοι ὕμνοι τῆς Καινῆς Διαθήκης". Δελτιὸ Βιβλικῶν Μελετῶ v 4.181–189.

BIBLIOGRAFÍA

Parker   Parker, H. M., "Domitian and the Epistle to the Hebrews". *Iliff Review* 36 (1979) 31–43.

Parsons   Parsons, M. C., "Son and High Priest. A Study in the Christology of Hebrews". *EvQ* 60 (1988) 195–215.

Patte   Patte, D., *Early Jewish Hermeneutics in Palestine*. Missoula, Montana 1975.

Paul   Paul, M. J., "The Order of Melchizedek (Ps 110:4 and Heb 7:3)". *WTJ* 49 (1987) 195–211.

Pearson   Pearson, B. A., "NHC IX, 1: Melchizedek", en Pearson, B. A. (ed.), *Nag Hammadi Codices IX and X*. Leiden, Netherlands 1981, 41–85.

Pelser 1972   Pelser, G. M. M., "The Concept Archegos in the Letter to the Hebrews". *Hervormde Teologiese Studies* 28 (1972) 86–96.

Pelser 1974   Pelser, G. M. M., "A Translation Problem. Heb. 10:19–25". *Neot* 5 (1974) 43–53.

Perdelwitz   Perdelwitz, R., "Das literarische Rätsel des Hebräerbriefes". *ZNW* 11 (1910) 59–78, 105–123.

Perella   Perella, M. C., "De justificatione secundum epistolam ad Hebraeos". *Bib* 13 (1933) 1–21, 150–169.

Pérez   Pérez, G., "Autenticidad y canonicidad de la Carta a los Hebreos". *CB* 13 (1956) 216–226.

Perkins, D. W.   Perkins, D. W., "A Call to Pilgrimage. The Challenge of Hebrews". *Theological Educator* 32 (1985) 69–81.

Perkins, P.   Perkins, P., *Reading the New Testament. An Introduction*. Londres, Chapman 1988, 270–280.

Perkins, W.   Perkins, W., *A Commentary on Hebrews 11* (1609 ed.), ed. J. H. Augustine. Nueva York 1991.

Perrin-Duling   Perrin, N., and D. C. Duling, *The New Testament: an Introduction*. San Diego, California etc., 1974, ²1982, 226–231.

Perrot   Perrot, C., "L'Épître aux Hébreux", en Delorme, J. (ed.), *Le Ministère et les ministères selon le Nouveau Testament*, 118–138. París 1974.

Perry   Perry, M., "Method and Model in the Epistle to the Hebrews". *Theology* 77 (1974) 67–74.

Peterson, D. G. 1976   Peterson, D. G., "The Situation of the 'Hebrews' (5:11–6:12)". *RTR* 35 (1976) 14–21.

Peterson, D. G. 1979   Peterson, D. [G.], "The Prophecy of the New Covenant in the Argument of Hebrews". *RTR* 38 (1979) 74–81.

Peterson, D. G. 1982   Peterson, D. [G.], *Hebrews and Perfection. An Examination of the Concept of Perfection in "the Epistle to the Hebrews"* (SNTSMS 47). Cambridge, U.K. 1982.

Peterson, D. G. 1984   Peterson, D. G., "Towards a New Testament Theology of Worship". *RTR* 43 (1984) 65–73.

Peterson, D. G. 1986   Peterson, D. G., "The Ministry of Encouragement (*parakalein, paraklesis* in the New Testament", en O'Brien, P. T. (ed.), *God Who Is Rich in Mercy. Essays presented to Dr D. B. Knox*, 235–253. Homebush West, Australia 1986.

Peterson, E.   Peterson, E., "Zur Bedeutungsgeschichte von παρρησία", en *Festschrift Reinhold Seeberg*, I.283–297. Leipzig 1929.

Petuchowski 1957a   Petuchowski, J. J., *Melchizedek: Urgestalt der Oekumene*. Freiburg i.B., Germany 1979.

Petuchowski 1957b — Petuchowski, J. J., "The Controversial Figure of Melchizedek". *HUCA* 28 (1957) 127–136.

Pfleiderer — Pfleiderer, O., *Das Urchristentum*. Berlin 1887. ET *Primitive Christianity*. 4 vols., Londres 1906–1911.

Phillips 1947 — Phillips, J. B., *Letters to Young Churches*. Londres 1947.

Phillips 1972 — Phillips, J. B., *The New Testament in Modern English*. Londres 1960, ²1972.

Philo — Colson, F. H., G. H. Whitaker, y R. Marcus (tr.), *Philo with an English Translation*. 10 vols. + 2 supplements, Londres 1929–62.

Phythian-Adams 1942 — Phythian-Adams, W. J., *The People and the Presence*. Londres y Oxford 1942.

Phythian-Adams 1944 — Phythian-Adams, W. J., *The Way of At-one-ment*. Londres 1944.

Pierce — Pierce, C. A., *Conscience in the New Testament*. Londres y Chicago 1965.

Pieper — Pieper, C., "Verfasser und Empfänger des Hebräerbriefes". *Neutestamentliche Untersuchungen* 1939.46–65.

Pinto — Pinto, L. di, *Voluntà di Dio e legge antica nell'Epistola agli Ebrei. Contributo ai fondamenti biblici della teologia morale*. Naples, Italia 1976.

Pirotta — Pirotta, L. M., "Il sacerdotio di Cristo nella Lettera agli Ebrei". *Palestra del Clero* 63 (1984) 745–754.

Places — Places, E. des, "Épithètes et attributs de la 'Sagesse' (Sg 7,22–23 et *SVF* I 557 Armin)". *Bib* 57 (1976) 414–419.

Ploeg — Ploeg, J. van der, "L'exégèse de l'Ancien Testament dans l'épître aux Hébreux". *RB* 54 (1947) 187–228.

Plooij — Plooij, D., "Jesus, the Apostle and faithful High Priest", en Plooij, D., *Studies in the Testimony Book*, 31–48. Amsterdam 1932.

Pönnighaus — Pönnighaus, K., "Heb. 10,35–36 (37–38)39" (*GPM* 73). *Pastoraltheologie* (1984).

Pohlenz — Pohlenz, M., "Τὸ πρέπον. Ein Beitrag zur Geschichte des griechischen Geistes". *Nachrichten der Gesellschaft der Wissenschaften zu Göttingen* 1933.53–92.

Pokorný — Pokorný, P., *Der Gottessohn*. Zurich 1971.

Porter — Porter, J. R., "Psalm XLV.7". *JTS* n.s. 12 (1961) 51–53.

Poschmann — Poschmann, B., *Paenitentia secunda. Die kirchliche Busse im ältesten Christentum bis Cyprian und Origenes*. Bonn 1940.

Powell — Powell, D. L., "Christ as High Priest in the Epistle to the Hebrews". *SE* 7 (1982) 387–399.

Pretorius 1971 — Pretorius, E. A. C., "ΔΙΑΘΗΚΗ in the Epistle to the Hebrews". *Neot* 5 (1971) 37–50.

Pretorius 1982 — Pretorius, E. A. C., "Christusbeeld en Kerkmodel in die Hebreërbrief". *Theologia Evangelica* 15 (1982) 3–18.

Price — Price, J. L., *Interpreting the New Testament*. Nueva York 1961, ²1971, 527–534.

Proulx-Alonso Schökel 1973 — Proulx, P., and L. Alonso Schökel, "Heb 4,12–13: componentes y estructura". *Bib* 54 (1973) 331–339.

Proulx-Alonso Schökel 1975 — Proulx, P., y L. Alonso Schökel, "Heb 6, 4–6: eis metanoian anastaurountas". *Bib* 56 (1975) 193–209.

Pryer — Pryer, J. W., "Hebrews and Incarnational Christology". *RTR* 40 (1981) 440–450.

Pummer   Pummer, R., "The Present State of Samaritan Studies". *JSS* 16 (1976) 39–61; 17 (1977) 27–47.

Purdy 1933   Purdy, A. C., "The Purpose of the Epistle to the Hebrews", en Wood, H. G. (ed.), *Amicitiae Corolla. Essays presented to Rendel Harris*, 253–264. Londres 1933.

Purdy 1955   Purdy, A. C., y J. H. Cotton, "Hebrews: Introduction and Exegesis", en *IB* II.575–763.

Quentel   Quentel, J., "Les destinataires de l'épître aux Hébreux". *RB* 19 (1912) 50–68.

Quinot   Quinot, B., "L'influence de l'épître aux Hébreux dans la notion augustinienne du vrai sacrifice". *Revue des Études Augustiniennes* 1962.129–168.

Rabanos   Rabanos, R., Sacerdote a semejanza de Melquisedec. Salamanca, España ²1961.

Rad   Rad, G. von, " 'Es ist noch eine Ruhe vorhanden dem Volke Gottes'". *Zwischen den Zeiten* 11 (1933) 104–111

Radcliffe   Radcliffe, T., "Christ in Hebrews: Cultic Irony". *New Blackfriars* 68 (1987) 494–504.

Radermacher   Radermacher, L., "Lebende Flammen". *Wiener Studien für Klassische Philologie* 49 (1932) 115–118.

Rakoczy   Rakoczy, T., "Die Eschatologische Wirklichkeit im Briefe an die Hebräer". *Analecta Cracoviensia* i (1969) 150–176 [Polaco].

Ramsay   Ramsay, W. M., *A Historical Commentary on St Paul's Epistle to the Galatians*. Londres 1899, Nueva York 1900.

Randall   Randall, E. L., "The Altar of Hebrews 13:10". *Australian Biblical Review* 46 (1969) 197–208.

Rasco   Rasco, E., "La oración sacerdotal de Cristo en la tierra según Hebr. 5.7". *Greg* 43 (1962) 723–755.

Raurell 1984   Raurell, F., "Certes afinitats entre Ezequiel-Grec i la Càrta als Hebreus". Associació Bíblica de Catalunya: Bulleti suplement 4 (1984) 70–83.

Raurell 1985   Raurell, F., "Certain affinities between Ez-LXX and the Epistle to the Hebrews with regard to the 'doxa' and the Cherubins". Estudios Franciscanos 86 (1985) 209–332.

Rayburn   Rayburn, R. S., *The Contrast between the Old and New Covenants in the New Testament*. Ph.D. thesis, Aberdeen, U.K. 1978.

Reicke   Reicke, B., *Glaube und Leben der Urgemeinde. Bemerkungen zu Apostelgeschichte 1–7*. ATANT 32 (1957) 152–157.

Reid   Reid, R., *The Use of the Old Testament in Hebrews*. Disertación doctoral, Union Theological Seminary. Nueva York 1964.

Reinhold   Reinhold, H. R., *De Graecitate Patrum Apostolicum*. Halle 1898.

Reissner   Reissner, R., "Wir haben hier keine bleibende Stadt ..." *Geist und Leben* 35 (1962) 96–103.

Rendall   Rendall, R., "The Method of the Writer to the Hebrews in Using Old Testament Quotations". *EvQ* 27 (1955) 214–220.

Rendell   Rendell, F., *The Theology of the Hebrew Christians*. Londres 1886.

Renner   Renner, F., *An die Hebräer, ein pseudepigraphischer Brief*. Münsterschwarzach, Germany 1970.

Reumann   Reumann, J., *Variety and Unity in New Testament Thought*, 163–188. Oxford 1991.

Reyburn	Reyburn, W. D., "Poetic Parallelism: its Structure, Meaning and Implication for Translators", en Stine, P. C. (ed.), *Issues in Bible Translation*. Londres, Nueva York, y Stuttgart 1988.
Rice 1981	Rice, G. E., "The Chiastic Structure of the Central Section of the Epistle to the Hebrews". *AUSS* 19 (1981) 243–246.
Rice 1985	Rice, G. E., "Apostasy as a Motif and its Effect on the Structure of Hebrews". *AUSS* 23 (1985) 29–35.
Rice 1987	Rice, G. E., "Hebrews 6:19: analysis of some assumptions concerning *katapetasma*". *AUSS* 25 (1987) 65–71.
Richardson	Richardson, A., " 'Whose Architect and Maker is God.' An Exegetical Contribution to Hebrews 10,19–25". *Theology Today* 8 (1951) 155s.
Riddle	Riddle, D. W., "Hebrews, First Clement, and the Persecution of Domitian". *JBL* 43 (1924) 329–348.
Riehm	Riehm, E. K. A., *Der Lehrbegriff des Hebräerbriefes, dargestellt und mit verwandten Lehrbegriffen verglichen*. Basel and Ludwigsburg, Germany 1858, ²1867.
Riesenfeld	Riesenfeld, H., "The Meaning of the verb ἀρνεῖσθαι". *ConNT* 11 (1947) 207–219.
Rigaux 1958	Rigaux, B., "Révélation des mystères et perfection à Qumran et dans le Nouveau Testament". *NTS* 4 (1958) 237–262.
Rigaux 1962	Rigaux, B., "St. Paul et ses lettres". Studia Neotestamentica Subsidia 2 (1962) 201–217.
Riggenbach 1907	Riggenbach, E., *Die ältesten lateinischen Kommentare zum Hebräerbrief*. Leipzig 1907.
Riggenbach 1908	Riggenbach, E., "Der Begriff der ΔΙΑΘΗΚΗ im Hebräerbrief", en *Theologische Studien Th. Zahn ... dargebracht*, 289ss. 1908.
Riggenbach 1923	Riggenbach, E., "Der Begriff der τελείωσις im Hebräerbrief. Ein Beitrag zur Frage nach der Einwirkung der Mysterienreligion auf Sprache und Gedankenwelt des Neuen Testaments". *NKZ* 34 (1923) 184–195.
Rinaldi	Rinaldi, G., "L'uomo del Getsemani (Ebr. 5,7–10)". Bibbia e Oriente 24 (1982) 15–17.
Rissi 1955	Rissi, M., "Die Menschlichkeit Jesu nach Heb. 5:7–8". *TZ* 11 (1955) 28–45.
Rissi 1987	Rissi, M., *Die Theologie des Hebräerbriefes*. Tübingen, Germany 1987.
Ritschl	Ritschl, A., "Ueber die Leser des Hebräerbriefes". *TSK* 39 (1866) 89–102.
Robb	Robb, J. D., "Hebrews xii.1". *ExpTim* 79 (1968) 254.
Robinson, D. W. B.	Robinson, D. W. B., "The Literary Structure of Hebrews 1:1–4". *AJBA* 2 (1972) 178–186.
Robinson, G.	Robinson, G., "The Idea of Rest in the Old Testament". *ZAW* 92 (1980) 32–42.
Robinson, J. A. T. 1973	Robinson, J. A. T., *The Human Face of God*. Londres 1973.
Robinson, J. A. T. 1976	Robinson, J. A. T., *Redating the New Testament*. Londres 1976.
Robinson, J. M.	Robinson, J. M. (ed.), *The Nag Hammadi Library in English*. Leiden etc. 1977, ³1988.
Robinson, S. E.	Robinson, S. E., "The Apocryphal Story of Melchizedek". *JSJ* 18 (1987) 26–39.

Robinson, W. 1950 — Robinson, W., *The Eschatology of the Epistle to the Hebrews*. Birmingham 1950.

Rodríguez Carmona — Rodríguez Carmona, A., "La figura de Melquisedec en la literatura targúmica. Estudio de las tradiciones targúmicas sobre Melquisedec y su relación con el Nuevo Testamento". *EstBíb* 37 (1978) 79–102.

Roeth — Roeth, E. M., *Epistolam vulgo "ad Hebraeos" inscriptam....* Frankfurt a.M., Germany 1836.

Rohrbaugh — Rohrbaugh, R. L., "The City in the Second Testament". *BTB* 21 (1991) 67–75.

Roloff — Roloff, J., "Der mitleidende Hohepriester. Zur Frage nach der Bedeutung des irdischen Jesus für die Christologie des Hebräerbriefes", en Strecker, G. (ed.), *Jesus Christus in Historie und Theologie. Festschrift H. Conzelmann*, 143–166. Tübingen 1975.

Romaniuk 1963 — Romaniuk, K., "La crainte de Dieu à Qumran et dans le Nouveau Testament". *RQ* 4 (1963) 29–38.

Romaniuk 1967–68 — Romaniuk, C., "Le Livre de la Sagesse dans le Nouveau Testament". *NTS* 14 (1967–68) 498–514.

Romeo — Romeo, A., "Il termine leitourgia nella grecità biblica", en *Miscellanea liturgica in honorem L. C. Mohlberg*, II.467–519. Rome 1949.

Ropes — Ropes, J. H., *A Critical and Exegetical Commentary on the Epistle of Saint James* (ICC). Edinburgo y Nueva York 1916.

Rosadini — Rosadini, S., "De Christi sacerdotio in Epistulam ad Hebraeos". *Greg* 2 (1921) 290–295.

Rose 1985 — Rose, C., "Zur Komposition des Hebräerbriefes". Unpublished paper 1985.

Rose 1989 — Rose, C., "Verheissung und Erfüllung. Zum Verständnis von ἐπαγγελία im Hebräerbrief". *BZ* 33 (1989) 60–80, 178–191.

Rosenzweig — Rosenzweig, B., "The Hermeneutical Principles and their application". *Tradition* 13 (1972) 49–76.

Ross — Ross, A., "The Message of the Epistle to the Hebrews for Today". *EvQ* 15 (1943) 161–168.

Rottmanner — Rottmanner, O., "Saint Augustin sur l'auteur de l'épître aux Hébreux". *RBén* 18 (1901) 257–261 (= *Geistesfrüchte aus der Klosterzelle*, 84–90. Munich 1908.

Rowell — Rowell, J. B., "Our Great High Priest". *BSac* 118 (1961) 148–153.

Ruager — Ruager, S., "Überlegungen zum Thema Gottesdienst und Abendmahl im Hebr (13,10)". *KD* 36 (1990) 72–77.

Rubinkiewicz — Rubinkiewicz, R., "Mc 15,34 et Hbr 1,8–9 à la lumière de la tradition targumique". Roczniki Teologiczno-Kanoniczne 25 (1978) 59–67 [Polaco].

Rupprecht — Rupprecht, P., "Una oblatione consummavit. Die Bedeutung von Hebr. 10,14 für die Messopferlehre". *TQ* 121 (1940) 1–13.

Rusche 1955 — Rusche, H., "Die Gestalt des Melchizedek". *MTZ* 5 (1955) 230–252.

Rusche 1971 — Rusche, H., "Glauben und Leben nach dem Hebräerbrief". *BibLeb* 12 (1971) 94–104.

Rydbeck — Rydbeck, L., *Fachprosa, vermeintliche Volkssprache und Neues Testament. Beurteilung der sprachlichen Niveauunterschiede im nachklassischen Griechisch*. Uppsala, Sweden 1967.

Rylaarsdam — Rylaarsdam, J. C., "Jewish-Christian Relationships: The Two Covenants and the Dilemmas of Christology", en Cook, J. I. (ed.), *Grace Upon Grace*. Grand Rapids 1975.

Ryle   Ryle, H. E., *Philo and Holy Scripture*. Londres n.d.

Sabourin 1968a   Sabourin, L., "Sacrificium ut liturgia in Epistola ad Hebraeos". *VD* 48 (1968) 235–258.

Sabourin 1968b   Sabourin, L., "Auctor Epistolae ad Hebraeos ut interpres Scripturae". *VD* 68 (1968) 275–285.

Sabourin 1971   Sabourin, L., " 'Liturge du Sanctuaire et de la Tente Visible' (Héb. viii.2)". *NTS* 18 (1971) 87–90.

Sabourin 1976   Sabourin, L., " 'Crucifying afresh for one's repentance' (Heb 6:4–6)". *BTB* 6 (1976) 264–271.

Sahlin   Sahlin, H., "Emendationsversuche zum griechischen Text des NT, III". *NovT* 25 (1983) 73–88.

Salom   Salom, A. P., "Ta hagia in the Epistle to the Hebrews". *AUSS* 5 (1967) 59–70.

Samain   Samain, P., "L'eucharistie dans l'épître aux Hébreux". *Revue Diocésaine de Tournai* 1 (1946) 408–410.

Sanders, J. A. 1959   Sanders, J. A., "Habakkuk in Qumran, Paul, and the Old Testament". *JR* 39 (1959) 232–244.

Sanders, J. A. 1968   Sanders, J. A., "Cueva 11 surprises and the question of Canon". *McCQ* 21 (1968) 284–298.

Sanders, J. A. 1969   Sanders, J. A., "Outside the Camp". *USQR* 24 (1969) 239–246.

Sanders, J. T.   Sanders, J. T., *The New Testament Christological Hymns* (SNTSMS 15). Cambridge, U.K. 1971.

Sandmel 1954   Sandmel, S., "Philo's Environment and Philo's Exegesis". *Journal of Bible and Religion* 22 (1954) 248–253.

Sandmel 1979   Sandmel, S., *Philo of Alexandria*. Nueva York y Oxford 1979.

Sandvik   Sandvik, B., *Das Kommen des Herrn beim Abendmahl im Neuen Testament* (ATANT 58). Zurich 1970.

Sauer   Sauer, R. C., *A Critical and Exegetical Reexamination of Hebrews 5:11 to 6:8*. Tesis doctoral, Manchester 1981.

Savignac   Savignac, J. de, "Essai d'interprétation du Ps. cx à l'aide de la littérature égyptienne". *OTS* 9 (1951) 107–135.

Saydon   Saydon, P. P., "The Master Idea of the Epistle to the Hebrews". *Melita Theologica* XIII (1961) 19–26.

Scarpat   Scarpat, G., Parrhesia. Storia del termine e delle sue traduzioni in Latino. Brescia 1964.

Schäfer, J. R.   Schäfer, J. R., "The Relationship between Priestly and Servant Messianism in the Epistle to the Hebrews". *CBQ* 30 (1968) 359–385.

Schäfer, K. T. 1929   Schäfer, K. T., *Untersuchungen zur Geschichte der lateinischen Uebersetzung des Hebräerbriefes*. Freiburg i.B., Germany 1929.

Schäfer, K. T. 1971   Schäfer, K. T., "Κρατεῖν τῆς ὁμολογίας (Hbr 4,14)", en Schreiner, J. (ed.), *Die Kirche im Wandel der Zeit. Festgabe für Josef Kardinal Höffner*, 59–70. Cologne 1971.

Scheidweiler   Scheidweiler, F., "ΚΑΙΠΕΡ nebst einem Exkurs zum Hebräerbrief". *Hermes* 83 (1955) 220–230.

Schelkle   Schelkle, K. H., *Die Passion Jesu in der Verkündigung des Neuen Testaments*. Heidelberg 1949.

Schenk 1967   Schenk, W., *Der Segen im Neuen Testament. Eine begriffsanalytische Studie* (Theologische Arbeiten XXV). Berlin, Germany 1967.

Schenk 1980   Schenk, W., "Hebr iv.14–16: Textlinguistik als Kommentierungsprinzip". *NTS* 26 (1980) 242–251.

Schenk 1985   Schenk, W., "Die Paränese Hebr 13,16 im Kontext des Hebräerbriefes. Eine Fallstudie semiotisch-orientierter Textinterpretation und Sachkritik". *ST* 39 (1985) 73–106.

Schenke 1973   Schenke, H.-M., "Erwägungen zum Rätsel des Hebräerbriefes", en Betz, H. D., y L. Schottroff (ed.), *Neues Testament und Christliche Existenz*, 421–437. Tübingen, Germany 1973.

Schenke 1980   Schenke, H.-M., "Die jüdische Melchizedek-Gestalt als Thema der Gnosis", en Tröger, K. W. (ed.), *Altes Testament—Frühjudentum—Gnosis*, 111–136. Gütersloh, Germany 1980.

Schick, E. 1978   Schick, E., *Im Glauben Kraft empfangen. Betrachtungen zum Brief an die Hebräer*. Stuttgart 1978.

Schick, E. A.   Schick, E. A., "Priestly Pilgrims: Mission Outside the Camp in Hebrews". *CuTM* 16 (1989) 372–376.

Schiele   Schiele, F. M., "Harnack's 'probabilia' concerning the Address and the Author of the Epistle to the Hebrews". *AJT* 9 (1905) 290–308.

Schierse 1955   Schierse, F. J., *Verheissung und Vollendung. Zur theologische Grundfrage des Hebräerbriefes*. Munich 1955.

Schildenberger 1938   Schildenberger, J., "Psalm 109 (110): Christus, König und Priester". *Benediktinische Monatschrift* 20 (1938) 361–374.

Schildenberger 1969   Schildenberger, J., "Relatio inter sacrificium Crucis et sacrificium Missae illustrata ex ultima Coena Domini et Epistula ad Hebraeos", en El sacerdocio de Cristo (Semana Española de Teología 26) 67–118. Madrid 1969.

Schille 1955   Schille, G., "Erwägungen zur Hohepriesterlehre des Hebräerbriefes". *ZNW* 46 (1955) 81–109.

Schille 1957   Schille, G., "Die Basis des Hebräerbriefes". *ZNW* 48 (1957) 270–280.

Schille 1960   Schille, G., "Katechese und Taufliturgie. Erwägungen zu Hbr 11". *ZNW* 51 (1960) 112–131.

Schippers   Schippers, R., "The Pre-Synoptic Tradition in 1 Thessalonians II 13–16". *NovT* 8 (1966) 223–234.

Schlatter   Schlatter, A., *Der Glaube im Neuen Testament*. Darmstadt, Germany ⁴1927, reimpreso 1963.

Schlier 1930   Schlier, H., "Die Kirche im Hebräerbrief", en Feiner, J., and M. Löhrer (ed.), *Mysterium Salutis*, IV/1, 187–194. Einsiedeln 1972

Schlier 1964   Schlier, H., *Besinnung auf das Neue Testament*. Freiburg i.B., Germany 1964.

Schlier 1969   Schlier, H., "Grundelemente des priesterlichen Amtes im Neuen Testament". *TP* 44 (1969) 161–180.

Schlier 1972   Schlier, H., "Die Kirche im Hebräerbrief", en Finer, J., and M. Löhrer (ed.), *Mysterium Salutis* IV/1, 187–194. Einsiedeln-Zürich-Cologne 1972.

Schmidgall   Schmidgall, P., *The Influence of Jewish Apocalyptic Literature on the Book of Hebrews*. Disertación, Western Kentucky University, Bowling Green, Kentucky 1980.

Schmithals 1976   Schmithals, W., "Gnosis und Neues Testament". *EvT* 21 (1976) 22–46.

Schmithals 1984   Schmithals, W., *Neues Testament und Gnosis*. Darmstadt, Germany 1984.

Schmitt 1955a   Schmitt, J., "Sacerdoce judaïque et hiérarchie ecclésiale dans les premières communautés palestiniennes". *RSR* 29 (1955) 250–261.

Schmitt 1955b   Schmitt, J., "Les écrits du Nouveau Testament et le texte de Qumran. Bilan de cinq années de recherches". *RSR* 29 (1955) 381–401.

Schmitt 1957 — Schmitt, J., "Contribution à l'étude de la discipline pénitentielle dans l'église primitive à la lumière des textes de Qumran", en *Les Manuscrits de la mer Morte*, 93–109. París 1957.

Schmitz 1910 — Schmitz, O., *Die Opferanschauung des späteren Judentums und die Opferaussagen des Neuen Testaments*. Tübingen, Germany 1910.

Schmitz 1934 — Schmitz, O., "Das Alte Testament im Neuen Testament", en Brandt, T., et al. (ed.), *Wort und Geist. Festgabe für Karl Heim*, 49–74. Berlin 1934.

Schnackenburg — Schnackenburg, R., *Die Kirche im Neuen Testament* (Quaestiones Disputatae 14). Freiburg i.B., Germany 1961. ET *The Church in the New Testament*. Londres 1974.

Schniewind — Schniewind, J., *Nachgelassene Reden und Aufsätze*. Berlin 1952.

Schoeps — Schoeps, J., *Aus frühchristlicher Zeit*. Tübingen, Germany 1950.

Scholem — Scholem, G., *Major Trends in Jewish Mysticism*. Jerusalem 1941; 4th ed. Londres 1955.

Scholer — Scholer, J. M., *Proleptic Priests. Priesthood in the Epistle to the Hebrews* (JSNT Supplement Series 49). Sheffield, U.K. 1991.

Schoonhoven — Schoonhoven, C. R., "The 'Analogy of Faith' and the Intent of Hebrews", en Gasque, W. W., y W. S. LaSor (ed.), *Scripture, Tradition and Interpretation*, 92–110. Grand Rapids, Michigan 1978.

Schottroff — Schottroff, L., "Animae naturaliter salvandae", en Eltester, W. (ed.), *Christentum und Gnosis* (BZNW 37), 65–97. Berlin 1969.

Schreiber — Schreiber, R., *Der neue Bund im Spätjudentum und Urchristentum*. Tübingen, Germany 1954.

Schreiner — Schreiner, J., "Hermeneutische Leitlinien in der Septuaginta", en Loretz, O., and W. Strolz (ed.), *Die hermeneutische Frage in der Theologie*, 356–394. Freiburg i.B., Germany 1968.

Schröger — Schröger, F., *Der Verfasser des Hebräerbriefes als Schriftausleger* (Biblische Untersuchungen 4). Regensburg, Germany 1968.

Schröger 1968 — Schröger, F., "Der Gottesdienst der Hebräerbriefgemeinde". *MTZ* 19 (1968) 61–81.

Schröger 1970 — Schröger, F., "Das hermeneutische Instrumentarium des Hebräerbriefverfassers". *TGl* 60 (1970) 344–359. Reimpreso en Ernst, J. (ed.), *Schriftauslegung. Beiträge zur Hermeneutik des Neuen Testaments und im Neuen Testament*, 313–329. Munich 1972.

Schröger 1981 — Schröger, F., "Der Hebräerbrief—paulinisch?" en Müller, P. G., and W. Stenger (ed.), *Kontinuität und Einheit*, 211–222. Freiburg i.B., Germany etc. 1981.

Schubert — Schubert, K., *Die Gemeinde vom Toten Meer*. Munich/Basel 1958

Schulz — Schulz, S., *Die Mitte der Schrift*. Stuttgart 1976.

Schumpp — Schumpp, M. M., "Der Glaubensbegriff des Hebräerbriefes und seine Deutung durch den hl. Thomas von Aquin". *Divus Thomas* 11 (1933) 397–410.

Schwarz — Schwarz, G., "Hebräer 9,27.28 und Reinkarnationsglaube". *Biblische Notizen* 10 (1979) 43–47.

Schweizer — Schweizer, E., *Gemeinde%20und%20Gemeindeordnung%20im Neuen Testament*. Zurich, ²1962. ET *Church Order in the New Testament*. Londres 1961, ³1979.

Scobie — Scobie, C. H. H., "The Origins and Development of Samaritan Christianity". *NTS* 19 (1972–73) 390–414.

Scott, E. F. 1920	Scott, E. F., "The Epistle to the Hebrews and Roman Christianity". *HTR* 8 (1920) 205–219.
Scott, E. F. 1922	Scott, E. F., *The Epistle to the Hebrews, its Doctrine and Significance*. Edinburgh 1922.
Scott, J. J.	Scott, J. J., "*Archegos* in the Salvation History of the Epistle to the Hebrews". *JETS* 29 (1986) 47–54.
Scott, W. M. F.	Scott, W. M. F., "Priesthood in the New Testament". *SJT* 10 (1957) 399–415.
Seeberg 1894	Seeberg, A., "Zur Auslegung von Heb. 2.5–18". *Neue Jahrbücher für Deutsche Theologie* 1894.435–461.
Seeberg 1903	Seeberg, A., *Der Katechismus der Urchristenzeit*. Leipzig 1903.
Selb	Selb, W., "Diatheke im Neuen Testament. Randbemerkungen eines Juristen zu einem Theologenstreit". *JJS* 25 (1974) 183–196.
Selby	Selby, G. S., "The Meaning and Function of Συνείδησις in Hebrews 9 and 10". *Restoration Quarterly* 28 (1986) 145–154.
Selwyn, E. C. 1910–11	Selwyn, E. C., "On ψηλαφωμένῳ in Hebr 12:18". *JTS* n.s. 12 (1910–11) 133s.
Selwyn, E. C. 1912	Selwyn, E. C., *The Oracles in the New Testament*. Londres n.d. [1912].
Selwyn, E. G.	Selwyn, E. G., *The First Epistle of Peter*. Londres 1949.
Sen	Sen, F., "Se recupera la verdadera lectura de un texto muy citado, cuyo sentido cambia substancialmente (Hb X,1)". *CB* 24 (1967) 165–168.
Sharp 1984	Sharp, J. R., "Philonism and the Eschatology of Hebrews: Another Look". *East Asia Journal of Theology* 2 (1984) 289–298.
Sharp 1986	Sharp, J. S., "Typology and the Message of Hebrews". *East Asia Journal of Theology* 4 (1986) 95–103.
Sheehan	Sheehan, J. F., "Melchizedek in Christian consciousness". *Sciences Ecclésiastiques* XVIII (1966) 127–138.
Sherman	Sherman, C. P., "A Great High Priest (Heb. iv.14)". *ExpTim* 34 (1923) 235s..
Sicre	Sicre, J. L., "El uso del Salmo 118 en la cristología neotestamentaria". *EstEc* 52 (1977) 73–90.
Siegfried	Siegfried, C., *Philo von Alexandrien als Ausleger des Alten Testaments*. Jena, Germany 1875.
Siegman	Siegman, E. F., "The Blood of the Covenant". *AER* 136 (1957) 167–174.
Silberman	Silberman, L. H., "A Note on 4Q Florilegium". *JBL* 78 (1959) 158s.
Silva	Silva, M., "Perfection and Eschatology in Hebrews". *WTJ* 39 (1977) 60–71.
Simon	Simon, M., *St Stephen and the Hellenists in the Primitive Church*. Londres 1958.
Simpson	Simpson, E. K., "The Vocabulary of the Epistle to the Hebrews". *EvQ* 18 (1946) 35–38.
Skehan	Skehan, P. W., "A Fragment of the 'Song of Moses' (Deut. 32) from Qumran". *BASOR* 136 (1954) 12–15.
Slot	Slot, W., De letterkundige vorm van den brief aan de Hebreeën. Groningen, Netherlands 1912.
Smalley	Smalley, S. S., "The Atonement in the Epistle to the Hebrews". *EvQ* 33 (1961) 36–43.
Smith, Jerome 1969a	Smith, Jerome, *A Priest for Ever. A Study of Typology and Eschatology in Hebrews*. Londres 1969.

Smith, Jerome 1969b Smith, Jerome, *Christ's Priesthood and Old Testament Priesthood in Hebrews: Continuity or Discontinuity?* Londres 1969.

Smith, L. Smith, Lewis (= Jerome Smith), "Metaphor and Truth in Hebrews". *Theologica Evangelica* 57 (1976) 227–233.

Smith, R. E. Smith, R. E., "Hebrews 10:29: By Which Was Sanctified". *Notes on Translation* 4 (1990) 32–37.

Smith, R. H. 1965 Smith, R. H., "Abram and Melchizedek (Gen. 14:18–20)". *ZAW* 77 (1965) 129–153.

Smith, R. W. Smith, R. W., *The Art of Rhetoric in Alexandria. Its Theory and Practice in the Ancient World.* The Hague, Netherlands 1974.

Smits Smits, C., Oud-Testamentische Citaten in het Nieuwe Testament. IV. De brief aan de Hebreeën (Collectanea Franciscana Nederlandica VIII,4). 's-Hertogenbosch, Netherlands 1963.

Snell 1964 Snell, A., "We have an altar". *RTR* 23 (1964) 16–28.

Söding Söding, T., "Zuversicht und Geduld im Schauen auf Jesus. Zum Glaubensbegriff des Hebräerbriefes". *ZNW* 82 (1991) 214–241.

Soggin 1972 Soggin, J. A., "Zum achten Psalm". *Annual of the Swedish Theological Institute* 8 (1972) 106–122.

Soggin 1975 Soggin, J. A., "Notes for Christian Exegesis of the First Part of Psalm 22", en Soggin, J. A., *The Old Testament and Oriental Studies*, 152–165. Rome 1975.

Solari Solari, J. K., *The Problem of Metanoia in the Epistle to the Hebrews.* Disertación doctoral, The Catholic University of America. Nueva York 1985.

Songer Songer, H. S., "Isaiah and the New Testament". *RevExp* 65 (1968) 459–470.

Soubigou Soubigou, L., "Le chapitre VII de l'épître aux Hébreux". *L'Année Théologique* 7 (1946) 69–82.

Souček Souček, J. B., "Pilgrims and Sojourners. An Essay in Biblical Theology". *Communio Viatorum* 1 (1958) 3–17.

Sowers Sowers, S. G., *The Hermeneutics of Philo and Hebrews.* Richmond, Virginia and Zurich 1965.

Sperber Sperber, A., "New Testament and Septuagint". *JBL* 59 (1940) 193–293.

Spicq 1947a Spicq, C., "L'authenticité du chapitre XIII de l'épître aux Hébreux". *ConNT* 11 (1947) 226–236.

Spicq 1947b Spicq, C., "L'exégèse de Hb 11,1 par S. Thomas d'Aquin". *RSPT* 31 (1947) 229–236.

Spicq 1949a Spicq, C., "ἄγκυρα et πρόδρομος dans Hébr 6:19–20". *ST* 3 (1949) 185–187.

Spicq 1949b Spicq, C., "La théologie des deux Alliances dans l'épître aux Hébreux". *RSPT* 22 (1949) 15–30.

Spicq 1949–50 Spicq, C., "Le philonisme de l'épître aux Hébreux". *RB* 56 (1949) 542–572; 57 (1950) 212–242.

Spicq 1950a Spicq, C., "L'origine johannique de la conception du Christ-Prêtre dans l'épître aux Hébreux", en *Aux Sources de la tradition chrétienne. Mélanges offerts à Maurice Goguel*, 258–269. Neuchâtel y Paris 1950.

Spicq 1951a Spicq, C., "Alexandrismes dans l'épître aux Hébreux". *RB* 58 (1951) 481–502.

Spicq 1951b Spicq, C., "Contemplation, théologie et vie morale d'après l'épître aux Hébreux". *RSR* 39 (1951) 289–300.

Spicq 1952	Spicq, C., "La Perspective de la foi selon Hébreux XI". *Cahiers Sioniens* I (1952) 33–42.
Spicq 1953	Spicq, C., "La panégyrie de Hébr 12:22". *ST* 6 (1953) 30–38.
Spicq 1959	Spicq, C., "L'Épître aux Hébreux, Apollos, Jean-Baptiste, les Hellénistes et Qumran". *RQ* 1 (1959) 365–391.
Spicq 1966	Spicq, C., "L'Épître aux Hébreux", en *DBSup* VII.226–279.
Spicq 1978	Spicq, C., "The Epistle to the Hebrews". *Ultimate Reality and Meaning* 1 (1978) 181–192.
Spicq 1981	Spicq, C., "ἔθος, εἰθισμένος. Etude de lexicographie néotestamentaire", en Casetti et al. (ed.), *Mélanges Dominique Barthélemy*, 485–495. Fribourg, Switzerland y Göttingen, Germany 1981.
Spicq 1987	Spicq, C., "L'Épître aux Hébreux et Philon. Un cas d'insertion de la littérature sacrée dans la culture profane du 1er siècle (Hébr. V,11–VI,20 et le 'De sacrificiis Abelis et Caini' de Philon)", en Haase, W. (ed.), *Aufstieg und Niedergang der Römischen Welt*, II.25.4.3602–18. Berlín and Nueva York 1987.
Spitta	Spitta, F., "Zum Eingang des Hebräerbriefes". *TSK* 86 (1913) 106–109.
Spivey-Smith	Spivey, R. A., y D. M. Smith, Jr., *Anatomy of the New Testament. A Guide to Its Structure and Meaning*. Nueva York y Londres 1974, 413–422.
Spörri	Spörri, G., "Das einmalige Opfer Christi unsere ewige Erlösung. Hebr. ix.10, 18". *Der Kirchen-Freund* 83/10 (1949) 231–234.
Sproule	Sproule, J. A., "Parapesontas in Hebrews 6:6". *Grace Theological Journal* 2 (1981) 327–332.
Stadelmann	Stadelmann, A., *Die Christologie des Hebräerbriefes in der neueren Diskussion* (Theologische Berichte 2). Zurich y Cologne 1973.
Staniforth	Staniforth, M. (tr.), *Early Christian Writings. The Apostolic Fathers*. Harmondsworth, Middlesex 1987.
Stebler	Stebler, A., "Beweisstelle für die Gottheit Christi. Zu Hebr. III,1–6". *TPQ* 1923.461–468.
Steck	Steck, K. G., "Hebräer 5, (1–3)4–10". *GPM* 54 (1965) 131–137.
Stegmann	Stegmann, A., *Silvanus als Missionar und "Hagiograph"*. Rottenburg, Germany 1917.
Steinmüller	Steinmüller, J. E., "Sacrificial Blood in the Bible". *Bib* 40 (1959) 556–567.
Stern	Stern, D. H., *Messianic Jewish Manifesto*. Jerusalem 1988.
Stewart 1947	Stewart, R. A. *The Use of the Old Testament in the Epistle to the Hebrews, compared with Philo and the earlier Rabbinic writers*. M.Litt. thesis, Cambridge, U.K. 1947.
Stewart 1961	Stewart, R. A., *Rabbinic Theology*. Edinburgh y Londres 1961.
Stewart 1966	Stewart, R. A., "Creation and Matter in the Epistle to the Hebrews". *NTS* 12 (1966) 284–293.
Stewart 1967	Stewart, R. A., "The Sinless High-Priest". *NTS* 14 (1967) 126–135.
Stolz	Stolz, F., *Interpreting the Old Testament*. Londres 1975.
Stork	Stork, H., *Historische Studien zum Hebräerbrief. Die sogenannten Melchizedekianer*. Leipzig 1928.
Stott 1962a	Stott, W., *The Jewish Background to the Epistle to the Hebrews, with special reference to the Writings of the Qumran sect and the use of the Old Testament*. Oxford B.Litt. thesis, 1962.
Stott 1962b	Stott, W., "The Concept of 'Offering' in the Epistle to the Hebrews". *NTS* 9 (1962) 62–67.

Strobel 1954   Strobel, A., "Die Psalmengrundlage der Gethsemane-Parallele Hebr. 5,7ss". *ZNW* 45 (1954) 252–266.

Strobel 1961   Strobel, A., *Untersuchungen zum eschatologischen Verzögerungsproblem, auf Grund der spätjüdisch-urchristlichen Geschichte von Habakuk 2,2ss*. Leiden 1961.

Stylanopoulos   Stylanopoulos, T. G., "Shadow and Reality: Reflections on Hebrews 10:1–18". *Greek Orthodox Theological Review* 17 (1972) 215–230.

Suárez 1956   Suárez, P. L., "Cesarea, lugar de composición de la Epístola a los Hebreos?" en *Studiorum Paulinorum Congressus Internationalis Catholici 1961*. Rome 1963.

Suárez 1963   Suárez, P. L., "Cesarea y la Epístola 'ad Hebraeos'". AnBib 18 (1963) 169–174.

Suggs   Suggs, M. J., "The Use of Patristic Evidence in the Search for a Primitive New Testament Text". *NTS* 4 (1958).

Sundberg 1959   Sundberg, A. C., Jr., "On Testimonies". *NovT* 3 (1959) 268–281.

Sundberg 1964   Sundberg, A. C., Jr., *The Old Testament of the Early Church*. Cambridge, Massachusetts 1964.

Sundberg 1968a   Sundberg, A. C., Jr., "Towards a revised history of the New Testament canon". *SE* IV = TU 102 (1968) 452–461.

Sundberg 1968b   Sundberg, A. C., Jr., "The 'Old Testament': a Christian canon". *CBQ* 30 (1968) 143–155.

Sweet   Sweet, J. P. M., "Maintaining the Testimony of Jesus: the suffering of Christians in the Revelation of John", en Horbury, W., and B. McNeil (ed.), *Suffering and Martyrdom in the New Testament*, 101–117. Cambridge, U.K. 1981.

Swetnam 1965   Swetnam, J., "A Suggested Interpretation of Hebrews 9,15–18". *CBQ* 27 (1965) 373–390.

Swetnam 1966a   Swetnam, J., "On the imagery and significance of Heb. 9:9–10". *CBQ* 28 (1966) 155–173.

Swetnam 1966b   Swetnam, J., " 'The greater and more perfect tent'. A contribution to the discussion of Heb. 9:11". *Bib* 15 (1966) 91–106.

Swetnam 1968a   Swetnam, J., "Sacrifice and Revelation in the Epistle to the Hebrews. Observations and Surmises on Hebrews 9,26". *CBQ* 30 (1968) 227–234.

Swetnam 1968b   Swetnam, J., "Sacrificium et liturgia in Epistula ad Hebraeos". *VD* 46 (1968) 235–258.

Swetnam 1969   Swetnam, J., "On the Literary Genre of the 'Epistle' to the Hebrews". *NovT* 11 (1969) 261–269.

Swetnam 1970   Swetnam, J., "Hebrews 9,2 and the Uses of Consistency". *CBQ* 32 (1970) 205–221.

Swetnam 1972   Swetnam, J., "Form and Content in Heb. 1–6". *Bib* 53 (1972) 368–385.

Swetnam 1974a   Swetnam, J., "Form and Content in Hebrews 7–13". *Bib* 55 (1974) 333–348.

Swetnam 1974b   Swetnam, J., "Why was Jeremiah's New Covenant New?" en *Studies on Prophecy, VTSup* 26 (1974) 111–115.

Swetnam 1981   Swetnam, J., *Jesus and Isaac. A Study of the Epistle to the Hebrews in the Light of the Aqedah*. Rome 1981.

Swetnam 1983   Swetnam, J., "Aspetti eucharistici del sangue di Cristo nell' epistola agli Ebrei: alcuni suggerimenti su Ebrei 9,20", en Vattioni, F. (ed.), Atti della Settimana (III) Sangue e antropologia nella letteratura cristiana (Roma 29 novembre–4 diciembre 1982), 843–846. Rome 1983.

Swetnam 1989   Swetnam, J., "Christology and the Eucharist in the Epistle to the Hebrews". *Bib* 70 (1989) 74–95.

Swetnam 1990a   "The Structure of Hebrews: A Fresh Look". *Melita Theologica* 41 (1990) 25–46.

Swetnam 1990b   Swetnam, J., "Hebrews 11—An Interpretation". *Melita Theologica* 41 (1990) 97–114.

Synge   Synge, F. C., *Hebrews and the Scriptures*. Londres 1959.

Szlaga 1977   Szlaga, J., "Die Opfergabe Christi—des Hohenpriesters des Neuen Bundes". Roczniki Teologiczno-Kanoniczne 24 (1977) 69–77 [Polaco].

Szlaga 1978   Szlaga, J., "Berufung und Würde des Hohepriesters des Neuen Bundes nach dem Hebräerbrief". Roczniki Teologiczno-Kanoniczne 25 (1978) 87–101 [Polaco].

Tachau   Tachau, P., *"Einst" und "Jetzt" im Neuen Testament*. Göttingen 1971.

Tait   Tait, H. A. G., "The Problem of Apostasy in Hebrews", en Cameron, N. M. de S., y S. B. Ferguson (ed.), *Pulpit and People*, 131–139. Edinburgh 1987.

Taniadis   Taniadis, A., "Ἡ ἄφεσις τῶν πεπτωκότων κατὰ τὴν πρὸς Ἑβραίους ἐπιστολήν". *Gregory Palamas* 1953.25–35, 93–107, 158–164.

Tasker 1935–36   Tasker, R. V. G., "The Integrity of the Epistle to the Hebrews". *ExpTim* 47 (1935–36) 136–138.

Tasker 1950   Tasker, R. V. G., *The Gospel in the Epistle to the Hebrews*. Londres 1950.

Tasker 1954–55   Tasker, R. V. G., "The Text of the 'Corpus Paulinum'". *NTS* 1 (1954–55) 180–191.

Taylor, F. J.   Taylor, F. J., "The Will of God. IV. In the Epistle to the Hebrews". *ExpTim* 72 (1960–61) 167–169.

Taylor, R. O. P. Taylor, R. O. P., "A Neglected Clue in Hebrews xi.1". *ExpTim* 52 (1940–41) 256–259.

Taylor, V. 1940   Taylor, V., *The Atonement in New Testament Teaching*. Londres 1940

Taylor, V. 1953   Taylor, V., *The Names of Jesus*. Londres 1953.

Taylor, V. 1958   Taylor, V., *The Person of Christ in New Testament Teaching*. Londres 1958.

Teeple   Teeple, H. M., *The Messianic Eschatological Prophet*. Philadelphia 1957.

Telfer   Telfer, W., *The Forgiveness of Sins*. Londres 1959.

Tenney   Tenney, M. C., "A New Approach to the Book of Hebrews". *BSac* 123.230–236

Teodorico 1943   Teodorico da Castel S. Pietro, P., "Alcuni aspetti dell' ecclesiologia della Lettera agli Ebrei". *Bib* 24 (1943) 125–161.

Teodorico 1945   Teodorico da Castel S. Pietro, P., La Chiesa nella Lettera agli Ebrei. Turin and Rome 1945.

Teodorico 1958a   Teodorico da Castel S. Pietro, P., "Il sacerdozio celeste di Cristo nella Lettera agli Ebrei". *Greg* 39 (1958) 319–334.

Teodorico 1958b   Teodorico da Castel S. Pietro, P., "Un' antica esegesi di Ebrei 12.23: 'Chiesa di primogeniti'". *RevBíb* 6 (1958) 166–173.

Terra   Terra, J. E. M., "A Libertação escatológica na Epístola aos Hebreus: O Povo de Deus a Caminho do Santuário". *RCB* 2 (1978) 325–343.

Thayer   Thayer, J. H., "Authorship and Canonicity of the Epistle to the Hebrews". *BSac* 24 (1867) 681–722.

Theissen   Theissen, G., *Untersuchungen zum Hebräerbrief* (SNT 2). Gütersloh 1969.

Theobald   Theobald, M., " 'Wir haben hier keine bleibende Stadt, sondern suchen eine zukünftige' (Hebr 13,14). Die Stadt als Ort der frühen christlichen Gemeinde". *TGl* 78 (1988) 16–40.

Thien   Thien, F., "Analyse de l'épître aux Hébreux". *RB* 11 (1902) 74–86

Thiselton   Thiselton, A. C., *The Two Horizons*. Exeter, U.K. 1980.

Tholuck   Tholuck, A., "The Citations of the Old Testament in the New". Véase Comentarios sobre Hebreos (p. xxx).

Thomas, J. 1980   Thomas, J., *The Use of Voice, Moods, and Tenses in the Epistle to the Hebrews*. Disertación, Western Kentucky University, 1980.

Thomas, J. 1984   Thomas, J., " 'Comme s'il voyait l'invisible' (Épître aux Hébreux 11,27)". *Christus* 31 (1984) 261–271.

Thomas, K. J. 1959   Thomas, K. J., *The Use of the Septuagint in the Epistle to the Hebrews*. Tesis doctoral, Manchester, U.K. 1959.

Thomas, K. J. 1965   Thomas, K. J., "The Old Testament Citations in the Epistle to the Hebrews". *NTS* 11 (1965) 303–325. Reimpreso enJellicoe, S. (ed.), *Studies in the Septuagint. Origins, Recensions and Interpretations*, 507–529. Nueva York 1974.

Thomas, W. H. G.   Thomas, W. H. G., *Let us go on. The secret of Christian progress in the Epistle to the Hebrews*. Chicago 1924

Thompson 1974   *'That which abides'. Some metaphysical assumptions in the Epistle to the Hebrews*. Disertación doctoral, Vanderbilt University, Nashville, Tennessee 1974.

Thompson 1975a   Thompson, J. W. " 'That which cannot be shaken.' Some metaphysical assumptions in Heb. 12:27". *JBL* 94 (1975) 580–587. Revisado por Thompson 1982.41–52.

Thompson 1975b   Thompson, J. [W.], "The Underlying Unity of Hebrews". *Restoration Quarterly* 18 (1975) 129–136.

Thompson 1976   "The Structure and Purpose of the Catena in Hebrews 1:5–13". *CBQ* 38.352–363. Revisado en Thompson 1982.128–140.

Thompson 1977   Thompson, J. W., "The Conceptual Background and Purpose of the Midrash in Hebrews VII". *NovT* 19 (1977) 209–223. Reimpreso en Thompson 1982.116–127.

Thompson 1978   Thompson, J. W., "Outside the Camp: A Study of Hebrews 13.9–14". *CBQ* 40 (1978) 53–63. Revisado en Thompson 1982.141–151.

Thompson 1979   Thompson, J. W., "Hebrews 9 and Hellenistic Concepts of Sacrifice". *JBL* 98 (1979) 567–578. Reimpreso en Thompson 1982.103–115.

Thompson 1980   Thompson, J. W., *Strategy for Survival. A Plan for Church Renewal from Hebrews*. Austin, Texas 1980.

Thompson 1982   Thompson, J. W., *The Beginnings of Christian Philosophy: The Epistle to the Hebrews*. Washington, D.C. 1982.

Thomson   Thomson, J. G. S. S., *The Praying Christ*. Londres 1959.

Thornton   Thornton, T. C. G., "The Meaning of haimatekchysia in Heb. IX.22". *JTS* n.s. 15 (1964) 63–65.

Thrall   Thrall, M. E., *Greek Particles in the New Testament*. Grand Rapids, Michigan 1962.

Thurén 1971   Thurén, J., "Gebet und Gehorsam des Erniedrigten (Hebr. V.7–10 noch einmal)". *NovT* 13 (1971) 136–146.

Thurén 1973   Thurén, J., *Das Lobopfer der Hebräer*. Åbo, Finland 1973.

Thurén 1975   Thurén, J., "Ett brev från himlen". *Teologinen Aikakauskirja* 79 (1975) 197–204.

Thurston 1979   Thurston, R. W., "Midrash and 'Magnet' Words in the New Testament". *EvQ* 51 (1979) 22–39.

Thurston 1986   Thurston, R. W., "Philo and the Epistle to the Hebrews". *EvQ* 58 (1986) 133–143.

Thüsing 1965a   Thüsing, W., " 'Lasst uns hinzutreten …' (Hebr 10,22). Zur Frage nach dem Sinn der Kulttheologie im Hebräerbrief". *BZ* 9 (1965) 1–17.

Thüsing 1965b   Thüsing, W., "Das Opfer der Christen nach dem Neuen Testament". *BibLeb* 6 (1965) 37–50.

Thüsing 1967   Thüsing, W., " 'Milch' und 'feste Speise'". *TTZ* 67 (1967) 233–246, 261–280.

Thüsing 1968   Thüsing, W., "Erhöhungsvorstellung und Parusieerwartung in der ältesten nach-österlichen Christologie". *BZ* 11 (1967) 95–108.

Thyen 1955   Thyen, H., *Der Stil der jüdisch-hellenistischen Homilie* (FRLANT n.s. 47). Göttingen 1955.

Thyen 1970   Thyen, H., *Studien zur Sündenvergebung im Neuen Testament und seinen alttestamentlichen und jüdischen Voraussetzungen.* Göttingen, Germany 1970.

Torrance   Torrance, T. F., "The Royal Priest", en *Royal Priesthood* (*SJT* Occasional Papers 3), 1–21. Edinburgh 1955.

Torrey   Torrey, C. C., "The Authorship and Character of the so-called 'Epistle to the Hebrews.'". *JBL* 30 (1911) 137–156.

Toussaint   Toussaint, S. D., "The Eschatology of the Warning Passages in the Book of Hebrews". *Grace Theological Journal* 3 (1982) 67–80.

Toy   Toy, C. H., *Quotations in the New Testament.* Nueva York 1884.

Trapiello   Trapiello, J. C., "La profecía de Natán (II Samuel VII,1–29)". *CB* 26 (1969) 3–44.

Trilling   Trilling, W., " 'Jesus der Urbeher und Vollender des Glaubens' (Hebr XII,2)", en *Das Evangelium auf dem Weg zum Menschen. Festschrift H. Kahlefeld*, 3–23. Frankfurt 1973.

Trites   Trites, A. A., *The New Testament Concept of Witness.* Cambridge, U.K. 1977.

Trompf   Trompf, G. W., "The Conception of God in Hebr. 4:12–13". *ST* 25 (1971) 123–132.

Trotter   Trotter, R. J. F., *Did the Samaritans of the Fourth Century Know the Epistle to the Hebrews?* (Leeds University Oriental Society Monograph Series 1). 1961.

Trudinger 1972   Trudinger, L. P., " 'KAI GAR DIA BRACHEON EPESTEILA HUMIN'. A note on Hebrews xiii.22". *JTS* n.s. 23 (1972) 128–130.

Trudinger 1982   Trudinger, L. P., "The Gospel Meaning of the Secular. Reflections on Hebrews 13:10–13". *EvQ* 54 (1982) 235–237.

Tsangalides   Tsangalides, J. A., "Τὸ Κείμενον τῆς Ἑβραίους Ἐπιστολῆς…." Δελτὶο Βιβλικῶν Μελετῶν n.s. 1 (1980) 72–81.

Turner, C. H.   Turner, C. H., "Western Readings in the Second Half of St. Mark's Gospel". *JTS* n.s. 29 (1927–28) 1–16.

Turner, G. A.   Turner, G. A., *The New and Living Way. A Fresh Exposition of the Epistle to the Hebrews.* Minneapolis, Minnesota 1975.

Turner, N. 1965a   Turner, N., *Grammatical Insights into the New Testament.* Edinburgh 1965.

Turner, N. 1965b   Turner, N., "To purchase joy? (Heb. 12.2)", en Turner, N., *Grammatical Insights into the New Testament*, 172s. Edinburgh 1965.

Uhle-Wettler — Uhle-Wettler, M., "Heb 13,15s". *GPM* 73 (1984).

Ungeheuer — Ungeheuer, J., *Der Grosse Priester über dem Hause Gottes. Die Christologie des Hebräerbriefes*. Würzburg, Germany 1939.

Unnik 1962a — Unnik, W. C. van, "The Christian's Freedom of Speech in the New Testament". *BJRL* 44 (1962) 466–488.

Unnik 1962b — Unnik, W. C. van, *De Semitische Achtergrond van Parrhesia in het Nieuwe Testament* (Medelingen der Koninklijke Nederlandse Akademie van Wetenschappen [Afd. Letterkunde], n.s. 25). Amsterdam 1962.

Vaccari 1956 — Vaccari, A., "Las Citas del Antiguo Testamento en la Epístola a los Hebreos". *CB* 13 (1956) 239–243.

Vaccari 1958a — Vaccari, A., "Hebr. 12,1: lectio emendatior". *Bib* 39 (1958) 471–477.

Vaccari 1958b — "Per meglio comprendere *Ebrei* 12,1". *RevBíb* 6 (1958) 235–241.

Vaganay — Vaganay, L., "Le plan de l'épître aux Hébreux", en *Mémorial Lagrange*, 269–277. París 1940.

Vanhoye 1959a — Vanhoye, A., "La structure centrale de l'épître aux Hébreux". *RSR* 47 (1959) 44–60.

Vanhoye 1959b — Vanhoye, A., "De 'aspectu' oblationis Christi secundum Epistolam ad Hebraeos". *VD* 37 (1959) 32–38.

Vanhoye 1962 — Vanhoye, A., "De structura litteraria Epistulae ad Hebraeos". *VD* 40 (1962) 73–80.

Vanhoye 1963a — Vanhoye, A., *Traduction structurée de l'épître aux Hébreux*. Rome 1963. ET *A Structured Translation of the Epistle to the Hebrews*. Rome 1964.

Vanhoye 1963b — Vanhoye, A., "Structure littéraire et thèmes théologiques de l'épître aux Hébreux". AnBib 17/18 (1963) 175–181.

Vanhoye 1964a — Vanhoye, A., "Les indices de la structure littéraire de l'épître aux Hébreux". *SE II* = TU 87 (1964) 493–509.

Vanhoye 1964b — Vanhoye, A., "L'οἰκουμένη dans l'épître aux Hébreux". *Bib* 9 (1964) 248–253.

Vanhoye 1965a — Vanhoye, A., " 'Par la tente plus grande et plus parfaite …' (He 9,11)". *Bib* 46 (1965) 1–28.

Vanhoye 1965b — Vanhoye, A., "Christologia a qua initium sumit epistola ad Hebraeos (Hebr. 1.2b, 3, 4)". *VD* 43 (1965) 3–14, 49–61.

Vanhoye 1966a — Vanhoye, A., "De instauratione novae Dispositionis (Heb. 9,15–23)". *VD* 44.113–130.

Vanhoye 1966b — Vanhoye, A., "Mundatio per sanguinem (Heb. 9.22, 23)". *VD* 44 (1966) 177–191.

Vanhoye 1966c — Vanhoye, A., "De sessione caelesti in epistola ad Hebraeos". *VD* 44 (1966) 131–134.

Vanhoye 1967 — Vanhoye, A., "Jesus fidelis ei qui fecit eum (Heb. 3,2)". *VD* 45 (1967) 291–305.

Vanhoye 1968a — Vanhoye, A., "Longue marche ou accès tout proche? Le contexte biblique de Hébreux 3,7–4,11". *Bib* 49 (1968) 9–26.

Vanhoye 1968b — Vanhoye, A., *Exegesis Epistulae ad Hebraeos, cap. I–II*. Rome 1968.

Vanhoye 1969a — Vanhoye, A., *Le Christ est notre Prêtre*. Toulouse, Francia 1969.

Vanhoye 1969b — "Hébreux (Ép. aux)", en *Dictionnaire de Spiritualité*, VII.111–126. París 1969.

Vanhoye 1969c — Vanhoye, A., "Le Christ, grand-prêtre selon Hébreux 2.17–18". *NRT* 91 (1969) 449–474.

Vanhoye 1969d	Vanhoye, A., review of Schröger 1968. *Bib* 50 (1969) 587–589.
Vanhoye 1969e	Vanhoye, A., "Thema sacerdotii praeparatur in Heb. 1,1–2, 18". *VD* 47 (1969) 284–297.
Vanhoye 1969f	Vanhoye, A., "De sacerdotio Christi in epístola ad Hebraeos". *VD* 47 (1969) 22–30.
Vanhoye 1971	Vanhoye, A., "Trois ouvrages récents sur l'épître aux Hébreux". *Bib* 52 (1971) 62–71.
Vanhoye 1974a	Vanhoye, A., "Discussions sur la structure de l'épître aux Hébreux". *Bib* 55 (1974) 349–380.
Vanhoye 1974b	Vanhoye, A., "La parole qui juge. Hébreux 4.12–13". *AsSeign* 59 (1974) 36–42.
Vanhoye	Vanhoye, A., *La Structure littéraire de l'épître aux Hébreux.* Brujas, Bélgica y París , Francia 1963, 1976.
Vanhoye 1976	Vanhoye, A., "Le Dieu de la Nouvelle Alliance dans l'épître aux Hébreux", en Coppens, J., *La notion biblique de Dieu.* Gembloux y Louvain, Belgium ²1976.
Vanhoye 1977	Vanhoye, A., *Le message de l'épître aux Hébreux* (Cahiers Evangile 19). París 1977.
Vanhoye 1977a	Vanhoye, A., "La question littéraire de Hébreux xiii.1–6". *NTS* 23 (1977) 121–139.
Vanhoye 1977b	Vanhoye, A., "Situation et signification de Hébreux V.1–10". *NTS* 23 (1977).
Vanhoye 1977c	Vanhoye, A., *Our Priest in God. The Doctrine of the Epistle to the Hebrews.* Rome 1977.
Vanhoye 1978a	Vanhoye, A., "Cristo Sumo Sacerdote". *RCB* 2 (1978) 313–323.
Vanhoye 1978b	Vanhoye, A., "L'Épître aux Ephésiens et l'épître aux Hébreux". *Bib* 59 (1978) 198–230.
Vanhoye 1979–81	Vanhoye, A., "Literarische Struktur und theologische Botschaft des Hebräerbriefes". *Studien zum Neuen Testament und seiner Umwelt* 3 (1979) 119–147; 4 (1980) 18–49; 5 (1981) 119–147.
Vanhoye 1980	Vanhoye, A., *Prêtres anciens, Prêtre nouveau selon le Nouveau Testament.* París 1980.
Vanhoye 1981a	Vanhoye, A., "Sacerdoce du Christ et culte chrétien selon l'Épître aux Hébreux". *Christus* 28 (1981) 216–230.
Vanhoye 1981b	Vanhoye, A., *Homilie für haltbedürftige Christen. Struktur und Botschaft des Hebräerbriefes.* Regensburg, Germany 1981.
Vanhoye 1983a	Vanhoye, A., "Esprit éternel et feu du sacrifice en Hé 9,14". *Bib* 64 (1983) 263–274.
Vanhoye 1983b	Vanhoye, A., "Sangue e Spirito nell' epistola agli Ebrei", en Vattioni, F. (ed.), Atti della Settimana [III] Sangue e antropologia nella letteratura cristiana (Roma 29 novembre–4 diciembre 1982), 829–841.
Vanhoye 1984a	Vanhoye, A., "L'oblation sacerdotale du Christ dans l'épître aux Hébreux". *Didaskalia* XIV (1984) 11–30.
Vanhoye 1984b	Vanhoye, A., "Le Christ récréateur de l'homme et restaurateur de ses droits selon l'épître aux Hébreux", en *Droits de l'homme: approche chrétienne*, 27–45. Rome 1984.
Vanhoye 1984c	Vanhoye, A., "L'oracle de Natan dans l'épître aux Hébreux", en Provera, L. (ed.), Gesù apostolo e sommo sacerdote. Studi biblici in memoria de Teodorico Ballarini, 146–152. Casale Monferrato, Italia 1984.

Vanhoye 1989   Vanhoye, A., *Structure and Message of the Epistle to the Hebrews* (Subsidia Biblica 12). Rome 1989.

Vanhoye 1991   Vanhoye, A., "Les Juifs selon les Actes des Apôtres et les Épîtres du Nouveau Testament". *Bib* 72 (1991) 70–89.

Vawter   Vawter, B., *This Man Jesus*. Nueva York 1973.

Venard   Venard, L., "L'utilisation des Psaumes dans l'épître aux Hébreux", en *Mélanges E. Podechard*, 253–264. Lyon 1945.

Vennum   Vennum, E., "Is she or isn't she? Sarah as a hero of faith". *Daughters of Sarah* 13 (1987) 4–7.

Verbrugge   Verbrugge, V. D., "Towards a New Interpretation of Hebrews 6:4–6". *Calvin Theological Journal* 15 (1980) 61–73.

Verkuyl   Verkuyl, G., "The Berkeley Version of the New Testament". *BT* 2 (1951) 84–85.

Verme 1986   Verme, M. del, "La 'prima decima' giudaica nella pericope di *Ebrei* 7,1–10". *Henoch* 8 (1986) 339–363.

Verme 1987   Verme, M. del, "La 'prima decima' nel Giudaismo del Secondo Tempio". *Henoch* 9 (1987) 5–38.

Vermes 1961   Vermes, G., *Scripture and Tradition in Judaism*. Leiden, Netherlands 1961.

Vermes 1966–68   Vermes, G., "The Qumran interpretation of Scripture in its historical setting". *Annual of Leeds University Oriental Society* 6 (1966–68) 85–97.

Vermes 1975   Vermes, G., *The Dead Sea Scrolls in English*. Harmondsworth, U.K. 1962, ²1975.

Viard   Viard, A., "Le salut par la foi dans l'Épître aux Hébreux". *Angelicum* 58 (1981) 115–136.

Vicent Cernuda   Vicent Cernuda, A., "La introducción del Primogénito, según Hebr. 1,6". *EstBíb* 39 (1981) 107–153.

Vielhauer   Vielhauer, P., "ΑΝΑΠΑΥΣΙΣ. Zum gnostischen Hintergrund des Thomasevangeliums", en *Apophoreta. Festschrift für Ernst Haenchen*, 281–299. Berlin 1964. Reimpreso en Vielhauer, P., *Aufsätze zum Neuen Testament*. Munich 1965, 215–234.

Villapadierna 1962   Villapadierna, C. de, "La alianza en la Epístola a los Hebreos. Ensayo de nueva interpretación a Hebreos 9,15–20". *EstBíb* 21 (1962) 273–296.

Villapadierna 1963   Villapadierna, C. de, "Alianza o Testamento? Ensayo de nueva interpretación a Hebreos ix,15–20". AnBib 18 (1963) 153–160.

Villapadierna 1964   Villapadierna, C. de, "Valor soteriológico de la Resurrección de Cristo según la carta a los Hebreos". Estudios Franciscanos 65 (1964) 321–338.

Vis   Vis, A., *The Messianic Psalm Quotations in the New Testament*. Amsterdam 1936.

Vitti 1934a   Vitti, A. M., "L'ambiente vero della lettera agli Ebrei". *Miscellanea Biblica* II (1934) 245–276.

Vitti 1934b   Vitti, A. M., "Et cum iterum introducit primogenitum in orbem terrae". *VD* 12 (1934) 306–312, 368–374; 13 (1935) 15–21.

Vitti 1936   Vitti, A. M., "Le bellezze stilistiche della lettera agli Ebrei". *Bib* 17 (1936) 137–166.

Vitti 1937   Vitti, A. M., "L'Ascensione de Gesù nella lettera agli Ebrei", en S. Paolo, la conversione, la figure e la dottrina. VI. Settimana Biblica. Rome 1937, 143–168.

Vitti 1941a	Vitti, A. M., "Ultimi studi sulla lettera agli Ebrei". *Bib* 22 (1941) 412–432.
Vitti 1941b	Vitti, A. M., " 'Quem constituit heredem universorum, per quem fecit et saecula' (Hb 1,2)". *VD* 21 (1941) 40–48, 82–88.
Vitti 1942	Vitti, A. M., " 'Rursum crucifigentes sibimetipsis Filium Dei et ostentui habentes' (Hb 6,6)". *VD* 22.174–183.
Vitti 1955	Vitti, A. M., "La lettera agli Ebrei". *RevBíb* 3 (1955) 298–310.
Voegelin	Voegelin, E., *Order and History*. Oxford 1956.
Vögtle	Vögtle, A., "Das Neue Testament und die Zukunft des Kosmos. Hebr. 12,26s. und das Endschicksal des Kosmos". *BibLeb* 10 (1969) 239–254.
Vorster 1971	Vorster, W. S., "The Meaning of ΠΑΡΡΗΣΙΑ in the Epistle to the Hebrews". *Neot* 5 (1971) 51–58.
Vorster 1979	Vorster, W. S., Aischunomai en stamverwante woorde in die Nuwe Testament. Pretoria 1979.
Vos 1915–16	Vos, G., "Hebrews, the Epistle of the Diatheke". *Princeton Theological Review* 1915.587–632; 1916.1–61.
Vos 1956	Vos, G., *The Teaching of the Epistle to the Hebrews*. Grand Rapids, Michigan 1956. 2nd ed. edited and re-written by J. G. Vos. Nutley, New Jersey 1974.
Vos 1980	Gaffin, R. D. (ed.), *Redemptive History and Biblical Interpretation. The shorter writings of Geerhardus Vos*. Phillipsburg, New Jersey 1980.
Voulgaris	Voulgaris, C. H., "Apostle and high-priest of the house of God. The typological background of Heb 3, 1". *Epistimoniki* 26 (1984) 321–348. Athens 1986.
Vriezen	Vriezen, T. C., "Psalm 110". *Vox Theologica* 15 (1944) 81–90.
Vuyst	Vuyst, J. de, "Oud en Nieuw Verbond" en de Brief aan de Hebreeën. Kampen, Netherlands 1964.
Waal	Waal, C. van der, " 'The People of God' in the Epistle to the Hebrews". *Neot* 5 (1971) 83–92.
Waard-Nida	Waard, J. de, and E. A. Nida, *From One Language to Another. Functional Equivalence in Bible Translating*. Nashville, Tennessee 1986.
Waddell	Waddell, H. C., "The Readers of the Epistle to the Hebrews". *Expositor* 26 (1923) 210–220.
Walker	Walker, D., "The Destination of the Epistle to the Hebrews". *ExpTim* 15 (1903) 192–194.
Watkins	Watkins, R. T., "The NEB and the translation of Heb. 12.17". *ExpTim* 73 (1961) 29s.
Watson 1968	Watson, J. K., "L'Épître aux Hébreux". *Cahiers du Cercle Ernest Renan* 15 (1968) 10–16.
Watson 1972	Watson, J. K., "L'épître aux Hébreux et l'historicité". *Cahiers du Cercle Ernest Renan* 78 (1972).
Watson 1982	Watson, J. K., "Melkisédec et le Fils de Dieu". *Cahiers du Cercle Ernest Renan* 124 (1982).
Weber, F.	Weber, F., *Jüdische Theologie auf grund des Talmud und verwandter Schriften*. Leipzig ²1897.
Weeks	Weeks, N., "Admonition and Error in Hebrews". *WJT* 39 (1976) 72–80.
Weiss 1910	Weiss, B., *Der Hebräerbrief in zeitgeschichtlicher Beleuchtung* (TU 35/3). Leipzig 1910.
Welander	Welander, D. C. S. V., "Hebr 1,1–3". *ExpTim* 65 (1954) 315.

Welbourn	Welbourn, L., "On the Date of 1 Clement". *BR* 29 (1984) 35–54.
Wenschkewitz	Wenschkewitz, H., *Die Spiritualisierung der Kultusbegriffe Tempel, Priester und Opfer im Neuen Testament* (Angelos-Beiheft 4). Leipzig 1932.
Wesley	Wesley, J., *The Journals of John Wesley*, vol. 2. Londres 1905.
Westermann 1967	Westermann, C., "Prophetenzitate im Neuen Testament". *EvT* 27 (1967) 307–317.
Westermann 1978	Westermann, C., *Blessing in the Bible and the Life of the Church*. Philadelphia 1978.
Wette	Wette, W. M. L. de, "Ueber die symbolisch-typische Lehrart des Briefes an die Hebräer". *TZ* 3 (1822) 1–51.
Whitaker	Whitaker, G. H., " 'Naked and laid open'. Heb iv.13". *Expositor*, 8th series, XVI.371–373.
White, J. L.	White, J. L., "Ancient Greek Letters", en D. E. Aune (ed.), *Greco-Roman Literature and the New Testament. Selected Forms and Genres* (SBL Sources for Bible Study 21). Atlanta, Georgia 1988, 85–105.
White, N. J. D.	White, N. J. D., "The Doctrine of Creation according to the Epistle to the Hebrews". *Expositor*, 8th series, XXIII (1922) 368–375.
Widdess	Widdess, A. G., "A Note on Hebrews XI:3". *JTS* n.s. 10 (1959) 327–329.
Wiebe	Wiebe, W., *Die Wüstenzeit als Typus der messianischen Heilszeit*. Tesis doctoral, Göttingen, Germany 1939.
Wieseler	Wieseler, K., "Die Leser des Hebräerbriefes und der Tempel von Leontopolis". *TSK* 40 (1867) 665–720.
Wikenhauser-Schmidt	Wikenhauser, A., y J. Schmid, *Einleitung in das Neue Testament*, 542–560. Freiburg i.B., Germany ⁶1973. ET *New Testament Introduction*. Nueva York ²1956, 453–470.
Wikgren	Wikgren, A., "Patterns of Perfection in the Epistle to the Hebrews". *NTS* 6 (1959–60) 159–167.
Wilckens	Wilckens, U., "Das Offenbarungsverständnis in der Geschichte des Urchristentums". *Kirche und Dienst* Beiheft 1, 1961. Reimpreso en Pannenberg, W. (ed.), *Offenbarung als Geschichte*. Göttingen, Germany, 42–90.
Wilcox	Wilcox, M., "The Bones of Joseph: Hebrews 11.22", en Thompson, B. P. (ed.), *Scripture: Meaning and Method*, 114–130. Hull, U.K. 1987.
Wilk	Wilk, J., *The Way of the People of God in the Epistle of the Hebrews*. Tesis doctoral, Lublin, Poland 1978 [Polaco].
Willi	Willi, T., "Melchizedek: Der alte und der neue Bund im Hebräerbrief im Lichte der rabbinischen Tradition über Melchizedek". *Judaica* 42 (1986) 158–170.
Williams, A. H.	Williams, A. H., Jr., *An Early Christology. A Systematic and Exegetical Investigation of the Traditions Contained in Hebrews*. Thesis, Mainz, Germany 1971.
Williams, C. R.	Williams, C. R., "A Word Study of Hebr. XIII". *JBL* 30 (1911) 30.129–136.
Williamson 1963	Williamson, R., "Platonism and Hebrews". *SJT* 16 (1963) 415–424.
Williamson	Williamson, R., *Philo and the Epistle to the Hebrews*. Leiden, Netherlands 1970.
Williamson 1970	Williamson, R., "Hebrews and Doctrine". *ExpTim* 81 (1969–70) 371–376.

Williamson 1975	Williamson, R., "The Eucharist and the Epistle to the Hebrews". *NTS* 21 (1974–75) 300–312.
Williamson 1976	Williamson, R., "The Background of the Epistle to the Hebrews". *ExpTim* 87 (1975–76) 232–237.
Williamson 1980	Williamson, R., "Philo and New Testament Christology", en *Studia Biblica 1978*, III.439–445. Sheffield, U.K. 1980.
Williamson 1989	Williamson, R., *Jews in the Hellenistic World: Philo* (Cambridge Commentaries on Writings of the Jewish and Christian World 200 BC to AD 200, 1 ii). Cambridge, U.K. 1989.
Willis	Willis, C. G., "St. Augustine's Text of the Epistle to the Hebrews". *Studia Patristica* 6 (1962) 543–547.
Willms	Willms, H., ΕΙΚΩΝ: *eine begriffsgeschichtliche Untersuchung zum Platonismus. I. Philo von Alexandrien*. Münster 1935.
Wilson, J. P.	Wilson, J. P., "The Interpretation of Hebr. XIII.10". *ExpTim* 50 (1938–39) 380s.
Wilson 1956	Wilson, R. McL., "Coptisms in the Epistle to the Hebrews?" *NovT* 1 (1956) 322–324.
Wilson 1958	Wilson, R. McL., *The Gnostic Problem*. Londres 1958.
Wilson 1968	Wilson, R. McL., *Gnosis and the New Testament*. Oxford 1968.
Wilson 1972–73	Wilson, R. McL., "How Gnostic were the Corinthians?" *NTS* 19 (1972–73) 65–74.
Wingren	Wingren, G., " 'Weg', 'Wanderung' und verwandte Begriffe". *ST* 3 (1949) 111–123.
Witherington	Witherington, B., "The Influence of Galatians on Hebrews". *NTS* 37 (1991) 146–152.
Witt	Witt, R. E., "'Ὑπόστασις'", en Wood, H. G. (ed.), *Amicitiae Corolla. Essays presented to Rendel Harris*. Londres 1933, 319–343.
Wohlenberg	Wohlenberg, G., "Wer hat den Hebr verfasst?" *Neue Kirchliche Zeitschrift* 1913.742–753.
Wolff	Wolff, C., *Jeremia im Frühjudentum und Urchristentum*. Berlin 1976.
Wolmarans	Wolmarans, J. L. P., "The Text and Translation of Hebrews 8.8". *ZNW* 75 (1984) 139–144.
Wolter	Wolter, M., "Die anonymen Schriften des Neuen Testament. Annäherungsversuch an ein literarisches Phänomen". *BZ* 32 (1988) 1–16.
Wood, C. E.	Wood, C. E., *The Use of the Second Psalm in Jewish and Christian Traditions of Exegesis. A Study in Christological Origins*. Ph.D. thesis, St Andrews, U.K. 1976.
Wood, J.	Wood, J., "A New Testament Pattern for Preachers". *EvQ* 47 (1975) 214–218.
Wood, J. E.	Wood, J. E., "Isaac Typology in the New Testament". *NTS* 14 (1968) 583–589.
Worden	Worden, T., "Before reading the Epistle to the Hebrews". *Scripture* 14 (1962) 48–57.
Worley	Worley, D. R., *God's Faithfulness to Promise. The Hortatory Use of Commissive Language in Hebrews*. Disertación, Yale University 1981.
Woschitz 1979	Woschitz, K. M., ΕΛΠΙΣ. *Hoffnung und Hoffen im Neuen Testament*. Habilitationsschrift Graz, Austria 1979.
Woschitz 1981	Woschitz, K. M., "Das Priestertum Jesu Christi nach dem Hebräerbrief". *Bibel und Liturgie* 54 (1981) 139–150.

Woschitz 1983   Woschitz, K. M., " 'Erlösende Tränen'. Gedanken zu Hebr 5,7". *Bibel und Liturgie* 56 (1986) 196–207.

Woude   Woude, A. S. van der, *Die messianische Vorstellungen der Gemeinde von Qumran*. Assen, Netherlands 1957.

Woude 1965   Woude, A. S. van der, "Melchizedek als himmlische Erlösergestalt in den neugefunden en eschatologischen Midraschim aus Qumran Höhle XI". *OTS* 14 (1965) 354–373.

Wrede   Wrede, W., *Das literarische Rätsel des Hebräerbriefes* (FRLANT 8). Göttingen, Germany 1906.

Wrege   Wrege, H. T., "Jesusgeschichte und Jüngergeschick nach Joh 12,20–23 und Hebr 5,7–10", en Lohse, E. (ed.), *Der Ruf Jesu und die Antwort der Gemeinde. Festschrift Jeremias*, 259–288. Göttingen, Germany 1970.

Wright, A.   Wright, A., *Some New Testament Problems*. Londres 1898.

Wright, A. G.   Wright, A. G., "The Literary Genre Midrash". *CBQ* 28 (1966) 105–138, 417–457.

Wuest   Wuest, K. S., "Hebrews six in the Greek New Testament". *BSac* 119 (1962) 45–53.

Wuttke   Wuttke, G., *Melchisedech der Priesterkönig von Salem. Eine Studie zur Geschichte der Exegese* (BZNW 5). Giessen, Germany 1927.

Yadin 1958   Yadin, Y., "The Dead Sea Scrolls and the Epistle to the Hebrews", en Rabin, C., and Y. Yadin (ed.), *Essays on the Dead Sea Scrolls*. Jerusalem 1958.

Yadin 1959   Yadin, Y., "A Midrash on 2 Sam. VII and Ps. I–II (4QFlorilegium)". *IEJ* 9 (1959) 95–98.

Yadin 1965   Yadin, Y., "A Note on Melchizedek and Qumran". *IEJ* 15 (1965) 152–154.

Yamauchi   Yamauchi, E. M., *Pre-Christian Gnosticism*. Londres 1973.

Yarnold 1960   Yarnold, E. J., "Metriopathein apud Heb. 5,2". *VD* 38 (1960) 149–155.

Yarnold 1968   Yarnold, E. J., "Τέλειος in St Matthew's Gospel", en *SE* IV = TU 102 (1968) 269–273.

Yeo   Yeo, K.-K., "The Meaning and Usage of the Theology of 'Rest' (σαββατισμός and κατάπαυσις in Hebrews 3:7–4:13)". *Asia Journal of Theology* 5 (1991) 2–33.

Young, F. M. 1969   Young, F. M., "Christological Ideas in the Greek Commentaries on the Epistle to the Hebrews". *JTS* n.s. 20 (1969) 150–163.

Young, F. M. 1979   Young, F. M., *The Use of Sacrificial Ideas in Greek Christian Writers from the New Testament to John Chrysostom* (Patristic Monograph Series 5). Cambridge, Massachusetts 1979.

Young, N. H. 1973a   Young, N. H., *The Impact of the Jewish Day of Atonement upon the New Testament*. Ph.D. thesis, Manchester, U.K. 1973.

Young, N. H. 1973b   Young, N. H., "tout' estin tēs sarkos autou (Heb. x.20): Apposition, Dependent or Explicative?" *NTS* 20 (1973) 100–104.

Young, N. H. 1979   Young, N. H., "Haimatekchysia: A Comment". *ExpTim* 90 (1979) 180.

Young, N. H. 1981   Young, N. H., "The Gospel according to Hebrews 9". *NTS* 27 (1981) 198–210.

Young, N. H. 1982   Young, N. H., "Is Hebrews 6.1–8 Pastoral Nonsense?" *Colloquium* 15 (1982) 52–57.

Zeitlin   Zeitlin, S., "Hillel and the hermeneutical rules". *JQR* 54 (1963) 161–173.

Zesati Estrada   Zesati Estrada, C., *Hebreos 5,7–8. Estudio histórico-exegético*. Rome 1990.

Ziegler   Ziegler, J., "Zum Wortschatz der griechischen Sirach", en Hempel, J. (ed.), *Von Ugarit nach Qumran. Beiträge zur alttestamentlichen und altorientalischen Forschung*, 266–287. Berlin 1958.

Zimmerli   Zimmerli, W., "Abraham und Melchisedek". BZAW 105 (1967) 255–264.

Zimmermann 1964   Zimmermann, H., *Die Hohepriester-Christologie des Hebräerbriefes*. Paderborn, Germany 1964.

Zimmermann 1977   Zimmermann, H., *Das Bekenntnis der Hoffnung. Tradition und Redaktion im Hebräerbrief*. Cologne 1977.

Zohary   Zohary, M., *Plants of the Bible*. Cambridge, U.K. 1982.

Zuntz   Zuntz, G., *The Text of the Epistles*. Londres 1953.

Zupez   Zupez, J., "Salvation in the Epistle to the Hebrews". *Bible Today* 37 (1968) 2590–2595.

INTRODUCCIÓN

LAS CIRCUNSTANCIAS EN LAS QUE SE ESCRIBIÓ HEBREOS

Es poco probable que alguna vez podamos dar respuestas ciertas y específicas a algunas preguntas como: ¿Quién escribió Hebreos? ¿Dónde se escribió y a quién o a quiénes iba dirigida? La propia epístola no ofrece esta información, y no existe ninguna prueba textual de que lo haya hecho en algún momento. Las pruebas externas de la autoría no son confiables y están divididas, y las pruebas externas de las circunstancias en las que se escribió la carta son prácticamente inexistentes.

El estudio de esas preguntas introductorias, no obstante, despierta el interés desde al menos dos puntos de vista. Históricamente, revela las formas en las que se plantearon esas preguntas en el pasado y las razones para plantearlas. En función de lo que conocemos ahora acerca de Hebreos, estas preguntas hacen que el estudiante se vea obligado a unir las pequeñas pruebas que proporciona la epístola para formar un patrón coherente, aunque siempre provisional.

EL AUTOR

Las pruebas con respecto a la autoría podrían clasificarse convenientemente como (a) comparativas, es decir, las que indican que Hebreos debe atribuirse a un autor comparándola con otros escritos que se sabe que pertenecen a esa persona, y (b) internas, es decir, las pruebas que aparecen dentro de la propia carta a los Hebreos. Cada uno de estos tipos de pruebas cuenta con el apoyo de otras pruebas circunstanciales no literarias, y en ese caso, el análisis de la autoría suele combinarse con la consideración de otros temas preliminares, como por ejemplo, la fecha, el lugar y los destinatarios. De las trece personas que se enumeran a continuación y que se han propuesto como autores de Hebreos, a las primeras seis se les han adjudicado al menos otros escritos; con estas podría asociarse el nombre de Esteban, en virtud del discurso que se le atribuye en Hechos 7. Los nombres restantes pertenecen a personas a quienes no se les atribuyeron otros escritos en la antigüedad.

Pablo. La idea de la autoría paulina de Hebreos ya ha sido abandonada casi universalmente.[1] No obstante, un estudio sobre las razones por las que Hebreos se

---

1. La última defensa completa de la autoría paulina apareció en Leonard 1939; la autoría paulina se mantuvo hasta 1980 en Nichol 7.387s.

asoció durante tanto tiempo con Pablo, los términos en los que fue asociada con él y los motivos del cambio general de opinión siguen despertando el interés como aspectos reveladores de similitud y contraste entre el corpus paulino y el único escrito que se conserva del autor de Hebreos. Por tanto, no tenemos ningún reparo en analizar con cierto detalle la cuestión de la autoría paulina, por cuanto es un tema de importancia actual e histórica. (La aceptación de Hebreos como canónica es históricamente inseparable de su aceptación como paulina, aun cuando los dos argumentos sean lógicamente distintos, y se analizarán de manera separada hasta donde sea posible).[2]

Las posibles referencias a Hebreos en los Padres Apostólicos son a lo sumo alusiones pasajeras, y de hecho, no plantean la cuestión de la autoría. Por el contrario, el problema del anonimato de Hebreos se plantea claramente en la tradición alejandrina desde una fecha temprana. Eusebio[3] cita a Clemente de Alejandría como el autor de este escrito:

> Pero ahora, tal como el bienaventurado anciano [Panteno, fallecido cerca del 200] solía decir, dado que el Señor, que es el apóstol [cf. Heb. 3:1] del Todopoderoso, fue enviado a los hebreos, Pablo, por modestia [διὰ μετριότητα], habiendo sido enviado a los gentiles, no se presenta como un apóstol de los hebreos, no solo para rendirle la deferencia debida al Señor sino también porque él les había escrito a los hebreos con profusión [ἐκ περιουσίας], aun cuando era un predicador y apóstol de los gentiles.

Metzger[4] describe esta opinión como un aparente "intento de conciliación, que era necesario hacer porque existían dos tipos del *corpus Paulinum*, uno con la epístola a los hebreos y el otro sin ella".

Eusebio prologa su referencia a Panteno con el siguiente resumen de un pasaje de Clemente en *Hypotyposeis*:

> … en cuanto a la epístola a los Hebreos, [Clemente] dice, de hecho, que es de Pablo, pero que fue escrita para los hebreos en lengua hebrea, y que Lucas, tras haberla traducido con sumo cuidado, la publicó para los griegos; de ahí que, como resultado de esta traducción, en esta epístola y en los Hechos aparezca el mismo tipo de estilo: pero que las [palabras] "Pablo apóstol" naturalmente no se antepusieron. Porque, según dice, "al escribirles a los hebreos que habían concebido un prejuicio contra él, era muy sensato no ahuyentarlos desde el principio poniendo su nombre".[5]

---

2. El siguiente sumario está en deuda con Spicq 1.169-196, aunque difiere de él en algunos aspectos. Cf. Riggenbach xxxiii-xliii; Feld 1985.1-6, con otras referencias.

3. *HE* 6.14.4.

4. 1987.130.

5. *HE* 6.14.2s.

A pesar de estas reservas, Clemente cita Hebreos con frecuencia,[6] en algunas ocasiones como escrita por Pablo,[7] coincidiendo obviamente con una opinión que ya se había generalizado en esa época (c. 150-c. 215).

Orígenes (c. 185-c. 254), el sucesor de Clemente, afirmó la autoría paulina con reservas más fuertes:

> Todos los que sean capaces de discernir diferencias de estilo admitirán que la naturaleza de la dicción [τῆς λέξεως] de la epístola titulada "A los hebreos" no tiene la torpeza de lenguaje del apóstol, que se confesó torpe en el hablar [ἰδιώτην... τῷ λογῷ, 2Co. 11:6], es decir, en el estilo, pero también admitirán que el griego de la epístola es mejor en la elaboración de su dicción. Por otra parte, sin embargo, todos los que se han dedicado a leer al apóstol considerarán que es cierto que los pensamientos de la epístola son admirables, y no inferiores a los escritos reconocidos del apóstol... Pero en lo que a mí respecta, si tuviera que expresar mi propia opinión, diría que los pensamientos son del apóstol, pero que el estilo y la composición pertenecen a alguien que evoca las enseñanzas del apóstol y, por así decir, había tomado breves notas de lo que dijo su maestro. Si alguna iglesia, por tanto, sostiene que esta epístola es de Pablo, que sea elogiada [εὐδοκιμείτω], porque no sin razón los antiguos nos la entregaron como una obra de Pablo. No obstante, quién escribió la epístola, en realidad solo Dios lo sabe [εὐδοκιμείτω].[8]

Hay varios aspectos de la valoración de Orígenes que cabe señalar. (1) El peso de la tradición era ya tan fuerte que, aunque (o de hecho, porque) el estatus canónico de Hebreos todavía no había sido confirmado, fue explícitamente por motivos tradicionales, y en contra de su propio juicio literario, que Orígenes se sintió obligado a reivindicar Hebreos como esencialmente paulina. En otro lugar[9] le atribuye catorce cartas a Pablo, incluyendo así a Hebreos; introduce citas de esa epístola usando expresiones tales como "el apóstol dice"[10] y "dice Pablo".[11] (2) El juicio de Orígenes resulta más significativo porque él vivió en Roma c. 210-211 y sabía que el estatus canónico de Hebreos era mucho más incierto allí que en el oriente. (3) Orígenes, a diferencia de Clemente, se negó a hacer especulaciones sobre la identidad del verdadero escritor o último redactor de la epístola. (4) Incluso un espíritu tan independiente como Orígenes no se siente seguro para establecer una clara distinción entre canonicidad y autenticidad de una manera que le permita afirmar claramente: "Este escrito es inspirado, aun cuando no sepamos quien lo escribió".

---

6. 1.5 columnas de referencias en Allenbach.
7. Por ejemplo, *Stromata* 5.10.62; 6.7.62.
8. Euseb. *HE* 6.25.11-13.
9. *7ª Homilia sobre Josué,* PG 12.857.
10. *Commentary on John* 1.20, PG 14.53.
11. Por ejemplo, *De Principiis* 1.5.1, PG 11.157.

Desde este punto de vista, el origen paulino de Hebreos estaba firmemente establecido en las iglesias occidentales, y cualquier opinión contraria era cada vez más condenada.[12] Hablando en su propio nombre, Eusebio (flor. c. 450)[13] escribe:

> Las catorce cartas de Pablo son obvias y sencillas, sin embargo, no es correcto ignorar que algunos impugnan la epístola a los Hebreos, alegando que fue rechazada por la iglesia de Roma por no ser de Pablo...

—identificando así claramente la autoridad y la autenticidad.

Pero Eusebio también hace referencia, por ejemplo, a "la carta a los Hebreos y el resto de las cartas de Pablo [ἡ… πρὸς Ἑβραίους καὶ ἄλλαι πλείους τοῦ Παύλου]",[14] y sugiere con ello cierta diferencia de estatus o de circunstancias.

Epifanio (c. 315-403)[15] afirma que los únicos que rechazan la carta a los Hebreos son Marción y los arrianos,[16] y que ella aparece en todos los manuscritos del NT. El canon de catorce epístolas paulinas se confirma constantemente. Teodoro de Mopsuestia (c. 350-428) identifica explícitamente la canonicidad y la autenticidad cuando escribe que los creyentes,

> aceptan que la epístola [a los Hebreos] fue escrita por Pablo, al igual que las demás. De no ser así, lo que [en ella] está escrito no les resultaría de ningún provecho.

La incertidumbre tradicional con respecto a la autoría paulina no se extinguió, aun así, en el Oriente. Efrén el sirio (c. 306-373) resume las objeciones anteriores a la autoría paulina, y menciona en particular la opinión de que Clemente de Roma haya sido el autor o el traductor, pero cita Hebreos como paulina, y fue, al parecer, el primero que vio en la referencia a Timoteo (13:23) un indicio de la autoría paulina.[17]

La tradición manuscrita da testimonio de la inclusión temprana de Hebreos en el corpus paulino y también de diversas evaluaciones de su estatus.[18] Hebreos está incluida en las colecciones de las cartas paulinas desde 𝔓[46] (c. 200) en adelante, pero en distintas posiciones, a saber:

1. Hebreos aparece entre las epístolas dirigidas a las iglesias:

a. Se encuentra después de Romanos en 𝔓[46], en un canon sirio de c. 400[19] y en seis minúsculos del siglo XI (103) o posteriores (455, 1961, 1964, 1977, 1994). Esta disposición sugiere que en algunas zonas, especialmente Egipto en el siglo

---

12. Metodio de Olimpo cita Heb. 10:1 como un escrito del "apóstol" (*Symposium* 5.7).

13. *HE* 3.3.5.

14. *HE* 2.17.12.

15. *Adv. Hær.* 69.37, PG 42.260, cf. 41.812.

16. Sobre los arrianos, cf. Teodoreto (c. 393-c. 466), *Preface to Hebrews,* PG 82.673.

17. *Commentarius in epistolis Pauli nunc primum ex Armenio in Latinum sermonem a patribus Mekhitaristis translati.* Venecia 1893, 200, citado en Spicq 1.174n.3.

18. W. H. P. Hatch; cf. Tischendorf; Metzger 1992.38n.2.

19. Códice del monte Sinaí. Sir. 10.

III, Hebreos se consideraba segunda en cuanto a importancia, como también lo era en cuanto a longitud con respecto a Romanos.

b. Aparece después de 2 Corintios en los minúsculos tardíos 1930 y 1978, y en un códice (Códice 2248) que contiene el comentario de Teofilacto sobre las epístolas paulinas en la versión sahídica (la más antigua de las versiones coptas). Esta disposición sugiere la misma opinión de Hebreos que el punto a., pero unida a cierta reticencia a separar 1 y 2 de Corintios.

c. Hebreos se encuentra después de Gálatas en un arquetipo de B, tal como lo muestran los números de los capítulos en B.

d. Dos testigos menores colocan a Hebreos respectivamente después de Efesios (606) y después de Colosenses.[20]

2. Hebreos se encuentra inmediatamente después de las cartas a las iglesias y antes de las que fueron dirigidas a individuos en ℵ A B C H I P 0150 0151 y al menos 60 minúsculos, algunos códices boháricos, la trigésimo nona carta pascual de Atanasio (367), Eutalio (fl. antes del ¿350?), Jerónimo,[21] tal vez Cirilo de Alejandría,[22] y otros testigos. Epifanio tenía conocimiento de esta tradición que probablemente se originó en Alejandría.

3. Hebreos aparece después de Filemón, al final del canon paulino, en D E K L y la mayoría de los minúsculos; probablemente en el comentario del NT de Luciano de Antioquía (c. 300); en Anfiloquio de Iconio (c. 340-395), y en una de las dos tradiciones conocidas por Epifanio (cf. 2 supra). La influencia occidental resultó finalmente determinante para imponer este orden.

La prueba *interna* más sorprendente en contra de la autoría paulina de Hebreos es la afirmación explícita del autor de que el mensaje que comenzó con Jesús ὑπὸ τῶν ἀκουσάντων εἰς ἡμᾶς ἐβεβαιώθη (2:3); en otras palabras, que el autor y sus lectores recibieron el mensaje en forma indirecta. Esto no significa necesariamente que fueran cristianos de la segunda generación u otra posterior (véase la pág. 30), pero sí establece un marcado contraste con la afirmación de Pablo (Gá. 1:1, 12) de que él recibió su mandato directamente del Señor resucitado. El autor de Hebreos a menudo se asocia por razones pastorales con sus lectores, pero en un tema tan vital como la fuente de su mensaje, es muy difícil que no hubiera dado su testimonio personal de haber tenido alguno.

Existen diferencias significativas entre los vocabularios de Pablo y Hebreos en muchos y diversos temas. Las categorías que se mencionan a continuación no pretenden ser estrictamente precisas ni mutuamente excluyentes; muchos términos, como por ejemplo, πνεῦμα y σάρξ, se usan en distintos sentidos, dependiendo

---

20. Casiodoro, *Institutiones Divinarum et Saecularium Lectionum* (mediados del siglo VI) 14 (PL 70, col. 1125).

21. *Ep* 53.8, PL 22.548, c. 394.

22. *De Recta Fide ad Reginas,* PG 76.1249ss., 1296.

del contexto. El primer número es la cantidad de veces que aparece en Pablo, excluyendo las pastorales, y el número que sigue corresponde a las veces que se lee en Hebreos.[23]

a. Términos relacionados con el conocimiento y la revelación: ἀναγινώσκω 8/0; ἐπιγινώσκω 11/0, ἐπίγνωσις 11/1; ἀγνοέω 15/1 (en Pablo, especialmente οὐ θέλω ὑμᾶς ἀγνοεῖν y ἀγνοεῖτε [griego]); ἀλήθεια 33/1; γινώσκω 47/4, γνῶσις 22/0, ἐπιγινώσκω 11/0, ἐπίγνωσις 11/1, προγινώσκω 18/0; καλύπτω 2/0, κάλυμμα 4/0, ἀνακαλύπτω 2/0, ἀποκαλύπτω 13/0, ἀποκάλυψις 13/0, ἐπικαλύπτω 1/0, κατακαλύπτω 3/0, ἀκατακάλυπτος 2/0; λογίζομαι 33/1; νοῦς 18/0, νοέω 3/1, νόημα 6/0; πληρόω 22/0, πλήρωμα 12/0; σοφία 28/0, σοφός 16/0, ἄσοφος 1/0; φῶς 12/0, φωτίζω 3/2; μυστήριον 19/0; σημεῖον 8/1; φρονέω 23/0, φρόνημα 4/0, φρόνιμος 1/0, φρονίμως 5/0, ταπεινοφροσύνη 5/0.

El uso polémico por parte de Pablo de un vocabulario gnóstico[24] no tiene ningún paralelismo en Hebreos; la falta de esos términos en Hebreos produce una impresión cada vez más acentuada de que se trata de una elusión persistente. Es posible que la amenaza gnóstica no hubiera alcanzado a la comunidad para la que se escribió Hebreos; sin embargo, lo más probable quizás es que la comunidad ya exhibiera cicatrices de esa controversia y que el autor se mostrara cauteloso ante el peligro de reabrirlas.

b. Expresiones de emoción: ἐπιθυμία 13/0; ἐπιποθέω 6/0; καταισχύνω 10/0; ζῆλος 10/1, ζηλόω 8/0, παραζηλόω 4/0, ζηλωτής 2/0, ὑπερβολή 8/0; ἐπιθυμέω 4/1, ἐπιθυμία 13/0, ἐπιθυμητής 1/0; καυχάομαι 35/0, ἐγκαυχάομαι 1/0, κατακαυχάομαι 2/0, καύχημα 10/1, καύχησις 10/0; λυπή 9/1, λυπέω 5/0; περισσεύω 26/0, ὑπερπερισσεύω 2/0; σπλάγχνον 8/0, εὔσπλαγχνος 1/0; τολμάω 8/0; χαίρω 29/0; pero παρακαλέω 52/4, παράκλησις 20/3.

La relación de Pablo con sus lectores se caracteriza por expresiones de sentimientos personales más fuertes que las que se encuentran en Hebreos, aunque cabe la posibilidad de que el escritor de Hebreos estuviera pensando en una comunidad específica. Es probable que sus expresiones de temor por la salvación de sus lectores (2:1-3; 6:4-6; 10:26-31) desempeñaran en su relación con ellos un papel similar a las expresiones paulinas más positivas de interés personal (p. ej., Ro. 9:1-5).

c. Términos relacionados con la vida y la muerte: ἀφθαρσία 6/0, ἄφθαρτος 3/0 (pero ἀνάστασις 7/3); ἀποθνήσκω 42/7, συναποθνήσκω 1/0; ἐγείρω 40/1; ἀνάστασις 7/3; ζῳοποιέω 7/0, συζῳοποιέω 2/0; φθορά 6/0, διαφθείρω 1/0, φθαρτός 4/0, ἄφθαρτος 3/0, ἀφθαρσία 6/0; cf. πιστεύω 48/2, πίστις 109/32, πιστός 16/5.

Según Hebreos, la resurrección de los muertos es una de las verdades elementales dentro del cristianismo, o que el cristianismo presupone (6:2). Se hace más hincapié en la exaltación de Jesús que en su resurrección. Hebreos prácticamente no le dedica ninguna atención a la resurrección de los creyentes

---

23. Las estadísticas están tomadas de Neirynck-van Segbroeck. Como una guía aproximada con fines de comparación, puede señalarse que en NA[26], Hebreos ocupa el 16.4% del espacio de las cartas de Pablo. En otras palabras, por cada aparición de un término dado en Hebreos, cabe esperar un promedio de 6.1 apariciones en Pablo. Q = cita veterotestamentaria.

24. Con respecto a la definición y el uso de este término, véase Gnosticismo más adelante, págs. 42-45.

con (o en) Cristo, o a su vida en Cristo, que son temas centrales de la enseñanza de Pablo. Vinculada con esto está la relativa ausencia en Hebreos, en comparación con Pablo y con Juan, de una reflexión teológica sobre el tema de la fe. Solamente seis usos del término πίστις se encuentran fuera de 10:38–11:39, un pasaje en el que πίστει se emplea principalmente como un estribillo; en 6:1, la "fe en Dios" se menciona entre las verdades elementales que a los lectores se les exhorta a dejar atrás para seguir avanzando. Sin embargo, el tema de la fidelidad sí está estrechamente relacionado con el propósito de Hebreos; el autor escribe para que sus lectores puedan permanecer fieles a Cristo.

d. Expresiones que se refieren al poder, al conflicto y al juicio: ἀνθίστημι 5/0; ἀντιλογία 0/3; ἐξουσία 26/1; ἐνέργεια 8/0, ἐνεργέω 18/0; καταργέω 24/1; ἀπόλλυμι 12/0; ἀνακρίνω 10/0, διακρίνω 7/0, κατάκριμα 3/0, κατακρίνω 5/1, κατάκρισις 2/0; ὑποτάσσω 20/5; παρουσία 14/0; συνεργέω 3/0, συνεργός 12/0; κατεργάζομαι 20/0; δίκαιος 14/3, δικαίως 2/0, δικαιοσύνη 53/6, δικαιόω 25/0; δοκιμάζω 16/0; θλῖψις 24/1; κοπιάω 11/0, κόπος 11/0; κρίνω 39/2 (1Q), κρίμα 10/1, κρίσις 1/2, κριτήριον 2/0, κριτής 0/1 (de Dios); ἀπόλλυμι 12/1; σκάνδαλον 6/0, σκανδαλίζω 3/0; pero ὀρκωμοσία 0/4; ὀμνύω 0/7.

El lenguaje forense de la justificación por medio de la fe es fundamental para Pablo pero está ausente en Hebreos. En Hebreos, así como, por ejemplo, en Mateo, el término δικαιοσύνη se usa para referirse a la obediencia a la voluntad de Dios.

e. Otros términos antropológicos y éticos: ἀδικέω 9/0, ἀδικία 11/2, ἄδικος 3/1; ἄφρων 8/0; παράπτωμα 16/0; περιπατέω 32/1; συνίστημι/συνιστάνω 14/0; ἀγαπάω 32/2, ἀγάπη 65/2, ἀγαπητός 25/1; ἀρέσκω 13/0; ἐκδύω 2/0, ἐνδύω 13/0; ἐλεύθερος 16/0, ἀπελεύθερος 1/0, ἐλευθερία 7/0 (pero ἀπαλλάσσω 0/1); πλεονεξία 6/0, πλεονεκτέω 5/0, πλεονέκτης 4/0; κακός 23/1; κοιμάομαι 9/0; κένος 12/0; μιμνήσκομαι 1/4; ἁπλότης 8/0; πλούσιος 2/0, πλουσίως 1/0, πλουτέω 3/0, πλουτίζω 3/0, πλοῦτος 14/1; πνεῦμα 139/12; σῶμα 91/5; πορεύομαι 6/0; πορνεία 10/0, πορνεύω 3/0, πόρνος 5/2; πράσσω 18/0; πραΰτης 6/0; σάρξ 90/6, σαρκικός 6/0, σάρκινος 3/1; σκότος 11/1; τέλος 13/4, τελειόω 1/9, τελείωσις 0/1, τελειωτής 0/1; φείδομαι 7/0; φυσιόω 7/0, φύσις 11/0, φυσικός 2/0; χρηστότης 9/0; ψυχή 13/6, ψυχικός 4/0, ἄψυχος 1/0, ἰσόψυχος 1/0, ὀλιγόψυχος 1/0, σύμψυχος 1/0, εὐψυχέω 1/0.

Pablo dedica más atención que Hebreos a cuestiones de moral sexual y del uso de las riquezas. La manera en que se trata el tema de la perfección en Hebreos es inconfundible (2:10), al igual que el uso de σάρξ por parte de Pablo. La escasez del lenguaje relativo al ἀγάπη en Hebreos resulta sorprendente.[25] Aunque ἀγάπη dista mucho de ser una simple emoción, el uso infrecuente de este término y de otros afines en Hebreos podría estar relacionado con la carencia generalizada del lenguaje emocional en Hebreos que ya se señaló.

f. Términos relacionados con el pueblo de Dios: ἐκκλησία 59/2; ἐκλέγομαι 4/0, ἐκλεκτός 3/0, ἐκλογή 5/0; προφητεύω 11/0, προφήτης 13/2; ἀκροβυστία 19/0;

---

25. Ἀγαπάω y los términos cognados en el NT son proporcionalmente más frecuentes en las epístolas joánicas (67) y en Pablo (122), y les sigue el evangelio de Juan; son proporcionalmente menos frecuentes en Hechos, seguido de Apocalipsis y Hebreos.

βαπτίζω 13/0, βάπτισμα 2/0, βαπτισμός 1/2; γλῶσσα 24/0; διακονέω 8/2, διακονία 20/1, διάκονος 18/0; διαθήκη 9/17; δοῦλος 26/0, δουλεύω 15/0; ἔθνος 51/0; Ἕλλην 13/0; Ἰουδαία 4/0, Ἰουδαῖος 26/0, ἰουδαίζω 1/0, Ἰουδαϊκῶς 1/0, Ἰουδαϊσμός 2/0; οἰκία 5/0 (pero οἶκος 7/11), οἰκοδομέω 9/0, ἐποικοδομέω 6/0, συνοικοδομέω 1/0, οἰκοδομή 15/0, οἰκέω 8/1; ὁρίζω 1/1, ἀφορίζω 4/0, προορίζω 5/0; πληρόω 22/0, ἀνταναπληρόω 5/0, προσαναπληρόω 2/0; πρεσβύτερος 0/1; περιτομή 29/0, περιτέμνω 9/0; σπείρω 14/0, pero σπέρμα 16/3; κληρονομέω 6/4, κληρονομία 5/2, κληρονομός 7/3, συγκληρονομός 2/1; λαός 11/13.

La persistente elusión en Hebreos de términos relacionados con la distinción entre judíos y gentiles presenta un marcado contraste con el uso de Pablo, y plantea cuestiones similares a las que planteó la persistente elusión de un lenguaje gnóstico que se señaló en (a) supra. O bien la comunidad para la que se escribió Hebreos era tan totalmente judía que ignoraba prácticamente la existencia de las demás naciones, o era en cierta medida una comunidad mixta que el escritor no deseaba dividir. Existen pruebas independientes que apoyan la segunda opción: por ejemplo, el uso de "los padres" en lugar de "nuestros padres" en 1:1, y la ausencia repetida de referencias a los gentiles en los contextos de las citas veterotestamentarias. El autor de Hebreos muestra menos interés que Pablo por instituciones distintivamente cristianas como el bautismo y la cena del Señor; sin embargo, hay escritos paulinos de una longitud similar, como por ejemplo 2 Corintios, que también guardan silencio con respecto a estos temas, por tanto, no debe hacerse demasiado hincapié en este argumento ex silentio.

g. Términos litúrgicos (incluyendo los que se usan cuando se analizan las relaciones dentro de la comunidad cristiana): εἰσέρχομαι 4/17; κατασκευάζω 0/6; προσευχή 12/0, προσεύχομαι 18/1; προσφέρω 0/20; ἁγιόω 72/19 (τὸ ἅγιον/ τὰ ἅγια 0/5); αἷμα 12/21; βλασφημέω 4/0, βλασφημία 2/0; γυνή 54/1; ἐσθίω/ φάγω 43/2; εὐχαριστέω/εὐχαριστία 9/0, εὐχάριστος 1/0; θυσία 5/15; ἱερεύς 0/14, ἀρχιερεύς 0/17; παρίστημι/παριστάνω 16/0, συνίστημι/συνιστάνω 14/0; καθαρίζω 2/4, καθαρισμός 0/1, καθαρός 1/1, καθαροτής 0/1; κοινός 3/1, κοινωνέω 4/1, κοινωνία 13/1, κοινωνός 5/1, συγκοινωνέω 2/0, συγκοινωνός 3/0; λειτουργέω 1/1, λειτουργία 3/2, λειτουργικός 0/1, λειτουργός 3/2; εὐλογέω 7/7, εὐλογία 9/2, εὐλογητός 5/0, ἐνευλογέω 1/0; ναός 8/0; νόμος 119/14; καταπέτασμα 0/3; ῥαντίζω 0/4, ῥαντισμός 0/1; κατασκευάζω 0/6; σκήνη 0/10; προσφέρω 0/20, προσφορά 2/5; προφητεύω 11/0, προφήτης 13/2.

El argumento completo de Hebreos se caracteriza por su referencia al culto veterotestamentario, en particular al tabernáculo del Éxodo y al ritual del día de la Expiación; esto tiene pocas equivalencias en Pablo. El interés de Pablo en la Ley es principalmente ético, mientras en el del escritor de Hebreos es primordialmente cúltico (7:12).

h. Términos que se refieren mayormente a la propia situación del autor y a su obra: ἀπόστολος 29/1 (en Hebreos acerca de Jesús, 3:1); ἐπιστολή 17/0; εὐαγγέλιον 56/0, εὐαγγελίζω 21/2; παραδίδωμι 18/0, παράδοσις 5/0; κερδαίνω 6/0, κέρδος 2/0; κήρυγμα 4/0, κηρύσσω 17/0; πέμπω 14/0; τέκνον 30/0; ὑπακοή 11/1, ὑπακούω 11/2, ὑπήκοος 2/0; νήπιος 11/1.

El autor de Hebreos no afirma que es un apóstol, ni tampoco, de hecho, que tiene algún tipo de autoridad sobre las personas a las que les escribe. Usa solo una vez un pronombre de la primera persona del singular, de pasada (11:32), y las formas verbales correspondientes son raras (11:32; 13:19 *bis*, 22 *bis*, 23). Pablo, por el contrario, alude a sí mismo con frecuencia. En Filipenses, 2 Tesalonicenses y Filemón, defiende vigorosamente su estatus y su ministerio, exigiendo, por ejemplo, obediencia (Fil. 3:17; 2Ts. 3:4; Flm. 21) e imitación (Fil. 3:17). El autor de Hebreos, en comparación, es modesto.

i. Nombres y títulos divinos. Pablo se refiere a Dios como Padre 35 veces, excluyendo las citas del AT.[26] Hebreos no emplea jamás este título: aparece en una cita veterotestamentaria (1:5) y en la frase "Padre de los espíritus" (12:9). Es asombroso que Pablo use el nombre Ἰησοῦς en forma aislada y en el caso nominativo solo dos veces (significativamente en el pasaje que expresa algunos artículos de fe en 1Ts. 4:14 y en la frase contraria a la fe Ἀνάθεμα Ἰησοῦς en 1Co. 12:3); Hebreos lo hace en tres ocasiones (6:20; 7:22; 13:12). Y a esto debe añadirse el uso relativamente más frecuente en Hebreos del nombre de Jesús sin ir acompañado de ningún otro nombre o título (14/9). Estos usos normalmente ocupan posiciones enfáticas y se encuentran en puntos cruciales en el argumento. Por el contrario, el uso en Hebreos de "Jesucristo" (10:10; 13:8, 21) y de "nuestro Señor Jesús" (13:20) es limitado, y Hebreos nunca emplea la expresión paulina frecuente "Cristo Jesús". El uso absoluto en Hebreos de υἱός con referencia a Jesús (1:2; 5:8; 7:28) no tiene ningún equivalente en Pablo. Las referencias ocasionales de la carta al Espíritu Santo (2:4) no se corresponden en modo alguno con la profunda reflexión de Pablo sobre la naturaleza y la obra del Espíritu, por ejemplo, en Romanos 8 y en 1 Corintios 12. Eso mismo se aplica a sus referencias a la gracia de Dios (2:9); el término χάρισμα no aparece en Hebreos.

Además de estos grupos de palabras y los diversos términos favoritos del autor de Hebreos, como por ejemplo, ἀδύνατος 2/4; ἅπαξ 3/8, ἐφάπαξ 2/3; κρείσσων/κρείττων 4/13, su uso de partículas difiere del de Pablo y constituye, cuando menos, un indicador igualmente significativo de su estilo: ἄρτι 12/0; γε 10/0; ἤδη 11/0, ἐπειδή 5/0, δήπου 0/1; εἴτε 63/0; ἐπεί 10/9; ἔτι 16/13; ἤ 116/4; ναί 9/0; διόπερ 2/0, εἴπερ 6/0, ἐάνπερ 0/3; μήποτε 0/4; πως 14/0, ὅπως 9/2; σύν 39/0,[27] μετά 54/23; τε 25/20; πάντοτε 26/1.

Tal como cabría esperar, los vocabularios de Pablo y de Hebreos indican que los dos escritores forman parte de una tradición judeocristiana común, dominada por el AT, y en particular por la LXX, e influenciada, en menor medida, por la enseñanza ética popular, por ejemplo, acerca de la consciencia. Ambos usan términos como ἀπολύτρωσις 7/2; ἐπαγγελία 24/14; ἐπουράνιος 11/6; μετάνοια

---

26. Este título es mucho más frecuente en los escritos joánicos.

27. De los 22 términos compuestos con σύν que aparecen en Pablo o en Hebreos, solo los seis siguientes son comunes a ambos: ἐπισυναγωγή 1/1; συνείδησις 14/5; συγκεράννυμι 1/1; συγκληρονόμος 2/1; συντελέω 1/1; συμφέρω 5/1.

3/3; συνείδησις 14/5; ἄγγελος 12/13; αἰών 29/15; ἁμαρτάνω 15/2, ἁμαρτία 61/25, ἁμαρτωλός 6/2; γῆ 14/11; εἰρήνη 39/4; ἐλπίς 32/5, ἐλπίζω 15/1; ἔργον 48/9; ἡγέομαι 9/6; καρδία 50/11; κληρονομέω 6/4, κληρονομία 5/2, κληρόνομος 7/3; μαρτυρέω 6/8, μαρτύς 6/2; μένω 13/6; πειράζω 7/5, πειρασμός 3/1; σωτηρία 16/7; υἱός 41/24 (15/6 con respecto a Cristo). Esa coincidencia de vocabulario resulta bastante insuficiente para sugerir una autoría común o para superar las diferencias acumulativas del uso que se señaló anteriormente. Aun en los lugares en los que Pablo y Hebreos desarrollan temas similares, suelen hacerlo valiéndose de sinónimos diferentes: por ejemplo, los temas del reposo (ἀναπαύω 4/0, pero καταπαύω 0/3, κατάπαυσις 0/8) y la perseverancia (ὑπομένω 2/4, ὑπομονή 13/2; pero στήκω 7/0; τηρέω 5/0).

Estas diferencias de vocabulario entre Pablo y Hebreos se reflejan en otros aspectos de su uso del lenguaje. No es necesario adoptar ninguna postura específica acerca de la estructura de Hebreos para apreciar su desarrollo generalmente armonioso, su estructura retórica suave y su hábil uso del griego, que contrastan con la oratoria vigorosa aunque a veces oscura de Pablo y sus frecuentes anacolutos. Como señala Spicq al final de un análisis detallado: "es imposible desde el punto de vista lingüístico atribuirle a Pablo la paternidad directa de Hebreos".[28]

28. Spicq 1.154.
Las siguientes 154 palabras se encuentran en Hebreos pero en ningún otro lugar del NT († = no aparece en la LXX; †† = no aparece en la literatura griega anterior a Hebreos; * = en Hebreos en una cita veterotestamentaria; • en Hebreos en una exposición o en una alusión veterotestamentaria; el número de veces que aparece en Hebreos se indica cuando es mayor que uno):

ἀγενεαλόγητος †† •	δεκατόω • 2	καθώσπερ †	παραπίπτω
ἁγιότης	δέος	κακουχέομαι 2	παραπλησίως
ἀγνόημα •	δέρμα •	καρτερέω	παραρρέω
ἀθέτησις 2	δημιουργός	καταγωνίζομαι †	πεῖρα • 2
ἄθλησις †	δήπου	κατάδηλος †	πήγνυμι
αἴγειος •	διάταγμα •	καταναλίσκω *	πολυμερῶς †
αἱματεκχυσία †† •	διηνεκές † •	κατασκιάζω †	πολυτρόπως
αἴνεσις •	διϊκνέομαι	κατάσκοπος	πρίζω •
αἰσθητήριον †	διόρθωσις	καῦσις	προβλέπομαι
ἀκατάλυτος	δοκιμασία	κεφαλίς *	πρόδρομος
ἀκλινής	δυσερμήνευτος †	κοπή	προσαγορεύω •
ἀκροθίνιον *•	ἐάνπερ 2	κριτικός †	προσοχθίζω * 2
ἀλυσιτελής	ἔγγυος	κῶλον •	πρόσφατος
ἀμετάθετος 2	ἐγκαινίζω 2	λειτουργικός	πρόσχυσις ††
ἀμήτωρ † •	ἐκβαίνω •	Λευιτικός	πρωτοτόκια †
ἀνακαινίζω	ἐκδοχή †	μερισμός 2	σαββατισμός † •
ἀναλογίζομαι	ἐκλανθάνομαι	μεσιτεύω † •	Σαλμών •
ἀναρίθμητος	ἔλεγχος	μετάθεσις • 3	στάμνος •
ἀνασταυρόω †	ἐμπαιγνός	μετέπειτα	συγκακουχέομαι ††
ἀνταγωνίζομαι	ἐνυβρίζω	μετριοπαθέω ††	συμπαθέω 2
ἀντικαθίσταμαι	ἕξις	μηδέπω •	συναπόλλυμαι
ἀπαράβατος †	ἐπισυναγωγή †	μηλωτή •	συνδέομαι

Clemente de Roma. El antiguo testimonio de la autoría paulina de Hebreos es incomparablemente más fuerte que cualquier otro, y por ende, los demás nombres pueden tratarse en forma más somera. Según Eusebio,[29] Orígenes ya tenía conocimiento de una tradición doble que menciona a Clemente y a Lucas como posibles autores. Fue aceptada por Jerónimo, Juan de Damasco y Efrén, entre otros, y más tarde, por un número de eruditos de los siglos XIX y principios del XX.[30]

Sin embargo, esta tradición, sin duda, es incorrecta. Aunque Clemente cita o alude a Hebreos,[31] le atribuye citas veterotestamentarias directamente al Espíritu Santo de un modo que solo encuentra paralelismos en Hebreos[32] en el NT y deriva algo de su lenguaje de esa forma más creativa de escribir[33] (sin citar Hebreos como escritura y sin atribuírsela a Pablo), su pensamiento se opone fundamentalmente al de Hebreos. Donde Hebreos se interesa por mostrar la supremacía de Cristo y la exclusividad de su sacerdocio, Clemente usa Hebreos 7:14 como punto de partida de un argumento acerca de los muchos "reyes y príncipes y gobernantes en el linaje de Judá" (32:2). Clemente malinterpreta la enseñanza de Hebreos sobre el sumo sacerdocio de Cristo cuando afirma que la misma justifica la institución de una jerarquía cristiana conforme al modelo de la jerarquía judía e incluye un sumo sacerdote, sacerdotes, levitas y laicos (40:5). Un cambio de esta naturaleza es impensable en la mente de un solo escritor.

Lucas. La asociación del nombre de Lucas al de Clemente como un posible autor de Hebreos y la preferencia medieval de Lucas sobre Clemente[34] normalmente

---

ἀπάτωρ † •	ἐπιλείπω	μήν *	συνεπιμαρτυρέω †
ἀπαύγασμα •	ἔπος	μισθαποδοσία ††	τελειωτής ††
ἄπειρος	εὐαρεστέω 3	μισθαποδοτής ††	τιμωρία
ἀποβλέπω	εὐαρέστως	μυελός	τομός †
ἁρμός	εὐθύτης	νέφος	τράγος • 4
ἀφανής	εὐλάβεια 2	νόθος	τραχηλίζομαι
ἀφανισμός	εὐλαβέομαι	νομοθετέω	τρίμηνος
ἀφομοιόομαι	εὐπερίστατος ††	νωθρός 2	τροχία *
Βαράκ •	εὐποΐα ††	ὄγκος †	τυμπανίζω
βοηθός *	θεατρίζω †	ὀλοθρεύω •	ὑπείκω
βοτάνη	θέλησις	ὀλιγωρέω	ὑποστολή †
Γεδεών •	θεράπων •	ὁμοιώτης 2	φαντάζομαι 2
γενεαλογέομαι •	θυέλλα •	ὀρκομοσία • 3	φόβερος • 3
γεωργέομαι	θυμιατήριον •	πανήγυρις	χαρακτήρ
γνόφος •	ἱερωσύνη 3	παραδειγματίζω	Χερουβίν
δάμαλις •	ἱκετερία	παραπικραίνω •	
δεκάτη • 4	καθαρότης	παραπικρασμός *	

29. *HE* 6.25.14; cf. 3.38.2.

30. Detalles en Spicq 1.198n.1.

31. *1Clem.* 17:1, cf. Heb. 11:37, 39; 17:5, cf. Heb. 3:5; 21:9, cf. Heb. 4:12; 27:2, cf. Heb. 6:18; 31:3, cf. Heb. 11:20; 36:2-5, cf. Heb. 1:1-3.

32. Hagner 1973.179-195, esp. 193n.2.

33. Goodspeed 1911; Ellingworth 1979a, en respuesta a Mees 1978.

34. Por ejemplo, por parte de la *Glossa Ordinaria* (PL 114.643) y de Tomás de Aquino (*Prefacio a Hebreos*), seguidos por Erasmo, Calvino (sobre Heb. 13:23), Delitzsch y Eagar; véase Spicq 1.198n.1.

servía para explicar el excelente estilo del griego de la carta. Clemente de Alejandría pensaba que Lucas había traducido Hebreos, del hebreo al griego. Spicq[35] menciona 30 palabras y algunas otras expresiones, construcciones y usos que en el NT solo aparecen en Hebreos y en Lucas-Hechos. Esta lista, aunque resulta interesante como una ilustración del tipo de vocabulario que era frecuente entre los cristianos de habla griega en el siglo I, está muy lejos de probar una autoría común. Debe señalarse, por ejemplo, que algunos términos, como ἄγκυρα (Heb. 6:19; Hch. 27:29s., 40) y ἀσάλευτος (Heb. 12:28; Hch. 27:41), se usan en sentido figurado en Hebreos pero Lucas los usa en sentido literal; que Lucas emplea la palabra κατάπαυσις (Hch. 7:49) solo en una cita y καταπαύω (Hch. 14:18) en un sentido bastante ajeno a Hebreos; que algunos de los términos comunes a Hebreos y a Lucas (ἀπογράφομαι, λύτρωσις, ἱερατεία) aparecen únicamente en las narraciones lucanas relacionadas con el nacimiento de Jesús, en las que, al igual que ocurre en Hebreos, la influencia veterotestamentaria es fuerte. Resulta significativo que Lucas y Hebreos sean los únicos que den fe de ἀρχηγός (2:10) como un título de Cristo. La ausencia en Lucas y Hechos de temas como el reposo sabático de Dios y el sumo sacerdocio de Cristo, que son centrales en Hebreos, no puede explicarse únicamente alegando que se trata de un propósito o un género diferentes.

Bernabé. Tertuliano[36] hace referencia a "una epístola de Bernabé titulada 'A los hebreos'". A partir de esta breve referencia, no puede inferirse claramente si Tertuliano pensaba que Bernabé había escrito Hebreos además de la epístola que tradicionalmente lleva su nombre, o si, como es quizás más probable, estaba confundiendo ambos escritos. La atribución de Tertuliano no fue de todas formas confirmada por los padres norteafricanos posteriores, aunque Jerónimo la menciona junto con otras posibilidades[37] y experimentó un resurgimiento en el siglo XIX y a principios del XX.[38]

Una cosa, al menos, sí está clara: que la llamada Epístola de Bernabé y la Epístola a los Hebreos no pueden tener un autor común. La sensibilidad del autor de Hebreos hacia sus lectores judíos (p. ej., su declaración cuidadosamente elaborada de que el antiguo pacto está "próximo a desaparecer" [8:13]) contrasta con las contundentes afirmaciones de "Bernabé", como por ejemplo, cuando dice que la circuncisión física ya ha sido "complemente anulada" (κατήργηται, 9:4).[39] En ningún otro lugar Hebreos hace distinción entre dos pueblos de Dios, como sí lo hace "Bernabé".[40]

El Bernabé histórico cuenta con razones más convincentes para ser considerado

---

35. 98n.3.
36. *De Pudicitia* 20.
37. *De Hæreses* 89.
38. Entre las autoridades que se mencionan en Spicq 1.199n.8 y Spicq SB 25 se encuentran Ritschl, B. Weiss, Blass, Riggenbach (xxxiii-xliii), Loisy, Bornhäuser 1932 y Hobbs; véanse también A. S. Barnes; P. E. Hughes 29 con dudas. Sobre todo el tema, véase Westcott lxxx-lxxxiv.
39. Las traducciones de los Padres apostólicos normalmente se citan de Staniforth.
40. Por ejemplo, οὗτος ὁ λαὸς... ἢ ὁ πρῶτος, 13:1.

el autor de Hebreos, pero en ausencia de escritos auténticos de su parte estas razones deben mantenerse en el terreno de la especulación. Bernabé era un levita greco parlante natural de Chipre, que se mostró generoso para con la iglesia de Jerusalén (Hch. 4:36s.), en la que gozaba de mucho respeto (Hch 11:24-30), hasta el punto de que fue por su influencia que desde el primer momento Pablo fue aceptado allí (Hch. 9:27). Representaba a los apóstoles en Antioquía (Hch. 11:22s.), donde apoyó la misión gentil, de la que más tarde participó personalmente como compañero de Pablo (Hch. 13–14). Su nombre figura antes del de Pablo en el relato del concilio de Jerusalén (Hch. 15:12, 25; contrástese con el v. 22). Se separó de Pablo por estar en desacuerdo con los planes para un segundo viaje (Hch. 15:35-40), y Pablo más tarde lo criticó porque había dejado de comer con los cristianos gentiles de Antioquía; no obstante, Pablo continúa mencionándolo con respeto (Gá. 2:13), y tanto él (1Co. 9:6) como Lucas (Hch. 14:14; cf. v. 4) consideran que es un apóstol.

La interpretación lucana de su nombre como "hijo de consolación" ("alguien que anima", TEV) refleja probablemente el carácter de Bernabé y no una etimología estricta. De todos modos, no hay ninguna conexión con Hebreos 13:22.

A pesar de estos puntos de contacto, hay argumentos sólidos en contra de la hipótesis de que Bernabé fue el autor de Hebreos. Es muy difícil que alguien tan estrechamente relacionado con los líderes de la iglesia en Jerusalén se hubiera colocado en un segundo nivel, tal como parece hacer el autor de Hebreos (2:3),[41] o no se hubiera atribuido autoridad apostólica. Hechos 14:12 sugiere que Bernabé era menos elocuente que Pablo, y esto no nos permitiría esperar la cuidadosa composición ni la retórica eficaz de Hebreos. La obra de Bernabé, al igual que la de Pablo, parece haberse desarrollado principalmente entre cristianos gentiles (Hch. 11:22-26; Gá. 2:9), y esto, si Bernabé fuera el autor de Hebreos, haría difícil entender la exclusión obvia y sistemática de toda referencia a la misión gentil. Incluso el argumento de que, por su condición de levita, Bernabé tenía un conocimiento íntimo del ritual judío, se opone, tras un examen más detallado, a su autoría de Hebreos: la información cultual del autor parece derivarse del AT y no de una práctica contemporánea, y los levitas no se mencionan en Hebreos (Leví, 7:5, 9; Λευιτικός, 7:11).

Pedro. En la antigüedad nunca se afirmó que Pedro fuera el autor directo de Hebreos, y la especulación moderna raras veces ha llegado tan lejos.[42] De una manera un tanto más convincente, se ha sugerido[43] que Hebreos fue obra de Silas, el sucesor de Bernabé como compañero de viaje de Pablo (Hch. 15:40) y amanuense

---

41. Sin embargo, sería posible interpretar en sentido estricto estas palabras y entender que el autor se había relacionado con testigos oculares del ministerio terrenal de Jesús, sin ser forzosamente más joven que ellos, y menos aún de una segunda generación. Véase la sección sobre la FECHA más adelante (págs. 29-33).

42. Con respecto a Welch, que elaboró un argumento detallado basado en conjeturas sobre el cimiento de un tenue vínculo entre Jn. 1:40 y Heb. 2:3, véase Spicq 1.204, cf. 139-144.

43. Entre otros lo hicieron Riehm 890-893; Wohlenberg; más recientemente Kallenbach; en contra, Stegmann, cf. Spicq 1.204f.; también Johannes Jeremias 85.

de Pedro (1Pe. 5:12). No existe ninguna prueba de esto; de ser así, cabría esperar una influencia paulina más fuerte en Hebreos y un mayor interés por la misión gentil. La atribución de la carta a Silas, al igual que muchas teorías que implican la participación de un amanuense, es básicamente un recurso para explicar las similitudes entre los escritos, sin tomar en serio las diferencias entre ellos.

Los puntos de contacto entre Hebreos y 1 Pedro, a pesar de su insuficiencia para sugerir una autoría común, son, no obstante, reales y significativos.[44] La cantidad de palabras que se usan solo en 1 Pedro y en Hebreos en el NT no es mayor de lo que cabría esperar: ἀντίτυπος (Heb. 9:24, "representación"; 1Pe. 3:21**, "correspondiendo"; ἑκουσίως (Heb. 10:26 con respecto al pecado deliberado; 1Pe. 5:2** en cuanto al liderazgo voluntario); ἐπισκοπέω (Heb. 12:15; 1Pe. 5:2** en diferentes sentidos; en 1 Pedro también se usan los términos ἐπισκοπή y ἐπίσκοπος); παρεπίδημος (Heb. 11:13 con referencia a las figuras veterotestamentarias; 1Pe. 1:1; 2:11** con respecto a los lectores). Entre las expresiones más utilizadas, a la palabra viva de Dios se le atribuye el poder de dar vida en 1 Pedro 1:23 (cf. Stg. 1:18), y de juzgar en Hebreos 4:12. El tema de la afrenta que sufren los cristianos es común, con diferentes matices de significado, a Hebreos (11:26; 13:13), 1 Pedro (4:14), los evangelios (Mt. 5:11; Lc. 6:22) y Pablo (Ro. 15:3). La metáfora de la leche espiritual (Heb. 5:12; 1Pe. 2:2) también aparece en Pablo (1Co. 3:2) y en Filón. El tema de Cristo como el (gran) Pastor (Heb. 13:20; 1Pe. 2:25) se remonta pasando por los evangelios (Mr. 6:34; 14:27; Jn. 10:2, 11) a la imagen de Dios como pastor de su pueblo (p. ej., Sal. 23; Ez. 34). Hebreos y 1 Pedro se basan en una tradición doctrinal común cuando aluden al poder purificador de la sangre del sacrificio de Cristo ofrecido una sola vez (Heb. 9:28; 1Pe. 3:18). En los dos escritos se usan términos relacionados con la aspersión o rociado (Heb. 12:24; 1Pe. 1:2, cf. Ex. 24:1-11) y la eliminación de los pecados (Heb. 9:28; 1Pe. 2:24). En ambos se insta a los lectores a ofrecer, en respuesta, sus propios sacrificios espirituales (Heb. 13:15; 1Pe. 2:5, pero cf. también Ro. 12:1). Algunas imágenes como la de la "herencia" de los creyentes (p. ej., Heb. 1:2, 4; 1Pe. 1:4; 3:9) constituyen una reminiscencia cristiana común del lenguaje veterotestamentario. Sin embargo, no hay ninguna coincidencia entre las citas veterotestamentarias en Hebreos y en 1 Pedro. En 1 Pedro se hace hincapié, como no ocurre en Hebreos, en la resurrección de Cristo (1:3, 21), en su ἀποκάλυψις (1:7, 13; 4:13; cf. ἀποκαλύπτω, 1:5, 12; 5:1) en los últimos días, en la obra del Espíritu Santo (1:2, 11s.; 3:18; 4:6) en la importancia del bautismo (1Pe. 3:18-22). El autor de Hebreos no se atribuye ninguna autoridad personal, mientras que el autor de 1 Pedro se presenta como un apóstol (1:1) y *a fortiori* como συμπρεσβύτερος (5:1) con sus lectores, y en cambio Hebreos usa el título οἱ πρεσβύτεροι con un sentido muy diferente en 11:2*. Los numerosos puntos de contacto entre Hebreos 13:20s. y 1 Pedro (sobre todo 1:2; 2:5, 25; 4:2, 11, 19; 5:4)[45] coinciden con un lenguaje similar en Pablo, y podrían apuntar a un estilo litúrgico común en desarrollo. Los autores de Hebreos y de 1

---

44. Ferris; E. G. Selwyn 463-466.
45. Spicq 1.142s.

Pedro exhortan a sus lectores a mantenerse firmes en su fe en épocas de prueba y persecución, y a obedecer a los que ocupan posiciones de autoridad en el estado, en la familia y en la iglesia; esta situación, sin embargo, similar en ciertos aspectos más bien generales, no basta para demostrar que los destinatarios sean los mismos, y muchos menos que ambas cartas tengan un autor común.

Judas. Dubarle fue el primero que propuso la atribución de Hebreos a Judas, y más recientemente ha sido defendida por Deshpande y Gilmore 1984. Este último cree, al igual que Dubarle, que la carta de Judas era la "palabra de exhortación" que se menciona en Hebreos 13:22. Esta tesis, tal como se establece, resulta difícil de defender. El argumento de Hebreos avanza por medio de una delicada persuasión, mientras que Judas es sumamente polémico. Judas (4, 7s., 12s., 16, 23), al parecer, ataca algunos pecados físicos groseros que Hebreos solo menciona de pasada (13:4). Judas (6) se ocupa de los ángeles caídos; Hebreos (1:4–2:9) de los ángeles en general. Tanto Hebreos como Judas presuponen sin duda un entorno principalmente judeocristiano. Pero, ¿habría dicho Judas acerca de sí mismo que él recibió el evangelio de segunda mano (Heb. 2:3) tras haberse presentado (1) como medio hermano de Jesús? La única palabra neotestamentaria que aparece exclusivamente en Hebreos y en Judas es ἀντιλογία (Heb. 6:6; 7:7; 12:3; Jud. 11).[46] Tanto en forma implícita en Hebreos 12:3, como en forma explícita en Judas 11, se hace probablemente referencia a la rebelión de Coré y sus compañeros, pero esto no indica más que un interés común[47] en una historia particular del AT.

Esteban. La figura de Esteban se encuentra en la frontera que divide a los autores propuestos de Hebreos de los que se conservan otros escritos, y aquellos de los que no se conservan. El análisis de su posible autoría de Hebreos[48] afortunadamente no depende de la medida en que Hechos 7 pueda considerarse un relato exacto del único discurso que se conoce de él. Las similitudes entre el discurso de Esteban y Hebreos 11 resultan sorprendentes. Los dos textos también tienen una serie de *hapax legomena* o palabras raras en común: ἀστεῖος con respecto a Moisés (Hch. 7:20; Heb. 11:23, ambos dependen, no obstante, de Ex. 2:2); ἔντρομος (Hch. 7:32 aplicado a Moisés, pero contrástese con Heb. 11:27); Hechos 16:29 con relación al carcelero filipense; Heb. 12:21 = Dt. 9:19; χειροποίητος, (Hch. 7:48; Heb. 9:11, 24; κατάπαυσις, Hch. 7:49 = Is. 66:1; Heb. 3:11 = Sal. 95[LXX94]:11 y con frecuencia). Ambos textos se refieren a tradiciones comunes, por ejemplo, la función de los ángeles como intermediarios en la entrega de la Ley (Hch. 7:53; Heb. 2:2). Pero

---

46. Aparte de las 20 veces que aparece en Apocalipsis, ζῷον se usa solamente en Heb. 13:11, con ἄλογα ζῷα en 2Pe. 2:12; Jud. 10; πρόκειμαι con diversos complementos en 2Co. 8:12, tres veces en Hebreos (6:18), y Jud. 7; ἀπολείπω tres veces en las pastorales, tres veces en Hebreos (4:6), y Jud. 6; παραφέρω en Mr. 14:36‖Lc. 22:42, de lo contrario, solo en Heb. 13:9, en sentido figurado, y Judas 12, literalmente.

47. Que comparten, por ejemplo, los autores de los títulos de los Sal. 42 y 44; *Asc. Is.* 4:21; Pseudo Filón 16:4-7; 57:2.

48. Spicq 1.202n.5 incluye los nombres de algunos eruditos, como por ejemplo, Leonard 1939, que señaló parecidos entre Hebreos y Hch. 7 sin hacer a Esteban el autor de Hebreos; cf. Spicq SB 25n.3; Moule 21966.75s.

las similitudes entre Hechos 7 y Hebreos 11 parecen menos notables cuando se examinan con más detenimiento. Los dos textos forman parte de un grupo más amplio de resúmenes de la historia judía (Heb. 11), y la explicación obvia de la mayoría de los puntos de contacto es que ellos se refieren a las mismas narraciones veterotestamentarias. El mayor contraste entre los dos capítulos es el clímax intensamente polémico del discurso de Esteban, que hace recordar a la epístola de Bernabé en lugar de Hebreos. Es posible que las tensiones entre los judeocristianos y los demás judíos hubieran aumentado desde que Esteban supuestamente escribió Hebreos hasta su martirio; pero esta hipótesis plantea problemas adicionales con respecto a la fecha y el lugar de la composición de Hebreos, si en realidad fue Esteban quien la escribió. Kirby, de manera poco convincente, intentó resolver esto diciendo que la enseñanza de Esteban fue desarrollada y finalmente escrita por el diácono Felipe (cf. Hch. 21:8); véase la sección 8 más adelante. En forma similar, J. V. Brown supuso que Hebreos fue inspirada por la enseñanza de Esteban, escrita "casi de manera anónima" por Pablo y editada por Lucas. No existe ninguna prueba independiente para estas hipótesis.

Los nombres que se analizan a continuación son los de los individuos de los que no se conserva ningún escrito. En opinión de algunos académicos, esos individuos son personas que podrían haber escrito Hebreos o personas cuyas circunstancias eran compatibles con la composición de Hebreos, o ambas cosas. Algunos de estos nombres, sobre todo el de Apolos, se ha visto más favorecido en los últimos años que cualquiera de los nombres que se mencionaron anteriormente, en parte, tal vez, por la razón negativa de que las pruebas de que Hebreos fue escrita por un autor ya conocido distan mucho de ser suficientes. Por tanto, es importante subrayar que las teorías que se analizan más adelante son, por naturaleza, conjeturales. No solo carecemos de cualquier otro escrito para establecer una comparación, tampoco tenemos algo parecido a datos estadísticos exactos sobre la propagación del cristianismo en la época neotestamentaria. Es, pues, imposible valorar, incluso de manera aproximada, la probabilidad de que un autor de Hebreos, por lo demás desconocido, se mencionara en el NT. Muchas de las hipótesis se basan en la presuposición no reconocida de que el nombre del autor se encuentra en algún lugar del NT; esto, sin embargo, es bastante incierto. En algunas ocasiones, la presuposición se hace explícita en la forma en que un escritor tan creativo como el autor de Hebreos pudiera haber dejado su huella en los anales del cristianismo del siglo I. Pero incluso esto parece fijarle límites arbitrarios a un período que, según sabemos (p. ej., por su reinterpretación radical del AT), fue un tiempo de creatividad teológica y literaria extremadamente intensa y variada. Es con esta salvedad que vamos a analizar los nombres conjeturales que se han propuesto como autores de Hebreos.

El diácono Felipe. Felipe se menciona inmediatamente después de Esteban en la lista de diáconos nombrados por la iglesia en Jerusalén (Hch. 6:5). A pesar de su nombramiento "inicial" para "servir a las mesas" allí, podría decirse que desarrolló la mayor parte de su ministerio en o cerca de Samaria (en la propia

Samaria, Hch. 8:5-13; en el camino de Jerusalén a Gaza, 8:26-38; en Azoto 8:40; y sobre todo, en Cesarea, la capital de Judea y Samaria, donde aparentemente se estableció, 8:40; 21:8).[49] Felipe (Hch. 8:26, 29, 39) y sus cuatro hijas (21:9) fueron, al parecer, figuras excepcionalmente carismáticas, pero nada puede decirse de él como escritor. Una serie de eruditos mayormente británicos, desde W. M. Ramsay hasta E. A. Knox, lo propusieron como autor de Hebreos.[50]

Knox específicamente creía que la carta fue escrita con el propósito de reconciliar a los cristianos samaritanos y judíos, y le atribuye un significado especial a la mención (de pasada) de Sansón en Hebreos 11:32. Pero Knox admite, como puntos débiles en su tesis, el hecho de que en Hebreos se citen pasajes de todos los lugares del AT, no solo del Pentateuco —que era lo único que los samaritanos reconocían como canónico— y además, la prominencia de Jerusalén en el clímax retórico de la epístola (12:18-24). Tampoco hay nada en Hebreos que sugiera un deseo de reconciliar partes en conflicto. Para interpretarlo de esa manera, habría que otorgarle demasiado peso a la referencia de pasada a "la casa de Israel y la casa de Judá" en Hebreos 8:8 = Jeremías 31:31. Sin embargo, los que relacionan Hebreos con Qumrán, han hecho resurgir la tradición académica que sitúa el origen de Hebreos en una forma poco ortodoxa del judaísmo (véanse las págs. 48-49 más adelante).

Aristión. Algunos puntos de contacto entre Hebreos y el final largo de Marcos han hecho que en ocasiones[51] se identifique a Aristión como el autor de Hebreos. Casi todos los eslabones de la cadena de pruebas son débiles. En primer lugar, la tradición, que consta en un manuscrito armenio del año 986, de que Aristión era el autor de Marcos 16:9-20, aunque fue defendida por Conybeare, no contó con una aceptación general.[52] En segundo lugar, la tradición más antigua sobre Aristión, que Papias conservó en Eusebio,[53] no lo relaciona con Hebreos. En tercer lugar, las aparentes semejanzas entre Hebreos y el final más largo de Marcos no van más allá de una referencia a algunos milagros realizados por los creyentes (Mr. 16:17f.; cf. Heb. 2:4); mientras que el final de Marcos (16:15; cf. 16:20) presupone una misión gentil a la que Hebreos no hace alusión.

Priscila (y Aquila). La tesis de Harnack 1900 combina ingeniosamente datos históricos y geográficos con una atrevida especulación. Harnack apela, por una parte, a las asociaciones de Priscila (o Prisca) y Aquila con Roma (Ro. 16:3), Corinto (Hch. 18:1-3) y Éfeso (18:18-28; cf. 2Ti. 4:19), donde instruyeron a Apolos; y por otra parte, a la conjetura de que el título original de Hebreos era πρὸς τοὺς ἑταίρους. Podría admitirse que si esta célebre pareja hubiera participado

---

49. Una tradición tardía que lo asocia con Hierápolis (Eusebio, *HE* 3.31; 5.24; cf. 3.39) lo confunde, al parecer, con el apóstol Felipe.

50. Otros detalles en Spicq 1.203n.4. Scobie cree que Hebreos iba dirigida a los samaritanos (9:3s.), pero la única referencia que da del autor es que era demasiado helenista para ser un samaritano.

51. Chapman; cf. Perdelwitz.

52. *ODCC*, s.v. Aristion.

53. *HE* 4.6.3.

de la escritura de Hebreos, es muy probable que Priscila, la más prominente de los dos, haya sido la autora principal. Una actividad literaria de esta índole[54] no habría estado reñida con la norma paulina en contra de las mujeres que hablan en la iglesia.[55] Pero resulta difícil concluir que el pronombre "nosotros" en Hebreos (2:5) indica una verdadera pluralidad de autores, y es prácticamente imposible entender el masculino singular en 11:32, ἐπιλείψει με γὰρ διηγούμενον ὁ χρόνος, una de las escasas referencias personales que aparecen en Hebreos, como un recurso literario para ocultar la autoría de una mujer. La tesis de Harnack obtuvo algún respaldo en los años que siguieron inmediatamente a su publicación, pero fue refutada por Torrey, y los esfuerzos feministas posteriores por revivirla no aportaron ninguna otra prueba que pudiera apoyarla.

María. J. Massyngberde Ford se basa en ciertas semejanzas entre Hebreos y las narraciones lucanas sobre la infancia de Jesús para sugerir que María, la madre de Jesús, fue la autora aparente de Hebreos. Las semejanzas podrían tener su origen en el uso común del lenguaje de la Septuaginta. El argumento de 11:32 contra la autoría de Priscila se aplica también a María. Es difícil entender que María haya usado las palabras de Hebreos 2:3 para referirse a sí misma. No existe ninguna prueba positiva que favorezca esa sugerencia.

Epafras. C. P. Anderson 1966a, 1966b, 1975-76, seguido de Jewett, cree que Hebreos es la carta a Laodicea a la que se hace referencia en Colosenses 4:16, y que la escribió Epafras, el evangelista del valle de Lico (Col. 1:6f.; 4:13) desde la cárcel (Flm. 23). El argumento se apoya en gran medida en algunos puntos de contacto entre Hebreos y Colosenses, como por ejemplo, el tema de la madurez (ἵνα σταθῆτε τέλειοι, Col. 4:12; Heb. 2:10) y de la seguridad (πεπληροφορημένοι, Col. 4:12; cf. πληροφορία Heb. 6:11; 10:22), y en la hipótesis, de por sí especulativa, de que Hebreos, al igual que Colosenses, fue escrita para atacar el tipo de enseñanza gnóstica predominante en el valle de Lico.

Apolos. Lutero fue, al parecer,[56] el primero que propuso a Apolos como autor, y su opinión fue ampliamente apoyada, entre otros, por Teodoro de Beza, y en el siglo XX, por T. W. Manson 1949 y de manera especial, por Spicq (1.209-219).[57] La tesis de Spicq es complicada por su convicción de que Filón ejerció una influencia muy fuerte sobre Hebreos; para él, pues, es importante que Apolos naciera en Alejandría (Hch. 18:24). Menos controvertida es la prueba de que Apolos era un judío, "varón elocuente y bien versado en las escrituras" (v. 24), un apologeta (v. 28), relacionado con Éfeso (v. 26) y con Pablo (cf. 1Co. 1:2;

---

54. *Pace* Spicq 1.206.

55. 1Co. 11:5, 13 parece referirse a mujeres que oran en la adoración pública (así explícitamente en TEV; NTV); el mandato de que las mujeres deben guardar silencio ἐν ταῖς ἐκκλησίαις (1Co. 14:34) parece referirse a las reuniones públicas de la comunidad cristiana.

56. Lutero, de hecho, implica (WA 10 I/1.143; cf. Feld 1985.4s.) que esta opinión estaba en boga entre sus contemporáneos, aunque no se ha hallado ninguna prueba de ello.

57. Referencias in Spicq 1.201n.2; Spicq SB 25n.7; también Maeso, Spicq 1959, Montefiore 1-32, criticadas por Hurst 1985, que no reconoce la deuda de Montefiore con Spicq.

3:4-6; 4:6). Otros argumentos son menos convincentes; de hecho, algunos de ellos plantean sus propios problemas. Incluso la forma en que Lucas presenta a Apolos "refutando con vehemencia (διακατηλέγχετο, Hch. 18:28) a los judíos en público" contrasta con el tacto persuasivo de Hebreos, aunque, sin duda alguna, pueden tenerse en cuenta las distintas circunstancias y puntos de vista. No hay nada peculiar en el hecho de que Apolos "demostrara por las escrituras que Jesús era el Cristo" (v. 28): ese era el núcleo del kerigma cristiano primitivo; tampoco se usan Ἰησοῦς y ὁ Χριστός juntos en Hebreos. Es totalmente especulativo asociar la renuencia de Apolos a regresar a Corinto (1Co. 16:12) con su temor de renovar divisiones en la iglesia. Y también lo es cualquier vínculo entre la ignorancia inicial de los cristianos efesios sobre el don del Espíritu Santo (Hch. 19:2-6) y la falta de prominencia del Espíritu en Hebreos. Hechos afirma explícitamente (19:6) que Pablo le dio el Espíritu al grupo de creyentes en Éfeso, y de todos modos, el mismo relato (19:1) excluye virtualmente la posibilidad[58] de que Apolos acompañara a Pablo a Éfeso. Todo lo que puede decirse es que nada de lo que sabemos de Apolos lo excluye de la autoría de Hebreos. De todas las conjeturas de autores que se han propuesto, su nombre es tal vez el menos improbable.

LOS PRIMEROS LECTORES

El título Πρὸς Ἑβραίους está confirmado por todos los manuscritos griegos y las versiones antiguas. No existe ninguna prueba de que el escrito haya tenido otro nombre. El argumento ex silentio, sin embargo, resulta débil. Además, hubo un período largo de tiempo entre la escritura de Hebreos hasta que Tertuliano[59] mencionó por primera vez su nombre a principios del siglo III, una fecha demasiado tardía para probar que se trataba de un título original. Lo más probable, pues, es que el título refleje la opinión de los primeros lectores en cuanto al carácter y el contenido de la obra.[60] El título pudo haber sido añadido durante el siglo II, cuando Hebreos formaba parte de una colección de cartas, como, por ejemplo, el corpus paulino.[61] Dado que es cierto que Hebreos fue escrito originalmente en griego, es muy probable que el término Ἑβραίους se refiera a los judíos en contraste con los gentiles (Bauer *s.v.* 1), no a los judíos que hablaban arameo en contraste con los que hablaban griego (Bauer 2).

La sugerencia de que πρὸς Ἑβραίους significa "contra los hebreos" es *a priori* improbable, puesto que el título se corresponde con los de las epístolas paulinas, que indudablemente no fueron escritas "contra" los romanos, etc. Se opone también al contenido de Hebreos, que no es nada polémica en su análisis sobre los temas judíos. De todas formas, la preposición πρός seguida de un acusativo en un

---

58. Spicq 1.216 dice "peut-être".
59. *De Pudicitia* 20.
60. Moffatt XV; Schierse 1955.1.
61. Thyen 1955.16.

sentido hostil significaría más bien "en respuesta a...",[62] y no hay nada en Hebreos que haga pensar que su autor esté respondiendo a algún argumento judío. Existe, por supuesto, la posibilidad de que algún copista poco sensible añadiera el título por primera vez con este sentido, pero no hay pruebas de que se entendiera de esa manera. Cabría también haber esperado "contra los judíos" en lugar de "contra los hebreos" como título de un escrito interpretado como antisemita. Ἑβραῖος en el NT se usa en sentido positivo (2Co. 11:22; Fil.3:5) o neutral (Hch. 6:1), nunca negativo, mientras que fuera del NT es el nombre que los judíos normalmente se daban a sí mismos (Bauer *s.v.* intro.).[63]

Para obtener pruebas más confiables de los posibles destinatarios, debemos recurrir a la propia epístola.

Cabría esperar que resultara obvio que Hebreos fue escrita para cristianos: personas para quienes Jesús era el Hijo de Dios (1:2) y "el Señor" (2:3) incondicionalmente. Su fe tal vez era deficiente, y es posible que necesitaran más instrucción (5:11–6:3), sobre todo acerca de la persona y la obra de Cristo; pero en ningún lugar se sugiere que hubiera que convencerlos por primera vez de las demandas de Cristo. La propuesta[64] de Kosmala de que los lectores eran esenios no convertidos no ha ganado adeptos; entre los que hacen hincapié en los vínculos de Hebreos con Qumrán, Yadin (1958) consideró que los lectores eran más bien antiguos esenios, o al menos, judíos influenciados por Qumrán.[65]

La pregunta más importante en este área, y la única que crea la división más profunda entre los académicos, es si los lectores originales de Hebreos eran cristianos, o judíos, o personas de origen gentil. Hasta hace poco tiempo, la suposición general, quizás demasiado influenciada por el título, era que el origen de los lectores era judío. E. M. Roeth en 1836 fue el primero que propuso la tesis de que los destinatarios eran gentiles.[66] Roeth ha tenido muchos sucesores, pero el punto de vista tradicional, de que los lectores eran de origen judío, todavía está muy extendido, en particular, entre los académicos anglosajones, pero no solo entre ellos.[67]

La pregunta en la práctica es casi inseparable de la cuestión si el pensamiento del autor era predominantemente judío o griego. No hay nada en Hebreos que sugiera que el autor esté tratando de cerrar una profunda brecha cultural entre él y

---

62. LSJ s.v. C.I.4.

63. Para la sugerencia de Spicq de que el título de Hebreos se refiere a los *ḥaḇerîm* farisaicas, véase la pág. 27 más adelante.

64. 44ss.

65. Véase la sección sobre QUMRÁN (págs. 48-49 más adelante).

66. Feld 1985.8.

67. Entre otros, los siguientes académicos abogan por lectores judeocristianos: Weiss 1888; Riggenbach; Appel; Badcock; Barton; W. Manson; Spicq (también Spicq 1959 y Spicq SB); Fransen 81; Reid 173; Bourke; Herrmann; Holtz 321s.; Bonsirven (al menos predominantemente judeocristianos); Médebielle; Mercier (antiguos sacerdotes judíos; así Maeso); Helyer. Los que siguen abogan por destinatarios cristianos: Bacon 1900; Büchel 540-545; Ménégoz; Moffatt; E. F. Scott; Enslin 316; Johnsson 1973; Braun. Otros académicos se muestran indecisos, creen que Hebreos fue escrita para los cristianos en general (Grässer 24), o (al igual que Michel y el presente escritor) que los destinatarios eran una comunidad de origen mixto.

sus lectores. Por el contrario, elabora sus argumentos, al parecer, sobre una base considerable que ambos comparten de supuestos teológicos (especialmente acerca del sacerdocio y el sacrificio) y una práctica exegética común.[68] Debe tenerse en cuenta también la amplia interpenetración de culturas judías y gentiles, sobre todo en la diáspora.[69]

Otra dificultad es el hecho de que en el NT probablemente no hay ningún escrito dirigido a una iglesia enteramente gentil. Romanos, en especial los capítulos 9–11, sería incomprensible para una comunidad de ese tipo, tendríamos que suponer la existencia de un elemento judío significativo en la iglesia de Roma, aun cuando Hechos 28:24 no ofrezca ninguna prueba que lo justifique. Según Hechos, Pablo comenzó su predicación en las sinagogas de Corinto (Hch. 18:4s.), Éfeso (19:8) y Tesalónica (17:1), y tuvo que resistir los ataques de los judaizantes en Galacia (p. ej., Gá. 4:10) y Filipos (Fil. 3:2-21). Las opiniones de los académicos divergen en cuanto a si la enseñanza que se ataca en Colosenses era judía, esenia o una forma judaica de gnosticismo. Dejando de lado los argumentos con respecto a la historicidad del discurso de Pablo en el Areópago, Hechos 17:16-31 es probablemente lo que más se aproxima en el NT a un ejemplo de predicación cristiana a un auditorio enteramente gentil. El argumento de que Gálatas proclama a los cristianos gentiles la libertad de la ley de Moisés, y que Hebreos, por ende, podría usar, de manera similar, pruebas veterotestamentarias al escribirles a los gentiles, se basa en la hipótesis cuestionable de que todos los cristianos de Galacia eran de origen gentil.[70] Mas importante quizás es el hecho de que en Colosenses no aparece ninguna cita explícita del AT,[71] y ningún argumento de la Escritura. Las cartas de Pablo, por tanto, no pueden usarse como pruebas de que los cristianos gentiles aceptarían, de hecho, argumentos basados en el AT, ni de que Pablo ingenuamente esperaba que lo hicieran.

En Hebreos, son abrumadoras las pruebas que demuestran que el autor esperaba que sus lectores estuvieran totalmente familiarizados con las personas, instituciones (especialmente las instituciones cultuales, p. ej., 9:1-10) y textos veterotestamentarios, y con la ley mosaica,[72] y aceptaran sin cuestionar la autoridad divina del AT. Esperaba quizás también que sus lectores reconocieran alusiones a los libros deuterocanónicos veterotestamentarios, aunque no las cita como Escritura. Además, el argumento de Hebreos se caracteriza en muchos lugares por procedimientos rabínicos típicos, por no decir, únicos,[73] como el argumento ex silentio de la Escritura (p. ej., 7:3, 14), y por tradiciones extrabíblicas como la función de los ángeles como intermediarios en la entrega de la ley (2:2). El argumento *a fortiori* (p. ej., 10:28s.; 12:25; implícito en 2:2s.)

68. Con respecto a los cuales, véase especialmente Schröger.

69. Hengel 1974 *pássim* para el período helenístico temprano.

70. Cf. Feld 1985.10.

71. Para alusiones verbales, véase Bowen 193, que también señala que en Colosenses no se usa la νόμος; en cuanto al asentamiento judío en el valle de Lico, véase F. F. Bruce 1984, 8-13.

72. Por lo general, se hace referencia a ella simplemente como "la Ley": 7:5, 12, 16, 19, 28; 8:4; 9:19, 22; 10:1, 8; solo en 10:28 como "la ley de Moisés".

73. Schröger.

es típicamente rabínico, aunque no de manera exclusiva. Algunas frases como "todo sumo sacerdote" (5:1) no prevé, sin duda, ninguna tradición cultual que no sea la judía. La institución del sacrificio está muy generalizada, pero en algunas tradiciones no judías ciertas afirmaciones como "sin derramamiento de sangre no hay perdón de pecados" (9:22) sería rebatida o resultaría incomprensible. En 7:11s. se presupone que el sacerdocio levítico, aunque ahora ha sido remplazado, fue establecido por Dios.

Sin embargo, Hebreos sí contiene algunos argumentos e ilustraciones que lectores judíos y gentiles podrían entender y aceptar: invoca distintos axiomas, como por ejemplo, que los miembros de la misma familia participan de la misma carne y sangre (2:14), que los hijos deben sujetarse a la disciplina de sus padres (aunque en 12:5-11 este argumento se basa en un texto del AT); el aprendizaje por medio del sufrimiento (5:8, aplicado a Jesús); analogías agrícolas (6:7s.); el contraste entre la leche y el alimento sólido (5:13); el poder de los juramentos (6:16); la bendición del superior al inferior (7:7, comentando de nuevo sobre un pasaje del AT). Ha habido muchas discusiones queriendo determinar si el lenguaje del autor con respecto a las imágenes y las copias (9:23; 10:1; aunque cf. la referencia del AT en 8:5) se entiende mejor en términos veterotestamentarios o platónicos; si los "principios elementales" de 6:2 son necesaria y específicamente cristianos y si es preferible considerar que la exhortación a la fidelidad en el matrimonio (13:4; cf. 12:16) va dirigida a cristianos de origen gentil.[74]

A menudo se sugiere que las exhortaciones a no alejarse del Dios vivo (3:12; cf. 9:14) solo pueden estar dirigidas a los gentiles, porque aun cuando un judío abandonara las doctrinas características del cristianismo y regresara al judaísmo, seguiría siendo monoteísta. No hay nada en Hebreos que demuestre que el autor o sus lectores tuvieran en cuenta esa postura alternativa. Cuando se rechaza la revelación suprema y final de Dios en Cristo se rechaza al propio Dios vivo: no existe una religión alternativa, como tampoco existe un Dios alternativo ni una historia alternativa de salvación. A Cristo se le compara con los ángeles (1:5–2:9) y con Moisés (3:1-6); su sacrificio se equipara y se contrasta con el culto levítico (caps. 8–10). Sin embargo, la carta se refiere invariablemente a los lectores como la continuación de Israel (p.ej., 2:2s.; 4:1s.; 11:40; 12:25-27); a diferencia de lo que ocurre en la llamada epístola de Bernabé, no son un nuevo pueblo de Dios contrario al "pueblo anterior".[75] Mucho menos se trata de la "tercera raza" tertuliana de la iglesia en contraste con los judíos y los gentiles. La expresión "apartarse del Dios vivo" equivale probablemente a endurecer el corazón (3:8, 13, 15), una expresión que se usa en la exégesis de un pasaje veterotestamentario. Todo esto sugiere un entorno judeocristiano.

Poco convincente también es el argumento relacionado de que las referencias a las "obras muertas" (6:1, contrastadas con la "fe en Dios"; y en 9:14, contrastadas con el hecho de "servir al Dios vivo") presuponen que los lectores son cristianos

---

74. Así Montefiore.
75. *Bern.* 13:1.

enteramente gentiles. El contraste paulino entre las obras y la fe como medio de

salvación se encuentra fuera de la perspectiva de Hebreos; las "obras muertas" probablemente deben entenderse como acciones que acarrean el castigo divino de la muerte. Ambas referencias, sin embargo, son declaraciones bastante generales: la de 6:1 está incluida en una lista de enseñanzas elementales que se han interpretado como judías o cristianas, mientras que la de 9:14 constituye la conclusión de un argumento *a fortiori* del que la premisa menor es la validez relativa del culto levítico —un argumento que es probable que haya dejado fríos a los lectores gentiles.

Ninguna de estas referencias, por tanto, exige forzosamente un público exclusivamente gentil; sí sugiere, tal vez, que los destinatarios no eran exclusivamente judíos. Si Hebreos fue realmente dirigida a una comunidad mixta (como casi todas o todas las iglesias a las que Pablo escribió), esto también explicaría algunas características de la epístola que de otro modo resultarían ligeramente desconcertantes. Entre estas se encuentra la expresión general "la palabra de justicia", y especialmente "los padres" (no "nuestros padres", como en la mayoría de las traducciones), la lectura casi segura en in 1:1. Sin embargo, la frase "los padres" incluso sugeriría un público predominantemente judeocristiano.

El argumento a favor de un público mezclado judío y gentil se ve reforzado por la omisión sistemática, en las citas veterotestamentarias y las alusiones verbales del autor, de referencias negativas a Israel, y también de referencias a los gentiles presentes en los contextos del AT. Las pruebas de esa omisión, a pesar de su naturaleza negativa, son en conjunto muy fuertes, pero la conclusión que puede extraerse de ellas es incierta. Podría alegarse que el escritor evita las referencias negativas a Israel porque no desea ofender a sus lectores judíos ni desviarlos del hilo central de su argumento. Esto, no obstante, no explicaría el hecho de que, dentro de la línea principal de argumentación, no vacila en señalar los errores de las generaciones anteriores de israelitas, y la insuficiencia de las instituciones del antiguo pacto (p. ej., 3:16-19; 4:6; cap. 9). Lo más probable es que el autor evite referencias que pudieran volver a despertar tensiones antiguas, ahora resueltas, entre judíos y gentiles en el seno de la comunidad cristiana. Una explicación alternativa, aunque menos probable, es que él desea evitar crear esas tensiones desde el principio. De todas formas, la omisión de referencias potencialmente disgregadoras sugiere que se dirige a una comunidad mixta. El peso de otras pruebas apoya este punto de vista, que, en cualquier caso, cuenta con antecedentes que lo hacen probable.

Un tema recurrente en Hebreos es el de la verdadera adoración, en contraste con la apostasía, que (al igual que las referencias a la ley) se concibe en términos principalmente cultuales. A partir de esto y de otras pruebas, se pueden extraer conclusiones prudentes con respecto al entorno probable de la epístola y la posible situación de sus destinatarios. Por un lado, el interés del autor por la adoración denota un contexto cultual similar al de la homilía de la sinagoga; esta impresión se ve reforzada por el estilo de la epístola. Por otro lado, el autor expresa de manera muy enfática, en pasajes como 6:4-6 y 10:25-31, su preocupación de que sus lectores no apostaten de la fe cristiana. El uso cargado del AT en la epístola sugiere que al menos una gran proporción de sus lectores eran judíos convertidos. Sin embargo, la omisión constante de un vocabulario característicamente "judío"[76] y también de un vocabulario característicamente "gentil"[77] hace pensar en un grupo mixto de destinatarios.[78] Esto se ajustaría a la situación en Roma, donde el cristianismo era originalmente judío, pero donde el liderazgo muy pronto se hizo predominantemente gentil.[79]

Una cuestión aparte sería determinar si Hebreos fue dirigida a una comunidad cristiana completa, o a un grupo específico dentro de ella. El análisis sobre la fecha de Hebreos (véase FECHA, págs. 29-33 más adelante) sugerirá que los lectores eran cristianos desde hacía mucho tiempo, aunque no necesariamente de la segunda generación. Esto no implica que se trataba de una comunidad numerosa y variada que incluía cristianos nuevos y otros más experimentados. Las exhortaciones que se les hacen a los lectores a "recordar" (13:7), "obedecer" (13:17) y "saludar" (13:24) a sus ἡγούμενοι podría sugerir que el grupo para el que se escribió Hebreos no incluía a los líderes de la comunidad cristiana más amplia (contrástese con Fil. 1:1). Si, tal como creemos, 13:24 forma parte de la epístola original, la frase "todos los santos" (cf. 6:10) se referiría a esta comunidad mayor.

El significado de μὴ ἐγκαταλείποντες τὴν ἐπισυναγωγὴν ἑαυτῶν (10:25) es objeto de controversia: ¿debería interpretarse simplemente como "no dejéis de reuniros con otros cristianos", o más específicamente, "no abandonéis vuestra comunidad en particular" (es decir, algo semejante al grupo que se reunía en casa de Priscila y Aquila, Romanos 16:5; 1 Corintios 16:19)? Es muy poco lo que puede concluirse a partir del uso del término inusual ἐπισυναγωγή, que no se emplea en este sentido en ningún otro lugar de la Biblia griega.[80] El autor puede haberlo elegido en lugar del sustantivo específicamente judío συναγωγή, que, al parecer, procura evitar. Pero la expresión en conjunto, junto con las demás indicaciones que se mencionaron antes, sugiere que se trata de un grupo distinto de cristianos experimentados, por no decir maduros, que el autor conocía personalmente, y que formaban parte de una comunidad cristiana más amplia. Ni la ausencia de saludos personales, ni el análisis teológico fundamental, supera la impresión cada vez mayor de que el autor no está dirigiéndose a "cristianos en general",[81] sino a un

---

76. Por ejemplo, περιτομή, συναγωγή, Ἰσραήλ fuera de la cita (Heb. 8:8, 10 = Je. 31:31, 33) y la referencia histórica (Heb. 11:22).

77. Por ejemplo, ἔθνη; cf. la exclusión en Hebreos de γνῶσις y otros términos aparentemente "gnósticos", aunque estos no son exclusivamente gentiles, como lo muestra su uso en la literatura occidental.

78. Vanhoye 1969.58, cf. 47s. Es concebible, aunque no existe ninguna prueba clara, que algunos de los primeros lectores se contaran entre los "temerosos de Dios", o seguidores del judaísmo, a los que se hace referencia, por ejemplo, en Hch. 13:16.

79. Lane lix.

80. Spicq 1978.282s.

81. Wikenhauser-Schmidt 1973, citado por Feld 1985.9.

grupo con cuyas necesidades y problemas estaba bien familiarizado, y por el que siente una preocupación apremiante.

En su comentario de 1952, Spicq aportó argumentos de peso variable para apoyar la hipótesis de que los destinatarios de Hebreos eran sacerdotes judíos convertidos,[82] más específicamente, sacerdotes de Jerusalén.[83] La sugerencia posterior (Spicq 1959) de que algunos de estos sacerdotes eran esenios relacionados con Qumrán se analizará más adelante (pág. 48). Spicq afirma que la πολύς … ὄχλος de sacerdotes convertidos que se menciona en Hechos 6:7 fuera tal vez de cientos o incluso miles, y considera extraño que no hayan dejado más huellas en el NT. El argumento ex silentio es débil, y al menos es posible que los sacerdotes no se mencionaran en ningún otro lugar porque no tenían ningún estatus o función especial en la iglesia, al igual que los terratenientes convertidos (Hch. 4:37; cf. 5:1), los magos (Hch. 8:9-24) o los oficiales del ejército (10:1–11:18). El reproche que el escritor les hace a los lectores alegando que por aquella época ya deberían ser maestros (Heb. 5:12) es compatible con la idea de que los lectores eran ex sacerdotes, pero no lo exige; y menos aún lo exige el término ἐπισκοποῦντες en 12:15, que puede significar simplemente "mirad bien" (RV60).[84] No hay ninguna razón para atribuirle alguna importancia especial a la referencia a Jesús como "*nuestro* sumo sacerdote" (Heb. 3:1), que podrían usarla de manera natural tanto los laicos como los sacerdotes. Las sugerencias de Spicq de que los lectores se sintieran tentados a regresar al judaísmo para volver a disfrutar de sus antiguos privilegios, de su estatus, función y riquezas, es en gran medida especulativa; y más aún la asociación del título tradicional de la epístola con los *ḥᵃḇerîm* o confraternidades fariseas. Aun cuando Hebreos se hubiera escrito antes del año 70, es poco probable que la fecha de su escritura fuera tan temprana que los lectores se solidarizaran con esos sacerdotes que fueron en gran parte responsables de la crucifixión de Jesús, y por ende, tomaran de manera personal la referencia a "crucificar de nuevo al Hijo de Dios" (6:6).[85] Es posible que la más convincente de las sugerencias de Spicq sea considerar que el contenido de 13:10 iba dirigido a ex sacerdotes tentados a envidiar a sus antiguos colegas que todavía disfrutaban del privilegio de comer parte de ciertos sacrificios que se ofrecían en el templo de Jerusalén; pero este pasaje resulta tan oscuro en otros aspectos que es peligroso sacar demasiadas conclusiones a partir de él. De manera más general, hay cada vez más pruebas de que la información del escritor acerca del culto levítico procedía del AT y no de la práctica vigente en el templo, y este hecho debilita la teoría de que él era un sacerdote de Jerusalén que les escribía a otros sacerdotes.

Por tanto, es preferible concluir que los primeros lectores fueron un grupo eminentemente, aunque no exclusivamente, judeocristiano, que el escritor conocía

---

82. Spicq 1.226-231.

83. Spicq 1.238-242. Spicq SB 29n.3 menciona brevemente esta hipótesis junto con otras, con referencias adicionales.

84. Hch. 20:17s., 28, que Spicq (1.228) cita como un paralelismo, va dirigido a ancianos cristianos.

85. Si en realidad este es el significado de ἀνασταυροῦντας, con respecto a lo cual, véase el comentario (pág 87).

bien, pero que no incluía a todos los miembros de una comunidad cristiana local ni a sus líderes.

DESTINO

Se han sugerido en forma conjetural una extensa variedad de destinos,[86] desde España al occidente hasta Galacia al oriente.

La cuestión relacionada con el destino de la carta se ha abordado a menudo, y de forma bastante natural, de un modo que concuerde con las demás partes de una teoría general. Por ejemplo, sobre la base de una ingeniosa comparación de Hebreos con 1 Corintios, Montefiore llega a la conclusión de que Apolos escribió Hebreos c. 52-54 desde Éfeso para los miembros judeocristianos de la iglesia en Corinto. Montefiore supone además que "los de Italia" que envían sus saludos (13:24) fueron expulsados de su patria por la persecución bajo Claudio en el año 49.[87] Las pruebas de esto, y especialmente las que acreditan a Corinto como destino, no son concluyentes. Es tanto lo que sabemos, hablando en términos relativos, a partir de las cartas de Pablo y de Hechos acerca de la iglesia en Corinto que resultaría sorprendente que no existieran puntos de convergencia con Hebreos. Otros destinos que se han sugerido son al menos igualmente conjeturales.

Las conexiones alejandrinas de Hebreos han hecho que muchos académicos hayan pensado que la epístola fue dirigida a los cristianos en esa ciudad. No cabe duda de que el escritor compartía, en buena medida, la formación de los autores judeo-alejandrinos de Sabiduría y 4 Macabeos, y especialmente de Filón (ya sea que estuviera o no directamente influenciado por él, véase FILÓN, págs. 45-48 más adelante). Resulta difícil discernir entre los argumentos a favor de Alejandría como el lugar desde el cual, o para el cual, se escribió Hebreos. F. F. Bruce insiste particularmente en que es poco probable que Alejandría haya sido el lugar para el que se escribió Hebreos, puesto que fue allí que la epístola por primera vez (errónea y falsamente) se le atribuyó a Pablo.[88] En general, ya ha sido abandonada la antigua teoría[89] de que la perspectiva del culto levítico que se pone de relieve en Hebreos (7:27) refleja la práctica en el templo judío fortificado de Leontópolis, cerca de Alejandría.[90]

Muchos comentaristas anteriores,[91] que creían o suponían que Hebreos había sido escrita para los judeocristianos en Palestina, pensaron que su destino era Jerusalén. En los últimos tiempos han tenido el apoyo de Buchanan, en cuyo comentario suele hacer hincapié en las características judías de la epístola.

---

86. Véanse esp. Spicq 1.220-252, esp. 234n.4; Spicq SB 29-31; F. F. Bruce xxxi; P. E. Hughes 18; Feld 1985.12-14.

87. Suetonio, *Claudius* 25.4.

88. Clemente de Alejandría en Eusebio, *HE* 6.14.1-4.

89. Wieseler.

90. Con respecto a lo cual, véase Josefo, *Guerras* 1.33; 7.421s.; *Ant.* 13.63-73; 14.133.

91. Referencias en Spicq 1.239n.1; también Teodorico.

Buchanan cree que la mención de la Sion celestial en 12:22 alude al hecho de que los lectores vivían en la Jerusalén terrenal; sin embargo, el contraste que se establece no es con la Jerusalén terrenal, sino indirectamente con el monte Sinaí (cf. Éx. 19:16-22). Es difícil imaginar que alguien que escribía una carta a Jerusalén dejara de referirse a la adoración contemporánea allí. Además, las referencias a la generosidad de los lectores (6:10; 13:16) están, hasta cierto punto, en conflicto con lo que sabemos por las cartas de Pablo acerca de la necesidad de ayuda financiera que tenía la propia iglesia de Jerusalén (Ro. 15:26; 1Co. 16:3; 2Co. 8:4; Gá. 2:10; cf. Hch. 11:29; 24:17).

El problema crítico es el de la interpretación de οἱ ἀπὸ τῆς Ἰταλίας en 13:24, dando por sentado que dicha frase forme parte de la epístola original. Podría significar dos cosas: (1) "los de Italia", "los italianos", o (2) "los que vienen de Italia", dando a entender que esas personas se marcharon de su lugar de origen.[92] (1) no es lingüísticamente imposible,[93] pero (2) le da a ἀπό el sentido más natural (cf. Jn. 1:44; Hch. 6:9; 10:23).

Por consiguiente, si οἱ ἀπὸ τῆς Ἰταλίας se refiere a personas que proceden *de* Italia y no que están *en* Italia, entonces, el destino más lógico es algún lugar de Italia. Dentro de esta área, la iglesia más importante, y por ende, la destinataria más probable era Roma.[94] El lugar donde se escribió Hebreos podría ser cualquier sitio comúnmente visitado por grupos de italianos, o que era posible que lo hicieran. El hecho de que Clemente en Roma cite la carta a los Hebreos apoya la teoría de que Roma es el destino más probable.[95]

FECHA

No existe prácticamente ninguna prueba que corrobore la fecha en que se escribió Hebreos; cualquier conclusión en este respecto depende de una ponderación de probabilidades que no pueden evaluarse con un margen suficiente de certeza.

La única prueba externa firme es que Clemente de Roma tenía conocimiento de Hebreos, y a la epístola auténtica de Clemente, tradicionalmente, se le asigna una fecha c. 96.[96] Algunos estudios recientes, sin embargo,[97] han planteado serias dudas respecto a la existencia de una persecución especial de los cristianos bajo

92. Referencias en Bauer *s.v.* ἀπό, IV.1b; Spicq 261-263.

93. Moffatt, seguido de F. F. Bruce ad loc., cita de *P. Oxy.* i (Londres 1898) 81.ll. 5s., donde τῶν ἀπ' Ὀξυρύγχων significa, sin duda, "los habitantes de Oxyrhynchus."

94. Así, entre otros, G. Milligan 1901; Goodspeed 1911; E. F. Scott 1920 con reservas; W. Manson; Reid 173; Helyer.

95. Attridge (10), en contra de Spicq (1.233-234), señala que "la reticencia en el occidente latino para aceptar a Hebreos como paulina" (véase LA CANONIZACIÓN DE HEBREOS, págs. 34-36 más adelante) "no es incompatible con el hecho de que Roma sea la destinataria", puesto que "el recuerdo en Roma de que la obra no era paulina explicaría fácilmente su exclusión del canon incipiente".

96. Beyschlag 29, 351, Theissen 34-41, Hay 39 y Mees 1978 sugieren una tradición común (para Mees litúrgica) que comparten Hebreos y *1 Clemente*. En contra de este punto de vista, véase Hagner 1973.179-195; Ellingworth 1979.

97. Véase sobre todo Welbourn. Otras referencias in Attridge 7s.; Lane lxiis.

Domiciano, un acontecimiento al que se suponía que hacía referencia la expresión "nuestra reciente serie de desgracias y reveses inesperados" (*1Clem.* 1.1). Un *terminus a quo* es, incluso, más difícil de establecer, y las pruebas son esencialmente internas.

(1) En 2:3, el escritor dice que el mensaje cristiano fue "declarado al principio por el Señor [Jesús]... y los que lo oyeron nos lo confirmaron primeramente a nosotros". De acuerdo con el contexto, es natural atribuirle al pronombre "nosotros" una función inclusiva porque tiene en cuenta al autor y a sus lectores sin distinción; el autor no se arroga ningún derecho por pertenecer a una generación anterior a la de sus lectores, ni por haber sido él quien les anunciara el evangelio. Cabe suponer que las palabras λαλεῖσθαι διὰ τοῦ κυρίου se refieren al ministerio terrenal de Jesús. La expresión incluso podría referirse a otras cosas, desde (a) una rápida comunicación del evangelio por parte de los contemporáneos de Jesús, en los años que siguieron inmediatamente a la resurrección, hasta (b) una comunicación del evangelio por parte de los evangelistas que eran jóvenes durante el ministerio terrenal de Jesús, pero ya eran ancianos cuando llegaron a la comunidad a la que va dirigida Hebreos. Si, como parece natural, se considera que 2:3 contempla retrospectivamente un período considerable de tiempo que transcurrió desde la fundación de la iglesia de los destinatarios, cualquier fecha hasta la década de los años 90 estaría fácilmente dentro de los límites posibles; por tanto, este versículo no constituye una pista tan valiosa para determinar la fecha como parecía a primera vista.

(2) Hay varias expresiones en Hebreos que indican que ya hacía algún tiempo que los lectores se habían convertido al cristianismo. Están en peligro de "apartarse del Dios vivo" (3:12); se habían hecho "tardos para oír" (5:11); por este tiempo "ya deberían ser maestros" (5:12), y haber dejado atrás "las doctrinas elementales de Cristo" (6:1). Cuentan con un historial de servicio a favor de los hermanos cristianos (6:9); y más específicamente, de los que había atravesado dificultades durante un período de persecución que también afectó a los propios lectores (10:32-34). Algunos cristianos que los lectores conocían se habían relajado y ya no se reunían para tener comunión con los demás cristianos (10:25). A menudo se alega, o se supone, que esta es una ilustración de la iglesia de una segunda o tercera generación; sin embargo, está claro que ninguna de las declaraciones que acaban de mencionarse exige forzosamente que hubiera transcurrido un lapso de tiempo de más de unos pocos años.[98] Si la importancia de estas declaraciones, incluso para una cronología relativa, es tan limitada, es imposible usarlas como pruebas para asignarle una fecha específica a la composición de Hebreos.

(3) Más prometedora a primera vista es la referencia en 13:23 a la liberación de la cárcel de Timoteo, presumiblemente el joven compañero de Pablo. Aunque no tenemos ninguna otra prueba del encarcelamiento de Timoteo, es razonable suponer que ocurrió durante su ministerio activo, pero no sabemos la fecha de su

---

98. Cf. El *Journal* de Juan Wesley para el 18 de junio de 1939, con referencia a la sociedad metodista recientemente fundada en Bristol: "Es difícil de creer la ventaja que había ganado Satanás durante mi ausencia de solo ocho días. Las disputas se habían colado en nuestra pequeña sociedad, y por ello, el amor de muchos ya se había enfriado" (Wesley 2.224).

nacimiento, y si, tal como sugiere F. F. Bruce, podría haber nacido cerca del año 30 d.C., la referencia a la liberación de Timoteo no afecta significativamente un *terminus ad quem* establecido en los años 90 por otros motivos.

(4) Las referencias a la persecución, que se mencionaron en (2), se han identificado a menudo con algunas persecuciones conocidas, sobre todo en Roma. Es muy natural considerar que el pasaje de 10:32-34, junto con 12:4, se refiere (a) a una persecución anterior que había causado dificultades, aunque no la muerte, a la comunidad a la que va dirigida Hebreos. Sin embargo, hay otras explicaciones menos naturales que también son posibles. (b) las palabras de 12:4 podrían estar dirigidas exclusivamente a la comunidad tal como existía en la época en que el autor escribió la carta, y en ese caso, los ἔκβασις de los líderes de la iglesia (13:7) podrían aludir (al igual que en Sab. 2:17; cf. v. 20) a una persecución de los miembros de una generación anterior que acabó con sus vidas. Esto, empero, parece forzado. (c) Podría interpretarse que 12:4 se refiere en sentido figurado a un sufrimiento intenso pero no necesariamente fatal; en ese caso, sin embargo, el versículo perdería todo valor como indicador de la fecha; pero es más natural considerar que μέχρις αἵματος es equivalente a μέχρι θανάτου en Filipenses 2:8.

Si elegimos la opción (a), y si consideramos que los destinatarios están en Roma, entonces Hebreos debe haberse escrito antes de la persecución neroniana del año 64, y en ese caso, 10:32-34 podría referirse a una opresión más leve que tuvo lugar bajo el reinado de Claudio c. 49. Esto tal vez es más plausible que suponer que Hebreos fue dirigida más tarde a algún grupo que pudo escapar de los peores excesos de la persecución en tiempos de Nerón. Pero nada de esto es seguro, y es imposible, basándonos solamente en estas premisas, excluir una fecha anterior a las (supuestas) persecuciones bajo el mandato de Domiciano (81-96).

(5) El autor usa a menudo el tiempo presente para referirse al culto levítico: "Todo sumo sacerdote... es constituido" (5:1; 8:3); "los descendientes de Leví que reciben el oficio sacerdotal..." (7:5); "los sacerdotes entran continuamente al primer tabernáculo" (9:6; cf. 10:11; "según la ley, casi todo es purificado con sangre" (9:22); "estos [sacrificios] se ofrecen según la ley" (10:8); los animales sacrificados "son quemados fuera del campamento" (13:11); especialmente "en estos sacrificios hay un recordatorio de pecados año tras año" (10:3); y "por medio de esto el Espíritu Santo da a entender que el camino al Lugar Santísimo aún no había sido revelado en tanto que el primer tabernáculo permaneciera en pie" (9:8). Algunos de estos presentes verbales pueden considerarse nómicos, sobre todo en algunas declaraciones tan generales como las que se refieren a "cada sumo sacerdote". Hay otros que pueden considerarse exegéticos.[99] Riggenbach, sin embargo, señala que hay autores que escribieron sin duda después de la caída de Jerusalén y utilizan el tiempo presente para describir el culto del templo.[100]

---

99. Al igual que la declaración de Pablo "el Señor [en Éx. 34:34] es el Espíritu" (2Co. 3:17).

100. Josefo. *Ant.* 3.151ss., 224ss., c. Ap. 2.77, 193ss.; *1Clem.* 40s. (aunque J. A. T. Robinson 1976.327ss. usa esto como un argumento a favor de una fecha a principios de la década del 70 para 1 Clemente), *Ep. Diog.* 3.

En términos más generales, es cierto que el autor de Hebreo basa sus declaraciones sobre el culto levítico directamente en el AT y no en la práctica de aquel tiempo en Jerusalén; que sus argumentos son principalmente teológicos y no se relacionan con acontecimientos vigentes; y que en sus declaraciones acerca de la insuficiencia de la antigua dispensación toma todas las precauciones necesarias para no ofender ni a los judíos ni a los judeocristianos.

Es cierto que las monedas de Bar Kochba (132-135 d.C.) tienen grabada la imagen de la fachada del templo, y que la mishná (c. ¿200 d.C.?) contiene muchas regulaciones con respecto a la adoración en el templo;[101] sin embargo, los que usaban las monedas sabían que el templo ya no existía, y los que escribieron y estudiaron la mishná sabían que su restauración no era más que una esperanza. En Hebreos no hay ninguna prueba de ese conocimiento ni de esa esperanza.

No obstante, es razonable suponer que el autor de Hebreos no escribió en forma aislada, y que las noticias de la destrucción del templo de Jerusalén, y el cese de los sacrificios diarios,[102] habían llegado con rapidez hasta los límites más lejanos de la diáspora. Si Hebreos se escribió después que su autor oyó esas noticias, resulta difícil creer que él hubiera afirmado que el viejo pacto estaba simplemente ἐγγὺς ἀφανισμοῦ (8:13), o que no hubiera aludido a la caída de Jerusalén.

(6) Se ha sugerido a veces que la referencia a los "cuarenta años" que se cita en 3:9/10 del Salmo 95 (94LXX):10 y sobre la que se comenta en 3:17, señala un fecha de composición de alrededor de cuarenta años después de la crucifixión. Aunque somos reacios a poner límites a lo que puede estar implícito en una escritura tan alusiva como Hebreos, (i) el contexto inmediato (vv. 12-19) no va más allá de la exposición histórica del Salmo 95, en lo que respecta a la generación del desierto; (ii) el hecho de que el v. 17 ubique los "cuarenta años" en un lugar diferente de los vv. 9/10 en la estructura de la oración sugiere que al autor le preocupa más el desagrado de Dios que los cuarenta años; (iii) esto se ve confirmado por el hecho de que el autor no haya comentado sobre la referencia a los cuarenta años. Por lo tanto, una referencia secundaria a la propia época del autor es muy poco probable y este pasaje no puede usarse como prueba para la fecha de Hebreos.

(7) Schmithals,[103] a quien Wilson apoya con ciertas reservas,[104] sugiere que Hebreos fue escrita para "cristianos gentiles temerosos de Dios a los que ahora (80-100) estaban expulsando de la sinagoga" a raíz de la caída de Jerusalén y la reorganización judía en Jamnia; pero esta hipótesis plantea más problemas que los que soluciona, tanto para Hebreos como para la historia judía en el período de los años 70-100. La situación que Schmithals describe se refleja tal vez más de cerca en el evangelio de Juan, que es el único libro del NT en el que se emplea el término clave ἀποσυνάγωγος (9:22; 12:42; 16:2).

101. R. H. Smith 1984.15s.
102. Josefo le asignó con precisión la fecha del 5 de agosto del año 70 (*Guerras* 6.94); en cuanto a la posibilidad de que después de esta fecha se ofrecieran sacrificios en forma privada, véase Clark 1959-60; Michel 56-58.
103. 1984.138ss.
104. 1987.14s.

(8) Feld menciona factores teológicos que, al parecer, indican una fecha relativamente temprana: la alta expectativa escatológica y la cristología relativamente poco desarrollada. Estos temas (con respecto a los cuáles véanse las págs. 67-78, 76-77) son importantes para una cronología relativa pero no para la asignación de una fecha absoluta.

Todas estas consideraciones, por separado e incluso juntas, distan mucho de constituir una prueba; sin embargo, el equilibrio de las probabilidades ha hecho que muchos escritores prefieran una fecha anterior a la caída de Jerusalén.[105] La aparente amenaza de una nueva y posiblemente más severa persecución podría sugerir una fecha no mucho antes del año 70 d.C.; si Hebreos se escribió en (o para) Roma, una fecha no muy anterior al año 64 es posible, pero resulta difícil ser más precisos. De todas formas, quedaría por determinar hasta qué punto pudo haberse previsto la guerra que provocó la destrucción del templo, especialmente para alguien que vivía fuera de Palestina.

105. Los siguientes podrían citarse como ejemplos de la amplia variedad de opiniones todavía vigentes. *Antes del año 70 d.C.*: Jewett (55-56), Lane (64-68), Delitzsch, Westcott, Riggenbach (66-70), Badcock 185-190, Barton 200, T. W. Manson 1949.11 (55-70), W. Manson 162ss. (60), Médebielle (64/65), Spicq (66-67), Bonsirven (poco antes del 67), Maeso 208 (61-68), Synge 57 (no después del 55), F. F. Bruce (poco antes del 67), Gaston 467, Mercier 230 (c. 67), Strobel (c. 60), J. A. T. Robinson 1976.200, 206, cf. 212 (c. 67), Lightfoot, en consonancia con Moule 1950.37 (c. 65), Lane 1985a.23s. (64), P. E. Hughes 30-32, Feld 1985.18, Guthrie, Hagner. Antes del 85: Moffatt. 81-96: Riddle, Windisch, Michel, Fiorenza 264, Holtz 321, Braun 3, R. H. Smith 1984 (80-90), Buchanan, Wikenhauser-Schmidt 561 (80s), Goppelt 1976.570 (80-90), 80s or 90s (Grässer), Schmithals 1984.138ss. (80-100), Kistemaker 1984 (80-85). 85-110: Enslin 313. 115-117: Dulière ("¡ocasionado por un terremoto en Antioquía!"). Attridge (9) concluye que "no se han aducido razones decisivas para asignar una fecha precisa o un intervalo más acotado [que 60-100]".

LA INCLUSIÓN DE HEBREOS EN EL CANON BÍBLICO

Como ya se indicó, la historia de la inclusión de Hebreos[1] en el canon se halla inseparablemente relacionada con la de su atribución a Pablo. Su admisión definitiva en el canon coincidió con su completa asimilación al corpus paulino. Sin embargo, antes de llegar finalmente a esa etapa, la evaluación de Hebreos tuvo una trayectoria llena de altibajos, sobre todo en el occidente, donde es probable que se haya escrito, pero donde tardaron mucho en aceptar su autoridad.[2]

Las alusiones a Hebreos en 1 Clemente (véase la pág. 13), aunque son suficientes para demostrar, más allá de toda duda razonable, que Clemente conocía la carta a los Hebreos, están muy lejos de atribuirle cualquier tipo de autoridad canónica. En forma similar, Policarpo llama a Cristo "el eterno sumo sacerdote" (12:2; cf. Heb. 6:20; 7:3), y tal vez se hace eco de Hebreos 12:28 cuando escribe: "Que nuestro servicio a él esté caracterizado por... el temor y la reverencia" (Pol. 6:3). El autor de 2 Clemente (anterior al año 150), al parecer, cita Hebreos 10:23, "porque fiel es el que prometió", en 11:6, con cierto conocimiento de su contexto. Sin embargo, *2 Clemente* marca ya (probablemente en Corinto, pero posiblemente en Roma) una divergencia con la enseñanza de Hebreos en cuanto a la imposibilidad del arrepentimiento después de haber aceptado la fe en Cristo. La declaración de *2 Clemente*: "Después de haber salido de este mundo, ya no podemos hacer una confesión (ἐξομολογήσασθαι) en él ni arrepentirnos" (8:3) es difícil de reconciliar con pasajes como Hebreos 6:4-6. En algún momento del siglo II, Hermas en Roma anunciaba, como por revelación especial y en contradicción directa e implícita con Hebreos, la posibilidad de un segundo aunque último arrepentimiento después del bautismo.[3] El canon muratoriano, redactado probablemente en Roma antes del año 200, no menciona la carta a los Hebreos.[4]

A principios del siglo III, en Roma, el intransigente presbítero anti-montanista Gayo, en su *Diálogo contra Proclo,* negó la autoría paulina de Hebreos (y con

---

1. La información que sigue está en deuda con Metzger 1987; cf. Riggenbach v-xii; Kistemaker 1984.12-14; Wilson 2-7; Zimmermann 1977.15f.; Spicq 1.169-196; Spicq SB 21-24.
2. En este respecto, la inclusión de Hebreos en el canon difiere de la del Apocalipsis, que tardó mucho en lograr una aceptación general en el oriente.
3. Herm. 2.
4. Traducción en Metzger 1987.305-307, cf. 191-201.

ello, por implicación, su autoridad), probablemente porque su enseñanza sobre la penitencia apoyaba la rigurosa postura montanista.[5] Por aquella misma época aproximadamente, Tertuliano en África del Norte[6] definió y estuvo defendiendo una práctica llamada *exomologesis*, cuyo propósito era readmitir pecadores bautizados en la comunión cristiana. El uso del término griego en ese tiempo sugiere que la práctica se originó en Roma, donde (inusualmente en el occidente) el griego todavía se usaba en los escritos cristianos.[7] El propio Tertuliano[8] cita el pasaje de Hebreos 6:4-8 atribuyéndolo a Bernabé (véanse las págs. 14-15).

En la iglesia oriental, Clemente de Alejandría, en consonancia con Panteno, explicó el anonimato de Hebreos alegando la modestia de Pablo al escribirle a una iglesia no gentil; y para explicar la discrepancia con el estilo normal de Pablo supuso que Lucas la había traducido del hebreo al griego. Sobre esta base, cita libremente de Hebreos,[9] pero su visión del NT suele ser tan abierta que no puede ser determinante para la iglesia oriental en general.[10] Orígenes, el sucesor de Clemente, presenta más de 200 citas de Hebreos, aceptándola normalmente como paulina, pero en sus *Homilías sobre Hebreos*, una obra posterior (c. 245), pone en duda su autenticidad.[11] Eusebio (cf. 260-c. 340), el historiador de la iglesia y discípulo de Orígenes de manera indirecta, en una encuesta[12] sobre las opiniones de las iglesias con respecto al canon, no menciona Hebreos por separado; probablemente la incluye entre las cartas de Pablo, a las que considera (a pesar de sus propias dudas en cuanto a su autoría)[13] "universalmente reconocidas" (ὁμολογούμενα).

En la iglesia occidental se consideraba que la enseñanza de Hebreos era que los que habían pecado después del bautismo no podían ser perdonados ni readmitidos en la comunión. Este concepto continuó retrasando la aceptación de la epístola. Cipriano (d. 258) presenta numerosas citas de los libros neotestamentarios que él aceptaba como autorizados, y por ende, el argumento ex silentio con respecto a los libros que él no cita es relativamente fuerte. Estos libros incluyen la carta a los Hebreos, junto con Santiago, 2 Pedro y escritos más cortos.[14]

La lista de libros bíblicos incluidos en el códice Claromontano, y que posiblemente se redactó por primera vez en Alejandría c. 300,[15] omite la carta a los Hebreos y algunos otros libros, pero es casi seguro que haya sido por haplografía. El llamado canon Cheltenham, compilado probablemente en África del Norte c. 360, omite la carta a los Hebreos junto con Santiago y Judas, una decisión que,

---

5. Gayo también rechazó el evangelio de Juan y el Apocalipsis; véase Eusebio *HE* 6.20.3, Metzger 1987.104s.

6. *De Pœnitentia.*

7. Cf. Telfer 37-50.

8. *De Pudicitia* 20.

9. Mees 1970 menciona 36 citas.

10. Metzger 1987.130-135.

11. Euseb. *HE* 6.15.11-14; Metzger 1987.135-141; 307-309.

12. *HE* 3.25.1-7; cf. 2.22.23; 3.3.24; 5.8.1-9; 6.14.25; Metzger 1987.201-207; 309s.

13. *HE* 3.3.4.

14. Metzger 1987.160-163.

15. Traducción en Metzger 1987.310s.; cf. 230.

para su época, Metzger describe como "reaccionaria".[16] Por el contrario, Hilario de Poitiers (c. 315-367 o 368), más influenciado que la mayoría de los teólogos latinos por algunos avances en la iglesia oriental, le atribuye Hebreos a Pablo y la cita como Escritura.[17] Lucifer de Cagliari (d. 370 o 371) cita Hebreos junto con la mayoría de los demás escritos neotestamentarios. Su contemporáneo más joven, Filastro (más correctamente Filastrio) de Brescia (d. c. 397) no menciona la carta a los Hebreos (ni el Apocalipsis) en una lista de "escrituras" del NT, pero reconoce ilógicamente a Hebreos como paulina.

Jerónimo (c. 342-420), en su *Epístola 129*, escrita en el año 414, dice lo siguiente:[18]

> La epístola que está inscrita a los Hebreos ha sido recibida como una obra de Pablo no solo por las iglesias orientales, sino también por todos los escritores de la iglesia de lengua griega antes de nuestros días, aunque muchos piensan que fue escrita por Bernabé o por Clemente. Pero no importa quien la haya escrito, porque se trata de un clérigo, y ocupa un lugar en las lecturas diarias de las iglesias. Y si el uso de los latinos no la recibe entre las Escrituras canónicas, ni con la misma libertad con la que las iglesias de los griegos reciben el Apocalipsis de Juan, nosotros ["nosotros" ¿del autor?], sin embargo, recibimos ambos, por cuanto no seguimos en modo alguno el hábito actual, sino la autoridad de los escritores antiguos, que en su mayor parte citan cada uno de ellos, no como hacen a veces con los apócrifos, ni tampoco del mismo modo en que usan raras veces los ejemplos de los libros seculares, sino como canónicos y eclesiásticos.

De manera similar, Agustín (354-430), el contemporáneo aún más influyente de Jerónimo, a pesar de su cada vez mayor renuencia a atribuirle a Pablo la carta a los Hebreos,[19] desempeñó un papel decisivo en el sínodo de Hipona (393) y en los sínodos de Cartago (397, 419). Los dos primeros reconocieron, entre los que a partir de ese momento serían los 27 escritos comunes del NT, "trece epístolas de Pablo, y la epístola a los Hebreos, del mismo autor"; en 419 esta distinción desaparece,[20] y Hebreos es completamente asimilada al corpus paulino.

---

16. Metzger 1987.311s.; cf. 231s.

17. *De Trinitate* 4.11.

18. Metzger 1987.236, 253.

19. Hasta el año 406 Agustín le atribuye Hebreos a Pablo, pero a partir del 409, tras un período de indecisión, siempre se refiere a ella como anónima. Metzger 1987.237n.15, en consonancia con Rottmanner.

20. Metzger 1987.236-238.

EL TRASFONDO DE HEBREOS

EL USO DEL ANTIGUO TESTAMENTO POR PARTE DEL AUTOR

No cabe duda de que entre las fuentes literarias que influyeron sobre el autor de Hebreos, el AT ocupa un lugar primordial. Esa es la única fuente que él cita explícitamente, y lo hace 35 veces (incluyendo las citas repetidas). Sería un error considerar que la frase "la palabra de Dios" (4:12) en Hebreos se refiere exclusivamente al AT, sin embargo, la expresión que usa el autor para introducir sus citas les atribuye una autoridad divina excepcional; en ocasiones (p. ej., 4:3), no es posible determinar con certeza si la expresión que emplea significa "[la escritura] dice", "[Dios] dice", o ambas cosas indistintamente. Todas las citas explícitas están extraídas del canon hebreo, pero hay frecuentes puntos de contacto con el lenguaje de los escritos deuterocanónicos (especialmente 1-4 Macabeos y Sabiduría), y alusiones a algunos acontecimientos intertestamentarios.

Se han hecho reiterados esfuerzos para determinar el texto veterotestamentario que usa el autor, pero la ecuación tiene tantas incógnitas que las conclusiones firmes son escasas y distantes entre sí.

Existe un acuerdo muy generalizado de que el autor no extrajo sus citas directamente de un texto hebreo sino de la LXX. En varios lugares,[1] el argumento depende de una lectura de la LXX que diverge de la hebrea y, en muchos más, el lenguaje y pensamiento de Hebreos parecen presuponer una lectura de la Septuaginta en lugar de una lectura hebrea. Las correspondencias entre un texto hebreo conocido y Hebreos contra la LXX son pocas en número y pequeñas en extensión, y van acompañadas de indicaciones de la tradición griega (probablemente oral).[2] No existe ninguna prueba convincente de que el autor tuviera acceso a algún texto hebreo.

Los avances recientes en el estudio del texto de la LXX probablemente han hecho que sea más difícil de responder a la pregunta sobre el tipo textual subyacente al AT del autor de Hebreos. Algunos factores que complican, en lo que respecta a la LXX, son los siguientes:

1. Véase resumen en Schröger 262-265.
2. Véase el comentario sobre 10:30a.

(1) El reconocimiento de "que cada libro [de la LXX], o grupo de libros, o incluso la porción de un libro, debe evaluarse por separado", para que "no pueda concluirse en ningún caso que lo que es válido para uno —por ejemplo, que tenga una historia textual simple o múltiple— sea también válido para los demás; que lo que se aplica a Génesis y al Pentateuco se aplica a Jueces".[3]

(2) El reconocimiento de que "lo mismo es válido para los manuscritos: no es posible suponer que el tipo textual de cualquier MS sea uniforme en todos, puesto que puede variar no solo de un libro a otro, sino incluso dentro de cada libro individualmente".[4]

(3) El desacuerdo continuo entre los estudiosos de la LXX en cuanto a si debe hablarse de diferentes formas del texto de la LXX, o de diferentes traducciones.

(4) La complejidad del proceso editorial dentro de la tradición de la Septuaginta, con la contaminación frecuente de un tipo textual por otro.

A estos factores deben añadirse, en lo que respecta a Hebreos:

(5) La influencia de Hebreos sobre los amanuenses cristianos que copiaron los manuscritos de la LXX.[5]

(6) La tendencia del autor de Hebreos a modificar un texto que ha citado (y aún más, al que ha hecho alusión), para que concuerde mejor con la gramática de su propia oración, o para mejorar el estilo, o para subrayar ciertas características particulares o para hacer que un texto respalde el argumento de manera más explícita.

(7) La posibilidad, que se menciona a menudo aunque es difícil de evaluar con cierto grado de precisión, de que el autor cite los textos de memoria.[6]

En vista de todas estas dificultades, no es extraño que sean muy poco concluyentes las pruebas de que el autor de Hebreos siguió una tradición textual de la LXX representada por un manuscrito particular (como el A). Pero aun cuando las pruebas fueran más sólidas, resultarían más significativas como una contribución menor a la historia del texto de la LXX que como una herramienta para la evaluación del uso del AT en la carta. Es probable que las conclusiones en esta área sigan siendo muy inciertas hasta que el estudio de la propia LXX haya dado solución a algunos de sus principales problemas actuales.

Según parece, el autor tuvo acceso a la mayoría de los libros del canon hebreo, pero no da ninguna señal de que hubiera usado Rut, Ester, Job, Eclesiastés, Cantar de los Cantares ni los profetas menores aparte de Habacuc, Hageo y probablemente Zacarías. Un hecho curioso es que, de las citas donde se reivindica específicamente la autoridad divina, todas menos una (Jer. 31[37 LXX]:33s. =

---

3. Kenyon-Adams 29.

4. Ibid.

5. Una entrada típica en el aparato de la Septuaginta de Göttingen es la que aparece bajo πυρὸς φλόγα en el Sal. 103(104 MT):4: "Bo Sa L^b A^c (φλεγα!): ex Hebr. 1:7"; pero en este y otros casos similares no es imposible que el autor de Hebreos extrajera su lectura de un Vorlage de la Septuaginta.

6. Un estudio comparativo de las citas veterotestamentarias en Hebreos y en Romanos (Ellingworth 1978.323-329) llegó a la conclusión de que hay algunas pruebas que confirman que las citas de Hebreos son más exactas que las que aparecen en Romanos, pero que era imposible determinar si esto era así porque el autor de Hebreos usó como referencia un texto escrito, o porque tenía una memoria más precisa.

Heb. 10:16s.) están tomadas de los Salmos, y ninguna de la Torá. Es posible que el autor considerara que la autoridad del Pentateuco no necesitaba ser confirmada. De manera más significativa, al igual que los demás escritores neotestamentarios, el autor de Hebreos no cita ningún texto de los libros deuterocanónicos de la LXX ni basa ningún argumento en ese tipo de texto. Sin embargo, sí parece que conocía, y usó en otras formas, muchos de los escritos deuterocanónicos, especialmente Sabiduría, Sirá y 1-4 Macabeos.

¿Cuáles son las partes del AT que interesaban más al autor? Catorce de las 35 citas están extraídas de los Salmos; entre ellas se incluyen casi todas las citas que se explican con cierta extensión y parecen más significativas para el argumento. Hay trece citas que están tomadas del Pentateuco. Cinco, de una importancia generalmente subordinada, proceden del Génesis. El libro del Éxodo se usa sobre todo en las historias relacionadas con la desobediencia de Israel en el desierto. Levítico se usa de manera muy amplia, especialmente, aunque no solamente, en su relato del día de la Expiación, pero nunca se cita. Los primeros capítulos de Deuteronomio no se descuidan, pero el autor muestra un interés particular en sus últimos capítulos.

Por el contrario, los libros históricos posteriores del canon hebreo se usan poco. Incluso la cita de 1 Crónicas 17:13 (o 2Sa. 7:14) en Hebreos 1:5b es solo una excepción parcial, porque el texto en sí es profético y no histórico.

Entre los profetas mayores, de los que se extraen cinco citas, hay dos pasajes de Isaías (Is. 8:17s. = Heb. 2:13; Is. 26:20 = Heb. 10:37) y un pasaje de Jeremías (Jer. 31[34LXX]:31-34 = Heb. 8:8-12; cf. Heb. 10:16s.) que se citan directamente. Estos libros también se usan de otras formas, al igual que Ezequiel en menor medida. Por otra parte, los profetas menores, al parecer, se usan poco aparte de las dos citas directas (Hab. 2:3s. = Heb. 10:37s.; Hag. 2:6 = Heb. 12:26).

La única cita de la literatura sapiencial canónica (Pr. 3:11s. = Heb. 12:5s.) está respaldada por el amplio uso que se le da en Sabiduría y en partes de Sirácides. Entre otros escritos deuterocanónicos, los cuatro libros de Macabeos se usan de manera extensa pero desigual. Se hace referencia solamente a los primeros capítulos del relato histórico de 1 Macabeos, mientras que sí se usa ampliamente la extensión retórica de 2 Macabeos 6–7 en 4 Macabeos.

En este patrón de uso veterotestamentario, al parecer, intervienen dos factores complementarios.

En primer lugar, y es lo más importante, el autor no intenta, como haría un historiador moderno, escudarse en tradiciones secundarias para regresar a las fuentes originales o más antiguas que puedan recuperarse. El autor hereda una Biblia interpretada y hace su propia contribución, a menudo original, a la tradición interpretativa que él defiende. Por tanto, no muestra un interés especial precisamente por los principales relatos históricos, sino por los textos que ya representan un considerable elemento de interpretación, como por ejemplo, el himno de Moisés y los salmos. La razón para esto es que, al igual que otros escritores neotestamentarios, se interesa por los acontecimientos y textos veterotestamentarios como un medio para articular la verdad cristiana, y más específicamente como un medio para fortalecer la fe de sus lectores.

En segundo lugar, sin embargo, los textos interpretativos no remplazan (para el escritor de Hebreos como tampoco lo hacen en el propio proceso canónico), los relatos históricos a los que el autor recurre en el curso de su exposición de un texto interpretativo,[7] o para respaldar su interpretación de la historia de Israel.[8]

De manera especial, en las citas explícitas (es decir, las que se introducen por medio de una fórmula apropiada para el caso), el autor normalmente prefiere citar un pasaje *in extenso*, en lugar de omitir algunas partes solo porque no se relacionan directamente con su tema. Esto implica que algunas características importantes, incluso en citas largas como las de 3:7-11 y 8:8-12, suelen aparecer al principio, y especialmente al final del pasaje citado. En 10:30 se omite un material irrelevante dividiendo una cita en dos partes, cada una con su propia introducción. En la lectura más corta de 2:7, se omite una línea de una cita porque no es coherente con el argumento.

El autor a menudo se permite la libertad de resaltar, y ocasionalmente de restarles importancia, a ciertas características que no llevan el peso del argumento principal. Algunos de estos cambios reflejan las convicciones cristológicas,[9] u otras convicciones teológicas,[10] del autor, o bien, se hacen, al parecer, por razones estilísticas.[11] Algunos cambios afectan la referencia temporal de la cita, ya sea aumentando su referencia contemporánea,[12] o por el contrario, acentuando la distancia temporal de un acontecimiento pasado.[13] Las citas con frecuencia se relacionan entre sí, no solo en la cadena de 1:5-14, sino también en lugares en los que se introduce una segunda cita para apoyar la primera, a la manera de un "texto enriquecedor" rabínico.[14]

A veces se alega que el escritor de Hebreos no le presta atención al contexto de sus citas, sino que las utiliza como textos de prueba en beneficio de alguna expresión particular que pueda favorecer su argumento. Por ejemplo, Montefiore (43s.) cree que el autor ignoró los contextos de las citas que aparecen en 1:5-14, las cuales adoptó como una lista prefabricada de testimonios.

Es cierto que la idea central de una cita puede estar concentrada en una sola palabra o frase, como por ejemplo, υἱός en 1:5, ἀδελφοί en 2:12 y el perdón de los pecados en 10:16s. Es también cierto que el autor delimita sus citas con cautela,

---

7. Obsérvese, por ejemplo, la exhortación de Sal. 95(94LXX):7-11 = Heb. 3:7-11 con Gn. 2:2b = Heb. 4:4, y de Sal. 110(109LXX):4 = Heb. 5:6 con Gn. 14:17-20 = Heb. 7:1s.

8. Por ejemplo, Gn. 22:16s. = Heb. 6:13s.; Gn. 21:12 = Heb. 11:18.

9. Por ejemplo, la omisión intencional de διατίθημι al hablar del antiguo pacto (8:9; 9:20).

10. Véase el comentario sobre 12:20, 26.

11. Por ejemplo, ταύτῃ por ἐκείνῃ en 3:10.

12. Por ejemplo, ὁ ἐρχόμενος en 10:37.

13. Por ejemplo, δειχθέντα en lugar de δεδειγμένον en 8:5.

14. Por ejemplo, Nm. 14:29 = Heb. 3:17 y Gn. 2:2b = Heb. 4:4 apoyan el Sal. 95:7-11 = Heb. 3:7-11; el uso de Gn. 14:17-20 en Heb. 7:1a. explica la referencia a Melquisedec en el Sal. 110:4 = Heb. 5:6; y Ex. 24:8 = Heb. 9:20 se usa para complementar Jer. 31:31-34 = Heb. 8:8-12 mediante una referencia a la sangre del sacrificio. Cf. la segunda de las reglas exegéticas o *middoth* de Hillel, con respecto a las cuales, véase Schröger 274.

y es selectivo en su exposición. No se preocupa, como hacen los comentaristas modernos, o incluso el autor del pesher de Qumrán sobre Habacuc, por ofrecer una exposición continua del texto. Ciertos aspectos de su exposición podrían ser malinterpretados y considerados pulverizadores porque se basan en presupuestos teológicos que los comentaristas modernos tratarían de excluir de su exégesis de un texto veterotestamentario.[15] En particular, el autor cree que Cristo estuvo activo en la historia del AT desde el principio,[16] y por eso, es posible interpretar que algunos salmos, como los que se citan en 1:7, 8s., se refieren a Cristo, mientras que otros, como el Salmo 40:7-9 tal como se cita en Hebreos 10:5-7, puede tomarse como una expresión de sus propios labios. Sin embargo, esto refleja la posición teológica general del autor; es lo opuesto a una exposición pulverizadora.

Los contextos veterotestamentarios de las citas en Hebreos ponen de manifiesto algunas declaraciones que el autor puede haber interpretado como pistas que se refieren a Cristo y a su pueblo, o puede haberlas tomado como señales que apuntan a un futuro que, en su opinión, se ha convertido en una realidad presente en Cristo.[17] En otros lugares, cierta ambigüedad u oscuridad en la versión de la LXX ha generado, al parecer, lo que podría considerarse una pista negativa, abriendo el texto a la interpretación cristiana.[18] Para el autor, los textos veterotestamentarios, al igual que las instituciones veterotestamentarias, funcionaban como $\pi\alpha\rho\alpha\beta o\lambda\alpha\grave{\iota}\ \epsilon\grave{\iota}\varsigma$ $\tau\grave{o}\nu\ \kappa\alpha\iota\rho\grave{o}\nu\ \tau\grave{o}\nu\ \grave{\epsilon}\nu\epsilon\sigma\tau\eta\kappa\acute{o}\tau\alpha$ (9:9). La manera en que usa el Salmo 110, especialmente el v. 4, muestra su habilidad para explorar, por iniciativa propia, el contexto de una cita que ya se usaba ampliamente en los círculos cristianos.

La cuestión más compleja con respecto al uso del AT en Hebreos es la relación que existe entre la autoridad de Cristo y la autoridad de la Escritura. Este era un problema ineludible para los cristianos del primer siglo, quienes trataban de definir, por un lado, su existencia corporativa en relación con la fe y la historia de Israel, y por otro lado, su misión externa en relación con un judaísmo contemporáneo cada vez más hostil. Al autor de Hebreos le preocupa más el primer aspecto de esta cuestión, y a Pablo el segundo; pero ambos aspectos son los dos lados de la misma moneda. Resultaría anacrónico confundir el enfoque del autor de Hebreos con el de un erudito moderno, y trazar una clara línea divisoria entre el significado de un texto veterotestamentario en su contexto original y su posible aplicación a una situación posterior, ya sea en el siglo I o en el XX de la era cristiana.

El enfoque del autor con respecto al AT podría resumirse de la siguiente manera: Cristo, por medio del cual Dios ha dicho ahora su última palabra (1:1s.), estuvo vivo y activo en la creación (1:2) y a lo largo de la historia de Israel. Podría, pues, considerarse que cualquier pasaje del AT, en principio, habla acerca de Cristo, o que se dirige a él o que él es quien dice esas palabras. Ciertas pistas

15. Schröger 311-313.

16. A. T. Hanson 1965, sin embargo, exagera este argumento.

17. Para los detalles, véase el comentario, por ejemplo, sobre 1:2, 6, 8s., 10-12; 2:12; 3:9; 5:11; 7:14; 8:2; 10:8-10 y 12:3.

18. Véase el comentario sobre 1:6; 2:13; y especialmente 7:1s.

dentro del texto pueden mostrar a qué partes del AT es más adecuado aplicar este principio en la práctica. De hecho, dado que Cristo ya estaba activo en los tiempos veterotestamentarios, un texto del AT sin ninguna referencia futura también podría aplicarse a Cristo (como por ejemplo, Sal. 40:6-8 = Heb. 10:5-7)

Sería engañoso considerar que el problema del autor es el de reconciliar dos autoridades potencialmente contradictorias, a saber, la antigua autoridad de la escritura y la nueva autoridad de Cristo. La creencia del autor en la actividad de Cristo antes de la encarnación formaba parte de una tradición de interpretación cristológica de los textos veterotestamentarios que, con toda probabilidad, se remontaba de alguna forma al propio Jesús.[19] Por tanto, para el autor de Hebreos el problema tenía que ver con medios y no con fines, con la práctica y no con principios. El AT habla de Cristo, por esa razón, la tarea central era descubrir, con la ayuda de las pistas que aparecen dentro del propio AT, qué textos aludían más directamente a él, y a qué aspectos de su vida y de su obra (incluyendo la continuidad de la vida de su pueblo) se referían. Puesto que el que habla las palabras del AT es un Dios que no cambia y se las dice a un pueblo que esencialmente es el mismo tanto bajo la antigua dispensación como bajo la nueva, un problema más importante era el de aplicar ejemplos de la historia veterotestamentaria a la situación vigente de ese pueblo. Este no es, por supuesto, el enfoque histórico y crítico moderno, pero tampoco es un procedimiento aleatorio, subjetivo o arbitrario. Por el contrario, se basaba en un examen cuidadoso y sensible del texto en general; era una "investigación" de las Escrituras (Hch. 17:11), intensamente creativa aunque en consonancia con la tradición exegética judía; un uso de las Escrituras que, dentro de su propio entorno, merece ser llamado erudito, aunque es mucho más que eso también. El autor se interesa por explorar y aplicar las partes de la Escrituras que arrojan luz sobre la "situación de Cristo"[20] y de su pueblo.

GNOSTICISMO

El análisis del uso del AT en Hebreos descansa sobre la base firme de la comparación de los textos que se conservan. El análisis de una posible relación entre Hebreos y el gnosticismo carece de esa base, porque los textos gnósticos más antiguos que se conservan son los manuscritos de la colección de Nag Hammadi,[21] a los que generalmente se les asigna una fecha entre los siglos segundo y cuarto d.C. Estos documentos son esencialmente judíos, a algunos de los cuales se han añadido elementos cristianos secundarios. Es muy probable que estuvieran circulando algunas corrientes gnósticas de pensamiento, en su mayoría probablemente en forma oral, durante el período del NT e incluso con anterioridad, por lo que podría

---

19. Lindars 1961.89 afirma que "no cabe prácticamente ninguna duda" de que Jesús se aplicó a sí mismo el Sal. 22; cf. France 1971.

20. El título de Vanhoye 1969.

21. J. M. Robinson 1977, 1988.

ser más exacto hablar de tendencias "gnósticas" en los tiempos del NT, y no "proto-gnósticas" o "pre-gnósticas" como solía hacerse. Aún se debate hasta qué punto los escritores neotestamentarios conocían esas tendencias, y si reaccionaron ante ellas de un modo positivo, polémico o con reservas.

Schmithals[22] definió la gnosis como la combinación de dos elementos esenciales: por un lado, una comprensión particular del mundo y del ser humano, y por el otro, una mitología característica para expresar esa comprensión. Se ve al ser humano como un participante de la naturaleza divina, pero confinado a un mundo que está sujeto a poderes demoníacos. La redención se obtiene a través del conocimiento del mundo y de uno mismo. Algunos conceptos gnósticos típicos son: el temor, deambular y nostalgia por la patria cósmica; la condición de la persona caída como un estado de insensibilidad, sueño, embriaguez, encarcelamiento, oscuridad y alienación; y la redención como el conocimiento (γνῶσις), y como un regreso (descrito a veces como un viaje) al mundo de la luz.

Sobre esa base, parecería que hay, al menos, algunos puntos superficiales de contacto entre Hebreos y la gnosis, y por ende, motivos *prima facie* para explorar la posibilidad de que el autor de Hebreos haya tenido cierta influencia gnóstica. El temor ocupa un lugar bastante destacado en Hebreos (2:15; 4:1), aunque se trata principalmente del temor de Dios y de su juicio y no del temor del infinito espacio cósmico. Käsemann consideró que el tema de deambular revestía tanta importancia para entender la carta a los Hebreos que le dio a su estudio clásico el título de "*The Wandering People of God*" [*El pueblo deambulante de Dios*], aunque ahora se acepta ampliamente que Käsemann exageró la influencia gnóstica que tuvo el autor de Hebreos. No obstante, el autor hace referencia a menudo a las dificultades de Israel en la época del éxodo (3:16-19) y a la peregrinación de los creyentes hacia una ciudad o país celestial (11:10, 14, 16), aunque no se implica (ni siquiera indirectamente en 11:15) que ese destino fuera también el lugar donde había comenzado la peregrinación. La victoria de Cristo sobre la muerte se presenta como una batalla cósmica con el diablo (2:14s.). En ninguna parte del NT se da a entender que un determinado grupo de seres humanos pueda poseer en forma natural una chispa de la naturaleza divina, y 2 Pedro 1:4 ("… participantes de la naturaleza divina") va más allá que cualquier pasaje de Hebreos cuando sugiere que la unión con Dios podría ser el estado final de los creyentes. Los lectores se describen como νωθροί, un término que en 5:11 (aunque con menos probabilidad en 6:12) podría interpretarse como "insensibles"; sin embargo, no existe la idea de que un grupo de seres humanos pueda ser, por naturaleza, terrenal, y otro grupo, espiritual.

Los aparentes puntos de contacto entre Hebreos y el gnosticismo constituyen un incentivo para explorar la posible influencia gnóstica en Hebreos con más detalle. El hecho incluso de que el autor evite tal vez en forma deliberada el uso de un vocabulario característicamente gnóstico (y en particular, del propio término γνῶσις) podría sugerir que él era consciente de la influencia gnóstica y de sus

---

22. 1984.1-21, aquí 2-4, en consonancia con Jonas 1934, 1963; sobre Hebreos, 138-144.

peligros. Por el contrario, los posibles puntos de contacto que se mencionaron anteriormente no pueden interpretarse como una prueba de que el autor de Hebreos y sus lectores pertenecían a algún tipo de comunidad o entorno gnóstico cristiano, sino más bien, de que el autor sabía muy bien que ciertos términos y temas podían tener una relevancia particular para los lectores que habían estado en contacto con tendencias judías u otras tendencias gnósticas, y que esas características aceptaban, pues, una revalidación cristiana, mientras que era mejor evitar otros términos similares.

Podría ser útil distinguir entre la "gnosis" como la atmósfera intelectual y religiosa en la que se desarrollaron esos temas, y el "gnosticismo" como el sistema elaborado que nosotros conocemos a partir de la colección de Nag Hammadi, y de manera menos confiable, de las citas patrísticas de algunos escritores como Valentino y Basilides.[23] Es en este último sentido, como un sistema elaborado, que Yamauchi (1973) niega la existencia de un gnosticismo precristiano. Feld, en consonancia con Hofius, afirma que la "gnosis" (= el "gnosticismo" en la acepción de Wilson) es, en comparación con Hebreos, el fenómeno temporalmente posterior". Es sobre esta base que él minimiza la influencia gnóstica en Hebreos.[24]

No cabe duda de que algunos temas relacionados con la gnosis en el sentido más amplio aparecen en Hebreos. El más importante es probablemente el de la salvación como una viaje en el que los creyentes se acercan a Dios como seguidores de Jesús, su sumo sacerdote (2:17), ἀρχηγός (2:10; 12:2), o πρόδρομος (6:20), el cual traspasó los cielos (4:14) de la misma manera que el sumo sacerdote terrenal traspasaba el velo para entrar en el Lugar Santísimo el día de la Expiación (9:1-10). El autor afirma el origen divino de Jesús y de aquellos a quienes él santifica (ἐξ ἑνὸς πάντες, 2:11, cf. v. 14), aunque esto no llega a reivindicar la divinidad intrínseca de todos los seres humanos. Se escuchan con claridad las notas de temor (2:15; cf. 4:1; 10:27, 31), servidumbre (2:15) y distanciamiento de un lugar de reposo (3:7–4:10) o patria (11:13s.). No hay nada en Hebreos que sugiera que la carne tenga algún significado permanente para Jesús (5:7; 10:20); la limitación esencial del culto judíos era que este se ocupaba únicamente de la carta y su purificación (9:10, 13).

Sin embargo, resultan igualmente sorprendentes las diferencias entre la enseñanza de Hebreos y el gnosticismo tal como lo conocemos de un período posterior.[25] En Hebreos se menciona a Jesús solamente como el mediador de la creación (1:2).

23. Wilson 1972-73, esp. 67. Sin embargo, tal como señala Wilson, el adjetivo "gnóstico" sigue siendo ambiguo.

24. 1987.3558-3560; cf. 1985.49-51; en contra de Käsemann 1939 y de Grässer 1964.179-186. Véase también, en apoyo de la influencia gnóstica, Maxwell 79-85, 97-108, con respecto a lo cual véanse las revisiones ligeramente críticas de W. Koester y Mussner 1956b, y la respuesta más favorable en Kuss 1967.248, 251; Vielhauer; Schottroff. Entre los que adoptan posiciones más reservadas o negativas con respecto a la influencia gnóstica se encuentran Hofius 1970a, 1972 y Müller 1973. Otras referencias en Grässer 1964, McCullough 1980-81, Schmithals 1984 y Feld 1985.

25. La situación se complica por el hecho de que algunos de los textos de Nag Hammadi, en particular "Melquisedec" (J. M. Robinson 1988.438-444) combinan elementos gnósticos, cristianos y judíos, y por ende, son sumamente sincréticos en su forma actual, y es probable que hayan sido editados en repetidas ocasiones.

No hay ninguna razón para relacionar las corrientes gnósticas con la creencia del escritor de que Jesús estuvo activo antes de su encarnación: esta creencia es una consecuencia natural, e incluso necesaria, de su manera de interpretar el AT (págs. 37-42). El reconocimiento de que el diablo "tiene el dominio de la muerte" está lejos de ser un dualismo radical. Se afirma la subordinación de los ángeles, pero no en contraste con las declaraciones sobre su función cósmica, sino como la continuación de la creencia tradicional judía de que los ángeles actuaron como mediadores en la entrega de la Ley (2:2). Las declaraciones sobre el destino final de los creyentes, ya sea que este se conciba como el propio lugar de reposo de Dios (3:7–4:10) o como la Jerusalén celestial (12:18-24; cf. 11:16, 40), guardan una estrecha relación con la exposición de los textos veterotestamentarios, que son tratados como históricos, y muy raras veces, por no decir nunca, se alegorizan. De manera similar, el sacrificio y la exaltación de Jesús se comparan y contrastan con el culto levítico histórico, y se relacionan con los hechos conocidos acerca de su vida terrenal y su muerte; no se describen en función de una mitología cósmica. A los cuerpos, tanto al de Jesús (10:5 = Sal. 40:7; 10:10) como al de los creyentes (10:22), se les atribuye una importancia positiva. La explicación del escritor de lo que se dice en el AT con respecto a Melquisedec (7:1s.) refleja tal vez un conocimiento de la especulación vigente, parte de ella posiblemente gnóstica, acerca de esta misteriosa figura; aunque la exposición sigue principios (en particular *quod not in Tora, non in mundo*) confirmados en la corriente principal del judaísmo. Paradójicamente, la mejor prueba de que el autor tenía conocimiento de las corrientes gnósticas es la manera aparentemente sistemática en que evita usar términos gnósticos claves, como por ejemplo, γνῶσις (γινῶσκω 10:34; ἐπίγνωσις, 10:26); πλήρωμα e incluso πληρόω; φῶς, σκοτία y otros términos cognados (salvo φωτίζω con respecto al bautismo, 6:4; 10:32); y σωτήρ (aunque sí emplea profusamente σωτηρία y σῴζω, 1:14). La actitud que adopta el autor ante cualquier tensión incipiente entre el cristianismo y la gnosis es similar a su actitud ante las posibles tensiones entre cristianos judíos y gentiles, a saber, una elusión prudente de temas sensibles que puede haber considerado secundarios para su propósito principal. En esto, la estrategia del autor contrasta marcadamente con la de Pablo, que parece apoderarse de la terminología gnóstica (p. ej., πλήρωμα en Col. 1:19; 2:9; cf. Ef. 1:23; 3:19; 4:13) y la cautiva para Cristo. Es improbable que el autor de Hebreos se hubiera mostrado tan comedido si hubiera juzgado que la gnosis era el principal peligro que amenazaba a sus lectores.

FILÓN

Desde que el jurista y teólogo holandés, Hugo Grotius, en su comentario de 1644 sobre Heb. 4:11[26] destacó que "el autor aquí parece haber leído a Filón", prácticamente todos los comentaristas han señalado puntos de contacto entre Hebreos y Filón. J.-B. Carpzov fue el primero en hacer un estudio exhaustivo del

---

26. Citado por Spicq 1.39.

tema en 1750; los análisis exhaustivos más recientes son los de Spicq[27] y Williamson 1975, cf. 1989, los cuales llegan a conclusiones generalmente opuestas.[28]

Spicq considera, a su vez, (1) el vocabulario común a Filón y Hebreos,[29] (2) los juegos de palabras y las metáforas,[30] (3) los argumentos y las exégesis,[31] (4) los temas y los patrones de pensamiento,[32] (5) el cap. 11,[33] y (6) la psicología.[34] Spicq concluye que el escritor de Hebreos era posiblemente un compatriota (alejandrino) de Filón; que el escritor de Hebreos estudio las obras de Filón que le había pedido prestadas (aunque no para repetirlas como un loro ni para plagiarlas), y que probablemente era su discípulo. Spicq admite sin reservas que muchas de las expresiones e ideas comunes a Filón y a Hebreos también se encuentran en otros lugares, en particular, en el AT y en los escritores griegos clásicos y helenísticos. Reconoce, además, que ninguno de los dos escritores usa siempre las palabras exactamente en el mismo sentido en que las usa el otro,[35] y señala de manera especial que Hebreos "rechaza resueltamente" la exégesis alegórica que impregna casi todos los escritos de Filón.[36]Spicq, no obstante, cree que los puntos de contacto entre Filón y Hebreos no son solo verbales; por ejemplo, que para ambos "la historia... es solo un tema para la especulación y la enseñanza moral" —una visión de Hebreos que describe con mucho acierto R. P. C. Hanson 93 como una "interpretación errónea que siembra dudas continuamente en torno a la tesis de Spicq, a pesar de toda su presunta solidez y minuciosidad".[37] Spicq

---

27. En especial Spicq 1949a = Spicq 1.39-91; cf. Spicq SB 13-15 y Spicq 1987.

28. Véase también Schröger 289-307, cuyas conclusiones se acercan a las de Williamson.

29. Incluyendo πού τις (Heb. 2:6; Filón, *Ebr.* 61; Spicq 1.42; Williamson 509); la introducción a Gn. 2:2 (Heb. 4:4; Filón, *Post. Caini* 64; Spicq 1.42; Williamson 539-557); el texto de Heb. 13:5b = Dt. 31:6 (Spicq 1.42; Williamson 570-573); ὡς ἔπος εἰπεῖν (Heb. 7:9; Filón, *Cher.* 112; Spicq 1.42; Williamson 103-109); μετριοπαθέω (Heb. 5:2; Filón, *Leg. All.* 3.129; Spicq 1.43; Williamson 25-30); δημιουργός (Heb. 11:10; Filón, *Mut. Nom.* 29, 31; Spicq 1.44; Williamson 25-30); αἴτιος σωτηρίας (Heb. 5:9; Filón, *Agric.* 96; Spicq 1.44s.; Williamson 84-88); y ἱκετήρια (Heb. 5:7; Filón [ἱκεσία], *Spec. Leg.* 1.311s.; Spicq 1.45s.; Williamson 51-64).

30. Incluyendo πολυμερῶς καὶ πολυτρόπως (Heb. 1:1; Filón, Vit. Mos. 1.117; Spicq 1.46; Williamson 70-74); ἔμαθεν—ἔπαθεν (Heb. 5:8; Filón, *Rer. Div. Her.* 73; Spicq 1.46s.; Williamson 227n.3); τοσοῦτος—ὅσος (Heb. 1:4; Filón, *Op. Mundi* 140; Spicq 1.47; Williamson 93-95); el pueblo de Dios como una casa (Spicq 1.47; Williamson 109-112); la "parábola agrícola" (Heb. 6:7f.; Filón, *Leg. All.* 3.248f.; Spicq 1.48; Williamson 233-241); la noción de χαρακτήρ (Heb. 1:2; Filón, *Leg. All.* 4.95; Spicq 1.49s.; Williamson 74-80); y la palabra viva de Dios (Heb. 4:12f.; Filón, *Leg. All.* 3.150; Spicq 1.50-53; Williamson 386-409).

31. ἔπρεπεν θεῷ (Heb. 2:10; Filón, *Leg. All.* 1.48; Spicq 1.53; Williamson 88-93; cf. Schröger 293-299, en consonancia con Siegfried; Sowers 28-43); el argumento a fortiori (Spicq 1.53); y el "argumento pedagógico" (Spicq 1.53-61; Williamson 245-267), incluyendo un análisis del rigorismo de Hebreos y de Filón.

32. Incluyendo βεβαίωσις—τελείωσις (Spicq 1.64-66; Williamson 201-212) con un análisis especial de los juramentos; y la figura de Moisés (Spicq 1.67-76; Williamson 449-491).

33. Spicq 1.76-85; Williamson 309-331.

34. Incluyendo la actitud de los dos autores hacia la historia, su mentalidad judía y la severidad de su juicio moral; Spicq 1.85-87.

35. Por ejemplo, Spicq 1.64, sobre βεβαίωσις y τελείωσις.

36. Spicq 1.63s.; un punto que se desarrolla detalladamente en Sowers; cf. Schröger 300-307.

37. Spicq 1.85.

termina haciendo suya la descripción de Ménégoz del escritor de Hebreos como "un filonista convertido al cristianismo".[38]

Cualquiera que pase del estudio del uso del AT en Hebreos a una comparación de Hebreos con los escritos de Filón se percata de un cambio de escala tan enorme que corre el peligro de subestimar los verdaderos puntos de contacto con Filón. A Filón, por supuesto, nunca se cita ni se le da ningún tipo de autoridad en Hebreos, y menos aún el tipo de autoridad que ambos autores le atribuyen al AT. Ni siquiera puede afirmarse con toda certeza que hubiera sido cronológicamente posible que el escritor de Hebreos citara a Filón, especialmente si, como es probable, Hebreos se escribió antes del año 70 d.C. y, como es posible, Filón continuó escribiendo hasta el 50 o 55 d.C.[39] Las obras de Filón son tan voluminosas que cabe esperar algunos puntos de contacto con Hebreos. No obstante, las diferencias entre Filón y Hebreos, sobre todo en lo que respecta a su actitud hacia la ley y la historia veterotestamentarias, y por consiguiente, a la exégesis alegórica, resultan tan sorprendentes que obligan incluso a Spicq en algunas ocasiones a aceptar la hipótesis, no de una influencia directa, pero sí de una corrección implícita de Filón por parte de Hebreos. No es mucho lo que dejan sin probar los dos flancos de un argumento así.

Sin embargo, no es necesario descartar como carentes de valor o insignificantes las pruebas lingüísticas y de otros tipos recopiladas por Spicq. Si en realidad existen puntos de contacto entre Hebreos y Filón, entonces también deben existir diferencias radicales, por la sencilla razón de que Filón es un judío de la diáspora con mentalidad filosófica, y el escritor de Hebreos es un cristiano judío. No es justo esperar que Filón tuviera un concepto desarrollado de la encarnación.[40] Sería más que una sutileza gramatical cuestionar que la descripción que hace Spicq del escritor de Hebreos como "un filonista convertido al cristianismo" distorsiona el argumento al convertir el filonismo del autor en el elemento central, y expresar su cristianismo en una frase adjetival. El autor, en primer lugar, es un cristiano; en segundo lugar, un cristiano inmerso en el AT; y sin duda en tercer lugar, un hombre afectado por hábitos lingüísticos y tradiciones intelectuales similares a las de los que contribuyeron al desarrollo de Filón. Sobre esta base pueden explicarse satisfactoriamente tanto las similitudes como los contrastes entre Filón y Hebreos. Algunas de las similitudes, incluyendo ciertos métodos exegéticos particulares como el argumento *ex silentio* de la Escritura y el argumento *a fortiori/qal waḥomer* tan generalizado, pueden tener su origen en una tradición exegética judía común; otras similitudes en la tradición judía helenística, o más específicamente, en la tradición alejandrina. La creencia, que comparten Hebreos y Filón, de que las exigencias de la ley mosaica no eran absolutas y eternas como cuando esta fue entregada originalmente, puede haber sido difundida ampliamente en el judaísmo helenístico; las pruebas aparte de Filón, empero, no son suficientes

---

38. Spicq 1.91, citando a Ménégoz 198.
39. R. P. C. Hanson 85s.
40. Feld 1985.40s.

para demostrarlo. La reinterpretación de la ley mosaica que se aprecia en Hebreos, aunque sin duda en una dimensión personal y original, es en otro sentido una expresión de la tradición y la fe cristianas comunes. Es por esta razón que el escritor de Hebreos (en una continuidad más fuerte que la de Filón con el propio Antiguo Testamento) toma la historia con más seriedad que Filón, y virtualmente evita la alegoría.

QUMRÁN

El estudio más exhaustivo de los posibles puntos de contacto entre Hebreos y el corpus de Qumrán sigue siendo el de Herbert Braun (1966.241-278). Llegó a la conclusión de que no había ninguna relación estrecha entre Hebreos y Qumrán; que sí había, por el contrario, diferencias fundamentales entre ellos; y que los destinatarios de Hebreos no eran miembros ni sacerdotes de la comunidad de Qumrán.[41] Braun descubrió, en particular, que algunas evaluaciones anteriores que exageraban la influencia de Qumrán, tanto en Hebreos como en otros escritos neotestamentarios, pretendían haber encontrado características distintivas que, de hecho, eran a menudo propiedad común del judaísmo del primer siglo, o al menos, no eran peculiares de Qumrán. Grässer llegó a una conclusión similar en su estudio de 1964 (171-217); de manera especial en contra de Kosmala, que creía que Hebreos fue escrita para miembros convertidos de la comunidad de Qumrán, y Yadin 1958, que (a pesar de algunos textos como Heb. 3:1) llegó a afirmar que el propósito de Hebreos era convertir a los miembros de Qumrán al cristianismo. Esas teorías han tenido poco respaldo en los últimos años.[42] De hecho, hay un parecido superficial entre la situación de Qumrán y la que Hebreos parece abordar, a saber, una crítica radical del culto y el sacerdocio de Jerusalén; pero en tanto que la alternativa de Qumrán es la de una comunidad cerrada gobernada por normas más estrictas para la adoración, la vida cotidiana y posibles guerras, la alternativa propuesta en Hebreos, aunque no se extiende explícitamente a los que no son judíos, no se basa en un legalismo nuevo sino en Cristo. Mientras que Qumrán es un movimiento reformador, Hebreos es revolucionaria; mientras que Qumrán reacciona contra la corrupción del sacerdocio contemporáneo de Jerusalén, Hebreos procura demostrar la insuficiencia de las propias instituciones levíticas, incluso tal y como se describen en el Pentateuco.[43]

41. Además de Braun 1966.241-278, véase Braun 1964; Braun responde al análisis en F. M. Braun; Daniélou 1955, 1957.112-125, 1958; Schmitt 1955a, b, 1957; Graystone 238-258; Burrows 1957, 1958; Schubert; Cullmann; y Spicq 1959.

42. Cf., no obstante, Delcor 1971.126s.

43. Resulta tentador conjeturar que el suelo en el que surgió esa crítica tan radical del culto veterotestamentario fue más rico entre los judíos de la diáspora, los cuales habían aprendido a mantener su fe sin el templo de Jerusalén. Sobre los templos judíos fuera de Palestina, véase Hengel 1974.1.272-274.

El debate acerca de la relación de Hebreos con Qumrán, sin embargo, fue reavivado por la publicación a mediados de la década de 1960 de 11QMelchizedek,[44] que parecía representar a Melquisedec como una figura sobrenatural o angélica, con funciones similares a las del arcángel Miguel, aunque no era identificado explícitamente con él.[45] No obstante, ni de Jonge ni van der Woude llegaron a la conclusión de que la insistencia de Hebreos 1–2 en la superioridad del Hijo sobre los ángeles iba dirigida específicamente contra la comunidad de Qumrán. Ambos juzgaron, más bien, que 11QMelchizedek ofrecía una valiosa información sobre el clima general en el que se desarrolló el argumento en Hebreos. Eso mismo podría ser válido para el análisis de Melquisedec en Hebreos 7:1-19, en especial el v. 3, donde se describe como $\dot{\alpha}\phi\omega\mu\omega\iota\omega\mu\acute{e}\nu\sigma\varsigma$ $\delta\grave{e}$ $\tau\tilde{\omega}$ $\upsilon\dot{\iota}\tilde{\omega}$ $\tau\sigma\tilde{\upsilon}$ $\theta\epsilon\sigma\tilde{\upsilon}$, una expresión en la que, en su contexto, la conjunción $\delta\grave{e}$ probablemente implica que el propio Melquisedec es inmortal. De hecho, resulta difícil forzar la descripción de Melquisedec en Hebreos para ajustarla al patrón tipológico habitual en el que, por ejemplo, a Moisés (3:1-6) primero se le compara y luego se le contrasta con Jesús.[46] Parte del problema es la falta de interés de la carta en la persona de Melquisedec, y el consiguiente carácter alusivo de lo que él dice de sí mismo. Otro aspecto del problema es la función peculiar de Melquisedec en el argumento de Hebreos. Moisés, por ejemplo, es un antitipo a partir del cual el escritor desea conducir a sus lectores a Cristo como el tipo o la realidad prefigurada por Moisés. Melquisedec en Hebreos es muy diferente: podría describirse casi como un anti-antitipo, porque, al igual que Jesús, no ocupa ningún lugar en el sistema levítico. No obstante, el análisis sobre Melquisedec puede haber sido motivado por el tipo de especulación que se encuentra en Qumrán, y más adelante en otros lugares.[47]

---

44. van der Woude 1965; De Jonge-van der Woude; Fizmayer 1967.

45. Carmignac impugnó en 1969 esta opinión tan ampliamente aceptada.

46. Cf. Horton 163s., se resume con aparente aprobación en el excelente estudio de Feld (Feld 1985.35-38).

47. Ellingworth 1983.

LA ESTRUCTURA Y GÉNERO DE HEBREOS

ESTRUCTURA LITERARIA

La opinión virtualmente unánime entre los lingüistas es que "la separación metodológica de la semántica y la gramática solo puede producir ventajas".[1] Podría hacerse una distinción análoga, a nivel del discurso y no de la oración, entre los análisis de la estructura literaria de Hebreos que se basan en su estructura superficial, y los que se basan en su estructura profunda o semántica; o para expresarlo en lenguaje común, entre los análisis que se basan en la forma y los que se basan en el contenido. La distinción sigue siendo válida, en principio, aun cuando los que proponen los análisis de Hebreos no siempre la reconozcan plenamente ni la apliquen constantemente.

F. F. Bruce (lxiii-lxiv) ofrece ejemplos de análisis basados esencialmente en el *contenido*, y los sigue en el desarrollo de su comentario. Guthrie 58s también ofrece ejemplos así. El análisis de Guthrie coincide con el de Bruce en cuanto a la ubicación de las principales divisiones, pero retrocede a una tradición más antigua cuando divide Hebreos en dos partes principales, doctrinal y práctica (cf. 210), después de 10:18. Si se omiten las subsecciones en el capítulo 11, el análisis bastante detallado de Bruce es el siguiente:

I. LA IRREVOCABILIDAD DEL CRISTIANISMO (1:1–2:18)
1. La última revelación de Dios en su Hijo (1:1-4)
2. Cristo es mejor que los ángeles (1:5-14)
3. Primera advertencia: el evangelio y la ley (2:1-4)
4. La humillación y gloria del Hijo del Hombre (2:5-9)
5. El Hijo del Hombre es el Salvador y el Sumo Sacerdote de su pueblo (2:10-18)

II. EL VERDADERO HOGAR DEL PUEBLO DE DIOS (3:1–4:13)
1. Jesús es mayor que Moisés (3:1-6)
2. Segunda advertencia: El rechazo de Jesús es más grave que el rechazo de Moisés (3:7-19)

---

1. Lyons 1969.135.

3. El verdadero reposo de Dios puede perderse (4:1-10)
4. Exhortación a alcanzar el reposo de Dios (4:11-13)

III. EL SUMO SACERDOCIO DE CRISTO (4:14–6:20)
1. El sumo sacerdocio de Cristo es un estímulo para su pueblo (4:14-16)
2. Requisitos para el sumo sacerdocio (5:1-4)
3. Los requisitos de Cristo para el sumo sacerdocio (5:5-10)
4. Tercera advertencia: Inmadurez espiritual (5:11-14)
5. No es posible un segundo comienzo (6:1-8)
6. Exhortación a perseverar (6:9-12)
7. La firmeza de la promesa de Dios (6:13-20)

IV. EL ORDEN DE MELQUISEDEC (7:1-28)
1. Melquisedec el sacerdote-rey (7:1-3)
2. La grandeza de Melquisedec (7:4-10)
3. La imperfección del sacerdocio aarónico (7:11-14)
4. Superioridad del nuevo sacerdocio (7:15-19)
5. Superior en virtud del juramento divino (7:20-22)
6. Superior en virtud de su permanencia (7:23-25)
7. Superior en virtud del carácter de Jesús (7:26-28)

V. PACTO, SANTUARIO Y SACRIFICIO (8:1–10:18)
1. Sacerdocio y promesa (8:1-7)
2. El antiguo pacto reemplazado (8:8-13)
3. El santuario bajo el antiguo pacto (9:1-5)
4. Un ritual temporal (9:6-10)
5. La redención eterna de Cristo (9:11-14)
6. El mediador del nuevo pacto (9:15-22)
7. El sacrificio perfecto (9:23-28)
8. El antiguo orden una sombra de la realidad (10:1-4)
9. El nuevo orden es la realidad (10:5-10)
10. El sumo sacerdote entronizado (10:11-18)

VI. LLAMADO A LA ADORACIÓN, LA FE Y LA PERSEVERANCIA
(10:19–12:29)
1. Acceso a Dios a través del sacrificio de Cristo (10:19-25)
2. Cuarta advertencia: El pecado deliberado de la apostasía (10:26-31)
3. Llamado a la perseverancia (10:32-39)
4. La fe de los antiguos (11:1-40)
5. Jesús, el pionero y consumador de la fe (12:1-3)
6. La disciplina es para los hijos (12:4-11)
7. Pongámonos, pues, en pie y pasemos a la acción (12:12-17)
8. El Sinaí terrenal y la Sión celestial (12:18-24)
9. ¡Presten atención a la voz de Dios! (12:25-29)

La mayor parte de los comentarios más antiguos[2] también ofrecen análisis enfocados hacia el contenido, y muchos análisis basados en este criterio son generalmente similares al de Bruce, aunque otros favorecen una distribución tripartita, con una división adicional obvia después de 4:13.[3] Entre las posibles limitaciones del método centrado en el contenido se encuentran las siguientes. (a) Una tendencia a forzar el argumento para ajustarlo a un patrón más rígido del que exige el propio texto. Por ejemplo, κρείσσων/κρείττων, una palabra clave en el esquema de Bruce ("mejor", "mayor", "superior") y muchos otros, no aparece entre 1:4 y 6:9. (b) Una tendencia a usar conceptos y distinciones que tal vez guardan más relación con la situación del lector moderno que con el texto original; por ejemplo, la distinción que hace Guthrie entre vida "social", "privada" y "religiosa". (c) Una tendencia a asimilar Hebreos a un patrón común en las cartas de Pablo a las iglesias dividiéndola solamente en dos secciones principales, a saber, la enseñanza doctrinal y la exhortación. Los dos tipos de análisis[4] responden a fines diferentes, pero la evaluación de la estructura superficial del texto en sus propios términos, es metodológicamente anterior a cualquier reconstrucción de su estructura semántica, así como un análisis de las palabras del texto original, en sus relaciones gramaticales, debe preceder a cualquier reconstrucción en la traducción.

Una dificultad adicional, común a los análisis que se centran en el contenido y a los que se centran en la forma, es que ambos tipos de análisis tienden a acentuar de manera excesiva las transiciones graduales que son una característica destacada

2. Por ejemplo, Böhme, John Brown 1862 con reservas (en este respecto, véase D. A. Black 1986.164-168, con las referencias adicionales); cf. Spicq 1.28n.3. Lane presta detallada atención a las características estructurales, pero al menos en un caso (8:1-13) concluye que "… las consideraciones en torno al contenido deben prevalecer sobre las indicaciones meramente formales de la estructura literaria" (204).

3. Spicq 1.29. Las secciones de Attridge, que en general son similares a las de Bruce aunque no están agrupadas en divisiones principales, se analizan en Swetnam 1990a.

4. Cf. los dos criterios que se siguen para traducir, conocidos respectivamente como traducción por correspondencia formal, y traducción por equivalencia dinámica o funcional, con respecto a los cuales, véase de Waard-Nida 1986.36-40, con las referencias adicionales.

de Hebreos. Por ejemplo, se acepta casi universalmente que Hebreos 11 constituye una unidad aislada (más allá de que en algún momento pueda haber circulado como un texto separado), no obstante, el tema de la fe se prepara cuidadosamente en 10:35-39, y guarda relación con lo que sigue, no solo por la fuerte conjunción lógica τοιγαροῦν (12:1), sino también por el eco verbal de μαρτυρηθέντες (11:39) en μαρτύρων (12:1). Sería, sin duda, una admisión de derrota seguir el ejemplo de Moffatt y negarnos a hacer cualquier división en el texto.[5] Pero los números de los versículos a menudo deben tomarse simplemente como indicadores aproximados, y no atribuirle demasiada importancia al hecho de que un análisis haga una división después de 4:13, y otro después de 4:14. Una ilustración más significativa de este principio es el final de la introducción a la epístola. La mayoría de los comentarios y las traducciones, partiendo de la estructura superficial del texto, ubican el final de la introducción después del versículo 1:4, es decir, al final de la primera oración en griego. La RVA y algunas otras traducciones en lenguaje común, basándose en la estructura semántica subyacente, sitúan el final de la introducción después del versículo 3, reconociendo de ese modo que el versículo 4 introduce, de una manera típica de Hebreos, el tema de los ángeles que dominará el resto del capítulo.

En el extremo opuesto de los análisis tradicionales que se centran en el contenido (como el de Bruce), se encuentra el análisis invariablemente centrado en la *forma* propuesto por L. Dussaut. Dussaut hace extensiva a todo el texto de Hebreos, que él considera un solo discurso, la distinción que hace Chomsky entre la estructura superficial y la estructura profunda de la oración,[6] y reconoce que el análisis de la estructura superficial, al que él alude valiéndose del neologismo "analyse structurelle", son complementarios; pero su principal preocupación tiene que ver con el análisis de la estructura superficial de Hebreos. Este se muestra en tres partes que constan de siete columnas (2 + 3 + 2), cada una de las cuales se compone de dos secciones aproximadamente iguales, que a su vez se subdividen:

Primera parte		**Segunda parte**			**Tercera parte**	
1:1-14;	3:1–4:5	5:11–6:20;	8:1–9:10;	10:1-18	11:1-31;	12:14-29
			CRISTO			
2:1-18;	4:6–5:10	7:1-28;	9:11-28;	10:19-39	11:32–12:13;	13:1-21

---

5. Moffatt, sin embargo sí reconoció un "plan general" (xxiv), con sus principales divisiones después de 4:13; 7:28; y 10:18. Windisch 1931.8 rechazó la división en una parte teórica y otra práctica, pero no pudo discernir ningún plan en Hebreos.

6. Chomsky; Lyons 1977.409-422. A los efectos del presente análisis, no se tendrá en cuenta lo que Lyons describe como la distinción "sumamente técnica" (415) entre la estructura sintáctica profunda y la estructura semántica.

Dussaut, a diferencia de la mayoría de los académicos, no les impone títulos a estas secciones, pero alega, en cambio, que él descubre en el propio texto características que ponen de relieve la unidad, en cuatro niveles diferentes, de cada una de las catorce secciones, de cada una de las siete columnas, las tres partes y la epístola en su conjunto. En este último nivel, la unidad es semántica, porque la epístola se describe como un "fresco histórico", y también es formal, porque la epístola sigue un patrón quiástico o concéntrico que Dussaut describe como un "icône χ ristique" (literalmente, un ícono "χ rístico"), puesto que su centro es la palabra Χριστός en 9:11. Entre los resultados prácticos del análisis de Dussaut, asegura demostrar (1) que Hebreos no es ni una carta, ni una homilía en sentido estricto, sino "un tratado teológico impregnado de preocupación pastoral" (159); (3) que el estudio de la estructura superficial ofrece pistas para llegar a la estructura profunda del texto, y por ende, a su exégesis, y (4) que tanto la estructura superficial como la estructura profunda tienen importancia teológica.

Lo que antecede constituye un resumen muy simplificado de un argumento extremadamente complejo y sutil, pero también metodológicamente coherente. Exige probablemente que el escritor de Hebreos haya planeado consciente y cuidadosamente que su texto fuera un documento escrito. Dussaut no llega al punto de sugerir que el manuscrito original estuviera realmente organizado en la forma en que él muestra, en catorce hojas de papiro, aunque esto, de por sí, no es imposible.[7] Los escritores modernos acostumbrados a los métodos mecanizados del procesamiento de texto y la producción de libros tienden a subestimar la importancia, en lo que respecta a un autor antiguo, del proceso físico de la escritura (a no ser que, al igual que Pablo, se sirviera un secretario). Esto tampoco está forzosamente en conflicto con las cualidades orales de Hebreos, si en realidad, como piensan muchos académicos, la intención original del autor era que la carta fuera predicada. Los argumentos de Dussaut aún deben examinarse en detalle, y es probable que pueda demostrarse que algunos aspectos de ellos son más convincentes que otros. Sin embargo, son de gran interés porque representan un enfoque coherentemente inductivo, el cual procura descubrir estructuras en el texto en lugar de construirlas a partir del texto. La debilidad esencial de la presentación de Dussaut consiste en que, casi por definición, es poco probable que un análisis de la estructura del discurso basado exclusivamente en las características superficiales formales revele algo que no sean las características semánticas más generales (como el concepto del "fresco histórico"), o que proporcione otras pruebas del cuidado con el que el autor preparó y presentó su apelación. En un nivel más detallado, ese análisis no responderá, ni siquiera contribuirá a darles una solución, a las preguntas exegéticas detalladas en cuanto a si νωθροί en 5:11 tiene el mismo significado u otro diferente del de su equivalente estructural en 6:12. Estaría en total consonancia con la habilidad del autor entrelazar lo antiguo con lo nuevo

---

7. Las secciones de Dussaut tienen una longitud de 45 a 79 líneas; los códices más antiguos ilustrados en Metzger 1981.62-101 una longitud variable entre 17 y 50 líneas en cada página, excluyendo un códice de bolsillo de 14 líneas por página.

para estimular a sus lectores mediante la repetición de una expresión clave, para recordar el argumento anterior, y a la misma vez, emplear la misma expresión con diferentes connotaciones, a fin de avanzar a una nueva etapa o consolidar la etapa que acaba de analizar.

De las trece divisiones entre las secciones de Dussaut, una (después de 10:18) coincide con la división principal tradicional entre doctrina y exhortación (así Bruce) y con el final de la parte V de Bruce, seis (después de 2:18; 6:20; 7:28; 10:18; 12:29 y 13:21) se corresponden con el final de las partes I, III, IV, V, VI y VII de Bruce, mientras que otras cuatro (después 1:14; 5:10; 9:10 y 10:39) se corresponden con el final de las secciones en el análisis centrado en el contenido de Bruce. Esto sugiere cierta correlación en Hebreos entre estructura y contenido, pero en ningún caso una sistematización rígida. También debe recordase que un análisis basado en el contenido no puede tener en cuenta la gradualidad de las transiciones en Hebreos, y es en esa medida que constituye un boceto útil, pero no un mapa detallado del terreno.

Por tanto, como una conclusión provisional podría decirse que el análisis de la estructura superficial puede revelar características del texto que complementan las del análisis centrado en el contenido; que sus funciones son diferentes y tal vez también complementarias; pero que en los muchos lugares en los que sus resultados coinciden, es probable que dichos resultados sean particularmente significativos.

Dussaut reconoce abiertamente la deuda que tiene con su predecesor A. Vanhoye,[8] cuya obra no es en modo alguno remplazada por la de Dussaut. Absorbe de Vanhoye la idea de una disposición concéntrica de la epístola, en torno a la palabra Χριστός en 9:11. Adopta también muchos de los criterios de Vanhoye para establecer la coherencia de una sección. Estos criterios incluyen palabras encadenadas[9] (como por ejemplo, ἀρχιερεύς en 2:17; 3:1; συμπαθῆσαι/μετριοπαθεῖν en 4:15; 5:2; ἁγιότητος, εἰρηνικόν/εἰρήνην, ἁγιασμόν en 10:10s., 14); anuncios del tema (como la referencia a los ángeles en 1:4); alternancias de género entre exposición y parénesis; términos característicos de una parte específica de la epístola (como por ejemplo, "ángeles" en 1:5–2:16); e inclusiones, expresiones repetidas al principio y al final de una sección (como ἐπουρανίου, μέτοχοι, ἀρχιερέα, ὁμολογίας, Ἰησοῦν en 3:1, repetidos por ἔχοντες, ἀρχιερέα, οὐρανούς, Ἰησοῦν, ὁμολογίας en 4:14).[10] El tratamiento de Vanhoye, sin embargo, difiere del de Dussaut por la mayor atención que Vanhoye le presta a la exégesis, y por ende, al significado; por la atención proporcionalmente menor que dedica a los patrones geométricos, y por tanto, a la misma longitud de las secciones; por su exclusión de 13:22-25 del patrón concéntrico general; y en cierta medida, por sus resultados, que Vanhoye resume de la siguiente manera:

8. Sobre todo Vanhoye; véase también Vanhoye 1959a, 1962, 1963a, b, 1964a, b, 1971, 1974a, 1977a, 1979, 1980, 1981.

9. Que se observó por primera vez en Vaganay; pero Vanhoye 1974a.378 señala que M. del Medico ya había propuesto las mismas divisiones que Vanhoye; cf. también Thien.

10. La misma expresión puede funcionar de varias maneras, por ejemplo, como palabra encadenada y como inclusión.

	División	Tema	D/P	‖
a	1:1-4	Introducción		z
I	1:5–2:18	Un nombre superior al de los ángeles	D	V
IIA	3:1–4:14	Jesús, el sumo sacerdote fiel	P	IVB
B	4:15–5:10	Jesús, el sumo sacerdote compasivo	D	IVA
IIIp	5:11–6:20	Exhortación preliminar	P	IIIf
A	7:1-28	Jesús, sumo sacerdote como Melquisedec	D	IIIC
B	8:1–9:28	que fue hecho perfecto	D	Centro
C	10:1-18	causa de eternal salvación	D	IIIA
f	10:19-39	Exhortation final	P	IIIp
IVA	11:1-40	La fe los padres	D	IIB
B	12:1-13	La paciencia es necesaria	P	IIA
V	12:14–13:19	Sendas derechas	P	I
z	13:20-21	Conclusión		a

D = Doctrina P = Parénesis ‖ = sección correspondiente p = preliminar f = final

13:22-25 se considera una nota de presentación.

La obra de Vanhoye, al igual que la de Dussaut, es tan detallada e intrincada que no puede resumirse sin pérdidas. Sin embargo, hay varios aspectos en los que puede considerarse que ocupa una posición entre Bruce y Dussaut. Una gran parte de los criterios que usó Dussaut para establecer las secciones son los mismos que empleó Vanhoye (con la adición significativa en Dussaut de una igualdad "geométrica" aproximada). En el nivel más elevado, las tres divisiones principales de Dussaut se corresponden con las cinco de Vanhoye, porque Dussaut simplemente amalgama las partes I-II y IV-V. En el segundo nivel, de las trece divisiones de Dussaut, las que se encuentran después de 1:14; 4:5; 9:10; 11:31; y 12:29 no tienen ningún equivalente (aparte de una división de párrafos) en Vanhoye. Por el contrario, Bruce y Vanhoye están de acuerdo en contra de Dussait en no marcar ninguna pausa después de 4:5, 9:10 y 11:31. Esto, quizás sorprendente, representa una correspondencia menor entre Vanhoye y Dussaut que entre Bruce y Dussaut.[11] Es difícil decir con certeza si esto indica que Dussaut percibió características estructurales que pasaron inadvertidas para los otros dos académicos,[12] o si su esquema de catorce secciones casi iguales le impuso una restricción innecesaria a su modo de abordar el texto. Es posible también que exista cierta tensión, ilustrada por el tratamiento de 9:10s., entre la disposición concéntrica en la que Dussaut sigue a Vanhoye, y su propia disposición en las columnas.

11. Bruce y Vanhoye también están de acuerdo contra Dussaut en marcar una pausa después de 12:11 y no de 12:12.

12. ἐπεὶ οὖν en 4:6, Χριστὸς δέ en 9:11 y Καὶ τί ἔτι λέγω; en 11:32 podrían interpretarse como marcadores discursivos, pero quedaría por determinar a qué nivel.

Hay también otros aspectos en los que puede considerarse que Vanhoye ocupa algún lugar entre Bruce y Dussaut. Al igual que Bruce, le da títulos a sus secciones; pero estos, a diferencia de Bruce, suele extraerlos del propio texto. Más importante aún es que los criterios de Vanhoye se basan a veces en características formales,[13] y otras veces, en el significado.[14] Vanhoye también difiere de Dussaut cuando afirma que su trabajo analítico no refleja forzosamente los procesos conscientes en la mente del autor.[15]

Si el espacio que se le ha dado a la comparación de Bruce, Dussaut y Vanhoye es aparentemente desproporcionado, eso se debe, por un lado, a la importancia intrínseca del tratamiento de Vanhoye, y por otro lado, porque Dussaut, y la tradición que representa Bruce, constituyen buenos ejemplos de enfoques radicalmente diferentes del análisis estructural de Hebreos, o incluso, en principio, de cualquier texto. Otros planteamientos, como los que se analizan en Vanhoye 1974a,[16] normalmente pueden identificarse como enfoques que siguen en general a Vaganay y/o Vanhoye,[17] o que se basan en premisas, esencialmente centradas en el contenido, diferentes de las de Dussaut y (con menos rigor) de Vanhoye.[18] Por tanto, es poco probable que ambos enfoques puedan reconciliarse.[19] Una comparación entre estos enfoques diferentes refuerza la teoría de que la forma y el significado de un texto operan en niveles diferentes, y en principio, independientes, y que es muy poco lo que se logra imponiéndole un significado común a una característica esencialmente formal. No obstante, debe admitirse que el propio autor probablemente no hizo un tipo de distinción tan tajante entre la forma y el significado como lo habría hecho un lingüista moderno: la relación semántica

13. Por ejemplo, la relación entre τροχιάς y ἐκτραπῇ en 12:13, que Vanhoye (299) considera significativa, es puramente etimológica, no semántica; es probable que νωθροί se use en diferentes sentidos en 5:11 y 6:12.

14. Μέτοχοι en 3:1 es similar en el significado, pero no en la redacción, a ἔχοντες en 4:14.

15. Vanhoye 352s.; cf. Feld 1985.27.

16. Incluyendo a Thurén 1973, que sigue en parte a Gyllenberg 1957-58, y de manera especial Swetnam 1972, 1974a.

17. Spicq 1.27-37; Descamps 1954a; Fransen; Grässer 1964.160-167 (estudio); Fiorenza 268ss. con reservas; Andriessen 1974b.1055s.; Buchanan 1975.311-316 (estudio); J. Casey; Rose 1985 (estudio); Bruce 1985, 1987.3500 (contrástese con Bruce lxiii); Lane 1985ª de forma general. Spicq, en su comentario de 1952 (1.31-37), mostró una reacción positiva con respecto a Vaganay, pero en Spicq SB 34 consideró que el análisis de Vanhoye era válido quizás demasiado preciso en su propio nivel, aunque inadecuado en su tratamiento de la doctrina y la parénesis. Attridge 17-20 sigue a Vanhoye con pequeñas variaciones, pero reconoce las relaciones entre las divisiones I-II y IV-V de Vanhoye, y por ende, la base para la triple división que hicieron Nauck 1960, Michel y otros (cf. Lane lxxxviii). El enfoque lingüístico del texto de G. H. Guthrie, que se resume en Lane xc-xcviii, analiza los recursos de transición de Hebreos con más detalle que Vanhoye, pero no propone ningún esquema general radicalmente diferente.

18. Schierse 1955, seguido de Gutzwiller 49s.; Gyllenberg 1957-58; Amsler; Hillmann; Nauck 1960; Mackay 1967; Schierse 1968; McCullough 1980.153-156, y la mayoría de los comentaristas incluyendo a Riggenbach, Michel, Buchanan, Morris, P. E. Hughes, N. R. Lightfoot, R. H. Smith 1984 y Kistemaker 1984; cf. Gourges 1977 sobre los capítulos 8-10.

19. Bligh 1964.175s. expresa acertadamente "dudas en cuanto a si una división basada en criterios puramente literarios revelará las estructuras conceptuales de la epístola"; pero la razón para esto depende de la naturaleza de los propios análisis, y la atribución por parte de Bligh de los patrones conceptuales al autor y los patrones verbales a un editor es errónea.

entre διαθήκη= "pacto" y διαθήκη= "testamento" en 9:15-20 es frágil, sin embargo, la conjunción γάρ en el v. 16, que introduce la ilustración del testamento, sugiere una conexión lógica.

Entre los eruditos que han examinado especialmente la relación entre doctrina y exhortación en Hebreos, ha ido aumentando la aceptación hasta ser casi general de que ambas cosas están estrechamente relacionadas,[20] y que la enseñanza doctrinal es un medio para lograr lo que el escritor consideraba que eran las necesidades más profundas de sus primeros lectores.[21] Tal vez el análisis más detallado sobre doctrina (D) y parénesis (P) sigue siendo el de Maxwell:

- D 1:1-14   2:5-8   3:3-6   3:16-19   4:2-10   4:14a   4:15
- P   2:1-4   3:1s.   3:7-15   4:1   4:11-13   4:14b   4:16

- D 5:1-14   6:13-17   7:1–10:18   11:1-40   12:5-11;
- P   6:1-12   6:18-20   10:19-39   12:1-4   12:12-17

- D 12:18-24   12:26s.   13:1   13:3   13:5s.   13:7a   13:8
- P   12:25   12:28s.   13:2   13:4   13:6   13:7b   13:9a

- D 13:9b,10-12   13:15a   13:16b   13:17b   13:19b   13:22b
- P   13:13s. 13:15b-16a   13:17a   13:18-19a   13:22a

Si el enfoque correcto es el que consiste en entender los pasajes doctrinales en relación con la exhortación y no *viceversa*, esto apoyaría la hipótesis de que el escritor conocía personalmente a sus lectores. También podría contribuir, de cierta manera, a explicar lo que se ha interpretado como lagunas en la enseñanza de Hebreos; por ejemplo, sobre la resurrección (págs. 8-9 supra) y el ESPÍRITU SANTO (págs. 66-67 más adelante).

El presente comentario suele seguir las divisiones establecidas por Vanhoye, e incluidas en el índice (págs. v-vi). La decisión de adoptar criterios generalmente formales proporciona una ventaja doble: por un lado, señala características que se observan claramente en la superficie del texto, y por otro lado, impide forzar el material para que se ajuste a una matriz temática que tal vez no representa fielmente las intenciones del autor. La desventaja de esta decisión es que los títulos de las secciones y subsecciones inevitablemente hacen referencia al contenido. Esa es, sin duda, la razón por la que el análisis puramente formal de Dussaut se abstiene de usar ese tipo de títulos; por consiguiente, los títulos deben usarse de manera crítica y con precaución.

---

20. Grässer 1964.160 atribuye esta aceptación, en gran medida, a la influencia de Michel; cf. Kurtz; Kuss 1956; Nauck 1960; Holtz 324; Klappert; McCown; Schenke 1973 con reservas; Thompson 1975b; Strobel 87f.; Goppelt 1976.573s. habla de una relación polar.

21. Así mismo ya Riggenbach; Käsemann 1939; cf. Filson 16-26; Kümmel 390; Michel 27.

GÉNERO LITERARIO

El propósito principal del esfuerzo por ubicar un escrito específico dentro de su género literario adecuado es entender el carácter general de ese escrito cotejándolo con otros textos comparables, y sus características distintivas contrastándolo con otros documentos del mismo grupo. Un resultado secundario de ese ejercicio de clasificación es probar la unidad literaria y la integralidad de un documento. Sin embargo, el argumento negativo, por ejemplo, de la ausencia en Hebreos de la introducción normal de una epístola, debe usarse con cautela, porque podría indicar (i) que el documento en cuestión está incompleto o que se trata de una mezcla, (ii) circunstancias especiales en su composición o (iii) la necesidad, en casos extremos, de una definición revisada del propio género.

La clasificación por géneros de los escritos neotestamentarios entraña una serie de problemas. En primer lugar, se acepta casi por unanimidad que los evangelios canónicos son literalmente *sui generis*; es decir, que representan un género literario nuevo que no puede asimilarse a ninguna forma contemporánea de escritura.[22] En segundo lugar, el NT tiene sus raíces en el mundo semítico, sin embargo, está escrito en griego. Esto implica que es preciso tomar en consideración las prácticas literarias tanto hebreas y arameas como griegas. Comúnmente se reconoce que la introducción de las cartas de Pablo se conforma más a los modelos orientales que a los griegos.[23] En tercer lugar, después de casi un siglo[24] aún no se sabe con certeza si el término ἐπιστολή pudiera incluir dos géneros diferentes, convenientemente distinguidos como "carta" (personal, no literaria) y "epístola" (formal, impersonal, literaria); algunos escritores más recientes tienden a aceptar que esta distinción no debe forzarse demasiado.

Este último problema exige una consideración un poco mayor porque guarda relación directa con la evaluación de Hebreos. Los principales componentes semánticos de ἐπιστολή pueden analizarse de la siguiente manera:

1. Medio de expresión: principalmente escrito*, no oral.
2. Nivel del lenguaje: común ("carta") o literario ("epístola")*.
3. Composición: estereotipada o creativa*.
4. Destinatarios: específicos* o generales; si son específicos, un individuo o un grupo*.[25]
5. Patrones reconocidos para el inicio (protocolo) y el final (protocolo final o escatocolo)*.

---

22. Kümmel 37. Es todavía una pregunta abierta cuánto puede considerarse a los cuatro Evangelios canónicos como pertenecientes al mismo género.

23. Kümmel 249; cf. John L. White in *HBD* 894a, s.v. "salutaciones".

24. Ver referencias en Kümmel 247s.

25. Existen casos dudosos en los que una carta está dirigida a un grupo aunque la intención de su autor es destinarla a un público secundario más amplio (Gá. 1:2; cf. 2Co. 1:1 y el problema textual en Ef. 1:1).

En una primera lectura, podría parecer que Hebreos satisface la mayoría de los criterios marcados por asteriscos en la lista anterior. Sin embargo, tras un examen más minucioso, surgen una serie de cuestiones críticas.

(1) Es obvio que Hebreos no habría sobrevivido si hubiera permanecido en forma oral, pero hasta ahora sigue siendo una incógnita si la carta fue compuesta primeramente, u originalmente, para ser transmitida en forma oral o escrita. Por un lado, algunos académicos como Dussaut (y en menor medida Vanhoye) hacen hincapié en el esmero con el que se escribió Hebreos. Los patrones estructurales que ellos dicen descubrir en Hebreos son prácticamente irreconocibles al oír la lectura de la carta una sola vez. No obstante, eso mismo podría decirse de todas las obras musicales importantes, aun cuando el propósito principal en la composición de estas, por definición, sea la presentación oral. Por otro lado, comúnmente se admite (sobre todo Lane) que muchas características de Hebreos no son tanto literarias, y menos aún visuales, como orales y auditivas, comenzando con la aliteración de π en 1:1. Este asunto se relaciona con la ausencia de una introducción epistolar en Hebreos, con respecto a lo cual, véase el punto (5) más adelante. Por el momento, es suficiente tener en cuenta que un texto puede estar hábilmente elaborado tanto a nivel oral como a nivel escrito: podría existir cierta tensión entre ambos, pero ninguna contradicción intrínseca.

Los factores (2) y (3) podrían convenientemente considerarse juntos. No cabe duda de que el lenguaje de Hebreos tiende hacia el extremo literario del espectro, y que su composición no es estereotipada sino fresca y creativa. No hay ninguna dificultad en mantener unidos estos dos hechos, los cuales no plantean problemas especiales para la definición del género de Hebreos. Tal como escribió J. L. White: "... mientras más impráctica y apresurada sea una carta, más probabilidades tiene de depender de convencionalismos y de que sea impersonal".[26]

(4) El tema de los destinatarios de Hebreos ya fue tratado antes: es casi seguro que cuando el autor de Hebreos escribió la carta estaba pensando en las necesidades de una comunidad específica que él conocía personalmente. La hipótesis de que Hebreos fue originalmente entregada en forma oral a una congregación, y que el texto entonces se envió con una nota de presentación a un grupo diferente, parece innecesariamente complicada. Es poco probable, aunque no imposible, que las necesidades de las dos congregaciones fueran tan parecidas que podían abordarse prácticamente en los mismos términos. Resulta, empero, más simple suponer que el autor escribió, para una congregación de la que por alguna razón había estado temporalmente (13:19) ausente, un mensaje que él mismo habría entregado personalmente si hubiera podido hacerlo. Pero esto deja enteramente abierta la cuestión de decidir si es adecuado o no describir Hebreos como una carta o como una epístola. En este comentario usaremos libremente las dos palabras sin hacer ninguna distinción.

---

26. *BD* 274b, *s.v.* "epístola".

(5) El análisis del llamado "enigma de Hebreos"[27] se ha concentrado en que Hebreos tiene una conclusión epistolar, pero ninguna salutación al principio.

Si Hebreos (exceptuando su conclusión) no debe considerarse ni una carta ni una epístola, sino un sermón u homilía, cabría preguntar si la intención era entregar el texto completo de Hebreos como un largo sermón. Si la intención no era esa, podría preguntarse entonces cómo debía dividirse, y cómo debía explicarse, sobre la base de esta hipótesis, la cohesión literaria de toda la epístola. Así la especulación continúa.[28]

Si, por una parte, Hebreos no es una carta, es necesario suponer que se le añadió una conclusión epistolar a un escrito que originalmente no era una epístola. Si, por otra parte, Hebreos sí es, en algún sentido, una carta o epístola, es natural —por no decir necesario— suponer que una salutación se haya desprendido desde el principio.

La primera opción genera dudas en cuanto al lugar en el que presumiblemente comienza la nota de presentación. La teoría más común y plausible es que dicha nota es 13:22-25; sin embargo, aunque estos versículos contienen características típicas del final de una carta, en particular, el uso repetido del verbo ἀσπάζομαι en el v. 24 y la "bendición de gracia" final, v. 25, también están unidos, con la habilidad propia del autor, al cuerpo de la carta: obsérvese especialmente la repetición del verbo παρακαλῶ en los vv. 19 y 22, y del adjetivo τάχιον en los vv. 19 y 23.

La segunda opción podría reflejar un contexto en el que el significado clásico de πρωτόκολλον, a saber, la primera hoja de un rollo de papiro, "con la autenticación oficial y la fecha de fabricación del papiro" (LSJ *s.v.*), estaba cediéndole su lugar, por cuanto los códices siguieron a los rollos,[29] al sentido griego tardío de "una

---

27. Guilding 1952, 1960, seguido de Bruce 1969b.7n.5, dice que Hebreos es una homilía escrita; así mismo Berger ya en 1797; Burggaler 1908, 1910 con dudas; Perdelwitz; Slot; Schierse 1955.206; Thyen 1955; Fransen 79; Grässer 1964.159f.; Reid; Fiorenza 267; Holtz 322; Helyer; Lane 1985a; McGehee. Amsler 18-20 destaca las características orales, especialmente la ausencia del verbo γράφω en las fórmulas que se emplean para citar la escritura (10:7). Andriessen 1960.2 describe a Hebreos como "una homilía sobre la ascensión"; Bornkamm 1942, seguido de Helyer, considera que Hebreos es una homilía bautismal; pero las pruebas para ese tipo de descripciones más precisas no son concluyentes. Baarlink 75 piensa que Hebreos era tal vez un catecismo. Entre los comentaristas, Moffatt, Windisch y Michel describieron al menos Heb. 1–12 como una homilía; Riggenbach, por el contrario, hizo hincapié en la unidad de Hebreos como una epístola; así mismo Wrede; Badcock; Doty, por otro lado, considera que Hebreos es un tratado; así también en general Feld 1987.20-23 (estudio). Zimmermann 1977.7s., al igual que Buchanan, consideró que la esencia de Hebreos era básicamente la exégesis bíblica; pero esto no soluciona la cuestión del género; ni tampoco la descripción de Hebreos (cf. Buchanan 316-319) como midrash. Enslin 316 estuvo indeciso sobre si era mejor describir a Hebreos como un tratado o como una homilía, y Purdy 1955.592a advierte contra "la tendencia de hacer que [Hebreos] se ajuste a un tipo conocido". La descripción de Hebreos por parte de Maxwell como una "diatriba" deja abierta la cuestión de decidir si su forma original era literaria u oral; de manera similar Gilmore 1986. Grässer 16 considera que el estilo oral predomina sobre el escrito, pero prefiere describir a Hebreos como una meditación teológica o una forma literaria de *Schriftgnosis*.

28. El problema de la longitud se ve agravado por la sugerencia de que Hebreos era un resumen escrito (διὰ βραχέων, 13:22) de lo el autor tenía intención de predicarles de manera más extensa a sus lectores (Feld 1987.22).

29. Véase Kenyon-Adams 7-9; Aland-Aland 75s.; Katz 1945.

primera hoja descriptiva pegada a un manuscrito".[30] Es posible que esa hoja se haya desprendido accidentalmente del cuerpo del texto, o que alguna persona que hizo una copia de la carta, y que no pertenecía al grupo de los destinarios originales, la haya omitido deliberadamente considerando que no era apropiada. Esta hipótesis es débil porque no cuenta con el apoyo de ninguna prueba externa, de modo que si un πρωτόκολλον se desprendió de Hebreos, debe haber ocurrido en una de las primeras etapas de la transmisión. No obstante, sí explica satisfactoriamente los hechos relevantes, y debe distinguirse de la teoría de que el material integral de la propia epístola se ha perdido (Grässer 1964.159; Vanhoye 1969.14; Attridge).

Por lo tanto, parece mejor concluir, sin dejar de reconocer cabalmente las características orales que han llevado a la mayoría de los eruditos a describir el cuerpo de Hebreos como un sermón, que Hebreos en su forma actual puede considerarse una carta o una epístola, en la que su autor da muestras de su habilidad en la comunicación tanto escrita como (indirectamente) oral.

30. Cf. latín tardío o vulgar *protocollum*; *OED, s.v.* "protocolo".

LA TEOLOGÍA DE HEBREOS

Resumir con palabras diferentes de las de la propia carta a los Hebreos la teología de la epístola es una empresa peligrosa, tal como ha sugerido el análisis de la estructura literaria de Hebreos. Es fácil distorsionar lo que Michel ha denominado el propósito o la intención teológica (*Wille*)[1] de Hebreos, ya sea por una excesiva concentración en sus antecedentes, o bien, forzando su mensaje para ajustarlo a las categorías teológicas sistemáticas o de credo de un período posterior. Una cosa sí es cierta: que Hebreos es una pieza exclusiva de la escritura cristiana primitiva; no es posible considerar que se trata simplemente de un producto de influencias religiosas y/o intelectuales, ni tampoco la materia prima a partir de la cual se formarán dogmas maduros, completos y definitivos en la plenitud de los tiempos. Hebreos debe entenderse por sí misma; el estudio de su prehistoria, y de su influencia posterior, está subordinado a esa comprensión de la propia carta.

Esto que sin duda es válido para cualquier escrito neotestamentario (y de hecho, para cualquier escrito creativo), reviste una particular importancia para la comprensión de Hebreos. La historia de su inclusión en el canon demuestra lo incómoda que permaneció la iglesia durante mucho tiempo, especialmente en occidente, con este documento tan peculiar. Como vimos antes, una de las principales razones por las que se retrasó su plena aceptación fue que se consideraba que las severas advertencias de la carta contra la apostasía estaban en conflicto con el deseo de la iglesia católica, en contraste con el donatismo, de readmitir a la comunión a cristianos que habían renunciado a su fe bajo persecución, pero que más tarde se habían arrepentido y sometido a la disciplina apropiada.[2] La evaluación negativa de Hebreos por parte de Lutero podría tomarse como una nueva expresión de esta misma incomodidad en un contexto diferente. Es, pues, importante que el lector moderno no asimile la enseñanza de Hebreos a la de Pablo ni a la de ningún otro escritor neotestamentario, y que tampoco asimile el uso creativo del AT en la carta al sentido original de los textos veterotestamentarios a los que él hace referencia. Una teología del NT, *a fortiori* de la Biblia, debe ser elaborada en forma inductiva, y de una manera que incluya sin bajar de nivel los diversos elementos que la componen. Cualquier teología bíblica, o una teología del

---

1. Michel 58-83.
2. Véase *ODCC, s.v.* "Donatism", con las referencias adicionales.

canon, debe mantenerse sujeta a los ajustes y las correcciones que exija un nuevo enfoque de los propios textos. Por tanto, es especialmente importante oír las notas distintivas de un autor del que no se conserva ningún otro escrito. Esto demuestra, en el análisis final, que no existe ningún sustituto para la lectura cuidadosa del texto en general.[3]

Habiendo dicho esto, es preciso subrayar también que Hebreos no fue escrita aisladamente, y que cualquier intento de resumir su teología en categorías generales neotestamentarias, o incluso posteriores, no es, pues, totalmente erróneo.[4] El autor conoce a la comunidad a la que le escribe. Aunque para expresar su preocupación por esa comunidad emplea un lenguaje menos emotivo que el de Pablo, esa preocupación se hace patente en cada página, y es la razón que lo mueve a escribirles. Además, es posible que sea más consciente que cualquier otro autor neotestamentario de la continuidad histórica y teológica del pueblo de Dios antes y después del ministerio terrenal de Jesús. Este sentido de continuidad se acrecienta tal vez por el hecho de ser un cristiano judío que les escribe principalmente a los cristianos judíos.[5]

DIOS

Puede decirse que la enseñanza acerca de Dios en Hebreos es la base y la presuposición de la enseñanza de la carta acerca de Cristo, que es la parte más desarrollada de su teología. La fe en Dios (6:1) se menciona entre las verdades elementales que el escritor no debería tener que invertir tiempo en reafirmar. Esta fe tiene sus raíces en el AT. Así lo demuestran no solo las referencias a Dios en las citas veterotestamentarias (8:10; 9:20; 12:29), algunas de las cuales son radicalmente reinterpretadas para que se refieran a Cristo (1:8) o a la relación de Cristo con Dios (1:6, 9; 10:7), sino también las alusiones a la Escritura, como los mensajes de Dios a través de sus profetas (1:1), su reposo sabático (4:4; cf. vv. 9s.), su promesa y juramento a Abraham (6:13-18) y sus tratos con los héroes de la fe (p. ej., 11:4, 5, 19, 25).

3. Este proceso incluso no está exento de peligros. El esfuerzo de Rissi (1987) por entender la teología de Hebreos en función de su contexto es persuasivo e iluminador en muchos aspectos, pero (a) dado que nosotros tenemos acceso directo al texto de Hebreos, y no así a su contexto, existe el peligro general de explicar *obscura per obscuriora* y/o de que nuestro argumento caiga en un círculo vicioso, y (b) específicamente, Rissi parece hacer demasiado hincapié en 2:4 en las experiencias carismáticas a las que hace referencia de pasada, y en un lenguaje tradicional.

4. En cuanto a la relación de Hebreos con el cristianismo primitivo, véase Spicq 1.92-108, y más concisamente Bruce 1969b.

5. Sé que algunos judíos creyentes en Jesús y lo aceptan como el Cristo consideran ofensiva la expresión "cristianos judíos", y prefieren expresiones como "judíos mesiánicos" o "creyentes judíos", alegando (1) que su condición de judíos no se ve disminuida sino que se consuma por su fe en Jesús como el Cristo y (2) que el término "cristiano" tiene connotaciones negativas entre otros judíos. Dado que es poco probable que el segundo factor afecte a la mayoría de los lectores de este comentario, les pido a mis amigos judíos mesiánicos que acepten la frase "cristianos judíos" en este contexto, entendiendo que aunque el término "judío" puede funcionar gramaticalmente como un adjetivo, no existe la intención de subordinarlo semánticamente; cf. Stern.

No se pretende negar que la enseñanza acerca de Dios en Hebreos tenga matices distintivos. Dios es Creador (1:2; 2:10; 11:3) y suministrador (3:4)[6] del universo, y por tanto, de los seres humanos. El significado que se le atribuye a la frase repetida "dijo Dios" de Génesis 1 es que Dios creó el universo por medio de su palabra (11:3). Una muestra de la reverencia con la que el autor habla de Dios puede percibirse en algunas referencias indirectas a él, relacionadas tal vez lejanamente con la elusión judía del nombre Yahvé (2:10; 3:2, 6; 4:3, 8; 5:5; 10:30; 12:25). Dios permanece activo manteniendo el mundo que creó, bendiciendo la tierra fructífera (6:7). Él llamó a los sumos sacerdotes levíticos y les asignó su oficio (5:4), del mismo modo que llamó a Jesús y le asignó el suyo (5:5s.). Y ahora ha hablado en su Hijo (1:1). Confirmó con señales milagrosas la obra de los primeros divulgadores del mensaje cristiano (2:4; cf. 13:7). La creación de una comunidad de creyentes es el don de "muchos hijos" que él le otorgó a Cristo (2:13). Dentro de esta comunidad, él le permite al lector continuar su tarea (6:3). La comunidad percibe a Dios como justo, que recuerda las buenas obras de los creyentes (6:10), e implícitamente, siempre dispuesto a recompensarlos. Disciplina a los creyentes como hijos (12:7), y les permite ofrecerle una adoración verdadera (12:28; 13:15f.). Apartarse de Dios es muerte (3:12; cf. 12:15). Al final de la epístola, es la paz de Dios la que el escritor invoca sobre sus lectores (13:20).

Dios también tiene el control del fin de la historia, dándole a su Hijo derechos de propiedad sobre todas las cosas (1:2). La adoración, que a menudo se describe como un acercamiento a Dios (p. ej., 7:19, 25; 11:6), es el fin supremo de la vida humana (9:14). Otra definición de este fin es hacer la voluntad de Dios (10:36), una acción en la que los elementos cultuales y éticos son inseparables. Así como Dios fue el creador del mundo visible al principio del tiempo, es también el creador del mundo, todavía invisible (11:10), en el que los creyentes hallarán su lugar de descanso final junto a él (4:4, 9, 10).

Dos aspectos relacionados de la enseñanza de la carta acerca de Dios trascienden la distinción entre pasado, presente y futuro. Estos aspectos son la descripción característica de Dios como el "Dios vivo" (3:12; 9:14; 10:31; 12:22; cf. 4:12), y su función como "juez de todos" (12:23; cf. 10:31; 4:12). La expresión "el Dios vivo" no sugiere en Hebreos ningún contraste con los ídolos (una confirmación de que los lectores no eran principalmente cristianos gentiles). El uso de la expresión en Hebreos es paradójico. Por un lado, el resultado de la salvación a través del sacrificio de Cristo es posibilitar la verdadera adoración (9:14); el culmen de esa adoración es un acercamiento gozoso al Dios vivo (12:22); y la apostasía es la separación del Dios vivo (3:12). No obstante, la palabra viva de Dios somete al creyente a un examen implacable (4:12), y "¡horrenda cosa es caer en las manos del Dios vivo! (10:31).

El juicio de Dios comienza en el presente, mediante el escrutinio que realiza su palabra (4:12), pero se trata predominantemente de un acontecimiento futuro (13:4, κρινεῖ). El hincapié que hace el escritor en el juicio parece estar relacionado, por

---

6. Κατασκευάζω probablemente combina las ideas de crear y suministrar; cf. Bauer.

un lado, con su reticencia a referirse a Dios como el Padre de los creyentes,[7] y por otro lado, con su preocupación general por el temor (2:15; 4:1; 10:27, 31; 11:23, 27; 12:21; 13:6). De hecho, podría decirse que el temor por sus lectores forma parte integral de su propósito al escribir la carta, y es posible que haya contribuido a la formulación de sus advertencias peculiarmente severas (que se analizan más adelante). Los argumentos *ex silentio* son generalmente débiles, pero tal vez sea significativo que en ningún lugar de Hebreos haya alguna declaración que se acerque a la de Juan, a saber, "el perfecto amor echa fuera el temor" (1Jn. 4:18).

Los desarrollos más característicos en la enseñanza de la carta acerca de Dios aparecen en los lugares en los que el escritor alude a la relación de Dios con su Hijo; porque si la cristología es el centro de la enseñanza de la epístola, esa cristología tiene sus raíces en la enseñanza acerca de Dios. Desde el principio Hebreos se ocupa de lo que Dios ha hablado (y por ende, obrado) a través de su Hijo (1:2; cf. 4:14; 7:3; 10:29). El título cristológico "(el) Hijo", que probablemente contrasta con el de "(sumo) sacerdote", aparentemente les resultaba conocido los lectores; es por eso que el escritor lo emplea sin dar ninguna explicación (1:2; cf. 10:29). El Hijo es uno solo con Dios, hasta tal punto que los textos veterotestamentarios que se refieren a Dios son aplicados al Hijo (1:8). Se invita a los ángeles a adorar al Hijo (1:6). Muy rara vez en el NT, se invoca al propio Hijo no solo como Señor (1:10) sino como Dios (1:8) —aun cuando en el mismo pasaje se alude a Dios como Dios del Hijo (1:9). Dios es quien hace que las personas acepten el mensaje que proclama el Hijo (2:4). Su gracia está activa en la muerte de su Hijo (2:9, si χάριτι θεοῦ es la lectura correcta).

EL ESPÍRITU SANTO

Antes de analizar la cristología de Hebreos, es conveniente que mencionemos el tema menos prominente del Espíritu Santo (2:4). Resulta difícil decir con certeza si la exaltación de Cristo y el ministerio posterior en el cielo llenan en buena medida el lugar del Espíritu Santo en la comprensión de la fe cristiana en la carta (como sí llena con holgura el lugar de la enseñanza acerca de la resurrección), o si el autor simplemente está menos preocupado por el Espíritu Santo en este escrito, el único que se conserva de él. Lo que sí está claro es que él reconoce, sin dar explicaciones ni hacer hincapié en ello, la actividad del Espíritu en la comunidad de creyentes, y la enseñanza tradicional acerca de esa actividad. Resulta interesante observar que las pocas referencias al Espíritu Santo (en contraste con otros espíritus, ya sean humanos [4:12; 12:23], sobrenaturales [1:7, 14], o ambos [¿12:9?]) suelen encontrarse en lugares donde el autor, al parecer, está recordándoles a sus

---

7. Dios es Padre del Hijo (1:5) y Padre de los espíritus (12:9b), y es comparado con un padre humano (12:7, 9a). Se alude a los creyentes como hijos (υἱοί, 2:10; παιδία, 2:13s.) del Hijo.

lectores la tradición cristiana común para tomarla como base de un argumento o llamamiento nuevo. En 2:4, los "dones que el Espíritu Santo reparte según la propia voluntad [de Dios]" son parte de una descripción de la "gran salvación" (2:3) que el escritor les advierte a sus lectores que no "descuiden". En 3:7; 10:15 de manera explícita, y en 9:8 implícitamente, se menciona al Espíritu como el verdadero autor de la escritura en expresiones casuales que dan por sentado que los lectores comparten esta suposición. En 6:4, se describe a los creyentes *inter alia*, y otra vez de pasada, como los que "fueron hechos partícipes del Espíritu Santo", pero esta declaración es un elemento subordinado en una advertencia contra la apostasía, como también lo es la alusión al "Espíritu de gracia" en 10:29. Si διὰ πνεύματος αἰωνίου en 9:14 es una referencia al Espíritu Santo o al propio espíritu de Cristo, también es incidental. En resumen, podría, pues, decirse que Hebreos, al igual que Santiago y 2 Pedro, acepta la enseñanza tradicional cristiana acerca del Espíritu pero no la desarrolla.

CRISTO

Para analizar la cristología de Hebreos en el pasado solía dividirse en categorías generalmente calcedonias. Es cierto que Hebreos combina de manera llamativa, por una parte, un afecto reverente por el nombre de Jesús y un interés general por lo que ocurrió "en los días de su carne" (5:7), y por otra parte, un fuerte acento en su condición actual a la diestra de Dios. Sin embargo, no existe prácticamente nada en Hebreos que sirva de base para las declaraciones más técnicas de Calcedonia con respecto a la interrelación de las naturalezas divina y humana de Cristo.

Es muy probable que el pensamiento del autor acerca de Cristo gire en torno a los dos polos representados por los títulos "Hijo" (1:2) y "sumo sacerdote" (2:17). Es también probable que tanto para el autor como para sus lectores el título "Hijo" ya fuera tradicional, y que lo aceptaran sin reservas y lo usaran normalmente. Sin embargo, el uso que le da el autor al título "sumo sacerdote", aunque no carece de analogías en otras partes del NT, es probablemente fruto de su propia meditación sobre el Salmo 110 (109 LXX), desde el v. 1, que de una fecha muy temprana y de manera muy amplia ya se aplicaba en la tradición cristiana a la exaltación de Cristo,[8] hasta el texto clave: "'Tú eres sacerdote para siempre según el orden de Melquisedec'" (v. 4). Esto, a su vez, está respaldado por la referencia histórica a Melquisedec en Génesis 14:17-20, y con una modificación del título (salvo en citas y alusiones) de "sacerdote" por "sumo sacerdote" para resaltar el estatus exclusivo de Cristo.

Las implicaciones de esta cristología se desarrollan a lo largo de la epístola, se aclaran diferentes aspectos de los textos más importantes cada vez que se citan. Así como no se habla de la humanidad de Cristo salvo en el contexto de su origen divino y su exaltación actual, tampoco se separa su persona de su obra. De los

---

8. Mr. 12:36||; 14:62||; 16:19; Hch. 2:34; 1Co. 15:25; Ef. 1:20; Col. 3:1; cf. Hay; Gourges 1978.

dos títulos principales, "Hijo" podría parecer, a primera vista, que se refiere al estatus de Cristo, y "(sumo) sacerdote" a su obra; sin embargo, por un lado, su filiación está directamente relacionada con su acción de "llevar muchos hijos a la gloria" (2:10), y por otro lado, su sacerdocio es esencialmente una función, y no se examina la posibilidad de una relación entre Cristo como sumo sacerdote y otros sacerdotes subordinados bajo la nueva dispensación.

LA IGLESIA

Si la teología en Hebreos no puede separarse de la cristología, tampoco puede separarse de la eclesiología. Este término, empero, debe tomarse en un sentido amplio y no institucional. El capítulo 13, que, según creemos, constituye una parte integral de la epístola, presupone alguna forma de organización y de liderazgo dentro de la comunidad a la que va dirigido; sin embargo, resulta difícil identificar a los ἡγούμενοι de 13:7, 17, 24 con los líderes de la iglesia a los que se hace referencia en otros lugares como ἐπίσκοποι καὶ διάκονοι (Fil. 1:1) o como πρεσβύτεροι (p. ej., 1Ti. 5:1; Stg. 5:14).[9] Las referencias al bautismo y a la eucaristía, si en realidad están presentes, son alusivas;[10] e incluso las referencias a "bautismos" (6:2; 9:10) y a los "cuerpos lavados con agua pura" (10:22) tal vez no tengan nada que ver con el bautismo cristiano; no obstante comparar el uso en Hebreos del verbo φωτίζω, 6:4; 10:32. No hay necesidad de llegar a la conclusión[11] de que el autor pertenecía, o estaba escribiéndole, a una comunidad que no practicaba estos sacramentos; pero sí está claro que esa no era su principal preocupación.

En otro nivel, sin embargo, Hebreos es un escrito profundamente eclesiológico. El escritor se muestra preocupado por la comunidad específica a la que dirige su carta, de hecho, por los miembros de la misma, aunque no los mencione por nombre.[12] También está preocupado por el pueblo de Dios en general, bajo el antiguo pacto y el nuevo, dentro del propósito indiviso de Dios. En los capítulos 1–2 existe una estrecha relación entre el estatus del Hijo de Dios y el de sus hijos.[13] El propósito constante y aún no cumplido de Dios para su pueblo es que ellos entren en su reposo (4:9; cf. 4:4). El propósito del sacrificio de Cristo era expiar los pecados del pueblo de Dios (2:17, ἱλάσκεσθαι; cf. 1:3; 13:12); es decir, hacer aquello para lo había sido instituido el sacerdocio levítico, pero que en realidad no había hecho (5:3; 7:11-19, 27; 9:7, 19). La promesa de Dios por medio de Jeremías "ellos serán mi pueblo" (8:10 = Je. 31 [38 LXX]:33), tiene su cumplimiento en Cristo. Hay discontinuidad entre los pactos, pero continuidad tanto en Dios como

9. Este claramente no es el significado de πρεσβύτεροι en Heb. 11:2.

10. Al igual que en otros lugares del NT; por ejemplo, Juan 6 con respecto a la eucaristía, y 1 Pedro (exceptuando 3:21) con relación al bautismo.

11. Por ejemplo, con Schröger 1968, con respecto a la eucaristía.

12. Obsérvese la combinación característica μή … τις de 3:13; 4:1, 11; 12:5s.

13. Kögel 1904 sigue siendo un estudio indispensable sobre este tema.

en su pueblo. Existe un contraste entre las instituciones de los dos pactos, y aún más entre la ineficacia del primer pacto y la eficacia del segundo. No obstante, el pueblo de Dios en la época de Moisés (11:25), la época del éxodo (4:9), sigue siendo, a pesar de su violación del antiguo pacto, el mismo pueblo en esta era nueva, y para él las promesas de Dios se mantienen válidas.

Hay una tensión, incluso una aparente contradicción, entre esta perspectiva de la historia de la salvación y las declaraciones categóricas que se encuentran en otras corrientes de la tradición neotestamentaria sobre la discontinuidad entre la antigua dispensación y la nueva: "Dios puede levantar hijos a Abraham aun de estas piedras" (Mt. 3:9‖); "vosotros [judíos] sois hijos de vuestro padre el diablo" (Jn. 8:44; cf. vv. 33, 39); οὐ γὰρ πάντες οἱ ἐξ Ἰσραὴλ οὗτοι Ἰσραήλ (Ro. 9:6). La tensión puede explicarse, en parte, si nos remitimos a las distintas circunstancias en las que fueron compuestos los diversos escritos. Hebreos no refleja ni la reacción de Juan ante la separación definitiva de la iglesia y la sinagoga, ni la preocupación de Pablo por la misión gentil. Pero Hebreos no indica cómo se puede regresar al tipo de etnocentrismo que el NT presenta como un rasgo típico del judaísmo del siglo I, ni tampoco la manera de avanzar hasta el compromiso ebionita.[14] El escritor de Hebreos es tan consciente como otros escritores neotestamentarios de la naturaleza revolucionaria del cambio que solo un nuevo acto de Dios podría haber llevado a cabo, de un sacerdocio del que Jesús estaba excluido por su nacimiento (7:13s.), por un tipo diferente de sacerdocio (cf. ἱερεὺς ἕτερος, 7:15) basado en el sacrificio del propio Jesús. Una buena muestra de este cambio es la declaración en la que incluso un cambio en la ley se menciona solo como un subproducto o una consecuencia (7:12). La diferencia entre Hebreos y los escritos neotestamentarios a este respecto es situacional y no sustancial: cuando Pablo es polémico, Hebreos es pastoral.

LA PERSONA DE CRISTO A LA LUZ DE SU OBRA

Esto nos plantea el difícil problema de determinar si las categorías cultuales de Hebreos forman parte del contenido intrínseco y del mensaje esencial de la epístola, o de la estrategia mediante que el escritor espera animar a sus lectores a mantener la transición del judaísmo (incluyendo tal vez para algunos el estatus de "temerosos de Dios", cf. Hch. 13:16b) al cristianismo. De manera más específica, ¿cree realmente el autor que "sin derramamiento de sangre no hay perdón de pecados" (9:22),[15] o usa, aquí y en pasajes similares (9:13, 23) las presuposiciones de sus primeros lectores como un terreno común a partir del cual va a guiarlos a una comprensión más cabal de la novedad del cristianismo? El problema se torna más agudo cuando los lectores de Hebreos son personas modernas que no

---

14. Es significativo que Hebreos evite, no solo el término a menudo peyorativo, Ἰουδαῖος, sino también (excepto en las citas, 8:8, 10 = Je. 31[38LXX]:31, 33, y en una referencia a los descendientes de Jacob, 11:22) el término más positivo "Israel".

15. Cabe la posibilidad de interpretar que ambas partes de este versículo describen lo que sucedía κατὰ τὸν νόμον; véase el comentario.

comparten las presuposiciones de los destinatarios originales con respecto a un culto que implica el sacrificio animal. Para esos lectores, el problema de Hebreos puede compararse a un viaje a través de una niebla irregular. En algunos lugares, el sendero es oscuro —sobre todo cuando el autor subraya que los pasos en su argumento son "evidentes" (7:14) o "aún más evidentes" (7:15). De vez en cuando, el sol brilla, y nos encontramos con afirmaciones claras como "la sangre de los toros y los machos cabríos no puede quitar los pecados" (10:4), "he aquí, vengo a hacer tu voluntad" (10:9) o "no me acordaré de sus pecados... nunca más" (10:17).

La mejor solución para el dilema tal vez es decir que el escritor usa ese lenguaje relativo al sacrificio *como* un medio adecuado de comunicación con sus lectores *y* como una vía para comunicar un elemento fundamental de la verdad cristiana. El punto central del evangelio, tanto para Hebreos como para el resto del NT, es el acontecimiento de la manifestación de Cristo, que culminó con la muerte de Jesús, estrechamente relacionada con su resurrección, que Hebreos, a su vez, identifica virtualmente con su exaltación a la diestra de Dios. Este acontecimiento, y en particular la crucifixión, no puede esquivarse, desmitificarse ni reducirse a términos abstractos en la traducción, ni siquiera el lenguaje relativo a la obediencia de Cristo y al perdón de Dios, aunque ese lenguaje sí es una dimensión esencial del mensaje central de Hebreos. La importancia de la cruz radica básicamente en la ofrenda de sí mismo que Cristo hizo una vez y para siempre en obediencia a la voluntad de Dios; sin embargo, esa importancia no puede separarse del hecho de la propia crucifixión. El propio resumen que hace el autor no puede mejorarse porque va más allá de cualquier comparación y cualquier contraste con las ordenanzas levíticas, sin dejar de afirmar, en términos históricamente específicos y a la vez culturalmente no específicos, la unidad del acontecimiento, su significado y su resultado: "Por esa voluntad", es decir, por la convergencia de la voluntad de Cristo con la de Dios —un concepto que en la TEV (inglés) se expresa correctamente como "porque Jesucristo hizo lo que Dios quería que hiciera"— "hemos sido santificados mediante la ofrenda del cuerpo de Jesucristo hecha una vez para siempre" (10:10).[16]

Estos dos títulos de primer orden, "Hijo" y "sumo sacerdote", aparecen explícitamente relacionados en 5:5s., un pasaje crucial que podría parafrasearse de la siguiente manera: "Ya sabéis que Jesús es el Hijo de Dios; el propio Dios da testimonio de esto en la escritura. Pero hay otro texto en el que el mismo Dios nombra a Jesús como sumo sacerdote semejante a Melquisedec; y tengo una nueva enseñanza para daros sobre lo que esto significa" (cf. v. 11). ¿Es posible definir con mayor precisión la relación entre estos dos títulos? Hay mucho de verdad en la declaración sucinta de Michel: "Hijo era, y es hecho sumo sacerdote".[17] Sin embargo, el "ser hecho" de Cristo no se limita dogmáticamente a su oficio de sumo sacerdote. Ese es un aspecto de su exaltación (7:26), que en los primeros

---

16. En cuanto a todo lo que respecta al sacrificio cristiano; véase Daly 1978a, esp. 261-284.

17. *Sohn war er* (1:3; 5:7s.) *und Hoherpriester wird er* (2:17; 5:10); Michel 164. Para la segunda mitad de la declaración, cf. también 5:7; 6:20; 7:16.

versículos de Hebreos (sobre todo 1:4) parece[18] relacionarse más estrechamente con su filiación que con su sumo sacerdocio. Esta exaltación, a su vez, está vinculada, por una parte, a la continuación del ministerio de Cristo en el cielo (9:24), y por otra parte, a la única acción por la que "él fue hecho para todos los que le obedecen la fuente de eterna salvación" (5:9) —una cláusula que forma parte de la transición del tema de la filiación al del sumo sacerdocio.

El texto de Hebreos no nos permite forzar la filiación de Cristo en el molde de lo que más adelante se definirá como su naturaleza divina, ni su sumo sacerdocio en la categoría posterior de la naturaleza humana. Es cierto que el capítulo 1, que se centra en el tema de la filiación, difícilmente podría expresar con términos más fuertes la unidad de Cristo con Dios, mientras que la introducción y el desarrollo del tema del sumo sacerdocio giran en torno a la compasión y al entendimiento de Cristo, adquiridos mediante la experiencia de la vida y el sufrimiento humanos (2:17s.; 5:7s., cf. v. 2). Por un lado, sin embargo, la filiación de Cristo se relaciona estrechamente con la filiación de los creyentes (2:10), y por el otro, su sumo sacerdocio está también estrechamente ligado a la exaltación que le permite a Cristo ofrecer la salvación eterna a los creyentes (5:9). Las dos funciones no pueden separarse porque están unidas en el propósito de Dios, y se caracterizan principalmente por ser una enseñanza tradicional y nueva, aunque la segunda además está cimentada en la Escritura.

Cabe destacar que, aunque Hebreos suele usar un lenguaje similar con respecto a Jesús y a los creyentes,[19] es solo en plural que a los creyentes se les llama "hijos" (2:10) o "criaturas",[20] y "(sumo) sacerdote" se emplea solo con referencia a ciertas figuras veterotestamentarias y a Jesús, pero nunca a los creyentes cristianos. Los intentos de usar la carta a los Hebreos como base de un equivalente cristiano a la jerarquía y al culto levíticos, desde 1 Clemente (sobre todo 40–45, 57) hasta nuestros días,[21] normalmente implican una interpretación errónea de Hebreos y una concesión especial. Más confiable es la conclusión de Vanhoye, para quien en Hebreos "solo existe un sacerdote en el sentido pleno del término, y ese sacerdote es Cristo".[22]

Además de los títulos de Hijo y sumo sacerdote, que según Michel, "conllevan la cristología de Hebreos",[23] el carácter alusivo del lenguaje cristológico que se usa en la carta es a menudo seductor. En su declaración inicial, el autor caracteriza la relación del Hijo con Dios como ἀπαύγασμα τῆς δόξης καὶ χαρακτὴρ τῆς ὑποστάσεως αὐτοῦ, términos que, aunque no se explican ni se desarrollan, pueden

---

18. Aunque Vanhoye 1969a observa en el ὄνομα de 1:4 una referencia más distante al sumo sacerdocio.

19. Κληρονόμος, 1:2 con respecto a Jesús, 6:17 con respecto a los creyentes, 11:7 con respecto a Noé; συνπαθέω, 4:15 con respecto a Jesús, 10:34 con respecto a los creyentes; aprendiendo por medio de la obediencia, 5:8 con respecto a Jesús, 12:5-11 con respecto a los creyentes.

20. Παιδίον, en una cita, 2:13, y en una exposición, 2:14; en Hebreos no se usan los términos παῖς ni δοῦλος.

21. Véase, por ejemplo, Radcliffe.

22. Vanhoye 1980.343, cf. 259-263. Vanhoye reconoce que 1 Pedro y Apocalipsis hacen referencia a "sacerdotes" (cristianos) en un sentido derivado y secundario.

23. Michel 164.

haberles resultado familiares a los lectores por sus conocimientos de la literatura sapiencial y otra literatura no bíblica. La descripción posterior de Jesús que hace el autor como τὸν ἀπόστολον καὶ ἀρχιερέα τῆς ὁμολογίας ἡμῶν (3:1) es igualmente desconcertante, en primer lugar, porque vincula el importante título de sumo sacerdote con el término "apóstol", que en Hebreos no se desarrolla, y no se usa en ningún otro lugar del NT con respecto a Jesús; y en segundo lugar, porque la alusión a "nuestra confesión" parece referirse a la enseñanza tradicional común. Las dificultades se resuelven mejor (véase el comentario) (a) si aceptamos que "apóstol" está estrechamente relacionado con y subordinado a "sumo sacerdote", e interpretamos la expresión como "el sumo sacerdote al que Dios envió", y (b) si consideramos que "confesión" se refiere en general a la confesión de fe en Jesús, y no al uso de un título específico. De manera similar, a Jesús se le llama πρόδρομος en 6:20, de nuevo sin explicación ni desarrollo, y sin ningún paralelismo en el NT. Este término podría ser considerado un sinónimo de ἀρχηγός (2:10; 12:2), porque ambos términos se usan para referirse al paso de Cristo por medio de la muerte a la exaltación en beneficio de la humanidad.

Por lo demás, el rasgo más característico del lenguaje cristológico de Hebreos es el uso que hace del nombre "Jesús" (2:9), que contrasta sorprendentemente con el uso de Pablo en Romanos. En Hebreos "Jesús" aparece trece veces, normalmente solo[24] salvo en el capítulo 13. Cuando "Jesús" se usa solo, siempre, excepto en 13:12, se encuentra al final de una cláusula. El orden de la oración parece estar condicionado por el deseo de hacer hincapié en el nombre. En Romanos, "Jesús" se usa casi tres veces con más frecuencia que en Hebreos,[25] pero solo dos veces (3:26; 8:11) por sí mismo, una sola vez (3:26) al final de una cláusula, y allí, de manera natural y sin ningún énfasis especial. En un sentido, el uso en Hebreos pone de relieve el estilo esmerado de su autor; en otro sentido, pone de relieve el carácter esencial de Jesús para el mensaje de Hebreos, y tal vez algo de la misma reverencia que caracteriza sus referencias a Dios.

Hasta el final de la epístola, el lenguaje cristológico del autor es generalmente tradicional. Alude a Jesús en dos ocasiones, sin destacar ni explicar nada, como "el Señor" (2:3; 7:14; cf. 1:10 = Sal. 102:25 [101:26 LXX]), pero este título normalmente se usa con respecto a Dios.[26] El evangelio comenzó con Jesús (2:3; cf. 1Co. 15:3), aunque el autor afirma que no recibió de él ningún encargo directo. Jesús asumió una naturaleza humana (2:14, 16s., aunque en Hebreos no se usa el término técnico posterior φύσις), y renunció por un tiempo a su estatus de superioridad sobre los ángeles (2:7 = Sal. 8:5 [v. 6 LXX]). Esta y otras declaraciones implican la preexistencia de Jesús; el cual estuvo activo en la creación (1:2, 10 = Sal. 102:25 [101:26 LXX]), y gobierna al mundo con justicia (1:8 = Sal. 45:6 [44:7 LXX]). Mientras estuvo en la tierra "fue tentado en todo a semejanza nuestra, pero sin pecar" (4:15); ahora, en su condición de sumo sacerdote, no solo es "santo,

---

24. "Jesús el Hijo de Dios", 4:14, y "Jesucristo," 10:10, son excepciones.
25. Romanos tiene 433 versículos en comparación con los 305 de Hebreos.
26. No está muy claro en 12:14 ni en 13:6 = Sal. 118(117LXX):6 si la referencia es a Dios o a Jesús, pero en ambos casos probablemente es al primero.

inocente, sin mancha, apartado de los pecadores", como lo era cuando estaba en la tierra, sino también "exaltado sobre los cielos" (7:26). El acontecimiento de la exaltación de Cristo a la diestra de Dios ocupa en buena medida el lugar que llena en otros escritos neotestamentarios la resurrección de Cristo; la cual se menciona solo en la bendición tradicional al final de la carta (13:20). Esto tal vez se relaciona con el hecho de que el autor, a la vez que subraya que la historia de la salvación está dentro del propósito de Dios, a quien Cristo es "fiel" (3:2) en su oficio de sumo sacerdote, usa también términos fuertes para referirse a la conquista de Cristo sobre la muerte (2:14s.), y del "poder de [su] vida indestructible" (7:16).

LA SALVACIÓN Y ALGUNOS CONCEPTOS RELACIONADOS

Para describir los resultados del sacrificio personal de Cristo se emplea una rica variedad de expresiones. De manera general, el escritor habla de la "salvación" como algo que ya está presente y disponible a través del mensaje cristiano anunciado primeramente por Jesús (2:3); Jesús se ha transformado ya en el pionero de la salvación para sus "muchos hijos" (2:10) y la fuente o causa (αἰτία) de su salvación (5:9). El escritor confía en que sus lectores lleguen a participar plenamente de esta salvación, pero el lenguaje de 6:9 implica que esto no ha sucedido todavía. Más simple aún, y con términos sin duda tradicionales, el escritor dice que Cristo padeció la muerte "por todos" (2:9).

La purificación de los pecados se menciona por primera vez en 1:3: el participio de aoristo que sigue, junto con el contexto, probablemente implica ya una referencia a la muerte sacrificial de Cristo. En este texto programático, no se explica de quién o quiénes son los pecados que han sido purificados. A partir de 4:15; 7:26s. queda claro que Jesús está excluido, pero por lo demás, la referencia es muy general, y en 9:23 se habla en forma misteriosa de la purificación de "las cosas celestiales mismas". El futuro del verbo (καθαριεῖ) en 9:14 sugiere que los resultados de la muerte de Cristo, al efectuar la purificación del pecado, aún tienen que obrar en la vida de los creyentes. En el mismo espíritu, el escritor exhorta a sus lectores (con quienes, a menudo, él mismo se asocia) diciéndoles: "acerquémonos con... fe, purificados los corazones de mala conciencia y lavados los cuerpos con agua pura" (10:22); tres versículos antes, les había dicho que ese acceso a Dios es "por la sangre de Jesús". Valiéndose de una imagen veterotestamentaria, el autor afirma que Jesús "hizo expiación" (ἱλάσκεσθαι) por los pecados del pueblo (2:17). En el mismo pasaje, también habla de liberación (2:15), aunque el contexto inmediato sugiere que se trata de la liberación de la muerte y del poder del diablo y no del pecado. En otros lugares, habla simplemente de perdón (10:18).

En forma más positiva, usa términos generalmente cultuales para referirse a la "ayuda" o apoyo de Dios para los creyentes, del "acercamiento" de ellos a Dios (7:19, ἐγγίζω; 7:25, προσέρχομαι) y alude anticipadamente a su participación en la adoración del cielo (12:22-24). Emplea el verbo "perfeccionar" respecto a Cristo (5:9) y a los creyentes (10:14; 11:40); por tanto, esta expresión no puede implicar por fuerza la existencia de un pecado o de una imperfección con anterioridad. Un concepto estrechamente relacionado con la perfección es la santificación (10:14), que está tan íntimamente ligada al sacrificio de Cristo (10:29; 13:12) que es incluso posible referirse a la santificación de los creyentes en tiempo pasado (10:10; cf. 10:14, 29). Los cristianos están llamados a participar ($\mu\varepsilon\tau\alpha\lambda\alpha\beta\varepsilon\tilde{\imath}\nu$) de la santidad de Dios (12:10, 14), por cuanto están llamados a participar de Cristo ($\mu\acute{\varepsilon}\tau o\chi o\iota$ ... $\tau o\tilde{\upsilon}$ Χριστοῦ γεγόναμεν, 3:14). Hebreos no habla como Pablo de la vida "en Cristo", ni usa los términos compuestos con el prefijo $\sigma\upsilon\nu$- que son tan característicos del apóstol, pero la idea, expresada tal vez con menos vivacidad, es muy similar.

La tensión entre el presente y el futuro en la soteriología no se refleja con exactitud en el lenguaje que usa el autor para contrastar el movimiento con la estabilidad. Käsemann tal vez haya exagerado mucho los elementos gnósticos en Hebreos,[27] pero no se puede negar la persistencia del tema del éxodo (sobre todo en 3:7–4:13 y en el cap. 11), o en forma más general, el tema del pueblo de Dios *in via*, identificados ya como "casa" o familia de Dios (3:6), pero con una esperanza (6:18s.) que todavía no ha sido totalmente cumplida; convertidos ya en "participantes de Cristo" (3:14), pero todavía, al igual que los héroes veterotestamentarios de la fe, buscando la plena participación en lo que se describe de diversas maneras como el lugar de reposo de Dios ($\kappa\alpha\tau\acute{\alpha}\pi\alpha\upsilon\sigma\iota\varsigma$, 3:11), como una "patria" (11:14), o como una "ciudad" (11:16); y los que todavía tienen que "heredar" o tomar posesión permanente de lo que Dios ha prometido (6:12; cf. 9:11; 10:36; 11:39). Solo en el juicio final lo temporal será destruido y se verá que lo que es permanente sobrevivirá (12:25-29).

Nada de esto, sin embargo, minimiza la diferencia que marca la venida de Cristo. El autor no especula sobre el destino de los que vivieron antes de la encarnación: él acepta el criterio veterotestamentario de que los justos serán salvos y que los injustos perecerán. Esto implica, por una parte, que los que se rebelaron contra Dios en la época del AT (3:8, 15, 16), que endurecieron sus corazones (3:8, 13, 15; 4:7) a causa de la incredulidad 3:12, 19) o la desobediencia (4:4, 11), perdieron su derecho a participar del reposo de Dios, dejando vacantes sus lugares para los que más adelante habrían de creer en Cristo (aunque Hebreos tampoco especula sobre el número de los elegidos). También implica, por otra parte, que los que en la época del AT fueron obedientes a Dios y creyeron (por anticipado, en Cristo, 11:26) estén esperando hasta que los que más adelante habrán de creer en Cristo se unan a ellos en el pueblo restaurado de Dios, "para que aparte de nosotros ellos no sean perfeccionados" (11:40).

EL "RIGORISMO" DE HEBREOS

Esto conduce al tema tan discutido del destino de los que rechazan el postrer don y la revelación de Dios en Cristo (véase el comentario sobre 2:1-4; 6:4-6; 10:26-31). Al parecer, los factores relevantes incluyen los siguientes:

27. Para un análisis retrospectivo favorable de Käsemann 1939, véase Grässer 1986.

(1) El escritor no le pone límites a la autoridad de Cristo, ni al alcance de su sacrificio (1:2, κληρονόμον πάντων; cf. 1:3; 2:8, 9).

(2) La apropiación de la salvación de la que Cristo es la fuente depende de la fe (5:9).

(3) Un aspecto esencial del propósito de Hebreos es prevenir a los lectores contra el peligro que representa la pérdida de la fe; no hay absolutamente ninguna razón para suponer que el escritor exagerara deliberadamente el peligro en el que, en su opinión, se encontraban sus lectores.

(4) El escritor no prevé para sus lectores ninguna apostasía parcial, por la cual puedan abandonar la fe en Cristo y permanecer, por ejemplo, siendo buenos judíos, o de manera más general, creyentes en Dios; no mantenerse firmes en Cristo (3:14) equivale simplemente a "apartarse del Dios vivo" (3:12).

(5) El escritor se asocia con sus lectores en el peligro en el que se encuentran; no hay ninguna razón para descartar las formas correspondientes a la primera persona del plural en 2:1, 3; 10:26 por considerarlas un recurso retórico táctico.

(6) Las advertencias, sin embargo, se alternan con palabras de aliento (6:9-12; 10:32-39); y esto tampoco es un simple recurso retórico, sino un medio para acrecentar el contraste entre, por un lado, las bendiciones que han experimentado (cf. 6:4s.) y el bien que hicieron en el pasado, y, por el otro, la magnitud de su pérdida si se apartan.

(7) Las advertencias claramente no están dirigidas a los cristianos nominales, sino a los que han participado, tan plenamente como sea posible participar en el tiempo presente, de las bendiciones que acompañan y siguen a la entrada en la vida cristiana (6:4s.).

(8) El escritor no afirma exactamente que es imposible que los apóstatas sean salvos, sino que es imposible que "sean otra vez renovados para arrepentimiento" (6:4); es decir, que es imposible que repitan el acto en virtud del cual pueden regresar a la fe, y de ese modo, ser salvos.

(9) La naturaleza de la apostasía, se describe, no en una forma meramente pasiva, como el "descuido de una salvación tan grande" (2:3), sino en forma activa, como un pecado deliberado (ἑκουσίως, 10:26) que anula para el que lo comete el efecto de la muerte sacrificial de Cristo (10:26, 29), e identifica al apóstata con los que fueron humanamente responsables de esa muerte (6:6). De hecho, es posible que el propósito de las advertencias del apóstol sea alertar a los lectores sobre el peligro que están corriendo de caer en apostasía, y ayudarlos a darse cuenta de la naturaleza de la propia apostasía.

(10) En ningún lugar el autor afirma que cualquiera de sus lectores haya caído en apostasía,[28] ni tampoco especula sobre el hecho de que vayan a hacerlo.

La pregunta que quedaría por responder es si esta enseñanza, tal vez contra la intención del escritor, le pone límites al alcance del sacrificio de Cristo. En particular, podría alegarse que el pensamiento del escritor todavía está demasiado restringido por las categorías veterotestamentarias. Si bajo la antigua dispensación

---

28. ὁ τὸν υἱὸν τοῦ θεοῦ καταπατήσας, 10:29, es obviamente genérico, al igual que τις en el v. anterior.

los sacrificios eran eficaces cuando se trataba de infracciones externas o accidentales de la Ley (9:10), pero no de transgresiones deliberadas, entonces, por analogía, bajo la nueva dispensación, el rechazo deliberado del único sacrificio que puede limpiar la conciencia deja al pecador sin más recursos (10:26). En contra de esta opinión, podemos argumentar que el único sacrificio de Cristo es eficaz no solo en el pasado sino también en el futuro, y que su eficacia no cesa en el momento en que un individuo viene a la fe salvadora.

Con esto, llegamos al límite de lo que puede decirse con respecto al significado y la intención de Hebreos, y entramos en una zona que normalmente se ha visto ocupada por presuposiciones y especulaciones de otros lugares y épocas, relacionadas, por ejemplo, con el problema del siglo IV de la readmisión de los *traditores,* o con la controversia teológica acerca de la perseverancia final de los creyentes —temas que, por muy importantes que sean en sus propios contextos, están muy lejos del interés del autor de Hebreos. Es probable que la posible apostasía de los creyentes sea parte de un conjunto de temas relacionados, incluyendo el origen del mal y el resultado del juicio final, que por la propia naturaleza de los mismos, se encuentran fuera del alcance de la visión humana, y con respecto a los cuales un agnosticismo reverente resulta más sensato, más realista, y a fin de cuentas, más fiel a la escritura, que las declaraciones dogmáticas, ya sean positivas (propias del universalismo) o negativas. Según lo expresó Calvino (en un contexto diferente, aunque relacionado): "La mejor regla de la sobriedad es, no solo aprender a seguir a Dios dondequiera que nos guíe, sino también dejar de desear ser sabio, cuando él le pone fin al proceso de enseñanza".[29]

ESCATOLOGÍA

Si esta es una interpretación generalmente correcta de la enseñanza de Hebreos sobre un tema particularmente difícil y polémico, no es extraño que la escatología del escritor sea una dimensión de su enseñanza sobre otras cuestiones y no un tema separado. La palabra "escatología" se usa aquí en su sentido estricto, es decir, con referencia a las realidades postreras, o de una manera un poco más general, al futuro. Se emplea a veces[30] en un sentido amplio, en contraste con el "helenismo", para indicar el uso de categorías temporales y no espaciales, o incluso más ampliamente, una preocupación mayor por la soteriología que por la cosmología. El lenguaje helenístico no debe oscurecer el hecho de que el pensamiento del autor se mueve en categorías *heilsgeschichtlich* [relacionadas con la historia de la salvación], fundamentalmente temporales. A pesar de ello, es capaz de usar representaciones espaciales alternativas e independientes del universo en distintos contextos y con diferentes propósitos.[31]

---

29. J. Calvino, *Institutes* 3.21.3; cf. 3.21.2: "No os avergoncéis de ser ignorantes en un asunto en que la ignorancia es aprendizaje"; *Neque vero nos pudeat aliquid in ea re nescire ubi est aliqua docta ignorantia.*

30. Por ejemplo, en el título de Cambier 1950.

31. Buchanan 1975.325-329; Ellingworth 1986.

La afirmación "Jesucristo es el mismo ayer, hoy y siempre" (13:8) parece un tanto aislada en su contexto inmediato, sin embargo, ningún escrito neotestamentario mantiene mejor que Hebreos el equilibrio entre los aspectos pasados, presentes y futuros de la obra de Dios en Cristo. En la declaración programática del inicio de la epístola, se le da cierto nivel de prominencia al don que Dios le otorga a Cristo de la posesión futura de todas las cosas (1:2, κληρονόμον πάντων) porque se menciona, de un modo un tanto inesperado, antes que el papel de Cristo en la creación. El tema de la κληρονόμος reaparece en 1:14, donde se aplica al pueblo de Dios, pero donde también se pone de relieve la dimensión futura (τοὺς μέλλοντας κληρονομεῖν σωτηρίαν). Esto conduce directamente a la primera expresión del autor acerca de su preocupación por el futuro de sus lectores (2:1-3). La cristología y la soteriología están inextricablemente unidas en 2:5-10; cualquiera que sea la relación precisa entre las dos, la tensión entre la presente exaltación de Cristo y el futuro cumplimiento de los propósitos de Dios resulta clara, y el punto de partida de esta sección es el tema del "mundo venidero" (2:5).

La esperanza es un tema recurrente a través de la epístola (3:6; 6:11, 18; 7:19; 10:23; cf. 11:1); en la mayoría de los casos, sin duda, y probablemente en todos, se refiere al objeto de la esperanza cristiana, "lo que esperamos", y no a una esperanza subjetiva. Podría describirse como el equivalente humano del tema más destacado de las promesas de Dios (4:13), que normalmente, también se refiere a lo que Dios promete y no al hecho de prometer. En el lenguaje que se emplea para describir los beneficios que se derivan del sacrificio de Cristo (véase supra) está presente un fuerte elemento futuro, por ejemplo, κατάπαυσις "permanece" como una "promesa" de entrar en el lugar del reposo de Dios hasta el fin (4:1). El uso de αἰώνιος (5:9) tal vez sea más cualitativo que cuantitativo, pero es prácticamente imposible excluir una dimensión futura.

El propósito pastoral de la epístola, animar a los lectores a mantenerse firmes en su fe, se centra, casi por definición, en el futuro, y los términos característicos en este respecto son μακροθυμία (6:12), ὑπομονή/ὑπομονέω (10:32, 36), πίστις/πιστεύω (4:2s.), y al menos algunos de los verbos de exhortación (κατανοήσατε, 3:1, cf. 10:24 y ἀναλογίσασθε con un significado similar, 12:3; φοβηθῶμεν, 4:1; σπουδάζωμεν, 4:11; κρατῶμεν, 4:14; ἐπὶ τὴν τελειότητα φερώμεθα, 6:1; προσερχώμεθα, 10:22; κατέχωμεν, 10:23; δι' ὑπομονῆς τρέχωμεν … 12:1). Pero incluso en pasajes como estos, el pasado, el presente y el futuro están estrechamente relacionados: la exhortación a mantenerse firmes en 10:23 se relaciona no solo con el acontecimiento pasado del sacrificio de Cristo (vv. 19-21), y la consiguiente limpieza de los creyentes (10:22), sino también con su vida presente como una comunidad de creyentes que ve que "el día se acerca" (10:24s.).[32] Por el contrario, algunas de las exhortaciones en el capítulo 12, y la mayoría de las que aparecen en el capítulo 13, tienen que ver con la vida presente y con la adoración de la comunidad; sin embargo, es al final del capítulo 12 que el autor hace su declaración más completa acerca del cataclismo final.

---

32. La expectativa de la inminencia del juicio final parece ser uno de los aspectos de la enseñanza cristiana primitiva que el autor acepta, pero no lo desarrolla ni hace hincapié en él.

EL PROPÓSITO Y LA MOTIVACIÓN
DE HEBREOS

¿Cuál fue, entonces, el propósito del autor al escribir Hebreos? Para tratar de responder esta pregunta, nos basamos en la evidencia de que él estaba escribiéndole a un grupo específico de individuos a los que conocía personalmente (véase LOS PRIMEROS LECTORES, págs. 21-27). Suponemos además, aunque esto escapa estrictamente a las pruebas, que el autor no malinterpretó por completo su situación.[1]

Al abordar este tema aparecen dos grandes problemas. El primero, fácil de plantear pero bastante insoluble, es que Hebreos contiene poca información específica del tipo que nosotros descubrimos, por ejemplo, en las cartas de Pablo a los corintios. No hay nada que se corresponda con los informes acerca de disputas en la comunidad (1Co. 1:11), ni acerca de un hombre que vivía con la mujer de su padre (5:1); no hay referencias a cartas de los lectores al escritor pidiéndole orientación. Lo único que podemos deducir de estas pruebas negativas es que, más allá de que existieran o no algunos de estos problemas específicos entre los destinatarios de Hebreos, la preocupación principal del escritor no era esa.[2] Por tanto, nuestra valoración del propósito y la motivación de Hebreos debe basarse en pruebas más generales.

El segundo problema, que es el más sustancial, tiene que ver con la naturaleza del lenguaje que se emplea para describir, de manera clara o implícita, los peligros en el que se encuentran los lectores, y por tanto, la esencia de las exhortaciones del escritor. En términos generales es de tres tipos, pero la relación entre ellos no resulta obvia inmediatamente.

En primer lugar, hay expresiones predominantemente *pasivas*, que, al parecer, denotan cierto cansancio en el esfuerzo por alcanzar el objetivo cristiano, o en el progreso a lo largo del camino del discipulado cristiano. Se les pide a los lectores

---

1. Aun cuando, per impossibile, la motivación para escribir Hebreos hubiera sido una malinterpretación de la situación de los lectores, sería igualmente necesario tratar de entender la situación en la que el escritor pensaba que se encontraban sus lectores. Dado que no hay pruebas para esto aparte de la propia epístola, el resultado, a efectos prácticos, sería el mismo.

2. Las advertencias específicas contra la fornicación, el adultero y el amor al dinero (13:4s.) no parecen estar estrechamente relacionadas con el argumento principal.

(entre los cuales el escritor a menudo se incluye) que no se "desvíen"[3] de lo que han oído (2:1), que no "descuiden" (2:3) el mensaje de la salvación, que no "dejen de alcanzar" la meta cristiana (4:1); que no dejen de mantenerse firmes en la fe que confiesan (4:14); que no pierdan su confianza (10:19, 23); que no se hagan "tardos para oír" (5:11) ni "perezosos" (6:12); que pasen de la infancia espiritual a la madurez (5:12-14); que no sean improductivos (6:7s.), sino que permanezcan haciendo buenas obras (6:10); que se despojen del peso del pecado (12:1); que no se cansen ni se desanimen (12:3); que "fortalezcan las rodillas débiles [las suyas propias; o posiblemente las de los otros], que hagan sendas derechas para [sus] pies" (12:12s.); y que no se dejen "llevar por toda clase de enseñanzas extrañas" (13:9). Junto con esos textos pueden encontrarse exhortaciones a la ayuda mutua y al amor en la comunidad cristiana (3:13; 10:24s.; 13:1-3) en sumisión a su liderazgo (13:7,17).

Pero en segundo lugar, en contraste con esas expresiones, hay pasajes que se refieren al menos a la posibilidad de una rebelión *activa*, e incluso permanente, contra la voluntad de Dios; al peligro de tener "un corazón malo e incrédulo que se aparte del Dios vivo" (3:12); a una desobediencia, como la de la generación del éxodo (4:11), que no puede ocultarse a los ojos de Dios (4:12s.); a "recaer... crucificando de nuevo al Hijo de Dios... y exponiéndolo a vituperio" (6:6); a la persistencia voluntaria en el pecado (10:26), que equivale a "desdeñar al Hijo de Dios" y "profanar la sangre del pacto" (10:29); a las raíces de amargura que brotan en la comunidad y la contaminan (12:15); y a negarse a escuchar la voz de Dios (o de Cristo) (12:25). Con esos pasajes pueden relacionarse las repetidas exhortaciones a la fidelidad "hasta el fin" (3:6, 14; 6:11) y las frecuentes referencias al pecado y al perdón. Es cierto que el escritor nunca afirma que algún miembro de la comunidad haya incurrido en apostasía; sin embargo, el lenguaje en algunos lugares es tan fuerte que el autor debe haber considerado que se trataba de un peligro real.

En tercer lugar, hay referencias a presiones externas que equivalían a una persecución: los lectores, a semejanza de Jesús en la tierra "estaban siendo probados" (2:18; cf. 4:15) en esos momentos del mismo modo que lo había sido la comunidad en tiempos pasados (10:32); parece probable que las tribulaciones aumentarían en gravedad, tal vez hasta el punto de hacer que algunos padecieran el martirio (12:4).

Desde el punto de vista metodológico, es poco sensato tratar de armonizar por la fuerza estos diferentes tipos de lenguaje, aun cuando en ciertos pasajes estén estrechamente entrelazados. Al parecer, al menos algunos miembros de la comunidad se sentían amenazados por su propia debilidad interna y por presiones externas (cf. 2Co. 7:5). Tampoco es posible descartar el segundo grupo de textos por considerarlos una exageración retórica: toda exégesis seria parte de la presuposición de que el escritor está seguro de lo que dice.

---

3. A menos que se indique lo contrario, las citas están tomadas de la LBLA, sin perjuicio del análisis en el cuerpo del comentario.

Por el contrario, podría lograrse tal vez una percepción coherente de toda la situación comenzando con los pasajes severos y desplazándose hacia los que plantean menos problemas. A no ser que el escritor estuviera totalmente equivocado (una opinión que *ex hypothesi* hemos excluido), algo que había sucedido en la comunidad estaba amenazando con cortar de raíz la fe de al menos algunos de sus miembros; o, para usar un lenguaje cercano al de la propia epístola, estaba amenazando con interrumpir su peregrinación de fe antes de haber alcanzado la meta. Si algunos lectores sucumbían a esta amenaza, existía el peligro de que el mal contaminara a los demás (12:15).

Las presiones externas eran un factor en la situación, pero el escritor no le da a la resistencia el lugar central en su llamamiento. La debilidad interior puede haber sido una condición crónica que predisponía a algunos de los lectores a abandonar, en algún momento crucial, su fe en Cristo, pero el escritor pone de relieve con los términos más fuertes la responsabilidad personal de los que (casi por definición, voluntariamente) apostatan.

Si, tal como se sugirió anteriormente, (1) la mayoría de los lectores habían salido del judaísmo para abrazar la fe en Cristo, y (2) los lectores vivían en algún lugar céntrico como Roma, donde el judaísmo (pero no el cristianismo) estaba bien establecido y oficialmente era tolerado, bien podría haber habido una tentación constante de restarle importancia, descuidar, abandonar, y por ende, en una crisis rechazar y negar la dimensión distintivamente cristiana de su fe.

El escritor enfrenta este peligro, por un lado, en sentido negativo, por medio de las advertencias más severas de las consecuencias permanentes de ese tipo de acción; y por otro lado, en sentido positivo, presentando a Cristo como la culminación esencial e inseparable de los propósitos de Dios para su único pueblo, bajo la dispensación antigua y la nueva por igual. La enseñanza característica del escritor acerca del sumo sacerdocio de Cristo es el centro de este llamamiento positivo. Cristo, en su condición de sumo sacerdote, ofreciéndole en perfecta obediencia al Padre el sacrificio de sí mismo, llevó a cabo una vez para siempre todo lo que el antiguo sacerdocio y sus sacrificios animales no podían efectuar. Cualquiera que lo abandone, no tiene otra esperanza.

EL TEXTO DE HEBREOS

La lista de manuscritos de Hebreos que se mencionan a continuación (véanse las tablas en las págs. 82-83) se basa principalmente en NA[26] 684-711 y en Aland-Aland, sobre todo 96-138, donde es posible encontrar más información y referencias. Para cada uncial, cuando es adecuado, damos la numeración convencional de Wettstein y Gregory. Para cada manuscrito, añadimos la evaluación de Aland-Aland (106, 159) conforme a las siguientes categorías:

- *Categoría I:* Manuscritos de una calidad muy especial que siempre debe tenerse en cuenta al establecer el texto original.

- *Categoría II:* Manuscritos de una calidad especial, pero diferentes de los manuscritos de la categoría I por la presencia de influencias ajenas (en particular del texto bizantino), pero que sin embargo, resultan importantes para establecer el texto original.

- *Categoría III:* Manuscritos de un carácter peculiar con un texto independiente, suelen ser importantes para establecer el texto original, pero especialmente importantes para la historia del texto.

- *Categoría IV:* Manuscritos del texto D.

- *Categoría V:* Manuscritos con un texto pura o predominantemente bizantino.

Estas categorías admiten cuestionamiento por diversas razones, pero aquí se ofrecen "sin perjuicio" para la conveniencia del lector.

Papiros

No.	Contenido (Hebreos)	Nombre/Ubicación	Fecha (C=Siglo)	Categoría
$\mathfrak{P}^{12}$	1:1	P. Amherst 36	C3	I
$\mathfrak{P}^{13}$	2:14–5:5; 10:8-22; 10:19–11:13; 11:28–12:17	P. Oxirrinco 657	C3-4	I
$\mathfrak{P}^{17}$	9:12-19	P. Oxirrinco 1078	C4	II
$\mathfrak{P}^{46}$	1:1–9:16; 9:18-10:20, 22-30; 10:32–13:25	P. Chester Beatty II	c. 200	I
$\mathfrak{P}^{79}$	10:10-12, 28-30	Berlín Staatliche Museen Inv. 6774	C7	II
$\mathfrak{P}^{89}$	6:7-9, 15-17	Florencia: Bibleoteca Medicea Laurenziana, PL III/292	C4	–

Códices unciales

No.	Contenido (Hebreos)	Nombre/Ubicación	Fecha (C=Siglo)	Categoría
ℵ 01	completo	Códice Sinaítico	C4	I
A 02	completo	Códice Alejandrino	C5	I
B 03	1:1–9:13	Códice Vaticano	C4	I
C 04	2:4–7:26; 9:15-10:24; 12:16–13:25	Codex Ephraimi Syri rescriptus	C5	II
D 06	1:1–13:20	Códice Claromontano	C6	II
E 06[abs]	1:1–13:20	Códice Sangermanense	C9	II
H 015	1:3-8; 2:11-16; 3:13-18; 4:12-15; 10:1-7, 32, 38; 12:10-15; 13:24-25	Códice Eutaliano[a]	C6	III

a. Conocido también como códice Coisliniani; parte de este manuscrito disperso es Coislin 202 en la Bibliothèque Nationale, Paris.

No.	Contenido (Hebreos)	Nombre/Ubicación	Fecha (C=Siglo)	Categoría
I 016	1:1-3, 9-12; 2:4-7, 12-14; 3:4-6, 14-16; 4:3-6, 12-14; 5:5-7; 6:1-3, 10-13; 6:20–7:2; 7:7-11, 18-20; 7:27–8:1; 8:7-9; 9:1-4, 9-11, 16-19, 25-27; 10:5-8, 16-18, 26-29, 35:38; 11:6-7, 12-15, 22-24, 31:33; 11:38–12:1; 12:7-9, 16-18, 25-27; 13:7-9, 16-18, 23-25	Códice Freeriano	C5	II
K 018	completo	Códice Mosquense	C9	V
L 020	1:1–13:9	Códice Angelico	C9	V
P 025	completo	Códice Porfiriano	C9	III
Ψ 044	1:1–8:10; 9:20–13:25	Códice Athos Laurence	C8-9	III
048	11:32-38; 12:3–13:4	Roma: Biblioteca del Vaticano	C5	II
0121b	1:1–4:3; 12:20–13:25	Hamburgo: Universitäts-bibliothek Cod. 50 in scrin.	C10	III
0122	5:8–6:10	San Petersburgo: Biblioteca pública, Gr. 32	C9	III
0227	11:18-19, 29	Viena: Österreichische Nationalbibliothek, Pap. G. 26055	C5	III
0228	12:19-21, 23-25	Viena: Österreichische Nationalbibliothek, Pap. G. 19888	C4	III
0252	6:2-4, 6-7	Barcelona: Fundació Sant Lluc Evangelista, P. Barc. 6	C5	III

Minúsculos

Los siguientes minúsculos se citan para Hebreos en UBS[3]: 4 (C13); 33 (C9, I); 69 (C15, III); 81 (1044, al menos II); 104 (1087, III); 181 (C11, III); 255 (C12); 326 (C12, III); 330 (C12, III); 424 (C11, III); 436 (C11, III); 451 (C11, III); 462 (C13); 614 (C13, III); 629 (C14, III); 630 (C14, III); 917 (C12, III); 1175 (C11, I); 1241 (C12, III); 1518 (C15); 1611 (C12, III); 1739 (C10, I); 1836 (C10, III); 1877 (C14, III); 1881 (C14, II); 1908 (C11, III); 1923 (C11); 1962 (C11, II); 1984 (C14); 1985 (1561); 2127 (C12, II); 2492 (C13, III); 2495 (C14-15, III con reservas).

Leccionarios

Los siguientes leccionarios se citan en forma individual para Hebreos en UBS[3]: *l*44 (C12); *l*53 (C15); *l*597 (C10); *l*598 (C11); *l*603 (C11); *l*1357 (C13).

De acuerdo con Aland-Aland (29s.), las principales ediciones del NT griego (Tischendorf[8], Westcott y Hort, von Soden, Vogels, Merk y Bover) coinciden con Nestle-Aland[25] en el 77.2% de los versículos de Hebreos; en comparación con un promedio del 62.9% para el NT en general, y el 76.5% para el corpus paulino. Las principales ediciones presentan un promedio de 2.9 variantes en Hebreos por cada página de NA[25], ligeramente inferior también al promedio de 3.2 variantes por cada página en el corpus paulino en su conjunto. Estas diferencias, empero, no pueden considerarse significativas desde el punto de vista estadístico.[1] Además, las cifras representan claramente la valoración selectiva de los editores y no el número total de variantes. Sin embargo, es posible extraer de ellas la conclusión muy general de que el texto de Hebreos es tan confiable como el del corpus paulino en su conjunto —es decir, un criterio muy elevado en comparación con otros documentos de un período similar. En el comentario se analizan algunos problemas textuales individuales.

Primeras versiones[2]

En UBS[3] se citan los siguientes testimonios de las versiones:

Antigua Latina (Itala)

ar	Ardmacano	C9
c	Colbertino	C12-13
d	claromontano	C5-6
dem	demidoviano	C13
div	divionense	C13

---

1. El número más alto de variantes que se observa en los evangelios, y por ende, el promedio más alto para el Nuevo Testamento en general, probablemente refleja la cantidad mayor de manuscritos que contienen los evangelios o partes de ellos.
2. Aland-Aland 185-221; Metzger, con referencias adicionales.

f	augiense	C9
gig	gigas	C13
r	monacense	C6
t	liber Comicus Toletanus	C11
v	parisino	c. 800
x	bodleiano	C9
z	harleiano Londinense	C8
d 75	(C6, la columna en latín de D 06)	

Vulgata (C4-5)

Incluyendo la vg[cl] (edición clementina) y la vg[ww] (la edición de Wordsworth y White en UBS[3])

Siriaca (C4-7)

sir[p] (peshita); sir[pal] (palestina); sir[h] (harcleana)

Cóptica (C3-4)

cop[sa] (sahídica); cop[bo] (bohaírica); cop[fay] (fayúmica)

Armenia

Etiópica

et[ro] (Roma); et[pp] (Pell Platt y Prætorius)

Ediciones modernas

Este comentario se basa generalmente en NA[26] (7ma impresión revisada 1983) y en UBS[3 corr]. El texto de ambas ediciones es el mismo salvo en la división de los párrafos. El aparato de NA[26] presenta pruebas limitadas para una gran cantidad de variantes, mientras que el aparato del texto de la UBS proporciona pruebas completas para un número restringido de variantes, un hecho que los traductores consideran importante. Estoy en deuda con el Institut für Neutestamentliche Textforschung, Münster, por proporcionarme pruebas previas de Hebreos y parte de la introducción en UBS[4]. UBS[4] difiere *inter alia* de las versiones anteriores porque ofrece una información más completa en el aparato, sobre todo en lo que respecta a los leccionarios; porque tiene un aparato de puntuación totalmente nuevo, y porque reduce de cuatro a tres los niveles de probabilidad indicados para el texto.

COMENTARIO

PRÓLOGO: DIOS HA HABLADO DE NUEVO EN SU HIJO (1:1-4)

Los días postreros han comenzado. Dios, por medio de su Hijo, ha revelado plenamente su naturaleza y su propósito, el cual a través de los profetas lo demuestra desde la creación. El Hijo ha hecho posible que los pecados sean eliminados. Él ha sido exaltado a la diestra de Dios, y se le ha dado un título supremo, superior al de los ángeles.

Desde el punto de vista gramatical, la declaración inicial de Hebreos, cuidadosamente elaborada, consta de una oración de participio (v. 1), una cláusula principal (v. 2a) y dos cláusulas subordinadas (v. 2b), todas las cuales tienen como sujeto a Dios, y les siguen dos cláusulas subordinadas (vv. 3, 4) con el Hijo como sujeto, y cada una de ellas incluye otras oraciones de participio (BD §464). El lenguaje es literario (*gehobene Kunstprosa,* Braun).

En lo tocante al contenido, la declaración difiere en varios aspectos con respecto a su estructura gramatical.

(a) Desde el punto de vista temático, el v. 1 tiene más importancia de la que podría sugerir su subordinación gramatical. Del mismo modo que los escritores suelen partir de hechos previamente mencionados, o supuestamente conocidos, para presentar una nueva información, así también el autor de Hebreos le da inicio a su epístola con declaraciones positivas acerca del orden precristiano, y entonces, pasa a mostrar por contraste la superioridad de la revelación de Dios en Cristo. En otros pasajes de Hebreos descubriremos un patrón similar (p. ej., 3:1-6). Es así como el autor lleva a los lectores de la enseñanza conocida y tradicional a la nueva enseñanza. Al mismo tiempo, se hace claramente patente que la fidelidad inmutable de Dios subyace tras la novedad de la manifestación de Cristo; una declaración positiva acerca de la revelación veterotestamentaria conduce a una afirmación más valiosa aún sobre la revelación de Cristo.

(b) El sujeto de los verbos en los vv. 1-2 es Dios; Cristo se relaciona con Dios en el v. 3 como ἀπαύγασμα y χαρακτήρ; el v. 4, y sobre todo la forma verbal κεκληρονόμηκεν, sugiere de manera categórica una acción por parte de Dios; y Dios es el sujeto implícito de los verbos que se emplean para introducir citas en los vv. 5, 6 y 13. Lo que se dice o se implica acerca de Dios constituye, pues, la base esencial de lo que se dice con respecto a Cristo. Sin embargo, el Hijo pasa a ser el tema central a partir de la segunda mitad del v. 2 (ὃν ἔθηκεν...), y la abundante ampliación de la oración en los vv. 3-4 confirma el predominio de este tema en el prólogo en general.

(c) El v. 4, una parte integral del prólogo desde el punto de vista gramatical e incluso en cuanto al tema que se aborda, puede considerarse una ampliación de las palabras ἐκάθισεν... ἐν ὑψηλοῖς. Pero le da paso además a un contraste con los ángeles que dominará el resto del capítulo 1, y continuará en un papel subordinado hasta 2:16. Por esa razón, unos cuantos comentaristas (Delitzsch, Bonsirven, Teodorico, Strobel, P. E. Hughes; aunque Vanhoye 68n.3 discrepa), seguidos de TEV, comienzan una nueva sección con este versículo. Grässer considera que el v. 4 es la conclusión y también la transición. Cf. Introducción, págs. 50-58.

Sería engañoso pensar que los vv. 1-4 enuncian una tesis que debe ser probada o que presentan un resumen del argumento que sigue. Lo que en realidad hace el autor es entrelazar temas como si se tratara de una composición musical. (Buchanan usa esta imagen con referencia a los comentarios judíos escritos en la época del NT). En estos versículos, los temas principales son la revelación de Dios en los profetas y en su Hijo.

Por tanto, no resulta sorprendente que el prólogo tenga vínculos estrechos con las citas del AT en los vv. 5-13: ἐν υἱῷ (v. 2) anticipa la palabra clave de ambas citas del v. 5; la expresión κρείττων γενόμενος τῶν ἀγγέλων indica la relación que existe entre el Hijo y los ángeles, la cual se desarrolla de manera más completa en los vv. 6s.; la eternidad del Hijo está implícita en el v. 2b (ὃν ἔθηκεν ... τοὺς αἰῶνας); su actividad al principio y al final del tiempo se expone en los vv. 2b-3 y también en los vv. 10-12; y la sesión del Hijo a la diestra de Dios (v. 3d, ἐκάθισεν...) es de nuevo el tema del v. 13, y sigue siendo un asunto importante a lo largo de la epístola.

La idea tiene mucho en común con la de otros escritos neotestamentarios, pero el lenguaje es tan peculiar que no da lugar a pensar en alguna influencia directa. "Lo que Juan 1:1 ('en el principio era el Verbo') expresa más helenísticamente se formula aquí con términos veterotestamentarios más categóricos" (Goppelt 1976.581); el prólogo de Hebreos contiene "una 'doctrina del logos' en todos los aspectos pero sin darle ese título" (Moule 1967.167; cf. Nash 92-95).

El prólogo también tiene vínculos más allá del final del capítulo 1, aunque estos naturalmente son menos estrechos. (a) El tema de la filiación de Cristo se desarrolla en 2:1–3:6, e incluye en 2:6-9 otro contraste con los ángeles. (b) El tema del sacerdocio de Cristo se anticipa en las palabras καθαρισμὸν τῶν ἁμαρτιῶν ποιησάμενος (v. 3), se anuncia claramente en 2:17 y 5:6 y se analiza en forma exhaustiva en el capítulo 7. (c) La importancia del Salmo 110 para Hebreos es incuestionable: el primer versículo de ese salmo, que se cita en 1:13, ya se había mencionado en el v. 3b. No obstante, los intentos de interpretar toda la carta a los Hebreos, o al menos 1:1–12:19, como un midrash homilético sobre el Salmo 110 (Buchanan), o partes de él (Strobel), resultan forzados.

Véanse D. W. B. Robinson; Grässer 1973a.182-228; Käsemann 1984.97-121 (sobre Heb. 1); Helyer; Hofius 1976.75-102; Cockerill (sobre los vv. 1-14); G. R. Hughes 1979.5-7; Loader 1981.62-73.

1:1-2a. Los profetas y el Hijo

Estos versículos (hasta ἐν υἱῷ) presentan una comparación entre la "locución" de Dios por los profetas y por el Hijo:

πολυμερῶς καὶ πολυτρόπως πάλαι   ἐπ' ἐσχάτου τῶν ἡμερῶν τούτων
τοῖς πατράσιν   ἡμῖν
ἐν τοῖς προφήταις   ἐν υἱῷ

Los elementos de contraste en esta comparación no deben exagerarse: el autor todavía no introduce, en contraposición a πολυμερῶς καὶ πολυτρόπως, sus frases favoritas ἅπαξ (6:4) o ἐφάπαξ (7:27); πάλαι aún no posee los matices negativos de πεπαλαίωκεν in 8:13. Por el contrario, la afirmación básica "Dios ha hablado" no es un punto de comparación formal sino una convicción teológica, en la que se hace más hincapié en 4:12s. Cabe, pues, justificar a G. R. Hughes cuando habla de la continuidad y la discontinuidad entre lo viejo y lo nuevo. Una continuidad similar en contraste se expresa en Lucas 1:1-4.

La función de la frase πολυμερῶς καὶ πολυτρόπως es dar énfasis, y así lo demuestra la posición que ocupa en la oración, la longitud de las palabras, y sobre todo, la quíntuple aliteración de la letra π que continúa hasta el final del v. 1 (cf. Lc. 1:1). En Hebreos 5:8; 13:14 hay funciones verbales similares. La coincidencia en el significado entre πολυμερῶς*** ("de muchas maneras") y πολυτρόπως*** ("de varias maneras") es considerable; Crisóstomo (al que cíta Moffatt) parafrasea ambos términos como διαφορῶς, aunque la mayoría de los comentaristas y traductores se esfuerzan por diferenciarlos. Los dos adverbios se usan probablemente para lograr un efecto estilístico y no para expresar dos ideas distintas. Los adjetivos correspondientes se emplean, junto con ποικίλος, en Máximo de Tiro 17:7, cf. 7:2; en un contexto semejante πολυποίκιλος, Efesios 3:10; hay paralelismos menos exactos en Filón, citado en Spicq 1.46; cf. también Cornutus 26; 7f., citado en Horst 170: τοῦ δὲ πολλὰς καὶ ποικίλας περὶ θεῶν γεγονέναι παρὰ τοῖς παλαιοῖς Ἕλλησι μυθοποΐας. En Hebreos 7:23s., la multiplicidad se considera un defecto, pero esto, en el presente versículo, no parece ser un aspecto importante del contraste entre los profetas y el Hijo. En Sabiduría 7:22-30, la sabiduría se describe como "única" (v. 27), pero también como πολυμερές (v. 22). Aquí y en otros lugares, el escritor de Hebreos probablemente vuelve a aplicarle a Cristo las especulaciones sobre la sabiduría (Bovon 139).

El adverbio πάλαι en este contexto sugiere la idea de una época distante y no solo anterior (πρότερον, 4:6), a saber, el período de la profecía veterotestamentaria que ahora se considera terminado (cf. *Bern.* 8:1-3).

Λαλήσας: las expresiones relacionadas con la comunicación oral y la audición (λαλέω, Heb. 2:3s.; 12:24f.; 13:7; la "voz" de Dios 3:7; su "palabra" 2:2; κλῆσις, 3:1; ἀκούω 2:1; εὐαγγελίζεσθαι, 4:2, 6) se destacan más en Hebreos (especialmente hasta 4:13) que las expresiones relacionadas con la visión (ὁράω 2:8), que normalmente se refieren al futuro. La idea de que Dios habla alude sin duda a las palabras λέγει κύριος (cf. Heb. 8:8-10) muy frecuentes en la LXX; y de manera más remota, tal vez, en el presente contexto, a la expresión repetida εἶπεν ὁ θεός de Génesis 1. Λαλέω se prefiere a λέγω porque no sigue directamente ninguna cita. El aoristo sugiere que se trata de un período que concluyó en el pasado, cf. 1:2; 5:5; 7:14; 13:7; para el autor, empero, Dios todavía habla en la escritura (ἔτι λάλει, 11:4; cf. 12:24s.), y al menos algunas de las palabras que dijo en el pasado estaban destinadas a producir un efecto futuro (3:5).

Después de τοῖς πατράσιν, en 𝔓¹² 𝔓⁴⁶ᶜ pc y unos cuantos testigos no griegos se añade ἡμῶν o su equivalente (Zuntz 258), asimilándolo al uso más común de un pronombre posesivo con términos de parentesco, tal como hace el propio autor de Hebreos cuando escribe υἱέ μου en 12:5 a cambio de υἱέ como en Proverbios 3:11. En el presente versículo, la lectura más corta es correcta; sin embargo, el uso absoluto de "los padres" en Hebreos es poco común. En Juan 6:58; 7:22, Jesús parece emplear la expresión para distanciarse de sus interlocutores judíos. Pablo, al escribirle a una comunidad mixta de cristianos judíos y gentiles, usa la frase οἱ πατέρες en Romanos 9:5; 11:28; 15:8. La explicación más probable en el presente versículo es que el escritor evitó hablar de "nuestros" padres porque había algunos gentiles entre sus destinatarios (así Vanhoye 1969a.58). Menos probable aún es que el pronombre "nuestros" esté implícito; o que el escritor considerara que la frase "los padres" se equilibraba mejor con "los profetas"; o que se haya omitido ἡμῶν para realzar la aliteración (Attridge). La frase οἱ πατέρες a menudo se refiere a los patriarcas, como en Hechos 3:13 = Éxodo 3:6; pero las palabras que siguen, ἐν τοῖς προφήταις, sugieren el sentido más general de "ancestros, generaciones anteriores", como en Hebreos 3:9 = Salmo 95:9; Hebreos 8:9 = Jeremías 31:32; οἱ πρεσβύτεροι en 11:2 tiene un significado similar. Véase Bauer *s.v.* πατήρ 1b.

El uso de la frase "los profetas", con el artículo, presupone que los lectores saben a quiénes se refiere; contrástese la ausencia del artículo antes de υἱῷ en el v. 2a, dando a entender que se trata de una información nueva. La conjetura más antigua ἐν τοῖς ἀγγέλοις (que menciona Attridge) no solo estropea la aliteración, sino que tampoco prevé el uso extenso que hará el autor del AT. Es posible que dicha conjetura haya sido sugerida por 2:2. Es probable que ἐν antes de τοῖς προφήταις sea una preposición instrumental, equivalente a διὰ τῶν προφητῶν, Mateo 2:23; Romanos 1:2, y no de lugar, "en los profetas", como tal vez sí lo es en 2 Samuel (2Re.) 23:2, donde David dice: πνεῦμα κυρίου ἐλάλησεν ἐν ἐμοί. El lenguaje relacionado con la morada de Dios es más característico de Juan o de Pablo que de Hebreos; pero el escritor puede haber sido influenciado por Sabiduría 7:27, donde se lee que la sabiduría, de edad en edad entra en las almas santas, y hace de ellas amigos y profetas de Dios" (Places; cf. también *Bern.* 3:38). Es casi seguro que el significado de ἐν τοῖς προφήταις esté determinado por el paralelismo con ἐν υἱῷ, que probablemente también es instrumental, aunque la distinción no puede forzarse demasiado. El paralelismo con ἐν υἱῷ, sin embargo, excluye el significado por lo demás posible "en los escritos de los profetas", aunque esto sin duda está indirectamente implícito. Para paralelismos helenísticos, véase G. Friedrich sobre προφήτης en el NT, *TDNT* 6.828-861, aquí 832. Los profetas no se mencionan en ningún otro lugar en Hebreos a no ser de pasada en 11:32, y no se cita ningún texto profético antes de 2:13. Por tanto, resulta difícil descubrir un vínculo directo entre la referencia a "los profetas" aquí y las citas en 1:5-13. No hay ninguna analogía exacta en el NT con el uso de la frase οἱ προφῆται por sí sola para referirse a la escritura en su conjunto, aunque se han sugerido Lucas 24:25 y Juan 6:45 (Bauer *s.v.* 1; Vanhoye 58s.). David (Hch. 2:30) y Moisés (*1Clem.* 43:1) se mencionan ocasionalmente como profetas, pero a Moisés se le distingue más comúnmente de "los profetas" en forma colectiva (Lc. 16:29, 31; cf. 24:27; Hch. 28:23).

(1:2a) ἐπ' ἐσχάτου... ἐν υἱῷ. Algunas ediciones del TR, que emplearon algunos comentaristas alemanes más antiguos, incluyen estas palabras en el v. 1. La redacción ἐπ' ἐσχάτου τῶν ἡμερῶν procede de la Septuaginta, y se usa en contextos escatológicos como Números 24:14 y Daniel 10:14 LXX, pasajes que tienen otros puntos de contacto con Hebreos. El adjetivo ἐσχάτου es neutro, su significado no es "al final de los días" sino "en los postreros días", o para emplear un modismo "en el tiempo del fin". En Ψ 629 *pc* se lee la frase más común ἐπ' ἐσχάτων, que es una traducción más literal del hebreo. En Jeremías 49:39 (25:19 LXX) hay una variación similar: ἐσχάτου B ℵ *pc*, ἐσχάτων *rel;* y Daniel 8:23: ἐπ' ἐσχάτου LXX, ἐπ' ἐσχάτων Θ; pero no hay ninguna diferencia en cuanto al significado. En cada una de las lecturas puede observarse el uso hebraico de un genitivo en lugar de un adjetivo (BD §234[8], cf. 165).

La adición característica del pronombre demostrativo τούτων en Hebreos (que no aparece en la Septuaginta) indica que los postreros días ya han comenzado. Τούτων debe tomarse con la expresión: "en estos días que son los postreros días", no "al final de estos días". "Dios ha hablado en el presente, y... este presente es también el tiempo del fin" (Riggenbach). Cf. ἐν ταῖς ἡμέραις ταύταις, Zacarías 8:9, 15; οἱ προφῆται ... ἐλάλησεν ... τὰς ἡμέρας ταύτας, Hechos 3:24; ἐπ' ἐσχάτου τῶν χρόνων, 1 Pedro 1:20. En cuanto al concepto, cf. νυνὶ ... ἐπὶ συντελείᾳ τῶν αἰώνων, Hebreos 9:26.

Ἐλάλησεν: v. 1, λαλήσας. La enseñanza de Jesús no se excluye (cf. 2:3), pero lo que Dios ha hablado en el Hijo no se limita a ella. En este momento, el escritor no se preocupa por especificar cómo o cuándo habló Dios ἐν υἱῷ, pero el contexto tiene que ver principalmente con la exaltación de Jesús (cf. 12:24, 25).

Ἡμῖν: Aquí, al igual que en 12:25, el contexto sugiere que la variante pronominal "nos" se refiere a toda la comunidad cristiana, en contraste con el pueblo de Dios en los tiempos precristianos. Del mismo modo que a la frase οἱ πατέρες en el v. 1 no se le otorgó una referencia estrictamente judía por medio de la adición del pronombre ἡμῶν, el escritor aquí usa un lenguaje menos específico que la expresión incómoda (y por ende textualmente confusa) τοῖς τέκνοις [αὐτῶν] ἡμῖν de Hechos 13:33.

Ἐν υἱῷ: el artículo puede omitirse en las oraciones o frases preposicionales (BD §255) y cuando se refiere a personas, especialmente las personas divinas o al menos excepcionales (BD §254). En este contexto, la omisión del artículo contrasta con ἐν τοῖς προφήταις, y prepara el terreno para los contrastes similares con Moisés (3:5) y los sumos sacerdotes levíticos (7:28). La ausencia del artículo no sugiere, como sí lo haría el uso de un artículo indefinido en algunos idiomas, que Jesús es un hijo entre muchos; él no será asimilado a los "muchos hijos" de 2:10. El significado de la frase es más bien "él es un Hijo" (Moffatt). El uso en

Hebreos del título absoluto "Hijo" es distintivo, en oposición a expresiones como "Hijo de Dios", y puede haber tenido su origen en los círculos cristianos judíos fuera de Palestina (Vielhauer 188-195; Braun 23s.); cf. *Odas de Salomón* (a fines del siglo I y principios del siglo II EC) 3:7; 7:15; 14:1; 19:2: 23:22; el *Evangelio* (gnóstico) *de la Verdad* (140-180 d.C.) 38:6, 25, cf. 19s. (J. M. Robinson 49s.) afirma que "el nombre del Padre es el Hijo".

La preposición ἐν antes de υἱῷ tiene el mismo significado que antes de τοῖς προφήταις en el v. 1: Dios habla por o a través de su Hijo; así como en 2:3 se dice que el mensaje cristiano fue anunciado primeramente διὰ τοῦ κυρίου. Es más adelante en la epístola que el título de Hijo (explícitamente "el Hijo de Dios" en 4:14; 6:6; 7:3; 10:29) se unirá al de (sumo) sacerdote (5:5s.); pero ya en el capítulo 1 esa relación está implícita en la combinación del Salmo 2:7 en el v. 5b y el Salmo 110:1 en el v. 13; véase también el análisis del término ὄνομα en el v. 4. La reticencia del autor a combinar los dos títulos de Hijo y sumo sacerdote en esta etapa podría explicarse (a) como un deseo de pasar gradualmente del título familiar de Hijo al menos familiar de sumo sacerdote y (b) como una preocupación por la exaltación del Hijo más que, como sí ocurrirá después, por su sufrimiento y muerte (véase especialmente Heb. 5:8). El título "Hijo" se usa absolutamente con referencia a Cristo en 1:5a = Salmo 2:7; Hebreos 1:5b = 1 Crónicas 17:13 (o 2Sa. 7:14); Hebreos 1:8; 2:6 = Salmo 8:5; Hebreos 3:6; 5:5 = Salmo 2:7; Hebreos 5:8; 7:28*.

Véase Schweizer en *TDNT* 8.388s.; V. Taylor 1953.57s.; J. C. Campbell; Cullmann 304s.; Moule 1959.114; Lövestam 12-36; Vanhoye 1965b; Loader 1981.

1:2b. El fin y el principio

A partir de la expresión ὃν ἔθηκεν, el interés principal del escritor se centra en el Hijo, aunque Dios sigue siendo el sujeto gramatical hasta el v. 3. Al igual que en el v. 13, τίθημι con un doble acusativo se usa con el sentido de "hacer a alguien o algo de alguien" (Bauer 2aα), especialmente, como aquí, designar a alguien para una posición, cf. Romanos 4:17 = Génesis 17:5. En este sentido, τίθημι coincide en su significado con κτίζω, que se emplea con referencia a la sabiduría en Proverbios 8:22, y con ποιέω, que se usa con respecto a Moisés en Hebreos 3:2, pero en ningún caso el complemento de estos verbos es Cristo; ποιέω también quedaría excluido por razones estilísticas a causa del verbo ἐποίησεν que viene a continuación.

La alusión al Salmo 110:1, que se cita por primera vez en el v. 13, resulta más clara si se contempla a la luz del comentario del autor en el v. 14. El tema no es, como en el salmo, la humillación de los enemigos, sino la entronización de Cristo como κληρονόμος πάντων. La cita del Salmo 2:7 en Hebreos 1:5 sugiere una referencia adicional e indirecta al Salmo 2:8: δώσω σοι ἔθνη τὴν κληρονομίαν σου; pero Hebreos nunca menciona a los gentiles (y de hecho, tampoco a los judíos) de manera directa. Aquí, tal como suele ocurrir en el griego bíblico, κληρονόμος no implica la transmisión de una propiedad por parte de un testador, a menos que (como en el caso de Heb. 9:16s.) el contexto así lo especifique, sino, la idea más general de tomar posesión permanente (cf. κατάσχεσις de forma paralela a κληρονομία en el Salmo 2:8), especialmente de algo que Dios otorga. El paradigmático acontecimiento que determina el uso bíblico del verbo κληρονομέω y otros términos afines es la toma de posesión por parte de Israel de la tierra que Dios les había prometido, y la consiguiente asignación de un κλῆρος o porción de tierra a cada tribu (salvo la de Leví) y a cada familia en Israel (W. Foerster en *TDNT* 3.758-785, aquí 785). Κληρονόμος se usa en Hebreos 11:7 en un sentido ampliado para referirse a la herencia de justicia que recibió Noé como don de Dios. Κληρονομέω se emplea en 6:12 (cf. 9:15) con respecto a la toma de posesión o adquisición por parte del pueblo de Dios de lo que Dios les había prometido. En 12:17, el verbo se usa en forma negativa para referirse al hecho de que Esaú no pudo recibir la bendición que el hijo primogénito normalmente podía esperar de su padre. En el versículo que nos ocupa y en el v. 4, así como por implicación en Marcos 12:7 y Romanos 8:17, el sujeto es el propio Cristo; el nexo entre el estatus de Cristo como Hijo y como heredero está implícito pero no se hace hincapié en él. En Hebreos 9:16s., a Cristo no se le describirá como "heredero" sino por implicación como testador, pero en el presente versículo el uso de κληρονομέω refuerza lo que se dijo en el v. 1 en cuanto a que Dios "habló" por los profetas y por el Hijo. En Hebreos en general, el uso de κληρονομέω y otros términos afines sugiere que Cristo ha recibido ahora de parte de Dios una posesión que solo era una promesa y un motivo de esperanza para el pueblo en la época del Antiguo Testamento (κληρονόμος, 6:17; 11:7*; κληρονομέω, 1:4, 14; 6:12; 12:17*; κληρονομία, 9:15; 11:8*; Vanhoye 1965b.4-8; Langkammer 1966).

Πάντων amplía las referencias a los gentiles en el Salmo 2:8 y a los enemigos en el Salmo 110:1, pero el paralelo con τοὺς αἰῶνας más adelante en el versículo, y con τὰ πάντα en el v. 3 (cf. Heb. 2:8 = Sal. 8:7; Heb. 2:10; 3:4; 4:13) sugiere que el autor está pensando en el universo, y no en la raza humana, como en 12:23; por tanto, πάντων es probablemente neutro.

(1:2c) Δι᾽ οὗ καὶ ἐποίησεν τοὺς αἰῶνας: Attridge sugiere que δι᾽ οὗ podría reflejar un debate filosófico sobre la causalidad por parte de los seguidores del platonismo medio y en el judaísmo, y no simplemente un lenguaje litúrgico. La conjunción καί (erróneamente omitida en 𝔓⁴⁶ sa^mss bo) vincula la actividad de Dios por medio del Hijo al final y al principio del tiempo, y señala la transición a una nueva declaración. El orden es inesperado. La segunda cláusula tal vez es una idea tardía que se añadió para complementar la primera; cf. las digresiones significativas en 11:11, 38. La interpretación de que καί basa el estatus de Cristo como κληρονόμος en su mediación en la creación (Braun) parece retorcida. Resulta más satisfactorio explicar el orden como parte de una disposición básicamente quiástica de las declaraciones acerca de Cristo en los vv. 2b-4:

Dios designó a Cristo como heredero.	entronización
Por medio de él creó al mundo	acción en el universo
Él refleja la gloria de Dios.	relación con Dios
Él lleva la imagen de Dios.	relación con Dios
Él sustenta el universo.	acción en el universo
(Cuando hubo efectuado la purificación,)	(el motivo)
se sentó a la diestra de Dios.	entronización

D. W. B. Robinson y P. E. Hughes 49n.2 sugieren otras disposiciones quiásticas más flexibles.

Otros escritores neotestamentarios comparten la creencia de que Dios creó todas las cosas por medio de Cristo: πάντα/ὁ κόσμος δι' αὐτοῦ ἐγένετο, Juan 1:3, 10; δι' οὗ τὰ πάντα, 1 Corintios 8:6; ἐν αὐτῷ ἐκτίσθη τὰ πάντα, Colosenses 1:16; obsérvese el uso de διά y ἐν como sinónimos. Algunas declaraciones similares acerca de los intermediarios de Dios en la creación hacen referencia a la sabiduría (Proverbios 8:22-30); al Mesías (*Od. Sal.* 41:15); al espíritu de Dios (Sab. 1:7); a su palabra (Sab. 9:1; frecuentemente en Filón), y en Filón también a su poder creativo (ποιητικὴ δύναμις, *Fuga* 95; *Mut. Nom.* 29), incluso a su Hijo (*Agric.* 5; *Conf. Ling.* 63). El crecimiento de la especulación sobre tales intermediarios, señalados ya en la tradición rabínica (S-B 2.356; 3.671), se torna incontrolable en el misticismo de la mercavá (sobre el cual, véase Charlesworth 1.236s.) y otras formas de gnosticismo, como por ejemplo, los tratados de la biblioteca de Nag Hammadi *La hipóstasis de los arcontes* (II,4; J. M. Robinson 161-169) y *Sobre el origen del mundo* (II,5 y XIII,2, J. M. Robinson 170-189), en el que los intermediarios son plenamente personificados. Véase Grässer 59-60.

Ἐποίησεν después de ἔθηκεν hace las veces de un pluscuamperfecto (BD §347).

Hebreos usa el término αἰών con su sentido temporal original (LSJ *s.v.* 1; Bauer *s.v.* 1, 2) en 6:5, y en plural en 9:26. Sin embargo, no hay duda de que el sentido espacial derivado del término "mundo" (LSJ 2; Bauer 3) se ajusta mejor al contexto aquí, así como en 11:3. 11:3 sugiere además que el plural αἰῶνε no debe considerarse indistinguible del singular en cuanto a su significado (como οὐρανοί y οὐρανός en 9:23s.), sino que se refiere a los mundos visible e invisible (Stewart 1966.288s.; Dey), y por tanto, denota la totalidad del universo (Vanhoye 1965b.8-10). Cualquier distinción entre mundos diferentes es conjetural. No hay nada en Hebreos que haga pensar en un interés especulativo en una multiplicidad de mundos.

1:3. La exaltación de Cristo

No cabe duda de que el prólogo en general "resume una buena parte del kerigma [cristiano primitivo] con el lenguaje característico del escritor" (Bruce 1969b.4). Muchos especialistas consideran que el v. 3 en particular está compuesto esencialmente por un material hímnico más antiguo que Hebreos. Existen diferentes opiniones en cuanto a si el himno incluye el versículo completo (Michel; J. T. Sanders; Zimmermann 1964.52-60 con referencias adicionales; Papatzakanis), los vv. 1-3 (Norden), o solo una parte del v. 3 (Grässer 1971, excluyendo las palabras καθαρισμὸν τῶν ἁμαρτιῶν ποιησάμενος). Deichgräber sugiere, en forma razonable aunque especulativa, que algunas partes del himno fueron omitidas, incluyendo su conclusión. Entre los que creen que el contenido de este versículo es un material tradicional, hay otros desacuerdos en cuanto a si este material es un himno o una confesión de fe, y si su entorno litúrgico es el bautismo o la eucaristía.

Zimmerman resumió de la siguiente manera los argumentos de la crítica literaria a favor del uso en Hebreos de un material tradicional en este versículo. (1) Hay una ruptura estilística entre los vv. 1-2 y el v. 3, que se corresponde con el cambio de Dios por el Hijo como sujeto gramatical. Este cambio lo marca el pronombre relativo ὅς al inicio de la oración, lo cual es característico en los himnos cristológicos neotestamentarios (Fil. 2:6; Col. 1:15; 1Ti. 3:16). (2) Hebreos 1:3 se caracteriza por hapax legomena (ἀπαύγασμα**, χαρακτήρ**), por palabras que no se usan en ningún otro pasaje de Hebreos (καθαρισμός*) o que no se usan con el mismo sentido (ὑπόστασις). Ἐν δεξιᾷ (cf. 8:1; 10:12; 12:2) diverge del Salmo 110(109LXX):1, que se cita correctamente en Hebreos 1:13 y en otros lugares. (3) El autor "solo" (Zimmermann 55) está interesado en la última declaración del v. 3, acerca de la sesión del Hijo a la diestra de Dios; acepta las demás declaraciones porque están en el himno, pero no las desarrolla. (Bornkamm 1942.198, citado por Zimmermann, alega, tal vez con mayor energía, que Hebreos desarrolla "solamente" el tema expresado en las palabras καθαρισμὸν τῶν ἁμαρτιῶν ποιησάμενος).

Estos argumentos de la crítica literaria, aun cuando se ponderen en forma global, no llegan a ser totalmente convincentes. (1) El cambio de sujeto en el v. 3 es preparado por las dos cláusulas relativas del v. 2b, en las que Dios es el sujeto gramatical, pero el Hijo ya es el tema central. El cambio de sujeto, empero, causa menos sorpresa que, por ejemplo, el cambio sextuplicado del sujeto gramatical en Romanos 1:1-7. En cuanto al pronombre inicial ὅς, aunque, por supuesto, no puede alegarse que cada vez que aparece introduzca un himno, cabe mencionar que se usa con respecto a Cristo en Hebreos 5:7; 7:16, un uso que Zimmermann considera tradicional; en 8:1; 9:14; 12:2, donde considera que no lo es; y en 7:27, que él excluye específicamente de un pasaje por lo demás tradicional. (NA[26] de manera similar excluye ὅς ἐστιν ἀρχή..., Col. 1:18b, del himno que precede). (2) El argumento de los hapax legomena sería más fuerte si estos términos aparecieran en otros himnos neotestamentarios. La variación en Hebreos entre ἐν δεξιᾷ y ἐκ δεξιῶν, que se analizará más adelante, se explica mejor si se parte de la hipótesis de que el autor no adapta las citas a su uso personal. De forma menos convincente, Lane explica ἐν δεξιᾷ como una frase basada en una confesión litúrgica. Fuera de Hebreos, ἐν δεξιᾷ aparece frecuentemente en contextos no hímnicos (Ro. 8:34; Ef. 1:20; Col. 3:1; 1Pe. 3:22; cf. Hch. 2:33). Ἀπαύγασμα se usa para referirse a la sabiduría en Sabiduría 7:26, un pasaje que parece haber influenciado al autor de Hebreos en otros aspectos (v. 1, πολυμερῶς). El sustantivo κληρονόμον es reflejado por el verbo κεκληρονόμηκεν en el v. 4 (Vanhoye 68 lo llama "una especie de inclusión"; cf. Helyer 4s.). (4) No solo hay un conflicto irreconciliable con respecto a lo que para el autor es la "única" parte esencial del himno; el v. 3 está estrechamente relacionado, tanto en la sintaxis como en el tema, con el argumento que sigue (1:1-4). Si se tienen en cuenta estas relaciones, una paráfrasis ampliada del v. 3 podría leerse de la siguiente manera: "Lo que se dijo hace mucho tiempo acerca de la sabiduría, su relación con Dios y el papel que desempeñó en la creación, es válido para el Hijo; es el Hijo quién únicamente lleva a cabo la purificación de los pecados; él es el único a quien Dios, según las palabras del Salmo 110:1, ha exaltado y lo ha sentado a su diestra".

Además de los argumentos de la crítica literaria, Zimmermman y otros alegan a partir de la forma y el contenido de este versículo que es más antiguo que Hebreos.

Se dice que 1:3 tiene una "estructura formal sólida" (Zimmermann 56), al igual que otros himnos neotestamentarios; pero eso es cierto con respecto al prólogo en general, y a otras partes de Hebreos, como por ejemplo, 4:11s. y 12:18-24, que normalmente no se consideran tradicionales ni hímnicos. A semejanza de otros himnos, se asevera además que en Hebreos 1:3 tampoco se menciona el nombre de aquel a quien se alude en el himno; pero esto es típico de las referencias de Hebreos a Dios y a Cristo.

Por tanto, si se acepta que la lectura actual de este versículo es la manera en que el autor lo compuso, no es menos cierto que una gran parte de su contenido reaparece en diferentes formas en otros pasajes del NT, incluyendo algunos himnos cristológicos como Filipenses 2:5-11 y Colosenses 1:15-18. Sería natural que el autor estableciera una base común con sus lectores antes de desarrollar una enseñanza peculiar que él podría considerar "difícil de explicar" (Heb. 5:11), y para ellos, difícil de entender o de aceptar. Zimmermann (57, cf. 59) señala con mucho acierto el movimiento dinámico del texto: en el cual se describe "su permanencia con Dios al comienzo de su trayectoria como redentor". Pero no hay nada esencialmente hímnico en este respecto: no se limita al v. 3, y es inherente al kerigma apostólico (Hch. 2:34; Ef. 1:20; 1Pe. 3:22; Bruce 1969b; Vanhoye 1969.105s.). Para una combinación similar de continuidad en el contenido y flexibilidad en la expresión, véanse las diversas declaraciones de Ireneo acerca de la "regla de fe", que se citan y se analizan en F. M. Young 1979.

Ὤν: El quiasmo formal que ya se señaló corresponde a un cambio en la perspectiva temporal, del acto de la creación (v. 2c) a la "eternidad atemporal" (Andriesen) de la relación del Hijo con Dios. Esto es, sin embargo, lo que indica no tanto el participio de presente φέρων como el contenido del v. 3 en general.

Ἀπαύγασμα podría interpretarse en sentido activo, como la luz que irradia de una fuente, o en sentido pasivo, como un "reflejo". Los sustantivos que terminan en -μα suelen tener un significado pasivo, y denotan un objeto, el resultado de una acción, en lugar de un proceso (BD §109[2], Héring); pero ἀπαύγασμα podría denotar el resplandor, considerado como un objeto en sí mismo (Vanhoye 1969a.71). Las pruebas que aporta el uso de Filón resultan cuestionables. Él emplea el sustantivo ἀπαύγασμα en tres ocasiones: en *Op. Mundi* 146 con ἀπόσπασμα y ἐκμαγεῖον; en *Plant.* 50 con μίμημα y en *Spec. Leg.* 4.123 con τὸ… ἐμφυσώμενον (cf. Gn. 2:7). Bauer afirma que en los tres casos el sustantivo probablemente es activo, pero Westcott y Williamson (38) discrepan en cuanto a los dos primeros. Los padres griegos prefirieron el sentido activo, que se enuncia en el credo niceno como φῶς ἐκ φωτός (Crisóstomo; P. E. Hughes; F. M. Young 1959.151). Una gran mayoría de comentaristas modernos prefieren el significado pasivo de "reflejo"; pero Braun, Attridge, Grässer y otros se muestran indecisos. *1 Clemente* 36:2, que depende de Hebreos 1:3, es igualmente ambiguo. El paralelismo más cercano es Sabiduría 7:26***, pero allí no puede determinarse con certeza si ἀπαύγασμα debe tomarse como sinónimo de los pasivos ἔσοπτρον e εἰκών en las dos líneas siguientes (así, por implicación, la nota en la REB; cf. Vanhoye 1965b.50f.), o del término activo ἀπόρροια en el v. 25 (texto de la REB). En Hebreos el término χαρακτήρ solo puede ser pasivo. No es imposible que en Hebreos, al igual que en Sabiduría 7:22-26 en una escala más amplia, se hayan usado expresiones activas y pasivas complementarias, pero la vinculación estrecha de este término por medio de la conjunción καί hace que esto resulte menos probable. Un hecho a favor del significado activo de "resplandor" es que ἀπαύγασμα τῆς δόξης, al parecer, es la combinación de ἀπόρροια τῆς τοῦ παντοκράτορος δόξης con ἀπαύγασμα... φωτὸς ἀιδίου en Sabiduría 7:25s., evitándose, como de costumbre en Hebreos, el uso de φῶς. También es posible que el autor piense en la gloria de Dios como un peso que hay que sobrellevar (φέρων más adelante).

Δόξα se usa de manera menos prominente y destacada en Hebreos que por Pablo. En 2:7, 9, aparece en la cita y en la explicación del Salmo 8:6; allí y en 3:3 como sinónimo de τιμή; en 2:10 con respecto a los creyentes; en 9:5 con referencia a los querubines de gloria; y en 13:21* en un tributo de alabanza. En el presente versículo, el término δόξα, al igual que ὑπόστασις, usa la imagen de la luz para indicar la naturaleza de Dios, tal como ocurre en Isaías 42:8; 48:11; 2 Corintios 4:4, 15, y en algunos contextos cultuales como 1 Reyes 8:10-13‖. Véase Kittel en *TDNT* 2.247-251; Brockington; Spicq 1982.166-184.

Χαρακτήρ, "representación exacta", es un equivalente más fuerte de ἀπαύγασμα, y de εἰκών en Sabiduría 7:26; εἰκών se emplea también en Hebreos 10:1. La LXX no ofrece ningún paralelismo; χαρακτήρ se usa para referirse a las llagas de la lepra en Levítico 13:28, y al parecido familiar en 4 Macabeos 15:4. Filón se vale con frecuencia del término para denotar las marcas o huellas que Dios, la virtud o la sabiduría dejan en el alma; véanse *Leg. All.* 3.95 y *Op. Mundi* 6, en su comentario sobre Gn. 1:6 (Williamson 74-80); cf. ἀνὴρ... εἰκὼν καὶ δόξα θεοῦ, 1Co. 11:7; con respecto al pensamiento, cf. Jn. 6:27 (Giles 1973.281). En el versículo que nos ocupa ahora, la frase χαρακτὴρ τῆς ὑποστάσεως αὐτοῦ aumenta la intensidad de la declaración ἀπαύγασμα τῆς δόξης al describir la unidad esencial y la exacta semejanza entre Dios y su Hijo. Αὐτοῦ debe considerarse que afecta a ambas frases.

A pesar de las alusiones a Sabiduría 7, en Hebreos no se identifica a Cristo con la sabiduría (Romaniuk 1967-68.513), y de hecho, se evita el término σοφία. Con el uso que hace el autor de Sabiduría 7, y de algunos pasajes similares como Proverbios 8:22-31, le aplica implícitamente a Cristo lo que se había escrito con respecto a la sabiduría divina. Véanse Körte; D'Angelo 168-175.

Los significados del término ὑπόστασις se desarrollan en distintas direcciones a partir de su sentido etimológico, a saber, "lo que está debajo". En Hebreos 11:1, ὑπόστασις describe la fe como aquello que le proporciona una base firme a la esperanza; de manera similar en 3:14*; cf. Salmos. 69:3; 89:48. En *Ep. Diog.* 3:1, ὑπόστασις es la sustancia material de la que están hechos los ídolos. En el versículo que nos ocupa ahora, la ὑπόστασις de Dios es su ser esencial, "la realidad de Dios" (Dörrie 1955b.74), probablemente sin que ello implique ningún contraste con el mundo de las apariencias (Spicq 1978.910), o con ideas falsas acerca de Dios; no se perciben matices dualistas. En este contexto, hay una coincidencia en cuanto al significado, aunque no una sinonimia (Furlani), entre ὑπόστασις y δύναμις. El intento de Köster de atribuirle el significado de "realidad" a las tres apariciones del sustantivo ὑπόστασις en Hebreos es erróneo. La distinción patrística entre las tres ὑποστασεῖς y la única οὐσία en Dios es irrelevante, porque el término ὑπόστασις, de hecho, se usa aquí en un sentido que se acerca más al que adquirió οὐσία en los estudios cristológicos posteriores. En este pasaje se hace hincapié solo en la unidad de Cristo con Dios, una verdad tradicional que a los lectores era necesario recordarles. Al autor y también a los lectores posiblemente no hacía falta decirles que Jesús se distinguía de Dios. Cf. 2 Corintios 9:4; 11:17; Bauer 1; Köster en *TDNT* 8.585-588; Witt; Dörrie 1955b; Deichgräber 137-140; Goppelt 1976.597s.; Spicq 1978.910-912.

Τε se usa más veces en Hebreos que en cualquier otra parte del NT exceptuando el libro de los Hechos. Para el uso peculiar que hace el autor de τε καί véase 2:4. En 6:2, 4, 5; 9:19; quizás 9:1 (si se lee καί antes de ἡ πρώτη); y 12:2, τε constituye probablemente una variante estilística para καί. En el presente versículo, τε podría funcionar como un enlace entre ὤν y φέρων, en un nivel sintáctico más alto que la conjunción anterior καί. Véase MHT 3.338s.

En lugar de φέρων, en B*,3 (Metzger 1992.195s.) aparece φανέρων, una lectura superficialmente más fácil que, aun cuando tuviera un apoyo externo más amplio, no concordaría con la frase que sigue τὰ πάντα. El significado de φέρων aquí es objeto de discusión. La posibilidades son las siguientes:

(a) "Llevar, soportar, sostener, sustentar" (LBLA, RVR60, y otros), "impedir que caiga" (Grässer); existen paralelismos rabínicos para la idea (en sentido figurado) de que Dios sustenta al mundo (S-B 3.673); lo que probablemente significan las palabras de 2 Crónicas 2:6 es que los cielos no pueden soportar el peso de la gloria de Dios; Bauer 1b.

(b) "Llevar consigo", en sentido figurado, "guiar, gobernar"; en Filón, de Dios por medio del Logos, *Decal.* 155; cf. *Migr. Abr.* 6; así también Westcott, P. E. Hugues, con respaldo patrístico; pero φέρω se usa más comúnmente en este sentido en la voz pasiva con un verbo de movimiento, como ocurre en Lucas 23:26, Bauer 1d.

(c) "Llevar [sobrellevar, sufrir] con paciencia, aguantar, soportar", como en Hebreos 13:13; Deuteronomio 1:9; Filón, *Cher.* 36, del Logos; Bauer 1c.

(d) "Producir, hacer realidad", de ahí, "crear", como en Filón, *Rer. Div. Her.* 36; *Mut. Nom.* 192; Moffatt; Bauer 2.

(e) En este contexto, es poco probable que φέρων... τὰ πάντα signifique "llevar los pecados del mundo", aunque ἀναφέρω sí se usa en este sentido en Hebreos 9:28 (cf. Jn. 1:29; Sowers 66s.).

Hay paralelismos con el significado de (b) en Sabiduría 8:1, donde la sabiduría ordena τὰ πάντα; de manera menos estrecha τὰ πάντα ἐν αὐτῷ συνέστηκεν, Colosenses 1:17. En contra de (b), sin embargo, puede aducirse la falta de toda expresión de movimiento en el contexto inmediato, aunque el prólogo en su conjunto describe un proceso dinámico (cf. Heb. 2:10). El significado de (c) no se ajusta al contexto, pero si se tiene en cuenta el uso que hace el autor de Deuteronomio 1 en otro lugar (compárese Dt. 1:10 con Heb. 11:12), la idea de la insuficiencia de Moisés que se expresa en Deuteronomio 1:9 podría haberlo motivado a hacer una declaración contrastante acerca del Hijo. El significado de (d) daría lugar a una repetición bastante exacta del v. 2c (Montefiore). El significado de (a) es tal vez el más probable (así Bauer). Si esta interpretación es correcta, Hebreos contrasta con muchos escritos gnósticos y de otro tipo (ver referencias en Bauer), e incluso con Filón (p. ej., *Fuga* 11.2; *Agric.* 51), cuando identifica al único Dios como creador y sustentador del universo, aunque ejerce ambas funciones a través del Hijo. Véase Williamsom 95-103.

Es probable que τὰ πάντα sea sinónimo de πάντων en el v. 2, y de los "eones" en el mismo versículo, Wescott considera que el uso del artículo implica "todas las cosas en su unidad"; pero en Hebreos 2:8, πάντα en el Salmo 2:8 se interpreta inmediatamente como τὰ πάντα; cf. 1 Corintios 15:27s. No hay nada que sugiera una especulación gnóstica acerca de la totalidad cósmica. Véase Grässer 62-64.

Τῷ ῥήματι τῆς δυνάμεως αὐτοῦ es una expresión hebraica que significa "su palabra poderosa"; cf. Sirácides 39:6, ῥήματα σοφίας αὐτοῦ, NRSV "sus propias palabras de sabiduría"; Hebreos 1:2a; BD §165. En cuanto a la idea, cf. Jer.51(28 LXX):15, cf. v. 16; 10:12. En Hebreos se usa el término ῥῆμα en forma exclusiva (6:5; 11:3; por implicación en 12:19), y λόγος principalmente, con respecto a la expresión oral de Dios; es probable que en 6:1 se trate de un genitivo objetivo: "el mensaje acerca de Cristo". La afirmación de Windisch de que ῥῆμα se refiere solo a la palabra de la creación probablemente no se aplica a 6:5; y a la inversa, tampoco es probable que ὁ λόγος τοῦ θεοῦ en 4:12 se refiera solo a la palabra de revelación. No es imposible la sugerencia de Enslin (311) de que el autor evita usar el término λόγος aquí y en 6:5 para eludir las asociaciones filosóficas (filónicas) del término; no hay ningún paralelismo en Hebreos con el Verbo en el prólogo del evangelio de Juan, y si en Hebreos se usa el sustantivo λόγος, es en contextos que dejan ver claramente sus connotaciones cristianas primitivas y del AT (2:2).

Es en este punto que se entrelazan los problemas de texto y de exégesis. Metzger (662n.1) expone las pruebas textuales de la siguiente manera: "la frase τῷ ῥήματι τῆς δυνάμεως va seguida de (a) αὐτοῦ ℵ A B 33 81 917 1175 1836 it vg arm *al;* (b) δι' ἑαυτοῦ (o αὐ-) 𝔓⁴⁶ 0121 424ᶜ 1739 copˢᵃ *al;* o (c) αὐτοῦ δι' ἑαυτοῦ (o αὐ-) Dᵍʳ* K L la mayoría de los minúsculos copᵇᵒ *al*". (c) es casi seguro que se trata de una fusión. (b) pudiera interpretarse como una suavización del término absoluto δυνάμεως (aunque cf. Mr. 14:62‖ = Sal. 110:1); cf. μεγαλωσύνης más adelante. Braun, en consonancia con Hegermann 1961.121, cree que la lectura (b) tuvo su origen en Siria como un intento prematuro de hacer hincapié en la ofrenda que hizo Cristo de sí mismo. O si se prefiere, δι' ἑαυτου en (b) podría interpretarse como una adición para "aumentar la fuerza de la voz media de ποιησάμενος (Metzger 662); Bruce (1969b.8), en consonancia con Zuntz (43-45), considera que la glosa es correcta; Lane discrepa. (a) la lectura más corta y mejor atestiguada, puede compararse con διὰ τῆς θυσίας αὐτοῦ en Hebreos 9:26

De todas formas, καθαρισμὸν τῶν ἁμαρτιῶν ποιησάμενος, que posiblemente es una adición al himno original (Attridge), denota la acción del Hijo, el cual es el sujeto de los verbos anteriores y siguientes. En ℵ² D¹ H se añade ἡμῶν, probablemente para eludir la sugerencia de que Cristo murió (también) por sus propios pecados (cf. 5:3), o por analogía con algunos textos como Romanos 4:25 y Gálatas 1:4.

El uso de καθαρισμός aquí es equiparable en el NT solamente al que se le da en 2 Pedro 1:9; pero en Hebreos 10:12s., el sacrificio de Cristo por los pecados está relacionado con su exaltación a la diestra de Dios (Vanhoye 1965b.56-58). El término se usa con respecto a la purificación ritual, sin referencia al pecado, en Marcos 1:44; Lucas 2:22, cf. Levítico 12:4; Lucas 5:14; Juan 2:6; 3:25**; un pasaje paralelo más cercano es Job 7:21, διὰ τί οὐκ ἐποιήσω … καθαρισμὸν τῆς ἁμαρτίας μου; (Lane). El verbo καθαρίζω en Hebreos (9:14, 22f.; 10:2*) guarda siempre una relación estrecha con la muerte de Cristo, interpretada como un sacrificio. Más alejado en el trasfondo podría estar el hincapié que hace Sabiduría 7:23-25 en la pureza de la sabiduría, pero en Hebreos (4:15) se presupone la pureza de Cristo como una premisa para su purificación de los pecados (de otros). Véase Johnsson 1973.

En algunas ocasiones el pecado es personificado en Hebreos (3:13; 12:1, 4), pero con menos fuerza que por Juan o por Pablo. Hebreos usa el término ἁμαρτία en singular (3:13; 4:15; 9:26, 28; 10:6, 8 = Sal. 40:8; Heb. 10:18; 11:25; 12:1, 4), pero con más frecuencia en plural (1:3; 2:17; 5:1, 3; 7:27; 8:12 = Jer. 31:34; Heb. 10:2, 3, 4, 11, 12, 17 = Jer. 31:34; Heb. 10:26), sin ninguna diferencia apreciable en cuanto al significado, salvo que el plural, por definición, no se usa para referirse al estado fundamental del pecado (W. Grundmann in *TDNT* 1.313s.; Ballarini 1978). En el presente versículo, en D¹ H 33 *al.* se añade ἡμῶν después de ἁμαρτιῶν; en ℵ² se añade ὑμῶν; la lectura más corta es correcta. La referencia aquí es bastante general: el sacrificio de Jesús purifica los pecados de la humanidad en su totalidad (9:28, πολλῶν; cf. Mt. 26:28‖; Jn. 1:29).

En Hebreos, al igual que por Pablo, suele hablarse del pecado (o de los pecados) en términos absolutos, por ejemplo, sin un pronombre posesivo (excepciones 7:27; 8:12 = Jer. 31:34; 9:28; 1Co. 15:3, 17; Gá. 1:4; Ef. 1:2; 1Ts. 2:16; 1Ti. 5:24); mientras que en los evangelios, aparte de la frase hecha ἄφεσις ἁμαρτιῶν, es normal que se use un posesivo.

Hebreos contempla los pecados y su remedio desde una perspectiva cultual. La purificación de los pecados por medio del sacrificio de Cristo tiene que ver, por un lado, con el establecimiento de un nuevo orden de relaciones entre Dios y los seres humanos, y por otro lado, con la obediencia (10:1-18, sobre todo los vv. 8-10) y el esfuerzo moral (12:1-4). Aparte de las referencias pasajeras al adulterio y al amor al dinero (13:4s.), en Hebreos se habla muy poco de pecados individuales, y no contiene ninguna lista de vicios que pueda compararse con las de Romanos 1:29-31; Gálatas 5:19-21; o 1 Pedro 4:3. El pecado más grave para Hebreos es el de la infidelidad a Dios, que a primera vista podría parecer una negligencia o laxitud (ἀμελήσαντες, 2:3; νωθροί, 5:11), pero que, en esencia, es rebelión contra la voluntad de Dios, y más específicamente, apostasía (2:1-4; 3:7-19; 6:4-6; 10:26-31).

Ἐκάθισεν ἐν δεξιᾷ τῆς μεγαλωσύνης ἐν ὑψηλοῖς es una alusión clara, aunque libre, al Salmo 110(109 LXX):1, que se cita por primera vez en Hebreos 1:13. La forma verbal ἐκάθισεν se deriva de la cita presuponiendo que el mandato κάθου fue dirigido por Dios a su Hijo, y que el Hijo obedeció. El aoristo (al igual que ἐλάλησεν en el v. 2) apunta probablemente a la exaltación y entronización de Cristo, tomadas como un solo acto; el perfecto de indicativo κεκάθικεν en 12:2 refleja con más exactitud el período de tiempo que indica la propia cita (κάθου… ἕως ἂν θῶ…). En Hebreos, al igual que por Pablo (Ro. 8:34; Ef. 1:20; Col. 1:20) y en 1 Pedro (3:22), siempre (Heb. 8:1; 10:12; 12:2) se usa la expresión ἐν δεξιᾷ fuera de las citas, pero se cita el Salmo 110:1 de manera correcta como ἐκ δεξιῶν, que es la forma que prefieren los sinópticos y Hechos. Las dos expresiones se emplean indistintamente en la LXX, de hecho, aparecen juntas en Génesis 48:13. La presencia en Hebreos de la frase ἐν δεξιᾷ refleja probablemente el uso del propio autor (y quizás el de su comunidad), y de manera indirecta la forma singular en el TM (Kistemaker 1961.28; cf. Hay 163-165). La mano derecha (χείρ normalmente se sobrentiende; se menciona explícitamente en Hch. 3:7) es una metáfora natural del poder (hay referencias no bíblicas en Braun 30); estar o estar en pie (Hch. 2:25 = Sal. 16:8), y más comúnmente, sentarse, a la mano derecha de una persona importante es una señal de honor en muchas culturas (aunque también hay constancia de lo contrario). Sentarse a la mano de derecha de Dios equivale, por tanto, a participar de su poder sin limitaciones, aunque siempre con la subordinación implícita en el hecho de que Dios es el que da, y el Hijo el que recibe, este estatus supremo. Véase Bauer *s.v.* καθίζω 2aα; C. Schneider en *TDNT* 3.440-444.

Μεγαλωσύνη (Heb. 8:1; Jud. 25**; Sab. 18:24 y frecuentemente en la LXX) es sinónimo de δύναμις como una cualidad de Dios, y por ende, una paráfrasis para Dios (Sir. 44:2; Sab. 1:3; cf. Mr. 14:62‖; Spicq 1978.543-547).

Ἐν ὑψηλοῖς** (Sal. 93:4; 113:5) es sinónimo de ἐν τοῖς οὐρανοῖς (Heb. 8:1), ἐν ὑψίστοις (Lc. 2:14; cf. Heb. 7:1), y ἐν τοῖς ἐπουρανίοις (Ef. 1:20). Es posible que esas formas plurales sean, en última instancia, un reflejo del término hebreo šāmayim; no sugieren ninguna especulación acerca de la existencia de diversos cielos. La elección de la frase ἐν ὑψηλοῖς en Hebreos puede haber estado influenciada por el término ὑψηλόν en el Salmo 89:27 (88:28 LXX), 1:6; cf. Salmo 8:1 (LXX v. 2).

Véase Hay; Loader 1978; Gourges 1981.

1:4. El nombre supremo

Este versículo constituye claramente una transición entre los vv. 1-3 y 5-14, pero su relación exacta con estos versículos no resulta obvia a primera vista. En este punto hay un regreso implícito a la actividad de Dios que fue el tema central de los vv. 1-2a; y la forma verbal κεκληρονόμηκεν evoca la frase κληρονόμον πάντων en el v. 2b; pero la "herencia" es diferente, y el uso del tiempo perfecto introduce un cambio de perspectiva. La diferencia más notable es que si en los vv. 1-2b se comparan los profetas con el Hijo, a partir del v. 4 el contraste es entre el Hijo y los ángeles. La mención de los ángeles funciona como un típico "gancho" (Vanhoye 53, 69s.) entre los vv. 1-4 y 5-14.

Diversos aspectos de este contraste se desarrollan hasta 2:16, y acto seguido se abandona por completo el tema de los ángeles exceptuando las dos referencias de pasada en 12:22; 13:2. Hubo una fuerte especulación sobre los ángeles durante el período intertestamentario (G. Kittel en *TDNT* 1.80-82), en Qumrán, y en algunos círculos judíos y gnósticos posteriores (referencias en Charlesworth 2.926f.; J. M. Robinson *pássim*). Otras vertientes de la tradición neotestamentaria (más claramente Col. 2:18; cf. 1Co. 6:3; 11:10; Gá. 4:9; 1Pe. 3:22) sugieren que existía un culto relacionado con los ángeles que competía con la fe en Cristo. No hay ninguna prueba de este peligro en Hebreos, cuyo tono, por lo general, no es nada polémico (así Grässer 1971.89s., Lane; Montefiore 40-42 y Jewett discrepan). Hebreos no distingue, como sí hace Pablo, varios niveles en la jerarquía angélica.

Hebreos 2:2 ofrece una pista sobre el lugar que ocupan los ángeles en la estructura del argumento. En este versículo, al igual que en Hechos 7:53 y Gálatas 3:19, se hace referencia a la tradición de que los ángeles actuaron como mediadores en la entrega de la Ley a Moisés. Ahora bien, si para Pablo la ley mosaica era esencialmente un código moral, el escritor de Hebreos considera que su principal función era establecer las condiciones según las cuales se administró el antiguo pacto, y fue hecho posible el acceso a Dios en la adoración (7:5). En 7:1–10:18, el autor desarrollará su argumento de que Dios ha instituido ahora un pacto nuevo y mejor, del cual Jesús es el único sumo sacerdote. Qué es en realidad este nuevo orden es un asunto que por el momento permanece implícito, pero la presente referencia marca la primera etapa en un desarrollo gradual. Las etapas posteriores del mismo incluirán: (a) la introducción del término ἀρχιερεύς en 2:17 (de manera muy significativa, inmediatamente después de la conclusión del análisis sobre los ángeles); (b) la transición en 5:5-6 del tema de la filiación al del sumo sacerdocio, y (c) la primera mención del nuevo pacto en 7:22. Por tanto, el propósito principal de 1:4–2:16 es mostrar, básicamente a partir de la propia Escritura, que Cristo es superior a los mediadores angélicos de la ley cultual. Esto es corroborado por lo que el autor dirá con respecto a la relación entre Moisés y Cristo (3:1-6).

En el capítulo 1, el aspecto más importante en lo que respecta a los ángeles es su subordinación al Cristo exaltado (vv. 5, 6, 7, 13). El capítulo 2 complementará este concepto haciendo hincapié en la subordinación temporal del Hijo a los ángeles (vv. 2, 5, 7 [= Sal. 8:6], 9, 16). En otra parte, Hebreos presupone, aunque no destaca, las funciones de los ángeles en la liturgia celestial (12:22) y como mensajeros de Dios (13:2), dos ideas que probablemente están implícitas en 1:14. "El evangelio es para la ley lo que Cristo es para los ángeles" (Spicq 1.155).

La mayoría de los que consideran que 1:3 es un himno primitivo están de acuerdo en que 1:4, en cambio, exhibe las características del estilo peculiar de Hebreos (Deichgräber 138; Helyer 5; Zimmermann 1977.55; Braun). En particular, el método de argumentación por comparación y contraste que se usa en este versículo se repite a lo largo de la epístola utilizando diversas expresiones (Williamson 93-95). Aquí se pone de relieve por medio de un conjunto de términos comparativos (τοσούτῳ... ὅσῳ, κρείττων, διαφορώτερων, παρά) que en cierta medida oscurecen el significado incluso en griego; una traducción moderadamente literal sería la siguiente: "habiendo llegado a ser tanto mejor que los ángeles como el nombre que heredó es superior al de ellos". Τοσοῦτος vuelve a aparecer en comparaciones en 7:22 (con κρείττων); 10:25 (con ὅσῳ); en 4:7; 12:1*, sin embargo, τοσοῦτος es intensivo, no comparativo. La sintaxis de la oración que nos ocupa ahora sugiere una ecuación proporcional: A es tanto mejor que B como C es mejor que D. Pero el significado es más bien: el Hijo es mejor que los ángeles porque Dios le dio un estatus superior al de ellos. Hebreos usa κρείττων más del doble de veces que el resto del NT en su conjunto (6:9; 7:7, 19, 22; 8:6; 9:23; 10:34; 11:16, 35, 40; 12:24*). Su sentido original de "más poderoso" (comparativo de κρατύς) se generaliza a "más grande" y a menudo incluye la acepción de "mejor" (Bauer; K. Weiss en *TDNT* 9.67s.; cf. μείζων, 6:13, 16; 9:11; 11:26*); suele usarse en Hebreos con referencia al contraste entre la antigua dispensación y la nueva (Baarlink 83s.). De Cristo se afirma que es mayor o mejor que el culto veterotestamentario (7:22; 8:6; 9:23; 12:24) y mayor o mejor que la esperanza del AT (7:19). Las expresiones comparativas en Hebreos no excluyen una diferencia de especie (10:34; 11:16, 35, 40), aunque este argumento fue aducido por ambas partes en la controversia arriana (Greer 89s.). Aquí, sin embargo, el adjetivo κρείττων se amplía por medio del comparativo διαφορώτερος, "más excelente" (8:6***); el contraste con los ángeles se expresa en términos jerárquicos, no morales. Διάφορος 9:10; Ro. 12:6**; cf. μᾶλλον 9:14).

Παρ' αὐτούς: la preposición παρά es frecuente en Hebreos (1:9 [Sal. 45:8]; 2:7 [Sal. 8:6], 9; 3:3; 9:23; 11:4, 11s.; 12:24*); siempre seguida de un acusativo (Bauer III.3; BD §185.3), y con el significado invariable de "más que", no "contra, o en contra de" (Bauer III.6), como sí ocurre a menudo en Pablo. En Hebreos no se hace referencia al papel de los ángeles en la vida terrenal de Jesús, como en Marcos 1:13‖.

El aoristo γενόμενος sugiere que el autor contemplando la exaltación del Hijo como un acontecimiento aislado del pasado. "El Hijo... llegó a ser algo que no era antes", escribió Riggenbach, aunque refiriéndose, probablemente de manera errónea, al nacimiento de Jesús, no a su exaltación. Un cambio de nombre implica un cambio de estatus, y prácticamente de naturaleza, como le sucedió en perjuicio suyo a Joaquín (2Re. 24:17), y favorablemente a Simón Pedro (Mt. 16:18; Vanhoye 1969.61s.); compárese con el "gran nombre" que se les confería a los reyes (2Sa. 7:9), sobre todo en su coronación, con la cual la exaltación de Cristo en Hebreos guarda una estrecha semejanza. En cuanto a la importancia del nombre en otras tradiciones religiosas, véase Braun.

¿En qué consistió este cambio en el pasaje? La respuesta depende en gran medida del significado que se le atribuya al sustantivo indefinido pero muy categórico, ὄνομα, al final de la oración. El uso de ὄνομα en otros pasajes de Hebreos ofrece poca ayuda en la solución de este problema, porque aparece solamente en una cita (2:12 [Sal. 22:22]), o sin hacer referencia a un título específico (6:10; 13:15*). El contexto inmediato sugiere que el "nombre" es el del Hijo (así piensan la mayoría de los comentaristas; cf. ya incluso el gnóstico Teodoto, *Excerpta*, citado por Cl. Alex. y en Pagels 143; cf. *Gospel of Truth* 38.6; 39.25s., J. M. Robinson 49f.); Montefiore llega al punto de decir que "tiene que ser" así. Si el nombre fuera "Hijo", un estilista tan cuidadoso como el autor de Hebreos difícilmente hubiera repetido el nombre "Hijo" después de ἐν υἱῷ en el v. 2, y antes de υἱός en el v. 5.

La dificultad de aceptar esto como una explicación completa es que en otros lugares en Hebreos, se habla de la filiación como un atributo permanente de Cristo, no como un título que se le otorgó o que adquirió en el momento de su exaltación; véase sobre todo 1:2; Χριστός ... ὡς υἱός, 3:6; ὢν υἱός, 5:8. Es posible alegar que en su exaltación, Cristo reasumió la dignidad de Hijo que había dejado cuando se hizo temporalmente "un poco menor que los ángeles" (2:9); o que llegó a ser más plenamente Hijo a causa de lo que sufrió; pero resulta difícil encontrar una base firme para esas declaraciones en el texto.

Se ha argumentado en algunas ocasiones que el "nombre" era el de Señor (Andriessen 1960.3s.); pero el argumento se basa en gran medida en textos ajenos a Hebreos, especialmente el pasaje de Filipenses 2:9-11. El argumento habría tenido más peso si el presente versículo se considerara parte de un himno primitivo; pero esta opinión no es general ni probable. Si el "nombre" fuera el de Señor, el escritor podría haber citado las primeras palabras del Salmo 110:1: "Dijo el Señor a mi señor…"; 1:13; en cuanto a κύριος en Hebreos 1:10.

Podríamos abordar una solución al problema señalando que, si bien κύριος Χριστός puede haber sido la primera confesión cristiana (W. Foerster en *TDNT* 3.1088-1094), el NT incluyendo Hebreos sugiere que aunque es posible que a Cristo se le atribuyeran innumerables títulos, ninguno de los cuales (ni siquiera θεός, 1:8) se consideraba supremo. En Efesios 1:20-23, se pone de relieve la supremacía de Cristo contrastándola con otros poderes sobrenaturales, sin usar ningún título cristológico.

En el presente versículo, el sustantivo ὄνομα sin artículo podría sin duda entenderse como "Hijo" en el contexto inmediato (así Lövestam 31; Alemany 274; Hofius 1976.90; G. R. Hughes 1979.7; Attridge; cf. H. Bietenhard en *TDNT* 5.271-273); pero es demasiado indefinido para permitir el argumento posterior de que aquel que eternamente había sido Hijo de Dios ahora haya sido exaltado como sumo sacerdote por medio del sacrificio de sí mismo (Vanhoye 1969.93s.). Esta idea está implícita en 5:5s.; 7:28b, donde υἱός, en vez de ἀρχιερεύς, probablemente implica: "Por su juramento, Dios designó como sumo sacerdote a aquel que es su Hijo eternamente". Cf. Laub 1980.52-61.

Τῶν ἀγγέλων: En 𝔓⁴⁶ B se omite el artículo τῶν; cf. *1 Clemente* 36:2. Si se lee el artículo (con Zuntz 218; Tasker 1954-55.189), podría comunicar una "información que se da por cierta": "los (consabidos) ángeles", como en 1Co. 11:10; Col. 2:18, y τοῖς πατράσιν en Hebreos 1:1. En 1:5, 7a, 13, el artículo transmite lo que los lingüistas llaman "información antigua": "los ángeles (anteriormente mencionados)". En otros lugares (2:2, 7, 9, 16*), Hebreos tiende a omitir el artículo, y su omisión aquí sería adecuada para la primera referencia a los ángeles. Las pruebas externas se inclinan enérgicamente a favor de τῶν, pero el artículo podría haber sido añadido por asimilación a τῶν ἀγγέλων in v. 5. No puede extraerse ninguna conclusión firme en cuanto al significado basándose en la presencia o la ausencia de un artículo (BD §254.2).

Con respecto a κεκληρονόμηκεν, κληρονόμον, v. 2. El verbo denota una toma activa de posesión, pero también implica, como se indicará explícitamente en 5:4-6 (con apoyo escriturario), que este nuevo estatus, al igual que la "herencia" de Israel de la tierra prometida, es un don de Dios. El tiempo perfecto, por tanto, no puede referirse a una condición atemporal; alude, del mismo modo que la preposición "hasta" del v. 13, a la era nueva que la exaltación de Cristo inauguró "para siempre" (Braun). La posición de la expresión "ha heredado un nombre" es inusual (Sir. 15:6; con δόξα, Pr. 3:35; Sir. 4:13).

EL HIJO ES SUPERIOR A LOS ÁNGELES
(1:5–2:18)

Por una parte, la escritura emplea un lenguaje para referirse al Hijo que nunca usa con respecto a los ángeles; debemos, pues, prestar especial atención a lo que Jesús enseñó, y a lo que otros han enseñado acerca de él. Por otra parte, sin embargo, a Jesús se le ha dado, en razón de su muerte, la gloria y el honor que Dios siempre deseó para toda la raza humana. Jesús, como nuestro sumo sacerdote, nos reconoce como miembros de su familia, y por tanto, de la familia de Dios.

Vanhoye considera que esta parte de Hebreos es un solo bloque dividido en tres párrafos, a saber, 1:5-14; 2:1-4 y 2:5-18, y que coincide en cuanto a la forma, no en el contenido, con la parte V, 12:14–13:19. (Para Dussaut, 1:1–2:18 constituye la primera de siete columnas o paneles). La unidad formal de la Parte I se caracteriza por la mención de ángeles en 1:5 y 2:16, una inclusión típica, que junto con 2:17s. forma una transición a lo que sigue.

Dentro de la Parte I, los tres párrafos, ofrecen unidad y diversidad. Los párrafos 1 y 3 son predominantemente doctrinales, aunque la preocupación pastoral del escritor está implícita al final de cada uno de ellos ("ayudar a los que han de recibir la salvación", 1:14; "a los que son tentados", 2:18). El párrafo 2 (2:1-4) suele tratarse como un interludio parenético (Vanhoye 38), pero también puede considerarse el eje en torno al cual gira toda la Parte I.

El tema general de la Parte I son las relaciones entre el Hijo, los ángeles y los seres humanos, principalmente los creyentes en Cristo. En 1:5-14 se establece la supremacía de Cristo sobre los ángeles. En 2:5-18 se desarrolla gradualmente el tema de los "muchos hijos", hasta que en 2:16 el contraste ya no es entre Dios y Cristo, por un lado, y los ángeles, por el otro, sino explícitamente entre los ángeles, por una parte, y Cristo y la humanidad, por la otra. La exhortación de 2:1-4 es la que prepara y en la que se basa el tema de los "muchos hijos". Como resultado, aunque a través de todo el párrafo se aluda a los creyentes en tercera persona, al lector se le ha comunicado claramente cuál es su propia participación en la historia.

EL HIJO DE DIOS (1:5-14)

Lane asegura que existe un paralelismo sintético entre 1:1-4 y 1:5-13:

<table>
<tr><th>1:1-4</th><th>1:5-13</th></tr>
<tr><td>A Designación como heredero real (v. 2b)</td><td>A' Designación como Hijo y heredero real (vv. 5-9)</td></tr>
<tr><td>B Mediador de la creación (v. 2c)</td><td>B' Mediador de la creación (v. 10)</td></tr>
<tr><td>C Naturaleza eterna y gloria preexistente (v. 3ab)</td><td>C' Naturaleza eterna e inmutable (vv. 11-12)</td></tr>
<tr><td>D Exaltación a la diestra de Dios (v. 3c)</td><td>D' Exaltación a la diestra de Dios (v. 13)</td></tr>
</table>

Estos puntos de contacto ilustran la tendencia general en Hebreos a anunciar un tema que más tarde se desarrolla. Sin embargo, cabría señalar (a) que la primera mitad del paralelismo se extiende únicamente a los vv. 2-3; (b) que en los vv. 5-13, el tema del "heredero" se hace explícito solamente en el v. 13, donde se aplica a los creyentes; (c) que el paralelismo entre los vv. 3ab y 11-12 es menos estrecho que lo que podría sugerir el resumen de Lane y (d) que el reflejo del v. 3c en el v. 13 tal vez es mejor entenderlo como una inclusión (Lane 24).

Al igual que la Parte I en su conjunto, este párrafo se caracteriza por la unidad y la diversidad. Su coherencia interna está asegurada, en primer lugar, por el hecho de que (aparte del v. 14 de transición) el párrafo está compuesto por citas bíblicas con un mínimo de introducción, y además por la disposición del propio material. Desde el punto de vista gramatical, la serie de citas consta de tres oraciones, vv. 5, 6-12 y 13. Todas ellas cuentan con una introducción bastante completa, y la tercera es un reflejo muy fiel de la primera —un procedimiento típico de Hebreos en varios niveles de su estructura (Vanhoye 60-63):

τίνι γὰρ εἶπέν ποτε τῶν ἀγγέλων (v. 5)
πρὸς τίνα δὲ τῶν ἀγγέλων εἴρηκέν ποτε (v. 13)

Se ha dicho que esta triple división formal, que algunos comentaristas anteriores ya habían observado, se corresponde con las tres etapas de una liturgia de coronación, con respecto a la cual existen pruebas en el AT y en otros textos antiguos del Oriente Cercano, especialmente en Egipto (Cooke 1961; cf. Voegelin 306, citado por Bruce; Käsemann 1984.99f.; Moule 1966.24). Las tres etapas de ese tipo de liturgia suelen ser las siguientes: (a) una declaración por parte de Dios de que él ha adoptado al rey como hijo suyo (cf. v. 5); (b) la presentación del rey a su pueblo, y su proclamación como rey (cf. vv. 6-12) y (c) la entronización propiamente dicha (cf. v. 13). Es probable que la influencia sobre el autor de Hebreos de este tipo de liturgia haya tenido lugar a través del AT griego. Los paralelismos formales resultan sorprendentes, pero es necesario tener en cuenta al menos tres fases de reinterpretación, (a) como una liturgia extranjera que se adaptó a los conceptos israelitas sobre Dios y el reinado; (b) como declaraciones sobre un rey en particular que se generalizaron e idealizaron en la expectativa mesiánica precristiana y (c) como la venida de Cristo que estimuló a los cristianos a relacionar las Escrituras con él de nuevas formas. El patrón de la liturgia de la coronación ofrece una explicación más completa de la disposición de las citas en los vv. 5-13 que de los versículos anteriores, los cuales ya implican una referencia a Cristo no solo como rey sino también como sacerdote.

De manera más específica, la indudable existencia de rasgos tradicionales comunes a Hebreos y 1 *Clemente* no constituye una base suficiente para sugerir que Hebreos 1 y *1 Clemente* 36:1-6 se derivan de una liturgia común (Cockerill, respondiéndole a Theissen 33-37).

Cada sección en este párrafo forma un quiasmo, con referencias consecutivas al Hijo (v. 5) y a los ángeles (v. 6); a los ángeles (v. 7) y al Hijo (vv. 8-12); al Hijo (v. 13) y a los ángeles (v. 14). Sin embargo, esta alternancia no es mecánica, tal como lo indica la longitud variable de las subsecciones.

Esta disposición no insinúa ninguna relación especialmente estrecha entre las primeras dos citas y la tercera; ni una intención de subrayar la distinción temporal entre ellas, como cuando Westcott habló de "la dignidad del Hijo... en su establecimiento..., en su continuidad..., y en su manifestación final"; así Riggenbach.

Se ha sugerido que el autor no "investigó personalmente el Antiguo Testamento", sino que "estos testimonios parecen haber sido tomados de una catena existente de textos de prueba veterotestamentarios" (Montefiore 43, parcialmente en consonancia con Synge; cf. Harris 1916, 1920a; Spicq 1959.384; Leonard 1939.352-355 discrepa; Attridge considera la sugerencia "remotamente posible"; un resumen del análisis en Schröger 43s., cf. Hodgson). Esa colección, que originalmente perseguía un propósito diferente, podría compararse con 4QTestimonia (sin comentario) o 4QFlorilegium (con comentario). Pablo usa series similares de textos (p. ej., Ro. 3:10-18; 1Co. 6:16b-18; cf. *1Clem.* 36).

La sugerencia podría cuestionarse por diversas razones. (a) El autor de Hebreos le presta más atención de la que a primera vista parece al contexto de estas citas y otras posteriores (véase más adelante). (b) La disposición de las citas muestra características estilísticas, en especial el quiasmo, que están presentes a lo largo de la epístola. (c) La coincidencia de textos entre las distintas listas que se conservan no es muy grande; de hecho, Montefiori cita en aprobación la declaración de que "la elección y la presentación de testimonios no fue un logro estático, sin un proceso..." (Dodd 1952a.108). Si esto se admite, no parece haber ninguna razón por la que un escritor tan inmerso en el AT y tan creativo en el uso del mismo, no pudiera haber contribuido a este proceso recopilando y organizando por sí mismo textos veterotestamentarios. (d) El argumento de que la elección original de los textos obedecía a un propósito diferente depende de la hipótesis, que se cuestionó anteriormente (v. 4), de que la intención del autor era defender a sus lectores de los peligros de una cristología angélica. (e) Las citas de la Escritura en Hebreos no pueden describirse adecuadamente como "textos de prueba" (Rendall; Helyer 5s.). El escritor, sobre todo en esta etapa temprana de su argumento, no está tratando de demostrar una tesis que sus lectores quizás habrían de cuestionar; de lo contrario, se hubiera esperado un comentario más completo, tal vez refutando otras interpretaciones (cf. Mr. 12:35-37||; Hch. 2:29-34).

Parece más lógico pensar que el autor participaba, junto con sus lectores, en un proceso por el cual "los textos bíblicos eran... extraídos por Cristo del mismo modo que las limaduras son extraídas por un imán" (Vanhoye 1969.123; cf. Michel 108). No es necesario, sin embargo, negar que el escritor mostraba, al igual que otros cristianos de su época, un interés especial por algunos pasajes veterotestamentarios en particular, como por ejemplo, los Salmos 2 y 110.

Se sugirió con anterioridad (v. 4) que ὄνομα se refería principalmente, aunque no exclusivamente, al título de Hijo. El hecho de que el escritor no está interesado en desarrollar un solo título se confirma en los vv. 5-13, donde entre los textos que aluden al Hijo, los vv. 8s. y 10-12 introducen los títulos θεός y κύριος, mientras que en el v. 13 el autor no usa ningún título, aunque κύριος sí aparece en el Salmo 110:1. Κύριος no se usa con frecuencia, o de manera característica, más adelante en Hebreos, y θεός no se usa en ningún momento para referirse a Cristo. Más significativo es el uso de υἱός, o del sinónimo πρωτότοκος, como un título básico en los vv. 6 y 8. Lo que esto implica es que el que es Hijo es también Dios y Señor (cf. 5:5s.).

Véanse Bleek 1.94-106; Maxwell 278-283; G. R. Hughes 1979.7-9; Thompson 1982.128-140.

1:5a. "Hijo mío eres tú"

Las introducciones a las citas veterotestamentarias en Hebreos son discretas y flexibles; el autor no emplea fórmulas con γράφω (p. ej., γέγραπται, frecuente en Marcos, Mateo y Pablo; 10:7) ni con πληρόω (típico de Mateo y Juan). Εἶπεν aquí, al igual que ὤμοσεν en 6:13, es virtualmente parte de la cita; en Hebreos solo en raras ocasiones se usan verbos finitos para introducir citas. Cuando se usan con ese fin, suelen aparecer en tiempo presente (p. ej., 1:3) o perfecto (p. ej., 1:13), no en aoristo (2:6 en una cláusula subordinada). Esto refleja el hecho de que el autor de Hebreos generalmente no se interesa tanto por las narraciones veterotestamentarias como por los textos que tienen una relevancia permanente o vigente.

El uso de un solo verbo para introducir dos o más citas no se limita al capítulo 1: cf. 2:12s.; 4:4s.; 10:30. La fusión de textos es rara (10:37s.); en este sentido, Hebreos se aproxima más a 4QTestimonia que a 4QFlorilegium. Con respecto a esto, véanse Bonsirven 1939.29-32; Braun 1966.242; Fitzmyer 1971a, b.

La introducción a las primeras dos citas podría parafrasearse de la siguiente manera: "Dios nunca le hizo a ningún ángel una declaración que pueda compararse con Salmo 2:7 y 2 Samuel 7:14||". La pregunta retórica, "¿a cuál de los ángeles dijo Dios jamás...?", es equivalente a una negativa rotunda (Beekman y Callow 229-248). Al igual que Filón y los rabinos, el autor considera válido el argumento ex silentio cuando se aplica a la Escritura: *Quod non in Thora, non in mundo* (Filón, *Det. Pot. Ins.*178; *Leg. All.* 3.60; *Cher.* 60; S-B 3.694s.; Spicq 1.59s.; Schröger 136; cf. Heb. 1:13; 2:16; 7:3, 14, 20). Surgen dos preguntas: (a) ¿es el argumento ex silentio válido como tal en esta situación?, y (b) ¿es cierto que en el AT nunca se usa ese tipo de expresiones acerca de los ángeles?

Con respecto a (a) no hay duda de que el autor pone otros textos al mismo nivel de las Escrituras veterotestamentarias como autoridades en materia de fe (véase la introducción, EL USO DEL ANTIGUO TESTAMENTO POR PARTE DEL AUTOR, págs. 37-42). Ahora bien, aunque su Biblia es la Septuaginta y él alude a algunos escritos deuterocanónicos, no los usa de hecho como base de ninguno de sus argumentos ni los cita de manera directa. Es, pues, razonable que llegue a la conclusión de que, si sus Escrituras no hacen referencia a ningún ángel como el Hijo de Dios, los textos veterotestamentarios en los que aparece este título deben referirse a alguien que posee un estatus superior, a saber, Jesús, a quien la tradición cristiana anterior ya había reconocido como el Hijo de Dios.

En cuanto a (b), a los ángeles se les llama hijos de Dios de manera colectiva, no solo en el TM (Job. 2:1; 38:7) sino también en la LXX (Gn. 6:2, 4; Dt. 32:43; Sal. 29[28 LXX]:1; 89[88 LXX]:7). La tendencia a traducir "hijos" como "ángeles" se hace patente tanto en la LXX (véase sobre todo la adición a Dt. 32:43; Heb. 1:6) como en Filón (*Gig.* 6s.; *Deus Imm.* 1.2.3; *Quaest. in Gn.* 1.92; cf. Jos. *Ant.* 1.73). En esos contextos, el sustantivo "ángeles" refleja la interpretación de "hijos" en ciertos entornos helenísticos en los que era necesario proteger el monoteísmo judío. Es posible que en esto influyera el concepto, en una etapa anterior de la tradición hebrea, de una asamblea de seres divinos, subordinados a Yahvé (Cooke 1964). In Daniel 3:92 (3:25 TM), donde en la LXX se lee ὁμοίωμα ἀγγέλου θεοῦ, Teodoción reproduce más fielmente el Texto Masorético con la frase ὁμοία υἱῷ θεοῦ. Aun en el caso de que el escritor de Hebreos estuviera usando un *Vorlage* teodociónico, este texto no estropearía su argumento, porque es un símil y no una declaración divina. Más difícil es el Salmo 82(81 LXX):6, donde se presupone la existencia de dioses paganos (cf. v. 1), y un orador no identificado declara, con un lenguaje similar al del Salmo 2:7:

ἐγὼ εἶπα θεοί ἐστε
καὶ υἱοὶ ὑψίστου πάντες

Dado que la primera línea se cita en Juan 10:34, es posible que el escritor de Hebreos la hubiera tomado en consideración. De ser así, probablemente la interpretó en forma irónica, tal como sugiere el contexto.

Su argumento, pues, podría considerarse válido en el marco de sus propias competencias: el AT no contiene ninguna declaración acerca de algún ángel aislado (τίνι) del que Dios haya dicho en alguna ocasión (ποτε) que era si Hijo.

El sujeto de εἶπεν tiene que ser "Dios" en el v. 1; la actividad de Dios acaba de sugerirse en el v. 4.

La función de algunos conectores lógicos como γάρ debe deducirse a partir del contexto en cada caso. En 2:5, por ejemplo, γάρ aparentemente se remite a 1:4-14. En el versículo que nos ocupa ahora, sin embargo, se relaciona directamente con 1:4, donde se expone la tesis que recibirá respaldo bíblico en los vv. 5-13.

El Salmo 2 es ampliamente reconocido como un salmo real (Gunkel-Begrich 140-171; A. A. Anderson 39f., 63s.; Schröger 35; Buchanan) relacionado con una coronación. A un gobernante humano, ungido como rey en Jerusalén, se le promete que Dios lo defenderá de enemigos extranjeros, y le dará "las naciones paganas" por "herencia" (κληρονομία; cf. Heb. 1:2, 4). No se sabe a ciencia cierta hasta qué punto el salmo, en su entorno original, se refiere al futuro (Cooke 1961.205f.), pero su conservación en el salterio sugiere que se le atribuía un significado más amplio que la entronización de cualquier rey en particular. Aunque no es abiertamente mesiánico, su "tono casi mesiánico" (Schröger 37) condujo de manera natural a una interpretación mesiánica, confirmada en *Sal. Sal.*17:21-43, sobre todo el v. 27 ("todos ellos son hijos de su Dios"), y en algunos textos rabínicos de fecha incierta; existen también algunas aplicaciones no mesiánicas (Vis 15-23; Leonard 1939.355-357; Kistemaker 1961.17, 75s.; Levey 105).

La aplicación del Salmo 2 a Jesús como Mesías, por tanto, no implicó una ruptura radical con la tradición exegética judía, sino más bien, la continuación natural de un proceso que ya había comenzado en los tiempos precristianos. Antes de la fecha de Hebreos, es poco probable que alguien recordara quién era el gobernante judío para el que se había compuesto el salmo. Es posible que el autor de Hebreos tuviera conocimiento de que originalmente se había referido a una figura humana, y que esta opinión más tarde se hiciera explícita en el tema de los "muchos hijos" (Heb. 2:10), que, por lo demás, tiene poca base bíblica. En el contexto inmediato, la respuesta a la pregunta "¿a cuál de los ángeles dijo Dios jamás…?", es "a ningún ángel, sino a Cristo". Sin embargo, esto no excluye una aplicación adicional a los seguidores humanos de Cristo.

No solo en Hebreos se da testimonio del interés cristiano en este salmo, sino también en Marcos 1:11‖ (combinado con Is. 42:1); Juan 1:49; Hechos 4:25-28 (combinado con el Sal. 88:21-22a e Is. 42:1); Hechos 13:33, cf. v. 27; Apocalipsis 2:26f.; cf. 12:5; 19:15. Sin embargo, casi todos estos textos abordan el tema polémico, ajeno a Hebreos, de la victoria del Mesías sobre sus enemigos gentiles. Fuera de Hebreos, solamente en Juan 1:49 se recurre al Salmo 2 con el único fin de exponer la naturaleza y el estatus de Cristo.

En Hebreos se cita del Salmo 2:7 en la LXX exactamente, y aquí la LXX no difiere del TM. La delimitación de la cita en Hebreos está determinada, al parecer, por tres factores principales: (a) las palabras citadas están estrechamente relacionadas con la cita que sigue y forma un verdadero quiasmo con ella; (b) no se citan los vv. 6-7a, y con ello, Hebreos evita algunas de las complejidades de la estructura de la oración en la LXX, ya simplificada en comparación con el TM; y (c) Hebreos elude los temas de conflicto, de la ira divina (Sal. 2:5, 12) y de los gentiles (vv. 1, 8) que se ponen de relieve en el salmo pero que, en general, están ausentes en Hebreos.

Aparte de las palabras citadas, el salmo contiene varios elementos que no aparecen en ningún otro lugar en Hebreos: un contraste implícito entre la tierra (v. 2) y el cielo (v. 4; cf. Heb. 8:1-6); una referencia a Sión (Sal. 2:6), interpretada probablemente como la Jerusalén celestial (cf. Heb. 12:22); χριστός (Sal. 2:2), tomado casi ciertamente como una referencia a Jesús (cf. Heb. 3:6; 9:11, 23); la κληρονομία del Hijo (Sal. 2:8; cf. Heb. 1:2, 4); la παιδεία de Dios (Sal. 2:10, 12;

cf. Heb. 5:8; 12:5-11); la expresión πεποιθότες ἐπ' αὐτῷ (v. 12; cf. Heb. 2:13 = Is. 8:17); y tal vez de manera más significativa, el tema de un diálogo entre dos seres celestiales, que se repetirá a lo largo de las citas en Hebreos 1 (Barth 62-65; Glasson). Hay, pues, razones para creer que el autor de Hebreos consideró el Salmo 2 en su conjunto, pero lo usó en forma selectiva, sin intentar hacer algo parecido a un comentario consecutivo ni incluso a un pesher del tipo de los de Qumrán. En este respecto, como se indicará posteriormente, su tratamiento de esta cita se corresponde con su uso de la Escritura en otros lugares.

El estrecho paralelismo entre las dos citas en el v. 5 podría sugerir que los puntos en los que divergen revisten una importancia secundaria para el argumento de Hebreos. La segunda cita se añadió para confirmar la primera, al igual que en 2:12s.; no introduce, al parecer, ninguna idea nueva (contrástese con 5:5s.). Los puntos de divergencia entre las citas en 1:5 son (a) el cambio por parte de Dios al dejar de hablar del Hijo en 5a para hablar de sí mismo en 5b (el cambio contrario tiene lugar entre los vv. 6 y 8-12); (b) el cambio del tiempo presente por el perfecto en 5a y por el futuro en 5b; y, muy relacionado con esto, (c) la falta de cualquier término análogo al adverbio σήμερον en 5b. Los cambios de persona y de tiempo no causan ningún problema. El versículo en general significa: en algún momento del pasado, Dios hizo declaraciones de validez permanente al afirmar que Cristo es su Hijo. En el contexto veterotestamentario, el adverbio σήμερον puede haber sido usado para expresar la naturaleza no física, o más generalmente, adoptiva, de la filiación del rey humano (Cooke 1961.209, en consonancia con Gunkel); pero en Hebreos una indicación así es irrelevante, y en consecuencia, el autor no hace comentarios al respecto, ni aquí ni en 5:5.

Se ha considerado que el adverbio σήμερον (3:7, 13, 15; 4:7; 5:5; 13:8*) aquí se refiere (a) a la generación eterna del Hijo (Agustín, Aquino, Bleek); (b) al nacimiento de Jesús (Justino, *Dial.* 88.3, 8; 103.6; el evangelio ebionita; Riggenbach; tal vez ya Apocalipsis 12:5); (c) de manera más general, a la encarnación (Teodoro de Mopsuestia; Crisóstomo; Strobel); (d) al bautismo de Jesús (Justino; Hilario; cf. la lectura occidental más larga de Lc. 3:22); (e) a su resurrección (Delitzsch, refiriéndose a Hch. 13:33); (f) a su exaltación o entronización (Westcott, Andriessen, Bruce, Vanhoye 1969.141s., M. P. Miller 8, Buchanan con dudas, Braun; cf. Mr. 9:7‖; Heb. 7:28). El argumento a favor de una referencia al nacimiento o la encarnación se reforzaría si πάλιν εἰσαγάγῃ en el v. 6 se tomara junto con el adverbio para leer "y lo trae de nuevo al mundo". Lo que se plantea en (d) depende demasiado del uso del Salmo 2:7 en Mateo 3:17‖. Lindars (1961.139-144) cree que el Salmo 2:7 se aplicó primero a la resurrección, como en Hechos 13:33, y más tarde a su bautismo y transfiguración, y que Hebreos da testimonio de una forma más antigua de la tradición. El punto (a) ha sido respaldado por referencia a ἐκ γαστρὸς πρὸ ἑωσφόρου ἐξεγέννησά σε, Salmo 110(109 LXX):3 (Strobel), y la objeción de que en Hebreos no se cita este versículo (Riggenbach) no es concluyente. Moffatt apela con cierta vacilación al contexto en Hebreos, especialmente a la expresión ἀπαύγασμα τῆς δόξης, a favor de una interpretación mística o atemporal, similar a (a). El contexto, de hecho, apunta enérgicamente a (f), porque el tema general es el de la exaltación del Hijo, que es posible que el autor no haya distinguido de la resurrección (e) (Hayes). Algunos especialistas que han examinado esta cuestión hasta el más mínimo detalle no llegan a conclusiones claras. Teodorico observa: "Es más sensato no ser demasiado específicos", y Moffatt comenta: "Cuando preguntamos qué quiso decir [el autor] con σήμερον, hacemos una pregunta que no estaba presente en su mente" (así A. Clemen 227).

Véase además Hengel 1975.85-90.

1:5b. La filiación de Cristo es confirmada

Se usa la frase καὶ πάλιν, como en Mateo 4:7; Romanos 15:11s.; 1 Corintios 3:20; Hebreos 2:13 (*bis*); 10:30; *1 Clemente 10:4*, 6; 15:3-5; πάλιν de manera similar Juan 12:39; Romanos 15:10; καί de manera similar Hebreos 1:10; 10:17, 38; cf. 5:6; 13:6; 2 Corintios 6:18. El objetivo es relacionar más estrechamente el v. 5b con el v. 5a que con el v. 6. Solo el verbo εἶπεν debe considerarse sobrentendido, no toda la introducción al v. 5a, puesto que Dios ahora no está dirigiéndose al Hijo sino hablando acerca de él (cf. el doble uso de πρός en los vv. 7s.).

El texto de la cita se corresponde con el de los manuscritos unciales de 2 Samuel 7:14 y 1 Crónicas 17:13, que se ajustan al TM. Algunos minúsculos y autoridades secundarias comienzan 2 Samuel 7:14 con καί, una lectura posterior derivada de 2 Corintios 6:18 (K. J. Thomas 1959.231).

A menudo se supone que el autor de Hebreos adopta el texto de 2 Samuel 7:14 como la fuente más antigua y confiable, pero no hay ninguna prueba de que él compartiera esta preferencia. Por el contrario, el contexto de 2 Samuel 7:14 se adapta al texto de Hebreos en menor grado que 1 Crónicas 17:13, donde se omite la referencia al pecado del hijo (Vanhoye 1969.137f., 147; Nordheim contrasta 2Sa. 7 con 1Cr. 17).

También se ha pensado que el autor debe haberle concedido a la segunda cita mayor peso que a la primera, tomando el v. 5b como la "base histórica" (Delitzsch) del v. 5a, y el v. 5a como el "reflejo poético" (Riggenbach) del v. 5b. La práctica del autor en otros lugares sugiere lo contrario. En 3:7–4:12, por ejemplo, el texto principal es el Salmo 95:7-11 y el texto que se cita como apoyo Génesis 2:2 (Rendall).

En la segunda cita, el énfasis recae en la segunda línea, sobre todo en la última palabra, "Hijo". De manera similar, la filiación de Cristo en Hebreos es un tema de suma importancia, pero "Padre" no se destaca como un título para Dios (12:9). Al igual que ocurrió con ἐν υἱῷ en el v. 2, la ausencia de un artículo indefinido en griego no disminuye la exclusividad de la relación entre Dios y Cristo.

Εἰς πατέρα … εἰς υἱόν es un hebraísmo equivalente al caso nominativo predicativo (Bauer *s.v.* εἰς 8αα; MHT 3.253). No es una simple figura de lenguaje: "Seré un padre para él", aunque los sustantivos se usan claramente con un significado ampliado.

Para el lector contemporáneo, el uso en Hebreos de este texto genera problemas más grandes que las demás citas en este capítulo, ninguna de las cuales, ni siquiera la del v. 6, está tan estrechamente relacionada con una situación histórica en particular. ¿Cómo puede el autor aplicarle a Jesús, y al parecer, sin dudarlo, un texto en el que, en su entorno veterotestamentario, se afirma que Dios se valió del profeta Natán para entregarle un mensaje a David acerca de su hijo Salomón? De hecho, es posible rastrear un desarrollo en la interpretación desde los textos del AT hasta Hebreos. En los textos veterotestamentarios, el término "hijo" tiene su significado más estricto, no el sentido más amplio de "descendiente"; el contexto habla de la "casa" o dinastía que Dios habría de "edificar" para David (1Cr. 17:10), y de un "trono" que Dios establecería para siempre (v. 14, cf. v. 12). Pero los textos también se asemejan, en cuanto a la forma y al contenido, a las declaraciones que se leen a través de la Biblia acerca de la relación entre Dios y su pueblo, Israel o la Iglesia (Ex. 25:8; 29:45; Lv. 26:12; Jer. 31:1, 33 (= Heb. 8:10); Ez. 37:27; 2Co. 6:16; Ap. 21:3), declaraciones que resumen los términos del pacto. No es sorprendente, pues, que se haya interpretado que la promesa de Dios a David se extendía más allá de Salomón hasta un rey ideal del linaje davídico, conocido como el Mesías (p.ej., Is. 9:6f.; 11:1, 10; Jer. 23:5; 33:15; Mi. 5:2). En 4QFlorilegium, la frase "mi hijo" se explica como "el Renuevo de David que se levantará... [para reinar] en Sión [al final] de los tiempos", y "el tabernáculo de David" en Amós 9:11 se interpreta de manera similar como "el que se levantará para salvar a Israel". Desde este punto de vista, no queda más que un paso para demostrar, o al menos confirmar, el estatus de Jesús como Mesías por su linaje davídico. No obstante, este no es en realidad un tema prominente en la primera predicación cristiana (Dodd 1952.106; Lindars 1961.200, 254). Hebreos 7:14, al igual que Pablo en Romanos 1:3, hace referencia al linaje de Jesús de forma subordinada e incluso negativa. Solo en 2 Timoteo 2:8, sí se les concede, al parecer, el mismo peso a la descendencia davídica y a la resurrección. En Hebreos se hace hincapié constantemente en la exaltación de Jesús, no en su descendencia.

Por tanto, es poco probable que el autor de Hebreos relacione estrechamente el uso que hace de este texto con su entorno histórico original, aun cuando en lo tocante a la tradición histórica podría muy bien describirse como una "promesa mesiánicamente interpretada", que alcanza su "cumplimiento en la persona de Cristo" (Schröger 45s.). En su lectura de 1 Crónicas 17:13, el autor de Hebreos no ve una referencia indirecta a alguien que, como muchos otros, podría afirmar que es un descendiente de David, sino una alusión directa a un individuo que gozaba de una relación exclusiva como hijo de Dios. Su exposición, pues, está en consonancia —y a la vez en tensión— con la interpretación judía y la del cristianismo primitivo.

Este hecho se hace más claro a la luz del uso indirecto y selectivo en Hebreos del contexto de 1 Crónicas 17:13. Por una parte, la interpretación del pasaje veterotestamentario en cuanto a la adoración y la obediencia a la voluntad de Dios (1Cr. 15:2; cf. 12:32) tiene un equivalente en Hebreos (10:10; 12:18-24), al igual que su insistencia en el fracaso de Israel (1Cr. 13:3, 12; 15:11; cf. Heb. 9:1-10). Por otra parte, 1 Crónicas 16:40 presenta las regulaciones litúrgicas, incluyendo el sacrificio, como una "ley del Señor" absoluta, en contraste con Hebreos, donde se relativiza a Moisés (3:1-6) y los sacrificios κατὰ νόμον (10:8). El tema complejo de la casa de Dios (y la de David), introducido en 1Cr. 16:43, predomina en 17:1-14 y reaparece en 17:16, 25; Hebreos relacionará el mismo tema con un pasaje veterotestamentario diferente en 3:1-6. Otros temas comunes son el gran "nombre" que se da a Dios (1Cr. 17:8, 21; 22:8; cf. Heb. 1:4; 2:12 (Sal. 22:22), y la exaltación ($ὕψωσάς$ $με$, 1Cr. 17:17) de aquel a quien Dios llama su Hijo (cf.Heb. 9:20).

A la luz de los argumentos *ex silentio* del autor en otros lugares, podría ser importante para él que en 1Cr.17:13, a diferencia de 21:10, no se menciona el nombre del hijo de David. También podría ser importante que el que dice las palabras sea un profeta.

Hebreos cita este texto con más precisión que Pablo en 2 Corintios 6:18, y lo aplica de manera correcta a un individuo, mientras que Pablo hace extensivo su significado por implicación (cf. v. 16) al pacto de Dios con todo su pueblo, un tema que se desarrollará en Hebreos de diferentes maneras, sobre todo en los capítulos 2, 8 y 9. La exposición en Hebreos también contrasta con la de Esteban en Hechos 7:46s.; esta, que no iba dirigida a hermanos cristianos sino a judíos hostiles, es naturalmente más polémica, y en ella no se usa 2 Reyes 7:14‖.

Hay algunos puntos de contacto entre los primeros versículos de Hebreos y Hch. 13:33-37, que podría interpretarse como un comentario sobre 2 Sa. 7‖ al estilo de un pesher de Qumrán: compárese esp. Hch. 13:32s. con Heb. 1:1s. En Hch. 13:33-37, al igual que en Heb.1, 2 Sa.7‖ está asociado con el Sal.2:7; pero mientras que Pablo en Hechos se preocupa por dar testimonio del cumplimiento de la profecía en la resurrección, Hebreos se dedica a explorar la importancia de la filiación del Hijo. Hebreos, pues, comparte junto con Hechos 13 y 4QFlorilegium una tradición en la que el Sal. 2 y 2Sa. 7‖ estaban relacionados, pero no incluidos en una colección estándar de testimonios ni dotados de una sola interpretación autorizada. Ambos textos están relacionados dentro del AT con los Sal. 89:19-37 y 132:11-18, aunque la naturaleza de la relación entre ellos es incierta (Cooke 1961). El texto del Sal. 89(88 LXX):27: $αὐτὸς$ $ἐπικαλέσεταί$ $με$ $Πατήρ$ $μου$ $εἶ$ $σύ$ es equivalente (en significado) a las citas en el v. 5, pero no contiene la palabra clave $υἱός$. Con respecto a la filiación en Hebreos, véanse Attridge 54s.; Grässer 74s.

1:6. La adoración que los ángeles tributan al Hijo

La introducción a la cita es tan larga que se separa claramente de las citas anteriores; la conjunción $δέ$ indica la transición entre el Hijo (v. 5) y los ángeles (v. 6s.), y a la inversa en el v. 8a. La cita en el v. 6 subordina los ángeles a Cristo; la que se lee en el v. 7 expresa la dependencia de ellos de Dios.

Es posible que el propio v. 6a (hasta $λέγει$) refleje algunos textos veterotestamentarios, tales como $εἰσαγαγεῖν$ $εἰς$ $τὴν$ $γῆν$, Éxodo 3:8; $ὅταν$ $εἰσαγάγῃ$ $σε$ $κύριος$ $ὁ$ $θεός$ $σου$ $εἰς$ $τὴν$ $γῆν$, Deuteronomio 6:10; $ὅταν$ $εἰσαγάγῃ$, Deuteronomio 11:29; cf. Deuteronomio 31:20 (Andriessen 1976a), con respecto a la conducción de Israel por parte de Dios a la tierra prometida. Podría haber incluso otra alusión a la entrada del sumo sacerdote ("Aarón") en el santuario (Éx. 28:26[30 LXX], 39[43 LXX]; 30:8, 20s.; 40:32[38:27 LXX]). El vocabulario no es típico de Hebreos.

Ὅταν (frecuente en los evangelios, Pablo y Apocalipsis) e εἰσάγω (nueve veces en Lucas/Hechos; Jn. 18:16) no se usan en ningún otro pasaje de Hebreos; πρωτότοκος (11:28; 12:23) no se aplica a Cristo en ningún otro lugar (sorprendentemente tal vez en razón de los "muchos hijos" de 2:10); οἰκουμένη (un término que Pablo no usa salvo en Ro. 10:18 [Sal. 19:4]) reaparece en 2:5, pero no se sabe con certeza si tiene el mismo sentido (véase más adelante).

El significado del v. 6a resulta dudoso en diversos aspectos:

(a) ¿Es πάλιν (i) la introducción a una nueva pregunta (como afirman Lutero, Calvino, Bengel, Windisch, Vitti 1934b.308s., Spicq, Moffatt, Bruce, Montefiore, Attridge, Lane), o (ii) debe tomarse junto con εἰσαγάγῃ y entenderlo como "reintroducir" (tal como piensan Westcott, Riggenbach, Héring, Michel, Braun, Grässer)? (i) es la opción más fácil, pero Braun cita ejemplos de Filón (*Ebr.* 207, 208, 210) y otros en los que en el mismo pasaje se empliaea πάλιν (Louw-Nida 65.55) para introducir y como adverbio de tiempo; πάλιν se usa como un adverbio de tiempo en Hebreos 4:7, casi inmediatamente después de haberse usado en el v. 5 para introducir una cita. Sin embargo, si πάλιν en el presente versículo fuera temporal, cabría esperar que apareciera inmediatamente antes de λέγει, tal como ocurre en Romanos 15:10, cf. v. 12.

(b) ¿El verbo εἰσαγάγῃ (i) denota un tiempo específico, o (ii) tiene un significado indefinido (Teodorico en consonancia con Vitti)? El contexto apoya enérgicamente la opción (i), que es el uso normal del aoristo de subjuntivo.

(c) Si εἰσαγάγῃ denota realmente un tiempo específico, ¿es ese tiempo (i) futuro para el que habla en el texto veterotestamentario, pero pasado para el autor de Hebreos —es decir, el envío de Jesús por parte de Dios a la tierra en su nacimiento (Montefiore) o encarnación (Aquinas, Lutero, F. Field 226, Vitti 1934a, A. T. Hanson 1949), o su conducción al cielo en su entronización (Schierse 1955.95; Hegermann 1961-128; Johnston 354; Vanhoye 1964b.255, 1969.159); o (ii) futuro tanto en el contexto del AT como para el autor de Hebreos —es decir, que Dios volverá a enviar a Cristo al mundo en la parusía (Braun)? Las pruebas patrísticas están divididas (P. E. Hughes). Los criterios gramaticales no son concluyentes. Turner señala que el aoristo de subjuntivo normalmente se refiere a "una acción definida que tiene lugar en el futuro aunque concluyó antes de la acción del verbo principal" (MHT 3.112), pero aquí, el verbo principal λέγει tiene una referencia temporal bastante general. No se contrasta con εἶπεν en el v. 5a, pero hace pensar, al igual que en v. 7; 3:7; 5:6; 8:8, y como λέγων en 2:6, 12; 6:14; 10:8; 12:26, en la validez permanente de lo que Dios dice en la Escritura. Las referencias más próximas a la parusía son una posible alusión indirecta en el v. 13, y una implicación más clara en 2:8. Una referencia a la encarnación, y aún más, al canto de los ángeles en la natividad (Lc. 2:13s.), es difícil de reconciliar con βραχύ τι παρ᾽ ἀγγέλους ἠλαττωμένον (Heb. 2:9). El contexto sugiere claramente la entronización de Cristo.

(d) Si εἰσαγάγῃ se entiende de esa manera, el sustantivo οἰκουμένη no denotaría la tierra, como el lugar del nacimiento o del regreso de Cristo (cf. κόσμος, 10:5), sino el mundo celestial o futuro (así Attridge, Lane). Esto encajaría bien con la referencia a la adoración por parte de los ángeles, y el sustantivo haría alusión a lo mismo que τὴν οἰκουμένην τὴν μέλλουσαν, 2:5. Véase O. Michel en *TDNT* 5.157-159.

Por tanto, el significado implícito de 1:6a es el siguiente: "En el pasado, Dios sacó a su propio pueblo del desierto y lo introdujo en la tierra habitada de Canaán. Ahora ha sacado a Cristo de la muerte y lo ha introducido en la gloria de la asamblea celestial".

Πρωτότοκος (11:28; 12:23*; Bauer 2a; W. Michaelis in *TDNT* 6.871-881; Spicq 1978.771-773; Grässer 79s.) no se usa definitivamente con respecto a Cristo en ningún otro lugar del NT. Helyer cree que el título se derivó de una tradición apocalíptica vigente en los círculos judeo-helenísticos y se incorporó a las liturgias bautismales, pero es poco lo que en Hebreos hace pensar en un entorno bautismal (¿10:22?, aunque contrástese con 5:11-6:3). El primogénito del Padre en la *Exegesis on the Soul*132.9 (J. M. Robinson 193s.) del Nag Hammadi (a principios del siglo III d.C.) no se identifica con Jesús. Πρωτότοκος se aplica indudablemente a David en el Salmo 89:27 (88:28 LXX), en un oráculo divino prospectivo que tiene puntos de contacto con Hebreos (2:17; cf. Synge 3; Lindars 1961.211; Hofius 1976.91). En la etapa actual del argumento, πρωτότοκος probablemente no expresa todavía el sentido de "primogénito de muchos hijos" (cf. 2:10) ni "entre muchos hermanos" (Ro. 8:29; cf. Heb. 2:11); y menos aún que haga referencia a María (Montefiore); pero los muchos primogénitos de 12:23, los redimidos en el cielo, son los equivalentes tipológicos del primogénito de Israel en la época del éxodo. Πρωτότοκος es en parte (-τοκος) una variante estilística para υἱός, tal como se usó en los vv. 2, 5 con referencia a la relación exclusiva de Cristo con Dios. La idea de Cristo como primogénito, no solo entre los humanos sino también entre los ángeles (Spicq), es ajena a Hebreos. El pensamiento de Cristo como supremo (πρωτο-) sobre la creación (Col. 1:15) concuerda bien con lo que se dijo en Hebreos 1:1-4 acerca de la supremacía de Cristo; πρωτότοκος (ἐκ) τῶν νεκρῶν (Col. 1:18; Ap. 1:5) refleja con un lenguaje diferente la convicción en Hebreos de que esta supremacía fue confirmada en la exaltación de Cristo.

La fuente de la cita es incierta. Las posibilidades son las siguientes:

(a) Deuteronomio 32:43b: καὶ προσκυνησάτωσαν αὐτῷ πάντες υἱοὶ θεοῦ.

(b) Deuteronomio 32:43d: καὶ ἐνισχυσάτωσαν αὐτῷ πάντες ἄγγελοι θεοῦ.

(c) Salmo 97(96 LXX):7: προσκυνήσατε αὐτῷ πάντες οἱ ἄγγελοι αὐτοῦ.

(d) *Odas* 2:43b: καὶ προσκυνησάτωσαν αὐτῷ πάντες υἱοὶ θεοῦ.

(e) 4QDt. 32:43b "y postraos vosotros ante él, todos los dioses". (Véase Skehan; Braun 1966.243, con las referencias adicionales).

(a) y (b) no aparecen en el TM. En (b), B p omiten πάντες, y en F M[mg] N א v[text] boh et sah[mg] y algunos testigos patrísticos se lee ἄγγελοι, probablemente por asimilación a Hebreos. La solución aparentemente más simple es concluir que Hebreos optó por (d) (K. J. Thomas 1965.304); pero las pruebas de los manuscritos con respecto a las *Odas* indica que esa obra no es más antigua que el códice Alejandrino del siglo V, en el cual se perciben indicios de una edición cristiana (Schröger 49). (a) es muy poco probable que sea la fuente de la cita; el autor de Hebreos difícilmente habría elegido un texto del cual υἱοί, un término fatal para su argumento, primero tenía que ser eliminado. (c) es también improbable, porque si la conjunción καί no aparecía en el *Vorlage* del autor, no tenía ninguna razón para añadirla. La explicación más probable es que esté citando Deuteronomio 32:43b en una forma que ahora no está claramente confirmada, pero que 4QDeuteronomy apoya indirectamente. De ser así, llama la atención que el autor no suavice que Dios, el sujeto implícito de λέγει, se refiera en tercera persona a los "ángeles de Dios". Una situación similar pero más extraña se pondrá de relieve en el v. 8.

Aunque, por las razones recién mencionadas, el Salmo 97:7 tiene menos probabilidades que Deuteronomio 32:43 de ser la fuente de la cita, los contextos de ambos versículos tienen puntos de contacto con Hebreos. El Salmo 97 describe el reino del Señor sobre la οἰκουμένη (v. 4; cf. Heb. 1:6a) con la ayuda de una imaginería meteorológica que hacer recordar el pasaje de Hebreos 12:18-28. No hay ninguna tradición rabínica de interpretación mesiánica de este salmo; el autor de Hebreos tal vez se sintió motivado a aplicarlo a Cristo por el uso del término κύριος en el v. 1 y en otros lugares (Vis 71; Delitzsch discrepó). Deuteronomio 32:43 en la LXX se relaciona vagamente con su contexto, pero dado que el pronombre αὐτῷ no tiene ningún antecedente gramatical, cabe la posibilidad de aplicarlo al Hijo. Otros puntos de contacto con Hebreos se mencionan en las notas sobre 1:2; 2:1; 3:7; 9:14; 10:27. La traducción errónea y oscura en Deuteronomio 33:5a, ἔσται [κύριος, v. 2] ἐν τῷ ἠγαπημένῳ ἄρχων, podría aclarar un poco más el uso de πρωτότοκος en 1:6a, como una descripción del Mesías como el objeto del amor especial de Dios (Michel). Andriessen 1976, seguido por Lane, descubre una alusión a Deuteronomio 6:10; 11:29. No existe ninguna razón para negar esa alusión de manera absoluta, y sería natural que el autor observara una relación tipológica entre la entrada de Israel en la tierra prometida y la exaltación de Cristo a la esfera celestial. El conocimiento general del autor sobre el contexto de sus citas veterotestamentarias, sin embargo, probablemente excluía la cita directa de estos textos en un contexto muy diferente. Al igual que en otros pasajes de Hebreos, y en contraste con Apocalipsis 18:20, el autor evita los aspectos polémicos de los pasajes veterotestamentarios que usa. En Romanos 15:10 se aplica la línea anterior al pueblo de Dios que se regocija con los gentiles. En Hebreos no se hace referencia a los gentiles, pero la idea del pueblo de Dios, explícita en el capítulo 2, podría ya estar implícita aquí, aunque el tema dominante es Cristo. El uso de esta cita en Hebreos sugiere una reflexión original sobre un pasaje analizado de manera bastante exhaustiva en la iglesia primitiva (véase también Hch. 13:32) — un proceso similar a su tratamiento del Salmo 110.

Προσκυνέω no se usa en Hebreos salvo en citas de la Escritura (cf. 11:21 [Gn. 47:31 LXX]). El término no es típico de Pablo (1Co. 14:25), pero sí aparece con frecuencia en Mateo, Juan, y sobre todo, en Apocalipsis. En el NT, nunca se emplea con un complemento humano (Ap. 3:9 no es una excepción); la adoración siempre se le tributa a un ser que, de manera correcta o errónea, se supone que es divino (H. Greeven en *TDNT* 6.763-765). No hay nada en el contexto de la LXX que haga pensar en una postración física, pero esto, de todos modos, es irrelevante para Hebreos.

La forma en que la cita se introduce en Hebreos exige que el pronombre αὐτῷ no se refiera a Dios (A. Clemen 227) sino a Cristo (Vanhoye 1969.163-165). Esto, por lo general, se toma como una distorsión del texto veterotestamentario que sí se refiere a Dios. Sin embargo, la referencia a Dios en la LXX dista mucho de ser explícita (Harder 34), y es posible que el autor de Hebreos no haya interpretado los rápidos cambios de persona en el pasaje como una peculiaridad del estilo poético de Hebreos, sino como un supuesto diálogo entre las personas divinas en el cual el Padre presenta el Hijo a los ángeles, para que lo adoren.

Véase Leonard 1939.357-359; Katz 1958; Andriessen 1960; Marbury 45-52.

1:7. El poder de Dios sobre los ángeles

Esta cita, tomada del Salmo 104(103 LXX):4, trata acerca de la relación entre Dios y los ángeles; no se aplica directamente al Hijo. La función de la conjunción καί es coordinar los vv. 7-12 con el v. 6. En el presente versículo, aunque no en el v. 8, el significado de πρός tiene que ser "en relación a, en cuanto a", no "a" Bauer III.5a; BD §239[6]; Moule 1959.53s.).

Τοὺς ἀγγέλους v. 4. Hebreos no hace distinción entre los ángeles y otras fuerzas sobrenaturales creadas, ni entre diferentes clases de ángeles; contrástese el corpus de Enoc (cf. Charlesworth 1.242s.) y en menor medida, ciertos escritos neotestamentarios (p. ej., Col. 1:16; Rev. 7). Dentro del contexto más amplio (Heb. 1:1, 5, 13), el sujeto de λέγει tiene que ser Dios, no la Escritura. En esta cita, al igual que en el v. 6, se representa a Dios hablando acerca de él mismo en tercera persona. En la introducción, D* *pc* especifican αὐτοῦ después de ἀγγέλους, tal vez por asimilación a la línea que sigue.

xxxDentro de la propia cita, el sujeto de ὁ ποιῶν también es Dios (κύριε ὁ θεός μου, Sal.104(103 LXX):1. Τοὺς ἀγγέλους αὐτοῦ y τοὺς λειτουργοὺς αὐτοῦ, después de ἄγγελοι θεοῦ en el v. 6, es más natural que se entiendan como ángeles o siervos de Dios, y no como ángeles o siervos del Hijo, aunque la participación del Hijo en la creación ya se mencionó en el v. 2c.

El significado de la cita es ambiguo en el TM, y podría ser:

(a) el que hace los vientos/espíritus sus ángeles/mensajeros…, o

(b) el que convierte a sus ángeles en vientos.

El significado de lo que se lee en la LXX no puede ser (b). En el contexto del salmo, que hace referencia a las "nubes" y a los "vientos" en el v. 3, es probable que signifique "el que hace a los vientos sus mensajeros".

El objetivo de la cita en Hebreos es indicar que los ángeles son (solo) λειτουργοί —como lo confirmará el v. 14. El contexto en Hebreos, por tanto, exige la traducción: "él hace a los vientos sus ángeles, y a sus siervos una llama de fuego". En el v. 14 se muestra que los ángeles, aunque son seres sobrenaturales, están a disposición de Dios y son usados por él. Hebreos, como de costumbre, elude las especulaciones, y no analiza el significado de los vientos (o espíritus) ni del fuego. En ningún otro pasaje de Hebreos el sustantivo πνεῦμα significa "viento". Las palabras de 12:18 reflejan otros textos veterotestamentarios que aluden al fuego (así como al viento, Sir. 39:28) como una señal de la actividad de Dios (cf. Sal. 18:10-16; 77:18-20; Heb. 3:3-5, 14s.). Existe una sólida tradición rabínica con respecto a la mutabilidad de los ángeles (S-B 3.678, Braun; *Apoc. Zp.* 5 [Charlesworth 1.512]). Bruce señala que en la versión siriaca y en otras versiones orientales de 2 Esdras 8:21s., no se habla de "ángeles... cuyo servicio adopta la forma del viento y el fuego", sino de "[Dios]... a cuyo mandato ellos son transformados en viento y fuego". Es poco probable que los sustantivos πνεῦμα o πῦρ en la Biblia griega en algún momento puedan denotar mutabilidad; Juan 3:8 no constituye una excepción. El autor de Hebreos no se preocupa por explicar el significado de πνεύματα ni de φλόγα; el propósito de la cita es dejar claro que los ángeles no son más que λειτουργοί (λειτουργία, v. 14) de Dios, y por ende, están subordinados al Hijo.

A pesar del interés selectivo del autor por esta cita, hay indicios de que él la interpretó dentro de su contexto. La frase ὡς ἱμάτιον en el Salmo 104(103 LXX):2, 6 puede haber influido en su uso en Hebreos 1:12. En el Salmo 103(102 LXX):20, las palabras εὐλογεῖτε τὸν κύριον, πάντες οἱ ἄγγελοι αὐτοῦ recuerdan llamativamente la cita anterior en Hebreos, y la descripción de los δυνάμεις de Dios como λειτουργοὶ αὐτοῦ ποιοῦντες τὸ θέλεμα αὐτοῦ refuerza la presente cita.

Algunos intérpretes, antiguos (como Crisóstomo) y contemporáneos (como Montefiore) han considerado que ποιῶν significa "crear", pero tanto el contexto de la LXX, ὁ τιθεὶς νέφη τὴν ἐπίβασιν αὐτοῦ (Sal. 104(103 LXX):3), como el uso en Hebreos (3:2) sugieren que significa "hacer de los vientos sus ángeles". La cita en su conjunto indica que Dios les da a los ángeles el estatus o la función de siervos.

Hebreos reproduce fielmente el texto de la LXX, por ende, mantiene (como en el v. 6) los incómodos pronombres de tercera persona y no cambia el orden para poner de relieve la palabra clave λειτουργούς. En lugar del plural πνεύματα, en D y en algunos minúsculos y otros testigos se lee πνεῦμα, una lectura más difícil pero menos confirmada que puede haber tenido su origen en el deseo de asimilar el número del sustantivo al del término en singular φλόγα, o bien, porque tanto πνεῦμα como πνεύματα fueron abreviados como πνα (Metzger 1981.36s.).

En la LXX se usa la expresión πῦρ φλέγον con referencia a la aparición del Señor en la cima del monte Sinaí, Éxodo 24:17; a la palabra del Señor, Jeremías 20:9; 23:29 A; y al trono de Dios, Daniel 7:9 Θ***. Hebreos la remplaza por la frase más corriente πυρὸς φλόγα (Ap. 2:18; cf. Dn. 7:9 LXX; Hch. 7:30; 2Ts. 1:8; Ap. 1:14; 19:12). La lectura de Hebreos ha influenciado el texto de la LXX de *L* boh sah; φλεγα en Aᶜ (Katz 1955; Walters 1973.323); el presente versículo, a su vez, se cita en *1 Clemente* 36:3 (Braun). Πῦρ φλογός se usa para referirse a la zarza ardiente (Ex. 3:2; cf. Is. 66:15; Sir. 8:10; 45:19; *Sal. Sol.* 12:4). La sugerencia de que el autor de Hebreos haya interpretado φλόγα como un acusativo plural (K. J. Thomas 1965.304; cf. Kistemaker 1961.24, pero no el comentario de Kistemaker) es innecesaria y poco convincente (Schröger 56n.2). En Hebreos se usa el término πῦρ con respecto al juicio, 10:27; de manera literal, 11:34; con referencia al fuego en la cima del Sinaí, 12:18; y a Dios, 12:29 (Dt. 4:24).

Véase Radermacher; Leonard 1939.359-362; Grässer 82s.

1:8. Dios el Hijo

En los vv. 8s. se cita el Salmo 45(44 LXX):6s. En la fórmula introductoria, πρός significa "a", no "acerca de, con referencia a", como en el v. 7. Los vv. 7 y 8s. están estrechamente relacionados por medio de la construcción adversativa μέν ... δέ, y por la omisión de λέγει en el v. 8a. El sujeto nuevamente es Dios (v. 1), como en los vv. 6s. Al igual que en el v. 2, se presupone que Jesús tiene el título de Hijo.

Esta cita y la que sigue (vv. 10-12) se usan para demostrar que al Hijo en la Escritura se le llama tanto Dios como Señor. Los dos títulos ocupan posiciones análogas cerca del principio de las citas. Sin embargo, no se hace hincapié en ninguno de los dos títulos ni se dan más detalles acerca de ellos aquí ni más adelante en Hebreos. El tema de la cita, pues, debe buscarse en otro lugar. Una pista para esto se encuentra en la adición de la conjunción καί al principio del v. 8b (καί aparece en los manuscritos 39 142 de la LXX por asimilación a Hebreos). Esto sugiere que el v. 8b contiene un tema separado, tal vez más importante que el del v. 8a (cf. el uso de καὶ πάλιν en 2:13b; 10:30, y de καί en 10:17, 38; cf. Büchel 509; McCullough 1971.472). El v. 8a expresa brevemente la eternidad del Hijo, un asunto que se desarrolla en los vv. 10-12. El tema del v. 8b, para el autor de Hebreos, parece ser que el Hijo ejerce el poder real, mientras que los ángeles no son más que λειτουργοί (v. 7).

Los principales problemas textuales y exegéticos de este versículo están entrelazados. El TM, que sirve de base a la primera línea, es oscuro y está probablemente corrompido (Porter, en consonancia con Wellhausen; cf. A. A. Anderson); de todas formas, es posible que el autor de Hebreos no haya tenido acceso al TM, y mucho menos a la lectura hebrea original. No cabe duda de que ὁ θεός, al igual que κύριε, cumple la función de vocativo (MHT 3. 34s.; BD §147[3]; Westcott discrepó; la puntuación de NA²⁶ = UBS⁴, a diferencia de la de UBS³, permite ambos casos, vocativo y nominativo). En ningún otro pasaje de la Biblia a Dios se le llama "trono"; de hecho, la LXX suele suavizar expresiones incluso menos inconvenientes de lenguaje con respecto a Dios (Vanhoye 1969.179-181). Si θεός se toma como un vocativo, θρόνος tiene el significado ampliado de "dominio", como en *1 Clemente* 65:2; *Mart. Pol.* 21, y es sinónimo de βασιλεία en la línea siguiente.

El principal problema textual tiene que ver con la presencia del pronombre αὐτοῦ en lugar de σου al final del versículo. P. E. Hughes dice con mucho acierto que los testimonios a favor de αὐτοῦ, 𝔓⁴⁶ ℵ B (cf. NA²⁵) son "pocos pero imponentes"; su lectura no puede descartarse a la ligera como un error (así Braun). El pronombre αὐτοῦ se lee en NEB/REB y NJB. La lectura es tan difícil que debe preferirse por razones internas, porque conlleva el doble cambio de persona: "tu trono... su reino... (tú) has amado". Si se lee σου (cf. Metzger 662s.), no hay ningún inconveniente en tomar ὁ θεός como un vocativo, tal como se sugirió antes. Si se prefiere αὐτοῦ, su antecedente podría ser (a) Dios o (b) el Hijo. En apoyo de (a), se ha alegado que este y otros cambios textuales se introdujeron para establecer un paralelismo más claro entre los vv. 8a y 8b:

Tu trono (el del Hijo) es Dios (el Padre) y el cetro de rectitud (del Hijo) es un cetro del reino (del Padre).

(K. J. Thomas 1959.21a., en consonancia con Hort 5; cf. K. J. Thomas 1965.305)

Opcionalmente, y de acuerdo con (b), la cita podría interpretarse como:

"Tu trono, oh Dios, es por los siglos de los siglos";

y:

"el cetro de justicia es el cetro de su reino (del reino del Hijo)".

Un cambio similar de la segunda por la tercera persona al hablar de Cristo se observó entre los vv. 5a y 5b. Cambios de ese tipo también son frecuentes en el AT, y se encuentran en el propio Salmo 45 en los vv. 9 (44:10 LXX) y 15 (44:16 LXX). Si se usa el pronombre αὐτοῦ, el significado de πρός en la introducción variará entre "a" en los vv. 8a y 9 y "acerca de, con referencia a" en los vv. 7 y 8b, lo cual es muy posible.

Otros problemas textuales menos importantes son los siguientes: (a) en B 33 t se omite τοῦ αἰῶνος. Estas palabras pueden haber sido añadidas en Hebreos para adaptarse al TM, u omitidas para adaptarse a la LXX (que en B contiene εἰς αἰῶνα αἰῶνος). La frase precisa εἰς τὸν αἰῶνα τοῦ αἰῶνος no tiene paralelo en el NT, y en Hebreos suele preferirse la forma más corta (salvo posiblemente en 13:21). La explicación más simple es que el autor se ajustó al texto de la LXX. Esto, empero, no supone ninguna diferencia en el significado.

(b) En cuanto al v. 8a, en D Ψ y el texto mayoritario de la LXX (pero no 142, que se asimila a Hebreos) se lee ῥάβδος εὐθύτητος ἡ ῥάβδος τῆς βασιλείας, que según Michel, puede ser correcto en Hebreos, pero la mayoría de los eruditos prefiere la lectura de 𝔓⁴⁶ ℵ¹ A B, adoptada por NA. Esto hace que ἡ ῥάβδος τῆς εὐθύτητος sea el sujeto, no el predicado; la diferencia es más bien de enfoque, no de significado.

El vocabulario de la cita en este versículo es bastante atípico de Hebreos. Θρόνος en otros lugares puede (4:16) o debe (8:1; 12:2) referirse al trono de Dios. A Cristo no se le llama "Dios" en ningún otro pasaje de Hebreos (como sí ocurre en Jn. 1:1; 20:28; y con diversos grados de probabilidad en Ro. 9:5; 2Ts. 1:12; Tit. 2:13; 2Pe. 1:1; normalmente en cuanto a la adoración). Ῥάβδος en otros lugares en Hebreos (9:4; 11:21) no hace alusión al poder real. Βασιλεία (Spicq 1982.88-104) se usa en 11:33 para referirse a reinos humanos, y en 12:28* al reino inconmovible que reciben los creyentes. Εὐθύτης**, "justicia, rectitud", es sinónimo de δικαιωσύνη en v. 9, al igual que en los Salmos 8:9; 11:8, y está particularmente relacionado con el juicio, como por ejemplo, en los Salmos 67:4; 75:2; 96:10. "El cetro de rectitud" es un hebraísmo para "el cetro justo" (ἐπ' ἐσχάτου τῶν ἡμερῶν, 1:2a); en lenguaje no metafórico, "gobierno justo".

1:9. El gobierno justo del Hijo

La ausencia de todo vínculo gramatical con el v. 8 nos lleva a preguntarnos: ¿Qué se propone el autor al continuar la cita? Podría ser la descripción implícita de la conducta de Cristo durante su vida terrenal, tomada como un solo acontecimiento, cf. los aoristos ἠγάπησας, ἐμίσησας. Διὰ τοῦτο (cf. 2:1; 9:15*) indica la razón de la exaltación de Cristo (cf. διὰ τὸ πάθημα τοῦ θανάτου, 2:9; διό, Fil. 2:9), pero es muy difícil que este pueda ser el tema central del versículo. Tampoco puede serlo ἔχρισεν* (cf. Lc. 4:18 (Is. 61:1; Hch. 4:27; 10:38), aunque este verbo sí podría preparar el uso del título "Cristo", 3:6.

Es posible que en el contexto más amplio, revista mayor importancia el uso doble de ὁ θεός, que continúa el "diálogo de las personas divinas" implícito en las citas anteriores. Si el v. 9 estuviera solo, el caso del primer ὁ θεός, así como el del segundo, se consideraría naturalmente nominativo; pero el paralelismo con el v. 8a sugiere que el autor de Hebreos lo interpretó como vocativo (así Attridge). Del mismo modo que en el v. 8a, NA²⁶ = UBS⁴ omite las comas que figuran en el texto de UBS³.

Es, sin embargo, lógico buscar el tema principal hacia el final de la cita (cf. 2:8; 3:1; 10:7, 17), y descubrir así algún significado especial en la referencia a los μέτοχοι del Hijo, un término prominente más adelante. Aquí no es posible afirmar con certeza si el autor de Hebreos consideró que los μέτοχοι eran (a) otros gobernantes, como probablemente en el contexto veterotestamentario; (b) los ángeles, como en παρ' αὐτούς, 1:4; παρ' ἀγγέλους, 2:7, 9; o (c) creyentes, al igual que los μέτοχοι en 3:1, 14; 6:4; cf. μετέχω, 2:14. (a) encuentra escaso apoyo en Hebreos. En contra de (b), se alega que los ángeles no están "ungidos"; pero esto no es decisivo si el ἔλαιον* aquí es un símbolo, no de reinado ni de mesianidad, sino de alegría (ἀγαλλίασις*; cf. 12:2). Vanhoye 1969.193s. afirma de manera convincente que el aparente conflicto entre (b) en el contexto inmediato, y (c) en el contexto más amplio se elimina en la Jerusalén celestial (12:22), de la que tanto los ángeles como los creyentes "participan" junto con Cristo. Esa participación es una realidad celestial (3:1, 14; 6:4) pero no del todo futura en la familia de Dios (2:9-13), y como consecuencia de ella, los creyentes participan también de los sufrimientos de los demás creyentes (10:33, κοινωνός). Véase Spicq 1978.557s.

El autor de Hebreos hace un uso limitado del verbo φιλέω y sus cognados: solamente φιλαδελφία, 13:1; φιλονεξία, 13:2. Al igual que en el v. 8, el vocabulario en general no es típico de Hebreos; en este y otros respectos, el uso del AT por parte del autor es selectivo. Ἀγαπάω solo se usa en citas bíblicas (12:6 [Pr. 3:11]); ἀγάπη 6:10; 10:24. Δικαιοσύνη (G. Schrenk en *TDN* 2.199f.; Spicq 1982.120-151) se relaciona con la fe en 11:7, 33, pero por lo demás, no tiene ninguna connotación teológica peculiar. Μισέω*: Hebreos reduce al mínimo las referencias a los conflictos.

En lugar de ἀνομίαν, en A *pc* se lee ἀδικίαν. Ninguno de los dos términos es típico de Hebreos: el autor inserta una referencia a la ἀνομία en 10:17 (Jer. 31:34). El término ἀνομίας, D*, cuenta con un respaldo demasiado débil, y por tanto, no puede considerarse original. En razón del uso de νόμος (7:5) en Hebreos, es posible que el autor se abstuviera de afirmar que Cristo "aborrecía" las infracciones de la ley cultual veterotestamentaria, aunque sí le resultó natural hablar en 10:17 del perdón de Dios para la ἀνομία en este sentido. Sin embargo, en el presente versículo, las pruebas externas están decisivamente a favor del término ἀνομίαν.

¿Hasta qué punto, si cabe esa posibilidad, se distorsiona en Hebreos el sentido de la cita? El Salmo 45 (44 LXX) suele considerarse un epitalamio real, aunque algunos eruditos difieren en cuanto a si fue escrito y/o posteriormente usado (a) para una boda ordinaria en particular, (b) en la que los novios fueron tratados como si pertenecieran a la realeza (Gaster) o (c) para el matrimonio (anual) supuestamente sagrado del Rey divino (Bentzen, con quien concuerda parcialmente Eaton; véase el análisis en A. A. Anderson). En la época de Hebreos, la ocasión original del salmo ya estaba sin duda prácticamente olvidada. Circulaban algunas interpretaciones no mesiánicas, pero sus respectivas fechas eran inciertas (Vis 45s.; Michel, Rubinkeiwicz). Es preferible suponer que, al igual que en otros lugares, el autor de Hebreos le dio su propia interpretación al salmo, ignorando los elementos que consideró irrelevantes (vv. 9s.) o poco agradables (como las referencias a otros pueblos y al conflicto con ellos, vv. 5, 17), y buscando apoyo para una interpretación cristológica en algunas características tales como el uso doble de ὁ θεός, la aparición de ἔχρισεν (v. 9), el título ᾠδὴ ὑπὲρ τοῦ ἀγαπητοῦ y el subtítulo εἰς τὸ τέλος, y tomándolas, quizás, en un sentido temporal a la luz del propósito del autor de mantener firme la fe de sus lectores "hasta el fin" (3:6, 14; 6:11). Es posible que el autor relacionara el nacimiento de "hijos" (no, como en el TM, "tus hijos") al que se hace referencia en el Salmo 45:17 con el tema del "Hijo y los hijos" que se desarrolla en 2:10-18. El uso en Hebreos del salmo podría, pues, describirse de manera general como una etapa decisiva en un desarrollo hacia la interpretación mesiánica que ya estaba en progreso cuando se escribió la epístola.

1:10-12. Cristo el principio y el fin

La cita en general concuerda con el texto en Salmo 102:25-27 (LXX 101:26-28; TM 102:26-28). Está estrechamente relacionada con la cita anterior por medio de la simple conjunción καί, que implica la repetición de πρὸς δὲ τὸν υἱόν (v. 8), λέγει (v. 6) y ὁ θεός (v. 1); πρός aquí significa "a", al igual que en el v. 5.

Existen varios elementos que indican cuáles pueden haber sido las razones que motivaron al autor a elegir esta cita. Hay puntos de contacto entre el Salmo 102, que se cita aquí; el Salmo 45, que se cita en los vv. 8s. (compárense Sal. 45:4s. con 102:14; 45:3, 6 con 102:17; 45:7 con 102:13, 27s.; Vanhoye 1969.201a.); y el Salmo 22, que se cita en Hebreos 2:12. Además, hay numerosas características del contexto veterotestamentario en las que el lector cristiano puede descubrir pistas para una interpretación cristiana. Entre estas podrían mencionarse la aparente referencia a la entronización de Cristo (σὺ ἀναστάς, Sal. 102:13 [101:14 LXX]), la renovación de Sión (v. 14, cf. vv. 17, 22; Heb. 12:22), la liberación de la comunidad del miedo a la muerte (v. 21; cf. Heb. 2:15) y de manera especial, la sorprendente declaración: Γραφήτω αὕτη εἰς γενεὰν ἑτέραν (v. 19). A la luz de esos elementos, podría decirse que la aplicación que hace el autor de este salmo a Cristo está ampliamente justificada en el marco de su propia perspectiva. Es menos importante que el salmo, al parecer, no hubiera sido interpretado mesiánicamente en los círculos rabínicos (S-B 2.437, 3.846; Vis 72s.; Braude 153-155; Kistemaker 1961.79), y que otros escritores neotestamentarios le den un uso muy diferente al que se le da en Hebreos (compárense Sal. 102:4, 11 con Stg. 1:10s.; Sal. 102:23s. con Mr. 13:20‖; cf. *Barn.* 4:3).

El aporte más importante que le hace la cita al argumento no es el título κύριος, sino la afirmación de la actividad cósmica de Cristo a través del tiempo. Estará ciertamente activo cuando le ponga fin a la tierra e incluso al cielo, pero aun así, él mismo permanecerá inmutable.

A primera vista, darle al Hijo el título de κύριε después de haber sido llamado ὁ θεός en el v. 8 parece un anticlímax. La posición del sustantivo κύριε sugiere que el autor de Hebreos lo interpretó como un sinónimo, o complemento, de ὁ θεός. El aspecto más importante de las citas en los vv. 8-12, sin embargo, no son los títulos que se usan, sino lo que ellos dicen sustancialmente acerca del Hijo. En los vv. 10-12 se desarrolla un tema que se anunció en el prólogo, y que se reflejó de manera indirecta en el v. 7, y con mayor claridad en el v. 8a, a saber, la eternidad del Hijo. Los ángeles no se mencionan en forma explícita en la presente cita, ni de hecho, en ningún lugar del Salmo 102, pero el autor de Hebreos puede haberlos considerado incluidos en la referencia a los cielos (v. 10b; así Michel; S-B 3.680).

La cita está dividida en dos partes desiguales, que tratan respectivamente de la actividad del Hijo al principio del tiempo (v. 10) y al fin del mismo (vv. 11-12). Ese tipo de referencias pasadas y futuras a menudo aparecen unidas en el AT (p. ej., Sal. 119:152; Ec. 3:11; Sab. 15:1-3), y también en Hebreos, aunque al autor de esta epístola normalmente le interesa más relacionar el principio y el fin de la vida cristiana de los lectores, no de la historia del mundo.

Esta cita y la cita de Hageo 2:6 en Hebreos 12:26 ayudan a explicarse mutuamente. La presente cita hace hincapié en el futuro más que en el pasado, y en los cielos más que en la tierra. (El orden de las palabras en Hebreos aquí le resta importancia a κατ' ἀρχάς; cf. la adaptación de la cita en 12:26.) Véase Leonard 1939.359-362; Carr 102s.

(10a) Al igual que en v. 5a, Dios usa la segunda persona del singular para dirigirse al Hijo. Esta interpretación es posible gracias a la traducción errónea de la LXX como ἀπεκρίθη en el v. 23, donde en el TM se lee *'nh* (v. 24), "él afligió". No es necesario sugerir que en Hebreos estas palabras están dirigidas a Dios como κύριε (Buchanan), o al Padre y el Hijo sin distinción (P. E. Hugues).

Hebreos realza el diálogo entre Dios y el Hijo por medio del pronombre σύ que coloca al principio de la cláusula, al igual que en los vv. 11a, 12c. Cf. σύ ... ἀπ' ἀρχῆς, Sab. 9:7-9, un pasaje que tiene muchos puntos de contacto con Hebreos. Σύ... κύριε (omitido en ℵ de la LXX) carece de todo equivalente en el TM, y no hay ninguna base para especular sobre la existencia de un original hebreo que incluyera estas palabras (P. E. Hughes). Existen otras variantes de menor importancia, principalmente con respecto al orden de las palabras, tanto en la LXX como en Hebreos (detalles en Braun). La frase κατ' ἀρχάς es un sinónimo clásico, raro en la Biblia griega (Sal. 119[118 LXX]:152), de ἐν ἀρχῇ (Gn. 1:1; Jn. 1:1). Véase Bauer 1c; G. Delling en *TDNT* 1.482.

El uso en Hebreos del sustantivo κύριος es tradicional, no constituye ningún rasgo distintivo; se limita en gran medida a las citas (1:10; 7:21; 8:2, 8-11; 10:16, 30; 12:5s.; 13:6), y se usa en otros lugares, sin énfasis ni explicación, para referirse a Cristo (2:3; + ἡμῶν, 7:14; + ἡμῶν Ἰησοῦν, 13:20; 12:14*); dos veces con el artículo; cinco veces con respecto a Jesús, pero solo aquí en una cita. Véase, Bauer, *s.v.* II.2; W. Foerster en *TDNT* 3.1088-1094; Spicq 1982.414-428.

Τὴν γῆν, en contraste con οἱ οὐρανοί, obviamente no significa "país" (8:9; 11:9), "tierra" (6:7) o "tierra seca" (11:29), sino "tierra" (= κόσμος, 10:5; οἰκουμένη, 1:6; 2:5), al igual que en 8:4; 12:25s. (Hg. 2:6)**. Véase Bauer 3; H. Sasse en *TDNT* 1.677-681.

Θεμελιόω* aquí es un equivalente poético de ποιέω en Génesis 1:1. Tanto en su sentido literal (Mt. 7:25 con respecto al constructor sensato) como en su uso figurado (Ef. 3:17; Col. 1:23; texto de 1Pe. 5:10), normalmente implica estabilidad; pero el punto que quiere destacarse en el presente contexto, así como en 12:26-28, es que Dios o Cristo hará temblar incluso lo que suele considerarse estable. Θεμέλιος 6:1; 11:10*; K. L. Schmidt en *TDNT* 3.63s.

El v. 10b complementa la idea del v. 10a introduciendo una referencia a los cielos. La tierra y el cielo se mencionan en orden inverso en Génesis 1:1, pero en ninguno de los dos pasajes sugiere una secuencia temporal: la frase "el cielo y la tierra" en Génesis es sinónimo de "universo", y en Hebreos οἱ οὐρανοί se mencionan en segundo lugar porque son el tema principal de la última parte de la cita.

En este contexto, la expresión ἔργα τῶν χειρῶν σού εἰσιν es equivalente a ἐθεμελίωσας (cf. Sal. 8:7a, que se omite en la cita que aparece en Heb. 2:7). En lugar de ἔργα, en el TM se lee un sustantivo singular. La LXX puede haber interpretado el término hebreo para "cielo" como un plural no solo en cuanto a la forma sino también en cuanto al significado; Hebreos, sin embargo, no desarrolla una cosmología que incluya varios cielos (αἰῶνες, v. 2). Hebreos se refiere de nuevo a las "obras" de la creación de Dios en 4:3 (Gn. 2:2), y a sus "obras" en la época del éxodo en 3:9 (Sal. 95:9). La idea de una segunda creación "no hecha con manos" se sugiere en 9:11. Para ἔργα en lo que respecta a las obras humanas, 6:1. En cuanto a la idea del versículo completo, cf. Is. 44:24; 48:13. Véase Bauer 3; G. Bertram in *TDNT* 2.635-655.

En Hebreos se usa el sustantivo χείρ en citas (2:7 *v.l.*; 8:9) y en expresiones convencionales (10:31; 12:12) para referirse al poder divino y humano; se emplea también en forma literal (6:2*) pero solo con referencia a la imposición de manos (véase E. Lohse en *TDNT* 9.429-434).

Οὐρανός se usa con más frecuencia en plural (1:10; 4:14; 7:26; 8:1; 9:23; 12:23, 25) que en singular (9:24; 11:12; 12:26*). La yuxtaposición del singular y el plural en 9:23s., y probablemente en 12:25s. sugiere una variación estilística y no una diferencia de significado (cf. Michel sobre 4:14, 205n.1).

(11) Los versículos 11-12 (Sal. 102:26s.[101:27s. LXX]) constan de una serie de siete declaraciones que contrastan la transitoriedad de la creación (vv. 11a, c, 12a, b) con la eternidad del Hijo (vv. 11b, 12c, d). Estas no se alternan mecánicamente, pero la declaración central (v. 12a) es la más completa (Vanhoye 1969.197-199). La conjunción δέ señala la transición de un grupo a otro (vv. 11b, 12c), mientras que καί señala las transiciones dentro de cada grupo.

(11a) Αὐτοί, igual que πάντες en el v. 11c y αὐτούς en el v. 12a, se refiere probablemente al universo completo, "la tierra y los cielos", que se mencionan en el v. 10; y no, como pensaba Riggenbach, solo a los cielos (en cuyo caso cabría esperar οὗτοί). En Isaías 34:4 (LXX) se emplea un lenguaje similar en referencia a los cielos, y en Isaías 51:6; Apocalipsis 6:12-17 al cielo y a la tierra. La sacudida de los cielos obviamente es más sorprendente. La afirmación del salmista contrasta con la creencia de Platón en la eternidad del universo (Stewart 1966; Braun). La voz media del futuro ἀπολοῦνται* (Bauer 2αβ; A. Oepke en *TDNT* 1.394-397) se usa con un sentido pasivo (cf. Lc. 13:3); con respecto al diluvio en 2 Pedro 3:6.

(11b) Σὺ δὲ διαμένεις* expresa el contraste entre el universo mutable y el Señor eterno (es decir, el Hijo). Las pruebas griegas a favor del tiempo futuro διαμενεῖς (preferido por Bleck) se limitan a D² 0121b 365 629 *pc*; los testimonios de las versiones pueden haber surgido a causa de la interpretación errónea de un texto griego desprovisto de acentos (Braun); debe preferirse el tiempo presente. En toda la cita, los tiempos futuros se refieren al cambio, y los tiempos presentes a un estado permanente. μένω, 7:3.

(11c) Ἱμάτιον (v. 12b*); cf. ἡ δὲ γῆ ὡς ἱμάτιον παλαιωθήσεται, Isaías 51:6; con respecto al envejecimiento del cielo, Job. 14:12 A†. Esa misma metáfora se aplica a los seres humanos en Isaías 50:9; Sirácides 14:17, en Hebreos 8:13 dice que el primer pacto ha envejecido; el contexto allí, al igual que en el presente versículo, relaciona la vejez con la destrucción o la desaparición. Παλαιόω suele usarse, como aquí, en voz pasiva (así en Heb. 8:13b; excepciones Is. 65:22; Lam. 3:4; Dn. 7:25 Θ; Heb. 8:13a*; LSJ cita solo ejemplos bíblicos de la voz activa; cf. H. Seesemann en *TDNT* 5.720). La voz pasiva aquí probablemente implica la actividad divina; a la luz de ἑλίξεις, v. 12a, tal vez la actividad del Hijo. Cf. Mr. 13:31‖. Véase Thompson 1982.132-140.

(12) El Hijo cambiará un orden de la creación por otro con la misma facilidad con la que un ser humano se cambia de manto, mientras que él mismo permanece inmutable (cf. 13:8; ἀπαράβατος, 7:24).

(12a) Ὡσεί y ὡς son intercambiables (7:9); el propio uso en Hebreos del símil y la metáfora es escaso (6:7s.) y por lo general, no constituye un rasgo peculiar (5:12-14). Περιβόλαιον aquí no es un velo, como en 1 Corintios 11:15**, sino cualquier clase de cubierta; un término general sinónimo de ἱμάτιον.

En cuanto a ἑλίξεις, "enrollarás" (𝔓⁴⁶ ℵ² A B D² etc.; LXX B' L' A' con leves variaciones), la lectura correcta en Hebreos (ἑλίξεις o εἱλίξεις, 𝔓⁴⁶ ℵ² A B D² Ψ 075 0150 0243 *pm*), se asimila en ℵ* D* 327 919.[etc. a la lectura de ℵ en la LXX, ἀλλάξεις = TM "cambiarás" (Zuntz 112s., 117; Ahlborn 115s.). Ἑλίξεις en Hebreos podría explicarse (a) como un error en la transcripción de Hebreos (Tischendorf;

Riggenbach); (b) como un cambio introducido por el autor de Hebreos; (c) como la lectura que él encontró en su texto de la LXX (Bleek; Schröger 67n.1). Cualquiera de estas explicaciones es compatible con la influencia de ἐλιγήσεται ὁ οὐρανὸς ὡς βιβλίον, Isaías 34:4 (cf. Ap. 6:14**); Braun descarta esta influencia, pero en Hebreos se alude al contexto (Is. 35:3; cf. Heb. 12:12). Buchanan presume, de manera poco convincente, ὡσεὶ βιβλίον ἑλίξεις. El apoyo generalizado de la LXX para ἑλίξεις hace que (c) sea la explicación más probable (McCullough 1971.101); el testimonio de ἑλίξεις en Hebreos ahora se sabe que es tan fuerte que hace que (a) sea poco probable.

(12b) En la LXX no aparece el segundo ὡς ἱμάτιον; se omite en Hebreos por D² Ψ 0121b 33 etc., y Tischendorf y Bleek lo consideraron una glosa; pero la lectura más larga cuenta con un apoyo cualitativamente fuerte ($\mathfrak{P}^{46}$ ℵ A B D* 1739), y es ahora generalmente adoptada (Schröger 67n.2). Su omisión podría explicarse como una asimilación a la LXX (Metzger 663), menos probablemente como un homoioteleuton (Spicq 1.418).

Es preferible vincular la frase ὡς ἱμάτιον con lo que sigue, como en NA (cf. Riggenbach, Spicq), y no con el v. 12a (Moffatt), donde resulta redundante después de ὡσεὶ περιβόλαιον. Las opiniones de los especialistas están divididas en cuanto a si la adición de ὡς ἱμάτιον es una torpeza por parte del autor de Hebreos (Braun, en consonancia con Dobschütz) o el resultado de sus esfuerzos por buscar una simetría más perfecta (Vanhoye 72s.). El esmero que normalmente muestra al escribir, y su tendencia a dividir las citas, sugieren lo segundo, y en ese caso καί (que se omite en D*) significará "también", introduciendo la forma verbal ἀλλαγήσονται* como una declaración nueva o al menos intensificada (Kistemaker 1961.27). Ἀλλάσσω se usa con un sentido escatológico en 1 Corintios 15:51s., cerca de una referencia a "revestirse" de inmortalidad (vv. 53s.) que podría sugerir una tradición común.

(12c) Σὺ δὲ ὁ αὐτὸς εἶ: el tiempo presente incluye tanto la declaración pasada (v. 10) como la futura (v. 12d) con respecto al Hijo; cf. 13:8. Ὁ αὐτός 4:11; 12:27*. El Hijo participa plenamente de la eternidad del Padre.

(12d) es un equivalente poético de "tú nunca morirás". Ἔτος aparece en otros lugares de Hebreos pero solo en citas (3:9 [Sal. 95:9/10]) y la exposición (3:17)*. Ἐκλείπω "faltar" con respecto a la muerte en Lucas 16:9; 22:32 en cuanto a la fe; 23:45** acerca de la luz del sol; en Hebreos no se usa λείπω; para ἐπιλείπω 10:32*.

1:13. La entronización del Hijo

La introducción a la cita del Salmo 110[109 LXX]:1 la separa de los vv. 6-12 y además, forma una inclusio con el v. 5a, y une la catena (véase la introducción a 1:5-14). La cita reproduce exactamente la fraseología de la LXX y del TM.

El Salmo 110:1 es el texto veterotestamentario que más se emplea en el NT. Se usa en Marcos 12:36‖ y en Hechos 2:34s.; se cita libremente en 1 Corintios 15:25; y se hace alusión a él en Marcos 14:62‖; 16:19; Romanos 8:34; Efesios 1:20; Colosenses 3:1; véase Dodd 1952.34s.; Lindars 1961; Hay; Gourges 1981. Dentro de Hebreos, vuelve a hacerse referencia a él en 1:3; 8:1; 10:12; 12:2; mientras que en Hebreos 5:6; 7:17, 21 se cita el Salmo 110:4, y se alude a él en 6:20. La definición de Hebreos que ofrece Buchanan como "un midrash homilético basado en el Salmo 110" (xix) es demasiado constrictiva, pero no es posible negar la importancia de este salmo a lo largo de la epístola.

El uso del salmo en Hebreos arroja luz sobre su actitud hacia los textos veterotestamentarios, y sobre su manera de estudiar las escrituras. Está caracterizado, aquí y en otros lugares, por la reflexión original acerca de un tema tradicional. Entre los elementos tradicionales, aparte del propio uso del texto, se encuentran probablemente los siguientes: (a) se relaciona el Salmo 110:1 con el Salmo 8:6s., ya sea por medio de la combinación de ambos (referencias al Hijo del Hombre en Mr. 14:62‖, cf. Dn. 7:13; ὑποκάτω por ὑποπόδιον, texto de Mr. 12:36; Mt. 22:44), o citándolos (1Co. 15:25, 27; Ef. 1:20, 22; Heb. 2:6-8). (b) Ἐν δεξιᾷ remplaza a ἐκ δεξιῶν en Hebreos 1:3; 8:1; 10:12; 12:2, así como también en Romanos 8:34; Efesios 1:20; Colosenses 3:1; 1 Pedro 3:22. (c) la frase de la LXX ἐκ δεξιῶν μου es parafraseada no solo por medio del sustantivo (τοῦ) θεοῦ (Mr. 16:19; Ro. 8:34; 1Pe. 3:22; cf. 1Co. 15:25; Ef. 1:20), sino también por las perífrasis reverentes τῆς δυνάμεως (Mr. 14:62; Mt. 26:64) y τῆς μεγαλωσύνης (Heb. 1:3; cf. τοῦ θρόνου τοῦ θεοῦ, 12:2). Estas expresiones a veces se ven reforzadas por medio de referencias al cielo (ἐν ὑψηλοῖς, Heb. 1:3; cf. Hch. 2:34; Ef. 1:20). Estas, a su vez, están relacionadas en algunas ocasiones con referencias (e) al Espíritu Santo (Mr. 12:36a‖; Hch. 2:33; Heb. 2:4; 12:15, cf. 12:12); (f) a la intercesión de Cristo (Ro. 3:22; Heb. 7:25) y (g) a su supremacía sobre los ángeles, que aunque no está presente en el Salmo 110, sí está fuertemente implícita por el uso en Hebreos del v. 1 aquí, y por el uso del Salmo 8:5-7 en Hebreos 2:6-8; cf. Efesios 1:21; 1 Pedro 3:22. Solamente en Hebreos se cita todo el pasaje del Salmo 8:5-7 (salvo el v. 7a); en otros lugares del NT hay a lo sumo una alusión distante (¿Jn. 12:34?) al Salmo 110:4. Más adelante se analizarán otros aspectos originales de la exégesis de Hebreos.

Esta interacción de la tradición y la aplicación original ofrece una pista sobre el propósito de la cita. Hebreos no muestra ningún interés, ni aquí ni en ningún otro lugar, por el argumento apologético que el salmo no puede aplicarse a David (Mr. 12:35-37‖; Hch. 2:34; cf. *Bern.* 12:10s.). La interpretación mesiánica del texto, y más específicamente su aplicación a Cristo como Señor, se presuponen en Hebreos, al igual que en Marcos 12:35, 37‖ y en Hechos 2:36. El propio salmo contiene escasos elementos de un mesianismo real, que en el v. 3 en la LXX se destacan un poco más (Coppens 1956). El Salmo 110:1a ("Dijo el Señor a mi señor…") no se cita, pero el autor de Hebreos da por sentado que sus lectores responderían a la pregunta retórica: "¿a cuál de los ángeles dijo Dios jamás…?", diciendo: "a ningún ángel, sino a aquel a quien el salmista llama 'mi Señor'". El autor también supone (punto [g] supra) que la sesión de Cristo a la diestra de Dios implica supremacía sobre los ángeles. Y ahora se hace patente que su principal interés en este capítulo no es degradar de manera negativa a los ángeles ante los ojos de sus lectores, sino reafirmar y reforzar de manera positiva la verdadera fe de ellos en aquel que ahora es exaltado para sentarse a la diestra de Dios.

La función específica de esta cita es en realidad doble. (a) En relación con el argumento anterior (al igual que en Hch. 2:34s.) invoca una cita profundamente arraigada en la tradición primitiva para confirmar la supremacía de Cristo en virtud de su exaltación (así como en Hechos, en virtud de su resurrección). (b) En relación con el argumento del capítulo 2, y especialmente la exposición del Salmo 8 en los vv. 5-9, la cita del Salmo 110:1 anuncia la preocupación del autor por el período comprendido entre la entronización del Cristo y su triunfo final, la preposición "hasta" de este texto anticipa el "aún no" de Hebreos 2:8.

Πρὸς τίνα se entiende simplemente como "¿a cuál?", y es sinónimo de τίνι en el v. 5a (BD 187 [4, 8], 193[4], 202, *s.v.*). Al igual que en el v. 5, el argumento ex silentio de la Escritura está implícito. Δέ señala un contraste entre las declaraciones anteriores acerca de Cristo y la presente cita sobre los ángeles. El tiempo perfecto de εἴρηκεν (cf. 4:3; 10:9; 13:5; Hch. 13:34), que remplaza a εἶπεν en el v. 5a y en el Salmo 110:1a, sugiere que el autor ahora está menos interesado por el acontecimiento individual de la exaltación de Cristo que en el período que inauguró su sesión a la diestra de Dios (κάθου ... ἕως ἂν θῶ aquí; cf. κεκάθικεν, 12:2). En términos gramaticales, la perspectiva ahora ya no es puntual sino durativa.

Muchos eruditos, incluyendo a Delitzsch, Riggenbach, Spicq y P. E. Hughes, creen que ἕως ἄν aquí indica un período que trasciende la acción del verbo principal y se extiende indefinidamente; es decir, que el Hijo continuará "sentado" aun después que sus enemigos hayan sido derrotados. (Un problema similar es si ἕως οὗ ἔτεκεν υἱόν, Mt. 12:25, implica la virginidad perpetua de María; pero allí, al igual que en Gn. 49:10; Is. 42:4 [Mt. 12:20]; Mt. 5:18; 10:23; Mr. 9:11; Lc. 21:32; 1Co. 4:5, el verbo principal es negativo; cf. Davies y Allison). Es difícil encontrar paralelismos estrictos en el NT, en los que se use la construcción ἕως (ἄν) + aoristo de subjuntivo para referirse a "un acontecimiento puntualmente concebido como futuro precedido en el tiempo por la acción de la cláusula principal" (MHT 3.111), por ejemplo, Mateo 2:13; 18:30; Marcos. 6:10; 14:32; Lucas 15:4; 22:34. Existen también dudas en cuanto a si la escatología de Hebreos exige que Cristo esté "sentado" para siempre. En Hebreos 10:13, καθίζω es remplazado por ἐκδέχομαι en una paráfrasis del Salmo 110:1, que insinúa un final para el período de expectación (cf. Heb. 9:28; 10:37 = Hab. 2:3). La exégesis paulina del Salmo 110:1 no es determinante para Hebreos, pero en 1 Corintios 15:25-27 considera que el versículo no se refiere al fin sino a una penúltima etapa de la historia de la salvación.

Es una porción muy pequeña del vocabulario de la cita la que usa el autor de Hebreos de manera independiente. En cuanto a τίθημι + doble acusativo, con el significado de "transformar algo en algo" (Bauer 2a), cf. 1:2. Para ἐχθρός (10:13*), también una alusión al Sal. 110:1), cf. ὑπεναντίος, 10:27; Hebreos evita las referencias a los enemigos en los contextos de varias de sus citas veterotestamentarias.

Hebreos no ofrece ninguna exégesis de la segunda línea de la cita, salvo indirectamente por medio del Salmo 8 en Hebreos 2:8s. Por tanto, es desacertado preguntar quiénes son, para el autor de Hebreos, los "enemigos" en la cita: "Personas perversas que se oponen a su voluntad" (*1Clem.* 36:6) es aceptable solo porque es muy general. Es erróneo imponer la exposición de Pablo en Hebreos para encontrar aquí una referencia al ángel de la muerte (Bonsirven; cf. 1Co. 15:26). Tal como mostrará la exposición de Hebreos del Salmo 8 en el capítulo 2, el autor no se preocupa negativamente por la destrucción de los enemigos, se preocupa positivamente por la soberanía del Hijo sobre toda la creación. Los orígenes históricos de la imagen del enemigo como un escabel no son significativos para Hebreos; cf. Jos. 10:24; Bauer 2bβ; W. Foerster en *TDNT* 2.811-814.

Véanse Leonard 1939.355-357, 366-372; Argyle; Caird 1959.47s.; Kistemaker 1961.116-122; Nomoto 1965.65-70, 233-235; Dupont; Grech 1975; Loader 1978.

1:14. Ángeles ministradores

Este versículo continúa la transición que comenzó en el v. 13 hasta la primera exhortación en 2:1-4. El capítulo 1 trató principalmente acerca del estatus del Hijo junto a Dios y supremo sobre la creación, específicamente sobre los ángeles. El autor ahora hace una declaración positiva, aunque subordinada, con respecto a los ángeles con el fin de iniciar una discusión en torno a la relación del Hijo con su pueblo (o el pueblo de Dios) —un tema en el que los ángeles ocupan un lugar subordinado (2:2, 7, 9). Es mejor, pues, considerar que el v. 14 se relaciona con los vv. 5-13 en su conjunto, y no solo con el v. 13. En un nivel más profundo, la indicación de un período provisional del gobierno de Cristo (v. 13) y la referencia a los futuros "herederos de la salvación" (v. 14) se complementan mutuamente.

Oὐχί, del mismo modo que en 3:17*, le da paso a una pregunta retórica (cf. v. 5) para la que se espera un "sí" por respuesta (BD §§427 [2], 432). El sentido es el siguiente: "Como vosotros sabéis, todos ellos son espíritus ministradores".

Πάντες es un adjetivo muy frecuente en Hebreos así como en otros lugares, y no siempre se usa para dar énfasis. Aquí es posible interpretarlo de maneras diferentes. (a) La palabra podría reflejar la reticencia del autor a establecer distinciones entre categorías u órdenes de ángeles (cf. Ef. 1:21; 1Pe. 3:22), incluso entre "ángeles de la presencia" y "ángeles de servicio" (Weber 166-172). (b) Πάντες podría remitir al lector, más allá de la referencia inmediata a los enemigos, al antecedente correcto "ángeles". (c) Πάντες también podría implicar una referencia resumida al argumento anterior: "todos estos ángeles de los que hemos estado hablando".

Λειτουργικὰ** πνεύματα repite los términos πνεύματα y λειτουργούς del v. 7, la última declaración positiva acerca de los ángeles; ἄγγελοι λειτουργοί, Filón, *Virt.* 74, y en este respecto, véase Williamson 195-197; *Test. Levi* 3:5. Λειτουργέω y otros términos cognados se usaban principalmente en el griego no bíblico con relación al servicio público, aunque también a la adoración. El uso que se le da en la LXX es principalmente cultual. El significado se amplió en el judaísmo rabínico para incluir el culto ético o espiritual (R. Meyer en *TDNT* 4.215-225; cf. Heb. 13:15). En otros lugares del NT, se representa a los ángeles sirviendo a Jesús (Mr. 1:13||; cf. Mt. 4:6||; 26:53), como inferiores a él (Mr. 13:32||), e incluso como subordinados a los creyentes (1Co. 6:3); cf. G. Kittel in *TDNT* 1.80-87. Exceptuando el presente capítulo, en Hebreos siempre se usa λειτουργέω y otros términos cognados cuando se habla de la adoración veterotestamentaria (λειτουργέω, 10:11; λειτουργία, 9:21) o del sacerdocio de Cristo (λειτουργία, 8:6; λειτουργός, 8:2). La función cultual de los ángeles ocupa un lugar destacado en 12:22. Por tanto, parece perverso decir que el uso de λειτουργικός aquí "no guarda relación con el culto religioso, y... que es ajeno a la LXX" (H. Strathmann en *TDNT* 4.231; Michel 121n.1 discrepa; cf. Brandt; Spicq 1978.479n.5; Grässer 109s.).

Esto, sin embargo, nos lleva a preguntarnos acerca de la relación que puede existir entre el λειτουργία de los ángeles y su διακονία, y de manera más general, la relación de los ángeles con los creyentes. Los esfuerzos que se han hecho para establecer una diferencia clara entre λειτουργία como el servicio del altar y διακονία como el servicio de las mesas (Buchanan) no son concluyentes y además dependen de los contextos particulares. Aquí cabe la posibilidad de pensar que διακονίαν simplemente refuerza el sinónimo λειτουργικά, o bien, prepara el terreno para el desarrollo de su significado en el resto de la oración. Sin embargo, logramos una mejor comprensión del versículo si lo parafraseamos de la siguiente manera: "Todos estos ángeles, tal como hemos estado mostrando en las Escrituras, están subordinados a Dios, y por ende, a Cristo como Hijo. Viven para adorar a Dios en el cielo, y le sirven cuando son enviados (ἀποστελλόμενα*) a cumplir misiones terrenales en beneficio de aquellos a quienes Dios ha de darles la salvación". El servicio (διακονία*; διακονέω con respecto al servicio mutuo de los creyentes, 6:10*) es prestado "a favor de" o "por el bien de" (Bauer διά, B.II.1; Vanhoye 1969.223s.; cf. Mr. 2:27) los creyentes, no directamente a ellos. Sería compatible con el argumento anterior (1:6) pensar que una vez que el Hijo recibe la adoración de los ángeles, los envía. No obstante, dado que el agente en el v. 13a y en los anteriores fue Dios, y el propio Hijo se describe más adelante como ἀπόστολος (3:1*), es preferible concluir que el agente implícito en el v. 14 también es Dios.

En contraste con la primera parte de este versículo, las tres palabras finales son conceptos de suma importancia en Hebreos. Μέλλω (2:5; 6:5; 8:5; 9:11 *v.l.;* 10:1, 27; 11:8, 20; 13:14*) se usa principalmente para referirse a las realidades escatológicas prometidas pero que aún no han tenido un cumplimiento cabal; 11:8 y tal vez 11:20 aluden a la anticipación tipológica de las mismas en la tierra prometida. Ese tipo de expresiones relacionadas con el tiempo se emplean a lo largo de toda la epístola para complementar la imaginería espacial (definitivamente platónica) que representa a la tierra como un vago equivalente de la realidad celestial. El uso de μέλλω cataloga como futura la "salvación" que los creyentes han de "heredar"; cf. el κατάπαυσις de los capítulos 3–4. Véase Barrett; Rakoczy.

Κληρονομέω vv. 2, 4. El sujeto ahora no es Cristo sino los creyentes, pero la idea es la misma, a saber, recibir un don (así explícitamente en 11:8) de Dios como una posesión permanente. Σωτηρία y otros términos cognados se usan a veces con un sentido negativo para referirse al rescate de la destrucción física (σώζω de Jesús, 5:7; σωτηρία de Noé, 11:7); pero más frecuentemente con un sentido positivo y teológico (σώζω, 7:25*; σωτηρία, 2:3, 10; 5:9; 6:9; 9:28*; σωτήρ no se usa en Hebreos), siempre en relación con la obra de Cristo. El término nunca se explica (2:3), y debe considerarse tradicional. En Hebreos nunca se emplea el sustantivo σωτηρία con el artículo, salvo en 2:10 donde está modificado por αὐτῶν. Véanse W. Foerster en *TDNT* 7.980-1012; Spicq 1982.629-643; H.-F. Weiss 171-173.

LA PRIMERA EXHORTACIÓN (2:1-4)

Tras haber establecido a partir de la Escritura la supremacía del Hijo sobre los ángeles y el resto de la creación, el autor pasa de la "situación de Cristo" a la "situación de los cristianos" (Vanhoye 1969.227). La transición es gradual: la preocupación del autor por la comunidad cristiana ya se señaló en 1:2 (ἡμῖν), y con mayor claridad en 1:14. El texto de 1:14 también marcó el inicio de un cambio del (a) fuerte contraste entre los ángeles y el Hijo, que predominó en 1:5-13, por (b) una valoración más positiva del papel subordinado de los ángeles, que se sugirió en 1:14 y se desarrolla en 2:2. Esta valoración, a su vez, se convierte en (c) un argumento *a fortiori* implícito (el *qal waḥomer* rabínico, cf. Schröger 274; 9:14; 10:28f.; 12:25). Hay, por tanto, continuidad entre el pueblo del pacto bajo la antigua dispensación y la nueva (Oepke 60s.; Grässer 1972.271s.)

Los puntos de contacto entre 2:1-4 y 1:1-4 son obvios. Si la palabra de Dios πάλαι fue eficaz, debemos estar aún más atentos a lo que Dios ha dicho ἐπ' ἐσχάτου τῶν ἡμερῶν τούτων. En ambos pasajes, las declaraciones acerca de lo que Dios ha dicho en Cristo (1:2-4; 2:3s.) se exponen más detalladamente que las que tienen que ver con la revelación veterotestamentaria (1:1; 2:2). En ambos, las expresiones relacionadas con el habla, la audición y el testimonio predominan sobre las que se relacionan con la vista (cf. 4:2; el equilibrio es diferente en 1Jn. 1:1s.; Jn. 1:14).

Las diferencias entre 2:1-4 y 1:1-4 también son obvias, pero no llegan a ser contrastes. En 1:1 el escritor habla de los profetas, mientras que en 2:2 hay una fuerte referencia implícita a la entrega de la ley. Pero tal como han mostrado las citas, mayormente de los salmos, en 1:5-13, al escritor no le interesa contraponer una parte de la Escritura a otra.

2:1-3 insinúa la existencia de una cadena de tradición oral que se extiende desde Jesús hasta el autor y sus lectores; sin embargo, sería bastante anacrónico contraponer esto a cualquier testimonio escrito. El AT y la tradición cristiana están correlacionados por cuanto ambos son la Palabra de Dios, y cada uno de ellos se interpreta a la luz del otro (G. R. Hughes 1979.47-66). Más adelante en la epístola y, de manera implícita, ya en 2:3, a la Palabra de Dios también se le confiere una función escatológica al referirse a ella como una palabra capaz de emitir un juicio decisivo (4:12; cf. 12:18-24; G. R. Hughes 1979.66-74).

Este pasaje, pues, marca una transición lógica del (a) testimonio del AT (1:5-13; cf. 2:2), a través del (b) testimonio de la tradición cristiana primitiva (2:3-4), a (c) la preocupación especial del autor de proteger a sus lectores de la pérdida de la fe (2:1). La propia "palabra de exhortación" (13:22) del escritor (13:22) se basa en lo que Dios ha hablado. Este hecho se refleja en el lenguaje de esta sección, donde se combinan expresiones inusuales o peculiares (véanse más adelante las notas sobre παραρέω, v. 1; μισθαποδοσία, v. 2; συνεπιμαρτυρέω, v. 4) con expresiones de la Septuaginta o de la tradición cristiana (κύριος con respecto a Cristo, v. 3; σημείοις τε καὶ τέρασιν; y la referencia al Espíritu Santo, v. 4). El autor acumula ideas y expresiones familiares para añadirle peso a su atractivo personal y viveza a su lenguaje característico (Grässer 1972.261-274; Auffret 1978).

La sugerencia de Synge de que 2:1-4 es una interpolación no está respaldada por consideraciones literarias, y no tiene en cuenta la alternancia de la enseñanza y la exhortación característica de Hebreos (Lane).

2:1. ¡Presten atención!

Por razones que se especificarán en los vv. 2-4, los cristianos deben permanecer muy atentos a lo que Dios les ha dicho a través de Cristo; de otro modo, corren el peligro de que puedan perder su fe. Διά τοῦτο es una frase frecuente en los Evangelios; sobre todo en los dichos de Jesús en Mateo y en Juan, y también en Pablo, pero no en Hebreos. Esa frase indica, con más fuerza que la conjunción más común διό, 3:7 etc., una deducción que se extrae de una declaración que va a hacerse (como en 9:15), o de una declaración anterior (como aquí, aunque en los vv. 2-4 se ofrecerán más pruebas; cf. 1:9* [Sal. 45:7]). En este caso, tiene muy poco sentido pensar que διὰ τοῦτο se refiere a los ángeles como espíritus ministradores (1:14). Es más probable que el autor estuviera pensando en todo el argumento del capítulo 1. Otra posibilidad es que διὰ τοῦτο se refiera a las últimas palabras de 1:14, que aunque, desde el punto de vista gramatical, son subordinadas, constituyen un tema importante en la epístola. El significado sería entonces: "Por cuanto Dios tiene la intención de darnos la salvación como una posesión permanente, debemos están sumamente atentos a lo que él y otros han dicho al respecto".

Δεῖ, aquí al igual que en 11:6, alude a lo que los creyentes "deben" hacer; en 9:26* se refiere a una obligación que le habría sido impuesta a Cristo si las cosas hubieran sido diferentes. Δεῖ es más fuerte que ἔπρεπεν (2:10; 7:26). Puede denotar "cualquier tipo de compulsión" (Bauer), aunque en Hebreos no hay ninguna presión arbitraria procedente del exterior. Aquí, el contexto sugiere que los lectores "deben" prestar atención porque, en última instancia, si no lo hacen, se perderán; y más directamente a causa de la presión de las pruebas de la Escritura y la experiencia cristiana. Véase W. Grundmann en *TDNT* 2.21-25.

Περισσοτέρως es un sinónimo más coloquial de μᾶλλον; se encuentra en los papiros pero no en la LXX (περισσότερος, Dn. 4:33). Περισσοτέρως y μᾶλλον se usan juntos en 2 Corintios 7:13; cf. Marcos 7:36. Dado que περισσός ya significa "más de lo usual", cabría esperar que περισσότερος (6:17; 7:15) y el adverbio correspondiente constituyeran un comparativo enfático, "mucho más". De hecho, la comparación de adjetivos y adverbios en koiné es semánticamente fluida (MHT 3.29-32; cf. 1.78s., 2.164-167); en algunos pasajes en los que aparece περισσοτέρως, como por ejemplo, 2 Corintios 2:10; Gálatas 1:14, resulta difícil encontrar alguna comparación real. Ese podría ser el caso incluso en Hebreos 13:19*. Sin embargo, es más frecuente que περισσοτέρως implique una comparación; en 2:1 implica probablemente "...más atención de la que habéis estado presente" (aunque ese tipo de declaración tan directa desentonaría con el tono discreto del pasaje), o mejor tal vez "más atención que la que los israelitas prestaron a los mandamientos de Dios en los años del AT" (cf. 3:16-19; 4:2, 6). Véase BD §6 (30); también sobre τοῖς ἀκουσθεῖσιν más adelante.

Προσέχω, se usa con un sentido diferente en 7:13*, de manera absoluta (como en Hch. 8:6; 2Pe. 1:19; Sab. 8:12; y en los papiros) con el significado de "prestar atención a" (Bauer 1a). El infinitivo de presente supone un esfuerzo continuo y elude la sugerencia de que los lectores ya no estuvieran prestando atención. En el uso clásico, el verbo iba seguido por τὸν νοῦν (MHT 3.52; LSJ I.3). En Hebreos 1:6 el autor citó Deuteronomio 32:43, por tanto, es posible que estuviera pensando en Dt 32:46, donde Moisés exhorta al pueblo diciéndole: προσέχετε τῇ καρδίᾳ ἐπὶ πάντας τοὺς λόγους τούτους, οὓς ἐγὼ διαμαρτύρομαι ὑμῖν σήμερον. Hay un indicio que hace pensar en una construcción mixta: "prestad atención a lo que habéis oído" y "prestad atención para que no os desviéis" (con respecto a προσέχω ... μήποτε, cf. Lc. 21:34).

Desde el punto de vista gramatical, el pronombre personal ἡμᾶς es absolutamente necesario después del verbo impersonal δεῖ, y por tanto, su presencia en la oración no tiene por objeto dar énfasis, pero el autor sí hace cierto énfasis (ἡμεῖς) cuando se identifica con sus lectores en el v. 3; compárese, por ejemplo, con 3:19-4:1a; y contrástese, por ejemplo, con 3:1, 12s.; 4:1b

La expresión τοῖς ἀκουσθεῖσιν es, sin duda, gramaticalmente neutra, "a lo que hemos oído", pero en el v. 3. se hace referencia a personas que hablan. Ἀκούω se usa siempre en Hebreos en sentido absoluto (v. 3; 3:16; 4:2; 12:19) salvo en la cita del Salmo 95:7 (3:7, 15; 4:7*). Con excepción de Hebreos 12:19, donde el verbo se usa de manera literal, implica una aceptación sumisa de lo que se oye. Ὑπακούω en 11:8 expresa con más fuerza la obediencia a un mensaje que se escucha (cf. 5:9; en cuanto a εἰσακούω, véase el comentario sobre 5:7; véase también Grayston 1975). El tema de la salvación como una palabra hablada (λαλήσας, 1:1; cf. Grässer 1972) y del "Hijo como la nueva forma que Dios usa para hablarnos" (G. R. Hugues 1979.5-24) ocupa un lugar destacado en Hebreos (cf. G. Kittel en *TDNT* 1.216-225, aquí 224). No hay ninguna prueba real para la sugerencia de que la frase se refiere a una serie particular de lecturas, como por ejemplo, los Salmos 94–110 (Vanhoye 1969.229s., en contra de Slot; Braun en contra de Windisch); la paráfrasis "lo que acabáis de oír en el capítulo 1" (Strobel) también resulta forzada. La mejor guía para poder comprender lo que significa es el v. 3: "a lo que hemos oído, indirectamente de Cristo y directamente de los primeros testigos cristianos". Sin embargo, la referencia a una atenta relectura cristiana del AT, como la que hizo posible la composición de 1:5-13, no debe en modo alguno excluirse (cf. Hch. 17:11), y especialmente si el adverbio περισσοτέρως implica una comparación real. Véanse Bauer *s.v.* ἀκούω; R. Kittel en *TDNT* 1.216-225. Μήποτε (Bauer 2bα), ya sea con un verbo que expresa temor (como en 4:1) o de otra manera (como aquí y en 3:12), a menudo expresa ansiedad, y aquí un propósito negativo, "para que no", "no sea que". La idea y el lenguaje hacen pensar en Éxodo 19:21, 24. El término en el presente contexto no es incierto sino enfático, a diferencia de la simple partícula negativa μή. No debe confundirse con el uso de μήποτε para introducir una simple conjetura, como en el caso del "no sea que" en la ARV (cf. Zerwick). Algunas advertencias similares aparecen en 12:15-17, donde μή τις cumple una función parecida a la del discreto pronombre "nosotros" en el presente pasaje; 12:25, βλέπετε μή; cf. 12:19; véase también el comentario sobre 9:17*.

Παραρέω** es la ortografía que aparece en la mayoría de los manuscritos del NT, y no la más antigua παραρρέω (LSJ; MHT 2.102, 192s.) El verbo se emplea de manera similar en Proverbios 3:21, un pasaje que se cita en Hebreos 12:5s.: υἱέ μὴ παραρρυῇς. En ningún caso el verbo παραρέω tiene complemento, por tanto, el significado más probable es "desviarse o alejarse" y no "dejar que (la sabiduría, o la verdad cristiana) se escape" de las personas a las que se dirige la exhortación. Ni en Proverbios 3:21 ni en Hebreos 2:1 hay nada que sugiera la idea de un barco a la deriva que se aleja de la entrada a un puerto. Esta imagen se encuentra en Filón (*Gig.* 13; *Quaest. in Ex.* 2.13), pero sin παραρέω. (Los ejemplos que se citan en LSJ son predominantemente psicológicos, y sugieren que la metáfora del fluido que se desliza ya no existía o estaba en vías de extinción). Por tanto, la traducción de Barclay como "naufragio" parece infundada. El significado coincide con ἀμελέω en el v. 3, y con ὑστερέω en 4:1. Crisóstomo, a quien se cita en Riggenbach, lo parafrasea como ἀπολώμεθα... ἐκπέσωμεν, pero estos términos son más directos que el lenguaje real del autor en este punto del análisis. Véanse I. H. Marshall 1969.134; Ballarini 1978.362; Mugridge; Oberholzer.

Jesús es superior a los ángeles; por tanto, si los israelitas fueron severamente castigados cada vez que desobedecieron la ley que habían recibido de Dios a través de los ángeles, el castigo por desoír lo que Dios ha hablado en su Hijo (1:1s.) será todavía más severo.

2:2. El castigo en la época veterotestamentaria

La primera parte de esta comparación *a fortiori* (cf. 3:3; 8:6; 9:13s.; 10:28s.; 12:9, 25; S-B 3.223-226) se refiere en términos muy generales a las circunstancias en las que fue entregada la ley mosaica, y a los efectos de la misma. En 3:1-6 se analizarán la función y el estatus del propio Moisés; con respecto a la Lley en Hebreos, 7:5. El autor es cauto a la hora de cuestionar la validez permanente del antiguo pacto (διαθήκη no se usa hasta 7:22) y la ley que lo acompaña; en este momento, se basa en creencias que, al parecer, presupone que sus lectores aceptarán fácilmente.

Los puntos de contacto entre los vv. 2-4 y Marcos 16:9-20 (especialmente βεβαιόω, σημεία) se explican mejor si consideramos que ambos escritores usaron un material tradicional común (véase Chapman, Heigl). En este pasaje, el autor se ocupa exclusivamente de la transmisión del kerigma cristiano primitivo; sus intereses cultuales particulares no se mencionan. Sin embargo, no hay ninguna razón para dudar de la autenticidad del pasaje (Vanhoye 1969.252-254; Braun, en contra de Synge 43-52).

Εἰ introduce una condición real: "Si, tal como sabemos que ocurrió...". En Hebreos se usa libremente la conjunción εἰ para referirse a condiciones cumplidas (6:9; 7:15) y también incumplidas (p. ej., 4:8; 8:4, 7; cf. 7:11). El contexto normalmente muestra cuál es la intención; cf. 12:8. Véase BD §§371-376.

Γάρ enlaza la declaración del v. 1 con el argumento sustentado de los vv. 2-4.

Ὁ δι᾽ ἀγγέλων (ἀγγέλου en L) λαληθεὶς λόγος: la forma verbal λἀληθείς implica "por Dios", por tanto, δι᾽ ἀγγέλων significa "por medio de" y no "por ángeles"; cf. En REB "la palabra de Dios hablada a través de ángeles". La creencia de que los ángeles actuaron como intermediarios en la entrega de la ley a Moisés está bien confirmada en el NT: Hechos 7:38, 53; Gálatas 3:19; también en la tradición judía: *Jub.* 1:27; 2:1, 26; Josefo, *Ant.*15:5:3; S-B 3.554-556; también en Qumrán (CD 5:18; Braun 1966.1.245). En *Jub.* 1:27, 29; 2:1, el Ángel de la Presencia juega un papel decisivo en la escritura de la ley; cf. Hechos 7:38. Dicha creencia se insinúa, y puede haberse originado, en Deuteronomio 33:2 LXX: Κύριος ἐκ Σινα ἥκει ... ἐκ δεξιῶν αὐτοῦ ἄγγελοι μετ' αὐτοῦ. (El significado en hebreo es incierto: "fuego flameante" en NBV; en REB; "laderas montañosas" en NIV; "un ejército propio" en NRSV). No hay razón para dudar de que el autor de Hebreos compartía esta creencia (aunque Nash 111n. 72 discrepa); pero, a diferencia de Pablo, él reserva el título μεσίτης (8:6; 9:15; 12:24) para Cristo. Orígenes (sobre La. 4:14) glosa acertadamente λόγος como νόμος (contrástese con 4:12), a fin de reservar el mayor hincapié para lo que se dice acerca del evangelio en los vv. 3-4.

Ἐγένετο no es "llegar a ser", como por ejemplo, en 1:4, sino "ser", como probablemente en 7:12 y 11:6 (Bauer II.1). No hay ninguna referencia futura, pero ἐγένετο βέβαιος puede sugerir que algo nuevo "entró en vigor"; o bien, demostró ser confiable. Rara vez se emplean adjetivos, y nunca βέβαιος, para describir la ley mosaica (Ro. 7:12; 1Ti. 1:8). El uso de aoristos (cf. ἔλαβεν) podría sugerir de manera implícita lo que se indicará claramente en 8:13 y en otros lugares, a saber, que la validez de la Ley es cosa del pasado; pero el interés principal del autor en este momento es señalar un hecho histórico.

Βέβαιος (Bauer 2; 3:6, 14; 6:19; 9:17*) y su cognado (βεβαιόω) expresan el propósito del autor de afianzar la fe de sus lectores. Aquí, βέβαιος significa "válido", y las palabras que siguen sugieren también "eficaz". Filón (*Vit. Mos.* 2.14) usa el término cuando habla de la validez eterna de la ley, pero esta no es la intención de Hebreos. El resto de la oración desarrollará con un lenguaje jurídico (ἔνδικος, v. 2; ἐβεβαιώθη, v. 3; συνεπιμαρτουροῦντος, v. 4) la idea de que la Palabra de Dios está ampliamente confirmada por medio de testimonios verbales y fácticos. Véase Spicq 1978.182-185.

El resto del v. 2 trata acerca de los efectos negativos de la ley, así como el v. 4 de los efectos positivos del mensaje cristiano. La conjunción καί, tal vez influenciada indirectamente por la lengua hebrea, implica aquí "de modo que, como resultado" (Bauer If). La descripción de las sanciones jurídicas es breve y general, al igual que en 9:15; 12:28. Es poco lo que dice el autor, salvo cuando se refiere a textos veterotestamentarios (12:15s., 20), sobre castigos específicos para pecados particulares o incluso sobre detalles de la ley cultual (9:15). Su preocupación principal es el pecado, en sentido positivo, como una rebelión contra la voluntad declarada de Dios, y en sentido negativo, como un "apartamiento del Dios vivo" (3:12), o en lenguaje cristiano, como la pérdida de la fe en Cristo. Ambos aspectos están incluidos en los términos παράβασις (9:15; Ro. 2:23; 4:15; Gá. 3:19 con respecto a la ley; cf. Ro. 5:14 con respecto a Adán; 1Ti. 2:14**) y παρακοή (Ro. 5:19 con respecto a Adán; 2Co. 10:6***). Spicq (1978.656f.) considera que παράβασις es positivo y παρακοή negativo, pero admite la intervención de la voluntad en ambos; véase también Ballarini 1978. Todo (πᾶσα) acto de desobediencia es castigado; el adjetivo πᾶς es muy frecuente en el Pentateuco (p. ej., Dt. 23:9; 24:16; 28:61), y asimismo en Hebreos (1:12).

Ἔλαβεν, "recibió" (Bauer 2, "una perífrasis para la voz pasiva"), "fue dada" por implicación por Dios.

Ἔνδικος, "basada en lo que es correcto", de ahí "justa", aparece en textos jurídicos fuera de la Biblia, y aquí (aunque no en Ro. 3:8***) sugiere una referencia a la ley mosaica. El autor no usa el sustantivo típicamente mateano μίσθος (también Pablo etc.), ni el verbo exclusivamente mateano μισθόομαι. En Hebreos se emplea el concepto de la recompensa como una vía secundaria para referirse a lo que Dios ha prometido (4:1; H. Preisker en *TDNT* 4.726). Véase también Feuillet 1978.

2:3. El peligro de la negligencia

V. 3a, hasta σωτηρίας, equilibra la primera mitad de la comparación en el v. 2a; los vv. 3b-4 desarrollan el equivalente cristiano del v. 2b.

Πῶς en las preguntas retóricas (1:5), sobre todo después de εἰ o ἐάν, se desempeña como una negación contundente: "mucho menos escaparemos nosotros". La idea se repite en 10:29 y 12:29. Véase J. Bauer.

El pronombre enfático ἡμεῖς no tiene ningún equivalente en el v. 2 (cf. ἐκεῖνοι, 4:2; 12:25). Al autor le interesa más el segundo término de la comparación; es decir, los lectores, con los que continúa asociándose, al igual que en el v. 1; cf. 3:6b.

Ἐκφευξόμεθα (Bauer 2a) es un verbo gramaticalmente absoluto, pero al igual que en 12:25* con la clara implicación de "¿cómo escaparemos nosotros del castigo de Dios?" (cf. v. 4; 12:29; 1Ts. 5:3; Sir. 16:13). La esperanza y el temor se entremezclan a lo largo de Hebreos (Leonard 1939.249). Φεύγω no se usa de manera escatológica en Heb. 11:34*.

Τηλικαύτης*, "tan grande", es un sinónimo (posiblemente más fuerte) de τοσοῦτος, que se emplea en comparaciones en 1:4; 7:22; 10:25. Aquí, está implícito que se trata de "un evangelio que es mucho más grande que la ley".

Σωτηρία (Bauer 2): 1:14. Del mismo modo que en Hebreos ἐπαγγελία puede referirse a lo que está prometido o al acto de prometer, así también σωτηρία puede referirse (a) al acto o a la condición de ser rescatado, o (b) a un mensaje acerca del rescate, es decir, el evangelio. En Hebreos no se usan los términos εὐαγγέλιον (εὐαγγελίζω, 4:2), κήρυγμα ο κηρύσσω, ο διδάσκω, διδαχή con Cristo como sujeto. Con σωτηρία, predomina el significado (a) pero el contexto sugiere aquí (b), y tal vez en 6:9; cf. 1 Tesalonicenses 5:9 (Is. 49:8); 2 Corintios 6:2. En el presente versículo, σωτηρία es más específico que el correspondiente λόγος en el v. 2, aunque el resto de la oración sugiere que σωτηρία, al igual que λόγος, es algo "hablado".

Ἀμελέω, "descuidar, no prestar atención", contrasta con προσέχω en el v. 1. Ἀμελέω se usa en el mismo sentido en Mateo 22:5, con respecto a los que subestiman una invitación a una fiesta, y en Hebreos 8:9 (Jer. 31:32) para referirse a la manera en que Dios se desentendió de su pueblo rebelde; cf. 1 Timoteo 4:14**. El término es suave, y no es prominente en Hebreos, pero anticipa el tema central de la apostasía como el hecho de negarse a oír el mensaje de Dios, un tema que se desarrolla en 3:7–4:13 y en otros lugares. Véase Spicq 1978.67-71. El participio ἀμελήσαντες es condicional (BD §418[2]); una variante estilística para εἰ al principio del versículo.

Las ediciones del texto griego, y las traducciones, difieren de acuerdo con la manera en que se coloque el signo de interrogación, ya sea (a) al final de la cláusula principal que contiene la pregunta propiamente dicha, como en UBS³ y las traducciones más modernas, o (b) al final de la oración (v. 4), como en NA²⁶ (=UBS⁴), que afirma (44*) seguir el uso griego. No es una diferencia de significado ni de testimonios de los manuscritos sino de costumbre.

El resto del v. 3, que modifica a σωτηρίας, consta de una expresión participial, gramaticalmente subordinada a la cláusula relativa ἥτις... ἐβεβαιώθη. La diferencia de construcción le añade flexibilidad al estilo, pero por sí misma no hace hincapié en ἐβεβαιώθη a expensas de ἀρχὴν λαβοῦσα λαλεῖσθαι (cf. el fuerte énfasis en las frases participiales en 6:6). Sin embargo, el punto principal de la presente oración, tal como lo confirma el v. 4, no es el origen divino de la tradición del evangelio, como en Gálatas 1:11s., sino el peso total del testimonio, como en Hebreos 12:1, cf. 12:22-24. Esta relativa reducción de la importancia de ἀρχὴν λαβοῦσα λαλεῖσθαι διὰ τοῦ κυρίου está confirmada por el uso del título tradicional κύριος (1:10), en lugar del nombre Ἰησοῦς, que en Hebreos es característicamente enfático (2:9). La expresión verbal que se emplea aquí es también menos enfática que el título ὁ ἀρχηγὸς τῆς σωτηρίας en 2:10. Esta falta de énfasis podría reflejar el hecho de que el escritor no escuchó personalmente las enseñanzas de Jesús. Moule (1966.76n.1) conjetura que el escritor había sido añadido a la iglesia cuando tuvo lugar el primer Pentecostés cristiano.

La construcción ἀρχὴν λαβοῦσα λαλεῖσθαι (Bauer *s.v.* ἀρχή, 1b) no aparece en ningún otro pasaje de la Biblia griega, pero está confirmada en la literatura secular a partir del siglo II, y en Filón (*Vit. Mos.* 1.81; cf. *Quaest. en Éx.* 12.2); cf. τὸν τῆς ἀρχῆς τοῦ Χριστοῦ λόγον, Hebreos 6:1; τὰ στοιχεῖα τῆς ἀρχῆς τῶν λογίων τοῦ θεοῦ, 5:12; el significado exacto en ambos lugares es incierto. 2:3 pudiera referirse naturalmente a la predicación de Cristo durante su ministerio terrenal (cf. Mr. 1:14||; Hch. 1:1s.); con menos probabilidad a su encarnación (Ign. *Ef.* 19:3) pero como el contexto más amplio se ocupa sobre todo de su exaltación, podría referirse principalmente a las tradiciones acerca de la predicación de Cristo después de su resurrección que están reflejadas en el final más corto de Marcos (16:20), y extensamente en los apócrifos neotestamentarios (v. 4; Vanhoye 1969.243; Andriessen 1977.5-7 discrepa). A. T. Hanson (1965.52), basándose en una comparación con Hebreos 4:2, sugiere de manera poco convincente que 2:3 se refiere a Cristo cuando "habló" en la época del AT (en forma similar, Synge 47). El uso que hace el autor del AT, sin embargo, sí sugiere que las tradiciones cristianas incluían interpretaciones distintivas de los pasajes veterotestamentarios (Zimmermann 1977.100ss.). La respuesta a la pregunta "¿al principio de qué?" no es ni "el mensaje acerca de la salvación" ni "la propia salvación" solamente, sino ambas cosas juntas (Braun); el mensaje sobre Cristo es un acontecimiento que trae salvación a los que creen.

La forma pasiva λαλεῖσθαι, al igual que λαληθείς en el v. 2, implica la acción de Dios; en el primer caso δι᾽ ἀγγέλων, en el segundo διὰ τοῦ κυρίου. La acción de Dios se hace explícita en el v. 4. No hay ningún contraste, y tal vez ninguna diferencia importante en el significado, entre el uso de διά aquí y el de ἐν en 1:1s. El punto principal en ambos pasajes es que es Dios quien está hablando.

Ὑπὸ τῶν ἀκουσάντων εἰς ἡμᾶς ἐβεβαιώθη probablemente combina estos dos significados: (a) los que oyeron la enseñanza de Jesús nos transmitieron el mensaje a "nosotros"; y (b) su testimonio era confiable; pero no (c) que su testimonio aportara algo a la fiabilidad de la propia predicación de Jesús. Sería exagerado inferir a partir de este versículo que el escritor y sus lectores pertenecían a una segunda generación de cristianos (Vanhoye 1969.49; Andriessen 1977.3s.; Holtz 321), aunque 5:12 muestra que ellos no eran nuevos convertidos (véase la Introducción, pág. 30). A la luz de διὰ τοῦ κυρίου, τῶν ἀκουσάντων posiblemente se refiere a "los que oyeron al Señor", no simplemente a "los que oyeron el mensaje de salvación". Resulta llamativo que el autor no se atribuya ninguna autoridad especial (Wolter 10s.). Para ἀκούω véase 2:1, y para βεβαιόω --> βέβαιος, 2:2. El mensaje ha demostrado su validez, y por tanto es confiable (cf. los "dichos fieles" de las Epístolas Pastorales, p. ej., 1Ti. 1:15). El término tiene matices jurídicos (Vitti 1941b.44; MM 107s.).

2:4. Las señales que siguen

La oración alcanza un clímax retórico cuando el tiempo verbal se cambia al presente para describir los acontecimientos a los que Dios hace referencia para ofrecer una confirmación adicional del testimonio oral que se menciona en el v. 3. El uso del presente no implica necesariamente que los acontecimientos a los que se alude hayan continuado hasta la época en la que se escribió Hebreos (BD §339[3]; Braun).

Συνεπιμαρτυροῦντος*** (*1Clem.* 23:5; 43:1; συμμαρτυροῦντος B, cf. Ro. 2:15; 8:16; 9:1***) se destaca por su posición, rareza, complejidad y longitud; ἐπιμαρτυρέω, 1 Pedro 5:12**, se usa en la LXX para referirse a la actividad de Dios (Ne. 9:29) por medio de los profetas (v. 30; cf. Jer. 32[39 LXX]:25), los sacerdotes (Am. 3:13), los jueces (Sir. 46:19 con respecto a Samuel; 1Mac. 2:56 con respecto a Caleb) y otros líderes (Ne. 13:15, 21). Διαμαρτύρομαι véase Hebreos 2:6*; μαρτύριον 3:5; y μαρτυρέω 7:8. Aquí, a ambos prefijos debe dárseles su debido peso: el testimonio de los acontecimientos acompaña (συν-) y le añade (-επι-) al testimonio de las palabras. El verbo simple μαρτυρέω, al igual que διαμαρτύρομαι, implica siempre en Hebreos el testimonio de la Escritura. El genitivo absoluto, que mucho se usa y del que mucho se abusa en el koiné, aquí resulta gramaticalmente correcto, porque en la oración no se ha mencionado a Dios en forma explícita. Véase H. Strathmann en *TDNT* 4.516.

Los términos que se emplean para denotar los acontecimientos son tradicionales (cf. Mr. 16:20; Feuillet 1978.165f.). Τέρας* en el NT (aunque no en la LXX, p. ej., Dt. 13:1) se usa en plural en todos los casos (como comúnmente ocurre en la LXX) y siempre como una frase hecha con σημεῖα (a menudo en Hechos). Estrictamente hablando, σημεῖον (Spicq 1978.796-801) significa "señal", de manera especial, una señal que indica la actividad de Dios, mientras que τέρας, "prodigio, portento, presagio, maravilla" apunta a un acontecimiento sobrenatural. Es poco probable que el significado de σημεῖον* aquí sea diferente del de τέρας, o que tenga las connotaciones teológicas que se encuentran en Juan (véase K. H. Rengstorf en *TDNT* 7.200-269, aquí 260). Los términos σημείοις y τέρασιν están estrechamente relacionados aquí por medio de τε καί, una expresión favorita en Hebreos (4:12; 5:1; 7:14; 6:19; 8:3; 9:9; 10:33; 11:32); en P 0121b 33 y en muchos minúsculos se omite τε; BD §444 (2); MHT 3.333s. Se mencionan junto con δυνάμεις, "actos o hechos de poder" (W. Grundmann en *TDNT* 2.284-317, aquí 305s.; Stolz; Bieder 253s.), especialmente el poder de Dios, de ahí, "milagros, maravillas" en 2 Corintios 12:12 (en el mismo orden que aquí); también en Hechos 2:22; 2 Tesalonicenses 2:9. Existe cierta semejanza con Hebreos 6:4-6, donde se usa un lenguaje un tanto tradicional, incluyendo como aquí una referencia al Espíritu Santo, para apoyar un llamado a los lectores. Allí, sin embargo, se hace referencia a poderes sobrenaturales que los lectores no solo han visto en la práctica, sino que han experimentado o "gustado" interiormente. En otros lugares en Hebreos (1:3; 7:16; 11:11, 34*), δύναμις es singular, y se usa en varios sentidos. Aquí, se hace hincapié en el plural por medio de ποικίλαις, "diversos", no con un sentido peyorativo como en 13:9 (y normalmente en el NT), sino con un significado positivo, que pone de relieve la rica variedad de la actividad divina (al igual que en 1Pe. 4:10, con respecto a la gracia de Dios; cf. πολυμερῶς καὶ πολυτρόπως, Heb. 1:1). Rissi 1987, considera que la clave de la situación de los lectores se encuentra en las experiencias carismáticas de los primeros años de su comunidad, y la posterior disminución de tales experiencias.

Hay cuatro aspectos que hacen que la construcción del resto de la oración resulte confusa. (1) Desde el punto de vista gramatical, sería posible tomar πνεύματος ἁγίου como un segundo genitivo absoluto con συνεπιμαρτουροῦντος (MHT 1.74 menciona ese tipo de series en los papiros). De ser así, los vv. 3-4 se referirían a una cooperación en el testimonio entre las tres personas de la Trinidad. La dificultad es que esto dejaría a μερισμοῖς sin un complemento expreso. (b) Πνεύματος ἁγίου debe tomarse como un genitivo objetivo "de los dones que proceden del Espíritu Santo" (Bauer, *s.v.* μερισμός), no de una distribución del propio Espíritu Santo. (c) Αὐτοῦ se entiende mejor como = τοῦ θεοῦ (D*), no como = τοῦ πνεύματος. El orden inusual τὴν αὐτοῦ θέλησις podría tener por objeto que el lector dejara de lado a πνεύματος y considerara que el verdadero antecedente es θεοῦ. El orden posiblemente (aunque no necesariamente, MHT 1.190) es enfático, como en el griego clásico; Braun sugiere αὐτοῦ. En cuanto al concepto, cf. 1 Corintios 12:4-11; Romanos 12:6-8. (d) Es mejor considerar que la frase κατὰ τὴν αὐτοῦ θέλησιν se relaciona con todo lo que se lee a partir de σημείοις (Lane).

Los sustantivos μερισμός (aquí "distribución" [Bauer 2], no "división" [Bauer 1], como en 4:12; Jos. 11:23 acerca de la división que hizo Josué de la κληρονομία de la tierra prometida; Esdras 6:18 sobre las divisiones sacerdotales***) y θέλησις** (cf. Pr. 8:35) denotan respectivamente las acciones de dividir y desear (a diferencia de θέλημα 10:7, con respecto a la voluntad misma). Al autor de Hebreos le agradan los sustantivos verbales: Westcott señala μετάθεσις (7:12), ἀθέτησις (7:18); ἄθλησις (10:32); πρόσχυσις (9:28) y αἴνεσις (13:15), todos peculiares de Hebreos en el NT. El término διαιρέσεις en 1 Corintios 12:4-6 es sinónimo de μερισμοί aquí. Cf. también διαμερίζω en Hechos 2:3, en cuanto a las lenguas de fuego en Pentecostés.

Por lo general, las referencias al Espíritu Santo en Hebreos son incidentales; gran parte del espacio que ocupa el Espíritu en la teología de Pablo la llena en Hebreos el Cristo exaltado. Τὸ πνεῦμα τῆς χάριτος ἐνυβρίσας, 10:29, lo presenta claramente como una persona; 2:4 y 6:4 morando en los creyentes; 3:7; 9:8; 10:15 como el autor de la Escritura. En cuanto a los demás pasajes en los que aparece el término πνεῦμα, en 1:7 se refiere a los ángeles; en 4:12 al espíritu humano; y en 12:23 a "los espíritus de los justos hechos perfectos"; en 9:14; 12:9, son posibles diferentes interpretaciones*.

EL CAMINO A LA GLORIA (2:5-18)

El marco estructural de este párrafo lo proporcionan las palabras iniciales οὐ γὰρ ἀγγέλοις ὑπέταξεν..., que se retoman en el v. 16 con la expresión οὐ γὰρ δήπου ἀγγέλων ἐπιλαμβάνεται... Los vv. 17-18 son estructuralmente transicionales, pero muy importantes en su contenido, porque introducen explícitamente por primera vez el tema del sumo sacerdocio de Cristo.

La importancia de la inclusión de lós vv. 5 y 16 es mucho más que formal. En el v. 5, el sujeto es Dios. Su actividad sigue siendo fundamental hasta el v. 11a, tal como lo ha sido desde el principio de la epístola. Pero en ese momento, de manera temática desde al menos el v. 9, y gramaticalmente a partir del v. 11b, el autor, que ya ha demostrado con suficiente claridad que la obra de Cristo formaba parte del propósito de Dios, pasa a hablar directamente de lo que Cristo logró, sobre todo por medio de su muerte.

Hay otro aspecto de la inclusión que resulta todavía más importante para poder comprender el párrafo. Si el v. 5 se toma en forma aislada, no puede llegarse a ninguna conclusión. Después de οὐ γὰρ ἀγγέλοις..., cabría esperar una expresión contrastante, y los comentaristas se preguntan si pudiera estar implícito ἀλλὰ τῷ κυρίῳ/τῷ Χριστῷ o ἀλλὰ τοῖς ἀνθρώποις (Vanhoye 1969.263.278). En sentido general, la mayoría de los comentaristas alemanes observan una referencia exclusiva a Jesús (así Braun, con referencias adicionales; Grässer), mientras que los académicos de habla inglesa observan una referencia más amplia (así Lane, en consonancia con Coppens 1976). De cualquier forma el pensamiento del autor solo se hace totalmente explícito con Ἰησοῦν, v. 9. La incertidumbre persiste hasta el v. 8, donde el antecedente del pronombre repetido αὐτῷ resulta confuso (véase más adelante). La razón de esta ambivalencia va más allá de la renuencia del autor a usar los nombres divinos con demasiada libertad. En el v. 16, aparece por fin la segunda mitad del tan esperado contraste: οὐ γὰρ... ἀγγέλων... ἀλλὰ σπέρματος Ἀβραὰμ ἐπιλαμβάνεται. El autor sin duda se preocupa finalmente por los seres humanos; aunque no principalmente por la humanidad en general ($\sigma\pi\acute{\epsilon}\rho\mu\alpha$ Ἀδάμ, por decirlo así; cf. ὑπὲρ παντός, v. 9), aún menos exclusivamente por Israel, sino por "el pueblo" de Dios (v. 17) que fue "tomado" (v. 16) por Cristo, y unido a él en una relación familiar (vv. 11-13) en su encarnación (vv. 14a, 16) y muerte victoriosa (vv. 14b-15).

Este párrafo contiene la primera cita veterotestamentaria que se analiza ampliamente (vv. 6-8a = Sal. 8:5-7). No existe ninguna relación obvia entre la longitud o importancia de las citas de Hebreos, por una parte, y la longitud de los comentarios, por otra parte. La cadena del capítulo 1, y la extensa cita de Jeremías 31 en Hebreos 8:8-12, podrían decir mucho al respecto. Las citas que se analizan con más detenimiento (cf. 3:7-11; 7:1s.; 10:5-10; 12:4-11) suelen ser las que admiten diversas aplicaciones (12:4-11) o las que contienen dificultades (7:1s.; cf. 5:11). Las dificultades a las que se enfrenta el exégeta moderno al tratar de entender Hebreos 2:6ss. no deben confundirse con el problema relacionado, aunque teológicamente más profundo, con el que estuvo batallando el propio autor: a saber, cómo es posible unir la fe en la supremacía eterna de Cristo y la exaltación triunfante con su humillación y muerte, y con el hecho de que sus enemigos ni siquiera ahora han sido puestos bajo sus pies. Hacia el final del párrafo, está claro que es precisamente a través de la tentación, el sufrimiento y la muerte de Cristo que él fue y es capaz de ayudar a los seres humanos, y de ese modo, llevar a cabo la obra para la que Dios lo había exaltado. La tarea principal de la epístola, desde 2:17 hasta al menos 10:39, será describir más detalladamente el alcance de esta obra, relacionándola con el pacto, el sacerdocio y el sacrificio.

2:5. Los gobernantes del mundo venidero

Esta oración corta y simple proporciona vínculos estructurales importantes con otras partes de la epístola. Οὐ γὰρ ἀγγέλοις... repite esencialmente las preguntas retóricas τίνι... τῶν ἀγγέλων, 1:5, y πρὸς τίνα... τῶν ἀγγέλων, 1:13s. Su inconclusión despierta la atención del lector sobre lo que está por venir, en particular, la problemática cita del Salmo 8, y la correspondiente cláusula positiva ἀλλά... en el v. 16. Ὑπέταξεν anticipa el verbo ὑπέταξας que se lee en el v. 8a y en el que se hace especial hincapié en el comentario que sigue. Sin embargo, ὑπέταξεν no introduce ninguna idea nueva, se limita a repetir de otras maneras lo que se dijo con anterioridad acerca de la supremacía de Cristo, sobre todo en la cita del Salmo 110:1 en 1:13. El lenguaje de la sumisión es característicamente cristiano (Spicq 1978.913-916). Después de ὑπέταξεν, en C 81 etc. se añade ὁ θεός, una glosa correcta en consonancia con la frase τοῦ θεοῦ en el v. 4; pero Hebreos suele a dejar implícitos los antecedentes, especialmente cuando se trata de Dios y de Jesús. Τὴν οἰκουμένην τὴν μέλλουσαν recuerdan de manera muy directa la referencia a la οἰκουμένη en 1:6. En el comentario sobre ese versículo, se ofrecieron razones para creer que ambos versículos aluden al "mundo venidero".

La relevancia de este versículo no termina con su función dentro de la estructura literaria de la epístola; su importancia temática es incluso mayor. Para entender esto claramente, es necesario volver a examinar cada expresión con un poco más de detalle.

La conjunción γάρ no es por sí misma tan enfática como, por ejemplo, διὰ τοῦτο in 2:1, sin embargo, entre sus frecuentes usos en Hebreos, hay algunos (4:15; 7:1; 10:1) que marcan una transición importante. El contenido sugiere que γάρ aquí no enlaza 2:5ss. con 2:1-4, sino con el capítulo 1, al que sigue el pasaje parenético de 2:1-4. No obstante, la distinción entre enseñanza y parénesis no es absoluta. Las transiciones del uno al otro son suaves, no solo por razón de la habilidad literaria del autor, sino por la interrelación temática de los dos tipos de discurso, que sirven a un propósito común.

Οὐ γάρ: 2:16; 4:15; 6:10; 9:24; 12:18; 13:14*. Οὐ γάρ ἀγγέλοις no cumple una función particularmente enfática: no se expresa ningún contraste (a diferencia del v. 16), y, a pesar de la ausencia del artículo (BD §254), no se introduce ninguna información nueva. El orden de las palabras es natural, y el peso de la oración, como suele ocurrir en Hebreos, se encuentra cerca del final. En las tres secciones de la primera parte aparecen diferentes aspectos del tema de los ángeles. En 1:5-14, predominó el contraste entre la supremacía del Hijo y la subordinación de los ángeles. En 2:1-4, los ángeles fueron el término secundario de una comparación *a fortiori* en la que desempeñaron una función más positiva. En 2:5-18, reaparece el elemento de contraste, pero en una forma diferente. Así como en 1:5-14 el autor se ocupó de las relaciones respectivas de Cristo y de los ángeles, ahora se centra en sus respectivas relaciones con la humanidad (aunque la frase βραχύ τι en la cita le hará desviarse brevemente de este tema). Después de 2:18, solo habrá referencias incidentales a los ángeles (12:22; 13:2), y este hecho hace muy poco probable que el propósito fundamental de la epístola fuera combatir un culto herético a los ángeles, tal como Jewett y otros creen; cf. Grässer 82s.

Solamente en este párrafo (cf. 2:8a [Sal. 8:7], b) se usa ὑποτάσσω en Hebreos en voz activa con el significado de "someter" o "subordinar" (Bauer 1a). La voz pasiva aparece en un contexto diferente, con referencia a la sumisión del ser humano a Dios, y a nivel cósmico en 2:8c* (Bauer 2bα; G. Delling en *TDNT* 7.27-48). En el presente contexto, Dios es el agente (sobrentendido del v. 4). El sentido es esencialmente el mismo de τίθημι ὑποπόδιον en 1:13 (Sal. 110:1). Ὑποτάσσω aparece con más frecuencia en Pablo, y también en Pedro, y eso refleja la relativa falta de interés en Hebreos por los temas polémicos. El autor de Hebreos prefiere el lenguaje del sacrificio propio al hablar de Cristo (2:17); el lenguaje del respeto y la sumisión cuando se refiere a las relaciones dentro de la comunidad cristiana (13:7, 17); y el lenguaje de la obediencia con respecto a Cristo (5:8) y a los cristianos (5:9). En marcado contraste con Pablo, el autor de Hebreos nunca usa el término δοῦλος ni otros términos cognados para referirse a sí mismo, y de hecho, no lo usa jamás. En el versículo que nos ocupa ahora, el aoristo ὑπέταξεν anticipa la forma verbal ὑπέταξας que se lee en la cita (v. 8a). A la luz del comentario del autor en los vv. 8b-9, podría interpretarse como una decisión firme de Dios el hecho de no cederle a los ángeles el control del mundo venidero (así Vanhoye 1969.261). La pregunta adicional: "¿en qué momento del pasado tomó Dios esta decisión", no se plantea, y mucho menos se responde, en el texto. El análisis anterior sugiere el momento en el que tuvo lugar la exaltación de Cristo; 3:7ss., sin embargo, sugeriría más bien que la decisión formaba parte del propósito permanente o eterno de Dios. Es posible que esta pregunta no se le ocurriera al autor, y en ese caso, cualquier conjetura es inútil.

Τὴν οἰκουμένην τὴν μέλλουσαν no denota, como Crisóstomo y algunos escritores posteriores pensaron, el nuevo mundo que para el salmista era futuro, pero que para los cristianos es una realidad presente. El problema del autor con la cita es que esta parece estar en conflicto con la realidad presente, a saber, que "todavía no vemos que todas las cosas le estén sometidas" (v. 8b). En otros lugares de Hebreos se hace alusión a la dimensión futura de la experiencia cristiana en términos tanto espaciales (ἡ μέλλουσα πόλις, 13:14) como temporales (αἰὼν μέλλων, 6:5; cf. Mt. 12:32; Ef. 1:21; H. Sasse en *TDNT* 1.204-206); y de manera más general con referencia a los μέλλοντα ἀγαθά (9:11; 10:1), a las promesas de Dios (véase el comentario sobre 4:1), y especialmente, al κατάπαυσις de Dios (4:1-11). Μέλλων implica "celestial" (Cambier 1950.85s.; Andriessen 1960.11n.20; Cody 1960 discrepa). No solo los santos del AT buscaron una patria celestial sin llegar a tomar posesión de ella (11:14-16); para los cristianos incluso, hay aún "algo mejor" que Dios les tiene reservado (11:40). Hebreos se acerca mucho a una cristología realizada en 12:22, en el clímax retórico de la epístola, pero aún allí, el significado de προσεληλύθατε no llega a ser "habéis entrado".

No obstante, el "mundo venidero" es algo que para los creyentes ya es posible "verbalizar", y, en cierta medida, experimentar. Los versículos anteriores, con sus referencias a la σωτηρία, no solo como una realidad futura (1:14) sino también presente (2:3), han ofrecido ejemplos de los "poderes del mundo venidero" (6:5), que ya están operando (2:3s.). Más adelante (12:27) resultará claro que el autor piensa que el mundo o la era futura es cualitativamente nueva y celestial, no solo una restauración del presente αἰών (Braun, con referencias adicionales).

Se sugirió anteriormente que en este versículo se hace especial hincapié en "el mundo venidero", no en los "ángeles". Esto se ve corroborado por el trasfondo veterotestamentario con las analogías de pensamiento y de lenguaje que proporciona. En Deuteronomio 32:8, al principio del cántico de Moisés, se lee:

ὅτε διεμέριζεν ὁ ὕψιστος ἔθνη,
ὡς διέσπειρεν υἱοὺς Αδαμ,
ἔστησεν ὅρια ἐθνῶν
κατὰ ἀριθμὸν ἀγγέλων θεοῦ ...

Por lo general este versículo se toma como un punto de partida para la especulación posterior sobre los ángeles como gobernantes de algunas naciones particulares (Dn. 10:13, 20s.; 12:1; Sir. 17:17; cf. S-B 1.781ss.; 3.437ss., especialmente *Gn. Rab.* 77:3; G. von Rad y G. Kittel en *TDNT* 1.79s., 82). Por tanto, la implicación del versículo que nos ocupa es que "a los seres angélicos se les ha confiado la administración del mundo presente, pero no la del mundo venidero" (Bruce). Existen sobradas pruebas que confirman el interés del autor en el cántico de Moisés: en Hebreos 10:30 cita Deuteronomio 32:35s.; en Hebreos 1:6 cita Deuteronomio 32:43; y προσέχω en Hebreos 2:1 y διαμαρτύρομαι en 2:6 podrían aludir a Deuteronomio 32:46.

Περί + un genitivo es una construcción que aparece con frecuencia en Hebreos, especialmente en las citas y la exposición del AT (3:5; 4:4, 8; 10:6-8, 18, 26; 11:7, 20, 22, 32, 40), también con el sentido de "a favor de" alguien (5:3^{1,2}, sacrificios; 13:18, oración) y de "quitar" los pecados (5:3^3; 10:6, 8, 18, 26; 13:11); ὑπέρ y περί se usan indistintamente en los últimos dos sentidos (véase el comentario sobre 2:9). En las regulaciones cultuales de Levítico, la fórmula usual de la LXX es περὶ (τῆς) ἁμαρτίας; hay, no obstante, referencias al hecho de llevar y perdonar los pecados, y, de manera especial, en el día de la expiación, a sacrificar por todos los pecados del pueblo (Ex. 30:10 A; 34:7, 9; Lv. 16:16, 21, 30, 34; Nm. 5:6; 14:18; Dt. 5:9; 9:18, 21). Para el uso en Hebreos de ἁμαρτία véase 1:3. Para Ἀντί 12:2.

Περὶ ἧς λαλοῦμεν: el plural es epistolar, al igual que en 6:9; 9:5, y contrasta con 2:1, 3; los oyentes no se incluyen (así opina Braun, en contra de Spicq). El autor no alude a sí mismo en primera persona del singular hasta 13:19, cf. 13:23. Por tanto, el verbo λαλοῦμεν en presente debe entenderse probablemente en un sentido amplio: "de la cual estamos hablando". "De la que estuvimos hablando antes de la digresión de 2:1-4" es parte del significado, en vista de la conexión con 1:6; pero esto no excluye una referencia a la "salvación venidera" (1:14), de la que hemos acabado de mencionar señales (2:3s.); o al nuevo orden que el autor pronto describirá como "gloria" y "perfección" (2:10), y más adelante como un "pacto nuevo" o "mejor" (7:22; 8:8).

2:6a (hasta λέγων). La pregunta del salmista: introducción

El lenguaje que se emplea para introducir la pregunta es peculiar pero no carece de paralelos. Διαμαρτύρομαι, "testificar solemnemente", aparece con frecuencia en la LXX; véase especialmente Deuteronomio 32:46; 2:4, συνεπιμαρτυρέω. En el NT, el verbo se usa en sentido absoluto (al igual que aquí) en Hechos 2:40; 8:25; 1 Timoteo 4:6. En Hechos 2:40; 8:25; 10:42; 18:5; 20:21, 24; 28:23, parece ser prácticamente sinónimo de κηρύσσω cuando se usa con respecto a la predicación cristiana primitiva. En algunas ocasiones incluye una nota de advertencia, como en Lucas 16:28; Hechos 20:21; también en Hechos 2:40, aunque allí está relacionado con παρακαλέω. Esta nota no está presente en el versículo que estamos analizando, pero la elección de διαμαρτύρομαι en lugar del verbo simple μαρτυρέω puede haber estado influenciada por la advertencia implícita en los vv. 1-4. Διαμαρτύρομαι no se emplea en ningún otro lugar para introducir una pregunta; este es el uso habitual de μαρτυρέω en Hebreos.

Ποὺ τις parece ilógicamente impreciso en la introducción a un salmo que se le atribuye a David. La fórmula no tiene ningún equivalente en el NT, pero está de acuerdo con la práctica general que se sigue en Hebreos de no identificar la fuente o autor de sus citas (4:7 no es una verdadera excepción; 2:16, δήπου). El autor suele prestarle mucha atención al contexto de sus citas, por lo que es muy poco probable que "no tenga idea de dónde provienen sus citas" (Synge 53), porque las extrae de una colección de testimonios. Filón emplea la frase πού τις en *Ebr.* 61, e introduce citas no bíblicas de una manera igualmente general, pero el uso del autor de Hebreos aquí puede entenderse mejor si tenemos en cuenta los otros pasajes bíblicos que él les atribuye a Dios, a Cristo y al Espíritu Santo. En comparación, el autor humano de una cita es de poca importancia. F. F. Bruce, en consonancia con Westcott, sugiere para που la traducción "como sabemos" o "para citar palabras conocidas" (sobre 4:4). Πού no se usa en este sentido en ningún otro lugar del NT.

Λέγων suele usarse cuando se introducen citas (cf. 4:7; 9:20; 10:8), incluso con otros verbos declarativos (καλέω, 2:11s.; ὀμνύω, 6:13s.; ἐπαγγέλομαι, 12:26). Este uso es frecuente en el NT y en otros lugares, pero a pesar de sus raíces hebraicas, no supone ninguna influencia hebrea directa en el autor de la epístola (Bauer *s.v.* I.8a).

Véase también Grässer 1975.

2:6b-8a. La pregunta del salmista: texto

La cita está siendo tomada del Salmo 8:4-6 (TM y VVE; 8:5-7 LXX). El texto es generalmente firme.

En la primera línea en 𝔓⁴⁶ C* P 81 104 1881 2495 *pc* d vgᵇᵒ en Hebreos, y en A en la LXX, aparece τίς en lugar de τί una lectura que acepta Zuntz 48, cf. Schröger 1968.80n, y explica como una alteración para hacer que la cita se refiera a Cristo. Esto es poco probable por varias razones. (a) El peso de las pruebas externas lo contradice. (b) La cita puede aplicarse a Jesús aun cuando se lea τί. (c) La presencia de τίς puede interpretarse fácilmente como una correspondencia con el sustantivo ἄνθρωπος que sigue, o, en Hebreos, posiblemente como una asimilación al τις anterior. El argumento de que el autor de Hebreos no destruiría el paralelismo del salmo (Tasker 1954-55.185, cf. Bruce 69s.n.12) es poco convincente, porque no cabe duda de que sí lo hace en 10:7, cuando cita el Salmo 40:8a, y en 10:17 cuando cita Jeremías 31:34. (En cuanto a la incapacidad de los escritores del NT para reconocer un paralelismo hebreo, cf. Mt. 21:2, 5 con Zc. 9:9.)

Entre las líneas 4 y 6, en muchos testigos, incluyendo ℵ A C D* P Ψ 33 1739, se inserta καὶ κατέστησας αὐτὸν ἐπὶ τὰ ἔργα τῶν χειρῶν σου. Esta lectura la aceptó Riggenbach basándose en las pruebas externas, y por la tendencia del autor, por ejemplo en 8:8-12, a citar pasajes más largos en su conjunto, sin aislar las palabras o las líneas en las que él tiene un interés especial. Sin embargo, pueden encontrarse contraejemplos de citas más cortas: se omiten tres líneas de la cita de Deuteronomio 32:35s. en Hebreos 10:30, y se citan pasajes veterotestamentarios condensados en 7:1s. y 10:16s. Los escritores más recientes han llegado al acuerdo de que la lectura más larga se originó por asimilación a la LXX (así Metzger 663s. y la mayoría de los comentaristas), aunque los críticos textuales Ahlborn (117) y McCullough (1971.72) discrepan. La lectura más corta cuenta con el apoyo de 𝔓⁴⁶ B Dᶜ K L *al.* La explicación más común de la omisión es que el hecho de hablar de "las obras de las manos (de Dios)" chocaría o entraría en conflicto con las declaraciones anteriores acerca del papel del Hijo en la creación (1:10; cf. 1:2b). Este argumento podría cuestionarse: la actividad del Hijo en la creación no excluye la del Padre, sino que la presupone (2:10; cf. 3:4; 11:3). Una explicación más probable es que el autor omite la línea por la misma razón que omite las líneas siguientes ("ovejas y bueyes, todo ello..."); a saber, que su principal interés en este pasaje son los seres humanos y su lugar en el "mundo venidero", no la creación en general. En cuanto a ἄνθρωπος, véanse Bauer *s.v.* 2d; J. Jeremias en *TDNT* 1.364-366; cf. 5:1.

2:8b-9. La pregunta del salmista: comentario

El uso que hace el autor de este salmo, tal como se hace patente en este comentario breve aunque condensado, y en el uso que le da en otros lugares, es selectivo. No se hace ningún comentario sobre la primera y la segunda líneas. En Hebreos no se emplea en ningún momento la frase υἱὸς ἀνθρώπου*, e incluso el sustantivo genérico singular ἄνθρωπος aparece solo en citas (aquí y en 13:6; cf. Sal. 118:6) y en un comentario directo sobre un texto bíblico (8:2; cf. Nm. 24:6). Tanto μιμνῄσκομαι (8:12 y 10:7; cf. Jer. 31:34; 13:3*) como ἐπισκέπτομαι* tienen el significado general de "prestar atención, examinar". En el AT (p. ej., Ne. 6:14; Jer. 11:22), pueden tener un sentido negativo, en relación con el castigo de Dios, pero este significado no se encuentra en el NT y es imposible en el presente contexto, donde μιμνῄσκομαι implica "atender a, preocuparse por", como en 13:3; cf. Lc. 1:54, 72; 23:42, y ἐπισκέπτομαι se refiere al cuidado amoroso y la ayuda de Dios (cf. Lc. 1:68; 7:16; Hch. 15:14). Con respecto a μιμνῄσκομαι, véase O. Michel en *TDNT* 4.675-683; Spicq 1982.459-472.

Los comentarios de las líneas 3-5 de la cita aparecen en este orden: 5 (v. 8b), 3 (v. 9a) y 4 (v. 9b). Al igual que en los pesharim de Qumrán (el paralelo con el que, sin embargo, no debería forzarse una comparación), hay una combinación de lo que, en términos posteriores, se distinguiría como exégesis en sentido estricto, y aplicación a una situación contemporánea.

La interrelación entre la exégesis y la aplicación podría exponerse de la siguiente manera:

	Exégesis	**Aplicación**
8	ἐν τῷ γὰρ ὑποτάξαι [αὐτῷ] τὰ πάντα οὐδὲν ἀφῆκεν αὐτῷ ἀνυπότακτον.	νῦν δὲ οὔπω ὁρῶμεν αὐτῷ τὰ πάντα ὑποτεταγμένα· βλέπομεν Ἰησοῦν
9	τὸν δὲ βραχύ τι παρ' ἀγγέλους ἠλαττωμένον δόξῃ καὶ τιμῇ ἐστεφανωμένον,	διὰ τὸ πάθημα τοῦ θανάτου ὅπως χάριτι θεοῦ ὑπὲρ παντὸς γεύσηται θανάτου.

No obstante, la distinción entre exégesis y aplicación resulta sin duda menos clara de lo que podría sugerir esta presentación, al menos en dos aspectos: (a) el cambio de los aoristos ἠλάττωσας y ἐστεφάνωσας por los participios perfectos ἠλαττωμένον y ἐστεφανωμένον reflejan el interés del autor por el período comprendido entre la exaltación de Cristo y su triunfo final (ἕως ἂν θῶ..., 1:13; cf. 10:13). (b) Todo el v. 9, incluyendo sus citas modificadas, es regido, gramaticalmente y en función del contexto, por el sustantivo enfático Ἰησοῦν.

En este momento, se hace necesario preguntar si el pronombre αὐτῷ, que se repite dos veces, o tres en la mayoría de los manuscritos (no en 𝔓[46] B d v vg[mss] bo[ms]), se refiere (a) al ser humano o (b) a Cristo. Es bien sabido que el antecedente gramatical de las diversas formas de αὐτός que se usan en los vv. 6b-8 debe ser υἱὸς ἀνθρώπου o ἄνθρωπος en el v. 6b, o probablemente ambos. La discrepancia reside en la manera en que deben entenderse estas expresiones. Pero como el salmo obviamente se aplica a Cristo en el v. 9, la discrepancia se limita al v. 8b. Respecto a todo este asunto, véanse Adams 1964.304-323; Ellingworth 1977.75-78.

La mayoría de los comentaristas, salvo Windisch y Braun, eligen la opción (a). Los argumentos son los siguientes. (i) El Salmo 8:4-6 probablemente se refiere a la dignidad del hombre en general, o tal vez de Adán (aunque Ringgren, a quien cita Bruce 72n.24, cree que originalmente se refería al rey). A principios de la era cristiana se consideraba que el Salmo 8 trataba acerca del hombre (Taciano, *Or. ad Graec.* 15.26; Clemente de Alejandría, *Strom.* 4.8.7; Crisóstomo, *Homilía* 4.2; Michel 134n.4 habla de "una nube de testigos"). (ii) No existe ninguna prueba rabínica de que al salmo se le diera una interpretación mesiánica. *Pesiq. R.* 34a toma las palabras del Salmo 8:5a como una exclamación despectiva por parte de los ángeles; de manera similar *3 Enoc* 5:10-15; cf. 4:7 (siglos III y IV d.C); cf. Vanhoye 1969a.262s. (iii) Υἱὸς ἀνθρώπου en el AT en general es sinónimo de hombre (frecuentemente en Ezequiel; Sal. 80:17), y este uso se refleja en el NT (Mr. 2:27f.; cf. Mr. 10:45 con 1Ti. 2:5s.). (iv) Τὸν δὲ Ἰησοῦν indica claramente un contraste con alguna otra figura, a saber, "el hombre". Las partes relevantes de los vv. 8-9 podrían, pues, parafrasearse de la siguiente manera: "El Salmo 8 habla de la autoridad total del hombre sobre el universo. Actualmente, sin embargo, no vemos ninguna señal de ello. Lo que sí vemos es a Jesús, humillado por un tiempo, pero ahora exaltado en gloria".

Los argumentos a favor de (b), es decir, que αὐτῷ se refiere a Cristo, son más difíciles de expresar en forma concisa. (i) Algunos de los argumentos a favor de (a) se basan en la interpretación del Salmo 8 de escritores judíos antiguos, de escritores cristianos posteriores a la época del NT (cuando el título (ὁ) υἱὸς (τοῦ) ἀνθρώπου había caído en desuso, o en manos gnósticas), y de eruditos contemporáneos. Por importante que sea este testimonio, es secundario en comparación con las pruebas que aporta la propia carta a los Hebreos, cuyo autor en otros aspectos (p.ej., su uso del Sal. 110:4) demuestra ser un exégeta creativo. El hecho de que el salmo originalmente se refería al hombre es probable pero "prácticamente irrelevante" (Adams 1964.305; cf. Käsemann 1984.122-128). (ii) Aunque la frase υἱὸς ἀνθρώπου no forma parte del propio vocabulario del autor, el uso de ὁ υἱὸς τοῦ ἀνθρώπου en los evangelios es tan frecuente, y está tan estrechamente relacionado con Jesús, que bien pudo haber llevado al autor a interpretar el Salmo 8 en un sentido cristológico (así piensa Giles 1973.3-10). (iii) Aun cuando el autor tomara υἱὸς ἀνθρώπου como sinónimo de ἄνθρωπος, cabría preguntar si había asimilado el significado de υἱὸς ἀνθρώπου al de ἄνθρωπος, o viceversa. (iv) Existen abundantes testimonios, tanto en el gnosticismo apocalíptico judío como en el cristianizado, de especulaciones sobre una figura conocida también como el Hijo del Hombre, el primer hombre o el hombre perfecto, o simplemente como (ὁ) ἄνθρωπος (C. Colpe en *TDNT* 8.420-430, 464, 474-476; Vanhoye 1969.281s., con referencias adicionales). De hecho, la renuencia del autor a usar el sustantivo ἄνθρωπος (véase lo que se dijo anteriormente), y la manera en que evita ciertos términos gnósticos como σοφία, φῶς y πλήρωμα, podría indicar rechazo pasivo de esa especulación. (v) El Salmo 8:1, 9 hace referencia al ὄνομα κυρίου, que de acuerdo con Hebreos 1:2, 4 significaría ante todo el título de "Hijo" que se le da a Jesús. (vi) En Hebreos no hay ninguna referencia anterior a los seres humanos en general: el pasaje de 2:1-4, que tiene que ver con el escritor y sus lectores, y los vv. 10ss., que tratan acerca de la relación de Jesús con los creyentes, no se basan en las primeras dos líneas de la cita, sino en el adjetivo πάντα en la última línea de la misma. (vii) El contraste implícito en τὸν δὲ... Ἰησοῦν se explica con más naturalidad si se tiene en cuenta la dificultad a la que se enfrentó el autor al aplicar la cita en forma coherente a Cristo. Es eso lo que expresaría la siguiente paráfrasis selectiva: "El Salmo 8:6b habla del señorío universal de Cristo, pero, como muestra el Salmo 110:1b, esto aún no se ha manifestado plenamente. Lo que sí vemos es a Jesús ahora exaltado en gloria". (viii) Tanto el contexto en Hebreos como el uso de los Salmos 110:1 y 8:6-8 en otros lugares del NT, sugieren que ὑποκάτω τῶν ποδῶν αὐτοῦ en 2:8a debe considerarse, al igual que ὑποπόδιον τῶν ποδῶν σου in 1:14, que indudablemente se refiere a Cristo.

El último punto exige cierta ampliación. Cada vez que se cita el Salmo 8:4-6, se interpreta en función del Salmo 110:1. En 1 Corintios 15:25-27, el punto esencial del argumento de Pablo es que la frase πάντα ὑπέτ en el Salmo 8:6b no excluye la sumisión final de Cristo al Padre. En Efesios 1:20-23, se considera que πάντα es la iglesia como cuerpo de Cristo y la verdadera πλήρωμα. Otras características comunes de estos dos pasajes son (a) una nota de escatología incumplida (fuerte en 1 Corintios, implícita en Efesios); (b) concentración en el Salmo 8:6b, y especialmente en (τὰ) πάντα; (c) referencia a la relación de los creyentes con Cristo, y (d) la aplicación del Salmo 8 a Cristo (así Grogan). El uso del Salmo 8 en Hebreos pone de manifiesto todas estas características, sin ninguna duda en el v. 9, y a la luz del análisis anterior, probablemente también en el v. 8. La diferencia esencial entre la interpretación del salmo en Hebreos y en las cartas de Pablo es que en Hebreos, con vistas a la enseñanza posterior acerca del sumo sacerdocio de Cristo, se amplía la cita para hacer que incluya una referencia a su humillación.

J. Kögel, en su estudio detallado de este pasaje, se negó finalmente a elegir entre una interpretación cristológica y otra antropológica: "El caso es que debemos pensar en el hombre como tal, pero no de un modo que nos haga perder de vista la referencia posterior al Hijo del Hombre por excelencia". El conjunto de testimonios expuesto anteriormente, y la tendencia del argumento en los versículos que siguen, sugieren más bien lo contrario: que la principal referencia es a Cristo, pero que lo que se dice de Cristo en el salmo tiene implicaciones inmediatas para los creyentes. Ese tipo de doble aplicación es algo normal para el autor; cf. el comentario sobre ὄνομα en 1:4, y el doble uso de πατήρ en 12:7, 9. Sin embargo, hay otra conclusión de Kögel, confirmada por los versículos que siguen, que debe apoyarse sin reservas: "El Hijo y los hijos son inseparables... El hombre y el Mesías mantienen una estrecha e indisoluble unión entre ellos" (Kögel 1904.22s.). Para un análisis exhaustivo de las razones para considerar que la cita del Salmo 2 se refiere a Jesús, véase Adams 1964.304-323.

La conjunción γάρ, que se omite en unos cuantos minúsculos, enlaza el comentario con la última línea de la cita (cf. 3:16). Al igual que οὖν en el v. 14, no introduce ninguna conclusión que deba extraerse del texto. Γάρ ocupa el tercer lugar en la oración (y no el segundo, como ocurre habitualmente, y como en $\mathfrak{P}^{46}$ A C y el texto mayoritario) porque esta construcción de ἐν τῷ + un infinitivo es una expresión acuñada en exégesis; cf. ἐν τῷ λέγεσθαι, 3:15; ἐν τῷ λέγειν, 8:13. Hay dudas entre las autoridades en cuanto a la manera en que debe interpretarse la frase: MHT 3.146, "causal, o como un participio"; BD §404 (3), "no puramente temporal". La frase centra la atención en el uso del verbo ὑποτάξαι en el texto del salmo. Sin embargo, el sujeto sigue siendo Dios, no la Escritura. El comentario sigue a la cita tan de cerca que es preferible omitir el primer αὐτῷ como una glosa correcta, en consonancia con $\mathfrak{P}^{46}$ B.

Τὰ πάντα (dos veces), al parecer, hace volver el pensamiento al rol cósmico de Cristo (cf. 1:3). No cabe duda de que el principal interés de los versículos que siguen es analizar la relación de Cristo con los creyentes, y τὰ πάντα da paso sucesivamente a ὑπὲρ παντός (v. 9), con referencia a los seres humanos, πολλοὺς υἱούς (v. 10) y πάντες (v. 11). Sin embargo, el autor retiene la idea de que Dios es el origen y el fin de todas las cosas (v. 10; cf. ἐξ ἑνός, v. 11); la perspectiva cósmica no se ha perdido, y por tanto, la expresión τὰ πάντα resulta adecuada.

Ἀφίημι, "dejar", que se usa en 6:1* en un contexto diferente, aparece con frecuencia en los evangelios, especialmente para referirse al movimiento literal que conlleva la acción, y también al perdón de los pecados, pero ninguno de estos significado tiene lugar en Hebreos.

Ἀνυπότακτος en otros pasajes de la Biblia griega (1Ti. 1:9; Tit. 1:6, 10; 1Sa. 2:12 y 10:27 Símaco***) significa "indisciplinado, desobediente", pero su significado aquí se deriva del verbo ὑπέταξας en la cita. Vanhoye 1969a.277 alega que el adjetivo verbal no significa "no sometido" (*insoumis*), sino "incapaz de someterse" (*insoumis*). Esto se ajusta bien al contexto, y sugiere ya el incumplimiento actual de esta línea del salmo. Existen analogías con otros adjetivos verbales con el sufijo -τος, simples (p. ej., θνητός, "mortal") y compuestos (p. ej., ἀναρίθμητος, "incontables", 11:12). Cf. MHT 1.221s. El autor puede haber decidido por razones estilísticas evitar la repetición de ὑποτεταγμένα.

Νῦν es un adverbio de tiempo (así opinan Braun, Attridge, Grässer, Bauer 1c, en contra de Vanhoye 1969.278, Lane), como lo demuestran el adverbio condicional οὔπω que aparece a continuación y los tiempos presentes ὁρῶμεν ...

βλέπομεν. Δὲ introduce el contraste entre la declaración que se lee en el salmo y la realidad presente tal como la percibe el autor. La semejanza entre el significado de ὁράω y el de βλέπω (v. 10) es considerable. Ὁράω se usa para referirse a la vista física en 13:23, y βλέπω en 11:3. Ambos verbos pueden usarse simplemente para variar, del mismo modo que φαίνω y βλέπω en 11:3. Para una opinión diferente, véase Vanhoye 1969.285, y el comentario sobre βλέπομεν below; cf. Reinhold 97-103. El sujeto implícito tanto de ὁρῶμεν como de βλέπομεν es "los cristianos", al igual que en los vv. 1, 3.

2:9. ¿Cómo vemos a Jesús ahora?

La última línea de la cita aún no se ha cumplido (v. 8b), pero para los cristianos ya está claro que Jesús cumplió la línea 4 en su humillación, sufrimiento y muerte, y por contraste (δέ) la línea 5 en su exaltación.

Τὸν ... Ἰησοῦν: Se hace referencia a la persona de Jesús primero de manera perifrástica, como en el v. 8, y luego, se menciona el nombre como tal por primera vez en la epístola. Desde el punto de vista gramatical, es necesario colocar el sustantivo después del verbo principal porque la cláusula que sigue depende de él; no obstante, ese orden acentúa el énfasis característico del autor sobre Ἰησοῦν. El nombre de Jesús en Hebreos se usa de forma limitada; es típico del estilo de Hebreos que Ἰησοῦς solo, sin que le preceda el artículo, ni κύριος ni Χριστός, ocupe el último lugar de la oración (cf. 3:1; 4:14; 6:20; 7:22; 10:19; 12:2, 24). Ἰησοῦς también se usa en una posición normal (13:12), o con Χριστός (10:10; 13:8, 21) o κύριος (13:20*), en forma menos enfática y menos distintiva. Sería una simplificación excesiva decir que en Hebreos se usa Ἰησοῦς para referirse a la vida terrenal de Cristo, o de manera más general, a su humanidad, ya sea encarnada o exaltada. En la mayoría de los casos sin duda se hace referencia a su humanidad, pero el autor también escribió Ἰησοῦν τὸν υἱὸν τοῦ θεοῦ (4:14) sin insinuar ningún contraste ni dicotomía. El estudio sistemático posterior sobre las dos naturalezas de Cristo encontró mucho material para reflexionar en Hebreos, pero la cristología calcedonia en sí misma no se expresa en la epístola. De más está decir que en el texto no existe ninguna base para la interpretación gnóstica de que los que no eran iniciados solo podían ver a Jesús, el hijo del demiurgo, mientras que los iniciados podían ver al Cristo espiritual (Pagels 143).

No es posible afirmar con certeza si el hincapié que se hace en βραχύ τι... ἠλαττωμένον después del verbo principal es menos fuerte que el que se hace en διὰ τὸ πάθημα... ἐστεφανωμένον. El punto principal de la oración es, al parecer, que Jesús ya cumplió las dos líneas del salmo que están simétricamente colocadas a cada lado de la expresión clave βλέπομεν Ἰησοῦν. En el contexto más amplio también, el sufrimiento y la muerte de Cristo están presentes como el "camino a la gloria", primero para el propio Jesús, y luego, como resultado, para los creyentes.

El remplazo de los verbos aoristos del salmo por los participios perfectos ἠλαττωμένον γὲστεφανωμένον cumple un doble propósito. En primer lugar, (a) desvía momentáneamente la atención de la actividad de Dios y la centra en la situación de Cristo; Dios será reintroducido inmediatamente después, como el sujeto del v. 10. (b) Y lo que es más importante, permite que el autor presente la humillación y la exaltación de Cristo, no como una simple secuencia temporal, sino como dos aspectos complementarios de una sola obra.

El hebreo que subyace tras la frase βραχύ τι constituye una metáfora espacial que implica gradación: "un poco (menor)". En el salmo, esta es una afirmación positiva, "poco menos que un dios" (REB); por tanto, no hay ningún contraste entre las dos mitades del Salmo 8:5 (líneas 4 y 5 de la cita). La expresión que la LXX, seguida por Hebreos, tradujo "… que los ángeles" es en hebreo una forma plural cuyo significado puede ser singular o plural. Las traducciones modernas del salmo varían entre "un poco menor que Dios" (RVC, NVI; cf. texto del TEV, "inferior solo a ti mismo") y "un poco menor que los seres celestiales". Hebreos, en consonancia con la LXX, es menos ambigua que el TM al final de la línea, cuyo significado debe ser "… que los ángeles"; pero más ambigua al principio, donde βραχύ τι puede ser espacial (como en el TM; cf. 2Sa. 16:1 LXX; Hch. 27:28; así opinan Delitzsch, Vanhoye 1969, J. A. T. Robinson 1973.159) o temporal, "por un poco de tiempo" (NRSV, TEV; cf. REB; Is. 57:17 LXX; Lc. 22:58, Hch. 5:34; así lo creen la mayoría de los comentaristas; Pryer 44-46). El sentido temporal concuerda mejor con las demás expresiones de tiempo en el contexto (cf. νῦν… οὔπω, v. 8c). No hay ninguna referencia, ni en este pasaje ni en ningún otro lugar, al hecho de que el Hijo encarnado sea "solo un poco" menor que los ángeles, y por tanto, resulta difícil entender por qué el autor repitió la expresión con un sentido espacial. Si se toma en forma temporal, tiene la función de diferenciar el corto período de la humillación del período incompleto que va desde la exaltación de Cristo hasta su triunfo final. El comentario de Westcott: "ἠλαττωμένον. No ἐλαττωθέντα. La naturaleza humana que Cristo asumió todavía la conserva" va más allá del texto, no solo porque "el texto… no habla de una naturaleza humana, sino de humillación", pero también porque el tiempo perfecto puede referirse a un período en el pasado (Vanhoye 1969.297s.). El único aspecto pasado de la muerte de Cristo ἐφάπαξ, en el que más adelante se hace especial hincapié (véase el comentario sobre 7:27), todavía no ocupa un lugar prominente. Sin embargo, la muerte en sí, sí lo ocupa, y por ende, tal vez sea mejor considerar que ἠλαττωμένον se refiere a esto, y no a la encarnación en general.

Παρ' ἀγγέλους: sin el artículo, como en la cita; 1:4.

En cuanto a βλέπομεν, véase el comentario sobre ὁρῶμεν en v. 8. Vanhoye (1969.285s.) mantiene que βλέπομεν aquí implica una percepción concreta, al igual que el verbo francés *constater*, aunque aquí en forma metafórica. βλέπομεν se usa con referencia a la actividad mental en 3:19, y a la visión espiritual, y al hecho de ver o prever por fe, en 10:25; 11:1, 3, 7. En el presente pasaje, resulta difícil descubrir cualquier diferencia de significado entre los dos verbos.

Διὰ τὸ πάθημα τοῦ θανάτου: En 1:3 se hizo referencia a la muerte de Cristo implícitamente pero aquí se menciona en forma explícita por primera vez (cf. vv. 9c, desde ὅπος…, 14, 15; διὰ παθημάτων, v. 10). El autor de Hebreos habla primero de la muerte de Cristo claramente, antes de comenzar en 2:17 su interpretación de ese acontecimiento como el sacrificio de sí mismo ofrecido por un sumo sacerdote, un tema que dominará la parte central de la epístola. Sin embargo, el autor siempre habla de la muerte de Cristo con cierta reserva (θάνατος con respecto a la muerte de Cristo, v. 14; 5:7; 9:15; de manera más general en 2:15; 7:23; 9:16; 11:5*; cf. θανάτου γενομένου, 9:15); el lenguaje claro del kerigma primitivo (ἀποθνήσκω, 1Co. 15:3; ἀποκτείνω, Hch. 3:15; σταυρόω, Gá. 3:5; προσπήγνυμι, Hch. 2:23; cf. Hch. 10:39) está casi ausente casi por completo en Hebreos (σταύρος, 12:2*).

El "padecimiento de la muerte" de Cristo es el fundamento, la base o la razón de la acción de Dios al exaltarlo (διά; cf. διό en Fil. 2:9). Pensar que las palabras significan que la muerte de Cristo fue la causa directa de su exaltación resulta innecesario y va en contra de la idea del pasaje, en el que se expresa o implica la acción libre de Dios. En el NT solo en Hebreos se usa el sustantivo singular πάθημα, pero el significado es igual al del plural παθήματα en v. 10 (cf. 10:32*, con respecto a los padecimientos de los creyentes). El genitivo τοῦ θανάτου es epexegético (aclaratorio) —"la muerte que él padeció" (Bauer)— o tal vez apositivo (BD §167), "el padecimiento que consistió en la muerte". La muerte está implícita cada vez que se menciona el padecimiento de Cristo en Hebreos (cf. v. 10; πάσχω, 2:18; 5:8; 9:26 con θυσία, y ἀποθνήσκω en v. 27; 13:12). No obstante, la muerte de Cristo también está relacionada con las pruebas comunes a todos los seres humanos (2:18) y con el temor a la muerte (2:15). Véase W. Michaelis en *TDNT* 5.916-918.

El término στέφανος en el NT guarda una relación menos estrecha con los gobernantes que con la crucifixión de Jesús (Mr. 15:17‖; Jn. 19:2, 5), con los atletas (1Co. 9:25) y con ciertos seres celestiales (p. ej., Ap. 4:4, 10). En Hebreos no se usa ese sustantivo, pero a la luz de 2:17 y del argumento posterior es posible que el autor asocie el verbo στεφανόω en el salmo con la coronación, no de un rey, sino del sumo sacerdote, como se describe en la versión de Éxodo 28:6 en Sirácides 45:12.

La relación entre la cláusula final que comienza con ὅπως (9:15*) y el resto de la oración no resulta clara. G. Bailey (86) la tomó como una idea tardía. O'Neill, en consonancia con Semler, considera que se trata de una glosa y elimina la cláusula completa. Si se relaciona la cláusula directamente con "lo coronó de gloria y de honra" podría parecer que la exaltación de Cristo tuvo lugar antes de su pasión. Esto resulta discordante aun cuando reconozcamos que al autor no le preocupa ahora la secuencia temporal. Varios comentaristas (p. ej., Blass, Vanhoye, Andriessen) toman la conjunción ὅπως aquí en un sentido modal: "Por tanto, por la gracia de Dios...", "esto indica que, por la gracia de Dios...", o más generalmente, "todo esto (la humillación y la exaltación) ocurrió para que, según el propósito misericordioso de Dios, Jesús pudiera experimentar la muerte en provecho de todos". Esto relaciona la cláusula ὅπως con todo lo que la precede en el v. 9, y tiene mucho sentido cuando después de ὅπως se lee χάριτι θεοῦ. Sin embargo, no hay ninguna prueba que confirme un sentido modal para ὅπως + un subjuntivo (Bauer 2; Braun).

Χάριτι θεοῦ aparece en todos los manuscritos griegos con la excepción de 0243 424^[vid c] 1739*, en los que junto con algunos textos latinos y siriacos (con respecto a los cuales véase S. P. 1983) se lee χωρὶς θεοῦ o su equivalente. Para Orígenes (ἔν τισι... ἀντιγράφοις χάριτι, citado por Braun, cf. Metzger 1992.152), χωρίς es, al parecer, la lectura mayoritaria; para Jerónimo es válido lo contrario, pero Teodoro de Mopsuestia adoptó esta lectura. Χωρίς es también obviamente la lectura más difícil: Braun, que la apoya enérgicamente, comenta que "χωρίς sufrió el destino del clamor a Elí en Marcos 15:34 D" etc.; cf. Lucas 23:46; Juan 19:30. En Marcos 15:34, las pruebas externas que están a favor de la lectura más difícil son mucho más fuertes que las que están a favor de χωρίς en el presente versículo; aunque es posible observar la misma tendencia a atenuar las referencias a la desolación de Cristo en la cruz. Cabe destacar también que χωρίς (4:15) es una de las palabras favoritas en Hebreos: la carta contiene 13 de las 41 apariciones del término en el NT (31.7%), en comparación con el 5.2% de los usos neotestamentarios de χάρις (4:16). Χωρὶς θεοῦ puede explicarse de diversas maneras. (a) Algunos de los Padres, incluyendo a Teodoro de Mopsuestia y Ambrosio, ofrecen la explicación anacrónica de que χωρὶς θεοῦ significa "en su naturaleza humana, con exclusión de la divina". (b) Bengel, a quien cita Bruce, puntúa la oración de un modo que permita la traducción "por todos aparte de Dios". El orden de las palabras hace que esto sea poco probable. (c) La creencia de que estas palabras aluden a la desolación de Cristo en la cruz (Mr. 15:34‖ = Sal. 22:1) cuenta con un respaldo más amplio. En favor de esto, podría decirse que en Hebreos 2:12 se cita el Salmo 22:22, y hay indicios del interés del autor en el salmo en general (2:12). (d) Muchos académicos a partir de Tischendorf, incluyendo a Metzger y muchos comentaristas modernos, creen que las palabras χωρὶς θεοῦ fueron originalmente una glosa que se añadió al v. 8b bajo la influencia de 1 Corintios 15:27, y más adelante fueron incluidas en el texto, pero en el lugar equivocado. (e) Más simplemente, aunque "con menos probabilidad" (Metzger), χωρίς pudiera haber surgido como un lapsus del copista al intentar escribir χάριτι (así opina Bleek, Riggenbach).

Los argumentos contextuales parecen estar a favor de χωρίς. Χάριτι θεοῦ podría tomarse como una compensación de la omisión, en el v. 9, de la referencia directa a Dios que sí aparece en la propia cita (v. 7), y como una preparación para la acción de Dios que volverá a ocupar un lugar prominente en el v. 10. Esto, junto con el gran peso de las pruebas externas, hace que la mayoría de los comentaristas modernos (con las notables excepciones de Michel y Montefiore) acepten la frase χάριτι θεοῦ; pero los académicos por lo general permanecen divididos. Χωρὶς θεοῦ encajaría más simplemente con la referencia a la muerte de Cristo que concluye de manera categórica la exposición de Hebreos sobre la cita del salmo, y con la referencia adicional a sus sufrimientos (es decir, la muerte); también permitiría que ὅπως tuviera su significado natural, "a fin de que". Una decisión definitiva dependerá en gran medida del peso relativo que se les concede a las pruebas externas e internas; el presente escritor elige χωρίς con cierta vacilación. En cuanto a χάριτι θεοῦ: Bleek, Delitzsch, Kögel 131-41, Windisch, Moffatt, Riggenbach, Tischendorf, Westcott, Peake, Buchanan, F. F. Bruce, Teodorico, Andriessen, Strobel, P. E. Hughes, Attridge, Lane, H. F. Weiss 200-202, Stedman, Grässer 124-126, Käsemann 1984.163, Tasker 1954-55, y los textos de UBS y NA; cf. Spicq. Con respecto a χωρὶς θεοῦ: Bengel, Harnack 1929, Zuntz, Michel 140s., Montefiore,

Braun, Hasenzahl, O'Neill, Elliott 1972, D. G. Peterson 1982, y Garnet.

La función de la frase ὑπὲρ παντός, por el lugar que ocupa en la cláusula, es dar énfasis, y es importante para la transición de τὰ πάντα en la cita al tema de los versículos que siguen, a saber, la relación de Cristo con los πολλοὶ υἱοί del v. 10 los πάντες del v. 11; cf. ὁ λαός, v. 17. Ὑπὲρ + el genitivo se usa en Hebreos con respecto a personas (cf. 5:1a; 6:20; 7:25; 9:24), y significa "a favor de", o de manera más general, con referencia a algo que es "para" o "en beneficio" de alguien (13:17); se usa también con respecto a cosas, y especialmente en Hebreos, a los pecados (5:1; 7:27; 9:7; 10:12; cf. Gá. 1:4; 1Co. 15:3), y significa "para ocuparse de los pecados". En estos dos sentidos, ὑπέρ es sinónimo de περί (2:5; compárese 5:7 con 9:3). En la mayoría de los casos en Hebreos (como aquí) se usa la construcción ὑπέρ + el genitivo con referencia a la muerte de Cristo, que por implicación se sobrentiende como un acto sacerdotal y sacrificial. Ese mismo lenguaje se emplea también con respecto a los sacerdotes del AT (p. ej., 9:24). Ὑπέρ + el acusativo aparece en una comparación en 4:12*.

El adjetivo singular inusual παντός puede ser masculino, "todo el mundo", como πᾶς en Lucas 16:16, o neutro, y significa "todo", al igual que τὰ πάντα en los vv. 8, 10. P. E. Hughes observa una alternancia similar de πᾶς masculino y neutro en Juan 6:37-40, donde πᾶν (v. 39) se refiere de manera colectiva a toda la compañía de creyentes. En el presente versículo, el neutro es más probable; contrástese con Juan 17:19s., ὑπὲρ αὐτῶν... οὐ περὶ τούτων; 2 Corintios 5:14s., ὑπὲρ πάντων; 1 Pedro 3:18, ὑπὲρ ἀδίκων; el recurso más común que emplean los escritores neotestamentarios para hablar de los efectos de la muerte de Cristo es decir simplemente que fue "por nosotros" o "por nuestros pecados". Lindars 1961.83 (cf. 78n.3) descubre en el presente versículo la primera de varias alusiones a Isaías 53:11f. (cf. 7:25; 9:28; 10:10); pero el lenguaje no ofrece ningún paralelismo cercano, por tanto, tal vez sea más sensato pensar que Hebreos se basa en una tradición primitiva común (véase también Giles 1973.226s.).

Incluso con su sentido literal, γεύομαι podría significar, no solo "gustar", sino "comer" (Hch. 10:10). Con su sentido ampliado, "llegar a conocer, experimentar", no hay ninguna sugerencia de se trate "solo de gustar"; pero el término tampoco resulta particularmente llamativo o contundente, como supone Spicq. La explicación de Crisóstomo (*Homilías sobre Hebreos* 4.12, que citan Bruce y otros), que Cristo solo "gustó" la muerte porque el período entre su muerte y su resurrección fue muy corto, no viene al caso. Γεύομαι θανάτου tiene paralelismos rabínicos (S-B 1.751s.; 2 Esd. 6:26), y significa "experimentar la muerte", es decir, "morir"; cf. Marcos 9:1‖; Juan 8:52 (no la LXX). Véase Le Déaut 1962.

2:10. Perfeccionado por medio de padecimientos

Este versículo cumple varias funciones dentro de la estructura del pasaje en su conjunto. En primer lugar, marca el comienzo de un párrafo (vv. 10-18) en el que no hay ninguna referencia a los lectores, y que se ocupa de los temas paralelos que se refieren a Cristo (1) como participante de la situación de los creyentes, sobre todo de sus pruebas y sufrimientos, y (2) como el que, por esa vía, los conduce a la salvación. El principio y el final de este párrafo están íntimamente relacionados; en particular, el v. 17 arroja luz sobre el v. 10, aunque marca también un paso más en el argumento.

En segundo lugar, el v. 10 está estrechamente relacionado con el v. 9, especialmente si después de ὅπως se lee χάριτι θεοῦ. El v. 9 ya dejó atrás el Salmo 8 cuando introdujo el tema de la muerte de Cristo, y el v. 10 comienza a reflexionar (ἔπρεπεν) acerca de este suceso, como también hará con más detalle el pasaje que sigue.

En tercer lugar, la referencia a la muerte de Cristo, aunque se deriva más directamente de la tradición cristiana primitiva (p. ej., Hch. 2:23), podría también deberle algo a la primera parte del Salmo 22 (vv. 1-18), la segunda parte del cual (v. 22) pronto se citará en el v. 12.

De una manera más vaga, Attridge 79-82 y otros descubren las raíces de este pasaje en una o más formas de un mito generalizado de la encarnación, reinterpretado a la luz de la experiencia de la acción de Cristo por parte de la comunidad cristiana.

Por tanto, la conjunción γάρ probablemente no se relaciona con lo que sigue ("puesto que Dios creó al hombre", Montefiore), sino, como es usual, con lo que precede: el v. 9 en su conjunto. La humillación y la muerte de Jesús, junto con su exaltación, tienen su lugar correcto y adecuado en el propósito de Dios ὑπὲρ παντός.

Ἔπρεπεν (cf. 7:26) se relaciona con διὰ παθημάτων: convenía que fuera por medio de padecimientos, es decir, por la muerte de Cristo (cf. vv. 9, 14s.), que Dios "perfeccionara" a Cristo, y de ese modo, salvara a los que lo siguen. El verbo πρέπω no se usa en la LXX con Dios como el sujeto implícito (Sal. 65[64:2 LXX]:1; 93[92 LXX]:5 no son verdaderas excepciones). Hay paralelismos formales en los escritores clásicos (referencias en Spicq 1.53n.3), en Josefo (*c.Ap.*2.168) y especialmente en Filón (*Leg. All.* 1.48; *Op. Mundi* 148; cf. *Aet. Mundi* 41; *Conf. Ling.* 175), pero el contenido es diferente. "Filón… tiene varias cosas que decir acerca de lo que convenía que Dios hiciera", pero "nunca esta" (Moffatt; cf. cf. Williamson 1970.88-93). Las cosas que era correcto y adecuado que Jesús hiciera o padeciera se expresan por medio de formas verbales de ὀφείλω en el v. 17, πρέπον en Mateo 3:15, y de manera más enérgica, δεῖ en Marcos 8:31‖; Mateo 26:54; cf. Hebreos 9:26 con respecto a una condición incumplida; en cuanto a la idea, cf. Juan 12:34. Algunos comentaristas (Spicq, citando a Médebielle, cf. Westcott) establecen una distinción entre δεῖ cuando se refiere a "una necesidad inherente a la naturaleza de las cosas"; ὀφείλω (en su sentido figurado) cuando se refiere a "una obligación moral" y πρέπω "lo que conviene", pero la distinción no puede forzarse en todos los contextos. Véase Grässer 126s.

El tono no es apologético, como sí lo es el de Pablo en 1 Corintios 1:23. Al autor de Hebreos le interesa más la paradoja intrínseca de la muerte de Cristo como parte del propósito de Dios. Está comenzando a reflexionar, en el espíritu de los vv. 3-4, acerca de la importancia de la tradición cristiana. Se aventura mucho menos que los autores patrísticos que citan, por ejemplo, Spicq y P. E. Hugues, a especular sobre las implicaciones de ἔπρεπεν; véase también Dhôtel 431.

Αὐτῷ: la identificación de los participantes en el resto del versículo plantea varios problemas. Es preferible pasar de lo conocido a lo incierto. Τὸν ἀρχηγόν tiene que referirse a Cristo, tal como se declara explícitamente en 12:2, y αὐτῶν debe referirse a los "muchos hijos". Es casi seguro que αὐτῷ se refiere a Dios, que acaba de mencionarse en el v. 9, y para cuyo nombre δι' ὃν τὰ πάντα καὶ δι' οὗ τὰ πάντα constituye una paráfrasis (cf. 1:3; 5:5f.; 10:30). Desde el punto de vista gramatical, ἀγαγόντα puede referirse a Dios o a Cristo, pero en el contexto, una gran mayoría de comentaristas consideran más natural hacer que se refiera a Dios, en primer lugar, porque carece de artículo, y en segundo lugar, por causa de la presencia de αὐτῶν, que estaría de más si hubieran considerado que se refería a Cristo (así lo cree Vanhoye 1969.308; de manera similar P. E. Hughes 101s., Attridge, Lane, Grässer; pero Käsemann 1984.143n.156, y por implicación Delling en *TDNT* 1.488, discrepan). Una asimilación del caso al acusativo (αὐτὸν τελειῶσαι) no es inusual; la conjetura ἀγαγεῖς διδόντα (Scheidweiler 230) es innecesaria. La acción de Dios también está implícita en 12:2, el otro pasaje de Hebreos donde a Cristo se le llama ἀρχηγός.

Δι' ὃν τὰ πάντα καὶ δι' οὗ τὰ πάντα evoca la frase τὰ πάντα en el v. 8, y por tanto, se refiere indirectamente a la cita del Salmo 8. En cuanto al uso de los dos casos con διά, véase BD §223 (2). En cuanto al concepto, cf. Cornutus 21.3, 3-9 (Horst 171). El lenguaje es el de una doxología, y sugiere un entorno litúrgico; cf. Romanos 11:36, ἐξ αὐτοῦ καὶ δι' αὐτοῦ καὶ εἰς αὐτὸν τὰ πάντα, con respecto a Dios; Colosenses 1:16 con respecto a Cristo; menos estrechamente relacionado 1 Corintios 8:6; en lo que se refiere al concepto, cf. 1 Corintios 1:9; Gálatas 1:1; Apocalipsis 4:11. Se presenta a Dios como la causa eficiente y final de todas las cosas (Tomás de Aquino, citado por P. E. Hughes y otros). Sin embargo, resulta significativo que en el propio texto este orden aparezca invertido, al igual que en 1:2, donde la escatología precede a una referencia a la creación. En este momento, el principal interés del autor se centra en los resultados de la muerte y la exaltación de Cristo, dentro del propósito de Dios. Se agrega la frase δι' οὗ τὰ πάντα en favor de la integralidad teológica y el efecto estilístico, pero la idea principal es la del camino a la plenitud por el que Cristo conduce al pueblo de Dios.

Πολλοὺς υἱούς en este contexto debe interpretarse primeramente como un contraste con el único Dios (cf. ἐξ ἑνός en v. 11), y en segundo lugar, en el contexto más amplio, con el único Hijo cuya exclusividad fue el tema central del capítulo 1. ("Muchos" en hebreo y en el griego bíblico también puede tomarse como un antónimo de "pocos", pero eso es irrelevante aquí). En cuanto al contraste entre "muchos" y "uno", cf. 9:28; Isaías 53:11s.; Marcos 10:45‖; 14:24; Romanos 5:12-21; 8:29; Apocalipsis 7:9-14. Por consiguiente, "muchos hijos" no implica la restricción "muchos, pero no todos". Sin embargo, el comentario de Windisch de que πολλοί representa una "reducción" en comparación con αὐπὲρ παντός en el v. 9 no es correcto, pero aunque no es una declaración directa, sí refleja una implicación. A lo largo de este pasaje, el autor se muestra interesado por "el pueblo" (v. 17) de Dios, que, en término judíos, se considera de manera natural la "simiente de Abraham" (v. 16). No hay ninguna duda aquí acerca de "la filiación universal que poseen todos los seres humanos" (Peake). Aunque las implicaciones de ὑπὲρ παντός para la misión gentil no se analizan, tampoco se excluyen; simplemente no entran en el rango de visión del autor.

El "gran número de hijos" está relacionado tan íntimamente con Cristo que la frase tiene que referirse a los creyentes o cristianos, excluyendo a los que por su apostasía (6:4-6; 10:26-29) han caído de la fe, o por su indisciplina, han demostrado que no son hijos legítimos (12:8).

La descripción que hace el autor de los creyentes como "hijos" muestra la misma restricción implícita en la transición de "todos" a "muchos". Este uso de υἱοί es inusual (solo aquí y en 12:5-8) y nunca va precedido de un artículo; en ningún pasaje de Hebreos se usa la frase υἱοί (τοῦ) θεοῦ que sí usa Pablo (Ro. 8:14, 19; Gá. 3:26; cf. 2Co. 6:18), pero no por Juan (que emplea ἔκνα [τοῦ] θεοῦ, 1:12; 11:52); cf. Sal. 89:19 88:20 (LXX) *v.l.*, τοῖς υἱοῖς σου (= TM). "Muchos hijos" sin duda implica "de Dios", pero la filiación de los cristiano es tan diferente y dependiente de la de Cristo, que el autor pasa rápidamente la idea complementaria de los creyentes como hermanos de Cristo (vv. 11, 12, 17). El comentario de Alcuin: "Él es el Hijo, y nosotros somos los hijos; él es el hijo legítimo, nosotros los adoptados" (citado por P. E. Hugues) es doblemente incorrecto, en primer lugar, porque introduce en Hebreos el concepto distintivamente paulino de la υἱοθεσία cristiana (Ro. 8:15, 23; 9:4; Gá. 4:5; Ef. 1:5); y en segundo lugar, porque la υἱοθεσία se interpreta de manera equivocada, no como el hecho de "convertirse en un hijo" en el sentido más pleno, sino como una relación inferior a la verdadera filiación. Hebreos no contempla el acontecimiento de "convertirse en hijos" desde un punto de vista antropológico, sino cristológico, como el llamado a pertenecer a la (nueva) familia o pueblo de Dios como resultado del viaje que Cristo fue el primero en realizar de la humillación y la muerte a la exaltación en gloria. Con respecto al tema del "Hijo y los hijos", véanse también Mateo 5:9, 45; Lucas 6:36; 20:36.

Δόξα 1:3. Así como la herencia de Cristo en su condición de Hijo (1:4) incluye el don de una nueva familia que Dios le otorgó (v. 13b), la herencia de los creyentes como hijos de Dios incluye la participación de su gloria (cf. 12:5).

Ἀγαγόντα presenta dos problemas. El tema de su antecedente implícito ya fue examinado con anterioridad en el análisis que se hizo acerca del pronombre αὐτῷ. Es mejor considerar que el tiempo aoristo indica, no un acontecimiento anterior a τελειῶσαι (como en la expresión de la Vulgata: "qui multos filios in gloriam adduxeral"; Lutero: "der da viele Kinder hat zur Seligkeit geführet"), sino una acción coincidente (MHT 3.80). El contexto también sugiere un aoristo ingresivo (Spicq, Héring), que hace referencia a la firme decisión de Dios de "llevar muchos hijos a la gloria" (Vanhoye 1969.309s). El participio ἀγαγόντα expresa la acción principal, y el verbo principal la acción subordinada (Zerwick 1963.86, §263).

Ἀρχηγός en el NT siempre se refiere a Cristo (12:2; Hch. 3:15; 5:31**), y siempre aparece en contextos en los que se alude a su muerte y resurrección. Es posible que se trate de un entorno litúrgico, pero las pruebas no son concluyentes. W. L. Knox, en consonancia con Lane, creyó descubrir reflejos del concepto helenístico de la figura del héroe divino (en particular, Hércules) que "se gana su exaltación por los servicios que le había prestado a la humanidad" (Lane 56). Las presuntas asociaciones gnósticas que se han propuesto son remotas (véase Vanhoye 1969.325, en contra de Käsemann 1984.182-193; así Grässer 130-132). En la LXX; ἀρχηγός es el sustantivo que se usa con más frecuencia para traducir el término hebreo *rôš* (p. ej., Éx. 6:14), que también se traduce como ἄρχων (p. ej., Nm. 1:4), con el sentido general de "líder" o "gobernante"; este podría ser el único significado de ἀρχηγός en Hebreos. Sin embargo, en la literatura secular también se emplea ἀρχηγός para referirse al fundador de un reino (Bauer 3) o al inventor de un arte (Bauer 2). El uso del término πρόδρομος (6:20) en Hebreos con referencia a Cristo sugiere que ἀρχηγός en la epístola tal vez le hacía adquirir una nueva vigencia a la metáfora helenística de un pionero que abre un camino que otros pueden seguir. Esto se adapta no solo al contexto inmediato (ἀγαγόντα), sino también al desarrollo en 3:7–4:11 del tema acerca del pueblo errante de Dios. La metáfora podría deberle mucho a la costumbre de Jesús de llamar discípulos para que lo siguieran (Mr. 2:14; Jn. 1:43), y de caminar delante de ellos (Mr. 10:32; Lc. 19:28); y de manera menos directa, a Moisés cuando sacó a Israel de Egipto (Vanhoye 1969.315s.). Sin hacer uso de metáforas, pero con un sentido similar, a Cristo se le llama en Hebreos la causa (αἴτιος, 5:9) de la salvación. NEB traduce la frase completa ἀρχηγὸν τῆς σωτηρίας como "el líder que los liberta", y REB, de un modo más tradicional, como "el pionero de su salvación". En cuanto al significado, cf. la descripción que hace Pablo de Cristo como ἀπαρχή en 1 Corintios 15:20, 23. El reflejo de ἀρχηγός por medio de ἀρχιερεύς en el v. 17 tal vez no sea puramente verbal; véase el comentario sobre τελειῶσαι más adelante, y sobre el v. 17. Véanse Delling en *TDNT* 1.487-489; Simpson 35s.; Pelser 1972; Müller 1973.279-301; Johnston; J. J. Scott. En cuanto a Σωτηρία: 1:14; 2:3.

Παθημάτων implica τοῦ θανάτου, como en el v. 9. Es probable que el plural sea una variante estilística para el singular, aunque también podría anticipar la referencia en el v. 18 a las muchas "pruebas" de los creyentes. No puede hacerse hincapié en el cambio del acusativo διὰ τὸ πάθημα en el v. 9 por el genitivo aquí, aunque un sentido (metafóricamente) local de que Dios llevó a Cristo a la gloria a través de padecimientos, se adaptaría bien al contexto.

Τελειῶσαι: El uso del verbo τελειόω en el NT contrasta con el del adjetivo τέλειος. Hebreos y la literatura joánica contienen 9 de las 23 apariciones del verbo, pero, a diferencia de esto, τέλειος casi no se usa en estos escritos (Heb. 5:14 en una ilustración; 9:11, en una comparación con respecto al tabernáculo; 1Jn.4:18 acerca del amor). Estos hechos, junto con el uso paulino aparentemente polémico de (οἱ) τέλειοι (1Co. 2:6; 14:20; Fil. 3:15), sugieren que el adjetivo tenía matices gnósticos que el autor de Hebreos, fiel a su costumbre, prefirió evitar. De cualquier forma, su insistencia en el acontecimiento histórico de la muerte de Cristo coloca este pasaje en un universo de ideas diferente del de la especulación gnóstica.

El uso del verbo en Hebreos es característico y complejo; Bauer indica que en la mayoría de los pasajes en los que aparece el verbo puede atribuírsele plausiblemente más de un significado. En principio, los posibles componentes semánticos pueden resumirse de la manera en que se muestra en la Tabla 1:

TABLA 1

Definiciones

1. Télico: hacer que algo llegue a su consumación (cf. 2Cr. 8:16 con respecto a la terminación de un edificio; Jn. 17:4 de una tarea [ἔργον])
2. Cultual: Estar calificado para participar en la adoración
3. Ético: eliminar las imperfecciones
4. Orgánico: hacer madurar (cf. 1Co. 14:20)
5. Temporal: completar (un período, p. ej., Lc. 2:43)
6. Humano: morir (p. ej., Lc. 13:32)

Componentes semánticos de τελειόω en Hebreos

	2:10	5:9	7:19	7:28	9:9	10:1	10:14	11:40	12:23*
1. Télico		+	+			+	+	+	+
2. Cultual	+	+	+	+	+		+	+	+
3. Ético	?	?		+	+	+	+		
4. Orgánico		?	?		?	?	?	?	?
5. Temporal	?	?							
6. Humano			?						

Los componentes 4, 5 y 6 tienen que ver sin duda con Hebreos, aunque las expresiones temporales están presentes en 11:40. Respecto a 7:19, véase Bauer *s.v.* τελειόω.

En el presente versículo, el aspecto télico puede inferirse a partir de algunas expresiones que implican movimiento (ἀγαγόντα, ἀρχηγόν). Riggenbach (40n.48) negó enérgicamente el aspecto cultual. Es cierto que en Hebreos nunca se usa la expresión τὰς χεῖρας τελειοῦν, que sí se emplea en el Pentateuco de la LXX con respecto a la ordenación (Éx. 29:9, cf. vv. 29, 33, 35; Lv. 4:5 ≠ TM; 8:33; 16:32). El origen de esta expresión es dudoso, y el uso de τελειόω en Levítico 21:10 sin τὰς χεῖρας para referirse a la ordenación sugiere que cualquier asociación literal más antigua (con la colocación de sacrificios, o un símbolo del oficio, en las manos del sacerdote) ya estaba desapareciendo; en otras palabras, que la metáfora estaba en vías de extinción. Levítico 4:5, ὁ ἱερεὺς ὁ χριστὸς ὁ τετελειωμένος τὰς χεῖρας, probablemente influyó en el uso del verbo τελειόω en Hebreos; Lv. 4:3 contiene una de las pocas apariciones de ἀρχιερεύς en la LXX. Un apoyo más directo a favor de un elemento cultual en el uso de τελειόω en Hebreos se encuentra en los contextos en los que aparece ese verbo. Aquí, tanto ἁγιάζω (2:11; cf. 10:14) como τελειόω tienen connotaciones litúrgicas y éticas; el tema cultual se hace explícito en el v. 17 con la primera aparición de ἀρχιερεύς.

El aspecto ético del uso de τελειόω en Hebreos se pone claramente de relieve cuando el verbo se emplea con un sujeto diferente de Cristo; en 9:9 está relacionado con la consciencia limpia del adorador, y en 10:1s., de manera específica, con la purificación de la conciencia de todo pecado. Aunque Jesús sea el sujeto de τελειόω, puede decirse que "las categorías que se usan... son éticas" (G. Delling en *TDNT* 8.83); no en el sentido negativo de la eliminación de la imperfección moral (4:15, χωρὶς ἁμαρτίας; 9:14, ἄμωμος), sino en el sentido positivo de la designación de Cristo (προσαγορευθείς, 5:10) como sumo sacerdote, y no sobre la base de un acto puramente ritual, sino en razón de la muerte que él padeció, interpretada en términos sacrificiales. La idea de la lucha exitosa de Cristo contra la tentación no se hace patente hasta 4:15; pero si πειρασθείς en 2:18 se lee a la luz de 5:7, parece probable que el autor pensara que la muerte de Cristo fue su última y más grande πειρασμός.

La combinación de los aspectos télico, cultual y ético de τελειόω en 2:10 puede resumirse de la siguiente manera: al experimentar la muerte, Dios cumplió su propósito en virtud del cual el Hijo fue constituido sacerdote, capaz de purificar al pueblo de Dios de sus pecados, permitiéndoles acercarse a Dios en verdadera adoración. Las implicaciones de esta declaración se desarrollan en los vv. 17s.; 5:9s., y más exhaustivamente en 9:9-14.

El uso en Hebreos de los términos cognados τελείωσις (7:11*) y τελειωτής (12:2***) no plantea problemas adicionales.

En cuanto a τελειόω y otros términos cognados, véanse Häring 1923; Hoekema; Michel 1934-35; Bergh van Eysinga, respondiéndole a Käsemann 1939; Moe 1949; W. M. F. Scott; Du Plessis, aquí 120ss.; Wikgren; A. H. Williams 128-131; Giles 1973.83-90; Mercier; Silva; Carlston 1978; Attridge 83-87; Delling en *TDNT* 8.82-84. Con respecto al versículo completo, véanse Kögel 1904.49-58; Esteve 192-206; Krämer; Goppelt 1976.582s.; Laub 1980.66-77.

2:11. El origen común del que santifica y de los que son santificados

Τε γάρ lleva al lector a esperar una estrecha relación con lo anterior. Este versículo, de hecho, profundiza el argumento del v. 10, no extrae ninguna conclusión del mismo. El v. 10a declara que era conveniente que fuera por medio del padecimiento de la muerte que Jesús cumpliera el propósito de Dios, porque tanto Jesús como los "hijos" comparten una humanidad común (véase el comentario sobre ἐξ ἑνός más adelante). El v. 11b prepara el terreno para la cita del v. 12 facilitando el cambio de "hijos" por "hermanos".

Ἁγιάζων y ἁγιαζομένοι (cf. 10:14) son participios de presente atemporales que se usan como sustantivos. En 10:29 (cf. 13:12), se emplea ἁγιάζω en relación con la "sangre" de Cristo, es decir, su muerte sacrificial, como un acontecimiento pasado; sin embargo, en 10:10, se considera que esta ofrenda única tiene efectos permanentes (ἡγιασμένοι); y en 9:13s., donde ἁγιάζω y καθαρίζω se usan como sinónimos, hay una referencia futura (καθαριεῖ, con relación también al sacrificio de Cristo). Estos diversos puntos de vista no se contradicen entre sí, sino que se complementan.

Ὁ ἁγιάζων es Cristo; οἱ ἁγιαζομένοι son los "hijos" de Dios, que, por ende, son hermanos de Cristo. Ἁγιάζω significa "hacer ἅγιος", es decir, en primer lugar, dedicar o consagrar a Dios para que pertenezca exclusivamente a él (cf. Nm. 16:5; Jn. 17:17-19); y en segundo lugar, purificar del pecado (1:3; 9:14). Ἁγιάζω, pues, refleja los aspectos cultual y ético de τελειόω en el v. 10. En la LXX, el sujeto de ἁγιάζω con mucha frecuencia es Dios (p. ej., Gn. 2:3; Lv. 21:8; 27:22); sin embargo, en ciertas ocasiones aparecen figuras humanas, especialmente sacerdotes, como Moisés (Éx. 29 *pássim;* Lv. 8:11s., 15) consagrando a Dios tanto objetos como personas. A la luz de Hebreos 3:1-6, es posible que el autor ya esté pensando en el rol de Cristo como ὁ ἁγιάζων en analogía con el de Moisés cuando consagró a Aarón y a sus hijos (Ex. 29:1; Lv. 8:30), y con ello, instituyó así un orden sacerdotal siguiendo las instrucciones de Dios. Así pues, la NEB traduce: "un sacerdote consagrante y aquellos a quienes él consagra" (REB "el que consagra y los que son consagrados"). La analogía veterotestamentaria, empero, no debe llevarse demasiado lejos: Hebreos presenta a los cristianos como participantes en la liturgia celestial (12:22-24), pero no dice que ellos mismos sean sacerdotes (como sí ocurre en 1Pe. 2:5, 9).

Ἐξ ἑνός: el género y la referencia de ἑνός han sido motivo de disputa desde el período patrístico, y el debate continúa. Las posibilidades pueden resumirse de la siguiente manera: (1) ἑνός es neutro, ya sea (a) porque implica un sustantivo neutro como αἵματος (que sí aparece después de ἐξ ἑνός en el texto mayoritario de Hch. 17:26), o (b) porque se usa en forma absoluta, como en Juan 10:30, "Yo y el Padre somos uno (ἕν)". O bien, (2) ἑνός es masculino, y puede referirse (a) a Dios, (b) a Adán (como tal vez en el texto más corto de Hch. 17:26), (c) a Abraham (cf. v. 16) o (d) a un ἄνθρωπος u origen humano indeterminado.

(1) está respaldado, entre otros, por Efrén el sirio, Calvino, P. E. Hugues, Vanhoye (1b), y al parecer, por el "origen común" en la NEB, el "único origen" en la REB, el "mismo origen" en la NJB y la "humanidad común" en la Phillips — aunque la diferencia de significado entre (1a) y (2d) es leve. Grässer 135-136 habla de una "relación original" que depende de Cristo como Hijo celestial de Dios. En contra de esta interpretación, se alega que no es natural en griego ni cuenta con el apoyo de los padres griegos, y que no tiene ningún paralelismo cercano.

(2a) cuenta con el favor de la mayoría de los comentaristas antiguos y contemporáneos y de las traducciones modernas, incluyendo a Crisóstomo, Cirilo de Alejandría, Tomas de Aquino, Bleek, Westcott, Windisch, Moffatt, Spicq, F. F. Bruce, Montefiore, Braun, Attridge, Lane, cf. NRSV, LBLA, NTV, … todos tienen el mismo Padre". Los principales argumentos a favor de esto son (i) que el pasaje en general es teocéntrico (cf. vv. 9-10); (ii) que ἐξ ἑνός puede ser una perífrasis reverente para el nombre de Dios, como en el v. 10; y (iii) que ὁ ἁγιάζων por definición denota una función divina. Estos argumentos no son concluyentes. (i) El pasaje trata igualmente acerca de la humanidad de Cristo (véase el comentario sobre [2d] más adelante); (ii) podría poner de relieve la falta de voluntad del autor para identificar el origen humano común con un antepasado en particular y (iii) es un argumento que prueba demasiado, porque ὁ ἁγιάζων de todas formas no es Dios actuando directamente, sino Jesús actuando en nombre de Dios (véase Vanhoye 1969.332, contra Spicq). Además, (iv) hay algunos que alegan (p. ej., Vanhoye) que un origen divino común sería demasiado general para apoyar el argumento, porque no diferenciaría al Hijo y los hijos, de los ángeles (como lo exigirá el v. 16).

(2b) Sedulio Escoto (PL 103.255) y otros autores (véase por ejemplo Dhôtel 436) consideran que una referencia a Adán sería una alternativa para Dios, y según Bengel, una alternativa para Abraham. La referencia a Adán también cuenta con el favor del Pseudo Atanasio, *c. Valentinum* (PG 26.1224), Erasmo, Riggenbach y Procksch en *TDNT* 1.112. Hay, por supuesto, muchos otros pasajes, tanto en el Nuevo Testamento (por ejemplo Romanos 5:12-21; 1 Corintios 15:22, 45-49) como en los escritos rabínicos (como Jeremias en *TDNT* 1.141-143), que tratan acerca de la persona de Adán como el único antepasado común de la raza humana, pero este tema está ausente en la carta a los Hebreos, donde nunca se menciona a Adán por nombre.

(2c) Las pruebas que apoyan una referencia a Abraham son más fuertes. Esta es la interpretación de Juan de Damasco (PG 82.940b), y entre los comentaristas modernos, Buchanan. Abraham se menciona explícitamente en el v. 16 como el ancestro humano de Jesús, y ocupa un lugar significativo en le epístola en general (v. 16). En 11:12, el único hombre Abraham (cf. Is. 51:2; Ez. 33:24), se contrasta con sus innumerables descendientes, de la misma manera que, en el presente pasaje, el único Hijo se contrasta con los muchos hijos. Es cierto que la frase que se usa en 11:12 es ἀφ' ἑνός, no ἐξ ἑνός, pero el escritor de Hebreos emplea un lenguaje bastante flexible para que esto no constituya una objeción seria. Hebreos insiste en otro lugar (7:14), aunque en un contexto diferente, en el linaje israelita de Jesús. Algunos argumentos modernos en contra de una referencia a Abraham parecen reflejar ciertas presuposiciones modernas no judías sobre lo que el autor probablemente quiso decir, en lugar de prestar especial atención al texto en sí mismo. Sería típico de su enfoque introducir primero una alusión, y más tarde (v. 16), una mención explícita de Abraham (v. 17, ἀρχιερεύς).

(2d) Sin embargo, es igualmente importante no volver a hacer referencia a una etapa posterior del argumento en el presente versículo. En el v. 16 incluso, no se presenta a Abraham exclusivamente como el antepasado de Israel, sino también, en contraste con los ángeles, como un representante de los seres humanos. De manera similar, en el v. 17 el sustantivo indeterminado λαός parece denotar el pueblo de Dios, que aunque se identifica como israelita en cuanto a su origen, se reconoce que es diferente del que Pablo podría haber llamado el "Israel según la carne" (cf. Heb. 13:10, 13). En el presente pasaje, el interés del autor se centra en la identificación de Jesús con la naturaleza humana ("carne y sangre", v. 14) y sus padecimientos (v. 10) y pruebas (v. 18). Podríamos, pues, concluir que si bien es posible que el autor estuviera pensando en Abraham cuando escribió ἐξ ἑνός, fue con mucha sensatez que no limitó la referencia a Abraham en este punto. La referencia al mito de un hombre primigenio es poco probable en este contexto (Feld 1987.3557, contra Käsemann).

Πάντες incluye no solo a los que ἁγιαζόμενοι sino también al que ἁγιάζων; es decir, a Cristo y a su pueblo; en el v. 14 se desarrollará esta idea.

Δι' ἣν αἰτίαν* es una frase bastante fuerte (2Ti. 1:6, 12; Tit. 1:13; de un modo menos enfático Lc. 8:37; cf. Hch. 23:28), que el autor eligió tal vez para evitar un sonido tan duro como οὐκ οὖν, o bien, manifestando cierta vacilación al referirse a los cristianos como hijos en primer lugar (v. 10), luego como hermanos (vv. 11s., cf. v. 17), y de nuevo como hijos (vv. 13s.). El significado es "esto explica porque..." en lugar de "esta es la razón por la cual...".

Οὐκ ἐπαισχύνεται: del mismo modo que en 10:5, se presenta a Cristo hablando en las Escrituras, implicando con ello su preexistencia. El tiempo presente, así como los verbos que siguen καλεῖν y λέγων, pueden interpretarse de manera atemporal, con relación al testimonio permanente de las Escrituras. Las primeras dos citas, al igual que ἐπαισχύνομαι y otros términos cognados, suelen tener una referencia futura (vv. 12s.). Ἐπαισχύνομει no se usa habitualmente ni en la LXX (Jb. 34:19; Sal 119[118:6 LXX]; Is. 1:29) ni en el NT (11:16; Mr. 8:38; Lc. 9:26; Ro. 1:16; 6:21; 2Ti. 1:8, 12, 16***). Αἰσχύνομαι y καταισχύνω son frecuentes en la LXX (sobre todo en lo que respecta a avergonzar a los enemigos), y menos frecuentes en el NT; ninguno de ellos aparece en Hebreos, salvo cf. 12:2, αἰσχύνη; cf. ὀνειδισμός 10:33. Los tres verbos están estrechamente relacionados en cuanto a su significado, y se usan indistintamente en los manuscritos de la LXX. Varios contextos neotestamentarios sugieren el denuedo con el que los primeros cristianos anunciaron el kerigma primitivo, y lo defendieron de los ataques. En Pablo, ese tipo de expresiones de lenguaje se contrastan a veces con la "jactancia" apostólica; en los Evangelios, se relacionan con el hecho de negar a Cristo (Mr. 8:38). Por tanto, lo que se lee en el presente versículo no se refiere, al menos en primer lugar, a un estado psicológico, sino a la humillación pública que se deriva de la omisión de dar testimonio. El hecho de "no avergonzarse de sus hermanos" por parte de Cristo es consecuencia de la unidad entre Cristo y su pueblo que se mencionó en el v. 11a. En algunos textos, como Marcos 8:38, se pone de relieve que esta relación tiene una dimensión escatológica que también está presente en Hebreos (p. ej. 10:23, 36-39), aunque se expresa de distinta manera. Véase Michel 1940.

Ἀδελφούς introduce la palabra clave de la cita que sigue (v. 12, cf. v. 17). En los Evangelios, Jesús hace referencia en más de una ocasión a sus seguidores como "hermanos" (Mt. 12:49‖; 28:10; Jn. 20:17; cf. Ro. 8:29), iniciando con ello una práctica, con muy pocos o ningún paralelismo en el judaísmo ortodoxo, en virtud de la cual ἀδελφός y otros términos de parentesco similares comenzaron a usarse entre los cristianos sin haber entre ellos ninguna relación familiar natural (ἀδελφός, vv. 12, 17; 3:1, 12; 7:5; 8:11 = Jer. 31:34; 10:19; 13:22, 23; φιλαδελφία, 13:1; von Soden en *TDNT* 1.144-146).

Véanse también Du Bose 23s.; Schmitz 1910.262; Moffatt 1913; Dhôtel; Cody 1960.112s.; Giles 1973.64s., 102s., 225s.; Delorme.

2:12. En la Escritura, Jesús declara que su pueblo le pertenece

La cita está tomada del Salmo 22:22 (21:23 LXX), donde ἀπαγγελῶ remplaza el verbo menos común que aparece en la LXX, διηγήσομαι.

El aspecto *más importante* de la cita es la palabra ἀδελφός. Esta palabra expresa la identificación de Cristo con los cristianos, la unidad entre ὁ ἁγιάζων y οἱ ἁγιαζόμενοι, que no depende, por tanto, de un principio ontológico abstracto (como si el v. 11a se mantuviera aislado), sino de un acto voluntario de Cristo (v. 14a), y que culminó con su muerte (vv. 10, 14b) dentro del propósito de Dios (ἔπρεπεν, v. 10; ὤφειλεν, v. 17). Este, sin embargo, no puede ser el único aspecto importante de la cita. El autor normalmente no prolonga sus citas más allá del punto en el que dejan de ser relevantes para su argumento (cf. v. 7), aunque suele incluir el material irrelevante en pro de alguna palabra o frase significativa que va a aparecer después (como en 8:8-12; cf. 10:16s.). Tampoco hay nada que demuestre el deseo del autor de conservar el paralelismo hebreo en la cita por el simple interés de conservarlo. La segunda línea de la presente cita es probablemente importante a causa de su referencia a la ἐκκλησία (véase más adelante).

Además, la práctica habitual del autor es interpretar las citas en su contexto. Spicq sugirió en su comentario de 1952 que las citas que aparecen en los vv. 12-13 pueden haber sido tomadas de un florilegio, pero el propio Montefiore, que creía que el capítulo 1 se basaba en una colección de ese tipo, discrepa aquí, y la sugerencia no se repitió en Spicq 1977. El salmo se divide en dos partes contrastantes, los vv. 1-21 (2-22 LXX), que constituyen un lamento individual, y el resto del salmo, donde se anticipa la liberación del salmista. Las tradiciones con respecto a cualquier interpretación mesiánica de este salmo en los círculos rabínicos, y de hecho, cualquier tradición rabínica acerca de un Mesías que sufre, son débiles y probablemente tardías (S-B 2.574-580; Vis 33-40; cf. Justino, *Dial.* 97). El punto de partida para esta forma de uso por parte de los cristianos "debe ser el grito de abandono que profirió nuestro Señor en la cruz" (Mr. 15:34 = Sal. 22:1). "La autenticidad de este dicho.... difícilmente puede cuestionarse" (Lindars 1961.98, señalando la discrepancia de Bultmann y otros). Aparte del presente versículo, todas las citas neotestamentarias directas de este salmo, y casi todas las alusiones a él, se relacionan con el lamento. Al citar la conclusión más positiva del salmo, el escritor de Hebreos muestra la misma originalidad en la interpretación que lo llevó a pensar no solo en el Salmo 110:1 (Heb. 1:13), sino también en el Salmo 110:4 (Heb. 5:6). El hecho de que el presente pasaje de Hebreos se refiera a la muerte de Cristo sugiere fuertemente que al citar el Salmo 22:22, el autor conocía, y esperaba que sus lectores conocieran, la interpretación cristiana ya tradicional de los versículos anteriores. Es incluso posible alegar que en este punto, el autor "está citando, no tanto el Antiguo Testamento como a Jesucristo" (McCullough 1971.288). No obstante, esto no es necesario, porque en 10:5-7 el escritor pone en boca de Jesús una cita que no puede probarse que el Jesús histórico se la aplicara a sí mismo.

El uso del Salmo 22 en Hebreos es selectivo, y omite elementos polémicos y referencias a las naciones (vv. 27s.), que están más allá del alcance de la epístola.

Aparte de las citas y alusiones del Salmo 22 en las narraciones del evangelio acerca de la pasión, las referencias en el Salmo 22:30s. a una "postrera generación" y a un "pueblo no nacido aún" pueden haber causado en el autor de Hebreos la impresión de que ambas cosas se habían cumplido en Cristo y en su iglesia. De ser así, es posible que este hecho haya contribuido a su decisión de citar el v. 22b (23b LXX) para referirse a la iglesia. También sugiere que la perspectiva temporal de las citas en Hebreos 2:12s., corresponde a la de una escatología cumplida (Helyer

14). A partir del momento de la exaltación de Cristo y el establecimiento de la
ἐκκλησία cristiana, el futuro de los verbos en las citas, aunque todavía se cite de
esa manera, se ha convertido en una realidad presente. En 12:23*, la adoración de
la ἐκκλησία πρωτοτόκων en la Jerusalén celestial es una liturgia de la que participan
(προσεληλύθατε) los lectores, mientras que los adoradores en la época del AT, a
quienes les estaba prohibido acercarse al monte Sinaí (12:20), nunca pudieron
tener un verdadero encuentro con Dios a través de los sacrificios animales.

Ἀπαγγέλλω* no se usa en ningún otro lugar en Hebreos, y el verbo διηγέομαι
de la LXX se emplea solamente en 11:32*, con referencia a la propia escritura del
autor. Ἀπαγγέλλω y διηγέομαι aparecen en forma simultánea en el Salmo 55:17
(LXX 54:18). La sugerencia de que el autor remplazó διηγήσομαι por ἀπαγελλῶ
motivado por referencias anteriores a los ángeles (Michel, K. J. Thomas 1965.306)
parece forzada, y las referencias a la predicación del evangelio cristiano serían
más convincentes si εὐαγγέλιον o εὐαγγελίζω se hubieran usado en 2:1-4. Vanhoye
sugiere que el autor encontró inconveniente la expresión διηγήσομαι τὸ ὄνομά σου
puesto que "nadie relata *un nombre*" (1969.340); pero en Hebreos normalmente
no se hacen cambios significativos por razones puramente estilísticas. Más
especulativa aún es la idea posterior de Vanhoye de que el prefijo de ἀπαγγελῶ
implica el retorno mediante el cual, en gloria, Cristo se pone en contacto una vez
más con su pueblo para unirlos con Dios. La explicación más probable con respecto
a la elección del verbo ἀπαγγελῶ en Hebreos podría ser que la interpretación del
Salmo 22:31 (21:32 LXX) por parte del autor, en la que ἀναγγέλλω se usa para
referirse a la proclamación de la justicia de Dios λαῷ τῷ τεχθησομένῳ, estuvo
influenciada por una reminiscencia del pasaje similar del Salmo 78[LXX 77]:3-6,
donde, después de usar el verbo διηγέομαι en el v. 3, el salmista escribe de los υἱοί
οἱ τεχθησόμενοι que ἀπαγγελοῦ σιν αὐτά (a saber, el "testimonio" y la "ley" del
Señor) τοῖς υἱοῖς αὐτῶν (v. 6).

El autor no hace ningún comentario sobre τὸ ὄνομα σου, y algunas referencias
posteriores al "nombre" de Dios (6:10; tal vez 13:15) tampoco son contundentes.
En el salmo, "tu nombre" es un paralelismo sinónimo de "tú". No guarda ninguna
relación estrecha con el "nombre" que Dios le dio a Cristo (1:4); ni con la idea
de que solo el Hijo puede modificar el nombre del Padre (*Ev, de la verdad* 38.20-
30). A la luz de 1:5, cabría suponer que el "nombre" de Dios era "Padre", pero la
paternidad de Dios se da por sentada en Hebreos, no se cuestiona.

Ἐκκλησία (12:23) no forma parte del vocabulario característico de Hebreos, pero
si se tiene en cuenta el interés del autor por la integridad de la comunidad cristiana
(10:25; 13:15), es posible que interprete el término ἐκκλησία en este sentido.

Dodd 1952.97f.; Vos 1956.60s.; Lindars 1961.88-93; Vanhoye 1969.328-347;
Schröger 88-91; Combrink 29s.; McCullough 1971.75-79, 285-288.

2:13. Los que Dios le dio a Cristo

En cuanto a καὶ πάλιν 1:5. Λέγων se sobrentiende.

La cita en el v. 13b procede de Isaías 8:18, y por tanto, es razonable suponer que
en el v. 13a se citan las palabras inmediatamente precedentes de Isaías 8:17, πεποιθὼς

ἔσομαι ἐπ᾽ αὐτῷ. El autor de Hebreos presenta el contexto veterotestamentario inmediato como las palabras de un orador anónimo en el futuro (ἐρεῖ = TM), y era natural que entendiera que el orador era Cristo. Este pasaje fue muy usado por los escritores del NT (Is. 8:8, 10 = Mt. 1:23; Is. 8:12s. = 1Pe. 3:14s.; Is. 8:14 = Ro. 9:33; 1Pe. 2:8), pero a los vv. 17s. no se hace referencia en ningún otro lugar. Las dos citas que aparecen en el v. 13 generan las siguientes preguntas: (1) ¿Por qué el autor divide el asunto? (2) ¿Por qué cita Isaías 8:17? ¿Por qué cambia la primera cita? (4) ¿Hay acaso (como se sugirió para la cita anterior) una alusión secundaria a otro texto? Las primeras tres preguntas pueden analizarse en forma conjunta.

En las citas de Hebreos suele centrarse la atención hacia el final de las mismas (p. ej., 1:5b; 2:8), por tanto, es posible que la cita se dividiera para destacar la importancia de la segunda línea (como ocurre tal vez en 10:30; cf. 10:7, 17). Sin embargo, el autor no tenía ninguna obligación de citar la primera línea, y por esa razón, es mejor suponer que, al igual que había ocurrido al final del v. 12, él tuviera la intención de hacer una observación al margen. El cambio de redacción en Hebreos nos ofrece una pista para entenderlo de esta manera. Se agrega un ἐγώ enfático para contrarrestar el que se lee en la segunda línea (cf. la repetición del pronombre σύ en 1:10, 12), y da a entender la idea: "No solo yo (Cristo) me encomiendo confiado a Dios, sino que también presento a los hijos que él me dio". En cuanto al tema de la confianza de Cristo en el Padre, cf. v. 17 (πιστός); 3:1-6; 12:2; y de manera especial 10:7, donde también se presenta a Cristo como el portavoz de una cita veterotestamentaria (ἰδοὺ ἥκω). El ἐγώ que se añade en el presente versículo va seguido entonces naturalmente por su verbo principal.

Las posibles alusiones secundarias son a Isaías 12:2 y 2 Samuel (2 Reyes) 22:3, en los que se leen las mismas palabras de Isaías 8:17. El contexto de Isaías 12:2 tiene mucho en común con la cita anterior, porque exhorta repetidamente a proclamar (ἀναγγέλλω) y cantar alabanzas (ὑμνέω) al "nombre" de Dios (vv. 4-5); pero entre los gentiles, no en la ἐκκλησία. En el pasaje también se describe a Dios pidiendo que se alabe "al Señor". Es posible que el escritor de Hebreos viera implícita aquí, así como en algunas de las citas en el capítulo 1, una dualidad de personas divinas. En 2 Samuel 22:3, el que habla es David, y la relevancia para el argumento de Hebreos parece menos directa, aunque sí tiene el apoyo de Vanhoye (1969.343s.) entre otros. Los tres pasajes, sin embargo, al igual que Habacuc 2:3s. = Hebreos 10:37s., están relacionados por el tema de la confianza que el que habla pone en Dios para que lo rescate de una crisis.

El futuro perifrástico poco usual ἔσομαι πεποιθώς aparece en el texto de Mateo 16:19; 18:18 (ambos en voz pasiva, como en el uso clásico); Lucas 12:52 (MHT 3.89; BD §179). El significado parece ser durativo, es decir, que supone un estado o período de confianza, y no una simple acción puntual.

᾽Επ᾽ αὐτῷ significa "en Dios". El cambio de la segunda persona en el v. 12 por la tercera en el v. 13 carece de importancia para el propósito del autor (cf. 1:5).

En la segunda mitad de la cita, Hebreos sigue a la LXX; que, a diferencia del TM, convierte esta línea en una cláusula separada. Παιδίον significa "niño (pequeño)", y no implica ningún parentesco a menos que el contexto lo especifique (como en Jn. 4:49). Para Isaías 8:16 el TM sugiere el significado "discípulos", pero la LXX difiere. Jesús llama a sus discípulos τέκνα, un término de parentesco, en Juan 13:33, y παιδία en Juan 21:5, pero considerar que παιδία en el presente versículo denota parentesco, incluso de manera metafórica, introduciría una confusión innecesaria. El contexto neotestamentario sugiere, como mucho, "los hijos de Dios, a quienes él me ha confiado" (así lo creen la mayoría de los comentaristas desde Bleek y Riggenbach hasta Buchanan, P. E. Hughes y Attridge; Westcott, Bruce, Braun, Käsemann 1939.93, citando el apoyo patrístico, Lane, y Grässer piensa que la referencia es a los hijos del [exaltado] Jesús, lo cual es paradójico pero no imposible). De todas formas, la cita ofrece apoyo bíblico para los "muchos hijos" que se mencionan en el v. 10.

En Isaías, ἔδωκεν se refiere a los hijos que Dios le dio al profeta, pero en la cita, no puede forzarse la fuerza del aoristo.

Kosmala 294-296, Kistemaker 1961.32-34, Schröger 91-95, Fairbairn 1.459s., McCullough 1971.136s., 289-297; cf. bibliografía para el v. 12.

2:14. La humanidad común que Jesús comparte, en la vida y en la muerte

El contenido de los vv. 14s. coincide, en cierta medida, con lo anterior, y sobre todo, con lo que sigue. El argumento no se interrumpiría por completo si se omitieran los vv. 14s., pero sí lo debilitaría de manera significativa. En estos versículos se expresan básicamente dos ideas. La primera es que Cristo compartió plenamente la naturaleza humana, tal como lo declaró el v. 11a, lo confirmaron los vv. 11b-13 y lo reafirmarán los vv. 16-17. La segunda idea es que el propósito de la encarnación y la muerte de Cristo era beneficiar (glorificar, v. 10; santificar, v. 11; liberar, v. 15; purificar de los pecados, v. 17) a su pueblo. Sin embargo, el pensamiento avanza en espiral y no simplemente en forma cíclica. Para las declaraciones programáticas de los vv. 10-11a se ofreció primero una base bíblica (vv. 11b-13); y entonces se desarrollan en los vv. 14-15 con un lenguaje en gran medida atípico de Hebreos, aunque tal vez tradicional y familiar para los primeros lectores. De este modo, se prepara el terreno para la introducción explícita de la enseñanza distintiva de Hebreos acerca de Cristo en su papel de sumo sacerdote (vv. 17-18). A lo largo de los vv. 14-18, la atención se centra sobre todo en el propósito de la encarnación y la muerte de Cristo, y se expone particularmente en las cláusulas que comienzan con ἵνα en los vv. 14b-15 y 17.

Ἐπεί introduce la declaración de un principio general, τὰ παιδία κεκοινώμηκεν αἵματος καὶ σαρκός, del cual las palabras que siguen extraerán una conclusión particular; que resulta más clara en 5:2, ἐπεὶ καὶ αὐτός. Ἐπεί es una de las palabras favoritas del autor (4:6; 5:2, 11; 6:13; 9:17, 26; 10:2; 11:11*). Su relación con la exégesis es solo incidental (4:6 con οὖν; 6:13). Οὖν se emplea aquí, al igual que en otros lugares (p. ej., Mr. 10:9‖; Ro. 4:9f.; 1Pe. 2:7), para introducir una conclusión basada en la Escritura (cf. 4:1; 4:3 *v.l.;* 4:6, 11). Οὖν puede extraer una conclusión de lo que le precede inmediatamente, y marca con ello solo un pequeño paso de avance en el argumento (como aquí); o bien, puede tener una referencia más amplia y marcar una división importante (como en 4:1; 7:11; 9:1, 23; 10:23; cf. Ro. 3:1; 4:1; 5:1; y con frecuencia en las cartas de Pablo).

En términos generales, el argumento que sigue inmediatamente es claro. Τὰ παιδία se refiere a la cita anterior y sugiere la lectura de "los παιδία que acabaron de mencionarse"; cf. τὰ πάντα en v. 8b. Hay un cambio llamativo del perfecto κεκοινώμηκεν por el aoristo μετέσχεν, aunque la coincidencia en el significado de ambos verbos es considerable. Esto sugiere la paráfrasis: "los 'hijos' participan permanentemente de una naturaleza humana común, y en una época en particular el propio Jesús también participó de la misma junto con ellos". La especulación cristológica posterior sobre la humanidad glorificada de Cristo, aunque a menudo toma de Hebreos su punto de partida, es solo indirectamente relevante para la interpretación de este texto. La distinción que hace el autor entre los tiempos verbales implica que después de su exaltación, Cristo dejó de participar de la "carne y la sangre" del modo en que lo había hecho durante su vida terrenal; 10:20.

Κοινωνέω se usa aquí con el genitivo, como en Proverbios 1:11; en el griego clásico, el verbo κοινωνέω tomaba el genitivo de la persona y el dativo de la cosa, pero en el NT predomina el dativo (Ro. 12:13; 15:27; Gá. 6:6; 1Ti. 5:22; 1Pe. 4:13; 2Jn. 11; cf. Fil. 4:14; κοινωνέω εἰς**). No hay ninguna diferencia en el significado. Κοινωνέω y otros términos cognados no son frecuentes ni se usan de manera distintiva en Hebreos: κοινωνία* (13:16), respecto a la participación de los bienes materiales (como en 2Co. 8:4); κοινωνός* (10:33), respecto a la participación de los sufrimientos de otros cristianos (cf. 2Co. 1:7). En ningún lugar de Hebreos se usan κοινωνέω y otros verbos cognados para referirse a la comunión con Dios o con Cristo. Aunque, como de costumbre, el tono de estos versículos no es polémico, el hincapié que se hace en la "carne y la sangre" puede tener la intención de proteger contra la especulación gnóstica (así Michel, Strobel; cf. Hauck en *TDNT* 3.804-809). El punto de contacto más cercano en el griego no bíblico es quizás el uso que hace Epícteto de κοινωνός como equivalente de "prójimo" (Hauck 800 n.22).

La expresión αἷμα καὶ σάρξ es rabínica (S-B 1.730) pero no se encuentra en el AT. El orden habitual de esas palabras es σάρξ καὶ αἷμα (Mt. 16:17; 1Co. 15:50; Gá. 1:16; cf. Jn. 6:54, 56), pero en Efesios 6:12 (cf. Jn. 1:13) se lee αἷμα καὶ σάρξ, y así se encuentra en K L Ψ aquí; cf. Filón, *Rer. Div. Her.* 57. Giles (1973.65s.) piensa que el orden aquí tiene por objeto hacer hincapié en αἷμα, y esto está respaldado (a) por las referencias a la muerte de Cristo en los vv. 10, 14b, y 18 y (b) por el uso frecuente y exclusivo de αἷμα por separado en Hebreos (sobre todo en el capítulo 9; 9:7) con referencia al sacrificio. Sin embargo, esta referencia no se aplica necesariamente a la frase acuñada αἷμα καὶ σάρξ, que aparece solo aquí en Hebreos; el lenguaje relativo al sacrificio brilla por su ausencia en los vv. 14-15. Σάρξ solo (acerca de lo cual véanse E. Schweizer en 7.141-143; Spicq 1982.591-602) se usa en 10:20 con relación a la muerte de Cristo; en otros lugares se emplea, como aquí, para referirse a su vida terrenal (5:7); y en sentido negativo, con respecto a los efectos de los sacrificios veterotestamentarios (9:10, 13); y a la paternidad humana (12:9*). Las pruebas de una alusión a la eucaristía (Andriessen-Lenglet; Andriessen 1977.11) resultan aún menos convincentes (Williamson 1975.301).

Vanhoye (1969.348) sugiere que el orden de las palabras intenta evitar el sonido brusco "kai jai"; de lo contrario, el orden podría carecer de toda importancia (así piensa P. E. Hughes). Puesto que la comunidad santificada tiene un origen común (v. 11), también tiene una naturaleza común.

Καὶ αὐτὸς παραπλησίως es en conjunto una expresión muy categórica. Καὶ aquí significa "también", posiblemente "incluso". Αὐτός significa "Jesús mismo". Αὐτός se usa siempre en Hebreos como una perífrasis (reverente) para el nombre de Dios (1:5 = 1Cr. 17:13; 4:10; 13:5) o de Jesús (como aquí; cf. 2:18, y especialmente 5:2*, en un argumento lógico similar al del presente versículo).

Παραπλησίως***, "de manera semejante", refuerza la partícula καί; cf. ὁμοίως, 9:21; κατὰ πάντα ὁμοιωθῆναι, v. 17; 4:15. Esa misma idea se expresa con diferentes palabras en Filipenses 2:7, y con una referencia adicional al pecado en Romanos 8:3. Παραπλήσιον se usa como un adverbio en Filipenses 2:27 en un sentido diferente. El contexto en Hebreos indica con suficiente claridad cuál es la base de la comparación, a saber, la participación de la naturaleza humana. A pesar de ser un término enfático, παραπλησίως no implica ninguna identidad entre la condición de Cristo y la de los creyentes. Spicq 1978.665 sugiere tímidamente que el uso de παραπλησίως podría insinuar una reserva en cuanto al nacimiento virginal. Esta sugerencia no solo carece de todo apoyo en el contexto, sino que la frase κατὰ πάντα en el v. 17 se opone categóricamente a ella. Cualquier reserva que pudiera existir se relaciona más bien con el pecado (4:15).

Μετέχω se usa tal vez para variar después del verbo κοινωνέω; su uso en otros pasajes de Hebreos (5:13; 7:13) no es nada especial, y no se refiere a la relación entre Cristo y los creyentes. En la LXX (10x, p. ej., Pr. 1:18; 5:17) y por Pablo (1Co. 9:10, 12; 10:17, 21, 30**) μετέχω implica un acto específico de participación, no el simple hecho de ser miembro de una familia, tribu o nación (Pryer 46); así mismo aquí μέτοχοι (siempre en plural en el NT; fuera de Hebreos solo Lc. 5:7). Esta es una de las palabras favoritas de Hebreos, y se emplea para describir la relación de los cristianos con Cristo (3:14) o su participación en el Espíritu Santo (6:4). Una alusión al Salmo 45:7, citado en 1:9**, es más que posible.

La frase τῶν αὐτῶν, "las mismas cosas (es decir, sangre y carne)", añade más énfasis. Las pruebas tanto externas como internas para la adición de παθημάτων (D* b d [t]; cf. 2Co. 1:6) son débiles (véase Riggenbach 54n.35).

Ἵνα διὰ τοῦ θανάτου...: desde este punto hasta el v. 15, el autor emplea un lenguaje tradicional relacionado con el tema del Christus Victor (con respecto al cual, véanse Aulén; McRay) y no los términos principalmente cultuales que predominarán en su enseñanza característica acerca de la obra de Cristo. Andriessen 1976a encuentra pruebas de una influencia judeocristiana; Lane descubre puntos de contacto con las tradiciones sobre las hazañas de Hércules, pero también con la descripción veterotestamentaria de Dios como un guerrero (p. ej., Is. 42:13; 49:24-26; 59:15b-20). Se hace hincapié en la conquista de Cristo de las fuerzas objetivadas del mal y no, como por ejemplo en el v. 17, en la purificación de los pecados. Por primera vez, el lenguaje es polémico; sin embargo, aunque no se hace patente ningún enemigo humano. El propósito de la muerte de Cristo se expresa primero de manera negativa (v. 14b), y luego, positiva (v. 15).

Διὰ τοῦ θανάτου, cf. 2:9. Αὐτοῦ está implícito, pero no se expresa, para equilibrar el segundo τοῦ θανάτου. Cf. la expresión sin artículo θανάτου γενομένου, 9:15. La creencia de que la muerte de Cristo formaba parte del propósito de Dios era una piedra angular del kerigma primitivo (Hch. 2:23; 10:27; 1Co. 15:3); el autor de Hebreos no considera necesario defenderlo, y a estas alturas del argumento, tampoco explicarlo. En otros pasajes del NT, se expresa el concepto de que la muerte entró en el mundo por el pecado (Ro. 5:12; 1Co. 15:56; 1Jn. 3:12), y la creencia de que "Cristo murió por nuestros pecados" (Gá. 1:4; 1Co. 15:3) parece haber sido una revelación temprana en la tradición (Dodd 1936.25; cf. Lindars 1961.78-86). Más adelante, pero no aquí, el autor relacionará la muerte de Cristo con el pecado de manera negativa, usando un lenguaje cultual acerca de la eliminación del pecado (cf. v. 17), y de manera positiva, acerca de su muerte como un acto de obediencia a la voluntad de Dios (10:5-10).

Καταργέω*, "inutilizar", "incapacitar" (Buchanan; cf. Clark 1980.183-191), es un verbo frecuente en Pablo. Los muchos puntos de contacto que tiene el presente versículo con Efesios 2:14-16 hacen pensar en una tradición común (cf. Michel 161), aunque Hebreos no habla de la ley de la misma manera que Pablo lo hace (7:5); cf. 1 Corintios 15:24, 26, donde sigue una cita del Salmo 8:6 (cf. Heb. 2:8a); (véase 2Ts 2:8; 2Ti 1:10). El tema de la victoria de Cristo sobre los poderes del mal se expresa con un lenguaje diferente en Juan 16:11; Colosenses 2:15; 1 Juan 3:8; Apocalipsis 12:7-10, y en otros lugares (cf. Aulén 77-96). El significado de καταργέω no llega a ser "aniquilar", del mismo modo que 8:13 no llega a afirmar que el viejo pacto ha dejado de existir por completo. Los elementos cumplidos e incumplidos en la escatología se mantienen en tensión, como en el uso que hace el autor del Salmo 110:1 (Heb. 1:13; 10:12s.). El que tiene poder sobre la muerte es reducido a la impotencia, pero la propia muerte aún no es destruida (cf. 1Co. 15:26, 54ss.). Los aoristos καταργήσῃ y ἀπαλλάξῃ (v. 15) se refieren ahora únicamente al acontecimiento de la muerte de Cristo, no, como μετέσχεν, a la encarnación.

Κράτος en el NT se usa con referencia a Dios en las doxologías (1Ti. 6:16; 1Pe. 4:11; 5:11; Jud. 25; Ap. 1:6; 5:13), por tanto, la identificación inusualmente explícita τοῦτ' ἔστιν τὸν διάβολον no está de más (cf. Mt. 10:28; Ap. 1:18). Κράτος + un genitivo significa "poder sobre", como en Josefo, *Ant.* 1.19.1, κράτος τῆς γῆς; aquí, más precisamente, "poder para causar (la muerte)". Hebreos, al parecer, refleja la misma tradición que la de Resh Laqish (*B. Bat.* 16a), que identificó a Satanás con la inclinación maligna y con el ángel de la muerte.

Τοῦτ' ἔστιν (7:5; 9:11; 10:20; 11:16; 13:17; cf. 7:2): Hebreos, al igual que Romans (6x), muestra una afición por este tipo de digresiones explicativas.

Διάβολος* es un término poco usual por Pablo (Ef. 4:27; 6:11; 6x en las pastorales) y no aparece en Marcos, pero es bastante frecuente en otras partes del NT. Pablo prefiere ὁ Σατανᾶς, que también se encuentra en los Evangelios, Hechos y Apocalipsis. En la presente referencia de pasada, no hay ninguna insinuación del concepto original del diablo como acusador; él es simplemente la personificación individual del mal.

En cuanto a los vv. 14-18, véase Grässer 1979. Respecto a αἷμα y σάρξ, véanse Siegman, Steinmüller y Schweizer en *TDNT* 7.14f. Respecto a θάνατος, véase Bultmann en *TDNT* 3.17f. Sobre διάβολος, véase von Rad y Foerster en *TDNT* 2.73-81.

2:15. Cristo libera a los creyentes de la esclavitud del temor a la muerte

El autor pasa a hablar ahora de los resultados positivos de la encarnación (v. 14a) y la muerte de Cristo (διὰ τοῦ θανάτου, v. 14b). Al igual que en el v. 14, el lenguaje es atípico de Hebreos y posiblemente refleja temas tradicionales. Cf. McRay.

La construcción no está clara. (1) La mayoría de los intérpretes, antiguos y modernos, consideran que el versículo significa: "... y librar a todos los que por el temor de la muerte estaban durante toda la vida sujetos a servidumbre" (RVR; con esto concuerdan Braun, Attridge, Lane, Grässer y todas las traducciones consultadas). En esta construcción, el verbo ἀπαλλάξῃ no especifica de qué, o de quién, son librados los seres humanos, aunque el v. 14 sugiere enérgicamente que se trata del diablo. Ἔνοχος se combina con δουλείας, a semejanza de lo que ocurre en Gálatas 5:1: μὴ πάλιν ζυγῷ δουλείας ἐνέχεσθε. El dativo ligeramente incómodo φόβῳ θανάτου podría explicarse entonces como un esfuerzo por evitar un segundo διά. (2) La alternativa es traducir junto con Moffatt "liberar de la esclavitud a los que estaban sujetos de por vida al temor de la muerte"; a esa conclusión llegó por su cuenta Andriessen 1976, 1977; cf. Romanos 8:21: ἐλευθερωθήσεται ἀπὸ τῆς δουλείας..., en un contexto que sugiere claramente una tradición común a Pablo y Hebreos. A esta construcción se opone la gran distancia entre ἀπαλλάξῃ y δουλείας; δουλείας se destaca solo por su posición, no por el contexto inmediato, en el que cabría esperar ἀπαλλάξῃ... ἀπὸ τῆς δουλείας (cf. Jos. *Ant.* 11.270), ni en el contexto más amplio por alguna repetición de δουλεία* o sus cognados. Ἔνοχος*, "sujetos a", acepta el genitivo (Prólogo de Sirácides 13; Mr. 3:29; 14:64‖; 1Co. 11:27; Stg. 2:10) o el dativo (Mt. 5:21s.**), sin diferencias sólidas de significado. Sus conexiones en el NT (y también a menudo en otros lugares, cf. LSJ *s.v.* II) son mayormente jurídicas, pero no aquí; Buchanan sugiere la idea de endeudamiento. La construcción (1) probablemente debe preferirse, pero dado que muchas de las palabras claves no aparecen en ningún otro pasaje de la epístola, pero (2) no puede excluirse. Véase el análisis cuidadoso y los paralelismos adicionales en Bleek II.i.339-42.

Cualquiera que sea la construcción que se elija, este versículo enriquece el argumento anterior sugiriendo otro punto de contacto entre "el Hijo y los hijos". Del mismo modo que Cristo experimentó la humillación, y entonces, a causa de su muerte fue exaltado en gloria (v. 9), así también, por esa misma muerte (v. 14) otros son elevados de la esclavitud a la gloria (cf. v. 10, εἰς δόξαν ἀγαγόντα).

No está muy claro quiénes son esos otros exactamente. Τούτους no está gramaticalmente relacionado con los παιδία de los vv. 13s., sino (inusualmente, BD §290[3]) con los ὅσοι que siguen; para describir a estas personas se usan términos vinculados con la condición humana común, como se refleja por ejemplo en Sirácides 40:1-7; 41:1s. No es sorprendente que esta idea encuentre tantos paralelismos en los escritos griegos y judíos (véanse Bleek, Spicq, Braun). El temor a la muerte lo compartían sin duda los creyentes antes de ser santificados por Cristo (ἁγιαζόμενοι, v. 11), pero no hay nada en el v. 15 que limite para ellos las consecuencias liberadoras de la muerte de Cristo; cf. ὑπὲρ πάντος, v. 9. Moffatt alega que "ὅσοι en el griego helenístico no es más que el pronombre relativo normal οἵ", pero los testimonios de los papiros (MM *s.v.*) y el propio NT sugieren que incluso cuando no estaba acompañado por πάντες, ὅσοι a menudo tenía el significado de "todo eso" (Bauer *s.v.*, especialmente ὅσοι... οὗτοι, Ro. 8:14; Gá. 6:12). De todas formas, πάντες aquí habría implicado una repetición desagradable.

En contra del amplio alcance del presente versículo debe alegarse la fuerte tensión judeocristiana en otros lugares del pasaje, sin duda en el v. 16 (σπέρματος Ἀβραάμ), tal vez en el v. 17 (τὰς ἁμαρτίας τοῦ λαοῦ; cf. y compárese con Jn. 11:51s) y también en el v. 11a, si la interpretación que se ofreció antes es correcta. Teniendo en cuenta la ausencia total en Hebreos de toda referencia a la misión gentil, resulta peligroso especular sobre la manera en que el autor reconcilió estos dos hilos en su pensamiento. Sin embargo, una referencia a la promesa de que "en ti y en tu simiente serán bendecidas todas las tribus de la tierra" (Gn. 28:14; cf. 12:3) se encuentra cerca de la cita en Hebreos 13:5 (= Gn. 28:15). Este texto tiene raíces profundas en la tradición cristiana primitiva (Hch, 3:25; Gá. 3:8; cf. Ap. 1:7; Lindars 1961.207s.), y sugiere una manera en la que el autor puede haber mantenido el lugar especial de Israel en el propósito de Dios sin negar su alcance más amplio.

Aunque ὅσος aparece a menudo en Hebreos, en otros lugares se usa solo en comparaciones (1:4; 3:3; 7:20; 8:6; 9:27; 10:25) y en una cita (10:37 = Hab. 2:3)*.

Φόβος* aparece solo aquí en Hebreos, pero sus cognados se usan con frecuenta para referirse al temor reverente de Dios y su juicio (φοβέομαι, 4:1; φοβερός, 10:27, 31; 12:21), y también a los seres humanos temerosos (φοβέομαι, 11:23, 27; 13:6 = Sal. 118[117 LXX]:6); εὐλαβεία 5:7. La muerte está relacionada con el juicio en 9:27, pero no aquí.

Διὰ παντὸς τοῦ ζῆν, "a lo largo de (su) vida", es un ejemplo, único en el NT y muy raro en otros lugares, de un infinitivo con un atributivo en el mismo caso (BD §§398, 403; MHT 3.140, 144). El uso de τὸ ζῆν como sinónimo de ὁ βίος es clásico; cf. también Ign. *Trall*.9.2; Ign. *Eph*.3.2.

Para θάνατος v. 14.

2:16. Cristo identificado con la raza humana

Este versículo se ha descrito como un paréntesis (Moffatt), un *non sequitur* (A. H. Williams 119); de manera más convincente como un resumen de los vv. 10-15 (Andriessen-Lenglet) o como una conclusión (Vanhoye). Algunas características formales (γάρ aquí, y ὅθεν en v. 17) sugieren que el autor tenía la intención de señalar una etapa diferente, aunque breve, en su argumento. Sin embargo, el sentido exacto del versículo, y por ende, de los nexos, no pueden determinarse antes de haber examinado el trasfondo veterotestamentario del versículo y el significado de sus dos expresiones claves, ἐπιλαμβάνεται y σπέρμα Ἀβραάμ.

El pasaje de Isaías 41:8-10 en la LXX dice lo siguiente: [8]Σὺ δέ, Ισραηλ, παῖς μου Ιακωβ, ὃν ἐξελεξάμην, σπέρμα Ἀβρααμ, ὃν ἠγάπησα, [9]οὗ ἀντελαβόμην ἀπ᾽ ἄκρων τῆς γῆς καὶ ἐκ τῶν σκοπιῶν αὐτῆς ἐκάλεσά σε καὶ εἶπά σοι Παῖς μου εἶ, ἐξελεξάμην σε καὶ οὐκ ἐγκατέλιπόν σε, [10]μὴ φοβοῦ, μετὰ σοῦ γάρ εἰμι· μὴ πλανῶ, ἐγὼ γάρ εἰμι ὁ θεός σου ὁ ἐνισχύσας σε καὶ ἐβοήθησά σοι... Aparte de las palabras citadas, algunas características del pasaje, en las que se hace hincapié, sugieren que el autor lo interpretó en su conjunto: (1) la descripción reiterada de Israel como παῖς de Dios (vv. 8s.; cf. Heb. 2:13s.); (2) οὐκ ἐγκατέλιπόν σε (v. 9; cf. Heb. 13:5 = Dt. 31:6); (3) μὴ φοβοῦ (v. 10; cf. Heb. 2:15; 13:6 = Sal. 118[117 LXX]:6); (4) μὴ πλανῶ (v. 10; cf. Heb. 5:2, en un contexto similar a este pasaje); (5) ἐβοήθησά σοι (v. 10; cf. Is. 41:6, 14; Heb. 2:18; 13:6). Hay un punto adicional de contacto con Isaías 41:6, que puede haber influido en la redacción de la cita de Jeremías 31 [38 LXX]:34 en Hebreos 8:11. La aparición de los elementos (2), (3) y (5) en la última cita en la epístola (13:5s.) hace pensar que la importancia de esta alusión no se limita al presente pasaje, sino que representa una profunda preocupación de esta λόγος τῆς παρακλήσεως (13:22). Sin embargo, el pasaje de Isaías se usa en forma selectiva: las referencias a "los fines de la tierra" (v. 9), y en el contexto más amplio, a la victoria sobre los enemigos paganos, se pasan por alto.

Ἐπιλαμβάνω aparece en el NT solo en la voz media, y se usa normalmente para referirse, de manera literal, al hecho de asir a alguien (p. ej., Mr. 8:23‖); y de manera figurada, con el sentido de comprender (Lc. 20:26), y en la exhortación a echar mano de la vida (eterna) (1Ti. 6:12, 19); en Hebreos vuelve a emplearse solamente en 8:9 = Jeremías 31[38 LXX]:32. Véase G. Delling en *TDNT* 9 4.9. El uso de ἐπιλαμβάνεται, que se repite para dar énfasis (cf. BD §491), en lugar del término ἀντελαβόμην de la LXX, plantea tres problemas relacionados: las razones para el cambio (1) del verbo, (2) del tiempo verbal y (3) el significado de ἐπιλαμβάνεται en este contexto.

(1) Entre las posibles influencias veterotestamentarias en la elección del verbo se encuentran: (a) ἐπιλαβομένου, Jeremías 31[38 LXX]:32, que se cita en Hebreos 8:9*; (b) εἰ γάρ ἐστιν ὁ δίκαιος υἱός θεοῦ ἀντιλήμψεται αὐτοῦ, Sabiduría 2:18 (cf. Heb. 2:10), y (c) ἡ γὰρ χείρ μου συναντιλήμψεται αὐτῷ, Salmo 89:21 (88:22 LXX), donde el v. 20 también hace recordar Hebreos 2:10. No obstante, (d) el único texto de la LXX en el que se usa la forma verbal exacta ἐπιλαμβάνεται es Sirácides 4:11, en un pasaje acerca de la Sabiduría y sus "hijos" que tiene varios puntos de contacto con Hebreos:

> ἡ σοφία υἱοὺς αὐτῆς ἀνύψωσεν
>
> καὶ ἐπιλαμβάνεται τῶν ζητούντων αὐτήν.

(Cf. el hombre sabio como υἱὸς ὑψίστου, Sir. 4:10; Sir. 4:13 con Heb. 4:13; y el lenguaje cultual de Sir. 4:14 con Heb. 2:17).

(2) Si se tiene en cuenta la manera flexible, aunque precisa, en que el autor emplea los tiempos verbales a lo largo de este pasaje, su uso aquí del presente no

puede explicarse diciendo simplemente que fue influenciado por Sirácides 4:11. En contraste con los aoristos circundantes, que se refieren a la encarnación ($\mu\epsilon\tau\acute{\epsilon}\sigma\chi\epsilon\nu$, v. 14) o a la muerte de Cristo y sus efectos ($\kappa\alpha\tau\alpha\rho\gamma\acute{\eta}\sigma\eta$, v. 14; $\dot{\alpha}\pi\alpha\lambda\lambda\acute{\alpha}\xi\eta$, v. 15), el verbo $\dot{\epsilon}\pi\iota\lambda\alpha\mu\beta\acute{\alpha}\nu\epsilon\tau\alpha\iota$ aquí, al igual que $\delta\acute{\upsilon}\nu\alpha\tau\alpha\iota$ en el v. 18, hace referencia a la actividad presente de Cristo en beneficio de su pueblo. Esto, a su vez, sugiere que el v. 16 no solo concluye la importante enseñanza del autor acerca de los ángeles, sino que también prevé el análisis sobre el sumo sacerdocio de Cristo.

(3) El significado de $\dot{\epsilon}\pi\iota\lambda\alpha\mu\beta\acute{\alpha}\nu\epsilon\tau\alpha\iota$ es difícil de definir sin alguna referencia a la historia de su interpretación (para exposiciones más detalladas, véanse Bleek, Westcott, Spicq y P. E. Hughes). Los padres griegos y latinos, y la mayoría de las versiones antiguas, por lo general consideran que $\dot{\epsilon}\pi\iota\lambda\alpha\mu\beta\acute{\alpha}\nu\omicron\mu\alpha\iota$, al igual que $\lambda\alpha\mu\beta\acute{\alpha}\nu\omega$ y $\dot{\alpha}\nu\alpha\lambda\alpha\mu\beta\acute{\alpha}\nu\omega$, se refieren a la adopción de una naturaleza humana por parte de Cristo. Aunque, Teofilacto estableció una distinción ($\omicron\dot{\upsilon}\kappa$ $\epsilon\tilde{\iota}\pi\epsilon\nu$ $\dot{\alpha}\nu\acute{\epsilon}\lambda\alpha\beta\epsilon\nu$, $\dot{\alpha}\lambda\lambda$' $\dot{\epsilon}\pi\iota\lambda\alpha\mu\beta\acute{\alpha}\nu\epsilon\tau\omicron$, *Schol. ap. Matt.*, citada en Bleek II.i.352) que él, Crisóstomo y otros interpretaron como la acción de la naturaleza divina apoderándose de la naturaleza humana mientras esta trataba de escapar. Esta explicación, aunque resulta fantasiosa si se fuerza, tuvo el mérito de reconocer la raíz que significa "agarrar, asirse, atrapar", pero siguió estando limitada por la cristología de las dos naturalezas. Esta situación cambio en 1551 cuando Sebastián Castello, en su Biblia latina (la cual no respetó al traducirla al francés en 1555), tradujo $\dot{\epsilon}\pi\iota\lambda\alpha\mu\beta\acute{\alpha}\nu\epsilon\tau\alpha\iota$ como *opitulatur* ("acude en ayuda de, socorre, alivia"), una traducción que, aunque fue condenada por Beza como "una maldita insolencia" (Moffatt; *execranda... audacia*), "pronto se adoptó universalmente" (Westcott). Sin embargo, el rechazo de la interpretación cristológica no implicó que todos los académicos llegaran a la conclusión de que traducirlo solo como "ayuda" fuera adecuado (aunque Andriessen-Lenglet, de manera poco convincente, alegan que $\dot{\epsilon}\pi\iota\lambda\alpha\mu\beta\acute{\alpha}\nu\omicron\mu\alpha\iota$ es sinónimo de $\dot{\alpha}\nu\tau\iota\lambda\alpha\mu\beta\acute{\alpha}\nu\omicron\mu\alpha\iota$). Westcott recomendó la traducción "se ocupa de ayudar", y esa es la manera en que interpretó el verbo Spicq ("saisir, agripper"), seguido por P. E. Hugues y también por F. F. Bruce ("tomar"), en consonancia con Simpson, obviamente en sentido figurado; cf. LSJ III, Bauer 2c.

Las razones para el rechazo de la traducción: "asumió (una naturaleza humana)" podrían resumirse de la siguiente manera: (a) No hay ningún ejemplo de este uso en la Biblia griega ni en ningún otro lugar. (b) Cualquiera que sea el significado exacto de $\sigma\pi\acute{\epsilon}\rho\mu\alpha$ $\dot{A}\beta\rho\alpha\acute{\alpha}\mu$ aquí (véase más adelante), se trata claramente de algo más concreto que la "naturaleza humana". Sin el artículo, $\dot{\alpha}\gamma\gamma\acute{\epsilon}\lambda\omega\nu$ y $\sigma\pi\acute{\epsilon}\rho\mu\alpha\tau\omicron\varsigma$ $\dot{A}\beta\rho\alpha\acute{\alpha}\mu$ denotan clases, no individuos, pero nada tan abstracto como la naturaleza angélica o humana. (c) Resultaría inadecuado emplear el tiempo presente para referirse a la encarnación. (d) Si este fuera el significado del v. 16, no indicaría ningún avance sobre lo que se dijo en el v. 14a, y la conjunción introductoria $\gamma\acute{\alpha}\rho$ carecería de sentido.

Podría, de hecho, considerarse que $\dot{\epsilon}\pi\iota\lambda\alpha\mu\beta\acute{\alpha}\nu\epsilon\tau\alpha\iota$ marca un punto intermedio en el argumento entre el verbo $\mu\epsilon\tau\acute{\epsilon}\sigma\chi\epsilon\nu$ en el v. 14, que se refiere a la participación de Cristo en la condición humana durante su encarnación, y el verbo $\beta\omicron\eta\theta\tilde{\eta}\sigma\alpha\iota$ en el v. 18, que alude a su ayuda presente. El término "ayuda" transmite algo del significado de ἐπιλαμβάνεται, pero la pérdida de la metáfora conlleva cierta pérdida del significado. Entre las traducciones modernas, algunas se refieren erróneamente al acontecimiento pasado de la encarnación (RVA, "tomó para sí"). Buchanan no ofrece ninguna explicación con respecto a su traducción como "preferir". La versión que más se acerca a la metáfora y al significado es tal vez la de la *Biblia Interconfesional* en español (Madrid 1978): *tender una mano;* cf. Vanhoye, "hacerse cargo de".

El sujeto implícito de ἐπιλαμβάνεται, como ocurre a lo largo de los vv. 14-18, es, sin duda Cristo, no la muerte, como, al parecer, insinúa la Peshita (Bonus).

La controversia sobre el significado de σπέρμα Ἀβραάμ ha sido menos acalorada, pero también quizás menos concluyente, que sobre ἐπιλαμβάνεται. Cada vez que se consideraba que ἐπιλαμβάνεται se refería a la encarnación, a σπέρμα Ἀβραάμ se le imponía el significado de "naturaleza humana". Y aun en el caso en que se rechace esa interpretación, existe una tendencia generalizada a presuponer que "nuestro autor habría coincidido con Pablo" (Montefiore; de manera similar F. F. Bruce) aplicando esta frase a los cristianos sin tener en cuenta su raza (cf. Ro. 9:6; Gal. 3:7, 16, 19). Es cierto que una crítica cristiana del concepto del linaje de Abraham subyace en otros textos neotestamentarios, como por ejemplo, Mateo 3:9‖ y Juan 8:39. Sin embargo, en ninguno de estos textos se da simplemente por sentado que todos los cristianos se identificaran con los hijos de Abraham, como tendría que ocurrir si el uso casual de σπέρμα Ἀβραάμ en el presente versículo tuviera este significado. En Pablo, no se presupone una interpretación no racial de la frase, sino por el contrario, se defiende enérgicamente, de un modo que no tiene paralelo en Hebreos. No es necesario ir al otro extremo y considerar que la frase se refiere estrictamente al linaje de Abraham (así piensan Bleek, Riggenbach, Michel, Buchanan; Braun, sin embargo, discrepa). El autor no se ocupa de los gentiles; sin embargo, ningún lector de la Torá podía ignorar el hecho de que el propio nombre "Abraham" implicaba "una multitud de naciones" (Gn. 17:4-6; cf. v. 16 acerca de Sara), u olvidar que las Escrituras presentan a Abraham como padre de Ismael y también de Isaac. Hay testimonios rabínicos tempranos (Tosefta; cf. *Ber.* 13a, citado en S-B 3.211) que acreditan que este pasaje se aplicaba sin restricciones a "todos los que vienen al mundo". Es obvio que el tema del linaje legítimo de Abraham era un asunto candente en los círculos cristianos (Jn. 8:33-44; Ro. 4:13-25; Gá. 3:6-18). Es, pues, muy poco probable que ya, en aquel tiempo, incluso entre los cristianos judíos, la frase σπέρμα Ἀβραάμ se usara exclusivamente respecto a los judíos.

La elección de las palabras por parte del autor está influenciada por la realidad histórica de que Jesús era del linaje de Israel, y por tanto, de Abraham. Su pensamiento se desplaza en la dirección opuesta a la que sugieren Andriessen-Lenglet (en consonancia con Ungehuer 1939), quienes comentaron que la encarnación es "una consecuencia lógica" del hecho de que el Hijo de Dios y los seres humanos son hermanos. El hecho histórico fue expresado naturalmente en el AT (4Re. 20:7; Sal. 105[104 LXX]:6, véase también el contexto; cf. Jer. 33:26 [no en la LXX]; no se usa σπέρμα Ἀδάμ) y por la expresión contemporánea σπέρμα Ἀβραάμ (Jn. 8:33, 37; Ro. 9:7; 11:1; 2Co. 11:22; Gá. 3:29). Si tratamos de asimilar el pensamiento de Hebreos al de Pablo perdemos de vista la forma en que ambos se complementan mutuamente. Aunque el autor de Hebreos, en contraste con Pablo, no es consciente de las importantes implicaciones de la misión gentil, sí da testimonio de manera independiente de la identidad esencial y la continuidad del pueblo de Dios (ὁ λαός, v. 18) bajo la antigua dispensación y la nueva por igual. "No se presupone una restricción particularista de la obra redentora de Cristo al pueblo judío; sin embargo, el modo en que se expresa el autor demuestra que el tema de la participación de los gentiles en la salvación está más allá del horizonte del presente análisis, y que él está tratando con lectores que, en general, pertenecen al pueblo judío" (Riggenbach 56s.). En cuanto a σπέρμα Ἀβραάμ en las cartas paulinas, véase Byrne 1979.

El propio Abraham juega un papel importante en Hebreos; 6:13.

El resto del versículo presenta pocos problemas. Δήπου*** no implica, como Lutero pensaba, "en ninguna parte de las Escrituras dice...". Δήπου es una expresión literaria que indica que lo que sigue es una información que el autor suponía que sus lectores ya tenían: "por supuesto", "como ustedes saben..." e incluso, "obviamente" son traducciones posibles (MHT 3.339; BD §§107, 441). En lo que respecta a la estructura literaria la referencia a los ángeles equilibra lo que se dijo en 2:5; en cuanto al contenido solamente, los ángeles se contrastan ahora con los "hijos", no con el Hijo.

Véase Kögel 1904.81-86; respecto a los vv. 16-18, Vanhoye 1980.87-91.

2:17 Cristo es el sumo sacerdote que se ocupa de los pecados de su pueblo

Este versículo es un centro neurálgico de la epístola, resume en su última cláusula (v. 17a, hasta ὁμοιωθῆναι) el análisis desde el v. 10, y anuncia en las cláusulas subordinadas que siguen (ἵνα..., 17b, y εἰς τό..., 17c) las dos principales preocupaciones doctrinales del autor, a saber, el estatus de Cristo como sumo sacerdote y su obra lidiando con los pecados. El v. 18, vagamente relacionado con el presente versículo, indica la preocupación pastoral complementaria del autor. Desde el punto de vista de la estructura literaria, estos versículos, por tanto, cumplen una función de transición; sin embargo, las bisagras forman una parte esencial de esta estructura. Estructuralmente también, este versículo constituye una combinación impactante de lo antiguo (v. 17a) con lo nuevo (v. 17b, ἀρχιερεύς; 17c, ἱλάσκεσθαι). Kistemaker (1961.101; véase también su comentario) descubrió en el v. 17 las cuatro perspectivas que se necesitan para entender toda la epístola, cada una de las cuales está relacionada con un salmo: (a) la humanidad de Jesús; cf. Salmo 8:5-7; Hebreos 2, especialmente los vv. 6-8; (b) su fidelidad, cf. Salmo 95:7-11; Hebreos 3:1–4:13, sobre todo 3:7-11; (c) Jesús como sacerdote misericordioso, Salmo 110:4; Hebreos 4:14–5:10, en particular 5:6 y (d) la manera en que Jesús trata con el pecado, Salmo 40:6-8; Hebreos 9:1-10, en especial 10:5-7.

Desde un punto de vista, puede considerarse que 2:17 guarda una relación especialmente estrecha, aunque en gran medida implícita, con 3:1-6, en cuanto a la fidelidad de Moisés y de Cristo, y con 3:7–4:13, con respecto a la fidelidad de Dios a su promesa y la infidelidad de Israel para con Dios. Sin embargo, desde otro punto de vista, 3:7–4:13 aparece como una extensa digresión antes que el autor reanude en 4:14 con el tema del sumo sacerdocio de Cristo. Desde la perspectiva de la reflexión teológica posterior, puede decirse que 2:17 contiene material para una cristología de las dos naturalezas, y el v. 17c (ἱλάσκεσθαι) ha sido objeto de profundos análisis relacionados con la obra de Cristo. Ese tipo de preocupaciones doctrinales en algunas ocasiones han provocado que se fuerce la exégesis y que resulte difícil escuchar con claridad el acento distintivo del escritor. En el resto de la epístola se desarrollarán temas que aquí se tocan ligeramente o solo se implican. No obstante, es importante escuchar también los silencios de Hebreos, y reconocer los aspectos del argumento (como por ejemplo, la muerte de Cristo considerada como un sacrificio de sí mismo) que el autor aún no está listo para presentar.

Ὅθεν, "así que", como es lógico, (Bauer 3; BD §451.6), es más fuerte que γάρ (v. 16) y sugiere una referencia más amplia que οὖν (v. 14). El autor de Hebreos usa el término con más frecuencia que cualquier otro autor del NT (3:1; 7:25; 8:3; 9:18; 11:19*; no aparece en los escritos de Pablo, aunque cf. Hch. 16:19; ni en Juan, aunque cf. 1Jn. 2:18). Ὅθεν no siempre indica, como sí ocurre en 3:1, una transición importante. Su función es introducir en el v. 17a el resumen del presente argumento que comenzó en el v. 10. Este resumen indica cuán lejos ha llegado el argumento desde la cita en los vv. 6-8 que le dio inicio (Swetnam 1981.119).

En el resto del v. 17a se repiten ideas viejas con un lenguaje nuevo. Ὤφειλεν hace recordar el verbo más fuerte ἔπρεπεν en el v. 10, y (junto con la referencia a los ángeles en el v. 16) hace una inclusión que le da unidad al párrafo. Κατὰ πάντα: "en todos los aspectos", Hechos 17:22; Colosenses 3:20, 22; Hebreos 4:15; Bauer, *s.v.* κατά II.6; cf. el adjetivo adverbial πάντα, 1 Corintios 9:25, y τὰ πάντα, Efesios 4:15. La frase aquí refleja el adverbio παραπλησίως (v. 14), en un contexto similar. Τοῖς ἀδελφοῖς repite la palabra clave de la cita en el v. 12

Ὁμοιωθῆναι concuerda con μετέσχεν (v. 14). El efecto que se busca es restar importancia para continuar con las declaraciones prospectivas en el v. 17bc.

Ὀφείλω indica que se trata de una obligación moral y no por la fuerza. No se usa en ningún otro lugar del NT con referencia a Cristo. Se emplea en 5:3 con respecto a los sacerdotes humanos, y en 5:12 a los lectores. Véase el comentario sobre ἔπρεπεν, v. 10.

Κατὰ πάντα realza el significado de ὁμοιωθῆναι, y descarta la posibilidad de atribuirle al verbo un sentido debilitado, como por ejemplo "ser similar a". El significado se acerca al de κατὰ πάντα καθ' ὁμοιότητα en 4:15*, pero allí se hace referencia específicamente a la tentación, y por eso, la salvedad χωρὶς ἁμαρτίας resulta adecuada. El uso repetido de πειράζω en 2:18, y la idea del párrafo en su conjunto, sugieren que aun en el v. 17 κατὰ πάντα puede referirse especialmente a los "padecimientos" de Cristo, es decir, a su muerte (vv. 9s., 14). 7:3, ἀφωμοιωμένος. En cuanto a la idea, cf. Filipenses 2:7s.

Τοῖς ἀδελφοῖς probablemente significa "los ἀδελφοί que ya se mencionaron en los vv. 11s." (cf. τὰ πάντα, v. 14). El pronombre implícito αὐτοῦ puede haberse omitido para aligerar la oración; cf. διὰ τοῦ θανάτου, v. 14. Es posible que τοῖς ἀδελφοῖς sin αὐτοῦ se refiera a "la comunidad cristiana", como en Hechos 10:23; 1 Timoteo 6:2; 1 Juan 3:14; pero este uso no se encuentra en ningún otro lugar en Hebreos, no es habitual en el NT y tampoco lo exige el contexto. Al igual que en el versículo anterior aquí hay una referencia a la semejanza natural entre Cristo y la humanidad en general: la relación que expresa la metáfora del parentesco es la misma que existe entre el que santifica y los que son santificados (v. 11).

En especial, si, como se sugirió antes, κατὰ πάντα se refiere principalmente a la muerte de Cristo, ὁμοιωθῆναι* podría aludir, de forma más general, a su identificación con la situación humana, como una condición necesaria para su muerte, y por ende, para su obra como sumo sacerdote. No está claro si ὁμοιωθῆναι debería traducirse como "hacerse semejante" o "ser hecho semejante" (el significado "ser declarado semejante", y de ahí, "ser comparado con", es imposible en el contexto). El contexto más próximo, en el que Cristo es el sujeto, sugiere la traducción "se hizo semejante" (así Braun, Grässer, TEV). Sin embargo, la relación entre este versículo y el v. 10, y la referencia renovada a la actividad de Dios en 3:2-4, sugieren que la actividad de Dios puede estar implícita aquí, y en ese caso el significado es "ser hecho semejante" (así Michel, Vanhoye, Attridge, Lane, NIV, LBLA). Si se tiene en cuenta la tendencia del autor de Hebreos a exponer sus argumentos basándose en comparaciones y contrastes, resulta bastante llamativo que el verbo ὁμοιόω no vuelva a usarse, aunque sí cf. ὁμοιότης, 4:15; 7:15**; ὁμοίως, 9:21*. Tampoco se usa ὅμοιος ni otros términos cognados en Hebreos en comparaciones tipológicas; la conjunción menos enfática ὡς (3:2) sí se emplea con frecuencia. A la luz de la descripción de Cristo como sumo sacerdote en el v. 17b, es posible que ὁμοιωθῆναι aquí implique un contraste con los sumos sacerdotes judíos, cuya investidura y labor suponían cierta distinción y separación entre ellos y los demás (Vanhoye 1969.373s.).

La construcción del v. 17b, ἵνα … τὰ πρὸς τὸν θεόν, ha sido cuestionada desde la época patrística. El principal tema polémico es si ἐλεήμων debe tomarse en forma independiente ("misericordioso y un fiel sumo sacerdote"), en consonancia con la Vulgata, la Peshita, Crisóstomo, Lutero, Bleek y Michel con cierta reserva; o junto con πιστὸς ἀρχιερεύς ("un misericordioso y fiel sumo sacerdote"), tal como hacen Atanasio, Cirilo de Alejandría, Delitzsch, Westcott, Riggenbach, Windisch, Moffatt, Braun, Attridge, Lane, Grässer, y todas las traducciones modernas que se han consultado. El orden de las palabras en la segunda alternativa es inusual pero no es el único caso en Hebreos (cf. 1:4). La separación de ἐλεήμων y πιστός por medio del verbo γένηται puede tener por objeto dar énfasis, o más probablemente, distinguir la virtud de la misericordia, a la que se hará referencia inmediatamente en el v. 18, de la virtud de la fidelidad, que será el tema central de 3:1-6. La idea de que Cristo puede "llegar a ser misericordioso", al margen de su obra como sumo sacerdote, plantea problemas innecesarios.

Ἐλεήμων: en ningún otro lugar de la Biblia griega se describe a un sacerdote o a un sumo sacerdote como misericordioso, y Filón (*Spec. Leg.* 1.115s.) insiste en que es necesario que ellos se separen de todo afecto humano natural. En los sinópticos, a Jesús se le pide con frecuencia que tenga misericordia (Mt. 9:27; 15:22; 17:15; Mr. 5:19; 10:47s.‖; Lc. 17:13; 18:38s.), y el verbo ἐλεέω forma parte de la enseñanza de Jesús (Mt. 5:7; 18:33; Lc. 16:24). En 4:15s. (ἔλεος*) se desarrolla la idea, pero, por lo demás, la misericordia no ocupa ningún lugar prominente en el vocabulario del autor de Hebreos, el cual usa χάρις en forma más generosa (2:9). En la LXX, se emplea a menudo el término ἐλεήμων con respecto a Dios (p. ej., Éx. 22:27); en el Salmo 145[144 LXX]:8, 13a junto con πιστός con relación a ὁ κύριος, que el autor de Hebreos puede haber considerado que se refería a Cristo; en la literatura sapiencial (p. ej., Pr. 11:17), se emplea el adjetivo ἐλεήμων para calificar al hombre justo (cf. Mt. 5:7**); y también a Dios en algunas tradiciones no bíblicas (Braun). Una vía de la que se vale el autor para preparar a sus lectores para la introducción del término distintivo ἀρχιερεύς es el uso de los adjetivos conocidos ἐλεήμων y πιστός, aunque ambos, tal como muestran los versículos que siguen, son importantes para el argumento.

Γίνομαι es un verbo común en Hebreos así como en otros lugares (1:4). Sin embargo, se emplea con una frecuencia peculiar en Hebreos en conexión con la muerte y la exaltación de Cristo (1:4; 5:9; 7:22, 26; 9:15, cf. 9:22); más específicamente, con el estatus que alcanzó de sumo sacerdote (aquí y en 5:5, 9; 6:20); y con los acontecimientos que se contrastan con este hecho (7:16, 18, 20, 23) o que se derivan de él, ya sea en la acción de Dios (7:18; 9:11 texto) o en las vidas de los creyentes (3:14; 6:4). Cuando Cristo llegó a ser sumo sacerdote, algo de suprema importancia "sucedió" (5:5).

Πιστός se usa con referencia a la fidelidad de Dios a sus promesas en 10:23; 11:11; por lo demás, solo en 3:2, 5* en alusión a Números 12:7. Pablo aplica el término con más frecuencia a Dios (1Co. 10:13; 2Co. 1:18; 1Ts. 5:24) que a Cristo (¿2Ts. 3:3?; cf. 2Ti. 2:13); en las pastorales aparece la frase característica πιστὸς ὁ λόγος (p. ej., 1Ti. 1:15). Si el presente versículo se analizara en forma aislada, resultaría natural interpretar πιστός como "confiable", es decir, "que es digno de la confianza de los creyentes", o, a la luz del v. 18 (cf. 4:14s.), que Jesús permaneció fiel a Dios a pesar de la tentación o la prueba. En 3:2, 5, sin embargo, la palabra claramente implica "fiel en el desempeño de una tarea que ha sido encargada por Dios" (así piensa Vanhoye 1967; cf. Ne. 9:8; 13:13; Nm. 12:7), y en el presente versículo, esto sugiere el significado de "fiel a Dios en el oficio de sumo sacerdote". En ese caso, la descripción del propio Jesús como un creyente trasciende el lenguaje de Hebreos, pero cuando se aplica a los cristianos, πιστός sí tiene ese significado en 2 Corintios 6:15; Efesios 1:1; Hebreos 12:2. La función de Jesús como autor y consumador de la fe de los cristianos guarda una relación muy estrecha con su propio padecimiento de la muerte. En cuanto a la fe en Hebreos, 4:2. En 1 Samuel 2:35 se menciona un ἱερεὺς πιστός que remplazará a los sacerdotes indignos Ofni y Finees, y para el cual Dios edificará una οἶκὸν πιστόν (cf. Heb. 3:1-6). Es posible que el autor de Hebreos haya sido influenciado por este pasaje, pero no pudo citarlo directamente porque en dicho pasaje se distingue en forma explícita el "sacerdote fiel" de χριστός μου, que en el contexto veterotestamentario se refiere al rey. Véanse Bauer 1a; R. Bultmann en *TDNT* 6, especialmente 203, 208.

La combinación ἐλεήμων καὶ πιστός se ha tomado como un reflejo de la frase hebrea *ḥesed we-emet* en pasajes como Deuteronomio 7:9; cf. Éxodo 34:6; Deuteronomio 26:16-19, todos ellos en contextos que se refieren al pacto de Dios con su pueblo. Un intérprete cristiano podría haber descubierto en cualquiera de estos pasajes una alusión a Jesús como κύριος, pero el lenguaje de la LXX difiere tanto de la fraseología del presente pasaje que no es posible sugerir una influencia directa. Resulta llamativo que el autor de Hebreos no muestre ningún interés por contrastar a Jesús con los sumos sacerdotes infieles que los escritos de Qumrán atacan tan enérgicamente (véanse Buchanan, y Buchanan 1975.322-325). Incluso cuando el escritor contrasta en los capítulos 8–9 a Jesús con los sacerdotes de la antigua dispensación, él se refiere a la inferioridad del sistema, y en términos generales, a la debilidad humana y al pecado de los antiguos sumos sacerdotes, y no a ningún abuso en particular, como por ejemplo, los relacionados con Juan Hircano y sus sucesores. Esto encaja con la falta de interés aparentemente generalizada en Hebreos por el culto contemporáneo y sugiere un lugar de origen fuera de Palestina.

Ἀρχιερεύς: puesto que Hebreos es el único escrito del NT en el que a Jesús se le llama sumo sacerdote y este título se usa frecuentemente en la epístola, el significado y el origen del término han sido objeto de profundos análisis. Es conveniente distinguir entre (1) el uso en Hebreos de ἀρχιερεύς y otros términos relacionados; (2) el lugar que ocupa el tema del ἀρχιερεύς en la estructura de Hebreos; (3) el lugar del concepto dentro de la cristología de Hebreos y (4) su origen.

(1) Ἀρχιερεύς aparece con frecuencia en Hebreos. Se aplica a Cristo (aquí y en 3:1; 4:14s.; 5:5-10; 6:20; 7:26; 8:1; 9:11) y, por comparación y en contraste, a los sumos sacerdotes del antiguo orden (5:1; 7:27s.; 8:3; 9:7, 25; 10:11 *v.l.*;* siempre en plural o en singular genérico, especialmente πᾶς ἀρχιερεύς). Ἱερεύς se usa, de manera similar, para referirse a Cristo (4:17, 21; 5:6 = Sal. 110:4; 7:11, 15; 8:4; 10:21); a Melquisedec, como tipo de Cristo (7:1, 3); y a los sacerdotes israelitas (7:14, 20, 23; 9:6, en plural en todos; en el texto de 10:11*, πᾶς ἱερεύς). En Hebreos ἱερεύς no se aplica a los cristianos, como sí ocurre en forma colectiva en Apocalipsis 20:6 (cf. 1:6; 5:10) y como cuando en 1 Pedro 2:5 se habla del ἱεράτευμα cristiano. Lo más que puede decirse es que la sumisión obediente a la voluntad de Dios que marcó el sacerdocio y el sacrificio de Cristo (10:7, 9) debe caracterizar también las vidas de los cristianos (10:36; 13:21, cf. v. 16; Vanhoye 1978a.319s.). Pablo no hace uso de ninguno de los dos términos. El autor de Hebreos no se muestra interesado ni por los sacerdotes ni por los sumos sacerdotes israelitas. Y tampoco hace, tal vez de manera sorprendente, ninguna distinción significativa entre ἱερεύς y ἀρχιερεύς. Cuando cita y explica el texto clave de Salmo 110:4, conserva el término ἱερεύς; en otros lugares, prefiere ἀρχιερεύς. Ἱερεύς en el Salmo 110:4 se glosa como ἀρχιερεύς en 5:5-10; 6:20; y 7:26, y ἱερεύς no se emplea con referencia a Cristo fuera de la exposición del Salmo 110:4 sin algún tipo de calificativo como ἕτερος, 7:11, 15, o μέγας, 10:21. En 10:21, ἱερέα μέγαν claramente se equipara con ἀρχιερέα; en 4:14, ἀρχιερέα μέγαν no parece conllevar ningún énfasis adicional. La explicación más simple de la preferencia del autor de Hebreos por ἀρχιερεύς es que, debido

a la devaluación del lenguaje, ἱερεύς ya implicaba en la época neotestamentaria una posición subordinada. El propio término ἀρχιερεύς, en el NT en general, es más común en plural que en singular, lo cual sugiere la existencia de una clase de sacerdotes principales, o incluso, un "comité ejecutivo del sanedrín" (nota del glosario en GN); véase G. Schrenk en *TDNT*3.263-83. Jeremias 1969.160-163, sin embargo, al describir las funciones de varios funcionarios del templo, afirma que solo había un sumo sacerdote (propiamente dicho) a la vez. Las referencias de la LXX a los sumos sacerdotes son más variadas que las de Hebreos; véase el párrafo (4) más adelante. En contraste con el uso generalizado de (ἀρχ)ιερεύς, el autor de Hebreos evita todos los términos cognados de ἱερεύς con excepción de ἱερατείαν, 7:5*. En cuanto a λειτουργέω y otros términos cognados, λατρεύω y sus cognados, τὸ ἅγιον/τὰ ἅγια, véanse respectivamente los comentarios sobre 1:7; 8:5; 9:1. Existe una conexión posible, aunque indirecta, entre los títulos ἀρχιερεύς y ἄρχων, porque ἀρχηγός y ἄρχων son traducciones alternativas del término hebreo *rō'š* (y el menos común *nāśî'*), y ἄρχων se usa para referirse al sumo sacerdote en Hechos 23:5 = Éxodo 22:28 (27 LXX). No obstante, en Hebreos no se usa ἄρχων, y es probable que el autor no haya tenido acceso al texto hebreo.

(2) Hay numerosos indicios de la importancia del tema del ἀρχιερεύς en la estructura de Hebreos en general. Para preparar este primer uso del término se hicieron algunas referencias discretas a la obra de Cristo empleando un lenguaje cultual, en 1:3 καθαρισμὸν τῶν ἁμαρτιῶν ποιησάμενος, y en 2:10b. Las primeras apariciones de ἀρχιερεύς, aquí y en 3:1, carecen de énfasis ya se encuentran en medio de una cláusula, y el tema no se retoma hasta 4:14s. Allí se menciona primero "un sumo sacerdote", con un poco más de insistencia, pero se identifica inmediatamente de un modo más tradicional como "Jesús, el Hijo de Dios". El análisis se amplía en el capítulo 5 e incluye una comparación preliminar con el sacerdocio veterotestamentario, y en 5:5s. se combinan los dos títulos cruciales de Hijo y (sumo) sacerdote, cada uno dentro de una cita del AT. En 5:10 vuelve a hacerse referencia de pasada al sumo sacerdocio de Melquisedec, y acto seguido, el autor le da inicio a un pasaje parenético de reproche afirmando casi explícitamente que su enseñanza más difícil estará relacionada con este tema. El sumo sacerdocio y el sacrificio "melquisedecianos" característicos de Cristo, y la superioridad de los mismos en relación con el antiguo orden, dominan la sección doctrinal central de 7:1–10:18; cf. 10:21. El clímax del argumento se alcanza cuando el autor presenta a Cristo como sumo sacerdote y como sacrificio (9:12, 14) al mismo tiempo, un hecho del que se extrae una conclusión lógica en 9:25, y que se repite en función de la obediencia en 10:5-10. Después de esto, el tema específico del sumo sacerdocio de Cristo retrocede otra vez a un segundo plano, aunque el lenguaje cultual es frecuente en el resto de la epístola (p. ej., 11:4, 17, 28; 12:14s., 18-24, 28; 13:10-16, 20).

(3) Puede destacarse varios aspectos de la importancia del término (ἀρχ)ιερεύς:

(a) Hay discrepancias en cuanto a si, a medida que se desarrolla el tema del sumo sacerdocio, este va absorbiendo gradualmente el significado de υἱός (Klappert 38, 41; Pokorný 414); o si los dos nombres están en igualdad de condiciones y se complementan mutuamente (Vanhoye 1963a.112s.; Schrenk en *TDNT* 3.276n.53; Michel 164: "Hijo era (1:3; 5:7s.), y en sumo sacerdote se convirtió (2:17; 5:10)", cf. 165-169. Los títulos aparecen estrechamente unidos en 5:5s., donde se hace patente que ambos son conferidos por nombramiento divino, y 7:28 muestra de manera llamativa que la frase εἰς τὸν αἰῶνα τετελειωμένον, basada en el Salmo 110:4, se transfiere del sumo sacerdote al Hijo. Es, pues, imposible, forzar al "Hijo" y al "sumo sacerdote" respectivamente en las categorías definidas más tarde como las naturalezas divina y humana de Cristo. Por un lado, "Hijo" incluye elementos de subordinación que se hacen explícitos en 5:8, y a los que se alude indirectamente en 12:5-11; por otro lado, el título de sumo sacerdote guarda una relación estrecha, por no decir exclusiva, con el ministerio celestial de Cristo (véase [c] más adelante). El desarrollo del argumento en Hebreos, junto con el uso generalizado del título "Hijo" en la tradición cristiana (p. ej., Hch. 13:33; Ro. 1:4; Mr. 1:11), sugiere que υἱός era un nombre que ya reconocían los primeros lectores de Hebreos, mientras que ἀρχιερεύς era un título nuevo para el que había que prepararlos (así A. B. Bruce 11; A. Milligan 102; Griffin 292 discrepa).

(b) Esto se relaciona estrechamente con la siguiente pregunta: ¿Qué era lo que probablemente les resultaría nuevo a los lectores, la enseñanza de Hebreos sobre el sumo sacerdocio de Cristo en general, o más específicamente, la enseñanza acerca de su sumo sacerdocio κατὰ τὴν τάξιν Μελχισέδεκ? La referencia a Melquisedec, al igual que el uso del propio título de sumo sacerdote, se hace por primera vez de pasada (5:6, 10), y se desarrolla solo más tarde (6:20). 5:11a afirma casi explícitamente que el autor tiene una enseñanza nueva acerca de este tema que va a presentarles, y es razonable suponer que una parte al menos de esta enseñanza está contenida en el capítulo 7. Es probable (7:1) que ya por ese entonces el autor de Hebreos estuviera al tanto de algunas de las especulaciones contemporáneas en torno a Melquisedec. Horton 1976 alega de manera convincente que lo que despertó su interés por Melquisedec fue que este personaje es el primer sacerdote que se menciona en la Biblia, y por ende, la figura sacerdotal arquetípica, aunque esto tal vez no haya sido más que un factor determinante, porque la referencia a Melquisedec en el Salmo 110:4 de toda forma exigía una explicación (McCullough 1979). Podemos reconciliar estos hechos sugiriendo que el autor usó las especulaciones contemporáneas sobre Melquisedec como un punto de contacto para su enseñanza peculiar acerca del sumo sacerdocio eterno de Cristo, es decir, un sacerdocio más elevado y permanente relacionado con el reino celestial.

(c) Hay discrepancias en cuanto a si el autor consideraba que el título de (ἀρχ)ιερεύς le había sido otorgado a Jesús solo después de su exaltación, o si había sido suyo desde el primer momento de su encarnación, o desde la eternidad. Los testimonios sugieren que las primeras dos posibilidades no son mutuamente excluyentes. Del mismo modo que en la tradición cristiana primitiva, la muerte de Jesús era inseparable de su resurrección, así también en Hebreos el título de sumo sacerdote une (i) el único sacrificio por el que Cristo obtuvo ese título, y (ii) el ministerio de sumo sacerdote que ha ejercido sin cesar desde exaltación. Resulta significativo que muchos de los pasajes en los que a Cristo se le llama sumo sacerdote contienen expresiones que denotan movimiento o un cambio de estado: γένηται aquí; véanse también 3:1; 4:14; 5:5; 6:20; 9:11s. En la mayoría de estos pasajes se combinan referencias a la muerte de Cristo en la tierra con su actividad actual en el cielo. El presente versículo sugiere que él "llegó a ser" sumo sacerdote para poder tratar continuamente (ἱλάσκεσθαι presente) con los pecados del pueblo. El sumo sacerdote celestial conserva la experiencia de sus pruebas terrenales (4:15). "Fue hecho" sumo sacerdote después de haber pasado a través del sufrimiento a juicio (5:5-10). Su estatus celestial no puede separarse de la cruz ἐφάπαξ (7:26-28; 9:11s.). En ningún lugar se sugiere que Cristo fue sumo sacerdote eternamente, o que él "llegó a ser" sumo sacerdote durante su vida terrenal, antes o independientemente de su muerte (Schröger 127 discrepa). Lo más se puede decir, es considerar que las referencias a sus pruebas y padecimientos (sobre todo 2:18; 5:7) incluyen no solo la cruz, sino también la experiencia de Getsemaní, y posiblemente sus tentaciones en el desierto.

(d) Esto puede resumirse diciendo que cuando el concepto del sumo sacerdocio se aplica a Cristo expresa la unidad de Cristo con los seres humanos en una tradición histórica particular (5:1) y además, su conducción del pueblo peregrino de Dios hacia el santuario celestial. En definitiva, sin embargo, el tema del sumo sacerdocio de Cristo se desarrolla en el de su sacrificio. En este punto, la enseñanza característica de Hebreos se reincorpora a la amplia corriente de la tradición cristiana (cf. Ef. 5:2; 1Pe. 1:19).

El propósito de este sacrificio, tal como se describe en sentido negativo en el v. 17c , es tratar con el pecado, y en sentido positivo, según el v. 18, es ayudar a los creyentes que están siendo probados, y en el contexto más amplio de lograr que tengan acceso a la verdadera comunión con Dios en la adoración del cielo (12:18-24). (Ἀρχ)ιερεύς en Hebreos es un título que se aplica en la dispensación cristiana solo a Jesús, y no, como se insinúa en 1 Pedro 2:5 (= Éx. 19:6; cf. Ap. 1:6; 5:10; 20:6; 22:5), a los creyentes.

(4) El debate en torno al *origen* del uso de (ἀρχ)ιερεύς en Hebreos se ha llevado a cabo en tres niveles principales.

(a) El primer aspecto del problema es negativo, a saber, determinar si, y en casi afirmativo, por qué, el uso en Hebreos es tan excepcional en el NT como a priori parece. No resulta difícil entender por qué otros escritores neotestamentarios no deberían haber usado el título (ἀρχ)ιερεύς al hablar de Cristo. Jesús no era, tal como señala Hebreos 7:14, un descendiente de Leví, y menos muchos de Sadoc, y no podría haber sido reconocido como sacerdote o sumo sacerdote durante su ministerio terrenal. Todos los evangelios presentan a los "sumos sacerdotes" como un grupo, y a los individuos que lo componen, como adversarios destacados de Jesús e involucrados en su muerte (p. ej., Mr. 14:1, 10, 43, 53‖; Jn. 18:3, 35; 19:6, 15, 21). Hechos confirma la oposición de ellos al cristianismo en el período siguiente a la resurrección (p, ej., Hch. 4:1 *v.l.*, 23; 5:24; 9:14, 21; 22:30; 23:14; 25:2, 15). Hay otros indicios de que el concepto de la muerte de Jesús como un sacrificio propendía a describir su obra en términos sacerdotales (Ro. 8:34; 1Jn. 2:1s.), y en Juan 17:19 un lenguaje de ese tipo se le atribuye al propio Jesús. Sin embargo, al margen de las asociaciones generalmente negativas del término, resultaba un tanto incómodo hablar de la muerte de Cristo como un sacrificio ofrecido por él mismo en calidad de sumo sacerdote. Un desarrollo así podría esperarse primero en suelo gentil. Attridge (97-103) descubre las raíces de la cristología sacerdotal de Hebreos en una tradición cristiana primitiva de Cristo como un intercesor celestial. El autor de Hebreos elabora esta tradición "centrándose en el otro tema "sacerdotal" de la tradición primitiva, el sacrificio que Cristo ofreció de su propia persona..." (102).

(b) La fuente principal del uso en Hebreos puede describirse simplemente como un reflejo cristiano de la LXX. Esto, en esencia, es lo que Schröger (126) describe como "gnosis escrituraria *(Schriftgnosis)*", y Michel (167) como "gnosis esotérica", aunque el término "gnosis" en sí mismo tiene connotaciones erróneas. Dicho reflejo está menos estrechamente relacionado con las tendencias gnósticas, cuyo vocabulario e ideas se eluden en forma sistemática en Hebreos, que con las tradiciones de investigación midrásica, estimuladas hacia una creatividad inusual por el acontecimiento de Cristo (Hch. 17:11; cf. Jn. 5:39; así piensa en general Buchanan xix). Aunque la institución del sumo sacerdocio tal vez sea primitiva (según Levine en *IDB[S]* 688, citando testimonios de Elefantina y Ugarit), las referencias de la LXX a esa institución son pocas y diversas (2Re. [4Re.] 23:4 etc. ὁ ἱερεὺς ὁ μέγας, 2Re. [4Re.] 19:2; 25:18 = Jer. 52:24; 2Cr. 19:11); el título ἀρχιερεύς es poco usual, aparte de las referencias a algunos individuos que se mencionan en los apócrifos. Aun en el texto clave del Salmo 110[109 LXX]:4 no se usa el término propiamente dicho, sino solo ἱερεύς. Sin embargo, además de este versículo, y de la historia de Melquisedec (Gn. 14:17-20) a la que hace referencia, hay una serie de textos que pueden haber despertado el interés del autor en este respecto. Entre ellos se encuentra Levítico 4:3 (≠ TM), que, con un lenguaje propio del Código de santidad, describe al sumo sacerdote como ὁ κεχρισμένος (cf. v. 5, ὁ χριστός), y de ese modo "proporciona un texto autorizado que identifica al sumo sacerdote con el Cristo" (A. H. Williams 109f.). También es posible, a la luz de la perspectiva del autor acerca de la exaltación de Cristo (capítulo 1, sobre todo los vv. 3s., 13s.), que él interpretara selectivamente Zacarías 6:11-13 como: "Dios glorifica a Jesús porque él es el que se levantará (ἀνατελεῖ, cf. 7:14) para edificar la casa del Señor (2:5b; 3:1-6); se sentará y dominará en su trono [de Dios], y será el (sumo) sacerdote a la diestra de Dios, y entre Dios y Jesús habrá consejo de paz" (καὶ ἔσται ὁ ἱερεὺς ἐκ δεξιῶν αὐτοῦ, καὶ βουλὴ εἰρηνικὴ ἔσται ἀνὰ μέσον ἀμφοτέρων). La identificación de este Jesús como "hijo de Josadac" hacía que resultara imposible citar directamente este pasaje. Véase Bleek II.ii.58s. Cf. también 1 Samuel (1Re.) 2:35; 1 Esdras 5:40, y algunos pasajes como Éxodo 29:1-37; Levítico 8–9, especialmente 8:10-13, en los que se presenta a Moisés ejerciendo funciones sacerdotales.

(c) En el tercer nivel, el más complejo, el problema consiste en identificar las influencias secundarias que hayan podido condicionar la lectura que hace el autor de la LXX y añadir matices particulares a su interpretación. Este aspecto del problema exige un examen detallado de cada una de las citas y alusiones (con respecto a las cuales véanse Schröger; Braun; Ellingworth 1977; Griffin; Vanhoye

1978a). Podemos aceptar la advertencia de Michel de que es probable que esas influencias estén subordinadas a la de la propia LXX, y Griffin llega a la conclusión de que "los esfuerzos por descubrir el origen de la cristología del sumo sacerdote en trasfondos distintivamente ajenos al cristianismo" como Qumrán, Filón, las tendencias gnósticas o el misticismo judío de la mercavá "han resultado vanos". Lane, sin embargo, llama la atención sobre el *Testimonio de Leví* 18:[2], 10-12, en el que el Señor levanta un "nuevo sacerdote" que se desempeña como un campeón de Israel. Cabe añadir que de este sacerdote se dice que "no habrá sucesor para él de generación en generación" (v. 8). Desde un punto de vista, es posible que la cristología del sumo sacerdocio en Hebreos constituya una etapa posterior en la misma tradición. Véase Weiss 228-237.

La frase τὰ πρὸς τὸν θεόν (cf. Ro. 15:17; BD §160) refleja un primer intento de ampliar el significado del sumo sacerdocio de Cristo. El caso acusativo aquí tiene que ser adverbial, "con referencia a lo que concierne a Dios". Aparece en algunas fuentes clásicas; en Josefo, *Ant.* 9.236, y sobre todo en Éxodo 4:16, con respecto a Moisés como representante de Aarón delante de Dios; en Éxodo 18:19, con respecto a Moisés como representante del pueblo delante de Dios; y en Deuteronomio 31:27, con respecto a la conducta provocadora de Israel en relación con Dios; cf. también πρὸς τὸν θεόν en el Salmo 78[77 LXX]:34. A la luz de Hebreos 3:1-6 y 3:7–4:11, cualquiera de estos pasajes, o todos ellos, pueden haber influido en el uso que hace el autor de esta frase aquí (cf. también Dt. 1:36; 9:7, 24). Aquí, Spicq SB, comentando sobre Hebreos 5:1, cita algunas expresiones similares, como por ejemplo, τὰ πρὸς βασιλέα (Thuc. 1.128.3), τὰ πρὸς πολένον (2.17.4); εὐσεβεῖν τὰ πρὸς θεούς (Soph. *Phil.* 1441), la frase está inmediatamente conectada con ἀρχιερεύς (F. F. Bruce; Delitzsch discrepa); es posible una conexión secundaria con πιστός ("fiel en las cosas que pertenecen a Dios') pero resulta innecesaria cuando πιστός y ἐλεήμων se toman juntos, tal como se sugirió anteriormente.

Εἰς τό (8:3; 9:13, 28; 12:10; 13:21) indica propósito. En algunas ocasiones puede diferenciarse de ἵνα por cuanto indica un fin menos inmediato y definido. Es posible interpretarlo como "con respecto a" y encajaría en el presente contexto, pero el autor simplemente puede haber evitado un segundo ἵνα por razones estilísticas.

Ἱλάσκεσθαι (cf. ἱλαστήριον, 9:5*, "propiciatorio") se usa en el NT solo aquí y en Lucas 18:13**, donde ἱλάσθητι significa "sé propicio" (cf. Est. 4:17h LXX; Dn. 9:19). El verbo ἱλάσκεσθαι en el versículo que nos ocupa denota la actividad continua que realiza el que permanece siendo sumo sacerdote εἰς τὸν αἰῶνα (5:6 = Sal. 110[109 LXX]:4) después de su exaltación. Un significado común de ἱλάσκομαι fuera de la Biblia es "propiciar", y tiene como complemento a Dios o a los dioses (Estrabón 4.46; Filón, p. ej., *Plant.* 162; *Spec. Leg.* 1.116; Jos. *Ant.* 6.124). Este significado no se encuentra en la Biblia griega, pero el término compuesto ἐξιλάσκομαι, que aparece con mucha más frecuencia en la LXX aunque no se emplea en el NT, sí tiene este sentido en Zacarías 7:2; 8:22; Malaquías 1:9.

La construcción ἱλάσκεσθαι τὰς ἁμαρτίας no aparece en la LXX, pero cf. en el Salmo 65:3 (LXX 64:4) τὰς ἀσεβείας (א² ταῖς ἀσεβείαις) ἡμῶν ἱλάσῃ, y en Sirá, expresiones que denotan pecado con ἐξιλάσκομαι en el caso dativo (3:3, 30) o en caso acusativo (5:6; 20:28; 28:5; Sal. 34[31 LXX]:19; cf. Dn. 9:24) parecen utilizarse indistintamente; por tanto, la variante ἱλάσκεσθαι ταῖς ἁμαρτίαις (A Ψ 33 *pc*) en el presente versículo, que sin duda refleja una construcción más familiar para ciertos copistas, no es probable que implique alguna diferencia de significado. El sentido más natural de ἱλάσκεσθαι τὰς ἁμαρτίας τοῦ λαοῦ aquí es, por consiguiente, "expiar" (RVR60), "hacer expiación por" (RSV, REB) or "quitar" (NTV) "los pecados del pueblo". Esto es confirmado por otros pasajes en los que Hebreos presenta a Cristo "purificando" (καθαρισμός, 1:3), "quitando" (ἀθέτησις, 9:26), y "llevando" o "cargando" (ἀναφέρω, 9:28) los pecados. De manera más general, en Hebreos también se habla del "perdón" (ἄφεσις, 9:22; 10:16) de los pecados, aunque el verbo ἀφίημι no se usa en este sentido.

La opinión alternativa principal es que ἱλάσκεσθαι τὰς ἁμαρτίας es un acusativo de relación, que debe traducirse como "hacer propiciación con relación a los pecados" (P. E. Hughes). Esto mismo se declara también en 9:28, donde la expresión similar, προσενεχθεὶς εἰς τὸ πολλῶν ἀνενγκεῖν ἁμαρτίας, Bauer la traduce como "fue ofrecido en este respecto... para llevar los pecados de muchos", con una referencia a un análisis posterior en Bauer *s.v.* εἰς 5, que, sin embargo, no ofrece ningún ejemplo en el que la construcción εἰς τό seguida de un verbo en infinitivo tenga este significado.

Este tipo de consideraciones directamente lingüísticas deben mantenerse bien separadas de los argumentos teológicos generales acerca de la naturaleza de Dios y la obra de Cristo. No cabe duda de que en Hebreos en su conjunto, se ponen claramente de relieve la severidad de Dios y su hostilidad hacia el pecado (4:12s.; 6:8; 10:30; 12:25), y la necesidad absoluta del sacrificio de Cristo por el pecado (sobre todo en 10:1-18); sin embargo, en la carta no se emplea ni el verbo ὀργίζομαι ni el sustantivo θυμός con referencia a Dios, y tampoco se habla de la ira de Dios fuera de la cita del Salmo 95:11 en 3:11 y 4:3. En el contexto inmediato, la frase τὰ πρὸς τὸν θεόν posiblemente refleja el principio general de que "esencialmente el efecto sobre Dios no podía separarse del efecto sobre el hombre ni sobre su pecado" (Büchsel en *TDNT* 3.316, refiriéndose a ἐξιλάσκομαι). No obstante, esto en sí mismo no justifica algunas traducciones como "hacer propiciación por" (RVR60) o "... apartar la ira de Dios, quitando" (NIV margen) en el presente versículo. La versión "para que los pecados del pueblo fueran perdonados" (TEV) no implica necesariamente ninguna dilución significativa del significado, si tenemos en cuenta lo difícil que se consideraba, tanto en la tradición rabínica (cf. S-B 1.169; *TDNT* 3.312) como en el NT (Mr. 2:7‖) dar u obtener el perdón de Dios, en especial para el pecado deliberado. Véanse Grayston 1981; F. Büchsel en *TDNT* 3.314-317.

Resulta curioso que el autor escogiera un término tan inusual como ἱλάσκομαι, y luego, aparentemente no desarrollarlo. Es posible que haya obrado bajo la influencia del Salmo 78[77 LXX]:38, ἱλάσεται [ὁ θεὸς] ταῖς ἁμαρτίαις αὐτῶν (*sc.* de Israel), en un pasaje que, al igual que Hebreos 3:7ss., trata acerca de la rebelión de Israel contra Dios en el desierto. Cf. Éxodo 32:14; Salmo 79[78 LXX]:9.

Véanse también Dodd 1932; Morris 1958; Nicole 1975, 1977; Cullmann 89-197; Lyonnet 1959a, b, 1970.120-166, 256-261; Hill 23-48; Jerome Smith 1969a, b; Vanhoye 1969e; Feuillet 1975; J. Herrmann y F. Büchsel en *TDNT* 3.301-318; Young; Grayston 1981; Swetnam 1981.172-175; Dunkel.

Ὁ λαός es el término preferido en Hebreos para referirse al pueblo de Dios. El autor no usa ἔθνος ni γένος; φυλή se emplea en 7:13s.* respecto al linaje humano de Jesús; Ἰσραήλ aparece en las citas (8:8, 10 = Jer. 31:31, 33), y en 11:22* en la frase cliché οἱ υἱοὶ Ἰσραήλ. En Hebreos también se evitan por completo los términos que usa especialmente Pablo para referirse a los gentiles: Ἄδικος (6:10* con respecto a Dios, en sentido negativo), ἄπιστος (ἀπιστία del pueblo de Dios bajo la antigua dispensación y la nueva, 3:12, cf. ἀπείθεια 4:6), ἄνομος, ἀκροβυστία, λαός plural, βάρβαρος, Ἕλλην, ἔθνος plural. En Hebreos se emplea ὁ λαός sin distinción en los pasajes que se refieren al antiguo orden (5:3; 7:5, 11; 9:7, 19 *bis;* 11:25), a las realidades cristianas (aquí y en 10:30 [= Dt. 32:36]; 13:12), y a ambas cosas a la vez (4:9; 7:27; 8:10 = Jer. 31:33)*. Ὁ λαός se utiliza por lo general en la epístola sin énfasis, y no es objeto de ningún análisis detallado. El intento de Riggenbach (107) de distinguir ὁ λαὸς τοῦ θεοῦ (4:9; 11:25) como "el verdadero pueblo de Dios" de ὁ λαός (2:17; 13:12) como el pueblo de Israel, no resulta convincente, sobre todo cuando se pretende aplicarlo al presente versículo y a 11:25. A los cristianos se les llama λαὸς θεοῦ en 1 Pedro 2:10, probablemente en un himno cristiano primitivo que reaplica Oseas 2:23 a la misión gentil, un uso que no se le da en Hebreos (H. Strathmann en *TDNT* 4.29-57; Spicq 1978.468-471).

2:18 Jesús puede ayudar en tiempos de necesidad

La relación de este versículo con lo anterior puede considerarse desde diversos puntos de vista. (a) El v. 18 explicita lo que el v. 17 deja implícito, a saber, que la obra de Cristo como sumo sacerdote al tratar con el pecado se relaciona especialmente con su muerte. Esto es lo que señala la conjunción γάρ. (b) Así como el v. 17 trata principalmente sobre la relación de Dios con la obra de Cristo, el v. 18 trata sobre los efectos de su obra en relación con los creyentes. (c) A pesar de la variación en los tiempos verbales, ambos versículos se ocupan principalmente de la presente actividad de Cristo. (d) Es típico del estilo del autor terminar las oraciones largas con cláusulas explicativas (cf. 8:13; 10:18). (e) En particular, es típico que su interés pastoral aparezca al final de pasajes que son esencialmente doctrinales (cf. 1:14; 3:6; 4:13; 6:20: ὑπέρ ἡμῶν; 10:39: ἡμεῖς; 11:40: περὶ ἡμῶν). La sugerencia de Spicq (en consonancia con Strathmann) de que el v. 18 debería encontrarse lógicamente antes del v. 17 no tiene en cuenta esto.

La locución conjuntiva ἐν ᾧ podría considerarse circunstancial ("dado que", "si bien"), o más probablemente causal ("porque"), como en 6:17. Sin embargo, en ninguno de los dos casos se sugiere que el poder de Cristo para ayudar esté limitado a los que pasan exactamente por las mismas pruebas que él soportó. (Véase BD §219.2, pero el sentido temporal de "mientras" es imposible aquí, MHT 3.253.)

El tiempo perfecto de πέπονθεν (cf. ἠλαττωμένον, v. 9; πεπειρασμένον, 4:15; ὑπομεμενηκότα, 12:3) puede expresar el efecto permanente de los padecimientos de Cristo (como las "marcas de los clavos" en Jn. 20:25); o, más probablemente, la resistencia con la que soportó un período de padecimientos que culminó en su muerte. Véase el comentario sobre πάθημα (v. 9); Vanhoye 1969.385. Πάσχω (5:8; 9:26; 13:12)* se usa siempre en Hebreos con referencia a los padecimientos de Cristo, especialmente en la muerte, un uso frecuente en los escritos lucanos (p. ej., Lc. 17:25; 22:25; Hch. 1:3; 3:18), que también aparece en los otros sinópticos (Mr. 8:31‖; 9:12‖) y en 1 Pedro (2:21, 23; 3:18; 4:1). Pablo, en cambio, usa siempre πάσχω con respecto a los sufrimientos de los creyentes. La implicación de πέπονθεν seguido del aoristo πειρασθείς podría ser: "Aunque fue probado una sola vez, soportó su prueba hasta el final". Una idea similar se aplica a los lectores en 12:1-3. Hay un contraste significativo entre "la única vez" de la gran prueba de Cristo (πειρασθείς) y la prueba continua o repetida de los creyentes (πειραζομένοις).

Sobre la base de 5:7-10, algunos especialistas creen que πειρασθείς (3:9 = Sal. 95:9; 4:15; 11:17; 11:37 *v.l.**) se refiere a la tentación de Cristo en Getsemaní de eludir la muerte (cf. Mr. 14:36‖; así piensa Goppelt 1976.582). En vista de la importancia que tienen en Hebreos los temas de la fidelidad (3:1-6), la rebelión y desobediencia (3:7–4:10), y de manera especial, la obediencia de Cristo (10:5-10), esto podría ser cierto. Sin embargo, tal vez sea considerar que el significado principal de πειράζω aquí es "probar" (tal como aparece claramente en 11:17), y que el significado secundario "tentar" está incluido en él como un elemento negativo. De este modo, dentro del propósito general de la epístola de animar a los lectores a resistir con paciencia, es posible ver la propia cruz como la suprema πειρασμός de Cristo, y las πειρασμοί de los creyentes, en primer lugar, como pruebas de su resistencia (12:4), y solo en segundo lugar, como incentivos a pecados específicos. Πειρασμός se usa solamente en 3:8, en la cita del Salmo 95:9. Véanse Korn; Seesemann en *TDNT* 6.28-30; Spicq 1982.548-559; Horbury.

En cuanto a αὐτός con referencia a Jesús, v. 14.

Δύναμαι, cuando se usa en sentido positivo en Hebreos, siempre está relacionado con la actividad actual de Cristo (4:15 con una doble negación; 5:2; 7:25), exceptuando 5:7, donde se refiere al poder de Dios. Las referencias negativas implican, por el contrario, la "herencia" de los creyentes (3:19) y la eficacia del sacerdocio y el sacrificio de Cristo (9:9; 10:1, 11*). En ningún lugar de Hebreos δύναμαι denota una simple posibilidad. Pero aquí, al igual que en 5:2, el δύναμις implícito de Cristo procede de su experiencia del sufrimiento humano (cf. 1Co. 1:18, 25, 27). La tradición judía también reconocía el valor redentor del sufrimiento (Mek. *Baḥodesh* 10:1-87, resumido en Buchanan); 4:15.

Βοηθέω* y otros términos cognados (βοήθεια*, 4:16; βοηθός*, 13:6 = Sal. 118:7) son comunes en la LXX, sobre todo en pasajes poéticos (p. ej., Is. 49:8 = 2Co. 6:2). Βοηθέω y ἱλάσκομαι coinciden en el Salmo 77[78 LXX]:9, aunque el contexto de este versículo, en el que el pueblo de Dios está siendo atacado por los gentiles, no guarda ninguna relación con Hebreos. Cualquiera que sea el posible trasfondo veterotestamentario, ἱλάσκεσθαι (presente) y βοηθῆσαι (aoristo) son dos diferentes partes de la obra continua de Cristo que se complementan entre sí: él está permanentemente activo tratando con el pecado de su pueblo, y dispuesto siempre a venir en su ayuda cuando se vea probado. Cf. *1 Clemente* 36:1. Las asociaciones médicas de βοηθέω en los papiros, mencionadas por Spicq, no son, al parecer, directamente relevantes aquí.

Véanse F. Büchsel en *TDNT* 1.628s.; Roloff.

EL SUMO SACERDOTE FIEL Y MISERICORDIOSO (3:1–5:10)

Si los creyentes en Cristo permanecen fieles, son miembros de una familia de la que él, a diferencia de Moisés, es la cabeza. Las Escrituras muestran que la rebelión de Israel en la generación del éxodo dejó lugar en el reposo celestial de Dios para otros, a saber, los que creen en Cristo. En virtud de lo que Cristo padeció hasta el punto de morir, los que creen en él están capacitados para seguirlo y entrar en el reposo de Dios. Ningún otro sumo sacerdote ni sacrificio fue capaz de lograr esto.

Esta parte de la epístola desarrollo, en un orden diferente, las declaraciones prospectivas de 2:17bc: Jesús es un sumo sacerdote fiel (3:1-6) que trata con los *pecados del pueblo de Dios* (3:7–4:13); y también es *misericordioso* (4:14–5:10). Desde un punto de vista diferente, la parte 2 repite la alternancia que ya se analizó entre la relación de Cristo con Dios (cap. 1; 3:1-6) y con su pueblo (cap. 2; 4:14–5:10); 3:7–4:13 se ocupa principalmente del propio pueblo, bajo la antigua dispensación y la nueva. 3:7–4:13, que originalmente puede haber constituido un discurso separado, forma, pues, el centro de un tríptico; 3:1-6 y 4:14–5:10 se reflejan mutuamente y tienen mucho en común.

En la parte 2 también hay una cierta alternancia de material doctrinal y parenético. Aunque el pasaje de 3:1-6 se clasifica a veces como parenético, los elementos hortatorios se encuentran ciertamente confinados al primer versículo y al último, los demás contienen otras enseñanzas acerca del estatus de Jesús. La parte 2, por tanto, constituye un equivalente adecuado de 4:14–5:10, mientras que la sección central, 3:7–4:13, es predominantemente parenética. Hay algunas dudas en cuanto a si 4:14-16 debe considerarse parte de lo que sigue o de lo anterior, pero las transiciones del autor (cf. 2:17d.) son tan suaves que este es un asunto secundario.

LA FIDELIDAD DE CRISTO (3:1-6)

Para muchos lectores modernos esta breve sección podría tratarse de un anticlímax. Si Cristo es superior a los ángeles, tal como el autor demostró extensamente en el capítulo 1, no parece que haga falta decir que es superior a Moisés. Hay pruebas de que los lectores originales pueden haber reaccionado de manera diferente. Moisés ocupa un lugar muy alto en el pensamiento de Filón, quien repetidamente lo llama "sumo sacerdote" (*Rer. Div. Her. 182*; *Sacr. 130*; *Vit. Mos. 1.334*, 2.2-7, 66ss., 153-158, 187, 275) y en más de una ocasión θεός (*Vit. Mos. 1.158*; *Somn. 2.189*). La multiplicación de leyendas como la de *la asunción de Moisés* que en el judaísmo palestino hubo un desarrollo similar, que comenzó con Sirácides 44:22–45:5, especialmente 45:2a, de lo que en el texto hebreo se lee como "Dios magnificó a Moisés como un Dios" (cf. Éx. 7:1). Una forma de la expectativa mesiánica era la esperanza de un segundo Moisés, con referencia a la cual se citaba a menudo Deuteronomio 18:15, 18. La tradición rabínica (véase en este respecto D'Angelo 95-149) ofrece sobradas pruebas de que a Moisés se le consideraba superior a los ángeles. No es necesario alegar que el autor de Hebreos haya sido influenciado directamente por alguno de estos textos, pero sí ilustran lo que, en cierta manera, pueden haber sido las presuposiciones del autor y de sus lectores acerca de Moisés, que fue "para el judaísmo posterior la figura más importante en la historia de la salvación hasta entonces" (J. Jeremias en *TDNT* 4.849, cf. 871).

Esta sección no tiene las características polémicas que pudieran haber sugerido una controversia con los judíos que sostenían que entre los seres humanos Moisés era supremo, ni con los cristianos judíos que tal vez habrían puesto a Jesús y a Moisés en el mismo nivel. Pero para los judíos creyentes en Jesús, que probablemente constituían la mayoría de los primeros lectores, era inevitable que surgiera el tema del estatus relativo de Jesús y Moisés, aun cuando tuvieran que dejar a un lado las demandas de la apologética cristiana. De hecho, la comparación podría remontarse esencialmente al propio Jesús (Mt. 5:21ss.; Mr. 10:1-12; 14:24‖; posiblemente Lc. 13:33). Aparece en la predicación cristiana primitiva (Hch. 3:22s.; 7:17-44; cf. 1Co. 10:1s.), en los escritos de Pablo (2Co. 3; sobre todo Gá. 3:19, donde a Moisés se le llama implícitamente μεσίτης; cf. Heb. 8:6), en los escritos joánicos (Jn. 1:17; 3:14; Ap. 15:3), y en Hebreos, donde ninguna otra figura veterotestamentaria, exceptuado quizás a Abraham, ocupa un lugar tan prominente. En el NT se menciona a Abraham 72 veces, 10 de las cuales se encuentran en Hebreos; a Moisés se le menciona en 79 ocasiones en el NT, de las cuales 11 se hallan en Hebreos: 3:2s., 5, 16; 7:14; 8:5; 9:19; 10:28; 11:23s.; 12:21; cf. 13:20.

Esta sección es prácticamente un midrash sobre Números 12:7, haciendo especial hincapié en el adjetivo πιστός, que constituye un punto de comparación entre Moisés y Jesús, y en la preposición ἐν, que el autor interpreta como un punto de contraste entre ellos. Véanse Bornkamm 1946; Swetnam 1972; Vanhoye 1977c; Auffret 1980. Lane hace referencia a 1 Crónicas 17:14 LXX, πιστώσω αὐτὸν ἐν οἴκῳ μου, "lo haré fiel" o "lo *estableceré* en mi casa". Es muy probable que este texto estuviera presente en la mente del escritor de Hebreos, porque aparece en el contexto inmediato del v. 13, que él aplica a Cristo en 1:5b. Sin embargo, es difícil que esa pudiera ser la "principal alusión" (Lane 76), en primer lugar, porque se refiere a Salomón, no a Moisés; y en segundo lugar, porque, si se reaplica a Jesús como el "hijo mayor del gran David", la preposición crucial que se usa no es ἐπί sino ἐν.

El desarrollo del pensamiento a lo largo de la sección no es lineal sino episódico, y se compone esencialmente de una serie de comentarios que se derivan del texto clave de Números 12:7. Después de la introducción parenética del v. 1, el v. 2 introduce el texto, haciendo especial hincapié en πιστός. En el v. 3 el autor expresa el interés del autor por la supremacía de Cristo sobre Moisés, y usa de manera complementaria el argumento helenístico común de que el que constructor es mayor que el edificio que construye. La relación de esta declaración con Números 12:7 se pone claramente de relieve en los vv. 5s., con el uso de la fraseología ἐν... τῷ οἴκῳ. Antes de llegar a ese punto, en el v. 4 el autor saca una conclusión adicional, a saber, que la mención de una "casa" en el texto implica que esta tiene un constructor, a saber, Dios, el que habla en Números 12:7. El argumento alcanza su punto culminante en los vv. 5s., donde se emplea un nuevo material (θεράπων) tomado del texto veterotestamentario. Sin embargo, a lo largo de la serie de comentarios, también se observa una degradación constante de la función de Moisés: primero se le compara simplemente con Jesús (v. 2), luego, aparece subordinado a Jesús (v. 3), y por último, es contrastado con él (vv. 5s.); pero hasta el final del pasaje, Moisés conserva el estatus de testigo y profeta de Cristo. Para otros análisis más detallados de la estructura del pasaje, véanse Vanhoye 86-92; Auffret 1980; Lane.

El problema de la identificación de los participantes, que se repite en Hebreos, se agudiza en esta sección. La principal dificultad consiste en determinar si ciertas expresiones, mayormente pronombres, se refieren a Dios o a Jesús. Dicha dificultad se debe, por una parte, al hecho de que, por razones de estilo y de respeto, el autor economiza el uso de referencias explícitas a Dios y a Jesús, y por otra parte, a que la actividad de Jesús en calidad de ἀπόστολος de Dios no siempre se distingue claramente de la de Dios que lo envió. El tema se analizará después con más detalle.

La referencia explícita a Jesús en el v. 1 va seguida de una referencia a Dios como τῷ ποιήσαντι en el v. 2; el pronombre αὐτός que sigue se refiere a Jesús. Αὐτός al final del v. 2 pudiera apuntar gramaticalmente a Dios, a Jesús o a Moisés. Sin embargo, puesto que es casi seguro que esto forma parte de una cita adaptada de Números 12:7, que se repite en el v. 5, la referencia probablemente es a Dios. De todas formas, las referencias a la "casa" de Dios (cf. 10:21) son frecuentes en toda la Biblia griega, mientras que las referencias a la casa de "Cristo" (¿Heb. 3:6?) son pocas y dudosas. Οὗτος en el v. 3 suele usarse para referirse indirectamente a Jesús (10:12; cf. 7:1, 4 con respecto a Melquisedec), y ἠξίωται supone probablemente la acción de Dios. En el contexto inmediato, en el que Jesús, no Dios, se contrasta con Moisés, y es la supremacía de Jesús, no la de Dios, la que hace falta probar, resulta más simple (*pace* Westcott y algunos Padres) considerar que ὁ κατασκευάσας es

Jesús (así lo creen Braun, Grässer; Lane discrepa). El v. 4 puede haberse añadido entonces para mostrar, en el espíritu de 1:2, que la creación, en última instancia, se le atribuye a Dios.

El uso de θεός en el v. 4 no excluye para nada la referencia a Jesús, a quien se le llama ὁ θεός en una invocación en 1:8. Sin embargo, no hay ningún otro ejemplo en Hebreos del uso de θεός aplicado a Jesús en una declaración referencial. Cristo en Hebreos aparece con más frecuencia íntimamente dedicado a una actividad que tiene su origen en Dios, ya sea la creación (1:2) o la redención (2:10). Por consiguiente, es más simple considerar que θεός en 3:4 se refiere a Dios. Ἐν ὅλῳ τῷ οἴκῳ αὐτοῦ en el v. 5 significará entonces "en toda la casa de Dios", al igual que en el v. 2 y en Números 12:7. (Maxwell 438ss. sugiere de manera poco convincente una ambigüedad deliberada). Después del sustantivo explícito Χριστός en el v. 6, ἐπὶ τὸν οἶκον αὐτοῦ, por analogía con los vv. 2 y 5, podría interpretarse como "sobre toda la casa de Dios". Entender αὐτοῦ como ἑαυτοῦ o αὐτοῦ, "la propia casa de Cristo", resultaría discordante en el contexto. La expresión que sigue οὗ οἶκός ἐσμεν ἡμεῖς puede implicar que "nosotros somos la casa de Cristo", y es ciertamente posible que la variante ὅς fuera "introducida... en aras de la exactitud lógica (los cristianos y la casa de Dios, no la casa de Cristo)" (Metzger 665; v. 6). Aun cuando se leyera οὗ, no es imposible interpretar la cláusula como "nosotros somos la casa de Dios", y esto contribuiría a la coherencia de todo el pasaje. Sin embargo, no debe subestimarse la habilidad del autor para deslizarse de un aspecto de un tema a otro, y por tanto, el problema no puede resolverse sin que quede ninguna duda. Esta sección, al igual que 1:1-4 y 2:10-18, comienza con Dios, pero va haciendo cada vez más hincapié en la función y la obra de Cristo. La mayoría de los comentaristas consideran que la "casa" es la de Dios, al menos hasta el v. 5. La hipótesis alternativa de que la casa es siempre la de Cristo, fue propuesta por Windisch y se propone más plenamente en A. T. Hanson 1965.48-58.

El término clave en esta sección obviamente es οἶκος, y en él hay dos ideas principales implícitas, la de una comunidad y la de una estructura.

(1) Al final de la sección aparece la afirmación οὗ οἶκός ἐσμεν ἡμεῖς, que podría tomarse como el clímax de un pasaje parenético, o, si la sección se considera principalmente doctrinal, como un corolario de la declaración anterior sobre la supremacía de Cristo. En ambos casos, esta afirmación hace que οἶκος pueda interpretarse como una *comunidad*, la casa o el pueblo de Dios (2:17, λαός). No hay nada que sugiera, como cabría esperar, la idea de dos comunidades separadas, la casa de Moisés y la casa de Jesús, Israel y la iglesia (contrastados ya en *Ber.* 13:1: οὗτος ὁ λαὸς... ἢ ὁ πρῶτος). Por el contrario, Moisés y Jesús están relacionados, aunque de diferentes maneras, con la única casa o pueblo de Dios. (*Tg. Onq.* Nm. 12:7 parafrasea *bêthī* ["mi casa"] como *'ammī* ["mi pueblo"]; cf. *Tg.* 1Cr. 17:14). El lenguaje está tomado principalmente del AT, pero la "casa (familia) de Dios" no se limita a Israel. El uso apocalíptico y rabínico sugiere que la casa de Dios era concebida como una comunidad que incluía no solo seres humanos sino también angélicos. Esto, aunque no está explícito en la presente sección, se ajusta bien al contexto más amplio en Hebreos (capítulo 1; cf. 12:22s.). La comunidad de

Qumrán la describe a menudo como una "casa" (p. ej., 1QS 5:6; 8:5f.; CD 3:19), pero este desarrollo proviene naturalmente del AT y el uso judío ortodoxo, y no hay ninguna razón para suponer que haya podido influir directamente en Hebreos.

(2) La métafora del pueblo de Dios como una *estructura* está muy extendida en el NT: οἶκος, (Gá. 6:10; Ef. 2:19; 1Ti. 3:15; 1Pe. 2:5; 4:17); ναός, (1Co. 3:16s.; 2Co. 6:16; Ef. 2:21); κατοικητήριον, (Ef. 2:22), y siempre como posesión de Dios. La idea de una comunidad no excluye la de una estructura; y en especial quizás la de un templo, como en Marcos 11:17‖ = Isaías 56:7; cf. Cipriano, *Test.* 1.15. La redacción de los vv. 3-4 insinúa que es así, y aun cuando el v. 4 se considerara parentético, el uso de κατασκευάζω en el v. 3 sugiere una métafora espacial viva. Esto podría estar relacionado con el tema de la construcción del templo que subyace tras la cita en 1:5b; con κατάπαυσις interpretado como "lugar de reposo" en 3:11ss.; y (puesto que οἶκος θεοῦ se usa libremente en la LXX para referirse al santuario, p. ej., Gn. 28:17, 19) con el tema del santuario de Moisés como un tipo del cielo (8:1-6; cf. Éx. 25:40). Para otros sentidos metafóricos menos precisos en los que, fuera de la Biblia, se habla de la humanidad o del mundo como una "casa de Dios" o de los dioses, véanse las notas sobre el v. 4. Véanse también Bauer; Michel en *TDNT* 5:119-131; Plooij; Grässer 167-168.

3:1. Jesús, el sumo sacerdote enviado por Dios

El autor normalmente se asocia con sus lectores mediante el uso del pronombre y las variantes pronominales de la primera persona del plural (p. ej., 1:1s.; 2:1, 3; 4:1-3). Aquí, por primera vez, usa la segunda persona del plural para dirigirse a ellos (cf. 7:4; 10:19-36; 12:3-8, 12-25a; 13:1-5, 7-9, 16s., 21a, 22-25), pero vuelve naturalmente a la primera persona en el v. 6 (como en 10:39; 12:9; 13:6, 10-15, texto de 21b). La conjunción ὅθεν pone de relieve este trato directo para con los lectores y oyentes, que fue anticipado en 2:17, donde se lleva a los lectores a esperar una conclusión del argumento anterior, al menos de 2:10. De hecho, para Lane (73), ὅθεν "evoca todo lo que el escritor dijo en 1:1–2:18 con respecto a la dignidad trascendente del Hijo…". Para otros resúmenes provisionales similares, véanse 4:14; 8:1; 12:1-2.

Las dos frases importantes que funcionan como vocativos: ἀδελφοὶ ἅγιοι y κλήσεως ἐπουρανίου μέτοχοι aportan un énfasis adicional. La primera de ellas no tiene ningún paralelo exacto en el NT; cf. 1 Tesalonicenses 5:27, ἀδελφοῖς 2:11; *v.l.* ἁγίοις 2:4. Ambos términos hacen recordar 2:11: Cristo es el que santifica a los lectores y también a los hermanos. Ἀδελφοί, como de costumbre, se refiere a "compañeros cristianos" no a "compañeros judíos". Como ocurre a menudo con Pablo (p. ej., Ro. 11:25; 12:1) y en otros lugares (1Jn. 2:9-10), ἀδελφοί alude a los miembros de la comunidad de ambos sexos ("hermanos y hermanas" en NRSV); Hebreos no se dirige, al menos en primer lugar, a los líderes de la iglesia que, según cabe suponer, eran hombres (13:7, 17). El autor va dejando atrás el concepto de los creyentes como hermanos de Cristo y comienza a hablar de la relación que mantienen los unos con los otros, y por implicación, con el propio autor. Es propio de su manera de escribir considerar diferentes aspectos del mismo concepto en forma sucesiva; cf. el tratamiento de κατάπαυσις en 3:7–4:3 y de ἀρχιερεύς en 4:14–5:10. Ἀδελφοὶ ἅγιοι pueden considerarse personas estrechamente relacionadas, como en REB "hermanos en la familia de Dios",

Κλήσεως ἐπουρανίου apunta también al párrafo anterior (2:11), pero ahora κλῆσις* se refiere a la concesión de un llamamiento y no de un nombre. Μέτοχοι hace recordar el verbo μετέσχεν en 2:14, y de manera más distante el adjetivo μετόχους en 1:9 = Salmo 45:7; pero la referencia principal ahora, como también ocurre con ἀδελφοί, es a los cristianos como partícipes los unos con los otros y no con Cristo. Resulta tentador, aunque tal vez sea injustificado, observar una referencia subyacente al hecho de que los cristianos, al igual que el propio Cristo, son llamados (κλῆσις) y enviados (ἀπόστολος) por Dios.

El adjetivo ἐπουράνιος se usa en Juan 3:12, 11 veces por Pablo y en Heb. 3:1; 6:4; 8:5; 9:23; 11:14; 12:22**; el sinónimo οὐράνιος, se encuentra 7 veces en Mateo y dos veces en Lucas-Hechos, pero no en Hebreos; cf. οὐρανός 1:10; el opuesto χοϊκός se lee en 1 Corintios 15:47-49**.

Resulta difícil determinar si κλῆσις ἐπουράνιος es un llamamiento del cielo (p. ej. Peshita, Bleek), al cielo (p. ej., Windisch, Montefiore), o ambos (p. ej., Bengel, Spicq, Braun, Attridge, Grässer). El ἄνω κλῆσις de Pablo (Fil. 3:14) posee la misma ambivalencia. El contexto inmediato en Hebreos ofrece poca orientación. Por una parte, en 2:1-4 se hizo hincapié en el origen divino del mensaje cristiano, y este tema se repite en otros lugares, especialmente en 12:25: ἡμεῖς οἱ τὸν ἀπ' οὐρανῶν ἀποστρεφόμενοι. Por otra parte, la sección que sigue (3:7ss.) trata acerca de la peregrinación del pueblo de Dios hacia su "(lugar de) reposo", al que en otros lugares se le llama πατρὶς ἐπουράνιος (11:14, 16) y la Jerusalén celestial (12:22). La referencia anterior a la exaltación de Cristo y a su actividad actual, y el paralelismo con 12:1-3, sugieren que Cristo desde el cielo llama ahora a los creyentes a unirse con él allí, de modo que el llamado es directamente del cielo, e indirectamente al cielo. Ἐπουράνιος es un término bastante común en Hebreos: en 6:4 relaciona un "don celestial" con el bautismo y el Espíritu Santo; en 8:5; 9:23 se lee τὰ ἐπουράνια probablemente como una paráfrasis del cielo. En Hebreos se combinan a menudo expresiones espaciales y temporales (σαββατισμός, 4:9); aquí el término espacial ἐπουράνιος se complementa con la virtud de una fidelidad persistente que se les atribuye a Moisés y a Jesús, y que debe reflejarse en las propias vidas de los lectores (v. 6). Κρείττων (véase el comentario sobre 1:4) es un sinónimo no espacial (9:23). Los supuestos paralelos de Qumrán de hecho aluden a Jerusalén como "eterna" y establecida en la tierra, no como celestial (Braun 1966.248s., contra Spicq 1959.377, 379; cf. Teodorico 86s.).

El verbo κατανοέω se usa en 10:24* con respecto a la consideración que deben tener los cristianos por las necesidades espirituales de los unos para con los otros. En el presente versículo, el verbo se usa con su acepción más común de contemplar (en sentido metafórico) o considerar atentamente; entre los sinónimos aproximados se encuentran ὁράω, 2:8; cf. 9:28; 12:14 (siempre con una referencia futura); βλέπω, 2:9 (sin el elemento de prestar atención); ἀφοράω, 12:2;

y ἀναλογίζω, 12:3. El autor combina fácilmente el lenguaje del habla (κλῆσις) con el de la vista (κατανοέω); cf. Juan 6:45s.

Las palabras que siguen presentan el mayor problema en este versículo. Por una parte, es probable que τῆς ὁμολογίας ἡμῶν no se refiera, de manera general, al acto de confesar (nota en la NEB "a aquel que nosotros confesamos como enviado de Dios y sumo sacerdote"; en forma similar, Aquino, Lutero, NVI, W. Manson), sino específicamente al contenido de la fe cristiana, tal vez a una fórmula de confesión establecida o credo (NVI, RVC "la fe que profesamos"; de modo semejante Bauer, Moffatt, F. F. Bruce, Phillips). Existe una relación estrecha entre "considerar a Jesús" como el objeto de la fe, y "mantener firmes nuestra confesión" en 4:14, o "mantener firme (κατέχω) la confesión de nuestra esperanza" en 10:23.

Por otra parte, los títulos que se usan para identificar a Jesús son: ἀρχιερεύς (véase el comentario sobre 2:17), que ningún otro escritor neotestamentario le aplica a Jesús, y ἀπόστολος, que en ningún otro texto del NT se aplica a Jesús (reaparece en Justino, *Apol.* 1.12.9; 63.5). Ambos títulos se complementan entre sí: el Padre envía a Jesús para hacer posible que los seres humanos tuvieran acceso a Dios. El contexto inmediato, al parecer, no contiene ninguna expresión que denote la fe cristiana (cf. τὸ εὐαγγέλιον, 2Co. 9:13; cf. τὴν κάλην ὁμολογίαν, 1Ti. 6:12), el hecho de ser cristiano (*Mart. Pol.* 12:1), o un credo primitivo (ἐὰν ὁμολογήσῃς… κύριον Ἰησοῦν, Ro. 10:9; cf. Jn. 9:22; 1Jn. 4:2). Es difícil creer que términos tan distintivos como ἀρχιερεύς y ἀπόστολος formaran parte de la enseñanza tradicional (como cree Zimmermann 1977.47-52); y mucho más difícil es aceptar que el autor no necesitaba explicar el significado de estos términos, porque sus lectores ya estaban familiarizados con ellos (así Zimmermann 1977.29). Lo más probable, pues, es que el escritor esté llamando a una confesión cristiana común, pero con su propio lenguaje característico; cf. 4:14, donde el título distintivo ἀρχιερεύς está estrechamente relacionado con el título tradicional de Hijo de Dios. Esto, a su vez, sugiere que las fórmulas de los credos todavía no se habían establecido en la comunidad a la que va dirigida Hebreos.

No está claro por qué el autor le llama a Jesús ἀπόστολος*, incluso en el sentido no técnico de "enviado" que aparece en 1 Reyes (3Re.) 14:6 (la única vez que se usa el término ἀπόστολος en la LXX). En el propio NT, la idea de que Dios envió a Jesús está muy generalizada y profundamente enraizada; por ejemplo, Mateo 15:24; Marcos 9:37||; Lucas 10:19; Gálatas 4:4. Es particularmente prominente en Juan, donde ἀποστέλλω se usa 17 veces (p. ej., 3:17) para referirse al hecho de que Jesús fue enviado por Dios, y πέμπω 26 veces (p. ej., 4:34). Resulta tentador conjeturar que Juan evitó aplicarles el término ἀπόστολος a los doce porque para él, al igual que para el autor de Hebreos, Jesús era ὁ ἀπόστολος *por excelencia*. La falta de interés en Hebreos por los doce (se alude a ellos a lo sumo en 2:3) ofrece la posibilidad de usar ἀπόστολος como un título para Jesús. Si 1:6 se refiere a la encarnación, expresa el mismo pensamiento que aquí. En el AT, la idea de que Moisés fue enviado por Dios se hace especialmente patente en Éxodo 3:10 (ἀπεστείλω σε πρὸς Φαραω); 7:16; Números 16:28 (κύριος ἀπέστειλέν με), 29. Hay una alusión menos directa, aunque posible (Braun discrepa), a Malaquías 3:1: ἐγὼ ἀποστέλλω τὸν ἄγγελόν μου, en un contexto cultual que incluye una referencia a Moisés como siervo de Dios (δοῦλος, 4:4 [3:24 LXX], a Elías como precursor del Señor (4:2 [3:22 LXX]), y una posible dualidad de personas divinas (1:5), a saber, a Dios, que es el que habla, y al Señor, del cual habla. Los paralelismos no bíblicos son más remotos, tanto desde el punto de vista léxico como semántico. Filón (*Somn.* 1.219) le da este título al Logos. Los paralelos de Qumrán que cita Kosmala 76ss., cf. Buchanan 1975.323s., son remotos. Käsemann (1984.154-156) considera que este es uno de los puntos en los que la leyenda del antropos u hombre primigenio estimuló la reflexión cristiana; pero la elusión sistemática en Hebreos de la terminología gnóstica desmiente cualquier influencia directa o positiva. En *TDNT* 1.443-445, cf. 423, Rengstorf analiza los paralelismos mandeos y destaca las diferencias, en cuanto al significado y al uso, entre los documentos mandeos y Juan, e indirectamente, Hebreos. Los paralelismos judíos son más estrechos. Hay sobrados testimonios rabínicos que indican que al sumo sacerdote en algunas ocasiones se le llamaba enviado o apóstol *(šāliaḥ)* de Dios (K. H. Rengstorf en *TDNT* 1.414-420; S-B *ad loc.*), al igual que a Moisés y a otros figuras prominentes del AT. Justino usa el título ἀπόστολος, como sinónimo de ἄγγελος, para referirse a Cristo y a los profetas; y el tárgum samaritano sobre Éxodo 23:20, 23 llama al ángel de Dios, "mi apóstol". Para no confundir el argumento del capítulo 1, el autor de Hebreos evita cuidadosamente ese tipo de lenguaje (véase Plooij 46s.). La primera acepción del término se relaciona con la autoridad del enviado de Dios; pero en vista del interés de Hebreos en el paso de Jesús por la tierra en dirección al cielo, no debe excluirse la idea del movimiento. Ἀπόστολος pues tiene el mismo significado de ἀρχηγός, y podría incluso haber sido sugerido por la fraseología de Números 13:2, donde Dios le dice a Moisés (en el contexto de la cita que aparece en Heb. 3:2, 5): ἀποστελεῖς αὐτούς, πάντα ἀρχηγὸν ἐξ αὐτῶν; cf. Números 13:4 y también 1 Samuel (1Re.) 12:6, donde se alude a Dios como ὁ ποιήσας τὸν Μωυσῆν καὶ τὸν Ααρων, con palabras muy similares a las que se leen en el v. 8, ἀπέστειλεν κύριος τὸν Μυωσῆν καὶ τὸν Ααρων. Ἀπόστολον καὶ ἀρχιερέα podría tomarse como una endíadis: "un sumo sacerdote enviado (por Dios)", y en ese caso tendría un estrecho paralelismo con el "profeta como Moisés" enviado por Dios (Dt. 18:15, 18). Véanse Castelvecchi; Spicq 1982.54-63.

Como de costumbre, el uso de Ἰησοῦν solo (no Χριστὸν Ἰησοῦν como en la RVR) (2:9) tiene por objeto dar énfasis, pero también proporcionar un enlace que una el v. 1 con el v. 2.

Véanse también Plooij; Darnell; Vanhoye 1980.114-129; Johnston; Grässer 1985.290-311.

3:2. Jesús es comparado con Moisés

Antes de constrastarlos, Moisés y Jesús son comparados en cuanto a su fidelidad a Dios (cf. 2:17).

El argumento en este punto se refiere a Jesús, Moisés se menciona en una oración subordinada, formando así un quiasmo con los vv. 5-6.

La decisión más crucial que es preciso tomar para poder entender este versículo es si αὐτοῦ significa (a) "de Dios", (b) "de Cristo" (así A. T. Hanson 1965.50s.) o (c) "de Moisés". Un problema similar surge en los vv. 5 y 6. En los vv. 2 y 5, (c) sería más probable si αυτου se leyera o se interpretara como αὑτοῦ, "su propia casa". Esto, empero, estaría sujeto a dos dificultades serias. En primer lugar, debilitaría el contraste en los vv. 5-6 porque haría necesario suponer la existencia de dos casas, la de Moisés y la de Cristo; pero si existe una sola casa, a saber, la de Dios, sobre esa base sólida sí es posible comparar las funciones de Moisés y Jesús. En segundo lugar, si, como generalmente se acepta, el versículo se basa en Números 12:7, es difícil imaginar que el autor de Hebreos hiciera ese cambio tan violento y aparentemente inútil en un texto que claramente se refiere a Dios. Una referencia a Dios también se adapta mejor al contexto en Hebreos. Dios es el antecedente implícito aquí (τῷ ποιήσαντι αὐτόν), y el antecedente explícito en los vv. 5-6 (θεός, v. 4). Es cierto que estos argumentos no aclaran por completo si el sustantivo θεός en el v. 4 se refiere al Padre o al Hijo; pero el orden de las palabras en el v. 2 hace que en general resulte preferible considerar que Dios el Padre, τῷ ποιήσαντι αὐτόν, es el antecedente de αὐτοῦ. La comparación y el contraste entre Moisés y Jesús se basan en la actividad de Dios, a quien, a fin de cuentas, pertenece la "casa" (cf. 10:21). Desde el punto de vista gramatical, la frase ἐν τῷ οἴκῳ αὐτοῦ podría referirse a Jesús, a Moisés o a ambos, pero el orden de las palabras sugiere que se trata de Moisés, y los vv. 5-6 lo confirman.

Casi todos los estudiosos han dado por sentado que este versículo, al igual que el v. 5, se basa en Números 12:7, ἐν ὅλῳ τῷ οἴκῳ μου πιστός ἐστιν, donde μου se cambió por αὐτοῦ para ajustarse a la gramática de la oración; y ὅλῳ probablemente se omitió aquí, aunque no en el v. 5. (Nm. 12:7 también se cita en *1 Clem.* 17:5; 43:1, tal vez bajo la influencia de Hebreos). La sugerencia (D'Angelo 69) de que en el v. 2, aunque no en el v. 5, la cita es de 1 Crónicas 17:14 en la LXX, πιστώσω αὐτὸν ἐν οἴκῳ μου, parece exagerada, porque la redacción, de hecho, se acerca más a Números 12:7. No obstante, 1 Crónicas 17:14 sí podría haber influido en la omisión de ὅλῳ, y tanto este como el otro oráculo en 1 Samuel 2:35 (cf. v. 3) deben tomarse en cuenta para poder entender las implicaciones de este versículo.

La presencia en el contexto inmediato (v. 13) de las palabras que se citan en Hebreos 1:5b hace que aumente la probabilidad de una alusión secundaria a 1 Crónicas 17:14. La alusión secundaria a 1 Samuel (1Re.) 2:35:

> ἀναστήσω ἐμαυτῷ ἱερέα πιστόν
> καὶ οἰκοδομήσω αὐτῷ οἶκον πιστόν

está respaldada por testimonios rabínicos (D'Angelo 78-81) y sugiere que el tema del sumo sacerdocio de Cristo, aunque no se explicita en este capítulo después del v. 1, no ha desaparecido por completo. En cuanto al uso en Hebreos del contexto de Números 12:7, véase v. 3.

La ausencia del adjetivo ὅλῳ en el presente versículo está bien confirmada por 𝔓¹³ 𝔓⁴⁶ ᵛⁱᵈ B cop, y los argumentos que han sido propuestos (p. ej., por Metzger

664) de que se trata de una omisión deliberada, no explican por qué ὅλῳ no se omitió también en el v. 5, donde el énfasis en Moisés parecería aún más fuera de lugar. La probabilidad antecedente es que ὅλῳ se insertó en el v. 2 para ajustarse al v. 5 y/o a Números 12:7. Spicq (1.419) retiene el adjetivo ὅλῳ basándose en la fidelidad habitual del autor en las citas, pero este argumento es tan general que no puede ser determinante en algunos casos particulares, especialmente cuando se trata de una cita implícita (es decir, una cita sin una fórmula introductoria). UBS[3, 4] ponen ὅλῳ entre corchetes, al igual que NA[25], y UBS[3] le da una calificación de insuficiente (mostrando "un nivel muy alto de duda"). Esto es preferible a UBS[1-2] y NA[26], que no usan corchetes (UBS[1-2] dan una calificación de aprobado; UBS[4] no tiene calificación de insuficiente). Hay más referencias en Braun.

Πιστός 2:17. El sentido pasivo "confiable" (Mt. 25:21, 23; 1Co. 4:1s.) se ajusta mejor al contexto —tanto en Hebreos como en Números 12:7— que el sentido activo "confiado"; aunque en un debate rabínico de Números 12:7, se dice que Dios confió en Moisés más que en los ángeles (*Ex. Rab.* 47:9, citado en D'Angelo 131). La fidelidad de Jesús y de Moisés por igual contrasta en el contexto más amplio con la ἀπιστία de la generación del éxodo (3:12), contra la cual se previene a los lectores (3:19). Cf. Filón, *Leg. All.* 2.67; 3:204, 228; Grässer 1965.22; Vanhoye 1967.291-305 discrepa. El significado "protegido en las tribulaciones" (Michel) no refleja el contexto veterotestamentario; en Hebreos, reproduce una etapa del argumento prominente en 2:14s., pero en el que ahora no se hace hincapié. La forma verbal aquí, ὄντα, no tiene una connotación presente (BD §339[3]); véase v. 6.

El contexto sugiere además fidelidad en una posición u oficio particular. El oficio no se especifica; podría pensarse retrospectivamente en el de "apóstol y sumo sacerdote" en 3:1, o de manera más prospectiva en el de υἱός en 3:6; pero a pesar de muchas autoridades (que Braun menciona y con las que discrepa), es preferible no ser tan específicos puesto que la referencia en el presente versículo es a la designación de Jesús, y de manera indirecta, la de Moisés también, a sus respectivos oficios o funciones (con respecto a Moisés, véase v. 5, θεράπων). Teodorico interpreta las palabras en forma general: "fiel al que le constituyó (en su casa)". Sin embargo, en la expresión τῷ ποιήσαντι αὐτόν, ποιέω, de hecho, casi significa "designar" (como sumo sacerdote, etc.; así piensa Crisóstomo; cf. ἔθηκεν, 1:2; Hch. 2:36; 1Sa. 12:6, 8). Podría haber una alusión a Isaías 17:7, τῇ ἡμέρᾳ ἐκείνῃ πεποιθὼς (cf. Heb. 2:13) ἔσται [ὁ] ἄνθρωπος ἐπὶ τῷ ποιήσαντι αὐτόν, donde πεποιθὼς ἔσται probablemente tiene el significado activo de "confiará", y ποιέω significa "crear"; cf. Proverbios 8:22. La interpretación patrística de este versículo, en respuesta a los arrianos, era que Dios creó la naturaleza humana de Jesús; pero esto es anacrónico y no está respaldado por el contexto (Strobel discrepa; D'Angelo 1979 piensa que ambos significados son posibles; cf. Atanasio, *c. Arrianos* 1.53; 2.7-9; Ambrosio, *De fide* 3.11.82-86; otro material en P. E. Hughes; también Kugel-Greer 186).

Ὡς aparece con frecuencia en Hebreos, (1) en las comparaciones entre personas (como aquí y en 12:16, ὡς Ἠσαῦ) y entre acontecimientos (3:8, 11 = Sal. 95:9, 11);

(2) en símiles (ὡς ἄγκυραν, 6:19; ὡς ἡ ἄμμος, 11:12); (3) para denotar una cualidad o un estatus real (ὡς θεράπων, 3:5; ὡς υἱός, 3:6; ὡς υἱοῖς, 12:5, 7; cf. 12:27; 13:17), bajo la influencia tal vez del término hebreo *kî* (cf. *qua* en latín, *als* en alemán en contraste con *wie*); y (para denotar una condición irreal, "como si" (ἀόρατον ὡς ὁρῶν, 11:27). No siempre resulta fácil determinar cuál de estos sentidos se usa: en 11:9, 29 podría ser (3) o (4); en 3:13, la primera vez que se lee parece ser (3), y la segunda (4).

En cuanto a οἶκος (vv. 3-6; 8:8, 10 = Jer. 31[38 LXX]:31, 33 con respecto a Israel; 10:21, "la casa de Dios"; 11:7* con respecto a la familia de Noé), véase la introducción a esta sección; también 1:5b. La palabra no se destaca en Hebreos fuera de este pasaje, ni se usa de manera peculiar; en Hebreos no aparecen las palabras οἰκία, οἰκοδομέω ni otros términos cognados.

Sobre Moisés véase 3:1-6; cf. 3:5, 16; 7:14; 8:5; 10:28; 11:23s., 12:21*. En 7:14; 10:28, la referencia es a la ley mosaica y no a Moisés personalmente (cf. Mr. 1:44‖; 10:3‖; Ro. 9:15); 8:5 y 12:21, al igual que el presente pasaje, reflejan la inferioridad de Moisés con respecto a Jesús; y en 3:16 y 11:23s., se menciona a Moisés en el contexto de dos ejemplos veterotestamentarios (negativo y positivo respectivamente). El escritor de Hebreos nunca critica a Moisés: él hizo todo lo que Dios le encargó que hiciera. En cuanto a las asociaciones samaritanas posteriores, véase J. Macdonald.

3:3. Jesús es superior a Moisés

El argumento es proporcional, al igual que en 1:4; 8:6; 10:25; cf. Sabiduría 13:3-4; Filón, *Plant. 68*; *Ign. Eph. 6:1*: Jesús es mayor que Moisés, del mismo modo que el constructor es mayor que la casa que construyó. El v. 4b establece un principio general del que en el v. 3a se ofrece el ejemplo que es de interés inmediato para el autor. Resulta tentador, en la traducción, invertir el v. 3b y el v. 3a (como ocurre en TEV). Sin embargo, el orden del original determina una ampliación gradual del argumento desde el v. 3a hasta el v. 4. No se especifica ningún grado particular de superioridad; lo único que significa es que "A es mayor que B, así como C es mayor que D". Tampoco es necesario forzar la comparación para convertirla en una ecuación: Moisés no es la casa, aunque sí está "en" ella, como miembro de la familia de Dios; y solo sujeto a Dios (cf. v. 4), no de manera absoluta ni independiente, Jesús es el que construye y equipa al pueblo de Dios.

Para alabar a Jesús no hay por qué culpar a Moisés (3:2; 11:27). La fidelidad de Jesús es digna de mucha más honra que la de Moisés, no porque la fidelidad de Moisés fuera de algún modo defectuosa, sino porque la fidelidad de Jesús se puso de manifiesto en un oficio más elevado.

Πλείων *(bis)* is un adjetivo cualitativo, al igual que en 11:4, no cuantitativo ("muchos") como en 7:23. En el sentido cualitativo, es un sinónimo cercano de κρείττων en 1:4 y de μᾶλλον en 9:14.

Γάρ, al parecer, no conecta directamente el v. 3 con el v. 2, sino con el verbo κατανοήσατε en el v. 1, e indirectamente (por medio de ὅθεν, v. 1) con todo el argumento anterior acerca de la supremacía de Cristo; y de manera especial, en lo que se refiere a su "gloria y honor" en 2:7 (Sal. 8:6) y la exposición que sigue.

Por la posición inusual que ocupa en la oración, la función del pronombre οὗτος es dar énfasis; $\mathfrak{P}^{13}$ 0121b $\mathfrak{M}$ adopta el orden más común δόξης οὗτος. Cf. 10:12; Juan 1:2; 1 Juan 5:6. La referencia obviamente es a Jesús, tal como se hace explícito en DHH, NBLA, NVI, NTV y RVC.

Δόξα y τιμή probablemente son sinónimos aquí, al igual que en 2:7, 9; cf. 5:4s. Δόξα se usa con referencia a una casa (=templo) en Hageo 2:9, en un pasaje que tiene puntos de contacto con Hebreos (Hg. 2:6 = Heb. 12:26).

Παρά + acusativo, "en comparación con"; o, con un significado equivalente al de πλείων, "más que" (BD §185[3]); cf. 1:4. La alternancia de παρὰ Μωϋσήν y τοῦ οἴκου, así como la de δόξα y τιμή, es tal vez estilística, y no conlleva ninguna diferencia en el significado.

Ἀξιόω aparece de nuevo en 10:29* en una comparación similar. En ambos lugares, es probable que la actividad de Dios esté implícita. El tiempo perfecto de ἠξίωται, al igual que ἐστεφανωμένον en 2:9, implica un estado continuo. El autor podría estar refiriéndose implícitamente al período que Cristo inauguró por medio de su exaltación (Riggenbach discrepa). Cf. 1 Timoteo 5:17.

Καθ' ὅσον y otras expresiones similares son frecuentes en Hebreos: τοσούτῳ … ὅσῳ, 1:4; καθ' ὅσον … κατὰ τοσοῦτο, 7:20, 22; καθ' ὅσον … οὕτως 9:27s.; τοσούτῳ μᾶλλον ὅσῳ, 10:25.

El alcance de las palabras que siguen es incierto. Si se toman en forma general, "… así como tiene mayor honra que la casa el que la construyó", ἔχει es atemporal, y los artículos antes de οἴκου y κατασκευάσας deben entenderse en forma genérica (MHT 3.108f.), equivalentes a οἶκος en el v. 4; cf. Justino, *Apol.* 1:20; Filón, *Plant.* 685. Esto es posible, pero podría dar un sentido más pleno si ἔχει se considerara un presente real, "la casa" aquí y a lo largo de toda esta sección como el pueblo de Dios, y ὁ κατασκευάσας αὐτόν como la actividad de Cristo, antes de su encarnación, para crear el pueblo de Dios.

Κατασκευάζω (v. 4 *[bis];* 9:2, 6 con referencia al tabernáculo; 11:7 al arca de Noé*) combina las acepciones de "construir", "ordenar" y "equipar"; en este contexto predomina la idea de la construcción. Sin embargo, el verbo κατασκευάζω se usa en algunas ocasiones con un complemento humano: en Sabiduría 9:1 con respecto a la humanidad en general, y en 7:27 a los profetas. Esto permite atribuirle a οἶκος el significado de "casa" a lo largo de este pasaje; v. 4. Κατασκευάζω se refiere a la creación en Isaías 40:28; 43:7; Sabiduría 11:24; 13:4; en Génesis 1:2 ἀκατασκεύαστος tiene un alcance más amplio que κτίζω o οἰκοδομέω. Aquí, ὁ κατασκευάσας αὐτόν probablemente es Cristo (véase la introducción a este sección).

Véanse Amsler 23ss.; Braun 1966.248; Linss.

3:4. Dios el hacedor del universo

La NRSV coloca este versículo entre paréntesis, y algunos comentaristas afirman que expresa un "idea de transición" o una "idea secundaria" (Strobel). La evaluación negativa de este versículo en A. T. Hanson 1964.394-398 fue revisada en A. T. Hanson 1965.52. Desde el punto de vista gramatical, empero, el versículo no es parentético, y en cuanto al significado, sigue naturalmente al v. 3b, reafirmando por medio de la frase πᾶς οἶκος el sentido genérico de τοῦ οἴκου, y empleando el adjetivo πάντα para darle un carácter todavía más general; cf. nota *a* en UBS³; cf. Vanhoye 89-91. Sin embargo, γάρ se relaciona con el v. 4, no directamente con el v. 3, sino con el texto clave de Números 12:7, citado en el v. 2: la mención de una casa implica la existencia de un constructor.

En un sentido real, aunque relativo, Cristo es ὁ κατασκευάσας (v. 3); pero en un sentido absoluto, el título le pertenece a Dios (v. 4). P. E. Hugues señala una alternancia similar en 1 Crónicas 17:10, 12 entre la construcción divina y humana; cf. también Hebreos 5:1, 4.

La estructura del versículo es generalmente simétrica:

πᾶς γὰρ οἶκος	κατασκευάζεται	ὑπό τινος
ὁ δὲ πάντα	κατασκευάσας	θεός.

La repetición de πᾶς/πάντα y de κατασκευάζω ofrece una base sólida de comparación, la alternancia de los modos pasivo y activo proporciona variedad estilística, y δέ indica un nuevo paso de avance, la referencia a Dios en el v. 4b. La estructura literaria es una guía que nos ayuda en tres sentidos a descubrir el significado. (a) Πᾶς... οἶκος y πάντα (no τὰ πάντα como en C³ D¹ Ψ 𝔐) se entienden mejor juntos. Es posible atribuirle a οἶκος aquí la acepción de "familia" o "pueblo", y ver una referencia a Dios como el supremo fundador de todas las familias o razas humanas (2:16b; Ro. 4:11s.; Ef. 3:15) —una afirmación secundaria dirigida tal vez a los lectores que no eran judíos. Es cierto que el significado de κατασκευάζω normalmente no tiene relación con la formación de una familia; sin embargo, en Sabiduría 7:27, en un pasaje que sin duda usa el autor de Hebreos (cf. 7:26 y Hcb. 1:3), se lee lo siguiente acerca de la Sabiduría:

μία δὲ οὖσα πάντα δύναται
καὶ μένουσα ἐν αὑτῇ τὰ πάντα καινίζει
καὶ κατὰ γενεὰς εἰς ψυχὰς ὁσίας μεταβαίνουσα
φίλους θεοῦ καὶ προφήτας κατασκευάζει.

La frase κατὰ γενεάς tiene probablemente un sentido temporal, pero el autor de Hebreos pudiera haber considerado que se refería a familias o naciones (3:10, γενεά). Sin embargo, κατασκευάζω se usa tan frecuentemente en relación con edificaciones que es mejor entender οἶκος de esta manera aquí, incluso si la "casa" se interpreta como una metáfora viva de una comunidad. Cabría entonces preguntar si esta edificación se considera (i) una morada, (ii) un tabernáculo o templo o (iii) el cosmos, como en los escritos mandeos y gnósticos y en Filón (*Cher.* 127; cf. *TDNT* 5.122-124). La opción (iii) puede excluirse porque exigiría la lectura πᾶς ὁ οἶκος, y de todas formas sería una figura difícil que no podría introducirse tan abruptamente. La opción (ii) está respaldada por 9:2, 6 y por las referencias a Jesús como sumo sacerdote en 2:17; 3:1, pero el sentido más amplio de la opción (i) probablemente se adapta mejor al contexto inmediato. El significado literal de la metáfora, expresado por medio de πάντα en el v. 4b, es tal vez menos general que "el universo" (τὰ πάντα, 1:3; 2:8), y menos específico que las instituciones eclesiásticas (Calvino) o que "todas las ordenanzas religiosas" (Teodorico).

(b) No hay nada que apoye, aparte de las presuposiciones dogmáticas, la traducción en la Vulgata del primer κατασκευάζω como "hacer" (*fabricatur*) y el segundo como "crear" (*creavit*).

(c) El v. 4b podría interpretarse (i) con θεός como predicado, virtualmente "el que hizo todas las cosas es divino", o (ii) con θεός como sujeto, "Dios es el que hizo todas las cosas". (Con respecto al uso del artículo con sustantivos predicativos, véanse BD §273; MHT 3.182-184. La opción (i) ha contado con el apoyo de una larga lista de escritores incluyendo a Teodoreto y a Tomás de Aquino (cf. Stebler), los cuales le han dado al versículo el carácter de texto de prueba para la divinidad de Cristo. La estructura de la oración, sin embargo, favorece la opción (ii). Además, es difícil concebir que el autor haya introducido súbitamente una idea tan importante y que no la haya desarrollado ni en los versículos que siguen ni más adelante en la epístola (Bleek). El autor muestra cierta preferencia por el uso de θεός al final del versículo para dar énfasis (p. ej., 4:10; 6:3; 11:20; 13:4, 16; en cuanto a la construcción cf. 1Co. 1:21; 5:5).

3:5-6a. Cristo está no solo *en* sino *sobre* la casa de Dios

El autor reserva para el clímax de esta sección la referencia más completa a Números 12:7, οὐχ οὕτως ὁ θεράπων μου Μωϋσῆς· ἐν ὅλῳ τῷ οἴκῳ μου πιστός ἐστιν. El estatus de Moisés en este pasaje aparece invertido en Hebreos. En Números, se coloca a Moisés en un nivel más alto que profetas como los setenta ancianos (Nm. 11:25) y Eldad y Medad (11:27-29), mientras que en Hebreos, Moisés está subordinado a Cristo. Al igual que en el v. 4, no solo la simetría general de estos versículos sino también las irregularidades individuales dentro de ellos son aspectos importantes que hay que tener en cuenta para poder comprenderlos. La estructura básica es:

καὶ Μωϋσῆς	Χριστὸς δὲ
ἐν ὅλῳ τῷ οἴκῳ αὐτοῦ	(2) ἐπὶ τὸν οἶκον αὐτοῦ
ὡς θεράπων	(1) ὡς υἱός.

Esta estructura muestra las siguientes características: (a) El contraste, que se indica formalmente por medio de la construcción μέν… δέ, es entre Moisés como θεράπων en la casa de Dios, y Cristo como υἱός sobre ella. (b) La inversión de los puntos (1) y (2) en el v. 6a da como resultado un quiasmo típico que subraya ligeramente el término θεράπων cambiando el orden de Números 12:7, y destaca con más fuerza el término υἱός acercándolo lo más posible al comienzo del versículo. (c) Πιστός se omite en el v. 6, en parte, sin duda, por razones estilísticas, pero también porque a la idea de la fidelidad de Cristo se le presta menos atención que en el v. 2. De manera similar, la omisión de ὅλῳ en el v. 6, al igual que en el v. 2, sugiere que este no es el aspecto más importante de la cita. (d) La repetición del pronombre αὐτοῦ en ambos versículos sugiere que es equivalente al adjetivo posesivo μου en Números 12:7, y significa "la casa de Dios", no "la propia casa (de Cristo)" como en la Vulgata. (e) La adición en el v. 5 de la frase asimétrica εἰς μαρτύριον τῶν λαληθησομένων indica que el autor no solo tiene la intención de establecer un contraste entre Moisés y Jesús, sino también de insinuar cierta continuidad o conexión entre ellos (véase más adelante).

En cuanto a πιστός, v. 2; la palabra aquí implica confiabilidad en los respectivos oficios de θεράπων y de υἱός. Después de πιστός, debería incluirse un tiempo presente (ἐστιν) (a) como en Números 12:7 (cf. ὄντα en Heb. 3:2); (b) darle un significado más adecuado al v. 6a también y (c) sugerir la permanencia del testimonio biblico. El autor está decidido a hacer la exégesis de Números 12:7, y no le preocupa que la palabra clave ἐν se le aplicara al "hijo" de Dios en 1 Crónicas 17:13-14, siguiendo la cita en Heb. 1:5b.

Θεράπων**; en cuanto a πιστὸς θεράπων en referencia a Moisés, cf. Justino, *Dial.* 46:56; 130; Ireneo. *Adv. Haer.* 4.25.4. En Hebreos no se usa el término δοῦλος (ni ningún cognado, a excepción de δουλεία, 2:15), ni tampoco οἰκέτης. En contraste con δοῦλος, θεράπων denota un hombre libre que dedica su persona a servir a un superior. En algunos escritos no bíblicos se usa θεράπων para referirse a un siervo del templo; de lo contrario, implica un oficio cultual. A Moisés se le llama, o él mismo se llama, θεράπων de Dios en Éxodo 4:10; 14:31; Números 11:11; Deuteronomio 3:24; Sabiduría 10:16; 18:21; eso mismo ocurre con Job, p. ej., 1:8a; 2:3. Esto estaría perfectamente de acuerdo con Hebreos 8:4-6, pero en el presente contexto las palabras que siguen sugieren una función profética y no cultual, aunque ambas no pueden separarse rígidamente. Además, en segundo plano podría estar la distinción entre un mayordomo, que tiene a su cargo el gobierno dc una casa, y un siervo, que no es más que un miembro de la casa (Gn. 43:16, 19; 44:1, 4; Layton).

Εἰς μαρτύριον τῶν λαληθησομένων altera el equilibrio de los vv. 5-6a. (Μαρτύριον; μάρτυς, 10:28; 12:1*.) Εἰς μαρτύριον* (no clásico), "como evidencia" de cosas o animales, Génesis 21:30; Proverbios 29:14; Oseas 2:14 LXX (= 2:12 TM); Amós 1:11 (≠ TM); "como testimonio", de Dios entre su pueblo, Miqueas 1:2; Zacarías 3:8; de la ira de Dios 7:18 (≠ MT), normalmente en sentido absoluto; o con el artículo y seguido de un sustantivo (una señal para David, 1Sa. 20:35) o de un pronombre (en plural, Sal. 119[118 LXX]:36, 59) en caso genitivo.; en sentido absoluto, Lucas 21:13; + dativo, Mateo 8:4‖; 10:18; 24:14; Marcos 6:11; 13:9; Santiago 5:3; Bauer *s.v.* εἰς 4d, ἐπ' αὐτούς, Lucas 9:5.

El participio de futuro pasivo es excepcional en el NT (BD §352[2]). La cuestión más importante es decidir si el autor piensa que las cosas que se "hablarán" en el futuro las dirá directamente Moisés (como afirma la Peshita), o indirectamente algunas figuras posteriores como profetas, el mismo Cristo o los apóstoles.

El problema podría expresarse también de una forma atenuada: si se acepta que Moisés será el orador, ¿son τὰ λαληθησομένα (a) cosas que el diría en y sobre el futuro cercano, especialmente al dar la ley, o (b) cosas que él profetizaría sobre el futuro más lejano, especialmente acerca de la venida de Cristo?

El problema no puede resolverse únicamente aduciendo razones gramaticales. La voz pasiva probablemente implica una acción divina, pero no especifica por medio de qué intermediario. Εἰς μαρτύριον τῶν λαληθησομένων podría interpretarse como un genitivo de contenido (BD §167), "el testimonio que consiste en lo que iba a decirse más adelante", por tanto, simplemente "el testimonio que se dará más adelante", pero esto tampoco identifica al testigo (o a los testigos). La traducción "el testimonio de lo que se hablaría más adelante" ofrece un sentido débil, porque sugiere que son "palabras acerca de palabras"; en los demás lugares del NT (Mr. 1:44‖; 6:11‖; 13:9‖; Stg. 5:3), εἰς μαρτύριον va acompañado de un dativo (véanse H. Strathmann en *TDNT* 4.502ss.; Käsemann 1984.63-66; A. T. Hanson 1965.52-55; Williamson 467-469).

La prueba sobre el orador humano implícita en τῶν λαληθησομένων podría buscarse en el contenido de la cita del AT (incluyendo los pasajes veterotestamentarios relacionados), y en el contexto más amplio del NT. El contexto veterotestamentario sugiere que τὰ λαληθησομένα son cosas que Dios le dirá a Moisés. Moisés ya "habló las palabras del Señor al pueblo" (Nm. 11:21). Ahora, en una reunión en el σκηνὴ τοῦ μαρτυρίου (12:4), Dios dice con respecto a Moisés: στόμα κατὰ στόμα λαλήσω αὐτῷ (12:8). Sigue entonces el relato de la primera rebelión de Israel contra Dios en Cades Barnea (13:25–14:45), a la que se hace referencia repetidas veces en la próxima sección de Hebreos (3:11, cf. Nm. 14:21-23; Heb. 3:16-18, cf. Nm. 14:1-35; Heb. 3:17, cf. Nm. 14:29; Heb. 3:18, cf. Nm. 14:22s.). En este relato se describe a Dios hablándole a Moisés, y de manera especial, anunciando por medio de Moisés un juicio de condenación (Nm. 14:28-30) prácticamente equivalente al del Salmo 95[94 LXX]:11, εἰ εἰσελεύσονται εἰς τὴν κατάπαυσίν μου, que es el texto clave de la sección siguiente. Esta, al parecer, es la referencia más directa a τὰ λαληθησομένα. Sin embargo, en la próxima sección también se habla de un cumplimiento de la Palabra de Dios en varias etapas en el pasado (4:7; cf. πολυμερῶς καὶ πολυτρόπως, 1:1) y sobre todo, en el presente (4:9). No hay ninguna razón que pueda impedir que τὰ λαληθησομένα tenga una referencia igualmente amplia, si lo que es futuro para Moisés se hace presente, σήμερον, al menos para los cristianos. El tono positivo de 3:6b sugiere, de todas formas, que las λαληθησομένα incluyen promesa (cf. Nm. 14:31) y también condenación. Esta interpretación de la obra de Moisés está tan arraigada en los conceptos más amplios de Hebreos sobre la escritura y la historia que sería bastante erróneo (según Goppelt 1939.194.3, en consonancia con Wuttke) incluir este versículo entre los escasos ejemplos de alegorías en la epístola. Y tampoco es necesario suponer que el escritor de Hebreos pensara que Moisés habló con Cristo (Schröger 98; Braun; cf. A. T. Hanson 1964.396).

Existen pruebas contundentes, aunque indirectas, de que la opinión del autor de Hebreos acerca de Moisés estaba influenciada, no solo por Números 12, sino también por Deuteronomio 18, especialmente los vv. 15-19, un pasaje en el que los cristianos reflexionaron desde una fecha muy temprana (véanse Hch. 3:22s.; 7:37;

cf. Lc. 9:35; Jn. 6:14; Dodd 1952b.55s.; Lindars 1961.208-210). Estos versículos, al parecer, contradicen el argumento del autor, porque Moisés dice que Dios enviará "un profeta como yo", mientras que después de 3:2 el autor evita cualquier comparación positiva de Moisés y Jesús, y en todas partes evita darle a Jesús el título de profeta. Este silencio resulta particularmente significativo porque en la epístola se usan prácticamente todos los demás rasgos notables de Deuteronomio 18; Dios (v. 15; cf. Heb. 7:21s.) levantará (ἀνίστημι, Dt. 18:15, 18; cf. Heb. 7:11) un profeta (Dt. 18:15, 18) como Moisés (Dt. 18:15, 18; cf. 34:10; Heb. 3:5f.) de entre los "hermanos", es decir, el pueblo de Dios (Dt. 18:15, 18; cf. Heb. 2:12ss.). El pueblo debe escuchar, y por ende, obedecer, todo lo que él diga (Dt. 18:15s., 19; cf. Heb. 2:1, 3; 4:2). Por cualquier repetición de la negativa de Israel en el desierto a escuchar a Moisés (Dt. 18:16; cf. Heb. 3:8), por cualquier desobediencia (Heb. 2:2; 2:12–4:11), Dios juzgará (Dt. 18:19; cf. Heb. 2:3a; 20:20 = Dt. 32:35) a su pueblo. En cambio, las palabras que Dios le dará al profeta (Dt. 18:18) serán una fuente de vida (Heb. 2:2; 4:12). La profecía de Deuteronomio 18:15-19 está precedida en el v. 13 por un mandamiento dirigido al pueblo: τέλειος ἔσῃ, que hace recordar Hebreos 5:14. A la luz de estas correspondencias, el contraste en Hebreos entre "el Hijo" (1:2; 3:6) por una parte, y Moisés o los profetas en general (1:1; 3:5) por la otra, parece indicar el rechazo en Hebreos de cualquier cristología primitiva como profeta para favorecer los títulos de Hijo y sumo sacerdote.

3:6a, hasta αὐτοῦ. Χριστός es tan enérgico como Ἰησοῦν en el v. 1. Se usa también con moderación (Χριστός solo, 9:11, 24; ὁ Χριστός, 3:14; 5:5; 6:1; 9:14, 28; 11:26; Ἰησοῦς Χριστός, 10:10; 13:8, 21*). No existe ninguna diferencia obvia en el significado entre Χριστός con y sin el artículo. Solo en 6:1 y 11:26 (Χριστός) parece posible que ὁ Χριστός tenga el valor de un título, el Mesías. Fuera del capítulo 13, el nombre Χριστός suele asociarse con el sacerdocio y el sacrificio de Cristo. A la luz de 5:5s., donde se alude a ὁ Χριστός como sumo sacerdote y como Hijo en estrecha relación, 3:6a podría parafrasearse: "Es por su condición de Hijo que Jesús es supremo sobre el pueblo de Dios; pero este Hijo es el que nosotros reconocemos como sumo sacerdote (3:1; cf. 10:21) a causa de su muerte (cf. 2:14s.)". El tema de la muerte de Cristo como sacrificio, sin embargo, aún no se ha anunciado explícitamente.

Se señaló antes que la forma verbal ὄντα en el v. 2 no tiene una connotación presente, y en una referencia a Moisés se traduce naturalmente con un verbo en pasado: "fue fiel". De hecho, las referencias de tiempo son notables por su ausencia en la comparación entre Moisés y Jesús (vv. 2, 5, 6); toda la atención se concentra en las esferas contrastantes en las que se ejerce o fue ejercida la fidelidad de cada uno de ellos. El mayoría de las traducciones (p. ej., DHH, NVI, CST, RV2015, RVC; Lane, Grässer) aparece el verbo en presente: "Cristo es fiel"; en NRSV, con el apoyo aparente de Attridge, y LBLA, se lee "Cristo... fue fiel". Podría preferirse el presente por ser el tiempo menos identificado, y porque el pasaje se refiere a la relación actual de los creyentes con Cristo.

La palabra clave ἐπί (cf. 10:21) tal vez expresa simplemente la convicción cristiana de la supremacía de Cristo, lo contrario a la creencia de que Dios pondría todas las cosas bajo los pies de Cristo (Sal. 110[109 LXX]:1 = Heb. 1:13; Sal. 2:7 = Heb. 2:8). Ἐπί también podría ser un recuerdo de las palabras que se omitieron en la cita en Hebreos 2:7: καὶ κατέστησας αὐτὸν ἐπὶ τὰ ἔργα τῶν χειρῶν σου. El presente versículo, sin embargo, se ocupa más del señorío de Cristo sobre la comunidad creyente. Otro texto que puede haber sugerido la preposición ἐπί es la profecía de Zacarías 6:12s., acerca del Renuevo que "edificaría la casa del Señor" y gobernaría en (ἐπί, pero, seguido de genitivo) el trono del Señor.

3:6b, desde οὗ οἶκός ἐσμεν ἡμεῖς, se relaciona gramaticalmente con los vv. 5-6a, y repite el tono parenético del v. 1, pero tiene vínculos temáticos más estrechos con los vv. 7ss.; οὗ cumple una función de transición similar a la de περὶ οὗ en 5:11. Οὗ, al igual que αὐτοῦ en los vv. 5s., se refiere a θεός en el v. 4 (véase la introducción a esta sección). La variante principalmente occidental ὅς (𝔓⁴⁶ D* 0243 6 424ᶜ 1739 vg etc.), al parecer, tiene la intención de evitar que se interprete como "la casa de Cristo"; algunos eruditos, empero, incluyendo a Zuntz 92s., Braun, Attridge y Lane (aunque no a Grässer), consideran que ὅς es la lectura más difícil y por tanto, original.

Οἶκος ahora se refiere claramente a una comunidad, la familia de la fe (Gá. 6:10; cf. Ef. 2:19; 1Ti. 3:15; 1Pe. 2:5; 4:17; *Bern.* 6:15; 16:8-10); de manera similar ναός (1Co. 3:16; cf. 6:19). El antecedente más natural de este uso parece ser Números 12:7 junto con su contexto; la referencia inmediata allí es a Israel como "casa" o pueblo de Dios, aunque la presencia de Dios con su pueblo se concentra como de costumbre en el σηκνὴ τοῦ μαρτυρίου (v. 4); de un modo semejante, la frase οἶκος θεοῦ se usa para referirse al santuario en Génesis 28:17, 19; cf. Jueces 17:5; 18:31; 2 Samuel 12:20; también οἶκος κυρίου, 1 Reyes 5:14a; 6:1c (O. Michel en *TDNT* 5.120f.); cf. Hebreos 10:21 con respecto a Jesús. Los paralelismos gnósticos, propuestos por Schlier 1930.49-60; Käsemann 1984.154s.; y Braun, son más remotos.

La función del pronombre ἡμεῖς obviamente es dar énfasis (cf. 2:3; 10:39; 12:1, 25), pero su significado no resulta inmediatamente claro. El comentario de Westcott: "Los cristianos son 'la casa de Dios', y ya no los judíos" refleja su parecer (xxxvi) de que la epístola fue escrita exclusivamente para cristianos de origen judío. Si, como ya sugerimos, Hebreos iba dirigida a una comunidad mixta, "nosotros" significaría "nosotros los que ahora creemos", a diferencia de los israelitas rebeldes del pasado, que son el tema de la sección siguiente. Ἡμεῖς cumple una función similar en 10:39; cf. también "sumo sacerdote de la fe que profesamos" (3:1, TEV, RVC). Esto está de acuerdo con el uso del pronombre en Hebreos en los argumentos *a fortiori* que comparan la antigua dispensación con la nueva (2:3; 12:25). Sin embargo, en 12:1* ἡμεῖς vincula la presente generación cristiana con los creyentes de la época del AT. Esto sugiere que en el presente versículo, y probablemente en otros lugares, el contraste fundamental implícito en ἡμεῖς no es el de la raza, ni siquiera el de la generación, sino esencialmente la oposición entre la fe y la obediencia por un lado, y la incredulidad y la rebelión contra Dios por el otro.

El resto del versículo parece estar textualmente contaminado por 3:14, donde se lee ἐάνπερ en lugar de ἐάν en 𝔓⁴⁶ ℵ² A C D² Ψ 𝔐, y μεχρὶ τέλους βεβαίαν antes de κατάσχωμεν en ℵ A C D Ψ 0243 𝔐. Las pruebas internas a favor de ἐάνπερ están divididas, porque en otros pasajes de Hebreos se usa dos veces ἐάνπερ (3:14; 6:3**) y la conjunción simple ἐάν, fuera de las citas, solo una (13:23). Sin embargo, la influencia de 3:14, en combinación con el peso de las pruebas externas, sugiere ἐάν como la lectura original en 3:6. No existe ninguna diferencia apreciable de significado. En cuanto a la segunda variante, βεβαίαν en el v. 14 se corresponde con παρρησία, pero en el v. 6 resultaría inconveniente después de παρρησία, con el sustantivo neutro καύχημα en el intermedio.

Aparte de las cuestiones textuales, 3:14 es una guía útil para llegar al significado de 3:6b, aunque en el v. 14 el autor ya abandonó la imaginería de la "casa" de Dios y retomó el lenguaje del compañerismo con Cristo. Hay poca diferencia de significado entre παρρησία aquí y ὑπόστασις en el v. 14; ambos versículos expresan la preocupación del autor porque sus lectores, a diferencia de la generación de Israel en el desierto, perseveren en su fe. Μεχρὶ τέλους βεβαίαν destaca y desarrolla el sentido de κατάσχωμεν. Aquí, al igual que en 3:14, ἐάν (περ) introduce una condición que puede cumplirse o no.

El significado de παρρησία (4:16; 10:19, 35*) varía según su contexto, y está formado por influencias tanto bíblicas como seculares. En Hebreos, como normalmente ocurre en el NT, παρρησία se usa en sentido positivo sin las connotaciones negativas de desvergüenza o impudicia que se encuentran en el griego secular (Platón, *Rep.* 8.557b) y a veces en la LXX (Sir. 6:11). En el griego secular, παρρησία denotaba la libertad de expresión (πᾶν ῥῆσις) que disfrutaban los ciudadanos en una democracia; este significado tiene mucho sentido aquí porque alude al derecho que tiene el cristiano de hablar abiertamente acerca de su fe. En el griego secular también, παρρησία denotaba franqueza entre amigos, sobre todo cuando se expresa en sus diálogos sinceros. En la LXX la παρρησία está relacionada con la acción libertadora de Dios (Lv. 26:13, la única vez que aparece en el Pentateuco), y la libertad del justo para hablar abiertamente delante de Dios (Jb. 27:9s.; cf. Filón, *Rer. Div. Her.* 5-29), sobre todo en oración (Jb. 22:26) y en el juicio final (Sab. 5:1s.). En algunos contextos de la LXX, como aquí, παρρησία se asocia con la jactancia (justificada) (Pr. 20:9), y con la humillación de los injustos (Pr. 13:5). El hebreo subyacente, y la LXX aunque con menos claridad, también connota gozo y confianza en Dios (Is. 58:14; cf. Heb. 2:13a). En Hebreos, al igual que en otros lugares de la Biblia griega, la παρρησία, por tanto, no tiene solamente un aspecto subjetivo sino también un aspecto objetivo. Obsérvese el sentido absoluto de τὴν παρρησίαν; ἡμῶν está de más después del enfático ἡμεῖς. En 3:6, el contexto sugiere aferrarse a un estatus que ya se ha recibido; la idea es similar a la de tomar posesión permanente de una κληρονομία dada por Dios (véase el comentario sobre κληρονόμος, 1:2). "No renuncien a sus derechos como ciudadanos" es una paráfrasis posible. De manera semejante, en la próxima sección, κατάπαυσις y σαββατισμός pueden tomarse como el contenido u objeto de la esperanza (Woschitz 1979). El "aferramiento" que transmite el verbo κατάσχωμεν constituye el vínculo esencial entre el estatus actual (ἐστιν) de los creyentes como ciudadanos en el pueblo de Dios (οἶκος) y el cumplimiento que aún esperan. La sección concluye del mismo modo que comenzó, haciendo hincapié en la necesidad de testificar abiertamente de Cristo. Hay, pues, muchos puntos de coincidencia entre el significado de ὁμολογία (v. 1), παρρησία y τὸ καύχημα τῆς ἐλπίδος; cf. también 10:23 κατέχωμεν τὴν ὁμολογίαν τῆς ἐλπίδος ἀκλινῆ.

Véanse Michel 180s.; H. Schlier en *TDNT* 5.871-886; E. Peterson; H. Jaeger; Unnik 1962a; Scarpat; Vorster 1971; Spicq 1982.526-553; Grässer 169-170.

Καύχημα* se usa solo aquí en Hebreos, y no aparecen cognados. El tema de la jactancia es más prominente en Pablo (p. ej., 2Co. 10-12 *pássim*) que en Hebreos, pero en Hebreos también se considera que la vergüenza de la cruz de Cristo (αἰσχύνη, 12:2a; ὀνειδισμός, 11:26a; 13:13) tiene menos peso que su exaltación (12:26; cf. 11:26b), y ambas se reflejan en la experiencia de los creyentes (10:33; 12:1-3). El término καύχημα aquí tal vez es mejor interpretarlo como "aquello de lo que uno se jacta" o "se enorgullece" y no como la acción de jactarse, y ἐλπίς (Spicq 1982.259-272), de manera similar, como "aquello que uno espera" y no como la acción de esperar. La frase en su conjunto podría considerarse entonces un genitivo de contenido: "un objeto de orgullo que consiste en aquello que uno espera". El carácter objetivo de la frase se ve corroborado por el hecho de que ἐλπίς en Hebreos (6:11, 18; 7:19; 10:23*) se usa siempre en sentido absoluto. Cf. Bover 1938; Moule 1950; Woschitz 1979.621s.; Spicq 1982.386-394.

Τῆς ἐλπίδος debe tomarse junto con καύχημα solamente, no con τὴν παρρησίαν.

Κατέχω en Hebreos (3:14; 10:23*) siempre tiene el sentido positive de aferrarse a la esperanza o confianza cristiana, no el sentido negativo de someter o suprimir. La idea de "aferrarse" por un tiempo es transmitida por el propio verbo, no especialmente por el presente de subjuntivo, que es habitual después de ἐάν en este sentido. Hay un contraste implícito (que también se encuentra en Qumrán, CD 3:19 y su contexto; véase D'Angelo 86s.) entre el pueblo fiel de Dios en la era actual, y el rebelde Israel en la época del éxodo, que es el tema de la próxima sección. Véase Spicq 1982.379-385.

UN REPOSO PARA EL PUEBLO DE DIOS (3:7–4:16)

La transición del tema de Moisés a la cita del Salmo 95 marca firmemente el comienzo de esta sección; en cuanto a su relación con lo que precede, véase el comentario sobre διό más adelante. El final de la sección no está tan claramente definido; Vanhoye, seguido de Montefiore y Lane, incluye 4:14 en razón del término ἀρχιερεύς que forma la *inclusio* con 3:1; pero, al parecer, se relaciona más estrechamente, en cuanto a la gramática y al significado, a 4:15s.

El lugar que ocupa esta sección en la *estructura literaria* de la epístola puede entenderse de distintas maneras. Deben tenerse en cuenta los siguientes factores.

(1) El pasaje completo se mantiene unido y constituye una exposición del Salmo 95[94 LXX]:7-11 y otros pasajes relacionados, con un comentario final en 4:12s. sobre el poder de la Palabra viva de Dios.

(2) Aparentemente no hay ninguna otra razón para la sugerencia de C. Clemen, que McCown repite, de que esta sección originalmente fue un sermón independiente del autor de la epístola. Los siguientes puntos sugieren lo contrario, aunque probar cualquiera de las dos hipótesis resulta imposible.

(3) Existen puntos de contacto, tanto verbales (ἐάν[περ], 3:6, 7, 15; διό, 3:7) como temáticos, entre esta sección y 3:1-6. En cuanto al AT, el uso de Números 12:7 en la sección anterior va seguido de muchas alusiones a Números 14 a partir de Hebreos 3:12 (véase más adelante). En lo que respecta al NT, hay un contraste implícito entre la fiabilidad de Jesús (3:1-6) y la incredulidad desobediente que caracterizó al pueblo de Dios en el pasado y lo amenaza ahora (3:12ss.). Spicq cita a Bengel: "Jesus est πιστός, fidelis; vos ne sitis ἄπιστοι, infideles".

(4) No hay nada que sugiera que esta sección sea un largo paréntesis, más allá del hecho de que va precedida y seguida de secciones cristológicas. El texto de 4:14, que Vanhoye incluye en esta sección, no es un reflejo de 3:6 sino de 3:1, y no sigue a 3:6 de manera fluida.

(5) Las repeticiones βλέπετε... βλέπομεν y ἀπιστίας... ἀπιστίαν desde 3:12 hasta 3:19 le dan coherencia interna a la primera parte de la exposición (Vanhoye 94s.).

El lugar que ocupa esta sección dentro del *argumento* de la epístola podría expresarse en términos generales de la siguiente manera. La "situación de Cristo" (Vanhoye) fue minuciosamente expuesta en relación con Dios (cap. 1) y en relación con los creyentes (2:5-18). Los dos aspectos de este tema han confluido en 3:1-6, donde están tan bien equilibrados que es difícil decir si estos versículos son predominantemente doctrinales, con respecto al estatus de Cristo, o parenéticos, y van dirigidos a la situación de los lectores. La presente sección, anticipada por 2:1-4, es esencialmente una invitación a los lectores para que respondan ahora al llamado final de Dios más positivamente que Israel a la misma advertencia y a la misma promesa en la época del AT.

El escritor de Hebreos comparte con otros escritores neotestamentarios un interés por los acontecimientos del éxodo como un tipo del cristianismo (véanse especialmente Nixon; Goppelt 1982; F. F. Bruce). Éxodo 19:12s. se cita en Hebreos 12:20; Éxodo 24:8 en Hebreos 9:20, cf. 10:29; y Éxodo 25:40 en Hebreos 8:5. En Hebreos 11:28s. se hace una breve referencia al éxodo como un ejemplo de la fe de Moisés y de Israel. Sin embargo, las referencias en Hebreos al éxodo resultan peculiares por dos razones fundamentales.

(1) Aunque la interpretación de la muerte de Cristo como un sacrificio es esencial para la epístola, en Hebreos, a diferencia de lo que ocurre en 1 Corintios 5:7 (cf. 1Pe. 1:19), nunca se establece una relación directa entre la cruz y la pascua. No cabe duda de que el autor creía en la preexistencia de Cristo (véase, p. ej., 1:2, 10), y probablemente pensaba que Cristo ya estaba activo en la historia de Israel (3:5; 12:3; cf. A. T. Hanson 1965.48-82), sin embargo, no llega a referirse

directamente a la muerte de Cristo como un ἔξοδος en sí misma (Lc. 9:31). Esto podría deberse a que él normalmente relaciona los tipos veterotestamentarios con Cristo por medio de contrastes (como en 3:1-6; Melquisedec en el capítulo 7 será un caso especial). En este respecto, Hebreos 3:1-6 contrasta con 1 Corintios 10:1-4, mientras que Hebreos 3:7ss. es tan semejante en el contenido, aunque no en el propósito, a 1 Corintios 10:5-10 que sugiere una tradición común (así opina Michel 188n.2; cf. Schröger 101n.).

(2) El autor de Hebreos no comparte la suposición moderna de que el mejor relato de un acontecimiento histórico tiene que ser el que más se aproxima cronológicamente a los propios acontecimientos, o de lo contrario, el que contiene la mínima dosis de "interpretación". El argumento de esta sección se basa principalmente en el Salmo 95:7-11, y solo en segundo lugar, en las narraciones de Éxodo. El autor apela, no al éxodo como un simple hecho de la historia, sino a una tradición en la que la adoración judía, y sin duda también de la cristiana, hicieron patente la importancia permanente del mismo.

Esta sección es, pues, la *exhortación* más amplia hasta aquí, y al mismo tiempo, el pasaje más extenso de *exposición* continua de un texto veterotestamentario en toda la epístola. Estos hechos tienen diversas implicaciones importantes:

(1) Hay una sola referencia explícita a Cristo (3:14; cf. 4:8). En 3:5 se sugirió la importancia cristológica del AT, pero no hay ninguna enseñanza cristológica basada en los textos que se citan en esta sección.

(2) Esta sección muestra con especial firmeza la tendencia general del autor a destacar en las exhortaciones la continuidad entre lo antiguo y lo nuevo, mientras que los pasajes doctrinales ponen de relieve el contraste entre ambos (G. R. Hughes 1979.66-74). Lo que Jesús fue e hizo es único. Puede entenderse más cabalmente con la ayuda de las categorías veterotestamentarias, pero las tensa casi hasta romperlas. Sin embargo, dado que los lectores todavía no participan plenamente del estatus de Cristo, y aún pueden desviarse de la fe, es posible establecer analogías entre su situación y la del infiel Israel en el desierto. En lugar del contraste que se encuentra en 1:1s. entre la revelación parcial y la final de Dios, y en lugar del argumento *a fortiori* o *qal waḥomer* de 2:2s., en la presente sección se usa una comparación directa: ἐσμεν εὐηγγελισμένοι καθάπερ κἀκεῖνοι, 4:2.

(3) La combinación de la exhortación y la exposición en esta sección sugiere la posibilidad de analizar el texto no solo en función de su estructura literaria, sino también en función de su movimiento entre los dos "horizontes" del texto bíblico y la situación de los lectores. Las declaraciones lógicas que aunque no aportan ninguna información nueva, sí permiten sacar conclusiones que se extienden de un "horizonte" al otro, facilitan el movimiento entre ellos. (Thiselton, especialmente el cap. XIV, compara esas declaraciones con las distintas clases de "expresiones gramaticales" en Wittgenstein). Sobre esta base, el material podría organizarse de la siguiente manera:

Pasado	Enlaces lógicos	Presente
3:7-11		
		3:12-13
	3:14	
3:15-18		
	3:19	
		4:1
	4:2a	
4:2b		
	4:3a	
4:3b-5		
	4:6-9	
		4:10-11
		4:12-13

Es en consonancia con la función de los enlaces lógicos, que ellos forman a veces transiciones entre las subsecciones, por ejemplo, en 4:6-9.

Cada giro en el argumento está marcado por un llamamiento nuevo, en sentido negativo, a los lectores:

(1) Βλέπετε... μήποτε... ἔν τινι ὑμῶν (3:12)

(2) φοβηθῶμεν οὖν μήποτε... τις ἐξ ὑμῶν (4:1)

(3) σπουδάσωμεν οὖν... ἵνα μὴ... τις (4:11)

El argumento, reducido a sus mínimos elementos esenciales, se desarrolla así:

(1) La generación del desierto "no pudo entrar" en el reposo de Dios "a causa de su incredulidad" (3:19).

(2) "Queda un reposo para el pueblo de Dios" (4:9).

(3) "Esforcémonos, pues, por entrar en ese reposo" (4:11).

La principal referencia veterotestamentaria a lo largo del pasaje es el Salmo 95:7-11. Se trata fundamentalmente de una advertencia, y este aspecto se pone de relieve en la fase (1) (= 3:7-16), que consta de una exposición más directa. Pero la advertencia oculta un elemento de promesa, tal como el autor pasa a mostrar en la fase (2) (= 4:1-10). La cita del Salmo 95 es reforzada en la fase (1) por alusiones a Números 14 (sobre todo al v. 29 en Heb. 3:17); en la fase (2) por la cita de Génesis 2:2 (Heb. 4:4); y en la fase (3) por una declaración general acerca del poder de la "palabra" de Dios (4:12; de manera similar, Zimmermann 1977.131).

Como es habitual en Hebreos, la exposición es tipológica, no alegórica (Goppelt 1939.207f.; Wiebe; Dreyfus). El autor evita incluso el uso de términos como "Israel" y "la iglesia", que podrían poner en peligro la unidad del pueblo de Dios (4:9). Oepke 58 alude de pasada a "ambos pueblos de Dios", pero ese tipo de lenguaje es ajeno a Hebreos; cf. Zimmermann 1977.139, 142. La diferencia entre la generación del desierto y los primeros lectores del autor es *formalmente* temporal: se considera que el Salmo 95 hace referencia a la rebelión del éxodo en el pasado, pero también indirectamente, al cumplimiento de la promesa de Dios para los creyentes en la era cristiana. En *esencia*, sin embargo, la diferencia entre los dos grupos es la que existe entre "esos" (ἐκεῖνοι, 4:2; cf. 12:25) que se negaron a creer, y "nosotros", definidos como οἱ πιστεύσαντες (4:3). El autor de Hebreos no llega a decir que la promesa divina de un reposo ya se ha cumplido. Lo que sí dice es que el acceso al reposo de Dios estuvo cerrado para la generación rebelde del éxodo, pero todavía está abierto y listo para ser ocupado por los que creen, si permanecen firmes.

Esta sección está tan llena de exposición veterotestamentaria que cualquier *elemento no bíblico* debe considerarse secundario. No hay razones suficientes para suponer con Käsemann que las especulaciones de origen no bíblico (judío o gnóstico) solo fueron vinculadas a los textos bíblicos después del acontecimiento.

(1) Los paralelismos con los escritos de Filón no ocupan aquí ningún lugar prominente. El uso de la métafora del "corazón endurecido" se explica fácilmente alegando una dependencia común del lenguaje veterotestamentario en pasajes como el Salmo 95 (Williamson 241-244, en contra de Spicq 1.48). Los paralelismos entre 4:12s. y Filón se analizarán más adelante por cuanto no afectan la exposición en general.

(2) Hay un punto superficial de contacto entre la situación de Israel en el desierto después del éxodo y la retirada al desierto del grupo de Qumrán (Spicq 1.242ss.; encuesta de literatura en P. E. Hughes 10-15, cf. 140s.). En los escritos de Qumrán, sin embargo, el desierto se evalúa en forma positiva, no solo como un lugar de reposo (1QM 2:8s.), sino también como un lugar en el que la comunidad puede verse libre de contaminación, estudiar la ley en paz y prepararse para una guerra santa. Esto contrasta por completo con la presente sección de Hebreos, donde el desierto se considera el lugar de la desobediencia y el fracaso de Israel, y el "reposo" o "lugar de reposo" de Dios (véase más adelante) es el antitipo del que la tierra prometida, no el desierto, era el tipo. Por tanto, es probable que cualquier influencia en Hebreos de las corrientes de pensamiento asociadas con Qumrán haya tenido lugar como resultado de una reacción negativa (cf. Braun 1966.250).

(3) El primero en investigar la posibilidad de una influencia gnóstica en esta sección de Hebreos fue Käsemann en 1939, y logró durante mucho tiempo un amplio respaldo, aunque en menor grado entre los comentaristas que entre otros estudiosos. Su tesis no era que la propia carta a los Hebreos fuera en alguna medida un documento gnóstico, sino que las influencias gnósticas concienciaron al autor de la importancia del tema del pueblo errante de Dios. El aspecto positivo de esta tesis es la manera en que relaciona la presente sección con otras partes de la epístola en torno a este tema central; cf. capítulo 11, y menos directamente, la descripción de la obra de Cristo en función del movimiento cuasi espacial de la tierra al cielo. La elusión regular por parte del autor de toda expresión de lenguaje distintivamente gnóstica sugiere, no obstante, que, al igual que en el caso de Qumrán, deberíamos pensar probablemente en corrientes difusas de ideas populares, y no en la influencia literaria de documentos específicos, existentes o no. Käsemann (45), de hecho, vincula a Filón y al gnosticismo. En contra de

cualquier influencia gnóstica significativa en Hebreos, véase Oepke 58-60, quien, sin embargo, acepta (74) que el tema del pueblo de Dios reviste una importancia capital para la epístola; véase también Woschitz 1979.622-624.

3:7a. El Espíritu Santo habla en la Escritura

Διό (3:10; 6:1; 10:5; 11:12, 16; 12:12, 28; 13:12*) se usa en Hebreos, así como también en otras partes del NT, al principio (aquí y en 6:1; 10:24; cf. Ro. 1:24; 2:1) y al final (como en 11:12, 16; 12:12, 28; cf. Gá. 4:31; Ef. 3:13) de las secciones o párrafos; esto es, para introducir un hecho o un argumento nuevo, o para sacar una conclusión de lo que precede. La conjunción διό comúnmente está relacionada, como aquí, con citas o alusiones veterotestamentarias (véanse también 10:5; 11:12; 12:12, 28; cf. Hch. 15:9; Ro. 15:22; Gá. 4:31; Ef. 4:8, 25; Fil. 2:9; Stg. 4:6; véase también Ef. 5:14), y con exhortaciones (aquí y en 6:1; 12:12, 28; cf. Hch. 20:31; Ro. 15:7; Ef. 2:11).

Es probable que la construcción gramatical sea διό... μὴ σκληρύνητε (v. 8) y no la más remota διό... βλέπετε (v. 12). El significado es similar: la repetición de καρδία en los vv. 8 y 12 sugiere que el autor considera que el "corazón endurecido" en la cita es equivalente a ἀπιστία. La diferencia en la construcción, sin embargo, no es puramente gramatical. Algunos estudiosos insisten en que la construcción διό... μὴ σκληρύνητε es poco probable porque, según dice Peake, "el escritor no haría suyas las palabras del Espíritu Santo". No está claro por qué el autor no reforzó su exhortación apelando a la Escritura, como por ejemplo en 13:6; y especialmente cuando, en las primeras líneas de la presente cita, no se describe a Dios como el que habla. Hay una dificultad similar en la construcción de 10:15-18. No es necesario tomar el presente versículo como un ejemplo de aposiopesis o construcción interrumpida (así Braun; BD §482 no cataloga así este versículo).

La fórmula de la introducción es similar a la que se usa en 10:15. Καθώς (4:3, 7; 5:3, 6; 8:5; 10:25; 11:12*), en algunos textos como aquí, puede implicar no solo semejanza sino también conformidad a una norma (Vanhoye 112); este sentido se adaptaría a algunos ejemplos de los papiros citados por MM. El contexto (sobre todo σήμερον) sugiere que el presente verbal λέγει (cf. 5:6; 8:8, etc.) pudiera tener más fuerza que, por ejemplo, en 1:6. En 9:8 también se alude a la actividad del Espíritu Santo en la Escritura, aunque de una manera más general. No hay ningún otro paralelismo en el NT. En 4:7, el autor sigue la tradición judía cuando le atribuye el Salmo 95 a David, pero la introducción a la cita, y el enfoque del autor en otros lugares (p. ej., 2:6a), le restan importancia al autor humano de la Escritura; 2:4.

Véanse C. Clemen; Venard 257-260; Oepke 58s.; Vielhauer 1951-52, 1964; Schierse 1955.112-121; Souček; Kistemaker 1961.108-116; Larcher 492s., 501; Le Déaut 1963.65; Frankowski 1965; Schröger 101-115; Fiorenza; Hofius 1970a, especialmente 51-58; Obermüller; Losada 1974; Arowele 1977.260-265; Zimmermann 1977.129-145; G. R. Hughes 1979.9-12; Laub 1980.246-253; Goppelt 1982.171-175; Käsemann 1984.17-22.

3:7b-11. La advertencia del salmista

El *texto* de esta cita del Salmo 95[94 LXX]:7-11 refleja la LXX y se opone al hebreo en los siguientes aspectos: (1) ἐάν en 3:7b tiene su sentido condicional habitual; no expresa, como en el hebreo, un deseo; (2) en el v. 8a, el sustantivo genérico en singular "corazón" es remplazado por el plural; (3) los topónimos Masah y Meriba (v. 8) se traducen respectivamente como παραπικρασμός (3:15**; cf. παραπικραίνω, 3:16**) y πειρασμός* (πειράζω, 2:18); cf. Tárgumes (S-B 3.684); (4) el adverbio ἀεί se añade en el v. 10c.

Las pruebas de los manuscritos se dividen con respecto a los siguientes detalles, en los que el autor de Hebreos probablemente siguió el texto de su manuscrito de la LXX: (1) με se omite en 𝔓^13, 46 ℵ* A B C D* 33 *pc* después de ἐπείρασαν en el v. 9a (ℵ² D² Ψ 0243 𝔐 en Hebreos se añade με por asimilación al texto mayoritario de la LXX) (2) en el v. 9b aparece (ε)ἶδον en lugar de (ε)ἴδοσαν; y (3) en el v. 10 se lee εἶπον en lugar del aoristo jónico εἶπα.

Es probable que el autor haya hecho los siguientes cambios: (1) En el v. 9a, el sustantivo ἐδοκίμασαν de la LXX (με) (confirmado para Hebreos por ℵ² D² Ψ 𝔐 por asimilación a la LXX) se remplaza por ἐν δοκιμασίᾳ ([𝔓^15, 46 ℵ* A B C D* P 0243 33 81 365 1739 1881 *pc*] "a modo de prueba", Bruce); tal vez para evitar el concepto poco usual de que los seres humanos prueban a Dios. A la luz de Sirácides 6:21***, δοκιμασία podría referirse específicamente a la acción de Moisés cuando golpeó la roca en Cades Barnea (Nm. 20:1-13; cf. Éx. 17:1-7). (2) Se produce un cambio importante en la estructura de los vv. 9-10 cuando se adjuntan las palabras τεσσεράκοντα ἔτη a la oración anterior, y cuando se añade διό en el v. 10b. El primero de estos cambios tiene que haber sido hecho por el autor, porque 3:17 refleja la construcción de la LXX. Las ediciones modernas del texto griego incluyen τεσσεράκοντα ἔτη en el v. 10, pero la mayoría de las traducciones, salvo NJB, incluyen esas palabras en el v. 9, en consonancia con la construcción en Hebreos. La intención del autor probablemente no es que διό en el v. 10, al igual que en el v. 7, forme parte de la cita, sino que sirva de introducción a su segunda parte. Estos cambios pueden hacerse estilísticamente con el propósito de obtener dos líneas equilibradas (Vanhoye 93), o de sugerir una analogía entre los cuarenta años en el desierto y los cuarenta años transcurridos desde la venida de Cristo (J. A. T. Robinson 1976.201 discrepa). (3) En el v. 10b en la LXX se lee τῇ γενεᾷ ἐκείνῃ (también en Hebreos en C D² Ψ 𝔐 por asimilación a la LXX); en Hebreos se cambia la última palabra por ταύτῃ (𝔓^13, 46 A B D* 0243 6 33 1739 1881 *pc*), y con ello se prepara el camino para poder aplicar el salmo a sus propios lectores. (4) En el v. 10b, no es seguro si Hebreos reflejó manuscritos de la LXX con la lectura de αὐτοὶ δέ en lugar de καὶ αὐτοί, o si algunos manuscritos de la LXX (B Sah R′′ Ga) recibieron la influencia de Hebreos. En 𝔓^13 se lee ἐν τῇ καρδίᾳ αὐτῶν διό. Καὶ αὐτοί se aproxima más al hebreo. El propósito principal de la frase αὐτοὶ δέ es sugerir un contraste, tal vez entre la masa de la generación del éxodo, por un lado, y por el otro, sus hijos, junto con Caleb, en quien hubo "otro espíritu" (cf. Nm. 14:21-24, 32). Dentro de la propia cita, el contraste más natural es entre ver las obras de Dios (v. 9) y no entender sus caminos. Dentro de la epístola en general, la implicación puede ser: "La generación del éxodo no conocía los caminos de Dios, y sin embargo, Dios los castigó. Ustedes, lectores de esta epístola, serán castigados con mayor severidad aún si rechazan lo él les ofrece ahora" (cf. 2:1-3; 4:2, 11). Esto, no obstante, no se hace explícito, porque la preocupación inmediata del autor tiene que ver con la promesa del κατάπαυσις.

El *propósito* de la cita se hace patente en la exposición, la cual se centra casi exclusivamente en las primeras dos líneas de la cita, que se repiten en 3:15 y 4:7, y en las últimas dos líneas de la misma, que se repiten en 4:3. Las alusiones a algunas expresiones individuales en la cita siguen el mismo patrón, con la excepción de que las primeras palabras del v. 10 se explican en 3:17 a la luz de Números 14:29. Resulta llamativo que, a través de una interpretación selectiva, el autor descubra elementos de promesa dentro de un pasaje de condenación. El argumento general es que el σήμερον en el que Dios habla a su pueblo se repite καθ' ἑκάστην ἡμέραν en la vida de la comunidad cristiana; que el κατάπαυσις o lugar de descanso de Dios que existió desde el principio (4:3-5), no debe identificarse con la tierra mundanal prometida (4:8), y sigue disponible para el pueblo de Dios (4:9). La condenación, aunque se expresa por medio de un juramento de Dios (3:18), está limitada a la generación desobediente del éxodo, y a cualquier individuo (τις [ἐξ] ὑμῶν, 3:12, 13; 4:1) que siga ahora el mal ejemplo de la misma. Está claro que el contraste del autor entre advertencia y promesa no se basa directamente en la propia cita. Ni siquiera se extrae en primer lugar de su contexto veterotestamentario, aunque este, al igual que el contexto más amplio en Hebreos, presupone una relación entre el Dios "que nos hizo" (Sal. 95:6; Heb. 3:2) y su "pueblo" (Sal. 95:7; Heb. 4:9; cf. 3:6, 14). El contraste forma parte de la manera en que el autor regularmente expone su argumento y hace su llamamiento; otras transiciones similares aparecen por ejemplo, en 5:11; 6:20; 10:26.

Esta sección ofrece otro ejemplo (3:1-6) de la tendencia en Hebreos a usar pronombres personales sin especificar a quienes se refieren. En su contexto veterotestamentario, "su voz" (v. 7) significa la voz de Dios; no hay nada en la primera parte del Salmo 95 que pueda haber posibilitado que el autor de Hebreos pensara en una segunda persona divina. Sin embargo, dentro de la cita sí se observa un cambio abrupto de la tercera persona, "su voz", a la primera persona, "mis obras" (v. 10). A. T. Hanson (1965.60) alega, por esta y otras razones, que "el autor tiene presente a Cristo como objeto de la fe a lo largo de todo el pasaje". Es cierto que en ningún otro lugar de esta sección el autor especifica quienes son los lectores que deben "oír" (cf. 3:15s.; 4:2, 7), y en 3:14 se menciona a Cristo sin indicar que se ha cambiado de tema. En 10:5, Cristo sin duda aparece como el que habla en un salmo. Sin embargo, las referencias al "Dios vivo" al principio de esta sección (3:12), y a la palabra viva de Dios al final de la misma (4:12), sugieren que "su voz" en la cita significa "la voz de Dios", y esta es la opinión generalizada. La razón principal por la que el autor no especifica el antecedente podría ser su tendencia a referirse a las personas divinas con mucha moderación. De todas formas, se preocupa menos por el autor del mensaje que por su contenido.

De manera más general, existen conexiones sorprendentes entre el Salmo 95, tal como se cita y se explica en Hebreos, y el pasaje veterotestamentario del que se toma la única otra vez que se lee el término κατάπαυσις en el NT, a saber, Isaías 66:1, que se cita en Hechos 7:49. Entre los demás puntos de contacto se encuentra el tema de la "casa" de Dios (cf. Heb. 3:1-6), el contraste entre el cielo y la tierra (que no ocupa un lugar destacado en Heb. 3:7–4:13, pero sí inmediatamente antes y después de esta sección); el tema de la Jerusalén renovada y reunida en asamblea festiva (Is. 66:10, πανηγυρίσατε; cf. Heb. 12:22), y el pueblo renovado de Dios (Is. 65:19, cf. 66:24; Heb. 3:6; 4:9) que ya no "escogerá sus propios caminos" (Is. 66:3), sino el de Dios (Sal. 95:10 = Heb. 3:10), respetando y obedeciendo su voz (Is. 66:2, cf. vv. 4s.). La conexión de Isaías 66:1s. en el discurso de Esteban con la referencia a los cuarenta años de peregrinación de Israel (Am. 5:25; Hch. 7:42; cf. Sal. 95:9; Heb. 3:10) sugiere una tradición exegética común. Sin embargo, hay dos contrastes relacionados entre el uso que hace Esteban de Isaías 66 y el uso que se hace en Hebreos del Salmo 95. (1) Esteban se manifiesta abiertamente en contra de sus oyentes judíos en forma colectiva (sobre todo Hch. 7:51), mientras que el autor de Hebreos exhorta a sus oyentes judeocristianos de manera individual (μὴ… τις, 4:11) a seguir respondiendo a la voz de Dios. (2) Esteban casi llega a condenar el culto del templo directamente, mientras que en Hebreos, a partir del capítulo 5, el culto del templo de Jerusalén se interpreta de una manera más matizada como el tipo menor cuyo antitipo es el sacerdocio y el sacrificio de Cristo. W. Manson 28-36 alega que la actitud negativa de Esteban hacia el templo no se deriva de su origen judío helenístico, sino de su escatología, la cual se expresa en su visión del Hijo del Hombre de pie a la diestra de Dios. De ser así, aún no está claro por qué el hincapié similar que hace Hebreos en la exaltación de Cristo conduce a un resultado tan diferente. Véase Weiss 268-273.

Algunos términos individuales que se encuentran en la cita se analizan en los lugares de la exposición donde reaparecen. En el v. 9b, καί es una conjunción adversativa: "aunque" (DHH, NTV, NVI, BLP, RVC; Hofius 1970a.129). En el v. 11a, ὡς es consecutiva: "así que" (NVI, Bauer s.v. IV.2). En el v. 11b, se usa εἰ del mismo modo que el término hebreo לֹא para introducir una declaración negativa fuerte (Moule 179; BD §372[4]). En cuanto a σήμερον, véase 3:13; ἀκούω, 3:16; cf. 2:1; con respecto a δοκιμασία, cf. Spicq 1982.157-165; "cuarenta años", 3:17; εἰσέρχομαι, 3:19; κατάπαυσις, 3:18. Si se tienen en cuenta las supuestas analogías gnósticas con el pensamiento y el lenguaje de Hebreos, resulta sorprendente que el autor no ofrezca ningún comentario sobre la referencia en el salmo al hecho de "conocer" los "caminos" de Dios (v. 10; ὁδός singular, 9:8; ἐπίγνωσις, 10:26).

3:12. Una advertencia contra la pérdida de la fe

A primera vista, los vv. 13 y 14 parecen hacer dos declaraciones complementarias y contrastantes: "No perdáis vuestra fe, antes bien, exhortaos los unos a los otros". En un nivel más profundo, los dos versículos coinciden considerablemente en cuanto al significado, puesto que el escritor pide a sus lectores que unos a otros se den la misma advertencia personal que él les da; el v. 13 confirmará que no está refiriéndose al examen personal de cada individuo. En el AT hay advertencias contra la apostasía (p. ej., Nm. 14:9; Ez. 20:8); no son exclusivas de Qumrán (Braun 1966.1.245-251). En Hebreos, la creencia del autor en la supremacía de Cristo y la rotundidad de su sacrificio (6:4-6) les otorga una fuerza adicional. Véase Mugridge.

Βλέπετε μή(ποτε), cf. 12:25, es más común en el NT (Mr. 13:5‖; Hch. 13:40; 1Co. 8:9; 10:12 en un contexto similar; Gá. 5:15; Col. 2:8**) que el imperativo clásico ὁρᾶτε μή (Mr. 1:44‖; Mt. 9:30; 1Ts. 5:15); ambos, al igual que ἐπισκοπέω en Hebreos 12:15, son metáforas muertas. En cuanto a βλέπω, véase el comentario sobre 2:5; μήποτε 2:1. La construcción normalmente va seguida del aoristo de subjuntivo (BD §270), pero como este tiempo no existe para εἰμί, no hay ninguna razón por la que deba atribuírsele a ἔσται una influencia semítica. El paralelismo más próximo es Colosenses 2:8, que también comienza con una oración con βλέπετε μή, y esto demuestra que no es necesario relacionar el v. 12 con διό en el v. 7. La fuerza durativa del imperativo de presente está confirmada por καθ' ἑκάστην ἡμέραν en el v. 13.

Para ἀδελφοί, "hermanos cristianos", 3:1

La advertencia está dirigida a la comunidad en general. Las referencias a miembros individuales (ἔν τινι ὑμῶν aquí, y τις ἐξ ὑμῶν en v. 13; cf. 4:1-6; 10:25; 12:15s.; 1Co. 10:8-10) no expresan en primer término la preocupación del autor de que ni uno solo de los miembros vaya a apartarse, sino su convicción, expuesta explícitamente en 12:15, de que algún miembro incrédulo pudiera corromper a toda la comunidad. Con respecto a esa idea, cf. 1 Corintios 5:6; Gálatas 5:9. Si μήποτε es más que un eufemismo discreto, sugiere que el autor no está afirmando que dicha corrupción ya se hubiera instalado. La frase καρδία πονηρά que se lee a continuación exige que a ἐν se le atribuya un sentido local ("en", no "por").

Καρδία (3:8, 15 y 4:7 = Sal. 95:8; 3:10 = Sal. 95:10; 4:12; 8:10; y 10:16 = Jer. 31:33; 10:22; 13:9) no es parte del vocabulario característico de Hebreos. El término se usa con su sentido normal, y denota "el centro y la fuente de toda la vida interior, con sus pensamientos, sentimientos y voluntad" (Bauer). Al igual que en 10:22, la condición del corazón está relacionada con la fe. En cuanto a καρδία πονηρά** cf. Jeremías 16:12; 18:12; cf. Mateo 9:4 (Bauer 1bβ).

Aquí y en el v. 13, la advertencia va dirigida a los lectores usando la segunda persona del plural, al igual que en la propia cita (τὰς καρδίας ὑμῶν, v. 8a). Se usan formas verbales correspondientes a esta persona a partir del v. 14, y en todas las exhortaciones posteriores en esta sección (φοβηθῶμεν, 4:1; σπουδασῶμεν, 4:11; cf. κρατῶμεν, 4:14; προσερχώμεθα, 4:16). El cambio no es puramente estilístico, como sugiere Riggenbach; ni tampoco muestra solamente una mayor participación por parte del autor (Michel); el cambio está relacionado con el argumento del capítulo 4, a saber, que el reposo de Dios sigue estando disponible para "nosotros" —e implícitamente, para los que creen en Cristo.

El uso acumulativo de sinónimos cercanos realza la importancia de la advertencia: καρδία πονηρά, ἀπιστία, y ἀφίημι aquí; σκληρύνω (cf. v. 8), ἀπάτη, and ἁμαρτία in v. 15; and ἀπείθεια in 4:6. Ninguna de estas expresiones es propia de Hebreos ni se usa en la epístola de manera distintiva; por tanto, resulta difícil definir el alcance exacto de la advertencia. Al igual que en Números 14:11; Deuteronomio 9:23, se relaciona con la falta de fe, aunque en Hebreos no se refiere directamente a la pregunta incrédula: "¿Está el Señor entre nosotros o no?" (Ex. 17:7). Καρδία πονηρά denota claramente más que un pecado superficial o accidental (cf. ἑκουσίως, 10:26); en 10:25 el corazón y la conciencia están íntimamente conectados. Καρδία... ἀπιστίας es un genitivo de cualidad que significa "corazón incrédulo" (BD §165; MHT 3.213; cf. ῥίζα πικρίας, 12:15; Jer. 16:12; 18:12; καρδία ἀνομίας, Sal. 58:3 [57:2 LXX]). La opinión general es que ἀπιστία indica una rotunda negativa a creer, mientras que ἀφίστημι denota una rebelión activa contra Dios, pero la diferencia no está bien clara. (El lenguaje de Hch. 7:39 es diferente y más enérgico). El sustantivo ἀπιστία y otros términos cognados son raros en la LXX, y (aparte de ἄπιστος, 21x) en el NT también (ἀπιστία 11x, incluyendo Heb. 3:19*; ἀπιστέω 8x, no en Hebreos). In Sirácides 18:13, es cierto, ἀπιστέω se usa con referencia a la negativa de los egipcios a creer, pero en otros lugares se relaciona con la vacilación (διακρίνομαι, Ro. 4:20; cf. Lc. 8:13, con respecto a los que creen πρὸς καιρόν; 2Clem. 19:2 con διψυχία). Ἀφίστημι (casi siempre + ἀπό; en 1Ti. 4:9 + gen.) esencialmente alejamiento de un punto de referencia, y por tanto, suele significar "desertar" (Hch. 15:38); este significado se adapta al contexto en 1 Macabeos 11:43 mejor que "rebelarse" (NEB, de manera similar TEV), y fue elegido por la NBJ; cf. REB "desertar". El paralelismo más cercano en el AT es Números 14:9, ἀπὸ τοῦ κυρίου μὴ ἀποστάται γίνεσθε. En otros lugares, ἀφίστημι se asocia con el hecho de no escuchar (e implícitamente, no obedecer a) la voz de Dios (Jer. 3:13s.; Dn. 9:9, cf. v. 11), con la confianza que se deposita en los seres humanos y no en Dios (Jer. 17:5) y con la atención que se les presta a espíritus malignos (1Ti. 4:1); se contrasta con el hecho de aferrarse a Dios (Sir. 2:3; Ec. 10:12). Sin embargo, la actitud y la acción de la generación del desierto se describen en el AT, el peligro en el que el autor temía que sus lectores podían incurrir parece haber sido una desviación (2:1) pasiva (νωθρός, 5:11) de la fe y no una rebelión activa, aunque las consecuencias serían igualmente fatales (6:4-6; 10:26s.). Podría incluso interpretarse ἀπείθεια y sus cognados en un sentido similar, como la pérdida de la fe y no como una decidida negativa a obedecer (cf. Bauer *s.v.* ἀπειθέω, 3, y las notas sobre 4:6). De todas formas, no puede forzarse la expresión ἀποστῆναι ἀπὸ θεοῦ ζῶντος para que implique un regreso al paganismo. Esa misma expresión también podría aplicarse al abandono por parte de la generación del desierto de la fe en el Dios vivo tal como se había revelado a Israel.

La construcción ἐν τῷ + infinitivo es más explicativa (REB, NIV, NRSV, DHH, RV2015) que consecutiva, "... que los lleve a apartarse del Dios vivo" (RSV; de manera similar TEV, RVC, CST); cf. Bauer s.v. ἐν II.3; MHT 3.146; BD §404.3. La frase "el Dios vivo" (Bauer ζάω, 1αε; R. Bultmann en TDNT 2.861-864) es una expresión fija ya en la LXX, tal como sugiere la ausencia del artículo; es frecuente en el NT (véanse Heb. 9:14; 10:31; 12:22*; cf. 4:12). Generalmente se toma en sentido positivo, como "el Dios que da vida". Si ese es el caso aquí, ἀποστῆναι ἀπὸ θεοῦ ζῶντος tendría un significado cercano al de ὑστερηκέναι en 4:1, y denotaría la muerte que se deriva de la imposibilidad de aferrarse a Dios (véase Zimmerman 1977.214s.).

3:13. El deber de velar constantemente

Por un momento se anticipa la enseñanza positiva del capítulo 4, pero luego se repite la nota de advertencia.

Ἀλλά marca el contraste entre la declaración implícitamente negativa del v. 12 y la breve exhortación del v. 13a. El autor invita a sus lectores a compartir entre ellos las palabras de exhortación y de aliento que constituyen el propósito de la epístola (13:22, cf. v. 19).

El significado predominante de παρακαλέω en la LXX es "consolar", y el autor de Hebreos preserva (más claramente en 12:5 = Pr. 3:11) la conexión entre la exhortación y el consuelo. En el presente versículo y su paralelo cercano 10:25, el autor anima a sus lectores a permanecer exhortándose y, por ende, fortaleciéndose los unos a los otros (en 𝔓¹³ aparece el aoristo menos adecuado παρακαλέσατε); en 13:19, 22* usa el verbo con referencia a sus propias exhortaciones. El vínculo entre el consuelo y la exhortación se ve corroborado por el uso que hace el autor del término παράκλησις: en 6:18 con respecto al fortísimo consuelo que Dios da; en 12:5 con relación a la exhortación de la Escritura; y en 13:22 con referencia a la propia epístola. El propósito de toda esta exhortación fortificante es sin duda el propósito de la epístola misma: confirmar la fe y evitar el peligro de la apostasía. Véanse O. Schmitz en *TDNT* 5, aquí 796s.; D. G. Peterson 1986.

Ἑαυτούς es un pronombre recíproco, "unos a otros", no reflexivo, "a vosotros mismos"; el sentido de reciprocidad es común en el NT, especialmente con los verbos declarativos (p. ej., Mr. 10:26‖; Jn. 7:35). En este respecto, ἑαυτοῦς es intercambiable con el pronombre clásico (10:24; cf. Ef. 4:32; Col. 3:13; 1Ts. 4:18; 5:11; 1Pe. 4:8-10; así MHT 3.42; BD §287; Westcott y Spicq consideran que ἑαυτοῦς es más fuerte; cf. MM *s.v.*).

Καθ' ἑκάστην ἡμέραν** (cf. Éx. 5:8; *Test. Levi* 9:8; *Bern.* 19:10) es más fuerte que la frase más común καθ' ἡμέραν que se usa en Hebreos 7:27; 10:11* con respecto a la liturgia del templo, y en Hechos con referencia a las reuniones diarias de los cristianos en el templo y en otros lugares, para actividades que incluían comidas, enseñanza y predicación, la distribución de fondos, el estudio de las Escrituras y la discusión (Hch. 2:46s.; 5:42; 17:11, 17; 19:9; cf. 6:1). No hay ninguna razón para dudar (pese a Spicq SB, "exhortación cuasi-diaria") de que Hebreos iba dirigida a una comunidad que sí se reunía todos los días, aunque no pueda decirse con certeza en qué consistía la variedad de sus actividades colectivas (13:10), y 10:25 sugiere que esas reuniones diarias estaban convirtiéndose en una carga para algunos (cf. Zimmermann 1977.210).

Ἄχρις, al igual que en Gálatas 3:19**, se usa delante de una vocal; de lo contrario, el NT prefiere la preposición ática ἄχρι. El significado de ἄχρι (ς), así como el de μέχρι (ς) (3:14), es a veces espacial, "hasta donde", pero más comúnmente temporal (= ἕως, Mt. 27:8; 2Co. 3:15), como aquí. El significado temporal normalmente es "hasta", seguido de una expresión que indica un punto final. Aquí es casi seguro que las palabras que siguen sugieren un período de tiempo y por tanto, exigen para ἄχρις οὗ el significado de "mientras", como en 2 Macabeos

14:10; cf. ἄχρι ἡμερῶν πέντε, "en cinco días", Hechos 20:6, y posiblemente ἄχρι καιροῦ, Lucas. 4:13; Hechos 13:11. Οὖ se usa en el NT, salvo en Apocalipsis, para enlazar la conjunción ἄχρι (ς) con un verbo finito. Véase Lorimer 1966.

Τὸ σήμερον καλεῖται (καλειτε A C 104 1241 2464, probablemente por itacismo; MHT 2.69s.): el uso de τό en lugar de ἡ (Mt. 11:23) hace ver a σήμερον (1:5 y 5:5 = Sal. 2:7; 3:7, 13, 15; y 4:7 = Sal. 95[94 LXX]:7; 13:8*) como una cita de una sola palabra (Bauer *s.v.* ὁ, II.8.b), como en Efesios 4:9; Gálatas 4:25; cf. Hebreos. 12:27: "'hoy' en el salmo ya citado"; cf. también 4:7, que es el mejor comentario sobre este versículo (Vanhoye 95 menciona 3:17). Por tanto, el significado de la frase completa no puede ser simplemente "mientras continúe el tiempo", ni "en tanto que el salmo continúe leyéndose"; el significado tiene que relacionarse más estrechamente con la interpretación del salmo que hace el autor de Hebreos, y es probable que implique "hasta la parusía". La insistencia en "hoy" como un tiempo que no continuará indefinidamente sugiere que la esperanza del autor en la parusía sigue siendo fuerte; más aún, por inferencia, que la esperanza de al menos algunos de sus lectores. Pero su preocupación por ellos no tiene que ver una doctrina en particular, y mucho menos con la controversia sobre la fecha de la parusía (contrástese con 2Ts. 2:2): se relaciona con la propia fe, y el peligro de perderla.

Este uso de la voz pasiva de καλέω es poco usual; es posible que el autor haya elegido el verbo καλέω para establecer el equilibrio con el verbo παρακαλέω. Lorimer 1966 cita a Platón, *Phd.* 107c para un significado que se acerca al de "ser, existir" (cf. 1Jn. 3:1), de ahí, "mientras exista lo que se llama hoy (en el salmo)", "mientras dure el hoy del salmista". Este uso es más común con nombres propios o con títulos, aunque Romanos 9:7 = Génesis 21:12; Éxodo 12:16; Isaías 62:12, donde "ser llamado" implica "ser". Esto suscita otra pregunta: ¿a qué se refiere el término σήμερον en el salmo tal como lo entiende el autor de Hebreos? El texto de 4:7 deja claro que se trata de un período, no literalmente de un día en particular, pero no da ninguna otra identificación. A la luz del contexto más amplio, esto implica: "mientras Dios continúe ofreciendo la oportunidad de entrar en su reposo prometido". Σήμερον naturalmente no se aplica a la generación del desierto; y el autor tampoco hace conjeturas acerca de lo que el término podría haber denotado en la época de David (4:7). Sin embargo, el aspecto presente de σήμερον no debe forzarse demasiado. Es menos específico que, por ejemplo, en Lucas 4:21. El autor no llega a afirmar que algunos de sus lectores ya hayan alcanzado las bendiciones implícitas en el "hoy" del salmista (4:10). La escatología es inaugurada en el "hoy" de la exaltación de Jesús (1:5; 5:5; cf. 2:9); es en el presente que se renueva la promesa de Dios para su pueblo (12:26, νῦν… ἐπήγγελται).

Ἵνα μὴ σκληρυνθῇ suaviza el imperativo μὴ σκληρύνατε (v. 8) del salmo y prepara para la frase aclaratoria ἀπάτῃ τῆς ἁμαρτίας. Lane toma la forma verbal σκληρυνθῇ como un "pasivo de permiso" (BD §314), y traduce "para que ninguno se permita endurecerse". La expresión τις ἐξ ὑμῶν individualiza a τὰς καρδίας ὑμῶν en la cita. La lectura mayoritaria ἐξ ὑμῶν τις (B D si^h etc.) por lo general se rechaza; sin embargo, es ligeramente la lectura más difícil, porque no se asimila al v. 12 ni a 4:1. En ese caso, podría sugerir el contraste, que se desarrolla en 3:15–4:3, entre la falta de fe de la generación del desierto y la oportunidad de creer que ahora se les ha abierto a los lectores. La frase ἀπάτῃ τῆς ἁμαρτίας hace pensar, quizás de manera indirecta, en el engaño de Eva por parte de la serpiente (Gn. 3:13: ὁ ὄφις ἠπάτησέν με; 2Co. 11:3; 1Ti. 2:14; cf. Sab. 4:11 con respecto a Enoc; 4Mac. 18:8; Stg. 1:26; ἀπάτη (τῆς) ἀδικίας, 2Ts. 2:10; τοῦ πλούτου, Mt. 13:22). En el presente contexto, la combinación de ἀπάτη con σκληρύνω sugiere que el autor considera que el pecado es una corrupción del entendimiento más que de las emociones, o incluso de la voluntad (Lorimer 1966; cf. Spicq 1978.116 n.5). El genitivo τῆς ἁμαρτίας es probablemente objetivo (= "el pecado engaña"), y no cualitativo (= "el engaño pecaminoso") ni epexegético ("el engaño, es decir, el pecado"). En cuanto a ἁμαρτία, véase el comentario sobre 1:3. El escritor no especula sobre el origen del pecado, pero F. F. Bruce (99 n.60) observa "al menos una semejanza verbal con una o dos fuentes para la doctrina rabínica de la "inclinación al mal" (*yēṣer hā-rā'*); cf. el "corazón malo" y la "raíz mala" de 2 Esdras 3:20-22 (con la "raíz mala" *cf.* Heb. 12:15 …), el 'grano de la semilla del mal…' de 2 Esdras 4:30, 'que fue sembrado en el corazón de Adán desde el principio" y el 'pensamiento malo" de 4 Esdras 7:92". Para el escritor de Hebreos, el pecado ofrece un placer temporal (11:25) pero su final es la muerte (3:17).

3:14. Los que se mantengan firmes seguirán siendo participantes de Cristo

Al igual que en el v. 13a, aparece en forma breve la nota de esperanza, pero seguida inevitablemente, tal como ocurre en el v. 13b, de una advertencia, en este caso sobre la condición necesaria para alcanzar la esperanza cristiana. La conjunción γάρ indica este nexo entre los vv. 13 y 14.

El contenido del v. 14 es tan similar al del v. 6 que ha influido en la tradición textual; las divergencias suelen ser estilísticas:

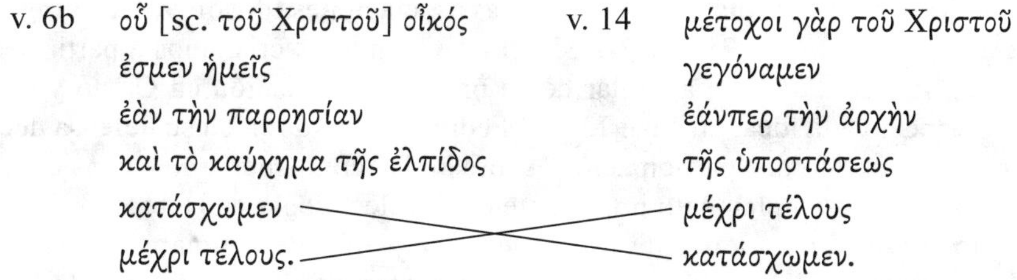

v. 6b   οὗ [sc. τοῦ Χριστοῦ] οἶκός   v. 14   μέτοχοι γὰρ τοῦ Χριστοῦ
         ἐσμεν ἡμεῖς   γεγόναμεν
         ἐὰν τὴν παρρησίαν   ἐάνπερ τὴν ἀρχὴν
         καὶ τὸ καύχημα τῆς ἐλπίδος   τῆς ὑποστάσεως
         κατάσχωμεν   μέχρι τέλους
         μέχρι τέλους.   κατάσχωμεν.

Las conexiones gramaticales entre los vv. 14, 15 y 16 no están bien definidas (véase la nota sobre la puntuación en el texto de la USB); y lo mismo ocurre en otros lugares cercanos a las citas en Hebreos (2:8; 3:7, 11; 4:8; 1:5s.; 12:4-6). Hay cuatro posibilidades: (1) La menos satisfactoria es hacer del v. 15 una oración aislada (inconclusa), en consonancia con Wescott y Hort; y aparentemente también Lane. (2) La puntuación de UBS[3] parece relacionar la cita demasiado exclusivamente con lo que precede, y hace que resulte difícil darle un sentido satisfactorio a ἐν τῷ λέγεσθαι en el v. 15. (3) NA²⁶ = UBS⁴ convierte el v. 14 en un paréntesis, con lo cual presenta la cita en el v. 15 como una reafirmación de la exhortación μὴ σκληρύνατε τὰς καρδίας ὑμῶν que ya se había citado en el v. 8a y parafraseado en el v. 13; así piensa, de manera general, Attridge. (4) Parece más probable que la principal razón por la que se repite la cita del Salmo 95:7s. es, al igual que en 4:7, presentar una nueva perspectiva, que en este caso se basa en las palabras ἐν τῷ παραπικρασμῷ, y se desarrolla en los versículos que siguen. Esto conllevaría poner un punto final al concluir el v. 14 y una coma después del v. 15, tal como hacen Lutero, REB y NJB. La dificultad con esto es que la conjunción γάρ en el v. 16 parecería entonces un tanto inconveniente (así lo cree Peake); Pero Bauer *s.v.* 1.f observa que en las preguntas se usa a menudo γάρ con un significado indeterminado, sobre todo con τίς. Por consiguiente, si la conjunción γάρ del v. 16 se omite en la traducción, el v. 14, al igual que el v. 6b, expresa una consecuencia de lo que precede; el v. 15 marca un nuevo comienzo, "En la cita…"; el v. 16 llama la atención sobre la expresión que acaba de citarse; los vv. 17s. regresan a la exposición de algunas partes seleccionadas de la cita original; y el v. 19 cierra el argumento evocando hechos históricos conocidos.

Al igual que en 3:1, μέτοχοι puede ser un adjetivo, "participantes" o "partícipes" (Bauer *s.v.* 1), de ahí, "participamos de Cristo" (RSV; de manera similar NEB, NJB; Attridge "partícipes de Cristo"), o un sustantivo, "compañeros" (Bauer 2; así en TEV, JB, NIV, REB, Lane); la diferencia de significado es muy leve.

En la tradición judía se usa el término μέτοχος (1:9; cf. 3:1; 2:14, μετέχω) para referirse a los compañeros del Mesías (2Esd. 7:28; 14:9; cf. Jn. 13:8; Lohmeyer, seguido por Michel), o al Dios o a los ejércitos celestiales (*1En.* 104:6; *Ep. App.* 19; Hofius 1970a.133, 215 n.820). En los papiros el término denotaba a alguien que "vivía con" un ciudadano nativo (Spicq SB, con las referencias adicionales), o de manera más general, a un socio en un cargo público o en un negocio (MM *s.v.;* cf. Lc. 5:7). En 2 Corintios 6:14 μετοχή** tiene más bien el significado de "compañerismo" (cf. Sal. 122[121 LXX]:3), y es lo mismo que μέτοχοι τοῦ Χριστοῦ podría significar aquí. Sin embargo, las asociaciones filosóficas de μετοχή (Platón; Filón, *Leg. All.* 1.22; *TDNT* 2.830) motivaron a los cristianos a partir de Ignacio (*Ef.* 4:2; cf. *Pol.* 6:1) a hablar de su propia participación en Cristo y en Dios; con respecto a la idea, cf. Juan 13:8; 2 Pedro 1:4. Nardoni, en su defensa del predominio del sentido de "participación" sobre el de "compañerismo", considera que este versículo es un elemento importante en la eclesiología de Hebreos.

Para tomar una decisión en este respecto hay que determinar si μέτοχοι τοῦ Χριστοῦ significa (1) que los cristianos comparten con Cristo (p. ej., de las bendiciones relacionadas con la entrada en el "reposo" de Dios; 4:10); o (2) que los cristianos comparten los unos con los otros en Cristo; así piensa Crisóstomo, el cual dice que los cristianos comparten con Cristo un mismo cuerpo (σύσσωμοι) y una misma sustancia (συνουσιώθημεν). (1) es la opinión de una mayoría de los eruditos modernos, incluyendo a Moffatt, Spicq, F. F. Bruce, Montefiore, Strobel, Attridge, Lane y Grässer; así, p. ej., REB "hemos llegado a ser participantes junto con Cristo"; de manera similar TEV, NRSV; (2) es la opinión de la mayoría de los comentaristas más antiguos, incluyendo a Lutero, Bleek, Westcott y también P.E. Hughes, Teodorico y Braun; así, p. ej., NIV "hemos llegado a tener parte con Cristo"; de manera similar RSV. Windisch y Michel se niegan a elegir, alegando que (1) está incluido en (2). Resulta difícil hacer una elección porque la frase no se desarrolla. (2) corresponde claramente al significado en 3:1 ("participantes del llamamiento celestial") y 6:4 ("participantes del Espíritu Santo"); pero esto no determina el sentido aquí. Por una parte, es posible entender que μέτοχοι τοῦ Χριστοῦ significa que los cristianos participan de la naturaleza de Cristo, del mismo modo que Cristo, según se dijo en 2:14, participó (μετέσχεν) de la de ellos. Por otra parte, podría alegarse que μέτοχοι aquí no son más que los "hermanos" de Cristo que se mencionan en 2:11, 17. Sin embargo, la introducción de este término se debe primariamente por la cita del Salmo 22, pero por lo demás, ocupa un lugar menos destacado que los temas importantes de la filiación de los cristianos en razón de Cristo el Hijo, y de su acceso a Dios por medio de Cristo, el sumo sacerdote de ellos (2:17). La presencia de un lenguaje paulino (ἐν Χριστῷ), ausente en Hebreos, hace que el argumento resulte a veces confuso. Si esto se deja de lado, es posible ver en el uso bastante frecuente en Hebreos de μέτοχος y μετέχω, y en particular de μέτοχοι τοῦ Χριστοῦ aquí, referencias anticipadas a la enseñanza distintiva del autor sobre la unidad de los cristianos con Jesús, su sumo sacerdote (véase especialmente 10:10). La opción (2) está confirmada por el paralelismo con el v. 6, οὗ οἶκός ἐσμεν ἡμεῖς (no simplemente "en cuya casa vivimos juntos"), y por tanto, en general, es preferible.

Si esta aparición de γεγόναμεν se hallara sola en Hebreos, se tomaría como un tiempo perfecto normal, y significaría "llegamos a ser" (tal vez, por implicación, "en el bautismo") "y seguimos siendo". Esa es la opinión de los que ven en este versículo una alusión a la necesidad de aferrarse (κατάσχωμεν) a la confesión bautismal (así Laub 1980.153s.; y P. E. Hughes; Lane). Sin embargo, γέγονα aparece con frecuencia en Hebreos (5:11s.; 7:16, 20, 22 [¿aoristo?], 23; 12:8 con ἐστε), y podría significar simplemente ἐσμεν. La lógica de algunas traducciones como la de REB "... hemos llegado a ser participantes de Cristo, si de veras mantenemos firme nuestra confianza inicial hasta el fin", en la que, al parecer, una condición pasada depende de una futura, es quizás innecesariamente difícil. La implicación, más bien es: "Hemos llegado a ser, y ahora somos, participantes de Cristo, y seguiremos siéndolo si nos mantenemos fieles hasta el fin".

Ἐάνπερ (6:3; 3:6 *v.l.***)* posiblemente hace más hincapié que ἐάν en la condición que sigue, que tiene un final abierto.

Los usos filosóficos de ἀρχή (1:10) y de ὑπόστασις (1:3) han hecho que una gran parte de la interpretación mucho más antigua se desviara hacia canales especulativos. El contraste con μέχρι τέλους exige obviamente que ἀρχή se entienda como "comienzo" y no como "primer principio". Para ὑπόστασις, muchos comentaristas, tanto modernos (F. F. Bruce, P. E. Hughes, Buchanan, Teodorico, Spicq, Michel, P. E. Hughes) como más antiguos (incluyendo a Lutero, Calvin, Bleek y Westcott), eligen un significado cercano al de παρρησία en el v. 6, "confianza", pero Dörrie 1955b, seguido de manera general por H. Köster en *TDNT* 8.585-588 y Bauer, considera que la acepción de confianza (en sentido subjetivo) no está confirmada, y alega que el término siempre hace referencia a una realidad subyacente. Köster tiende a forzar todos los usos de ὑπόστασις y colocarlos en un solo molde, determinado por la etimología. Attridge (118) no excluye por completo un significado subjetivo, y cita a Polibio 4.50.10 (cf. 6.55.2) y a Josefo *Ant.* 18.1.6 §24 con respecto a "la resolución subyacente con la que un soldado o un mártir" respectivamente "se enfrenta a una situación". Sin embargo, el paralelismo con 3:6 sugiere para ὑπόστασις aquí una referencia a la razón o la base de la παρρησία y en ambos lugares una referencia al futuro, "la razón de la esperanza" o "el motivo de la confianza" (Strobel), como probablemente ocurre en Ezequiel. 19:5; Salmo 39[38 LXX]:8; cf. μακροθυμία, 6:12; ὑπομονή, 10:36; 12:1, todos relacionados con la fe (Michel); en 424[c] se lee πιστεως; cf. Laub 1980.251, *Glaubfestigkeit;* contrástese con ἀποστῆναι, v. 12. En A 629 2495 *pc*, en consonancia con f vg, se añade αὐτοῦ después de ὑποστάσεως, un interesante empeoramiento que claramente le atribuye a ὑπόστασις un sentido objetivo, refiriéndose a Cristo; en 424[c] se resuelve el problema con la lectura πιοτέως. Véase también Grässer 191-193.

De todas formas, el verbo κατέχω implica que uno se aferre a algo más objetivo que la "confianza", como una confesión bautismal, tomada como el contenido de la esperanza cristiana (v. 6). Queda una dificultad lógica, por cuanto "participan de Cristo, si se aferran al motivo de la confianza", es decir, a Cristo, casi sería una tautología. Esta dificultad podría resolverse dándole a ὑπόστασις la acepción formal de "estado de ánimo", que en este caso sería el estado de ánimo descrito en el v. 6 (cf. 2Co. 11:17; also 9:4); así piensa Bauer, también Braun (*Haltung*), pero esto no implica forzosamente reducir la fe al estatus de una virtud o cualidad. Si esto es correcto, a ἀρχή puede atribuírsele su sentido normal y no filosófico de "comienzo", y contrasta con el término τέλος que aparece más tarde en el versículo; y τὴν ἀρχὴν τῆς ὑποστάσεως significará "el estado de ánimo confiado en el que ustedes comenzaron la vida de fe"; con menor probabilidad, "las primeras etapas de su fe". Wolter lo compara con 1 Juan 2:7, 24; 3:11; véase también Hagen 1974.79-83.

Respecto a μέχρι τέλους, con un significado indistinguible del de ἄχρι τέλους, 3:13. Μέχρι τέλους es una frase elaborada que no implica ninguna definición específica de τέλος. En 6:8; 7:3, τέλος denota muerte física, pero en 9:10, la expresión μέχρι καιροῦ διορθώσεως es escatológica; (cf. 1Co. 1:8; 2Co. 1:13). Βέβαιος 2:2.

3:15. Un recordatorio del destino de la generación del éxodo

La cita del Salmo 95:7s. repite exactamente las palabras de Hebreos 3:7s. No marca ninguna etapa nueva en el argumento (Hofius 1970a.133-137) y tampoco es un resumen de lo anterior, pero sí ofrece la base textual para la primera de las preguntas severas que siguen (v. 16); las demás preguntas (vv. 17-18) hacen referencia a otras partes de la cita (vv. 7b-11). En cuanto a las relaciones gramaticales en los vv. 14-16, véase v. 14. Con respecto al significado de παραπικρασμός, v. 16.

En la expresión introductoria, no se expresa el sujeto de λέγεσθαι. En ausencia de toda referencia a una persona divina como sujeto de un verbo anterior, es preferible interpretar que el sujeto implícito aquí es "la Escritura" y no "Cristo" (así A. T. Hanson 1965) o "el Espíritu Santo" (3:7). Así piensa Bauer *s.v.* λέγω, I.7.

Resulta difícil definir el significado de ἐν. BD §404 (3) dice que esta construcción "aparece ocasionalmente en un sentido que no es puramente temporal", y hace referencia a 8:13, ἐν τῷ λέγειν. Sería descabellado citar el v. 13 para apoyar la traducción: "entretanto se dice..." (como expresa explícitamente Teofilacto, citado en Bleek II.i.472n; cf. la RSV pero no la NRSV). Ἐν también se usa, aunque no seguido de un infinitivo sustantivado, con un sentido local en las fórmulas que se emplean para introducir citas; (cf. Ro 9:25; 11:2; Heb 4:7); BD §219 (1). Por tanto, el significado probablemente es "dónde" (o "cuando") "el salmo dice...".

En 3:16-19 continúa la exposición del Salmo 95. Los vv. 16-18 son, hasta cierto punto, análogos en cuanto a su forma y coherentes en su contenido. En el v. 17 se hace alusión a la generación del éxodo (v. 16) como οἱ ἁμαρτήσαντες y en el v. 18 como οἱ ἀπειθήσαντες, y ambas expresiones son en gran medida sinónimas la una de la otra y de ἀπιστία en el v. 19. El v. 16 está directamente relacionado con la segunda línea de la cita que se repite en el v. 15; el v. 17 se relaciona con el medio de la cita original (v. 10), y el v. 18 con su final (v. 11). En los vv. 16-18 la atención no se centra ni en los oyentes del salmista ni en los lectores de la epístola, se centra por completo en la generación del éxodo tal como se describe (principalmente) a lo largo del salmo. El v. 19 (βλέπομεν) prepara la transición hacia la situación de los lectores. Aunque los vv. 16-18 son en general paralelos, contienen variaciones estilísticas (οὐχί, v. 17; εἰ μή, v. 18). Las referencias cada vez más pesadas al texto veterotestamentario producen un crescendo que culmina en el v. 18 con el tema del κατάπαυσις de Dios, que ocupará el lugar central en 4:1-11.

3:16. La rebelión de los seguidores de Moisés

Attridge llama la atención sobre los "abundantes paralelismos filónicos" (120) en las preguntas repetidas que aparecen en los vv. 16-18: *Rer. Div. Her. 115*, 167, 260-261, 277-279, 285, 288; *Spec. Leg. 3.25*, 78, 116, 165, 174, posiblemente en forma de diatriba (Moffatt), de manera menos convincente como catequesis (Michel).

El versículo que acaba de citarse hace referencia a la generación del éxodo, que después de su liberación de Egipto, debería haber sabido que no era nada bueno provocar a Dios ni rebelarse contra él.

Casi todas las versiones y los comentaristas, hasta al menos mediados del siglo dieciocho (Bleek), leían la primera palabra como τινές, "algunos"; los comentaristas modernos casi unánimemente interpretan τίνες como "¿quiénes?". Las excepciones son, por un lado, Teodoreto y tal vez Crisóstomo (citado en Tischendorf y en Bleek; no es muy seguro que la referencia de Crisóstomo sea al v. 16), en los cuales aparece τίνες; y por otro lado, Knox (que sigue la Vulgata), JB (aunque no BJ ni NJB), y con cierta reserva Buchanan (que sigue a Vaughan 1890 sin hacer referencia a la tradición más antigua), en los cuales también aparece τινές. No hay ninguna serie similar de preguntas retóricas en Hebreos; la serie que en 12:5, 7 y 9 se interrumpe, pero hay preguntas duplicadas en 1:5 y 1:13s.

El argumento a favor del pronombre tradicional τινές (K L P 0243 *pm*) es tal vez un poco más fuerte de lo que generalmente se admite. Le da un sentido claro al v. 16 en su conjunto. No cabe duda de que Montefiore está equivocado cuando sugiere que se trata de una "sintaxis griega difícil"; por el contrario, la presencia de τίνες es lo que hace que resulte difícil de entender la frase ἀλλ᾽ οὐ más adelante. El significado sería: "Algunos de la generación del éxodo provocaron a Dios (o se rebelaron), pero no todos...". Si esto es correcto, es una corrección tácita del Salmo 95, para destacar la fidelidad de Caleb y de Josué, y la exención del castigo de los menores de veinte años de edad (Nm. 14:23s., 29f., 38; cf. la alusión verbal a los vv. 29 y 33 en Heb. 3:17).

Hay cuatro argumentos contrarios principales. (a) τις "rara vez es la primera palabra en una oración, y rara vez sigue a una pausa" (LSJ *s.v.*). (b) La lectura de τινές destruiría el paralelismo con τίσιν en los vv. 17-18. Eso es cierto, pero para determinar si la intención del autor era formular una doble o una triple pregunta retórica deben tenerse en cuenta todas las pruebas, de lo contrario, el argumento se vuelve circular. (c) "El autor no habría dicho "algunos" si su intención era referirse a todos excepto dos de los seiscientos mil" (Peake; cf. Ex. 12:37). Pero si el pronombre τινές alude a una proporción grande o pequeña de un grupo depende por completo del contexto (véase Bauer *s.v.* 1.aα). En 1 Corintios 8:7; 9:22, por ejemplo, el número no se especifica, y en 1 Corintios 10:7-10, τινές se usa en repetidas ocasiones para referirse a los miembros infieles de la generación del éxodo, en el v. 8 (cf. Nm. 25:1-18) específicamente a 23 000 personas. Este τινές podría pertenecer a una tradición común a Pablo y Hebreos; en 1 Corintios 10:5 (cf. Nm. 14:29s.), Pablo intensifica el sentido del término con la frase οἱ πλείονες. (d) El argumento más amplio de la epístola, según se dice, depende del hecho de que la incapacidad de la generación del éxodo para "entrar" en el reposo de Dios (4:6) es lo que hizo que esa posibilidad se abriera para otros. Esto, al parecer, va más allá del sentido de 4:6 (véanse las notas), y la repetición de τινές podría ser un reflejo significativo del presente versículo. A la luz de 11:40, la esperanza del autor parece ser la inclusión final en el "reposo" de Dios de los miembros fieles del pueblo de Dios, de la generación del autor junto con los santos veterotestamentarios (con respecto a la idea, cf. Ro. 9, especialmente los vv. 12, 15, 25).

A continuación, es necesario considerar lo que podría significar ἀλλ᾽ οὐ (cf. 4:2; 1Co. 10:5) si el v. 16a fuera una verdadera pregunta con τίνες, y el v. 16b una pregunta retórica, tal como ahora se acepta casi universalmente. La dificultad no es ignorada: en BD §448 (4) se describe a ἀλλά aquí como "peculiar", y Moffatt admite que "exige lógicamente la presencia de τινές" en la oración anterior. (a) El único pasaje bíblico paralelo a este es Lucas 17:8, pero allí ἀλλά sugiere un contraste que no resulta fácil de detectar en el presente versículo. (b) Bleek sugirió como opción una elipsis —"no solo algunos sino todos"— la cual pondría de relieve la contradicción con Números 14. (c) Zerwick sugirió que ἀλλά aquí introduce una objeción o una respuesta; lo segundo es más plausible, pero las pruebas son débiles. (d) Bauer (*s.v.* 2) señala que en el presente versículo la conjunción ἀλλά puede transmitir una fuerte aseveración; con ese fin, el uso del adverbio "ciertamente" en la REB para reformular la pregunta retórica como una declaración enfática. (e) Blass (*Grammatik*² 77.13) conjeturó que el pronombre τίνες tuvo su origen en una lectura temprana equivocada de τινές, pero la aparente omisión de ἀλλά en si[p] es la única base textual para esta hipótesis (en la versión de 1936 de si[h codd] aparecía ἀλλά sin οὐ). La sugerencia de que la lectura siriaca se remonta a un ΟΥΜΗ original, que más tarde se malinterpretó como ΑΛΛΟΥ, es concebible pero desesperada; la explicación más simple es que los traductores sirios entendieron τινές. Tal vez la sugerencia más plausible es (f) la otra opción de Bleek, a saber, que ἀλλά aquí es una expresión condensada que implica "pero, ¿cómo podéis preguntar?". R. B. Edwards (en comunicación personal) indica que la conjunción ἀλλά en el griego clásico de ningún modo es siempre adversativa, y cita *Anab.* 5.8.4, de Jenofonte, donde ἀλλά se usa tres veces para introducir una serie de preguntas retóricas, y más o menos significa "o"; cf. Mt. 11:7-9, donde las preguntas, en cambio, sí son reales.

Ἀκούσαντες hace recordar el verbo ἀκούσητε en el v. 7 (con un sujeto diferente), y prepara el terreno para la aplicación en 4:2. Expresa la acción anterior a la del verbo principal παραπίκραναν; que posiblemente también es concesiva: "que se rebelaron, aunque habían oído" (Lane).

Πικρός, en sentido figurado, describe a menudo arrebatos estridentes de dolor o angustia; cf. Génesis 27:34; Sirácides 25:18; no así, en cambio, en el NT (Stg. 3:11, 14**). Παραπικρασμός** no se usa en la LXX fuera del Salmo 95[94 LXX]:8. El significado de παραπικραίνω** se amplía en algunos contextos de la LXX, bajo la influencia del término hebreo correspondiente, e incluye el sentido de resistencia obstinada, o rebelión contra, Dios o su palabra (1Re. [3Re.] 12:21, 26; Sal. 104[103 LXX]:28; Dt. 31:27). En ese tipo de contextos, como tal vez aquí, el sentido de "amargar" se desvanece o desaparece. Sin embargo, el significado de "provocar (en el Señor) arrebatos de ira" se mantiene en pasajes como el Salmo 78[77 LXX]:40, cf. v. 17, donde se corresponde con παροργίζω, y el Salmo 107[106 LXX]:11, donde se corresponde con παροξύνω, en una alusión a Éxodo 17:7. Este significado encajaría bien en el presente contexto, porque en el v. 8b-9, se hace referencia de manera similar al hecho de poner a prueba al Señor. La objeción de que παραπικραίνω aquí significa forzosamente "rebelarse", no "provocar", por cuanto se usa en sentido absoluto, no resulta convincente, porque en cualquiera de los casos hay una referencia implícita a Dios. Véase Michaelis en *TDNT* 6.123-127; Katz 1973.151-153; J. A. L. Lee 80. La traducción habitual de la LXX del término m[e]rîḇâ es ἀντιλογία, que se usa en Hebreos 12:3 en un sentido similar (Kubo 40). Véase también W. Michaelis en *TDNT* 6.125-127.

Πάντες no aparece en la cita, pero es frecuente en Números 14 (vv. 2, 10, 14, 11; cf. v. 5), donde también se mencionan a Caleb y a Josué como excepciones de la infidelidad general.

Ἐξέρχομαι ἐξ Αἰγύπτου en la LXX (Éx. 23:15; 34:18; Dt. 16:1, 3, 6; 2Cr. 5:10; cf. Sal. 81:5[80:6]) normalmente se usa en singular con Israel como sujeto; aquí es necesario el plural porque la intención del autor es hacer una distinción entre los miembros fieles e infieles del pueblo de Dios.

Διὰ Μωϋσέως (cf. Nm. 1:17): Moisés actúa como agente personal o intermediario de Dios; de manera más específica, los israelitas salen de Egipto bajo el liderazgo de Moisés.

3:17. Aún en el tiempo del éxodo, el pecado produjo muerte

Para identificar aún más a los pecadores de la generación del desierto se usa una alusión verbal a Números 14:29 o 14:32 (cf. vv. 33s.). En el contexto veterotestamentario, la muerte natural en el desierto era una atenuación del castigo original (Nm. 14:12a), pero en Hebreos, tal como lo confirmará el v. 18, la atención se centra en la exclusión de la tierra prometida. El v. 17a, al igual que los vv. 16a, 18a, plantea una pregunta real; la del v. 17b, al igual que la del v. 16b, es retórica.

En cuanto al uso de la partícula δέ en series, véase Bauer *s.v.* 1c.

La relación entre el v. 17a y los vv. 9-10 resulta problemática; véase la sección vv. 7b-11. La primera cita del Salmo 95 (94 LXX) aparece dentro del contexto de una exhortación a los lectores de la epístola. Por eso, en el v. 10a el autor separa τεσσεράκοντα ἔτη de προσώχθισα, y cambia τῇ γενεᾷ ταύτῃ por τῇ γενεᾷ ἐκείνῃ, con lo cual prepara el camino para una nueva aplicación del salmo. En el v. 17a, por otra parte, el autor tiene en cuenta la situación histórica a la que se refiere el salmo (cf. Nm. 14); y regresa así a su texto de la LXX. Esto, por cierto, confirma que él es responsable de estos cambios en el v. 10; no hay ninguna duda de su paso de un manuscrito de la LXX a otro. Esta diferencia de alcance entre los vv. 10 y 17 es suficiente para explicar el cambio de texto (para otras explicaciones, véanse Riggenbach; Vanhoye 93; Schröger 105s.). No es necesario suponer que los "cuarenta años" del v. 17 son años de castigo (cf. Nm. 14:33f.; 32:13), mientras que los "cuarenta años" del v. 10 constituyen un período anterior de milagros concedidos por Dios (Éx. 16:35; Dt. 2:7; 2Esd. 19:21 = Ne. 9:21; Hofius 1970a.130, seguido por Zimmermann 1977.136, cf. Spicq 2.112n.1; contrástese con Moffatt; Schröger 103). No hay nada que indique claramente en el Pentateuco la existencia de dos períodos sucesivos de cuarenta años, aunque Hofius, de manera poco convincente, se refiere a Números 14:22; Deuteronomio 1:30; Salmo 106[105 LXX]:21s. En realidad, el mismo período se contempla desde dos puntos de vista. En forma similar en la epístola: el contexto inmediato alude a la condenación de la generación del desierto en Números 14:26ss. No obstante, el pasaje de Números 14:22s. tiene puntos positivos de contacto con el Salmo 95 y con el contexto más amplio en Hebreos. Los israelitas son condenados precisamente porque, a pesar de haber visto las señales que Dios obró en favor de ellos en Egipto y en el desierto, se atrevieron a probar a Dios (ἐπείρασάν με; cf. Heb. 3:9, 16), y se negaron a escuchar su voz (cf. Heb. 3:7f.; véanse G. Kittel en *TDNT* 2.658; H. Balz en *TDNT* 8.138; de manera similar Delitzsch y P. E. Hughes). De todas formas, es peligroso usar este versículo como prueba para la fecha de Hebreos (J. A. T. Robinson 1976.201). Pero tampoco es necesario intuir algún significado especial para los lectores en la referencia a un período de cuarenta años, que no se repite fuera de este pasaje; F. F. Bruce, empero, seguido por P. E. Hughes, se refiere a las pruebas procedentes de la literatura de Qumrán a favor de la creencia en un período probatorio de cuarenta años antes del momento del fin. De modo similar, en el judaísmo rabínico, los días del Mesías se contaban como cuarenta años (*Sanh.* 99a). Esas especulaciones, al parecer, no ejercieron ninguna influencia significativa en Hebreos.

Οὐχί (cf. 1:14) espera una respuesta positiva para la pregunta retórica que viene a continuación, y da por sentado que los lectores tienen conocimiento de Números 14. El v. 17b debe interpretarse como una sola pregunta, no como en algunas ediciones y comentarios más antiguos con un signo de interrogación después de ἁμαρτήσασιν, porque el pronombre relativo ὧν hace que lo que sigue dependa de lo anterior.

Ἁμαρτήσασιν (ἀπειθήσασιν A 47 del v. 18, o posiblemente de Nm 14:33 TM; ἀπιστήσασιν en 𝔓⁴⁶ lat, cf. 3:19; 4:6, 11): el aoristo hace referencia a los acontecimientos de Números 14. Ἁμαρτάνω, 10:26*; cf. Números 14:34, λήμψεσθε τὰς ἁμαρτίας ὑμῶν τεσσεράκοντα ἔτη. En Números 14:33 el pecado se describe como πορνεία, que allí, como ocurre a menudo, es una metáfora equivalente a la deslealtad y la desobediencia a Dios (cf. ἀπειθέω, Heb. 3:18; ἀπιστία, v. 19).

Κῶλον (Lev. 26:30; Nm. 14:29, 32s.; 1Sa. (1Re.) 17:46; Is. 66:24***) es siempre plural en la LXX y el NT. En griego clásico, el significado es "extremidades"; en la LXX y probablemente aquí, el significado es "cuerpos muertos, cadáveres", insepultos pero no necesariamente desmembrados.

El significado literal de πίπτω en 11:30 es "caer", pero aquí significa "caer muertos", como en 1 Corintios 10:8, aunque el contexto que nos ocupa no sugiere violencia. En Hebreos 4:11 podrían quedar reflejos del presente versículo pero el verbo probablemente tiene un significado más amplio e incluye la ruina espiritual (cf. W. Michaelis en *TDNT* 6:162f.; Spicq 1978.192-194)*. La lectura correcta es ἔπεσεν al igual que en la LXX, no επεσαν como en D E sir. Κατεστρώθησαν en 1 Corintios 10:5 parafrasea la expresión τὰ κῶλα ἔπεσεν en Números 14:29, 32.

Aparte de esta alusión, relacionada verbalmente con el Salmo 95:8 por la repetición del término ἔρημος, el autor de Hebreos no muestra ningún interés por identificar el desierto, ni por hablar de lo que los israelitas hicieron allí. Pablo manifiesta una reticencia similar, compárese con Juan 3:14; 6:31, 49; Hechos 7:36, 38, 42, 44; 13:18).

3:18. La desobediencia cierra la puerta al reposo de Dios

La estructura de este versículo es muy parecida a la del v. 17, pero la cita repetida del Salmo 95[94 LXX]:11, en torno a la cual girará el análisis en 4:1-11, le transfiere el peso a la primera parte del versículo. La segunda parte del mismo deja de ser una pregunta separada, como en los vv. 16-17.

La cita aparece un tanto condensada: Hebreos evita el término ὀργή y otros cognados fuera de esta cita (4:3*), y usa θυμός solo para referirse a la ira humana (11:27*; contrástese con Nm. 14:34). Por lo demás, los ajustes gramaticales no implican ningún cambio en el significado. Εἰ en la cita original es un término hebraico que se empleaba en los juramentos y equivale a la negativa rotunda representada por μή en el v. 18 (Bauer *s.v.* IV, con las referencias adicionales). La cita es un reflejo de Números 14:30: εἰ ὑμεῖς εἰσελεύσεσθε εἰς τὴν γῆν.

Aunque el uso en Hebreos del sustantivo κατάπαυσις (3:11; 4:1, 3 *[bis]*, 5, 10, 11; cf. Hch. 7:49; *Bern.* 16:2 = Is. 66:1**) y del verbo καταπαύω (Heb. 4:4

[= Gn. 2:2], 8, 10; cf. Hch. 14:18**) es muy amplio en esta sección, se limita a la exposición del Salmo 95:11 y Génesis 2:2. En Hebreos no se usa ἀνάπαυσις ni ἀναπαύω (παύω, 10:2, en un sentido diferente).

En los versículos siguientes, el autor interpreta la enérgica condenación en el Salmo 95:11 de manera que la transforma en una promesa para su propia generación. No invoca la promesa que se le hizo a Moisés y que acompaña la condenación de Israel por parte de Dios en Números 14:12, aunque el contraste entre la fidelidad de Moisés en 3:1-6 (cf. 11:24-28) y la infidelidad de Israel en 3:7–4:11 sugiere que el autor puede haber tenido en cuenta este versículo. Su argumento, más bien, es que la mención del κατάπαυσις de Dios en el salmo, "tanto tiempo después" (4:7) del éxodo, garantiza la continuación de su existencia; y encuentra la confirmación de esto en Génesis 2:2, que, según él, implica que si el κατάπαυσις de Dios ya había existido por tanto tiempo antes del éxodo y existió por tanto tiempo después, debe seguir existiendo. Además, si la generación del desierto en su conjunto no logró alcanzarlo, todavía debe estar disponible para otros.

En el desarrollo de este argumento, el autor repite (4:3) pero no hace hincapié en la referencia del salmo al juramento de Dios. Esto contrasta con la atención que se le concede en 6:13-18 al ὤμοσα de Génesis 22:16, y, en menor medida, en 7:20s. al ὤμοσεν en el Salmo 110:4. La razón de ello es que los dos últimos textos son promesas positivas de validez ilimitada, mientras que el juicio negativo del Salmo 95:11 se considera que va dirigido solamente a la generación del desierto (τῇ γενεᾷ ταύτῃ [v. 10], que cronológicamente se interpreta como "generación", no como "raza").

Por consiguiente, las dos palabras claves de la cita son εἰσέρχομαι y κατάπαυσις y se mantienen relacionadas incluso fuera de la cita. Εἰσέρχομαι se usa exclusivamente en Hebreos de dos maneras complementarias aunque diferentes: (1) en la presente sección parenética, con referencia a la entrada de los creyentes en el κατάπαυσις de Dios o a la exclusión de los incrédulos; y (2) alrededor de la sección doctrinal central, con referencia a la entrada de Cristo en el tabernáculo celestial, o a la entrada de los sacerdotes en su homólogo terrenal (6:19s.; 9:12, 24s.; 10:5). Existen, pues, razones para considerar que εἰσέρχομαι εἰς τὴν κατάπαυσιν es prácticamente una expresión técnica, equivalente a εἰσέρχομαι εἰς τὴν ζωήν en Marcos 9:43-47‖, εἰς τὴν βασιλείαν τοῦ θεοῦ, Marcos 10:15, 23-25‖; Juan 3:5; cf. 10:9; Hebreos 12:28; Romanos 11:25; Apocalipsis 3:20; εἰς τὴν πόλιν, Apocalipsis 21:17; 22:14, con las que se comparan las referencias en Hebreos a la πόλις (11:10), la πατρίς (11:14) o la Jerusalén (celestial); en sentido absoluto Lucas 14:23. Hofius 1968.53s. cree que el κατάπαυσις de Dios es idéntico al santuario celestial (en otras palabras, los dos usos de εἰσέρχομαι en Hebreos, en última instancia, se refieren a la misma cosa), aunque Theissen lo pone en duda. La distinción entre ambos usos se deriva en parte del deseo del autor de no alejarse del lenguaje del salmo, y en parte del alcance diferente de los pasajes parenéticos y doctrinales. 4:10 sugiere que los dos usos son teológicamente iguales, cf. προσέρχομαι 4:16.

El uso de εἰσέρχομαι en el NT con expresiones de lugar ha hecho que se acepte en forma generalizada que en contextos de ese tipo debe tomarse casi literalmente como un verbo de movimiento, y que κατάπαυσις debe interpretarse como una expresión de lugar que significa "lugar de reposo" (así aparece explícitamente en Hch. 7:49), y el contexto de este pasaje sugiere que se trata de un reposo permanente y no de un alto temporal en el camino. Las pruebas que apoyan esta teoría se encuentran en el uso de κατάπαυσις en la LXX; véanse Levítico 25:28 A B[1]; Deuteronomio 12:9, con κληρονομία, con referencia a la tierra prometida; y de manera similar, Josué 1:13; 21:42; 22:4; Judit 9:8, con σκήνωμα (Sal. 132[131 LXX]:14), con respecto a Sión; cf. Sirácides 36:12, Ιηρουσαλημ τόπον (B* πόλιν) καταπαύματός σου, en un pasaje que tiene varios puntos de contacto con Hebreos. Sin embargo, la identificación que hace Ecumenio del κατάπαυσις de Dios con la tierra prometida (que cita Bleek) es demasiado limitada. El autor de Hebreos no muestra prácticamente ningún interés por la propia Canaán: es a lo sumo un anticipo de "algo mejor" (11:40).

La aceptación es menor respecto al trasfondo del término en fuentes ajenas a la Biblia. Reflexiones sobre el reposo —aunque no específicamente sobre el reposo de Dios— aparecen en varios libros pseudo-epigráficos (*2Bar.* 73:1; 85:9-11; *Test. Dan* 5:10-13; *1Enoc.* 39:4f.; 45:3; *2Esd.* 7:36-38, 88-95); *Bern*abé 15, un pasaje apocalíptico; y más cerca de Hebreos, en algunos comentarios sobre Números 14 (*San.*10:3; S-B 3.409), relacionado con el Salmo 96 en *t. Sanh.* 13:10s. y en *'Abot R. Nat.* (Frankowski). Käsemann 1939, 1985 y Theissen, en contra de Hofius, encuentran paralelismos con algunos escritos gnósticos (*Hechos de Andrés, Odas de Salomón*) y con los escritos de Filón. Las analogías lingüísticas son menos estrechas (ἀνάπαυσις), y el tema del reposo del alma en Dios parece estar alejado de Hebreos. La tradición sobre la inquietud primitiva de Dios (*2Enoc* 24:5, respecto al cual véase Charlesworth 1.142h) se halla en conflicto con la especulación gnóstica sobre el perfecto reposo de Dios. Braun, aunque admite que en Hebreos "no se manifiesta toda la amplitud del pensamiento gnóstico" (93) acerca del reposo de Dios, sí considera que la epístola concuerda con el gnosticismo, en contra del pensamiento judío, cuando sitúa el reposo de Dios en el cielo y no en una tierra renovada. Sin embargo, a la visión en Hebreos de un cielo que sobrevive al cataclismo final (12:25-29) le siguen inmediatamente en el capítulo 13 las instrucciones sobre deberes terrenales.

En cuanto a κατάπαυσις, véanse también los comentarios de von Rad; Oepke 58s.; Schierse 1955.79ss.; Vielhauer; Lombard; Losada; Woschitz 1979.622-624; G. Robinson; Braun 90-93; Attridge 126-128; Grässer 209-211; Bauernfeind en *TDNT* 3.627s.

No cabe duda de que hay una gran coincidencia entre el significado de ἀπειθήσασιν y el de ἁμαρτήσασιν (v. 17), aunque en realidad, en la narración veterotestamentaria, la condenación de Números 14:29 a la que se hace referencia en el v. 17 es distinta y ocurrió antes de la "desobediencia" de Israel (Nm. 14:43, ἀπειθοῦντες κυρίῳ) cuando intentó prematuramente forzar su entrada en la tierra prometida. (La Vulgata de hecho traduce ἀπειθήσασιν como *increduli fuerunt*). Sin embargo, ambos verbos están estrechamente relacionados (cf. Nm. 14:40, ἡμάρτομεν; también Jos. 5:6). El significado en los contextos del AT y del NT es "desobediencia", aunque esta se asocia en el v. 19 con la ἀπιστία. Al igual que en el v. 17, el aoristo hace referencia a hechos específicos, a saber, los que se narran en Números 14.

3:19. La incredulidad de la generación del éxodo

Este versículo mira principalmente hacia atrás, resumiendo el argumento de los vv. 15-19 y formando una inclusio con el v. 12 (βλέπετε, ἀπιστίας). Con el regreso a la primera persona del plural βλέπομεν, prepara también el terreno para la siguiente exhortación, y tiene mucho común con el v. 4:2b.

Καί introduce una conclusión del argumento anterior, al igual que en 2 Corintios 11:9; 1 Juan 3:19 (Bauer *s.v.* I.1f; BD §442[2]).

Βλέπομεν tiene un sentido diferente del de la forma imperativa βλέπετε en el v. 12. El significado aquí es "descubrimos", casi "concluimos" (como en 2Co. 7:8; Stg. 2:22; cf. Ro. 7:23; Bauer *s.v.* 7b); Spicq, "la historia enseña". Si el v. 19 estuviera solo, βλέπομεν podría interpretarse como el "'nosotros' del autor", pero si tenemos en cuenta los verdaderos "nosotros" en 3:14 y 4:1s., tal vez sea preferible entender βλέπομεν en el mismo sentido.

Οὐκ ἠδυνήθησαν podría referirse (1) de manera general, a la incapacidad de la generación del desierto de tener acceso a la tierra prometida, o (2) de manera específica, al fracaso de la campaña descrita en Números 14:40-45 y a la que quizás se alude en el v. 18b. Si la opción (2) es correcta, οὐκ ἠδυνήθησαν se referirá no solo a la exclusión a la que Dios los sentenció, sino también a los enemigos humanos de los que Dios se valió para impedir que la generación del desierto entrara en la tierra prometida; y ἀπιστίαν aquí tendrá una relación aún más estrecha con ἀπειθήσασιν en el v. 18. Es probable que el autor tenga presente la opción (2), pero su preocupación inmediata tiene que ver con la incapacidad de la generación del desierto de alcanzar su meta y con lo que provocó esa incapacidad, a saber, su negativa a confiar en Dios. Cf. δύναμαι con respecto a Jesús 2:18; 4:15; 5:2; 7:25; con respecto a Dios 5:7; en sentido negativo, en cuanto al culto veterotestamentario 9:9; 10:1, 11*.

El uso absoluto o elíptico de εἰσελθεῖν refleja la falta de interés del autor en la tierra prometida terrenal (v. 18). Lo que él da a entender es que al no entrar en Canaán, la generación del desierto de ese modo, o *a fortiori*, perdió su lugar en el reposo final de Dios.

Dado que aquí, a diferencia de lo que ocurre en el v. 12, el autor se muestra más interesado por la generación del desierto que por sus lectores, ἀπιστία podría entenderse de un modo más tajante como "negarse a creer"; cf. ἀπειθήσασιν, v. 18. Los verbos ἀπιστέω y ἀπειθέω se encuentran íntimamente relacionados en Juan 3:36; véase también Hechos 28:24, y cf. Romanos 2:8 con 3:3. Δι' ἀπιστίαν tiene por objeto dar énfasis, al igual que ἀπειθείας en 4:11; cf. δι' ἀπείθειαν, 4:6.

4:1-11. De la advertencia a la promesa

4:1 no marca una ruptura brusca con lo anterior. Vanhoye 96s. observa una serie de tres subsecciones (3:12-19; 4:1-5, 6-11), cada una de las cuales forma una inclusio y se centra en una cita veterotestamentaria (3:15; 4:3, 7). Sin embargo, 4:1 sí marca un punto de inflexión entre dos fases en la exposición de la cita del Salmo 95. En la primera fase (3:12-19) la cita se analizó a la luz de Números 14; se concentró la atención en la situación histórica del pasado; y predominó un tono de advertencia. En la segunda fase (4:1-11), el salmo se relaciona con Génesis 2:2; la atención se concentra en la aplicación de la Escritura a la situación de los lectores; y el tono de promesa, presente a partir del v. 1, predomina sobre el de advertencia.

Los comentaristas y las traducciones difieren ampliamente en la manera en que debe organizarse el material del capítulo 4. La decisión principal es si la sección debe concluir con el v. 10 (Delitzsch, Michel, F. F. Bruce, Teodorico; Westcott y NA hacen pequeños aportes en este punto) o con el v. 11 (el texto de UBS, Windisch, Vanhoye, Montefiore, Attridge, Lane, Grässer y la mayoría de las traducciones modernas, incluyendo NRSV, NJB, REB, TEV, NIV, LBLA, BLPH). Aquí se ha adoptado la segunda división porque el v. 11 marca el final de la exposición del Salmo 95, mientras que los vv. 12s. tienen las características de un dicho independiente (Windisch). Sin embargo, la transición, como de costumbre, es gradual.

Wescott comenta que "el desarrollo del pensamiento es algo confuso y formalmente incompleto", y Vanhoye, que considera el pasaje formalmente coherente, habla del "allure embarrassée" de los vv. 1-5. El curso del pensamiento puede entenderse mejor presuponiendo que el interés principal del autor no es transmitir una nueva enseñanza, y mucho menos convencer a los incrédulos de la verdad del cristianismo, sino fortalecer las convicciones de los lectores acerca de verdades que ya aceptan. Esto podría explicar la naturaleza típicamente cíclica del argumento de que todavía hay lugar en el reposo de Dios. Este hecho, primero se supone (4:1, καταλειπομένης ἐπαγγελίας), luego se respalda con una nueva cita del Salmo 95:11 (v. 6, ἀπολείπεται) y, por último, se da como una conclusión (ἀπολείπεται σαββατισμός, v. 9). Independientemente de los defectos que pueda tener este procedimiento en estricta lógica, es retóricamente eficaz. Véase Attridge 1979.

4:1. Lector, ¡ten cuidado!

Se repite la advertencia de 3:12, pero el peligro que se describe ahora no es "apartarse del Dios vivo", sino, de manera más específica, perder la oportunidad que Dios ofrece de entrar en su reposo. El autor reinterpreta aquí de un modo más explícito la última línea del Salmo 95, ya no como una advertencia para la generación del desierto, sino como una promesa para los lectores. Este importante tema se introduce de pasada, en una cláusula subordinada, al igual que el tema del sumo sacerdocio de Cristo en 2:17.

La conjunción lógica οὖν introduce en 4:1-11 la aplicación del análisis que se hizo en 3:12-19. Los tres usos de la conjunción οὖν en los vv. 1, 6 y 11 respectivamente corresponden a los tres aspectos del argumento que se mencionaron en la introducción a esta sección.

Φοβηθῶμεν: el autor tiene un agudo sentido de la temible santidad de Dios (véase especialmente 12:18-24) y de su palabra (véase 4:12s.; en cuanto a φοβερός, 10:27, 31; 12:21**), pero al igual que la mayoría de los escritores neotestamentarios, no usa la frase "temor del Señor" (Hch. 9:31; 2Co. 5:11; Ef. 5:12, en todos estos pasajes respecto a Cristo; en Ro. 3:18 = Sal. 36:2 y 2Co. 7:1 con respecto a Dios**), que aparece con frecuencia en la literatura sapiencial veterotestamentaria (p. ej., φόβος [τοῦ] κυρίου 14x en Proverbios). En Hebreos, este silencio podría estar relacionado con la práctica generalizada de evitar el tema de la ira de Dios. Con relación al presente versículo, Romaniuk 1963 habla de "temor pedagógico". En otros lugares de Hebreos, se usa el sustantivo φόβος para referirse al temor de la muerte (2:14), y el verbo φοβέω con respecto a enemigos humanos (11:23, 27; 13:6 = Sal. 118[117 LXX]:6)*. Aquí, el imperativo φοβηθῶμεν sin un complemento es un sinónimo más fuerte de βλεπῶμεν (cf. 3:12, 19); la posición que ocupa φοβηθῶμεν en la oración añade un énfasis adicional. El aoristo de subjuntivo es normal cuando se trata de prohibiciones, aunque BD §337 (1) considera que en este caso el aoristo es ingresivo. En cuanto a μήποτε 2:1; cf. 3:12; MHT 3.99; BD §370 (1).

El genitivo absoluto καταλειπομένης ἐπαγγελίας (que se usa correctamente, como es habitual en Hebreos) introduce la nueva idea esencial de este versículo, y de hecho, de esta sección (que D* pasa por alto e inserta τῆς). El uso en Hebreos de los términos ἐπαγγελία y ἐπαγγέλλομαι es tan diverso que cada una de sus apariciones (ἐπαγγελία, 6:12, 15, 17; 7:6; 8:6; 9:15; 10:36; 11:9 *[bis]*, 13, 17, 33, 39*; ἐπαγγέλλομαι, 6:13; 10:23; 11:11; 12:26*) debe analizarse por separado; no obstante, podrían hacerse las siguientes declaraciones generales. (1) Ἐπαγγελία puede referirse, como aquí, al acto de prometer, o, como en 6:12, al contenido de la promesa. Las dos ideas, aunque son diferentes, están estrechamente relacionadas; por ejemplo, en el presente versículo, la ἐπαγγελία contenida implícitamente en la última línea del Salmo 95 no está muy lejos de la promesa que es el propio κατάπαυσις o el σαββατισμός. (2) Hebreos se refiere exclusivamente a las promesas de Dios. (3) No hay ninguna diferencia lógica de significado entre las formas singular y plural, por ejemplo, entre la promesa (6:15; 11:9a) y las promesas (7:6; 11:17) hechas a Abraham, o entre la promesa (o promesas) que, según se dice, los padres no recibieron (11:13, 39; cf. Gá. 3:16, 18). Existe una leve tendencia a aceptar el uso del singular en una referencia más directa a un texto veterotestamentario específico; salvo en 6:12. (4) No parece haber ninguna diferencia significativa entre el uso de ἐπαγγελία con el artículo o sin él. Por ejemplo, en 4:1 el artículo se omite (excepto en D*), a pesar de la referencia a la promesa específica de entrar en el reposo de Dios, por cuanto no hay ninguna referencia anterior a la ἐπαγγελία. Eso mismo es válido en 8:6, y probablemente en 11:33. (5) El concepto de ἐπαγγελία une la antigua dispensación con la nueva: las promesas de Dios, según se dice, están dirigidas tanto a los padres como a los cristianos (1:1-3; cf. Ro. 4:13; Gá. 3:16, 18; 4:28). (6) En Hebreos se usa una amplia variedad de verbos para expresar la idea de tener o recibir la promesa (o promesas) de Dios): ἀναδέχομαι, 11:17; ἐπιτυγχάνω,

6:15; ἔχω, 7:6; κληρονομέω, 6:12; κομίζω, 10:36; 11:13; λαμβάνω, 9:15; cf. 11:13. Existe una gran coincidencia en el significado de estos términos (Louw-Nida 572-574). (7) Las referencias a la promesa de Dios suelen estar vinculadas a textos veterotestamentarios, especialmente, aunque no exclusivamente, relacionados con la antigua dispensación. Los problemas más difíciles de interpretación a este respecto son los que implican la reconciliación de declaraciones negativas, como las que aparecen en 11:13, 39, con declaraciones positivas en otros lugares. Por ahora, podría decirse que las promesas que se les dieron a los hombres y mujeres del AT tuvieron un cumplimiento limitado en aquel tiempo, pero que la consumación del propósito de Dios se encuentra en Jesús (12:2; cf. 4:7).

Michel (190) comenta que el concepto ἐπαγγελία no tiene ninguna prehistoria en el AT. No cabe duda de que las palabras ἐπαγγελία y ἐπαγγέλλομαι son poco frecuentes en la LXX, y aparecen principalmente en los libros deuterocanónicos; véase de manera especial 2 Macabeos 2:18, en un pasaje que tiene varios puntos de contacto con Hebreos (8:8).

La diferencia entre καταλείπω aquí (cf. 11:27*) y ἀπολείπω en los vv. 6, 9 (cf. 10:26*) es muy leve (Westcott observa una diferencia de opinión). La promesa "aún permanece", sigue vigente como una promesa, porque todavía no se ha cumplido. MM cita a *P. Lond.* 1171[43], con referencia al forraje "que ha quedado". La acepción "dejar" en el sentido de "legar" es común en los papiros para ambos verbos; cf. Herm. *Vis.*3:12:2.

Εἰσέλθειν (cf. 3:19) εἰς τὴν κατάπαυσιν αὐτοῦ (*sc.* τοῦ θεοῦ) identifica el contenido de la promesa usando el lenguaje del Salmo 95, y exige el significado de "reposo" para κατάπαυσις.

La última parte de la oración puede interpretarse, a grandes rasgos, (1) en sentido positivo, "no sea que alguno de vosotros piense que ha llegado demasiado tarde (para recibir lo que Dios prometió)" (así Spicq, Montefiore, TNT "... perdió su oportunidad" NJB; cf. Bauer *s.v.* 1a; 1:29; con respecto a la idea, cf. 2Pe. 3:4; 1Cor. 10:12); o (2) en sentido negativo, "no sea que alguno de vosotros parezca (o "de alguno de vosotros se piense", "de alguno de vosotros se juzgue") "que no ha alcanzado (el reposo de Dios)" (así en la mayoría de las traducciones y comentarios). Las objeciones a (1) son (a) que cabría esperar μὴ φοβηθῶμεν y μὴ... δοκῇ (así opina Braun, en consonancia con Delitzsch); y (b) que una declaración alentadora de ese tipo chocaría con las advertencias anteriores y con las que siguen. Si se opta por (2), es preciso determinar si δοκέω se refiere a (a) una opinión de la comunidad (cf. 3:12s.; 4:2; también 12:11); (b) un juicio de Dios o (Moffatt) el Logos (cf. 4:12s.); o (c) una atenuación discreta o estilística de μήποτε... τις ἐξ ὑμῶν ὑστερήσῃ (Michel; Bauer *s.v.* 2a). El estilo es tan alusivo que se hace difícil hacer una elección firme. Δοκέω se usa frecuentemente con respecto al juicio (10:29; 12:10s.*; cf. Pr. 17:28 con λογίζομαι) o la percepción de los seres humanos; y en muy raras ocasiones, por no decir, en ninguna, directamente con respecto al juicio de Dios, por tanto (2b) es la opción menos probable. Dado que, por una parte, la principal preocupación del autor es la condición espiritual objetiva de los lectores, y por otra parte, hay más señales que evidencian una actitud afable hacia sus lectores (cf. los cambios en la cita de los vv. 9s. y el uso de μήποτε y μή τις aquí y en otros lugares), (2c) podría ser la opción más probable. Δοκεῖ (L M P etc.) es una variante ortográfica de δοκῇ. Véanse Groenen; A. T. Hanson 1965.58-61; Käsemann 1984.17-22; J. Schniewind y G. Friedrich in *TDNT* 2.576-586.

En cuanto a ὑστερέω con el significado de "detenerse a mitad de camino, no llegar a", cf. Filón, *Fragmenta* (ed. Mangey) 2.656: μακρὰν τοῦ κατὰ τὴν ὁδὸν τέλους ὑστερίζουσι (Riggenbach). Este sentido se adaptaría bien a la situación de los lectores, al igual que la traducción alternativa "llegar demasiado tarde" (NJB); o "perdió su oportunidad" (REB). Aquí absolutamente (como en Sir 10:3; Hab 2:3; Da 4:30 LXX; Filón, *Leg. All.* 2.100), y perfecto, como aquí, *Agric.* 85; *Jos.* 182; no con ἀπό como en 12:15*. Resulta tal vez significativo que en Sirácides 11:11s., ὑστερέω se usa (como una palabra clave con el significado de "quedarse atrás" en el v. 11 y de "carecer" en el v. 12) cerca del término poco común νωθρός, 5:11. Cf. Spicq 1982.666-670; Bauer *s.v.* 1a; U. Wilckens en *TDNT* 8.595-597.

En cuanto a ὑμῶν, en 5 56 vulg^[mss] Teodoreto, seguido por Lutero, aparece la lectura más fácil ἡμῶν, pero un rasgo característico del estilo de Hebreos es el cambio rápido de la primera a la segunda persona del plural (10:24s.) o viceversa (3:13s.).

4:2. El fracaso de la generación del desierto es nuestra oportunidad

La primera parte de este versículo, al igual que los vv. 1 y 3a, expone la preocupación del autor por sus lectores, que ahora predomina. La segunda parte, que es la más larga, a partir de ἀλλ᾽ οὐκ ὠφέλησεν, apunta retrospectivamente al análisis del destino de la generación del desierto en 3:16-19. Su fracaso, dice de nuevo el autor, fue el resultado de su negativa a creer; más específicamente, de su negativa a creer el mensaje que habían oído de Dios: su ofrecimiento de entrar en su reposo.

Καθάπερ κἀκεῖνοι establece una relación sólida entre los dos elementos de la comparación, y anticipa la conclusión en el v. 11. El contraste es entre dos generaciones, no entre dos pueblos, razas o religiones. Las personas bajo la antigua y la nueva dispensación tienen en común el hecho de haber oído las mismas buenas nuevas; contrastan, sin embargo, entre ellas porque la generación del desierto en su conjunto las rechazó, pero todavía están disponibles para que la propia generación del autor pueda aceptarlas (así opinan Zimmermann 1977.139s.; Laub 1980.248).

Καὶ γάρ (5:12; 10:34; 12:29; 13:22*; cf. Mr. 10:45; Jn. 4:23; Hch. 19:40; 1Co. 5:7) en algunas ocasiones significa solamente "porque"; sin embargo, en Hebreos, así como en algunos usos de la frase en los papiros (MM) y en otros lugares, καὶ γάρ suele relacionar las palabras que siguen de un modo más estrecho que la conjunción γάρ sola con lo que precede inmediatamente.

Ἐσμεν εὐηγγελισμενοί: no significa que "a ellos se les anunció la buena nueva, al igual que a nosotros", sino lo contrario. Esto es así no solo porque el autor está analizando ahora la situación de creyentes contemporáneos, sino también, y de un modo más específico, porque la verdad que él desea poner de relieve ahora es que la buena nueva que se anunció a la presente generación sigue disponible. Es por eso que el pretérito perfecto de la voz pasiva perifrástica (cf. 10:10; 2Sa. [2Re.]

18:31; Jl. 3:5; Mt. 11:5‖; Bauer 2bβ; BD §352; MHT 3.88s.), en contraste con el aoristo εὐαγγελισθέντες del v. 6, se refiere a la generación del desierto. La idea se remonta a lo que Dios dijo en la primera línea de la cita (3:7b), que ahora se interpreta como una promesa y no como una advertencia. Cf. Spicq 1982.296-306; G. Friedrich en *TDNT* 2.707-737.

En Hebreos no se usa el término εὐαγγέλιον (que sí aparece frecuentemente en Lucas y Pablo, ocasionalmente en Mateo, Hechos, 1 Pedro y Apocalipsis; pero no en Marcos, ni en Juan, ni en 1-3 Juan); y tampoco se usa en Hebreos (ni en Juan) κήρυσσω ni otros términos cognados. Sin embargo, el contexto sugiere que la "buena nueva" implícita está estrechamente relacionada con la "promesa" del v. 1, y por ende, con el "reposo" del v. 3 y el contexto más amplio. Εὐαγγελίζομαι se usa con la acepción de "promesa" en Filón, Josefo y el judaísmo palestino (G. Friedrich en *TDNT* 2:713-715); cf. el uso de προευαγγελίζομαι*** en Gálatas. 3:8, con una referencia veterotestamentaria. De manera similar, el verbo εὐαγγελίζομαι guarda una relación estrecha con ἐπαγγελία en Hechos 13:32; ese versículo, al igual que el texto que estamos analizando, aparece en un contexto que demuestra que εὐαγγελίζομαι puede referirse a hechos y también a palabras (en cuanto a las "obras" de Dios, véanse las notas sobre 4:3; cf. 2:1-4). No hay ninguna razón para no aceptar que "el contenido" de esta buena nueva era probablemente el evangelio en la medida en que este podía concebirse antes de la encarnación", y que "el mensaje era el mensaje de Cristo" (A. T. Hanson 1965.94, 168; cf. 1949.151). No es necesario forzar el sentido del versículo para entender que Cristo es el que pronuncia el salmo, aunque el paralelismo con 1 Corintios 10:4 sugiere cierta referencia a una actividad de Cristo antes de la encarnación.

Καθάπερ* κἀκεῖνοι*: καθάπερ, al igual que καθώσπερ** (5:4), "así como" es más fuerte que καθώς, aunque los copistas a menudo confunden las tres palabras. La conjunción adverbial καθάπερ se usa con frecuencia en Pablo, sobre todo con γέγραπται o de otro modo, con una referencia veterotestamentaria (véanse especialmente 1Co. 10:10; 2Co. 3:13; cf. 1Co. 10:6, καθὼς κἀκεῖνοι). Es frecuente en los papiros (MM). Suele ir seguido de καί (2Co. 1:14; 1Ts. 3:6, 12; 4:5) para reforzar la comparación; y con elipsis del verbo (cf. 2Co. 8:11). En cuanto a κἀκεῖνοι, en Ψ y algunos minúsculos aparece el término más débil ἐκεῖνοι por asimilación al v. 2b. Κἀκεῖνοι o ἐκεῖνοι se usan para referirse a los judíos incrédulos en Romanos 11:23; 1 Corintios 10:6, y con mayor severidad en *Bern*abé 2:9; 3:6; 4:6; y de manera especial en 8:7 con respecto a la generación del desierto; pero también en sentido inverso, desde un punto de vista cristiano judío, a los creyentes gentiles en Hechos 15:11; cf. Juan 10:16. La paráfrasis de Héring, "los judíos", resulta engañosa por cuanto el contraste, tanto aquí como en el v. 11, es una de las generaciones dentro del pueblo de Dios (cf. 3:6), todavía no entre la iglesia y la sinagoga (aunque véase 13:14), y solo en forma indirecta entre los que están dentro y los que están fuera de la comunidad de fe (cf. el uso paulino de οἱ ἔξω y οἱ ἔσω en 1Co. 5:12s.; 2Co. 4:16; 1Ts. 4:12; cf. Mr. 4:11).

Οὐκ ὠφέλησεν (13:9*), en opinión de Michel, es una expresión "extrañamente secular"; pero hay paralelismos estrechos en Romanos 2:25 y Gálatas 5:2 con respecto a la circuncisión, y de manera más general, con respecto a los beneficios de la fe cristiana en Marcos 8:36‖; Juan 6:63; 1 Corintios 13:3. Ὠφελέω en expresiones negativas así y en preguntas retóricas sugiere la idea de inutilidad o futilidad, y no de carencia de algún beneficio tangible. La futilidad del antiguo orden se expresa en Hebreos con un lenguaje diferente en 7:18s.; 8:13; 9:9s. Véase Bauer *s.v.* 1a; BD §151 (1).

Ὁ λόγος (véase comentario sobre 2:2) τῆς ἀκοῆς*: el contexto excluye el sentido positivo de ἐξ ἀκοῆς πίστεως en Gálatas 3:2, 5. La mayoría de los paralelismos veterotestamentarios son lejanos: λόγος ἀκοῆς, Sirácides 42:1 (41:23), acerca de los rumores; Jeremías 10:22, φωνὴ ἀκοῆς. Más cercanas son algunas expresiones como ἐὰν ἀκοῇ ἀκούσῃς τῆς φωνῆς κυρίου τοῦ θεοῦ, Éxodo 15:26; cf. 19:5; 23:22; Deuteronomio 11:13, 22; 15:5; 28:1s., que hacen recordar claramente el principio de la cita del Salmo 95; y ὡς πόδες εὐαγγελιζομένου ἀκοὴν εἰρήνης, ὡς εὐαγγελιζόμενος ἀγαθά, en Isaías 52:7, que se cita parcialmente en Romanos 10:15; cf. Efesios 6:15. En cuanto a 1 Tesalonicenses 2:13, el único pasaje paralelo en el NT, Schippers alega que λόγος ἀκοῆς significa "tradición". Este sentido es poco probable en el presente contexto, aunque la idea más general de transmitir la buena nueva podría estar implícita (como sí aparece más explícitamente en 2:1-4); cf. Romanos 10:16s. La elección aquí es entre el significado activo de "oír el mensaje" (NJB), como en Éxodo 15:26, y el significado pasivo de "el mensaje que oyeron" (REB, NIV, NRSV, NBLA, RVA, NVI; de manera similar Attridge, Lane), como en Isaías 52:7; Moffatt lo compara con καρδία… ἀπιστίας (3:12) como genitivos semíticos de cualidad. Michel opta por el significado pasivo y relaciona ἀκοή, interpretado como "anuncio, informe", con algunos textos como 1 Samuel 2:24; Salmo 112[111 LXX]:7; Isaías 52:7; de ser así, la frase ὁ λόγος τῆς ἀκοῆς es tautológica, pero esto no es imposible. La repetición de ἀκούω en 3:7, 16 sugiere el significado activo, aunque resulta difícil hacer una elección firme porque no se hace hincapié en la expresión, ni se contrasta explícitamente con la cláusula siguiente.

En cuanto a ἐκείνους, véase el comentario sobre κἀκεῖνοι supra.

La cláusula que sigue incluye dos problemas textuales, el primero de los cuales muestra cierta tendencia a poner a los críticos textuales en contra de los exégetas. La elección principal es entre (1) συγκεκερασμένους (𝔓[13 vid, 46] A B C D* Ψ 0243 33 69 81 1739 2127 2464 lat), o su forma alternativa συγκεκραμένους (D² 𝔐) (WH, NA[26] = UBS[4], Bleek, Westcott, Spicq, Attridge, Lane, ERV, JB, nota de la RSV, nota de la NIV, y NRSV), y (2) συγκεκ(ε)ρα(σ)μένος (ℵ 57[102]) (Tischendorf, influenciado por ℵ, nota de la RV, y hasta hace poco la mayoría de los comentaristas y las traducciones, incluyendo a Delitzsch, Windisch, Moffatt, Héring, Teodorico, F. F. Bruce, Buchanan, Montefiore, P. E. Hughes, Andriessen-Lenglet, Strobel, Braun, Grässer, ARV, RSV, REB, TEV, NIV y nota de la NRSV). En 104 aparece συγκεκραμμένοι, y en Crisóstomo (PG 63, col. 56) συγκεκρασμενῆς, en consonancia con ἀκοῆς. Si se elige (1), el antecedente es ἐκεῖνοι, y el significado más probable es: "ellos" (la generación del desierto) "no se unieron en" (o "por") "la fe con los que oyeron". Si se elige (2), el antecedente es λόγος, y el significado más probable es: "este" (el mensaje oído) "no fue acompañado de" (o "por") la fe de los que oyeron". (En cuanto al texto de las últimas palabras, véase más adelante). Michel y otros creen que (2) es una asimilación a ἐκείνους, pero Metzger defiende esta lectura basándose en las pruebas internas, y alegando que es la lectura que mejor explica el origen de las demás, y la más difícil; y se basa también en diversas pruebas externas y tempranas.

El segundo problema textual es más simple. Tanto los editores como los exégetas, en general, prefieren la expresión mejor confirmada τοῖς ἀκούσασιν, y no la que cuenta con un testimonio deficiente y es estilísticamente más suave, τῶν ἀκουσάντων (D* 104 2495 *pc* si[h mg] Lucifer), y tampoco τοῖς ἀκουσθεῖσιν (1912 [lat]), cuyo significado es equivalente al de τοῖς ἀκούσμασιν, propuesto por Bleek en consonancia con Noesselt.

El principal problema exegético es la interpretación de μὴ συγκεκερασμένους τῇ πίστει τοῖς ἀκούσασιν. Συγκεράννυμι (1Co. 12:24**) se usa en griego clásico para referirse a la mezcla de sustancias, como los colores, y en sentido figurado, la amistad, o la unión moral y espiritual. El texto de NA/UBS, aparte de sus dificultades en otros aspectos, ofrece la ventaja de que implica una unión de personas con personas, y no la unión menos natural, aunque no imposible, de un objeto, el mensaje de Dios, con un grupo de personas. Si se toma ἐκείνους como el antecedente de συγκεκερασμένους, τοῖς ἀκούσασιν debe entenderse de manera diferente a τῆς ἀκοῆς, y a ἀκούσαντες en 3:16. Estas dos últimas expresiones se referirán al "simple" hecho de oír, mientras que la frase enfática τοῖς ἀκούσασιν tendrá el significado más usual en griego bíblico, a saber, el de oír con buenos resultados, responder y obedecer (2:1; cf. 4:8, donde κατέπαυσεν significa "verdaderamente les dio reposo"). Esta es la interpretación menos insatisfactoria, pero la posibilidad de una corrupción primitiva del texto no debe descartarse (Zuntz, seguido de F. F. Bruce y P. E. Hughes). El texto de NA/UBS apoya en general la interpretación de 3:16 que se ofreció antes, aunque la función implícita de Caleb y de Josué (y posiblemente Moisés) es, de manera bastante extraña, la de oír, no la de anunciar, la Palabra de Dios. Esto se debe tal vez a que el autor de Hebreos ahora, como generalmente ocurre, está más interesado en el Salmo 95 que directamente en Números 14.

Si la forma verbal es συγκεκερασμένος, τοῖς ἀκούσασιν puede interpretarse como un dativo de ventaja (cf. 6:6; 12:3), "para el beneficio de lo que oyeron", en contraste con οὐκ ὠφέλησεν. Si se lee τῶν ἀκουσθεῖσιν después de συγκεκερασμένους, dará como resultado el significado forzado de "no estaban unidos en la fe con las cosas que habían oído"; τῶν ἀκουσθεῖσιν después de συγκεκερασμένος es imposible.

El tema de la fe, al igual que el de la promesa de Dios en el v. 1, se introduce primeramente de pasada, y luego se hace más prominente (6:1, 12; 10:22, 38s.; 11 *pássim;* 12:2; 13:7*; πιστεύω, 4:3; 11:6*; véanse las notas sobre πιστός, 2:17; ἀπιστία, 3:12, 19*). En las notas sobre 11:1 se analiza el lugar general de la fe en Hebreos. Por el momento, es suficiente señalar tres principios generalmente aceptados que guiarán el examen de algunas ocasiones individuales en las que aparece el término. (1) Cada caso debe analizarse primero en su contexto, sin menoscabo de una consideración posterior y más sistemática de la fe en la epístola en su conjunto, y el lugar más amplio que ocupa en el desarrollo de la doctrina cristiana. (2) Muchas, tal vez la mayoría, de las veces que aparece πίστις y otros cognados son referencias casuales, que no van acompañadas de ningún análisis del significado y las implicaciones de la fe, como por ejemplo, las que aparecen en Romanos 3–4, Gálatas 4 o Santiago 2. (3) Este hecho sugiere que el autor presupone una interpretación común y tradicional de la fe que comparte con sus lectores. Véanse Spicq 1978.697-703; D. G. Peterson 1982.53-80; Braun 106-108.

En el presente contexto, la fe está estrechamente relacionada con la escucha eficaz de la "buena nueva"; con la promesa de Dios (como en 6:12; Ro. 4:13); e indirectamente, con la obediencia (3:18) al Dios vivo y el hecho de mantenerse unido a él (3:12; cf. 10:39; 4:12). Las expresiones μὴ συγκεκερασμένους τῇ πίστει y ἀποστῆναι ἀπὸ θεοῦ ζῶντος (3:12), son prácticamente sinónimas, y contrastan con la fidelidad de Moisés y de Jesús en sus respectivos oficios (3:1-6). Véase Grässer 1965.14s., y la respuesta en G. R. Hughes 1979.148n.38; cf. 97s., 137-142.

4:3. El reposo de Dios es para nosotros

La interpretación de este versículo depende aún más de lo habitual de la manera en que sus tres partes se relacionan entre sí y con el contexto. En general, su función es llevar un paso más allá la aplicación del Salmo 95:7-11 y preparar el terreno para la cita de apoyo de Génesis 2:2 en el versículo que sigue.

Los problemas textuales de este versículo son relativamente simples. (1) En lugar de γάρ, que aparece en 𝔓[13, 46] B D Ψ M, ℵ A C 0243 81 104 365 1739 1881 2464 *pc* cop[bo] se lee οὖν, probablemente con un propósito de reanudación ("bueno, entonces"); en sir[p] aparece el equivalente de δέ, que posiblemente sea una variante de traducción para γάρ. Γάρ debe preferirse no solo por motivos externos sino también porque se adapta mejor al contexto, puesto que este versículo, a diferencia, por ejemplo, de los vv. 1 y 11, no marca ningún giro importante en el argumento. (2) En A C se lee εἰσερχώμεθα, cf. 10:22, que no resulta adecuado con οἱ πιστευσάντες, y constituye "un desarrollo secundario en relación con la interpretación errónea que produjo οὖν" (Metzger). En it vg cop[sa, bo] Lucifer se lee "entraremos", que posiblemente sea una traducción interpretativa de εἰσερχόμεθα; en lo que respecta a la exactitud de la interpretación, véase más adelante. (3) La omisión de τήν antes de κατάπαυσιν está sólidamente confirmada por 𝔓[13vid] 𝔓[46] B D*, en contra de ℵ A C 0243 𝔐. Dado que en otros lugares el artículo siempre precede a κατάπαυσιν, tal vez debería omitirse aquí como la lectura más difícil.

Al determinar la secuencia del argumento, surgen tres problemas.

(1) ¿Debería el v. 3a (hasta οἱ πιστευσάντες) relacionarse (por medio de γάρ) (a) con el v. 2b, e implicar que "la generación del desierto fue excluida del reposo de Dios, para que ahora haya lugar para nosotros en él", o (b) con el v. 2a? La opción (a) se corresponde en gran medida con lo que dice el v. 6, pero el interés principal del autor en este punto es más bien establecer la existencia y la disponibilidad del reposo. De otro modo, cabría haber esperado alguna expresión de contraste con el v. 2b, como la que erróneamente aparece en la NEB (no en la REB): "Somos nosotros, los que hemos llegado a ser creyentes, los que entramos...". Es preferible

considerar que εἰσερχόμεθα se basa en las referencias anteriores a la escucha de la buena nueva por parte de los lectores (v. 2a), y a la promesa de Dios (v. 1a).

(2) Si esto es correcto, el objetivo de la cita (v. 3b) no será repetir la condenación de la generación del desierto, que ha quedado bastante atrás en el argumento, sino recordarles a los lectores el testimonio de Dios en la Escritura respecto a la existencia del reposo, un testimonio que en breve será confirmado al citar Génesis 2:2.

(3) Una decisión sobre el lugar de v. 3c (a partir de καίτοι) en el argumento afecta la manera en que está puntuado el texto (véase la nota acerca de la puntuación en el texto de la UBS). Las opciones son las siguientes: (a) poner un punto al final del v. 3, como en NA²⁶ = UBS⁴; (b) poner un punto al final de la cita, y una coma (NEB, NVI, NBV, BLP, NBLA) o un punto y coma (NJB, DHH) al final del v. 3; (c) poner comas en ambos lugares, como en WH y RV95; y (d) poner un punto final en ambos lugares, como en TEV, NIV, REB y PDT. La elección depende en parte del significado que se le atribuya a καίτοι. Buchanan, el único entre los comentaristas modernos, en consonancia con Stuart 1828, considera que καίτοι significa "a saber", pero este sentido no se ajusta al contexto en ninguna de las dos ocasiones en que aparece en el NT, y por lo general se acepta que su función aquí es aclarar que el genitivo absoluto que sigue es concesivo (BD §§425 [1], 450 [3]; MHT 1.230, 3.153, 157; Scheidweiler 223s.; cf. Attridge 1980.282n. (Καίτοι conserva su significado concesivo en el griego moderno). Las pocas veces que aparece en la Biblia (Hch. 14:17; 4Mac. 2:6; 5:18; 7:13***; cf. Filón, *Deus Imm.* 8; con el genitivo absoluto que sigue Jos. *Ant.* 5.36) todas apuntan hacia adelante, hacia la cláusula concesiva que precede a la cláusula principal; καίπερ, sin embargo, puede apuntar hacia adelante (Heb. 5:8; 1Pe. 1:12) o hacia atrás (Heb. 7:5; 12:17; Fil. 3:4). Un argumento más sólido a favor de la opción (b) es que la cláusula introduce por primera vez la referencia a las "obras" de Dios, a las que vuelve a aludirse en el v. 4. (El autor no hizo ningún comentario sobre las ἔργα totalmente diferentes del Salmo 95:9 = Hebreos 3:9). Sobre esta base, es posible ver en los vv. 3-5 un uso alternado de declaraciones y citas confirmatorias:

Aún hay un reposo disponible para nosotros (v. 3a):
  El Salmo 95:11 confirma su existencia (v. 3b).
No obstante, el reposo de Dios existió desde el momento de la creación (v. 3c).
  Génesis 2:2 da testimonio de esto (v. 4).
Este es el mismo reposo (v. 5a)
  Del que habló el Salmo 95:11 (v. 5b).

Sin embargo, un obstáculo grave para esta interpretación es la partícula γάρ del v. 4, que, por débil que sea, choca con la conjunción concesiva καίτοι; las pruebas a favor de la omisión de γάρ (𝔓¹³ vgᵐˢ siᵖ) son débiles. Por tanto, si se elige la opción (a) como la menos insatisfactoria, habría que preguntarse además si la cláusula con καίτοι debería tomarse en sentido negativo: "Dios excluyó a la generación del desierto de su reposo, aunque ese reposo ya había existido desde la creación", o en sentido positivo: "Dios excluyó a la generación del desierto de su reposo, y sin embargo, este siempre había estado a disposición de todos".

Dado que el Salmo 95:11 se interpreta ahora como una promesa y no como una advertencia, es preferible el sentido positivo.

De todas formas, la cláusula con καίτοι no es parentética, como las concesivas introducidas por καίτοιγε en Juan 4:2 y por καὶ ταῦτα en Hebreos 11:12; pero es más que una nota exegética que se insertó para evitar una interpretación errada de la cita anterior (Spicq).

Las opiniones de los comentaristas están divididas en cuanto a si la forma verbal categórica εἰσερχόμεθα debe interpretarse como un presente real (Delitzsch, Westcott, Spicq, Montefiore, Attridge; Lane señala esta interpretación como posible) o con sentido de futuro, al igual que en Mateo 11:3; Juan 8:14 (vg, Riggenbach, Moffatt, Michel, Héring, Bruce, Braun; cf. BD §323; Barrett 1956.372 combina ambos significados). El uso de las formas correspondientes a la primera persona del plural hace que resulte menos natural tomar la cláusula como una declaración general de principio. En este respecto, es significativo observar que, en general, el llamado del autor a sus lectores no depende tanto de la idea de un progreso gradual (5:14) como de un contraste entre condiciones presentes, pasadas y futuras. La cláusula que nos ocupa ahora contiene una limitación implícita: "nosotros, es decir, los que hemos creído", es tal vez un equivalente diplomático de "los que de nosotros hemos creído". En ningún otro lugar el autor sugiere una realización plena e incondicional de la esperanza cristiana en el presente: cf. 3:6, 14, "si retenemos firme"; 12:22, προσεληλύ θατε; de manera similar, en 4:1 la salvación se considera una promesa; cf. 10:39s. Por tanto, es preferible ver en εἰσερχόμεθα un equivalente categórico del tiempo futuro, como suele ocurrir con los verbos de movimiento: la expresión de Moffatt: "estamos seguros de que vamos a entrar". Vanhoye señala (100n.2) que el autor siempre usa plurales cuando se refiere al acceso de los cristianos a Dios (4:3, 11a; 6:19; 10:19, 22; 12:1; 13:13), y singulares cuando habla de posibles casos de apartarse (3:12; 4:1b, 11b; 10:29; 12:15s.).

Εἰς κατάπαυσιν: la omisión de αὐτοῦ, y probablemente de τήν (véase supra), indica un paso de avance en la interpretación de κατάπαυσις no solo como una propiedad de Dios sino también nuestra. "Esto da por sentado el concepto de que Dios no se guarda para él solo lo que posee, lo hace accesible a los seres humanos. Su reposo no es un derecho que él se reserve en forma egoísta para sí mismo, pasa a ser posesión de los que son salvos" (Riggenbach). En cuanto a κατάπαυσις como una metáfora espacial (Hofius) 3:18.

Οἱ πιστεύσαντες define a quiénes se refiere la primera persona del plural; cf. καταφυγόντες, 6:18. Con respecto a πιστεύω, véanse las notas sobre πίστις en 4:2 y 11:1. El autor se incluye entre aquellos a los que se ha dirigido y aún se dirige el mensaje cristiano (εὐηγγελισμένοι), y que en algún momento del pasado creyeron ese mensaje (οἱ πιστεύσαντες, Hch. 2:44 ℵ B etc., NA[25]; 4:32; 2Ts. 1:10; cf. οἱ πιστεύοντες, Hch. 2:44 𝔓[74vid] A C D E Ψ NA[26] = UBS[4]; 1Co. 14:22; 1Ts. 1:7; οἱ πεπιστευκότες, Hch. 15:5; 18:27; 19:18; 21:20, 25; Tit. 3:8). Se hace hincapié en la fe como la condición esencial para tener acceso al reposo de Dios; el contraste con la generación del desierto ocupa un lugar secundario (Zimmermann 1977.140). No cabe duda de que hay una referencia implícita a algún aspecto de la iniciación cristiana, pero el lenguaje específico del bautismo cristiano está ausente no solo aquí sino también en cualquier otro lugar de la epístola (6:2).

Καθὼς (3:7) εἴρηκεν: La mayor parte de los comentaristas consideran que el sujeto es Dios, el que habla en la cita que sigue; con menos probabilidad, el Espíritu (3:7). Pero esto no concordará con el verbo εἴρηκεν del v. 4, que implica que el sujeto es "la escritura"; así también probablemente προείρηκεν del v. 7. El v. 7 ilustra la reticencia del autor a establecer una distinción teológica entre el Dios que habla en la Escritura y el autor humano (cf. 2:6; 4:4). Desde el punto de vista gramatical, sin embargo, resulta más simple considerar que "la escritura" es el sujeto de todas las fórmulas introductorias en los vv. 3-5. Dentro de la cita, en $\mathfrak{P}^{13}$ se omite εἰ, ya sea por haplografía o porque el juramento se toma como una promesa positiva.

Respecto a καίτοι, véanse supra. Καταβολὴ κόσμου, 9:26, no aparece en la LXX, pero cf. el texto de Mateo 13:35; 25:34; Lucas 11:50; Apocalipsis 13:8; 17:8; también Juan 17:24; Efesios 1:4; 1 Pedro 1:20, πρὸ καταβολῆς κόσμου. Καταβολή se usa con un sentido diferente en Hebreos 11:11**. La frase καταβολὴ κόσμου por sí misma no denota un momento específico, sino más bien el acontecimiento de la fundación del mundo. En Hebreos se usa el verbo κατασκευάζω de modo similar en 3:3. Καταβάλλω se emplea para referirse a la colocación de un cimiento, (de manera literal en 2Mac 2:13 y en sentido figurado en Heb 6:1); en 2 Macabeos 2:29, el sustantivo se usa por extensión para referirse a un edificio nuevo. No obstante, el contexto en este pasaje da un sentido temporal: el reposo de Dios ha existido desde el séptimo día de la creación. Véase F. Hauck en *TDNT* 3.620s.

4:4. Génesis 2:2 confirma el Salmo 95

El autor introduce y cita Génesis 2:2 para apoyar lo que dice el Salmo 95:7-11, con el que se vincula inmediatamente en el v. 5. El propio Salmo 95, tal como se cita y se interpreta en Hebreos, miraba más allá de la generación del desierto y hablaba de un reposo permanente. Génesis 2:2 se usa para demostrar que este reposo existía antes del éxodo y también existió después. Por tanto, no puede identificarse con Canaán (cf. v. 8). Es posible que en el leccionario de la sinagoga para la noche del sábado el Salmo 95 y Génesis 2 ya estuvieran vinculados (Schröger 110, en consonancia con Padva, y seguido por Andriessen-Lenglet; Elbogen, seguido por Lane). Génesis 2:2, empero, no se cita en ningún otro lugar del NT.

Los exégetas en general, tras haber dado por sentado que "Dios" es el sujeto implícito de εἴρηκεν en v. 3, llegan a la misma conclusión aquí (véase Schröger 109, así en RVR). Menos probable es lo que hace Teodorico, que considera que el sujeto es "el Espíritu", como en 3:7. Sin embargo, muchas traducciones consideran que el sujeto es "la escritura" (así NJB, REB, TEV, TNT, DHH, PDT, TLA), y esto es más natural, aunque en 1:6, y posiblemente en 10:30b, se presenta a Dios hablando en tercera persona. El uso impersonal, o más exactamente, no especificado, de las expresiones "(él) dice" (8:5) o "(él) ha dicho" (cf. 13:5) se cataloga como rabínico (MHT 4.108s., en consonancia con S-B 3.365s.), pero la imposibilidad de identificar antecedentes es un hecho muy generalizado en Hebreos.

Γάρ enlaza este versículo con el v. 3c, que ya preparó el terreno para la cita al mencionar las "obras" de Dios. Se omite en 𝔓¹³. En cuanto al adverbio indefinido που véase 2:6. Con respecto a περί véase 2:5.

Τῆς ἑβδόμης: cf. Filón, *Vit. Mos.* 2.209, 215, 263; "en las fechas en los papiros ἡμέρα casi siempre se omite" (MHT 3.17). Aquí también se omite para evitar la repetición con la propia cita. La palabra no es simbólica, como sí lo es a menudo en Apocalipsis. Véase K. H. Rengstorf en *TDNT* 2.628.

Οὕτώς se usa en Hebreos (1) con el significado de "así", al igual que aquí, como preparación para introducir una cita; en 6:9; 9:6; 10:33 con referencia a declaraciones que se hicieron previamente; en 6:15 para introducir un comentario sobre una referencia veterotestamentaria anterior; (2) en las comparaciones, seguido por καί (5:3, 5; 9:28); y (3) para indicar el grado (12:21).

El texto, tal como aparece citado, concuerda sustancialmente con la LXX: La preservación de la conjunción καί, al igual que en 1:6, es una pequeña confirmación de la renuencia del autor a efectuar cambios innecesarios en sus citas. Los manuscritos hexapláricos de la LXX coinciden con Hebreos al incluir la frase ὁ θεὸς ἐν de Génesis 2:2a. No es posible afirmar con certeza si el autor de Hebreos está guiándose por su *Vorlage* (Ahlborn 27; McCullough 1971.112), o si los manuscritos de la LXX se asimilan a Hebreos. El propósito de la adición de ὁ θεὸς es proporcionar un sujeto explícito porque εἴρηκεν aquí y en el v. 3 podría referirse a la Escritura. El uso de los escritores y copistas neotestamentarios varía en cuanto a si debe incluirse u omitirse la preposición ἐν en expresiones que se refieren a días específicos (BD §200[1]). Una influencia filónica (véase más adelante), o incluso el hecho de que Filón y el autor de Hebreos usaran un texto veterotestamentario común, son poco probables (Sowers 66; Williamson 539-543). Hebreos coincide con la LXX en contra del TM en la lectura del plural τῶν ἔργων.

No cabe duda de que el término hebreo καταπαύω *(šabbāth)* subyacente aquí no se relaciona con el término κατάπαυσις subyacente en el Salmo 95[94 LXX]:11 *(menūḥāh)*, pero como el autor de Hebreos basó su obra en la LXX, esta consideración no es realmente importante para la comprensión de la epístola. Una asociación similar del Salmo 95 con Génesis 2 aparece en los tárgumes *Ongelos* y Seudo-Jonatán, donde se usan términos relacionados; cf. 2 Macabeos 15:1, con respecto al sábado como ἡ ἡμέρα τῆς καταπαύσεως.

También es correcto, desde el punto de vista de la exégesis histórico-crítica, que "la idea del reposo en el Salmo 95 no tiene absolutamente nada en común con esta idea" (*sc.* en Gn. 2:2) "del reposo sabático" (Schröger 109). Sin embargo, cuando se compara el texto de la LXX directamente con el argumento de Hebreos, se pone de manifiesto una perspectiva diferente y más coherente. El pasaje se basa principalmente en la cita del Salmo 95, que se usa para actualizar acontecimientos pasados en el contexto de la adoración contemporánea (Souček 15; DeVries 165). Aún dentro del AT, el propio salmo libera a la condenación divina de la generación del desierto de su entorno histórico original, y la reinterpreta como una advertencia permanente. Esto le da paso en la epístola a un desarrollo más profundo del tema del reposo de Dios, remontándose primero a la creación con la ayuda de Génesis 2:2, y luego contemplando prospectivamente el propio σήμερον del autor (vv. 6s.).

El uso de Génesis 2:2 en Hebreos resulta admirable por lo que no contiene. A diferencia de Filón (*Post. Caini* 64; *Leg. All.* 1.6, 16; Williamson 540-557), no se hacen especulaciones sobre la naturaleza del κατάπαυσις; se describe sobriamente en el v. 10 en contraste con las "obras". Está claro, por ejemplo, a partir de los vv. 12s., que el autor no piensa en modo alguno que Dios esté inactivo; sin embargo, la epístola no dice nada que sea equivalente a Juan 5:17. Y tampoco se hace ninguna insinuación de la expectativa del judaísmo tardío y del cristianismo primitivo de mil años de reposo antes del fin (así opina F. F. Bruce en contra de Strobel; Lang). Por otra parte, este pasaje tampoco contiene ningún vestigio de alegoría, ni siquiera del tipo mesurado que se encuentra en 2 Pedro 3:8. Pero tal vez lo más admirable de todo, la importancia contemporánea del Salmo 95 y de Génesis 2:2, no está relacionada en este pasaje con la exclusividad del acontecimiento de Cristo, al que el autor no volverá a referirse hasta 4:14.

El verbo καταπαύω se usa en forma intransitiva aquí y en el v. 10, y se le da su uso transitivo más común en el v. 8 ("llevar a [un lugar de] reposo"; cf. Bauer *s.v.* 1b) y en Hechos 14:18 ("apaciguar")**. Ἀπὸ τῶν ἔργων αὐτοῦ evoca verbalmente la frase ἀπὸ καταβολῆς κόσμου en el v. 3, y sugiere un período indefinidamente largo que comenzó el séptimo día de la creación. Véanse Taniadis; Williamson 530-538; Zimmermann 1977.140.

4:5. Génesis 2 confirma el Salmo 95

El texto principal, Salmo 95:11, se vincula ahora con el texto de apoyo que acaba de citarse. Καὶ... πάλιν, como por ejemplo, en 1:5b, introduce otra cita: la frase no es equivalente a προίρηται en el v. 7, que hace referencia a una cita repetida del mismo texto. Ἐν τούτῳ, neutro, significa "en este lugar", el pronombre demostrativo οὗτος alude quizás a "un tema más remoto en el párrafo, pero más próximo al concepto principal que está analizándose" (Bauer, s.v. 1aγ; Hch. 4:11; 7:19; 2Jn. 7), en este caso la cita, y sobre todo el κατάπαυσις. Compárese con ἐν ἑτέρῳ, 5:6.

No hay nada que sugiera un contraste entre las citas en los vv. 4 y 5. La cita del v. 5, en esta etapa del argumento, no se toma como una advertencia, y no guarda ninguna relación estrecha con el v. 6b. El argumento es simplemente que tanto Génesis 2:2 como el Salmo 95:11 dan testimonio de la existencia constante del κατάπαυσις de Dios.

Así como en el v. 3, en 𝔓[13] D* se omite εἰ; así también, en el presente versículo, lo omiten algunos minúsculos incluyendo 89 629 1739, tal vez porque interpretan la cita como una promesa, al igual que hace Alcuin (citado por Riggenbach). La lectura escasamente confirmada ἡ (I 33 326) produce ese mismo resultado de un modo más categórico. En cuanto a la cita (BD §454[5]), véase 3:11; acerca de εἰ; cf. Marcos 8:12.

4:6. Aún queda lugar en el reposo de Dios

Este versículo no es simplemente una "elaboración repetitiva sobre los vv. 1 y 2" (Buchanan); es una etapa necesaria en el camino hacia la conclusión del argumento en el v. 9. Sin embargo, guarda una relación más estrecha con los vv. 1-2 que con los vv. 3-4, tal como lo confirma el versículo que sigue. Los vv. 6 y 11 constituyen formalmente una inclusio (Vanhoye 78). La secuencia implícita de ideas es la siguiente: Dios prometió que su pueblo un día tendría acceso a su propio lugar de reposo. El lugar de reposo ha estado disponible desde el séptimo día de la creación. La promesa no puede ser revocada; pero no se cumplió en el momento del éxodo (tal como lo confirmará el v. 8); sigue, pues, disponible para algunos.

Ἐπεί introduce formalmente dos condiciones reales (Braun): (1) el acceso permanente al reposo de Dios, y (2) la incapacidad de la generación del éxodo para entrar en él. De hecho, (2) es la presuposición de (1), y su equivalente negativo. En Hebreos no se hacen conjeturas sobre el número de los elegidos.

Ἀπολείπεται (v. 9; 10:26*), "quedar (en existencia)". La palabra también se usa con respecto a una propiedad que les "queda" a los herederos (Spicq 1978.139-141). En cuanto a la construcción impersonal con el acusativo y el infinitivo, véase BD §393 (6), y cf. ἀπόκειται + dativo e infinitivo, 9:27. La construcción varía, probablemente por razones estilísticas, en el v. 9, donde el sentido es similar.

El uso del pronombre indefinido τινάς implica la advertencia de que no es seguro que todos los lectores puedan recibir lo que Dios prometió (cf. ἔν τινι ὑμῶν, 3:12; también el v. 13; 4:1, 11; Zimmermann 1977.141, Michel). No es imposible que τίνες pueda incluir la sugerencia adicional de que una minoría fiel de la época veterotestamentaria esté esperando participar del reposo prometido junto con algunos de la presente generación (cf. 11:39s. y la nota sobre 3:16).

Εἰς αὐτήν: la repetición de κατάπαυσιν es superflua casi inmediatamente después del v. 5. Μου se omite quizás por la misma razón por la que se omitió αὐτοῦ en el v. 3, a saber, porque la idea ahora es que el κατάπαυσις está disponible no solo para Dios sino también para los creyentes.

El v. 6b debería quizás interpretarse como el recordatorio (a partir del v. 2, e indirectamente de 3:16-19) de un hecho histórico, y no una condición lógica o teológica de la que depende el acceso de la presente generación. Esto es lo que indica el aoristo εὐαγγελισθέντες, que contrasta con el tiempo perfecto de εὐηγγελισμένοι en el v. 2. Πρότερον es adverbial y temporal (BD §62): "los que antes oyeron la buena nueva" sin creerla; cf. ὁ λόγος τῆς ἀκοῆς en el v. 2. La naturaleza de la buena nueva no se especifica, al igual que en el v. 2. Es probable que se trate de la promesa implícita, tal como la entiende el autor, del Salmo 95:11; y de manera más indirecta, quizás, la "buena nueva" que trajeron Caleb y Josué en Números 13:27-31.

Οὐκ εἰσῆλθον: la elipsis es más amplia que en el v. 6a, sin duda por razones estilísticas, pero quizás también a causa de la renuencia a definir el κατάπαυσις como Canaán.

En lugar de ἀπείθειαν en 𝔓⁴⁶ ℵ* f vg Cir se lee ἀπιστίαν, asimilándose a 3:19 (véase también 4:11). Attridge señala con razón que "la combinación de la desobediencia con la incredulidad... es muy probable que fuera original".

4:7. El reposo de Dios ya existía en la época de David

El contraste esencial a lo largo de este pasaje es entre la generación del desierto y la generación del propios autor, no entre "Israel" (Braun en 4:6) en general y la Iglesia. En este versículo, empero, se centra la atención momentáneamente en el tiempo en que se escribió el Salmo 95 y se da por sentado que haya sido en los días de David.

Πάλιν, a diferencia de lo que ocurre en el v. 5, no introduce otra cita. Desde el punto de vista gramatical, debe tomarse junto con ὁρίζει. Sin embargo, dado que en el v. 4 se hizo referencia a un "día" —aunque no específicamente a su designación o determinación— la traducción "determina otro día" (TEV) transmite el sentido.

Ὁρίζω se usa en el NT, aunque no en la LXX, en relación con los planes y las decisiones de Dios (Lc. 22:22; Hch. 2:23; 10:42; 17:26, 31; Ro. 1:4 como aquí; en Hch. 11:29* con respecto a una decisión por parte de la iglesia); aquí y en Hechos 17:26; cf. 2:23, con expresiones de tiempo; cf. ὁ θεός... ἔστησεν ἡμέραν, Hechos 17:31. El tiempo presente podría interpretarse mejor como performativo (Austin; cf. MHT 3.64; BD §320): "por cuanto fija". El sujeto implícito en ambos casos probablemente es Dios; y 3:7a. Véase L. C. Allen.

Τινά... ἡμέραν, Σήμερον: En 𝔓⁴⁶ se omite ἡμέραν. El adjetivo indefinido τινά se emplea en forma retórica para preparar al lector para el término categórico σήμερον. Una comparación con 3:12 sugiere que ἡμέρα se usa con un significado ampliado para referirse a un período ya inaugurado equivalente tal vez al καιρὸς διορθώσεως de 9:10 pero que probablemente no es idéntico al ἡ ἡμέρα, 10:25, el día del juicio final del que el autor solo dirá que está acercándose o que se ha acercado (cf. 9:28; 10:25; también ἐπ᾿ ἐσχάτου τῶν ἡμερῶν τούτων, 1:2). Es más natural ver a ἡμέραν en aposición a σήμερον que, junto con Riggenbach, tomarlo como un falso comienzo de la cita. Σήμερον reanuda la referencia cronológica del v. 4 (= Gn. 2:2), y prepara una transición por medio de la cual, hasta el v. 9, el autor hará hincapié en el aspecto temporal y no en el aspecto espacial del reposo de Dios, como un descanso y no como un lugar de descanso.

Ἐν Δαυίδ (contrástese con που, v. 4) podría ser equivalente a la frase "en el salterio" (así piensan Bleek, Delitzsch, Moffatt, Teodorico, Lane; cf. ἐν Ἠλείᾳ "en la historia de Elías", Ro. 11:2 REB; ἐν τῷ Ὡσηέ, "en el libro de Oseas", Ro. 9:25). Aquí, puesto que Δαυίδ no es el título del salmo, el artículo no es necesario, como sugiere Riggenbach. Los paralelismos clásicos son objeto de disputa: BD §219 (1) contra MHT 3.261. Sin embargo, ἐν Δαυίδ también podría significar "a través de David" (Attridge, Grässer), "en la persona de David" (Wescott; cf. Büschel 549; Schröger 101 n. 3, 252; Lane), o "por medio de David" (Riggenbach); pero David, de todas formas, no es más que un portavoz de Dios (Amsler 21): en ningún otro lugar de Hebreos el autor identifica al autor ni la fuente de sus citas. Braun prefiere "en David" (cf. 1:1), pero esto, tal como aparece, no resulta claro. El Salmo 95 se le atribuye a David en la LXX, pero no en el TM. En cuanto a la ortografía del nombre de David, véase BD §§38, 39 (1).

En el contexto inmediato, μετὰ τοσοῦτον χρόνον (4Mac. 5:7) probablemente implica "tanto tiempo después del período del desierto" (cf. v. 6, y especialmente μετὰ ταῦτα, v. 8), al que el salmo se refiere, no "tanto tiempo después de la creación", como podría sugerir solo la comparación con el v. 4. Μετά + el acusativo denota tiempo en Hebreos (v. 8; 7:28; 8:10 = Jer. 31:33; 9:27; 10:15s., 26), excepto en 9:3. Χρόνος, como de costumbre, sugiere un período. Lo que aquí se pone de relieve es la coherencia divina, no el progreso humano. Véase G. Delling en *TDNT* 9.592s.

Καθὼς (cf. 3:7; 4:3) προείρηται, a pešar de la referencia cronológica previa, probablemente no significa "como se predijo" en el salmo, sino "como se mencionó anteriormente", y se citó (3:7s., 15; Bauer *s.v.* προεῖπον 2b, cf. *s.v.* προλέγω 2). El sujeto implícito es el autor. Προείρηται está bien confirmado por 𝔓[13 vid] 𝔓[46] ℵ A C D* Ψ 33 84 104 326 2464 2495 *pc*. La lectura προείρηκεν (B 1739 1881 *pc*) podría implicar "Dios (o David) dijo estas palabras (Sal. 95:7) antes del juramento (Sal. 95:11)", una interpretación que Moffatt con razón rechaza. La lectura mayoritaria es el verbo más suave εἴρεται.

De acuerdo con el propósito general de la epístola, y más específicamente de 3:7–4:13, la cita mantiene unidas las promesas implícitas en los vv. 1a, 2a, 3, 6a, 9, 11a, por un lado, y las declaraciones negativas de los vv. 1b, 2b, 6b, 8, 11b (cf. φοβηθῶμεν, v. 1a), por el otro. El objetivo inmediato de la cita, la palabra σήμερον, es confirmar la disponibilidad permanente de un tiempo o "día" de reposo, el σαββατισμός.

En cuanto a la puntuación al final del versículo, v. 8.

4:8. El Salmo 95 demuestra que Cananán no fue el reposo definitivo

De la cita se extrae una conclusión negativa: si el κατάπαυσις hubiera sido Canaán, lo que dice en el Salmo 95:7 carecería de sentido.

El Salmo 95 y Génesis 2:2 se hallan ahora completamente fusionados en la mente del autor. La cláusula subordinada, v. 8a, hace recordar el contenido del v. 6b, que a su vez evoca las palabras del Salmo 95:11; pero el propio v. 8a repite la palabra clave del v. 4 (= Gn. 2:2), κατέπαυσεν, mientras que la cláusula principal, v. 8b, hace recordar lo que se lee en el Salmo 95:7. Por tanto, el v. 8 se basa en el argumento de los vv. 6-7; sin embargo, la relación no es tan estrecha que pueda justificar la coma de WH al final del v. 7 (véanse las notas sobre la puntuación en UBS[3, 4]). Después de la breve referencia en el v. 7 a David y su época, la atención vuelve a centrarse en el período que sigue al éxodo.

Este versículo, junto con el v. 10, es uno de los claves para la interpretación cristológica de esta sección (cf. 3:7). Hay tres puntos de vista principales: (a) La de la mayoría de los comentaristas modernos es que el versículo es una referencia directa al Josué histórico (cf. Hch 7:45**): "si Josué los hubiera hecho reposar" (NRSV). Riggenbach (10n81) considera cualquier otra interpretación como "una confusión tonta". Este punto de vista, por cierto, cuenta con el respaldo de los testigos (4 min. si[p h mg]) que añaden ὁ τοῦ Ναυί, "el hijo de Nun". (b) En el otro extremo, A. T. Hanson (cf. Plooij) cree que Ἰησοῦς… podría muy bien significar literalmente

Jesús y no Josué" (1965.61). Hanson se refiere a *Bern.* 12:8; Justino, *Dial.* 24.2; 75.1s.; Orígenes, *Homilía sobre Éxodo* 11:5 para desarrollar una interpretación cristológica de las referencias a Josué. (El "Jesús" de la AV (inglesa) probablemente no forma parte de esta tradición; en el NT, la AV translitera constantemente las formas griegas de los nombre propios veterotestamentarios). (c) El punto medio lo ocupan los que traducen Ἰησοῦς como "Josué", pero creen que existe algún tipo de juego de palabras (Daniélou 231), contraste o paralelismo, que implica una alusión a Jesús. Al examinar las opciones (b) y (c), podría apelarse al contexto más amplio en ambos lados del argumento. No hay ninguna referencia explícita a Jesús entre 3:14 y 4:14, pero esto no excluye la posibilidad de una alusión, como se hace más claramente patente en 11:26, en un pasaje en el que tampoco hay referencias manifiestas a Jesús. A favor de (b), podría decirse tentativamente que el orden de las palabras tal vez hace ligeramente hincapié en αὐτούς (cf. 11:15, εἰ μὲν ἐκείνην ἐμνημόνευον), y con ello, permite la traducción: "si hubiera sido a ellos...", a la generación que tomó posesión de Canaán, "a los que Jesús les dio reposo...". Sin embargo, el orden de las palabras en el griego neotestamentario es tan flexible que no se puede insistir demasiado en este argumento (MHT 3:347s.). La debilidad de (c) consiste en que no deja bien clara la naturaleza de la relación entre Jesús y Josué que supuestamente está implícita. El hecho de que el autor no haya podido o se haya negado a desarrollar ese tipo de especulación es característico: contrástese la interpretación cristológica posterior de las referencias a Jesús, el primer sumo sacerdote postexílico (J. R. Harris 1920a.51ss.; Hommes 382; cf. F. F. Bruce 109n.28), con las simples declaraciones negativas de Hebreos 7:14 y 8:4. Es, pues, preferible concluir que el autor, consciente sin duda de la coincidencia de los nombres, se negó a dejarse distraer por ello, y eligió un orden de palabras destinado a restarle importancia a Ἰησοῦς (en marcado contraste con las referencias a Jesús en 2:9 y en otros lugares) en vez de hacer hincapié en αὐτούς.

Los argumentos basados en condiciones irreales (εἰ γάρ 2:4) son típicos de Hebreos (7:11; 8:4, 7; 11:15; cf. 10:2; Vanhoye 187; BD §360[4]). Καταπαύω aquí tiene su sentido transitivo más común (v. 4). Según cabe suponer, el autor estaba al tanto de las frecuentes declaraciones veterotestamentarias de que Dios sí le dio reposo a su pueblo en la época de Josué (Jos. 21:44; 23:1; cf. Éx. 33:14; Dt. 5:33; 12:10; 25:19; Jos. 1:13, 15; también Hch. 7:45; Heb. 11:9f., 13-16), por ese motivo, κατέπαυσεν debe implicar "les dio verdadero reposo"; cf. τοῖς ἀκούσασιν, "a los que verdaderamente oyeron" (v. 2). A menos que este versículo se interprete cristológicamente (véase supra), el sujeto implícito de ἐλάλει es "Dios".

El autor de Hebreos conserva la partícula clásica ἄν en la apódosis de las condiciones irreales (8:4, 7; 10:2; 11:15; contrástese con Jn. 15:24; BD §360[1]), excepto en 7:11, donde la apódosis es una pregunta retórica. En B se lee ἄρα por asimilación al v. 9. El resto del v. 8b es una conclusión negativa que se extrae de los vv. 6b-7a. Ἄλλος (11:35*) es sinónimo de ἕτερος en 5:6, pero ἕτερος en 7:11, 15 es más fuerte. Λαλέω (1:1) se usa como una variante estilística para λέγω, del mismo modo que ἄλλος remplaza a πάλιν, ambos en el v. 7. Ἐλάλει, "continuó hablando" va algo más allá de la evidencia directa del Salmo 95:7, pero refleja la creencia del autor en la existencia y la disponibilidad permanentes del κατάπαυσις (cf. Heb. 11:4). Μετὰ ταῦτα reanuda la frase μετὰ τοσοῦτον χρόνον en el v. 7; aunque a menudo, la frase en este contexto sugiere "después de la entrada en Canaán".

Buchanan (72-74) protesta con razón contra las interpretaciones espiritualizadoras del κατάπαυσις, p. ej. Westcott: "ningún reposo terrena puede sin duda ser el reposo de Dios", pero subestima el tema del contraste entre el cielo y la tierra en Hebreos en general (3:1; el comentario de Buchanan sobre 12:24 no resulta convincente). Paradójicamente, critica (junto con otros) la declaración de F. F. Bruce: "El significado de ese 'reposo' no se agotó en la Canaán terrenal....; el equivalente espiritual de la Canaán terrenal es la meta del pueblo de Dios en la actualidad" (105) cuando se lee entre líneas en el texto un contraste ajeno entre el "'reposo' temporal" y el "verdadero reposo" (109), y cuando se da testimonio de una falsa distinción moderna entre lo espiritual, por una parte, y lo nacional, político y material, por la otra. No cabe duda de que el autor de Hebreos no se muestra interesado por la misión gentil; pero tampoco se muestra interesado por la ocupación de Canaán en sí misma; y mucho menos, tal como implica Buchanan, por los movimientos anti-romanos de liberación de su propia época. Desde este punto de vista, la declaración de Bruce, en lugar de subestimar, tal vez exagera el significado del texto. El autor de Hebreos casi llega al punto de contradecir textos como Josué 21:44 porque (a diferencia de *Bern.* 6:9; Justino, *Dial.* 113.3s., 132.1) no ve a Canaán ni siquiera como un antitipo positivo del κατάπαυσις de Dios: para él, Canaán es simplemente algo que debe contrastarse con ese verdadero reposo. Incluso después de haber tomado posesión de Canaán, Israel siguió siendo un pueblo errante (11:39-40). El Salmo 95, como implica el presente versículo, iba dirigido a un pueblo que por varias generaciones había ocupado la tierra prometida; pero aun así, la entrada en el reposo de Dios todavía era para ellos una expectativa insatisfecha. Sin embargo, un elemento de verdad en el argumento de Buchanan es que el contraste entre la tierra y el cielo tiene poco lugar en 3:7–4:13 (compárese con 3:1; 4:14). Formalmente, el contraste tiene que ver con las generaciones; en esencia, es entre el hecho de escuchar, creer, obedecer y permanecer firme, por una parte, y la incapacidad de hacerlo, por otra.

4:9. De hecho, todavía queda un reposo sabático para el pueblo de Dios.

Esta declaración concisa y llamativa, desarrollada en el v. 1, indica la conclusión positiva del argumento extraído del Salmo 95 y de Génesis 2:2; el tono de advertencia solo volverá a ponerse de relieve en el v. 11b. El uso del término nuevo σαββατισμός realza su importancia.

Ἄρα se encuentra al principio de la oración, al igual que en 12:8*; Lucas 11:48; Hechos 11:18; y Romanos 10:17, pero no en el uso clásico. La conjunción ἄρα suele usarse en los sinópticos para introducir una declaración (p. ej., Mt. 7:20) o una pregunta (p. ej., Mt. 19:25, 27) que se deriva del discurso anterior; en Pablo, ἄρα y sobre todo ἄρα οὖν introducen conclusiones basadas en la Escritura (Ro. 5:18; 9:16, 18; 10:17; 14:12) o en un argumento teológico (Ro. 7:3, 21, 25; 8:1,

12); Clark 1980.192-206, sin embargo, le atribuye a ἄρα un carácter provisional BD §451; Hebreos 12:8*.

Ἀπολείπεται hace recordar las palabras del v. 6; lo que en aquella etapa se expresó como una premisa en una cláusula subordinada se convierte ahora en una declaración independiente. Ἀπολείπεται debe tomarse en sentido positivo: "sigue disponible", "y debe esperarse con confianza" (Riggenbach), y no en sentido negativo, "ya no está presente" (Bleek).

Σαββατισμός*** aparece aquí por primera vez en la literatura griega (así opinan, entre otros, Moffatt, Spicq, Lane; las razones del aparente desacuerdo de Attridge resultan confusas); Plut. *Mor.* 166A usa la palabra en sentido negativo para denotar una práctica supersticiosa. Las pruebas de un uso posterior de la palabra con referencia a un eón gnóstico han sido impugnadas (Héring, en contra de Käsemann). Σαββατισμός es un derivado natural de σαββατίζω, que se emplea ocasionalmente en la LXX (no en el TM) con respecto a la observancia del sábado (Éx. 16:30; 2Mac. 6:6), y por extensión, al día de la expiación (Lv. 23:32), y de manera especial, a la tierra "que disfrutará de (εὐδοκέω) sus sábados" durante todo el tiempo de su desolación (Lv. 26:34s.), como por ejemplo, el exilio (2Cr. 36:21 = 1Esd. 1:58, con referencia a Jer. 15:11f.; este tema se desarrolla en Dn. 9:24). Es posible que el autor de Hebreos interpretara estos textos en forma positiva considerando que apuntaban hacia lo que más tarde describirá como el πανήγυρις (12:22) de la Jerusalén celestial. El contexto sugiere que σαββατισμός podría conservar un significado verbal, "guardar el sábado", aunque este sentido a menudo se pierde en las formaciones con el prefijo -μός (MHT 2.350s., 355, cf. 409; cf. BD §109[1]). Sin embargo, σαββατισμός no se contrasta con κατάπαυσις, y la principal diferencia entre ellos parece ser que ambos denotan respectivamente el aspecto temporal y espacial de la misma realidad. Cf. Hofius 1970a.106-110; Giles 1973.287; Zimmermann 1977.14f.; Feld 1987.3556f.; Grässer 218-220.

Ὁ λαὸς τοῦ θεοῦ: respecto a λαός 2:17; 11:25*, cf. 11:30; cf. también el concepto de los cristianos como casa de Dios (3:6). Véase Oepke 58. Aquí, sin embargo, se mantiene la continuidad entre el pueblo de Dios en la antigua dispensación y en la nueva: para el escritor de Hebreos existe un solo λαὸς τοῦ θεοῦ.

4:10. El reposo del creyente

La breve declaración del v. 9 se amplía con referencia tanto al Salmo 95:11 como a Génesis 2:2.

Andriessen-Lenglet (75), de acuerdo en gran medida con Vanhoye (cf. Schierse 1955.134s.), resumió convenientemente los argumentos que favorecen la interpretación de que "Jesús" es el sujeto implícito de εἰσελθών y de κατέπαυσεν y expuso lo siguiente:

"(1) En los otros tres lugares en los que Hebreos usa el indicativo de aoristo 'entró' [en singular], este se relaciona con la entrada de Cristo en el cielo (6:20; 9:12, 24)". Tal como se ha dicho, eso es exacto, y en este respecto (véase el punto [6] más adelante) el contraste entre εἰσέρχομαι y προσέρχομαι es significativo:

προσέρχομαι se emplea casi siempre con referencia a los creyentes, por lo general, en presente (indicativo, 4:16; 10:22; participio, 7:25; 10:1; 11:6), ocasionalmente en tiempo perfecto (12:18 acerca de Israel; 12:22), pero nunca en aoristo. No obstante, εἰσῆλθον (4:6b) y ἠδυνήθησαν εἰσελθεῖν (3:19), ambos en relación con la generación del desierto.

"(2) El uso de una expresión vaga para denotar a Dios o a Cristo no es raro (*inter alia* 2:11; 7:6, 13, 16; 8:3; 10:5, 37; 12:26)". Sin embargo, el uso de expresiones indeterminadas no se limita a las referencias a Dios y a Cristo. Incluye también referencias a la Escritura (2:6; μαρτουρούμενος, 7:8 etc.; διαλέγεται, 12:5; ἐπήγγελται, 12:26; 4:3-5).

"(3) Para declaraciones generales, en Hebreos se usa el presente, no el aoristo (3:4; 5:1, 14; 6:7f., 16; 7:7; 8:3, 13; 9:22, 27; 11:16; cf. Vanhoye 98s.). Sin embargo, sea cual sea el sujeto implícito de εἰσέρχομαι en el presente versículo, ὁ εἰσερχόμενος haría pensar erróneamente en un proceso y no en un acto puntual (contrástese con ὁ προσερχόμενος, 11:6). Sería tal vez preferible considerar que εἰσελθών se refiere a una acción coincidente (MHT 3:79s.), y que κατέπαυσεν es gnómico —como es habitual en las comparaciones en el NT (BD §333[1]); el aoristo, de todas formas, aparece en la cita (Braun, en consonancia con Delitzsch).

"(4) Como participantes en Cristo, estamos invitados al reposo celestial: 2:9; 3:1, 14; A lo largo de la carta, vemos que se presenta a Cristo como el que va delante de nosotros". Por muy cierto que esto pueda ser para la epístola en su conjunto, las referencias explícitas a Cristo en este pasaje brillan por su ausencia; toda la acción bajo el antiguo orden y bajo el nuevo aparentemente tiene lugar entre Dios y la humanidad.

"(5) En esta tercera parte del comentario sobre el Salmo 95, se ofrecen dos razones por las que el pueblo judío aún no participa del reposo de Dios: la desobediencia de la generación del desierto (4:6) y la deficiencia del reposo cananeo, una sombra del verdadero reposo (4:8). A esto (en forma quiástica) se opone el hecho de que Cristo, el verdadero Josué, entró en el reposo (4:10), y que nosotros debemos hacer todo lo posible para no perder el reposo de Dios por nuestra desobediencia (4:11)". Tal como se sugirió en el comentario sobre el v. 8, esta interpretación parece atribuirle a Canaán una importancia mayor de la que aparece en el texto. En los lugares donde el autor desea establecer comparaciones tipológicas, como por ejemplo en 3:2 (Jesús y Moisés) y en 4:2 (la generación del desierto y la presente generación), suele hacerlo de manera muy explícita, y es importante que no forcemos su uso del AT para hacer que se ajuste a un solo molde.

"(6) Por último, en Hebreos se usa siempre el plural para hablar del acercamiento de los cristianos a Dios, y el singular solo para recordarles a los lectores algunas deficiencias posibles (3:12s.; 12:13, 15)". Tal como ilustra el cambio de persona en 4:11, esto, en términos generales, es correcto. Sin embargo, entre las excepciones se encuentran ὁ προσερχόμενος en una declaración positiva general en 11:6, y los plurales en las advertencias implícitas en 3:16-18. El uso del autor muestra la sensibilidad de su punto de vista, y no una regla gramatical fija. Es difícil, por ejemplo, darse cuenta de alguna diferencia de significado entre ἄνθρωποι en 5:1; 6:16; 7:8, 18; 9:27 y el término genérico ἄνθρωπος en 2:6a (= Sal. 8:5); 8:2; 13:6 (= Sal. 118:6); o entre πᾶς... ἀρχιερεύς en 5:1; 8:3; 10:11, οἱ ἀρχιερεῖς en 7:27s., y el término genérico ὁ ἀρχιερεύς de 9:25.

El contexto sugiere una referencia general y no una referencia cristológica. El argumento completo tiene por objeto animar a los lectores a ocupar su propio lugar en el κατάπαυσις de Dios; en ningún otro lugar se hace referencia claramente al reposo de Cristo (aunque a 1:13 = Sal. 110:1 podría atribuírsele este sentido). No se han encontrado suficientes razones para una interpretación cristológica del v. 8, y la exhortación a los lectores en el v. 11 resulta un tanto abrupta (y οὖν es más difícil) si el v. 10 se interpreta cristológicamente. Por razones más generales, es difícil entender por qué, si el autor deseaba hablar de la entrada de Cristo en el reposo de Dios, no lo hizo claramente.

Γάρ introduce la razón que justifica la declaración anterior (Westcott), o, tal vez más probablemente, un desarrollo de sus implicaciones. Ὁ... εἰσελθὼν εἰς τὴν κατάπαυσιν αὐτοῦ es la referencia más completa al Salmo 95:11 desde el v. 1, y le añade peso a lo que sigue.

El primer αὐτοῦ posiblemente no se refiere (a diferencia del segundo) de manera directa al reposo del propio creyente, ni al reposo del pueblo de Dios (Braun), sino al reposo de Dios, que es el tema dominante en este pasaje.

Καί no debe separarse de αὐτός; el reposo no es solo de Dios sino del creyente. El autor no especifica cuáles son las "obras" del creyente que se corresponden con las obras de Dios en la creación (1:10; 3:9; 4:3s.). "Dudar, tentar, quejarse, desobedecer y rebelarse" (Buchanan 74) es sin duda demasiado específico; por tanto, es probable que fuera una referencia a actos litúrgicos, como ocurre a menudo en Números (p. ej., 3:7; 4:3; 8:15; así opina Calvino). No se dice que sean obras "muertas" (6:1; 9:14) ni "buenas" (10:24; 13:21; cf. 6:10), se contrastan simplemente con el reposo, del mismo modo que en Apocalipsis 14:13. Los paralelismos veterotestamentarios (Gn. 5:29; Éx. 5:5) son distantes. En el presente versículo, la frase ἀπὸ τῶν ἔργων está tomada de la cita de Génesis 2:2 sin hacer ningún énfasis particular ni dar ninguna explicación; obsérvese la omisión de πάντων. Ἔργον normalmente es plural en Hebreos, y en cuanto a su significado, ese plural es equivalente a πᾶν ἔργον (13:21), y al sustantivo colectivo singular (6:10). En el presente pasaje incluso, no se hace hincapié en la pluralidad de las obras de Dios. No hay tampoco ninguna indicación del momento en que se cree que los creyentes entran en este reposo, aunque 11:39s. sugiere que se trata de algo futuro (cf. εἰσερχόμεθα, v. 3).

Ὥσπερ: en otros lugares 7:27; 9:25* con respecto a los sacerdotes veterotestamentarios. En cuanto a las comparaciones en Hebreos, véase el comentario sobre ὡς en 3:2.

Τῶν ἰδίων es una frase enfática, al igual que en 7:27, y restablece la referencia a Dios después del αὐτοῦ anterior que se refiere al creyente; cf. también 9:12; 13:12; cf. Spicq 1982.337-344. El sustantivo ἔργων está aquí implícito. Ὁ θεός es una frase enfática por su posición, a diferencia de lo que ocurre con su aparición en el v. 4.

4:11. La desobediencia aún puede impedir la entrada en el reposo

El lugar de este versículo en el argumento más amplio puede entenderse de dos maneras. (1) La conjunción οὖν parece extraer una conclusión de los vv. 9-10, o en forma más general, de los vv. 1-10 (cf. φοβηθῶμεν, v. 1; así Spicq, Braun) o incluso 3:7–4:10. Esta es la opinión del texto de la UBS, que considera que 4:1-11 es un solo párrafo. (2) A favor de hacer una pequeña pausa después del v. 10 y unir más estrechamente el v. 11 con los vv. 12s. (como en NA²⁶), se alega que los vv. 12s. separados del v. 11 se asemejan más a una exigencia severa que a una oferta alentadora. La interpretación cristológica de los vv. 8 y 10, que se rechazó anteriormente, también favorecería la separación del v. 11 del v. 10. En apoyo de la opción (1) se aduce la posición de este versículo cerca del final de una sección, y al final de la exposición del Salmo 95. Tal vez sea mejor hacer una pausa al final del v. 11 y tomar los vv. 12s. como una transición en su presente contexto, aunque es posible que originalmente fueran la conclusión de un sermón independiente. Véase también la introducción a 4:14–5:10; véase v. 14.

Del mismo modo que en 4:1, el autor pasa rápidamente de una exhortación general, en la que él mismo se incluye, a una advertencia dirigida a individuos específicos en la comunidad.

Σπουδάζω* en el NT siempre es intransitivo (contrástese con Job 22:10 etc.), y generalmente connota entusiasmo y esfuerzo y no velocidad (vg *festinemus*). Sin embargo, σπουδάζω se usa a menudo conjuntamente con verbos de movimiento, en sentido literal (2Ts. 2:17s.; 2Ti. 4:9, 21; Tit. 3:12) o figurado, como aquí con εἰσέρχομαι. Σπουδάζω es un término característico de la parénesis cristiana, relacionado con el hecho de aferrarse a la tradición, ya sea doctrinal (2Ti. 2:15; 2Pe. 1:15), ética (2Pe. 3:14) o de ambos tipos (Ef. 4:3; sobre todo 2Pe. 1:10 con el v. 11, ἡ εἴσοδος εἰς τὴν αἰώνιον βασιλείαν τοῦ... Χριστοῦ); cf. el uso de σπουδή en Hebreos 6:11*. Véanse Spicq 1978.876-925; BD §392; G. Harder en *TDNT* 7.565-567.

Ἐκεῖνος en otros lugares en Hebreos hace referencia a algo pasado (4:2; 8:7), introduce un nuevo sujeto (12:25) o complemento (11:15) gramaticales, y aparece en las citas de Jeremías 31:33 en la frase escatológica cliché μετὰ τὰς ἡμέρας ἐκείνας (8:10; 10:16*). Las pruebas, por tanto, sugieren en general una referencia de algo pasado aquí: "el reposo ya mencionado", en cuyo caso ἐκείνην será una variante estilística para αὐτήν en el v. 6; Riggenbach discrepa.

Ἵνα μή...: véase 3:13. La posición del pronombre indefinido no enfático τις (cf. 3:12s.; 4:1), "tan cerca del principio de la oración como sea posible" (BD §473[1]) es clásica; cf. Bauer *s.v.* I.1c. El orden de las palabras es retórico, como ocurre con frecuencia en Hebreos (BD §473[2]).

Ἐν τῷ αὐτῷ... ὑποδείγματι ... τῆς ἀπειθείας puede significar: (1) "por el mismo tipo de desobediencia", o (2) "en el mismo (mal) ejemplo de desobediencia". Las principales dificultades con (2) no son la de considerar que ἐν significa "en" con un verbo de movimiento (véase Bauer, *s.v.* I.6), ni incluso la tautología de "el mismo ejemplo", sino la torpeza de la expresión "caer en un ejemplo" y la ausencia de todo paralelismo bíblico para πίπτω ἐν en este sentido (Grässer traduce *nach*).

En Hebreos 3:17; Lucas 13:4; Ezequiel. 27:27, el verbo πίπτω se usa en sentido absoluto, pero seguido de una expresión de lugar. En los Salmos 35[34 LXX]:8; 141[140 LXX]:10, como probablemente en el presente versículo, la preposición ἐν tiene un valor instrumental. Por tanto, debe preferirse (1), junto con una mayoría de comentaristas y traducciones modernas (no Braun, Lane). Sin embargo, la elección de ὑπόδειγμα puede haber estado influenciada por su sentido de "(mal) ejemplo", con respecto al cual véase 2 Pedro 2:6; cf. τύπος en 1 Corintios 10:6 en un contexto similar. Ὑπόδειγμα se usa de manera diferente, como un término técnico tipológico, en 8:5, y en ese respecto, véanse las notas, y 9:23. Véanse Spicq 1978.907-909; H. Schlier in *TDNT* 2.32s.

Si πέσῃ se separa de ἐν τῷ αὐτῷ... ὑποδείγνατι, como se sugirió antes, tiene probablemente su significado más fuerte, "sea destruido", como en 3:17; cf. Números 14:29; 1 Corintios 10:10; παραπίπτω, Hebreos 6:6; el verbo πέσῃ también es enfático por la posición que ocupa en la oración. La inclusio que forma este versículo con 3:12 sugiere un significado cercano al de ἀποστῆναι ἀπὸ θεοῦ ζῶντος. La referencia implícita al juicio divino concuerda bien con los versículos que siguen.

Ἀπείθεια 3:16; 4:6. En 𝔓⁴⁶ 104 *pc* lat si^h se lee ἀπιστίας (la misma variante aparece en el v. 6); en D* se lee ἀληθείας, debido tal vez a un error en la transcripción del término ἀπειθείας. Véanse Hutton; E. K. Lee.

4:12-13. Conclusión de la exhortación

El lugar de estos versículos en la estructura de Hebreos se ha contemplado de diversas maneras (v. 11). UBS⁴, aunque no NA²⁶, le da inicio a un nuevo párrafo con el v. 12, para señalar el final de la exposición del Salmo 95 y los textos relacionados, y el comienzo de la alabanza de la Palabra de Dios; como también ocurre en la mayoría de las traducciones (REB, TEV, NIV, NJB, LBLA, BLP). La mayor parte de los editores, traducciones y comentaristas hacen del v. 13 el final de una sección. Es mejor entender los vv. 12s. como la conclusión de la sección que comenzó en 3:7 (con un himno de alabanza de la Palabra de Dios que refleja el llamado del Espíritu Santo en el Salmo 95; Vanhoye 103), o de 3:1–4:12 o de toda la epístola hasta aquí (cf. ἐλάλησεν... ὁ θεός, 1:1s.; así opinan Michel, Laub 1980.46). Vanhoye, seguido de Montefiore, incluye 4:14 como el final de la primera sección de una división que se extiende desde 3:1 hasta 5:10; Vanhoye señala que "nuestro autor, en lugar de terminar su tema, vuelve a abordarlo en su conjunto en cada nueva etapa" (103, cf. 84). La primera sección, según Vahoye, se caracteriza por la repetición de las referencias que aparecen en 3:1 y 4:14 a Jesús como sumo sacerdote, al cielo y a la confesión cristiana. Sin embargo, la pausa principal tiene lugar después del v. 13, no después del v. 14; οὖν en el v. 14 sugiere una transición más importante que γάρ en el v. 15; y existen vínculos entre el v. 14 (ἔχοντες... ἀρχιερέα) y el v. 15 (ἔχομεν ἀρχιερέα). El argumento del autor sin duda es típicamente cíclico y no lineal, y sus transiciones graduales, por ese motivo, las divisiones modernas son en cierta medida artificiales; no obstante, en caso de hacer una pausa, parece mejor hacerla después del v. 13 (véase Laub 1980.106n.183, con las referencias adicionales).

Otro argumento a favor de esta división es la coherencia interna de los propios vv. 12-13. Su estilo es poético, y en ellos se usa una elevada proporción de palabras poco usuales, lenguaje figurado y un número frecuente, aunque no monótono, de términos acentuados vigorosamente en la última sílaba. Otras características poéticas incluyen la acumulación de palabras y frases con significados intercambiables, y cierta oscuridad en la construcción.

El carácter poético de estos versículos ha hecho que algunos académicos (a partir de Schulz, citado en Bleek II.558) supongan que en ellos se cita un himno primitivo (así opinan Michel; Nauck 1960.205, seguido de Braun; Buchanan excluye las últimas cinco palabras considerándolas un comentario midrásico). El pasaje, empero, presenta varias características propias del estilo del autor: la frase repetida ὁ λόγος; y el deslizamiento casi imperceptible de un aspecto del tema, y de un sujeto gramatical, a otro (cf. 1:1-4; 3:1-6). Al igual que en 4:3-7, hay una suave transición de la Palabra de Dios al propio Dios. Aunque los vv. 12-13 ya no son exegéticos, se relacionan con 3:7–4:10 por medio del tema de la fuerza potencialmente destructiva de la Palabra de Dios. Obsérvese especialmente 4:11, vinculado con los vv. 12-13 por medio de la siguiente conjunción γάρ. Los argumentos a favor de que estos versículos son una inserción no son convincentes (así piensan Andriessen-Lenglet; Schröger 142), y no han obtenido mucho respaldo.

El lenguaje de estos versículos no está estrechamente vinculado a textos veterotestamentarios específicos, sin embargo, hace recordar el de la LXX en varios aspectos. La imagen de Dios que ellos evocan "confirma... que el marco escatológico de Hebreos es judeo-alejandrino" (Trompf 130). La personificación de la Palabra de Dios, que esencialmente tiene su origen en algunas frases de la LXX como λέγει ὁ κύριος (cf. Heb. 8:8-10), podría tener matices filónicos del "logos eterno que llena y anima el mensaje (de Dios)" (Clavier 86). Hay algunos textos veterotestamentarios que hacen referencia específicamente a "la palabra que juzga" (Vanhoye 1974b). En Isaías 40:8-10, la Palabra de Dios que permanece para siempre está relacionada con la predicación de la buena nueva a Jerusalén (cf. Heb. 4:2, 6; 12:22), y con la venida del Señor para recompensar a su pueblo.

4:12. El poder de la Palabra de Dios para verlo todo

Ὁ λόγος τοῦ θεοῦ aparece solo aquí y en 13:7, donde claramente se refiere al mensaje cristiano. En el presente contexto, que en buena medida no es cristológico, podría pensarse en una referencia más amplia, a saber, a las advertencias de Dios a su pueblo a lo largo de los períodos del AT y del NT (cf. v. 11). El genitivo es subjetivo: no es un mensaje acerca de Dios, sino un mensaje expresado por Dios. La diferencia que hacen algunos académicos cuando alegan que ὁ λόγος τοῦ θεοῦ indica una relación inmediata con Dios, y que ῥῆμα θεοῦ es la Palabra de Dios en acción (Michel) debe verificarse en cada contexto (véase el comentario sobre ῥῆμα en 1:3). La Palabra de Dios está personificada. Sin embargo, la opinión mayoritaria patrística y medieval de que la frase se refiere al Hijo, al igual que en Apocalipsis 19:15, 21 (aunque no en Ef. 6:17), no cuenta con ningún respaldo ni en el contexto inmediato aquí, ni en la epístola en su conjunto. Algunos padres consideran que ὁ λόγος τοῦ θεοῦ es la palabra proclamada en la ley, el evangelio o en la Escritura en general. Ambas explicaciones aparecen en Orígenes y en Agustín (otras referencias en Bleek II.558-60; Riggenbach 109s.; Westcott). La explicación cristológica fue abandonada en general a partir de Calvino, incluso por A. T. Hanson 1965, que interpreta cristológicamente el pasaje anterior. Si el autor hubiera tenido la intención de identificar la Palabra de Dios con Cristo, no cabría esperar que lo comparara con un objeto inanimado como un arma. Véase Clavier.

Los términos que se usan para calificar a la Palabra de Dios son cada vez más específicos: ζῶν... ἐνεργής, τομώτερος..., διϊκνούμενος... y κριτικός. La Palabra del Dios vivo (3:12; cf. 9:14; 10:31) es también viva (Dt. 32:47; Is. 55:11; Jn. 6:63, 68; 7:38; 1Pe. 1:23).

En estos versículos la atención se centra principalmente en el poder de Dios, y por ende, en el poder de su Palabra para examinar y discernir. Su poder para juzgar está implícito, y tal vez indirectamente, su poder para destruir a los culpables (cf. Sab. 19:15-17, donde la palabra o el mandamiento (ἐπιταγή) de Dios se compara con una espada que inflige dolores de muerte). Sin embargo, no se hace hincapié en el poder destructivo de la Palabra de Dios, y estos versículos se mantienen equilibrados entre la advertencia del v. 11 y las palabras de aliento de los vv. 14-16. Para una expresión similar de alabanza en un punto crucial en un argumento, cf. Romanos 11:33-36. Véase Trompf; Proulx-Alonso Schökel; Vanhoye 1974b.

Este pasaje tienen mucho en común con la alabanza del espíritu de sabiduría en Sabiduría 7:22–8:1, un pasaje que tiene otros puntos de contacto con Hebreos (1:1); compárense especialmente εὐεργετικόν en Sabiduría 7:23 con ἐνεργής aquí, y χωρεῖ en Sabiduría 7:24 con διϊκνούμενος.

Ζῶν es enfático por su posición y hace recordar la frase ἀπὸ θεοῦ ζῶντος en 3:12. En algunos contextos, "viva" puede implicar "vivificante" (p. ej., Sal. 119[118 LXX]:25, ζῆσόν με κατὰ τὸν λόγον σου, y con respecto a la idea, cf. Dt. 8:3), pero el contexto sugiere el poder de Dios para juzgar.

Ἐνεργής, aquí al igual que en 1 Corintios 16:9, Filemón 6** , tiene el sentido activo de "eficaz, poderosa", no el sentido pasivo de ἐνεργός que aparece en algunos papiros, con respecto a la tierra o el hierro que se ha "trabajado" (MM *s.v.*; Grässer 230). Ἐνεργός también se usa en forma activa con referencia a un molino en operación, y en Ezequiel 46:1*** a los días laborales. En cuanto al desarrollo de la forma ἐνεργής, véanse MHT 2.308. B, y Jerónimo en su comentario sobre Isaías 66, interpreta el término ἐναργής como "claro, evidente, visible", debido tal vez a un malentendido de una sílaba sin acento, o bajo la influencia del v. 13.

Τομώτερος, adjetivo en grado superlativo con sentido comparativo, formalmente hace recordar la imagen filónica (*Rer. Div. Her.* 130-132) del Logos dividiendo las facultades humanas; pero la idea es diferente. Spicq 1.50-53 considera que este pasaje constituye una prueba decisiva de la influencia de Filón sobre Hebreos; cf. Sowers 66-68; Williamson 386-409, no obstante, llega a la conclusión de que las pruebas de Spicq están muy lejos de ser convincentes. Es posible que el escritor de Hebreos asimilara el lenguaje de Filón pero no su pensamiento.

Ὑπὲρ πᾶσαν μάχαιραν… es una expresión enfática; en otros lugares de Hebreos se usa la preposición ὑπέρ (1:4) después de adjetivos comparativos o superlativos.

El uso del sustantivo μάχαιρα (11:34, 37*) plantea dos interrogantes: (1) el tipo de arma a la que se hace referencia, y (2) las connotaciones del término, particularmente en expresiones metafóricas como esta. En griego clásico y moderno por igual, ῥομφαία es una espada grande, mientras que μάχαιρα es un cuchillo o un sable (cf. en griego moderno, μαχαιρία es una puñalada). Esta distinción prácticamente desaparece en la LXX (véase, p. ej., Ez. 5:1s.), donde ambos términos aparecen con frecuencia y suelen traducirse como *hereb* (en Gn. 11:6, 10 μάχαιρα es un cuchillo sacrificial; cf. Jos. *Ant.* 6.190 [9.5]). En 1 Macabeos 4:6; 2 Macabeos 5:13, μάχαιρα tiene que significar "espada"; en Josué 5:2 "cuchillo", como tal vez en Lucas 22:38 (F. Field 76s.). En el NT, μάχαιρα es más común que ῥομφαία, pero hay una considerable coincidencia en el significado: ambos términos están relacionados con el juicio divino (μάχαιρα, Ap. 13:10; ῥομφαία, Ap. 1:16; 2:12, 16), con la violencia o persecución por parte de la justicia (μάχαιρα, Mr. 14:43, 47s.‖; Hch. 12:2; Ro. 8:35; Heb. 11:34, 37; Ap. 6:4; 13:14; ῥομφαία, Ap. 6:8), y al igual que en el presente versículo, con la Palabra de Dios (μάχαιρα, Ef. 6:17; ῥομφαία, Ap. 19:15, 21). Se han sugerido connotaciones sacrificiales para μάχαιρα en Lucas 22:38, como sin duda en Génesis 22:6, 10, pero en el contexto que nos ocupa se refiere más bien al poder de Dios, por medio de su Palabra, para examinar, juzgar, y si es necesario, destruir al culpable. La imagen de un cuchillo se adapta mejor a la idea de sondear, a la cual alude claramente el texto; la traducción tradicional "espada" expresa el pensamiento subyacente del juicio divino. Véanse Hofius 1971; W. Michaelis en *TDNT* 4.524-527.

Δίστομος: cf. Jueces 3:16 literalmente; Salmo 149:6; Proverbios 5:4; Sirácides 21:3; Apocalipsis 1:16 y 2:12*** en sentido figurado; siempre con μάχαιρα o ῥομφαία. Ambas expresiones hacen referencia a la eficacia del arma; no hay nada que sugiera una alegorización de los dos filos, como sí ocurre en Tert. *Adv. Jud.* 9 y Ag. *Civ.* 20.21 (P. E. Hughes). En Isaías 49:2 se expone el poder cortante (incluso) de la palabra de un profeta; en los escritos rabínicos se usa en un lenguaje similar con respecto a la ley (S-B 3.475s.; Spicq 1982.152s.; Ziegler).

Διϊκνέομαι, "perforar, penetrar, atravesar", se usa literalmente en Éxodo 26:28 en una descripción del tabernáculo***; en otros lugares, con respecto a misiles (Jos. *Ant.* 13.96; Cornutus 3 [Horst]); en cuanto a la idea, cf. Sirácides 7:23; Lucas 2:35. Lo que divide es la Palabra de Dios, no directamente la μάχαιρα.

Ἄχρι aquí tiene un sentido especial, no temporal como en 3:13; 6:11. Μερισμός, tanto aquí como en 2:4, hace referencia al resultado de un proceso, pero en 2:4 se trata de un proceso de distribución (cf. Jos. 11:23, de división de la tierra prometida), mientras que aquí es un proceso de división o separación; μερισμοί se usa en 2 Esdras 6:18 con respecto a las clases de los levitas***. El significado "punto de división" no está confirmado, y el significado "hasta el punto donde el alma y el espíritu... se dividen" de por sí es difícil.

La construcción y el significado de las palabras siguientes no son claros. Es casi seguro que el texto sea ψυχῆς καὶ πνεύματος, no la expresión escasamente confirmada ψυχῆς τε καὶ πνεύματος (D E K) influenciada por la frase que sigue, ni tampoco la frase más familiar con σώματος de 2464, 2495 *pc* (cf. Mt. 10:28). El orden no sugiere una escala descendente, que con ἁρμῶν τε καὶ μυελῶν representaría el aspecto corporal de la naturaleza humana; y tampoco hay ninguna relación obvia entre los dos pares, ni en forma quiástica ni en paralelo. Algunos significados posibles son (1) una división triple entre el alma, el espíritu y los órganos corporales (cf. 1Ts. 5:23); (2) una división entre el alma y el espíritu, por un lado, y las coyunturas y los tuétanos, por el otro (Bengel); (3) división dentro de cada uno de los cuatro (así opinan Bleek, Michel, Héring); y (4) dentro del alma, dentro del espíritu y entre las coyunturas y tuétanos (Braun). Spicq 1.52s., seguido de Sowers 68s., asoció (1) con la distinción filónica entre un alma animal y un principio racional (*Det. Pot. Ins.* 82); pero Filón usa el término "alma" con respecto a ambas cosas juntas, y "espíritu" a su parte más elevada o más dominante (*Rev. Div. Her.* 55; cf. *Migr. Abr.* 3; Williamson 401-406), y se interesa más por las distinciones que por las divisiones. En contra de (1) está la probabilidad de que καί y τε καί sean simplemente variantes estilísticas, como tal vez ocurre en 2:4. En contra de (2) y (4), las coyunturas y los tuétanos no se tocan fisiológicamente, y es innecesario, aunque no imposible, sugerir que el autor pensaba que sí. (3) es la opción menos insatisfactoria y más coherente, y aunque se aplica a las ἁρμῶν tendría que implicar la separación de los huesos en la coyuntura.

Tampoco está claro si ἁρμῶν τε καὶ μυελῶν debe entenderse literalmente o en sentido figurado. Con respecto al uso figurado, cf. Eur. *Hip.* 255: μυελὸς ψυχῆς, "la parte más íntima del alma". Sin embargo, las asociaciones literales y figuradas de las partes del cuerpo no están separadas en la antropología bíblica, en la que no se hace ninguna distinción clara entre las funciones físicas y sicológicas (cf. καρδία más adelante). Tal vez sea descabellado buscar una definición precisa en un pasaje poético así. El sentido general, obviamente, es que el poder activo de la Palabra de Dios llega hasta los recovecos más profundos de la existencia humana, para desnudar y juzgar. Un equivalente positivo de esta idea puede encontrarse más adelante en 10:19-25.

Ψυχή se usa sola en 6:19; 10:38 = Habacuc 2:4; 10:39; 12:3; 13:17*, con un significado cercano al de "vida". El sustantivo singular πνεῦμα no se emplea en ningún otro lugar en Hebreos para referirse al espíritu humano; 1:7.

Ἁρμός (Sir. 17:2; Aristeas 71 en sentido absoluto; ἁρμοὶ τοῦ σώματος, 4Mac. 10:5***) se usa para referirse a las coyunturas humanas y a las junturas entre las piedras en una pared. Μυελός (BD §29[2]) se usa en sentido figurado en Génesis 45:18 con referencia a las "grosuras de la tierra"; en Job 21:24 junto con "grasa"; y en Job 33:24***, en todas partes con una sugerencia de bienestar y prosperidad. Aquí, sin embargo, el contraste entre la seguridad humana y la agudeza del juicio de Dios está, a lo sumo, implícita.

Κριτικός*** (clásico; F. Büchsel en *TDNT* 3.943; Filón, *Mut. Nom.* 110; cf. Simpson 37s.) denota la habilidad de discernir, al igual que διάκρισις en 1 Corintios

12:10. Tanto el contexto como la derivación sugieren un poder para juzgar. El tema de Dios como juez, si bien es tradicional (κρίμα, 6:2*), también es importante para el pensamiento del autor, y se repite en el clímax de la epístola (12:23, κριτὴς θεός; cf. κατακρίνω con un sujeto humano, 11:7*).

Ἐνθύμησις* puede referirse más bien a la voluntad humana, en contraste con ἔννοια* en un sentido más intelectual (cf. διάνοια, 8:10; 10:16 [ambos = Jer. 31(38 LXX):33]). Sin embargo, el presente pasaje, al igual que *1 Clemente* 21:9, se ocupa más de lo que los dos términos tienen en común como facultades humanas. En la LXX, donde ἐνθύμησις no aparece, ἐνθύμημα, a diferencia de ἔννοια, suele ser peyorativo. Aquí, entre la advertencia del v. 11 y las palabras de aliento de los vv. 14-16, el contexto deja el significado abierto.

4:13. Dios el juez de todos

El autor pasa suavemente de la Palabra de Dios al propio Dios, el antecedente implícito de αὐτοῦ (dos veces) y de ὅν en la última parte del versículo. Las dos cláusulas principales son estrechamente paralelas, la doble negación en la primera aparece como una declaración positiva en la segunda.

Κτίσις, pues, significa "criatura", no "creación" como en 9:11; el uso de este término junto con πάντα sugiere que se incluyen otras criaturas que no son humanas. Ἀφανής** se emplea con respecto a la sabiduría en Sirácides 20:30; 41:14 con el sentido de "invisible"; el contexto aquí exige el significado de "oculta" (Spicq SB, citando a Mugler 68s.). El concepto de que todo es visible para Dios es común en la literatura clásica (p. ej., Séneca, *Ep.* 83:1; Epícteto 2:11, 14), en el AT (p. ej., Sal. 139), y en otros escritos judíos (Aristeas 132s.; 2Bar. 83:3).

Ἐνώπιον aparece en los textos helenísticos como un equivalente del término clásico πρό, y frecuentemente en la LXX, Lucas-Hechos y Apocalipsis, sobre todo con referencia a Dios, como aquí y en 13:21*. En cuanto a ἐνώπιον τοῦ θεοῦ en un contexto jurídico, véase Éxodo 22:9 (EVV 8); 6:16.

Γυμνά* aquí tiene el sentido metafórico de "manifiestas, al descubierto", listas para ser examinadas, y refleja posiblemente la idea que se expresa en 2 Corintios 5:3 y en la literatura secular (Bauer *s.v.*) de que Dios ve lo más íntimo del alma a través de la cubierta corporal.

El significado de τετραχηλισμένα*** ("puesto al descubierto" TNT, NVI, CST, PDT; "expuesto" NTV, BTX) depende del contexto inmediato (γυμνά), y del paralelismo con οὐκ... ἀφανής en el v. 13a. Hesiquio lo glosa como πεφανερωμένα. La imaginería de fondo ha sido intensamente analizada desde la época patrística y no se ha llegado a ninguna conclusión (véase Bleek II.585-590). Las explicaciones más convincentes son (1) el luchador que agarra por el cuello a su adversario y lo derriba (Filón, *Somn.* 2.34; *Praem. Poen.* 29 [ambos ἐκτραχηλίζω]; *Omn. Prob. Lib.* 159; *Rer. Div. Her.* 274; Grässer; Lane); (2) el cuello de un animal que va a ser sacrificado y es descubrir para el cuchillo (Attridge). En el presente pasaje, (1) le daría cabida a la idea ajena de una contienda entre Dios y los seres humanos (a menos que haya una alusión remota al *rîb* del AT o controversia jurídica entre

Dios y su pueblo); (2) haría demasiado hincapié en la idea de la destrucción, y en este pasaje no se hace referencia al sacrificio (μάχαιρα v. 12). Filón, *Mut. Nom.* 81, extiende la metáfora del luchador al debate filosófico, usando el verbo τραχηλίζω. Héring (y de manera similar Montefiore) considera que τετραχηλισμένα y γυμνά son términos complementarios y no sinónimos: "la Palabra de Dios derriba al adversario y lo desnuda despojándolo de sus armas" (γυμνά). Esto supone una inversión de los dos términos, pero por lo demás, hace que cobre sentido una palabra demasiado excepcional para ser una metáfora muerta.

Ὀφθαλμοίς*; en cuanto al concepto, cf. 1 Pedro 3:12 = Salmo 34[33 LXX]:16. Véase W. Michaelis en *TDNT* 5.377s.

Πρὸς ὃν ἡμῖν ὁ λόγος puede significar (1) "acerca de quien hablamos (= hablo)", o (2) "a quien (todos) tenemos que dar cuenta", "con quien tenemos que contar". A favor de (1), podría alegarse que πρός se usa con frecuencia en Hebreos (además de περί, 5:11) con el sentido de "acerca de, en relación a" (1:7, 2:17; 5:1). En esos versículos, sin embargo, τὰ πρὸς τὸν θεόν en una frase hecha, y si este fuera el significado, cabría esperar ἡμῶν y no ἡμῖν (cf. 2Co. 1:18). El significado (1) cuenta con el apoyo, entre otros, de Windisch y Michel, pero (2) está respaldado por autoridades antiguas (Peshitta, Crisóstomo; cf. Bleek II.590.92) y algunos comentaristas modernos (G. Kittel en *TDNT* 4.73, 104; Bauer *s.v.* 2e; Braun, Attridge, Lane, Grässer), quienes, no obstante, se refieren a (1) como posible. El significado (2) encaja mejor en un pasaje que tiene que ver con el juicio de Dios. El lenguaje, empero, es discretamente llano. Hay un ligero juego de palabras con ζῶν ὁ λόγος al principio del v. 12: "De aquel a quien se le ha dado la palabra se exigirá que dé una palabra a cambio" (G. R. Hughes 1979.11); pero el significado es diferente.

4:14-16. Transición

Estos versículos le dan inicio a una transición gradual hacia el tema central del sacerdocio y el sacrificio de Cristo, preanunciados en 2:17; 3:1 y examinados cada vez con más detalle hasta 10:18, el pasaje de 10:19-31 constituye entonces un equivalente parenético de la presente sección (Schierse 1955.199-201; Vanhoye discrepa). El autor también reúne en estos versículos cierto número de temas que ocuparon un lugar destacado en pasajes anteriores, especialmente el de Cristo como Hijo de Dios. Para una recapitulación similar, en un lugar parecido en la estructura de la epístola, véase 10:19-23 (cf. Nauck 1960.203f.; Zimmermann 1977.34). En cuanto a la teoría de que el v. 14 forma parte de la sección anterior, véase la introducción a 4:12s. En estos versículos también hay una transición en menor escala de la idea del juicio de Dios (vv. 11s.) a la de su misericordia (vv. 14-16). Véanse Käsemann 1960a; Rabanos 58-66; Friedrich 1962; Zimmermann 1977.168-176; Schenk 1980. Con respecto al lugar de estos versículos en la epístola, véanse Bourgin 1969; Vanhoye 16-26, 105-113, con las referencias adicionales; Schröger 115; Grässer 256-257.

4:14. ¡Aferrémonos a Jesús, nuestro sumo sacerdote!

Οὖν no extrae ninguna conclusión de lo que precede inmediatamente. Οὖν a veces es una conjunción adversativa (Bauer *s.v.* 4), pero no hay ninguna otra sugerencia en los vv. 12-16 de un contraste entre el juicio de Dios y su misericordia; el pensamiento se desliza suavemente, como suele ocurrir en Hebreos, de un concepto al otro. Por consiguiente, es preferible considerar que οὖν indica la reanudación de un tema después de una interrupción (Bauer *s.v.* 2a; cf. Lc. 3:7; 1Co. 8:4). En este caso, la interrupción se extiende probablemente desde 3:7 hasta 4:13.

El participio ἔχοντες es causal, "puesto que tenemos" (MHT 3.157); es presente en cuanto al significado y forma (BD §339). La primera persona del plural es inclusiva: "nosotros los cristianos", y la traducción de Schenk como "solo nosotros" es demasiado fuerte. El uso de una cláusula subordinada para reintroducir el tema del sumo sacerdocio de Cristo cumple un doble propósito: en el contexto más cercano, la cláusula subordinada funciona como una variante estilística de la cláusula principal con ἔχομεν en el v. 15, y en el contexto más amplio tiene por objeto (junto con οὖν) recordar a los lectores que el tema ya fue mencionado. La construcción completa, con las referencias anticipatorias anteriores a Cristo como sumo sacerdote, podrían indicar la sensibilidad del autor al abordar un tema que, según dice explícitamente en 5:11, le resulta difícil de explicar (δυσερμήνευτος, tal vez una paráfrasis prudente para "difícil de entender para ustedes"). En Hebreos se usa a menudo el verbo ἔχω teniendo como complemento a Jesús (v. 15; 8:1; 10:21) u otros aspectos de la salvación (6:19; 10:19, 34s.; 12:1; 13:10, 14); también en relación con la conducta cristiana (5:14; 6:18; 10:19; 13:18); aquí, ἔχομεν es el patrón indicativo para las exhortaciones κρατῶμεν (v. 14) y προσερχώνεθα (v. 16).

Ἀρχιερεύς 2:17. Ἀρχιερέα μέγαν es un título enfático y tautológico, pero en 1 Macabeos 13:42 se aplica a Simón Macabeo, y Filón (*Abr.* 30) lo aplica a Melquisedec y (*Somn.* 1.214, 219; 2.183) al Logos; cf. ἱερεὺς μέγας, Hebreos 10:21; μέγας ἱερεύς, Justino, *Dial.* 115; τὸν ποιμένα... τὸν μέγαν, Hebreos 13:20, en ambos casos con referencia a Jesús. Μέγας podría anticipar la comparación entre Jesús y los otros (sumos) sacerdotes que comienza en 5:1; o bien, podría reflejar la convicción del autor de que Jesús es un sumo sacerdote de un orden totalmente diferente (Attridge). Véanse Hillmann 1960; Williamson 1970.130-132.

Διεληλυθότα τοὺς οὐρανούς: la exaltación de Jesús, al igual que sus tentaciones (πεπειρασμένον, v. 5), no se interpretan ahora como aspectos permanentes del evento de Cristo considerado en su conjunto; cf. 2:9, ἠλαττωμένον... ἐστεφανωμένον; 12:2, κεκάθικεν; contrástese con ἐκάθισεν, 1:3; 8:1; 10:12. No hay nada en Hebreos que se corresponda con los relatos detallados del paso a través de los cielos que aparecen en *2 Enoc* 1-20; *Ascensión de Isaías* 7-9; *3 Baruc (pássim);* (2do.) *Apocalipsis de Santiago* 46.12s. "el que pasó [a través de] los [mundos...]". Con respecto al plural οὐρανοί, véase 1:10; οἱ αἰῶνες en 1:2; véase también McRay. Διέρχομαι + acusativo suele usarse con expresiones de lugar, y el presente versículo debe interpretarse de manera similar, aunque no hay ningún paralelismo exacto (Sir. 35[32]:17, προσευχὴ ταπεινοῦ νεφέλας διῆλθεν) en la Biblia griega. Διέρχομαι +

acusativo puede referirse, en dependencia del contexto, al movimiento dentro de un área (Hch. 13:6; 18:23), pero más comúnmente denota movimiento a través de un área o más allá de ella (Hch. 14:24; 15:3, 41; 16:6; 19:1, 21; 20:2; 1Co. 16:5). Esta segunda opción se ve confirmada en Hebreos 7:26 ("por encima de los cielos"). La idea en general es tradicional, pero el autor no muestra ningún interés por especular sobre el número de los cielos, ni por establecer la coherencia exacta entre esta expresión, por un lado, y expresiones como 9:24 (εἰσῆλθεν... Χριστὸς... εἰς αὐτὸν τὸν οὐρανόν) y ἐν (τοῖς) οὐρανοῖς (8:1; 9:23; 12:23), por otro lado. Para una imagen cosmológica diferente de nuevo, cf. 7:26, ὑψηλότερος τῶν οὐρανῶν, cercana a Efesios 4:10, ὑπεράνω πάντων τῶν οὐρανῶν. El lenguaje es poético o retórico, aun cuando (como en el caso de κατάπαυσις en 3:7–4:11) las imágenes deban tomarse en serio. Véanse Du Bose 72s.; Galling; Dey; Johnsson 1978.173-175; Ellingworth 1986.

Ἰησοῦν, como de costumbre, es enfático (2:9) —y más aún por ser la primera vez que aparece el nombre desde 3:1, y la primera referencia explícita a Cristo desde 3:14. El presente versículo no relaciona este nombre directamente con la existencia humana de Jesús, pero el v. 15 lo hará de manera indirecta.

Es muy improbable que las palabras τὸν υἱὸν τοῦ θεοῦ se añadieran para diferenciar a Jesús de Josué, cuyo nombre se menciona en 3:8. Tal como 5:5s. deja bien claro, el propósito principal del autor es relacionar su enseñanza característica acerca de Cristo como sumo sacerdote con la enseñanza tradicional, desarrollada en los capítulos 1–2, con respecto a Cristo como Hijo de Dios. La expresión completa ὁ υἱὸς τοῦ θεοῦ, a diferencia de la frase simple (ὁ) υἱός, más común en Hebreos y en Juan, es enfática; en otros lugares (6:6; 10:29) está relacionada con advertencias, aquí, con referencias al estatus exclusivo de Cristo (7:3). En cuanto a la relación entre los títulos de Hijo y de sumo sacerdote, véanse los comentarios sobre 5:5s; 7:3, 28; cf. Schröger 126s. Con respecto a Jesús como Hijo de Dios, véase 1:2.

Κρατέω (Ap. 3:11) y su sinónimo κατέχω denota la idea de aferrarse a la esperanza (6:18; 10:23), a la confianza (3:6, 14; 4:16) y a la confesión cristiana (aquí y en 10:23). Westcott le atribuye a κρατέω el sentido de tomar posesión, y a κατέχω el retener lo que ya se posee, pero es posible que la intención fuera una variación estilística y en un contraste. Los complementos de estos verbos se relacionan entre sí (W. Michelis en *TDNT* 3.910-12; MHT 3.232).

Esto sugiere que ἡ ὁμολογία, aunque es sin duda cristiana, y en Hebreos tal vez "una tradición firmemente definida y litúrgicamente establecida" (O. Michel en *TDNT* 5.215s.), no se limita a una fórmula para confesar a Jesús como Hijo de Dios (como en Hch. 8:37 *v.l.;* Ro. 1:4; 2Co. 1:19; también aquí según Käsemann 1939.105-110). En 3:1, τῆς ὁμολογίας podría muy bien referirse a una expresión verbal: "… a quien confesamos como apóstol y sumo sacerdote". Aquí, el sentido absoluto de ἡ ὁμολογία sugiere la idea de negarse a abandonar una confesión que está en vías de convertirse en una verdad establecida. La variación entre los dos versículos, no obstante, podría ser estilística, y se omite ἡμῶν porque ya ha aparecido en el v. 15a. Véanse Galling 263s.; G. Bornkamm 1963; K. T. Schäfer 1971; Schenk 1980.

4:15. Cristo y la tentación

Al igual que en el v. 13, una doble negación en la primera parte del versículo le corresponde una declaración positiva en la segunda; en ambos, la conjunción lógica δέ indica un contraste en la forma y no en cuanto al significado. Sin embargo, a diferencia del v. 13b, el v. 15b va más allá de la primera parte; el significado esencial es: "Nuestro sumo sacerdote puede sentir lo mismo que nosotros sentimos en nuestras debilidades, porque él fue tentado en todos los aspectos a semejanza nuestra...". En esta etapa del argumento, es probable que no haya ninguna polémica implícita (como por ejemplo en Qumrán) contra los sumos sacerdotes indignos. El autor, fiel a su práctica habitual, compara el antitipo y el tipo de manera positiva antes de contrastarlos (3:1-6); Cristo no se contrasta con los sacerdotes levíticos al menos hasta 7:7-10. A la luz de 5:2, es mejor entender el presente versículo en forma positiva, por cuanto la expresión retóricamente negativa μὴ δυνάμενον συμπαθῆσαι tiene un sentido positivo. Véase Laub 1980.109-12.

Δυνάμενον hace recordar el verbo δύναται en 2:18, y anticipa la forma verbal δυνάμενος en 5:2. Δύναμαι se usa luego con referencia al poder de Dios para salvar a Jesús de la muerte (5:7); y más comúnmente, al poder del propio Jesús para salvar a los creyentes (7:25) y perfeccionar sus conciencias (cf. 10:1, 11).

Συμπαθέω y otros términos cognados en la LXX, de manera especial en 4 Macabeos, se usan casi siempre para referirse al afecto familiar (p. ej., 4Mac. 14:13-20); de ahí, por extensión, a la familia cristiana en Hebreos 10:34**, y en el presente versículo a la relación entre Cristo, en su condición de sumo sacerdote exaltado, y los creyentes. Aunque los dos usos del verbo en Hebreos se refieren respectivamente a la tentación (aquí) y al encarcelamiento (en 10:34), el contexto no exige el fuerte sentido de participación en el sufrimiento que expresa el verbo συμπάσχω en Romanos 8:17; 1 Corintios 12:26***. El significado más probable aquí, al igual que en 2:16-18 y 5:2, es que la vida terrenal de Cristo le da el poder interno de comprender la experiencia humana, y por lo tanto, lo prepara y lo capacita para ofrecer una ayuda activa. Μετριοπαθέω se usa de manera similar en 5:2. Véanse W. Michaelis en *TDNT* 5.935s.; Spicq 1978.842s.

Ἀσθενεία se usa en 5:2; 7:28 con referencia a la ineficacia de los sacerdotes veterotestamentarios, y en 11:34*, y tal vez por implicación aquí, en contraste con el δύναμις que procede de Dios o de Cristo. 5:2 sugiere que el autor está pensando, no en la debilidad física, sino en la debilidad intelectual o moral que conduce al incumplimiento de la voluntad de Dios. El plural aquí podría referirse más específicamente a las transgresiones involuntarias de la ley mosaica (Michel 105n.5; cf. ἄγνοια en 5:2). Véase G. Stählin en *TDNT* 1.491-493.

Πεπειρασμένον (C K L P min. πεπειραμένον del verbo ático πειράω, sin ninguna diferencia en el significado; BD §101): χωρὶς ἁμαρτίας sugiere que el significado específico aquí es "tentado", y no en forma más general "probado". Sin embargo, este versículo hace recordar a 2:18, el único otro lugar en Hebreos donde se usa el verbo πειράζω con referencia a Cristo, y allí la forma verbal πειρασθείς se relaciona con su sufrimiento (πέπονθεν), y por ende, con su muerte. La misma relación se repite en 5:7, aunque sin el uso de πειράζω, por tanto, es posible una alusión implícita a la prueba final de la cruz, como tal vez en 12:4 (cf. 12:2). En cuanto a la fuerza del pretérito perfecto, véase el comentario sobre διεληλυθότα en el v. 14. No hay nada que sugiera que el Jesús exaltado siga siendo tentado; pero sí continúan los efectos de lo que él experimentó en la tierra (cf. BD §342[2]).

Κατὰ πάντα καθ' ὁμοιότητα (cf. 7:15**, acerca de Melquisedec) es equivalente a κατὰ πάντα τοῖς ἀδελφοῖς ὁμοιωθῆναι en 2:17. Ἡμῶν se sobrentiende de la cláusula anterior; καθ' ὁμοιότητα se usa en sentido absoluto en Génesis 1:11s.; cf. Filón, *Fuga* 51; J. Schneider en *TDNT* 5.189s. La frase, tanto aquí como en 7:15, probablemente lo único que significa es "como", o enfáticamente "tal como"; las palabras que siguen introducen un calificativo no inherente a la propia ὁμοιότης.

Χωρίς es una de las palabras predilectas del autor (7:7, 20; 9:7, 18, 22, 28; 10:28; 11:6, 40; 12:8, 14*). Es "la palabra helenística correcta" (Bauer *s.v.*) que traduce la preposición "sin", y es sinónimo de ἄνευ, ἐκτός (que todavía se usan en el griego moderno), y también de ἄτερ. La referencia originalmente espacial de χωρίς es probablemente una metáfora muerta en la época neotestamentaria (cf. "aparte de" en español), pero χωρίς, con más fuerza que su sinónimo, sugiere separación; ἁμαρτίαν οὐκ ἐποίησεν en 1 Pedro 2:22 es más débil. Χωρὶς ἁμαρτίας**: aunque la impecabilidad de Cristo se presupone en la tradición, no se hace hincapié en ella; en cuanto al concepto, cf. Juan 8:46; 1 Juan 3:5; contrástese Mateo 19:17 con los pasajes paralelos de Marcos 10:18; Lucas 18:19 (Braun). El paralelismo más cercano en la LXX es 4 Macabeos 5:9, τὸ μὴ ἀπολαύειν τῶν χωρὶς ὀνείδους ἡδέων, del que Hebreos 11:25 podría ser una reminiscencia. Χωρὶς ἁμαρτίας tiene un sentido diferente en 9:28. En el presente versículo, el significado "aparte de las tentaciones que surgen del pecado" parece forzado desde el punto de vista lingüístico y ajeno al pensamiento de Hebreos. El significado obvio es que, a pesar de haber sido tentado, Jesús se mantuvo libre de pecado. En Filón, *Fuga* 109f.; *Spec. Leg.* 1.293, se le atribuye impecabilidad al Logos, y en los *Salmos de Salomón* 17:41 al Mesías; cf. Bergh van Eysinga; Vanhoye 1980.132-136.

4:16. El acercamiento del cristiano a un Dios misericordioso

Este versículo constituye el clímax y la conclusión (οὖν) de la exhortación del autor a acercarse a Dios a través de Jesús en su función de sumo sacerdote.

Προσερχώμεθα es la primera de una serie de palabras retóricamente eficaces, aunque no inadecuadas, que usan el prefijo προσ-. A esta palabra le sigue προσαγορευθείς en 5:10. Προσέρχομαι se usa siempre Hebreos en un sentido cultual con referencia a los adoradores que se acercan a Dios, ya sea en forma general (11:6), en el ritual veterotestamentario (10:1; 12:18) o por medio de Cristo, como aquí y en 7:25; 10:22 (cf. v. 19); 12:22. El significado de estos pasajes coincide con el del presente versículo, y este hecho ilustra el recurso que emplea el autor para subrayar temas importantes. Este sentido de προσέρχομαι es frecuente en la LXX, por ejemplo, en Levítico 9:5 con respecto a Israel, vv. 7a. a Aarón; Deuteronomio 4:11 (cf. Heb. 12:18) a Israel; sin referencia al sacrificio en el Salmo 34:5(33:6

LXX) y en Sirácides 1:27; 24:29; pero es raro en otros lugares del NT (1Pe. 2:4), y no es paulino (1Ti. 6:3 en un sentido diferente). El vocabulario relativo a una procesión litúrgica complementa el de las peregrinaciones del pueblo de Dios (2:10; 4:1, 9; 12:2; 13:14), la primera de las cuales es predominantemente presente y la segunda principalmente futura (Brady). Las asociaciones cultuales se extienden hasta ἐγγίζω en Hebreos 7:19 (cf. Stg. 4:8); por lo demás, en Hebreos 10:25, al igual que en Romanos 13:12; Santiago 5:8; 1 Pedro 4:7, ἐγγίζω denota la proximidad de los últimos días. Véase también el comentario sobre εἰσέρχομαι en 3:18, y véanse J. Schneider en *TDNT* 2.683; Laub 1980.265-272.

En otros contextos, παρρησία sugiere una comunicación franca, a veces más específicamente, una confesión confiada de fe (3:6 con καύχημα; 10:19, cf. v. 23), pero el factor principal aquí es el de la seguridad confiada en Dios.

Τῷ θρόνῳ τῆς χάριτος, al igual que 8:1 (cf. 12:2) muestra claramente que se trata del trono de Dios, no de Cristo (no obstante, 1:8* = Sal. 45:7, donde se hace hincapié en θεός, no en el θρόνος). La frase hace recordar pero también contrasta con (ὁ) θρόνος (τῆς) δόξης 1 Samuel (1Re. LXX) 2:8; Isaías 22:23; Jeremías 14:21; 17:12; Sirácides 47:11; Mateo 19:28; 25:31; cf. también θρόνος μεγαλωσύνης (Heb. 8:1); θρόνος ἀνομίας (Sal. 94[93 LXX]:20); θρόνος αἰσθήσεως (Pr. 12:23); todos son genitivos de cualidad, aquí "el trono en el que Dios se sienta para extender su misericordia" (Héring; cf. MHT 4.110). Young 1973.165s., en consonancia con muchos comentaristas anteriores, observa una referencia al ἱλαστήριον o propiciatorio (cf. 9:5), pero Bleek, Michel y otros discrepan; el contexto permite a lo sumo una alusión indirecta a un equivalente celestial del propiciatorio del templo terrenal. Se evita por respeto el nombre de Dios, como por ejemplo en 1:3; 8:1, pero en otros lugares, la gracia se asocia explícitamente con Dios (2:9; 12:15), y con el Espíritu (10:29). En cuanto a χάρις 2:9. La mención de un trono evoca la idea del juicio que predominó en los vv. 12s.; pero aquí el principal propósito del autor no es advertir sino animar y (O. Schmitz en *TDNT* 3.165).

El quiasmo ἵνα λάβωμεν ἔλεος καὶ χάριν εὕρωμεν (que no es claro en B porque se omite εὕρωμεν) sugiere que el significado de λάβωμεν se acerca al de εὕρωμεν, y el de ἔλεος al de χάριν. Montefiore, de manera poco convincente, relaciona ἔλεος con el presente, y χάρις con el futuro. Montefiore también destaca el elemento de la penitencia, pero ni aquí ni en ningún otro lugar en Hebreos se hace hincapié en él (6:1). Tanto λάμβανω como εὑρίσκω (sobre todo en voz pasiva) suponen a veces una acción por parte de Dios, de la cual se benefician los seres humanos: para λάμβανω, véase 2:2; para εὑρίσκω, cf. 9:12; 11:5 = Génesis 5:24; 12:17*; εὑρίσκω χάριν, Lucas 1:30; Hechos 7:46, ambos con referencia a Dios. Existe una conexión implícita con ἔχοντες en el v. 14: "uno 'tiene' lo que ha 'recibido'" (Michel).

Ἔλεος* (aquí es neutro, no masculino como en ático, y aquí en Cᶜ Dᶜ E L Crisóstomo etc.; hay una variación similar en Is. 63:7; 1Mac. 3:44) está asociado con χάρις en Sabiduría 3:9; 4:15, y en las salutaciones en 1 Timoteo 1:2; 2 Timoteo 1:2; Tito 1:4 *v.l.;* 2 Juan 3. Otras referencias en R. Bultmann en *TDNT* 2.482-485; Spicq 1982.250-258; véase también ἐλεήμων 2:17. Εἰς εὔκαιρον (Mr. 6:21**) βοηθείαν (Hch. 27:17**) probablemente se relaciona con todo el quiasmo anterior, no solo con χάρις εὕρωμεν. Εὔκαιρος (Spicq 1978.318-320; cf. K. L. Schmidt en *TDNT* 3.462) conserva el sentido temporal que tiene en Marcos 6:21 y también en el Salmo 104[103 LXX]:27; 2 Macabeos 14:29; cf. εὐκαίρως Sirácides 18:22, aunque en otros pasajes (2Mac. 15:20f.; 3Mac. 4:11; 5:44) denota conveniencia de lugar. En el contexto que nos ocupa, podría tal vez estar presente un elemento temporal pero no se hace hincapié en él. Es probable que no haya ninguna referencia directa al tema del σήμερον de 3:7ss., sino más bien una referencia general a la necesidad que tienen los lectores de la ayuda de Dios en los momentos difíciles. La βοήθεια es la respuesta de Dios a las tribulaciones de su pueblo, según se dice en el Salmo 60:11 (59:13 LXX); 108:12 (107:13); Sirácides 40:24; véase καιρός, 9:9. En cuanto a βοήθεια, véase βοηθέω, 2:18; cf. βοηθός, 13:6 = Salmo 118:7 (117:6 LXX). En lo que respecta a la idea, cf. Sirácides 8:9. El significado es "para ayudar cuando se necesite ayuda"; "nos ayudará cuando más la necesitemos" (NTV).

JESÚS, EL SUMO SACERDOTE MISERICORDIOSO (5:1-10)

La transición al tema del sumo sacerdocio de Cristo, que se introdujo por primera vez en 2:17, está completa ahora, aunque los vv. 5s. serán el pivote que unirá la enseñanza anterior sobre su filiación con la enseñanza que sigue acerca de su sacerdocio. En 3:1-6, como en una escala menor, el autor menciona primeramente las similitudes entre Cristo y otros, y luego desarrolla los contrastes. El pasaje de 5:1-10 se ocupa casi por completo de los puntos de contacto entre Jesús y los otros sumos sacerdotes (así Vanhoye 1977b); la superioridad del valor del sumo sacerdocio y del sacrificio de Cristo será el tema principal de la sección doctrinal en la parte central de la epístola, 7:1–10:18. El análisis gira en torno a dos elementos: por una parte el AT, y por la otra, los acontecimientos del sufrimiento y la muerte de Cristo. No hay rastro de la polémica de Qumrán contra el sacerdocio contemporáneo de Jerusalén, ni se muestra siquiera algún interés por él.

La estructura generalmente quiástica de 5:1-10 se reconoce ampliamente, pero no puede forzarse de manera pormenorizada (así opinaba ya Bleek, en contra de Beza y otros; cf. Vanhoye 107-113; otras referencias en Braun). El v. 1 y, en especial el v. 4, hacen hincapié en el llamamiento divino del sumo sacerdote levítico, mientras que los vv. 2s. expresan su compasión hacia sus compañeros. Los vv. 5s. y 10, ponen de relieve el llamamiento divino de Cristo, y los vv. 7s. el sufrimiento que lo unió con los demás. Jesús, pues, cumple las dos condiciones esenciales que cualquier sumo sacerdote debía cumplir para lidiar con el pecado.

Aunque los sumos sacerdotes del AT, al igual que Jesús, eran, por supuesto, varones y judíos, no se hace hincapié en ninguna de esas características en este pasaje: los sacerdotes son elegidos ἐξ ἀνθρώπων, no ἐξ ἀνδρῶν. No hay ninguna referencia al sacerdocio fuera de la tradición bíblica.

La diferencia entre las dos subsecciones vv. 1-4, 5-10 se caracteriza por el uso del tiempo presente en la descripción general de las tareas de un sumo sacerdote (vv. 1-4) y el aoristo al describir el sacerdocio de Cristo, en cuya singularidad, empero, todavía no se hace hincapié (vv. 5-10). Las dos subsecciones también van de la mano; la descripción general del sumo sacerdocio es selectiva y desde el inicio tiene en cuenta la persona, y probablemente la vida terrenal, de Jesús. Sin embargo, la moderación implícita en las referencias al pecado en el v. 2, y la descripción intensa de los sufrimientos de Cristo en el v. 7, implican ya la superioridad del sacerdocio de Cristo, que posteriormente ocupará el centro de atención. Las referencias simétricas a Aarón y a Melquisedec con las que concluyen respectivamente los vv. 4 y 10 apuntan en la misma dirección.

Los comentarios más adelante sugerirán que el lenguaje de este pasaje combina elementos tradicionales, extraídos mayormente de la LXX, con ciertos rasgos distintivos como la importancia que del sacerdocio como una categoría cristológica.

Véanse De Keulenaer 1934.417-420 (vv. 1-4), 1935.404-406 (vv. 7-10); Oepke 63 (vv. 1-10); Bourgin 1958.82-87 (vv. 1-4, 10); Cerfaux (vv. 5-10); Rabanos 66-69 (vv. 1-10); Bertetto (vv. 1-4); Javierre (vv. 1-6); Vanhoye 1977c (vv. 1-10); Zimmermann 1977.176-180 (vv. 1-10); Laub 1980.113-143 (vv. 1-10); Vanhoye 1980.136-141 (vv. 1-4); Bachmann (vv. 1-10). Díez Macho 88 parece exagerar al describir el pasaje completo de Hebreos 5–7 como un midrash.

5:1. Los requisitos de un sumo sacerdote

La naturaleza esencial del sumo sacerdote es que debe ser elegido por Dios para ofrecer a favor de los seres humanos sacrificios para la eliminación del pecado.

Si este versículo se tomara en forma aislada, sería posible interpretar que las formas pasivas λαμβανόμενος y καθίσταται se refieren de manera general a la elección y el nombramiento por parte de la comunidad, o como en 7:28 de conformidad con la ley. El v. 4, sin embargo, deja bien claro que se prevé la acción de Dios, y que λαμβανόμενος es sinónimo de καλούμενος en el v. 4. 8:3 resume la mayor parte de este versículo.

Πᾶς... ἀρχιερεύς (2:17) apunta retrospectivamente a la referencia a los sumos sacerdotes incompasivos en 4:15. Γάρ explica (Bauer *s.v.* 2) y desarrolla la descripción implícita de Jesús como sumo sacerdote en 4:15; no expresa, como cree P. E. Hughes, una conexión lógica con lo que precede, ni se relaciona con las exhortaciones κρατῶμεν (4:14) y προσερχώμεθα (4:16). Debe considerarse en sentido estricto que πᾶς... ἀρχιερεύς, aquí y en 8:3, pero no πᾶς ἱερεύς en 10:11; la diferencia no la establece ningún contraste entre ἱερεύς y ἀρχιερεύς, sino el contexto.

Es mejor combinar la expresión ἐξ ἀνθρώπων λαμβανόμενος con las palabras que siguen: no "todo sumo sacerdote que es tomado de entre los hombres es designado" (Siriaca, Lutero), sino "todo sumo sacerdote es tomado de entre los hombres y (luego) designado". Ἐξ ἀνθρώπων λαμβανόμενος no debe interpretarse como un contraste de Ἰησοῦν τὸν υἱὸν τοῦ θεοῦ en 4:14 (Windisch), porque en esta etapa del argumento el autor está haciendo declaraciones generales que se aplican a todos los sumos sacerdotes incluyendo a Jesús, que es también un hombre entre los hombres (2:6-8). Λαμβάνω (2:2) se usa a menudo con un complemento personal, no solo en el sentido de "recibir" (11:35), sino también con el sentido más fuerte de "tomar" (cf. Jn. 19:1), que aquí implica "escoger" (cf. v. 4). El paralelismo verbal más cercano es Números 8:6, donde el Señor le ordena a Moisés: λαβὲ τοὺς Λευίτας ἐκ μέσου υἱῶν Ισραηλ; (cf. Éx. 28:1; Nm 3:12, 41; 8:6; Dt 18:5; Am 2:11). Aquí al igual que en otros pasajes (1:5) Hebreos tiende a eliminar los personajes secundarios para indicar la acción directa de Dios. Véase v. 4, λαμβάνει.

Ὑπὲρ ἀνθρώπων καθίσταται complementa a ἐξ ἀνθρώπων λαμβανόμενος: el sumo sacerdote es apartado de los demás para poder obrar en favor de ellos en los asuntos relacionados con Dios. Contrástese con Éxodo 28:1, 3; 29:1, ἱερατεύειν μοι (Dios). En cuanto al uso en Hebreos de ὑπέρ y περί, 2:5. La repetición de la preposición ὑπέρ aquí puede tomarse como un ejemplo de la tendencia del autor a deslizarse de un significado de un término a otro; cf. el uso de διά en 2:10; 9:11s. Ὑπὲρ ἀνθρώπων se emplea solo aquí en el NT con referencia a Jesús, y solo aquí con respecto a un sumo sacerdote (Braun; compárese y contrástese con las palabras de Caifás: ὑπὲρ τοῦ λαοῦ … ὑπὲρ τοῦ ἔθνους, Jn. 11:50s.). Para la frase adverbial τὰ πρὸς τὸν θεόν, véase 2:17. La construcción de Calvino "ordena las cosas que pertenecen a Dios", tomando καθίσταται como un verbo en voz media y transitivo, no se ajusta al contexto (cf. los pasivos λαμβανόμενος aquí y καλούμενος en el v. 4); es imposible en 8:3 donde καθίσταται se usa en sentido absoluto, y en 7:28 donde el complemento ἀρχιερεῖς está expreso.

Καθίστημι aparece como una *v.l.* en 2:7 = Salmo 8:7, un texto que el autor de Hebreos interpreta a la luz de la entronización de Cristo. Aunque esta línea del Salmo 8:7 no se cita en Hebreos, el autor puede haber recordado el uso que se hace allí de καθίστημι al escribir el presente versículo. Cf. 1 Crónicas 12:18.

Ἵνα προσφέρῃ es sinónimo de εἰς τὸ προσφέρειν en 8:3, pero guarda una relación más estrecha con el v. 2. A lo largo de Hebreos se presupone que las funciones del sumo sacerdote son esencialmente sacrificiales, no jurídicas ni políticas, como por ejemplo en el período de los asmoneos, ni siquiera didácticas (W. Manson 107s.). Esto está en consonancia con el interés exclusivo que muestra el autor por los aspectos cultuales de la ley mosaica y con su interés por las instituciones descritas en el Pentateuco, y no por las de épocas posteriores; aunque, en realidad, el propio término ἀρχιερεύς nunca aparece en los textos relacionados con los años anteriores al exilio (Lv. 4:7; 2:17). Προσφέρω se lee 21 veces en Hebreos, pero en ningún otro lugar en el NT fuera de los Evangelios y Hechos (con respecto a la ofrenda de dones y sacrificios, Mt. 2:11; 5:23s.; 8:4; Jn. 16:2; Hch. 7:42 = Am. 5:25; 21:26; cf. Mr. 1:44‖; προσφορά 10:5, solo en la cita y la exposición del Sal. 40:7; πρόσφατος 10:20). En Hebreos, se usa en forma abrumadora (la voz pasiva en 12:7 es una excepción) en relación con el sacrificio, de manera especial aunque no exclusiva teniendo como sujeto los sumos sacerdotes o Jesús, v. 7; véase K. Weiss en *TDNT* 9.65-68.

Δῶρά τε καὶ θυσίας: En cuanto al uso que hace el autor de τε καί, 2:4. En 8:3; 9:9, donde se repite la misma frase, en el texto ciertamente aparece τε, pero se omite aquí en 𝔓¹³ 𝔓⁴⁶ B D Ψ *pc*. Riggenbach, quizás con razón, supuso una asimilación a 8:3; 9:9, y WH colocó la palabra entre corchetes, pero Zuntz 62 y UBS conservan τε.

Si se omite τε, resulta un poco más razonable combinar ὑπὲρ ἁμαρτιῶν solo con θυσίας; pero en forma inversa, τε puede haber sido eliminada porque los copistas entendieron así la construcción (Moffatt). En 9:9, las "ofrendas y los sacrificios" juntos se relacionan, por implicación, con la eliminación del pecado.

Δῶρον (8:3, 4; 9:9; 11:4*; F. Büchsel en *TDNT* 2.166) siempre es plural en Hebreos, y siempre aparece en el mismo contexto que θυσία (cf. 1Re. [3Re.] 8:64; Aristeas 234; J. Behm en *TDNT* 3.180-190; Daly 1978a.11-32). La pregunta es si, para el autor de Hebreos, (1) δῶρον es genérico y θυσία específico, y denotan un solo tipo de ofrenda entre otros (como probablemente en Lv. 3:1); (2) θυσία se refiere a un sacrificio animal y δῶρον a una ofrenda vegetal como la *minḥâ* (así piensan Peter Lombard, Bengel, Delitzsch, Westcott, Teodorico, Stott, Lane); más específicamente tal vez, las diversas ofrendas que se hacían el día de la expiación (así Peake, Strobel); o (3) el autor usó los términos sin demasiado rigor como sinónimos (como, p. ej., en Lv. 2:1, donde la ofrenda de cereales se describe como δῶρον θυσίας; así Grässer 272-274). Aun cuando, y es poco probable, el autor haya tenido acceso directo al texto hebreo, hay considerables diferencias y mucha confusión en el uso de los términos hebreos que tienen que ver con el sacrificio (véanse R. J. Thompson in *IDB s.v.;* Daly 1978a, b), y en el uso rabínico (acerca del cual véase Michel y S-B 3.696ss.) El testimonio de la LXX tampoco es concluyente. Tanto δῶρον como θυσία se utilizan para traducir una amplia variedad de palabras hebreas, incluyendo el término general *minḥâ. Zēḇaḥ*, que se emplea mayormente pero no de manera exclusiva para referirse a las ofrendas de cereales, nunca se traduce como δῶρον, pero en cambio, θυσία sí se usa para referirse a ofrendas incruentas, como en Génesis 4:3, 5 (Caín); Levítico 2:1ss.; Números 5:15ss. En fin, el mayor peso debe atribuírsele al uso que se le da en Hebreos. Las veces que se emplea δῶρον son demasiado pocas para demostrar cualquier cosa fehacientemente, pero en 11:4 δῶρον y θυσία, al parecer, se emplean como sinónimos para referirse al sacrificio animal de Abel (cf. 12:24).

Θυσία aparece más veces en Hebreos que en todo el resto del NT; se usa normalmente (aquí y en 8:3; cf. 10:26) para referirse a los sacrificios que ofrecían los sacerdotes del AT (9:9; 10:1, 11) y al que ofreció Abel (11:4); al sacrificio de sí mismo que ofreció Jesús (7:27; 9:23, 26; 10:12), en una cita y su exposición (10:5, 8) y al sacrificio de alabanza que ofrecen los cristianos (13:15, 16)* (J. Behm en *TDNT* 3.180-190; Daly 1978a.261-285). A pesar de la insistencia posterior en la naturaleza exclusiva del sacrificio de Cristo, en 9:23 usa el plural al referirse implícitamente a él. Es más, a pesar del hincapié que hace el autor en el papel que desempeña la sangre en el sacrificio (2:14; 9:7), no parece distinguir rígidamente entre las ofrendas de animales y de cereales (compárese 9:10 con 9:7). En el capítulo 9 se hará patente que toda la perspectiva del autor sobre el sacrificio gira en torno al día de la expiación tal como se describe en el Pentateuco. Por tanto, es natural que diga que las "ofrendas y sacrificios", o simplemente los sacrificios, son ὑπὲρ ἁμαρτιῶν (como aquí y en 7:27; 10:12) o περὶ ἁμαρτιῶν (tal como se lee aquí en 𝔓46 1739; 10:26; cf. texto de 5:3; Zuntz 43); compárese con las expresiones más completas en 2:17; 9:16. Es, pues, preferible concluir en general que, aquí y en otros lugares en Hebreos, los términos δῶρον y θυσία se usan indistintamente; y también que ὑπὲρ ἁμαρτιῶν debe tomarse en combinación con cada uno de ellos (así opinan la mayoría de los comentaristas, pero Westcott y Héring discrepan). En cuanto a ἁμαρτία, 1:3. Véase Friedrich 1962; Vanhoye 1977c.

5:2. El sumo sacerdote participa de la debilidad humana

Los términos tan sobrios que se emplean para describir la actitud que se exige de "cada sumo sacerdote" contrastan con el lenguaje que se usa para referirse a Cristo en los vv. 7s., y que ilustra lo que se lee en 4:15. Los puntos de semejanza y diferencia pueden enumerarse de la siguiente manera:

Nuestro sumo sacerdote	puede συμπαθῆσαι con nuestra debilidad (4:15).
Cada sumo sacerdote	puede μετριοπαθεῖν con los ignorantes y extraviados, por cuanto él mismo es débil (5:2).
Cristo como sumo sacerdote	ἔπαθεν para salvar a los que le obedecen (5:7-10).

Μετριοπαθέω*** y sus cognados μετριοπαθής y μετριότης están bien confirmados en la literatura secular como términos que usaban los peripatéticos contra los estoicos. En sentido estricto, denotan un término feliz promedio entre dos extremos, como cuando Abraham, según Filón, fue aconsejado por la razón, después de la muerte de Sara, para evitar el dolor excesivo y la ἀπαθεία, τὸ δὲ μέσον πρὸ τῶν ἄκρων μετριοπαθεῖν πειρᾶσθαι (*Abr. 257*). En un sentido más amplio, los términos denotan moderación en la ira (Sextus Empiricus, *Hyp. Pyrrh.* 3.325s.; cf. *Adversus Mathematicos* 162), o en las emociones en general: de acuerdo con Diogenes Lærtius, Aristóteles ἐφὴ... τὸν σοφὸν ἀπαθῆ μὲν μὴ εἶναι, μετριοπαθῆ δέ (5.31). Para Josefo, esa clase de moderación era un aspecto de la μεγαλοφροσύνη de Vespasiano y de Tito después de las guerras con los judíos (*Ant. 12.128*). Para Filón, en cambio, μετριοπάθεια caracteriza una etapa inferior del progreso ético que alcanzó Aarón, mientras que Moisés logró una ausencia completa de las pasiones: ὁ προκόπτων δεύτερος ὢν Ἀαρὼν μετριοπαθεῖν, *Leg. All. 3.132*, cf. 129, 134. Al parecer, no hay ningún antecedente veterotestamentario que permita aplicar ese lenguaje a un sumo sacerdote, pero sí hay un marcado contraste entre el ideal estoico y filónico de la ἀπαθεία por una parte, y la vívida descripción de Hebreos de los sufrimientos de Jesús por otra (2:18; 4:15; 5:7; cf. Williamson 25-30). En este contexto, μετριοπαθέω puede interpretarse, por un lado, como una variante estilística para συμπαθέω, μετριοπαθέω en 4:15 y πάσχω en 5:8. Al autor no le interesa especificar cuáles son los extremos entre los cuales el sumo sacerdote sigue una vía intermedia. Por otro lado, sin embargo, la declaración general aquí exige un sinónimo más débil que el que se usa en las declaraciones acerca de Cristo en 4:15 y 5:7-10: "todo sumo sacerdote... tiene cierta compasión por" los que son débiles y se han extraviado. El autor no especifica qué acción cultual o de otro tipo conduce a esta actitud; la NVI y la CST traducen "trate con paciencia". El uso de μετριοπαθεῖν en presente refleja la generalidad de la declaración, y contrasta con los aoristos que se usan en 4:15; 5:8 para denotar el sufrimiento de Cristo. Véanse W. Michaelis en *TDNT* 5.938; Yarnold 1960; Spicq 1978.563-565.

Τοῖς ἀγνοοῦσιν* καὶ πλανωμένοις (en sentido figurado en 3:10 = Salmo 95:10, de manera literal en 11:38*) denota un solo grupo de personas; el artículo no se repite. El origen de los dos verbos es muy diferente, aunque ambos se usan con frecuencia en la LXX. Tal vez no es necesario considerar que las palabras constituyen una endíadis estricta que significa "los que se han extraviado por ignorancia" (una sugerencia que Bleek contempló pero rechazó, y que Moffatt y F. F. Bruce reavivaron con cierta cautela). El autor toma en cuenta la distinción veterotestamentaria entre los pecados que se cometen "involuntariamente" (ἀκουσίως, Lv. 4:2, 13, 22, 27; 5:15; Nm. 15:24-29; cf. Lv. 5:23f.; 22:14, κατ᾽ ἄγνοιαν; en Lv. 4:2, Aquila y Símaco traducen ἐν ἀγνοίᾳ en lugar de ἀκουσίως) y los que se cometen en forma deliberada o "con arrogancia" (Nm. 15:32-36); cf. ἀγνόημα, 9:7; ἑκουσίως, 10:26. Estos pasajes hacen referencia a casos en los que el delito salió a la luz y se incurrió en culpabilidad después del acontecimiento (Lv. 4:14, 23, 28; cf. 5:18; 22:14). Sin embargo, incluso en la LXX, la categoría de pecados involuntarios no incluye todos los que pueden ser eliminados por medio de un sacrificio (así Michel): Levítico 6:1-7, por ejemplo, cita un acto de desobediencia voluntaria de los mandamientos de Dios (παριδὼν παρίδῃ τὰς ἐντολὰς κυρίου) que debe tratarse mediante una combinación de restitución con interés y sacrificio. No hay nada que sugiera en el uso de la LXX que los pecados de ignorancia no sean realmente pecados: ἄγνοιαι y ἁμαρτίαι se emplean como sinónimos en un paralelismo en el Salmo 25[24 LXX]:7, Sirácides 23:3, y 1 Esdras 8:72; ἀγνοέω en paralelo con ἁμαρτάνω en Números 12:11, y ἀγνοήματα con ἁμαρτήματα en Sirácides 23:2; cf. Judit 5:20. En el NT, se mantiene la relación entre la culpa y el conocimiento del delito (el texto más largo de Lc. 23:34; 1Ti. 1:13; cf. Hch. 3:17; 13:27; 17:30; 1Co. 2:8; 1Pe. 1:14), pero la afirmación de Riggenbach de que "desde la perspectiva del Nuevo Testamento todos los pecados se consideran pecados de ignorancia... siempre y cuando no incluyan un rechazo consciente y decisivo de la verdad claramente reconocida de la salvación" es demasiado fuerte y arroja una carga demasiado pesada sobre el conocimiento intelectual; en 1 Timoteo 1:13, la ignorancia está relacionada con la ἀπιστία. La relación opuesta entre el conocimiento y la culpa caracterizará el análisis de Hebreos sobre el pecado que es imposible borrar (6:4-6; cf. Ro. 1:29–2:2).

Dentro del Pentateuco, el sentido figurado del verbo πλανάω (3:10) es típico de Deuteronomio (4:19; 11:28; 13:5 [v. 6 LXX]; 30:17), donde se usa para referirse a la apostasía; también es frecuente en los salmos (58[57 LXX]:3; 95[94 LXX]:10 = Heb. 3:10; 119[118 LXX]:110), Proverbios, Isaías, Sabiduría y Sirácides. La combinación aquí de la ignorancia con el error hace recordar de manera especial Hebreos 3:10, donde el texto del salmo se relaciona en el v. 12 con la apostasía. (Obsérvese también la colocación ἀνόητοι, ἀπειθεῖς y πλανώμενοι en Tit. 3:3). En el presente pasaje, que tiene que ver con principios generales, no es probable que se haga referencia a casos específicos de apostasía ni a ningún agente que sea la causa del extravío del pueblo. Al margen de Hebreos 13:20, no se evoca la imagen de ovejas descarriadas (Sal. 119[118 LXX]:176; Is. 53:6; Mt. 18:23f.; 1Pe. 2:25). Véase H. Braun en *TDNT* 6.242-251.

'Επεί, al igual que en 2:14, introduce el fundamento de la declaración anterior. En cuanto a καὶ αὐτός, 2:14. El lenguaje sigue siendo general, aunque en Hebreos, a diferencia de lo que ocurre en Pablo (2Co. 13:4; cf. 1Co. 1:18-31), no se le atribuye directamente la ἀσθένεια (4:15) a Cristo, para evitar sin duda que el término pueda sugerir algún tipo de imperfección moral. En Levítico 4:3-12 se prevé la debilidad moral en el sacerdote levítico, y en Levítico 16:11; cf. Hebreos 9:7, en conexión con el día de la expiación.

Περίκειμαι* podría significar "está rodeado de", como en 12:1a* (con νέφος, al igual que en *2Clem.* 1:6; en cuanto a la idea, cf. Ap. 10:1), o podría referirse más específicamente al uso de ropa (Herm. *Vis.*5:1) o al hecho de cargar con el peso de una cadena (Hch. 28:20) o una piedra de molino (Mr. 9:42‖). El presente contexto sugiere una carga; el concepto es similar al de 12:1b. Véase F. Büchsel en *TDNT* 3.656. Véanse Simpson 36s.; Yarnold 1960; Ballarini 1978.362s.

5:3. El sumo sacerdote ofrece sacrificios por sí mismo y también por el pueblo

La primera conjunción καί indica el comienzo de un nuevo punto. Una gran parte del versículo se dedica a la recapitulación: δι' αὐτὴν (ἀσθένειαν, v. 2); προσφέρειν (δῶρά τε καὶ θυσίας, v. 1); περὶ ἁμαρτιῶν sinónimo de ὑπὲρ ἁμαρτιῶν, v. 1. La información nueva en este versículo, por tanto, puede identificarse fácilmente: a saber, la necesidad de que un sumo sacerdote ofrezca sacrificios por sí mismo y por el pueblo. La base de esta declaración se encuentra en Levítico 4:3-12; 9:7-14; 16:6, 11; 17:16; cf. *Yoma 4:2-5:7*; Filón, *Ebr. 129*; *Vit. Mos. 2.153*; *Rer. Div. Her. 174*; *Spec. Leg. 1.229*. Sin embargo, los pasajes veterotestamentarios prescriben que el sacerdote ofrezca primero un sacrificio por sí mismo. El cambio de orden en Hebreos hace hincapié en καὶ περὶ αὐτοῦ, y esta conjunción καί tiene el mismo valor que "y también" o "incluso". En lo que respecta al día de la expiación, Levítico 16 especifica que el primer sacrificio es por el sacerdote y su οἶκος (familia u hogar). La omisión de toda referencia en el presente versículo a la "casa" del sumo sacerdote no resuelve la cuestión ni aclara si el autor está pensando específicamente en la liturgia del día de la expiación, o en los sacrificios diarios. Algunos académicos (incluyendo a Moffatt, Buchanan y Laub) presuponen que se trata del día de la expiación; Windisch y Michel se muestran más cautelosos, y en esta etapa, el contexto favorece una referencia general.

En lugar δι' αὐτήν (ἀσθένειαν), en $\mathfrak{P}^{46}$ ℵ A B C* D* P 33 81 1739 1881 2464 2495 *pc* C³ D² 𝔐 se añade un énfasis innecesario con διὰ ταύτην; 467 y unos testigos en latín presuponen διὰ ταῦτα. En lo que respecta a la idea, cf. 7:18.

'Οφείλει podría sugerir una referencia a los pasajes de Levítico que se mencionaron antes, de manera especial (aunque no solo por ello) si, tal como se acepta ampliamente (Riggenbach, citando a Teodoreto y a Eutimio; Michel), ὀφείλει aquí (a diferencia de 2:17; 5:12*) connota una obligación bajo la ley. Sin embargo, el uso del verbo ὀφείλω en otros lugares no exige que sea así, salvo en los pasajes en los que, como en Juan 19:7, se menciona la ley en el contexto. Tal vez sería mejor interpretar que ὀφείλει no se refiere a una obligación jurídica en abstracto, sino a un requisito establecido bajo la ley en razón de la ἀσθένεια (así piensa Spicq, y en general Bleek).

En lugar de αὐτοῦ, en ℵ A C D² Ψ^{vid} 𝔐 aparece ἑαυτοῦ. "En el NT... el pronombre personal simple a menudo funciona como un pronombre reflexivo... En el período neotestamentario αὑτοῦ prácticamente está en desuso. Por tanto, no es seguro leer αὑτοῦ donde en los unciales aparece ΑΥΤΟΥ" (MHT 3.41; cf. BD §64.1; pero obsérvese la opinión disidente expuesta en Metzger 666, cf. 615s.; también Attridge). αὐτοῦ y αὑτοῦ.

La cuestión más importante en este versículo es determinar si conserva el carácter general que indica πᾶς... ἀρχιερεύς (v. 1), o si el autor está pensando en este momento en el sacerdocio del AT con exclusión de Jesús. El contexto (vv. 1-2; v. 4 τις) sugiere que el pensamiento sigue siendo general. El lenguaje del v. 7 se ha interpretado de diversas maneras (véase más adelante), pero las palabras σῴζειν αὐτόν y los matices sacrificiales de προσενέγκας son al menos compatibles con la teoría de que el autor consideraba que el sacrificio de Cristo no era solo de sí mismo y por el pueblo, sino también en cierto sentido περὶ αὑτοῦ. (Schmitz 265 entiende que la ambivalencia de este pasaje sugiere que el autor está tomando distancia de las consecuencias de que el sacrificio de Cristo fuera también "por él mismo"). El hecho de evitar la construcción más simple περὶ τῶν ἁμαρτιῶν αὐτοῦ καὶ τοῦ λαοῦ (contrástese con 7:27) apunta en la misma dirección: προσφέρειν περὶ ἁμαρτιῶν, como en la LXX (p. ej., Lv. 7:27; 17:3, 9), es una frase hecha que significa "para hacer una ofrenda por el pecado", y aquí tiene el efecto de separar ἁμαρτιῶν de αὐτοῦ. Cf. Levítico 14:19; περὶ τῶν ἁμαρτιῶν, 16:25; Salmo 40(39 LXX):7 = Hebreos 10:6; P. E. Hughes *ad loc.* y acerca de 10:6; cf. Grässer 281. Sin embargo, la comparación entre los vv. 1-4 y 5-10 no debe forzarse para excluir las diferencias. Así como el autor se abstiene de atribuirle ἀσθένεια a Jesús (v. 2), tampoco afirma explícitamente que el sacrificio de Jesús fuera ofrecido περὶ αὐτοῦ. De manera similar, aunque περὶ τοῦ λαοῦ (2:17) no se limita a Israel, sino que denota a todo el pueblo de Dios bajo la antigua y la nueva dispensación por igual, las palabras correspondientes del v. 9, πᾶσιν τοῖς ὑπακούουσιν αὐτῷ, tienen un alcance universal más fuerte. No obstante, no hay ningún marcado contraste entre περὶ τοῦ λαοῦ aquí, y ὑπὲρ ἀνθρώπων en el v. 1; el pensamiento del autor no va más allá del culto de Israel. En cuanto a περί, véanse Bauer 1g y H. Riesenfeld en *TDNT* 6.55.

Καθώς (3:7) y οὕτως (4:4) aparecen con frecuencia correlacionados (p. ej., Lc. 11:30; Jn. 3:14; 2Co. 1:5; 1Jn. 2:6), pero en ningún otro lugar de Hebreos de manera tan estrecha como aquí (cf. 4:3s.).

Προσφέρειν: véase 5:1.

Περί y ὑπέρ: véase 2:5; en C³ D² 𝔐 se lee ὑπέρ ἁμαρτιῶν aquí, tal vez por asimilación al v. 1 (Zuntz 43; Braun).

Ἁμαρτία: véase 1:3.

5:4. El sumo sacerdote tiene que ser llamado por Dios a su ministerio

El v. 1 definió el propósito del nombramiento de un sumo sacerdote; el v. 4 indica, primero en forma negativa y luego positiva, la manera en que es nombrado. Al igual que en el v. 3, la primera conjunción καί le da paso a un punto nuevo, pero prácticamente no existe ningún contraste entre lo que se dice del sumo sacerdote en los vv. 1-3 y en el v. 4 (así opina Vanhoye 1977b.447 en contra de Michel, Spicq y otros; Laub 1980.19, P. E. Hughes y las ediciones anteriores de Nestle le dan inicio a un nuevo párrafo con el v. 4). No se hace ningún hincapié en la gloria del sacerdocio aarónico, a diferencia de lo que ocurre, por ejemplo, en Sirácides 45:6-22; cf. 50:1-21. Pero en esta etapa del argumento tampoco se establece ningún contraste de fondo entre "todo sumo sacerdote" aquí, y Cristo en el v. 5 (las variaciones en el énfasis se señalan más adelante). Por el contrario, los vv. 4 y 5s. se reflejan mutuamente, de cerca pero no en forma mecánica. La relación entre estos versículos puede demostrarse de la siguiente manera:

v. 4	**v. 5**
οὐχ ἑαυτῷ τις	ὁ Χριστὸς οὐχ ἑαυτὸν
λαμβάνει τὴν τιμήν,	ἐδόξασεν γενηθῆναι ἀρχιερέα,
ἀλλὰ καλούμενος ὑπὸ τοῦ θεοῦ …	ἀλλ᾽ ὁ λαλήσας πρὸς αὐτόν.

Este resumen también pone de manifiesto algunas diferencias significativas: (1) ὁ Χριστός es enfático en relación con τις. (2) Ἐδόξασεν es enfático en relación con λαμβάνει. (3) Γενηθῆναι ἀρχιερέα, hace recordar el v. 1 y sugiere que τὴν τιμήν significa específicamente "el honorable oficio de sumo sacerdote". (4) La mención explícita de Dios en el v. 4 hace posible la paráfrasis reverente del v. 5, que (al igual que en 10:30; cf. Stg. 2:11) pone de relieve la autoridad divina de las citas de la Escritura. (5) Los vv. 4 y 5s. están unidos por medio de las frases correspondientes καθώσπερ καὶ Ἀαρών y οὕτως καὶ ὁ Χριστός (véanse las notas textuales más adelante).

La construcción de las palabras siguientes se entiende mejor de esta manera:

οὐχ ἑαυτῷ τις	λαμβάνει τὴν τιμήν
ἀλλὰ	λαμβάνει τὴν τιμὴν καλούμενος ὑπὸ τοῦ θεοῦ.

Ἑαυτῷ, pues, contrasta con καλούμενος ὑπὸ τοῦ θεοῦ, y λαμβάνει τὴν τιμὴν funciona como un eje neutral entre las dos partes de la antítesis. El contraste es entre dos medios para alcanzar el oficio de sumo sacerdote, y no el contraste entre personas que sugiere la lectura ὁ καλούμενος (C[1] L P etc.); la adición de ὁ antes de καλούμενος cuenta con un respaldo más débil que en 11:5. (Por otra parte, como implica Moffatt, ἀλλά fue simplemente asimilada a ἀλλ᾽ ὁ en el v. 5). Muchos comentaristas consideran que la expresión explícita λαμβάνει τὴν τιμήν no significa "recibir" pasivamente, como en 4:16; 7:5, sino "tomar activamente (en forma arbitraria)"; LSJ *s.v.* λαμβάνω I.1b; cf. *Nu. Rab.* 16:35 y especialmente

Nu. Rab. 18:9: Moisés dijo a los levitas: 'Si Aarón mi hermano hubiera tomado el sacerdocio por su propia iniciativa, vosotros habríais hecho bien indignándoos contra él. Sin embargo, ahora que el Santo se lo ha dado… cualquiera que se levante contra Aarón, ¿no se levanta acaso contra el Santo, ¡bendito sea!?'". El pasaje aparece en una discusión acerca de la rebelión de Coré. Si "tomar" es la acepción correcta, la expresión *implícita* λαμβάνει τὴν τιμήν, que forzosamente tiene el significado pasivo de "recibir", constituiría una zeugma virtual. Un cambio de significado así no resultaría atípico en Hebreos. No eran infrecuentes los casos de usurpación por medio de la violencia del oficio del sumo sacerdote (Jos. *Ant. 15:2*, 4; 20:9; F. F. Bruce 122n.19). Sin embargo, no hay nada que demuestre que al autor de Hebreos le interesaran estos incidentes, como cree Spicq; los puntos de contacto con los escritos de Qumrán son intrascendentes (Braun 1966.253). Una alusión al sacerdocio desautorizado de Coré y su συναγωγή (Nm. 16, sobre todo el v. 5) es más probable (12:3). Por consiguiente, podría ser más seguro traducir: "nadie asume el oficio de sumo sacerdote por iniciativa propia, sino solamente cuando es llamado por Dios" (de manera similar, Delitzsch).

Ἑαυτῷ se considera a veces un dativo de ventaja (BD §188[2]; cf. Ro. 13:2), pero podría simplemente destacar el sujeto como agente (Bauer *s.v.* ἑαυτοῦ 1; cf. Jn. 19:17 y especialmente *Mart. Pol.* 4).

Τις (2:6) es bastante indefinido; no es necesario reducir el alcance de su referencia a "cualquier sucesor de Aarón" (Windisch). B* lo omite, haciendo explícita la referencia al sumo sacerdote.

Τιμή (2:7) no se usa en ningún otro lugar del NT para referirse a un oficio específico, pero este uso sí es común fuera de la Biblia (Jos. *Ant.* 12:42 con respecto al sumo sacerdote Eliazar; Filón, *Vit. Mos.* 2 §67 [cp. 13]; otras referencias en Bleek). El significado más amplios de "honor" no se excluye (cf. ἐδόξασεν, v. 5), y puede haber reflejos en Éxodo 28:2, donde se lee que las vestiduras sacerdotales de Aarón son εἰς τιμὴν καὶ δόξαν.

Las palabras καθώσπερ καὶ Ἀαρών se omiten, al parecer, en 𝔓¹³, tal vez porque el copista compartía la misma reticencia a comparar a Aarón con Cristo que hizo que d negara rotundamente la comparación: *non quemadmodum Aaron sic et Christus.* No cabe duda de que las palabras καθώσπερ καὶ Ἀαρών forman parte del v. 4 y reflejan el comienzo del v. 5.

Καθώσπερ*** (2Co. 3:18 *v.l.*) es un término demasiado raro para ser la lectura más difícil aquí, en comparación con καθάπερ en C² D² Ψ y el texto mayoritario (4:2), y καθώς en C* (tal vez por asimilación al v. 3). Καθώσπερ es un sinónimo más fuerte de καθώς, "así como". Καθώσπερ καὶ Ἀαρών se reflejará en la expresión κατὰ τὴν τάξιν Μελχισέδεκ, "del mismo modo que Melquisedec", en el v. 10. El contraste entre los dos se mostrará más Adelante (p. ej., 7:11).

Puesto que Aarón obviamente es uno de los (sumos) sacerdotes que están siendo analizados, debe considerarse que la conjunción καί antes de Ἀαρών (que se omite en D sir vg) conecta uno de los miembros del grupo con el resto, con lo cual, puede interpretarse como "y especialmente" (cf. Bauer *s.v.* I.1c; Mr. 16:7; Hch. 1:14). El autor no muestra ningún interés especial por Aarón como personaje histórico, sino solamente como el fundador humano del sacerdocio levítico (7:11; cf. 9:4*). Con respecto al llamado y nombramiento de Aarón, véanse Éxodo 28:1ss.; Números 3:10; cf. Éxodo 29:4s.; Levítico 8:1ss.; Números 16:5, 40; 17:5; 18:1ss.; Salmo 105:26; Jos. *Ant.* 3.188-192; Filón, *Vit. Mos.* 2.67 (3.1).

5:5. Cristo recibió de Dios su ministerio como sumo sacerdote

Cristo cumple absolutamente todos los requisitos propios de un sumo sacerdote que se especifican en los vv. 1-4, a saber, el nombramiento divino (v. 4) y la solidaridad con los seres humanos (vv. 1-3). Deichgräber 174-176 refuta de manera convincente todos los intentos de Schille 1955 y Friedrich 1962 de descubrir un himno primitivo en los vv. 5-10; Attridge 148 describe con mucho acierto el pasaje como una "prosa festiva elaborada". Entre los análisis de las citas aquí y en el v. 6, véanse Padva 64-68; Vis 73-78; Leonard 1939.225-227; Mickelsen 110-126; Kistemaker 1961.37, 86s., 116-124; Schröger 116-119; con respecto a los vv. 5-10, véase Cerfaux. El propósito de los vv. 5s. es unir los títulos de Hijo y de (sumo) sacerdote que Dios le confirió a Cristo, tal como atestigua la Escritura. El título tradicional de Hijo ha ocupado un lugar prominente desde el principio de la epístola (1:3), y en el futuro se usará solamente junto con el de (sumo) sacerdote (5:8; 7:3, 5, 28), o de pasada a lo largo de una exhortación (6:6; 10:29). El nuevo título de (sumo) sacerdote, en cambio, ocupará el lugar principal en la sección doctrinal en el centro de la epístola (7:1–10:18). Los presentes versículos, por tanto, constituyen un eje importante en la estructura de la epístola. "El Hijo es un mediador eficaz porque es el sumo sacerdote que padeció y ahora está entronizado en la gloria celestial" (Attridge 147). En cuanto a la cita del Salmo 2:7, véase 1:5. Con respecto a la relación entre el v. 4 y los vv. 5ss., véase 5:4.

Οὕτως καὶ ὁ Χριστός; cf. 9:28. Καί desempeña una función similar a la de la segunda καί en el v. 4 (Vanhoye 112). Χριστός (3:6) no se usa nunca en Hebreos como un título mesiánico, e incluso la unción de los sacerdotes no se menciona de manera directa. Prácticamente no hay ninguna diferencia entre el uso de Χριστός, como aquí, con el artículo y sin él, como por ejemplo en 9:11 (Bleek discrepa). Sin embargo, otros nombres propios, incluyendo Ἰησοῦς, normalmente no van procedidos de ningún artículo en Hebreos.

Δοξάζω*: el aoristo ἐδόξασεν señala la transición de las declaraciones generales acerca de los sumos sacerdotes (vv. 1-4) a las declaraciones acerca de Cristo basadas en acontecimientos históricos (vv. 5-10). El sentido y el lenguaje se acercan a los de Juan 8:54; cf. 5:41; 8:50; existe un paralelismo formal con Romanos 15:3. Δόξα en Hebreos, al igual que en otros lugares (especialmente Juan), denota principalmente una cualidad divina que Dios comparte con el Hijo (2:7, 9), y el Hijo con los creyentes (2:10). Δόξα per se no denota una posición ni un oficio, aunque sí se usa en aposición a ἀρχιεροσύνη en 2 Macabeos 14:7, cf. Sirácides 45:23, y en el presente versículo la idea de un oficio honorable se expresa en las palabras que siguen, γενηθῆναι ἀρχιερέα. Γίνομαι se emplea normalmente en Hebreos para referirse al hecho de que Cristo "llegó a ser" sumo sacerdote; cf. 2:17; 5:9; 6:20;

cf. 7:22, 26; de manera más general 1:4 con respecto a su exaltación. Γενηθῆναι como complemento de ἐδόξασεν implica propósito: cf. Jn. 8:50, οὐ ζητῶ τὴν δόξαν μου (BD §392); pero también podría desempeñar simplemente una función epexegética (así piensa Moffatt; cf. BD §394). Ἱερεὺς γενόμενος es una frase que aparece frecuentemente en las inscripciones. Δοξάζω se usa en sentido reflexivo con respecto a Jesús en Juan 8:54, pero en ningún otro pasaje de la Biblia seguido de un infinitivo (Braun). La cláusula completa podría traducirse: "no se elevó a sí mismo a la gloria del sumo sacerdocio" (Bauer *s.v.* δοξάζω 2).

Al igual que en el v. 4, una declaración negativa precede a una afirmación positiva contrastante (ἀλλ') acerca del llamado y el nombramiento de Dios. Ὁ λαλήσας, por supuesto, es Dios, al que se hace referencia indirecta por razones retóricas y/o reverentes (cf. τὸν δυνάμενον, v. 7). Los vv. 5b-6 representan un avance respecto al v. 5a, porque no se trata solo de la autoridad divina de Jesús como sumo sacerdote, sino que el mismo Dios que (como ya sabían) había designado a Jesús como Hijo suyo, también lo había constituido sumo sacerdote, y que el otorgamiento de ambos títulos estaba confirmado en la Escritura. Πρὸς αὐτόν, "a él"; cf. 1:8. El texto del Salmo 2:7 se cita como en la LXX, Hebreos 1:5, y Hechos 13:33.

La declaración positiva se expresa sobriamente con las palabras de la Escritura. A la luz del v. 7, esta restricción podría considerarse en parte una reminiscencia de la humildad de Jesús en la tierra, y la humillación de su sufrimiento y muerte (cf. Vanhoye 1980.142-144); pero el capítulo 1 ya había mostrado el deseo del autor de dejar que la Escritura hablara por sí misma al dar testimonio del estatus singular de Cristo. La primera cita del Salmo 2:7, en 1:5a, puede interpretarse como un reflejo de la tradición del evangelio sobre el testimonio que da Dios de la filiación de Jesús en el momento de su bautismo y transfiguración (Mr. 1:11||; 9:7||; 12:36||), mientras que la última cita en la misma serie (1:13) se refiere sin duda a su exaltación. Así también aquí, donde se citan conjuntamente los mismos salmos en el mismo orden, las citas podrían estar relacionadas con el principio y el final de la vida terrenal o el ministerio público de Jesús. Sin embargo, así como en el capítulo 1 el tema invariable parece ser, más bien, la exaltación de Cristo, el contexto aquí se refiere a su exaltación, junto con el sufrimiento y la muerte que ocurrieron antes de la exaltación y la hicieron posible (vv. 9s.). Por consiguiente, cualquier vínculo con la tradición del evangelio debe buscarse mejor a través de las posibles alusiones a los sufrimientos de Jesús en los relatos del bautismo y la transfiguración. Spicq, de manera poco convincente, relaciona ambas citas con el momento en que Cristo se hace hombre. Λαλήσας sugiere un momento cronológico.

Véanse Schille 1955; Vaccari 1956; Cerfaux; Rabanos; Friedrich 1962; Deichgräber 174-178; Pokorný; Alemany 272-275; Attridge 146-147; Grässer 288-291.

5:6. La Escritura da testimonio del nombramiento de Jesús como sumo sacerdote

Respecto a la relación con el versículo anterior, véase 5:5. En cuanto al uso en Hebreos del Salmo 110 (109 LXX) por lo general, véase 1:13.

Καθώς es la conjunción que se usa normalmente para introducir citas de la Escritura (3:7; 4:3, 7; 8:5), aunque en Hebreos no aparece la fórmula καθὼς γέγραπται, que sí es muy frecuente en Pablo. Καί destaca la información nueva que va a ofrecerse en la segunda cita (Vanhoye 112).

Λέγει: como en 1:6, el contexto exige como sujeto a "Dios", no la "escritura", aunque el autor no hace ninguna distinción clara entre ambos; no obstante, Dios es el que habla tanto en el Salmo 2:7 como en el Salmo 110[109 LXX]:4.

Ἐν ἑτέρῳ (Hch.13:35; *Bern*. 15:2; Jos. *Ant*. 14:114) con τόπῳ sobrentendido (cf. *1Clem*. 8:4; 29:3; 46:3), "en otro lugar (de la escritura)", o posiblemente neutro, cf. ἐν τούτῳ, 4:5; ἑτέρα γραφή, Juan 19:37. El significado es equivalente a πάλιν (1:5b etc.), que en D*, de hecho, se inserta aquí. Dentro de la cita, en 𝔓⁴⁶ P 692 *pc* se añade εἶ en consonancia con la LXX. La defensa peculiar que hace Hoskier del uso del sustantivo no confirmado επευξ en lugar de ἱερεύς en 𝔓⁴⁶ no necesita refutación; véase Zuntz 253n.7.

Del mismo modo que en 2:17, el título de sumo sacerdote se le da a Jesús de pasada, y por el momento, sin explicación, por ese motivo, el Salmo 110:4 se cita aquí sin ningún comentario inmediato, aparte de la recapitulación virtual de 5:10. "Este versículo aparece tan a menudo antes de su explicación definitiva que el lector espera impacientemente la solución" (*TDNT* 3.275). En el capítulo 7 se ofrecerá una exégesis detallada del Salmo 110:4 junto con Génesis 14:17-20 (cf. la exégesis del Sal. 95:7-11 a la luz de Gn. 2:2 en Heb. 3:7–4:11). La cita es casi exacta: σὺ εἶ… en la LXX; 𝔓⁴⁶ P min. etc. se asimilan a la LXX.

Se ha sugerido que estas citas reflejan la expectativa de Qumrán de un Mesías que sería rey y sacerdote. La debilidad de este argumento, en lo que respecta a los presentes versículos, es que el intenso desacuerdo entre Qumrán y el sacerdocio de Jerusalén exigiría que el autor se dirigiera a uno de los dos partidos, si es que (en contra del tono general de Hebreos) iba a entablar algún tipo de polémica; sin embargo, los puntos de contactos con los estatutos y prácticas distintivos de Qumrán son difíciles de encontrar (Braun 1966.253).

Después de la época neotestamentaria (por primera vez en Hipólito sobre Gn. 49:8; cf. *Test. Sim*. 7:2), algunos cristianos intentaron instaurar la idea de que Jesús descendía de Leví y también de Judá; pero Hebreos 7:13 rechaza explícitamente cualquier planteamiento en ese sentido.

Κατὰ τὴν τάξιν Μελχισέδεκ no implica, ni en la LXX ni en Hebreos, una sucesión de sacerdotes. Ni siquiera en 7:23 se pone de relieve el concepto de la sucesión. Un sacerdocio de Melquisedec que consiste en una sucesión de dos miembros, Melquisedec y Cristo, separados históricamente por muchos siglos sería difícil de concebir, aun cuando (7:3) no se considerara que sus miembros, en cierto sentido, están por encima del proceso temporal. El principal significado de la frase probablemente es "conforme a la naturaleza de", de ahí "al igual que Melquisedec" (Bauer *s.v.* τάξις 4; cf. Ellingworth 1977; Lane), o "a la manera de Melquisedec" (la traducción de los salmos de la Jewish Publication Society). Si esto es cierto, el significado sería similar a καθώσπερ καὶ Ἀαρών, 5:4; κατὰ τὴν ὁμοιότητα Μελχισέδεκ, 7:15 y ἀφωμοιωμένος… τῷ υἱῷ τοῦ θεοῦ, con respecto a

Melquisedec, 7:3. Sin embargo, el tema principal en el capítulo 7 no será ninguna característica personal de Melquisedec ni aun de Jesús, sino el hecho de que este tipo de sacerdocio, a diferencia de la institución levítica, es εἰς τὸν αἰῶνα, permanentemente eficaz (cf. ἀπαράβατος, 7:24). El autor pasa por alto textos como Éxodo 29:9; 1 Crónicas 15:2, que afirman que el sacerdocio levítico también es εἰς τὸν αἰῶνα; en 1 Macabeos 14:41, εἰς τὸν αἰῶνα podría significar simplemente "por siempre", aunque esto sería poco usual (Buchanan). Es importante entender que τάξις en este contexto denota más que una simple clase dentro del sacerdocio (como en Lc. 1:8 y Filón, *Vit. Mos*. 3.21); es una dispensación diferente, un tipo diferente de ἱερωσύνη, ἕτερος (7:11s.). En Hebreos no se usa el término τάξις fuera de la frase cliché κατὰ τὴν τάξιν (5:10; 6:20; 7:11, 17*). Véanse Schille 1955; Higgins 1963; Hay 143-153; Hamp 1974; Loader 1978, 1981; G. Schrenk in *TDNT* 3.274-283.

5:7-10. De Melquisedec a Cristo

La estructura gramatical básica es: ὅς, es decir, ὁ Χριστός... [1, 2] ... ἔμαθεν... [3] ... τὴν ὑπακοήν, καὶ... [4] ... ἐγένετο... [5] ... αἴτιος σωτηρίας αἰωνίου... [6].... Por razones gramaticales no resulta convincente aislar el v. 8 como un paréntesis, porque contiene uno de los únicos dos verbos principales. Tampoco es convincente por razones de contenido, porque el v. 8 está relacionado con el v. 9, y probablemente también con el v. 7, por medio del tema de la obediencia. Hay cláusulas subordinadas ampliadas insertadas en los puntos [1, 2, 4] y [6]; estas se centran en los participios προσενέγκας, [2] εἰσακουσθείς (que dependen de ἔμαθεν), y [4] τελειωθείς and [6] προσαγορευθείς (que dependen de ἐγένετο). Las cláusulas subordinadas insertadas en los puntos [3] y [5] tienen una importancia estructural menor. Aunque la estructura de la oración es compleja, no es tan oscura que pueda forzar, únicamente por razones gramaticales, la conclusión de que a un texto tradicional se le hicieron adiciones de redacción.

La historia literaria del pasaje se ha analizado desde el punto de vista de (1) fuentes extrabíblicas, especialmente gnósticas; (2) un himno o una confesión cristiana primitiva; (3) el AT; y (4) la tradición del evangelio. Estos no son mutuamente excluyentes, pero el equilibro entre ellos se ha evaluado de distintas formas.

(1) Los intentos de descubrir paralelismos gnósticos directos con este pasaje no han sido convincentes, y otros intentos más generales de demostrar una influencia gnóstica sobre la tradición cristológica neotestamentaria han sido enérgicamente impugnados (véase Gnilka 138-142; Hofius 1972, 1976; Laub 1980.125 y n.232, contra Käsemann 1984.104-117; véase la introducción, págs. 42-45).

(2) podría, en principio, incluir el punto (3), el uso del lenguaje del AT, puesto que la reflexión sobre textos del AT entró en la tradición cristiana en una etapa muy temprana (p. ej., Hch. 2:16; 3:18, 24; 1Co. 15:3; cf. Heb. 1:1s.). Varias características del lenguaje de este pasaje sugieren un estilo poético u oratorio: (a) el pronombre relativo introductorio ὅς (cf. Fil. 2:6; Col. 1:15; y véase más adelante el v. 7); (b) el uso frecuente de participios; (c) el uso de términos que de otro modo no formarían parte del vocabulario típico de Hebreos y (d) el uso frecuente de sustantivos sin artículo, especialmente en pares. Friedrich 1962 considera que

una gran parte de los vv. 7-10 son un himno bautismal; Brandenburger 205 habla de "características hímnicas"; Hay 43 de "un origen hímnico"; Deichgräber 174, seguido de Braun (comentando sobre 5:10), discrepa. Los límites de un texto litúrgico primitivo de este tipo son difíciles de determinar. Schille incluye el v. 5 y también los vv. 7-10, pero el uso en un himno de una cita del AT directa, incluyendo una fórmula introductoria, no tiene paralelo, a pesar de la oración de Hechos 4:25s. Lescow excluye las cláusulas εἰσακουσθείς y τελειωθείς a pesar de sus características aparentemente poéticas. Brandenburger, seguido de Buchanan, asigna al v. 7 y a los vv. 8-10 dos tradiciones diferentes, tal vez haciendo demasiado hincapié en el contraste entre los participios de aoristo y el presente ὤν, con el fin de limitar la referencia al estatus preexistente de Cristo. Zimmermann 1977.60-79, siguiendo en parte el ejemplo de Friedrich, elimina de los vv. 7-10 ἐν ταῖς ἡμέραις τῆς σαρκὸς αὐτοῦ, todo el v. 8, πᾶσιν τοῖς ὑπακούουσιν αὐτῷ en el v. 9 y κατὰ τὴν τάξιν Μελχισέδεκ en el v. 10, para crear dos estrofas de tres líneas cada una. Esto es más plausible que la afirmación de Schille de que κατὰ τὴν τάξιν Μελχισέδεκ formaba parte del *Vorlage* y por ende, no era parte de la enseñanza característica del autor. Estos diversos esfuerzos por aislar un núcleo tradicional en estos versículos tienen su origen en la presencia, en paralelo, de características inusuales como δέησις*, ἱκετηρία**, κραυγή*, εἰσακούω*, αἴτιος** y προσαγορεύω**, y algunos conceptos esenciales en Hebreos, como por ejemplo, προσφέρω y ἀρχιερεύς con respecto a Cristo. Tal vez sea mejor pensar en elementos del lenguaje tradicional y no en una cita fragmentada de un texto tradicional en particular. Deichgräber no incluye este pasaje en su estudio de los himnos del NT. De todas formas, debe concedérsele el peso debido a la habilidad del autor de escribir en un estilo poético (1:1-4; 12:18-24) y su poder para rehacer el material tradicional de acuerdo con su perspectiva teológica y su propósito al escribir (así opina Grässer, junto con Hegermann). Esta habilidad se demuestra ampliamente en su manejo de las citas del AT.

(3) Algunos eruditos anteriores descubrieron en este pasaje alusiones al Salmo 22 (21 LXX), que se cita en 2:12, y también al Salmo 116 (114-115 LXX; el primero fue Bleek). Strobel 1954 examinó detalladamente la segunda sugerencia, y Maurer (279) resumió sus conclusiones de la siguiente manera: "El salmista da gracias al Señor porque oirá (εἰσακούσεται, v. 1) la voz de sus súplicas (δέησις, v. 1); cuando se vio rodeado por ayes de muerte (v. 3), clamó al Señor para que salvara su vida (v. 4) y Dios lo rescató (ἔσωσέν με, v. 6), y libró su alma de la muerte (ἐκ θανάτου, v. 8)". Pero por un lado, no hay ninguna expresión en el Salmo 116 que se asemeje a ἀπὸ τῆς εὐλαβείας; y por otro lado, sí hay muchos puntos de contacto con otros pasajes veterotestamentarios, como por ejemplo, los Salmos 22:2, 5, 24 (21:3, 6, 25 LXX); 31:22 (30:23 LXX); 39:12 (38:13 LXX); y 69:3 (68:4 LXX). Sería tal vez más seguro hablar de un uso generalizado del lenguaje y el patrón de intercesión en el AT, y no de una alusión a un texto en particular. Dado que los Salmos 22 y 39 tienen otros puntos de contacto en Hebreos, es probable que el propio autor haya sido, en gran medida o enteramente, responsable de la selección de este lenguaje. El uso del lenguaje veterotestamentario en sí mismo no es incompatible con la hipótesis de que se trata de un himno cristiano primitivo

(cf. Fil. 2:7 con Is. 53:3, 11; Fil. 2:10s. con Is. 45:23 LXX). Braun observa que ἡμέραι τῆς σαρκός, ἱκετηρίαι, ἰσχυρός, προσφέρειν πρός, εὐλάβεια y εἰσακούειν ἀπὸ no aparecen en contextos de oración en la LXX.

(4) La relación entre este pasaje (especialmente el v. 7) y la tradición evangélica puede abordarse desde la perspectiva literaria (¿hace recordar este pasaje el lenguaje de los evangelios?) y desde la perspectiva histórica (¿hace referencia este pasaje a acontecimientos narrados en el evangelio?). A la primera pregunta debe dársele una respuesta en gran medida negativa. Σάρξ se usa en el v. 7 con un sentido diferente del que tiene en Marcos 14:38‖. El sufrimiento de Jesús no se describe aquí como una πειρασμός πειρασμός (Mr. 14:38‖, aunque cf. Heb. 2:18). El tema de la sumisión de Jesús a la voluntad de Dios ocupa un lugar destacado en Marcos 14:36‖; Mateo 26:42, al igual que en Hebreos 10:5-10, pero el lenguaje relacionado con la obediencia que se emplea aquí es diferente, y contrasta marcadamente con los relatos del Evangelio sobre Getsemaní, en ningún lugar de Hebreos, fuera de las citas, se le llama "Padre" a Dios. Σῶσόν με ἐκ τῆς ὥρας ταύτης en Juan 12:27 evoca las palabras σώζειν αὐτὸν ἐκ θανάτου aquí, pero el lenguaje no es inusual. Las referencias al llanto de Jesús (Lc. 19:41; Jn. 11:35) están fuera de la historia de la pasión, como también la referencia al hecho de que Dios escuchó la oración de Jesús en Juan 11:41s. El "gran grito" de Jesús en la cruz (Mr. 15:34‖) se describe con un lenguaje diferente al que se usa en el presente pasaje. Las palabras ἐν ταῖς ἡμέραις τῆς σαρκὸς αὐτοῦ muestran ya claramente que la intención del autor era referirse a un acontecimiento histórico, pero no es seguro de qué referencia se trata exactamente. T. Boman ve una alusión a una batalla en oración distinta de la que Jesús libró en la ocasión en la que los discípulos se quedaron dormidos; pero esta opinión no tiene suficiente fundamento en sí misma, y presupone que el presente pasaje debe referirse a un elemento específico de la sucesión de acontecimientos que condujeron a la cruz; y eso es precisamente lo que no está claro. Ἐν ταῖς ἡμέραις τῆς σαρκὸς αὐτοῦ sugiere una referencia más general, como también sugeriría ἀπὸ τῆς εὐλαβείας, en caso de que esto signifique "desde el instante en que comenzó (su) agonía". Grässer demostró que las referencias históricas en Hebreos no tienen su origen en ningún interés puramente biográfico, sino que son inseparables del kerigma. Laub 1980 considera con razón que este pasaje refleja, junto con Filipenses 2:5-11; Colosenses 1:15-20; 1 Timoteo 3:16, un patrón cristológico tradicional de humillación y exaltación, y esto es probable aun cuando el pasaje no tenga que ver con ningún himno en particular. Ese tipo de patrón también se refleja en Hebreos 1:3s.; 2:14s., pero los presentes versículos expresan de un modo más marcado la intensidad de los padecimientos de Cristo.

5:7. La invocación de Cristo a su Padre

Las cláusulas introducidas por el pronombre relativo ὅς, aunque desde el punto de vista gramatical son subordinadas, contienen siempre en Hebreos declaraciones importantes acerca de la pasión y exaltación de Cristo (1:2; 12:2), especialmente en su función de sumo sacerdote (como aquí y en 7:27; 8:1; cf. 7:16; 9:14). El antecedente aquí es el pronombre personal σύ en la cita del Salmo 110:1, y en última instancia, ὁ Χριστός en el v. 5. Los eruditos que creen que tras los vv. 7-10 subyace un himno primitivo, alegan como prueba de esto el regreso abrupto a la tercera persona del singular con el pronombre ὅς; Braun habla de manera más general de una "tradición", distinta de la LXX y de la tradición sinóptica más antigua. Los vv. 7-10 son relativamente independientes de los vv. 5s. y es preferible tratarlos como una oración separada, como en las traducciones modernas.

En lugar de ἐν ταῖς ἡμέραις τῆς σαρκὸς αὐτοῦ, "durante su vida terrenal", en Ecumenio se lee ὅταν ἦν ὁ κύριος ἐπὶ τῆς γῆς. La frase en sí misma es bastante general, pero los aoristos que siguen sugieren que hace referencia a un momento cronológico específico (véase Bauer *s.v.* ἐν II.3). Al igual que en el AT (p. ej., Gn. 6:3, 5; Dt. 30:20; cf. Lc. 1:7), ἡμέραι se refiere al ciclo vital de una persona (Bauer *s.v.* 3b; cf. Heb. 7:3). Αὐτοῦ debe combinarse con ἡμέραις. Esta expresión de tiempo determina el significado de σάρξ (2:14) como "la vida humana en la tierra"; cf. *Mart. Pol.* 2:2, τῆς σαρκὸς ἀποδημεῖν; *2 Clem*ente 5:5, ἡ ἐπιδημία… τῆς σαρκὸς ταύτης (Bauer *s.v.* 5); con mucha frecuencia ἐν σαρκί. Dado que el presente pasaje, a diferencia, por ejemplo, de 10:20, hace hincapié en el aspecto pasivo de la muerte y exaltación de Jesús, σάρξ aquí puede connotar debilidad, pero el autor no extrae en este momento ninguna implicación con respecto a la ofrenda que hace Cristo de su propia carne. Σάρξ sin duda no es un término peyorativo, como sí lo es a menudo en Pablo. Al autor no le interesa la reflexión teológica posterior acerca de la asunción de la naturaleza humana de Cristo al cielo, sin embargo, aquí, y también en otros lugares (especialmente 2:14-18) expresa claramente el concepto de que la vida humana que Cristo experimentó, y en particular, su sufrimiento y su muerte, fueron esenciales para su obra de salvación.

Δεήσεις* τε καὶ (2:4) ἱκετηρίας** están estrechamente relacionados, y puede que aquí sean sinónimos, al igual que δῶρά τε καὶ θυσίας (v. 1) y μετὰ κραυγῆς ἰσχυρᾶς καὶ δακρύων, v. 7b; por sí misma, ἱκετηρία es la expresión más fuerte. Cf. διὰ πάσης προσευχῆς καὶ δεήσεως, Efesios 6:18; ταῖς δεήσεσιν καὶ ταῖς προσευχαῖς 1 Timoteo 5:5; Filipenses 4:6; δεήσεις, προσευχάς, ἐντύξεις, 1 Timoteo 2:1. Δεήσεις se usa con ἱκετηρίας en Job.40:27 LXX (*v.l.* singular; EVV 41:3); este pasaje no guarda relación con Hebreos. Cf. Isocr. *Or.* 8.138 *v.l.,* πολλὰς ἱκετηρίας (*v.l.* ἱκετείας) καὶ δεήσεις ποιούμενοι; Filón, *Leg. Gai.* 226, 228; Jos. *Guerras* 5.318; Polib. 3.112.8; 2 Macabeos 9:18. Este testimonio generalizado hace que resulte innecesario describir la frase como un "septuagintismo" (MHT 4.110). No hay razón para suponer la influencia de Filón, que normalmente usa ἱκετεία o ἱκεσία (*Cher.* 47; *Spec. Leg.* 1.97) en lugar de ἱκετηρία (Williamson 51-64, en contra de Spicq 1.45s.).

Ἱκετηρία es el femenino de ἱκετήριος, que se usa con elipsis de ῥάβδος o ἐλαία para referirse a la rama de olivo que porta el que busca protección y ayuda fuera de su propia tierra (ἱκέτης, el que viene [ἵκω]; cf. ἥκω, Heb. 10:7 = Sal. 40:9 [39:8 LXX]). Bajo la influencia de ἱκέτης, ἱκετηρία llegó a adquirir el sentido de súplica urgente, ya sea a un ser humano o a un dios. F. Büchsel en *TDNT* 3.296f.; MHT 3.18.

Esta es la única referencia en Hebreos a las oraciones de Jesús en la tierra; su intercesión celestial se menciona en 7:25, y las oraciones de los cristianos en

13:18. En el presente versículo no hay ninguna sugerencia de la intercesión por otros, pero sí podría haber una comparación implícita con lo que se dijo en el v. 3 con respecto a la actividad de los sumos sacerdotes en general:

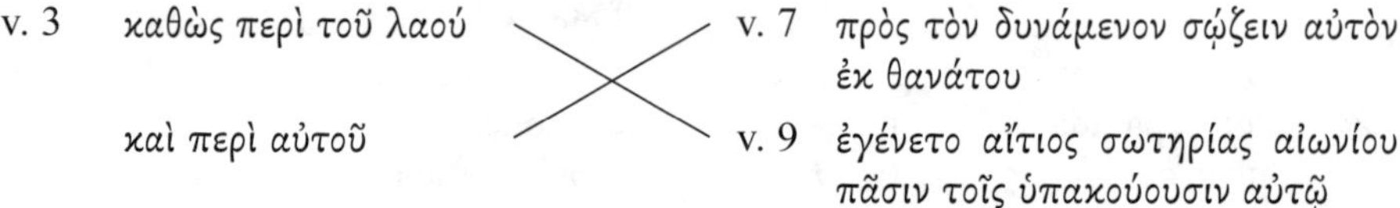

Τὸν δυνάμενον, al igual que ὁ λαλήσας en el v. 5, es una perífrasis para Dios, sin embargo, es más que un recurso estilístico. Un tema recurrente en Hebreos es el poder de Dios y la demostración de sus efectos en la comunidad cristiana (2:4; 6:5; cf. 1:3).

La construcción πρὸς τὸν δυνάμενον... προσενέγκας se usa para el dativo más común; 2 Corintios 13:7 y Hechos 16:29 ilustran la misma variación con εὔχομαι (BD §187[4]). Riggenbach emplea la construcción con πρός para alegar que προσενέγκας no puede tener un sentido sacrificial aquí, pero el dativo también es normal en contextos que no tienen relación con el culto, por ejemplo, Lucas 23:14.

Σῴζω aquí tiene su significado literal de preservar o rescatar de la muerte física (cf. σωτηρία en 11:7), no el significado ampliado de preservar de la muerte eterna, como en 7:25; cf. 1:14; Sabiduría 14:1; 4:12; W. Foerster en *TDNT* 7.995f. Σῴζειν αὐτὸν ἐκ θανάτου puede significar "evitar que lo maten" (cf. Pr. 15:24; Stg. 5:20; *2Clem.* 16:4) o "rescatarlo levantándolo de entre los muertos" (cf. Sab. 14:4; Jn. 12:27; en sentido absoluto, Lc. 8:50; más generalmente, con respecto al rescate de la amenaza de muerte, Sal. 107:20 [106:19 LXX]; Os. 13:14; Sir. 51:12). Si se refiere específicamente a Getsemaní, la primera alternativa es más probable; si se refiere, de manera más general, a la pasión en su conjunto, el segundo significado es probable, como en 11:19, 35; 13:20. No es extraño que fuera del NT el primer significado sea más común; sin embargo, no es prudente basarse demasiado en este hecho, ni en el hecho de que en otros lugares en Hebreos la resurrección de Jesús no ocupa ningún lugar destacado. El autor de Hebreos insiste tan enérgicamente en los resultados positivos de los padecimientos y la muerte de Cristo (2:9, 14; 9:15) que es improbable que hablara aquí con antelación de un intento de Cristo por evitarlos. Y aun en el caso de que la referencia sea solo, o principalmente, a Getsemaní, la oración de Jesús (cuyo contenido no se especifica en Hebreos) incluía la petición, εἰ δυνατόν, de ser protegido de la muerte, y también el acto de sumisión a la voluntad del Padre. En Hebreos, las palabras que siguen confirman que el sufrimiento que causó su "aprendizaje" (v. 8) y su "perfeccionamiento" (v. 9) ya había comenzado, sugiriendo con ello que Jesús oró pidiendo la liberación segura de la muerte al final.

Μετά (es decir, junto con los δεήσεις τε καὶ ἱκετηρίας) κραυγῆς ἰσχυρᾶς καὶ δακρύων (12:17*): la referencia a las lágrimas deja claro que el κραυγή es producto del sufrimiento, como en Apocalipsis 21:4, no es fruto del gozo (Lc. 1:41) ni de la contienda (Hch. 23:9; Ef. 4:31). Κραυγή denota un sonido fuerte, que no tiene por qué ser humano (cf. Jb. 39:25; Sal. 144[143 LXX]:14), pero a menudo se asocia con la oración (p. ej., Sal. 5:2-4; Job. 34:28; 3Mac. 1:28). En cuanto al concepto de la oración intensa como un grito inarticulado, cf. Romanos 8:15s., 26, un pasaje que, al igual que el presente versículo, podría reflejar tradiciones relacionadas con la historia de Getsemaní (Mr. 14:36). Sin embargo, en el argumento de Hebreos es probable que se haga referencia, más ampliamente, a la pasión en su conjunto.

Este alcance más amplio se refleja tal vez en el uso del término προσφέρω. El uso en Hebreos del verbo προσφέρω (5:1) en otros lugares (salvo en 12:7) se relaciona con el culto o el sacrificio, y en un pasaje que se refiere a Cristo como sumo sacerdote, es difícil imaginar que δεήσεις τε καὶ ἱκετηρίας... προσενέγκας sea una simple paráfrasis para προσηύξατο;

sin embargo, la idea de la ofrenda sacerdotal de sí mismo todavía no es explícita, como sí lo será a partir de 7:27. Delitzsch alegó que la admisión de un sentido sacrificial aquí afectaría negativamente la exclusividad de la ofrenda que hizo Cristo de sí mismo en la cruz; pero Getsemaní, la cruz y la exaltación se consideran una unidad indivisible en estos versículos. Por otra parte, es posible tomar προσενέγκας aquí como una referencia al sacrificio en un sentido más amplio, como las oraciones de los cristianos que en 13:15 se describen expresamente como un θυσία. Es casi seguro que Maurer se equivoca al suponer que el participio προσενέγκας supone un énfasis menor que la forma verbal finita ἵνα προσφέρῃ del v. 1; nada podría ser más enfático que, por ejemplo, παραπεσόντας en 6:6.

Las dificultades más serias en este versículo tienen que ver con (1) la relación de la última cláusula εἰσακουσθεὶς ἀπὸ τῆς εὐλαβείας con el v. 8, y (2) el significado de εὐλάβεια (y secundariamente de ἀπὸ en este contexto). Una de las razones que hicieron que Harnack (1929) supusiera que debía leerse οὐκ antes de εἰσακουσθείς era que él creía que la conjunción καίπερ siempre introducía cláusulas relacionadas con un verbo principal anterior. Esta regla es válida en Hebreos (7:5; 12:17) y en el resto del NT, pero no siempre en la LXX (Pr. 6:8; Sab. 11:9; 2Mac. 4:34; 4Mac. 3:10, 15; 4:13; cf. Jeremias 1952/53; Scheidweiler 225s.) ni en el griego no bíblico (Thurén 1971.220n.1). No es, por tanto, necesario adoptar la construcción tan severa de "fue escuchado... aunque era hijo". Es preferible relacionar la cláusula que comienza con καίπερ con el verbo principal ἔμαθεν, con lo cual se entendería como "aunque tenía el estatus de Hijo (de Dios)"; (así BD §211; Braun considera que esta construcción es "demasiado artificial"); cf. ἐν υἱῷ en 1:2. El aprendizaje, la obediencia y el sufrimiento forman parte de la experiencia incluso del Hijo, como también ocurre con los hijos humanos (12:5-11). La suposición de Harnack (apoyada por R. Bultmann en *TDNT* 2.753, Windisch y Scheidweiler) resulta, pues, innecesaria, y de todas formas, sería preciso examinarla en el único caso en que fallaran todas las explicaciones del texto confirmado. "Jesús fue escuchado, pero su oración pidiendo la liberación fue respondida solamente en su exaltación" (Attridge 150). En cuanto a εἰσακούω, véase Spicq 1982.231-245.

Dentro de este contexto, es posible ver con más claridad los distintos significados posibles de ἀπὸ τῆς εὐλαβείας. La sugerencia de Spicq, "a causa del respeto de Dios por la oración de su Hijo", supone un implícito cambio brusco de sujeto y saca demasiadas conclusiones de la ausencia de αὐτοῦ, que ya se usó al principio del versículo; cf. el uso absoluto de δι᾽ εὐλάβειαν en Proverbios 28:14. (Esta sugerencia, que Spicq mencionó entre otras en su comentario de 1952, no volvió a mencionarla en su comentario más breve de 1977). La verdadera elección se encuentra entre (a) "reverencia (hacia Dios)" y (b) "temor (de la muerte)". Fuera de la Biblia griega, el término connota cierta circunspección, prudencia o cautela. La elección de εὐλάβεια en el presente versículo puede haber estado influenciada por la renuencia a atribuirle φόβος a Cristo; pero de todas formas, algo de esa misma ambigüedad se le atribuye a φόβος en el griego bíblico. El significado (a) está confirmado en Proverbios 28:14; Josué 22:24 y en Filón, por ejemplo, *Cher.* 29; (b) cuenta con el testimonio de Sabiduría 17:8 y también de Filón, *Leg. All.* 3.113. Εὐλάβεια se usa junto con φόβος en Ign. *Pol.* 6:3, en un contexto en el que hace referencia al juicio de Dios. En Hebreos, es cierto, el temor a la muerte se le atribuye a la humanidad no redimida (2:14). No obstante, sería coherente con el argumento pensar que Jesús participó primero de este temor para poder obtener la salvación eterna para los que estaban bajo el dominio de la muerte y el temor de la muerte. También es razonable suponer que la oración a Dios, como a aquel que podía salvar a Jesús de la muerte implica temor a la propia muerte.

En contra de esto, los contados pasajes del NT en los que aparecen εὐλάβεια y otros términos cognados apuntan en la dirección del significado "reverencia hacia Dios"; con toda claridad, la εὐλάβεια, 12:28*, de los cristianos, con δέος; εὐλαβέομαι, 11:7, con respecto a Noé; εὐλαβής, cf. Lucas 2:25; Hechos 2:5; 22:12, en todos los casos con respecto a judíos piadosos; Hechos 8:2 a cristianos. En Josué 22:24, εὐλάβεια se usa para referirse a un respeto prudente por Dios, en contraste con la apostasía que habría implicado la erección de un altar rival: el pasaje tiene varios puntos de contacto con Hebreos. En el presente versículo, εὐλάβεια pudiera aludir a la sumisión de Jesús a la voluntad de Dios, y esta idea vuelve a ponerse de relieve en el concepto de la obediencia en los vv. 8s. Este punto de vista encuentra un fuerte respaldo en el uso del Salmo 40[39 LXX]:7-9 en Hebreos 10:5-10 cuando alega que Cristo se ofreció a sí mismo porque vino a hacer la voluntad de Dios, y lo describe además como un acto de sumisión que santifica a los que creen (10:10; cf. 5:9). Por consiguiente, el significado de toda la expresión sería que Dios oyó la oración de Cristo porque fue ofrecida hasta el final en un espíritu de "humilde sumisión" (NEB) o "devoción" (REB). Grässer 302 hace hincapié en el acto singular de la sumisión de Cristo a la voluntad del Padre.

Si esto es correcto, es posible sacar conclusiones acerca del significado de ἀπό, y la relación entre los vv. 7 y 8. En el análisis anterior se dio por sentado que la preposición ἀπό tenía un sentido causal (Bauer *s.v.* v.1), pero esto ha sido impugnado, en parte porque ἀπό nunca se usa con ese sentido en Hebreos; se sugiere, más bien, un sentido temporal, "desde el momento de su εὐλάβεια en adelante". El sentido temporal de ἀπό está, de hecho, confirmado (Bauer *s.v.* II.2), aunque tal vez no en Hebreos salvo en la frase cliché ἀπὸ καταβολῆς κόσμου (4:3; 9:26); ἀπ᾽ ἀσθενείας, 11:34, es sin duda temporal; en la mayoría de los pasajes en los que aparece la conjunción ἀπό en Hebreos se usa con un sentido espacial. Al parecer, εὐλάβεια, ni en este contexto ni en ningún otro lugar, parece indicar un acontecimiento, aunque Laub (1980.133), con cierta reserva, amplía el significado e incluye todo lo relacionado con la fidelidad de Cristo en el sufrimiento y la muerte. Un significado espacial, "lejos de su temor (de la muerte)", capta bien el sentido de ἀπό, pero encuentra las dificultades que se mencionaron antes para la comprensión de εὐλάβεια. Es preferible, pues, un sentido causal.

Por consiguiente, la relación entre los vv. 7 y 8 podría parafrasearse de la siguiente manera: "Ante la perspectiva de la cruz, Jesús ofreció oraciones intensas y angustiosas a Dios por cuanto él tenía poder para rescatarlo del poder de la propia muerte. Dios oyó y respondió estas oraciones porque en ellas Jesús se sometió humildemente a la voluntad de Dios. De la agonía con la que oraba, y de su aceptación definitiva de la voluntad de Dios, aprendió la obediencia —algo necesario incluso para el que era Hijo de Dios". De esta manera, el v. 8 no solo se relaciona con προσενέγκας, sino también con la cláusula εἰσακουσθείς, que tiene el mismo estatus desde el punto de vista gramatical y en cuanto al significado. Otras explicaciones, que Jesús oró (1) para ser librado del temor de la muerte; (2) por obediencia a la voluntad de su Padre; (3) por sus enemigos o (4) pidiendo la liberación de la muerte en algún momento antes de la crucifixión, ejercen sobre el texto diversos niveles de tensión.

En cuanto a εἰσακούω*, con referencia al hecho de que Dios escucha (y por implicación, responde) la oración, cf. Mateo 7:7; Lucas 1:13; la relación con ὑπακοή en el v. 8 es más que un juego de palabras. 2:1 con respecto a ἀκούω; véase también la nota sobre τελειωθείς en el v. 9.

Véanse Harnack 1929; De Keulenaer; Esteve 219-227; Schelkle 52-54; Linton; Dibelius 1953; Jeremias 1952-53; Strobel 1954; Rissi 1955; Scheidweiler; Schille 1955; Omark; Du Plessis; Braumann; Hillmann 1960; Friedrich 1962; T. Boman; Zimmermann 1964; Grässer 1965; Steck; Sabourin 1968a; Schröger 120-127; Bourgin 1969; Brandenburger; Wrege; Andriessen-Lenglet; Thurén 1971; Galizzi; Maurer; Lightfoot; Andriessen 1974a; Roloff 1975; Feuillet 1976; Andriessen 1977.12-15; Vanhoye 1977b; Zimmermann 1977.60-79; Attridge 1979; Laub 1980.123-143; Swetnam 1981; BD §211 y Ergänzungsheft; H.-F. Weiss 321-327.

5:8. Cristo, el Hijo obediente

El juego de palabras entre ἔμαθεν y ἔπαθεν es ampliamente reconocido, y es probable que tenga su origen en el lenguaje popular (Aesch. *Ag.* 177, πάθει μάθος; Hdt. 1.207, τὰ δέ μοι παθήματα... μαθήματα γέγονε; Filón, *Rer. Div. Her. 73*; *Fuga 138*; *Spec. Leg. 4.29*; *Somn. 2.107*; *Vit. Mos. 2.280*; Aesop ed. Holm 370; otras referencias en Coste 1955; Braun), no obstante, este hecho no es una razón suficiente para colocar este versículo entre paréntesis. El uso generalizado de expresiones similares hace innecesario suponer la influencia directa de Filón (Spicq 1.46s.). Es cierto que tanto el tema del sufrimiento educativo como el "argumento pedagógico" de 5:11-14 (Williamson 277-308, contra Spicq 1.53-59) encuentran analogías en Filón, pero no hay ningún rastro en Hebreos de la distinción —que Filón sistematiza (*Abr. 52*; *Praem. 43*; *Conf. Ling. 63-69*) pero puede que sea anterior a Sócrates—

entre los μανθάνων que aprenden de un maestro, los ἀσκητής que aprenden por medio de la práctica y los αὐτοδίδακτος que extraen el conocimiento de su propia naturaleza. Véase K. H. Rengstorf en *TDNT* 4.410-412.

El análisis del v. 7 sugirió que el tema de la obediencia (ὑπακοή*; cf. v. 9; solo 2Re. 22:6 en la LXX; raro en griego clásico) a la voluntad de Dios atraviesa por este pasaje (cf. εὐλάβεια, v. 7). El tema de la obediencia de Cristo volverá a aparecer en 10:5-10, y el de la obediencia de los cristianos se tratará en 12:5-11. La obediencia de Cristo se contrasta implícitamente con la desobediencia del pueblo de Dios en 3:7–4:7. Fuera de las narraciones de la pasión en los Evangelios, el tema de la obediencia de Jesús se pone de relieve en Lucas 2:41-52; Juan 4:34; 5:30; 6:38; Romanos 5:19; Filipenses 2:8 (ὑπήκοος); cf. Isaías 50:4s. En Lucas 2:46, esto está relacionado, por lógica, con la idea del aprendizaje de Jesús. Este tema es comprensiblemente poco frecuente en otros lugares del NT, porque los Evangelios presentan a Jesús como el maestro y a sus seguidores como μαθηταί, mientras que fuera de los Evangelios y el libro de los Hechos, el término μαθητής no se usa jamás. Lo más distintivo en este versículo es la declaración explícita de que los padecimientos de Jesús tuvieron efectos en el propio Jesús. Esto estaría muy de acuerdo con la idea, que probablemente expresa el v. 7, de que la ofrenda de Jesús de "un fuerte clamor y lágrimas" equivalía en cierto sentido al sacrificio que el sumo sacerdote ofrecía por él mismo; especialmente cuando el sacrificio se considera la culminación de una vida de obediencia (10:5-10).

Para μανθάνω ἀπό, cf. Mateo 11:29; 24:32.

Ἀφ᾽ ὧν. Ὧν = τούτων ἅ, con la atracción del pronombre relativo (BD §294). Al igual que con el v. 7, la referencia histórica exacta de este versículo no es del todo cierta. El plural ἀφ᾽ ὧν** se refiere sin duda a una serie de acontecimientos, aunque estos no se especifican (cf. ἐν ᾧ πέπονθεν, 2:18), pero sería ir demasiado lejos afirmar que "Jesús aprendió de la Escritura que hasta los más mínimos detalles (ἀφ᾽ ὧν) de su pasión se basaban en la voluntad salvadora de Dios..." (Rengstorf en *TDNT* 4.411); el uso de ese tipo de textos para apoyar ciertos acontecimientos individuales es más típico de Mateo que de Hebreos. También resulta dudoso que "si el autor introduce la palabra μανθάνειν, la única razón posible sea que para él, y para la tradición de la pasión que usó, la actitud de Jesús cuando fue a la cruz estaba controlada por la Escritura" (*ibid.*). Lo que dice el texto es que Jesús aprendió de sus sufrimientos; aunque según ilustran las citas en los vv. 5s., el autor, al igual que otras corrientes de la tradición neotestamentaria, contempla la muerte de Jesús a la luz de la Escritura como la culminación del propósito salvífico de Dios. Del mismo modo que en el v. 7, lo más probable es que se haga referencia a la pasión en general, y a Getsemaní y a la propia cruz en particular.

Esto significa que ἔπαθεν (2:18) debe tomarse con su sentido usual y más amplio de "padeció", y no, como probablemente ocurre en 13:12, como un sinónimo virtual de "murió". 2:9 sobre θάνατος; 5:9 sobre τελειωθείς. Ἔπαθεν hace recordar συμπαθῆσαι en 4:15.

Καίπερ aquí, al igual que καίτοι en Hechos 14:17; Hebreos 4:3, se relaciona de manera más natural con lo que sigue, y destaca el sentido concesivo del participio siguiente (MHT 3.157; BD §425[1]; cf. también Heb. 7:5; 12:17*).

Ὤν hace recordar el verbo εἶ en la cita del Salmo 2:7 en el v. 5. El sentido del participio presente es difícil de determinar. El verbo εἰμί denota un estado y no un acontecimiento, por tanto, no hay ningún participio de aoristo disponible; sin embargo, podría haberse usado algún sustituto como γενόμενος (Fil. 2:8) si no hubiera habido la intención de contrastarlo con los aoristos circundantes. Καίπερ debe ir seguido de un participio, pero la elección del tiempo verbal queda abierta. En ningún otro lugar de Hebreos la filiación de Cristo se relaciona con el pasado, ni con su existencia terrenal; en algunos textos, como Hebreos 1:2; 3:6; 7:28, se presupone su estatus eterno o celestial. El presente versículo probablemente implica un contraste entre este estatus eterno, por un lado, y el proceso de aprendizaje de la vida terrenal de Cristo, por otro. En todas las traducciones consultadas se usa el tiempo pasado (vg *quidem cum esset Filius*). No obstante, el significado probable es: "Aunque tiene (eternamente) el estatus de Hijo (de Dios)". Además de la bibliografía sobre el v. 7, véanse Coste; Scheidweiler; Dörrie 1956; Hegermann 1961; Bornkamm 1974.214-224.

5:9. Cristo salva a los que le obedecen

Este versículo, junto con el v. 10, es importante de diversas maneras para la estructura de la epístola y el desarrollo de su pensamiento. (1) en el contexto inmediato, establece, sin definirlo estrictamente, la "solidaridad recíproca" (Spicq) por la que Cristo, tras haber participado de los padecimientos humanos, hace que la salvación esté disponible para los que comparten su obediencia. (2) en el contexto más amplio, constituye una introducción para las secciones doctrinales que siguen:

7:1-28	προσαγορευθεὶς... ἀρχιερεὺς κατὰ τὴν τάξιν Μελχισέδεκ (cf. 6:20)
8–9	τελειωθείς (7:28; 9:9; cf. 9:22)
10:1-18	ἐγένετο... αἴτιος σωτηρίας αἰωνίου (cf. 9:28)

(3) En el contexto más amplio también, el presente versículo marca una nueva etapa en el desarrollo de ciertos conceptos fundamentales. El paralelismo con 2:10b es estrecho, pero no mecánicamente verbal:

2:10b	**5:9**
1. πολλοὺς υἱούς	καὶ τελειωθείς (5, cf. 4)
2. ἀγαγόντα	ἐγένετο (cf. 2)
3. τὸν ἀρχηγὸν τῆς σωτηρίας αὐτῶν	πᾶσιν τοῖς ὑπακούουσιν αὐτῷ (1) αἴτιος σωτηρίας αἰωνίου. (3)
4. διὰ παθημάτων	
5. τελειῶσαι.	

Las principales diferencias son las siguientes: (a) que la acción de Dios está implícita en 5:9, pero explícita en 2:10 y en 5:10; (b) que en 2:10 no hay ningún término equivalente a αἰώνιος (véase más adelante); y (c) que el padecimiento de Cristo se menciona en 2:10 y en 5:7, pero permanece en segundo plano en 5:9.

Καὶ τελειωθείς: la relación entre la condición de Cristo como víctima y como Salvador no se desarrolla ni se explica en este punto, tal vez porque estaba bien arraigada en la tradición cristiana y les resultaba familiar a los primeros lectores de la epístola (cf. 1Co. 15:3b). A diferencia de los demás participios de aoristo en los vv. 7, 9-10, τελειωθείς (2:10) no se amplía en ninguna forma, y por tanto, los matices de su significado no resultan inmediatamente claros. En contraste con la descripción en los vv. 7-8 de lo que Cristo llegó a ser a través de sus padecimientos en la tierra, τελειωθείς expresa principalmente la idea de cumplimiento o de logro de un objetivo (en Hebreos no se usa el verbo πληρόω). A la luz de las referencias anteriores a Melquisedec y las que van a hacerse (vv. 6, 10), es casi seguro que el sentido de consagración como sumo sacerdote también esté presente. El autor de Hebreos suele mostrarse reacio a hablar de la muerte de Cristo (2:9), por ende, es probable que también haya aquí "una alusión secundaria... a la relación con la muerte" (Moffatt) de τελειόω y otros términos cognados; de lo contrario, la única referencia a la muerte de Cristo en este pasaje sería la frase de pasada ἐκ θανάτου en el v. 7. La ofrenda de sí mismo que hizo Cristo tuvo implicaciones morales, sin embargo, la declaración χωρὶς ἁμαρτίας (4:15) nos impide atribuirle al presente versículo el sentido de un progreso moral de un estatus imperfecto a uno perfecto.

Al igual que en los vv. 7 y 8, aquí se plantea el tema de la referencia histórica, y para explicarlo, es mejor seguir un procedimiento similar; a saber, considerar que τελειωθείς se refiere a la pasión y exaltación de Jesús, y presuponer que se trata de un solo acontecimiento. Podría interpretarse que τελειωθείς, προσαγορευθείς (v. 10), e incluso εἰσακουσθείς (v. 7) se refieren a aspectos diferentes de este acontecimiento (así opina Michel). De ser así, resulta inútil tratar de establecer una secuencia cronológica específica; a lo sumo podrían tomarse τελειωθείς y los demás participios como requisitos lógicamente indispensables para la declaración principal ἐγένετο... αἴτιος σωτηρίας αἰωνίου. Véase Käsemann 1984.133-144.

Ἐγένετο (1:4): "Hijo era, y sumo sacerdote llegó a ser" (Michel 164); cf. 2:17; 5:5; 6:20; 7:22, 26.

Πᾶσιν τοῖς ὑπακούουσιν αὐτῷ se ha reconocido desde Bleek como la lectura mejor confirmada, aunque la variante que ubica el adjetivo πᾶσιν al final de la cláusula (K L min. Θ) es difícil de justificar. Lo que se declaró por primera vez en 2:9 (ὑπὲρ παντός) se desarrolla aquí con el fin de relacionar la obediencia de los cristianos con la del propio Cristo: "Su obediencia atrae la nuestra" (cf. Nairne 68-74); en cuanto al concepto, cf. 10:10. Moffatt señala como "simplemente verbal" el paralelismo en Filón, *Abr.* 45, πᾶσι τοῖς ὑπηκόοις, acerca del hombre bueno como un rey con dos súbditos. No hay ninguna referencia explícita, ni aquí ni en ningún lugar de la epístola, a la misión gentil (contrástese con Ro. 1:5, 16), pero el lenguaje es obviamente más amplio que la frase correspondiente περὶ τοῦ λαοῦ en el v. 3. Aquí, y más claramente en 11:8*, ὑπακούω denota una respuesta positiva a un llamado verbal; 2:1, ἀκούω; el mismo tema vuelve a abordarse inmediatamente en forma parenética en el v. 11.

Αἴτιος**, en la LXX y en Homero, se usa normalmente en un sentido peyorativo, para referirse a alguien que causa daño (p. ej., 1Re. 22:22; 2Mac. 4:47; 13:4; pero cf. 4Mac. 1:11). Los paralelismos clásicos y helenísticos para αἴτιος σωτηρίας en un sentido positivo incluyen a Polibio 1.43.2 acerca del aqueo Alexón αἴτιος γενόμενος τῆς σωτηρίας; Diódoro Sículo 4.82.3, cf. 8; Filón, *Spec. Leg.* 1.252 con respecto a Dios; *Agrícola* 96 sobre la serpiente en el desierto y *Virt.* 202 de Noé; Jos. *Ant.* 14.1.36; Plut. *Them.;* Cornuto 1, p. 2, 19s., acerca de los cuerpos celestes como αἰτίους... τῆς σωτηρίας ὅλων (Horst 171; cf. Grässer 310-311).

Σωτηρία (1:14; cf. 2:3) hace recordar el verbo σώζω en el v. 7. "Así como el que fue obediente recibe obediencia, el que fue salvado se convierte en el Salvador" (Vanhoye 110). El pasaje está tan profundamente arraigado en la historia que es innecesario suponer cualquier referencia a la mitología gnóstica. Cf. Isaías 45:17. La frase "eterna salvación" no se repite en la epístola, pero cf. τηλικαύτης... σωτηρίας, 2:3; y κήρυγμα τῆς αἰωνίου σωτηρίας en el final más corto de Marcos. En dependencia del contexto, el significado de αἰώνιος podría ser "sin principio ni fin", como en 9:14 con πνεῦμα, o simplemente "sin final", como en 6:2 con κρίμα; 9:12 con λύτρωσις, en contraste con el antiguo pacto; en 13:20 (como ocurre a menudo en la LXX, p. ej., Gn. 9:16; 17:7; Lv. 14:8; 2Re. 23:5) acerca del pacto; y tal vez en 9:15 con κληρονομία (a menos que sea sinónimo del κατάπαυσις de 3:11ss., que es tan antiguo como la creación). En el presente contexto, αἰώνιος sugiere probablemente que la salvación en cuestión es más que el rescate de la muerte que se menciona en el v. 7. El femenino de αἰώνιος en Hebreos oscila entre αἰώνιος, como aquí y en 9:15; 13:20; y αἰώνια, como en 9:12.

Véanse Esteve 199-201; Spicq 1949-50.548s.; Du Plessis 212-214; Cody 1960.132-136; Rabanos 77-79; Loader 1978.44-46; Vanhoye 1980.152-156, 169s.

5:10. Un sumo sacerdote como Melquisedec

Dentro de la sección 4:14–5:10, este versículo concluye la aplicación a Cristo de lo que se dijo en los vv. 1-4 sobre los sumos sacerdotes en general: Μελχισέδεκ aquí refleja a Ἀαρών en el v. 4, y la expresión προσαγορευθεὶς ἀπὸ τοῦ θεοῦ hace recordar las palabras más cálidas καλούμενος ὑπὸ τοῦ θεοῦ, también en el v. 4; cf. λαλήσας πρὸς αὐτόν (v. 5). La cuidadosa transición de la enseñanza acerca de la filiación de Cristo a su sumo sacerdocio ahora está completa: los dos títulos aparecieron juntos en 4:14 y 5:5s., pero ahora el título de sumo sacerdote se menciona solo. Un capítulo predominantemente parenético será intercalado antes que el autor se disponga a analizar en detalle, a partir de 6:20, la obra del ἀρχιερεὺς κατὰ τὴν τάξιν Μελχισέδεκ. Es probable que la razón de esta vacilación sea la dificultad de la enseñanza que va a comunicarse (5:11), o tal vez, la incertidumbre del autor con respecto a la capacidad de los lectores para entenderla, o ambas cosas. Esta es la quinta vez que a Jesús se le llama ἀρχιερεύς (después de 2:17; 3:1; 4:14; 5:5; cf. 4:15; 5:1), pero todavía no se da ninguna explicación acerca del término.

Buchanan no coincide con Brandenburger en cuanto a tratar el presente versículo como un comentario editorial del autor; Zimmermann 1977 considera que κατὰ τὴν τάξιν Μελχισέδεκ es una frase editada. Resulta difícil, en vista del problema obvio que se señala en 7:14; 8:4, imaginar una tradición en la que Jesús fuera reconocido como sumo sacerdote, sin la explicación peculiar, hasta donde sabemos de Hebreos, de que él era un sumo sacerdote de un tipo especial, a saber, del orden de Melquisedec. Sobre Melquisedec, véase 7:1-10.

Προσαγορεύω** se usa en la LXX y en los papiros, y también en el griego clásico, para referirse a un saludo amistoso y pacífico (Dt. 23:7; *Mart. Pol.* 20:2), llamando a alguien por su nombre (JEN. *Cir.* 8.7.14, τὸν αὐτὸν πατέρα προσαγορεύοντες), y de ahí, por una transición natural, a la concesión de un nombre a alguna cosa (Jos. *Ant.* 15.293 a una ciudad; Sab. 14:22; 2Mac. 1:36) o a alguna persona, sobre todo como una expresión de amistad u honor (Diód. Síc. 1.4.7 con respecto a un emperador, ὁ διὰ τὰς πράξεις προσαγορευθεὶς θεός; cf. Plut. *Aem.* 8; 1Mac. 14:40 a los romanos que llamaban a los judíos φίλοι καὶ σύμμαχοι καὶ ἀδελφοί; 2Mac. 4:7; 10:9 a Antíoco llamado Epífanes; 14:37 a un benefactor a quien llamaban "padre de los judíos"). La referencia de 2 Macabeos 1:36 aparece en un pasaje relacionado con el culto que tiene varios puntos de contacto con Hebreos (cf. 2Mac. 2:7 y Heb. 8:8). La comparación y el contraste con Romanos 1:4 son instructivos: ὁρισθέντος allí, aunque es más formal, tiene un significado similar al de προσαγορευθείς aquí; pero en Hebreos, la filiación de Cristo se considera eterna (εἶ σύ, v. 5; ὤν, v. 8), mientras que Pablo la relaciona con la resurrección. Para Hebreos, el título de sumo sacerdote se le otorga a Cristo como resultado de sus luchas terrenales y su exaltación, aun cuando, tal como se indicará en 7:3, el sumo sacerdocio en sí mismo es eterno. Véanse Peake 136-138; Rissi 1955; Bourgin 1958.83ss.; A. T. Hanson 1965.184n.55.

Ἱερεύς en la cita (v. 6) es glosado como ἀρχιερεύς; 2:17. A Melquisedec se le llama ἱερεὺς μέγας en Filón, *Abr.* 235, pero nunca ἀρχιερεύς, ni en la LXX, ni en Filón ni en Josefo. Antes del sustantivo ἀρχιερούς en 𝔓⁴⁶ se inserta σὺ εἶ en consonancia con la LXX (v. 6): 69 88 255 256 *pc* siguen el patrón de la LXX añadiendo εἰς τὸν αἰῶνα.

ASPECTOS DEL SACERDOCIO DE CRISTO (5:11–10:39)

La promesa de Dios de bendecir a su pueblo no puede ser quebrantada: ha permanecido desde los días de Abraham, y tiene su cumplimiento en Cristo. Por lo tanto, no hay esperanza para los que abandonan la fe en Cristo. El único sacrificio de sí mismo que ofreció remplaza el antiguo orden con sus muchos sacerdotes y sacrificios. Su sumo sacerdocio no puede compararse con el del misterioso Melquisedec. Su sacrificio establece el nuevo pacto entre Dios y su pueblo, acerca del cual habló Jeremías. El núcleo de ese sacrificio es la sumisión perfecta de Cristo a la voluntad de Dios; su resultado es el perdón divino de nuestros pecados.

Esta parte contiene la presentación más cabal de la enseñanza distintiva de Hebreos acerca del sumo sacerdocio y el sacrificio de Cristo. Comienza y termina con secciones parenéticas, la primera (5:11–6:20) se ocupa de preparar a los lectores para la enseñanza doctrinal (caps. 7–9), y la segunda (10:1-18) se ocupa de aplicarla.

NO OLVIDEN LO QUE DIOS HA PROMETIDO (5:11–6:20)

Este pasaje, al igual que 2:1-4 y 3:7–4:11, podría tomarse como una digresión y omitirse; sin embargo, la alusión al Salmo 110:4 con la que termina no es el único vínculo con el argumento principal. Cuando el pasaje de 5:11-14 se lee a la luz de los vv. 7-10, implica que los cristianos pecadores, igual que su Señor exento de pecado, deben aprender y progresar a través de los procesos disciplinarios dolorosos.

Dentro de la sección 1, 5:11-14 expone las razones por las que el autor no procede inmediatamente a hacer un análisis más detallado del sumo sacerdocio melquisedeciano de Cristo. La enseñanza es difícil de explicar, y los destinatarios de la misma corren el riesgo de mostrarse demasiado inmaduros e insensibles para aceptarla. No obstante, la enseñanza elemental y tradicional no es suficiente; la enseñanza difícil también debe ser transmitida y, por implicación, aceptada. De lo contrario, los destinatarios caerían en un estado peor que el que tenían antes (6:1-3), con respecto al cual no habría ninguna posibilidad de restauración (6:4-8). Sin embargo, este estado peor todavía no es una realidad, y las palabras positivas de aliento de 6:9-12 contrarrestan la amenaza de los versículos precedentes. Esta valoración positiva de la situación de los destinatarios se basa no solo en el bien que han hecho y siguen haciendo, sino también en la promesa que Dios le dio a Abraham, y por ende, al pueblo de Dios en su conjunto (6:13-20). La referencia a Abraham constituye una transición natural al capítulo 7, que reanuda el tema doctrinal principal por medio de una exposición del encuentro de Abraham con Melquisedec en Génesis 14:17-20.

La vacilación del autor para emprender la enseñanza acerca del sumo sacerdocio de Cristo no es un recurso retórico, aunque despertó sin duda las expectativas de los que habrían de recibirla. La causa de su vacilación fue la duda de que ellos no estuvieran preparados para recibir la enseñanza o que no fueran capaces de valorarla. Si los vv. 11-14 se tomaran en forma aislada, la única conclusión a la que podría llegarse sería dejar de lado la enseñanza difícil y regresar a los στοιχεῖα. Y lo que es más, el autor alberga serios temores de que los destinatarios retrocedan aún más, y pasen de un estado de infantilidad a la completa apostasía (6:4-6).

Si, a pesar de esto, el autor comienza a transmitir la enseñanza difícil, es por las siguientes razones: (1) no cree que los destinatarios vayan realmente a abandonar la fe (6:9); (2) Dios tendrá en cuenta sus actos de amor y servicio en el pasado y en el presente (6:10); (3) la preocupación ansiosa del propio autor por cada uno de ellos individualmente (6:11) no puede quedar sin fruto y (4) el ejemplo de Abraham le ofrece al autor y a los destinatarios por igual una poderosa razón para esperar que Dios cumplirá su promesa de bendecir a su pueblo (6:13-20).

Con esto, queda preparado el terreno para explicar, en los capítulos 7–10, cómo Dios cumplió su promesa de un pacto nuevo y mejor, que conlleva un sacerdocio y un sacrificio nuevo y mejor.

Las frecuentes referencias que aparecen en esta sección a las acciones de hablar y de oír, y también el tono predominante de llamado, sugieren, incluso con más fuerza que para la epístola en general, que estos versículos originalmente formaron parte de un discurso oral.

El pasaje de 5:11-14 contiene una gran cantidad de lenguaje tradicional, que, no es típico de Hebreos; Braun lo describe como "religión helenística, filosófico y médico" (véase más adelante). El pasaje se caracteriza por el uso de la repetición para enfatizar (γεγόνατε, vv. 11s.; τὰ στοιχεῖα, 5:12; cf. ἡ ἀρχή, 6:1). Sin embargo, no hay ninguna razón, en consonancia con Kosmala 1959.17-21, para eliminar 5:11b-14 (y 6:6b) alegando que son interpolaciones, porque existen innegables puntos de contacto entre este pasaje y otras partes de Hebreos (5:12, διδάσκειν).

Véanse B. Collins; Spicq 1952; H. P. Owen; Adams 1964; Thüsing 1967; I. H. Marshall 1969.135-141; Batdorf; Weeks; G. R. Hughes 1979.47-66; Sauer 90-106; Thompson 1982.17-40; Käsemann 1984.187-194; Spicq 1987.

5:11. La enseñanza difícil

Περί + genitivo (2:5) se usa a menudo al principio de las oraciones, aunque no en otros lugares de Hebreos; aquí no funciona como un encabezamiento, como sí ocurre, por ejemplo, en 1 Corintios 7:25; 8:1. En D* el versículo comienza con καί.

Περὶ οὗ se ha interpretado de las maneras que se mencionan a continuación, las cuales no son mutuamente excluyentes en lo que respecta a su significado:

1. Οὗ es neutro, περὶ οὗ significa:
   a. en general, "un asunto acerca del cual", o
   b. de manera específica, acerca del tema de Cristo como sumo sacerdote (cf. 2b).

2. Οὗ es masculino, περὶ οὗ significa:
   a. acerca de Cristo en general, cf. ὅς en v. 7.
   b. acerca de Cristo como sumo sacerdote semejante a Melquisedec (cf. 1b), o
   c. acerca de Melquisedec.

El v. 11a es posiblemente demasiado general, y el v. 12a está demasiado alejado de su antecedente. La elección principal es entre el v. 11b, que apenas puede diferenciarse del v. 12b, y el v. 12c. Los principales argumentos para los vv. 11b/12/b son, en primer lugar, que el autor no está interesado en Melquisedec como individuo, sino en su relación tipológica con Cristo; y en segundo lugar, que περί + genitivo se usa con respecto a un tema en 2:5; 9:5 (así opinan Riggenbach, Michel con reservas; Spicq; Andriessen-Lenglet). El primer argumento puede admitirse sin excluir la posibilidad de que οὗ se refiera a Melquisedec; y el segundo no es decisivo, porque la preposición περί se usa con nombres de personas en 11:32. Los principales argumentos para el v. 12c son que Melquisedec es el sustantivo anterior, y por tanto, el antecedente más natural; y que la relación entre 5:10 y 5:11 se corresponde con la relación entre 6:20 y 7:1, donde se especifica que el pronombre οὗτος se refiere a Melquisedec (así lo creen Calvino; Bleek; F. F. Bruce; Williamsom 258; Sauer 90s. con otras referencias). Esta interpretación se ve favorecida por la Peshitta, que añade el nombre de Melquisedec, y probablemente por D*, donde aparece περὶ οὗ καί. El v. 12c debe preferirse por razones sintácticas en el contexto inmediato, pero el desarrollo posterior del argumento demuestra que el 12b está implícito.

Expresiones similares a πολὺς ἡμῖν ὁ λόγος se han usado desde la época clásica; por ejemplo, Platón, *Phd.* 115D: πολὺν λόγον; Filón, *Rer. Div. Her.* 221: πολὺν δ᾽ ὄντα τὸν περὶ ἑκάστου λόγον ὑπερθέτεον εἰσαῦθις; Orígenes, *Hom.* sobre Jn. 1:21, conforme al patrón del presente versículo, ὁ περὶ ψυχῆς λόγος πολὺς καὶ δυσερμήνευτος...; cf. *Contra Cels.* 4.37; 5.59; Dion. Hal. 1.231; Lisias, *Contra Pancleon* 11; más remotamente Josefo *Guerra* 5.237. En Hechos 15:32; 20:2 (cf. Diod. Sic. 13.1.2), λόγος πολύς significa "un largo discurso", sin ninguna indicación de la calidad ni del contenido; en cuanto a la forma de la frase, cf. πολλή μοι παρρησία... πολλή μοι καύχησις, 2 Corintios 7:4. Λόγος l 4:2; BD §393 (6).

Ἡμῖν, a fin de cuentas, es tal vez un plural de autoría, porque en este pasaje él se compara de manera muy marcada con sus lectores. De las formas verbales que siguen y que corresponden a la primera persona del plural, ποιήσομεν (6:3 textual) es probablemente un plural de autoría, y περὶ ὑμῶν después de πεπείσμεθα (6:9) establece una distinción muy clara entre él y sus destinatarios (de manera similar

6:11). Por tanto, quizás sea mejor atribuirle a φερώμεθα (6:1) el mismo sentido; Bleek cree que el pronombre ἡμῖν asocia al autor con sus lectores.

Ὁ antes de λόγος se omite en 𝔓⁴⁶* D* 1319, y también lo omiten Zuntz 1953.118 y Attridge. Dicha omisión tendería a favorecer la combinación no solo de δυσερμήνευτος sino también de πολύς con λέγειν: "la explicación que tenemos que dar es larga y difícil". En otros lugares, sin embargo, el autor evita la combinación λόγον... λέγειν (contrástese con 2:2, λαληθεὶς λόγος; 7:28; 13:7), en virtud de lo cual, por razones estilísticas, podría preferirse la lectura más larga; Braun, en consonancia con Zuntz 118, 257, discrepa. Es, pues, casi seguro que el verbo que cabría usar es ἐστιν, no un optativo como en *Contra Cels.* 5.59, πολὺς ἂν εἴη... ὁ λόγος; cf. Williamson 24, "el tipo de enseñanza (que el escritor) desearía haber dado"; de manera similar Riggenbach. La enseñanza, de hecho, se presenta en los capítulos 7–9.

Ἑρμηνεύω en un contexto de este tipo significaría "explicar", y por tanto, δυσερμήνευτος no se refiere a alguna dificultad que los lectores podrían tener para entender (así piensa Braun, en consonancia con H. P. Owen 251), sino a la dificultad inherente al tema en sí mismo, que, como hará claro el verbo siguiente λέγειν, es "difícil de explicar". En Sabiduría 17:1, los juicios de Dios se describen en forma similar como δυσδιήγητοι. Sin embargo, no debería hacerse una distinción demasiado marcada: "difícil de explicar" puede implicar con mucho tacto que "la enseñanza de por sí es difícil, y por tanto, doblemente difícil de entender para ustedes en su condición actual". Además, el autor podría estar pensando más específicamente en la interpretación de los textos difíciles del Salmo 110:4 y de Génesis 14:17-20. En lo que respecta a la idea, cf. 2 Esdras 4:10s.

Ἐπεὶ νωθροὶ γεγόνατε ταῖς ἀκοαῖς normalmente se considera causal, "puesto que vuestro entendimiento se ha embotado" (NRSV), como en 2:14 y con frecuencia. Esta traducción ha sido enérgicamente cuestionada por Andriessen (Andriessen-Lenglet; Andriessen 1974b.1054-1060; 1977.15-23; a lo que respondió D. G. Peterson 1976; cf. Attridge, Lane 130-131), que, en gran parte debido a la aparente contradicción con 6:12, ἵνα μὴ νωθροὶ γένησθε, cree que ἐπεί aquí le da paso a una pregunta que espera como respuesta "no": "¿Os habéis hecho acaso indolentes al escuchar, y... necesitáis que se os enseñen de nuevo los primeros elementos de los oráculos de Dios...?". Esta solución resulta tentadora, y Andriessen apela al estilo de un discurso oral para justificar "el uso libre de una conjunción como esta" (1977.22s.); pero son difíciles de encontrar paralelismos estrechos (Andriessen se refiere a 9:17, pero admite que el uso de ἐπεί en los dos lugares no es idéntico), y el uso repetido de γάρ en los vv. 12s. sugiere que se trata de un hilo argumental y no de una serie de preguntas retóricas. La dificultad con respecto a atribuirle a ἐπεί su significado helenístico bien confirmado de "de otro modo" (9:26; 10:2) es el tiempo del verbo que sigue. "Tengo que transmitirles una enseñanza difícil, de otro modo..." no exige "os habéis hecho..." sino "os haríais" (o "haréis") "tardos para oír"; pero este no puede ser el significado del texto. Al parecer, es mejor reconocer la tensión entre 5:11 y 6:12, para la cual hay analogías, por ejemplo, en Hebreos 10:19, 39 (que estructuralmente se corresponde con esta sección) y en Colosenses

2:20; 3:4. Para atenuar la tensión y evitar una contradicción total, sería más fácil interpretar ἵνα μὴ νωθροὶ γένησθε en 6:12 como "para que no seáis" (en lugar de, "os hagáis") "perezosos" (RVR60), dejando como interrogante en este punto si ya eran perezosos; aunque el aoristo γένησθε sin duda marca un cambio de énfasis a partir de 5:11, de juicio a advertencia.

Νωθροί** en 5:11 y 6:12 señala el principio y el fin del presente llamado del autor. Spicq SB enumera usos del término con una variedad de significados, desde indolencia (Esopo, *Fábulas* 66 final), pereza y negligencia (Polib., νωθρώς 1.74.13) hasta necedad y estupidez Polib. 3.63.7 con ἀλόγιστος ἐν ταῖς ἐπινοίαις; 4.8.5; 12.25c.3; cf. Aristóteles, *An. Pr.* 954ᵃ.31; Polib. 31.23.11 con ἡσύχιος. La confusión con νόσος puede haber contribuido al significado, en contextos médicos, de "endeblez, debilidad" (P. Tebt. 421.5; 422.5; P. Ox. 2609.7; Sir. 11:12 junto con ὑστερῶν ἰσχύι; Heliodoro 5.1.5, νωθότερος ὢν τὴν ἀκοήν, con respecto a la pérdida de la audición física por la edad. Νωθρός se usa para referirse a un entendimiento defectuoso en Platón, *Tht.* 144B. El pasaje paralelo más cercano en la LXX se encuentra en Sirácides 4:29, en el que, al igual que en Hebreos (6:10; 10:24s.), se hace hincapié en la necesidad de una acción práctica:

μὴ γίνου θρασὺς ἐν γλώσσῃ σου

καὶ νωθρὸς καὶ παρειμένος (cf. Heb. 12:12) ἐν τοῖς ἔργοις σου.

El contexto tiene fuertes vínculos con Hebreos. Véanse Spicq 1978.589-591; H. Preisker en *TDNT* 4.112b.

En este contexto, el tiempo perfecto γεγόνατε, que se repite en el v. 12, implica que los destinatarios no solo no han avanzado con la rapidez suficiente hacia la madurez cristiana, y no solo han dejado de crecer; en realidad han retrocedido. Esto es confirmado por las referencias positivas al pasado en 6:10; cf. 6:4, y sobre todo en 10:32-34, y normalmente se acepta. El punto de vista contrario, expresado en Andriessen 1974b, se basa en un contraste ajeno a Hebreos entre "los judíos" de la época veterotestamentaria y la comunidad cristiana a la que se dirige la epístola. De hecho, como ha subrayado G. R. Hughes 1979.66-74, el autor en sus pasajes hortatorios mantiene la continuidad entre la antigua dispensación y la nueva; solo en lo que respecta a la cristología, la antigua ya está remplazada. El retroceso, y la posibilidad de una apostasía (6:4-6; 10:26-29; cf. 2:1-3), muestran claramente que el autor se mueve en un mundo diferente al del gnosticismo o los misterios, en el que la capacidad de recibir la iluminación dependía de la naturaleza de cada individuo. H. P. Owen ha alegado más enérgicamente que el pasaje presupone una παιδεία que constaba de tres "etapas de ascensión", como en Filón y los estoicos, a saber (1) la inculcación de los principios básicos, en los que se hace hincapié en Hebreos (6:1a); (2) una ἄσκησις moral (cf. 5:14), que el autor no enfatiza demasiado porque es demasiado consciente de las presiones escatológicas; y (3) la τελειότης (6:1b). El presente versículo muestra que ese tipo de ascensión no es inevitable, y el propio Owen indica los distintos aspectos en los que el autor modifica el patrón tradicional. En Hebreos, de hecho, se contrastan dos etapas o estados: (1) un nivel de inmadurez, al que se hace referencia por medio de términos como τὰ στοιχεῖα, γάλα (5:12), νήπιοι, ἄπειρος (v. 13), y (2) un nivel de madurez, para hablar del cual el autor usa términos como τέλειοι, στερεὰ τροφή (v. 14) y τελειότης (6:1).

Ταῖς ἀκοαῖς: el *dativus respectus* es común en el NT (BD §197). El contexto exige para ἀκοή la acepción de "oír" (Mc. 7:35), de ahí, "disposición a entender" (*Bern.* 10:12) y a creer (*Barn.* 9:4; cf. Ef. 1:18, πεφωτισμένους τοὺς ὀφθαλμοὺς τῆς καρδίας; Hch. 7:51). Hay una conexión más que verbal con la referencia a la ὑπακοή de Jesús (5:8), al hecho de haber sido oído por Dios (5:7), y más remotamente, al llamado a los creyentes a "oír" y obedecer (Sal. 95:7, explicado en Heb. 3:7–4:11). Aquí la idea de oír la Palabra de Dios se combina con la de oír lo que el autor tiene que decir. En el contexto inmediato predomina lo segundo, pero la Palabra de Dios a Jesús se pone de relieve en los vv. 5s., y su palabra de promesa a los creyentes ocupará el lugar central en 6:13ss. Con respecto a 5:11–6:8, véase Collins.

5:12. Los lectores no crecen en entendimiento en la medida en que deberían hacerlo

Καὶ γάρ (4:2) introduce pruebas que confirman la declaración anterior (BD §452[3]) y por ende, apoyan el punto de vista de que ἐπεί probablemente es una conjunción causal.

Ὀφείλοντες: 2:17 con respecto a Jesús; 5:3* con relación a los sumos sacerdotes. El contexto sugiere que el participio es concesivo (BD §418[3]): no simplemente "vosotros, que deberíais ser maestros", sino "aunque... ya debierais ser maestros" (LBLA, RVC).

Διδάσκαλοι*: Pablo usa el sustantivo en algunas ocasiones para denotar un oficio específico: μὴ πάντες διδάσκαλοι, 1 Corintios 12:29; (cf. Ef. 4:11; Stg. 3:1). En las pastorales, διδάσκαλος es un título distintivo de Pablo, 1 Timoteo 2:7; 2 Timoteo 1:11. Su uso en Hebreos refleja una tradición diferente en la que ningún cristiano maduro debería necesitar la instrucción de un maestro humano: cf. 8:11 = Jeremías 31[38 LXX]:34; 1 Tesalonicenses 4:9, αὐτοὶ... θεοδίδακτοί ἐστε; contrástese con Hebreos 5:13. Detrás de este uso cristiano, está la convicción, generalizada en el mundo helenístico, de que cualquier persona madura debía ser capaz de enseñar a otros: Moffatt cita a Epícteto. 51; Jenofonte *Ciropedia* 3.3.35; Platón, *Symp.* 189D; Filóstrato, *VA* 1.17; cf. Ignacio *Ro.* 3:1. La misma idea vuelve a aplicarse en 1 Tesalonicenses 1:8: los tesalonicenses habían estado tan activos en la propagación de la fe en otros lugares que μὴ χρείαν ἔχειν ἡμᾶς λαλεῖν τι.

Διδαχή, 6:2; 13:9*. Bornhäuser 1932 alega, de manera poco convincente, que este versículo apoya la opinión de que la epístola está dirigida a los sacerdotes convertidos de Hechos 6:7. Véase Grässer 324-325.

Διὰ τὸν χρόνον (5:12) es una expresión helenística causal (cf. Polibio 2.21.2; Diodoro Sículo 1.12.27; 3.18; 16.11) que aquí significa "suficiente tiempo ha transcurrido para que os hayáis convertido en maestros"; no "deberíais haber madurado desde hace mucho tiempo"; menos convincente aún es que pueda haber alguna referencia a una nueva dispensación (καιρός, 9:9), o a la proximidad del fin (J. Owen). 1 Timoteo 5:22 refleja el peligro inverso que conlleva el hecho de darles algún tipo de responsabilidad a los cristianos inmaduros. A partir del presente versículo y de otros pasajes (2:3; 10:32) está claro que Hebreos no fue dirigida a una iglesia recién fundada, pero resulta peligroso sacar conclusiones cronológicas de este hecho, y todavía más peligroso es especular sobre la pérdida de celo en una comunidad con una antigüedad de dos o más generaciones. Véase la introducción, págs. 29-33.

La estructura de la cláusula que sigue hace hincapié en el regreso de los destinatarios (πάλιν; cf. 6:1) a un estado inmaduro de dependencia de la enseñanza humana. El argumento posterior mostrará el peligro de esta situación. Así como el sacrificio de sí mismo que ofreció Jesús fue un acontecimiento que ocurrió una vez y para siempre, la iniciación cristiana no puede repetirse después de haber incurrido en apostasía (6:6): ἀδύνατον... πάλιν ἀνακαινίζειν εἰς μετάνοιαν. Sin embargo, el presente versículo todavía no aborda esta situación.

En cuanto a χρείαν ἔχω, véase el comentario anterior bajo el título διδάσκαλοι; la misma expresión se usa en 7:11 en un sentido general, y en 10:36 con respecto a la necesidad (legítima) de ὑπομονή por parte de los destinatarios. Solo aquí en la Biblia griega la frase χρείαν ἔχω va seguida del genitivo de un infinitivo precedido del artículo (BD §400[1]).

Διδάσκειν supone un proceso. En 462 1912 latt si[h mg] aparece διδασκέσθαι, probablemente como resultado de leer la palabra que sigue como τίνα. Los manuscritos más antiguos, como por ejemplo, 𝔓[46] ℵ A B* C D* P 33, carecen de acentos. En el texto mayoritario (B² D² 0122 0150 *pm* biz. Lect. *al.*) se lee el plural neutro interrogativo τίνα adoptado por la vg, VA, Delitzsch y Tischendorf, junto con la mayor parte de los comentaristas más antiguos: "Necesitáis que se (alguien) os enseñe cuáles (τίνα) son los principios básicos de los oráculos de Dios". El pronombre indefinido masculino singular τινα (τινά), como sujeto de διδάσκειν, aparece en Ψ 33 81 cop[sa ms], y también en Focio aplicado a Ecumenio: πάλιν χρείαν ἔχετε τοῦ διδάσκειν ὑμᾶς τινά. Τί δὲ διδάσκειν; τὰ στοιχεῖα, φησί; Lutero, Calvino y la mayoría de los comentaristas modernos a partir de Bleek (véase Metzger 666; BD §115[1]): "Necesitáis a alguien (τινά) que os enseñe los principios básicos...". Esto se adapta mejor al contexto, especialmente 6:1s., puesto que "son las propias verdades elementales, no cuáles son, las que es necesario enseñar" (Moffatt).

Στοιχεῖα* debe significar "principios básicos, enseñanza elemental", como en Jenofonte Memoria 2.1.1; Plutarco *Puer. Educ.* 16.2; Galen, *c. Lycum*, sinónimo de τὰ πρῶτα τῆς τέχνης; no en este sentido en la LXX, aunque algunos estudiosos sí lo han descubierto en Gálatas 4:3, 9; Colosenses 2:8, 12 (Bauer *s.v.* 1, 3 con la bibliografía). Es probable que los στοιχεῖα τῆς ἀρχῆς τῶν λογίων τοῦ θεοῦ sean prácticamente lo mismo que la "leche" del v. 12b, la ἀρχή τοῦ Χριστοῦ λόγον en 6:1, y tal vez la λόγος δικαιοσύνης en el v. 13. La frase redundante τῆς ἀρχῆς garantiza en una escala menor el uso del recurso de la repetición con el fin de enfatizar. Ἀρχή (1:10) se usa para referirse al comienzo de (la predicación de) la salvación en 2:3; en relación con la confesión de fe en Cristo en 3:14 (τὴν ἀρχὴν τῆς ὑποστάσεως); de manera similar en 6:1. La frase equivalente en latín *prima elementia* aparece, por ejemplo, en Quintiliano, *Instituciones* 1.1; Horacio, *Serm.* 1.1.26. Τά antes de στοιχεῖα se omite en 𝔓⁴⁶.

Λόγιον* normalmente se usa para referirse a los dichos breves de un dios (Hdt. 8.60.3; con frecuencia en Filón como sinónimo de χρησμός, "oráculo"; otras referencias en Bauer *s.v.*); en la LXX, constantemente en el Salmo 119 (118 LXX) con respecto a la(s) palabra(s) de Dios; en el NT, siempre en plural, ya sea con referencia al AT en su conjunto (Ro. 3:2; cf. *1Clem.* 53:1), a revelaciones individuales en la época del AT (Hch. 7:38) o a la enseñanza cristiana (1Pe. 4:11; cf. Pol. 7:1), un sentido que aquí sugiere la frase τὸν τῆς ἀρχῆς τοῦ Χριστοῦ λόγον en 6:1. Varios comentaristas, incluyendo a Westcott, Spicq y P. E. Hugues, restringen la referencia aquí a las escrituras veterotestamentarias, tomándolas como el fundamento elemental que subyace tras la enseñanza cristiana (Nairne 333, menos acertadamente, "los elementos judíos de vuestra fe"), pero el contexto, y el uso de la frase en otros escritos cristianos primitivos sugieren un elemento cristiano; Sauer 188 propone: "verdades cristianas mesiánicas veterotestamentarias". La implicación es que, aunque el autor iba a impartir una enseñanza especial, escribió para una comunidad cristiana que desde el principio había practicado la interpretación creativa del AT. Véanse G. Kittel en *TDNT* 4.137-141; Grässer 326-327.

A diferencia de la mayoría de los editores y traductores, en la NRSV aparece un punto después de τῶν λογίων τοῦ θεοῦ, y un punto y coma al final del versículo. De hecho, la última parte del versículo, a partir de γεγόνατε, apunta al pasado con la frase γεγόνατε χρείαν ἔχοντες para repetir elementos de los vv. 11b y 12a, y al futuro, porque las palabras que siguen introducen el contraste entre la leche y el alimento sólido que se desarrolla en los vv. 13s.

Al igual que en el v. 11, γεγόνατε implica retroceso: los lectores han retrocedido. La metáfora de la leche para referirse a la enseñanza elemental está muy extendida: *Od. Sal.* 19.1ss.; Filón, *Agríc.* 9; *Migr. Abr.* 29; *Congr.* 19; *Somn.* 2.9; *Omn. Prob. Lib.* 160; cf. *Spec. Leg.* 3.198ss.; Williamson 280ss.; Epíct. 2.16.39; 3.24.9. En la LXX, el paralelo más cercano, que ya había señalado Calvino, es Isaías 28:9, donde el profeta habla de anunciarles malas noticias (no en el TM) a los οἱ ἀπογεγαλακτισμένοι ἀπὸ γάλακτος. El capítulo en general podría considerarse un resumen de todo lo que el autor de Hebreos teme que les ocurra a sus lectores a menos que "aprendan a oír" (Is. 28:19 LXX, μάθετε ἀκούειν; cf. Heb. 5:8, 12). El mismo contraste que aparece en Hebreos reaparece en 1 Corintios 3:2, γάλα ὑμᾶς ἐπότισα, οὐ βρῶμα; cf. 2:6; 1 Pedro 2:2. Es probable que la "leche" incluya la enseñanza elemental que se menciona en 6:1s. El "alimento sólido" resulta más difícil de identificar, pero es posible que sea, o que incluya, la enseñanza especial del autor sobre el sumo sacerdocio melquisedeciano de Cristo, a diferencia de la enseñanza tradicional acerca de su exaltación a la diestra de Dios (así opinan G. Bertram en *TDNT* 7.612; Grässer 327-329).

La conjunción καί antes de οὐ στερεᾶς* τροφῆς se omite en 𝔓⁴⁶ ℵ* B² C 33 1739 *pc* lat *Didajé*, Attridge, y aparece en ℵ² A B* D Ψ 0122 𝔐, vg^ms si; Clem., Zuntz 207-208, Lane. Las pruebas externas, por tanto, están bastante equilibradas, y las pruebas estilísticas también están divididas. En el texto de la UBS se omite καί en 8:2, donde en D aparece la lectura más corta; en 12:8, el texto νοθοὶ καὶ οὐχ υἱοί es firme. En 13:6 = Salmo 117:6, el problema es más complejo.

En cuanto a τροφή, "alimento", véase Moussey; con respecto a todo el versículo, véase Sauer 107-128.

5:13. Alimento para niños

En términos generales, en los vv. 13s. se desarrolló el contraste entre la infancia y la madurez que se anunció al final del v. 12. Sin embargo, la secuencia exacta del pensamiento no resulta clara. Bleek comenta que cabría esperar algo como "πᾶς γὰρ ὁ ἄπειρος λόγου δικαιοσύνης (tal como ocurre con vosotros) μετέχει γάλακτος, νήπιος γάρ ἐστι (ο: νήπιός ἐστι καὶ (διὰ τοῦτο) γάλακτος μετέχων)" (II.ii.124). Gran parte del problema se resuelve si los vv. 13 y 14 se toman como las dos mitades de un contraste (parcialmente quiástico):

1   πᾶς γὰρ ὁ μετέχων γάλακτος   1'   ἡ στερεὰ τροφή

2   ἄπειρος λόγου δικαιοσύνης   2'   τῶν ... γεγυμνασμένα ἐχόντων πρὸς διάκρισιν κάλου τε καὶ κάκου

3   νήπιος γάρ ἐστιν   3'   τελείων δέ ἐστιν

Si en realidad es así, la primera conjunción γάρ relacionará con la última parte del v. 12 no solo el v. 13a sino todo lo que se lee en los vv. 13s.

Después de dirigirse claramente a los lectores, el autor adopta un tono más moderado y hace una declaración general usando la tercera persona genérica del singular (cf. 6:4-8).

Es difícil entender los vv. 13s. sin hacer referencia a Números 14:23, un pasaje que sin duda se usa en Hebreos (3:17), y al texto paralelo de Deuteronomio 1:39. En Números 14, Dios jura (vv. 10, 28; cf. Dt. 1:34s.; Heb. 6:13ss.) excluir a la generación del desierto de la tierra prometida y dársela a sus hijos, ὅσοι οὐκ οἴδασιν ἀγαθὸν οὐδὲ κακόν (cf. Heb. 5:14c), πᾶς νεώτερος ἄπειρος. Véase más adelante el comentario sobre λόγος δικαιοσύνης.

Πᾶς γάρ, véase 3:4; 5:1: la declaración en los vv. 13s. es bastante general si se compara con la afirmación anterior bien concreta ("tenéis necesidad de leche...", v. 12) y con la exhortación que sigue ("dejemos de lado ...", 6:1).

Μετέχω, véase 2:14, "compartir, participar de", así pues, "comer, beber, disfrutar (de los alimentos)"; cf. 1 Corintios 9:10; 10:17, 30; H. Hanse en *TDNT* 2.830-832. Lane propone por razones contextuales la traducción "llevar una dieta a base de leche". En cuanto a la "leche", véase v. 12.

Ἄπειρος**, "no estar familiarizado con, no estar acostumbrado a, carecer de experiencia de", se deriva del verbo πειράομαι, "tratar, intentar", pero debe distinguirse (como no ocurre en MM) de un homónimo de πέρας que significa "ilimitado" (que se usa con referencia al mar en *1Clem*. 20:6). El término de por sí no implica inmadurez, pero el contexto, y la alusión a Números 14:23, sugieren este significado aquí; cf. Zacarías 11:15s. respecto a un pastor sin experiencia; Pindar, *Isth.* 8 (7).70, καλῶν; Sóf. *Ant.* 1250, γνώμης; Platón, *Apol.* 26d, γραμμάτων; Epícteto 2.24.3, Filón, *De Agricultura,* respecto a un principiante; en contraste con una persona experimentada, *Omn. Prob. Lib* 51; Josefo *Antigüedades* 7.336; Herodianos 5.5.1.

El significado de λόγος δικαιοσύνης es cuestionado (Grässer 329-331). Hay tres preguntas relacionadas: (1) el significado de δικαιοσύνη aquí; (2) la fuerza de la construcción gramatical λόγος δικαιοσύνης; y (3) a qué se hace referencia mediante esta expresión.

(1) Desde el punto de vista (a) fisiológico (Delitzsch) o (b) "psicológico" (Riggenbach) se ha considerado que δικαιοσύνη en este versículo se refiere a una falta de habilidad para entablar claramente, o para entender correctamente, una conversación normal. Estas explicaciones han sido tal vez indebidamente influenciadas por una interpretación de νήπιος (= *infante*) en función de su etimología, como "incapaz de hablar"; sin embargo, resulta difícil confirmar un significado para δικαιοσύνη que concuerde con cualquiera de estos significados de ἄπειρος. Δικαιοσύνη también se ha analizado (c) desde el punto de vista ético, como en Números 14:23, cf. Jen. *Cir.* 1.6.31, ἀνὴρ διδάσκαλος τῶν παίδων, ὃς ἐδίδασκεν ἄρα τοὺς παῖδας τὴν δικαιοσύνην... (Moffatt, Montefiore); (d) en un sentido generalmente religioso, como una enseñanza fundamental para la fe cristiana (P. E. Hugues; cf. Pol. 9:1), o "ideas acerca de la justicia de Dios revelada por medio de Cristo " (Spicq, pero apoyado por referencias a Pablo y a Juan, no a Hebreos); o con menor probabilidad (3) se ha considerado que se refiere a la enseñanza especial sobre Melquisedec que está por venir (βασιλεὺς δικαιοσύνης, 7:2; Bleek). H. P. Owen traduce el término como "un principio de justicia" —la στοιχεῖα del v. 12, pero más adelante, el estatus de τελειότης (6:1; cf. 5:14). Esta explicación se acerca más a (d), como también ocurre, de un modo más general, con la de Calvino, que evita el sentido paulino a favor del *integritas coginationis, quæ nos ad perfectionem ducit.* Braun cita el *Apoc. Ped.* 70:28-32, donde Jesús habla de su deseo de que los elegidos "puedan oír mi palabra y distinguir las palabras de injusticia y transgresión de la ley de la justicia". En otros lugares el autor se refiere a la δικαιοσύνη como una cualidad de Jesús (1:9 = Sal. 45[44 LXX]:8), de Melquisedec (7:2) y como uno de los frutos de la disciplina y la ejercitación (12:11, el paralelo más cercano al presente versículo). Por un lado, resulta difícil encontrar en Hebreos algún contraste marcado entre los principios éticos generales o una interpretación precristiana del AT, y el cristianismo como el cumplimiento de las promesas veterotestamentarias (Hebreos no es una polémica antijudía). Por otro lado, es igualmente difícil considerar que la frase poco enfática λόγος δικαιοσύνης hace alusión a toda la enseñanza peculiar prometida en 5:11. Pero más engañoso incluso sería introducir en Hebreos el significado paulino especial de δικαιόω y otros términos cognados, a pesar de que la asociación de la fe con la justicia es habitual en Hebreos (11:7, 33), por Pablo (p. ej., Ro. 1:17), y por Santiago (2:20-26), y podría hacer pensar en una tradición común que se desarrolló de manera independiente. En el contexto inmediato, el v. 14 sugiere un

significado predominantemente ético, pero τὰ λογία τοῦ θεοῦ en el v. 12, y tal vez ἡ ἀρχὴ τοῦ Χριστοῦ en 6:1, sugieren que la religión, y sin duda, la revelación, son inseparables de la ética en la mente del autor, incluso en las primeras etapas del crecimiento cristiano.

(2) Desde el punto de vista gramatical, λόγος δικαιοσύνης puede interpretarse como (a) un genitivo (hebraico) de cualidad, equivalente a un adjetivo (BD §165), con un significado similar a καλὸν… θεοῦ ῥῆμα en 6:5; así también probablemente βασιλεὺς δικαιοσύνης en 7:2; (b) un genitivo de contenido, "un mensaje basado en la justicia" (BD §167), al igual que λόγος παρακλήσεως en 13:22; o (c) un genitivo objetivo, "enseñanza acerca de la justicia" (así opinan Bleek, Spicq). (b) es bastante difícil; (c) transmite una idea aceptable, pero en este contexto tal vez sea preferible el sentido más general de (a). Tanto (a) como (c) se adaptarían a cualquiera de los últimos tres significados de δικαιοσύνη que se analizaron anteriormente. El término λόγος en sí hace recordar la enseñanza larga y difícil a la que el autor se refirió en el v. 11, y el contexto inmediato implica un contraste entre el λόγος δικαιοσύνης como el alimento sólido, y la enseñanza elemental como la leche. Esto, sin embargo, no exige que el λόγος δικαιοσύνης aquí se identifique con la enseñanza que se menciona en el v. 11, puesto que en los vv. 13s. el autor ubica su argumento en un contexto más amplio (πᾶς γάρ…).

(3) La solución al problema de la referencia está determinada en gran medida por la respuesta que se le dé a la pregunta (1). La principal referencia, al igual que en el caso de τὰ λογία τοῦ θεοῦ en el v. 12, es probablemente a la Escritura, considerada especialmente en sus aspectos éticos, pero interpretada a la luz del tipo de exégesis cristiana de la que la epístola en su conjunto es un ejemplo. La traducción de Braun, "poco receptivo a un sermón sobre la buena conducta" (*unempfänglich für eine Predigt vom guten Wandel*), aunque es preferible a la de Bauer[6], "incapaz de [¿recibir? ¿ofrecer?] la predicación acerca de la justicia" (*unfähig für die Predigt der Gerechtigkeit*), es tal vez demasiado específica para una declaración tan general (πᾶς γάρ supra), y difícil de confirmar como una acepción de ἄπειρος, aunque se adapta bien al contexto más amplio.

Νήπιος* contrasta con τέλειος en el v. 14 (cf. Filón, *Sobr.* 9), y las connotaciones de las dos palabras deben considerarse juntas. Un contraste similar está latente en todos los pasajes neotestamentarios en los que se usa el término νήπιος en un sentido negativo: Efesios 4:13-16 (el término colectivo ἀνὴρ τέλειος se contrasta con νήπιοι); Gálatas 4:1-6; 1 Corintios 3:1-3 (νήπιος se usa como sinónimo de σαρκίνος [v. 1 texto] y σαρκικός [v. 3 texto]); cf. Filón, *Jos.* 225; Grundmann; Williamson 288-290. Νήπιος es negativo en este contexto y otros similares, aunque el término en sí mismo es neutral (p. ej., Mt. 21:16 = Sal. 8:3).

Γάρ introduce una explicación o reafirmación breve (Bauer *s.v.* 2): "de hecho, vosotros sois niños". La adición en D* de ἀκμήν después de γάρ (d e *adhuc*) es una glosa convincente, pero debilita sin duda la implicación de los versículos anteriores (πάλιν, 5:12; 6:1; γεγόνατε, 5:12s.) de que los destinatarios no solo no están avanzando, sino que han retrocedido en su desarrollo cristiano.

Véanse Sauer 128-142; B. Collins 196s.

5:14. La enseñanza avanzada es para adultos experimentados

Con respecto al lugar que ocupa este versículo bastante negativo en el desarrollo del argumento, véase la introducción a 5:11–6:20. Al igual que en el v. 13, con el cual este versículo por lo demás ofrece un contraste (δέ), el uso de la tercera persona del singular atenúa la severidad del reproche. El lenguaje sigue siendo general (cf. πᾶς γάρ, v. 13). Riggenbach alega que el autor no describe aquí "lo que los lectores tendrían que ser si tuvieran acceso a una visión más elevada, sino lo que ellos son realmente, y lo que por consiguiente cabe esperar de ellos". Aunque esto de por sí es atractivo, es difícil de reconciliar con el v. 12c.

Este es el único pasaje en Hebreos en el que el adjetivo τέλειος (2:10) se aplica a personas (9:11 con respecto al σκηνή* celestial). El argumento de Kosmala (y Dibelius 1956.167n.10) de que el uso del término en Hebreos aquí es diferente del que se le da en el resto de la epístola, y que el versículo, por tanto, tiene que ser una interpolación, no es fuerte. El contraste con νήπιοι del v. 13 sugiere para τέλειοι aquí la acepción de "maduros, adultos", aunque el contexto muestra que se trata de una madurez moral y religiosa, que incluye la experiencia del λόγος δικαιοσύνης (v. 13; cf. 6:4s.). En Mateo 5:48, τέλειος implica una relación en la que el autor llega a amar como Dios ama (cf. 1Jn. 4:18), una analogía parcial con lo que se lee en Hebreos 6:12 (μιμηταί) respecto a imitar el ejemplo de los creyentes del AT que confiaron en las promesas de Dios. En cuanto a τέλειος en Mateo 19:21, los pasajes paralelos (Mr. 10:21, ὑστερέω; cf. Heb. 12:15; Lc. 18:22, λείπω; cf. Stg. 1:4) sugieren la idea de completitud, que en Hebreos se expresa en sentido temporal como perseverancia μέχρι o ἄχρι τέλους (3:6, 14; 6:11). Romanos12:2 se refiere a la perfección de la voluntad de Dios. Colosenses 1:28; 4:12 contienen expresiones que denotan propósito (ἵνα); en 1:28, al igual que aquí, ponen por condición la enseñanza, y en 4:12 la plena conformidad a la voluntad de Dios. En cada uno de estos casos, así como en Efesios 4:13 de manera más enfática, la perfección aquí es la de la comunidad y no la de los individuos. En Efesios 4:13s, reaparece el contraste entre τέλειοι y νήπιοι. En Filipenses 3:15 (ὅσοι … τέλειοι), por el contrario, se percibe una distinción dentro de la comunidad entre los miembros maduros y los inmaduros. Este elemento vuelve a aparecer remarcado en 1 Corintios 2:6, en referencia a una situación en la que una facción de una comunidad dividida reclamaba el título de τέλειοι (cf. 14:20). En Santiago, igual que en Mateo, τέλειος implica la perfección moral (1:4 con ὁλόκληρος; cf. 3:2) y la cabalidad (1:4, ἐν μηδενὶ λειπόμενοι) que reflejan la perfección de los dones de Dios (1:17) y de su ley (1:25); pero las connotaciones éticas de τέλειος, al parecer, no ocupan ningún lugar prominente en este pasaje (cf. Käsemann 1984.136s.).

Las analogías fuera de la Biblia que más se acercan al uso de τέλειος aquí aparecen en escritos éticos que aplican en un sentido ampliado el contraste entre νήπιοι y τέλειοι en Epícteto 51, que citan Moffatt; Filón, *Cher.* 114; *Post. Caini* 151; *Præm. Poen.* 131; *Migr. Abr.* 9. Las referencias a las religiones mistéricas se encuentran mucho más lejos de Hebreos, aunque Windisch cita *Corp. Herm.* 4.5.

Ἡ στερεὰ τροφή, como muestra el artículo, hace referencia al final del v. 12.

El resto de este versículo establece un contraste ampliado con ἄπειρος λόγου δικαιοσύνης (v. 13). El lenguaje es el de la enseñanza ética contemporánea, sobre todo estoica, con algunos matices veterotestamentarios.

Ἕξις** en la LXX normalmente se refiere a la estructura física o constitución de una persona (1Sa. [1Re.] 16:7; Hab. 3:16; Sir. 30:14), pero en el *Prol.* Sir. 11, ἐν τούτοις ἱκανὴν ἕξιν περιποιησάμενος, cf. χρήσιμος (*Prol.* 5, donde probablemente significa "hábil, experto") alude a la habilidad adquirida por medio del estudio de las Escrituras; cf. Platón, *Phlb.* 11D, ἕξις ψυχῆς; cf. Jeremías 4:19, τὰ αἰσθητήρια τῆς καρδίας μου; Filón, *Leg. All.* 3.210, "condición establecida" con διάθεσις, "disposición"; Quintiliano, *Inst.* 10.1: *firma quædam facilitas quæ apud Græcos* ἕξις *nominatur*; como un término filosófico equivalente a *habitus* en latín (así d aquí), y al que Cicerón, *Inv.* 1.25.36, llama *anima aut corporis constantem et absolutam aliqua in re perfectionem... non natura datam, sed studio et industria partam;* cf. 2.9.30. Bauer *s.v.* y Michel permiten la acepción "ejercicio, práctica" (vg *consuetudo*), pero Bauer reconoce que dicha acepción no está confirmada en ningún otro lugar. Es más seguro considerar, aquí y en los demás lugares, que el término no denota un proceso sino un "estado característico" (Kiley 1980). Cf. τελειότης (6:1), que, según opinan Ecumenio, Teofilacto y Eutimio, es sinónimo de ἕξις.

Τὰ αἰσθητήρια, "facultades", pueden ser no solo los órganos sensoriales en el sentido literal, incluyendo el paladar (Galen, *De diagnoscendis pulsibus* 3.135), sino también, en un sentido ampliado, los "órganos" de la percepción espiritual: Plutarco le llama νοῦς a una αἰσθητήριον de la ψυχή (*Non Posse Suav.* 114); cf. *Quæst. Conv.* 4.5; 4 Macabeos 2:22***, τὸν ἱερὸν ἡγεμόνα νοῦν διὰ τῶν αἰσθητηρίων ἐνεθρόνισεν. Los usos del término en el AT ocurren en pasajes que tienen puntos de contacto con Hebreos. Cf. G. Delling en *TDNT* 1.187f.; Spicq 1987.3612s.

Γεγυμνασμένα indica el proceso de ejercitación que ocasiona un ἕξις específico. El tiempo perfecto denota un proceso continuo, y, junto con ἐχόντων, sugiere que a γεγυμνασμένα debe atribuírsele un sentido verbal (Bleek) y no interpretarlo como un adjetivo predicativo (Moffatt); pero la diferencia en el significado es leve. Ni aquí ni en ningún otro lugar del NT (12:11; 1Ti. 4:7; 2Pe. 2:14**) se usa el verbo γυμνάζω con el sentido restringido que hace recordar el entrenamiento gimnástico que practicaban los atletas desnudos; γυμνός, 4:13. La declaración correspondiente en 10:32 con respecto a la πολλὴ ἄθλησις de los destinatarios lo relaciona con el sufrimiento, pero no ocurre así en el caso de esta declaración más general.

Πρὸς διάκρισιν καλοῦ τε καὶ κακοῦ; cf. Sexto Empírico, *Hyp. Pyrrh.* 3.168, διάκρισις τῶν τε καλῶν καὶ κακῶν. Al igual que en 1 Timoteo 4:7, γύμναζε... σεαυτὸν πρὸς εὐσέβειαν, la preposición πρός probablemente denota resultado (Bauer *s.v.* II.2.b) y no propósito. Διάκρισις, aquí como en 1 Corintios 12:10, cf. Job 37:16, tiene su sentido positivo, o al menos neutral, de "distinguir", no la connotación negativa de contienda (Ro. 14:1)***. La naturaleza general de la referencia al "bien y al mal" plantea problemas similares a los del λόγος δικαιοσύνης en el v. 13. Podrían señalarse los siguientes factores. (a) La expresión τὸ καλόν es rara en el NT; en otras ocasiones en que aparece (Ro. 7:21; 12:21; 16:19; 1Pe. 3:11 = Sal. 34:15;

3Jn. 11) conlleva una acción práctica, y aunque el contexto inmediato aquí supone discernimiento espiritual, el contexto más amplio exige la acción (especialmente 6:11s.). (b) Las alusiónes a Números 14:23, οὐκ οἴδασιν ἀγαθὸν οὐδὲ κακόν, y a Deuteronomio 1:39, οὐκ οἶδεν σήμερον ἀγαθὸν ἢ κακόν, relacionan el conocimiento del bien y del mal con la madurez, al igual que en el presente contexto. Cf. Isaías 7:16, y también 1QS 1:10s., donde se dice que los varones de veinte años o más "conocen el bien y. el mal", es decir, han alcanzado la edad de la discreción. (c) La exégesis patrística comúnmente señala una referencia al poder de distinguir entre la enseñanza superior y la inferior, o la verdadera y la falsa (así lo entiende Crisóstomo, con una referencia a Heb. 13:9; Ecumenio; Teofilacto; cf. Spicq, P. E. Hughes). Esto, al menos para Crisóstomo, podría reflejar la presencia de τίνα en el v. 12, pero, por lo demás, no se relaciona estrechamente con el contexto. La principal preocupación del autor no es que sus lectores sepan distinguir entre las distintas etapas del desarrollo cristiano, sino que continúen avanzando hacia la madurez, y con ello, eviten el peligro de apartarse por completo de la fe. (d) Es posible que la metáfora de la nutrición se mantenga vigente aquí, y que τὸ καλόν y τὸ κακόν aludan respectivamente a los alimentos saludables y a los nocivos. Esto, sin embargo, implicaría un giro doble e inesperado en el pensamiento, porque ni el στερεὰ τροφή del v. 12 o la "leche" de los vv. 13s. por un lado, ni la ἀρχὴ τοῦ Χριστοῦ λόγον de 6:1 por el otro, se describen como malas en sí mismas. (e) El contexto inmediato sugiere una mayor insistencia en la ética; pero el autor también teme que su enseñanza característica no sea valorada como corresponde. Aunque, al parecer, no hay nada que haga pensar en una controversia doctrinal; el autor teme que sus lectores puedan dejar de ser leales a Cristo (6:4-6) y evalúa su conducta de manera bastante positiva (6:10). Es mejor no relacionar demasiado estrechamente la referencia al "bien y al mal" con una doctrina o un acto en particular, aunque es probable que casi siempre ambos estén vinculados (así Sauer 148). Véanse también Williamson 294s., 298s.; Collins 197-199.

6:1s. Dejemos atrás la enseñanza elemental

Estos versículos han sido interpretados de diversas maneras para referirse (a) a "principios fundamentales en el AT" (S. L. Johnson), porque en ellos no se menciona ninguna enseñanza cristiana específica; (b) a la enseñanza del Jesús histórico (cf. 2:3; Seeberg 1903.248s.; cf. G. Kittel en *TDNT* 4.109n.153; Adams 1967); (c) a una enseñanza acerca de Cristo o el Mesías. Para conciliar las soluciones al problema es preciso considerar que la expresión τὸν τῆς ἀρχῆς τοῦ Χριστοῦ λόγον se refiere (d) a las palabras pronunciadas por Cristo, no solo a lo largo de su vida terrenal, sino también en la predicación cristiana (Büchsel 1922.21n.); o (e) a la instrucción cristiana elemental, basada en el patrón de la enseñanza de Jesús tal como aparece en la tradición sinóptica (Bornkamm 1942; Spicq 2.147; Hooke 102; Montefiore; Buchanan; Grässer). Una referencia exclusiva a (b) o incluso a (d) parece improbable, pero los puntos en común de las demás posibilidades podría reflejar el patrón catequético en un entorno cristiano judío, o el sentido de continuidad del autor entre la antigua y la nueva dispensaciones, o ambas cosas. Véanse también Collins; Barker; Wuest; Thüsing 1967; Batdorf.

6:1a (hasta θεμέλιον καταβαλλόμενοι). El autor anunció que tenía la intención de ofrecer una enseñanza avanzada (5:11a), expresó sus dudas acerca de la disposición de los lectores de recibirla (5:11b-12) y estableció un contraste general entre los que son niños y los que son maduros (5:13s.). La conclusión, introducida por la conjunción διό (3:7), es que los lectores deben dejar atrás la condición de niños y avanzar hacia la madurez. Así como la instrucción elemental fue una parte esencial de su iniciación cristiana (cf. 2:3s.; 3:14; 5:12), la propia epístola también está destinada a desempeñar un papel guiándolos a la madurez (6:3). Muchos académicos, incluyendo a Michel y a F. F. Bruce, consideran que la conclusión es sorprendente y que cabría esperar un "sin embargo" en lugar de διό. Siguiendo una lógica estricta, esto sin duda es correcto; pero tal como lo confirma 6:9, el autor cuenta con una reacción positiva de parte de sus lectores, una respuesta a su descripción de la condición en la que ahora se encuentran y a la severa advertencia que les hace (vv. 4-6) en contra de cualquier recaída que los haga retroceder aún más. "El hecho de contentarse con los 'principios elementales' pone ya de manifiesto un marcado nivel de fracaso. No hay más alternativa (διό) que seguir avanzando hacia la madurez" (G. Hughes 1979.162n.63).

Ἀφέντες: el autor se asocia más estrechamente con sus lectores que en otros lugares del pasaje; cf. φερώμεθα, y quizás καταβαλλόμενοι, pero ποιήσομεν (v. 3) es probablemente un plural de autoría, al igual que ἡμῖν en 5:11 y πεπείσμεθα en 6:9. El contexto inmediato, ἐπὶ τὴν τελειότητα φερώμεθα, sugiere que ἀφίημι aquí no significa, "abandonar", como por ejemplo, en Apocalipsis 2:4 (así H. P. Owen 248-249; Lane discrepa), sino "pasar a otra cosa" (Bauer *s.v.* 3b; Plut. *Mor.* 793A; Epíct. 4:1, 15). Ἀφίημι (2:8*), a diferencia de ἄφεσις (9:22; 10:18*), no se usa en Hebreos para referirse al perdón de los pecados. Véase R. Bultmann en *TDNT* 1.510s.

Τῆς ἀρχῆς antes de λόγον es una construcción ligeramente enfática (en 1518 se omite τῆς). Lo que queda atrás no es "la palabra de Cristo", sino la "palabra" de la iniciación cristiana. La iniciación cristiana está relacionada de manera similar en 2:3, e implícitamente en 3:14; 5:12, con el anuncio de un mensaje.

La frase τοῦ Χριστοῦ (en 2005 θεοῦ; en 429 se omite τοῦ Χριστοῦ) plantea dos problemas: (1) el genitivo (a) ¿es subjetivo, "(la palabra hablada) por Cristo", o es (b) objetivo, "(la palabra hablada) acerca de Cristo?" (2) ¿Se refiere Χριστός aquí (a) al Mesías en general, (b) a Jesús en su ministerio terrenal y/o (c) al Cristo exaltado? La estructura de la oración sugiere que los vv. 1b-2, μὴ πάλιν θεμέλιον καταβαλλόμενοι, expresan en forma negativa lo que ἀφέντες τὸν τῆς ἀρχῆς τοῦ Χριστοῦ λόγον declara en forma positiva. De ser así, la lista que ocupa el resto de los vv. 1-2 especifica el contenido del "principio de la palabra de Cristo". Esto parece excluir la opción (1a) (apoyada por Adams 1967.381-384 y Attridge), a pesar de que en 2:3 el autor afirma que el mensaje cristiano tiene su origen en la enseñanza del propio Jesús. Existen pasajes paralelos (véase el párrafo siguiente) que permiten describir a Jesús y su enseñanza como θεμέλιος, pero hay pocos puntos de contacto entre los elementos en los vv. 1b-2 y la enseñanza de Jesús tal como aparece en los evangelios canónicos. Sin embargo, la opción (1b), (aceptada por Braun, en consonancia con Riggenbach Moffatt yLane), plantea problemas incluso más grandes, porque los elementos tienen aún menos relación con la vida de Jesús. La solución menos insatisfactoria es atribuirle a la frase τοῦ Χριστοῦ un sentido objetivo más general y más amplio (1b + 2a) y considerar que la enseñanza cristiana es la continuación del AT y posiblemente también de la enseñanza judía contemporánea (así piensa en general Carpzov). Los esfuerzos que se han hecho por establecer paralelismos estrechos entre la lista en los vv. 1b-2 y la enseñanza ofrecida a los prosélitos judíos (Cave 84, refiriéndose al Talmud; Schweizer 101s.; Michel 238n.4) no son convincentes; la iniciación de los prosélitos se componía de la circuncisión, el bautismo y la presentación de un sacrificio en el templo (G. F. Moore 1.331s.), y aquí solo se menciona el segundo de estos ritos.

Ἐπί se usa antes de ἣν τελειότητα para referirse a "un movimiento que alcanza su meta completamente" (Bauer *s.v.* III.1.b). Τελειότης en Colosenses 3:14** está relacionado con el amor, al igual que en Jeremías 2:2 y de manera más lejana aquí (cf. v. 10). El presente versículo no indica en qué consiste la τελειότης. Los vv. 10-12, que combinan el material tradicional con la insistencia particular del autor en permanecer firme ἄχρι τέλους, sugieren que en el contexto más amplio la τελειότης consiste en recibir lo que Dios ha prometido; este tema se desarrollará en los vv. 13-20; cf. también 11:39s. Los paralelismos gnósticos (H. Koester 1961.97, en consonancia con Käsemann 1939) son formales; de hecho, en ciertas formas desarrolladas del gnosticismo, la entrada en la categoría de los τέλειοι estaba predeterminada, y no era la meta de un movimiento progresivo. Los paralelismos filónicos son verbalmente claros (Spicq 1.52ss.), pero no tan fuertes para sugerir la dependencia literaria directa de Hebreos (Williamson 277ss.).

El contexto exige claramente que τελειότης no signifique "perfección", en contraste con el pecado, sino "madurez", en contraste con el estado del νήπιος (5:13; Flew 73). Du Plessis (209) afirma de manera poco convincente que "simplemente no hay ningún ejemplo disponible en el que la palabra exprese madurez", pero en el caso de una palabra tan poco común (Col. 3:14**), el argumento ex silentio es débil; cf. Grässer 334, citando a Epícteto, *Diss.* 1.4.4. Sin embargo, no debe forzarse el verbo φερώμεθα para que haga pensar en un progreso gradual hacia la meta de la madurez; y por otra parte, el contexto sugiere que la meta debe alcanzarse por medio de una enseñanza más avanzada.

El uso de φερώμεθα (φερόμεθα D K P min.) y no de ἄγωμεν (ἄγω, 2:10*) ni de τρέχωμεν (12:1) sugiere sin duda la actividad de Dios (así lo cree Lane), pero esto no se hace explícito hasta los vv. 13ss., y en el v. 3, el verbo ποιήσομεν presupone la acción humana. Con respecto a Φέρω véase 1:3; el pasivo se usa solo aquí, y en un sentido diferente 9:16. F. F. Bruce afirma que φερώμεθα hace pensar en un "movimiento rápido y enérgico", pero Michel cita Eur. *And.* 392s. ἀλλὰ τὴν ἀρχὴν ἀφεὶς πρὸς τὴν τελευτὴν ὕστεραν οὖσαν φέρῃ, donde ἀφείς y φέρῃ significan simplemente pasar de una cosa a otra.

El adverbio ἁλιν aquí refleja el πάλιν de 5:12, donde el contexto es similar, y anticipa el πάλιν de 6:6, en ambos lugares con μετάνοια. El contexto de 6:6 y el del presente versículo comunican una idea relacionada pero no son idénticos; la implicación podría ser que, si los lectores insisten en repetir una enseñanza que pertenece al comienzo de la vida cristiana, existe el peligro de que retrocedan aún más y necesiten una nueva iniciación después de la apostasía, y eso es "imposible" (6:4).

Καταβάλλω, al igual que el verbo equivalente *yacio* de la Vulgata, tiene dos significados (1) echar (abajo) (2Co. 4:9*, *diario* en Vg), y (2) echar (un fundamento o cimiento), como aquí. El segundo significado es sinónimo del término más común τίθημι (1:2), que no se usa en este sentido en Hebreos.

El θεμέλιος consta de las enseñanzas mencionadas; menos probablemente, las que están basadas en el fundamento (no especificado) (Moule 1963.129). El fundamento no se identifica con Cristo aquí, como sí ocurre en forma explícita en 1 Corintios 3:11; ni siquiera con la enseñanza de Cristo, como en Lucas 6:47-49. (Tampoco existe ninguna referencia cristológica en el plural θεμέλιοι, Heb. 11:10*). La idea se acerca más a la de Romanos 15:20; 1 Corintios 3:10-12; Efesios 2:12, donde se presenta a los apóstoles y otros maestros cristianos activos en la colocación de un cimiento (en cuanto a la idea, cf. Mt. 16:18); el v. 3 lo confirma.

6:1b-2 (a partir de μετανοίας ἀπὸ νεκρῶν ἔργων). El contexto exige que θεμέλιον... μετανοίας... se interprete como "un fundamento que consiste en el arrepentimiento", y no, como es más común, "un fundamento sobre el cual se basan el arrepentimiento". La lista no contiene nada que sea peculiarmente cristiano, y por supuesto, nada que sea exclusivamente judío; ese tipo de dicotomía tan aguda es ajena a un cristiano judío que les escribe principalmente a lectores de la misma tradición. (B. Collins cree que las doctrinas son distintivamente farisaicas).

La relación mutua entre los seis elementos de la enseñanza, y por ende, la puntuación de la oración, son objeto de controversia (véase la nota sobre la puntuación en UBS³). Καί y τε, al parecer, se usan para aportar variedad y no para imponer ningún patrón particular en la oración. (a) La disposición más simple y más lógica del texto de UBS es en tres pares (así ya Bleek), μετάνοια y πίστις para referirse a los sucesos (internos) que preceden a la iniciación en el pueblo de Dios, βαπτισμοί y ἐπίθεσις χειρῶν a los actos (externos) de la iniciación, y ἀνάστασις y κρίμα con referencia al futuro; pero no se hace hincapié ni en el contexto entre lo interno y lo externo, ni en la sucesión en el tiempo. (b) No obstante, si διδαχήν se lee después de βαπτισμῶν, como ocurre en 𝔓⁴⁶ B 0150 itᵈ, y luego hacen Zuntz 93 y F. F. Bruce, el término sería aposición de θεμέλιον, y la disposición de los elementos sería 2 + 4:

θεμέλιος: μετανοίας ἀπὸ νεκρῶν ἔργων, πίστις ἐπὶ θεόν

διδαχή: βαπτισμοί, ἐπίθεσις χειρῶν, ἀνάστασις νεκρῶν, κρίμα αἰωνίου

Podría inferirse que aunque los elementos mencionados en el v. 2 están incluidos en la enseñanza elemental que el autor desea dejar atrás, no se consideran "fundamentales" en el mismo sentido que el arrepentimiento y la fe; esto reflejaría en parte el patrón general de la predicación apostólica (Dodd 1936), que incluía referencias al arrepentimiento y a la fe (p. ej., Hch. 2:38; 3:19; 10:43; 13:36s.), y también, quizás con menos fuerza, al juicio (sobre todo Hch. 10:42), pero no al bautismo, ni a la imposición de manos, ni, al menos explícitamente, a la resurrección de los muertos (aunque cf. Hch. 17:31f.). La mayor parte del comité de texto griego de la UBS consideró que el término διδαχήν era "una mejora estilística que se introdujo para evitar tantos genitivos" (Metzger 666). Este argumento no es concluyente en sí mismo, porque el autor podría haber escrito διδαχήν por la misma razón (al igual que escribe ῥῆμα en lugar de ῥήματος en el v. 5); las pruebas externas a favor de διδαχῆς son fuertes. Si διδαχήν no es original, podría explicarse como una paráblesis de la letra *nu* que aparece al final de los elementos 1, 2, 4 y/o 5 de la lista. Una decisión definitiva es imposible; véase la nota sobre βαπτισμῶν διδαχῆς más adelante. Con respecto a μετάνοια, véanse Spicq 1982.452-458; Grässer 337-339.

El vocabulario del arrepentimiento y la confesión del pecado no es prominente en Hebreos (4:16). El sustantivo μετάνοια, más común en los sinópticos y en Hechos que en la LXX, no es frecuente en ningún otro lugar en el NT (4 veces por Pablo y 2Pe. 3:9); en el presente versículo, al igual que en el v. 6, se presupone como parte de la tradición, y se usa con respecto a Caín en 12:17*. El verbo μετανοέω, que se emplea con más frecuencia en la LXX, y también en Apocalipsis, en otros lugares del NT aparece solo en los sinópticos, Hechos y en 2 Corintios 12:21. Ὁμολογέω se usa en 11:13 sin referencia al pecado, y en 13:15* con relación a la confesión de fe, la principal acepción de ὁμολογία en Hebreos (3:1). En Hebreos no se emplea el verbo ἐξομολογέω, y ἐξαγορεύω, otra traducción común de *yāḏâ* en la LXX, no se lee en ningún lugar del NT. Ἐπιστρέφω no aparece en Hebreos. El autor hace mayor hincapié en los actos relacionados con el sacrificio que en la confesión verbal de la fe (como, p. ej., en 1Re. 8:33, 35‖). En este respecto Hebreos se diferencia del judaísmo posterior, en el cual el cese del sacrificio llevó aparejado una mayor insistencia en al arrepentimiento (Moore 1.507ss.). Véanse J. Behm en *TDNT* 1, aquí 1005s.; S-B 1.170-172; Braun 1966.2.89.

Νεκρὰ ἔργα es una peculiar de Hebreos (cf. 9:14***, donde se hace el mismo contraste con "el Dios vivo"). El paralelismo con πίστις… νεκρά, una fe improductiva o vana, en Santiago 2:17, 26, es obvio; la referencia al arrepentimiento aquí, y a la limpieza en Hebreos 9:14, exige el significado más fuerte de "obras que conducen a la muerte"; cf. *mortalia opera*, 4 Esdras 7:119; ἡ τοῦ θανάτου ὁδός, *Didajé* 5:1. El contraste, aquí al igual que en Gálatas 5:19, 21, es entre las acciones que merecen la pena de muerte, y las καλὰ ἔργα (10:24; cf. 13:21) que le dan a los miembros del pueblo de Dios la posibilidad de tomar posesión de lo que Dios les ha prometido (cf. Heb. 6:12). Es posible que el autor haya tenido en cuenta las opciones que Moisés le dio a Israel en Deuteronomio 30:15, 18. Sin embargo, ni aquí ni en ningún otro pasaje el autor desarrolla el tema de los "dos caminos" que sí ocupa un lugar destacado en *Didajé* 1:1; 5:1; *Bernabé* 10:1; 20:2. Braun (*ad loc*. y acerca de 9:14) considera, de manera poco convincente, que νεκρὰ ἔργα se refiere a la adoración pagana de los ídolos. Véase Bauer *s.v.* νεκρός 1bβ; R. Bultmann en *TDNT* 4.892-894.

La fe es el complemento positivo que suele asociarse con el arrepentimiento (p. ej., Mr. 1:15‖; Hch. 17:30s.; 20:21). En cuanto a πίστις y a πιστεύω, véase 4:2s., donde la fe veterotestamentaria y la cristiana también están relacionadas, como probablemente ocurre aquí, pero de una manera más explícita. Ni aquí, ni incluso en 11:6, la fe en Dios se concibe como una simple aceptación de su existencia; el tema de las promesas de Dios a su pueblo subyace en ambos pasajes (cf. 6:12). Πίστις ἐπὶ θεόν solo aparece aquí en el NT. Los pasajes paralelos más cercanos son Romanos 4:5, 21 (cf. Heb. 1:10; también Sab. 12:2), donde πιστεύω va seguido de ἐπί y una perífrasis para "Dios" en el caso acusativo. Πιστεύω ἐπὶ Ἰησοῦν y otras expresiones equivalentes aparecen con más frecuencia (p. ej., Mt. 27:42; Hch. 9:42); cf. también la aplicación cristológica de Isaías 28:16, ὁ πιστεύων ἐπ᾽ αὐτῷ (s.c λίθον προσκόμματος ... en Ro. 9:33; 10:11; 1Pe. 2:6, 8). No hay ninguna diferencia perceptible de significado entre πίστις, πιστεύω ἐπὶ θεόν, πίστις θεοῦ (p. ej., Mr. 11:22), εἰς θεόν (1Pe. 1:21), y πρὸς θεόν (1Ts. 1:8). En el pasaje que nos ocupa, la referencia a la fe en Dios es de pasada y probablemente tradicional; en 6:13ss. se pone de relieve la fidelidad de Dios y no la fe de Abraham.

6:2. Más acerca de la enseñanza elemental

Βαπτισμῶν διδαχῆς: Hay dos aspectos que hacen que la forma βαπτισμῶν resulte difícil: (a) el significado del plural es dudoso; (b) βαπτισμός, y no βάπτισμα (no se usa en Hebreos, y nunca en plural en el NT), es raro (9:10; Mr. 7:4; Col. 2:12 [𝔓⁴⁶ B D* G]***). Algunas explicaciones patrísticas del plural, como una referencia a la triple inmersión (Tertuliano), de los bautismos de agua, sangre y deseo (Agustín), y los reiterados bautismos heréticos (Atanasio) son obviamente anacrónicas. Así también ocurre, probablemente, con la explicación de Grocio con respecto al bautismo externo y el interno; el contexto, empero, no apoya ninguna distinción entre el bautismo de agua y del Espíritu. La sugerencia de Teodoreto de que el plural se refiere al gran número de bautizados es posible, pero no tiene ningún respaldo contextual; lo mismo es válido para la sugerencia de Andriessen (1977.23-26) de que la frase alude a los bautismos de Juan y de Jesús. Las pruebas son demasiado escasas para llegar a una conclusión, pero la explicación más probable es que la frase se refiere a la enseñanza sobre la diferencia entre el bautismo cristiano y el bautismo judío de los prosélitos (así opina Bleek); y quizás también al bautismo de Juan, y el bautismo que se practicaba en Qumrán (así piensa Spicq; Braun 1966.255s. discrepa). S. L. Johnson cree que la alusión es a los lavamientos ceremoniales judíos; así también lo creen muchos especialistas (véase Spicq). Attridge, en consonancia con Loader 90 y otros, se refiere a los ritos de purificación, además del bautismo, que se practicaban en algunos círculos cristianos (*Ap. Trad.* 16.15; *Pseudo-Clemente Homilías* 10.1; 11.1); en forma similar Grässer 341-342. Es cierto que los demás elementos en la lista se evalúan positivamente, al menos de manera implícita; pero las únicas otras menciones en Hebreos, tanto de βαπτισμός (9:10) como de διδαχή (plural, 13:9), son negativas. El bautismo y la enseñanza están relacionados en Mateo 28:19s. En Hebreos 6:4

hay una referencia clara a una iniciación cristiana, aunque no explícitamente al bautismo (ἅπαξ φωτισθέντας).

Véanse también A. Oepke en *TDNT* 1.545; Delling; Delville.

Ἐπιθέσεώς τε χειρῶν: B D* 365 *pc* debilitan el vínculo con la omisión de τε, que, por lo demás, está bien confirmado ($\mathfrak{P}^{46}$ א A C D² I Ψ 0122 0252 𝔐); cf. 2:4. Ni esta frase, ni ἐπίθεσις/ἐπιτίθημι, se usan en ningún otro lugar de Hebreos. En otros pasajes del NT, la imposición de manos está relacionada con (a) la sanidad (p. ej., Mr. 5:22; Hch. 28:8), (b) la bendición (Mt. 19:13, 15), (c) la dádiva del Espíritu Santo en conexión con el bautismo (Hch. 8:17-19; 9:12, 17; 19:6) o (d) la autorización para una tarea u oficio particular, como el de diácono (Hch. 6:6) o de misionero (Hch. 13:3). En las pastorales (1Ti. 4:14; 5:22; 2Ti. 1:6), la ordenación está relacionada con la impartición de dones del Espíritu por medio de la imposición de manos. La frase anterior, βαπτισμῶν διδαχῆς, junto con el v. 4, sugiere que la intención es (c); C. Maurer (*TDNT* 8.161), sin embargo, piensa que también se hace alusión a la transmisión del oficio. Aunque esto no tiene ningún apoyo en el contexto, la referencia es tan breve y tan general que es imposible asegurarlo. Véase además Parratt 1969.

Ἀναστάσεώς τε νεκρῶν: En Hebreos 11:35 *(bis)** se hace referencia a la resurrección de individuos durante el período veterotestamentario, pero en Hebreos no se usa nunca el término ἀνάστασις para referirse a la resurrección de Jesús; cf. 11:19 (ἐγείρω) con respecto a la "resurrección" ἐν παραβολῇ de Isaac. La naturaleza tradicional de la enseñanza acerca de la resurrección general de los muertos está confirmada por algunos textos, como por ejemplo, Hechos 17:32; 23:6; 24:21; 26:23; Romanos 1:4; 1 Corintios 15:12s., 21; cf. Daniel 11:20 LXX; 2 Macabeos 7:14; 12:23 sin el artículo; Mateo 22:31; Lucas 20:35; Hechos 4:2; 1 Corintios 15:42 con el artículo. No está claro si la enseñanza a la que se hace referencia aquí tenía que ver con la resurrección de los justos solamente o, como en Daniel 12:2, con la de los justos y los impíos por igual. La frase que sigue, junto con los vv. 4-6, sugiere sutilmente que se trata de esto último.

Κρίματος αἰωνίου plantea una alternativa similar: que al juicio se le atribuya un sentido (1) negativo, como es habitual en el NT, (2) un sentido positivo, como ocurre a menudo en el AT, considerando que se trata de una liberación de los oprimidos por parte de Dios (= *mišpaṭ;* p. ej., Sal. 119 [118 LXX] *pássim*); o (3) ambas cosas. El contexto hace que (2) resulte poco probable (aunque el κρίμα a menudo se vincula con la resurrección tanto en la tradición judía (S-B 4.1199-1212) como en la cristiana (Ap. 11:18; *2Clem.* 9:1; *Bern.* 21:1; Justino, *Dial.* 81:4); las demás referencias al juicio de Dios en Hebreos son (1) negativas (10:27, 30; 13:4) o de pasada (9:27; 12:23), y por tanto tal vez (3) generales. La frase κρίμα αἰωνίου no aparece en ningún otro lugar en el NT (salvo como una *v.l.* en Mr. 3:29). Esencialmente, tiene el mismo significado que τὸ κρίμα τὸ μέλλον en Hechos 24:25, con respecto al cual cf. Heb. 10:27. A la luz de los vv. 4-6, es probable que se añadiera αἰωνίου, no solo para afirmar que el juicio es específicamente de Dios, sino también para indicar la irrevocabilidad de un juicio, cuyos efectos no tendrán fin. Véanse F. Büchsel en *TDNT* 3.942; H. Conzelmann en *RGG*³ 2.1415-1421.

6:3. Seguiremos adelante

Antes de la severa advertencia de los vv. 4-6, el autor expresa palabras de aliento que hacen recordar el v. 1a y anticipan el contenido de los vv. 9-12.

Desde el punto de vista gramatical, la frase καὶ τοῦτο pudiera referirse a πάλιν θεμέλιον καταβαλλόμενοι, con lo cual el versículo significaría: "Nosotros también, en algún momento futuro, si Dios lo permite, repetiremos la enseñanza elemental de los vv. 1b-2" (así opinan Windisch, Poschmann 39s.; Scheidweiler 227-229). Pero el sentido general del pasaje va en la dirección opuesta. Los vv. 4-5 no dicen claramente que la iniciación cristiana pueda experimentarse una sola vez, sin embargo, la expresión ἅπαξ φωτισθέντας y los participios de aoristo que siguen, incluso sin contar παραπεσόντας en v. 6, sugieren que cualquier repetición de la enseñanza elemental dista mucho de la intención del autor. Τοῦτο, pues, significa ἐπὶ τὴν τελειότητα φέρεσθαι, y καί indica el breve paso de la exhortación a la determinación reverente —un paso que ignoraron los copistas que escribieron ποιήσωμεν. Por tanto, el significado es el siguiente: "Seguiremos adelante hacia la madurez, si Dios lo permite", y ποιήσομεν es un verdadero plural, "vosotros y yo juntos", no un plural del autor. Hay un corolario implícito que no se expresa: "Yo, vuestro maestro, pasaré a una instrucción más avanzada".

El análisis anterior presupone la lectura ποιήσομεν (𝔓⁴⁶ ℵ B etc.), adoptada por el texto de la UBS, y no ποιήσωμεν (A C D P Ψ min.). Desde tiempos muy remotos, las dos formas eran prácticamente indistinguibles en cuanto a su pronunciación, pero ποιήσομεν cuenta con el mayor peso de las pruebas externas y concuerda mejor con las palabras que siguen "si Dios lo permite" (Metzger 666s.).

Ἐάνπερ: véase 3:14**; ἐπιτρέπῃ*: en cuanto a la cláusula completa, cf. 1 Corintios 16:7, ἐὰν ὁ κύριος ἐπιτρέψῃ, con respecto a los planes de viaje de Pablo; Santiago 4:15, ἐὰν ὁ κύριος θελήσῃ, con ποιήσομεν τοῦτο, en una recomendación general. La tradición rabínica hacía hincapié en la sumisión a la voluntad de Dios (S-B 3.758), pero los paralelos más cercanos son clásicos y helenísticos; Platón, *Alcib.* 1.135d, ἐὰν θεὸς ἐθέλῃ, cf. Minucio Félix; Octavio 18.11; Deissmann 80, ofrece ejemplos del papiro de El Fayum, y MM cita el *P. Ryl.* II.120¹⁶ (167 d.C.), θεῶν ἐπιτρεπόν[τ]ων. Véase también el comentario sobre γάρ en el v. 4.

6:4-6. El peligro de la apostasía

Los que han experimentados los ricos dones que acompañan a la fe en Cristo, y luego cometen apostasía, le infligen a Cristo y se infligen a ellos un mismo un daño tan grande que no es posible que sean restaurados.

Desde tiempos muy remotos (Bleek 3.172ss.; Telfer; Goppelt 1976.594s.), el significado de estos versículos difíciles ha sido tergiversado por asimilaciones indebidas a otros textos (sobre todo Mr. 3:28-29 ‖ y 1Jn. 5:16), y aún más por la especulación doctrinal y los requisitos de la disciplina de la iglesia. Por lo tanto, es especialmente importante que se apliquen métodos exegéticos normales y del modo más estricto posible, analizando en primer lugar el propio texto, su contexto inmediato y los textos relacionados (sobre todo 10:26-28), y solo después, las implicaciones más amplias del pasaje. Véase H.-F. Weiss 347-351.

Los versículos son gramaticalmente reveladores, pero están ubicados en un contexto de exhortación (vv. 1, 9), no de disciplina. La transición de la primera persona (vv. 1-3) a la tercera persona sugiere que el autor no desea identificar explícitamente a las personas descritas con los lectores de la epístola. Esto, en parte, puede haber sido por prudencia; y en parte, sin duda (cf. v. 9), porque él creía que sus lectores todavía podían evitar la apostasía. Otro factor podría ser su reticencia a anticipar el juicio final al que se hace referencia en los vv. 7s. La ausencia de expresiones condicionales sugiere que el autor prevé una situación que podría tener lugar realmente, y de la que al menos algunos de los lectores podrían formar parte. Sin embargo, el carácter escatológico de todo el pasaje (κρίμα αἰώνιος [v. 2] y las referencias a la bendición y la maldición de Dios [vv. 7s.], τὸ τέλος [v. 8], ἄχρι τέλους [v. 11]) sugieren que la severa advertencia del autor se considera subordinada al juicio final de Dios. El conflicto entre el uso de la tercera persona del plural de los verbos aquí, y de la primera persona del plural (ἁμαρτανόντων ἡμῶν) o la tercera persona del singular (τις, ὁ… καταπατήσας) en 10:26-29, es más aparente que real; en este último pasaje los singulares son genéricos.

La estructura retórica de estos versículos le añade severidad a la advertencia. Mientras que la enseñanza elemental se resumió en los vv. 1b-2 por medio de frases cortas de aproximadamente la misma longitud, las bendiciones relacionadas con la iniciación cristiana se describen en los vv. 4-5 en cuatro cláusulas, cuya longitud y complejidad en general van aumentando, y contrastan marcadamente con παραπεσόντας, el único participio de presente muy enfático del v. 6. Otros puntos destacados en la oración son el adjetivo ἀδύνατον con el que comienza el pasaje y el verbo παραδειγματίζοντας con el que termina.

A pesar del contraste retórico entre los vv. 1b-2 y 4-6, hay cierta coincidencia de significado entre ellos, aunque el orden es diferente:

Vv. 1b-2	**Vv. 4-6**
μετανοίας ἀπὸ νεκρῶν ἔργων	ἀνακαινίζειν εἰς μετάνοιαν
πίστεως ἐπὶ θεόν	καλὸν γευσαμένους θεοῦ ῥῆμα
ἐπιθέσεώς τε χειρῶν	μετόχους γενηθέντας πνεύματος ἁγίου
	δυνάμεις τε μέλλοντος αἰῶνος.

Estos paralelismos sugieren que el tema de los vv. 4-6 tiene que ver con la iniciación y la formación cristianas y no con un juicio final de aquellos cuya situación se describe.

6:4. Los que una vez fueron iluminados

En lugar de repetir la enseñanza elemental, el autor considera que es mejor pasar a la enseñanza para los maduros (v. 1), porque (γάρ) existe el grave peligro de dejar la condición de νήπιος (5:12) y caer en la apostasía.

Ἀδύνατος (6:18; 10:4; 11:6*) se usa siempre en Hebreos en forma impersonal y neutra, no (como, p. ej., en Hch. 14:8) en alusión a una persona con la acepción de "impotente". Por consiguiente, la conclusión inmediata que puede deducirse de las cláusulas principales no es que las personas a las que se hace referencia no puedan arrepentirse (Spicq; cf. F. F. Bruce 144n.35), sino que es imposible renovar su arrepentimiento. Cabría entonces preguntar si el sujeto implícito de ἀδύνατον es (a) Dios o (b) algún agente humano. La apelación (hecha ya por Ambrosio; cf. Spicq) a Marcos 10:27‖ en apoyo de (b) constituye una falacia, puesto que en 6:18 θεός no funciona como sujeto de ἀδύνατον. La construcción impersonal podría tener por objeto (a) evitar el nombre de Dios, ya sea por reverencia, o más probablemente, por razones estilísticas, debido a los cinco usos de θεός en los vv. 1-7; o (b) sugerir un tema bastante general: tal vez muy general: "es inherentemente imposible". La comparación con 10:26-29 sugiere la opción (a): "No hay nada más que Dios pueda hacer", es decir, más allá de haber ofrecido a su Hijo por el pecado; e incluso allí, sin embargo, la referencia a Dios es indirecta p. ej., ἀξιωθήσεται, 10:29). McCullough (1974.2) adopta una posición intermedia: "… aunque el adjetivo 'imposible' puede referirse a la imposibilidad humana, sin embargo, la razón de que sea humanamente imposible hacer que se arrepientan es porque Dios lo quiere así". Herm. *Sim.* 9.26.6, ἀδύνατον γάρ ἐστι σωθῆναι τὸν μέλλοντα νῦν ἀρνεῖσθαι τὸν κύριον ἑαυτοῦ, podría reflejar una interpretación temprana de este versículo.

Ἅπαξ (9:7, 26, 27, 10:29; 10:2; 12:26 = Hg. 2:6; cf. Heb. 12:27*; 1Pe. 3:18; Jud. 3, 5) y su sinónimo (posiblemente más fuerte) ἐφάπαξ (7:27; 9:12; 10:10*; cf. Ro. 6:10) se cuentan entre las palabras favoritas del autor, y las usa de manera característica para contrastar el culto repetido e ineficaz del período veterotestamentario con la ofrenda que hizo Cristo de sí mismo una sola vez. En el presente pasajes hay un contraste, importante para el argumento, con la idea acerca de la repetición de una acción que transmite el adverbio πάλιν (vv. 1, 6; cf. 5:12), probablemente por el prefijo ἀνα- (dos veces en el v. 6), y de manera menos directa por πολλάκις en el v. 7. Véase G. Stählin en *TDNT* 1.381-384.

La opinión general (p. ej., de Moffatt y Spicq) es que ἅπαξ, igual que el τοῦς de antes, debe tomarse junto con los cuatro participios que siguen en los vv. 4-5, los cuales expresarían diferentes aspectos de la iniciación cristiana. Existe cierta coincidencia en cuanto al significado entre las cuatro cláusulas, y los esfuerzos que se han hecho por establecer una clara diferencia entre ellas han resultado contradictorios y no han tenido éxito. Sin embargo, si la intención del autor era vincularlas estrechamente a un solo acontecimiento, cabría esperar una repetición de ἅπαξ (como en 9:26-28), o algo como μετέπειτα (cf. 12:17) παραπεσόντας en el v. 6. El aoristo es la forma lingüísticamente camuflada del participio, y sugiere una acción puntual y no necesariamente un acontecimiento único o pasado (MHT 3.79-81; BD §339). Pero si ἅπαξ se toma junto con φωτισθέντας solamente, es posible interpretar que γευσαμένους τε τῆς δωρεᾶς τῆς ἐπουρανίου incluye una referencia a la participación (repetida) en la eucaristía, y que el resto de los vv. 4-5 se refieren a aspectos de la experiencia cristiana presente. Esto haría muy comprensible el adverbio πολλάκις en el v. 7, que de otro modo es difícil de explicar.

Normalmente se piensa que ἅπαξ φωτισθέντας incluye una referencia al bautismo cristiano (v. 2a); esto está respaldado por el participio φωτισθέντες en

10:32*, con una referencia a "los días pasados" o "anteriores". En ambos lugares, la Peshita parafrasea el texto para incluir una referencia explícita al bautismo; cf. Justino, *Apol.* 61:12s.; 65:1. Sin embargo, el verbo φωτίζω en otros lugares (Ef. 3:9; cf. 2Re. 12:3 [4Re. 12:2 LXX]; 17:27s., como traducción de *yārâ*) connota enseñanza, y esto se ve apoyado por el contexto aquí, y por Hebreos 10:26, τὸ λαβεῖν τὴν ἐπίγνωσιν τῆς ἀληθείας. La falta de referencias explícitas en otros pasajes de Hebreos, ya sea al bautismo o a la cena del Señor (3:10), sugiere que el aspecto ritual del bautismo aquí no ocupaba lugar en la mente del autor. En el NT, φωτίζω se usa siempre en sentido figurado (p. ej., Ef. 1:18; 1Ti. 1:10) o en una parábola (Lc. 11:36). Una influencia directa del lenguaje de los misterios es poco probable debido al uso general del autor (p. ej., no emplea nunca los términos φῶς ni σκοτία), y tampoco es un lenguaje típico del Qumrán (Braun 1966.1.257; Michel y Kosmala 117-119 discrepan). Cf. Spicq 1982.691s.; Grässer 349-350.

Γεύομαι, aquí y en el v. 5 (cf. 2:9*), significa "comer" (o "beber"), no solo "gustar", y de ahí, en sentido figurado, "experimentar (al máximo)". Ἅπαξ se lee junto con γεύομαι en Josefo *Ant.* 4.6.9, *Guerras* 2.8.11. Γεύομαι + un genitivo, como aquí, es una construcción clásica y literaria; + un acusativo, como en el v. 5 (cf. Jn. 2:9), es probablemente un hebraísmo (MHT 3.233). Se cree que el genitivo sugiere "comer hasta saciarse" (como ocurre en forma literaria en Hch. 27:38, pero con el verbo más fuerte κεράννυμι), mientras que el acusativo se describe como partitivo, "comer (algo) de" (BD §169[3]); pero en el presente contexto, el cambio del genitivo por el acusativo es probablemente estilístico (así lo cree Spicq, MHT 1.166 discrepan, pero sin especificar una diferencia de significado). Γεύομαι se usa en relación con la cena del Señor en Hechos 20:11 (cf. las referencias al hecho de comer el maná en Sab. 16:21; Jn. 6:31f.); véase 1 Pedro 2:3, una alusión al Salmo 34:8 (33:9 LXX), pero en un contexto bautismal. El contexto sugiere que γεύομαι, al igual que en el v. 5, tiene un sentido figurado y no se refiere a la ingestión física del pan y del vino en la eucaristía. El lenguaje de este pasaje no es tan específico que pueda limitar la referencia a la eucaristía ni excluirla por completo. En Filón, *Fuga* 139, las referencias a la luz y a la comida se relacionan de manera similar.

Τῆς ἐπουρανίου puede ser un genitivo de cualidad, o más simplemente, concordar con δωρεᾶς después de γευσαμένους, sin ninguna diferencia de significado. De todas formas, τῆς ἐπουρανίου puede considerarse igual a τοῦ θεοῦ, como por ejemplo, en Juan 4:10. El uso tipológico peculiar de ἐπουράνιος (= κρείττων; 1:4) para referirse al equivalente celestial de la realidad terrenal no se pone plenamente de manifiesto hasta más adelante en la epístola (8:5; 9:23; 11:16; 12:22*).

Si γευσαμένους y μετόχους γενηθέντας se consideran estrechamente relacionados (tal vez como paralelismo sinónimo; así piensa Windisch), el "don celestial" podría ser el Espíritu Santo, como en 10:29, τὸ πνεῦμα τὰς χάριτος, cf. 12:15, ambos en pasajes de advertencia; así mismo Hechos 2:38; 10:45; 11:17; 1 Pedro 1:12. 2:4 también relaciona los dones del Espíritu Santo con los primeros días de la vida cristiana de los lectores. En cuanto a la idea, cf. 1 Corintios 12:13, donde el bautismo se asocia de manera similar al hecho de "beber" del Espíritu Santo. En A 69 440 *pc* se lee γεννηθέντας; una confusión frecuente.

El significado de μέτοχος oscila entre el compañerismo (1:9 = Sal. 45[44 LXX]:8; 3:14, τοῦ Χριστοῦ) y la participación (3:1 con κλήσεως ἐπουρανίου; cf. 12:8); aquí predomina lo segundo. Este hecho, y no la ausencia del artículo, es lo que hace pensar en una actividad del Espíritu no del todo personal en este punto; en los demás pasajes (sobre todo 9:8; 10:15), la actividad personal del Espíritu está relacionada con la revelación en la Escritura.

6:5. La palabra de Dios y los poderes de una era futura

No es necesario suponer un vinculo directo entre la actividad del Espiritu Santo en el AT y la experiencIa del ῥῆμα θεοῦ (Lc. 3:2; cf. Dt. 1:26). La referencia más directa, tanto aquí como en 2:1-4, es a la predicación cristiana y a los δυνάμεις... μέλλοντος αἰῶνος que la acompañaban y confirmaban (cf. Mr. 16:20). No hay ninguna marcada diferencia de significado entre ῥῆμα y λόγος θεοῦ (así lo cree Spicq, en contra de Westcott y otros; 4:12); es probable que también sea engañoso hacer una distinción entre ῥῆμα θεοῦ aquí y ὁ... τοῦ Χριστοῦ λόγος en el v. 1; en Hechos 10:36s. son sinónimos.

Podría haber una tradición común detrás del v. 5a y 1 Pedro 2:3, εἰ ἐγεύσασθε ὅτι χρηστὸς ὁ κύριος, una alusión al Salmo 34:8 (33:8 LXX). Entre 1 Pedro 2:1-12 y Hebreos, existen diferencias y puntos de contacto. Para otras similitudes, cf. Hebreos 13:15s. y 1 Pedro 2:5; Hebreos 11:15 y 1 Pedro 2:11; cf. Salmo 39[38 LXX]:13; Hebreos 12:18, 22 y 1 Pedro 2:4 προσέρχομαι. Pero el lenguaje del presente versículo es demasiado peculiar para sugerir una referencia directa al Salmo 34; por tanto, es probable que la tradición común sea oral. Además, la situación a la que se hace referencia en 1 Pedro es la de "recién nacidos" (2:2) que vienen a recibir el bautismo, y de ese modo, ocupan su lugar por primera vez (νῦν, v. 10) dentro del pueblo de Dios; mientras que en Hebreos, los destinatarios son personas que deberían estar dejando atrás la infancia espiritual (5:12), y están en peligro de perder su lugar dentro del pueblo de Dios si no se mantienen firmes.

En cuanto a que la Palabra de Dios es dulce al paladar, cf. Ezequiel 2:8; 3:1-3; Apocalipsis 10:9s.; también Salmo 119[118 LXX]:34, y la alusión al maná en Sabiduría 16:21. Filón, *Fuga* 137s., también describe a la Palabra de Dios como alimento; cf. Williamson 1975.304-306; Spicq 1949.563; Enslin 311. En Zacarías 1:13, Dios habla ῥήματα καλὰ καὶ λόγους παρακλητικούς (cf. Heb. 13:23). De manera semejante, Filón habla de "gustar" o "experimentar" la ῥῆμα θεοῦ, identificada con el logos divino (*Fuga* 137s.); la metáfora es demasiado común para sugerir una influencia directa en Hebreos.

Δυνάμεις véase 1:3; 2:4; aquí, como también en otros lugares, el término probablemente hace referencia a los acontecimientos milagrosos que caracterizaron los comienzos de la comunidad a la que Hebreos va dirigida. La palabra y el poder están estrechamente relacionados (Grässer 352-353). Se considera que estos acontecimientos apuntan al tiempo del fin, aunque Cambier (85) traduce la frase como "poderes de otro mundo" y le atribuye a μέλλων un carácter cualitativo (= "celestial") y no temporal. Esto está respaldado por la frase sin artículo μέλλοντος αἰῶνος***. No obstante, es difícil eliminar un factor temporal de lo que en realidad es un análisis sobre el progreso, o la falta de progreso, de los lectores, hacia su meta celestial. Μέλλω 1:14; 2:5, en ningún otro lugar de Hebreos con αἰών, pero la expresión hace recordar los "bienes venideros" de los que Jesús es el sumo sacerdote (9:11; cf. 10:1). Αἰών 1:2; 5:6.

6:6. Más allá del arrepentimiento

Καὶ παραπεσόντας contrasta, por su longitud y su significado, con las declaraciones largas y positivas de los vv. 4s.; no obstante, ambos elementos son igualmente esenciales para el significado de la cláusula principal que los rodea, ἀδύνατον... πάλιν ἀνακαινίζειν εἰς μετάνοιαν. La virtud de καί probablemente es la de "hacer hincapié en un hecho porque es sorprendente o inesperado o digno de mención" (Bauer *s.v.* I.3.g, citando *inter alia* Heb. 3:9 = Sal. 94:9 LXX); o "y aun" (Braun; cf. 3.9-11). La secuencia temporal ("y entonces") está fuertemente implícita, pero no por el participio de aoristo en sí mismo, sino por la lógica de la oración en su conjunto; sí está explícita en contextos similares, en 10:26 (μετά) y 12:17 (μετέπειτα). Kosmala 25-27 apoya este punto de vista de que "el primer arrepentimiento" no es cristiano al eliminar como una glosa secundaria las frases introducidas por παραπεσόντας y ἀνασταυροῦντας; un argumento circular que Attridge y otros con mucha razón rechazan.

El significado de παραπίπτω** aquí, y la importancia del participio (BD §417), deben deducirse en gran medida a partir del contexto. Fuera de la Biblia, παραπίπτω podría significar simplemente "extraviarse, perderse", o en sentido figurado, "cometer un error" (ejemplos en Bauer y MM); en la LXX el verbo se asocia a veces con el término cognado παράπτωμα (Ez. 14:13; 15:8; 18:24; 20:27), y en algunas ocasiones se usa en sentido absoluto (Sab. 6:9; 12:2). Sin embargo, παραπίπτω y otros términos cognados también se emplean para referirse a pecados graves: παραπίπτω en Ezequiel 22:4 tiene que ver con el derramamiento de sangre, y παράπτωμα en Sabiduría 10:1; Romanos 5:15, 17s. con el pecado de Adán, y en Romanos 5:20 con la incredulidad del Israel. Michel señala que el término hebreo *māʿal* se traduce en la LXX como παραπίπτω y como ἀφίστημι (2Cr. 26:18 etc.), que se usó en Hebreos 3:12 para referirse a la apostasía. El contexto virtualmente exige una referencia a la apostasía aquí. El lenguaje y el pensamiento de 10:26 (ἁμαρτανόντων ἡμῶν) son muy diferentes porque se basan en la enseñanza de la parte central de la epístola acerca del único sacrificio de Cristo. Ambos pasajes, sin embargo, indican que al autor no le interesa especificar los pecados que imposibilitan un segundo arrepentimiento. Una vez que se ha recibido la gracia de Dios en Cristo, la continuación en el pecado constituye un retroceso fatal de la fe que coloca a una persona del lado de los que fueron responsables de la humillación y muerte de Cristo. No obstante, no hay nada en este pasaje, ni en toda la epístola, que identifique a estas personas exclusivamente como judíos, ni la apostasía con un regreso a la condición de los judíos que no creen en Cristo.

El participio no específico παραπεσόντας, literalmente "y [luego] cayendo", le permite al autor recorrer un sendero intermedio entre (1) una condición hipotética:

RSV "si luego cometen apostasía..."; así opina Spicq; y (2) una declaración positiva: TEV "y luego, ¡abandonaron su fe!" (cf. Sproule, el cual traduce "que han caído"; cf. NJB, NRSV, REB). El segundo extremo conduciría a una distorsión del v. 9, que probablemente no significa, "tengo confianza en cuanto a vosotros, aunque no en cuanto a los demás", sino "vosotros estáis en peligro, pero confío en que escaparéis". El autor, aquí como ya ha hecho antes, mantiene un equilibro entre la manera en que describe a sus lectores como partícipes de Cristo y de las bendiciones de la fe (3:1, 14), y la severa advertencia que les hace de los peligros de la apostasía (3:12). La principal diferencia entre los dos pasajes es que en el capítulo 3 el autor alude a un peligro que ataca a individuos específicos (ἔν τινι ὑμῶν, 3:12), mientras que aquí se preocupa por el destino de la comunidad en general. El autor presupone, pero no afirma claramente, que la apostasía puede ocurrir.

Es, pues, preferible no tomar παραπεσόντας como condicional, sino como implícitamente concesivo. P. E. Hughes (212 y n.56) cita con aprobación NEB "porque si los seres humanos una vez fueron iluminados... y después de todo esto han caído..."; de manera similar NJB, REB.

Πάλιν ἀνακαινίζειν**: el adverbio πάλιν hace recordar 5:12, donde se refiere más específicamente a la situación de los lectores. La expresión resulta un tanto tautológica, porque el verbo ἀνακαινίζω de por sí ya incluye la idea de una acción repetida. En la práctica, sin embargo, ἀνακαινίζειν y καινίζω pueden usarse indistintamente, por ejemplo, en diferentes manuscritos de *Bern.* 6:11. La referencia allí es al perdón de los pecados en el bautismo, y la adición de εἰς μετάνοιαν (cf. Mt. 3:11) sugiere una referencia similar aquí. La única declaración directa es que no es posible un segundo arrepentimiento después de la apostasía (cf. 12:17); pero las consecuencias son claras —ni un segundo bautismo (véase Braun 170-173) ni un segundo perdón. El autor mostrará más adelante, tanto en forma positiva (9:24-28) como negativa (10:20), que esto es así porque el sacrificio de Cristo fue ofrecido una vez y para siempre. Esto, por supuesto, no significa que la eficacia de su sacrificio alcanza solamente al pasado y no al futuro, sino que una vez que Cristo y su sacrificio han sido rechazados, no hay otro sitio a donde podamos recurrir. En lo que respecta a la idea, cf. Juan 6:68. Cf. ἀνακαινόω, 2 Corintios 4:16; Colosenses 3:10; ἀνακαίνωσις, Romanos 12:2; Tito 3:5; ἀνανέω, Efesios 4:23. Por tanto, la "imposibilidad" de un segundo arrepentimiento no es sicológica, ni se relaciona, de un modo más general, con la condición humana; en el estricto sentido teológico, tiene que ver con la acción salvífica de Dios en Cristo.

La Vulgata traduce la forma activa impersonal ἀνακαινίζειν por medio de una forma pasiva, *renovari*, con una ligera diferencia en el significado, porque de todas formas el sujeto de ἀνακαινίζειν no se expresa.

Los vínculos lógicos entre la cláusula principal y los participios que siguen, ἀνασταυροῦντας y παραδειγματίζοντας, no se especifican. Elliott 1977 revivió, con argumentos adicionales, la opinión de Delitzsch y otros de que estos participios son temporales: "... mientras siguen crucificando... y avergonzando"; pero esto se ha descrito acertadamente como "un truismo que apenas vale la pena expresar con palabras" (F. F. Bruce; cf. McCullough 1980-81.141). El objetivo del llamado del autor no es que los lectores se vuelvan de la apostasía, sino que eviten a toda cosa ese gran peligro. Si los vv. 4-6 no tienen nada que ver con la situación (al menos potencial) de los lectores, resulta difícil entender cuál es la razón por la que hubo que escribirlos.

Proulx-Alonso-Schökel, seguido de Sabourin 1976, toma εἰς μετάνοιαν ἀνασταυροῦντας de forma conjunta, con lo cual, el versículo podría leerse de la siguiente manera: es "imposible crucificar de nuevo al Hijo de Dios en aras del arrepentimiento, burlándose así de él, para restaurar por segunda vez a los que habían sido iluminados... y apostataron". Esto, en sí mismo, resulta oscuro, no le hace justicia al equilibrio natural de la oración griega ni se ajusta al contexto inmediato.

Por consiguiente, es preferible mantener la opinión generalizada de que los participios son circunstanciales y exponen las razones por las que los apóstatas no pueden ser renovados para arrepentimiento. Ἀνασταυροῦντας y παραδειγματίζοντας se refieren al mismo acontecimiento que παραπεσόντας, pero el tiempo presente de los verbos expresan las consecuencias perdurables que ocasiona el hecho individual de la apostasía (Carlston 1959.297, seguido de Braun). El cambio en el tiempo verbal no ofrece ninguna razón para conjeturar una interpolación (como en Kosmala 25-27). No hay nada en el texto que sugiera que la proximidad esperada del fin constituya un factor significativo en la evaluación que hace el autor de la situación, y a μετανοίας τόπος en 12:17 no debe atribuírsele un sentido temporal.

Ἀνασταυρόω*** en Josefo (*Vida* 420; *Guerra* 2.306, 5.449; *Ant.* 2.73; 11.246; otras referencias en Bleek, Bauer, Braun), y en general, en el griego extrabíblico significa simplemente "crucificar", con la idea de condenar a alguien clavándolo (ἀνά) en una cruz. Esto hace que muchos comentaristas modernos, incluyendo a Spicq, Moffatt, F. F. Bruce, Montefiore, Wilson y Braun, junto con RSV, el texto de la REB y la JB, adopten la acepción de "crucificar", mientras que muchos de los primeros padres, Lutero y Calvino, la Vulgata, Westcott, Riggenbach (citado por Michel), Kistemaker, TEV, Phillips, una nota de la REB, NIV y NJB traducen "volver a crucificar". El argumento de que "re-crucificar" después de πάλιν sería tautológico es débil porque el autor acaba de usar ἀνακαινίζειν todavía más cerca de πάλιν. El argumento de que "cualquier crucifixión efectuada por los hebreos era una '*crucifixión nueva*', y no es necesario que se indique expresamente esa característica de la misma" (Dods, citado por Wilson), no tiene en cuenta el hecho de que sería muy paradójico que el autor, que insiste tanto en la exclusividad del sacrificio de Cristo, hablara de re-crucificar. Aquí, tanto el contexto inmediato como el desarrollo posterior del argumento (sobre todo 9:25-28) exigen la acepción de "re-crucificar" (ἀνά = de nuevo). Cristo murió una vez y para siempre; por tanto, es impensable crucificarlo de nuevo, especialmente durante un período indefinido de tiempo (participio de presente). Véase J. Schneider en *TDNT* 7.583s.

Ἑαυτοῖς, para Bonsirven, Sabourin 1976 y otros, es un dativo de ventaja, por razones que se rechazaron anteriormente. Spicq y otros consideran que significa "por su propia cuenta", "con sus propias manos" (NEB) o "en su propia persona" (Adams 1964.64s.; cf. Moffatt, W. Manson 63), lo cual es posible, pero no tiene suficiente peso. Desde la época patrística se ha interpretado como un dativo de desventaja (cf. 12:2, εἰς ἑαυτούς), "para su propio perjuicio" (así piensan, p. ej., Tertuliano, Crisóstomo, Westcott, Windisch, W. Manson, Michel, B. Collins 206, Carlston 1959, REB; cf. Ez. 28:17; Dn. 2:5), y esto sí se adapta bien al contexto.

Τὸν υἱὸν τοῦ θεοῦ, al igual que en 4:14; 7:3, es una expresión enfática, y del mismo modo que en 10:29 aumenta la solemnidad de la advertencia. El autor tal vez estaba recordándole a sus lectores su confesión inicial de fe (1:2; cf. Hch. 8:37 E [cf. Ireneo *Adv. Hær.* 3.12.8]; Hch. 9:29; 1Jn. 3:23 etc.) antes de pasar a la enseñanza avanzada.

Παραδειγματίζω** (Mt. 1:19 TR; cf. Nm. 15:4 [Sabourin 1976.267]) denota un acontecimiento (a menudo un castigo) que produce humillación pública, originalmente a modo de ejemplo para advertir a los demás. El término aquí hace referencia, de manera clara aunque indirecta, a la vergüenza de la crucifixión de Jesús (12:2, αἰσχύνη; cf. Gá. 3:1; 11:26; cf. 13:13, ὀνειδισμός). La idea es similar a la de Marcos. 8:38||; ambos pasajes se refieren al juicio final. La situación contrasta con la del reconocimiento mutuo de Cristo y los creyentes, al cual se alude en 2:10-13 basándose en textos veterotestamentarios; de Dios y su pueblo (11:16); y de hecho, de Dios y su Hijo (1:5; obsérvese la repetición de οὐκ ἐπαισχύνεται en 2:11 y Heb. 11:16). Pero aquí el lenguaje es más enérgico: el apóstata hace que la vergüenza de la cruz vuelva a cobrar vigor.

Por tanto, el mensaje de los vv. 4-6 podría resumirse de la siguiente manera: (1) la apostasía es un peligro real que amenaza a la comunidad a la que se dirige la carta. (2) No hay ninguna posibilidad de volverse de la apostasía renovando el acto inicial de arrepentimiento asociado con el bautismo y el perdón. (3) El autor no afirma que la comunidad o alguno de sus miembros hubiera realmente abandonado su fe. (4) El propósito final del autor, que a continuación expresan los vv. 9-12, es animar a sus lectores a perseverar.

La aplicación de estos versículos a situaciones en que, hasta donde es posible determinar humanamente, se ha incurrido en apostasía es doblemente arriesgada; en primer lugar, porque supone una anticipación del juicio final de Dios, y en segundo lugar, porque exige el uso de este texto para abordar temas en los que el autor no estaba directamente interesado. Existe una analogía con los problemas planteados, dentro de la tradición del evangelio y con posterioridad, cuando los dichos auténticos de Jesús acerca del matrimonio y el divorcio se transfirieron de un entorno teológico a un entorno casuístico o disciplinario. Véase Attridge 168-169.

6:7s. Parábolas extraídas de la naturaleza

Una doble ilustración crea una transición entre la realidades negativa y positiva que se describen en los vv. 4-6 y 9-12:

vv. 4-6	v. 7	v. 8	vv. 9-12
realidad	imagen	imagen	realidad
negativa	positiva	negativa	positiva

(Vanhoye 119s.). Los vínculos entre los vv. 4-6 y vv. 7-8 son claros. Los múltiples dones que Dios les da a los creyentes (vv. 4s.) se comparan con las reiteradas (πολλάκις) lluvias que caen sobre la tierra (v. 7), mientras que las consecuencias de la apostasía (v. 6) se comparan con la producción de espinos y abrojos (v. 8; cf. las νεκρὰ ἔργα del v. 1). Pero el v. 7 también apunta al futuro; la buena obra de los lectores es el tema del v. 10, y la importancia que reviste para el futuro de los lectores es el tema del v. 11. Γάρ en el v. 7 es la conjunción lógica que conecta los vv. 7s. con lo anterior, y de ese modo, hace hincapié en el aspecto negativo de la ilustración (Feld 1987.3584). Δέ en los vv. 8 y 9 denota el cambio de lo positivo a lo negativo, y de nuevo a lo positivo.

El participio de aoristo πιοῦσα va seguido de los participios de presente τίκτουσα y ἐκφέρουσα, y hace pensar con mucho acierto que se trata de una serie de lluvias que hacen que se obtengan de la tierra productos buenos y malos. El sujeto ἡ γῆ, y la relación estrecha entre los vv. 7 y 8, sugieren que el autor está pensando en un solo campo. Al igual que en el caso de παραπεσόντας en el v. 6, las posibilidades que indican las expresiones τίκτουσα βοτάνην… y ἐκφέρουσα… ἀκάνθας son reales, aunque ninguna de las dos ya se haya materializado.

La ilustración está extraída "en parte, de la observación de la naturaleza, y en parte, del lenguaje del Antiguo Testamento" (Nairne 1913.337). La parábola no tiene ningún paralelo cercano dentro de la epístola; y el vocabulario en general tampoco es típico del uso del autor en otros lugares. B. Collins 204, y Verbrugge por su cuenta, señalan que muchas de las parábolas veterotestamentarias hacen referencia a Israel como pueblo de Dios, y los vv. 4-6, de manera similar, iban dirigidos a una comunidad (local) y no a individuos específicos. El interés del autor por los individuos, sin embargo, reaparece en el v. 11 (ἕκαστον ὑμῶν).

Los paralelismos verbales con algunos textos veterotestamentarios son más cercanos para el v. 8 que para el v. 7. Para el v. 7, cf. especialmente Génesis 1:11, βλαστησάτω ἡ γῆ βοτάνην χόρτου; la afirmación de que la tierra fructífera recibe una bendición de Dios constituye una legítima conclusión de Génesis 1:12, εἶδεν ὁ θεὸς ὅτι καλόν, una conclusión que también se extrae en *1 Enoc* 27:1; cf. Génesis 27:27, ὡς ὀσμὴ ἀγροῦ πλήρους, ὃν ηὐλόγησεν κύριος. De manera más general, el uso en Hebreos de εὐλογέω (6:14 = Gn. 22:17; 7:1, 6, 7; 11:20f.*) y εὐλογία (aquí y en 12:17*; no εὐλογητός) está estrechamente relacionado con textos veterotestamentarios y no reviste ninguna importancia teológica peculiar (véanse Westermann 1978 contra Schenk 1967; H. W. Beyer en *TDNT* 2.754-765, aqui 761, 763). El v. 8 incluye una alusión a la maldición de Génesis 3:17, ἐπικατάρατος ἡ γῆ ἐν τοῖς ἔργοις σου. La relación entre la maternidad de Eva en el versículo anterior, ἐν λύπαις τέξῃ τέκνα, y la tierra que produce (ἐκφέρουσα) espinos y cardos, no resulta tan clara. Verbrugge 64s. (cf. F. F. Bruce) aduce alusiones al cantar de la viña en Isaías 5:1-5, especialmente ἐποίησεν ἀκάνθας, v. 1, cf. v. 4. Otra opción posible es una alusión a Oseas 10:8a, ἄκανθαι καὶ τρίβολοι ἀναβήσονται ἐπὶ τὰ θυσιαστήρια αὐτῶν. Hay referencias a Oseas 10:8b en Lucas 23:30 y Apocalipsis 6:16; al igual que ocurre en el presente pasaje, el contexto en Oseas contiene un contraste entre la advertencia y el llamamiento. Isaías 66:14, τὰ ὀστὰ ὑμῶν ὡς βοτάνη ἀνατελεῖ, también se encuentra en un contexto de consuelo y advertencia, pero con referencia a los gentiles, de los que Hebreos no se ocupa. Menos estrecha es la relación que guarda este pasaje con la parábola de Isaías 28:23-29. La personificación de la tierra al presentarla bebiendo las aguas de la lluvia es natural (Dt. 11:11; cf. Jb. 8:12); τίκτω (v. 7) como sinónimo de (ἐκ)φέρω (v. 8), con respecto a la tierra que produce hierba, no aparece en la LXX, pero cf. Filón, *Op. Mundi* 132, γῆς τῆς πάντα τικτούσης (otros ejemplos en Bleek; cf. Bauer *s.v.* 2). En el contexto más amplio, la referencia a la maldición de Dios hace recordar el Salmo 95[94 LXX]:11 en Hebreos 3:12-4:11; mientras que el tema de la bendición reaparece en la cita de Génesis 22:17 (Heb. 6:14) y Génesis 14:17-20 (Heb. 7:1).

6:7. La bendición de Dios sobre la tierra fértil

Γῆ, 1:10; 11:29, 38, "tierra" (Bauer 1; Louw-Nida 2.14); Santiago 5:7; Génesis 1:10; y con frecuencia en Génesis 1–3. Πίνω*; cf. Deuteronomio 11:11; Bauer 2a.

Ἐρχόμενον: No se hace hincapié en la acción de Dios al enviar la lluvia (cf. (cf. Mt. 5:45). Ἔρχομαι se usa para referirse a distintos fenómenos naturales (Bauer *s.v.* I.1.c), pero es menos común que, por ejemplo, καταβαίνω (p. ej., Is. 55:10; Mt. 7:25, 27), en el caso de la lluvia. El adverbio πολλάκις, Hebreos 9:25s., 10:11*, con respecto a los reiterados sacrificios veterotestamentarios; es enfático por la posición que ocupa en la oración; el TR (A K C L etc.) lo ubica antes de ἐρχόμενον. Ὑετός, Hechos 14:17; 28:2; Santiago 5:18; Apocalipsis 11:6**; cf. Santiago 5:7 A K L etc., es probablemente una glosa correcta de πρόϊμον καὶ ὄψιμον. Τίκτω*, se usa en sentido figurado en Santiago 1:15, en otros lugares del NT siempre se refiere a una mujer que engendra un hijo; cf. Filón, *Op. Mundi*,132 γῆς τῆς πάντα τικτούσης; Bauer 2. Βοτάνη** es una alusión a Génesis 1:11s.; cf. Job 8:12 con πίνω; Zacarías 10:1 con ὑετός; Isaías 58:12A LXX = 66:14. Para ἐπ᾽ αὐτῆς, las variantes ἐπ᾽ αὐτήν (B² etc.) y ἐν αὐτῇ (1 4) no afectan el significado (BD §233f.).

Si εὔθετος (Lc. 9:62; 14:35**) se toma en sentido absoluto (así Michel), ἐκεινοῖς está forzosamente relacionado con τίκτουσα; en caso contrario, siguiendo el orden natural de la oración, εὔθετος ἐκείνοις van juntos. La diferencia de significado es leve. Εὔθετος, "adecuado, conveniente, provechoso", aquí "útil" (TEV, LBLA), es decir, comestible, a diferencia de los espinos y abrojos que no sirven para nada; εὔθετος puede ir seguido del dativo (como en Lc. 9:62), o de εἰς (como en Lc. 14:35*).

Δι᾽ οὓς καὶ γεωργεῖται (1Cr. 27:26; 1Esd. 4:6; 1Mac. 14:8***, siempre pleonásticamente en el AT seguido inmediatamente de τὴν γῆν, una construcción que se evita en Hebreos): los terratenientes no solo consideraban útil la vegetación, tuvieron también (καί) que labrar la tierra para obtener la cosecha. Los vv. 10-12 pondrán de relieve la importancia de la "obra" de los lectores, pero su fruto dependerá de la promesa de Dios (v. 13).

Μεταλαμβάνω (12:10*) no se usa en ninguna otra parte en la Biblia griega para referirse al hecho de recibir una bendición, pero el significado es similar al de λαμβάνω (Ap. 5:12) y κληρονομέω (1Pe. 3:9) con εὐλογίαν. Εὐλογία (12:17*) contrasta con κατάρα en el v. 8 y no tiene ninguna base veterotestamentaria directa; sin embargo, la aprobación por parte de Dios de la tierra fértil en Génesis 1:12

podría estar relacionada con su bendición a las criaturas vivas (1:22) y a los seres humanos (1:28). Véanse H. W. Beyer en *TDNT* 2.754-765; Spicq 1.48; Williamson 233s.; Mateos. Ἀπὸ τοῦ θεοῦ se omite en D Ψ 0122 *pc*.

6:8. El destino de las plantas inservibles

Ἐκφέρουσα (cf. Gn. 1:12, ἐξήνεγκεν ἡ γῆ βοτάνην χόρτου) es una variante estilística para el verbo (quizás más intensa) τίκτουσα; Bauer 3. El sujeto es también γῆ.

Ἀκάνθας καὶ τριβόλους: la identificación de las especies es imposible e innecesaria (*Fauna* 180-182); las ἄκανθαι (Mt. 7:16‖; 27:29; Mr 4:7, 18‖; Jn. 19:2**) son "plantas espinosas en general" (Zohary 165) ; τρίβολος (Mt. 7:16**) en Génesis 3:18; en Oseas 10:8 traduce el término *dardar* y puede referirse a ciertas especies del género *Centaurea* que se distinguen por sus hojas en forma de remolino (Zohary 159). Feld 1987.3584s. hace referencia a Isaías 5:1-7. Lo importante aquí, sin embargo, es que, en contraste con las "plantas útiles" del v. 7, la tierra que produce espinos y abrojos es ἀδόκιμος, inservible (cf. Filón, *Conf. Ling.* 198). La distinción que hace Tomás de Aquino entre los espinos como pecados leves y los abrojos como pecados mayores (P. E. Hughes) no tiene ninguna base en el texto, los dos términos se usan como sinónimos, por ejemplo, en Mateo 7:16; Génesis 3:18; Oseas 10:8. Las palabras que siguen sugieren que ἀδόκιμος también comporta su acepción etimológica de "no pasar la prueba" del juicio final.

Κατάρας ἐγγύς: cf. Elio Arístides 26.53 K, ἀμήχανον καὶ κατάρας ἐγγύς. La expresión debe considerarse equivalente a estar sujeto a una maldición (REB "una maldición pende sobre ella"); cf. 8:13*, y sobre todo Romanos 10:8 (= Dt. 30:14), donde ἐγγύς σου es equivalente a ἐν τῷ στόματί σου καὶ ἐν τῇ καρδίᾳ σου; en Génesis 3:18 aparece simplemente ἐπικατάρατος. Sin embargo, los comentaristas griegos desde Crisóstomo interpretaron κατάρας ἐγγύς en un sentido más suave.

Ἧς τὸ τέλος (3:14) εἰς καῦσιν**: el antecedente de ἧς, igual que los tres participios anteriores, es tal vez γῆ: el destino de la tierra que produce plantas inservibles es ser quemada, para que esas plantas sean destruidas; y con menos probabilidad, con κατάρας como antecedente, la consecuencia de la maldición es la destrucción por medio del fuego. El contexto excluye cualquier idea de que el propósito del incendio sea purificar la tierra para volver a sembrarla. El tema del fuego del juicio divino es frecuente a lo largo de la Biblia (Heb 10:27; Sal 18:8 [17:9 LXX]; Is 30:27; Jer 4:4; 21:12; Mt 13:30, 42; 25:41; Jn 15:6). Véanse Poschmann; Schenk 1967.60-62; Andriessen 1974b.1060s.; Westermann 1978.

6:9-12. De las palabras de advertencia a las palabras de aliento

La exhortación del autor se basa en parte en el lenguaje de una tradición cristiana común. Estos versículos están relacionados con los vv. 4-8 principalmente a modo de contraste, aunque el v. 7 anticipó el cambio de la advertencia a las palabras de aliento. Los límites de toda la sección están marcados por la repetición de νωθροί en 5:11 y 6:12. El v. 12 anuncia el tema de los vv. 13-20: que los creyentes que, a semejanza de Abraham, se mantienen firmes recibirán lo que Dios ha prometido.

Hay puntos de contacto en cuanto a idea y vocabulario con Sirácides 2, una exhortación similar para preparar a los lectores para la prueba y advertirles sobre los peligros de la apostasía. Véanse G. R. Hughes 1979.48, 52s.; Vanhoye 119s.

6:9. La esperanza del autor respecto a sus lectores

El autor parece anticipar que el contraste (δέ) con el pasaje anterior podría causarles cierta sorpresa a sus lectores: εἰ καὶ ("incluso si, aun cuando", Bauer *s.v.* εἰ, VI.4) οὕτως (es decir, como en 5:11–6:3, sobre todo 6:4-8) λαλοῦμεν (tiempo presente, que sugiere que el autor no niega de lo que ha acabado de escribir; de hecho, regresará al mismo tema en 10:26-28).

Πεπείσμεθα: el plural es del autor, al igual que en 5:11 (MHT 3.28); 6:3, 11; cf. 6:1; περὶ ὑμῶν excluye a los lectores. Cf. πέπεισμαι... περὶ ὑμῶν, Romanos 15:14; R. Bultmann en *TDNT* 6.4. El tiempo perfecto sugiere que llegaron a ese estado de convicción por medio de pruebas. La naturaleza de estas pruebas se expone de manera general en el v.10, y con más detalle en 10:32-34, después de la segunda advertencia severa. Este mismo verbo πειθόμεθα en 13:18 sugiere más bien una convicción interna. La construcción πείθω + el acusativo, que significa "estar convencido de algo" es frecuente.

Los comentaristas desde Bengel señalan que este es el único lugar en Hebreos en el que la carta se dirige a los lectores como ἀγαπητοί*. Spicq SB alega que hasta el siglo III d.C., el término ἀγαπητός denotaba amor respetuoso y no intensidad de afecto; pero otras características de este pasaje, especialmente el verbo ἐπιθυμοῦμεν en el v. 11, sugieren que para el autor, el aliento que se les daba a los lectores implicaba cierta emoción. Otros escritores neotestamentarios, sobre todo Pablo, usan el vocativo ἀγαπητοί de manera similar, ya sea solo (Ro. 12:19; 2Co. 7:1), con μου (Fil. 2:12; 1Co. 10:4), o con ἀδελφοί μου (Fil. 4:1; Stg. 1:16, 19; 2:5). En ℵ* Ψ 1 73 0122ᶜ *pc* aparece ἀδελφοί aquí; 257 forma la combinación ἀγατητοὶ αδελθοί.

La frase τὰ κρείσσονα (1:4) es más específica que κρεῖττόν τι en 11:40: denota algo que es mejor a todo lo demás, lo cual se describe en sentido figurado como la bendición de Dios en el v. 7, y de manera literal en el v. 12 como el hecho de recibir lo que Dios promete; cf. κρείττονα ὕπαρξιν καὶ μένουσαν, 10:34. En el presente versículo, el artículo definido τά exige una referencia a algo anterior, en este caso al v. 7, y esto excluye el sentido más débil de una mejor forma de vida o de conducta. La combinación del acusativo con un verbo en voz pasiva es típica de los verbos que aceptan un doble acusativo en la voz activa (MHT 3. 247).

Καὶ ἐχόμενα σωτηρίας forma una endíadis virtual con τὰ κρείσσονα: las "cosas mejores..., cosas que pertenecen a la salvación" (NRSV, LBLA), o tal vez, más contundentemente: "que obtendrán salvación"; en cuanto a ἔχομαι + el genitivo, véase MHT 3.232. Ἔχω se usa a menudo con un sentido local para referirse a lugares que pertenecen a un determinado distrito (ejemplos en Bleek 3.221s.; LSJ C3; Bauer III.2), y por extensión, a las relaciones íntimas: Josefo *Ant.* 10.10.2, οἷς οὐδὲν μὲν ἀνθρωπίνης σοφίας ἐχόμενον προσέταξας; Luciano, *Hermotimus* 69, ἐλπίδος οὐ μικρᾶς ἐχόμενα; Filón, *Agric.* 22; cf. Bauer III.1. Σωτηρία (1:14) se refiere aquí a la salvación final de los lectores, pero en un sentido negativo como el escape de la maldición de Dios (v. 8); los vv. 11s. describirán la salvación de los lectores de manera más positiva; véase W. Foerster en *TDNT* 7.996.

6:10. El historial de los lectores

Los lectores podían encontrarse en un nivel elemental de la comprensión cristiana (5:12), pero tenían un historial probado de servicio cristiano, que Dios está dispuesto a recompensar, si continúan avanzando (v. 11) por el mismo camino.

Γάρ introduce la razón para la afirmación del v. 9, y hace explícita la referencia a la actividad de Dios que está implícita en la expresión ἐχόμενα σωτηρίας.

Οὐ… ἄδικος* es esencialmente una doble negación cuyos dos elementos se anulan entre sí (MHT 3.286; Bauer 431 [1]), como en Hch. 5:28; 21:39; 26:19; 1 Cor. 9:6; 12:15; debe distinguirse de la doble negación pleonástica, por ejemplo, en Hebreos 13:5 = Deuteronomio 31:6. El efecto que produce el presente versículo es el de una declaración positiva enfática, como πιστός ἐστιν καὶ δίκαιος [ὁ θεός], 1 Juan 1:9, o la pregunta retórica μὴ ἄδικος ὁ θεός;, Romanos 3:5. La idea de la justicia de Dios se presupone en el AT, y a veces se expresa (1Sa. [1Re.] 2:2; cf. 2Esd. 9:15; Tob. 3:2); se relaciona, al igual que aquí, con el juicio de Dios (Gn. 18:25) y con su salvación (Ps. 116[114 LXX]:5); cf. Romanos 3:26. Sin embargo, en Hebreos no se usa δίκαιος ni otros términos cognados en ningún otro lugar con referencia a Dios, aunque cf. 10:23, πιστὸς… ὁ ἐπαγγειλάμενος, en un contexto similar. Cf. Schrenk en *TDNT* 2.174-225, aquí 185s.; 1:9 en cuanto a δικαιοσύνη.

Ἐπιλανθάνομαι se usa en 13:2, 16* con un sujeto humano. El infinitivo ἐπιλαθέσθαι es epexegético, como en 5:5. El significado es: "Dios es justo, por tanto, no olvidará…". En el AT, por antropomorfismo, a Dios se le pide a menudo que no se olvide del suplicante (p. ej., Sal. 9:12 [11 LXX]; 42:9 [LXX 41:8]), del pobre (Sal. 9:18 [17 LXX]), o de Sión (Is. 49:14s.). Ese tipo de expresiones reflejan la creencia en la fidelidad de Dios a las promesas de su pacto, como en el presente pasaje. En Amós 8:7, Dios jura (cf. Heb. 6:13) condenar a Jacob ἐπιλησθήσεται εἰς νεῖκος πάντα τὰ ἔργα ὑμῶν; la idea de que Dios no olvida se repite en Lucas 12:7, de un modo inusual, en sentido positivo, como aquí (cf. Bauer *s.v.* 1c.β).

En Hebreos no se usa el término ἔργον en singular (1:10; 6:1) en ningún otro pasaje, exceptuando el singular genérico en 13:21. La idea en el presente versículo podría ser la de considerar las buenas obras de los lectores (10:24) como un conjunto coherente; cf. Sirácides 11:20; Juan 17:4; Romanos 2:7 en un contexto similar; 1 Corintios 3:13; Gálatas 6:4; Apocalipsis 22:12. Especialmente cercano es el paralelismo con 1 Tesalonicenses 1:3, cuando Pablo y sus compañeros escribieron: μνημονεύοντες ὑμῶν τοῦ ἔργου τῆς πίστεως καὶ τοῦ κόπου τῆς ἀγάπης καὶ τῆς ὑπομονῆς τῆς ἐλπίδος τοῦ κυρίου ἡμῶν. Una asimilación a este versículo hizo que en K L min. 𝔐 se añadiera aquí la frase τοῦ κόπου antes de τῆς ἀγάπης; sin embargo, las pruebas externas (𝔓⁴⁶ א A B C D* P Ψ min.) respaldan sólidamente la lectura más corta. La asociación libre de la fe, la esperanza y el amor en Hebreos 6:10-12, al igual que en 1 Tesalonicenses 1:3 y 1 Corintios 13:13, hace pensar en el uso de una tradición cristiana primitiva. El amor y las obras están estrechamente relacionadas con 10:24, la única otra vez que aparece el término ἀγάπη* en Hebreos

(1:9 sobre ἀγαπάω). Hebreos presupone, así como Santiago 2:14-26 afirma de manera más polémica, que la fe se expresa por medio de la acción, especialmente en el servicio práctico dentro de la comunidad cristiana. Windisch llega al punto de tomar τοῦ ἔργου ὑμῶν καὶ τῆς ἀγάπης como una endíadis, pero la cláusula que sigue se relaciona gramaticalmente solo con ἀγάπη.

En la mayoría de los manuscritos se lee ἧς en lugar de ἥν (MHT 3.324; BD §294), pero ἥν aparece en 𝔓⁴⁶ B³ 1939 2005 y podría ser la lectura más difícil.

El significado preciso de las palabras que siguen no está claro. Ἐνδείκνυμι (6:11*) se usa en los papiros para referirse a la aducción de una prueba legal, y en el presente pasaje podría significar, por extensión, que la obra de los lectores era la prueba de su amor; de manera similar 2 Corintios 8:24a, ἔνδειξιν τῆς ἀγάπης ὑμῶν; Tito 2:10, πᾶσαν πίστιν ἐνδεικνυμένους ἀγαθήν; Romanos 2:15; *1 Clemente* 21:7; Jenofonte *Anábasis* 5.1.9 (6.1.12), εὔνοιαν ἐνδεικνύμενος; *Syll* 211⁷ (MM), προθυμίαν ἐνδεικνύμενο[ς]. La persona a quien se le da la prueba es introducida por medio de ἐν (Ro. 2:15; 9:17 = Ex. 9:16; 1Ti. 1:16, con Dios o Cristo como sujeto), por medio del dativo simple (Ef. 2:17; 2Ti. 4:14), por medio de πρός (Tit. 3:2), o por medio de εἰς (πρόσωπον τῶν ἐκκλησιῶν, 2Co. 8:24b; *Epístola a Diogneto* 3:5; de manera similar la forma activa ἐννοίας... ἧς ἐν[δειξα]ς εἰς ἐμ[ε], P. Fay. II.70⁸ [MM], con un significado semejante). La frase poco usual εἰς τὸ ὄνομα αὐτοῦ podría significar (a) "con respecto a él", "pensando en él" como en 1 Corintios 10:31; Colosenses 3:17; Ignacio *Rom.* 9:3, ἡ ἀγάπη τῶν ἐκκλησιῶν τῶν δεξαμένων με εἰς ὄνομα Ἰησοῦ Χριστοῦ, (b) "a causa de él" como ocurre con frecuencia en las formulas helenísticas jurídicas y comerciales (MM *s.v.* [5]); εἰς τὸ ὄνομά μου en Mateo 18:20 podría tener ambos sentidos. La influencia directa del AT es nula: la expresión normal en la LXX es ἕνεκα/ἕνεκεν. Cada uno de los significados podría sugerir que las obras de amor de los lectores en servicio (cf. v. 10; también Ro. 5:8) de sus hermanos cristianos, en última instancia, iba dirigida a Dios.

Διακονέω* y otros términos cognados no se usan en ningún otro lugar de Hebreos, salvo διακονία en 1:14 con relación a los ángeles. El verbo no se encuentra en la LXX. Su repetición enfática aquí, en cuanto al servicio pasado y presente de los lectores, nos prepara para la referencia al futuro del v. 11. La acción práctica está fuertemente implícita, al igual que Romanos 15:25; 1 Corintios 16:15; 2 Corintios 8:4; 9:1, 12, sobre todo en lo que respecta a la colecta de Pablo para la iglesia de Jerusalén. El servicio de los lectores se describe más detalladamente en 10:33s.; cf. 13:1s. acerca de las limosnas y la hospitalidad.

Ἅγιοι se usa para referirse a los cristianos y de manera especial por Pablo y en Apocalipsis, pero también en Hechos 9:32, 41; 26:10; cf. 8:19. Aquí y en Hebreos 13:24, el contexto sugiere que se trata de cristianos dentro de la comunidad local.

6:11. ¡Manténganse firmes hasta el fin!

El autor advirtió a sus lectores (οὕτως λαλοῦμεν, v. 9; cf. vv. 4-8), no porque creyera que ellos ya estaban bajo la maldición de Dios (κατάρας ἐγγύς, v. 8), sino para animarlos a perseverar en su fe hasta el fin. En cuanto a una relación similar entre el pasado, el presente y el futuro, cf. 3:14; también 13:7.

Ἐπιθυμοῦμεν* (el plural es del autor, v. 9; medio), al igual que ἐπιθυμία, que no se usa en Hebreos, denota el deseo de poseer algo. El sustantivo suele tener un significado malo, así como el verbo en οὐκ ἐπιθυμήσεις [(Ro. 13:9 = Éx. 20:17); cf. 1Co. 10:6 con respecto a la generación del desierto; pero tiene un significado positivo en 1Ti 3:1; 1Pe 1:12]. La construcción de ἐπιθυμέω con el acusativo y el infinitivo es poco usual. Pablo expresa una idea similar, tal vez de un modo más suave, en Romanos 10:1; en el presente versículo, la idea subyacente que rige la elección de ἐπιθυμέω es el deseo del autor de que no él, sino los lectores, lleguen a poseer lo que Dios promete. Véase F. Büchsel en *TDNT* 3.168-171; BD §392.1a.

A lo largo de este pasaje parenético (desde 5:12), el autor se ha dirigido a la comunidad de manera general; la propia expresión enfática ἕκαστον ὑμῶν no hace distinción entre sus miembros. La preocupación del autor por los individuos se puso de relieve en el uso repetido de τις en la exposición del Salmo 95:7-11 (Heb. 3:12s.; 4:1, 6, 11), pero no se hace referencia a alguna división dentro de la comunidad. El propósito del autor es más bien evitar que la comunidad en su conjunto, o algunos de sus miembros que no se especifican, renuncien a la fe.

Con respecto a ἐνδείκνυσθαι, véase v. 10.

Σπουδή* y otros cognados podrían denotar celo interno (σπουδάσωμεν, 4:11), pero el presente contexto hace pensar en una acción diligente, como en Romanos 12:8 respecto a los líderes de la iglesia; de manera similar 2 Corintios 8:16s. acerca de Tito; también 8:7s. en cuanto a la colecta de Jerusalén. La idea más antigua acerca de la celeridad carece de relevancia aquí. Véase Spicq 1978.816-825.

La mejor clave para entender el resto de los vv. 11–12 es 10:36. Πληροφορία combina las ideas de (a) la seguridad o certeza; cf. παρρησία 3:6; 1 Tesalonicenses 1:5; y (b) la plenitud o madurez, como en Colosenses 4:12 con τέλειοι; cf. τελειότης, 6:1; πληροφορέω, 2 Timoteo 4:5, 17. En el presente contexto, predomina (b), con la idea de una acción enérgica encaminada hacia (πρός) la posesión completa y definitiva de lo que los lectores (objetivamente) tienen razones para esperar. La idea de llegar a tener plena confianza en su esperanza (subjetiva) no puede excluirse, pero esto exigiría que la frase ἄχρι τέλους (3:6, 14) estuviera relacionada con ἐνδείκνυσθαι y no el sustantivo precedente ἐλπίδος. Véase Spicq 1978.707-709.

Ἐλπίς (3:6) siempre es genitivo en Hebreos, y normalmente se refiere a algo que se espera, que aquí es equivalente a τὰς ἐπαγγελίας.

Ἐν πληροφορίᾳ πίστεως (10:22), y 11:1, πίστις ἐλπιζομένων ὑπόστασις, ponen de manifiesto la relación tan estrecha que guardan la esperanza y la fe en Hebreos (cf. 1Co. 13:7); ambas virtudes se basan en la confesión común de Cristo como Hijo de Dios (4:14; 10:23). En I 1869 se lee πίστεως aquí, y 33 no hace distinción entre ellas. Véase Andriessen 1974b.1060s. sobre los vv. 11s.

Ἄχρι τέλους es una expresión enfática por su posición.

6:12. ¡Consideren la fidelidad de Abraham!

Ἵνα μὴ νωθροὶ γένησθε, al igual que διό en el v. 1, crea problemas más grandes en lo tocante a la lógica estricta que en lo que respecta a la retórica. Νωθροί obviamente hace recordar 5:11, con el cual forma una inclusio, pero la correspondencia formal oculta cierto cambio en el significado. En 5:11 el significado de νωθροὶ... ταῖς ἀκουαῖς era "tardos para oír", lo cual implica tal vez una resistencia activa ante el esfuerzo del autor por llegar a ellos. Aquí, tiene su acepción más común de "vago, perezoso", en contraste con la σπουδή recomendada en el v. 11. Por tanto, no hay ninguna razón para forzar el aoristo γένησθε para que signifique "no continuéis siendo". Es tal vez mejor considerar que ἵνα μή (cf. 3:13; 4:11; 12:13 en contextos similares) se refiere al resultado y no al propósito; el continuo celo de los lectores, incluso antes del fin, disipará su pereza.

Μιμηταί* no connota la imitación de las apariencias externas, sino la actitud de un discípulo o seguidor que aprende de su maestro o líder; cf. 13:7, con respecto a los líderes en la comunidad cristiana, ὧν... μιμεῖσθε τὴν πίστιν; 1 Tesalonicenses 1:6, μιμηταὶ ἡμῶν... καὶ τοῦ κυρίου; 2 Tesalonicenses 3:9 con el término τύπος; en cuanto al sentido, cf. Santiago 5:10, ὑπόδειγμα λάβετε... τῆς μακροθυμίας τοὺς προφήτας; 4 Macabeos 9:23; 13:9 con respecto a los mártires.

En el presente versículo, como muestra el pasaje que sigue, los ejemplos son figuras veterotestamentarias, y de manera más específica, los patriarcas como Abraham, el cual creyó la promesa que Dios le hizo de multiplicar sus descendientes y darles finalmente posesión de Canaán. El participio presente κληρονομούντων sugiere que el cumplimiento de estas promesas tuvo lugar durante un período de generaciones; contrástese con el aoristo ἐπέτυχεν en el v. 15, acerca del cumplimiento que recibió Abraham de la promesa (singular, 4:1) que Dios le había hecho de que tendría un hijo. El cumplimiento de las promesas temporales que Dios le dio a Israel en la época del AT se usa, como en 11:33, a manera de tipo del cumplimiento futuro de la promesa de Dios de la bienaventuranza final. En lo que respecta al antitipo, es posible decir que las figuras veterotestamentarias, a pesar de su fe, no recibieron lo que Dios había prometido (11:39), pero si se tiene en cuenta la distinción tipológica, no hay ninguna contradicción. Los verdaderos κληρονόμοι τῆς ἐπαγγελίας (6:17) son creyentes en Cristo.

Πίστις: 4:2. No hay ninguna diferencia apreciable de significado entre διὰ πίστεως aquí, διὰ τῆς πίστεως en 11:39, y de hecho, πίστει en 11:3ss. Attridge, en consonancia con Grässer 1965a.28 y Mora, toma la frase πίστεως καὶ μακροθυμίας como una endíadis que significa "perseverancia fiel" o "fe perseverante". El esfuerzo de Lane por interpretar la construcción de διά seguida del genitivo aquí en función de circunstancias concomitantes (148, en consonancia con Swetnam 1981.185; Bauer *s.v.* A.IIIc; BD §223[3]), al parecer, no tiene en cuenta ni el uso de διά + el genitivo para denotar la causa eficiente (Bauer *s.v.* A.IIId), ni el uso de Hebreos (11:33, 39); de ahí la traducción en TEV "y por tanto, reciben", *Gute Nachricht: darum*.

Μακροθυμία en el AT normalmente es una cualidad de Dios, pero se usa con respecto a seres humanos en Job 7:16; Isaías 57:15; Sirácides 2:4; 2 Macabeos 8:4; cf. μακροθυμέω de Abraham en el v. 15, y ὑπομονή, 10:36. Todos estos términos expresan el aspecto durativo de la fe.

Ἐπαγγελία: véase 4:1 y supra.

6:13-20. La promesa de Dios y su juramento

La mayoría de los comentaristas (también Vanhoye 120-123; Dussaut 54-57) toman estos versículos como una sección o párrafo separado. Sin embargo, las transiciones, como de costumbre, son suaves: ἐπαγγειλάμενος en el v. 13 retoma la idea de τὰς ἐπαγγελίας en el v. 12: μακροθυμήσας en el v. 15 hace recordar las palabras διὰ... μακροθυμίας en el v. 12; y el análisis acerca de Melquisedec en 7:1-10 se introduce en 6:20. En el contexto más amplio, κατὰ τὴν τάξιν Μελχισέδεκ ἀρχιερεύς (v. 20) evoca la alusión al Salmo 110[109 LXX]:4 en 5:10, y prepara el terreno para que sea citado explícitamente en 7:17.

El propósito de este pasaje es expresar con la mayor contundencia posible la fidelidad inmutable de Dios. Estos versículos, por tanto, complementan las declaraciones positivas de 6:9-12 acerca de las expectativas del autor con relación a sus lectores, declaraciones que ya han incluido referencias a Dios (v. 10a); estos versículos también sirven de contrapeso a las severas advertencias de 6:4-6.

Con este fin, el autor usa el ejemplo de Abraham, a quien se mencionó de pasada en 2:16. Es posible trazar un desarrollo continuo del tema de Abraham a lo largo de la epístola; el tema prosigue en 7:1-10 y alcanza su máxima expresión en 11:8-19, donde Abraham, junto con Sara, ocupa la posición más destacada entre los héroes de la fe. En el presente pasaje, el autor hace hincapié en la fidelidad de Dios y no en la fe de Abraham. En el capítulo 11, el equilibrio se invierte, la fidelidad de Dios se menciona solo de pasada (11:11), mientras que la fe de Abraham se convierte en el tema dominante. En el presente pasaje, el papel de Abraham es relativamente pasivo, y a él no se le menciona después del v. 15, por tanto, su subordinación a Melquisedec en 7:1-10 no implica ningún cambio brusco de dirección ni de tono.

A pesar de la cita en los vv. 13s. de algunas partes de Génesis 22:16s., en lenguaje de este pasaje en general no es de la Septuaginta; las notas detalladas más adelante harán referencia a paralelismos helenísticos y a términos no bíblicos. Lane señala la concentración de lenguaje jurídico (ἀντιλογία, κατά + el genitivo, con respecto a la garantía de un juramento, εἰ μήν, μεσιτεύω, εἰς βεβαίωσιν, ἀμετάθετος) en los vv. 13-18.

Estos versículos plantean dos problemas relacionados, uno exegético y el otro lógico, los cuales afectan la coherencia de toda la sección: (1) ¿Cuál es la diferencia entre la promesa de Dios y su juramento?, y (2) ¿por qué el autor le atribuye tanta importancia a la consolidación de la promesa por medio de un juramento?

(1) El primer problema gira en torno a las "dos cosas inmutables" mencionadas en el v. 18. Por lo general, estas se interpretan correctamente como la promesa de Dios y su juramento a Abraham, a los cuales se hace referencia en el versículo anterior. Pero, ¿en qué se basa esta dualidad? El punto de partida podría ser la separación en Génesis 22:16s. de κατ' ἐμαυτοῦ ὤμοσα y εὐλογῶν εὐλογήσω σε por medio de la frase λέγει κύριος (= λέγων en Heb. 6:14) y una cláusula subordinada. Sobre esa base, la distinción entre el juramento y la promesa podría resultarle chocante al exégeta moderno; pero si el autor de Hebreos aceptaba en cierta medida la doctrina

judía generalizada de la "plenitud de las Escrituras", no es imposible (cf. Mt. 21:2, 5, 7 con Zac. 9:9). No obstante, la promesa expresa el contenido de lo primero, y ambos están conectados por medio de λέγων. No hay nada en el contexto del NT que sugiera una diferencia entre "bendecir" y "multiplicar": la bendición futura es la promesa de los descendientes, tal como se expresa claramente en 11:12, 18. A la luz de "las dos cosas inmutables" y del contexto veterotestamentario más amplio, tiene más sentido considerar que ἐπαγγειλάμενος incluye toda la serie de promesas que Dios le hizo a Abraham (Gn. 12:2, 3, 7; 13:14-17; 15:5-7, 13-16; 17:4-8, 19), tomadas en su conjunto, y entender que ὤμοσεν se refiere al clímax del juramento que Dios hizo después que Abraham le ofreció a Isaac (así piensan Riggenbach; de manera similar Spicq; Windisch discrepa). Esto no implica considerar que ἐπαγγειλάμενοςsea equivalente a un pluscuamperfecto, como en *d r cop,* porque la acción que indica se extiende hasta el momento del juramento.

(2) La discusión sobre el estatus de un juramento divino aparece ya en épocas muy remotas, pero los lectores modernos también se enfrentan a algunas de esas mismas cuestiones. El argumento implícito, que se desarrolla en los vv. 16-18, es que Dios, con la confirmación de su promesa con un juramento, proporcionó los dos testigos (Dt. 17:6; cf. Heb. 10:28) que exigía la ley. Podría alegarse (a) que Dios tiene autoridad para anular o cambiar una ley que él mismo ha establecido (cf. 7:12); (b) que su sola palabra es suficiente, y no necesita confirmación (cf. Jn. 17:17); (c) que una promesa y un juramento de la misma fuente no constituyen una confirmación independiente; y (d) que de todas formas, los juramentos son impropios incluso de los creyentes (Mt. 5:33-37||; Stg. 5:12), y por ende, mucho más impropios de Dios. Una réplica a estas objeciones, tomada del propio mundo de ideas del autor, debe tener en cuenta su propósito, a saber, animar a sus lectores a confiar en Dios hasta el fin. Por esta razón, (a) es sumamente importante poner de relieve, al igual que en 3:7–4:16, la continuidad del propósito de Dios para su pueblo tanto bajo la antigua dispensación como bajo la nueva. (b) El autor suele usar dos o más textos (p. ej., 1:5-13; 5:5s.; 10:30) para que se confirmen mutuamente como pruebas del propósito de Dios, y es natural que pensara que Dios ofrece una confirmación similar. (c) Lo que cuenta para el escritor no es la confirmación independiente de dos fuentes, sino las pruebas repetidas del propósito permanente de Dios (cf. 4:7s.). (d) El escritor, al parecer, desconoce la tradición que representan Mateo 5:33-37||; Santiago 5:12. En términos generales, sin embargo, el juramento está subordinado a la promesa y la fidelidad de Dios, y la fidelidad y la esperanza humanas (v. 16).

Véanse E. Hatch 162; H. Koester 1961; Schröger 127-30; Laub 1980.244-246; Swetnam 1981.184s.

6:13a. Presentación de la promesa que Dios hizo a Abraham

Γάρ vincula la declaración general en el v. 12, acerca de los que "heredan las promesas", con el ejemplo específico de Abraham. Se destaca, pues, a Ἀβραάμ como una "información nueva" en el sentido lingüístico, en contraste con ἐπαγγειλάμενος que hace recordar τὰς ἐπαγγελίας en el v. 12. Lane (148) alega que "la idea dominante... es la promesa, y la pronunciación de un juramento era solo una circunstancia concomitante", de manera que no es el verbo principal ὤμοσεν el que expresa la idea más importante, sino el participio ἐπαγγειλάμενος. Desde el punto de vista gramatical, esto es enteramente posible (Zerwick §§263, 376), pero el contexto inmediato (vv. 13-18) se centra, más bien, en el juramento.

Ἐπαγγειλάμενος indica una acción que ocurre al mismo tiempo que la del verbo principal (MHT 3.80; Lane); la promesa y el juramento son inseparables.

Ἐπεί: véase 2:14.

Ὀμνύω, ὄμνυμι normalmente adopta el acusativo de la persona o cosa por la que se jura (en el NT solo Stg. 5:12); también ἐν + el dativo (Mt. 5:34) o εἰς + el acusativo (Mt. 5:35b). La construcción con κατά está determinada por Génesis 22:16 (cf. Heb. 6:16), y se encuentra también en Génesis 31:53; Éxodo 32:13; 1 Samuel (1Re.) 30:15; Amós 6:8; Sofonías 1:5; cf. Mateo 26:63 con ἐξορκίζω; otras referencias en Bleek, Braun, Bauer *s.v.*, Moule 60, J. Schneider en *TDNT* 5.176-185, cf. 457-462. La idea de Dios que jura por sí mismo aparece explícitamente en Éxodo 32:13; Amós 6:8; cf. el uso que hace Dios de la expresión ζῶ ἐγώ (Nm. 14:28; Dt. 32:40; Jer. 46[26 LXX]:18. Hay un paralelismo cercano en Filón, *Leg. All.* 3.203s.: "Es excelente que la promesa sea confirmada or un juramento, y de hecho, por un juramento adecuado a Dios; porque Dios jura, como pueden ver, no por otro, puesto que no hay ninguno más fuerte que él, sino por sí mismo, el mejor de todos los seres" (Cf. *Sacr.* 91; *Abr.* 273: Herm. *Vis.*2.2.8). Williamson alega de manera poco convincente que "el escritor de Hebreos desconocía por completo la enseñanza de Filón sobre el tema" (209), pero tiene razón al decir que el tratamiento de los dos escritores es diferente. Filón considera que los juramentos divinos tienen que explicarse, mientras que el autor de Hebreos considera que no es necesario justificar lo que la Escritura afirma claramente, porque su propósito no es especulativo sino pastoral. Michel cree que tanto en Filón como en Hebreos subyace una tradición exegética común. También es posible que el autor de Hebreos tuviera conocimiento de la discusión en Filón, pero que ignorara los aspectos de la misma que eran ajenos o irrelevantes a su propósito. Cf. también R. Eleazar ben-Pedat en *Ber.* 32a (S-B), c. 270 d.C.

Ἔχειν + el infinitivo significa "tener la posibilidad, ser capaz, estar en condiciones de" (Bauer I.6a); aparece solo aquí y en el NT con Dios como sujeto. Aquí, pues, con el adjetivo negativo οὐδείς: "él no pudo jurar por nadie mayor" ("que él", añadido en la siguiente cláusula). Οὐδενός y μείζονος podrían considerarse neutros, con lo cual, la frase tendría el sentido más inclusivo de "por nada mayor" (así *BHD*). Sin embargo, suele preferirse el género masculino porque el significado que ofrece se adapta mejor al contexto inmediato, pero a la luz del v. 16, el neutro también es posible.

Si se tiene en cuenta el interés del autor en el primer sacerdote (7:1-10) y el primer homicidio (11:4; cf. 12:24), es posible que se sintiera inspirado por Génesis 22:16s. (cf. 26:3; 50:24) porque ese es el primero de los juramentos de Dios del que da testimonio la Escritura, sin embargo, este detalle no se hace explícito.

6:13-14 (desde ὤμοσεν). Se cita la promesa de Dios a Abraham

Las primeras palabras de la cita contienen el punto esencial de la misma, κατ᾽ ἐμαυτοῦ ὤμοσα en la LXX; están tomadas de la parte central de Génesis 22:16 y cambiadas a la tercera persona para ajustarse a la gramática de la oración en Hebreos. La cita, por tanto, no tiene ninguna fórmula introductoria, y debe clasificarse como implícita. El cambio en el orden de las palabras centra la atención en καθ᾽ ἑαυτοῦ como una "nueva información" en el sentido lingüístico.

Λέγων aparece en Génesis 22:16 exactamente antes de las palabras citadas, pero es una introducción tan natural a las palabras pronunciadas por Dios (cf. 2:6, 12, etc.) que no es necesario considerar que sea parte de la cita.

Hay una enorme variación en los manuscritos entre la expresión clásica ἦ μήν (Ψ 𝔐), la expresión helenística εἰ μήν (𝔓⁴⁶ ℵ B D* P 33 104 326 2464 *pc*, adoptada por algunas ediciones desde Tischendorf) e incluso εἰ μή (D¹ Lᶜ [corregido de ἡμῖν!], también aparece como una *v.l.* en Ro. 14:11). Existe una confusión parecida en la tradición de la LXX. En el Nuevo Testamento, es posible que el uso similar de ἀμήν en las aseveraciones solemnes (p. ej. Mr. 8:12) pueda haber aumentado la confusión. Εἰ μήν y ἦ μήν actualmente se consideran variantes ortográficas, y de todos modos, no hay ninguna diferencia de significado. Cf. Bauer s.v. εἰ μήν, "más correctamente εἶ μήν", Doric (LSJ *s.v.*); BD §§24, 441 (1) y 454 (5), con más referencias; MHT 3.336.

Εὐλογέω en Hebreos se usa coherentemente para referirse a la bendición (Louw-Nida 33); tal como el autor declarará explícitamente en 7:7, de un inferior por parte de un superior: aquí, Dios bendice a Abraham; en 7:1, cf. v. 6, Melquisedec bendice a Abraham; en 11:20s.* Isaac y Jacob bendicen a sus respectivos hijos; de manera similar εὐλογία en 6:7 (pero con un objeto inanimado); 12:17. Εὐλογέω no se usa en Hebreos con el sentido de alabar a Dios (p. ej., Stg. 3:9; Louw-Nida 33.356). En Hebreos no se emplea el verbo ἐνευλογέω, que sí aparece en Génesis 12:3; 18:18; cf. Gálatas 3:8; Hechos 3:25. Véanse H. W. Beyer en *TDNT* 2.761-764; Schenk 1967.65-67.

Εὐλογῶν εὐλογήσω traduce el infinitivo absoluto hebreo y le añade énfasis al significado del verbo. Los paralelismos en el griego no bíblico son remotos, y en el Nuevo Testamento este uso aparece solo en citas de la LXX (Mt. 13:14; Hch. 7:34; cf. BD §422). En forma similar, πληθύνων πληθυνῶ** (Bauer 1a; G. Delling en *TDNT* 6.281f.).

La variante pronominal σε al final del versículo alude a τὸ σπέρμα σου en Génesis 22:17. El autor volverá a referirse en 11:12 a la idea de los innumerables descendientes de Abraham, que se expresa en Génesis 22:17b y en otros lugares. Por el momento, cualquier cosa más allá de la promesa de Dios a Abraham, y de la confianza de Abraham en Dios, está fuera del alcance del argumento. En particular, la referencia a los descendientes levíticos de Abraham confundirían el argumento de 7:11ss. Para una reducción similar del foco De atención en Hebreos, cf. 6:6 con Sirácides 45:24s., y la centralización en Isaac en 11:18. El autor de Hebreos no demuestra ningún interés por las implicaciones que tiene la promesa de Dios a Abraham para las demás naciones (Gn. 13:3; contrástese con Gá. 3:8).

La función de la cita está relacionada con la intención parenética del pasaje completo de 5:11–6:20 Dios hace un juramento por la misma razón por la que el autor de Hebreos llama la atención sobre él, a saber, ἵνα… παράκλησιν ἔχωμεν (v. 18; cf. 13:22).

6:15. La paciencia de Abraham es recompensada

Οὕτως se relaciona más con ἐπέτυχεν que con μακροθυμήσας. Podría interpretarse como una inferencia extraída (1) de los vv. 13s.: Dios dio su promesa, y así, lo que él había prometido se cumplió, o (2) del v. 12; de esta manera, Abraham obtuvo un lugar entre los que "por la fe y la paciencia heredan las promesas". La opción (2) sola no amplía la idea del pasaje, pero el v. 15 es tan corto que resulta difícil escoger entre las opciones, y ambas podrían estar implícitas. Sin embargo, οὕτως no puede ser un adverbio de modo ("habiendo así esperado con paciencia"), porque la paciencia de Abraham no se ha mencionado con anterioridad.

Μακροθυμήσας* (cf. μακροθυμία*, v. 12) implica la condición necesaria para el cumplimiento de la promesa (cf. TEV, "Abraham fue paciente, *y así* recibió lo que Dios había prometido"; *Gute Nahricht: darum*; v. 12 acerca de πίστις). Μακροθυμήσας puede sugerir la idea de (a) resistir hasta el final de un período de prueba, como en Sirácides 2:4, o (2) esperar pacientemente, como en Santiago 5:7s. El significado (1) sugeriría una referencia al contexto veterotestamentario, a saber, el ofrecimiento de Isaac, un tema al que regresa el autor en Hebreos 11:17-19, y que concuerda bien con su propósito y con la situación de prueba en la que se hallan sus lectores (12:3-11). El significado (2) haría pensar en los veinticinco años que Abraham tuvo que esperar desde la primera promesa de Dios hasta el nacimiento de Isaac (Gn. 12:2, 4; 21:5); y quizás también, dado que la promesa citada en los vv. 13s. se hizo después de la ofrenda de Isaac, al período adicional de sesenta años antes del nacimiento de Esaú y Jacob (Gn. 25:26). Véase Bauer 1; J. Horst en *TDNT* 3.386.

Ἐπέτυχεν τὰς ἐπαγγελίας. Con respecto a ἐπαγγελία, véase 4:1; el verbo ἐπιτυγχάνω se usa en un contexto similar en 11:33; cf. Romanos 11:7; Santiago 4:2; MM; Josefo *Ant.* 11.262; 12.121; 14.230; 20.15, 184, 209. No hay ninguna diferencia significativa entre ἐπιτυγχάνω τῆς ἐπαγγελίας aquí y κληρονομέω τὰς ἐπαγγελίας en el v. 12; la variación es estilística. El aoristo ἐπέτυχεν se refiere sin duda a un acontecimiento que tuvo lugar durante la vida terrenal de Abraham. El problema (v. 12) consiste en reconciliar las declaraciones positivas de los vv. 12 y 15 con las declaraciones negativas aparentemente contradictorias de 11:13, μὴ κομισάμενοι τὰς ἐπαγγελίας, y 11:39, οὐκ ἐκομίσαντο τὴν ἐπαγγελίαν, en ambos casos con respecto a los creyentes veterotestamentarios.

Hay tres posibilidades principales: (1) Abraham recibió una promesa de Dios, pero no su cumplimiento. (2) Dios le hizo a Abraham la promesa de que tendría descendientes y la cumplió, pero ninguna figura del AT recibió lo que Dios ahora les ofrece a los creyentes en Cristo. (3) Abraham recibió una revelación especial de

Cristo, aunque no lo vio físicamente. (1) resulta difícil en un pasaje cuyo objetivo es subrayar que Dios cumple sus promesas. Ἐπιτυγχάνω de todos modos es demasiado fuerte si se trata simplemente de alguien que recibe una promesa verbal. (2) ofrece el significado más natural: no hay ninguna razón por la que ἐπαγγελία siempre deba tener la misma referencia. Sin embargo, (3) no puede excluirse por completo; la previsión espiritual de Abraham es una creencia confirmada en Juan 8:56; Gálatas 3:8 (cf. Gn. 12:2); *Bern.* 9:7, apoyada por la tradición rabínica (*Gn. Rab.* 44.25; S-B 2.525), y tal vez implícita en Hebreos 11:13, "habiendo visto (lo que fue prometido) y saludándolo de lejos". En el presente versículo, (2) es el significado que salta a la vista inmediatamente, pero el desarrollo del argumento a partir del v. 18 presenta la fe de Abraham como un ejemplo de fe persistente en Cristo, y la fidelidad de Dios para con Abraham como una base segura para depender de su fidelidad para con "nosotros" (así piensa en sentido general Braun, con más referencias). Una superposición similar de un significado inmediato y otro más amplio se puso de relieve en el análisis acerca de ὄνομα en 1:4.

6:16. Los juramentos humanos también se aceptan como válidos

Este versículo presenta la parte menor, la parte humana, de una comparación que se extiende hasta el v.19a (βεβαίαν), el resto de la oración (vv. 19b-20) constituye la transición al capítulo 7. En el presente pasaje, la segunda parte de la comparación, la divina, está naturalmente más desarrollada:

v. 16	vv. 17-19a
(1) ἄνθρωποι	ὁ θεός
(2) κατὰ τοῦ μείζονος	[καθ᾽ ἑαυτοῦ, v. 13]
(3) ὀμνύουσιν	ἐμεσίτευσεν ὅρκῳ, v. 17
(4) καὶ πάσης αὐτοῖς	ἀδύνατον ψεύσασθαι
ἀντιλογίας πέρας	[τὸν] θεόν, v. 18
(5) εἰς βεβαίωσιν ὁ ὅρκος	βεβαίαν, v. 19
	διὰ δύο πραγμάτων
	ἀμεταθέτων.

Los diversos elementos de esta comparación exigen un comentario separado.

(1) En forma aislada, el término ἄνθρωποι puede incluir mujeres, e incluso niños (Jn. 16:21), y también hombres. De hecho, aquí, al igual que en 7:8 y especialmente en 5:1, lo más probable es que se trate solo de hombres. Hay ejemplos bíblicos de juramentos que se hicieron a mujeres (Jos. 6:22; 1Re. [3Re.] 1:28s.; Mr. 6:23), pero ninguno que haya sido hecho por ellas. El contraste con ὁ θεός muestra que aquí, así como en 7:8; 8:2, el autor se interesa por los seres humanos y no por su sexo. De hecho, al igual que en 5:1; 7:8, el contexto podría implicar otra limitación a los varones judíos, con una posible alusión a Éxodo 22:10 (EVV 11); en la LXX,

véase también el v. 7, ἐνώπιον τοῦ θεοῦ… ὀμεῖται, cf. Heb. 3:13. Para la resolución de litigios por medio de un juramento en Nuzi, cf. *ANET* 220. Con respecto a la definición que hace Filón de un juramento, *Sacr.* 93.

La adición de μέν después de ἄνθρωποι cuenta con poco respaldo (C D¹ 𝔐 bo). Su intención es hacer hincapié en el contraste entre los vv. 16 y 17-19a, pero en el v. 17 no se añade δέ; en 𝔓⁴⁶ ℵ A B D* P 81 1739 1881 2495 *pc* se omite μέν.

(2) Κατὰ τοῦ μείζονος establece un nexo con el argumento anterior; cualquier paralelismo en la segunda parte de la comparación resulta innecesario. El paralelismo implícito con καθ᾽ ἑαυτοῦ en el v. 13 podría sugerir que τοῦ μείζονος debe considerarse masculino y tomarse como una referencia a Dios, a pesar del v. 13.

(3) Variación estilística. Acerca de ἐμεσίτευσεν, véase v. 17.

(4) En el contexto inmediato, el término ἀντιλογία se refiere a disputas humanas, como en 7:7. Riggenbach cree que el significado es "contradicción, y no "disputa" como en Éxodo 18:16; Deuteronomio 19:17; 2 Samuel (2Re) 15:14. Sin embargo, teniendo en cuenta el interés del autor en la rebelión de Israel en Cades (ὕδωρ ἀντιλογίας, Nm. 20, sobre todo el v. 13; cf. 27:14; Dt. 32:51; Sal. 81:7 [80:8 LXX]; 106[105 LXX]:32; Heb. 3:8; 12:3), que, a su entender, fue esencialmente una negativa a creer o a confiar en las promesas de Dios, resulta difícil excluir por completo los matices de la disputa de los israelitas con Dios. Cf. los matices jurídicos del término βεβαίωσις, con respecto al cual véase (5) más adelante. Αὐτοῖς = τοῖς ἀνθρώποις. Πέρας se usa aquí con un sentido temporal con referencia al final o conclusión de una disputa (Bauer 2; Louw-Nida 61.51; cf. 1Esd. 9:17; 2Mac. 5:8; 3Mac. 5:5; también clásico, LSJ *s.v.* III; no, como en Mt. 12:42‖Lc. 11:31; Ro. 10:18** = Sal. 19:5; y más comúnmente en la LXX, con el sentido geográfico de la frase hecha "los términos de la tierra" (Bauer 1; Louw-Nida 80.6). La posposición de πέρας aumenta el enfasis de πάσης: la declaración es axiomática.

(5) Todo el pasaje de los vv. 18-19a, no solo la palabra βεβαίαν, hace hincapié en la garantía que le otorga a la promesa de Dios la adición de su juramento. En la primera parte de la comparación, no se hace mención en forma separada de ninguna promesa humana, sin embargo, esta podría estar implícita como aquello que se asegura por medio del acto de la βεβαίωσις o concesión de una garantía jurídica (cf. Bauer *s.v.* βέβαιος con más referencias; Lv. 25:23 LXX con respecto a la venta de la tierra en sentido absoluto; Sab. 6:18; Fil. 1:7 podría implicar que los cristianos filipenses añadieron su garantía a la defensa del evangelio por parte de Pablo)***. Lo contrario de εἰς βεβαίωσιν en la terminología jurídica es εἰς ἀθέτησιν, "para anulación" (MM *s.v.* con más referencias; Heb. 9:26; cf. 7:18**). Ὁ ὅρκος (v. 17*) es un término genérico e = "juramentos".

6:17. El juramento de Dios es aún más poderoso

Ἐν ᾧ puede combinarse (1) con …βουλόμενος, y entonces, ἐν ᾧ sería equivalente a ἐν τῷ ὅρκῳ, o (2) con ἐμεσίτευσεν ὅρκῳ significaría "porque", al igual que en Romanos 8:3; Hebreos 2:18 (Bauer *s.v.* ἐν, IV.6d) (así también Teofilacto y Primasio, citados por Bleek; también Lane). Aunque (2) es una construcción bastante libre, es mejor que (1), puesto que ὅρκῳ se repite al final del versículo.

El adjetivo neutro singular περισσότερον (7:15*, en un contexto similar) se usa en forma adverbial (Bauer *s.v.* περισσός 3; BD §60[1]) con el verbo ἐπιδεῖξαι, y significa "aún más o mucho más", al igual que el adverbio más común περισσοτέρως (2:1; 13:19), que se lee aquí en B.

Βουλόμενος* y βουλή* se relacionan en sonido, origen y significado. Ambos términos se usan de manera especial, aunque no exclusiva, respecto a la voluntad de Dios; con frecuencia, como aquí, en pasajes con una marcada importancia retórica (cf. Hch. 2:23; 4:28; 13:36; 20:27; Ef. 1:11). El orden βουλόμενος ὁ θεός se debilita cuando se invierte en $\mathfrak{P}^{46}$ D 323; cf. Ro. 9:22,... θέλων ὁ θεὸς ἐνδείξασθαι... Ὁ θεός se acentúa ligeramente para contrastarlo con ἄνθρωπος en el v. 16.

En cuanto a la voz activa del verbo ἐπιδεῖξαι, en A *pc* aparece la voz media ἐπιδείξασθαι, cf. Ro. 9:22. Ἐπιδείκνυμι se usa en sentido figurado en contextos que sugieren una revelación hecha por Dios (Is. 37:26; *Ep. Diogneto* 8:5; cf. v. 6; *Bern.* 6:13); o con un sujeto humano respecto a una demostración lógica (4Mac. 1:1, 7, 9).

Dado que βουλόμενος implica una referencia futura, οἱ κληρόνομοι τῆς ἐπαγγελίας, no puede referirse a "los que Dios en otro tiempo les hizo una promesa", sino a "los que más adelante recibirían de Dios (1:4, κληρονομέω) lo que él había prometido". Los vv. 13-15 se dedicaron por completo al ejemplo de Abraham, para el cual se cumplió la promesa relacionada con su posteridad. El autor inicia ahora el regreso a la perspectiva más amplia de los que, en la era actual, se describieron como κληρονομούντων τὰς ἐπαγγελίας (v. 12), y que en el propósito de Dios, incluyen al autor y a sus lectores (ἵνα... παράκλησιν ἔχωμεν, v. 18). No hay nada en el contexto del NT que justifique, por un lado, que οἱ κληρόνομοι τῆς ἐπαγγελίας sean solo los patriarcas, ni, por otro lado, que sean "todas las naciones de la tierra" (contrástese con el uso de Gn. 22:18 en Hch. 3:25; también Gá. 3:16 [cf. 2:16]. En 69 se añade κλητοῖς, ya sea por razones dogmáticas o bajo la influencia del término κληρονόμοις que aparece después.

Τὸ ἀμετάθετον τῆς βουλῆς* (βουλόμενος supra) αὐτοῦ. Con respecto a la palabra ἀμετάθετος, cf. 3 Macabeos 5:12; Jenofonte *Ep.* 1:2; MM. La idea sobre la inmutabilidad del propósito de Dios está muy generalizada. Los paralelismos veterotestamentarios más cercanos son el Salmo 33[32 LXX]:11 = Proverbios 19:21, ἡ... βουλὴ τοῦ κυρίου εἰς τὸν αἰῶνα μένει; Ezequiel 12:28 muestra una estrecha afinidad con el pasaje de Habacuc 2:3s., que se cita en Hebreos 10:37s. El propósito inmutable de Dios se afirma como un principio general que, en distintos contextos, puede aplicarse en forma negativa (Is. 14:24; 31:2; Ez. 12:28; Mal. 3:6), positiva (Sal. 33[32 LXX]:11; Is. 40:8; 45:23 [κατ᾽ ἐμαυτοῦ ὀμνύω]; Jer. 4:28) o neutral (Pr. 19:21b; Is. 46:10b). Fuera del AT, hay paralelismos verbales con la interpretación que hace Filón de Números 23:19 en *Vit. Mos.* 1.283; *Deus Imm.* 26, y especialmente en la tradición rabínica (*Nu. Rab.* 23:8 on 34:2). Los paralelismos de Qumrán (1QS 3:15s.; 1QH 15:12ss.) son más remotos, porque no hacen referencia directamente a una situación histórica. En el NT, cf. Romanos 3:3s.; 9:6, 11; 11:29 (ἀμεταμέλητος); Santiago 1:17 (Hofius 1973). En cuanto a la idea, cf. también Heb. 1:12 (= Sal. 102[101 LXX]:27); 7:21 (= Sal. 110[109

LXX]:4); 9:15; 12:17; 13:8. Dios es fiel a sus propósitos, por tanto, los lectores deben permanecer fieles a su esperanza de participar de lo que él ha prometido.

Βουλή (Louw-Nida 30.57), a diferencia de θέλημα (Louw-Nida 15.2; 30.59), denota no solo poder de voluntad sino también propósito y decisión. Sin embargo, puesto que los dos términos se usan predominantemente en el NT con respecto a Dios, sus significados tienden a confluir.

Ἐμεσίτευσεν*** es un verbo que no se esperaba en este contexto porque no se hace referencia a una tercera persona que ejerza de mediadora (μεσίτης, 8:6). En el griego no bíblico, el verbo es transitivo y significa "actuar como mediador entre" (Diod. Sic. 19.71; Dion. Hal. 9.59; Polib. 9.34.3; cf. Filón, *Plant.* 2.10, τοῦ θείου λόγου... μεσιτεύοντός τε καὶ διαιτῶντος). En Josefo *Ant.* 7.193; cf. 16.118, se usa en forma intransitiva, ἐμεσίτευσε πρὸς τὸν βασιλέα, y significa "interceder". En este versículo, la idea de que Dios "arbitra" a favor de su propósito por medio de un juramento (Ecumenio; cf. vg *interposuit*) resulta forzada; el contexto exige el significado de "garantizar, "confirmar" (Bauer). En el uso helenístico, el término μεσίτης se aplica al garante del cumplimiento de un contrato (A. Oepke en *TDNT* 4.598-624, aquí 600, 620). Véase 8:6, μεσίτης.

Ὅρκῳ es una "información novedosa" en el contexto inmediato, porque el último juramento que se mencionó fue el ὁ ὅρκος genérico del v. 16; por tanto, no se usa ningún artículo aquí. No hay ninguna referencia al juramento que se le hizo a Jesús en el Salmo 110[109 LXX]:4a y que se cita en Heb. 7:21; pero cuando el autor escribió acerca del propósito inmutable de Dios (véase supra), es posible que haya tenido en cuenta las palabras οὐ μεταμεληθήσεται.

6:18. Nuestra esperanza está cimentada en la promesa de Dios y su juramento

El propósito del juramento de Dios, en lo que respecta al autor y sus lectores, comienza a explicarse; pero la referencia explícita a Jesús se reserva para el clímax del pasaje en el v 20. Ἵνα indica el propósito de Dios (cf. βουλόμενος, v. 17); "él quería darnos una doble certeza". Sin embargo, el resultado también está implícito (Bauer *s.v.* ἵνα, II.2): ἔχωμεν aquí se transforma muy pronto en ἔχομεν en el v. 19.

Las preposiciones διά y ἐν, ambas relacionadas con δύο πραγμάτων ἀμεταθέτων, tienen un sentido general y son difíciles de distinguir; "hay, pues, dos cosas que no pueden cambiar y acerca de las cuales Dios no puede mentir" (TEV). Las "dos cosas inmutables" (v. 16) deben ser la promesa de Dios y su juramento; y no los dos juramentos de 6:13 y 7:21, que tienen dos destinatarios diferentes. Attridge, que discrepa de Hofius 1973.142-144, cita a Filón, *Abr.* 273, donde el juramento de Dios confirma una promesa hecha a Abraham. En lugar de διά, en D se lee μετά.

El significado de πρᾶγμα incluye la palabra, el objeto y el acontecimiento (10:1; 11:1*). La palabra aquí ocupa el lugar prioritario, pero el acontecimiento está implícito; solo en Hebreos tiene una referencia futura (Braun). Cf. la expresión πράγματα ἀσώματα, θεῖα, νοητά de Filón en *Rer. Div. Her.* 63, 66; C. Maurer en

TDNT 6.638-640. Ἀμετάθετος, que se usa como un sustantivo en el v. 17, aparece de nuevo aquí con su habitual función adjetiva.

Ἐν οἷς: ψεύδομαι ἐν se emplea en Levítico 6:2 (5:21 LXX) para referirse al hecho de mentir acerca de alguna cosa (MHT 4.112); la preposición más usual περί se usa dos veces en Levítico 6:2s. (5:21s. LXX) para traducir el término hebreo *bᵉ*.

Ἀδύνατον (6:4) introduce una hipótesis que el autor presupone que sus lectores van a aceptar. La convicción de que Dios no puede mentir está muy generalizada en la Biblia y fuera de ella (1Sa. [1Re. LXX] 15:29; Job 36:4 LXX; Nm. 23:19; Sal. 33:11; Is. 46:10s.; *1Clem.* 27:2; Arquiloco 6.223, ἀψευδέστατος, con respecto a Zeus; Artemidoro 2.69; Filón, *Vit. Mos.* 1.283). Esta convicción es más profunda que el argumento sobre la promesa y el juramento. La implicación, un tanto velada por la retórica, es que: "sea como sea, Dios no puede mentir". Ἐν οἷς, por tanto, es una expresión débil: no puede implicar que Dios podría haber mentido si su promesa no hubiera sido confirmada por un juramento. Obsérvese la asonancia entre ἀδύνατον y ἀμεταθέτων; cf. 1:1; 10:3s.

Ἀδύνατον ψεύσασθαι* es prácticamente una doble negación, equivalente a una fuerte afirmación de la ἀλήθεια de Dios en el sentido de *ᵉmet*, confiabilidad (cf. Ro. 3:3-7). Cf. también 2:10; 6:10; Santiago 1:13, y de manera más remota, Juan 9:31; Romanos 9:4, 19, con respecto a aseveraciones de lo que es imposible o inadecuado que Dios haga. Véase H. Conzelmann en *TDNT* 9.600-603.

No es nada seguro que el autor en contra de su práctica más habitual, omitiera τόν antes de θεόν por razones de eufonía después de ἀδύνατον (así en B D Ψ TR, BD §254[1], Zuntz 130, NA²⁵), o que lo hayan añadido algunos copistas por un error de ditografía (como ocurre en 𝔓⁴⁶ ℵ A C P 33 1739 1881 2495 *pc;* Tischendorf, NA²⁶; Braun con reservas; Attridge). El significado probablemente no se ve afectado, aunque Lane, en consonancia con Zunts, considera que significa: "es imposible que *alguien que es Dios* mienta". Ἰσχυράν tiene un sentido figurado, en contraste con 5:7; 11:34*. La imaginería de la fuerza física se hace patente en el v. 19.

Παράκλησις (παρακαλέω, 3:13) podría significar "ánimo, aliento, consuelo", "exhortación" o ambas cosas. En 12:5; 13:22* se trata de una exhortación verbal, en 12:5 por medio de la Escritura y en 13:22 a través de la epístola. En ambos casos, el significado de "consuelo", común en la LXX bajo la influencia hebrea pero menos común en otros lugares, prácticamente no tiene cabida por la severidad del contexto. En el presente versículo, predomina el elemento del ánimo o incentivo. Sería demasiado débil afirmar que el único propósito (ἵνα) de la promesa y el juramento de Dios es hacer una exhortación; eso ya lo hizo el propio autor en 6:9-12. Παράκλησις está relacionado con la esperanza, al igual que aquí, en Romanos 15:4; 2 Corintios 1:5-7; 2 Tesalonicenses 2:16. O. Schmitz en *TDNT* 5.793-799.

En lugar de ἔχωμεν, en K L P y muchos minúsculos se lee la variante ortográfica gramaticalmente incorrecta ἔχομεν (v. 19 sobre ἔχομεν). Ἔχω se usa a menudo con expresiones de esperanza; cf. Hechos 14:15; Romanos 15:4 (ἐλπίδα); Hebreos 10:2; 1 Pedro 3:16 (una buena consciencia); Efesios 3:12; Hebreos 10:19 (παρρησίαν); contrástese con Lucas 6:24. Aquí, la expresión completa significa "somos en gran manera consolados". Véase H. Hanse en *TDNT* 2.824s.

Οἱ καταφυγόντες: el participio con el artículo, normalmente también con un pronombre personal, es equivalente a una cláusula relativa: "los que huimos..." o "...nos refugiamos" (BD §412[5]; Spicq 1978.420-422). El uso absoluto de la frase deja abierta la posibilidad de que se interprete como huir del peligro, o a un lugar de refugio (como en Hch. 14:6** de manera literal, o en sentido figurado en el Sal. 143[142 LXX]:9, πρὸς σὲ κατέφυγον); Dios como ἐλπὶς καὶ καταφυγὴ τῶν πτωχῶν, *Sal. Sal.* 15:2; las palabras que siguen dejan bien claro que se trata de lo segundo. El aoristo καταφυγόντες también permite pensar o que (1) los lectores ya se habían refugiado, o que (2) todavía tenían que hacerlo, al menos de manera total. La comparación con el v. 11 sugiere que (2) es la opción correcta. La inseguridad presente del pueblo peregrino de Dios es un tema recurrente en la epístola (p. ej., 11:13-16, 35-38; 13:14), pero no se pone de relieve aquí. Spicq sugiere de forma especulativa que este versículo demuestra que la epístola estaba dirigida a exiliados o refugiados.

Es difícil asegurar si el resto del versículo tiene un sentido predominantemente presente o futuro. (1) Κρατέω puede significar (a) "aferrarnos a" algo que ya está a nuestro alcance, como en 4:14* (así lo creen Bauer 2eβ, Spicq, Braun, TEV, REB), o (b) "tomar posesión" de algo que aún no poseemos (así Riggenbach, Moffatt, Michel, NRSV, NIV, NJB); posiblemente ingresivo, "comenzar a tomar posesión" (Lane, en consonancia con MHT 3.72; cf. Zerwick §250). (2) Πρόκειμαι puede significar (a) "tener algo ante uno, estar presente" (Bauer 2 propone este significado para 12:2 y "tal vez" aquí; cf. 2Co. 8:12; Jud. 7) o Josefo *Ant.* 1.14, εὐδαιμονία πρόκειταί τινι παρὰ θεοῦ. (3) Ἐλπίς, aquí al igual que en otros lugares (3:6), puede referirse (a) a la esperanza en sí misma o (b) al objeto de la esperanza (cf. 2Mac. 7:14; Ro. 8:24; R. Bultmann en *TDNT* 2, aquí 530n.100). Braun sigue a Erasmo y a otros cuando subordina el presente al futuro: "... para que podamos tomar posesión en la era futura del objeto de la esperanza que está ante nosotros". Esto está confirmado por la conjunción ἵνα, acerca de un propósito aún incumplido, que rige la segunda cláusula, y por el participio de aoristo de un verbo de movimiento καταφυγόντες. La tensión entre el presente y el futuro no es simplemente una cuestión de ambigüedad léxica: ocupa el lugar central de la situación que el escritor aborda (cf. 12:22, προσεληλύθατε). A sus lectores ya les había dicho (3:6, 14) que debían retener firme hasta el fin la fe que habían recibido; aquí, hace hincapié, por un lado, en la seguridad absoluta del lugar de refugio al que él y sus lectores "huyen", y por otro lado, en la realidad futura de la promesa que Dios ha hecho bajo juramento, que, por así decir, ya se hace patente en ese lugar de refugio. Los lectores deben tomar posesión de ella y retenerla con firmeza. El lugar de refugio que sugiere implícitamente el verbo καταφυγόντες hace recordar de manera irrefutable el κατάπαυσις del Salmo 95[94 LXX]:11, acerca del cual se habló extensamente en Heb. 3:12–4:11; también la πόλις de cimientos sólidos de 11:10, y la anhelada πατρίς de 11:14.

6:19. Los creyentes entran con Jesús en el santuario celestial

En un típico quiasmo, los vv. 19-20 anuncian temas que se desarrollarán en orden inverso en el resto de la sección doctrinal: un sacerdote según el orden de Melquisedec (6:20b; cf. 7:1-17); Jesús entra como precursor y sacerdote por nosotros hasta lo más interior del santuario (6:20a; cf. 7:18–10:18); y de la esperanza/confianza que penetra hasta lo más interior del santuario (6:19; cf. 10:19-39; véase Rice 1981, 1987). En cuanto a la relación que guarda con el resto de la oración (vv. 16-20), la idea es en general clara, pero hay problemas en lo que respecta a los detalles. Estos, si bien están interrelacionados, pueden distinguirse de la siguiente manera: (1) los adjetivos (a) ἀσφαλῆ y βεβαίαν, y (b) el verbo εἰσερχομένην ¿tienen que ver con la "esperanza" o con el "ancla"? (2) ¿Hasta qué punto se mantiene el significado objetivo de ἐλπίς, "lo que se espera"? Los problemas surgen a causa del cambio del lenguaje normalmente estático con el que se describe la base firme de la seguridad de los lectores (aunque cf. καταφυγόντες, v. 18), por el lenguaje de movimiento que se usa al hablar de la obra de Cristo.

(1) El sentido más claro se obtiene si los adjetivos ἀσφαλῆ, βεβαίαν y el verbo εἰσερχομένην están relacionados con ἐλπίδα (así lo cree Braun), y ὡς ἄγκυραν... τῆς ψυχῆς se considera una frase adjetival sinónima de, y gramaticalmente paralela a, ἀσφαλῆ y βεβαῖαν. La dificultad para relacionar el v. 19b (a partir de ἀσφαλῆ) con ἄγκυρα es mayor en el caso de εἰσερχομένην, un verbo que no es natural que se use con respecto a un ancla, pero se eligió porque describe adecuadamente la exaltación de Cristo (como en v. 20; 9:12, 24; 10:5; cf. 1:6, εἰσαγάγῃ; 7:19, ἐπεισαγωγή) y el acceso de los creyentes al santuario celestial (cf. 3:11–4:11 *pássim* como acceso al reposo celestial; 10:19, εἴσοδον). No cabe duda de que los adjetivos ἀσφαλῆ y βεβαίαν se relacionan más estrechamente entre sí, no solo desde el punto de vista gramatical (τε καί) sino también en cuanto al significado (cf. 2:4); pero esta razón no es suficiente para considerar que dichos adjetivos modifican a ἄγκυρα y que el participio tiene que ver con ἐλπίδος, como sostienen Bleek y Riggenbach. El lenguaje que se emplea en otros lugares de la epístola acerca de la esperanza permite relacionar el v. 19b con ἐλπίδος (aunque el argumento no es concluyente porque no vuelve mencionarse ninguna otra ancla): βεβαία de la esperanza, 3:6; πληροφορία τῆς ἐλπίδος, 6:11; ἐπεισαγωγή... κρείττονος ἐλπίδος, 7:19; cf. 10:23. La explicación más probable, aunque no la más clara para el lector occidental moderno, es que el pensamiento del autor se desliza gradualmente del ancla a la esperanza que ella representa.

(2) Un desplazamiento similar puede observarse en el uso que hace el autor del término ἐλπίς. Un significado objetivo, aquello que se espera, se consideró probable para τῆς προκειμένης ἐλπίδος, y tiene sentido en el v. 19 hasta ψυχῆς, tal vez incluso hasta βεβαίαν, pero no es seguro que pueda mantenerse a partir de εἰσερχομένην a no ser que ἐλπίς se identifique realmente con Jesús (como lo hace Windisch; cf. Käsemann 1984.147), una construcción difícil que no cuenta con el apoyo del contexto (así lo cree Michel). Lo que los cristianos esperan ya está en el cielo, al igual que el κατάπαυσις de 3:11ss., pero ahora se esfuerzan por alcanzarlo,

llenos de una esperanza que es segura porque se basa en la obra de Cristo. En cuanto a la idea, cf. 1 Pedro 1:3-5.

Ἄγκυρα se usa tres veces en sentido literal en Hechos 27, pero en ningún otro pasaje de la Biblia griega. El hebreo y el arameo post-bíblicos no tienen ningún término propio para referirse a un ancla, y la peshittá translitera formas derivadas de la palabra griega (Delitzsch). El uso fuera de la Biblia, sobre todo en griego, de la imagen del ancla está muy extendido —en monedas, en tumbas y en textos literarios. Platón, *Leg.* 12.961C, describe la asamblea ciudadana como ἄγκυραν πάσης τῆς πόλεως; Plutarco, *Mora*lia. 446A, citando un fragmento poético, describe las acciones que no están bajo el control de la razón como un "gancho de anclaje en la arena"; Luciano, *J. Tr.* 51, cita como proverbial para una "última esperanza" el ἱερὰ ἄγκυρα o ancla de emergencia (o de repuesto) que no se puede cortar; la Helena de Eurípides se refiere a su esperanza del regreso de Menelao como ἄγκυρα δ' ἥμου τὰς τύχας ὤχει μόνη (*Helena* 277); y Filón, *Sacr.* 90, compara la estabilidad de la virtud con un anclaje seguro (más referencias en Braun). En el presente pasaje, Spicq (1949c) cree que la metáfora náutica llega hasta πρόδρομος, pero esto prácticamente no sería compatible con la imagen principal del santuario veterotestamentario; πρόδρομος (v. 20) debe entenderse mejor como un sinónimo de ἀρχηγός (2:10). Lo que sí resulta notable es la moderación del autor en el uso de la imaginería del ancla. (Ni siquiera adopta el dicho vigente acerca del valor de tener dos anclas, Pindar, Pindar, *Ol.* 6.100; Plutarco, *Solon* 19, que se deduciría bien de su referencia a la promesa y al juramento de Dios). Muchos comentaristas, antiguos y modernos, fuerzan todavía más la metáfora; Spicq, por ejemplo, hace referencia a las "aguas sobre el firmamento" de Génesis 1:7. Es más simple, y más armónico con el contexto, interpretar el ancla como una imagen de la seguridad: se puede confiar en el objeto de la esperanza.

Ἔχομεν, no ἔχωμεν (D *pc* a vg^mss), como en el v. 19; 4:3; 6:3; aquí posiblemente influenciado por la forma verbal ἔχωμεν en el v. 18. El significado es "poseemos", no "nos aferramos" (κατέχομεν). Ἀσφαλῆ y βεβαίαν describen el objeto de la esperanza tal como es, no la manera en que los creyentes lo poseen.

Τῆς ψυχῆς, véase 4:12, "un ancla para el alma" o "para (nuestra) vida" (E. Schweizer en *TDNT* 9.650f.).

Ἀσφαλῆς καὶ βέβαιος son dos adjetivos que a menudo se usan juntos: por ejemplo, Sabiduría 7:23, con respecto a la sabiduría; Sexto Empírico, *Adv. Logic.* II.374, acerca de una suposición lógica; Polib. 6:48.5, βεβαίαν… παρεσκεύασε τὴν ἀσφάλειαν, "la seguridad absoluta (de una persona) garantizada"; Plut. *Marcus Cato* 21.5, sobre una inversión, ἀσφαλῆ πράγματα καὶ βεβαία; Polib. 12.25a.2 en sentido negativo, con respecto a un autor no confiable (contrástese con ἀσφάλεια en Lc. 1:4); Arriano, *Anábasis* 7.283, describe a Alejandro como βεβαιότατος y ἀσφαλέστατος; Filón, *Cong. Erud.* 141, acerca del conocimiento; *Conf. Ling.* 106, en un juego de palabras en el que hace referencia al "asfalto y la brea" (Ex. 2:3) con las que calafatearon la cesta de Moisés. No hay nada en el contexto que sugiera una distinción entre ἀσφαλής como "reforzada desde afuera" y βέβαιος como "firme en sí misma" (Westcott). En otros pasajes de Hebreos, βέβαιος se usa con expresiones que tienen un significado similar a ἐλπίς: 3:6 con παρρησία; 3:14 con ὑπόστασις. En cuanto a la forma variante anómala ἀσφαλῆν o ἀσφαλήν (A C D* P), véanse Tischendorf; MHT 2.139 (§58 [d]); BD §46 (1); cf. μονογενήν, 11:17 D*. Con respecto a ἀσφαλής, véase Spicq 1982.74f., 77.

Εἰσερχομένην (véase 3:11): el tiempo presente del verbo sugiere una acción que todavía está en proceso de ejecución, o, tal vez con menos probabilidad en el contexto, una acción repetida (Westcott); contrástese con el aoristo εἰσῆλθεν en el v. 20 acerca de Cristo. A causa de la esperanza, los creyentes pueden entrar ahora donde Jesús ya entró en realidad, a saber, en el santuario celestial. Ese mismo lenguaje se usa con referencia a la entrada de Cristo en el cielo como sumo sacerdote (9:12, 24s.; 10:5; cf. 9:25), y a la entrada de los creyentes en el reposo celestial (3:11ss.), ya sea en los últimos días, o por medio de la esperanza en la actualidad, διὰ... τῆς ἐλπίδος ἤδη ἐν τῷ οὐρανῷ ἐσμεν (Crisóstomo).

Εἰς τὸ ἐσώτερον (Hch. 16:24**) τοῦ καταπετάσματος: una alusión a la entrada de Aarón (y, por ende, sus sucesores) εἰς τὸ ἅγιον ἐσώτερον τοῦ καταπετάσματος para presentar una ofrenda por el pecado (Lv. 16:2, cf. vv. 12, 15; Nm. 18:7, τὸ ἔνδοθεν τοῦ καταπετάσματος). Como de costumbre, el autor anuncia de pasada un tema que ocupará el lugar central en el capítulo 9. Por lo general, la LXX establece una diferencia entre los dos velos del santuario del AT, a saber, el κάλυμμα *(māsāk)* delante del tabernáculo exterior, y el κατάπετασμα *(pārōket)* delante del lugar santísimo. Aquí, al igual que en 9:3; 10:20, se trata del segundo. En Hebreos, el κατάπετασμα se considera principalmente un medio de acceso a Dios, en contraste con Marcos 15:38||**, donde, sobre todo en Marcos, el relato del rasgamiento del velo expresa el horror del evangelista en el momento de la crucifixión. Cf. Jos. *Guerra* 5.219, donde el κατάπετασμα impide que el ἐνδοτάτω μέρος del templo pueda contemplarse desde la parte externa; cf. *Ant.* 8.75, ἐνδοτέρω καταπετάσματα; Filón, *Vit. Mos.* 2.101, δύσιν ὑφάσμασι, τῷ μὲν ἔνδον ὅ καλεῖται κατάπετασμα, τῷ δ' ἐκτὸς ὅ προσαγαρεύ εται κάλυμμα; un significado ampliado en *Gig.* 53, acerca de la mente que ha eliminado τὸ ἐσωτάτω κατάπετασμα καὶ προκάλυμμα τῆς δόξης, y por tanto, se encuentra cara a cara con Dios; en un contexto ajeno a la religión en *Joseph and Asenath* 10.2 (Charlesworth 2.215); véanse Cassien; Lindeskog; Hofius 1972; Theissen; Attridge 184-185; Carl Schneider en *TDNT* 3.628-630.

6:20. Un sumo sacerdote de una clase diferente

Esta es la primera referencia explícita a Jesús desde 5:10, aparte de la mención de pasada de la "palabra de Cristo" en 6:1. En el ínterin, el autor relacionó la condición de sus lectores con el propósito de Dios, tal como se pone especialmente de manifiesto en sus tratos con Abraham. En este versículo, el autor concluye su minuciosa preparación para la "enseñanza difícil de explicar" (5:11). Emplea para ello una ingeniosa combinación de temas: (1) la enseñanza tradicional acerca de la resurrección o exaltación de Cristo que reformula en función de la entrada de un sumo sacerdote en el santuario interior; y (2) el contraste entre el ministerio de Jesús y el del sacerdocio veterotestamentario que expresa valiéndose del tema de Melquisedec. Esta comparación y este contraste, basados en una exégesis de algunos textos del AT, demostrarán que son el centro de la Biblia. El presente versículo, pues, constituye un puente estructuralmente importante, comparable con 5:5s., donde el autor combinó los temas del Hijo y del sumo sacerdote. El desarrollo cristológico es obvio:

- Jesús es Hijo (capítulo 1)
- Es sumo sacerdote (2:17)
- El mismo Cristo es Hijo y sumo sacerdote (5:5-10)
- Su sacerdocio es semejante al de Melquisedec (6:20–7:19)

Ὅπου, al igual que ποῦ en el NT y en el griego moderno, significa "donde", como en 9:16; 10:18*, y "adonde" como aquí con un verbo de movimiento (BD §103).

El significado y el trasfondo de πρόδρομος** han sido objeto de exhaustivos análisis pero no se ha llegado a ninguna conclusión. El significado esencial es "el que precede o va delante en una carrera". En el griego no bíblico, la palabra se usaba como un adjetivo y como un sustantivo. De los dos componentes semánticos, "preceder" y "correr", el segundo es el más débil a menos que se vea reforzado por el contexto, que no es el caso aquí. Cf. δρόμος, que significa "el curso (de la vida)" en Hechos 13:25; 20:24; tal vez incluso en 2 Timoteo 4:7, donde la LBLA lo traduce como "carrera", pero en la TEV se lee "he corrido toda la distancia". Προ- implica una referencia a los que siguen (Louw-Nida 36.9), que en este caso se refiere obviamente a "nosotros" en ὑπὲρ ἡμῶν; cf. Cambier 1950.78; Hebreos 13:14. Del mismo modo que el uso que hace el autor del AT va desde la alusión pasajera (p. ej., 11:35-38) hasta la exposición detallada (como la del Sal. 110:4), algunos de los nombres o títulos que él le aplica a Jesús son fundamentales (sobre todo ἀρχιερεύς), mientras que otros, como πρόδρομος, ἀπόστολος (3:1) y πρωτότοκος (1:6) no se desarrollan. Πρόδρομος se usa en el griego no bíblico desde Esquilo y Herodoto: para referirse a los emisarios (Hdt. 7.203; 9.14 con ἄγγελοι; Sóf. *Ant.* 108); a los vientos (Aristóteles, *Meteorologica* 2.15.2; *Problemata* 26.12.1; Teofrasto, *Vientos* 2.11; otras referencias en Spicq); a un ejército de avanzada (Esquilo, *Sept.* 80; Hdt. 1.60; 4.121s.; cf. Sab. 12:8 acerca de las avispas como el ejército de avanzada de la hueste vengadora de Dios); a un navío ligero que se pone en marcha antes que el resto de la flota (Alcifrón 1.11); y a los higos tempranos (Is. 28:4) o las uvas tempranas (Nm. 13:20 [LXX 21]). Spicq 1949a, en consonancia con J. Hastings, *Speaker's Bible* 138, fuerza la metáfora naval y la relaciona con el ἄγκυρα en el v. 19 (cf. Filón, *Flacc.*26, δρόμος con respecto a la ruta de un piloto). Sin embargo, esto haría todavía más confusa la imaginería de un pasaje que ya es complejo. Aun cuando la "esperanza" del v. 19 no se identifique con Jesús en el v. 20, la imagen de un ancla incrustada en otro barco es difícil, y el conflicto entre el lenguaje estático y dinámico se torna, por tanto, innecesariamente agudo. Además, la prolongación de una metáfora naval sería incompatible con el lenguaje cultual que predomina a partir de este punto. El paralelismo más cercano es entre 6:18-20 y 12:1s.; 2:10 con respecto a ἀρχηγός; en cuanto a la idea, cf. Jn. 14:2. Véanse Cullmann 101; O. Bauernfeind en *TDNT* 8.235.

Ὑπὲρ ἡμῶν probablemente debería estar vinculado gramaticalmente con εἰσῆλθεν (Bleek, Delitzsch, Spicq) y no con πρόδρομος (Zimmermann 1977.39); cf. 9:24: … εἰσῆλθεν ἅγια Χριστός… ἐμφανισθῆναι… ὑπὲρ ἡμῶν; 10:19ss.; 7:25, acerca de la intercesión de Cristo por los creyentes; 2:9, con respecto a su muerte ὑπὲρ παντός. La posición enfática de la frase κατὰ τὴν τάξιν Μελχισέδεκ implica un contraste entre Jesús y el sacerdocio levítico; el sumo sacerdote levítico sí actuaba a favor del pueblo (9:7), aunque no como πρόδρομος, y obtenía acceso al santuario interior para los demás.

Εἰσέρχομαι (v. 19), al igual que προσέρχομαι (4:16), se usa en Hebreos en contextos cultuales para referirse a la entrada en la presencia de Dios. El aoristo εἰσῆλθεν, con respecto a la exaltación de Jesús, contrasta con el presente εἰσερχομένην que se emplea en el v. 19 con relación a los creyentes.

Ἰησοῦς normalmente se destaca por su posición (2:9): en D se añade Χριστός.

El v. 20b (desde κατά) es una clara alusión verbal al Salmo 110:4, que se citó por primera vez en 5:6, y se recordó en 5:10 y 7:17. La idea principal en 5:6, 10 era que la misma autoridad divina confirió los títulos de Hijo (cf. 5:9) y de sumo sacerdote. En el presente versículo, se cambia el orden de las palabras para hacer hincapié en la frase κατὰ τὴν τάξιν Μελχισέδεκ, que introduce la enseñanza especial sobre Melquisedec en el capítulo 7. En 7:17, el contexto pondrá de relieve la frase εἰς τὸν αἰῶνα.

En cuanto a la distinción en el uso, aunque no en el significado, entre ἱερεύς y ἀρχιερεύς en citas de, y alusiones a Salmos 110:4, véase 5:10.

Γενόμενος (2:17) aquí, y παραγενόμενος en 9:11, se usan para referirse al hecho de que Cristo se hizo sumo sacerdote; aquí y en 9:11 ambas formas verbales están gramaticalmente subordinaras a εἰσῆλθεν. Es natural considerar que los participios expresan una acción idéntica a la del verbo finito (BD §239[1]; Spicq y P. E. Hughes discrepan). El significado, por tanto, es que Dios constituyó sumo sacerdote a Jesús a causa del sacrificio de sí mismo que ofreció. Su entrada en el santuario celestial, y su nombramiento como sumo sacerdote, son una misma cosa; Jesús fue constituido sumo sacerdote en razón de lo que hizo. Westcott cree que el eterno sumo sacerdocio de Jesús siguió a su exaltación, pero si esto se toma como una secuencia lógica y no temporal, el significado se acerca al que se sugirió antes. Por otra parte, Spicq y otros fuerzan la frase εἰς τὸν αἰῶνα para que se refiera a un atributo eterno, a saber, la filiación (cf. 1:10 con 1:8), pero ni la gramática del presente versículo, ni la exposición de εἰς τὸν αἰῶνα en 7:15s., apoyan que eso signifique "se levantó ahora, y de ahí en adelante indestructible".

UN SUMO SACERDOTE COMO MELQUISEDEC (7:1-28)

En este capítulo el autor se acerca más al centro de su argumento, al que finalmente se llegará en la sección que sigue (8:1–9:28).

En 5:6, se citó el Salmo 110:4 para mostrar que Dios había nombrado a Cristo no solo Hijo, sino también sumo sacerdote κατὰ τὴν τάξιν Μελχισέδεκ. Este capítulo lleva el análisis tres pasos más allá, (a) a la luz de Génesis 14:17-20, el único otro pasaje del AT en el que se menciona a Melquisedec (7:1-10); (b) por medio de un contraste entre el sacerdocio de Cristo κατὰ τὴν τάξιν Μελχισέδεκ y el sacerdocio levítico κατὰ τὴν τάξιν Ἀαρών (vv. 11-19); y (c) por medio de una descripción directa del sumo sacerdocio y el sacrificio de Cristo (vv. 20-28).

Las transiciones entre estos tres párrafos son suaves, como de costumbre, pero la distinción entre ellos es clara. En los vv. 1-10, Melquisedec es la figura central; en los vv. 11-19, se hace hincapié en los sacerdotes levíticos, y Melquisedec se menciona solo en la frase del salmo κατὰ τὴν τάξιν (v. 15, ὁμοιότητα) Μελχισέδεκ; y en los vv. 20-28, el propio Jesús, cuyo nombre no se ha mencionado desde 6:20, se convierte en el tema principal, y Melquisedec finalmente abandona la escena.

El contexto más amplio muestra así que el lugar que ocupa Melquisedec en la estructura y el argumento de la epístola se limita casi por completo a los vv. 1-10. El pasaje de Génesis 14:17-20 se introduce y explica al estilo de un "texto enriquecedor" rabínico subordinado al Salmo 110:4, del mismo modo que, a escala más reducida, se introdujo Génesis 2:2 en Hebreos 4:4 para apoyar la interpretación del autor del Salmo 95:11. Cada etapa del desarrollo está basada en textos del AT. Independientemente de las demás tradiciones que el pasaje pueda contener (véase más adelante), es probable que haya sido el propio autor quien ideara pasar del citado Salmo 110:1 (Heb. 1:13) al Salmo 110:4 y de ahí a Génesis 14:17-20. Véanse Cullmann 89-107; Braun 136-140; Attridge 192-195.

7:1-10. Melquisedec

Lane (en consonancia con Vanhoye 125-127; cf. Cockerill 1979.16-20) señala la estructura quiástica de este pasaje:

1	El encuentro (v. 1a)		1'	El encuentro (v. 10b)
2	La bendición (v. 1b)		2'	La bendición (v. 6b)
3	El diezmo (v. 2)		3'	El diezmo (v. 4b)

El material que no se incluye en este esquema (vv. 3, 4a, 5, 6a, 7-10a) consta de la ampliación y el comentario exegético del autor. El problema fundamental en el presente pasaje es el estatus de Melquisedec en relación con Cristo. En otros lugares de Hebreos, cada vez que se introducen figuras veterotestamentarias en el argumento, su lugar jerárquico es muy claro, y por lo general, contrasta con el de Jesús. Los ángeles son espíritus ministradores (1:13), pero Jesús es Hijo; "Moisés fue fiel en toda la casa de Dios como siervo... pero Cristo fue fiel sobre la casa de Dios como hijo" (3:5s.); los sacerdotes levíticos mantienen su oficio "en virtud de un mandamiento de la ley mosaica acerca de la descendencia física": Cristo mantiene el suyo "por el poder de una vida indestructible" (7:16). En los pasajes parenéticos la continuidad entre el pueblo de Dios bajo la antigua dispensación y la nueva es mayor, pero todavía existe un elemento de contraste entre ellos, que normalmente se expresa en un argumento *a fortiori/qal waḥomer* implícito o explícito (2:1-4; 9:13s.).

Melquisedec es único entre las figuras veterotestamentarias en Hebreos por cuanto su estatus no se contrasta con Cristo ni está directamente relacionado con el de los creyentes. Lo más cerca que el autor llega es en la frase ἀφωμοιωμένος... τῷ υἱῷ τοῦ θεοῦ (v. 3). Ya sea que se traduzca como "hecho semejante" o, como es más probable, simplemente "semejante al Hijo de Dios", el contexto inmediato sugiere el significado "semejante a Cristo dado que su sacerdocio no tiene fin". El contexto inmediato también permitiría concluir que el sacerdocio de Cristo, al igual que la existencia de Melquisedec, tampoco tiene principio, pero el contexto más amplio, en el que se vincula el nombramiento de Cristo como sumo sacerdote con su exaltación, se opone a ello. El párrafo que sigue (vv. 11-19) contrasta a Cristo, e implícitamente a Melquisedec, con los sacerdotes levíticos que mantienen su oficio solo por un tiempo. El pasaje en general excluye una sucesión temporal entre Melquisedec y Cristo, porque ambos son sacerdotes "para siempre", y el argumento, por tanto, no puede llamarse estrictamente tipológico. La conclusión a la que llegó A. T. Hanson de que "el autor creía que Melquisedec era una teofanía, pero no tuvo valor para decirlo claramente" (1983.107s.; cf. 1965) resulta tentadora pero no puede demostrarse; está en consonancia con otras expresiones en la epístola que sugieren, no solo la preexistencia de Cristo (p. ej., 1:2c), sino también anticipos de su obra en el período veterotestamentario (p. ej., 3:5; 4:2; 11:26, y posiblemente 12:25). La sugerencia adicional de A. T. Hanson de que el autor mantuvo en reserva la identificación de Melquisedec con Cristo porque "era un alimento demasiado sólido para sus oyentes" resulta poco convincente, o al menos, incompleta. Lo más probable, al parecer, es que el autor comunicara sin dar explicaciones la idea que expresan las palabras ἀφωμοιωμένος... τῷ υἱῷ τοῦ θεοῦ (del mismo modo que Pablo no desarrolla la idea de que "la roca era Cristo" en 1Co. 10:4) porque Cristo, y no Melquisedec, era su interés principal. Esto se ve corroborado por el hecho de que el texto de un salmo, en el que un personaje anónimo, a quien el autor sí identifica con Cristo, recibe un sacerdocio "como el de Melquisedec" se transforma, cuando el autor expone el asunto con sus propias palabras, en la comparación inversa de Melquisedec con el Hijo de Dios.

La incomodidad que reporta la inserción de Melquisedec en el argumento no desaparece: Melquisedec constituye una complicación innecesaria en la comparación y en el contraste entre el sacerdocio en la antigua dispensación y en la nueva. En un autor cuyo argumento suele estar bien formulado, dicha incomodidad exige una explicación, y nos vemos impulsados a buscar factores externos que más o menos lo obligaron a hablar de Melquisedec.

Uno de esos factores era obviamente la existencia de un segundo texto del AT, además del Salmo 110:4, en el cual se mencionaba a Melquisedec. El uso que hace el autor de Génesis 14:17-20 es sin duda limitado (véase más adelante). Se interesa en el pasaje principalmente porque apunta, tanto por lo que no dice (*quod non in Thora, non in mundo*) como por lo que sí dice, a un sacerdocio diferente del de los sacerdotes levíticos (cf. v. 11, ἕτερον), y que lo ejercía alguien que era superior a Abraham, y por ende, a su descendiente Leví.

Otro factor podría ser la existencia, en círculos que al menos se cruzan con los del autor y sus lectores, de tradiciones acerca de Melquisedec que iban más allá de los textos bíblicos. Estas tradiciones tal vez se originaron en el hecho de que Melquisedec es el primer sacerdote que se menciona en la Torá (Horton 157ss.). Una pregunta adicional que podría plantearse es si esas tradiciones se habían cristalizado en un texto específico, posiblemente un himno, que en parte subyace tras el presente pasaje.

La última suposición cuenta con una base menos firme, y es menos aceptada, que la primera. Horton ofrece un estudio completo de las innumerables fuentes, anteriores y posteriores a Hebreos, y de la misma época que la epístola, que muestran interés por Melquisedec. Las fuentes más antiguas incluyen a (1) Filón, (a) *Congr.* 99, donde se analiza el significado literal y alegórico del diezmo; (b) *Abr.* 235, un relato no alegórico semejante a un midrash hagádico; y (c) *Leg. All.* 3.79-82, que es predominantemente alegórico; (2) dos textos contrastantes procedentes de Qumrán, (a) 1QapGn 22:14ss. que le presta a Génesis 14 más atención incluso que Hebreos, y (b) el juez sobrenatural y escatológico de11QMelquisedec; y (3) dos pasajes de Josefo, *Guerra* 6.438 y *Ant.* 1.180, que podrían reflejar tradiciones más antiguas además de Génesis 14. Horton incluye con cautela algunas referencias rabínicas a Melquisedec entre las fuentes posteriores, pero estas, también, podrían reflejar un material contemporáneo de Hebreos. En suma, existe, por un lado, un gran cúmulo de pruebas que demuestran un interés generalizado por Melquisedec; algunas de ellas son especulativas y no bíblicas, y no datan de una fecha posterior a la escritura de Hebreos. Por otro lado, son mucho más escasas las pruebas que atestiguan una influencia directa de cualquiera de las fuentes existentes en el tratamiento de Melquisedec en Hebreos.

La evidencia crítico-literaria a favor del uso en este pasaje de un *Vorlage* no bíblico que ya no existe resulta difícil de evaluar, y la determinación del género literario de ese *Vorlage* constituye un problema todavía mayor. El estilo es retórico, pero no necesariamente poético, aun cuando se haya tenido debidamente en cuenta la naturaleza flexible de los himnos cristianos primitivos y sus homólogos helenísticos (Norden 177-2019). No es extraño que las evaluaciones difieran. Deichgräber 176-178 y Schröger 142, por ejemplo, niegan la presencia de cualquier material hímnico, y algunos pasajes como 12:18-24 ilustran la capacidad del autor para escribir una prosa elocuente y rítmica, prácticamente indistinguible del material hímnico que se ha descubierto en varias partes del NT. Zimmermann 1977.80-99 señala diferencias entre Hebreos 7:1-4 y otros himnos neotestamentarios: "No comienza con ὅς, sino con οὗτος; no describe la trayectoria redentora de Cristo [*Erlöserweg*] (cf. Fil. 2:6-11; Col. 1:15-20; 1Ti. 3:16; Jn. 1:2-17; Heb. 1:3; 5:7-10), sino que se compone esencialmente de aseveraciones que solo en la última línea formulan una declaración verbal" (94). Michel identifica el v. 3 como una estrofa de cuatro líneas. Schille 1955.84-87, seguido por Jewett, descubre tres estrofas de tres líneas en los vv. 1a (hasta πρῶτον), 1b (desde ὑψίστου) y 3 (omitiendo ἀφωμοιωμένος δὲ τῷ υἱῷ τοῦ θεοῦ). Nomoto 1965.126 interpreta los vv. 1-2a como un resumen que hace el propio autor del pasaje de Génesis, y considera que los vv. 2b-3 se basan en un *Vorlage* no bíblico. Theissen 20-25 transfiere en forma arbitraria la frase κατὰ δύναμιν ζωῆς ἀκαταλύτου del v. 16, para remplazar las palabras ἀφωμοιωμένος δὲ τῷ υἱῷ τοῦ θεοῦ; elimina del himno las etimologías del v. 2, por ser académicas, no poéticas; y añade partes de los vv. 25 y 26. Michel también admite que el v. 26 es hímnico, mientras que Zimmermann identifica las etimologías como tradicionales, aunque no necesariamente hímnicas, e inserta el v. 26b (a partir de ὅσιος) antes de la última línea del himno, μένει ἱερεὺς εἰς τὸ διηνεκές (v. 3). No se ofrece ninguna razón para hacer la transposición, y se corre el riesgo de incurrir en una falacia circular al elegir elementos que combinen para formar un poema bien equilibrado. Zimmerman, por último, propone la tesis compleja de que el himno originalmente trataba acerca de la exaltación de Cristo, pero que el autor de Hebreos deshizo primeramente esta identificación, y luego, la restauró parcialmente por medio de las palabras ἀφωμοιωμένος δὲ τῷ υἱῷ τοῦ θεοῦ. Cockerill 1979.307-327 cataloga el v. 3, excluyendo ἀφωμοιωμένος δὲ υἱῷ τοῦ θεοῦ, como hímnico. Attridge y Lane se muestran escépticos con respecto a cualquier material hímnico.

A pesar de este desencuentro académico, la posibilidad de una base tradicional, incluso hímnica, para los vv. 1-3 no debe descartarse por completo, aunque ni por asomo se haya demostrado, y ciertas características del estilo (véanse las notas sobre el v. 3) encuentran analogías en otros lugares de la epístola. La hipótesis de un *Vorlage* ayudaría a explicar (a) el inciso tan burdo de ὁ συναντήσας... ἐμερίσεν Ἀβραάμ (vv. 1b-2a); (b) la aparente adición, a partir de otra fuente no hímnica, de las etimologías del v. 2b (véase más adelante); (c) la referencia inexplicable y sin énfasis al Hijo de Dios en el v. 3, que podría ser una inserción del autor en el *Vorlage*; y de manera especial (d) el estatus ambivalente de Melquisedec que se analizó con anterioridad.

Los elementos hímnicos, en principio, podrían reconstruirse como sigue:

Οὗτος [γὰρ] ὁ Μελχισέδεκ,
βασιλεὺς Σαλήμ,
ἱερεὺς τοῦ θεοῦ τοῦ ὑψίστου,
ἀπάτωρ, ἀμήτωρ, ἀγενεαλόγητος,
μήτε ἀρχὴν ἡμερῶν μήτε ζωῆς τέλος ἔχων,
μένει ἱερεὺς εἰς τὸ διηνεκές.

No hay nada en esto que exija un origen cristiano; el *Sitz im Leben* original se perdió, pero podría proponerse, en principio, un culto a Melquisedec como un ángel. El interés original del autor en el himno puede haber sido lo que el mismo sugiere (especialmente cuando se lee junto con Sal. 110:4) acerca de un sacerdocio diferente y anterior al de los sacerdotes levíticos. La nueva lectura que hace el autor del texto del Génesis podría haber provocado la inserción de los vv. 1b-2a. El desarrollo en los vv. 4-10 se basa en los vv. 1-3 en su forma actual, pero muestra en general un mayor interés en la narración del Génesis que en el himno subyacente. La limitación exegética del autor, a diferencia de, por ejemplo, 11QMelchizedek, sugiere que él se sentía atraído por una de las variedades menos especulativas del interés contemporáneo en Melquisedec, como un medio para destacar la cualidad distintiva del sumo sacerdocio de Jesús. En cuanto a esto, el autor forma parte de una larga fila de "comunidades que apelan a la tradición que se aceptaba y veneraba universalmente para tratar de obtener una aceptación más generalizada para sus puntos de vista y prácticas distintivas" (McCullough 1979.63; de manera similar G. Hughes 1979.14). El argumento del autor se ve restringido por el mismo respeto hacia la escritura que lo llevó a insertar un material bíblico adicional en el himno. La misma reticencia lo lleva a evitar cualquier conjetura sobre la condición exacta de Melquisedec. No lo identifica explícitamente con Cristo, pero tampoco afirma, como hizo Lutero (Hagen 1971.107s.) y muchos otros exégetas, que Cristo es inferior a Melquisedec, o que Melquisedec es solo la sombra o el precursor de Cristo. La antigua pregunta: "¿Está Melquisedec, para el autor de Hebreos, en el mismo nivel que Cristo o subordinado a él?" (Nagel 170, citando a Tholuc *ad loc.*) no recibe ninguna respuesta clara. Tal como mostrará el argumento que sigue, la principal preocupación del autor no tiene que ver con el pasado sino con el futuro: Cristo, al igual que Melquisedec, tienen un sacerdocio al que la muerte nunca podrá ponerle fin.

Dado que la figura de Melquisedec plantea cuestiones de interés para el AT, el NT, Qumrán y otros eruditos, no es extraño que la literatura sea inmensa. Las contribuciones de relevancia para Hebreos que se han hecho a partir de 1976 (Horton) incluyen las de Carmona; Casalini 1984a, b; Cockerill 1979; Del Verme 1987; Demarest 1977; Ellingworth 1983; Gianotto; Gryson; A. T. Hanson 1983.107s.; G. R. Hughes 1979.12-24; Johnsson 1978b.181s.; Käsemann 1984.195f., 202-206; Kiley 1986; Kobelski; Laub 1980.236-243; Longenecker 1978; J. L. Marshall; McCullough 1978-79; Michel 257f. y en *TDNT* 4.568-571; Szlaga 1978; Thompson 1977; Vanhoye 1980.181-192; H.-F. Weiss 381-387; Westermann 1978; Willi; Zimmermann 1977.87-99, 145-154.

Sobre la cuestión general de la definición de poesía bíblica, véase Reyburn, con otras referencias.

7:1. Melquisedec en Génesis

Este versículo, casi en su totalidad, constituye un mosaico compuesto por fragmentos de Génesis 14:18s. en la LXX. Junto con el v. 2, presenta todo el material de Génesis que despierta el interés del autor en este punto.

Οὗτος hace referencia a la mención de Melquisedec en 6:20, e introduce la descripción que sigue. Οὗτος al inicio de una oración es un rasgo retórico que puede indicar el uso de una fuente; cf. Hechos 1:11, οὗτος ὁ Ἰησοῦς; en otra parte de la oración, cf. Hebreos 7:4 con referencia a Melquisedec; 3:3; 10:12, acerca de Jesús.

Γάρ es una conjunción explicativa que introduce un desarrollo de 6:20 y no una consecuencia lógica.

Μελχισέδεκ (5:6), en Hebreos y probablemente en los textos veterotestamentarios, es un nombre propio, y no una descripción, "rey de justicia" o "rey justo" (así opina Rodríguez Carmona; Del Medico discrepa). En cuanto a la forma del nombre, cf. Adonizedek, "el Señor es justo", Josué 10:1, 3. El párrafo

(vv. 1-10) comienza y termina con Melquisedec, y de este modo, su nombre forma una inclusio (Vanhoye 125, 137).

Βασιλεὺς Σαλήμ continúa la cita de Génesis 14:18. La mayoría de los tárgumes (no así el *Tg. pseudo Jonatán*) presuponen que Σαλήμ** es Jerusalén, aunque Jerónimo identificó ese lugar con la localidad de Salim que se menciona en Juan 3:23. El autor de Hebreos no muestra ningún interés por este detalle, y tampoco, de hecho, por la Jerusalén terrenal, aunque era allí que los sacerdotes levíticos realizaban sus funciones. Con respecto a la Sión o Jerusalén celestial, véase 12:22.

Génesis 14:18 continúa... ἐξήνεγκεν ἄρτους καὶ οἶνον; de manera similar los tárgumes. En el Génesis apócrifo de la cueva 1 de Qumrán solo aparece "comida y bebida". La omisión de estas palabras en Hebreos es la diferencia más llamativa del texto de Génesis, pero no hay ninguna explicación para ello que resulte enteramente convincente. Entre las explicaciones parciales que se han dado se encuentra (a) la tendencia general del autor de eliminar elementos superfluos de los textos que cita (1:5b); (b) su deseo de evitar una referencia obvia a la eucaristía, en atención, tal vez, a la *disciplina arcani* o, menos probablemente, porque sus lectores no celebraban la eucaristía (así lo cree Schröger 1968; 13:10); (c) la ausencia de estas palabras en el *Vorlage* del autor (aunque sí añade otros elementos de Gn. 14); y (d) la reticencia del autor a representar a Melquisedec sirviendo a Abraham, o incluso dándole algo a cambio del diezmo. De estas opciones, (a) y (d) son probablemente las más significativas.

Ἱερεὺς (5:6) τοῦ θεοῦ τοῦ ὑψίστου* también refleja la LXX. Los reyes en el antiguo Cercano Oriente solían desempeñar funciones sacerdotales. El título ὁ ὕψιστος o ὕψιστος θεός se usaban profusamente, sobre todo para referirse a Zeus, en un entorno politeísta griego (Bauer *s.v.* 2; Braun), pero con frecuencia también en la LXX y en los papiros judíos (MM), más comúnmente como una traducción de *'Ēl 'Elyôn*. En el contexto canónico, no hay nada que insinúe directamente el politeísmo, aunque "cuando [este título] se usa en la Biblia, nos encontramos a menudo en la periferia del judaísmo" (Héring; cf. Balaam, Nm. 24:16; Ciro, 1Esd. 6:30; Artajerjes, 1Esd. 8:19, 21). Los vínculos con el paganismo son perceptibles incluso en el NT; cf. el endemoniado gadareno, Marcos 5:7‖; la joven adivinadora en Filipos, Hechos 16:17; pero también Esteban a un auditorio judío, Hechos 7:48. Hebreos adopta sin hacer ningún comentario el título del texto de Génesis y/o del himno subyacente. Véanse S-B 2.100; G. Bertram in *TDNT* 8.619s.

Las palabras que siguen, hasta... ἐμέρισεν Ἀβραάμ (v. 2) forman un resumen de Génesis 14:17, 19, 20, y en su contexto actual constituyen una ligera digresión, puesto que el v. 2b vuelve atrás para explicar los títulos de Melquisedec que se usaron en el v. 1a. Si, tal como se sugirió antes, el autor insertó este pasaje en un himno más antiguo, confirman su tendencia a explorar la Escritura por sí mismo, no confiando solamente en la tradición anterior.

Ὁ συναντήσας Ἀβραάμ. El pronombre gramaticalmente incorrecto ὅς aparece en ℵ A B C³ D I 33 *pc*, probablemente por duplografía (ΟΣ[Σ]ΥΝΑΝΤΗΣΑΣ), en lugar de la lectura mayoritaria ὁ (𝔓⁴⁶ ᵛⁱᵈ C* Ψ etc.; Metzger 1992.239). La LXX no dice específicamente que Melquisedec "se encontró" con Abraham (εἰς συνάντησιν se usa en Gn. 14:17 con referencia al rey de Sodoma cuando salió a recibir a Abraham), pero el contexto claramente exige esto. Συναντήσας forma una inclusio con συνήντησεν* en el v. 10.

Ἀβραάμ:2:6. En Génesis 14:14, 19 se lee Αβραμ, forma que no se usa en el NT.

Ὑποστρέφοντι* ἀπο τῆς κοπῆς** τῶν βασιλέων: Génesis 14:17, μετὰ τὸ ἀναστρέψαι es la lectura de la LXX mejor confirmada, pero la variante ὑποστρέψαι goza de una aceptación muy amplia, y probablemente estaba en el texto que usó el autor de Hebreos. La diferencia en el significado es muy poca, solo que ἀναστρέφω (p. ej., Heb. 10:33; 13:18) es con más frecuencia metafórico en el NT. Por lo demás, el autor sigue la versión de la LXX muy de cerca, eliminando normalmente la referencia a Quedorlaomer que desvía la atención. La frase τῶν βασιλέων no se explica: el autor da por sentado que sus lectores conocen la historia, no así los copistas responsables de los manuscritos 456 y 460, que añaden "cuando expulsó a los extranjeros y rescató a Lot con todos los prisioneros de guerra".

Καὶ εὐλογήσας αὐτόν: LXX, καὶ εἶπεν, Εὐλογημένος Αβραμ τῷ θεῷ τῷ ὑψίστῳ... La omisión en Hebreos de las palabras de bendición elimina detalles innecesarios que pueden distraer; de hecho, aparta la atención de Dios y la centra en Melquisedec, y así prepara el argumento del v. 7; además, elimina por completo la referencia a los enemigos. Εὐλογέω: 6:14. En el TM se lee simplemente "lo bendijo" *(wybrkhw)*, y algunos intérpretes posteriores afirmaron que fue Abraham el que bendijo a Melquisedec; pero Hebreos se ajusta fielmente a la LXX, y en esta no hay ninguna ambigüedad. En D* se añade innecesariamente καὶ Ἀβραὰμ εὐλογηθεὶς ὑπ' αὐτοῦ; en 330 440 (con ἀπ' en vez de ὑπ') 823 se omite Ἀβραάμ (Braun), sugiriendo una bendición recíproca, y con ello, se debilita el argumento.

7:2. El encuentro de Melquisedec con Abraham

La cita selectiva continúa en Génesis 14:20, y se dan explicaciones vigentes del nombre y el título de Melquisedec. Cf. Filón, *Leg. All. 3.79*, donde a Melquisedec se le llama βασιλεὺς τῆς εἰρήνης y βασιλεὺς δίκαιος; la segunda frase aparece también en Josefo, *Guerra 6.438*; *Ant. 1.180*. En la LXX dice καὶ ἔδωκεν αὐτῷ [*s.c* Melquisedec] δεκάτην ἀπὸ πάντων. En 𝔓46 B se lee παντός; en 𝔓46 se añade αὐτῷ después de παντός. En Hebreos se usará ἔδωκεν [dio] en el v. 4; aquí el verbo más específico ἐμερίσεν realza la idea de compartir la décima parte. Hebreos también incluye Ἀβραάμ, al igual que LXX R (N Αβραμ) y la mayoría de las traducciones modernas de Génesis 14:20, donde en la LXX ocurre un cambio imprevisto del sujeto gramatical. En cuanto a Abraham 6:13. Μερίζω se usa en Romanos 12:3; 2 Corintios 10:13 con respecto a la repartición de dones espirituales; en otros lugares del NT (p. ej., Mt. 12:25; 1Co. 1:13) connota la idea de una división hostil. Es posible, pues, que la elección del verbo μερίζω por parte del autor señale ya un contraste con "Aarón" (es decir, los sacerdotes aarónicos), acerca del cual dice en Sirácides 45:20 que el Señor ἀπαρχάς πρωτογενημάτων ἐμερίσεν αὐτῷ (B etc. αὐτοῖς *ad sensum*); 6:6. Y aun cuando el autor no haya tenido presente este texto, los diezmos en Israel se asociaban más comúnmente con los levitas (Nm. 18:21-

32) y no con el botín de guerra, sobre el cual solía imponerse una prohibición *(ḥērem)* y se dedicaba por completo a Dios, es decir, era totalmente destruido (p. ej., Jos. 7; 1Sa. 15). El diezmo del botín, sin embargo, está confirmado en los países vecinos. Ἡ δεκάτη (*s.c* μερίς, pero siempre sobrentendido en la Biblia griega), Génesis 28:22; Levítico 19:5; 27:30-32; cf. Nehemías 13:12; pl. Judit 11:13; Hebreos 7:4; vv. 8s. pl.** del diezmo, en lugar de ἡ δεκάτη (*s.c* ἡμέρα) con referencia a fechas (p. ej., Gn. 8:5 [v. 4 LXX]); al diezmo también se le llama τὸ ἐπιδέκατον (p. ej., en Nm. 18:21, 24, 26, 28), no en el NT. Πᾶς se usa a menudo (p. ej., Gn. 28:22; Lv. 27:30, 32; Dt. 14:21, 27), como aquí, en referencias al diezmo. 2 Macabeos 8:28 con ἀπό, al igual que aquí.

Πρῶτον... ἔπειτα, 1 Corintios 12:28; 15:46; 1 Tesalonicenses 4:16s.; Santiago 3:17. La construcción es elíptica: "al que primeramente [se le llama Melquisedec, que traducido [es] 'rey de justicia', y a continuación [se le llama también] rey de Salem, que [traducido] es 'rey de paz'". En cuanto a la etimología, cf. Filón, *Leg. All.* 3.81. La justicia y la paz están relacionadas con el Mesías (p. ej., Is. 9:7), pero ninguno de esos concepto se desarrolla aquí (δικαιοσύνη: 1:9; εἰρήνη, 11:31 acerca de Rahab; 12:14 respecto a la comunidad cristiana; 13:20 en cuanto a Dios*); el material probablemente es tradicional, aunque no forma parte del himno. La formulación ἔπειτα δὲ καί podría ser parte del material tradicional: sugiere un contraste, "...pero también rey de... paz", que, al parecer, no cumple ninguna función en este contexto. Las etimologías a veces se describen como alegóricas, pero se basan en un incidente bíblico que se considera histórico, y no constituyen ninguna base para especulaciones ulteriores. Βασιλεὺς δικαιοσύνης/εἰρήνης puede interpretarse mejor como un equivalente semítico a "rey justo y pacífico".

7:3. La grandeza de Melquisedec

Los elogios a Melquisedec continúan con un lenguaje que no le debe nada a Génesis 14, y poco a la LXX. Lane, en consonancia con Rendall 214, llama la atención sobre la exposición condensada de este versículo de temas que el escritor considera axiomáticos. Tal como se sugirió en la introducción a 7:1-10, es preferible entender que la mayor parte de este versículo formaba parte de un himno precristiano, y que ἀφωμοιωμένος δὲ τῷ υἱῷ τοῦ θεοῦ es un comentario cristiano adicional del autor de la epístola. Aparte de estas palabras, e indirectamente de la alusión al Salmo 110:4, no hay ninguna intención en esta etapa de desarrollar un paralelismo entre Melquisedec y Cristo. Más adelante incluso, el principal interés del autor será el contraste entre Melquisedec y Cristo, por un lado, y entre Abraham y sus descendientes levíticos, por el otro; la comparación positiva entre Melquisedec y Cristo se limitará a la repetición de la fórmula κατὰ τὴν τάξιν Μελχισέδεκ, interpretada como "según el orden de Melquisedec", y por tanto, el equivalente inverso de ἀφωμοιωμένος δὲ τῷ υἱῷ τοῦ θεοῦ.

Ἀπάτωρ***, ἀμήτωρ***, ἀγενεαλόγητος***: en cuanto a la aliteración, 1:1. La frase en su conjunto refleja el argumento judío generalizado del silencio de la Escritura: *Quod non in Thora, non in mundo* (Schröger 136, 275). Las palabras que siguen sugieren que el himno precristiano tenía que ver con el origen eterno, y por ende sin duda celestial, de Melquisedec. Esto no puede excluirse del pensamiento del autor de Hebreos, pero el contexto más amplio sugiere que lo que a él le interesaba especialmente era el hecho de que Melquisedec, a diferencia de los sacerdotes levíticos, no había tenido ningún predecesor en el cargo: él es el primer sacerdote que se menciona en la Escritura. Si lo que se ha dicho es así, ἀπάτωρ sería el término crucial para el autor de la epístola, mientras que en el himno los tres términos conllevaban un énfasis ascendente. Ἀπάτωρ en la literatura cristiana primitiva se aplica solo a Melquisedec, no a Jesús. En la literatura pagana, se usa con relación a Pan y a Horus (referencias en Bauer); el uso secular (LSJ; MM 54-55), donde el término ἀπάτωρ se refiere a los hijos que han perdido o nunca han conocido a sus padres, resulta irrelevante aquí. En sir[p] se traduce como "cuyo padre y madre no fueron incluidos en las genealogías" (Lane; cf. Cockerill 1979.42-50). Ἀμήτωρ también se aplica en la literatura pagana a diversas divinidades (Bauer), y Filón lo usa con respecto a Sara (*Ebr.* 61), al número siete (*Rer. Div. Her.* 170) y a la virtud (*Quæst. in Gn.* 4.68). Sin embargo, *2 Enoc* 71:12-23 (siglo I, d.C.) relata el nacimiento milagroso de Melquisedec del cadáver de su madre Sopanima. En Pólux, *Onomasticon* 3.26, aparecen juntos los términos ἀπάτωρ y ἀμήτωρ (Bauer *s.v.* ἀπάτωρ); *Ion* 109, 837; Nono, *Dionisíacas* 41, 53; cf. también Filón, *Fuga* 108s., con respecto al θεῖος λόγος, pero el significado no guarda ninguna relación con el presente pasaje (Williamson 20-23). Para Filón, el hecho de no tener genealogía es digno de gran encomio y debe considerarse virtuoso (*Vit. Mos.* 2.210; *Quæst. in Gn.* 4.68, 145; cf. Dey 189-191; Kobelski 122s.).

Ἀγενεαλόγητος (véase F. Büchsel en *TDNT* 1.665) aparece en otra parte, pero solo con referencia a este pasaje, y debe considerarse una creación del autor de la epístola o del himno subyacente. Cf. μὴ γενεαλογούμενος (v. 6), una variante estilística; también, en cuanto al sentido, Nehemías 7:64s. (2Esd 17:64s.), con respecto a los que, por no haber podido encontrar sus nombres en ningún registro familiar (ἡ γραφή τῆς συνοδίας; cf. Lc. 2:44) fueron excluidos del sacerdocio y se les impidió comer del pan en el Lugar Santísimo, ἕως ἀναστῇ ὁ ἱερεὺς φωτίσων ["hasta que hubiese sacerdote" (TM "con Urim y Tumím"). El pasaje paralelo en 2 Esdras 22:1 se refleja con más fuerza en Hebreos: ἕως ἀναστῇ ἱερεὺς τοῖς φωτίζουσιν καὶ τοῖς τελείοις.

Μήτε ἀρχὴν ἡμερῶν μήτε ζωῆς τέλος ἔχων: además de no tener un origen humano, Melquisedec tampoco muere. En esta frase equilibrada, ἡμέρῶν obviamente es sinónimo de ζωῆς, y se eligió para variar; de manera similar, ἀρχήν y τέλος son dos términos contrastantes que simplemente significan "principio" y "fin" (no "meta"). Hasta aquí no se ha establecido ningún paralelismo explícito con Jesús, cuya preexistencia el autor supone (p. ej., en 1:2, 10) y no declara; pero la frase μήτε ζωῆς τέλος ἔχων apunta a las palabras que aparecen después, εἰς τὸ διηνεκές, y con ello, en forma indirecta y a través del Salmo 110:4, a Cristo.

En cuanto a ἀφωμοιωμένος δὲ τῷ υἱῷ τοῦ θεοῦ, véase la introducción a 7:1-10. Ἀφωμοιωμένος** (cf. *Ep. Jer.*4, 62, 70; Sab. 13:14), al igual que γενεαλογούμενος in v. 6, probablemente no tiene un sentido verbal sino adjetival; no "hecho (por

Dios) semejante a su Hijo" (así piensa Amsler 25), sino simplemente "semejante al Hijo de Dios" (en Hebreos no se usa el adjetivo ὅμοιος; sobre el verbo ὁμοιόω 2:17). En lo que respecta a ἀφομοιόω, véase J. Schneider en *TDNT* 5.198. Δέ, y de hecho la frase en su conjunto, marca la transición de las cinco declaraciones negativas en la parte anterior del versículo a la presente declaración positiva, y de manera especial, a la cláusula principal enfática, μένει ἱερεύς..., con la que los vv. 1-3 llegan a su punto culminante (así en general BD §447[8]; Braun). Es mucho menos probable, en el contexto, que δέ implique la subordinación de Melquisedec al Hijo (Horton 155, contra de Jonge-van de Woude 321).

Μένω (véase F. Hauck en *TDNT* 5.574-576) se usa en el v. 24 para referirse al sacerdocio de Cristo, en 10:34 con κρείσσων en cuanto a las posesiones celestiales; en 12:27 respecto a "lo que no podrá ser sacudido" en el cataclismo final; en 13:14 con referencia a la ciudad celestial; también en 13:1* acerca del amor fraternal. Μένει ἱερεὺς εἰς τὸ διηνεκές indica que el sacerdocio de Melquisedec no será jamás interrumpido ni tendrá fin; por extensión, al igual que el sacerdocio de Cristo, es ἀπαράβατος, es decir, permanente e inalienable (contrástese con Hch. 1:25). Ἱερεύς hace recordar el v. 1 = Génesis 14:17 e introduce una alusión verbal al Salmo 110:4; en ningún lugar de la Biblia se le llama sumo sacerdote a Melquisedec.

A veces se alega que en Hebreos se usa la frase εἰς τὸ διηνεκές para referirse a algo que tiene principio pero no fin, y εἰς τὸν αἰῶνα con respecto a lo que no tiene ni principio ni fin. En otros lugares de la epístola se usa εἰς τὸ διηνεκές en sentido negativo con referencia a los sacrificios prescritos por la ley mosaica (10:1), y en sentido positivo al sacrificio de Cristo (10:12) y sus consecuencias (10:14*; *Test Job* 33:7; Appiano, *Bella Civ.* 1.4). No cabe duda de que en todos estos pasajes hay implícito un punto de partida: la entrega de la ley o el sacrificio que Cristo hizo de sí mismo en la cruz. Pero (i) en el presente versículo, el contexto sugiere más bien para Melquisedec un sacerdocio imperecedero, sin principio (v. 3a) ni final (v. 3b). (ii) El paralelo en el v. 24, τὸ τὸ μένειν αὐτὸν εἰς τὸν αἰῶνα con respecto a Cristo, implica una comparación y no un contraste. (iii) No hay nada que sugiera una distinción de ese tipo entre εἰς τὸ διηνεκές y εἰς τὸν αἰῶνα fuera de la Biblia (cf. LSJ, Bauer *s.v.*). (iv) Es probable que el autor considerara que el (sumo) sacerdocio de Cristo había comenzado con su sacrificio y exaltación (5:5s.; 10:12s.). (v) Los argumentos ex silentio resultan particularmente débiles en una epístola relativamente breve que se interesa más por la escatología que por los orígenes. (vi) Εἰς τὸ διηνεκές aparece como un paralelismo sinónimo de εἰς τοὺς αἰῶνας en Salmo 47(48):15; 88(89):30. Por tanto, es más adecuado considerar que las dos frases, εἰς τὸ διηνεκές y εἰς τὸν αἰῶνα, son variantes estilísticas. Véase la bibliografía sobre los vv. 1-10; también Paul 1987.

7:4-10. Explicación sobre Melquisedec

A partir de la cita de Génesis 14:17-20, y el posible uso de un himno en alabanza de Melquisedec, el autor pasa a presentar en los vv. 4-10 su propio midrash. Su argumento, que se expone de manera sucinta en el v. 4 y se desarrolla en el resto del párrafo, es que cuando Abraham, y en él sus descendientes levíticos, le pagó los diezmos a Melquisedec, reconoció que este era mayor que él. En cuanto a los problemas que esto plantea para la exégesis judía, véase Bruce 161s. n.26. La conclusión adicional, que el sacerdocio levítico es, por tanto, inferior al de Cristo, no se extrae hasta los vv. 11-18, y solo entonces con gran cuidado, Jesús no se nombra hasta el v. 22. En el presente párrafo, se hace hincapié en la recepción del diezmo como el rasgo más importante de la superioridad de Melquisedec (vv. 4-6a, 9s.). El autor también introduce, casi de pasada, otros dos rasgos de la grandeza de Melquisedec, que en el contexto más amplio, cuando se aplican a Cristo, resultarán más importantes que el diezmo, el cual no tiene ningún homólogo cristológico. En primer lugar, Melquisedec, por ser el mayor, bendice a Abraham, que es el menor (vv. 6b-7). En cuanto a εὐλογέω 6:14; el lenguaje específico relativo a la bendición no es prominente en Hebreos, pero sí se relaciona con el conjunto total de la promesa, la herencia y el pacto. En segundo lugar, el v. 8 contrasta la vida eterna y el sacerdocio de Melquisedec con la naturaleza mortal de los sacerdotes levíticos; este tema, implícito en la frase ἱερεὺς εἰς τὸν αἰῶνα, se desarrolla en los vv. 23-25. Véase Vanhoye 126-128; 1980.180-182.

7:4. Melquisedec es mayor que Abraham

Θεωρεῖτε (θεωρέω*) llama la atención de los lectores sobre el punto que el midrash intenta establecer. No hay implícita ninguna percepción espiritual especial, como por ejemplo en Juan 14:17, 19. Al igual que en otros lugares de Hebreos (p. ej., 2:17; 6:20), el autor comunica una información importante por medio de una cláusula subordinada: lo que importa no es simplemente "cuán grande" fue o es Melquisedec, sino la evidencia escrituraria de su grandeza.

No es posible decir con certeza si el verbo θεωρεῖτε debe considerarse imperativo (LBLA "considerad, pues"; así lo creen Eutimio, la mayoría de los traductores y comentaristas y Bauer 2; cf. 4 Macabeos 14:13) o indicativo (RVC "pueden ver, entonces", así d *BHD*). En Hebreos no se usa ἰδού o ὥρα fuera de las citas, y θεωρεῖτε podría interpretarse como un equivalente, pero no existe ningún uso cierto del imperativo de θεωρέω en el NT.

Δέ es una conjunción de transición (Bauer 2), como en el v. 3, no de contraste.

Πηλίκος en griego clásico, del mismo modo que en Zacarías 2:6 (v. 2 LXX), introduce normalmente una pregunta indirecta. Aquí, al igual que en Gálatas 6:11 y 4 Macabeos 15:22***, forma parte de una exclamación: "¡cuán grande es él!", y por tanto, es equivalente a ἡλίκος (Col. 2:1; Gá. 6:11 *v.l.*). Dado que en el v. 8 el autor dice explícitamente que Melquisedec todavía está vivo, no es seguro que el verbo implícito deba estar en pasado, como sí ocurre en la expresión de Bauer "considerad cuán grande debe haber sido este hombre"; pero el interés inmediato del autor tiene que ver con la narración de Génesis (cf. ἔδωκεν).

Οὗτος obviamente se refiere a Melquisedec, al igual que en el v. 1. En los vv. 1-10, el nombre se menciona solo dos veces, al principio de la sección, y también de manera enfática, al final de la misma; el autor usa el nombre de Melquisedec, fuera de las citas, con la misma parquedad con la que usa el nombre de Jesús. Οὗτος se omite D* 424[1] 1739, tal vez por homoioteleuton con πηλίκος.

Ὧ [καὶ] δεκάτην Ἀβραὰμ ἔδωκεν recuerda las palabras de Génesis 14:20, καὶ ἔδωκεν αὐτῷ Αβραμ δεκάτην, con una adaptación gramatical porque no hay necesidad de repetir la frase ἀπὸ πάντων del v. 2. Las pruebas externas a favor de la inclusión (ℵ A C D[2] Ψ 𝔐 lat si[h], NA[25]) y la exclusión (𝔓[46] B D* 6 1739 1881 *pc* r vg[mss] si[p] co; Riggenbach) de la conjunción καί están bien equilibradas. Al parecer, no cumple ningún propósito útil en su ubicación actual ("aun el diezmo" resultaría difícil, y "aun Abraham" exigiría un orden diferente); podría ser una herencia del v. 2.

La acción de Abraham no guarda relación con la legislación mosaica posterior sobre los diezmos. En Génesis 14 no se explica por qué Abraham debió pagar diezmos a Melquisedec, pero ese asunto no despierta el interés del autor de Hebreos. En la literatura clásica (Hdt. 1.86.8, 121; Thuc. 3.132, 2; otras referencias en LSJ), τὸ ἀκροθίνιον*** (por lo general en plural, como aquí) era literalmente la "parte superior del montón", θίς; las primicias, ofrecidas a una deidad; de ahí la mejor parte del botín de guerra, el término se usaba para referirse a los premios en los juegos olímpicos. Nada de esto, empero, se pone de relieve en Hebreos, y probablemente ni siquiera estaba presente en la mente del autor; por tanto, la traducción "botín, despojos" es suficiente (Riggenbach discrepa, y la Vg lo traduce como *de præcipuis*).

Ὁ πατριάρχης es un término enfático por su posición al final de la oración, y separado de Ἀβραάμ. En otros lugares, con excepción de Hechos 2:29 (David), la Biblia griega se refiere a "los patriarcas" en plural (Hch. 7:8, 9**), normalmente a Abraham, Isaac y a Jacob (4Mac. 7:19). No hay ninguna razón para suponer que el autor de Hebreos limitara el título a Abraham: él es simplemente el patriarca por excelencia, cuya grandeza le concede a Melquisedec una posición aún mayor. Πατήρ se aplica a Abraham en el NT con más frecuencia que a cualquier otro individuo (p. ej., Mt. 3:9; Jn. 8:39; Hch. 7:2; v. 10).

Además de la bibliografía sobre los vv. 1-10, véase Zimmermann 1977.200.

7:5. Los descendientes de Leví legalmente reciben los diezmos...

La tesis de la superioridad de Melquisedec sobre Abraham, que ya se estableció en el v. 4, se desarrolla ahora. Desde el punto de vista gramatical, los vv. 5-6 se complementan (οἱ μὲν... οἱ δέ), pero solamente los vv. 5-6a (hasta Ἀβραάμ) tratan acerca del diezmo, en el v. 6b se introduce el tema de la bendición. Los vv. 5-6a expresan dos ideas a la vez, con una ligera pérdida de claridad. En primer lugar, hay un contraste: los sacerdotes levíticos reciben los diezmos, y Abraham es diezmado. En segundo lugar, hay una paradoja: aquellos de los que los sacerdotes levíticos reciben los diezmos son descendientes de Abraham, e implícitamente, por tanto, miembros del pueblo de Dios, pero Melquisedec no lo es. No cabe ninguna duda acerca del derecho que asiste a los sacerdotes levíticos a recibir los diezmos: la ley mosaica no solo los autoriza a hacerlo sino que también les ordena que lo hagan (Nm. 18:21-24). La posibilidad de que Melquisedec fuera un usurpador no tiene cabida: los registros de la Escritura, la ausencia de señales de desaprobación, la sumisión de Abraham y el estatus de Melquisedec son corroborados por el Salmo 110:4. La autoridad de la Escritura es incontrovertible para el autor. (El argumento de Gá. 3:17 es independiente, pero similar, Heb. 7:28.)

Καί es explicativa (Bauer 3), e introduce una reformulación más específica del contenido del v. 4.

Ἐκ τῶν υἱῶν Λευὶ τὴν ἱερατείαν λαμβάνοντες podría interpretarse de tres maneras; el problema principal tiene que ver con la preposición ἐκ. (1) "Los de los descendientes de Leví que son sacerdotes" (TEV; cf. *BHD*, NRSV, NJB; Bruce, Attridge, ambos con reservas), un genitivo partitivo que sugiere que no todos los descendientes de Leví eran sacerdotes. Esto era cierto en el primer siglo d. C., y es posible que la distinción entre sacerdotes y levitas ya hubiera sido prefigurada en Números 18:28; cf. Nehemías 10:38. Pero la distinción dista mucho de ser clara en el Pentateuco, el registro del período de la historia de Israel que era normativo para el autor de Hebreos. Una alusión a los levitas infieles en Ezequiel 44:10-14 parece alejada de Hebreos, donde la frase ἡ Λευιτικὴ ἱερωσύνη (7:11) hace recordar más bien la identificación de los levitas y sacerdotes que propone la frase οἱ ἱερεῖς οἱ Λευῖται (Dt. 18:1; cf. Ez. 44:15), en la que podría considerarse que el término "levita" denota descendencia, y "sacerdote" una función. De todas formas, un genitivo partitivo constituiría una dificultad lógica, porque todos los levitas, no solo los sacerdotes, recibían los diezmos. (2) Es posible, aunque resulta forzado, interpretar λαμβάνοντες como un presente estricto en cuanto al significado, y por ende, que el pasaje significaría que "cada vez que los descendientes de Leví son admitidos en el sacerdocio, reciben un mandato...". Este significado no es propio del griego. (3) La opción menos forzada no es tomar ἐκ como una conjunción partitiva, sino considerar que denota origen, como en ἐξ αὐτῶν, v. 6; ἐξ Ἰούδα, v. 14; así, el significado aquí seria: "los que, como miembros de la familia de Leví, optan por el oficio sacerdotal..." (así en la vg; de manera similar Riggenbach; Braun con reservas). Esto habría resultado más fácil si el autor hubiera escrito simplemente ἐκ Λευί, pero ni él ni ningún otro escritor neotestamentario se muestra interesado por el Leví del AT como individuo (cf. v. 9; Ap. 7:7**). Esta opción implica un contraste natural con la frase μὴ γενεαλογούμενος del v. 6 (Michel). En cuanto a Leví, véase H. Strathmann en *TDNT* 4.237-239; cf. BD §53 (1), 55 (1e).

Ἱερατεία (Lc. 1:7**), "el sacerdocio, el oficio sacerdotal", en este punto no tiene un significado diferente del que tiene el término (anteriormente más abstracto) ἱερωσύνη en los vv. 11, 12, 24**. Lane mantiene la diferencia, pero las pruebas que cita G. Schrenk en *TDNT* 3.247-248, 251 muestran que el significado de ambos coincide enormemente. Ἱερατεία se usa en forma aislada en el Pentateuco; ἱερωσύνη predomina en los deuterocanónicos, y lo usan Filón y Josefo haciendo caso omiso de ἱερατεία. Es comprensible que el autor ignore las declaraciones acerca de la naturaleza eterna del sacerdocio levítico (διαθήκη ἱερατείας αἰωνία, Nm. 25:13; ἔλαβεν διαθήκην ἱερωσύνης αἰωνίας, con respecto a Finees, 1Mac. 2:54; cf. νόμιμον αἰώνιον del sacerdocio levítico , Nm. 18:23).

Λαμβάνω (2:2) puede interpretarse en forma activa como "asir, tomar" (NEB; cf. REB), o en forma pasiva como "recibir" (así en la mayoría de las traducciones), y supone "una entrega (de parte de Dios)". Aquí el significado pasivo parece preferible, para evitar la tensión con 5:4, οὐχ ἑαυτῷ τις λαμβάνει τὴν τιμήν. En el presente versículo, el nombramiento divino de los sacerdotes levíticos está implícito pero no se hace hincapié en él.

El orden de las palabras en el resto del versículo es un tanto inesperado. Κατὰ τὸν νόμον debe combinarse con ἐντολὴν ἔχουσιν, que aparece al final de la cláusula principal, ya sea para dar énfasis, o más probablemente para permitir que τὸν λαόν, el complemento de ἀποδεκατοῦν, siga a su verbo inmediatamente. La cláusula que comienza con τουτ᾽ ἔστιν sigue en aposición a τὸν λαόν, y la cláusula que comienza con καίπερ (5:8) se relaciona con la cláusula principal ἐντολὴν ἔχουσιν.

Ἐντολή (véase G. Schrenk en *TDNT* 2.550-553) suele usarse en plural en la LXX; pero incluso en singular, puede referirse a la ley mosaica en general (como en el v. 18; cf. Jos. 22:3; Lc. 23:56). Aquí, sin embargo, al igual que en 9:19, se refiere sin duda a un mandamiento específico (Bauer 2aγ), que en este caso es el que se relaciona con el diezmo (Nm. 18:21-24). No obstante, el uso en Hebreos es flexible; en el v. 16*, donde cabría esperar κατ᾽ ἐντολὴν νόμου σαρκίνου, los términos se usan indistintamente. Νόμος y ἐντολή aparecen juntos en la LXX (Éx. 16:28; 24:12). Ἐντολὴν ἔχουσιν es más fuerte que ἔχουσιν ἐξουσίαν (13:10); los sacerdotes tienen la orden o mandato de tomar el diezmo, aunque no se hace hincapié en este hecho.

Ἀποδεκατοῦν (Mt. 23:23‖**) es equivalente a la forma clásica ἀποδεκατεύ ειν (Lc. 18:12, 𝔓⁷⁵ ℵ* B T; MHT 3.394); el término más común δεκατοῦν se usa en los vv. 6 y 9**, sin ninguna diferencia en el significado. El autor evita la tautología hebrea que se pone de relieve en la expresión de la LXX δεκατὴν ἀποδεκατοῦν (Gn. 28:22; Dt. 14:22; 26:12). En la LXX; el sujeto de ἀποδεκατόω nunca es un sacerdote ni un levita; es o el rey que impone el diezmo (1Re. [3Re.] 8:15-17), o el que es cabeza de familia que aparta los diezmos que más tarde se les entregarán a los levitas. El autor de Hebreos expresa la autoridad de los sacerdotes levíticos con un lenguaje más fuerte que el texto veterotestamentario, pero, en esencia, no va más allá de lo que dice Números 18:21-24.

Ὁ λαός (2:17) se usa en sentido absoluto para referirse a Israel; aquí, implícitamente, a la masa del pueblo en contraste con los sacerdotes. No hay ninguna base para la conjetura τὸν Λευίν (Biesenthal *ap.* Delitzsch *ad loc.*).

Κατὰ τὸν νόμον: esta es la primera de las 14 apariciones del término νόμος en Hebreos. La expresión absoluta κατὰ τὸν νόμον (cf. 9:19) contrasta con el uso normal de la LXX, donde la frase κατὰ τὸν νόμον suele estar modificada por una referencia a una parte específica de la ley (p. ej., ὁ νόμος τῆς θυσίας [Lv. 6:14]). El texto κατὰ τὸν νόμον es categórico aquí y en 9:22. NA omite el artículo en 8:4; 10:8 y lo incluye en 9:19, en cada caso contra del texto mayoritario. El uso del autor parece flexible, con muy poca o ninguna diferencia de significado, por lo cual es mejor tratar cada caso por separado. Véase W. Gutbrod en *TDNT* 4, aquí 1078-1080. A diferencia de Pablo, el interés del autor se centra de manera contundente en el aspecto cultual y no en el aspecto moral de la ley mosaica, aunque ambos aspectos tienen que ver con el perdón (Heb. 10:18) o limpieza (1:3) de los pecados, y el consiguiente restablecimiento del acceso a Dios. Algunos conceptos relacionados, como el pacto (7:22), la promesa (4:1), y la perfección (2:10; 5:14) se comprenden mejor en esta perspectiva. El estatus de la ley mosaica cambia fundamentalmente con la llegada de la dispensación cristiana (7:12). La promesa o juramento de Dios (7:28), cumplido en Cristo, relativiza la ley mosaica y su culto hasta llevarlos al "punto de desaparecer" (8:13). No basta con alegar que lo que se devalúa no es la ley mosaica en sí misma, sino su interpretación legalista incorrecta; el autor se interesa principalmente por los textos relacionados con las instituciones cultuales, y parece conocer poco de la práctica y la interpretación contemporáneas del judaísmo. Su crítica de los sumos sacerdotes como pecadores (7:27s.) se basa en texto bíblicos como Levítico 9:7; 16:6, 15; no es, como en Qumrán, una polémica contra un grupo particular de sacerdotes en Jerusalén. Para el autor de Hebreos, la ineficacia del culto veterotestamentario tiene causas más profundas que la indignidad de un sacerdote o linaje sacerdotal en particular. El contraste fundamental, que pronto será expresado en el v. 8, es el que existe entre la mortalidad y la vida indestructible —un punto al que llegó Pablo (p. ej., en Rom. 5, especialmente el v. 12) por una ruta muy diferente. Véase Attridge 204-205.

Cualquier sugerencia de la distinción jerárquica posterior entre el "clero" y el "laicado" es excluida con la descripción del pueblo como (1) hermanos de los sacerdotes, y (2) descendientes de Abraham. Ambas frases son complementarias. La primera, τοὺς ἀδελφοὺς αὐτῶν, se refiere en principio a todos los compatriotas israelitas; lo que hace de alguien un ἀδελφός es ante todo una descendencia común, y por extensión, una fe común; no, como peculiarmente entre los cristianos (p. ej., Heb. 2:11; 3:1), la fe común, que los convierte en miembros de un pueblo nuevo que no está constituido por una descendencia común. La segunda frase, ἐξεληλυθότας ἐκ τῆς ὀσφύος Ἀβραάμ, es un eufemismo natural que se refiere a la generación física, y por ende, a la descendencia. Esta expresión no es frecuente en la Biblia griega: se usa en Génesis 35:11 en la promesa que Dios le hizo a Jacob/Israel (cf. Heb. 11:9), y en 2 Crónicas 6:9 (cf. 1Re. 8:19 TM) respecto al hijo o descendiente (que no se nombra) de David (1:5; cf. Hch. 2:30). El énfasis va en aumento: de τὸν λαόν a τοὺς ἀδελφοὺς αὐτῶν y ἐξεληλυθότας ἐκ τῆς ὀσφύος Ἀβραάμ.

El efecto acumulativo de la última parte del versículo tiene por objeto poner de relieve la dignidad de los israelitas por ser descendientes de Abraham y miembros del pueblo escogido (en cuanto a la idea, cf. Jn. 8:33; Mt. 3:9‖; Ro. 4:1), y la autoridad de los sacerdotes levíticos sobre ellos.

7:6 ...pero Melquisedec recibe diezmos del propio Abraham

Al igual que en los pasajes a los que acabamos de referirnos, la escala de valores establecida se cuestiona inmediatamente en nombre de Melquisedec, y por ende, indirectamente de Jesús, que son sumos sacerdotes de un tipo diferente, y tienen calificaciones muy diferentes.

Este versículo completa el contraste entre los sacerdotes levíticos (οἱ μέν, v. 5) y Melquisedec, y hace la última referencia a la acción de Abraham en Génesis 14;

en los vv.9s. el centro de interés ya se habrá desplazado por completo de Abraham a sus descendientes sacerdotales.

El argumento es análogo al del v. 5:

| Los que dan los diezmos tienen cierto estatus, | pero los sacerdotes tienen autoridad sobre ellos. | Dios le dio a Abraham un estatus exclusivo, | Pero Melquisedec tomó los diezmos de Abraham y lo bendijo. |

Μὴ γενεαλογούμενος ἐξ αὐτῶν: puesto que Melquisedec es absolutamente ἀγενεαλόγητος (v. 3), se deduce que no puede remontar su ascendencia a los hijos de Leví. Desde el punto de vista gramatical, ἐξ αὐτῶν tiene que referirse a los descendientes de Leví (así REB), pero la cronología exige el sentido más amplio de que Melquisedec "es totalmente independiente de la ascendencia levítica" (Phillips; cf. NRSV; menos satisfactoriamente, "no era de la misma descendencia," NJB; "no descendía de Leví", TEV; cf. NIV). El autor entendía correctamente que en Números 18:7 se prohibía el nombramiento de sacerdotes que no fueran descendientes de Leví, pero el término ἀλλογενής en la LXX excluye del sacerdocio a los que no son israelitas (A. H. Williams 118s.). La falta de un paralelismo completo con Jesús sugiere el uso de un material tradicional que va más allá de Génesis 14 (véase la introducción a los vv. 1-10): al igual que Melquisedec, Jesús no desciende de Leví, pero a diferencia de Melquisedec, su descendencia de Judá es bien conocida (v. 14). Por casualidad quizás la única otra vez que aparece el término γενεαλογέω en la Biblia griega es también pasivo y negativo, con referencia a la pérdida que sufrió Rubén de su primogenitura: "no fue contado por primogénito", 1 Ch. 5:1***.

Δεκατόω** es menos enfático que ἀποδεκατόω (v. 5), pero en cuanto al significado, es equivalente. El uso del tiempo perfecto aquí y en el v. 9** (y de otros verbos también en los vv. 11, 16, 20, 23), sugiere que el autor no considera que el hecho de diezmar sea un incidente histórico individual, sino que lo contempla desde la perspectiva de los registros bíblicos y le atribuye una validez y un efecto permanentes (Moule 14-15; MHT 3.70). Esto se ve corroborado por el cambio de εὐλογήσας en el v. 1 (= LXX) por εὐλόγηκεν al final de este versículo, y de manera menos clara por el verbo en presente ἔχοντα. Moffatt (91n.94) describe los tiempos perfectos como "simplemente aoristos".

La última referencia significativa a Abraham en este pasaje se destaca por su posición y por su separación de la frase apositiva anterior; compárese con la separación de Ἀβραάμ de ὁ πατριάρχης en el v. 4. En אֲ² A D² K L P Ψ 𝔐 se añade el artículo aclaratorio τὸν antes de Ἀβραάμ, pero es preferible la lectura más corta de 𝔓⁴⁶ א* B C D* 33 218 460 920 1106; en Hebreos nunca aparece el artículo antes de Ἀβραάμ; cf. BD §260. 177 635 invierten el significado con τῷ Ἀβραάμ.

Καί indica un nuevo desarrollo en el argumento, aunque el sujeto y el complemento permanecen invariables: "Es más, Melquisedec bendijo a este hombre que tenía las promesas de Dios". Obsérvese el quiasmo δεδεκάτωκεν/ Ἀβραάμ ‖ τὸν ἔχοντα τὰς ἐπαγγελίας/εὐλογήκ.

Ἐπαγγελία: 4:1; con ἔχω, 1 Timoteo 4:8; en Hebreos con κληρονομέω y otros términos cognados (6:12, 17; 11:9b); κομίζω (10:36; 11:19, 39); τυγχάνω (6:15; 11:33). La elección del verbo ἔχω aquí podría reflejar las palabras ἐντολὴν ἔχουσιν en el v. 5: los sacerdotes tenían el mandato, y Abraham tenía "las promesas". El uso de la expresión en sentido absoluto "la(s) promesa(s)" es normal en Hebreos, e incluso cuando no se usa el artículo, se presupone que la promesa, o las promesas, son tan conocidas que no es necesario hacer ninguna especificación (4:1; 11:33; "mejores promesas", 8:6). Solo 4:1; 11:9a se refieren explícitamente a la tierra prometida (terrenal o celestial). Esta referencia absoluta o sin especificación a la promesa o promesas de Dios no se limita a Hebreos; cf. Romanos 9:4; Gálatas 3:16-18, cf. v. 29 con respecto a Abraham, como en Romanos 4:13. El presente versículo anticipa el análisis de la promesa de Dios a Abraham en 11:9-12, pero allí el contenido de las promesas sí se especifica. El tema aquí no es el contenido de las promesas, sino el estatus que se le confirió a Abraham por el hecho de haberlas recibido.

Εὐλογέω: vv. 1, 7. La lectura más difícil εὐλόγηκεν (א B D 𝔐) es preferible a εὐλόγησεν, que aparece en A C P Ψ 81 104 365 1739 1881 2495 *al*, a continuación de la cita en el v. 1.

7:7. El mayor bendice siempre al menor

La importancia del v. 6b se pone de manifiesto apelando a un principio general (el presente gnómico εὐλογεῖσθαι), igual que en 6:16: bendecir es una acción que realiza un superior a favor de un inferior, por ejemplo, un padre a favor de su hijo, como en 11:20, 21 (6:14; Louw-Nida 33.470). No se hace hincapié en la naturaleza cultual del principio, como sí ocurre en 2:11; 9:22. Tanto en la Biblia griega como en la literatura pagana, el verbo εὐλογέω también se usa para referirse a una acción que lleva a cabo un inferior, especialmente, un ser humano cuando bendice o alaba a Dios (p. ej., Sal. 66[LXX 65]:8, εὐλογεῖτε ἔθνη τὸν θεὸν ἡμῶν; Lc. 1:64; 2:28; 24:53 [*v.l.* αἰνοῦντες]; Stg. 3:9); no en Hebreos (Louw-Nida 33.356). El autor da por sentado que el contexto les aclarará a sus lectores que él usa el verbo εὐλογέω para referirse a la acción de un ser humano cuando bendice a otro.

En cuanto al significado, no a la gramática, los vv. 6b-7 constituyen una desviación del tema principal acerca del diezmo; no es necesario, como hace Moffatt, colocar entre corchetes solo el v. 7, porque el v. 8 no retoma el argumento del v. 6b, sino del v. 6a. Δέ indica que se trata de un punto nuevo (Moffatt "Y"), no de un contraste. La declaración es contundente. La conjunción típica de Hebreos, χωρίς (4:15), "fuera de", que es más fuerte que ἄνευ ἀντιλογίας, común en los papiros (MM y Bauer *s.v.*), solo indica ausencia o falta de uso. Aquí, igual que en 6:16, πᾶς denota elementos individuales de un grupo, y da la idea de "más allá de cualquier contradicción". Ἀντιλογία aquí, como en 6:16, tiene su significado principal de contradicción (verbal), no hostilidad física ni rebelión, como en 12:3; Judas 11**.

Τὸ ἔλαττον ὑπὸ τοῦ κρείττονος (1:4): con respecto a la alternancia entre la doble sigma (-σσ-) del dialecto ático y la doble tau (-ττ-) del jónico, véase BD §34 (1); MHT 1.107; Spicq 1978.240-242; O. Michel en *TDNT* 4.656-659. Se usa el neutro singular, como ocurre a veces en el griego clásico, en lugar del masculino plural, para atraer la atención, no sobre los individuos, sino sobre una cualidad que ellos poseen; cf. Plut. *Mor.* 160D (BD §138[1]; MHT 3.21). Lo que se pone de relieve aquí es un contraste de estatus, no de tamaño, ni dignidad moral, ni edad, ni entre sacerdotes y laicos. Κρείττων se emplea aquí de un modo bastante general, pero en otros lugares (8:6) con referencia a la superioridad del nuevo pacto.

7:8. Melquisedec no muere

Este versículo es un buen ejemplo del estilo balanceado, compacto y alusivo del autor. El contraste entre los sacerdotes levíticos (cf. v. 5) y Melquisedec (cf. v. 6) no tiene que ver solamente con el estatus (vv. 6b-7), sino también con la vida, y por ende, con el poder. Todo el versículo apunta a su clímax en la simple palabra ζῇ (cf. 11:4 con respecto a Abel, ἔτι λαλεῖ). Los dos lados del contraste se desarrollarán en los vv. 23s. y 28, y el lado positivo en el v. 16.

Al igual que en los vv. 5, 9, la conjunción καί indica que la oración que sigue aportará una información nueva, en este caso, la transición al tema de la vida.

Las palabras ὧδε μὲν... ἐκεῖ δέ aquí no tienen un carácter más geográfico que el que puede tener la construcción española "por un lado... por el otro"; simplemente significan "en el primer caso... en el otro caso". No existe ningún paralelismo estrecho con este uso de ὧδε... ἐκεῖ en la Biblia griega ni en los papiros (MM), pero en cuanto a este significado ampliado de ὧδε, cf. 1 Corintios 4:2. El contexto aclara el significado. A. T. Hanson alega de manera poco convincente que ὧδε "se refiere a la figura de Melquisedec en Génesis, no a Cristo explícitamente".

Δεκάτας (δεκάτη, v. 2; el plural aquí es más general) ἀποθνήσκοντες ἄνθρωποι λαμβάνουσιν; se alude primeramente a los sacerdotes levíticos, como en el v. 5, para hacer mayor hincapié en Melquisedec. No se menciona el nombre de ningún sacerdote, ni tampoco el de Melquisedec.

Las palabras ἀποθνήσκοντες ἄνθρωποι se reafirman mutuamente: "mortales", (referencialmente) "personas que mueren" (MHT 1.114). Una comparación con el v. 8b sugiere que el aspecto principal del contraste es entre la mortalidad y la vida. La implicación adicional de que Melquisedec no es un hombre sino un ángel es posible (Bandstra 1968.40, en consonancia con de Jonge-van der Woude 1966), pero no es necesaria, y sin duda no se desarrolla. El autor tal vez conocía la idea, y de haberla adoptado no habría puesto en peligro la supremacía de Jesús (1:4, κρείττων γενόμενος τῶν ἀγγέλων); pero sí habría confundido un argumento en el que la humanidad de Jesús era un factor esencial (5:7-10; 2:10-17). Al autor no le preocupa la especulación general acerca de la condición de mortalidad (en Hebreos no se usa θνητός), sino el hecho de que las generaciones sucesivas de los sacerdotes morían, y por ende, estaban sujetas a una debilidad fatal (ἀσθένεια, v. 28) que hacía que el sacerdocio no pudiera cumplir su función.

Λαμβάνουσιν: la actividad de los sacerdotes se puso de relieve en el v. 5 (ἀποδεκατοῦν). Una expresión más general resulta adecuada ahora, aunque λαμβάνω podría significar ambas cosas: "tomar" o "recibir" los diezmos (cf. Mt.

17:24; 21:34 con respecto a la recaudación de impuestos; v. 5).

El lado positivo de la comparación está condensado. Μαρτυρέω en Hebreos (7:17; 10:15; 11:2, 4, 5, 39*; μαρτύριον, 3:5; Bauer 2a; H. Strathmann en *TDNT* 4, especialmente 497; BD §312[1]) siempre se refiere al testimonio de la Escritura. La voz pasiva, aquí como de costumbre, supone probablemente la acción de Dios; en 10:15 se usa una forma activa equivalente con respecto al testimonio del Espíritu Santo. La declaración implícita "la Escritura dice que Melquisedec (aún) está vivo" apunta en dos direcciones: al argumento anterior a partir del silencio de la Escritura acerca de su muerte (μήτε ζωῆς τέλος ἔχων, v. 3), y al texto clave del Salmo 110:4, que se citará en este sentido en el v. 17 (así piensan Riggenbach, Michel; Braun discrepan). El silogismo está implícito pero es claro:

Cristo es sacerdote para siempre.
Cristo es un sacerdote semejante a Melquisedec.
Por tanto, Melquisedec es sacerdote para siempre.
Corolario: Melquisedec está vivo.

El argumento no es general en lo que respecta a la resurrección, como en Lucas 20:37s., pero sí es el más específico en cuanto a que Melquisedec (al igual que Enoc, 11:5) no murió. Al igual que ocurre con otros aspectos, el paralelismo entre Melquisedec y Cristo no es total.

Sobre la idea de que Melquisedec fue "una aparición de Cristo" (Héring 58; cf. A. T. Hanson 1965.65-75), véase la introducción a los vv. 1-10. Véase también Bandstra 39s.

7:9-10. La sumisión de Abraham a Melquisedec implica la de sus descendientes

Estos versículos completan la transición de Abraham, que no vuelve a mencionarse hasta 11:8, a los sacerdotes levíticos que será el principal interés del autor en los vv. 11-14. Contienen alguna información nueva (καί, v. 9a), pero también constituyen un resumen de los vv. 1-10, repitiendo gran parte del material anterior. No solo Abraham, sino también Leví, está subordinado a Melquisedec. La implicación directa es que los descendientes de Leví están igualmente subordinados a él; la implicación indirecta, que se hará explícita en el v. 15, es que ellos también están subordinados a Cristo.

Ὡς ἔπος εἰπεῖν "'casi, prácticamente', para modificar una expresión demasiado absoluta" (LSJ *s.v.* ἔπος, II.4; S. L. Johnson 314s.) aparece en Platón; Aristóteles, Filón, *Op. Mundi* 107; *Det. Pot. Ins.* 73 (Williamson 103-109); y en los papiros (MM), pero no en la LXX (Bleek II.342-346; Braun). Aquí, esta expresión que se usa para restar importancia se aplica a la cláusula principal Λευὶ... δεδεκάτωται, no a la idea de que los descendientes están presentes en los lomos de sus antepasados (véase más adelante). De este modo, el contexto apoya el significado "'por decirlo así, casi podría decirse", y no "para usar la palabra correcta" (Bauer).

Los manuscritos se dividen de una manera bastante uniforme entre Λευ (ε)ί y Λευ (ε)ίς, con correcciones en ambos sentidos: véanse NA²⁶ y BD §55 (e).

El v. 9 expone la paradoja que explica el v. 10: por medio de Abraham, su biznieto Leví, el jefe de la familia a la que le asignaron los diezmos en Números 18, también paga los diezmos. De hecho, los diezmos les fueron asignados a "los hijos de Leví", no a Leví personalmente, porque él ya había muerto. La suave transición al "sacerdocio levítico" en el v. 11 demuestra que el autor no consideró que esta distinción fuera significativa, ni esperaba que sus lectores pensaran de otro modo. (Δι') Ἀβραάμ es sin duda genitivo, "por medio de Abraham", al igual que en contextos similares δι' ἑνὸς ἀνθρώπου en Romanos 5:12, cf. vv. 18, 19; δι' ἀνθρώπου, 1 Corintios 15:21.

El tiempo presente de λαμβάνων (v. 8) y el tiempo perfecto de δεδεκάτωται (δεδεκάτωκεν, εὐλόγηκεν, v. 6) ponen de relieve la importancia permanente del pago de los diezmos por parte de Abraham, y por ende, de Leví. De hecho, en la época en que se escribió la epístola, no eran los levitas los que cobraban los diezmos sino los sacerdotes (Jos., *Life*12, 15), una práctica que estaba legitimada por el Talmud (G. F. Moore II.70s.). Como de costumbre, sin embargo, el autor se ocupa de las disposiciones de la Torá, no de la práctica contemporánea en Palestina, de la que probablemente no tenía conocimiento.

Lo que plantea el v. 10 no es, como podría esperar el lector moderno, que Leví ya existía virtualmente en el cuerpo de su padre, mucho antes de su concepción. Esto se da por sentado (cf. Gn. 25:23, con respecto a los descendientes en el vientre de un antepasado de sexo femenino; Jer. 1:15; Mal. 1:2s.). Ἐν Ἀδάμ en 1 Corintios 15:22 podría transmitir la misma idea (pero no, como a veces se ha pensado, ἐφ' ᾧ πάντες ἥμαρτον en Ro. 5:12, NRSV "porque todos han pecado", en la vg de manera equivocada *in quo omnes peccaverunt*). También se da por sentado que el papel del padre en la procreación era determinante (11:11). El argumento del v. 10 se basa más bien en la primera palabra, ἔτι: los primeros lectores de la epístola tenían necesidad de que se les recordara que aunque Leví todavía no había comenzado su existencia independiente, participaba de todo lo que participaba Abraham. De este modo, se da una base lógica para el efecto permanente de la sumisión de Abraham a Melquisedec, que hasta ahora solo ha estado implícita. El salto aparente de Abraham a los sacerdotes levíticos en los vv. 5 y 8 es finalmente justificado.

Πατήρ: "antepasado" (1:1). Αὐτοῦ se sobrentiende; menos probable desde el punto de vista contextual sería la traducción "en los lomos del patriarca".

El párrafo se completa con una referencia a συναντήσας Ἀβραάμ (no una cita directa de la LXX, sino cf. Gn. 14:17, véase v. 1), y con una última referencia enfática al propio Melquisedec, cuyo nombre no ha vuelto a mencionarse después del v. 1. En A C³ D² 𝔐 se añade ὁ antes de Μελχισέδεκ, como reflejo tal vez del v. 1.

7:11-19. El sacerdocio levítico

El centro de atención se traslada ahora de Melquisedec y Abraham a los sacerdotes levíticos, y en los vv. 20-28 al propio Jesús. El presente párrafo está enmarcado en la inclusio τελείωσις (v. 11) –ἐτελείωσεν (v. 19), corroborada por νενομοθέτηται (v. 11)— νόμος (v. 19); por tanto, es el segundo de los tres párrafos en los que se divide el capítulo 7 (Vanhoye 128-132; Dussaut 59s.; la mayoría de los comentaristas y las traducciones; Strobel lo divide después de los vv. 12, 15 y 17; Kistemaker 1961.118-124 después de los vv. 12 y 25). Vanhoye traza un patrón quiástico en torno al v. 14 (ὁ κύριος ἡμῶν), marcado por la séptuple repetición de la conjunción γάρ. Hay además una división secundaria después del v. 14, pero los dos subpárrafos de los vv. 11-14, 15-19 están vinculados por medio de πρόδηλον (v. 14) y κατάδηλον (v. 15). Hay una considerable coincidencia de temas entre ellos, en especial:

κατὰ τὴν τάξιν Μελχισέδεκ ἕτερον ἀνίστασθαι ἱερέα (v. 11).

κατὰ τὴν ὁμοιότητα Μελχισέδεκ ἀνίσταται ἱερεὺς ἕτερος (v. 15).

Este párrafo es esencialmente negativo porque el interés principal del autor se centra en los sacerdotes levíticos: la ley (cultual) veterotestamentaria era ineficaz para alcanzar la meta del acceso a Dios. No obstante, el párrafo también contiene una correspondiente insistencia positiva en el carácter indestructible del sacerdocio de Cristo εἰς τὸν αἰῶνα, y esto sienta las bases para desarrollos posteriores en los vv. 20-28, e indirectamente hasta 10:18.

Véanse Du Plessis 228-232; Gaide 42s.; Nomoto 1965.132-137; Andriessen 1977.26-30; Zimmermann 1977.101-110; H.-F. Weiss 403-407.

7:11. Es necesario un nuevo tipo de sacerdocio

El pensamiento subyacente en este versículo, y de hecho, de todo el párrafo, es que la ineficacia del sacerdocio levítico hizo necesario un tipo diferente de sacerdocio. Por el contrario, "si la ley ha de alcanzar el fin para el cual se dio (τελείωσις) exige un sacerdocio auténtico para que pueda ser aplicada" (G. R. Hughes 1979.18).

Esta tesis se enuncia primero de una manera típicamente indirecta, para atraer la atención de los destinatarios y para evitar anticipar declaraciones posteriores más directas. La condición irreal εἰ… τελείωσις διὰ τῆς Λευιτικῆς ἱερωσύνης dará lugar a la condición real del v. 15 (cf. 4:8; 8:4, 7; 11:15; BD §360[4]; Westcott 111-114; menos probablemente, Riggenbach sugiere una condición real, "si la perfección fue alcanzada …"; NJB "si la perfección se había alcanzado…"). La apódosis está formada por una pregunta retórica (1:5), semánticamente equivalente a una declaración negativa rotunda; cf. 1Corintios 12:19. Ὁ λαὸς … νενομοθέτηται es una explicación parentética de la prótasis.

Εἰ μὲν οὖν: cf. 8:4, donde también introduce una condición irreal. No hay ningún correspondiente εἰ δέ (contrástese con Hch. 19:38s.; Bauer s.v. εἰ, VI.6). Μὲν οὖν normalmente se usa a modo de reanudación, es decir, denota continuación (Bauer s.v. μέν, 2.e; BD §451[1]); cumple sin duda esa función en 8:4. Aquí, sin embargo, el autor está haciendo una transición importante, el penúltimo paso en el regreso de la desviación en los vv. 1-10 al tema central del sacerdocio de Cristo.

En esta perspectiva, μὲν οὖν podría interpretarse, junto con ἐξ ἀνάγκης (v. 12), πρόδηλον (v. 14) y περισσότερον ἔτι κατάδηλον (v. 15), como recursos retóricos destinados a intensificar la capacidad persuasiva del argumento; cada uno de ellos es más enfático que el anterior.

Τελείωσις y otros términos cognados (2:10, τελείοω) no se usan en Hebreos del mismo modo que se usa τελείωσις en Lucas 1:45** para referirse al cumplimiento de una promesa. Entre los matices que incluyen estos términos están el logro de una meta y la realización de una función (p. ej., 11:40; 12:2), especialmente a través de la adoración (9:9; 10:1; 12:23; cf. 7:19); y de manera más específica con respecto a Cristo, por medio de su sacrificio (2:10; 5:9), que a su vez, perfecciona y santifica (10:14) a los creyentes. La idea de la consagración u ordenación (Filón, *Rer. Div. Her.* 251) se encuentra probablemente en el trasfondo del presente texto. Aquí se hace referencia en forma implícita a los adoradores bajo el antiguo pacto. Este hecho, y también el contexto inmediato (ἔτι) y el más amplio (ἐτελείωσεν, v. 19), sugieren la traducción "si hubiera habido perfección... ¿qué necesidad habría habido de...?, y no, "si hubiera perfección ... ¿qué... necesidad habría de...?" (así opina Westcott, la forma verbal ἦν en tiempo imperfecto, que se omite en B *pc*, es de por sí "temporalmente ambigua" [BD §360 (3)]). Esto no implica forzosamente que el autor pensara que el orden antiguo ya hubiera terminado. Y mucho menos permite llegar a la conclusión de que él escribió la epístola después del cese del sacrificio en Jerusalén —así como tampoco el uso del tiempo presente de los verbos en 9:6; 10:1 implica lo contario. Lo más cercano que llegará a decir acerca del final de la dispensación veterotestamentaria es lo que se lee en 8:13, donde afirma que el antiguo pacto está ἐγγὺς ἀφανισμοῦ (cf. el equivalente positivo προσεληλύθατε de 12:22). En el presente pasaje, el autor se interesa por el contraste entre el antiguo orden y el nuevo; no se hace hincapié en las huellas que quedan del culto más antiguo. Para refutar la opinión que existía de que el sacerdocio levítico era permanente (*Jub.* 13:26, en un pasaje sobre los diezmos; *Test. Levi* 8:3), el autor hace referencia a la unidad del propósito de Dios, y más adelante, a los hechos de la historia de la salvación. Cf. M. De Jonge 222s.

Διὰ τῆς Λευιτικῆς ἱερωσύνης ἦν: en B *pc* se omite ἦν. Filón usa el término λευιτικός, *Fuga* 93, pero en otros lugares de la Biblia griega solo aparece en el título del libro de Levítico ***; cf. ἐκ τῶν υἱῶν Λευί (v. 5). El sacerdocio levítico no se diferencia del τάξις Ἀαρών: no hay nada que sugiera, ni aquí ni en ningún otro pasaje de Hebreos, alguna distinción entre los sacerdotes aarónicos, por una parte, y los demás descendientes de Leví como un orden subordinado.

No hay ninguna diferencia perceptible de significado entre ἱερωσύνη aquí y ἱερατεία en el v. 5 (así lo cree Braun); los dos términos suelen usarse para variar (véase v. 15, ὁμοιότης).

Ὁ λαός γὰρ ἐπ' αὐτῆς νενομοθέτηται es una cláusula esencialmente parentética, que se relaciona indirectamente con la prótasis por medio de la conjunción γάρ (que en 𝔓⁴⁶ se omite). El texto resulta dudoso en dos aspectos: (1) en lugar de αὐτῆς, en D² 𝔐 se lee αὐτῇ y en 6 (326) 614 *al* se lee αὐτήν. El dativo, que se usa en 8:6 con νομοθετέω**, podría ser una glosa corregida si el significado es "sobre la base de" (véase más adelante); en este sentido, esa sería la construcción más común y por tanto, la lectura más fácil. Por razones internas y externas ($\mathfrak{P}^{46}$ ℵ A B C D* L Ψ etc.) es preferible αὐτῆς (así la mayoría de las ediciones y comentaristas, Bauer; Bauer I.1bβ). (2) En lugar de νενομοθέτηται, en D² 𝔐 se lee νενομεθέτητο, pero el tiempo perfecto está mejor atestiguado ($\mathfrak{P}^{46}$ ℵ A B C D* P 6 33 81 104 *pc*), y es típico de las alusiones de Hebreos a la Escritura (v. 6, δεδεκάτωκεν).

El significado de esta cláusula también es objeto de controversia. Lo primero que se cuestiona es si el antecedente de αὐτῆς es ἱερωσύνης, tal como generalmente se acepta, o τελείωσις, según alegan Andriessen y Lenglet, y más detalladamente en Andriessen 1977.27-30 (cf. Bleek II.354). Andriessen considera que "la perfección por medio del sacerdocio levítico" es una frase compuesta, similar a "un camino nuevo y vivo a través del velo" en 10:20, y por tanto, en el presente texto, ἐπ᾽ αὐτῆς depende de τελείωσις como elemento principal, y en 10:20 "esto es, de su carne" depende de "camino" y no de "velo". Los argumentos a favor de esta construcción no son convincentes, pero para tomar ἱερωσύνης como el antecedente de ἐπ᾽ αὐτῆς, no es necesario considerar legisladores a los propios sacerdotes, ni percibir una contradicción con 7:28, "la ley constituye sumos sacerdotes a seres humanos". Lo que se plantea, más bien, es que según la opinión del autor, la ley mosaica es esencialmente un conjunto de regulaciones cultuales en las que la función de los sacerdotes juega un papel fundamental. El sacerdocio y la ley están indisolublemente unidos; y en esta relación, el sacerdocio tiene lógicamente la prioridad (cf. v. 12; 8:6). La presente cláusula, por tanto, significa "el sacerdocio levítico.... fue la base de la Ley que se le dio al pueblo" (NJB; cf. REB, TEV, NIV). Otros significados alternativos, aunque más débiles, son (1) "el pueblo recibió la ley bajo este sacerdocio" (NRSV); (2) "... conjuntamente con" el sacerdocio levítico (P. E. Hughes) y (3) "... las leyes acerca del sacerdocio levítico" (Hollander; FrCL n., *BHD*); pero estos ofrecen una transición menos precisa al v. 12 y subestiman el interés del autor en la ley mosaica como ordenanzas de culto (cf. 9:1). Esta relación estrecha y constante entre la ley y el culto es en sí misma un factor positivo, y tiene su equivalente en la vida bajo el nuevo pacto, que esencialmente se interpreta como adoración (8:6; 12:18-24).

Τίς ἔτι (v. 9) χρεία (5:12) da por sentado que Dios no hubiera hecho nada innecesario, pero como la condición no se cumple, la necesidad existe. En los vv. 18b-19, el autor aducirá pruebas que confirman la necesidad de un nuevo orden.

Ἔτι podría ser simplemente un conector lógico (Bauer 2c; cf. AV etc. "qué más necesidad ...?"), pero a la luz de la insistencia del autor en una secuencia temporal (vv. 18, "mandamiento anterior"; 28, "posterior a la ley"), no puede excluirse un elemento temporal.

Οὐ κατὰ τὴν τάξιν Ἀαρών es un breve midrash que tiene por objeto destacar la importancia de κατὰ τὴν τάξιν Μελχισέδεκ (cf. v. 6; 5:6; Sal. 110:4). Οὐ niega la frase que sigue, no el infinitivo λέγεσθαι, el cual exigiría μή (BD §429). En cuanto a la ascendencia sacerdotal de Aarón, véase Josefo, *Ant.* 20.10.1. Ἀαρών es un nombre que no se declina en la Biblia griega, pero en Josefo sí aparece el genitivo Ἀαρώνος. Véase K. G. Kuhn en *TDNT* 1.3s.

Ἕτερον (5:6) es una palabra clave en este pasaje, se repite en los vv. 13 y 15 y luego es remplazada por los términos más contundentes κρείττων (vv. 19, 22; 8:6) y καινός (8:8 = Jer. 31:31; Heb. 8:13). Pero καινός, aquí como de costumbre, es de por sí más fuerte que ἄλλος; el que se levantará no es simplemente un sucesor de Melquisedec, sino un sacerdote diferente, no aarónico, sino melquisediano. Véanse Bauer 1bδ, H. W. Beyer en *TDNT* 2.702-704.

Ἀνίστασθαι (cf. v. 15*; Dussaut 61; S-B 1.246s.) significa más que "nacer", pero el contexto excluye la idea de "levantarse de los muertos". Los paralelos más cercanos son Éxodo 1:8 y Hechos 7:18, en los que se hace referencia al surgimiento o la aparición de un rey en el escenario de la historia; se asocia con la salida de los cuerpos celestiales (p. ej., Mt. 5:45). Al igual que ocurre en los diversos pasajes veterotestamentarios por los que el autor se muestra especialmente interesado, ἀνίστημι y otros términos cognados están cargados de asociaciones mesiánicas; véanse Jeremías 23:5, sobre el "Renuevo (ἀνατολή) justo" que el Señor le levantará a David; Números 24:17, con referencia a una estrella que ἀνατελεῖ... ἐξ Ιακωβ (= Judá); cf. Mateo 2:2; Zacarías 3:8, acerca del "gran sacerdote" (cf. Heb. 10:21) llamado Jesús/Josué, y cuyo título, a su vez, está relacionado en Zacarías 6:11s. con el Renuevo que (re)edificará la casa del Señor (cf. Heb. 3:6). Las expectativas en Qumrán con respecto a un Mesías sacerdotal probablemente son independientes de Hebreos (Bruce 165s. n.46; Buchanan discrepa).

Desde aquí hasta el v. 24, el autor alude a Jesús simplemente como "sacerdote" porque el análisis gira en torno al Salmo 110:4 donde se usa el término ἱερεύς; a partir del v. 26, se usa ἀρχιερεύς como un título más adecuado fuera de la exégesis de los textos veterotestamentarios.

Καί... λέγεσθαι: La conjunción καί no está de más, porque en esta cláusula se hace otra observación: "ser reconocido como un sacerdote no aarónico" (Peake). Al igual que en 3:15, λέγεσθαι se refiere a la Escritura: el Salmo 110:4 (cf. λέγεται, v. 13).

7:12. Un cambio de sacerdocio implica un cambio de ley

Tal como hizo en el v. 5, el autor da un paso atrás para establecer un principio que dio por sentado en el argumento anterior. Por tanto, confirma que el v. 11 indica que la ley del AT se basa (ἐπ' αὐτῆς) en el sacerdocio levítico. El v. 12 expresa el mismo asunto de un modo más general que permite establecer un paralelismo con el nuevo orden basado en el sacerdocio melquisediano. De hecho, el autor no usa nunca el término νόμος para referirse al nuevo orden, pero se acerca a él en 8:6 (νενομοθέτηται). De este modo, pues, se ratifica con toda claridad la prioridad del sacerdocio sobre la ley. Otra implicación que puede extraerse es que Dios tiene el derecho soberano de cambiar el sacerdocio, y que el Salmo 110:4, cuando se interpreta a la luz del evento de Cristo, demuestra que lo hizo.

La función de γάρ se ha evaluado de diferentes maneras. Para Bleek, su función es vincular el v. 12 con la cláusula principal del v. 11; es decir, indicar que un cambio en el sacerdocio no habría podido ocurrir sin una razón urgente, por cuanto habría implicado un cambio completo de ley. Si se le concede más importancia al significado que a la gramática, parece más natural considerar que γάρ vincula el v. 12 con la expresión parentética ὁ λαός... ἐπ' αὐτῆς νενομοθέτηται, v. 11; así piensa la mayoría de los comentaristas posteriores, pero Braun cree que el adverbio negativo οὐκοῦν habría sido correcto.

Μετατιθεμένης: μετατίθημι (Bauer 2a; C. Maurer en *TDNT* 8.161s.) significa lit. "poner en otra parte", de ahí, en sentido figurado, "cambiar" (en especial con relación a un cambio moral para peor, Gá. 1:6; Jud. 4). Ese tipo de traducciones sugiere un punto de vista espacial neutral; pero si para el escritor o el orador se trata del lugar al cual algo se desplaza, el verbo significaría "traer de vuelta" (Hch. 7:16); pero con mayor frecuencia, se trata del lugar del cual algo se desplaza, de manera que el verbo significa "eliminar, quitar". Esta es la acepción predominante para el sustantivo μετάθεσις. En el caso de Enoc, acerca del cual se usan tanto el verbo como el sustantivo en 11:5, es más natural un punto de vista terrenal que transmita el sentido de "quitó", "levantó, sacó"; de manera similar μετάθεσις en 12:27, en relación a la "remoción" de las "cosas movibles"; también 2 Macabeos 11:24***. En este versículo, el sustantivo y el verbo deben entenderse en forma neutral como un "cambio", y no como la "eliminación" total de la ley. El significado es similar al de ἕτερος en los vv. 11, 13 y 15, pero más explícito; en el v. 18, el autor dará un paso más en la misma dirección, al hablar de la ἀθέτησις de la antigua ley cultual.

El significado preciso del genitivo absoluto μετατιθεμένης... τῆς ἱεροσύνης debe deducirse a partir del contexto (BD §417); Lane traduce coyunturalmente, "cada vez que se altera el sacerdocio..." (cf. TEV, NIV, NRSV, "cuando"), pero no excluye el sentido condicional, "si el sacerdocio se altera..." (Braun, Attridge). La diferencia no es grande: el autor, para quien los asuntos relacionados con el culto son la esencia de la ley mosaica, está enunciando un principio que para él es virtualmente axiomático (o, como él mismo dice, περισσότερον... κατάδηλον, v. 15): "un cambio de sacerdocio implica forzosamente un cambio en la ley" (REB, cf. NJB); de hecho, todas las condiciones han sido satisfechas, tal como pasa inmediatamente a explicar en los vv. 13-19.

Ἱερωσύνης: véase v. 11.

Ἐξ ἀνάγκης denota necesidad lógica, o al menos, teológica; de manera similar con respecto a una consecuencia necesaria en Hermas, *Similitudes* 7:3, σοῦ γὰρ θλιβομένου, ἐξ ἀνάγκης κακεῖνοι θλιβήσονται; de manera lógica, en Dion Crisóstomo 38.31, ὅσα δὲ ταῖς ἀληθείας ἐστὶ τοιαῦτα, οὕτω καὶ ἐξ ἀνάγκης ὀνομάζεται; cf. 31, 34; Filón, *Aet. Mundi* 21; 52; en otros lugares, ἀνάγκη se usa para referirse a una obligación bajo la ley secular (9:27) o mosaica (9:16); una expresión externa (2Co. 9:7) o un impulso divino (1Co. 9:16); o lo que debe ocurrir como parte del propósito de Dios (9:23)*.

Καὶ νόμου (se omite en B). Solo aquí en Hebreos se usa νόμος en sentido absoluto, salvo en la frase κατὰ νόμον (8:4; 10:8), que implica una referencia a la ley mosaica. Aquí, el autor indica un cambio, no solo en leyes específicas, sino en todo el sistema legal, entendido como esencialmente cultual. El cambio de ley no produce un estado de anarquía, sino un orden que impone obligaciones más estrictas, y por ende, sanciones más estrictas (10:28s.).

Γίνεται: el verbo γίνομαι, al parecer, se eligió a lo largo de este pasaje (cf. vv. 16, 18, 20, 22, 23 y 26) como un término general para incluir el evento de la institución del sacerdocio de Cristo, la consiguiente ἀθέτησις (v. 18) del antiguo orden y los eventos correspondientes asociados con el culto antiguo. El significado exacto varía de una aparición a otra, pero el efecto acumulativo de la repetición de γίνομαι tiene por objeto realzar la declaración final (v. 26) acerca de la exaltación y el sacerdocio de Cristo.

7:13. Bajo el antiguo orden, Jesús no tendría derecho a ser sacerdote

Tras haber enunciado en el v. 12 el principio general de que cualquier cambio de sacerdocio implica un cambio de ley, el autor vuelve al hecho histórico, que en el presente versículo se expone en forma negativa y en el v. 14 en forma positiva, de que un cambio de sacerdocio sin duda ha tenido lugar. Jesús, a quien en el Salmo 110:4 se le llama sacerdote, no desciende de Leví a través de Aaron, sino que procede de la tribu no sacerdotal de Judá. Esta simple declaración se expresa con un lenguaje un tanto inusual, que puede transmitir matices adicionales.

Γάρ vincula el v. 12 con la declaración implícita del v. 11b, a saber, que un nuevo tipo de sacerdocio ha sido establecido.

Ἐφ' ὅν normalmente se traduce como "[aquel] de quien", con el sentido de "acerca de quien"; una referencia respetuosamente indirecta a Jesús (Bauer *s.v. ἐπί*, III.1b). Este uso no es habitual: si esto fuera lo único que quisiera darse a entender por medio de ἐπί aquí, cabría esperar περί (2:5), como ocurre frecuentemente en Hebreos, o πρός (1:7). La idea básica de movimiento hacia una meta parece estar implícita: Fue a Cristo a quien señaló el Salmo 110:4. El pasaje paralelo más cercano en el NT es Marcos 9:12, γέγραπται ἐπὶ τὸν υἱὸν τοῦ ἀνθρώπου (cf. v. 13), con un significado similar.

Λέγεται, igual que λέγεσθαι en el v. 11, se refiere al Salmo 110:4 (cf. Heb. 7:17), y no a Génesis 14, y ciertamente tampoco a "aquel de quien estoy hablando". Λέγω se usa (también en voz pasiva) para introducir citas de la Escritura; por ejemplo, en 3:15. Ταῦτα hace referencia a la frase κατὰ τὴν τάξιν Μελχισέδεκ en el v. 11.

Incluso en el NT, el término φυλή (v. 14*) se usa con más frecuencia, como aquí, para referirse a las tribus de Israel que a "todas las tribus y pueblos de la tierra" (Mt. 24:30; Ap. 1:7; cf. Gn. 12:3).

Ἕτερος aquí tiene un significado algo más débil que en los vv. 11, 15: "una tribu diferente", no una tribu de un tipo diferente.

En cuanto al linaje humano, Jesús es semejante a las demás personas (2:14-18).

Μετέσχηκεν (μετέσχεν, 𝔓⁴⁶) no se usa nunca en relación con la ascendencia o el parentesco físico: esto sería simplemente tente ἐξ Ἰούδα, como en el v. 14; cf. Lucas 2:36; o ἐκ [τῆς] φυλῆς Ἰούδα, como en Apocalipsis 5:5; cf. Hechos 13:21; Romanos 11:1. Μετέχω se usa para referirse a la encarnación en 2:14; cf. μέτοχος 3:1. Aquí "no dice simplemente que él procedía de otra tribu: [se da a entender] que fue por su propia voluntad que ocurrió así" (Westcott). El juego en torno a las palabras μετέσχηκεν… προσέσχηκεν no afecta el significado.

Ἀφ' ἧς [φυλῆς]: la preposición ἀπό se usa para denotar procedencia local con nombres de ciudades o regiones (Bauer IV.1b), no de tribus; aquí podría ser una variante estilística para ἐκ en el v. 14.

El perfecto προσέσχηκεν (προσέσχεν, 𝔓⁴⁶ A C 056 33 81 436 1739 1905 2004; μετέσχηκεν, K 356 440 [μετέσχηκε, 206]; μετέσχεν, P 489 623* 1912, bajo la influencia de μετέσχηκεν o μετέσχεν supra) se corresponde con el aoristo ἐλάλησεν en el v. 14, que es una referencia histórica a Moisés. Aquí, el perfecto implica "…. nadie nunca ha tenido que ver con el altar". Zuntz, sin embargo (79n.1), prefiere el aoristo; cf. Metzger 667. La elección de προσέχω puede estar influenciada por el verbo anterior μετέχω. No se usa en ningún otro lugar en la Biblia griega, ni en el griego clásico, en alusión a los oficios que se realizan en un altar. Más normal habría sido λειτουργέω (10:11; *1Clem.* 32:2) o ἱερατεύω (Lc. 1:8; cf. 1Cr. 5:36 [6:10 LXX]; cf. παραδρεύω, 1 Cor. 9:13; cf. también 1Ti. 4:13, πρόσεχε τῇ ἀναγνώσει, en un contexto no cultual). En el presente versículo, podría haber una reminiscencia verbal de Números 16:15, donde Moisés le dice al Señor, con respecto a Datán y a Abiram, μὴ πρόσχῃς εἰς τὴν θυσίαν αὐτῶν.

Θυσιαστήριον aquí se refiere al altar de los holocaustos en el atrio interior del templo de Jerusalén (cf. 1Co. 9:13), pero el autor en este punto no se interesa por los detalles del diseño del templo. Θυσιαστήριον vuelve a aparecer solo en 13:10, con un sentido ampliado. Véase Klauck 1980.

7:14. Jesús descendía de Judá, una tribu no sacerdotal

El mensaje de este versículo coincide con el del v. 13 (γάρ), pero es más específico: Jesús es de una tribu diferente (v. 13a), a saber, Judá (v. 14a), una tribu no sacerdotal (v. 13a) según la ley mosaica (v. 14b). Para el argumento ex silentio de la Escritura, véase v. 3. El v. 14 lleva el subpárrafo de los vv. 11-14 a un clímax secundario y a una conclusión.

Πρόδηλος se usa para referirse a algo que es obvio fácticamente, como aquí, o moralmente, como en 1 Timoteo 5:24s.***.

Ἐξ Ἰούδα: cf. Mateo 1:2s.; Lucas 3:33. La referencia en *Test. Leví* 8:14 a la ascendencia de Jesús desde Leví se deriva de los intereses y conjeturas de los interpoladores cristianos, y carece de base histórica. El contexto no confirma la sugerencia de que el autor tiene la intención de atacar al mesianismo aarónico de Qumrán (1QS 9:9ss.; 1QSa 28a; cf. Strobel 154s.); ni que el autor nunca hace hincapié en la ascendencia davídica de Jesús (1:5).

Ἀνατέταλκεν: ἀνίστασθαι, v. 11, pero ahora, con referencia a un acontecimiento histórico con consecuencias permanentes y no a una condición irreal.

Ὁ κύριος ἡμῶν en el NT solo se lee en 1 Timoteo 1:14; 2 Timoteo 1:8; 2 Pedro 3:15; cf. τὸν κύριον ἡμῶν Ἰησοῦν, 13:20; κύριος, 1:10; 2:3 con respecto a Jesús. En el presente versículo, en 104 365 *pc* se añade Ἰησοῦς. La referencia a Jesús es menos indirecta que en el v. 13a, pero el nombre se reserva para la declaración más contundente en el v. 22.

En la segunda parte del versículo, la referencia a la ley de Moisés hace recordar

3:16, donde a Moisés se le dio el lugar secundario en una comparación con Jesús. Esto prepara el terreno para la "esperanza de algo mejor" que se menciona en el v. 19. A la presente cláusula podría atribuírsele un sentido bastante general y considerar que significa que "no hay nada en el Pentateuco sobre sacerdotes judaicos". Sin embargo, hay algunos detalles que hacen pensar en una alusión específica a Deuteronomio 33:7-11. (a) El aoristo ἐλάλησεν con un sujeto personal sugiere un acontecimiento particular, del mismo modo que en 9:19, el verbo λαληθείσης hace referencia a Moisés cuando leyó en voz alta el libro del pacto (Ex. 24:7). Por analogía, cabría esperar una referencia específica similar aquí, donde también se menciona a Moisés. (b) En Deuteronomio 33:7-11, la brevedad de la bendición de Judá (v. 7) contrasta con la longitud de la bendición de Leví que sigue inmediatamente (vv. 8-11). (c) Πρόδηλον y κατάδηλον pueden ser reflejos verbales de δηλώσουσιν en Deuteronomio 33:10. Cf. también Judit. 8:29.

Entre las variantes para la última cláusula se encuentran: περὶ ἱερέων Μωϋσῆς οὐδὲν ἐλάλησεν, 𝔓⁴⁶ ℵ* 104 *pc*; οὐδὲν περὶ ἱερέων Μωϋσῆς ἐλάλησεν, 81 1739 1881; περὶ ἱεροσύνης, ℵ² Ψ 2495 𝔐, cf. v. 12; el texto (A B C D P) hace hincapié en περὶ ἱερέων, y en segundo lugar en οὐδέν. Οὐδέν es un reflejo de οὐδείς en el v. 13 (Vanhoye 131).

7:15. Un sacerdote diferente, uno semejante a Melquisedec, sin duda, ha aparecido

El argumento, a fin de cuentas, depende de la historia: no solo en el sentido negativo de que Jesús no era de linaje sacerdotal (v. 14), sino en el sentido positivo de que su vida tenía un poder nuevo del que carecía el antiguo sacerdocio (v. 16); pero en esto también la historia es confirmada por la Escritura (v. 17).

Las primeras palabras son muy enfáticas; pero su referencia, y el lugar preciso que ocupan en el argumento, no son claros. La conjunción inicial καί, "lo que es más", como en el v. 20, podría tener cierto sentido ascendente; de todas formas, indica la introducción de una nueva información. Περισσότερον, en función adverbial al igual que en 6:17*, reforzado por ἔτι (MHT 3.29, 115; BD §60[3], 372 [1a]; cf. Fil. 1:9, ἔτι μᾶλλον καὶ μᾶλλον περισσεύῃ; 2Co. 7:13) da el sentido de "aún más manifiesto".

Pero, ¿qué es "aún más manifiesto"? Κατάδηλον hace recordar claramente el término πρόδηλον del v. 14, pero el sujeto ha cambiado (tal como lo muestra la conjunción καί), y también el tipo de argumento: de un hecho obvio en el v. 14 a una conclusión irresistible en el v. 15. El sujeto implícito de ἐστιν no puede ser el contenido del v. 11 (Lenski); tiene que ser (a) en sentido negativo, la naturaleza provisional y subordinada del antiguo sacerdocio; (b) en sentido positivo, el cambio en el sacerdocio, y por ende, en la ley (v. 12); (c) ambas cosas, o (d) de manera más general, la fuerza del argumento a favor del estatus más elevado de Jesús. El desarrollo del argumento en el v. 16 sugiere que (b) está adquiriendo ahora más importancia que (a); pero en el punto actual de transición, es más probable que sea (c) o (d), y la diferencia entre los dos es leve. La mayoría de las traducciones y de los comentaristas, por tanto, incluyen una referencia "al asunto" (TEV; cf. Michel), "al argumento" (NEB) o "lo que hemos dicho/se dice" (Bruce, NVI); JB (no NJB) opta explícitamente por (b) añadiendo una nota al pie en la que se hace alusión a "lo que se ha dicho en el v. 12", y *BHD* lo amplía repitiendo un material del v. 11: "El sacerdocio levítico no pudo conducir al pueblo a la meta. Esto se pone claramente de manifiesto en el hecho de que Dios haya establecido otro sacerdote...". En última instancia, lo que sí resulta cada vez más claro no es el argumento del autor solamente, sino el propósito divino al que este se refiere.

Εἰ seguido del presente de indicativo ἀνίσταται (v. 11) introduce una condición real, y es prácticamente equivalente a "puesto que" (BD §372[1]; MHT 3.115; cf. Mt. 8:2; 17:4; Jn. 7:4). En la NRSV y JB se traduce como "cuando" (NJB, "si"), pero la referencia no es al momento de la aparición de Cristo, sino a la etapa en el argumento en que se tiene en cuenta su aparición; Phillips resalta el significado con estas palabras: "se hace aún más manifiesto cuando aparece este otro sacerdote".

Se ha sugerido que ὁμοιότης, a diferencia de τάξις, se refiere a las cualidades personales del nuevo sumo sacerdote (cf. 4:15*; también Gn. 1:11s.; Sab. 14:19) y no a su estatus oficial (Westcott; de manera similar Vanhoye 1980.184s.); pero la distinción no parece importante, y el autor tampoco muestra ningún interés por las cualidades personales de Melquisedec. Lo más probable es que haya elegido el término ὁμοιότης aquí como una variación estilística para τάξις, que sí será necesario para la cita en el v. 17 (así lo cree Kobelski 118).

Ἱερεὺς ἕτερος es una frase enfática por su posición: un tipo diferente de sacerdote. El énfasis ha cambiado con respecto al v. 11. La atención allí se centró en el sacerdocio "melquisediano, no aarónico", pero lo que se plantea aquí es que el sacerdocio melquisediano (mencionado anteriormente) tiene una cualidad diferente, por lo que se explicará en el v. 16.

7:16. El nuevo sacerdocio se caracteriza por tener una vida indestructible

Ὅς... γέγονεν: La expresión es incluso más general que el término ἀνίσταται en el v. 15, y abarca ambos lados del contraste. Ὅς se omite en 𝔓⁴⁶ por una haplografía después de ἕτερος. En cuanto a γίνομαι, v. 12; aquí el tiempo perfecto sugiere la permanencia que se declara expresamente en los vv. 16b-17. El nuevo sacerdocio ha "llegado a ser". La TEV traduce "fue hecho sacerdote", y resulta adecuado, porque para el autor de Hebreos el nuevo sacerdocio le pertenece solo a Cristo. Pero el contexto más amplio indica que el nombramiento como sumo sacerdote del Cristo exaltado no es simplemente un incidente que concierna a un individuo: implica el establecimiento de un orden completamente nuevo; o como expresarán los cap. 8–9, un nuevo pacto, con consecuencias para todos los creyentes (cf. ya 7:19).

Οὐ κατὰ νόμον ἐντολῆς σαρκίνης: con κατά, "la norma es al mismo tiempo la razón, por tanto, las expresiones *de acuerdo con* y *a causa de* se funden en una" (Bauer *s.v.* II.5.a.δ; cf. Ro. 2:7; 8:28; 16:26; MHT 3.268, "en virtud de"). La preposición κατά del Salmo 110:4 adquiere así un significado más completo.

Con respecto a la relación entre νόμος y ἐντολή, 7:5. La conjetura ἀνατολῆς en lugar de ἐντολῆς (Sahlin 84) resulta totalmente innecesaria si se tiene en cuenta la colocación de νόμος y ἐντολή en los vv. 5 y 18s. El término νόμος aquí es probablemente más general que un mandamiento específico, pero menos general que un "principio" cósmico: es el sistema cultual mosaico en su conjunto, en el que las normas que tenían que ver con la ordenación sacerdotal (Nm. 18) ocupaban un lugar esencial, de ahí la traducción de la REB, "un sistema de reglas relacionadas con el linaje", y de manera más precisa NJB, NRSV, "... linaje físico". Braun toma σάρκινος aquí con su sentido ampliado de "débil, pasajero *(vergänglich)*", que establece un buen contraste con κατὰ δύναμιν ζωῆς ἀκαταλύτου.

En lugar de la lectura mejor confirmada σαρκίνης* (𝔓⁴⁶ ℵ A B C* D*,² L P 6 33 *al*), en C³ D¹ Ψ 𝔪 aparece el término más común σαρκικῆς. En principio, σάρκινος significa "hecho de carne" (= τοῦ σαρκός), como en 2 Corintios 3:3; en contraste con σαρκικός (que no se usa en Hebreos), "teniendo la naturaleza de la carne", carnal, como en 1 Corintios 9:11; pero en otros lugares, sobre todo en 1 Corintios 3:1, 3, la distinción prácticamente desaparece. El contexto aquí muestra que el autor no está sugiriendo que la ley sea perversa o "éticamente mala" (Buchanan), sino que carece de poder (v. 16b)   para darles a los seres humanos la τελείωσις (v. 11; cf. v. 19a) o acceso a Dios (v. 19b). Por este motivo no cumple su propósito esencial, puesto que para este autor, la ley es básicamente cultual. Podría decirse, pues, que σάρκινος se usa aquí con su significado real, aunque BD §113 (2) cita esto como un lugar en el que "el sentido favorece el sufijo -ικός". Véase también E. Schweizer en *TDNT* 7.141-143.

Ἀλλὰ κατὰ δύναμιν (véase 1:3) ζωῆς (véase 7:3) ἀκαταλύτου (4Mac. 10:11***): en cuanto a la forma, las dos partes del contraste son estrechamente paralelas, pero el peso de ἀκαταλύτου se suma al énfasis que le dan su posición y la elección de una palabra poco usual. En cuanto al contenido, la frase manifiesta con un estilo midrásico el significado de εἰς τὸν αἰῶνα en el Salmo 110:4 (= v. 17), a la luz de la reflexión anterior sobre Melquisedec. La analogía con Melquisedec no está completa porque en este pasaje no se dice que Jesús no tuvo principio (v. 3); el planteamiento importante, que ya se estableció en el v. 9, es que Jesús, al igual que Melquisedec, aún está vivo (ζῇ). En lo que se centra la atención ahora es en la cualidad indestructible de esa vida. El contexto, especialmente el v. 24, sugiere que ἀκατάλυτος no se refiere a enemigos humanos ni a otras fuerzas destructivas, sino a la obstrucción por medio de la muerte, a la que los demás sacerdotes están sujetos por naturaleza, pero de la que el nuevo sumo sacerdote de ahora en adelante está exento. El vocabulario no es característico de Hebreos, pero no existen pruebas suficientes que permitan atribuírselo junto con el v. 3 a un himno tradicional (Kobelski 121s. [así Zimmermann 1977.86, seguido de Braun] en contra de Theissen 1969.20-28). Cambier (1950.77; igualmente Spicq) cita a *Leg. All.* 1.32, donde Filón dice del νοῦς que es γεώδης... τῷ ὄντι καὶ φθαρτός, εἰ μὴ ὁ θεὸς ἐμπνεύσειεν αὐτῷ δύναμιν ἀληθινῆς ζωῆς; pero lo que el autor de Hebreos ha tenido en cuenta desde el principio de la epístola es el poder que se le dio (o restauró) a Cristo en su exaltación. Véase F. Büschel en *TDNT* 4.338s.

7:17. El Salmo 110 confirma lo que recién se ha dicho

Esta etapa del argumento concluye con otra cita del Salmo 110:4. En este contexto, las palabras claves con εἰς τὸν αἰῶνα, que ahora se identifican como equivalentes a κατὰ τὴν τάξιν Μελχισέδεκ. Μαρτυρεῖται (v. 8), se refiere al testimonio de la Escritura. En C si 𝔐 se lee μαρτυρεῖ, dando a entender que el sujeto es "Dios" o la "Escritura"; pero con excepción de 10:15, donde el sujeto está expreso, en Hebreos se prefiere la voz pasiva. La conjunción ὅτι es recitativa y funciona como comillas. Dentro de la cita, las pruebas a favor de la lectura larga σὺ εἶ ἱερεύς (𝔓[46] D[1] K P 326 1175 1881 *pm*) son más sólidas que en 5:6, pero probablemente se debe al uso de un texto diferente de la LXX; de manera similar en el v. 21.

7:18s. El mandamiento antiguo y la nueva esperanza

Las declaraciones negativas de los vv. 18-19a acerca de la antigua dispensación están equilibradas por las declaraciones positivas del v. 19bc respecto a la nueva:

<table>
<tr><td>ἀθέτησις μὲν γὰρ γίνεται</td><td>ἐπεισαγωγὴ δὲ</td></tr>
<tr><td>προαγούσης ἐντολῆς</td><td>κρείττονος ἐλπίδος</td></tr>
<tr><td>διὰ τὸ αὐτῆς</td><td>δι᾽ ἧς ἐγγίζομεν</td></tr>
<tr><td>   ἀσθενὲς καὶ ἀνωφελές,</td><td>τῷ θεῷ</td></tr>
<tr><td>οὐδὲν γὰρ ἐτελείωσεν</td><td></td></tr>
<tr><td>   ὁ νόμος</td><td></td></tr>
</table>

Un signo da puntuación de primer orden, por tanto, se hace necesaria después de νόμος, como en la REB (cf. la nota acerca de la puntuación en UBS[3]). El v. 19a (οὐθέν… νόμος) está relacionado en cuanto a la gramática y a la idea que transmite con el v. 18, pero a veces aparece dentro de un paréntesis, como en UBS[4] = NA[26], para dejar bien claro que el v. 19bc (desde ἐπεισαγωγή) contrasta con todo el contenido de los vv. 18-19a, y no solo con el v. 19a.

Estos versículos concluyen la fase del argumento que comenzó en el v. 11; ἐτελείωσεν forma una *inclusio* con τελείωσις (v. 11), y νόμος con νενομοθέτεται (v. 11).

7:18. El final de las normas antiguas

Μέν (cf. δέ, v. 19b) se omite incorrectamente en 𝔓[46] 1241 sa. Γάρ conecta los vv. 18s. con los vv. 15-17, o de manera más general, con los vv. 11-17.

Ἀθέτησις es más fuerte que μετάθησις (v. 12), e implica no solo "anular" (cf. RSV, TEV, NVI) sino "cancelar" (Phillips; cf. NEB), "revocar" (cf. REB), "abolir" (JB), o "abrogar" (NRSV). Los papiros conectan ἀθέτησις con ἀκύρωσις, "cancelación" (P. Ryl. 1.170; P. Warren 9; P. Tebt. 9.1; MM; Spicq SB). Ἀθετέω se usa con un sentido más débil en 10:28 (cf. Ez. 22:26) para referirse al hecho de quebrantar la ley de Moisés, pero en un argumento *a fortiori* que presupone que la ley tuvo validez en el pasado, aunque incluso entonces como sanción y no como un medio de acceso a Dios. El presente versículo implica el principio rabínico, que también se da por sentado en 4:7; 8:13, de que "una acción nueva de Dios sustituye la antigua" (Schröger 158s). La nueva acción de Dios en este caso es compleja: no es la declaración del Salmo 110:4 en forma aislada, sino esa declaración tal como se cumplió en el evento de Cristo; o en sentido inverso, la importancia del evento de Cristo a la luz de una relectura de la Escritura.

La antigua acción de Dios se describe explícitamente como un προάγουσα ἐντολή. Esto podría indicar simplemente que es "históricamente anterior" (cf. μετὰ τὸν νόμον, v. 28); en este contexto al autor no le interesa destacar el valor positivo de la ley como "guía del camino" (Bauer *s.v.* 2b) hacia la nueva dispensación, como opinaba Calvino bajo la influencia de Gálatas 3:24. Cf. 1 Timoteo 1:18; BD §308. En cuanto a la relación entre ἐντολή y νόμος, 5:16. El contexto aquí sugiere para ἐντολή un mandato específico, como contrapartida del Salmo 110:4; pero puesto que no se cita ningún texto en particular, tal vez es mejor pensar en la legislación que establece el sacerdocio aarónico y sus funciones. Esta legislación es para nuestro autor el corazón del νόμος, y no se diferencia claramente de ella aquí.

Διὰ τὸ αὐτῆς ἀσθενὲς καὶ ἀνωφελές: triple asonancia (1:1). Αὐτῆς no es enfático (a diferencia de αὐτοῦ en 2:4), pero resulta necesario para aclarar: el propio mandamiento participa de la debilidad de la σάρξ (v. 16, σαρκίνης), y por ese motivo, no puede dar τελείωσις ni acceso a Dios; cf. BD §284 (3). Los neutros ἀσθενές y ἀνωφελές son indistinguibles en cuanto a su significado de los sustantivos abstractos correspondientes, del mismo modo que en el griego clásico (Herodoto, Tucídides), Hebreos 6:17, y a menudo en Pablo (p. ej., Ro. 2:4; 8:3; 2Co. 8:8; cf. Stg. 1:3; 1Pe. 1:7; BD §263). Ἀσθενές (cf. 11:34*), aquí "impotente" (NEB), "ineficaz" (REB NVI BLP), cf. ἀσθενεία, v. 28. Ἀνωφελές (Tit. 3:9** con μάταιος), "inútil"; el adjetivo menos común ocupa el segundo lugar para dar énfasis. En cuanto a la idea, cf. 13:9; Jn. 6:63; Ro. 2:25; 1Co. 13:3; Gá. 5:2; Flm. 11). El culto antiguo ha sido anulado, no de manera arbitraria, sino porque resultó ineficaz para acercar a las personas a Dios en adoración.

7:19. La esperanza de tener acceso a Dios

La declaración negativa es generalizada (ὁ νόμος) y reforzada: la condición irreal del v. 11a ("si la perfección hubiera podido alcanzarse…") se convierte ahora en una decidida negación: la ley no llevó nada a la τελείωσις. Braun contrasta con Filón, *Spec. Leg.2.39.* Crisóstomo interpretó "nada" como "nadie", y el principal interés del autor es claramente el ser humano, pero a la luz de 9:22s., el adjetivo neutro οὐδέν parece haber sido una buena elección; de todas formas, es más fuerte de lo que hubiera sido οὐδένα. El antiguo culto no hizo nada de lo que debió haber hecho. Las razones de su fracaso se analizarán más adelante, sobre todo en 9:9-14; 10:1-18. Τελειόω: (véase 2:10) el contexto deja bien claro el aspecto cultual de la perfección, y el paralelo con ἐγγίζομεν τῷ θεῷ sugiere también la idea de que con eso se alcanza una meta; el aspecto ético de la perfección se hará explícito en el contexto más amplio (vv. 26-28), como una consecuencia del sacrificio de Cristo. El aoristo ἐτελείωσεν contempla la ley (cultual) como algo del pasado.

Ἐπεισαγωγή (εἰσάγω 1:6) y ἐπεισάγω se usan al presentar una segunda esposa (*Comica Adespota* 110.3; Jos. *Ant.* 11.6.2) o a otro médico (Hipócrates, *Præcepta* 7), y este significado se ajustaría muy bien a la idea de la presentación que hace Dios de un segundo pacto; en todos estos ejemplos subyace la idea de que lo nuevo sustituye a lo antiguo. Sin embargo, εἰσαγωγή no se usa en la Biblia griega, salvo como una lectura dudosa en Sirácides 21:9.

Δέ marca el contraste con los vv. 18-19a (μέν). Γίνεται se sobrentiende del v. 18.

Κρείττων (1:4) es más que el comparativo de ἀγαθός: implica también contraste (Baarlink 84); el contraste ya había sido insinuado por el sustantivo ἐπεισαγωγή, recordando el término προάγω en el v. 18. La frase κρείττονος ἐλπίδος (3:6) no debe tomarse en sentido sicológico ("Dios nos ha hecho sentir más esperanzados"), debe entenderse más bien que se refiere al fundamento o contenido de la esperanza: "una esperanza de algo mejor"; cf. ἐπαγγελία (4:1). Esto está confirmado por el hecho de que el tema de la esperanza no se desarrolla en lo que viene a continuación, mientras que ese "algo mejor" sí se define inmediatamente como un "mejor pacto" (v. 22). En el último análisis, el pacto era el propio Cristo, que es el único que da acceso a Dios: δι' ἧς [ἐλπίδος] se transforma en el v. 25 simplemente en δι' αὐτοῦ, es decir, por medio de Cristo.

Εἰσάγω (10:25*) por sí mismo no tiene las asociaciones cultuales de προσέρχομαι (4:16), pero aquí las suple el contexto; cf. también Salmo 148:14; Levítico 10:3 con respecto a Israel; Éxodo 19:22; Ezequiel 42:13; 43:19 en relación con los sacerdotes; Santiago 4:8 en cuanto a los cristianos. Con el plural ἐγγίζομεν se incluye a los lectores por primera vez desde 6:20 (cf. 7:26), sin contar el pronombre de pasada ἡμῶν en el v. 14. En A 31 se lee ἐγγίζωμεν, pero el contexto no es parenético.

Véanse también Berkey; Woschitz 1979.624-626.

7:20-28. El sumo sacerdote de un mejor pacto

Este último párrafo del capítulo 7 deja atrás por completo a Melquisedec, hasta el punto de omitir la última línea del Salmo 110:4. La atención se centra ahora en Jesús, que se menciona en el v. 22 con gran énfasis. El párrafo debe su unidad a la inclusio ὁρκωμοσία en los vv. 20s. y 28 (Vanhoye 133s., en consonancia con Soubigou 77), y al tema común del sacerdocio de Cristo εἰς τὸν αἰῶνα (vv. 21, 24, 28). Las transiciones son habitualmente suaves: la naturaleza permanente o indestructible del sacerdocio de Cristo se mencionó brevemente en el v. 16b, y el gran tema del nuevo pacto, que dominará los capítulos 8–9, se introduce aquí solo de pasada (del mismo modo que se introdujo el tema del sumo sacerdocio en 2:17).

El párrafo puede subdividirse en tres secciones que van creciendo en importancia para el argumento, y con una extensión que proporcionalmente es cada vez mayor. (a) El argumento de los vv. 20-22 es que Dios acompañó con un juramento la declaración impactante que hizo acerca del sacerdocio de su Hijo.

Este tema no está desarrollado con tanta exhaustividad como otras referencias a los juramentos de Dios contra Israel en 3:11 (= Sal. 95:11) y la exposición que sigue, ni a Abraham en 6:13-18. (No obstante, Moule 1963-76n.2 considera más significativo el presente pasaje). (b) El estatus secundario del tema del juramento está confirmado por el desarrollo, en los vv. 23-25, de la referencia anterior al sacerdocio perpetuo de Cristo; el midrash del autor avanza hasta la última línea que se cita en el v. 21, y concluye la exposición del Salmo 110:4. (c) Los vv. 26-28 podrían analizarse desde varios puntos de vista. Podría considerarse que (i) indican un nuevo desarrollo en el argumento: el sacerdocio de Cristo es superior porque él carece de pecado; (ii) que concluyen el párrafo 7:20-28; (iii) que ofrecen un equivalente hímnico para el v. 3, aunque este himno trata acerca de Cristo, no de Melquisedec; (iv) que introducen temas (διαθήκη, ἐφάπαξ) que se desarrollarán posteriormente; y (v) que describen al sumo sacerdote que necesita la humanidad, con un lenguaje que encontrará su homólogo en 8:1-2 (τοιοῦτον ἔχομεν ἀρχιερέα). Estos puntos de vista son complementarios, no se excluyen mutuamente.

7:20. El juramento que confirma a Jesús como sumo sacerdote

El sumo sacerdocio de Cristo es superior porque está garantizado por el juramento de Dios, una palabra que en sí misma es todo un acontecimiento (G. R. Hughes 1979.20-23).

Desde el punto de vista gramatical, los vv. 20-22 constituyen una sola oración: "en razón del juramento que implicaba (el nuevo sacerdocio)... Jesús garantizaba un mejor pacto" (Bauer *s.v.* κατά, II.5.a.δ). La oración incluye, prácticamente entre paréntesis (nota acerca de la puntuación de UBS³), un contraste entre los sacerdotes levíticos (οἱ μέν), que eran ordenados sin hacerles ni tomarles ningún juramento, y Jesús (ὁ δέ), cuyo nombramiento como sumo sacerdote fue sellado por un juramento de Dios. El significado de estos versículos no se corresponde exactamente con la gramática. Al igual que en 1:4 (τοσούτῳ... ὅσῳ; cf. 3:3; 9:27), la comparación implica una razón: el sacerdocio de Jesús era superior al de la antigua dispensación porque su nombramiento supuso un juramento de Dios. El elemento comparativo, sin embargo, no debe pasarse por alto (v. 22). El paréntesis, como en 12:21, ofrece pruebas bíblicas para esta declaración —a saber, el argumento ahora familiar ex silentio (cf. vv. 3, 14) en el caso de los sacerdotes levíticos, y el Salmo 110:4a (que ahora se cita por primera y última vez) en el caso de Jesús.

Καί introduce un tema nuevo, del mismo modo que en los vv. 15, 23. Τοῦτο (es decir, el establecimiento de un nuevo sacerdocio, cf. vv. 15, 19) γίνεται debe sobrentenderse.

Χωρίς: véase 4:15; la lítote de la doble negación οὐ χωρίς (9:7***) es equivalente a una declaración positiva enérgica: "¡Cuán grande diferencia marca el hecho de que Dios prestara juramento!" (NEB). Esta traducción también pone de manifiesto la fuerza verbal de ὁρκωμοσία (vv. 21, 28), que, al igual que en 1 Esdras 8:90; cf. Ezequiel 17:18c.***, hace hincapié en el acto de prestar juramento (= ὅρκον ὀμνύω), y no en el propio juramento, ὅρκος (6:19ss.). En el griego helenístico

(Pollux 1:38; Jos. *Ant.* 16.163) ὅρκος remplaza el término clásico τὰ ὀρκωμοσία, que normalmente se refería a los sacrificios que se hacían al tomar un juramento solemne o jurar lealtad a un pacto (LSJ *s.v.* II).

Algunas traducciones inglesas, y también la NEB y la versión de Louis Segond, comienzan el v. 21 en οἱ μέν; NJB, TEV, NIV y NRSV concuerdan con el texto de la UBS = NA²⁶. (La REB combina la traducción de los vv. 20-22). En D* Ψ minn. se omite οἱ μέν… ὀρκωμοσίας por homoioteleuton. Cf. BD §250.

Γάρ introduce el contraste que se extiende hasta el final del v. 21.

Οἱ μὲν… οἱ δέ: cf. vv. 23f.; 12:10. Οἱ μέν de manera inusual denota personas a las que se hace referencia explícita, a saber, los sacerdotes levíticos (MHT 3.36; BD §250; Vanhoye 134).

Εἰσὶν… γεγονότες: el perfecto perifrástico más bien formal "denota el comienzo de un estado o condición" (BD §132); en este caso, la ordenación al estado sacerdotal. Se eligió el tiempo perfecto, por un lado, porque al autor no le interesa afirmar que el sacerdocio levítico ha dejado de operar (aunque sería peligroso sacar conclusiones de esto con respecto a la fecha de la epístola); y por otro lado, porque es el tiempo verbal adecuado para describir el ministerio permanente de Cristo en el cielo, el equivalente de la ofrenda de sí mismo que hizo una vez y para siempre en la tierra. Westcott, seguido por Braun, creía que la paráfrasis expresaba dos ideas distintas: "han sido hechos sacerdotes y actúan como sacerdotes". El uso cuidadoso de los tiempos, típico de Hebreos en general, se hace especialmente patente en este párrafo (cf. v. 23, εἰσιν γεγονότες con respecto a los sacerdotes levíticos; v. 26, κεχωρισμένος y v. 28, τετελειωμένον, ambos con respecto a Cristo).

Ἱερεῖς: el autor no hace una clara distinción entre "sacerdotes" aquí, y "sumos sacerdotes" en el v. 27 (donde "sacerdotes" resultaría más adecuado). Aquí, él escribe ἱερεῖς para establecer una correspondencia con ἱερεύς en el Salmo 110:4; y en sentido inverso, en el v. 27 ἀρχιερεῖς es un reflejo de ἀρχιερεύς en el v. 26 —el término que prefiere el autor para referirse a Cristo cuando no está comentando directamente sobre las Escrituras.

7:21. La Escritura respalda lo que acaba de decirse

Ὁ δέ (*s.c* ἱερεὺς γέγονεν); el antecedente más próximo es ἱερεὺς ἕτερος en el v. 15. La alusión a Cristo es sutilmente respetuosa, pero el significado es claro, al igual que la alusión a Dios como ὁ λέγων πρὸς αὐτόν (cf. 5:5, ὁ λαλήσας πρὸς αὐτόν). Aquí, el participio de presente podría evocar la atemporalidad de la Escritura. Πρὸς αὐτόν significa "a él" (1:8) y no "acerca de él" (1:7), por tanto, se relaciona principalmente con la última línea de la cita. Aún en el contexto inmediato, se hizo tanto hincapié en el juramento en los vv. 20-21a que lo que acapara toda la atención en la cita es su última línea. El autor tal vez está respondiendo de manera indirecta a una dificultad planteada por Éxodo 29, especialmente el v. 28 (cf. Éx. 28:29[v. 43 LXX]) con su referencia al νόμιμον αἰώνιον para Aarón y sus descendientes. El autor sugiere dos puntos de contraste entre este relato y el Salmo 110:4, y por ende, entre los dos tipos de sacerdotes a los que ellos se refieren.

En primer lugar, el sacerdocio levítico fue instituido por un simple mandato (Ex. 29:35), que es menos vinculante que un juramento (cf. Heb. 6:18); y en segundo lugar, el sacerdocio levítico es αἰώνιος, no en el sentido que normalmente se le da en Hebreos de pertenecer a un orden más elevado o celestial, sino en el sentido de tener una sucesión perpetua de sacerdotes mortales (7:23). Por el contrario, Cristo es el único que continúa fungiendo como un solo sacerdote para siempre. Cf. la reinterpretación de la frase εἰς τὸν αἰῶνα en 1 Samuel (1Re. LXX) 2:30, 35.

Ὤμοσεν: el salmista, y por ende, el autor de Hebreos, interpreta la declaración σὺ ἱερεὺς εἰς τὸν αἰῶνα como un juramento. En otros lugares del Antiguo Testamento Dios jura directamente por sí mismo, usando la fórmula ζῶ ἐγώ (Nm. 14:21 ≠ TM; 14:26; Dt. 32:40; Jer. 46[26 LXX]:18; J. Schneider en *TDNT* 5.177); Filón, *Sacr.* 28s., espiritualiza el antropomorfismo.

Κύριος obviamente es Dios; véase 1:10; cf. 10:30.

Μεταμελέω* (BD §101; O. Michel en *TDNT* 4.626-629) en ningún otro lugar del NT tiene a Dios como sujeto. En el AT, puede denotar un cambio de mente positivo (Dios "recordando su pacto", Sal. 106[105 LXX]:45) o negativo (Dios arrepintiéndose de haber hecho rey a Saúl, 1Re. 15:35), La aseveración de que Dios no cambiará de opinión no es, por tanto, una declaración abstracta acerca de su naturaleza inmutable (Argyle), sino una reafirmación de la promesa de que la persona a quien se dirigía sería sacerdote εἰς τὸν αἰῶνα; "no hay nada de lo que pueda retractarse ya ni tampoco lo hará" (Strobel).

Después de σύ, en algunos manuscritos se añade εἰ, como en el v. 17. ℵ² A D Ψ si bo^pt y el texto mayoritario se asimilan a las citas anteriores de este versículo añadiendo κατὰ τὴν τάξιν Μελχισέδεκ, pero el argumento ahora ha ido más allá de Melquisedec. La cita repetida del AT en 10:16s. también está acortada.

Véanse además Spicq 1950a; Bourgin 1958.69ss.; Linss.

7:22. El pacto superior

El análisis llega a un punto culminante que se caracteriza por un uso raro y enfático del nombre de Jesús, y a un punto de inflexión que se caracteriza por la primera aparición del término clave διαθήκη, sobre el cual se abundará desde 8:6 en adelante. Este versículo, por tanto, puede considerarse el eslabón central de una cadena que va desde "la esperanza de algo mejor" en el v. 19, pasa por el "mejor pacto" aquí y llega a Cristo como "mediador de un mejor pacto, que se basa en mejores promesas" en 8:6.

Τοσοῦτο: En ℵ² D² Ψ 𝔐 aparece el pronombre neutro ático τοσοῦτον; la confusión en los manuscritos es común (véase LSJ *s.v.*), como también con τοιοῦτο[ν], por ejemplo, en Hechos22:22 (BD §64[4]).

Διαθήκη se introduce aquí de un modo tan suave y sin énfasis que la importancia del concepto no resulta inmediatamente obvia. Se usa con tanta frecuencia en toda la sección teológica, y cerca de los puntos culminantes de los pasajes parenéticos a partir de ahí, que hay un fuerte argumento ex silentio que permite decir que el autor mantuvo reservado deliberadamente este tema hasta ahora. La supremacía personal de Cristo ya ha sido reafirmada de diversas maneras desde el principio de la epístola; pero ahora el "juramento" de Dios (vv. 20s.) también demuestra el alto valor de toda la nueva dispensación que Cristo garantiza.

El significado de διαθήκη solo puede discernirse a través del uso del término. Las asociaciones directas e indirectas del término se exponen en la tabla que aparece más adelante, de la cual pueden sacarse las siguientes conclusiones.

(1) El autor de Hebreos desarrolla el tema del nuevo pacto más detalladamente que ningún otro escritor neotestamentario, la epístola contiene poco más de la mitad de las apariciones de διαθήκη en el NT.

(2) La interacción del lenguaje comparativo y positivo resulta interesante. Al hablar del propio Jesús, por ejemplo en 3:1-6, el autor tiende a pasar con bastante rapidez de las comparaciones a los contrastes. Al referirse al nuevo pacto, el elemento comparativo es más persistente: el nuevo pacto se describe normalmente como "mejor" (implícitamente, que el antiguo), aunque también se usan términos positivos no comparativos como "verdadero" (8:2) y "eterno" (13:20; también 5:9; cf. "bueno", 13:9). Una razón para esto podría ser que el autor está invitando a sus lectores a reafirmar su estatus como pueblo del pacto, y exhortándolos a no desviarse de él.

(3) El lenguaje que se emplea en Hebreos para referirse al nuevo pacto tiene puntos de contacto con el de los demás escritores neotestamentarios y que probablemente se remonta a la tradición cristiana más antigua. Los dos términos claves son "nuevo" (καινός y νέος se emplean, al parecer, indistintamente) y "sangre", el primero expresa el contraste formal entre los pactos, el último expresa un contenido sustancial común y, en forma indirecta, la novedad sustancial del segundo pacto, por cuanto su sangre es la de Cristo. El único otro punto de contacto verbal directo entre Hebreos y otros escritos neotestamentarios es establecer una relación entre el nuevo pacto y la(s) promesa(s).

(4) Aunque el lenguaje del autor es distintivo, no es técnico ni molesto, y como resultado, es el propio término διαθήκη el que lleva el mayor peso.

(5) El autor no subestima de ningún modo el carácter distintivo del nuevo pacto; no usa, por ejemplo, como Pablo (Ro. 9:4; Gá. 4:24; Eph. 2:12), el plural διαθῆκαι.

Tabla 2: Asociaciones de διαθήκη en Hebreos

Asociaciones directas	*Asociaciones indirectas*		*Otras refs.*
καινός			Lc 22:20
8:8; (9:13), 15			1Co. 11:25
			2Co. 3:6, (14)
δεύτερος	καταπέτασμα	9:3	
12:24	σκηνή	(9:6-7)	
	regreso de Cristo	9:28	
	sacrificio de Cristo	10:9	

Asociaciones directas	*Asociaciones indirectas*		*Otras refs.*
πρώτος	σκηνή	9:2, 6, 8	
(8:7), (8:13), (9:1), 9:15,	sacrificios AT	10:9	
(9:18)			
κρείττων	el Hijo	1:4	
7:22, 8:6	σωτηρία	6:9	
	εὐλογέω	7:7	
	ἐλπίς	7:19	
	μεσίτης	8:6	
	ἐπαγγελία	8:6	Ef. 2:12
	Θυσία	9:23	
	ἐπουράνια	9:23	
	ὕπαρξεις	9:23	
	πατρίς	11:16	
	ἀνάστασις	11:35	
	Τι	11:40	
	αἷμα	12:24	
αἰώνιος	σωτηρία	5:9	
13:20	Κρίμα	6:2	
	λύτρωσις	9:12	
	πνεύμα	9:14	
	κληρονομία	9:15	
αἷμα	παιδία	2:14	Mt. 26:28
(9:18), 9:20;	ἀρχιερεύς	9:7	Mr.14:24
10:20; 13:20	animales	9:12, 14, 19, (25); 10:4; (13:11)	
	Cristo	9:12, 14; 10:19; 12:24; 13:12	
	σκεύη	9:21	
	καθαρίζω	9:22	
	πρόσχυσις	11:28	
θάνατος	Cristo	2:9, 14; 5:7; 9:15	
9:16	sacerdotes AT	7:23	
	Enoc	11:5	
	Otros	2:15; 9:16	
νεκρός		6:1; 9:14	Cf. Gá. 3:15, 17
9:17	resurrección	6:2; 11:19, 35; 13:20	
μεσίτης			
8:6; 9:15; 12:24			

Asociaciones directas	*Asociaciones indirectas*	*Otras refs.*
ἔγγυος		
7:22		
κιβωτός		
9:14	Noé 11:7	Ap. 11:9
πλάκες		
9:4		

El análisis acerca del significado y la traducción de διαθήκη se ha complicado innecesariamente por dos presuposiciones engañosas: en primer lugar, que no debemos tratar de asignarle el mismo significado al término cada vez que aparece; y en segundo lugar, que no debemos tratar de traducirlo de la misma manera (como por ejemplo, "pacto" o "testamento") en cada lugar (así lo cree Riggenbach, *Testament*). Estas presuposiciones no tienen ningún fundamento general, porque van en contra del uso normal del lenguaje. Van también en contra del uso del autor de Hebreos, tal como lo ilustra la manera en que "cambia suavemente" un significado por otro en el caso de πρός en 1:7s., y de διά en 9:11s. Además, el movimiento de su pensamiento se lleva a cabo por medio de transiciones y desarrollos graduales y no por medio de la exposición sistemática de tesis que fueron establecidas una vez y para siempre. Por tanto, es normal que su uso de διαθήκη oscile entre los significados correctamente traducidos en español como "pacto" y "testamento". Para más detalles sobre este asunto, véase 9:15-17. En el presente contexto, donde no se trata de un testamento, es suficiente citar la definición práctica de que "el διαθήκη, en la epístola a los Hebreos, es una manifestación gratuita del amor divino, institucionalizada en una 'economía' cuya estabilidad y consumación están garantizadas por una ratificación cultual, la muerte sacrificial de Cristo, y cuyo objetivo es hacer que los hombres vivan en comunión con Dios, impartirles el tesoro de la gracia y la herencia divina. Por consiguiente, καινὴ διαθήκη y τελείωσις son términos correlativos" (Spicq 1949b.23; cf. Bourgin 1958.69s.).

Γέγονεν: véase γεγονότες; aquí "esto hace a Jesús el garante..." (NRSV); menos probablemente un perfecto aorístico, "esto hizo...".

Ἔγγυος, "garante", Sirácides 29:15s.; 2 Macabeos 2:28*** con καταφυγή, cf. Hebreos 6:18; común en papiros jurídicos y de otro tipo (MM); aquí con un significado cercano a ἄγκυρα en 6:19, y al término más común μεσίτης. F. F. Bruce, seguido de Nash 114s., considera que ἔγγυος es un término más fuerte que μεσίτης, porque el ἔγγυος no era un simple intermediario, sino alguien que asumía obligaciones jurídicas relacionadas con una fianza. Sin embargo, sería sorprendente que un escritor tan cuidadoso usara primero el término más fuerte, y que luego lo dejara de lado para sustituirlo por uno más débil. Lo más probable, pues, es que los dos términos sean sinónimos y que μεσίτης conlleve el sentido no solo de "mediador" sino de "garante", y posiblemente también "testigo" (A. Oepke en *TDNT* 4.598-624, aquí 620). En caso de existir alguna diferencia, podría ser que μεσίτης se refiere principalmente a la acción pasada de Cristo en el establecimiento del nuevo pacto, y ἔγγυος a la manera en que garantiza el cumplimiento del mismo para el futuro; pero los dos aspectos no se distinguen sistemáticamente. Fuera de Hebreos, ἔγγυος no se usa en relación con pactos o acuerdos. Andriessen y Lenglet sugieren que ἔγγυος puede haber sido elegido por aliteración con γέγονεν; cf. ἐπεισαγωγή… ἐγγίζομεν en el v. 19. A diferencia de μεσίτης, ἔγγυος no está asociado particularmente con la muerte de Cristo, ni con ninguna palabra o promesa específica; el propio Jesús es la garantía que Dios da de su pacto con los seres humanos.

Véanse también Riggenbach 1908; Vos 1915-16; Spicq 1949b, 1950; Elorduy, especialmente 371-373; Vuyst; Luz; Kutsch 1973, 1977, 1978; Goppelt 1976.558f.; G. R. Hughes 1979.23f.; J. J. Hughes; D. G. Peterson 1979; Cockerill 1979.124-125; Gerleman; McCullough 1980-81 (estudio); Spicq 1982.189s. Respecto a ἔγγυος: Beavis; Grässer 1985.95-115 con respecto a διαθήκη; I. H. Marshall 1987; J. Behm en *TDNT* 2.131f.; H. Preisker en *TDNT* 2.329; Braun 217s.; H.-F. Weiss 411-415.

7:23–25. Antiguos y nuevos sacerdotes

La próxima etapa en el argumento (καί), al igual que los vv. 19 y 20-21, implica un contraste (οἱ μὲν… ὁ δέ), de la segunda parte del cual, la parte positiva, se extrae una conclusión. La idea principal permanece inalterable, a saber, que Cristo vive εἰς τὸν αἰῶνα, pero una nueva implicación de esto es que para los cristianos hay, por tanto, solamente un sumo sacerdote. No hay ningún otro punto de comparación entre Jesús y Melquisedec, como en el v. 3. Se presupone que el uno es superior a los muchos; de manera similar con los profetas y el Hijo en 1:1s., y con los sacrificios en 10:1-4, 9s. Este punto no se pone de relieve ni se desarrolla aquí; la idea implícita del único sacerdote pronto será subsumida en la del único sacrificio (7:27). (En Hebreos nunca se aplica el adjetivo εἷς a Jesús; contrástese con 1Co. 8:6; Ef. 4:5.) La estructura de los vv. 23s. no es totalmente simétrica:

²³καὶ οἱ μὲν	²⁴ὁ δὲ
πλείονές εἰσιν	
γεγονότες ἱερεῖς	[γέγονεν ἱερεύς]
διὰ τὸ θανάτῳ	διὰ τὸ μένειν
κωλύεσθαι παραμένειν	αὐτὸν εἰς τὸν αἰῶνα
	ἀπαράβατον ἔχει τὴν ἱερωσύνην

Esto sugiere que en este punto el autor se interesa más por la eternidad del sacerdocio de Cristo que por su singularidad.

7:23. Los muchos sacerdotes anteriores eran mortales

Bauer *s.v.* πολύς II.1a ofrece ejemplos de un significado positivo (no comparativo), pero traduce el texto como "la cantidad de sacerdotes que existía en épocas anteriores era mayor". Sin embargo, lo que implica el perfecto perifrástico εἰσιν γεγόνοτες, del mismo modo que en el v. 20, es en realidad que el antiguo sacerdocio todavía está vigente; el contexto no dice nada acerca de la cantidad variable de sacerdotes en diferentes períodos, y la expresión "cantidad mayor [que uno]" sería muy débil. De manera sorprendente, el BD §244 (3) relaciona este texto con 1 Corintios 15:6 y otros, en los que πλείονες significa "la mayoría"; pero este significado resultaría inconveniente aquí. Es, pues, preferible entender el adjetivo πλείονες simplemente como igual a πολλοί.

Θανάτῳ: En Hebreos no hay una teología de la muerte tan sólidamente desarrollada como la de Pablo o Juan: la muerte es a lo sumo un agente intermedio en la exaltación de Cristo (2:9, 14), y a la inversa aquí, en la frustración del sacerdocio levítico.

El sujeto de κωλύω, o su sujeto implícito en la voz pasiva, suele ser una persona, pero no siempre (Hechos 8:36, τί κωλύει;) y es probable que no lo sea aquí; por tanto, el significado es "impedido" y no "prohibido". El presente παραμένειν refuerza el significado del verbo. Este podría ser simplemente "seguir viviendo" (como tal vez en Fil. 1:25), pero aquí el contraste con el v. 24b (véase supra) sugiere el sentido más específico de "continuar en el cargo" (cf. Diod. Sic. 2.29.5; Jos. *Ant.* 9.273; MM 487-488). La yuxtaposición de παραμένειν* y μένειν (v. 24) no es exactamente un juego de palabras (como sí lo es probablemente en Fil. 1:25; cf. 1Co. 16:6); παραμένειν resulta menos adecuado cuando se trata del Cristo exaltado porque habitualmente sugiere una presencia junto a otras en el mismo nivel.

Véase Lorimer 1966-67.23s.

7:24. El sacerdocio de Cristo es para siempre

Μένειν... εἰς τὸν αἰῶνα recuerda mucho, no solo el Salmo 110:4, sino también el midrash sobre Génesis 14:17-20 en el v. 3.

La lógica del versículo depende del significado que se le dé a ἀπαράβατον***.

(1) Si se considera que en las citas del Salmo 110:4 τάξις denota un "orden" o "sucesión" de los sacerdotes melquisedianos, entonces, el v. 24 se leerá como "pero él, por cuanto permanece [siendo sacerdote] para siempre, no tendrá necesidad de dejar su cargo en manos de un sucesor" (así en TEV, Moffatt y J. B. Phillips; cf. W. M. F. Scott), y podría pensarse que πλείονες en el v. 23 se refiere a las generaciones sucesivas de (sumos) sacerdotes. La dificultad es que ἀπαράβατος no tiene este significado en ninguna otra parte (LSJ; Bauer *s.v.*). Aunque el interés de los padres griegos (Crisóstomo, Ecumenio, Teofilacto) por la sucesión episcopal influyó en su análisis de este pasaje, no es seguro que ellos definieran específicamente el término ἀπαράβατος de esta manera (Bleek, Riggenbach), como sí lo han hecho muchos modernos desde Erasmo hasta Teodorico y P. E. Hughes.

(2) Si, tal como se sugirió anteriormente, ἱερεὺς κατὰ τὴν τάξιν Μελχισέδεκ se traduce como "un sacerdote semejante a Melquisedec", entonces ἀπαράβατος puede tener su significado bien confirmado de "permanente" (NRSV) o "perpetuo" (NJB, REB, Lane); y πλείονες no tiene por qué referirse necesariamente a generaciones

de sacerdotes.

La opción (2) está mejor fundada y es más natural. El sacerdocio de Cristo, por consiguiente, pasa a ser una de las "cosas que no pueden ser conmovidas" (12:27) de las que se ocupa gran parte la epístola. La conjetura ἀμετάβατον (Lorimer 1966-67) es innecesaria.

El sentido absoluto de τὴν ἱερωσύνην (D* ἱερατείαν; cf. v. 5) sugiere que, a pešar de la singularidad del sacerdocio de Cristo, existe una sólida base común para establecer una comparación con los sacerdotes levíticos. Como de costumbre (p. ej., 2:1-6), los contrastes no tardan en aparecer, en este caso en el v. 27. Ἔχει denota duración y no específicamente el tiempo presente.

7:25. La intercesión de Cristo

El propósito del ministerio sacerdotal de Cristo es la salvación de los que se acercan a Dios por medio de él. (En el próximo versículo el autor se dirigirá específicamente a los lectores). La salvación, pues, implica acceso a Dios; en cuanto a la idea, cf. Juan 10:9 (véase 3:6).

El contraste de los vv. 23s. es completo en sí mismo; ὅθεν (2:17) καί, al igual que en 11:19**, sugiere un corolario.

Σῴζειν εἰς τὸ παντελὲς δύναται: el lenguaje no es propio de Hebreos. Σῴζω (5:7*) es más frecuente en las historias sobre milagros en los sinópticos, en Hechos se usa para referirse a la salvación por medio de la fe en Cristo, y en Pablo y Santiago, a menudo con el verbo δύναμαι (Mr. 15:31||; 10:26||; Hch. 15:1; Stgo. 1:12; cf. 1Co. 1:18). Δύναται, como en 2:18; 5:7; cf. 10:1, tiene el sentido fuerte de "tener el poder de (salvar)".

Filón, Josefo y Ælianus usan la frase εἰς τὸ παντελές la usan como sinónimo de παντελῶς; también se emplea en Lucas 13:11. Un paralelo muy estrecho es 3 Macabeos 7:16, un pasaje con muchas coincidencias verbales con Hebreos. Los judíos perseveraron μέχρι θανάτου (cf. Heb. 12:4), y disfrutaron de una liberación total (παντελῆ σωτηρίας ἀπόλαυσιν [cf. Heb. 11:25] εἰληφότες). Los sacerdotes, pues, saludan al rey ὡς πρέπον ἦν (v. 13; cf. Heb. 7:26, ἔπρεπεν), y los que ofendieron a Dios y su ley μετὰ παρρησίας (v. 12; cf. αὐθαιρέτως, v. 10; Heb. 10:26, ἑκουσίως) son destruidos. Se discute si εἰς τὸ παντελές debe interpretarse (1) en forma cualitativa, con el sentido de "completamente, plenamente, del todo", AV "hasta lo sumo"; así Bleek, el texto de la NVI, J. B. Phillips, REB, Peake, Bonsirven; o (2) en forma temporal, "para siempre" en consonancia con la vg, sir, Crisóstomo, Lutero, Calvino, *BHD*, NRSV, TEV. JB opta por (1), pero, de manera inusual, combina εἰς τὸ παντελές with δύναται: "su poder para salvar es totalmente seguro" ("absoluto" en NJB). La derivación de la palabra, y su uso en contextos como 3 Macabeos 7:16, sugiere la opción (1), pero el fuerte elemento temporal en el contexto de Hebreos (εἰς τὸν αἰῶνα *passim*, ἀπαράβατον, v. 24; πάντοτε, v. 25b) sugiere más enérgicamente la opción (2). Asi como el sacerdocio de Cristo es permanente, también lo es la salvación que él hace posible.

Προσέρχομαι, más que ἐγγίζω en el v. 19, se usa en Hebreos para referirse al hecho de acercarse a Dios en adoración; véase 4:16, τῷ θρονῷ χάριτος; 10:1; 11:6, τῷ θεῷ ; especialmente 12:18, 22; de manera similar Éxodo 16:9; Levítico 9:5 (ambos con respecto al pueblo, no solo al sacerdote); Juan 6:37; 10:9; 14:6, y sobre todo 1 Pedro 2:4; cf. también el uso de παρρησία en Hebreos (3:6). El uso de verbos que significan "acercarse" indica reverencia; pero el contraste implícito no es "acercarse a Dios, pero no directamente a su presencia" sino más bien "acercarse a Dios, desde lejos" (cf. Ef. 2:13).

Δι' αὐτοῦ, es decir, por medio de Cristo, especifica el contenido de la "esperanza" que se menciona en el v. 19.

Πάντοτε* ζῶν es una expresión adverbial causal (BD §418[1]): "puesto que él vive siempre" (NRSV) εἰς τὸ ἐντυγχάνειν ὑπὲρ αὐτῶν. Filón, *Vit. Mos.* 1.149, dice que la nación judía ofrecía una intercesión sacerdotal continua por la raza humana (cf. *Spec. Leg.* 2.163, 167; *Abr.* 98). El verbo se usa en escritos seculares para referirse a la presentación, y a veces también a la respuesta, de una solicitud o un recurso, y en textos religiosos como *BGU* I.246.12 ἰδότες ὅτι νυκτὸς καὶ ἡμέρας ἐντυγχάνω τῷ θεῷ ὑπὲρ ὑμῶν; otras referencias en MM. En cuanto a la idea, cf. παράκλητος con respecto a Jesús en 1 Juan. 2:1. Aquí y en Romanos 8:27, 34 se usa el verbo ἐντυγχάνω (al igual que ἔντευξις en 1Ti. 2:1; 4:5) con referencia a una acción en favor de otro; solo aquí y en Romanos 8:34 con Jesús como sujeto. En estos dos pasajes el lenguaje es demasiado general para determinar si se trata de una oración para pedir ayuda o perdón. Algunos pasajes parcialmente paralelos como 2:18; 4:15; 5:2, 7 sugieren el significado más inclusivo de "ayuda". En los que se menciona específicamente el perdón de pecados, como en 9:22; 10:18, dicho perdón está relacionado con el único sacrificio de Cristo y no con su intercesión continua (véase especialmente Loader 1981.110s., 144-148; de otra forma Cody 1960.198s., que identifica la intercesión con la expiación). El autor todavía no está preparado para hablar en detalle sobre el sacrificio de Cristo, y el contexto no nos autoriza a pensar que Cristo está intercediendo aquí por el perdón de los fieles; pero no hay ninguna razón lógica ni teológica por la que el autor no debiera haber relacionado el único sacrificio con la intercesión constante con tanta naturalidad como lo hace Pablo en Romanos 8:34. Cf. Laub 1980.213-215.

7:26-28. El meollo del asunto

Hay muchos indicios que hacen pensar que en estos versículos el autor se acerca a un gran punto nodal en su argumento (2:17). Para Dussaut, 7:28 marca el punto medio de la epístola, en tanto que para Vanhoye, 7:26-28 es la conclusión de toda la sección (así piensa Braun), mientras que 8:1 le dará inicio a la sección central de la estructura concéntrica de la epístola. Las características de la transición se mencionaron en la introducción a los vv. 20-28. La exposición del Salmo 110:4 (a y b) se sintetiza en un resumen que fusiona los temas más importantes del sacerdocio (5:6–7:28) y la filiación (1:1–5:5) de Cristo, e introduce el tema de su sacrificio, que predominará desde 8:1 hasta 10:18.

7:26. Necesitamos un sumo sacerdote como Jesús

Τοιοῦτος, "tal" (Bauer 2αβ; BD §240[3]) se refiere normalmente a lo que precede, y es menos fuerte que el adjetivo πηλίκος, "cuán grande" que se usa con respecto a Melquisedec en el v. 4: la supremacía de Cristo ya se demostró de manera suficiente en los capítulos anteriores. Γάρ también indica una conexión con lo anterior; en ambos casos se trata probablemente del ministerio sacerdotal de intercesión que fue el sujeto del v. 25. De manera similar, τοιοῦτον en 8:1 hará referencia a la descripción del sumo sacerdote que fue ascendido en los versículos presentes. La relación entre los dos pasajes es simplemente que: (1) necesitamos un sumo sacerdote así (7:26-28); y (2) tenemos ese tipo de sacerdote (8:1s.). Pero a pesar de estas referencias al pasado, los editores tienen derecho a iniciar aquí un nuevo párrafo. Esto está confirmado por la partícula enfática καί, que se omite en ℵ C Ψ bo m, suponiendo tal vez que τοιοῦτος debería referirse a lo que sigue.

Ἡμῖν: el primer "nosotros" desde 6:20, aparte de la mención de pasada de "nuestro Señor" en 7:14: un "nosotros" que incluye a todos los creyentes, y que se reflejará en la forma verbal ἔχομεν en 8:1b. En las secciones doctrinales incluso, el interés que muestra el autor por sus lectores no es demasiado profundo (cf. 9:24, ὑπὲρ ἡμῶν, y tal vez 9:14).

Ἔπρεπεν: aquí al igual que en 2:10*, el autor se refiere a lo que era "conveniente" que Dios hiciera o previera para la humanidad. Ese tipo de declaraciones son las conclusiones que él extrae de lo que, en su opinión, Dios ha hecho realmente. El término más fuerte δεῖ no se emplea cuando se trata de Dios, o de Cristo, salvo en una condición irreal (9:26); cf. οὐκ ἔχει ἀνάγκην con respecto a Jesús, v. 27. El presente versículo y 2:10 se complementan mutuamente; convenía que los seres humanos tuvieran un salvador (ἀρχηγὸς τῆς σωτηρίας) que participara de su naturaleza humana y que experimentara la tentación y la muerte que ellos experimentan (cap. 2), y que, al mismo tiempo, fuera un sumo sacerdote eterno y perfecto que intercede en los cielos. La conveniencia aquí es la del estado exaltado de Cristo, y no la de la encarnación. En el v. 27 se expondrá con más detalle por qué el sumo sacerdocio de Cristo "conviene" más que el de los sacerdotes levíticos.

Ἀρχιερεύς (2:17): el autor se desplaza con naturalidad al título supremo a medida que se aleja de la exposición del Salmo 110:4; el título se repite enfáticamente en los vv. 27s., 8:1, 3 mientras se acerca al tema de lo que Cristo hizo y hace como sumo sacerdote.

La descripción que sigue es la del Cristo exaltado, sin embargo, no hay contradicción con su vida sin pecado en la tierra (4:15). Ὅσιος* (normalmente en la LXX = *qōḏeš*) denota una cualidad de piedad o devoción a Dios (o a dioses paganos); a Cristo se le llama el ὅσιος de Dios en Hechos 2:27; 13:35 = Salmo 16:10; ὅσιος se usa en Tito 1:8 con referencia a los obispos (y al igual que aquí y en otros lugares, en una serie de cualidades). Ὅσιος, pues, es diferente de ἅγιος, y denota la condición del que está apartado del mal y para Dios, un concepto equivalente en su aspecto negativo a κεχωρισμένος ἀπὸ τῶν ἁμαρτωλῶν más adelante. Ἄκακος (Ro. 16:18**; W. Grundmann en *TDNT* 3.482) es un término general que indica ausencia de culpa o malicia. Suele usarse para referirse a Job, junto con ἀληθινός y ἄμεμπτος (Job 2:3); en cuanto a la idea, cf. 1 Pedro 2:22 = Isaías 53:9. Los comentaristas a partir de Bengel consideran que aquí se refiere a la relación de Cristo con los seres humanos, pero esto resulta menos adecuado en un pasaje que alude a su estado exaltado. Ἀμίαντος se usa para referirse a la pureza moral, y a menudo sexual (13:4; Stg. 1:27; Sab. 3:13; 8:21); pero se emplea de un modo más amplio en 1 Pedro 1:4 en relación con la "herencia" cristiana; cf. Sabiduría 4:2; y en 2 Macabeos 14:36; 15:34*** se usa con respecto al templo. Cristo como sumo sacerdote no se ve afectado por ninguna descalificación. Ἀμίαντος normalmente se distingue de ἄμωμος (9:14) por cuanto denota ausencia de moral y no de una mancha física, pero el autor aplica indistintamente ambos adjetivos a Cristo.

Κεχωρισμένος ἀπὸ τῶν ἁμαρτωλῶν (12:3*), en este punto de la serie, puede indicar (1) que Cristo es moralmente diferente de los pecadores (como señalaron los adjetivos anteriores) y (2) que su exaltación lo ha separado (tiempo perfecto) permanentemente de ellos. Bauer (*s.v.* χωρίζω, 2c) combina ambas opciones y da fe de (1), que es menos común; en cuanto a la idea, cf. Salmo 1:1; Sirácides 11:9; 13:7; Sabiduría 4:10; Apocalipsis 21:27; 22:3-5. Braun insiste con razón en la fuerza local del lenguaje. Pero este tipo de distanciamiento de los pecadores no implica que sea incapaz de ayudarlos (cf. 4:15; 5:7s.). La falta de interés que por lo general muestra el autor en las tradiciones rabínicas hace poco probable que haya estado pensando en la semana de retiro que pasaba el sumo sacerdote antes del día de la Expiación (*Yoma* 1:1; S-B 3.696).

Ὑψηλότερος** τῶν οὐρανῶν γενόμενος (7:12): con respecto a las implicaciones cosmológicas, 1:3; 4:14; Dey 185-214; Johnsson 1978. Para el autor no constituye ningún problema en considerar que Dios y Cristo están en el cielo (8:1; 9:23s.; 12:23; cf. 12:25) o sobre el cielo o los cielos, como también en forma implícita en 4:14; cf. 12:26 = Hageo 2:6 y aquí. Ni aquí ni en ningún otro pasaje (1:10; 4:14) hace especulaciones sobre una pluralidad de cielos; contrástese con lo que se lee en el tratado del Nag Hammadi que lleva por título "Melquisedec" (IX, 1) 7:17-19, "[la] raza del sumo sacerdote [que está] por encima.... [miríadas] de las miríadas de los eones"; cf. 17.9s. Γενόμενος podría implicar la acción de Dios; pero también sugiere, de manera más enérgica, el momento en el que, por medio de su sacrificio, Cristo comenzó su ministerio celestial como sumo sacerdote (v. 27).

Véanse Schierse 1955; N. H. Young 1973a.199-211; Zimmermann 1977.79-86.

7:27. Cristo se ofreció a sí mismo una vez y para siempre

Este versículo marca un paso decisivo adelante: así como Jesús es único, también lo es su ofrenda (ἐφάπαξ), es decir, la ofrenda de sí mismo en la muerte (9:11; cf. 9:25).

La estructura del versículo parece clara. (1) Los sumos sacerdotes levíticos están obligados a ofrecer sacrificios diarios, primero, por sus propios pecados y luego, por los del pueblo. (2) Cristo no está obligado a hacer eso porque ya lo hizo una vez para siempre, cuando se ofreció a sí mismo en sacrificio. Sin embargo, el versículo presenta dos problemas.

En primer lugar, a la luz del contexto (cf. también 5:3), es casi seguro que τοῦτο no se refiere a todo el punto (1), sino solo al sacrificio por los pecados del pueblo.

En segundo lugar, y más difícil, es el problema de decidir a qué se refiere la frase καθ' ἡμέραν. Por un lado, es una frase extraña para aplicarla al ministerio celestial de Cristo, que es continuo y no repetitivo (y, ¿qué significaría "cada día" en el cielo?). Por otro lado, los sumos sacerdotes levíticos terrenales no tomaban parte normalmente en el sacrificio diario, que, de todas formas, era simplemente el *tāmîḏ* u ofrenda vegetal (Lv. 6:19s.; cf. Sir. 45:14, καθ' ἡμέραν... δίς), y no una ofrenda por el pecado.

El autor sabe muy bien que el día de expiación, en el que el sumo sacerdote ofrecía primero por sí mismo y luego por los demás (Lv. 16:6, 9), era un acontecimiento anual (9:7, 25; 10:1, 3; cf. Lv. 16:2, 29s.). Entre los intentos que se han hecho para esclarecer la confusión se encuentran los siguientes: (a) καθ' ἡμέραν se ha entendido como "en cualquier día en particular", pero esta es apenas una traducción posible del griego. (b) La frase se ha tomado como un error al traducir la expresión hebrea *yōmā' yōm* "en cualquier día de (expiación)" (Biesenthal), pero la hipótesis de un original hebreo para la epístola se ha descartado ahora casi en todas partes, y de todos modos, el argumento no resulta convincente. (c) Haciendo hincapié en ἔχει... ἀναγκήν, es posible lograr que el versículo implique que los sacerdotes levíticos sentían diariamente la necesidad de sacrificar por sus propios pecados, aunque en realidad no lo hacían. Esto obviamente está forzado; las palabras no hacen ese hincapié en el texto. (d) Καθ' ἡμέραν se aplica solo a Cristo, no a los sumos sacerdotes levíticos (Riggenbach, Westcott, y otros), y transmite el sentido de que "Cristo no estaba diariamente obligado a sacrificar, como sí lo estaban los sumos sacerdotes", lo cual es posible aunque algo forzado: sin embargo, no puede hacerse demasiado hincapié en el orden de las palabras (así piensa Schmitz 277s., en consonancia con Bleek). (e) Williamson 177-180 se opone de manera convincente a la idea de que el autor de Hebreos haya sido influenciado por la declaración de Filón (*Spec. Leg.* 3.131) de que el sumo sacerdote ofrecía oraciones y sacrificios καθ' ἑκάστην ἡμέραν. Lane, sin embargo, cree que Hebreos podría reflejar la misma tradición de que Aarón tenía que ofrecer diariamente sacrificios por él mismo y por el pueblo. La tradición, tal como la transmite Filón, no dice, empero, que el sumo sacerdote sacrificara por sus propios pecados (Attridge). (f) Lo más probable, al parecer, es que el autor estuviera interesado en la teología del sacrificio, y específicamente en la importancia del día de expiación, y no en los detalles de la liturgia del templo (9:4), y que asimilara el significado y el ritual diario al del festival anual, y diera por sentado que el sumo sacerdote, al igual que los demás sacerdotes, oficiaba en todos ellos. (g) Esta explicación general puede ser confirmada por medio de la referencia a Números 28-29 en la LXX, en la cual las ofrendas diarias (28:3-8) le dan inicio a una serie que culmina (29:7-38) con los sacrificios del mes séptimo, e incluye (vv. 7-11) el día de expiación. Es posible que las fórmulas repetidas τῇ ἡμέρᾳ τῇ δευτέρᾳ etc. (vv. 17, 20, etc.) sugirieran la frase καθ' ἡμέραν; la misma frase exactamente que se usa en relación con el sacrificio en Números 4:16. En lo que respecta al argumento de Hebreos, καθ' ἡμέραν marca un contraste más fuerte con ἐφάπαξ que el que marcaría la frase ἅπαξ τοῦ ἐνιαυτοῦ de Éxodo 30:10, que aparece de nuevo en Hebreos 9:7. En 323 945 *pc* se resuelve el problema con la lectura οἱ ἱερεῖς; en D* aparece ὁ ἀρχιερεύς.

En Hebreos se usa el término ἀνάγκη para referirse a una necesidad teológica (véase 7:12; 9:23) y jurídica (9:16)*; aquí a la primera.

Πρότερον (4:6)... ἔπειτα (v. 2); cf. Éxodo 29:38s.; Números 28:3s., con respecto a la ofrenda "continua" de dos corderos que se ofrecía diariamente, uno por la mañana y el otro por la tarde.

En lugar de θυσίας, en D P 639 *pc* r vg^mss se lee θυσίαν, pero tal vez sin ninguna diferencia en el significado (un sacrificio por el sacerdote y uno por el pueblo).

Ὑπὲρ τῶν ἰδίων ἁμαρτιῶν: 5:3; Levítico 16:6, 11 (becerro); τῶν τοῦ λαοῦ (macho cabrío), Levítico 16:15.

Τοῦτο γάρ: la expiación por el pueblo, sin hacer distinción entre Israel y la comunidad cristiana.

Ἀναφέρειν: "llevar" (al altar, e implícitamente a Dios), de ahí, el término "sacrificio". El infinitivo de presente, que indica repetición a lo largo de un período, contrasta con el aoristo ἀνενέγκας, (v. 27b; cf. 9:28; 1Pe. 2:24) con respecto al único sacrificio de Cristo; también 13:15* con respecto al sacrificio de alabanza de los cristianos. En lugar del término mejor atestiguado ἀνενέγκας, en א A I 33 365 *pc* sir^h mg aparece el término más común προσενέγκας (5:1), que se usa en el mismo sentido, y también alternando con ἀναφέρω en 9:28; cf. 10:12. En Isaías 53:4 LXX se lee simplemente φέρει.

Ἐφάπαξ (9:12; 10:10; Ro. 6:10; 1Co. 15:6**) es la forma más fuerte de ἅπαξ (6:4), ambos términos se usan de manera característica en Hebreos con respecto al sacrificio de Cristo. Véase G. Stählin en *TDNT* 1.381-384.

Cristo se sacrificó a sí mismo (ἑαυτόν; también 9:14; cf. 9:25); en cuanto a la idea, cf. 1 Pedro 2:24. El lenguaje relacionado con la ofrenda de sí mismo es propio de Hebreos, pero está implícito en la confesión primitiva de que Jesús "se dio a sí mismo" o "murió" por nuestros pecados (Gá. 1:4; 1Co. 15:3).

No es necesario, como sí ocurre en WH, poner entre paréntesis τοῦτο... ἀνενέγκας, porque la cláusula es una parte integral de la oración anterior y el v. 28 no sigue directamente a la primera parte del versículo.

7:28. El Hijo es sumo sacerdote para siempre

Es poco lo que esto dice que no haya sido desarrollado en otros lugares de la epístola, pero sí ofrece una densa concentración de temas pasados y presentes, tal como puede concluirse a partir de las referencias a algunos pasajes relacionados que se indican más adelante. El contraste (cf. 19, 20s., 23s.) es claro:

cf.	v. 28a	v. 28b	cf.
7:5	ὁ νόμος	ὁ λόγος δὲ τῆς ὁρκωμοσίας	7:20s.
		τῆς μετὰ τὸν νόμον	7:18; 4:7s.
7:8;	ἀνθώπους	υἱὸν	
5:1; 8:3	καθίστησεν	[καθίστησεν]	7:12
	ἀρχιερεῖς	[ἀρχιερέα]	
7:8, 16, 19	ἔχοντες ἀσθενείαν	εἰς τὸν αἰῶνα τετελειωμένον	2:10; 5:9

Hay varios puntos que salen a relucir de esta comparación. La ley se contempla, como siempre en Hebreos, en su aspecto cultual, como ineficaz y en principio remplazada, aunque mantiene su propia autoridad en su propia época. Ambas dispensaciones tienen en común que establecen un sumo sacerdocio; la diferencia entre ellas radica en el tipo de sumo sacerdote establecido por cada una. En este contexto, los sumos sacerdotes viejos se consideran ineficaces porque son débiles, es decir, están sujetos a la enfermedad y a la muerte; mientras que Cristo es exaltado para siempre. Esto no impide que el autor afirme en otros lugares la propia humanidad de Jesús (2:10-18) y su debilidad (5:2). Es por la debilidad de su muerte sacrificial que Cristo, en calidad de sumo sacerdote, hará posible que otros alcancen la meta de su acceso perfecto y permanente a Dios (10:14; 11:40; 12:23). Τετελειωμένον probablemente tiene aquí asociaciones adicionales con la ordenación; cf. Éxodo 19:9. Resulta llamativo el obvio remplazo de ἀρχιερέα por υἱόν en la alusión al Salmo 110:4b; aunque "sumo sacerdote" sigue estando implícito, tal como se sugirió anteriormente. El presente texto podría parafrasearse diciendo: "El juramento [de Dios] establece [como sumo sacerdote] para siempre a aquel que [ya] tiene el estatus de Hijo [de Dios]". Véase Vanhoye 134-136, 267. Como ya se indicó en 5:5s., es el mismo Dios que ordenó como sumo sacerdote para siempre al que eternamente es Hijo suyo.

CUMPLIMIENTO (8:1–9:28)

Las referencias a la primera persona del plural en esta sección doctrinal son escasas. Ἔχομεν en 8:1 sigue el hilo del ἡμῖν de 7:26, pero no se hace especial hincapié en él. El argumento es que los cristianos ciertamente tienen el sumo sacerdote que deben tener; pero este paso adelante apenas constituye un avance importante. Por otra parte, el ἡμῶν en 9:14 tampoco comporta ningún enfasis; lo que se pone de relieve, al igual que en 10:10, es la obra de Cristo.

La exploración doctrinal, no obstante, se lleva a cabo en beneficio de los lectores, y además de las pocas referencias explícitas a "nosotros", este interés aparece implícito en 9:8s., 28. No es hasta la parénesis de 10:19-39, en la que predominan las referencias a la primera y a la segunda persona del plural, que el interés pastoral del autor reaparecerá con toda su fuerza. Por el momento, se mantiene en reserva.

Lane reproduce el análisis de Vanhoye de esta sección (Vanhoye 1959a; Vanhoye 139-161), que puede presentarse en una forma modificada de la siguiente manera:

Introducción (8:1-2)

1	El santuario terrenal y su ministerio (8:3-6)	1'	El santuario celestial y su ministerio (9:24-28)
2	El primer pacto (8:7-13)	2'	El nuevo pacto (9:15-23)
3	La adoración de acuerdo con la antigua ordenanza (9:1-10)	3'	La adoración de acuerdo con la nueva ordenanza (9:11-14)

Lane señala que desde un punto de vista diferente, 8:1-13 "establece un contexto para el análisis de la adoración cultual y el pacto en 9:1-10 y 9:11-28" (203).

Respecto a los capítulos 8–10, véanse Leonard 1939.379-384; Muntingh; Vanhoye 1980.194-235; Vanhoye 286, cf. 138ss.; Gourges 1976; D. G. Peterson 1979; Dussaut 66ss.; cf. Leonard 1939.379ss.

8:1-6. El ministerio celestial de Cristo

El texto de UBS refleja la opinión generalizada (TEV, NIV, REB, Attridge) de que estos versículos constituyen un párrafo diferente, definido formalmente por la inclusio λειτουργός/λειτουργία (vv. 2, 6), y en cuanto al contenido, por el tema del ministerio celestial de Cristo. Resulta menos satisfactorio comenzar un nuevo párrafo después del v. 5 (NJB, Spicq, Lane), ignorando la inclusio, o después del v. 7, como en la (N)RSV; véase la introducción a 8:7-13.

Hay menos consenso en cuanto a la coherencia interna de 8:1-6: para algunos (Michel; cf. Spicq SB sobre el v. 5), consiste en gran medida de una serie de nuevos comienzos, mientras que otros, incluyendo a Riggenbach, intentan darle a cada una de las partículas conectivas toda su fuerza. Zimmermann 1977.111s. atribuye la supuesta desigualdad a una combinación de material tradicional y de redacción. La evaluación completa de la estructura del párrafo dependerá del análisis detallado que aparece más adelante; pero, en términos generales, podría considerarse que las aparentes interrupciones en el argumento se derivan de la reticencia del autor a declarar explícitamente etapas en el argumento que podrían deducirse con facilidad.

Casi todo el material en este párrafo puede presentarse de manera provisional en función de un doble contraste, que consiste de declaraciones positivas y negativas con respecto a Jesús, por un lado, y a los sacerdotes levíticos, por el otro:

Jesús		Sacerdotes levíticos	
+	-	+	-
Tenemos un sumo sacerdote en el santuario verdadero puesto por Dios,	no por hombre (vv. 1-2)	Todo sumo sacerdote ofrece sacrificios (v. 3a) [*tertium comparationis*]	
Jesús, por tanto, tiene que ofrecer un sacrificio (v. 3b).	Pero no podría ser sacerdote en la tierra,	Puesto que los puestos del sacerdocio levítico están ocupados (v. 4).	Ministran solo en un santuario que no es más que una sombra (Ex. 25:40) (v. 5)
Pero el ministerio de Cristo tiene un fundamento mejor (v. 6).			

Algunos puntos se desprenden del balance y la posición de estas declaraciones. En primer lugar, en esta sección se hace más hincapié en el ministerio de Jesús que en el de los sacerdotes levíticos. No hace falta decir que en los dos párrafos que siguen (8:7-13; 9:1-10) el autor muestra más interés por el antiguo pacto y sus instituciones, y no es hasta 9:11 (Χριστὸς δέ) que la obra de Cristo vuelve a ocupar por completo el centro del escenario. En segundo lugar, como por ejemplo en 3:1-6, los elementos de contraste se destacan más que los elementos de comparación positiva. En tercer lugar, el contraste tiene que ver principalmente con el lugar (cielo/tierra); los elementos temporales no se destacan en esta sección (véase el comentario sobre σκία, v. 5, y νυν[ί], v. 6), en tanto que los vv. 7-13 están unidos por el contraste entre el primer/antiguo pacto y el segundo/nuevo pacto. Pero, en cuarto lugar, el contraste se basa en una relación positiva entre la realidad o τύπος , por una parte, y la ὑπόδειγμα, o σκία ἀντίτυπος (9:24) por la otra (Vanhoye 1980.194-204; Loader 1981.19, 148-150).

La amplia estructura lógica de este párrafo podría, pues, resumirse como un silogismo con las desviaciones necesarias, de la siguiente manera:

- la premisa mayor: Jesús es un sumo sacerdote (v. 1).
- la premisa menor: Jesús no puede ser sacerdote en la tierra (v. 4).
- conclusión: tiene que ser un sumo sacerdote en el cielo (v. 6).

Pero todo este argumento se anticipa en los vv. 1-2; el v. 3 corrobora la premisa mayor al referirse a la función sacerdotal del sacrificio; y el v. 5 introduce, con el apoyo de las Escrituras, el tema de que el tabernáculo terrenal no es simplemente lo contrario del celestial, sino su copia.

8:1. Tenemos un sumo sacerdote en el cielo

El rasgo más llamativo de este versículo es una clara repetición de 1:3 en las palabras ἐκάθισεν ἐν δεξιᾷ... τῆς μεγαλωσύνης ἐν τοῖς οὐρανοῖς (1:3, ἐν ὑψηλοῖς; así aquí 33 vg[mss] Eusebio por asimilación; 365 *pc* οὐρανίοις). La expresión de lenguaje es tradicional, y evoca posiblemente un himno primitivo, y de todas maneras el Salmo 110:4. Sin embargo, existe una diferencia significativa entre 1:3 y el presente versículo. En 1:3, el sujeto es Jesús como Hijo; aquí, a la luz de la exposición del argumento hasta final del capítulo 7, el sujeto es Jesús como sumo sacerdote. Por tanto, 7:27 y 8:1 están unidos por una especie de interpenetración: en 7:28, donde esperamos leer "sumo sacerdote", encontramos "Hijo", y en 8:1 encontramos lo inverso. Aquí, al igual que en 5:5-6, el mensaje es este: el que ya conocemos como Hijo de Dios también debemos reconocer ahora como nuestro sumo sacerdote. Ni aquí ni en 1:3 hay ningún contraste entre la acción de Cristo (el aoristo ἐκάθισεν) de sentarse a la diestra de Dios, y una posición de pie (Hch. 7:55) que implicaría una acción continua; pero véase 10:11s.

Κεφάλαιον δὲ ἐπὶ τοῖς λεγομένοις: esta frase cumple una doble función. Por un lado, indica que el autor, después del análisis detallado en el capítulo 7, regresa al tema general de su argumento. Por otro lado, marca el punto de partida de una nueva etapa en ese argumento, en la que el autor va a explorar lo que Jesús está haciendo ahora a la diestra de Dios. Κεφάλαιον, por ende, significa "punto principal" (así aparece en la mayoría de los comentarios y traducciones; Williamson 123-129), y no "resumen" (F. F. Bruce; cf. Phillips) ni "culminación" (F. Field 227s.). La presentación de un resumen que no avanza en nada el argumento va en contra de la forma de escribir del autor; hacia el final de la oración, habrá completado la transición del sacerdocio de Cristo a su sacrificio, y de ese modo, habrá anunciado el tema central de 8:1–10:18. Es probable, por tanto, que δέ no sea simplemente una partícula general de transición (Bauer 2), sino más bien, una indicación de que el discurso se reanuda después de una interrupción (Bauer 3), o más exactamente una elaboración subordinada, como las que aparecen impresas en los libros modernos con un tipo de letra más pequeño o en una nota. Ἐπί + el caso dativo significa aquí "en, de, acerca de, con respecto a" (así en TEV, NJB, NIV, Attridge), y no "además de" (BD §235[3]; Lane). El participio de presente se refiere estrictamente a "lo que estamos diciendo" acerca del sacerdocio y el sacrificio de Cristo, no solo a "lo que se ha dicho" (τῶν εἰρημένων).

Τοιοῦτον… ἀρχιερέα hace recordar la construcción τοιοῦτος… ἀρχιερεύς en 7:26. Al igual que en 7:26, τοιοῦτος se refiere principalmente a la descripción anterior del sumo sacerdote (BD §290[3]), aunque en ambos casos el título se mantiene en reserva hasta que llegue una coyuntura en la que pueda constituir el punto de partida para una descripción más completa. El resto del versículo evoca el contenido de 1:3 y anticipa lo que se leerá en 12:2, donde el significado que se le otorga a la frase τῆς μεγαλωσύνης es simplemente τοῦ θεοῦ. Ni aquí ni en 12:2, y tampoco, de hecho, en 4:14, se le da al término "trono" ningún significado independiente: es simplemente el lugar de la presencia de Dios en el cielo. (En 3:7–4:11 el autor no lo identificó con el κατάπαυσις o reposo de Dios). No hay tampoco ninguna diferencia significativa entre ἐν τοῖς οὐρανοῖς aquí (cf. 1:3; 9:23; 12:23) y la idea de la exaltación de Cristo "sobre los cielos" (7:26; cf. 4:14); la imaginería es flexible, y el autor evita cualquier especulación cosmológica detallada por ser ajena a su propósito. Véanse Moule 1950; S. L. Johnson; Hofius 1972; G. W. McRae; D'Angelo 202-258; Attridge 1986.

8:2. El lugar del ministerio de Cristo es un santuario celestial

Τῶν ἁγίων: En Hebreos, al igual que en la LXX, se usan indistintamente los términos τὰ ἅγια (9:2, 8, 12, 24s.; 10:19; 13:11; cf. Jdt. 4:12; 16:20; 1Mac. 3:43, 59, etc.) y τὸ ἅγιον (9:1 con κοσμικόν; cf. Nn. 3:38; Ez. 44:27; 45:18; 1Mac. 10:42) para referirse al "santuario". Ni el sentido general de "las cosas santas" (Lutero) ni el masculino "los santos" (Cirilo, Alcuino de York, Teodoreto con reservas) se adapta al contexto, ni al uso en Hebreos en otros lugares, Ἅγια se entiende mejor como un sinónimo de σκηνή, con respecto al cual véase más adelante.

Λειτουργός (1:7*), al igual que sus cognados λειτουργικός (1:14*), λειτουργία (8:6; 9:21*), y λειτουργέω (10:11*; cf. Éx. 28:35-43; 29:30; 35:19), tiene varios significados seculares. Λειτουργός se usa en Josué 1:1 con respecto a la relación de Josué con Moisés, y en Filipenses 2:25 con respecto a la relación de Epafrodito con Pablo. En Hebreos, empero, se usa siempre en contextos cultuales, ya sea para referirse a los ángeles (1:7, cf. v. 14), a la adoración en el tabernáculo del desierto (cf. 9:21; 10:11), o (como aquí y en 8:6) al ministerio de Cristo. Esto refleja el interés general del autor de Hebreos por la adoración, pero se acerca también al uso en la LXX; cf. especialmente el Salmo 103(102):21, λειτουργοὶ αὐτοῦ [τοῦ κυρίου] ποιοῦντες τὰ θελήματα αὐτοῦ, con un significado cercano al del Salmo 40(39):6-8, que se cita en Hebreos 10:5-7; y Nehemías 10:39; Isaías 61:6; Jeremías 22:21; Sirácides 7:20, donde, tal como implica el presente versículo, los λειτουργοί se identifican con los sacerdotes. No hay ninguna base para la sugerencia de W. F. Albright que cita Buchanan, de que δημιουργός, con el sentido de "intercesor", o algún otro sinónimo de λειτουργός, aparecía originalmente en el texto después de καί.

Καὶ τῆς σκηνῆς τῆς ἀληθινῆς. Aparte de 11:9, donde tiene el significado literal de "tienda", el término σκηνή se usa en Hebreos para referirse a un lugar de culto, ya sea celestial, como aquí y en 9:11, o terrenal, bajo la dispensación mosaica (8:5; 9:8, 21; 13:10). En cuando al aspecto terrenal las referencias son probablemente al tabernáculo portátil del período del éxodo, tal como se describe en el Pentateuco, aunque el nombre completo ἡ σκηνὴ τοῦ μαρτυρίου no se usa en Hebreos. Tampoco se usan en Hebreos los nombres ἱερόν (raro en la LXX fuera de los libros deuterocanónicos; frecuente en los evangelios y Hechos; y en el resto del NT, solo en 1Co. 9:13) o ναός (no aparece en el Pentateuco, por lo demás es frecuente en la Biblia griega), ni se muestra ningún interés por el templo permanente posterior (13:10). En 9:2, 6 (cf. v. 3), aunque probablemente en ningún otro lugar, la frase ἡ πρώτη σκηνή se usa para referirse a la primera parte, o parte anterior, del tabernáculo del desierto. En el presente versículo, el artículo antes de σκηνῆς indica que se trata de una información que se da por sentada: "el conocido tabernáculo bíblico"; el orden de las palabras, y el artículo repetido de τῆς σκηνῆς τῆς ἀληθινῆς, tienen por objeto dar énfasis. Σκηνή se emplea muy a menudo en los libros históricos en la LXX y en los Salmos, de manera especial σκηνή τοῦ μαρτυρίου desde Génesis hasta Números; en el NT fuera de Hebreos se emplea en escasas ocasiones y casi siempre para referirse a un lugar de culto, ya sea en la tierra (Mr. 9:5||; Hch. 7:43s., cf. Am. 5:26; Hch. 15:16 = Am. 9:11) o en el cielo (Lc. 16:9; Ap. 13:6; 15:5 con ναός; 21:3); no es usado por Pablo ni se encuentra en las demás epístolas. En Jeremías 17:12, σκηνή se usa, al parecer, como una perífrasis de Dios. Véanse Dibelius 1956; Lach; Giles 1973.191-202; W. Michaelis en *TDNT* 7.374-381. Aquí y en 9:24, ἀληθινός denota el tabernáculo celestial arquetípico del cual el tabernáculo terrenal mosaico (9:1) es solo una copia (v. 5) (en 10:22*, ἀληθινός significa "sincero"). Este uso de ἀληθινός (Louw-Nida 70.3) hace recordar una faceta del uso joánico (p. ej., 1:9; 4:23); pero en Juan el contraste es menos marcado entre la realidad celestial y su reflejo terrenal que entre lo verdadero y lo falso, entre el verdadero Dios y los ídolos (1Jn. 5:20), el culto verdadero y el que, en el mejor de los casos, es imperfecto (Jn. 4:23) (cf.

el buen pastor y el asalariado, Jn. 10:11-13; Juan no emplea los términos σκία, ὑπόδειγμα [salvo como "ejemplo" en 13:15] ni de hecho σκηνή). En Hebreos no aparece el adjetivo ἀληθής.

Aunque desde el punto de vista histórico el tabernáculo del desierto era forzosamente una estructura temporal y portátil, en Hebreos no se hace hincapié en esta característica, tal vez porque está subsumida en la convicción más amplia de que todo lo que se relaciona con el antiguo pacto está próximo a desaparecer (8:13). En Hebreos tampoco se usa σκηνή ni σκηνόω para referirse a la residencia temporal de Jesús en la tierra en su condición de hombre (Jn. 1:14), ni al establecimiento en la tierra, en los últimos días, de un σκηνή de origen celestial (Ap. 21:3). Una razón para esto podría ser que, a pesar de que el autor comparte una tradición primitiva común con respecto al regreso de Jesús (9:28) y al juicio final (10:25), su interés principal y peculiar tiene que ver con la exaltación de Cristo a la diestra de Dios, y las consecuencias de esto para los creyentes (véase 1:6a; 2:5).

"El verdadero tabernáculo" es una descripción más específica de τὰ ἅγια. La conjunción καί es casi seguro epexegética; las traducciones modernas tienden a omitirla (NVI, REB), o hacen explícita su función epexegética traduciéndola como "es decir" (Phillips, TEV). El intento de H. Koester (1962.309) de hacer una distinción entre τὰ ἅγια como "el santuario del cielo" y el σκηνή como un término que denota las regiones celestiales intermedias no cuenta con el apoyo del contexto, ni del uso general en Hebreos (así lo cree P. E. Hughes 188s.). Westcott considera que σκηνή es más general que τὰ ἅγια, que, en su opinión, "se refiere especialmente a lo que en 9:3 se le llama ἅγια ἁγίων". Esta interpretación podría constituir la base de la traducción de la TEV como "el lugar santísimo", pero no es acompañada por otras traducciones a los idiomas más comunes, y al parecer, no hay ninguna razón convincente para pensar aquí que se trata del sentido más restringido de τὰ ἅγια. Tal como comenta el propio Westcott: "... no puede forzarse ninguna distinción local con respecto al antitipo celestial (arquetipo)".

Ἢν ἔπηξεν ὁ κύριος es una clara alusión verbal a Números. 24:6 LXX, donde las tiendas de Israel son comparadas, entre otras cosas por su belleza, con σκηναί, ἃς ἔπηξεν κύριος. Πήγνυμι** se usa en Números 24:6 de manera literal, para referirse a la erección de una tienda. La referencia más amplia en Hebreos a la creación de un σκηνή celestial se anticipa en la LXX, donde se usa el verbo πήγνυμι con respecto a la acción de Dios al extender los cielos (Is. 42:5), y describe el cielo como una tienda (Is. 40:22; cf. Herm. *Vis*.1.3, 4). El cambio del plural σκηναί por el singular es necesario para el argumento de Hebreos. No implica ninguna distorsión seria del significado del texto del AT, puesto que las σκηναίς erigidas por el Señor, difícilmente pudieran ser tiendas ordinarias. El uso de este texto, tomado de un pasaje por el que el autor de Hebreos muestra especial interés (véase 1:2; 6:6), implica una continuidad que subyace tras el contraste entre el antiguo pacto y el nuevo. "El Señor" en esta alusión es Dios, tanto para Hebreos como en el contexto veterotestamentario; la afirmación de A. T. Hanson de que se trata del Cristo preexistente es poco convincente, al igual que el esfuerzo de J. Swetnam por distinguir entre κύριος como Dios, y ὁ κύριος como Jesús (solamente en 𝔓⁴⁶ se omite el artículo en el presente versículo). Resulta innecesariamente complicado imaginar a Jesús ministrando —y como de pasada en 9:11— en un tabernáculo que él mismo había erigido. La adición de οὐκ ἄνθρωπος, que aparece en 𝔓⁴⁶ ℵ* B D 33 1739 *pc* (καί οὐκ, ℵ² A Ψ lat syr 𝔐), sinónimo de οὐ χειροποίητα, 9:11, 24), evoca en el presente contexto un contraste con Moisés (v. 5; cf. Éx. 33:7), pero puede haber una referencia secundaria al σκηνή [ἡ] ἔπηξεν... Δαυιδ (1Cr. 16:1; véase 1:5b). Es menos probable que ἄνθρωπος sea prestado de Números 24:7 (Buchanan).

Si 8:2 estuviera solo, con su contexto inmediato, la σκηνή difícilmente podría entenderse como algo diferente del santuario celestial en el que, desde su exaltación, Cristo ministra en la presencia misma de Dios. Y nada en este pasaje animaría al lector a distinguir entre el santuario y el propio cielo (9:24). La identificación de la σκηνή con la naturaleza humana de Cristo (cf. Jn. 2:21s.) es anormal aquí, y depende de traer a este versículo una interpretación de 9:11 que de por sí resulta dudosa. La interpretación alternativa de la σκηνή como la iglesia, el cuerpo de Cristo, exigiría importar de Pablo una imagen que de otro modo no aparecería en Hebreos. Véanse P. E. Hughes 283-290; Sabourin 1968a, 1971; McKelvey; Pretorio 1971; Laub 1980.203-207.

8:3. La función de todo sumo sacerdote es ofrecer sacrificios

En los vv. 1-2 se ha dicho que Cristo ejerce su ministerio como sumo sacerdote en el cielo. El v. 3 inicia un argumento que concluirá en el v. 6 para apoyar esta declaración. Eso es lo que sugiere la conjunción γάρ: que no conecta el v. 3 con el v. 2. El v. 3 sienta la base común sobre la que se elaborarán la condición irreal de los vv. 4-5, y la declaración fáctica contrastante del v. 6. Por tanto, el v. 3a establece, y el v. 3b aplica a Cristo, una regla general que el escritor probablemente esperaba que sus lectores aceptaran sin dudar como parte de la definición de sacerdote. No es necesario presuponer (como sí hacen Schille 1955.91 y Zimmermann 1977; Braun discrepa con reservas, y Attridge de un modo más definitivo) la existencia de una fuente subyacente, a la que Zimmermann atribuye los vv. 1 (?) y 4.

El versículo casi por completo es una recapitulación. En el v. 3a, lo que se dice de los sumos sacerdotes levíticos es una repetición casi textual de 5:1: πᾶς γὰρ ἀρχιερεὺς... καθίσταται... ἵνα προσφέρῃ δῶρά τε καὶ θυσίας ὑπὲρ ἁμαρτιῶν; cf. πᾶς μὲν ἱερεὺς, 10:11 (texto de UBS). Aquí, la frase ὑπὲρ ἁμαρτιῶν se reserva para el v. 12, el punto culminante de la cita de Jeremías 31 (tal como confirma Heb. 10:17s.). Aquí, al igual que en 5:1 y en otros lugares, lo que se dice de los sumos sacerdotes del AT puede decirse igualmente de los sacerdotes. Ἀρχιερεύς se elige, como de costumbre, por ser el nombre preferido del autor para Cristo, pero incluso cuando se aplica a él es un título de dignidad absoluta y no un simple rango comparativo. Hay otros hijos además del Hijo (2:10), pero no hay otros sacerdotes subordinados a Cristo como sumo sacerdote. En el v. 3b se extrae una conclusión específica (ὅθεν, 2:17) de la regla general que se estableció en el v. 3a. Ἀναγκαῖον* hace recordar el término ἀνάγκης en 7:27; pero aquí implica más bien una necesidad lógica, al igual que ἐξ ἀνάγκης en 7:12, y ἀνάγκη οὖν en 9:23. Este significado de ἀνάγκη y otros términos cognados fue confirmado ya en la época clásica (Aristóteles, *Met.* 1064^b.33); los escritores del NT ignoran la personificación poética de Ἀνάγκη como el Destino (LSJ 2d). Después de ἀναγκαῖον, debe sobrentenderse ἐστίν (*necesse est* en vg, Riggenbach, Moffatt, Michel, Attridge, NRSV, texto de NEB, NJB, TEV), o más probablemente ἦν (Bleek, citando la frase *necesse fuit* de Beza, Westcott, Bruce con dudas, cf. Vanhoye 1959, citado por Lane, nota de NEB, NIV); Braun y la REB ("de ahí que este también tuviera algo que ofrecer") evitan una decisión.

El lenguaje del v. 3b es notablemente restringido. El pronombre indefinido τι le resta importancia al sacrificio de sí mismo que ofreció Cristo porque acaba de mencionarse en 7:27 y es demasiado importante para que aquí se mencione solo de pasada. El autor desarrollará este tema de manera detallada en el capítulo 9 (especialmente el v. 12; cf. v. 25). El pronombre demostrativo τοῦτον está sobrecargado y da a entender claramente "este sumo sacerdote", y por tanto, toda la cláusula implica: "de lo cual se deduce que para que Jesús sea sumo sacerdote, él también (καί) debe haber tenido un sacrificio que ofrecer". El aoristo deliberativo de subjuntivo προσενέγκη, en contraste con el presente

προσφέρειν (11:17), implica el único sacrificio de Cristo. La expresión en Phillips 1947, 1958 "este hombre tiene algo que ofrece" fue criticada por Bruce (en su primera edición [1964]), y corregida y remplazada en Phillips 1972 por "debe tener algo que ofrecer" (así Westcott, P. E. Hughes, Vanhoye 1980.195). Sin embargo, no se hace hincapié en el único sacrificio de Cristo, como sí se hizo en 7:27, y se hará in 9:12, 25-28; 10:11-13. La construcción clásica habría sido ὅτι προσενέγκη, o el futuro (BD §379, cf. §§368, 392 [2]; MHT 3.109, 117).

Loader (1981.148-150) ofrece otra interpretación de este versículo. Él cree que no tiene nada que ver con el sacrificio de Jesús en la cruz, sino "muy probablemente" con su ministerio continuo de intercesión, y posiblemente un sacrificio de alabanza con la comunidad cristiana, como en 13:15s. (δι' αὐτοῦ). Esto exige que προσενέγκη se interprete como nómico, se sobrentienda el verbo ἐστίν, y que τι... ὃ προσενέγκη tenga el sentido general de "él debe estar activo como sumo sacerdote". (Loader admite que τι plantea "el problema más grande" para esta interpretación). Por tanto, en contraste con 5:1 se evita deliberadamente la frase ὑπὲρ ἁμαρτιῶν. El problema surge, como dice el propio Loader, porque "los detalles de la actividad celestial no se ponen de relieve en el capítulo 8". La ambivalencia resultante dificulta la posibilidad de excluir por completo la interpretación alternativa de Loader; el contexto inmediato (vv. 1-6) habla de un solo acto (ἐκάθισεν, v. 1) que tiene consecuencias eternas (τέτυχεν, v. 6). No obstante, si se tiene en cuenta la contundente alusión al sacrificio de Cristo en 7:27, que se explica extensamente en el capítulo 9, es preferible considerar que προσενέγκη se refiere, al menos en primer lugar, al sacrificio de Cristo; el verbo προσφέρω normalmente se refiere al sacrificio en Hebreos (Swetnam 1981.121s.). Sin embargo, Loader tiene razón al insistir en que no hay duda, ni aquí ni en ningún otro pasaje de Hebreos, de que el sacrificio de Cristo esté teniendo lugar en el cielo continuamente (así lo cree Kuss 1952.197s., con Brinkmann, en contra de Esteve).

8:4. Jesús no puede ministrar en la Tierra

Este versículo, como sugiere la conjunción lógica οὖν, da un paso más en el argumento general (Bauer 2b) con la introducción de su premisa menor (véase 8:1-6): Jesús es sin duda un sumo sacerdote, pero según la ley, está excluido del sacerdocio terrenal. Esta proposición, tan frecuente en Hebreos (4:8), adopta la forma de una condición contraria a los hechos (οὐδ᾽ ἄν**) (BD §360), y abre un contraste con la realidad que va a expresarse en el v. 6 (εἰ μὲν... νυν[ὶ] δέ). En lugar de εἰ μὲν οὖν (𝔓⁴⁶ ℵ A B D*² P 33 *pc* latt bo; cf. Hch. 19:38; 25:11; Heb. 7:11), en D¹ Ψ 𝔐 se lee εἰ μὲν γάρ (cf. 2Co. 11:4); véase Zuntz 203.

Al tratar de determinar el sentido exacto del v. 4a (to ἱερεύς), surgen dos dificultades. La primera y la más grave es la de evaluar el significado del cambio de ἀρχιερεύς en el v. 3 por ἱερεύς aquí (donde en 31 37 93 116 se lee ἀρχιερεύς por asimilación). En otros lugares el autor no hace hincapié en esta distinción; por ejemplo, traduce ἱερεύς en el Salmo 110:4 como ἀρχιερεύς, sin detenerse a explicar o justificar esta transición. No obstante, οὐδέ en este contexto debe significar "ni siquiera" (NEB) o "no... en absoluto" (REB), y no simplemente "no" (NVI). Parece, pues, necesario admitir, en este texto, la presencia de un elemento de contraste entre sacerdote y sumo sacerdote; aunque dicho elemento, en lugar de tener algún significado teológico, se limita a facilitar la ampliación del argumento para incluir la totalidad del culto terrenal y sus ministros. El antecedente implícito del primer ἦν es, por tanto, οὗτος (v. 3b) ἀρχιερεύς, y la expresión se entendería como: "Si este sumo sacerdote estuviese en la tierra, ni siquiera sería sacerdote...".

La segunda dificultad tiene que ver con el significado de las dos apariciones de ἦν. El tiempo imperfecto en las condiciones irreales es ambiguo en cuanto al marco temporal (BD §360[3]), y por esa razón, la traducción de NEB, "ahora bien, si hubiera estado en la tierra, ni siquiera habría sido sacerdote" (así lo cree Attridge) resulta gramaticalmente posible. Pero eso va en contra del contexto por cuanto excluye, al menos aparentemente, el ministerio actual de Cristo, y también podría malinterpretarse y pensar que significa que Jesús nunca "estuvo en la tierra". Por consiguiente, la mayor parte de las versiones lo traducen como: "si estuviese en la tierra, ni siquiera sería sacerdote" (REB, NJB; de manera similar RSV, TEV, NVI, Esteve 67, Braun). Al igual que en 12:25, ἐπὶ γῆς significa "en la tierra" (Louw-Nida 1.39), a diferencia de "en el cielo"; no en Israel como en 11:13, aunque el escritor de Hebreos no se muestra interesado por las formas ajenas de culto. El argumento presupone, no declara, que Dios no puede establecer dos instituciones sacerdotales en competencia (Spicq SB 137).

El genitivo absoluto regular (BD §423) ὄντων τῶν προσφερόντων se refiere claramente a los sacerdotes levíticos; en D¹ si y el texto mayoritario de hecho se añade τῶν ἱερέων (en Ψ ἑτέρων). Resulta peligroso sacar conclusiones acerca de la fecha de Hebreos (como hacen, p. ej., P. E. Hugues y Strobel) basándose en el uso del tiempo presente aquí y en otros lugares (5:1; 7:28; 8:3); al autor le interesa más lo que está en el texto veterotestamentario que la práctica habitual (así opina Zimmermann 1977.113).

Τὰ δῶρα: la frase καὶ αἱ θυσίαι se omite para evitar una repetición innecesaria, y el artículo se refiere al sustantivo δῶρα en el v. 3. No hay ningún contraste inmediato con los sacrificios no mosaicos, que habrían exigido la construcción τὰ κατὰ νόμον δῶρα. Κατὰ νόμον apunta sin duda a un contraste más amplio, que se prepara en el v. 5 y se expone en los vv. 6ss., entre los dos pactos bajo los cuales se ofrecen sacrificios diferentes. En cuanto a la lectura κατὰ τὸν νόμον en ℵ² D Ψ 𝔐, 7:5; no implica ninguna diferencia en el significado.

Νόμος en Hebreos (cf. 10:8, véase 7:5) se refiere a los aspectos cultuales de la ley mosaica. Sin embargo, no hay ninguna razón para ver aquí una polémica contra un sacerdocio contemporáneo rival como el de Qumrán. En el contexto inmediato, la frase κατὰ νόμον tiene un sentido positivo: el ministerio de los sacerdotes levíticos está debidamente regulado por la Torá, en contraste con algunos ministerios no autorizados como los de Coré, Datán y Abiram, por los que el autor de Hebreos muestra cierto interés (12:2, 21, 25s., 29; cf. Nm. 16, especialmente el v. 40; 18:7; Pr. 21:27, παρανόμως προσφέρουσιν). Las prescripciones de la ley mosaica son válidas según las condiciones que ella misma fija y esas condiciones excluían a Jesús, que no era levita (7:14), del sacerdocio. La lectura κατὰ τὸν νόμον (ℵ² D Ψ 𝔐; cf. 7:5, 19, 28) hace explícita la referencia a la ley mosaica. Véase Clark 1959-60.275s.

8:5. El tabernáculo terrenal es una copia del celestial

Οἵτινες (véase 2:3)* (Bauer 2b; BD §293) indica un desarrollo de lo que se acaba de decir acerca de los sacerdotes levíticos, a los que se hace referencia de manera indefinida en el v. 4b, "una especie de inserción" (Braun).

Ὑπόδειγμα y σκία deben tomarse como sinónimos. Este hecho, y el contexto, excluyen (1) para ὑπόδειγμα la acepción más común de ejemplo moral, ya sea en sentido positivo para imitarlo (Jn. 13:15; Stg. 5:1 = παράδειγμα), o en sentido negativo para evitarlo (Heb. 4:11; 2Pe. 2:6); y (2) para σκία el significado literal de sombra física (Mr. 4:32; Hch. 5:15), y el significado ampliado de "sombra de muerte" (Mt. 4:16 = Is. 9:1; Lc. 1:79). En Hebreos 10:1, en un contexto escatológico, al igual que en Colosenses 2:17**, σκία τῶν μελλόντων tiene un sentido temporal: "anunciando las cosas que vendrán". En el presente pasaje, los elementos temporales son menos obvios que la comparación territorial y el contraste entre el tabernáculo celestial y el terrenal; por tanto, σκία se refiere a una "sombra" metafórica, que está vinculada al cuerpo sólido, copia terrenal de las realidades celestiales, o tal vez un bosquejo de ellas, como en Ezequiel 42:15. Véase Blumenthal; Amsler 115s.; Katz 1952.525; Eltester; E. K. Lee 167-169; Hurst 1983.

Λατρεύω y λατρεία se usan en el NT con un sentido cultual (para los significados seculares, véase LSJ *s. v.* λατρεία 1, λατρεύω 1, 2). El caso dativo se emplea respecto al lugar donde se rinde la adoración (como aquí), o al objeto de adoración (9:14). El contexto muestra si estos términos denotan la actividad de los sacerdotes (aquí y en 9:6; 13:10), o de los adoradores en general (9:1, 14; 10:2; 12:28). Λατρεύω, pues, se diferencia de λειτουργέω y otros términos cognados (véase 1:7; 8:2, 6), que en Hebreos siempre se refieren a los sacerdotes. Véase Louw-Nida 53.13s.

Καθώς no indica una comparación real: tal como a menudo ocurre cuando va seguido de verbos relacionados con la redacción (especialmente, καθὼς γέγραπται, Mr. 1:2 etc.) o con la expresión oral (Heb. 3:7), aquí también introduce un apoyo bíblico para un argumento.

Fuera de la Biblia griega, χρηματίζω es un término jurídico que denota la promulgación de una ley o un edicto; por tanto, (1) una advertencia (2) dada por autoridad divina (como en 12:25), especialmente por medio de un oráculo y (3) por extensión, ser llamado o llevar un nombre (LSJ III.1, 2; Bauer 2; Louw-Nida 33.127; Hch. 11:26; Ro. 7:3). En el NT predomina la voz pasiva, respecto a una revelación divina (como en Heb. 11:7*), una enseñanza (como aquí) o una advertencia que le es dada a una persona: la expresión "fue instruido por Dios" en la REB explicita esta idea. La elección de este término por parte del autor puede haber sido influenciada por la relativa frecuencia con la que aparece en Jeremías (8x, dos veces con dudas; 2x en otras partes de la LXX), que no tardará en citar.

En cuanto a Moisés véase 3:2; μέλλω: 1:14; σκηνή: 8:2.

Ἐπιτελέω puede referirse a un objeto, como aquí, o a una acción, como 9:6*. En ningún caso debe forzarse la idea de compleción (τέλος). En el contexto veterotestamentario, las palabras que se citan de Éxodo 25:40 forman parte de las instrucciones que se dieron mucho antes que Moisés comenzara la edificación del tabernáculo (Éx. 35:10ss.), por tanto, "erigir" es la traducción más adecuada. Ἐπιτελέω, no obstante, se usa con frecuencia en 1 Esdras para referirse a la terminación de un edificio. La cita es introducida por φησίν*, que implica, igual que χρηματίζω, que Dios va a hablar, como confirma la cita; menos probablemente "dice (la Escritura)"; A. T. Hanson (1965.90) alega de manera poco convincente que el sujeto implícito es el Cristo preexistente.

El texto de la cita concuerda con la LXX con una variación posible y otra más cierta. El adjetivo πάντα puede haber estado presente en el texto de la LXX (confirmado en F 19 minn. bo Cirilo 1/3 Ireneo; Katz 1957.83) que usó el autor, o bien, puede haber sido añadido por él. Si lo primero es cierto, está de acuerdo con una tendencia general de la LXX a añadir πάντα donde no aparece en el TM (Schröger 160). Si lo segundo es válido, πάντα puede haber sido tomado prestado de Éxodo 25:9 (v. 8 LXX), para dar énfasis (como en Filón, *Leg. All.* 3.102), o más probablemente, para indicar un resumen de Éxodo 25. En general, es bastante más probable que πάντα haya sido añadido por el autor. Véanse K. J. Thomas 1959.163; Schreiner 386; G. Bertram en *TDNT* 5.889.

La variación más cierta es la de δεδειγμένον, con el peso de la tradición de los manuscritos de la LXX, por δειχθέντα. La variación puede interpretarse como un cambio en la perspectiva temporal (para Hebreos, la erección del tabernáculo mosaico es un acontecimiento totalmente pasado), o como una indicación delicada de que "la tienda" carece de toda importancia en la actualidad" (K. J. Thomas 1959.98). La segunda explicación, si bien contiene un elemento de especulación, no es imposible; y las dos explicaciones no son incompatibles. Braun coincide con Ahlborn, Schröger 159s. en la creencia de que δειχθέντα procede de una tradición de Orígenes de la LXX. En cuanto a δείκνυμι*, véase H. Schlier en *TDNT* 2.25-27.

El objetivo de la cita es demostrar a partir de la propia Escritura que el tabernáculo mosaico, y por ende, todo el culto veterotestamentario, no era más que una copia de la realidad celestial. No es necesario buscar en este texto algún tipo de doctrina platónica o filónica general de ideas arquetípicas: la comparación se limita a los σκηναί terrenal y celestial, y estos no se espiritualizan como en Filón (Williamson 142-159, 557-570). De todos modos, no hay necesidad de atribuirle influencias platónicas a la idea de un edificio en la tierra que refleja un homólogo celestial, porque existen analogías en el judaísmo y aun anteriores en otras partes del antiguo Cercano Oriente. Con respecto a la idea de un templo celestial, cf. Ezequiel 40–48; Sabiduría 9:8 (el templo de Salomón y su altar como un μίμημα σκηνῆς ἁγίας ἣν προητοίμασας ἀπ' ἀρχῆς); *Jubileos* 31:34; *1 Enoc* 90:28s.; 1QSb 4:24ss.; Marcos 14:58; indirectamente Juan 2:19-21; Hageo 1:2b; S-B 3.852; para paralelismos babilónicos, véase *Enuma elish* 3.61, 119, 131 (otras referencias en Bruce y Spicq). Es una complicación innecesaria buscar en Hebreos, como han hecho Bleek y otros, la idea de que Dios le mostró a Moisés un τύπος* (en el sentido de "modelo") que no era más que una copia de una realidad celestial. Esta interpretación errónea surge del intento de tratar a τύπος como un término técnico que debe tener el mismo significado en todos los contextos. Por el contrario, lo que a Moisés se le mostró constituye un τύπος por el simple hecho de que Dios le ordenó que lo copiara. Se supone que la copia es inferior al original (v. 6).

El autor de Hebreos, fiel a su costumbre, parece haber interpretado este texto veterotestamentario en su contexto, como ya sugirió la adición de πάντα. El pasaje de Éxodo 25:10-40 se resume en forma drástica en Hebreos 9:1-5, y Éxodo 24:8 se cita en Hebreos 9:20. No obstante, las suposiciones cristianas del autor lo llevan, al igual que en 3:1-6, a invertir el sentido original del texto (Schröger 161f.; McCullough 1972). En su contexto veterotestamentario, la declaración es positiva: el culto mosaico es superior a cualquier otra forma de adoración porque es una réplica de las realidades celestiales que le fueron reveladas a Moisés. Aunque en Hebreos los términos que significan "solo/solamente" se han evitado con tacto y eficacia hasta este punto, lo que el texto del AT significa es que el culto mosaico está subordinado a la esfera celestial en la que Cristo ejerce ahora su ministerio sacerdotal. El tacto del autor, al dirigirse a lectores que aparentemente tenían el culto del AT en alta estima, parece contrastar más claramente con el ataque de Esteban contra el templo como un símbolo de la apostasía de Israel desde la época del tabernáculo del éxodo (Hch. 7:44ss.).

8:6. El ministerio de Cristo forma parte de un orden nuevo y mejor

El principal interés del autor en este capítulo hasta aquí (8:1-6) ha girado en torno al contraste casi territorial entre el tabernáculo terrenal y el celestial; el presente versículo lleva este argumento a su conclusión. La función principal de νυν[ì] δὲ (2:8) es, por tanto, indicar el contraste con lo que se dijo en los vv. 4s. (εἰ μὲν οὖν…); así, pues, en RSV "pero tal como es"; de manera similar, en TEV; REB "pero de hecho". Sin embargo, en vista del contraste que sigue entre el primer pacto y el segundo (v. 7, cf. v. 13; 9:1), no puede excluirse por completo un elemento temporal. En lugar de νυνί, en $\mathfrak{P}^{46}$ א B D* aparece el adverbio menos enfático νῦ; en el NT a νυνί siempre le sigue δέ. La NJB, al igual que Spicq, comienza aquí un nuevo párrafo y no en el v. 7; pero esto destruye la conexión entre los vv. 4s. (μέ) y 6 (σέ).

La estructura del versículo hace recordar la de 1:4 (cf. 3:3; 7:20-22), del mismo modo que 8:1 hizo recordar 1:3. (En cuanto a la lógica de estas oraciones, véase Linss). 1:4 y 8:6 también son complementarios en lo que respecta al contenido: así como Jesús recibió de Dios un "nombre" más excelente (sin especificar, pero en el contexto inmediato es el de Hijo), así también ahora ha obtenido un ministerio sacerdotal superior. Es cierto que el contraste en 1:3 es con los ángeles, y aquí con los sacerdotes levíticos, pero ambos tienen que ver con el culto; ambos fueron constituidos en sus ministerios, implícitamente, por un don de Dios (cf. 5:5s.); ambos están relacionados con la exaltación de Cristo; ambos tienen consecuencias eternas expresadas en el tiempo perfecto (κεκληρονόμηκεν, 1:4; τέτυχεν aquí).

Fundamentalmente, la comparación es entre el ministerio sacerdotal de Cristo, por un lado, y el (nuevo) pacto, por el otro; el segundo término adquiere una dimensión más amplia por la referencia a "mejores promesas". Häring 1921 (262-264) se pregunta si el ministerio, el pacto o las promesas son lo más importante en el pensamiento del autor. Pero esa pregunta no puede responderse basándose simplemente en la estructura gramatical de la oración. No obstante, esta estructura, de hecho, sí refleja el equilibrio del contexto más amplio. En este, el ministerio sacerdotal de Jesús ocupa el primer lugar, por cuanto el nuevo pacto rara vez, por no decir nunca, se menciona sin una referencia, normalmente explícita (7:22; 9:15; 12:24; 13:20; cf. 10:24), a la obra de Cristo. El concepto del nuevo pacto está coordinado (ὅσῳ καί...) con el del sacerdocio de Cristo, y demuestra que no es un fenómeno aislado sino parte de la reorganización total por parte de Dios de sus tratos con su pueblo. Tanto aquí como en 7:20-22, el estatus de Jesús en relación con el nuevo pacto no es arbitrario ni accidental; es por un nombramiento divino confirmado en las Escrituras. Dentro de esta reorganización, las promesas divinas ocupan un papel esencial aunque subordinado.

Esta visión general del argumento está respaldada por el hecho de que aunque la referencia a la λειτουργία es información antigua (cf. λειτουργός, v. 2), y las referencias a las promesas de Dios aparecen en toda la epístola a partir de 4:1, μεσίτης (9:15; 12:24*) es un término nuevo (cf. μεσιτεύω, 6:17**); el concepto clave del pacto, introducido en forma preliminar en 7:22, comienza ahora a explorarse con todo detalle.

Τυγχάνω (11:35*): el sustantivo τύχη, fortuna, sorprendentemente no es muy raro en la Biblia griega (Gn. 30:11; Is. 65:11 en sentido peyorativo; 2Mac. 7:37 A*; Lc. 10:31 D). La idea de incertidumbre se extiende a algunos usos de τυγχάνω (p. ej., 1Co. 14:10; 15:37; 16:6), pero aquí, el verbo indica de manera neutral el estatus que Jesús ha llegado a tener en relación con el nuevo pacto, sin expresar explícitamente ningún esfuerzo por parte de Cristo, y sugiriendo, solo a través del contexto, la acción de Dios (como también sucede aunque más enérgicamente en Lc. 20:35; Hch. 26:22; 2Ti. 2:10). El verbo casi siempre indica algo bueno.

En D* K 326 2495 se omite καί, como en la mayoría de las traducciones. La conjunción aquí significa "también", e introduce la segunda mitad de la comparación *a fortiori/qal waḥomer*; menos probablemente "un pacto aún mayor" (Attridge).

Μεσίτης, al igual que su sinónimo jurídico ἔγγυος, aparece en Hebreos solo en las referencias al segundo pacto, y se describe unas veces como "mejor" (p. ej., aquí; cf. 7:22) y otras como "nuevo" (καινή, 9:15; νέα, 12:24). Por tanto, el significado de διαθήκη es más relevante para una definición de μεσίτης en Hebreos que en el uso secular, en el que predomina el concepto de arbitraje. En Hebreos, al igual que en otros lugares de la Biblia, el pacto, ya sea el antiguo o el nuevo, no es un acuerdo, negociación o contrato en el que intervienen dos partes, para el cual podría necesitarse un árbitro; es un don unilateral de parte de Dios. Con excepción de una variante en 2 (4) Reyes 17:15, συνθήκη no se usa en la traducción de la LXX del canon hebreo para referirse al pacto de Dios con su pueblo. Incluso en Filón (*Vit. Mos.* 2.166), "lo que está en juego en la obra de un μεσίτης es algo muy diferente de una decisión neutral entre partes. Es una apelación ante una instancia superior" (A. Oepke en *TDNT* 5.602). En Hebreos, la mediación de Cristo se considera igualmente unilateral. Él es un intermediario de Dios para los seres humanos; aunque su acción a favor de la humanidad en relación con Dios forma parte de su ministerio sacerdotal, se describe con otros términos. (En *Test. Dan* 6:2, a un ángel que intercede se le llama mediador entre Dios y los hombres). *BHD*, sin embargo, traduce: "él.... une a Dios y a los seres humanos por un pacto más estrecho". Algunas referencias posteriores a Cristo como μεσίτης (9:15; 12:24*) aludirán a su muerte, pero a esta etapa del argumento no se ha llegado todavía. Μεσίτης se usa con respecto a Moisés en Gálatas 3:19 (cf. v. 20) y con respecto a Cristo en 1 Timoteo 2:5**.

Κρείττων, en este contexto, como es usual en Hebreos (1:4), se refiere a la dispensación cristiana, y aquí específicamente a su origen divino (Baarlink).

Νομοθετέω hace referencia a la base legal del antiguo pacto (7:11) y del nuevo (8:6)**. "Legal", por tanto, debe entenderse aquí en un sentido más amplio que el de las disposiciones específicas de la Torá, que, como acaba de mostrar la cita en el v. 5, indica la inferioridad del antiguo pacto. Sin embargo, la referencia aquí sigue siendo a la voluntad de Dios expresada en la Escritura, las ideas de la ley natural son totalmente ajenas al contexto.

Ἐπαγγελίαι (véase 4:1), como la base del nuevo pacto, plantea dos interrogantes. En primer lugar, ¿es la referencia a las propias promesas o a lo que se promete? La referencia principal aquí, al parecer, es a una declaración solemne de Dios, como en 1:5; 5:5, 2-12; 6:13; 7:21; 12:26 (ἐπήγγελται). Los beneficios concedidos por anticipado en estas promesas no se hacen claramente patentes en este punto, aunque esto no es ajeno al pensamiento del otro en otros lugares (11:15s.; 12:28). Efrén, Teodoreto y otros comentaristas griegos explican que el nuevo pacto es "mejor" porque promete beneficios celestiales y no terrenales.

Esto plantea el segundo interrogante: ¿De qué promesas se trata? La referencia más natural es a la cita que sigue de Jeremías 31:31-34, que, por lo demás, podría hablar extensamente por sí misma. El plural "promesas" sugiere una referencia secundaria. Es poco probable que se trate del Salmo 110:4, instituyendo a Cristo como sumo sacerdote, porque esa etapa del argumento ya quedó atrás, y porque ese texto no hace alusión al pacto. Una referencia secundaria más probable es a Éxodo 24:8, que se cita en 9:20 y que sí alude al pacto. La única dificultad que podría existir para considerar que Jeremías 31:31-34 es la promesa principal a la que se hace referencia es que este texto no se presenta como una promesa sino como una queja divina (μεμφόμενος, v. 8). Pero la dificultad es solo aparente: una condenación del pueblo de Dios en el período del AT es el equivalente necesario de una promesa para la nueva dispensación; un argumento similar al que se explica en 3:7–4:13 está claramente implícito en 8:7 (cf. Ro. 11:7-24).

8:7. La imperfección del primer pacto da lugar a un segundo pacto

Γάρ relaciona los vv. 7-13 con los vv. 1-6, por tanto, aquí se impone un nuevo párrafo, como en NA²⁶, REB, TEV, NVI, RVA, RVR95, TLA. Ἐκείνη también se refiere, en este caso, aparte de la referencia al segundo pacto en el v. 6, a las actividades cultuales del primero que se describen en los vv. 1-5.

Tras hacer descrito el nuevo pacto con cierto énfasis como "mejor" (v. 6), el autor se prepara para justificar esta declaración a partir de la escritura (vv. 8-12). El presente versículo, en consecuencia, es poco enfático, y aun su tono es vacilante. Se hace referencia a los pactos de manera neutral como "primero" y "segundo"; la descripción del primero como "(no) sin defecto" es leve si se compara con el v. 13, o incluso con 7:11. El término sin artículo δευτέρας, "un segundo (pacto)", también señala una nueva etapa en el argumento. Πρῶτος se usa en sentido temporal, con respecto al pacto, en 8:13; 9:1, 15, 18; al antiguo tabernáculo en general, 9:8; a su parte externa, 9:2; 6, con δεύτερος, 9:3, 7; πρῶτος* y δεύτερος como "primero" y "último", 10:9; ἐκ δευτέρου,* 9:28. Véase W. Michaelis en *TDNT* 6.865-868.

Al igual que en 4:8, y recientemente en 8:4, εἰ... ἦν indica una condición contraria al hecho (véase 4:8; BD §360[4]), de manera que con ἄμεμπτος y οὐκ ἄν... ἐζητεῖτο, la sentencia en efecto contiene una triple negativa, que podría simplificarse como "si el primer pacto fuera perfecto". Los verbos hacen referencia a una situación que todavía existía, aunque a punto de desaparecer (v. 13), y por tanto, deben entenderse como formas del pretérito indefinido y no del pluscuamperfecto. Así opinan Bleek, Riggenbach, Michel, Braun y Attridge, en contra de la vg, Westcott (para el primer verbo), NRSV, REB, TEV, NJB, NIV, LBLA, NTV, RVC, NVI y Lane. (En cuanto a la tendencia de los traductores a imponer en el texto una visión del judaísmo como algo pasado, cf. la traducción común de ἐπιζητεῖ en Ro. 11:7 como un pretérito; *BHD* es una honorable excepción).

Ἄμεμπτος: "el culto no era insuficiente por ser un sistema sacrificial, sino porque su sistema sacrificial era imperfecto" (W. Manson 128s.). En otras partes de la Biblia griega, ἄμεμπτος se usa en referencia a personas (Fil. 2:15 con ἀκέραιος y ἄμωμος; 1Ts. 3:13, ἐν ἁγιωσύνῃ), y especialmente a la devoción a la Torá (Lc. 1:6; Fil. 3:6**; a menudo con relación a Job, p. ej., Job 1:1). En el griego secular ἄμεμπτος se usa a veces con respecto a cosas, con el sentido de "perfecto en su especie" (LSJ). En la LXX no se usa para referirse a los animales "sin defecto", el término que comúnmente se emplea para describirlos es ἄμωμος (Nm. 19:2; 28:3, 9, 11; 29:17, 26; cf. Lv. 22:21, 23 con respecto a los sacerdotes). La cita siguiente, sobre todo el v. 9c, sugiere que ἄμεμπτος aquí es un epíteto que se transfiere implícitamente del pacto a los que se preocupan por guardarlo. Calvino pensaba que tanto el pacto como los que se sujetan a él están condenados; Wescott creía que no hay condenación para la ley; y Spicq SB sugiere que μεμφόμενος en el v. 8 reafirma "con más precisión" lo que se dijo en el v. 7. Esta opinión se ve respaldada (1) por la orden γίνου ἄμεμπτος (Gn. 17:1), que Dios le dio a Abraham antes de establecer el pacto con él; y (2) por el uso de μεμφόμενος con un complemento personal en el v. 8. Ya en el presente versículo, se da a entender que la crítica procede de Dios.

En lugar de δευτέρας, en B* se lee ἑτέρας por omisión de dos letras, remplazadas por un corrector. Zuntz 41 comenta con energía que esta lectura es "increíble en el contexto"; sin embargo, las pruebas a favor de δευτέρας (cf. 10:9) son abrumadoras.

El significado exacto de ἐζητεῖτο τόπος es difícil de determinar. Algunos significados posibles incluyen los siguientes: (1) "La gente no buscaría un texto (τόπος, cf. Lc. 4:17; Bauer 2a), como Jeremías 31, que habla de un segundo pacto". Esto es algo forzado e innecesariamente específico. (2) "Mientras el primer pacto funcionaba de manera efectiva, no había lugar (metafóricamente) para un segundo pacto". Este significado está apoyado por la idea de 8:4, y le otorga a τόπος un sentido prácticamente igual al de χρεία en 7:11, donde el argumento es similar. Fue adoptado por Bauer *s.v.* τόπος, 1s, NJB, NEB, Phillips, TEV y Attridge; en Bauer (ET), seguido por REB, Lane, se lee "no *hay* ocasión". Las dificultades son las siguientes: (a) que este significado para τόπος no está confirmado, y (b) que debilita el sentido de ἐζητεῖτο. (3) Es, pues, posible adoptar una traducción ampliada, como por ejemplo, "... Israel no habría estado buscando la oportunidad (12:17) de establecer un nuevo pacto, del que Jeremías había hablado". (4) Ἐζητεῖτο, sin embargo, podría ser una forma pasiva para evitar referirse a Dios, con un imperfecto de conato (BD §326) que refuerce el significado del verbo. En este caso, el sentido será: "Si el primer pacto no hubiera sido defectuoso, Dios no habría buscado una ocasión para establecer un segundo pacto". Esto está sólidamente respaldado por la cita que sigue, que habla enteramente de la iniciativa de Dios.

8:8-12. En el Antiguo Testamento también se habla de un nuevo pacto

Esta es la cita más larga en el Nuevo Testamento (Jer. 31[]38 LXX):31-34), cabría, pues, esperar que el comentario en torno a ella sea igualmente extenso. Sin embargo, los únicos comentarios en el contexto inmediato son (1) que en este pasaje el Señor le encuentra defectos al pueblo del primer pacto (v. 8a); (2) que el hecho de llamar "nuevo" al segundo pacto da a entender el final del primero (cf. 9:15; 1Co. 11:25; 2Co. 3:6); y (3) que el acontecimiento que predijo Jeremías ahora está cerca (v. 13). Estos comentarios incluso son más alusivos que lo que sugiere esta paráfrasis ampliada.

La razón de la moderación del autor puede interpretarse en dos sentidos complementarios.

(1) Al igual que ocurrió con el tema del sumo sacerdocio de Cristo (véase 2:17), el tema del nuevo pacto se introduce primero de pasada (7:22); luego se respalda por medio de un texto tomado de la Escritura al que se le permite hablar extensamente por sí mismo (8:8-12; cf. 5:6); se confirma con uno o más "textos enriquecedores" (9:20; 10:5-7; cf. 7:1s.); se analiza de una manera más detallada (10:11-18; cf. 7:15-25); y por último, se aplica a la situación de los lectores (10:19-39; cf. 7:26–8:2). Los temas sin duda van de la mano: el ministerio de Cristo como sumo sacerdote es el corazón del nuevo pacto (8:6).

(2) Este desarrollo formal refleja una investigación más profunda de la esencia del tema. Al autor, por el momento, le basta subrayar que el segundo pacto es nuevo, y mejor que el anterior. Luego se cita Éxodo 24:8 en Hebreos 9:20 para indicar que el sacrificio jugaba un papel fundamental en el antiguo pacto. La relación entre la sangre y el perdón (9:22) se aplica a continuación al sacrificio de Cristo, como un acto de sumisión a la voluntad de Dios (10:5-10). Después de llegar a este punto, y solo entonces, vuelve a citarse Jeremías 31:33s., pero en esta ocasión (10:16s.), para mostrar de las últimas palabras de la cita que el propósito del sacrificio de Cristo es el perdón de los pecados. A partir de ahí, el nuevo pacto nunca más se menciona sin una referencia explícita a la sangre del sacrificio de Cristo (10:29; 12:24; 13:20). El pasaje de Jeremías por sí mismo no es suficiente para soportar el peso de la interpretación del autor acerca de la muerte de Cristo. Solo habla de la novedad del segundo pacto, y de su naturaleza y propósito. Otros dos elementos, que se complementan mutualmente, deben importarse de otras Escrituras, a saber, la muerte violenta (la sangre) como la sustancia física del sacrificio, y la sumisión a la voluntad de Dios como su importancia medular.

¿Hasta qué punto Hebreos es fiel al sentido del texto veterotestamentario? Los detalles textuales que se analizan más adelante sugieren que, aun cuando se haya tenido debidamente en cuenta la asimilación de los manuscritos de la LXX al texto de Hebreos, el autor, en términos generales, sigue probablemente el texto de la LXX en esta cita; la cita en 10:16s. es más libre. Sin embargo, el hecho de citar a Jeremías en una situación nueva produce, naturalmente, algunos cambios de énfasis.

(1) La reunión de los exiliados de la diáspora, que es el contexto y la ocasión de la profecía de Jeremías, no tiene ningún equivalente en Hebreos.

(2) En esta etapa del argumento, el principal interés del autor es la sustitución del antiguo pacto, es decir, la parte negativa de la profecía (v. 9), y no su aspecto positivo más fuerte (vv. 10-12), que se analiza más adelante (sobre todo en 10:15-18). Este cambio de énfasis puede apreciarse ya en el uso de μεμφόμενος.

(3) Al igual que ocurre en otros lugares de Hebreos (especialmente en 10:37s.), el elemento escatológico se hace cada vez más patente. Los días que para Jeremías

"vendrán" en algún momento inespecífico se convierten para el autor de Hebreos en un acontecimiento que está "cerca" (v. 13).

(4) Existe un acuerdo generalizado (Schröger 167s.; Wolff 14) de que el pasaje veterotestamentario es mesiánico, aunque la referencia más explícita a un Mesías individual se encuentra en Jeremías 33:14-26, un pasaje que no aparece en la LXX y por tanto, es probable que no haya estado al alcance del autor de Hebreos. Su uso cristológico del tema del nuevo pacto, y tal vez (véase más adelante) del pasaje de Jeremías específicamente, es casi seguro que se viera influenciado por la tradición cristiana (cf. Lc. 22:20; 1Co. 11:25; Heb. 9:20).

(5) Braun (1970; 1971b.326) alega que la interpretación del autor de Hebreos se halla deformada por su dualismo filónico, y por tanto, contradice el significado del texto del AT. Esta objeción, sin embargo, va dirigida en contra de una supuesta tendencia general del pensamiento de Hebreos, y no en contra del uso que hace el autor de Jeremías 31; de todas formas, el alcance de la influencia filónica en el autor se pone en duda (véase la introducción, págs. 45-48).

(6) A menudo se dice (p. ej., Michel) que tanto para Jeremías como para Hebreos, la esencia del nuevo pacto es que en él se elimina la prerrogativa sacerdotal, y por tanto, prepara el terreno para un sacerdocio de todos los creyentes. No obstante, en Jeremías incluso, el nuevo pacto se establece también con un pueblo, "la casa de Israel y... la casa de Judá"; y aún con más fuerza Joel 2:28-32 = Hechos 2:17-21, donde "toda carne" se identifica inmediatamente, sin embargo, como "vuestros hijos y vuestras hijas". En Hebreos, donde (a diferencia de 1Pe. 2:5) no se describe a los creyentes como un sacerdocio, el interés inmediato del autor gira en torno a la obra de Cristo. Cuando finalmente se refiere, en 10:19ss., a su importancia para los creyentes, es para los creyentes como un grupo, que (a pesar de 8:11) deben reunirse regularmente para exhortarse y estimularse unos a otros (10:24s.).

(7) El autor de Hebreos comparte el interés de Jeremías en una renovación de todo Israel (cf. Ro. 11:26s. = Is. 59:20s.) bajo en nuevo pacto. La perspectiva más amplia de un pacto con las naciones (Ap. 21:3, si λαοί se interpreta de acuerdo con NA[26]; cf. Metzger 765s.) cae fuera del horizonte del autor. Hebreos, a diferencia de Jeremías, tampoco se interesa por la reconciliación entre Israel y Judá. En general, pues, existe un amplio consenso (Schröger 167s.) de que en Hebreos no se tergiversa de manera significativa el sentido del texto del AT.

Este es el único pasaje del AT en el que se hace referencia explícita a un nuevo pacto, aunque la idea es similar a la de Isaías 54:13, que se cita en Juan 6:45. El pasaje de Jeremias rara vez se cita en los midrashim más antiguos (S-B 3.704), y de manera sorprendente, en ninguno de los textos de Qumrán que se conservan ni en otros relacionados. Está claro que el nuevo pacto desempeñó un papel fundamental en la constitución de la comunidad de Qumrán y su propia conceptuación; pero se interpretó como un restablecimiento más riguroso de la observancia de la Torá, con algunas reglas adicionales. La espiritualización de la idea del sacrificio contrasta con la centralidad realista de la muerte de Cristo en el tratamiento que le da Hebreos al nuevo pacto. No hay ninguna prueba de que Hebreos esté dirigida contra la apropiación por parte de Qumrán de la frase "el nuevo pacto" (Braun 1966.262).

El alcance del uso del NT en Jeremías 31:31-34 fuera de Hebreos es incierto. La UBS[3] enumera Mateo 26:28; Lucas 22:20; 1 Corintios 11:25; 2 Corintios 3:6 como posibles alusiones al v. 31; 2 Corintios 3:3 al v. 33; Romanos 11:27; 1 Tesalonicenses 4:9 a los vv. 33s; y Hechos 10:43 al v. 34. Dodd 1952.85s. incluye el pasaje "con cierta reserva" en su lista de fuentes de testimonios. Derrett alega que Mateo 23:8-10 es un midrash sobre Isaías 51:13 y Jeremías 31:31s.

8:8a. La introducción de la cita es típicamente lacónica (2:6). Γάρ la vincula probablemente con el v. 7a: "Pero en realidad no todo iba bien bajo el primer pacto, porque Dios encontró defectos en su pueblo"; Riggenbach relaciona el v. 8a solo con el v. 7b. El sujeto de μεμφόμενος... λέγει es tácito. Cristo fue el sujeto en 8:6; se supone que es el que habla en una cita en 10:5; se hace referencia a él como ὁ κύριος en 2:3. Por tanto, es concebible pensar que Cristo sea el sujeto en el presente versículo, o incluso que Dios sea el que habla aquí, y que "el Señor" dentro de la cita se tome como Cristo. Sin embargo, a Cristo acaba de llamársele "mediador" del nuevo pacto (8:6; cf. 7:22; 12:24), mientras que a Dios se le describe como el que instituye el antiguo pacto (9:20); por consiguiente, es preferible pensar que Dios es el sujeto implícito en el v. 8a, y considerar que λέγει κύριος en los vv. 8b, 9 y 10 es una redundancia. Esto implica que se haga a Dios el sujeto en el v. 13.

El uso de μέμφομαι antes de una cita de Jeremías hace recordar el pasaje de 2 Macabeos 2:7, donde el propio Jeremías reprende a los miembros del pueblo de Dios. No se menciona el pacto, pero el pasaje tiene puntos de contacto con Hebreos, sobre todo en lo que respecta a su temor de la apostasía y su interés por el culto.

Las pruebas externas para αὐτούς (א* A D* I K P Ψ 0150 33 81 88 256 263 326 365 436 1319 1573 1912 2127 2464) y αὐτοῖς (𝔓[46] א[2] B D[2] 075 6 104 181 330 424 451 459 614 629 630 1241 1739 1852 1877 1881 1962 1984 1985 2200 2492 𝔐) se dividen en forma bastante equitativa. En el resto de la Biblia griega el verbo μέμφομαι se usa en sentido absoluto (Sir. 41:7; Ro. 9:19) o va seguido de un dativo (Sir. 11:7; 2 Mac. 2:7***). Ambas construcciones aparecen en el griego clásico (LSJ *s.v.* 1a, 3), y el acusativo se usa en los papiros (MM). La tendencia a combinar αὐτοῖς con λέγει habría sido una influencia a favor del dativo, por tanto es probable que deba preferirse αὐτούς. No existe ninguna diferencia en lo que respecta al significado.

8:8b-d. Καὶ antes de συντελέσω implica "cuándo"; el uso no es exclusivamente semítico (Bauer *s.v.* καί, I.2c; BD §442[4]), aunque aquí reproduce una *vav* hebrea. En lugar de la frase repetida λέγει κύριος (cf. vv. 9s.), la lectura φησί (ν) no admite discusión en el v. 10, es muy fuerte en el v. 9, y tal vez debe aceptarse en el v. 8b. Es posible que el autor de Hebreos haya seguido el texto del que disponía en el v. 8, y repitiera λέγει en forma automática en los versículos siguientes. Menos probable es que escribiera λέγει para evitar la repetición de φησίν en el v. 5. La sugerencia de una influencia litúrgica (Kistemaker 1961.41; no lo repite en su comentario, pero Lane adopta la idea) resulta poco convincente.

En el v. 8c, la lectura más fuerte de la LXX es διαθήσομαι; la Hexapla siria y Símaco concuerdan con Hebreos. Es posible que Hebreos imite el uso de Jeremías 34 (LXX 41) :8, 15, cf. vv. 13, 18, al reservar el verbo συντελέω para un pacto que no se ha roto (K. J. Thomas 1959.99s., en consonancia con Padva 77s.); cf. Heb. 8:10, 13. De manera similar, Hebreos evita el verbo διατίθημι en 9:20 (contrástese con Éx. 24:8 LXX). "Dios no "dispuso" el διαθήκη del Sinaí; él lo "hizo" (Swetnam 1965.376s.). Lane, sin embargo, en consonancia con McCullough 1980.364-367, rechaza en forma contundente esta opinión, y considera que las alteraciones son estilísticas. El cambio del verbo implica un cambio de τῷ οἴκῳ por ἐπὶ τὸν οἶκον en las palabras que siguen.

8:9. En lugar de ἡμέρᾳ en el v. 9b, en B cop$^{sa\ ms}$ se lee ἡμέραις, tal vez por asimilación a ἡμέραι en el v. 8b, cf. v. 10. Ἡμέρα obviamente no se refiere a un solo día, sino el momento específico de un acontecimiento decisivo (Bauer *s.v.* 4a). Con respecto a ἐπιλαβομένου, véase 2:16. BD 423 (5) describe como "peculiar" el genitivo absoluto que depende del ἐν ἡμέρᾳ anterior, pero el significado es claro: "el día en que (los) tomé."

En el v. 9c, Hebreos sigue el ejemplo de la LXX cuando cambia la forma verbal "rompieron" del TM por la frase más benigna οὐκ ἐνέμειναν. Ἠμέλησα es una traducción errónea de la LXX de la expresión "aunque yo fui un marido para ellos". En otros lugares de la Biblia griega (Sab. 3:10; Jer. 4:17; 2Mac. 4:14; Mt. 22:5; 1Ti. 4:14; Heb. 2:3***), ἀμελέω se usa siempre en sentido peyorativo con un sujeto humano. Aquí Zerwick-Grosvenor 671, citado por Lane, traduce el aoristo como "perdí el interés en ellos".

8:10. En la primera línea, en algunos manuscritos de Jeremías en la LXX (B 613 cop^{bo} Optato) y de Hebreos (A D) se añade μου después de διαθήκη, probablemente por asimilación al v. 9d.

En el v. 10c, Hebreos copia a la LXX en contra del TM cuando usa el plural νόμους. Teniendo en cuenta que en otro pasaje de Hebreos se emplea el singular (véase 7:5), es muy poco probable que la versión hebrea estuviera al alcance del autor en este punto.

Διάνοια no se usa en Hebreos salvo en la cita (10:16*).

En el v. 10d, en algunos manuscritos de Jeremías en la LXX (א etc.) y de Hebreos (𝔓^{46} A D E L etc.) se lee καρδίαν, pero καρδίας está sólidamente confirmado en la LXX, y en Hebreos por א* K 70 219* etc. Podría entenderse como acusativo plural, como en Deuteronomio 4:13; 2 Reyes (4Re.) 23:3; Salmo 139(138 LXX):16, o como genitivo singular, como en Éxodo 34:28; Josué 10:13; 2 Samuel (2Re.) 1:18; 2 Reyes (4Re.) 14:19; esta segunda opción es más probable después de haber usado διάνοιαν en singular. (En la versión hebraica también es singular, pero esto solo es indirectamente relevante para Hebreos).

En el v. 10d, las pruebas tanto de la LXX como del NT están divididas entre γράψω y el verbo más fuerte ἐπιγράψω: ἐπιγράψω se lee en la LXX en Q-V-26-46-86[1] etc.; γράψω en Hebreos en 𝔓[46] B Ψ Clem. La explicación más probable es que ἐπιγράψω se usó en Hebreos para subrayar la permanencia de la "inscripción" del nuevo pacto en los corazones del pueblo de Dios; que algunos manuscritos de la LXX se asimilaron a esta lectura; y a la inversa, que en los manuscritos de Hebreos se escribió γράψω por asimilación a la tradición más fuerte de la LXX.

Las últimas dos líneas del v. 10 presentan el nuevo pacto con una forma idéntica a la del antiguo (cf. Éx. 6:7; Lv. 26:12; Dt. 26:17-19; Ez. 37:27); solo el espíritu es diferente, como mostrarán los versículos que siguen.

8:11. En la primera línea, Lane adopta la lectura ἕτερος de 𝔓[46] en lugar de ἕκαστος, y explica la lectura en todos los demás manuscritos como una asimilación primitiva a la LXX. Las pruebas tanto de la LXX como del NT están divididas entre πολίτην (AT B א cop[bo et] etc.; NT 𝔓[46] A D B K L etc.; cf. Jer. 31 (38 LXX):36) y πλησίον (el resto del AT; NT P etc.; cf. Is. 41:4). A pesar de la solidez de las pruebas externas a favor de πλησίον en la LXX, los editores de la LXX, por razones internas, prefieren πολίτην, como una traducción menos común de *r'*: es probable que el autor de Hebreos haya seguido el texto de la LXX a la que tenía acceso. Con respecto a πολίτης, véase Spicq 1978.710-720. Πλησίον puede haber estado influenciado por el Salmo 41:4.

En el v. 11d, la lectura mayoritaria αὐτῶν después de μικροῦ es más fuerte en la LXX, pero αὐτῶν se omite en algunos manuscritos de la LXX (A-106' 567 534 544), por tanto, es probable que el autor siguiera el texto del que disponía. Al final del versículo, Hebreos copia el ejemplo de la LXX y omite la frase "dice el Señor".

8:12. La adición de καὶ τῶν ἀνομιῶν αὐτῶν después de τῶν ἁμαρτιῶν αὐτῶν en א[2] A D K L P Ψ es un caso claro de asimilación a Hebreos 10:17.

8:13. La declaración de un nuevo pacto por parte de Dios hace obsoleto al primero

Este versículo consta de un comentario específico sobre el v. 8d (Jer. 31 (38 LXX):31c), que se convierte en la base de una declaración general (cf. 2:8). Las dos mitades del versículo contienen un elemento formal: (a) cuando se dice que un pacto es nuevo se define automáticamente al otro como viejo; (b) la vejez indica que la muerte y la disolución están cerca.

Esto, sin duda, forma parte de lo que significa; sin embargo, si eso fuera todo, (a) sería una tautología virtual, (b) sería algo trivial, y el versículo en su conjunto no constituiría un comentario adecuado sobre una cita tan extensa. El significado se ve fortalecido cuando se le concede el peso correcto al hecho de que el sujeto del verbo πεπαλαίωκεν no es "alguien" en general, ni siquiera "la Escritura", sino "Dios", al igual que en el v. 8a. El nuevo pacto no es solamente, o principalmente, una cuestión de definición, ni una conclusión exegética basada en una prueba textual en Jeremías; el nuevo pacto es un acto nuevo de Dios, del que la Escritura da testimonio.

La función de este versículo, y de la cita anterior, por tanto, puede entenderse mejor a la luz del argumento que sigue. El autor se reserva otros comentarios en esta etapa porque, aunque el pasaje de Jeremías no es directamente cristológico, ni el autor lo interpreta cristológicamente, la plenitud de su significado solo puede percibirse a la luz del sacrificio de Cristo, que constituye la sustancia del nuevo pacto. Las declaraciones negativas de los vv. 7-13 aún no han recibido un complemento positivo en función de la obra de Cristo (9:11-14). Después que esto se haya hecho, el autor podrá hablar explícitamente de la relación de Cristo con el nuevo pacto (9:15). Véase Vanhoye 143s.; 1980.205.

El presente versículo da por sentado el principio rabínico de que un nuevo acto de Dios remplaza el antiguo. Dicho principio subyace tras el argumento en 4:8; 7:11, 28; 10:2, y también aparece en Filón, *Rer. Div. Her.* 178. Existen testimonios que prueban indirectamente que la aplicación de ese principio al nuevo pacto formaba parte de una tradición que se refleja en el NT y en Qumrán. El texto de Habacuc 1:5 se aplicaba en Qumrán al nuevo pacto (1QpHab 1:5), y ese mismo texto se cita en Hechos 13:41, en un pasaje que tiene muchos puntos de contacto con Hebreos (Hch. 13:33 = Sal. 2:7 = Heb. 1:5; 5:5; en Hch. 13:38, el perdón [ἄφεσις] de pecados [cf. Heb. 10:18] se contrasta con la ineficacia de la antigua dispensación; ἀφανισμός en Heb. 8:13 hace recordar la forma verbal ἀφανίσθητε en Hab. 1:5b = Hch. 13:41b). Véanse Weber 109; Schröger 145, 258, 302; cf. *B. Bat.*8.5s., 135b.

El lenguaje de este versículo es tan general que deja libertad para decidir si el autor pensaba que el primer pacto era ya anticuado y estaba a punto de morir a partir de la declaración de Jeremías, o solo desde el momento de la venida y/o muerte de Cristo. Algunas consideraciones generales sugieren que al autor le interesaba más el momento que él y sus lectores estaban viviendo. Las declaraciones acerca del remplazo de la antigua dispensación en general van haciéndose, al parecer, más osadas a medida que avanza el argumento (cf. 7:18s.; 10:9, 18); sin embargo, la continua existencia del primer pacto nunca se niega por completo.

Ἐν τῷ λέγειν es un hebraísmo (*b^e* + infinitivo) aplicable al arameo bíblico aunque no al arameo hablado (BD §404[3]; MHT 2.450). El sentido de la construcción suele ser temporal (2:15), pero aquí, al igual que en 2:8b; 3:15, el contexto sugiere un sentido instrumental (NJB, TEV, REB; NVI y la mayoría de las versiones en español, "al llamar 'nuevo' a este pacto").

Πεπαλαίωκεν: 1:11. En el presente versículo, la voz activa significa "declarar anticuado" (cf. el sentido forense de δικαιόω = "declarar justo"). El tiempo perfecto se usa para referirse al efecto permanente de lo que Dios dice, especialmente tal como aparece registrado en la Escritura (véase 2:13, εἴρηκεν).

Δέ (en KJV "ahora", en la mayoría de las traducciones modernas "y") no es contrastiva, sino que señala la transición de la declaración específica a la general.

Γηράσκω (Jn. 21:18**) en la LXX normalmente se refiere al envejecimiento de personas (p. ej., Gn. 18:13; 24:36), y ocasionalmente de otros seres vivos (Job 14:8 de un árbol).

Ἀφανισμός** aparece con frecuencia en la LXX, sobre todo en Jeremías. Se usa a menudo como equivalente o eufemismo de desolación o devastación. Aquí, sin embargo, nada en el contexto sugiere este tipo de violencia, y la combinación con γηράσκον ("lleva a su fin natural", Westcott) sugiere en realidad el significado más débil de "desaparición" (tal como aparece en la mayoría de las traducciones). En cuanto al v. 13b en su conjunto, Riggenbach hace referencia con mucho acierto a Plutarco, *Conv. Disp.* 7.3.4 (702c), τὸ δὲ οὐκ ἔχον διαπνοὴν... ταχὺ παλαιοῦται καὶ ἀπογηράσκει.

Ἐγγύς: véase 6:8*, también en un contexto negativo. La declaración no dice que el antiguo culto ya haya desaparecido; pero de todos modos, el interés del autor se centra en el testimonio de la Escritura y no en los acontecimientos contemporáneos. Así opina H. Seesemann en *TDNT* 5.720.

9:1-10. El antiguo culto y el nuevo

Vanhoye (161; cf. 144-147) trata estos versículos como la última parte del "párrafo" 8:1–9:10, en el que se ha abordado el tema de la incapacidad del antiguo culto y su remplazo. En esta sección, aparece primeramente una declaración general introductoria (v. 1) acerca de las regulaciones para la adoración y un santuario. Estos dos asuntos se analizan en orden inverso, el santuario en los vv. 2-5 y su ritual en los vv. 6-10. En la mayor parte de las ediciones y traducciones se comienzan párrafos nuevos en los vv. 1, 6 y 11. Dussaut 69s. (cf. Zimmermann 1977.181s.) añade otra división al principio del v. 7, donde el autor, con un estilo midrásico, pasa de la descripción a la interpretación.

Sin embargo, estos versículos no deben analizarse aislados del resto del capítulo 9. El autor, fiel a su práctica habitual (3:1-6), ofrece, en primer lugar, una descripción favorable, o al menos neutral, de las circunstancias bajo la antigua dispensación, y luego, mencionando sus aspectos negativos, abre el camino para hacer declaraciones positivas acerca de Cristo.

El problema que plantea esta sección es si las referencias al primer o al segundo σκηνή deben considerarse temporales o territoriales. Si son temporales, se referirán al σκηνή terrenal o al celestial en su conjunto; si son territoriales, se referirán a las divisiones dentro del σκηνή terrenal. Cada caso debe analizarse en función de sus circunstancias particulares (vv. 2, 6, 8, 9), pero la evidencia puede explicarse mejor alegando que (a) en el v. 1, πρώτη no se refiere absolutamente al santuario, a diferencia de τὸ... ἅγιον κοσμικόν; (b) los vv. 2 y 6 aluden respectivamente a la parte exterior y a la interior del santuario terrenal; pero (c) en el v. 8, donde el lenguaje es fuertemente temporal (μήπω, ἔτι), el autor regresa al contraste, implícito en el v. 1, entre el santuario terrenal y el celestial, considerando cada uno en su conjunto (así opina la mayoría de los comentaristas; N. H. Young 1973a.169-171 discrepa). Es típico del autor (9:11) pasar del sentido de una palabra a otro. El problema surge probablemente porque el autor usa la apertura del santuario interior del tabernáculo terrenal en el día de la expiación como un tipo de la apertura del "cielo mismo" (9:24) por parte de Cristo, y la consiguiente sustitución del santuario terrenal y sus sacrificios.

Una pregunta adicional es si el σκηνή celestial también se considera dividido en dos partes. No hay ninguna prueba clara de esto. Los argumentos en contra suelen suponer que el autor era un platonista cristiano, y que, por esa razón, debe haber pensado que el tabernáculo celestial era, en todos los aspectos, el equivalente del terrenal; pero tanto la suposición como la conclusión pueden cuestionarse (Hofius 1970b).

9:1. El culto bajo el antiguo pacto

El primer pacto, al igual que el segundo, tenía regulaciones rituales estrechamente relacionadas, como sabían los primeros lectores, con el tabernáculo del desierto descrito en Éxodo 25–31, 35–39; pero era un tabernáculo de este mundo.

Antes de juzgar el antiguo pacto y sus formas ineficaces de adoración, el autor procede a describirlos.

Εἶχε: los tiempos imperfectos aquí y en el v. 2 proporcionan el contexto para las acciones descritas en el tiempo presente en los vv. 6s. El uso de estas formas verbales le otorgan una dimensión de profundidad a la descripción; no constituye ninguna prueba a favor o en contra de que el culto de Jerusalén seguía funcionando en el momento en que se escribió esta carta. Las descripciones no se basan en la participación personal del autor en el culto de Jerusalén (Leonard 1939.278-281, cf. 229), sino en la Escritura.

Μὲν οὖν, que normalmente no aparece al principio de una cláusula, no cumple probablemente una función adversativa, sino que indica una reanudación del tema del v. 7 acerca del antiguo pacto, después de la extensa cita de Jeremías (BD §§450 [4], 451 [1]; Moule 1971.162s.). Hay un contraste general entre los vv. 1-10 y 11-22, pero la conjunción δέ del v.11 está tal vez demasiado lejos de la partícula μέν del v. 1 para que estén directamente relacionadas.

Las pruebas externas a favor de la lectura con καί (𝔓[46 vid] B 6 629 1739 1881 *pc*), "también", menos probable "aún", son bastante sólidas. La palabra se omite en ℵ A D K L P 1834 𝔪, quizás porque el autor no usa el término δικαίωμα (v. 10*) en relación con el nuevo pacto, y sobre todo, porque el nuevo pacto, casi por definición, no cuenta con un ἅγιον κοσμικόν. No obstante, en 8:6 (νενομοθέτηται) y en 8:10 (νόμοι) se usa un lenguaje similar con respecto al nuevo pacto. La mayoría de las traducciones omiten la conjunción καί; en NRSV LBLA RVR60 se lee "aún", en NJB RVA "también". Braun, Attridge y Lane también la omiten, porque debilita el contraste entre los dos pactos; pero no sería extraño que el autor pasara de una comparación a un contraste (3:1-6), y en ese caso cabría traducir, modificando ligeramente la REB: "El primer pacto, también, tuvo sus ordenanzas para regir el culto divino y su santuario, pero era un santuario terrenal"; de manera similar Lane.

Πρώτη implica διαθήκη, al igual que en 8:13, aunque la palabra no ha vuelto a usarse desde 8:10; así en Crisóstomo, Fotio (Bleek). Vanhoye (1980.206) piensa que tanto aquí como en 8:7, 13, el autor evita el término διαθήκη para sugerir que el pacto del Sinaí no era totalmente digno del nombre. Es probable que la razón para la omisión de διαθήκη sea más estilística: se sobrentiende con καινήν en 8:13, y se expresa en 9:15 al hablar del primer pacto. En algunos manuscritos (6^mg 81 104 326 365 629 630 2464 *al*) se añade σκηνή por asimilación al v. 2. Esto sin duda es un error, no solo por razones contextuales (σκηνή no ha aparecido desde 8:5) sino también porque lo que le interesa al autor ahora es el santuario en general, no sus distintas partes. Πρώτη, pues, es temporal, para πρότερα.

Δικαιώματα λατρείας, "normas para el culto", es una expresión general que, como ilustrarán en el versículo que sigue, incluye el diseño del santuario veterotestamentario, su contenido y lo que tenía lugar allí. Lutero interpretó λατρείας como un acusativo plural, "regulaciones, formas de culto", pero resulta más natural tomarlo como un genitivo singular, imprescindible para definir el término δικαιώματα que, de otro modo, sería demasiado general. Un ligero apoyo adicional para esta construcción lo ofrece la frase paralela δικαιώματα σαρκός del v. 10, dando finalmente una evaluación negativa de las ordenanzas que primero se mencionan de manera neutral.

Estos asuntos están estrechamente relacionados (τε; BD §443[2]) con τὸ… ἅγιον, el santuario en su conjunto. Τό indica que a los lectores les resultaba bien conocido. El tabernáculo es κοσμικόν, "de este mundo". La palabra es positiva o neutral, y significa "a nivel mundial" o "universal" en griego clásico; ligeramente negativa en *Test. Jos.*17.8 ("mi posición mundana de gloria"); negativa aquí por el contaste implícito con "celestial" (vv. 11s.), pero no moralmente mala como en Tito 2:12***; cf. Filón, *Spec. Leg.* 1.66, *Vit. Mos.* 2.77-79; H. Sasse en *TDNT* 3.897s.). El adjetivo es predicativo: "el primer pacto tenía un tabernáculo —un tabernáculo de este mundo". La sugerencia de que ἅγιον se usa como adjetivo y κοσμικόν como sustantivo, es rechazada por F. Field, 228s., pero Atkinson la hizo resurgir y F. F. Bruce la menciona *ad loc*. La principal dificultad es que ἅγιον se usa con mucho menos frecuencia como sustantivos, y la acepción de "ritual" que sugirió Anderson, no tiene paralelo. Field cita a Eusebio, *De martyribus Palestinae* 4, πρῶτον μὲν οὖν τῆς Ἑλλήνων παιδείας ἔνεκα κοσμικῆς. En líneas generales, el adjetivo es sinónimo de ἐπὶ γῆς χειροποίητος (9:24) y πεποιμένος (12:27), aunque en este último caso el agente implícito es Dios, no los seres humanos.

El singular ἅγιον no se usa en ningún otro pasaje de Hebreos. Su significado, al parecer, no se diferencia del plural τὰ ἅγια, que se usa con respecto al santuario terrenal en 9:24 (χειροποίητα), 25; 13:11, y al santuario celestial en 9:12 y probablemente en 9:8*. La referencia, como siempre en Hebreos, es al tabernáculo del desierto tal como se describe en la Torá, y no al templo permanente.

Λατρεία denota implícitamente una adoración colectiva, como 9:6* (véase 8:5, λατρεύω; y en 9:9).

9:2. El tabernáculo terrenal

"Específicamente, se construyó y se dispuso un tabernáculo. En la primera parte, llamada 'el lugar santo', estaban el candelabro, la mesa y los panes de la proposición".

   Los versículos 2-5 forman un quiasmo:

el contenido del tabernáculo exterior   el contenido del tabernáculo interior
(v. 2a)   (vv. 4-5)
el nombre del tabernáculo exterior   el nombre del tabernáculo interior
(v. 2b)   (v. 3b)
                     la cortina entre los dos (v. 3a) |

El propósito de esta estructura es poner de relieve el v. 3a, que es importante para
el argumento posterior.

Σκηνή no tiene artículo, ni aquí ni en el v. 3. Esto sugiere que se trata de
información nueva, e implica que "el primer tabernáculo" aquí no tiene el mismo
significado que en el v. 1. La redacción, de hecho, no es muy natural, y podría estar
influenciada por el v. 1. Véase más adelante el comentario sobre πρώτη.

No existe ningún otro pasaje en el que la frase "primer σκηνή" se use para
denotar la parte exterior del tabernáculo del desierto. Josefo, *Ant*. 3.122 no es una
verdadera analogía porque divide el tabernáculo en tres partes. En otros lugares
(8:5; 9:21; 13:10) el autor hace referencia a un solo tabernáculo, siguiendo el uso
normal. Véase W. Michaelis in *TDNT* 7.375s.

Γάρ no indica una consecuencia lógica directa del v. 1, sino una declaración
más específica (Bauer 1d) para ampliar la afirmación εἶχε… ἅγιον κοσμικόν.

Κατασκευάζω podría significar "construir" o "preparar, disponer". En 3:3s.; 11:7,
el contexto sugiere "construir". Aquí, y probablemente en el v. 6, se incluyen ambas
acepciones. De manera similar, Éxodo 25:9 LXX se refiere primero al tabernáculo
y luego a sus utensilios. En cuanto a los imperfectos κατεσκευάσθη ἥ, véase v. 1.

Ἡ πρώτη es enfático después del sustantivo σκηνή y separado de él. También tiene
un sentido territorial, igual que δεύτερον en el v. 3, no temporal como en los vv. 1, 8.

La diferencia entre los pronombres relativos ἥ aquí, y ἥτις más adelante en
el versículo, ya había desaparecido en la época del NT (BD §293; MHT 3.47); la
variación es puramente estilística.

Entre los utensilios del tabernáculo, que se describen en Éxodo 25:23-30,
31-39; cf. Levítico 24:1-9, había un candelabro y una mesa con los "panes de
la proposición". El autor menciona estas cosas en el orden en que aparecen en
Levítico; pero también tiene en cuenta todo el capítulo de Éxodo 25: el pasaje
concluye con el texto que se cita en 8:5, y comienza con una declaración similar
(Ex. 25:9, 40). En Éxodo 25:35 se especifica que la mesa y el candelabro debían
colocarse fuera del velo que rodeaba el lugar santísimo.

Los artículos ἡ… λυχνία etc., indican que estos objetos les resultaban familiares
tanto al autor como a los lectores.

Ἡ τράπεζα καὶ ἡ πρόθεσις τῶν ἄρτων, en opinión de F. F. Bruce y Lane, es
una endíadis para "la mesa de los panes de la proposición". Esto, empero, no
es necesario porque la mesa se menciona por separado en Éxodo 25:30; 39:36
(17 LXX); y también exigiría que se les asignaran funciones diferentes a las dos
conjunciones καί. Resulta, pues, más lógico pensar que se trata de tres objetos: el
candelabro, la mesa y los panes de la proposición (Zimmermann 1977.183).

Ἡ πρόθεσις τῶν ἄρτων es una frase inusual: la expresión normal es ἄρτοι τῆς προθέσεως (p. ej., Éx. 40:23; 1Sa. 21:7 [1Re. 21:6]). El paralelismo más cercano es ἡ τράπεζα τῆς προθέσεως (Éx. 39:36 [17 LXX]; cf. 1Cr. 29:18). El autor puede haber sido influenciado por Éxodo 25:30, ἐπιθήσεις ἐπὶ τὴν τράπεζαν ἄρτους.... Turner (MHT 4.109) critica la frase por su retórica clásica forzada. En realidad, no existe ninguna ambigüedad: el contexto exige un sustantivo concreto, relacionado (τε) con el candelabro y la mesa; no una "exposición" abstracta. Véase L. Goppelt en *TDNT* 8.211. En B cop[fay] et[ro] se añade καὶ τὸ χρυσοῦν θυμιατήριον aquí, y se omite χρυσοῦν y θυμιατήριον καί en el v. 4, tratando obviamente de corregir la anomalía en este último versículo (Metzger 667).

Los problemas textuales con Ἅγια aquí, y Ἅγια Ἁγίων en el v. 3, están relacionados. La lectura de la NA/UBS aquí está respaldada por ℵ D² I P (ΑΓΙΑ) 𝔐, que en 69 365 629 *al* acentúan ἁγία, "santo (tabernáculo)". En B se lee ΤΑ ΑΓΙΑ, dejando claro que ΑΓΙΑ se toma como un sustantivo neutro plural, al igual que en otros lugares de Hebreos, y no como femenino singular. En 𝔓⁴⁶ A D* d e vg[ms], sin embargo, se lee ἅγια ἁγίων, una variante que Attridge defiende como la lectura más difícil, en consonancia con Swetnam 1970.207. La lectura generalmente se rechaza por ser una asimilación al v. 3. Más allá de que sea correcta o no, esta lectura puede entenderse a la luz de Levítico 24:9 LXX (Braun, siguiendo a Riggenbach, Swetnam, vg), donde los panes de la proposición y otras ofrendas deben comerlos los sacerdotes ἐν τόπῳ ἁγίῳ, porque es porción muy santa (ἅγια τῶν ἁγίων) para ellos de las ofrendas al Señor". En el v. 3, Attridge cuenta con una base más débil para defender la lectura contraria ἅγια (𝔓⁴⁶ ΑΝΑ; Orígenes), donde en ℵ* A D* I[vid] 𝔐 Lane se lee la frase ἅγια ἁγίων, como a menudo ocurre en Levítico con respecto a los sacrificios; ℵ² B D¹ K L minn. siguen el ejemplo de la LXX al referirse al santo de los santos como τὰ ἅγια τῶν ἁγίων; en P 1739 1908 se lee ἅγια τῶν ἁγίων.

Vanhoye (144) propugna, en contra de la opinión general (MHT 2.60), la conveniencia de considerar que αγια es un adjetivo, ἁγία "el primero... el cual se llama 'santo'"; no como un sustantivo, ἅγια, "el lugar santo". Esto es posible, pero la ausencia del artículo se entiende mejor si se explica del mismo modo que para σκηνή anteriormente. Ἅγια (cf. Ἅγια Ἁγίων, v. 3) hace pensar en un título, y justifica la mayúscula inicial en NA etc. De todas formas, aunque ἅγια aquí y ἅγια ἁγίων en el v. 3 se entiendan gramaticalmente, deben denotar las dos partes del tabernáculo. Vanhoye aduce que si αγια y ἅγια ἁγίων se toman como sustantivos, el autor debería haber escrito ἡ ἅγια τῶν ἁγίων en otros lugares (9:8, 12, 25; 13:11); pero tal como ilustró anteriormente el uso de πρῶτος en los vv. 1-2, el autor no se rige por este tipo de coherencia verbal, y a menudo se desplaza sin previo aviso del significado de una palabra a otro.

9:3. Tras una segunda cortina estaba el lugar santísimo

El lenguaje de este versículo sigue teniendo un carácter eminentemente territorial. Reproduce algunas de las características del v. 2: el artículo antes de δεύτερον καταπέτασμα indica que la información se supone conocida; la ausencia de un artículo antes de σκηνή sugiere que la información en este contexto es nueva, y que es importante para este versículo. Ἡ λεγομένη es una variante estilística para ἥτις λέγεται en v. 2.

Este es el único pasaje en el que aparece la construcción μετά + acusativo con un sentido local en la Biblia griega, pero el uso está bien confirmado en el griego clásico (LSJ *s.v.* C.II.1), y al parecer, no hay ninguna razón para cuestionarlo aquí. BD §226 traduce: "después de la segunda cortina, se llega a...". Dicha construcción aquí se evalúa de diversas maneras: como excepcional (MHT 2.269), prácticamente local (Michel) y territorial (Moule 60).

La conjunción δέ probablemente introduce un nuevo punto, diferente del que se trató en el v. 2 y no indica un contraste con el v. 1 (μέν οὖν).

No hay ninguna prueba clara en el AT que demuestre la existencia de una "segunda cortina"; el lenguaje del autor parece impreciso. La expresión presupone una "primera cortina", probablemente la pantalla de lino (Heb. *māsāk*) a la entrada de la parte exterior del tabernáculo (cf. Éx. 26:36s.; 36:37s. [37:5 LXX]). El *pārōket* o la cortina entre el lugar santo y el lugar santísimo se describe en Éxodo 26:31-35; 36:35s. Filón (*Vit. Mos.* 2.101; cf. Josefo, *Guerra* 5.219) distingue entre una κάλυμμα antes del tabernáculo exterior y una καταπέτασμα antes del santuario interior. Los testimonios rabínicos posteriores (*Yoma* 1; cf. S-B 3.719-736) a favor de una doble cortina frente al lugar santísimo en el segundo templo son probablemente irrelevantes.

El problema de explicar el lenguaje de Hebreos sigue sin solución. La sugerencia de que el autor confundió el ἐπίσπαστρον de Éxodo 26:36 con el καταπέτασμα de Éxodo 26:37 etc. resulta poco convincente. Otras explicaciones incluyen una apelación a la especulación rabínica (F. F. Bruce 199n.14), al diseño del templo de Herodes (Galling; Hofius Hofius 1972.61n.80) y a las pruebas arqueológicas procedentes del templo del siglo X a.C. en Arad (Buchanan 140-142). Es posible que el autor no entendiera correctamente el griego tosco de Éxodo 26:33, διοριεῖ τὸ καταπέτασμα ὑμῖν ἀνὰ μέσον τοῦ ἁγίου καὶ ἀνὰ μέσον τοῦ ἁγίου τῶν ἁγίων, y pensara que se refería a dos cortinas. (La repetición redundante de ἀνὰ μέσον es un semitismo muy frecuente en la LXX; cf. p. ej., Ex. 30:18; BD §139.)

El AT tampoco describe las dos partes del tabernáculo como dos σκηναί diferentes. Es probable que el autor deseara poner de relieve, a los efectos de su argumento, la dificultad de acceso del uno al otro.

Con respecto a la acentuación de ἅγια, y el significado de Ἅγια Ἁγίων, v. 2. El título "santo de los santos" es un equivalente semítico para "el lugar santísimo"; en la lengua hebrea no existe la forma superlativa (BD §245[2]; MHT 2.443). El "santo de los santos" es el santuario o la parte interna del tabernáculo, al que en 1 Reyes (3Re.) 8:6, transliterando el término hebreo *debir*, se le llama τὸ δαβιρ τοῦ οἴκου. Ἅγια ἁγίων también se usa para referirse a otros objetos que son "muy santos" (Lv. 6:17, 25; 7:1 [6:22 LXX]; 7:6 [6:23 LXX]).

9:4. El contenido del lugar santísimo

La estructura más probable de este versículo es la siguiente:

- un altar de oro para el incienso, y
- el arca del pacto, en la cual había
- una urna de oro que contenía el maná,
- la vara de Aarón, y
- las tablas del pacto.

Χρυσοῦν ἔχουσα θυμιατήριον: estas tres palabras plantean tres problemas distintos, aunque relacionados, que sería conveniente analizar en orden inverso.

(1) Θυμιατήριον generalmente se considera que se refiere al altar del incienso de Éxodo 30:1-6. En Éxodo 30:1, sin embargo, la LXX describe este altar como un θυσιαστήριον, y este es el nombre que regularmente se le da (7:13). Símaco y Teodocio traducen el término hebreo como θυμιατήριον, que en todos los demás lugares denota la bandeja poco profunda en la que se colocaba el incienso para quemarlo (RSV "incensario", TEV "quemador de incienso", NRSV "urna"). De manera coherente, Filón (*Vit. Mos.* 2.94, 101, 105; *Rer. Div. Her.* 226s.; *Spec. Leg.* 1.231) y a veces Josefo (*Ant.* 4.32, 34, 57; contrástese con 4.147, 193, 198) se refieren al altar del incienso como θυμιατήριον. Los dos términos se distinguen claramente en 2 Crónicas 26:19: ἐν τῇ χειρὶ αὐτοῦ τὸ θυμιατήριον τοῦ θυμιάσαι ἐν τῷ ναῷ… ἐπάνω τοῦ θυσιαστηρίου τῶν θυμιαμάτων.

Por tanto, cabe hacer dos preguntas. (1) ¿Tenía el autor de Hebreos la intención de referirse al altar del incienso o al incensario? Los hechos a favor del altar del incienso son los siguientes: (i) como parte de las instrucciones para la construcción del tabernáculo, en las que el autor de Hebreos se basa en este pasaje, se encuentra una descripción de dicho altar, mientras que al incensario nunca se le llama θυμιατήριον en el Pentateuco. En Levítico 16:12s. se menciona un *maḥtâ* (πυρεῖον en la LXX), pero no se dice nada acerca del lugar donde se guardaba; lo único que dice es que se llevaba al lugar santísimo el día de la expiación. (Las πυρεῖα que la NRSV traduce como "braseros" en Éx. 27:3; 38:3s. [vv. 23s. LXX]; Nm. 4:14 se encuentran en un lugar distinto, y tienen una forma y una función diferentes de las πυρεῖα que la NRSV traduce como "incensarios" en Lv. 10:1; 16:12; Nm. 16 *pássim*). (ii) No se dice nunca que el incensario fuera "de oro". El único argumento real a favor de incensario es la dificultad que se analiza en (2) más adelante; resolverla traduciendo el término como "incensario" aquí "tiene olor a falacia" (F. F. Bruce; cf. Peake).

(b) Si la intención del autor era referirse al altar del incienso, ¿por qué lo describió como un θυμιατήριον? Citar a Símaco y a Teodocio solo empuja el problema una etapa más atrás. No obstante, cabe la posibilidad de pensar que el término θυμιατήριον se usa con un sentido ampliado o general, para referirse a "un lugar donde se pone el incienso" (F. F. Bruce). Cierto apoyo para esto puede encontrarse en Josefo, *Guerra* 5.218, donde se emplea el sustantivo θυμιατήριον con respecto al altar del incienso en el templo de Herodes, y especialmente en *Ant.* 3.147, 193, 198, donde se utiliza la palabra del altar del incienso en el tabernáculo del desierto. Esto probablemente es suficiente para explicar el uso del autor de Hebreos aquí. Podrían mencionarse dos factores adicionales. En primer lugar, la elección de la palabra θυμιατήριον por parte del autor puede haber estado influenciada en cierta medida por su interés en la rebelión de Coré y sus cómplices (12:3; cf. también 4Mac. 7:11); pero los términos que se emplean en hebreo y en la LXX para el incensario son diferentes de los que se usan en el presente pasaje, por tanto, no se puede insistir en este argumento. En segundo lugar, el autor tal vez eludió el término θυσιατήριον para evitar cualquier confusión, o (más probablemente) para evitar llamar la atención, con respecto al θυσιατήριον en el que se sacrificaban los holocaustos, y al que, llamativamente, Hebreos se refiere solamente en el versículo problemático de 13:10.

(2) La interpretación más natural y ampliamente aceptada de este pasaje es que el autor hace una distinción entre la parte exterior y la interior del tabernáculo, y describe brevemente el contenido de cada una. Esto plantea el problema de que en Éxodo 30:6 dice que el altar del incienso debe colocarse fuera (Heb. *lipnê*, "ante"; LXX ἀπέναντι, "contra", "frente a"), no dentro, de la cortina que rodea el santuario interior. (Beth resuelve el problema transfiriendo la referencia al altar del incienso al v. 2; Metzger 1992.200). En 1 Reyes 6:22 el TM ubica el altar del incienso en el santuario interior, pero (i) este pasaje se refiere al templo de Salomón, por el que el autor de Hebreos no muestra ningún interés; (ii) estas palabras no se encontraban en la LXX que usó el autor.

Esta interpretación general del pasaje está confirmada por el contexto inmediato (Éx. 30:1-6), y también por Levítico 16:12b, donde aparece Aarón llevando incienso al santuario interior, y luego, en el v. 18, saliendo de nuevo al altar del incienso. Las vías que se emplean para explicar esta discrepancia suelen reflejar opiniones teológicas con respecto a la medida en que la inspiración de la Escritura se extiende a la inerrancia acerca de ese tipo de detalles fácticos. El análisis teológico más amplio excede el alcance de este comentario; no cabe duda de que cualquier doctrina de la Escritura debe establercerse inductivamente y de un modo en el que se tengan plenamente en cuenta los datos exegéticos.

Las principales opciones en el presente caso son las siguientes: (a) que el autor se expresa de manera imprecisa; y en ese caso hay que preguntarse por qué. Es posible (i) que no tuviera el texto de Éxodo 30 ante sus ojos; (ii) que su interés principal no girara en torno a los detalles del mobiliario (cf. 5b) sino a la separación entre la parte externa y la interna (v. 8); o (iii) que interpretara erróneamente que el término ἀπέναντι de la LXX significaba "contra el lado *interior* de la cortina". Entre otras explicaciones se encuentran estas: (iv) que el autor, fiel a su práctica habitual de leer los pasajes del AT en su conjunto, entendió que ἅγιον τῶν ἁγίων ἐστὶν κυρίῳ en Éxodo 30:10 significaba que el θυσιαστήριον θυμιάματος que se menciona en 30:1 se hallaba en el santuario interior. (v) que el autor se desvió deliberadamente de la tradición bíblica y judía para destacar la importancia del lugar santísimo (en contraste quizás con su ineficacia para la salvación; así opina Braun); esto, al parecer, va en contra de su manejo normal de la Escritura (aunque

Braun toma καθ' ἡμέραν en 7:27 como un ejemplo similar). (vi) Attridge (236-238) alega que "una lectura de Números en la LXX —dando por sentado que los aarónidas son sumos sacerdotes y los levitas sacerdotes comunes...— proporciona una base adecuada para ubicar el altar del incienso detrás del velo". El argumento es demasiado intrincado para resumirlo, pero parece suscitar más problemas de los que resuelve, aunque tiene la ventaja de que analiza las aparentes anomalías de Hebreos 9:2-4 en conjunto. Sin embargo, Hebreos en particular no muestra ningún interés por establecer algún tipo de diferencia entre sacerdotes y levitas (7:5); y esta lectura de Números es, tal como admite Attridge, difícil de reconciliar con el material de Éxodo en el que el autor de Hebreos se basa claramente en este pasaje. (b) que la forma verbal ἔχουσα se refiere al uso o a la función, no a la ubicación (cf. ἐν ᾗ en los vv. 2, 4b) y no debe traducirse como "tiene en él", sino, por ejemplo, "tiene asociado a él" (Moe 1953), "al lado de él", o "cerca de él" (Lach 395). Lane toma en cuenta esa opinión, pero la rechaza puesto que ἐν ᾗ debe tener el mismo sentido local que en el v. 2. (c) Lo que dice el autor no tiene absolutamente nada que ver con el altar del incienso, sino con el incensario.

La opción (c) se rechazó en el párrafo (1). La opción (b) está en conflicto con el contexto más amplios (véase el principio de la sección [2]) y con el contexto inmediato, porque ἔχουσα... τὴν κιβωτόν indica claramente que el arca estaba en el santuario interior; cf. la segunda aparición de ἔχουσα en este versículo. No sería imposible que un término tan como como ἔχουσα se usara en diferentes sentidos en relación con sus dos complementos directos. Sin embargo, sí sería natural que el autor usara ἔχουσα como una variante estilística para ἐν ᾗ; aparentemente, lo hace dos veces en este versículo. Por razones exegéticas, pues, la opción (a) (ii) parece ser la más probable; lo cual se ve confirmado en cierta medida por impresiciones menos obvias en este pasaje (cf. δεύτερον καταπέτασμα v. 3; ἡ στάμνος χρυσῆ, v. 4b). Si esta conclusión es correcta, tiende a confirmar la opinión de que el autor no había tenido ninguna participación directa en la adoración en el templo de Jerusalén, ni se interesaba por ella.

(3) Χρυσοῦν* ... θυμιατήριον: En su resumen, el autor generaliza el texto de Éxodo 30:3, que lo único que dice es que la rejilla o brasero (ἐσχάρα) del altar del incienso debía estar cubierta de oro puro. El oro se menciona tres veces en este versículo, pero en ningún otro lugar de la epístola.

Τὴν κιβωτὸν τῆς διαθήκης: En Éxodo 25:10-16 aparecen las instrucciones para la confección del κιβωτὸν μαρτυρίου. Se llama así porque en ella debían guardarse (vv. 16, 21) los μαρτύρια que Dios le daría a Israel. Esos testimonios son el segundo par de tablas de piedra en las cuales, según Éxodo 34, estaban escritos los diez mandamientos. (Así se lee explícitamente en Ex. 25:16 TEV: "... las dos tablas de piedra que yo te daré, en las cuales están escritos los diez mandamientos"). Véase también Deuteronomio 4:1-2. La implementación de estas instrucciones se describe en Éxodo 37:1-9; 40:20; cf. Deuteronomio 10:5. El autor no muestra ningún interés por la historia posterior del arca (Jos. 3-4; 6; 8:30ss.; Jue. 2:1; 20:27; 1Sa. 1:3; 3:3; 4; 2Sa. 5:1-7:2; 15:24-29; 1Re. 8:1ss.; 2Cr. 35:3); mucho menos por la ausencia de la misma en el segundo templo (Jos. *Guerras* 5.219); y tampoco por las leyendas que surgieron más tarde en torno a su desaparición y su futura restauración, con respecto a las cuales véase *Mek.* 59b (sobre Éx. 16:33); 2 Macabeos 2:4-8; F. F. Bruce 202n.28. La frase κιβωτὸς τῆς διαθήκης no aparece en las descripciones detalladas de Éxodo 25 y 37 (38 LXX), sino en 31:7, a lo largo de un resumen (vv. 7-11) que tiene varios puntos de contacto con Hebreos 9:1-5, aunque también hay diferencias de orden y contenido. En el resumen similar en Éxodo 25:10-19 se usa la frase κιβωτὸν τοῦ μαρτυρίου.

Περικεκαλυμμένην πάντοθεν* χρυσίῳ evoca verbalmente la expresión περικεκαλυμμένα χρυσίῳ en Éxodo 28:20, pero en un contexto es diferente. Las palabras aquí son un resumen de ἔξωθεν καὶ ἔσωθεν χρυσώσεις αὐτήν en Éxodo 25:11. Περικαλύπτω no se usa en sentido figurado en otros lugares en el NT, pero el abanico de significados ampliados que tiene en la LXX incluye "cubrir", "rodear" (con respecto a paredes, 1Sa. 28:8). El autor puede haber elegido este término por asociación de ideas con 1 Reyes (3Re.) 8:7s., en cuanto a los querubines en el templo de Salomón que περιεκάλυπτον... ἐπὶ τὴν κιβωτὸν καὶ ἐπὶ τὰ ἅγια αὐτῆς ἐπάνωθεν.

Ἐν ᾗ στάμνος χρυσῆ ἔχουσα τὸ μάννα constituye una síntesis de la única referencia veterotestamentaria a la vasija de maná, Éxodo 16:33 (cf. Filón, *Congr.* 100), con respecto a la cual Moisés le dice a Aarón: λάβε στάμνον χρυσοῦν ἕνα καὶ ἔμβαλε εἰς αὐτὸν πλήρης τὸ γομορ τοῦ μαν καὶ ἀποθήσεις αὐτὸ ἐναντίον τοῦ θεοῦ.... La última frase se define en el versículo que sigue como ἐναντίον τοῦ μαρτυρίου. El antecedente de ἐν ᾗ debe ser κιβωτόν, y no σκηνή en el v. 3.

Σκηνή no solo está más distante, sino que no hay duda de que las tablas de piedra estaban en el arca, y no tendría ningún sentido en el v. 5 decir que los querubines estaban "sobre el lugar santísimo"; el antecedente en ambos casos tiene que ser el arca. Si es así, el autor va más allá de lo que se lee en Éxodo 16:33, donde la vasija de maná aparece "delante", y no "dentro", del (arca del) testimonio. La tradición rabínica, que en otros aspectos trasciende la Escritura cuando describe el contenido del arca, es más fiel al texto de Éxodo que a Hebreos en este punto al ubicar la vasija de maná, y la vara de Aarón, al lado del arca y no dentro de ella (Boyd; mencionado por F. F. Bruce 204 n.37). Estos detalles, al parecer, no tienen ningún significado independiente para el autor, quien, por ejemplo, no relaciona el don del maná con el estatus de Israel como un pueblo errante.

Στάμνος tiene aquí el género femenino ático; el masculino dórico se usa en la LXX y en la mayoría de los papiros (BD §49[1]; MHT 2.124; MM *s.v.*).

Ἡ ῥάβδος (1:8) Ἀαρὼν ἡ βλαστήσασα (en B *pc* se omite ἡ) parafrasea Números 17:8, ἰδοὺ ἐβλαστήσεν ἡ ῥάβδος Ἀαρών. La vara de Aarón (menos adecuadamente aquí "cetro") no se menciona en los resúmenes de Éxodo 31:7-11; 35:10-19. La historia de su florecimiento aparece en una parte de Números que tiene muchos puntos de contacto con Hebreos (Nm. 14:21-23, cf. Heb. 3:11, 18; 14:29, cf. Heb. 3:17; 16:22, cf. Heb. 12:9; 18:2-6, cf. Heb. 9:6; 18:21, cf. Heb. 7:5; 19:6, cf. Heb. 9:19; 19:9, cf. Heb. 9:13; 19:13, cf. Heb. 9:10; 19:17-19, cf. Heb. 9:13; 20:2-5, cf. Heb. 3:8; también véase Heb. 12:3).

Un tema importante en Números 16–17 es el contraste entre las formas ilícitas de culto que practicaron Coré y sus cómplices, y el nombramiento de

Aarón, sus descendientes y la familia de Leví para desempeñar responsabilidades sacerdotales. El autor no se detiene a investigar el significado de la vara de Aarón ni de su florecimiento. En 3:17-19, citando el Salmo 95, hizo referencia a Moisés cuando golpeó la roca con una vara en Cades Barnea; pero no parece haberse basado en Números 17, donde a cada tribu se le dio una vara, para identificar la vara de Aarón con la de Moisés, que en otros lugares (Éx. 4:20; 17:9) es llamada "la vara de Dios".

La ubicación de la vara plantea el mismo problema que para στάμνος, que se analizó con anterioridad. En Números 17, a Moisés se le ordena primero que coloque las varas ἐν τῇ σκηνῇ τοῦ μαρτυρίου, κατέναντι τοῦ μαρτυρίου (v. 4; es decir, delante del arca, al igual que en Éx. 25:10 LXX). Después que la vara de Aarón hubo florecido, a Moisés se le ordena que la coloque ἐνώπιον τῶν μαρτυρίων (v. 10), el plural sin duda designa las dos tablas de la ley, como por ejemplo en Éxodo 25:16. Ni estas ni las expresiones correspondientes el TM implican más que el simple hecho de que la vara se colocó al lado o delante del arca, y esa fue la interpretación rabínica hasta la época medieval (*Yoma* 3.7; S-B 3.739; K. G. Kuhn en *TDNT* 1.3s.).

Sin embargo, el autor sigue el ejemplo del AT cuando asocia estos objetos con las πλάκες τῆς διαθήκης, es decir, las tablas de la ley. En Éxodo 25:16, Dios le ordena a Moisés que ponga en (εἰς) el arca lo que va a darle. De manera similar, las primeras tablas que fueron entregadas (Éx. 31:18) se describen como δύο πλάκας τοῦ μαρτυρίου, πλάκας λιθίνας (cf. 2Co. 3:3**) γεγραμμένας τῷ δακτύλῳ τοῦ θεοῦ. El autor de Hebreos reduce tácitamente su importancia omitiendo las últimas palabras y pasando a otro tema sin hacer ningún comentario; Pablo lo hace abiertamente contrastándolas con la obra de Cristo y el Espíritu Santo en los corazones de los creyentes. Las primeras tablas se describen en Deuteronomio 9:11 como τὰς δύο πλάκας τὰς λιθίνας, πλάκας διαθήκης. En la época de Salomón (1Re. [3Re.] 8:9), el arca no contenía más que las dos tablas.

9:5. Cubriendo el arca con su sombra estaban los querubines, señales de la presencia de Dios

El autor se apoya principalmente en las instrucciones para hacer la tapa del ἱλαστήριον (Éx. 25:17) y los querubines sobre ella (vv. 18-22; cf. 1Sa. [1Re.] 4:4; 2Sa. [2Re.] 6:2; 2Re. [4Re.] 19:15; 1Cr. 13:6; Is. 37:16; Sal. 80[79 LXX]:1; 99[98 LXX]:1). Menciona primero a los querubines, simplemente tal vez porque se destacan más en el relato de Éxodo. Sin embargo, el uso de la preposición ὑπεράνω (y no ἐπάνωθεν como en Ex. 25:20) podría sugerir una alusión a Ezequiel 10:19s. (18s.LXX), donde se lee que "la gloria del Señor abandonó la casa [es decir, el templo] y se elevó por encima de los querubines... (καὶ δόξα θεοῦ Ἰσραὴλ ἦν ἐπ' αὐτῶν ὑπεράνω)" (cf. 11:22). Si el autor tuvo en cuenta este pasaje, puede haberlo interpretado como una profecía del final del antiguo culto, anticipando con ello la próxima etapa de su argumento. En sentido estricto, ὑπεράνω es un adverbio, "encima", que a menudo se usa, al igual que aquí, como una preposición.

En este caso se trata literalmente de un adverbio de lugar; en otros pasajes (Ef. 1:21; 4:10**; Dt. 26:19) denota categoría.

Δέ señala un nuevo elemento, el último de la lista, después del arca y su contenido. El antecedente de αὐτῆς casi seguro es κιβωτόν, y no ninguno de los sustantivos femeninos más próximos.

Χερουβὶμ** δόξης: la palabra δόξα (1:3) no se usa en Éxodo 25 en relación con los querubines, pero el v. 22 expresa el sentido de δόξα cuando afirma que Dios "se manifestará" a Israel (LXX; y más antropomórficamente en el TM: "Yo os conoceré") de entre los querubines. Ezequiel (9:3; 10:1-20; 11:22) relaciona explícitamente la gloria de Dios con los querubines (como también lo hace Is. 6:1-3 con los serafines). La idea subyacente es la de la presencia de Dios, que más tarde se expresará por medio del concepto de la šekînâ (cf. Ro. 9:4). La traducción "querubines gloriosos" (JB) o "gloriosas criaturas aladas" (NJB), por tanto, es demasiado débil, aunque gramaticalmente posible; en TEV se lee "las criaturas gloriosas que representan la presencia de Dios". En otros lugares del AT, la imaginería varía ligeramente, en dependencia del lugar donde se halle la presencia de Dios, ya sea entre los querubines (Éx. 25:22; Nm. 7:89; 1Re. 4:4; Ez. 41:18) o (sentado) sobre ellos (2Re. 8:7; 1Cr. 13:6; 2Cr. 5:8; Sal. 80:1[79:2 LXX]; 99[98 LXX]:1; Ez. 10:18). Es poco lo que dice la Escritura acerca de los querubines, salvo que tenían alas. De manera similar, lo único que dice de estas representaciones de ellos es que estaban hechos de oro (Éx. 25:18; 37:7; 1Cr. 28:18) o enchapada en oro (1Re. 6:23, 29). Los querubines son seres angélicos (Gn. 3:24). La tradición rabínica los veía como niños (b. Ḥag.; *b. Suk.* 5b; Str-B 3.168), aunque Josefo, *Ant.* 3.137 (cf. Filón, *Vit. Mos.* 2.97) los describe como ζῷα πετεινά. Véanse Dulière; Raurell 1984.

Κατασκιάζοντα*** hace recordar el término casi igualmente raro συσκιάζοντες en Éxodo 25:20, que trae a la memoria los dos querubines que extendían sus alas desde cada lado del arca y se tocaban. El género de Χερούβ varía (Bauer); aquí, en vez del plural neutro, en 𝔓⁴⁶ A P 33 minn. se lee el singular κατασκιάζον (cf. PG 4.3061). El término más usual es ἐπισκιάζω (p. ej., con respecto a la columna de nube, Éx. 40:35; Mr. 9:7‖). La elección de la palabra por parte del autor puede haber estado influenciada por el deseo de formar una inclusio oral con κατασκευάσθη en el v. 2 (aunque cf. también el v. 6).

Τὸ ἱλαστηρίον, tal como el autor supone que sus lectores sabrán a partir de Éxodo 25:17, 20, era la tapa (ἐπίθεμα) de oro (ἐπίθεμα) del arca. El término hebreo *kappōret* hace pensar en el verbo piel *kipper*, "hacer expiación"; de ahí la traducción ἱλαστήριον ἐπίθεμα, o más comúnmente ἱλαστηρίον como sustantivo, que significa "medio" o "lugar de expiación" o "propiciación". El sentido local, sugerido para Romanos 3:25, resulta claramente adecuado en el presente versículo. El objeto implícito de la expiación es "los pecados", al igual que ocurre explícitamente con ἱλάσκομαι en Hebreos 2:17; la TEV lo traduce como "el lugar donde los pecados son perdonados". El ἱλαστήριον ocupaba un lugar importante el día de la expiación, cuando era rociado con la sangre del becerro y el macho cabrío sacrificados (Lv. 16:14s.). La referencia al ἱλαστήριον en esta coyuntura es incidental; prepara el terreno para un análisis posterior más completo sobre la liturgia del día de la expiación, que hasta 10:18 constituirá el punto de comparación y contraste con el sacrificio de Cristo.

Περὶ ὧν podría referirse, al menos implícitamente, al reglamento de culto en el 1, y ayudar, de ese modo, a concluir este párrafo. Es menos probable que el antecedente de ὧν pueda ser solo los querubines. El autor evita la especulación alegórica acerca de los querubines que aparece en Filón (Montefiore). Οὐκ ἔστιν, como tal vez en 1 Corintios 11:20, significa "no es posible" (Bauer *s.v.* εἰμί, I.7). Νῦν implica "en esta etapa del argumento", aunque, de hecho, el autor no regresa a este punto más adelante. Κατὰ μέρος significa "en detalle", "punto por punto" (2Mac. 2:30; Jos. *Ant.* 12.245; Bauer *s.v.* μέρος, 1c).

La última parte de este versículo es preferible interpretarla como una forma convencional de acortar una discusión; es similar en lo que respecta a la función, aunque no a la forma, a 6:3. El paralelismo más cercano se encuentra en Filón, *Rer. Div. Her.* 221, en un análisis acerca del templo (cf. *Migr. Abr.* 102; Heráclito, *Allegories of Homer* 7.2; Polib. 1.67.11). Las palabras pueden implicar: "pero, ¿qué es aún la gloria más elevada del antiguo tabernáculo en comparación con la del sacrificio de Cristo?" (Schröger 233); pero la realidad es que el autor no usa el término δόξα a este respecto después de 2:9. Es posible que fuera consciente, e incluso conociera, una interpretación alegórica de estos objetos de culto; pero de ser así, la evita por considerarla irrelevante. Es muy poco probable que eluda ese tipo de discusión por razones de reverencia vinculadas a la disciplina eucarística (Swetnam 1970; cf. 1966a.171; Schröger 233); en esta etapa, el análisis se lleva a cabo enteramente en función del AT.

9:6-10. La futilidad del antiguo culto

Después de este repaso de los utensilios que había en el tabernáculo, el autor pasa a referirse en los vv. 6-7, de un modo incluso más breve, al uso de dichos utensilios, y en los vv. 8-10, a la importancia de ese uso. Al igual que en 3:1-6, el tono se torna cada vez más negativo, preparando al lector para el contraste con la obra de Cristo que comenzará en el v. 11. La brevedad de los vv. 6-7 y el contraste con los vv. 11ss. forman parte de una estructura más compleja. Los vv. 6-7 no son la primera referencia al culto veterotestamentario (véanse especialmente 5:1-4; 7:11-14, 23; 8:3-5), pero tampoco la última (véanse 9:13, 18-23a; 10:1-4, 11). El argumento oscila entre lo antiguo y lo nuevo, y los métodos que usa el autor varían entre la comparación positiva (p. ej., οὕτως καὶ ὁ Χριστός, 5:5), el contraste directo (p. ej., Χριστὸς δέ, 9:11) y el argumento *a fortiori* o *qal waḥomer* (p. ej., πόσῳ μᾶλλον, 9:14), relacionado a menudo con comparaciones tipológicas que afirman (p. ej., 9:23) o dan por sentado (p. ej., 10:1) que lo nuevo es "mejor" que lo antiguo. Más profundas que estas diferencias relativamente superficiales de método son la doble limitación que le imponen al autor su lealtad (a) a sus presupuestos bíblicos judíos, que en general compartían, sin duda, sus lectores, y (b) a las convicciones cristianas que se propone restaurar y profundizar en sus lectores por medio de la epístola. El argumento, por tanto, oscila entre dos polos. Por un lado, por mucho que el autor limite el alcance y el período de funcionamiento del culto veterotestamentario (v. 10), no le niega un lugar en la voluntad ni en el propósito de Dios. Por otro lado, insiste sin reservas en la singularidad del sacrificio de Cristo (9:26).

9:6-7. El santuario exterior y el interior

Este párrafo consta de una expresión introductoria, τούτων δὲ οὕτως κατεσκευασμένων, seguida de un contraste entre las formas en que se usaban la parte exterior y la parte interior del tabernáculo. Es solo en este sentido que el autor le concede cierta importancia a la distinción entre los sacerdotes y los sumos sacerdotes (7:27).

La expresión introductoria es un genitivo absoluto regular que hace referencia al pasaje completo de los vv. 1-5, y forma una inclusio (κατεσκευασμένων) con el v. 2 (κατεσκευάσθη). Es mucho menos probable que pueda referirse a lo que dice después: "en vista de la manera en que estaban organizados los muebles del tabernáculo, lo que ocurría allí era lo siguiente". La estructura de las cláusulas contrastantes resulta importante por el lugar que ocupan en el argumento. El paralelismo entre ellas es estrecho hasta un punto, pero después, la segunda cláusula se amplía por medio de la introducción de un material significativo para el análisis posterior:

v. 6 εἰς μὲν τὴν πρώτην en	v. 7 εἰς δὲ τὴν δευτέραν
*σκηνὴν	
διὰ παντὸς	ἅπαξ τοῦ ἐνιαυτοῦ
*εἰσίασιν	
οἱ ἱερεῖς	μόνος ὁ ἀρχιερεύς
*τὰς λατρείας ἐπιτελοῦντες	†οὐ χωρὶς αἵματος ...
	†ἀγνοημάτων

* elementos comunes a ambas partes del contraste

† material adicional fuera del contraste.

Los utensilios que se mencionan en los vv. 1-5, incluso el altar, se pierden de vista por completo, y la atención se centra ahora en las acciones de los sacerdotes (a los que también se hace referencia de un modo muy general) y del sumo sacerdote. En estos versículos ya hay indicios de que este contraste es subsidiario del contraste mayor entre el culto veterotestamentario y el sacrificio de Cristo. La frase ἅπαξ τοῦ ἐνιαυτοῦ hace recordar, aunque también se contrapone al ἅπαξ absoluto (7:27; cf. 9:12, 26-28) de la cruz. El acceso exclusivo del sumo sacerdote levítico (μόνος) no es propiedad de ningún individuo en particular porque existe una sucesión de sumos sacerdotes mortales (7:27f., cf. v. 23); ὁ ἀρχιερεύς es genérico. Sin embargo, su única función en el día de la expiación constituye un antitipo del sacrificio del que es sumo sacerdote de manera absoluta, y no ofrece sangre en general (9:23), ni sangre animal (v. 12), sino a sí mismo, es decir, su propia sangre (vv. 12, 26).

9:6. El tabernáculo exterior

Δέ no es una conjunción contrastiva, su única función es marcar la transición a una nueva etapa en el argumento.

El tiempo perfecto de κατεσκευασμένων, en contraste con el aoristo del v. 2, sugiere la permanencia de la organización establecida bajo la ley mosaica. El autor puede haber supuesto que seguía vigente en el templo de su época, pero de todos modos, nada de eso despertaba su interés.

La frase "el primer tabernáculo", como también en el v. 2, es local, no temporal, y pone de relieve la separación entre las dos partes de la tienda del encuentro.

4Διὰ παντός (véase 13:15; cf. 2:15*) por lo general significa "continuamente", como en los pasajes del AT a los que se alude en este versículo y que se mencionan más adelante; pero en este contexto, en el que se hace referencia a los movimientos de los sacerdotes, el significado es "constantemente". Es probable que el autor estuviera pensando en los sacrificios que se ofrecían dos veces al día (Éx. 29:38-43; Nm. 28:1-8) con los que los sacerdotes estaban vagamente relacionados (Éx. 29:44), o en el incienso que se quemaba en el altar διὰ παντός por la mañana y por la tarde (Ex. 30:7s.); menos probable, empero, es que pensara en la sustitución semanal del pan de la preposición (Lv. 24:8; cf. Jos. *Ant.* 3.6.6); y de manera especial quizás en la lámpara de aceite que los sacerdotes debían mantener encendida durante toda la noche διὰ παντός... ἔξωθεν τοῦ καταπετάσματος (Ex. 27:20s.; Lv. 24:2s.).

Εἰσίασιν: εἴσειμι se remplaza en gran medida en el griego helenístico por εἰσέρχομαι; cf. Filón, *Leg. Gai.* 306: ἅπαξ τοῦ ἐνιαυτοῦ ὁ μέγας ἱερεὺς εἰσέρχεται τῇ νηστείᾳ. El uso de εἴσειμι hace recordar el uso infrecuente de la LXX en Éxodo 28:29, 35, para referirse a la entrada de Aarón en el lugar santo. Jos. *War* 5.5.7, de manera similar, conserva el término εἴσειμι de la LXX. En cuanto al uso secular de εἴσειμι, véase MM; cf. BD §99 (1); Hechos 3:3; 21:18, 26**. El tiempo presente del verbo probablemente no sugiere que el templo todavía estaba en pie (así piensa Braun; en contra de Clark 1959-60). P. E. Hughes toma este y otros presentes como históricos. Moffatt supone innecesariamente que εἰσίασιν "podría incluso ser el presente con un sentido futurista, que el autor emplea para situarse y situar a sus lectores en el momento de la inauguración del santuario: 'y ahora, que todo está preparado, los sacerdotes entrarán', etc."

Τὰς λατρείας ἐπιτελοῦντες: λατρεία aquí se refiere a los actos de culto en general (pero no específicamente sacrificiales, como en la frase *sacrificiorum officia* de la vulgata). Esto reafirma la inclusio con los δικαίωματα λατρείας del v. 1, y anticipa el verbo λατρεύοντα en el v. 9. Ἐπιτελέω, a diferencia de τελειόω, tiene connotaciones prácticas y no teológicas. El significado es "realizar"; en Levítico 6:15 se emplea con un sentido diferente para referirse a la incineración total de la ofrenda vegetal, y en contextos cultuales lo usan también Herodoto (2.63; 4.26), Filón (*Somn.* 1.214s.; *Ebr.* 129; *Spec. Leg.* 1.297), Josefo (*Guerra* 1.7.153; 2.17.409) y Aristión (186).

9:7. El día de la expiación

El festival más grande del año judío muestra paradójicamente con mayor claridad las limitaciones de la antigua dispensación y su sumo sacerdocio.

Este versículo completa y desarrolla el contraste (δέ) con el v. 6b (vv. 6s.). Ἅπαξ τοῦ ἐνιαυτοῦ se menciona de manera específica en Éxodo 30:10, y ocupa un lugar destacado en Levítico 16:34, al final de la descripción de la liturgia del día de la expiación. El genitivo es el "genitivo clásico del período de tiempo dentro del cual algo tiene lugar", BD §186 (2). El artículo es distributivo, BD §252; MHT 3.235. En esta descripción se les otorga gran importancia a las actividades de Aarón, un nombre que incluye a sus sucesores en el cargo, de ahí el sustantivo genérico ὁ ἀρχιερεύς; el término en sí probablemente no se usa en el pentateuco en un sentido técnico (cf. Lv. 21:10; Nm. 25:3-5).

Μόνος* resume la idea de Levítico 16:17. El término μόνον aparece en Levítico 16:11 B A, pero ni el texto ni el significado resultan totalmente claros. Cf. Jos. *Guerra* 5.5.7; 3 Macabeos 1:11. Este versículo, de hecho, no excluye la presencia de otras personas en el santuario en otras ocasiones; pero al autor le interesan exclusivamente las actividades relacionadas con el culto. No hay ninguna contradicción entre "una vez cada año" aquí y "cada día" en 7:27, porque este versículo no se refiere a los sacrificios en el santuario interior. El sentido común exige que "una vez cada año" signifique "un solo día al año", en contraste con διὰ παντός; el resto del versículo sugiere que el autor tiene conocimiento de las distintas entradas del sumo sacerdote en el santuario interior a lo largo de la liturgia del día de la expiación (Lv. 16:12, 15). La tradición rabínica (*Yoma* 5.1, 3, 4; *Nu. Rab.* 7:8, 21a) enumeraba cuatro entradas, incluyendo las que hacía para quemar incienso (Lv. 16:13) y retirar el incensario.

Οὐ χωρὶς αἵματος es una doble negación retórica propia del autor (7:20; cf. 11:40), equivalente a una fuerte declaración positiva. Se retoma y se desarrolla en el v. 18, y aparentemente se establece como un principio general en el v. 22. Estas declaraciones más completas deben ayudarnos a comprender el presente versículo. El contexto veterotestamentario propone como motivaciones en la liturgia del día de la expiación la necesidad de (a) proteger incluso al sumo sacerdote contra la cercanía peligrosa de Dios, "para que no muera" (Lv. 16:13, cf. v. 1), y (b) evitar la profanación por formas no autorizadas de culto (cf. Éx. 30:9). Estos dos temas tienen puntos de contacto en Hebreos (12:3; cf. 12:18-21), pero el interés primordial del autor es el acceso a Dios, y aquí particularmente en su aspecto negativo del perdón de los pecados por medio de un sacrificio de sangre. Esto está en consonancia con Levítico 16, que concluye afirmando que el propósito del día de la expiación es "hacer expiación por todos los pecados de los hijos de Israel" (v. 34).

Hasta aquí, el autor ha destacado los aspectos de la función del sumo sacerdote que lo colocan al mismo nivel de Cristo en contraste con los sacerdotes menores (e indirectamente, *a fortiori,* el pueblo). Solo "una vez al año" ha insinuado el punto más allá del cual no debe forzarse la comparación. La sangre, en particular, es un elemento común a los sacrificios en la antigua dispensación y en la nueva, y el v. 22b confirmará que la comparación no es meramente formal o accidental. A partir de este punto, sin embargo, la distinción entre los sumos sacerdotes del AT y Cristo, que ya se examinó en lo que respecta al estatus en el capítulo 7, comienza a ampliarse, porque ahora va a analizarse en cuanto a la función y eficacia.

Al parecer, hay dos aspectos de la distinción que están implícitos en el v. 7b. (i) El sumo sacerdote del AT ofrece sacrificios primeramente por él mismo (Lv. 16:11), y luego por el pueblo (Lv. 16:15); (ii) los sacrificios del AT cubren solo los pecados de ignorancia o inadvertencia, que pueden describirse mejor como "errores", no los pecados deliberados. Ἀγνοημάτων es enfático por la posición que ocupa en la oración; cf. 5:2, τοῖς ἀγνοοῦσιν καὶ πλανωμένοις. Lo que de esto puede inferirse, al parecer, es (i) que Cristo no tiene necesidad de ofrecer ningún sacrificio por su propia persona, porque él "no tiene pecado" (4:15) y por tanto, el sacrificio que hizo de sí mismo es "sin mancha" (9:14); (ii) que el sacrificio de Cristo no solo cubre los pecados accidentales sino también los deliberados.

La primera de estas restricciones no genera dudas, pero la segunda sí presenta problemas no solo respecto al uso que hace el autor del AT aquí, sino también al lugar que este ocupa en su propia teología. En primer lugar, debe observarse que en Levítico 16 no hay ninguna restricción en cuanto al perdón de los ἀγνοήματα: los sacrificios se describen técnicamente como ofrendas por el pecado (περὶ ἁμαρτίας; vv. 5, 9); Aarón ofrece un novillo por su propio pecado (v. 11). En cuanto a los sacrificios por el pueblo, se degüella un macho cabrío por el santuario ἀπὸ τῶν ἀκαθαρσιῶν τῶν υἱῶν Ἰσραηλ, καὶ ἀπὸ τῶν ἀδικημάτων αὐτῶν περὶ πασῶν τῶν ἁμαρτιῶν αὐτῶν (v. 16). De manera similar, al enviar al desierto el macho cabrío de la expiación, el sumo sacerdote confiesa sobre él πάσας τὰς ἀνομίας τῶν υἱῶν Ἰσραηλ, καὶ πάσας τὰς ἀδικίας αὐτῶν καὶ πάσας τὰς ἁμαρτίας αὐτῶν (v. 21). El lenguaje no podría ser más enfático. Es cierto que hay algunos textos en la LXX y en los papiros en los que ἀγνόημα y ἁμαρτία se emplean como sinónimos; especialmente en Sirácides 23:2, donde los términos se usan en forma paralela; cf. Tobías 3:3; Judit. 5:20; 1 Macabeos 13:39; MM. Polibio 38.1, 5 usa el término ἀγνόημα para referirse a las ofensas morales. Sin embargo, en los pasajes fundamentales de la Torá, los pecados deliberados se diferencian expresamente de los errores involuntarios. Lv. 4 trata, en forma sucesiva, de los errores cometidos por el sumo sacerdote (así en la LXX; "el sacerdote ungido" en el TM; vv. 3-12), por toda la congregación (vv. 13-21), por un jefe (vv. 22-26), y por un individuo (vv. 27-35, cf. 1s.; cf. también Lv. 5:14-19). Algunos pecados deliberados pueden ser purgados por medio de un sacrificio después de haber hecho la debida restitución (Lv. 6:1-6; cf. *Yoma* 8.9). La tradición rabínica ya en la época de R. Ishmael (d. 135 d.C.) le ponía límites explícitos al alcance del día de la expiación, y esta tradición puede haber ejercido una influencia secundaria en el autor de Hebreos. R. Ishmael, *t. Yoma* 5.6, distingue entre los pecados que exigen arrepentimiento: los que son cubiertos por el día de la expiación, los que demandan un castigo corporal, y la profanación del nombre de Dios, que solo la muerte podía expiar. Cf. Bonsirven 1935.2.92s. El autor puede haber tenido en cuenta el contraste más marcado de Números 15 entre los errores que pueden ser expiados por medio de un sacrificio

(vv. 24-29), y los pecados deliberados que causan la excomunión y la consiguiente destrucción (vv. 30s.). Pero las regulaciones con respecto a los errores no tienen nada que ver con el día de la expiación. La explicación más probable de la aparente discrepancia es que, tanto aquí como en otros lugares, el autor reúne en el día de la expiación, como el equivalente menor del sacrificio de Cristo, todas sus ideas acerca del pecado y el perdón bajo el antiguo pacto.

Esto suscita el tema de la coherencia de la propia teología del autor en este área. A la luz de las "cosas difíciles de explicar" de 6:4-6; 10:26-31, y en especial, del uso del término clave ἑκουσίως en 10:26 (contrástese con ἀκουσίως, en Lv. 4:2; Nm. 15:24), resulta tentador resumir la posición del autor de la siguiente manera: (1) los sacrificios veterotestamentarios se ocupaban solamente de los errores involuntarios. (2) el sacrificio de Cristo se ocupa también de los pecados deliberados hasta el momento del bautismo. Sin embargo (3) cuando un individuo se hace cristiano, el propio sacrificio de Cristo ya no cubre más pecados deliberados. Existen vínculos claros entre esta postura y los enfoques posteriores respecto al problema del pecado que comete una persona después de haber sido bautizada (Telfer 33-52), pero es probable que no pueda demostrarse que esta haya sido la esencia de la opinión del autor. El lenguaje que emplea, en el que debe basarse cualquier conclusión de este tipo, es más reticente y menos sistemático; en los vv. 9-10 y 14, el contraste es entre la perfección de la "carne" y la de la "conciencia".

Προσφέρω: (véase 5:1); aquí en sentido absoluto, al igual que en 10:2; se usa más comúnmente con términos relacionados con los sacrificios.

Esta es la primera de muchas referencias a la sangre, exceptuando la frase "carne y sangre" que se usa en 2:14. El término es particularmente importante en el resto de esta sección teológica central, hasta 10:18. Las asociaciones cultuales del término en Hebreos predominan, no solo en lo que escribe el autor sobre la sangre de los sacrificios del AT (como aquí y en 9:12s., 18-22, 25; 10:4; 11:28; 13:11) sino también sobre el sacrificio de Cristo (como en 9:14; 10:19, 29; 12:24; 13:12, 20); a menudo de manera implícita, y tal vez en 9:22b explícitamente, la sangre es el *tertium comparationis* entre los dos tipos de sacrificio. Solo en 12:4 el término "sangre" parece denotar simplemente "muerte violenta", sin ninguna asociación con los sacrificios. Ni aquí ni en 13:13 el autor hace referencia al "macho cabrío de la expiación", que es irrelevante para su argumento por cuanto no era sacrificado (Loader 1981.189-191; Braun 256-258).

El cambio de περὶ αὐτοῦ, περὶ τοῦ λαοῦ en Levítico 16:11, 15, por ὑπέρ aquí, no implica ninguna diferencia de significado; περί se emplea en 5:3 como una variante estilística para ὑπέρ en 5:1.

Ὑπὲρ ἑαυτοῦ καὶ τῶν τοῦ λαοῦ…: el incómodo doble artículo hace recordar, tal vez de manera casual, una torpeza similar en Levítico 16:11 B A: τὸν μόσχον τὸν περὶ τῆς ἁμαρτίας τὸν αὐτοῦ καὶ τοῦ οἴκου αὐτοῦ. En el presente texto, cabría haber esperado ὑπὲρ τῶν ἑαυτοῦ…. Sin embargo, el contexto sugiere el significado: "por sus propios errores y los del pueblo…". El texto de 1 Juan. 2:2 es un ejemplo menos difícil, porque τῶν ἁμαρτιῶν se sobrentiende antes de ὅλου τοῦ κόσμου; pero ahí ya se expresó anteriormente en la oración. Hebreos 12:24 podría ser un paralelismo más cercano, si, tal como suponen casi todos los eruditos (y algunos copistas hacen explícito), παρὰ τὸν Ἄβελ quiere decir παρὰ τὸ αἷμα τοῦ Ἄβελ.

9:8. No es posible acceder al santuario interior

La limitación del acceso al santuario interior del tabernáculo terrenal (v. 7) demuestra que antes de Cristo, no era posible acceder a la presencia de Dios.

El argumento depende de las siguientes premisas: (1) que las declaraciones negativas de la Escritura son tan importantes como las positivas (cf. el argumento ex silentio en 7:3); (2) que el tabernáculo terrenal es una prefiguración del celestial (8:2); (3) dicho con más precisión, que la parte exterior del tabernáculo terrenal es para la parte interior lo que todo el tabernáculo terrenal es para el celestial; (4) que, tal como se expuso exhaustivamente en 7:1–8:7, la obra de Cristo como sumo sacerdote es análoga a la de los sumos sacerdotes levíticos.

Con este versículo, el autor pasa explícitamente de la descripción a la interpretación (tipológica) del culto (v. 8) y el santuario (vv. 9s.) del AT. Por tanto, estos versículos forman un quiasmo con los vv. 6s. y 1-5 respectivamente (Vanhoye 1980.207).

Τοῦτο podría entenderse (1) como una visión prospectiva, en aposición a μήπω πεφανερῶσθαι τὴν τῶν ἁγίων ὁδόν; o (2) como una mirada retrospectiva, con referencia al v. 7. Desde el punto de vista gramatical (1) es más fácil, pero el término τοῦτο por sí solo en Hebreos tiende a mirar al pasado (cf. 6:3; 7:27; 9:27; 13:17 [*bis*], 19), y de todas formas, a nivel semántico el v. 8 interpreta al v. 7.

Δηλόω se usa en 12:27* para referirse a lo que muestra implícitamente un texto veterotestamentario, y la interpretación del autor hace explícito. El significado es similar aquí, porque aunque la referencia al Espíritu Santo (2:4) no está (como en 3:7; 10:15) relacionada con ningún texto en particular, el autor hace alusión a los pasajes del AT que constituyeron la base de los vv. 6s. Aquí también su comentario hace esto explícito. Δηλόω se usa de manera similar con el sentido de revelar o manifestar el significado íntimo de los secretos (1Co. 8:6; cf. Sal. 50[49 LXX]:8), acontecimientos futuros (1Co. 3:13) o parábolas (Herm. *Vis*.3.12.3). En 1 Pedro 1:11 es más bien el Espíritu de Cristo el que les revela cosas a los profetas. Spicq aboga por un sentido jurídico, de presentar pruebas, pero esto no parece encajar tan bien en el contexto. En la LXX, δηλόω es típico de Daniel (capítulo 2 *pássim;* 7:16); cf. también Deuteronomio 33:10, donde Moisés bendice los δικαιώματα de Dios; Salmo 147:19 (18 LXX), de sus juicios; Jos. *Ant.* 3.7.7, del significado simbólico. En el versículo que nos ocupa, el participio de presente δηλοῦντος, al igual que los presentes anteriores en este pasaje, no implica probablemente que el tabernáculo del AT todavía estaba en pie, sino más bien que el significado de los pasajes del AT a los que se hace referencia en los vv. 6s. seguía vigente. (Knox, en contra de la vg, usa incorrectamente el pretérito de los verbos a lo largo de este versículo; cf. LB).

Μήπω se emplea en lugar de οὔπω con el infinitivo, al igual que en Romanos 9:11** con el participio (BD §429s.). Μήπω… ἔτι implica un contraste de tiempo, pero la referencia directa al acontecimiento crucial del sacrificio de Cristo, que le da sustancia al contraste, se mantiene en reserva hasta los vv. 11s.

Φανερόω es una variante estilística necesaria para δηλόω, que recién se usó. La referencia, sin embargo, ya no es a la revelación de una verdad biblica, sino al descubrimiento de un lugar, a saber, del santuario celestial. Esto, aunque no es exactamente lo mismo, sí se relaciona estrechamente con la revelación del propio Cristo por medio de su sacrificio (v. 26)*. Φανερόω y otros términos cognados aparecen con frecuencia en el NT, pero en la LXX solo en Jeremías 33(40 LXX):6, en un pasaje que, al igual que Jeremías 31(LXX 38):34, habla del perdón de Dios; también en algunos papiros seculares y religiosos (MM). En el presente versículo, el tiempo perfecto de πεφανερῶσθαι indica la prolongada exclusión del santuario celestial bajo la antigua dispensación.

Τὴν τῶν ἁγίων ὁδόν, un genitivo de dirección (BD §166; MHT 3.212) que significa "el camino al santuario" (cf. Mt. 10:5; 10:11s. con ὁδός; Gn. 3:24; Jue. 5:14; Pr. 7:27; Jer. 2:18). La versión sir[P] considera que ἁγίων es masculino, y significa "cristianos", pero esto es totalmente ajeno al contexto (Laub 1981.163). Resulta llamativo lo poco que se desarrolla la imaginería del camino en Hebreos. El equivalente positivo del presente versículo es el "camino nuevo y vivo" de 10:20, el cual es el propio Cristo; por lo demás, solo 3:10 = Salmo 95:10 en plural; no obstante, cf. εἴσοδος (9:12, 24s.), que significa prácticamente lo mismo que ὁδός aquí: acceso o entrada, no una larga caminata ni una peregrinación (así opina W. Michaelis en *TDNT* 5.76; Dussaut 69 discrepa).

El significado de τὰ ἅγια debe definirse en contraste con ἡ πρώτη σκηνή más adelante en el versículo; desafortunadamente ambas expresiones se usan en diversos sentidos en este pasaje. A la luz de las premisas que se mencionaron en la introducción a este versículo, quizás sea mejor atribuirle a ἡ πρώτη σκηνή un sentido temporal (y no, como en los vv. 2, 6, un sentido territorial) y considerar que se refiere al tabernáculo del AT en tu totalidad (y no, como excepcionalmente en el v. 2, solo a su parte exterior). Los que adoptan otros puntos de vista suelen subestimar la facilidad con la que el autor se desliza del significado de una expresión a otro, vv. 9s., διά; 15-18, διαθήκη; tienden además a darles menos peso a las palabras iniciales del versículo, que indican un cambio del símbolo a la realidad. Muchos comentaristas (incluyendo a Attridge) consideran que μήπω πεφανερῶσθαι τὴν τῶν ἁγίων ὁδόν significa que bajo la antigua dispensación no era posible acceder al santuario interior del tabernáculo terrenal. Pero es muy difícil relacionar esta interpretación con las palabras que siguen; no solo porque el santuario interior, de hecho, sí estaba abierto, aunque solo fuera para el sumo sacerdote un día al año, sino también, y es un asunto más serio, porque la barrera que impedía la entrada al lugar santísimo no era la existencia continua del santuario exterior, como indicaría entonces la última parte del v. 8, era una prohibición jurídica. Si este argumento es correcto, τὰ ἅγια se refiere al santuario celestial, es decir, a la presencia inmediata de Dios, que en 8:2 se describe como ἡ σκηνὴ ἡ ἀληθινή. Josefo (*Ant.* 3.6.4), de manera similar, ve en el santuario interior un símbolo del cielo. Esta interpretación está corroborada por la repetición de τὰ ἅγια en el v. 12 en el mismo sentido. Τὰ ἅγια, de todas formas, no significa "santidad", como pensaba Lutero.

Ἔτι τῆς πρώτης σκηνῆς ἐχούσης στάσιν: la ausencia de un verbo finito nos deja en libertad de preguntarnos si el autor pensaba que el tabernáculo todavía existía en el momento que escribió la epístola. En la RVR y Lane, en contra de Attridge y otras traducciones que se han consultado, aparece un verbo en pasado. El sentido general de este pasaje sugiere que este tema no era ningún motivo de preocupación para él; y mucho menos le preocupaba tener en cuenta el remplazo del tabernáculo del desierto por los templos permanentes de Salomón, y más tarde, de Herodes. Su propósito, más bien, es mostrar la incompatibilidad, en términos teológicos, entre la antigua dispensación y la nueva. La implicación de este versículo, y del contexto más amplio, es que "el tiempo presente" (v. 9), es decir, la antigua dispensación simbolizada por el primer tabernáculo está próxima a desaparecer (8:13).

Στάσιν ἔχειν*** (Polibio 5.5.3; Plutarco *Mor.* 731 B; Bauer 6) podría significar simplemente "existir", aquí "estar en pie" (así en la mayoría de las traducciones; p. ej., Braun, *noch existiert*). Στάσις, sin embargo, se usa con frecuencia en la LXX (p. ej., 2Cr. 23:13; Neh. 8:7; Dn. 10:11) con respecto a un edificio que está sobre sus cimientos, y este podría ser el significado aquí. Algunos especialistas, incluyendo a P. E. Hughes y a Teodorico, lo interpretan como "tener estatus" o "capacidad legal" o "función" (Spicq 1978.826-828 cita 2Cr. 30:16; 35:10, 15; Ne. 9:3; 13:11); Lane, "estatus cultual"; pero debe preferirse el significado más general.

9:9. Las limitaciones del antiguo orden

La antigua dispensación, simbolizada por el tabernáculo veterotestamentario, está limitada en cuanto al tiempo (hasta el "tiempo presente") y al alcance (hasta los aspectos exteriores de la naturaleza humana; Swetnam 1966a).

Formalmente, los vv. 9s. constituyen, junto con los vv. 1-5, la parte externa de un extenso quiasmo. Por tanto, tienen el mismo estatus temático que el v. 8, aunque gramaticalmente están subordinados a él. También forman un quiasmo más pequeño:

9a tiempo	**10b tiempo**
ἥτις ... ἐνεστηκότα	μέχρι ... ἐπικείμενα
9b alcance	**10a alcance**
καθ' ἣν ... λατρεύοντα	μόνον ... σαρκός

En cuanto al contenido, explican el significado de la σκηνή que se describe en los vv. 1-5, aunque con cierta desviación con respecto a los detalles.

V. 9a, hasta ἐνεστηκότα, contiene varios puntos controvertidos.

(1) La interrogante de si se debería interpretar ἥτις... ἐνεστηκότα como parentética dependería de una decisión con respecto a los antecedentes ἥτις y ἥν. El antecedente de ἥτις probablemente es πρώτη σκηνή (así piensan entre otros Braun, Attridge, Lane); es decir (v. 8), el tabernáculo del AT en su conjunto (en D* se añade πρώτη). De lo contrario, podría tomarse como equivalente de ὅτι, que reflejaría el género femenino de παραβολή, pero se referiría a toda la cláusula anterior (de ahí en RSV "este arreglo", en REB, RVC, TLA "todo esto"). La primera

opción exige que παραβολή se entienda como predicado, la segunda opción como sujeto. Desde el punto de vista gramatical, la primera opción es más simple y encaja mejor en el contexto, porque no hay ninguna referencia previa a παραβολή.

(2) El análisis del punto (1) se complica por el desacuerdo en cuanto a si πρώτη σκηνή en el v. 8 se interpreta como el tabernáculo veterotestamentario en su conjunto (como en nuestro análisis anterior), o como la parte externa del mismo (así Attridge).

(3) Παραβολή aquí obviamente no se refiere a una parábola narrativa, como en los sinópticos. Tiene, más bien, el sentido más antiguo de una figura retórica de lenguaje que implica una comparación (LSJ I.2; Bauer 1). La AV y la TEV, JBS, RVA traducen el término como "figura"; la RSV y la REB, BLP como "simbólico"; la NRSV y la NJB, RVR60, RVC como "símbolo"; y la NIV, NTV como "ilustración". La retórica griega secular diferenciaba la παραβολή de otras formas de comparación figurada (F. Hauck en *TDNT* 5.745s., cf. 752), pero en Hebreos, al parecer, no se hace ninguna distinción significativa entre ὑπόδειγμα, σκία (8:5) y παραβολή. El principal problema con respecto a la presente aparición del término consiste en determinar si el contexto sugiere un elemento temporal de "presagio", como tal vez en 11:19 (Swetnam 1981.122s., 128). De todas formas, la παραβολή es menos importante que la realidad a la que corresponde. La opinión subyacente es tipológica. Resulta llamativo que el autor no diga: "el sacrificio de Cristo puede interpretarse a la luz de los sacrificios veterotestamentarios", sino más bien lo contrario: el sacrificio de Cristo es la realidad de la que los sacrificios veterotestamentarios son la sombra o el anticipo" (cf. Ef. 3:15).

(4) Εἰς podría considerarse (a) que significa "hasta" e indica el momento hasta el cual algo se prolonga (Bauer 2α; cf. Hch. 4:3; Fil. 1:10; 1Ts. 4:15; así piensa Riggenbach); (b) que señala un período durante o a lo largo del cual tiene lugar una acción (Bauer 2b); o (c) que denota una referencia a algo (Bauer 5; Jos. *Ant.* 16.162; Polib. 1.609), como en Herm. *Sim.*9.26.6: εἰς ταύτας τὰς ἡμέρας, "con referencia a estos días", tal vez incluso aquí "con referencia a la presente crisis" (Westcott, seguido de W. Manson 132; F. F. Bruce). La traducción common "para" abarca todas estas opciones; la traducción en la REB "que señala el tiempo presente" opta por (a).

(5) La decisión más crucial tiene que ver con el significado, o más precisamente con la referencia, de τὸν καιρὸν τὸν ἐνεστηκότα** aquí, y καιροῦ διορθώσεως en el v. 10. En la actualidad, se acepta de manera general que la primera de estas frases significa simplemente "el tiempo presente" y no conlleva ninguna referencia futura (así opinan P. E. Hughes, Braun, Attridge; cf. MM). No hay consenso en cuanto a si la frase se refiere (a) a la dispensación veterotestamentaria (Bleek, Spicq, Guthrie, Loader 1981.164s.), o (b) a la dispensación cristiana (Bleek, Delitzsch, Riggenbach, Moffatt, Montefiore, Laub 1980.193-195, Attridge; REB). La opción (a) implicaría un contraste entre "el tiempo presente" y "el tiempo de reformar", y la elección de la opción 4 (c) en el párrafo anterior. La opción (b) haría que ambas frases fueran sinónimas (con εἰς = μέχρι) y se inclinaría a favor de la opción 4 (a), o posiblemente 4 (b), en el párrafo anterior. La opción 5 (a) atrae inmediatamente la atención, porque el autor en otros lugares demuestra que él opina que está viviendo en una época en la que ya están operando los poderes del siglo venidero (6:5). También le

otorga un alcance ilimitado al elemento del presagio en παραβολή. El argumento más fuerte a favor de la opción 5 (b) es que la misma colocaría los vv. 9-10 en el contexto de la doctrina apocalíptica judía de las dos eras, ampliamente confirmada en el NT. En dicha doctrina, tal vez anacrónicamente por la época del NT, se hacía referencia a la era antigua de diversas maneras, a saber, como ὁ αἰών ὁ ἐνεστώς (Gá. 1:4), ὁ καιρὸς οὗτος (Mt. 13:30; Mr. 10:30‖; Lc. 16:8); ὁ αἰών οὗτος (p. ej., 1Co. 2:6, 8); ὁ νῦν αἰών (Pastorales; p. ej., 1Ti. 6:17); o ὁ κόσμος οὗτος (p. ej., Jn. 8:23; 1Jn. 4:17; 1Co. 3:19; Ef. 2:2). La variedad de esta terminología debilita el argumento de que la redacción precisa del versículo que nos ocupa no aparece en ninguna otra parte de la Biblia griega. Esta "era presente" contrasta con ὁ αἰών ὁ μέλλων (Mt. 12:32; Ef. 1:21), con la cual pueden cotejarse Heb. 2:5; 6:5; 9:10. El lenguaje no es "intrínsecamente contradictorio" (H. Sasse en *TDNT* 1.205), como si fuera incorrecto usar un lenguaje temporal para referirse a realidades atemporales, por no decir paradójicas, que demuestran que en la experiencia cristiana la realidad de la era presente y la futura coexisten. No hay ninguna razón para suponer, con Spicq 1.375-377 (aunque no Spicq SB) una referencia a Qumrán; cf. Braun 1966.262s. La interpretación más sencilla es que τὸν καιρὸν τὸν ἐνεστηκότα aquí alude a la dispensación cristiana, que se considera actualmente vigente; por tanto, esa frase y καιρὸς διορθώσεως en el v. 10 son sinónimas.

(6) Un tema secundario es el alcance de la analogía entre 9:9 y 10:1. Los que interpretan "el tiempo presente" como la era cristiana (opción 5 [b]) consideran que esta frase y μέλλοντα ἀγαθά en 10:1a son sinónimas; los que la interpretan como la dispensación veterotestamentaria responderían que el lenguaje de 10:1 se acerca más al de 9:11 que al de 9:9. Con respecto a los vv. 9-10, véanse Swetnam 1966; Casalini 1987.

(7) Τὸν λατρεύοντα es un término singular; el problema es determinar a quién se refiere. Las opciones son: (a) a los sumos sacerdotes solamente, como en el v. 7; (b) a los sacerdotes y a los sumos sacerdotes, como en los vv. 6s. tomados en conjunto; y (c) a los sumos sacerdotes, a los sacerdotes y al pueblo, como προσερχομένους en 10:1. La hipótesis de Zimmermann (1977.120s.) sobre una fuente que combina 9:9b con 10:1c, y se refiere conjuntamente a los sacerdotes y el pueblo, resulta ingeniosa, pero demasiado especulativa para poder constituir una base para la exégesis del texto de Hebreos tal como aparece actualmente. Otros usos de λατρεύω y otros cognados en Hebreos (8:5) son cultuales, y casi todos (salvo 9:14; 12:28) son específicamente sacerdotales. A favor de (a) podría alegarse el interés dominante del autor por el día de la expiación y por la función del sumo sacerdote en él; a favor de (b) puede citarse el recordatorio en 9:7 de que el sumo sacerdote actuaba en beneficio del pueblo. Estos factores, sin embargo, no los excluye (c), que representa la opción más amplia y probablemente la más segura.

En el v. 9b, respecto a καθ' ἥν, véase el comentario anterior sobre ἥτις. En D² K L P Ψ 104 326 1834 𝔐 se simplifica y aparece καθ' ὅν, con referencia a καιρόν. Esta lectura también la adopta la NRSV: "un símbolo del tiempo actual, durante el cual...".

Δῶρά τε καὶ θυσίαι προσφέρονται: 5:1. El centro de atención se ha desviado ahora del sumo sacerdote a los sacrificios. Esta cláusula forma una inclusio con

8:3 (Vanhoye 146). El lenguaje, de manera poco usual en este pasaje, es tradicional (Zimmermann 1977.186f.).

Μὴ δυνάμεναι: el verbo δύναμαι, al igual que en 2:18, debe tomarse en el sentido fuerte de "tener poder para", no simplemente "ser capaz de". El participio concuerda con el más próximo de los dos sustantivos (MHT 3.311).

Συνείδησις (9:14; 10:2, 22; 13:18*), que aquí se contrasta con σάρξ (v. 19), es uno de un grupo de términos que se emplean para describir el aspecto interno de la naturaleza humana. Otros términos del grupo son πνεῦμα, que se usa probablemente en contraste con ψυχή en 4:12; διάνοια, frecuente en Josefo, pero en Hebreos se usa solamente en la cita en 8:10; 10:16* = Jeremías 31(38 LXX):33; y el término predominante en el AT καρδία (8:8), que se emplea más a menudo en Hebreos cuando se cita o se comenta sobre un versículo del AT; salvo cf. 10:22 donde, del mismo modo que en el presente versículo, la traducción "conciencia" resulta adecuada. Como también ocurre en Pablo, hay una fuerte tendencia a relacionar el término συνείδησις con conciencia de pecado, y por ende, adoptar el significado de "conciencia". La συνείδησις no es esencialmente mala: se describe también como "limpia" (13:18) o "purificada" (10:22). Tampoco se considera una parte separada de la naturaleza humana: el autor no tiene reparos en referirse al perfeccionamiento o la purificación de la συνείδησις (como aquí y en el v. 14), o de toda la persona (p. ej., 10:1, 14). Véanse C. Maurer en *TDNT* 7.898-911; Pierce 100-103; Spicq 1978.854-857; Selby.

Τελειόω (2:18) es el cumplimiento del propósito del culto; en sentido negativo, el perdón o la purificación del pecado, y en sentido positivo, la apertura del acceso a Dios. No se hace patente ningún matiz ético (Loader 1981.41s.).

9:10. El antiguo culto se ocupaba solamente de cuestiones externas

Este versículo constituye el complemento del v. 9 y el punto culminante de los vv. 1-10. Por consiguiente, contiene uno de los juicios más negativos del autor sobre el orden levítico, comparable con 8:13. A estas alturas, su alcance no abarca únicamente el primer tabernáculo del v. 8, y mucho menos solo su parte externa, sino también todo el antiguo pacto, el orden o la dispensación a los que pertenecen estos diversos δικαιώματα (9:1), que ahora se muestran claramente como simples δικαιώματα σαρκός.

La estructura gramatical y la temática no coinciden. Al igual que en el v. 9, en este versículo se habla de restricciones de alcance y de tiempo en las instituciones de la antigua dispensación, pero el elemento de tiempo se reduce a la frase incidental μέχρι καιροῦ διορθώσεως.

Las reglas dietéticas y las regulaciones sobre la purificación, como las que se mencionan aquí, no guardan una relación estrecha con el día de la expiación. El sacrificio, sin embargo, volverá a ocupar el lugar central en el análisis que sigue.

El autor debe referirse aquí, al igual que en el v. 9, a las normas del AT para la alimentación y la purificación, y no a ritos paganos. Sin embargo, no cabe duda de que por el momento, el autor ha desviado su atención del día de la expiación, y de cualquier tipo de sacrificio, y la ha centrado en la amplia variedad de regulaciones cultuales; el principal entorno veterotestamentario ahora es Levítico 11 y no Levítico 16. Levítico 11, que esencialmente se ocupaba de los alimentos, también contiene varias referencias a la purificación con agua, sobre todo el v. 40, λούσεται ὕδατι (cf. Heb. 10:22b). Por las deficiencias fatales que ha señalado el autor incluso en la liturgia del día de la expiación, el culto veterotestamentario en su conjunto, por un argumento *a fortiori* implícito, se considera igualmente ineficaz.

Μόνον... βαπτισμοῖς contrasta con κατὰ συνείδησιν en el v. 9, y en forma más general, con todo el v. 9b; los elementos que se mencionan en el v. 10a se resumen luego como δικαιώματα σαρκός. Μόνον, pues, debe relacionarse con todo el contenido del v. 9b a partir de προσφέρονται, y no estrictamente a τὸν λατρεύοντα (como en la vg). Lo que aquí se señala no es que el culto veterotestamentario solo puede perfeccionar al oficiante en virtud de reglas relacionadas con ciertos alimentos, bebidas y purificaciones, sino, más bien, lo contrario, es decir, que no tiene ninguna posibilidad de hacerlo. La NJB NTV, NVI, no obstante, fuerzan la sintaxis al unir μόνον con μέχρι καιροῦ διορθώσεως: "solo hasta que venga el tiempo de rectificar las cosas". Respecto a μόνον, véase el comentario sobre βαπτισμοῖς más adelante.

El significado de ἐπί es cuestionable. Las opciones posibles son: (1) "sobre, acerca de" (Bauer II.1a), como en 8:1, 6, y en consonancia con ἐπικείμενα al final del versículo. El problema es que aun cuando se permita una acepción ampliada poco usual de "acerca de" = "con respecto a", todavía habría que explicar lo que significa "acerca de alimentos, etc.". Las posibilidades son (a) "ofrendas y sacrificios" en el v. 9, lo cual es demasiado limitado, y (b) δικαιώματα, que desde el punto de vista sintáctico, va demasiado lejos. (2) "Sobre la base de" (BD §235[2]) es una frase que resulta más atractiva en sí misma, pero plantea los mismos problemas que (1). (3) "Además de", como tal vez en 8:1 (Bleek, Riggenbach; Michel discrepa), produce un significado inconveniente para el contexto: "... ofrendas y sacrificios que (además de ser alimentos y bebidas y diversas abluciones) [son] solamente regulaciones carnales...". (4) "(tienen) que ver con" (Spicq; Braun; Bauer 2.1bγ), con referencia a circunstancias concomitantes (NJB "relacionados con"; NIV "(que son) una cuestión de"; REB "se ocupan de"; NRSV "tratan acerca de"), es tan general que parece casi una admisión de derrota, pero en este punto del argumento podría ser la opción más segura.

Βρώμασιν se usa en sentido negativo, igual que en 13:9*, donde se establece un contraste entre los alimentos y la gracia. Πόμα se emplea de manera similar en 1 Corintios 10:4**, en un pasaje de tipología positiva que contrasta con el presente juicio negativo sobre las regulaciones veterotestamentarias. La ley del AT prohibía las bebidas, pero no en sí mismas (como alimentos inmundos), sino para algunos grupos específicos como los nazareos (Nm. 6:3) en ciertas ocasiones (como por ej., para los sacerdotes mientras cumplían sus funciones, Lv. 10:9). "Comidas y bebidas" es, no obstante, una frase hecha, sin ningún hincapié especial en el segundo elemento (así piensan Moffatt y F. F. Bruce, citando a Aristion 128, 142, 158).

Βαπτισμοῖς obviamente no se refiere al bautismo cristiano, como sí ocurre probablemente en 6:2. El lenguaje de este versículo se complementa con el de 10:22, donde el corazón, la conciencia y el cuerpo purificados se consideran juntos;

una alusión al bautismo cristiano no resulta clara. En 9:9s., por contraste, se dice que las instituciones del AT se ocupan "solo" de la σάρξ (cf. Éx. 29:4; Lv. 14:6-9; 15:5ss.; 16:4, 24ss.; Nm. 8:7; 19:17ss.; de manera más distante Hab. 2:12s.; Lm. 2:16; Mr. 7:3s.). Διαφόροις: "diversas", como en Romanos 12:6; el comparativo se usa de manera diferente en Hebreos 1:4; 8:6**.

Δικαιώματα cierra la inclusio con el v. 1. La lectura βαπτισμοῖς, δικαιώματα ($\mathfrak{P}^{46}$ א* A I P 33 81 104 256 263 436 459 1573 1739 1881 1912^{vid} 2127 2464) explica mejor el origen de las variantes βαπτισμοῖς καὶ δικαιώμασιν (D^2 075 0150 36 424* 1241 1319 1852 1962 2200, por asimilación a los dativos anteriores), βαπτισμοῖς καὶ δικαιώματα (א^c B 424^c 451 2492, por conflación), y βαπτισμοῖς, δικαίωμα (D*, por un descuido del copista) (Metzger 668). En el texto de NA, ἐπικείμενα concuerda con el término general δικαιώματα, y no con δῶρα en el v. 9, porque un acuerdo con este último término ya fue descartado por δυνάμεναι después de θυσίαι.

El significado de δικαιώματα, esencialmente el mismo que en el v. 1, se hace más específico con la adición de σαρκός (2:14). El contraste entre συνείδησις y σάρξ se adelanta a la colocación de συνείδησις y σῶμα en 10:22, donde, no obstante, los dos términos son complementarios. La presente expresión se amplía y se aclara en 9:13, aunque allí el agente de la purificación es la sangre y no el agua. De manera similar, en el versículo que nos ocupa, σαρκός implica "la purificación de la σάρξ". Con el término σάρξ, el autor no pretende, como Pablo, aludir al principio de la rebelión humana contra Dios; el uso en Hebreos aquí se acerca más a textos como el de 2 Corintios 7:1, en el que Pablo habla de un modo menos distintivo de la purificación de σῶμα y πνεῦμα (cf. Heb. 10:22).

Μέχρι (3:6): en los comentarios sobre el v. 9, the καιρὸς διορθώσεως*** se interpretó como la era venidera, que Cristo ya inauguró, en contraste con la era presente; un tiempo de reforma o "enderezamiento" (H. Preisker en *TDNT* 5.450), una imagen que en 12:12 se aplica a una acción por parte de los destinatarios. Un lenguaje similar se encuentra en Isaías 62:7, donde se usa el verbo διορθόω para referirse al restablecimiento de Jerusalén; en Hechos 24:2, διορθώματα con respecto a reformas políticas; Aristóteles, *Pol.* 8, usa διόρθωσις con relación a la σωτηρία en un sentido político secular, y Polibio 3.118.12 en cuanto al ordenamiento de los asuntos del estado; cf. 5.88.2, "mejora"; Mateo 19:28, παλιγγενεσία; Hechos 3:21, ἀποκατάστασις πάντων; Filón, *Op. Mundi* 59, χρόνος κατορθώσεως. En el presente contexto, la expresión de Hebreos podría constituir un resumen conveniente de Jeremías 31:31-34 = Heb. 8:8-12. El lenguaje de Hebreos nos hace preguntarnos si tales regulaciones siguen vigentes después de inaugurar la nueva era. Todo implica, de manera contundente, que no; pero el autor no lo dice explícitamente. De todos modos, la polémica contra cualquiera de sus lectores que pueda haber mantenido voluntariamente esas prácticas está más allá de su horizonte.

Ἐπικείμενα: cf. 1 Corintios 9:16, pero bajo la nueva dispensación hay una obligación. La palabra en sí misma es neutral en este respecto, aunque los comentaristas de la época patrística hacen hincapié en las cargas de la ley veterotestamentaria y de las elaboraciones de la misma por parte de los escribas, con referencia a Hechos 15:10.

El comentario final de Michel sobre este versículo constituye una excelente transición a la sección que sigue: "La situación de la comunidad cristiana es bastante extraña: fuera del campamento, fuera de la ley, en términos humanos fuera del alcance del sacrificio, solo mirar a Cristo y a su obra".

9:11-14. El meollo de la cuestión

Vanhoye considera que la primera palabra de esta sección, Χριστός, es el centro o fulcro de toda la epístola en lo que respecta a su estructura; de todas formas, es fundamental para el mensaje del autor. El pasaje de 9:11-28 suele dividirse en tres secciones: vv. 11-14, 15-22 o 23, y 22 o 23-28.

Vanhoye titula la primera sección "las nuevas instituciones", pero Riggenbach alegó que el contraste con los vv. 1-10 era, más bien, de personas. Es posible, empero, una opinión intermedia, en la que el contraste sería entre los sumos sacerdotes anónimos y su culto ineficaz bajo el antiguo pacto, y Cristo, el único sumo sacerdote y su único sacrificio bajo el nuevo. La falta de simetría se encuentra en el contenido; formalmente, existe un riguroso paralelismo antitético entre los vv. 1-10 y 11-14, a saber, entre el antiguo tabernáculo y el nuevo; los antiguos sumos sacerdotes y el nuevo; la sangre del sacrificio bajo las dos dispensaciones; el sacrificio animal y la ofrenda de Cristo de sí mismo; la carne y el espíritu; y el poder del sacrificio de Cristo para purificar la conciencia, algo que los antiguos sacrificios no podían hacer. Véase Vanhoye 147-160; cf. Vanhoye 1965a.

En los vv. 11-14, el contenido de los vv. 13s. reafirma en gran medida el de los vv. 11s. Hay, sin embargo, cierta progresión porque en los vv. 11s. se describe el logro del sacrificio de Cristo en sí mismo, y en los vv. 13s. sus consecuencias para los creyentes (o, como el autor prefiere expresarlo, para los que adoran a Dios). En los vv. 11s., al igual que en 2:9; 12:2, el sacrificio de Cristo se considera inseparable de su exaltación; de manera similar, en los vv. 12s., la purificación del pecado se considera inseparable del acceso al Dios vivo en la adoración.

En lo que respecta a la forma, los vv. 11-12 constituyen un quiasmo parcial con los vv. 13-14, en el cual los versículos externos se refieren al sacrificio de Cristo, y los versículos internos a los sacrificios veterotestamentarios; de modo que la transición de la antigua dispensación a la nueva en los vv. 1-14 es típicamente gradual. El quiasmo, no obstante, es modificado por la simetría de las cláusulas principales con las que termina cada oración: "Cristo entró... en el lugar santísimo", "la sangre de Cristo limpia nuestras conciencias".

Estos versículos también tienen vínculos estrechos con el contexto más amplio (véase la introducción al capítulo 9). Las declaraciones acerca de la obra de Cristo, que predominan en este pasaje, forman un equivalente positivo del juicio negativo sobre los sacrificios veterotestamentarios al que condujo el argumento de los vv. 1-10. Además, la descripción del tabernáculo celestial hace recordar las palabras de 8:1s., y lo que se dice en este pasaje acerca del sacrificio de Cristo debe leerse a la luz de las declaraciones similares en 9:24; 10:1, 19ss. El tema de la sangre, que se introduce de paso en el v. 7, ocupa un lugar central en estos versículos y se repite constantemente desde el v. 18 hasta el final del capítulo.

En los vv. 11-14, el autor usa la liturgia del día de la expiación como un equivalente tipológico del sacrificio y la exaltación de Cristo. El análisis se ha centrado en dos cuestiones principales: (1) ¿Hasta qué punto es exacta la aplicación de los datos del AT a la descripción que hace el autor de la exaltación de Cristo?, y (2) ¿cuáles son las realidades celestiales a las que, en opinión del autor, apuntan los datos veterotestamentarios? En las notas que siguen, se planteará de vez en cuando una cuestión adicional (3), la de la relación que existe entre los conceptos territorial y temporal, terrenal-celestial y antiguo-nuevo.

(1) En el ámbito de los símbolos, la cuestión principal es determinar si el autor creía que el tabernáculo celestial estaba dividido, al igual que el terrenal, en dos partes. Los que están a favor de una concepción del cielo dividido en dos partes (incluyendo a Bleek; Michel; Héring; W. Michaelis en *TDNT* 7.376f.; Sandvik 103-105; Andriessen 1971.84f.; Snell; e indirectamente Lane) alegan lo siguiente: (a) el significado más fácil de los vv. 11-12 parece ser que Cristo, en su exaltación, traspasó (διά preposición local, véase más adelante) una esfera celestial externa para entrar en la presencia inmediata de Dios, llamada aquí τὰ ἅγια, y en 9:24 "el cielo mismo". (b) No cabe duda de que el autor, al igual que la mayoría de sus contemporáneos judíos, daba por sentada la tradición de un cielo dividido en varias partes. El uso del artículo τῆς… σκηνῆς sugiere que el autor estaba basándose en algo que los lectores conocían o creían, pero no nos permite decir de qué se trataba. Una cuestión adicional sería decidir si el uso del singular o del plural es significativo; véase 1:10. Se alega que esta cosmología se hace claramente patente en 4:14, y está al menos implícita aquí y en otras partes de la epístola.

Antes de considerar los argumentos en contra de este punto de vista, debe señalarse que los conceptos contemporáneos del cielo eran variados. Michel sostiene que Hebreos presenta la imagen de un cielo tripartita, (i) el cielo o firmamento creado, al que se hace referencia en 1:10-12; (ii) el cielo que Cristo traspasó (4:14; 9:10-12), que se identifica con la morada de los ángeles; y (c) la morada del propio Dios, a la que se hace alusión en 9:24. Esta perspectiva del cielo está confirmada fuera de Hebreos (p. ej., 2Co. 12:2), pero no depende de otros textos. Junto con este punto de vista, sin embargo, estaba el concepto de un cielo séptuple, que se describe de manera más detallada en la *Ascensión de Isaías*.

Los que están opuestos (incluyendo a Westcott; Riggenbach; Montefiore; Cody 1960.150-159; Hofius 1972.65s.; Zimmermann 1977.191; Laub 1980.186; Loader 1981.166s.) al punto de vista que el autor de Hebreos, al menos en el presente pasaje, expone con una imagen del cielo dividido en dos o más partes, proponen los siguientes argumentos: (a) La descripción de Michel, y aún más, la imagen en la *Ascensión de Isaías*, chocarían con la dualidad de la descripción del tabernáculo veterotestamentario, y por ende, con el contraste tipológico que domina este pasaje. (b) Una cosmología que incluye el cielo visible es, en el mejor de los casos, irrelevante para un análisis que, como el autor destaca enérgicamente, se refiere solamente a acontecimientos que están más allá de esta creación. (c) El presente pasaje no menciona ninguna cortina que separe las dos partes del tabernáculo celestial; es cierto que en 10:20 se hace referencia a un καταπέτασμα simbólico, pero no hay ninguna razón para imponer esto en 9:11ss. (d) En los vv. 1-10, no se le da importancia al hecho de que sumo sacerdote levítico tuviera que pasar por la cámara externa para entrar en la interna. Esto, empero, podría indicar que en tabernáculo celestial no hay sacerdotes menores. (e) Para descubrir un cielo de dos partes en el presente pasaje habría que tomar lo que se llama τὰ ἅγια en el v. 12 como el equivalente celestial de lo que en el v. 3 se llamó Ἅγια Ἁγίων. Esto, aunque no es imposible en sí mismo, sugiere que el autor ya no está interesado en la imagen de un tabernáculo bipartita (así como, en el análisis anterior, se alegó que πρώτη en el v. 8 había abandonado la acepción de "exterior", que se encuentra en el v. 6 para adoptar el significado más general de "primera", que se encuentra en el v. 2). (f) No hay nada que sugiere un cielo bipartito en 8:1s. ni en 9:24.

En conjunto, pues, las pruebas apoyan la opinión de que, aunque no cabe duda de que el autor tenía conocimiento de las tradiciones acerca de un cielo dividido, y en algunos lugares (especialmente en 4:14) usó un lenguaje tradicional de este tipo, esas ideas no jugaron ningún papel significativo en este pasaje, y por tanto, el simbolismo del tabernáculo veterotestamentario en este respecto no es relevante.

(2) Los temas que tienen que ver con el simbolismo de este pasaje no pueden separarse por completo de los temas que se relacionan con la realidad a la que hace referencia el símbolo central del tabernáculo. Por ejemplo, Laub (1980.186) se opone al concepto de un cielo bipartita alegando que la reflexión de Hebreos, en este contexto, no es ni territorial ni cosmológica. (Los símbolos, no obstante, también deben tener un significado literal). El autor ofrece una información negativa orientada a la identificación del σκηνή cuando subraya enfáticamente que "no es de esta creación". Esto, al parecer, excluiría la interpretación patrística común de que el σκηνή es el cuerpo de Cristo, puesto que Hebreos insiste enérgicamente (p. ej., en 2:14) en la humanidad de Jesús. Sin embargo, la tendencia a identificar el σκηνή con el cuerpo de Cristo, en un sentido u otro, sigue siendo llamativamente persistente, en parte tal vez por la influencia de 10:19, y aún más de algunos textos fuera de Hebreos como Juan 2:21; 2 Corintios 5:4; 2 Pedro 1:13s., que no son directamente relevantes. Ecumenio trató de eliminar esa dificultad diciendo que el cuerpo de Cristo "era, y no era, de esta creación", de esta creación por su absoluta semejanza con la nuestra, y no de esta creación por su unión total y permanente con su naturaleza divina (κατὰ τὸ ἔχειν ἀσυγχύτως καὶ ἀδιαιρέτως τὴν θεότητα). Esta introducción de la doctrina de la *communicatio idiomatum* nos aleja de la variedad probable de significados de Hebreos. Westcott, empero, la acepta "en cuanto a la obra histórica del Señor en la tierra"; pero en relación con su ministerio celestial refiere con vacilación el texto al cuerpo de Cristo en el sentido de la comunidad cristiana; un concepto explícito en Pablo, pero ajeno a Hebreos. Vanhoye (1980.213-221) revive esta interpretación de otra forma, al explicar el σκηνή como el cuerpo resucitado de Cristo —otro concepto por el que el autor de Hebreos no muestra ningún interés manifiesto. Menos convincente aún es el esfuerzo de Swetnam (1966b) por mostrar aquí una referencia a la eucaristía. Toda esta línea de exégesis debería probablemente abandonarse por tener una base insuficiente en el texto de Hebreos, y por estar inspirada en un deseo equivocado

de evitar identificar el σκηνή con el ἅγια. Una puntuación alternativa crea más dificultades: "Cristo apareció como sumo sacerdote de las cosas buenas que se obtienen por medio del tabernáculo más grande y más perfecto, no hecho de manos, es decir, no de esta creación, y no por la sangre de machos cabríos ni de terneros [?] …" (WH). Como dice Moffatt: "la dicha y el beneficio no vienen por medio de la esfera sino por medio de lo que Jesús hace en la esfera del σκηνή eterno". Así lo cree Montefiore; con más detalle N. H. Young 1973a.175.

Si, sobre la base del análisis anterior en (1), se descarta también en este contexto la posibilidad de que el cielo esté dividido en dos partes, solo nos queda una imagen simple, por no decir sistemáticamente precisa: En virtud de su sacrificio, Cristo, en su exaltación, pasa a través de un tabernáculo celestial, y entra en la presencia inmediata de Dios —la "diestra" del Salmo 110:1 y de la tradición cristiana primitiva (1:13), que el autor considera reservada para Cristo como sumo sacerdote (Sal. 110:4; Heb. 5:6). El sentido no simbólico subyacente es que a causa de su muerte sacrificial, Cristo disfruta del acceso continuo a Dios, y les abre este acceso a los que se acercan a Dios por medio de él. Véanse Nomoto 1965.191-201; Vanhoye 1965a; Sabourin 1968; Fiorenza 273-280; Szlaga 1977.11-14.

9:11. Cristo entró como sumo sacerdote en el tabernáculo celestial

En ningún otro lugar de Hebreos el sustantivo Χριστός (3:6) aparece solo al principio de una oración, y muchos menos de una división importante; y (ὁ) Ἰησοῦς tampoco se usa de esta manera. (El paralelismo más cercano es Ἰησοῦς Χριστός en 13:8.) El efecto es fuertemente enfático. ¿Se usa Χριστός aquí solo como un nombre, equivalente a "Jesús", o tiene la fuerza de un título? Hay varias consideraciones que sugieren lo segundo. (a) A lo largo de este pasaje (cf. vv. 14, 24, 28), se usa (ὁ) Χριστός en lugar de "Jesus." (b) La estructura y el argumento del capítulo 9 exigen un contraste entre los oficiantes bajo el pacto antiguo y el nuevo, y no entre individuos. (c) Aquí, al igual que en otros pasajes teológicamente importantes, Χριστός por si solo se asocia con otros títulos (3:6 con υἱός; 5:5, como aquí, con ἀρχιερεύς, y también con υἱός), y por consiguiente, puede decirse que adquiere el valor de un título. (d) Además, en otros pasajes de Hebreos hay cierta tendencia a hacer que Χριστός sea más que un nombre (6:1; 11:26). (e) La expresión Χριστός δὲ παραγενόμενος sugiere la aparición pública del Mesías. No obstante, el autor en ningún lugar explora el significado del título de Mesías, ni (a pesar de 1:9 = Sal. 45:8) el significado de la unción. La traducción tentativa de Spicq "un ungido" se apoya demasiado en la ausencia de un artículo. El concepto del Mesías forma parte de la interpretación común que compartían el autor y sus lectores y no de la enseñanza distintiva de la epístola.

Δέ sin duda introduce un pasaje que contrasta con los vv. 1-10; si la conjunción debe estar directamente relacionada con la partícula enfática distante μέν del v. 1, es algo que, incluso para un escritor tan consciente de la estructura, tiene que seguir siendo incierto. Véanse Michel; Braun; Vanhoye 149s.; Zimmermann 1977.190.

Παραγίνομαι* aparece con frecuencia en Lucas y Hechos, normalmente como una alternativa de ἔρχομαι, pero es más raro en otras partes del NT, en las que (al igual que φανερόω, vv. 8, 26; cf. παρουσία, no se usa en Hebreos) sugiere una aparición pública oficial: "Cristo entró en la escena" (así lo cree Moffatt; P. E. Hughes discrepa). La idea de movimiento está presente, tal como lo confirma el verbo εἰσῆλθεν en el v. 12 (ἐὰν δὲ παραγενόμενος εἰσέλθῃ ὁ ἱερεύς, Lv. 14:48, es superficialmente similar, pero el contexto no tiene un carácter cultual). La referencia no es a la encarnación, sino a la entrada de Cristo en el cielo. Si el autor pensaba que Cristo era sumo sacerdote desde su nacimiento no es un tema que se ponga de relieve. Spicq cita textos no bíblicos en los que παραγίνομαι se usa para referirse al regreso de un individuo a su hogar, pero para ver esta implicación aquí, por más acertada que sea, habría que forzar demasiado el texto.

Ἀρχιερεύς (2:17), en aposición a Χριστός, significa "Cristo como sumo sacerdote" (así en RSV, NJB, TEV, NIV; cf. NRSV, RVR60, NVI, LBLA). El genitivo que sigue τῶν γενομένων ἀγαθῶν hace recordar 3:1, ἀρχιερέα τῆς ὁμολογίας ἡμῶν, pero el texto, y por tanto, el significado preciso resultan inciertos. Las pruebas externas a favor de γενονένων (B D* 1611 1739 2005 it[d, e] sir[p], h, [pal] geo; cf. 𝔓[46] γεναμένων, respecto al cual véase MHT 1.51; 2.213) contra μελλόντων (ℵ A D[c] I[vid] 075 0150 K L P 33 muchos minúsculos, 𝔐) están divididas, y persiste el desacuerdo sobre qué lectura cuenta con el apoyo más sólido (Zimmermann 1977.189s., contra Metzger 668). Sin embargo, hay señales de una tendencia creciente a adoptar γενομένων como la lectura más difícil y explicar μελλόντων como una asimilación a 10:1, donde la lectura sí es firme (T. H. Robinson en el comentario de Moffatt aceptó γενομένων en contra de la traducción de Moffatt; Bover 1951 adoptó el mismo punto de vista en contra de su propia edición anterior del texto griego; la lectura γενονένων también la aceptan, entre otros, NA[26], Zuntz 119, F. F. Bruce, Schiere 1955.57-59, Cody 1960.138-141, P. E. Hughes, Héring, Westcott, Guthrie, Buchanan, Zimmermann 1977.189s., Strobel, Kistemaker, Metzger, Wilson, Jewett, Braun, Attridge, Lane, H.-F. Weiss, NRSV, REB, TEV, NIV, TNT, pero la mayoría de las traducciones ofrecen la alternativa en una nota). El principal punto de vista alternativo es aceptar la lectura μελλόντων por razones contextuales, y explicar γενομένων como una parablepsia de παραγενόμενος; así piensan Riggenbach, Michel, Spicq, Moffatt, Montefiore, Cambier 1950.84s., BJ NJB, TOB. La conjetura γενησομένων de Nissen (BD §351[2]) es innecesaria; la de Sahlin 84, γεννομένων, que según él, significa "en estado/proceso de nacer", es más difícil que el texto; y el criterio de Windisch de que γενομένων resulta incomprensible es demasiado pesimista, porque el verbo γίνομαι se usa con frecuencia en Hebreos con referencia a Cristo y a su obra (1:4; 2:17; 5:5, 9; 6:20; 7:22, 26). Si μελλόντων fuera la lectura correcta, podría significar que Cristo vino como sumo sacerdote poniendo a disposición (a) "las bendiciones que estaban por venir" (NJB), es decir, los dones escatológicos predichos (como en 10:1; véase más adelante el comentario sobre ἀγαθά), o (b) los bienes que el futuro aún les reserva a los creyentes. La opción (a) se adaptaría mejor a un contexto que hace más hincapié en la obra de Cristo y sus efectos actuales que en el futuro; pero el término superficialmente más difícil γενομένων se adaptaría sin duda a este contexto de un modo aún más natural. Es también lógico que el autor use términos cognados yuxtapuestos (cf. προσενεχθεὶς... ἀνενεγκεῖν, v. 27). A lo largo de todo el capítulo se contrasta la ineficacia del antiguo culto con la eficacia ya demostrada de lo que Cristo hizo.

La descripción de los beneficios del sacrificio como ἀγαθά puede parecer llamativamente general. Hay cuatro factores que podrían ayudar a estudiar el término con más precisión. En primer lugar, tanto aquí como en 10:1 (cf. 13:21*), ἀγαθά se usa junto con expresiones más específicas que pueden considerarse sinónimas; aquí, ἀγαθά alude anticipadamente a la αἰωνίαν λύτρωσιν (v. 12), y en 10:1 apunta a la σωτηρίαν (9:28). En segundo lugar, τὰ ἀγαθά se usa con frecuencia para referirse a las posesiones (cf. español, "bienes"), incluyendo las "posesiones de un orden más elevado" (BD 2b, citando *2Clem.* 6:6; 15:5), especialmente los dones escatológicos (Is. 52:7 = Ro. 10:15, un texto al que la tradición rabínica le da una interpretación mesiánica; S-B 3.282f.; cf. Buchanan). En tercer lugar, ἀγαθά es un término que en la LXX suele aplicarse a la tierra prometida (p. ej., Éxodo 3:8; Números 14:7; Deuteronomio 1:25; 8:1). En cuarto lugar, ἀγαθά no tiene un comparativo regular; uno de los sustitutos es κρείσσων, un término clave en Hebreos para describir la superioridad del nuevo pacto (1:4). En vista de los comparativos que siguen, μείζονος καὶ τελειοτέρας, cabe la posibilidad de que el propio término ἀγαθά tenga un efecto comparativo. Por consiguiente, la expresión ἀρχιερεὺς τῶν γενομένων ἀγαθῶν podría sugerir que mediante la ofrenda de sí mismo Cristo pone a disposición de los verdaderos adoradores posesiones de más valor que la tierra prometida. Esto estaría de acuerdo con el contexto más amplio, donde se usa un lenguaje relacionado con la liberación (λύτρωσις, v. 12; ἀπολύτρωσις, v. 15) y la herencia (κληρονομία, v. 15; cf. también 11:26).

El resto del versículo explicita el contraste tipológico. El lugar que ocupa el sacrificio de Cristo, y de manera implícita el propio sacrificio, se describe primero como "mayor" (véase 6:13). Resulta llamativo que a μείζων no se le dé un uso tipológico en otras partes de Hebreos, pero esencialmente es sinónimo de κρείσσων (cf. 6:9). A continuación dice que el σκηνή es "más perfecto" (la conjunción καί es epexegética e introduce un término más específico) que el tabernáculo del AT. El uso que hace el autor de τέλειος y algunos términos cognados (véase 2:10) en otros lugares, en especial el verbo τελειόω en el v. 9, sugiere que el σκηνή celestial se describe como τελειοτέρα** porque era un medio eficaz, a diferencia del tabernáculo del AT y sus sacrificios, y por él los adoradores podían alcanzar la τελειότης (véase 6:1) o el acceso a Dios. De ser así, entonces la preposición locativa διά (véase más adelante) tiene implicaciones instrumentales (Vahoye 1980.218).

Después de un análisis tan extenso, aparentemente no cabe duda de que la expresión διὰ τῆς... σκηνῆς tiene un sentido locativo (así lo creen Andriessen-Lenglet; Andriessen 1971, 1977.35s.; N. H. Young 1973b; Braun; Attridge; Lane; Giles 1973.195s. discrepa), mientras que διὰ. ... τοῦ ἰδίου αἵματος, al igual que δι' αἵματος τράγων... (v. 11) y διὰ πνεύματος αἰωνίου (v. 14), cumplen una función instrumental. Los esfuerzos para hacer que la función de διὰ τῆς σκηνῆς sea principalmente (o exclusivamente) instrumental, e identificar con ello el tabernáculo con el cuerpo o la sangre de Cristo (así piensan Crisóstomo, Agustín,

Ambrosio, Calvino, Westcott, Bonsirven, N. H. Young1973a.175-178), dan como resultado un significado discordante; es preferible pensar que el autor se desliza del sentido locativo de la primera preposición διά a las siguientes expresiones instrumentales. Una ambivalencia similar se hace patente en el uso de πρός en 1:7s., en el uso de πρώτη en 9:1s., 8, y posiblemente en el uso de διά en 10:20.

Οὐ χειροποιήτου (v. 24*) significa "no hecho por manos humanas", de ahí (*pars pro toto*) "no de hechura humana", y por implicación, "hecho por Dios", tal como el autor lo expresa en 8:2; es lo contrario del tabernáculo llamado κοσμικός en 9:1. El adjetivo χειροποίητος siempre es peyorativo en la Biblia griega; en la LXX; porque denota (normalmente como un sustantivo plural) los ídolos paganos (p. ej., Lv. 26:1, 30; Is. 2:18; 10:11; Jdt. 8:18), y en otras partes, en el NT (exceptuando Ef. 2:11, donde alude a la circuncisión) el templo de Jerusalén (Mr. 14:58; Hch. 7:48; cf. 17:24**). Gaston (69, cf. 160) sugiere la influencia del catecismo cristiano primitivo. Incluso en el AT (1Re. [3Re. LXX] 8:27; 2Cr. 6:18; Is. 66:1s.; cf. Hch. 7:48s.), hay claros indicios de que si el verdadero lugar de Dios estaba en el cielo, era solo con ciertas reservas que podía aceptarse que un lugar terrenal de culto pudiera llamarse la casa de Dios (cf. Jn. 2:19; 4:21s.). Véase E. Lohse en *TDNT* 8.436s.

Τοῦτ' ἔστιν (2:14) es una de las frases favoritas del autor, y no hay ninguna razón para poner en duda (como sí hace Buchanan) la autenticidad de la expresión que esa frase introduce aquí. En algunas ocasiones (2:14; 7:5) precede una expresión más clara pero sinónima; a veces (10:20) un equivalente literal de una expresión figurada anterior; otras veces, como aquí y en 11:16 (cf. también 10:20), señala un contraste tipológico. Οὐ ταύτης τῆς κτίσεως (cf. Sab. 5:17; 19:6) tiene mayor alcance que οὐ χειροποιήτου: el tabernáculo del AT ocupó su lugar en el propósito de Dios, pero dentro de la antigua dispensación, aquí se identifica como parte de "esta creación". No es necesario traducir, junto con F. Field 229, "no de este cimiento", es decir, "de construcción común". Es imposible excluir el elemento temporal o el territorial del significado de esta frase. No es solo "la presente creación", destinada a la destrucción en el tiempo postrero (12:27), sino también "el mundo visible", inferior al invisible al que debe su existencia (11:3).

9:12. Cristo ha obtenido acceso al tabernáculo celestial

El v. 12a proporciona un equivalente positivo al v. 11b, y da lugar a un quiasmo con la siguiente estructura retórica:

v. 11b	A	διὰ τῆς μείζονος καὶ τελειοτέρας σκηνῆς
	B	οὐ χειροποιήτου, τοῦτ' ἔστιν οὐ ταύτης τῆς κτίσεως
v. 12a	B'	οὐδὲ δι' αἵματος τράγων καὶ μόσχων
	A'	διὰ δὲ τοῦ ἰδίου αἵματος ...

Sin embargo, la estructura gramatical es diferente de la estructura retórica. Como sugiere la repetición de la preposición διὰ, las líneas 1, 3 y 4 están en el mismo nivel gramatical, y la línea 2 está subordinada a la línea 1. La elección de οὐδέ en vez de οὐ en la línea 3 está determinada por factores retóricos y estilísticos, no por la gramática ni por el significado; en consecuencia, algunas versiones modernas lo traducen como "no" y no como "ni" (AV, RVR60 y otros). Y además, suelen invertir las líneas 3 y 4 (así TEV, NJB, REB, NTV), en parte para evitar una repetición demasiado rápida de negativos, como en la NIV, NVI. El único problema importante en cuanto al significado es la transición de la preposición probablemente locativa διὰ del v. 11 a las dos διὰς instrumentales del v. 12.

El contexto exige un significado enérgico para ambos verbos: "obtuvo acceso" para εἰσῆλθεν (3:11; con respecto a Cristo, 6:20), y "obtuvo" (para uno mismo), REB "garantizó, aseguró" para εὑράμενος (cf. 4:16). En otras partes del NT, la voz activa se usa en este sentido; aquí, al igual que en el griego ático, se usa la voz media (Bauer *s.v.* εὑρίσκω; BD §310[1]).

Τράγων (vv. 13, 19; 10:4**) καὶ μόσχων (v. 19*): el autor no especificó en los vv. 1-10 qué animales se usaban en los sacrificios del AT, y ni el presente pasaje ni más adelante se preocupa por mantener una coherencia verbal precisa. Aquí τράγων καὶ μόσχων; en el v. 13 casi seguro τράγων καὶ ταύρων (al igual que en Lv. 16:3, 14s.); en el v. 19 probablemente "terneros y machos cabríos" pero con algunas variantes; 10:4, "toros y machos cabríos". Al "novillo" de Levítico 16:3 podría llamarse μόσχος o ταῦρος (Bruce). Lo que importaba era su sangre; es decir, el hecho de que fueran inmolados.

La única referencia en el Pentateuco al sacrificio de machos cabríos se encuentra en Números 7:17-88, que trata acerca de las ofrendas de paz (θυσίαι σωτηρίου) en la dedicación del altar, pero los terneros sí se sacrificaban constantemente (p. ej., Lv. 4:3-21), de manera especial el día de la expiación (16:3-27); y en esa oportunidad y en otras ocasiones περὶ ἁμαρτίας. Tal como han mostrado los detalles en los vv. 1-10, al autor no le interesan los pormenores relacionados con el culto, sino el principio del sacrificio en sí mismo, y su cumplimiento en Cristo.

Διὰ τοῦ ἰδίου αἵματος... εἰσῆλθεν es una expresión condensada. El sumo sacerdote levítico estaba autorizado a entrar en el lugar santísimo el día de la expiación porque su función era ofrecer un sacrificio de sangre allí. Del mismo modo, Cristo, en su condición de sumo sacerdote, y en virtud de su propio sacrificio, es admitido por Dios en el tabernáculo celestial. Al igual que en el caso de los animales, la sangre de Cristo se identifica como el elemento esencial de su sacrificio; algunas traducciones como la de la NJB "llevando consigo... su propia sangre" (cf. NRSV, TEV) no debe malinterpretarse y pensar que hace distinción entre la sangre de Cristo y el propio Cristo. La analogía con los sacrificios veterotestamentarios se interrumpe en este punto, porque Cristo es el sumo sacerdote pero también la víctima.

El sentido de εἰσῆλθεν y de los aoristos anteriores se ve reforzado por el adverbio ἐφάπαξ (7:27), y establece un contraste con la celebración anual del día de la expiación (v. 7; cf. v. 25). Sin embargo, lo que esto da a entender es que Cristo, tras haberse ofrecido a sí mismo en sacrificio, no regresa a la tierra, sino que permanece en τὰ ἅγια, ya sea que este se identifique o no con el tabernáculo celestial (v. 11). El contexto sugiere una identificación con el tabernáculo celestial en su conjunto. En P se añade τῶν ἁγίων para armonizar este versículo con el v. 3.

El resultado del sacrificio de Cristo se expone inmediatamente. Él ha obtenido la liberación eterna; para sí mismo, tal como implica la forma verbal εὑράμενος en voz pasiva, pero también para todos los adoradores en general, como aclarará el v. 14b. El resultado directo y el indirecto se unirán en la declaración resumida del v. 27. Dado que el participio εὑράμενος no indica el tiempo verbal, "la exégesis tiene que determinar qué es lo que antecede y lo que ocurre al mismo tiempo" o incluso la "acción" posterior (MHT 1.132; cf. Moule 1952.100n.1). Es probable que haya una referencia implícita a los efectos futuros del sacrificio de Cristo, especialmente si el v. 14 se toma como una repetición más completa del presente versículo; pero tal vez sea más seguro considerar que el propio verbo εὑράμενος se refiere a una acción que tiene lugar al mismo tiempo, como en NRSV "obteniendo así eterna redención", cf. NJB, NVI). En cuanto a la forma verbal εὑράμενος (D² minúsculos εὑρόμενος), véanse MHT 1.51; 2.213. Αἰώνιος 5:9; MHT 2.157.

El lenguaje relativo a la redención no ocupa ningún lugar destacado en Hebreos: λύτρωσις* aquí, ἀπολύτρωσις* en el v. 15; 11:35*; (ἐξ)αγοράζω no se usa en Hebreos; cf. Spicq 1982.429-435. Es difícil asegurar si la idea que predomina es la de una liberación (como en el éxodo de Egipto) o de un pago (como en el rescate de los primogénitos; p. ej. Lv. 15:29). Pero como ninguno de estos aspectos se relaciona directamente con la liturgia del día de la expiación, tal vez sea mejor aceptar el sentido más amplio de la liberación, como en el Salmo 25[24 LXX]:22; Isaías 41:14 con respecto a la liberación de Israel, y los Salmos 59:1(58:2 LXX); 77:15(76:16 LXX) en los que los salmistas oran por su propia liberación.

9:13-14. Los sacrificios antiguos y el nuevo sacrificio

Después de los contrastes enfáticos de los vv. 11s., el autor vuelve a una comparación positiva entre los sacrificios veterotestamentarios y la ofrenda de Cristo de sí mismo; sin embargo, estos versículos se basan en la conclusión de la comparación más amplia de los vv. 1-10, que definió las limitaciones del culto antiguo.

La forma de los vv. 13s. es la de un argumento *a fortiori/qal waḥomer* clásico, aunque bastante complejo: "si A" (v. 13), "entonces cuanto más B" (v. 14). Comparaciones de ese tipo son frecuentes en Hebreos (2:1-3), a lo largo del NT (p. ej., Mt. 7:11‖), en la tradición judía y en otras tradiciones. El argumento presupone que la cláusula condicional es cierta: "si, como ocurre en este caso, el rociamiento con sangre animal santifica...". A primera vista, podría parecer que esto debilita el argumento anterior, ya sea porque hace concesiones injustificadas al punto de vista de sus lectores, o incluso porque no valora el contraste radical entre los antiguos sacrificios y el nuevo. Muchos lectores no judíos se negarían a aceptar la premisa que se expresa en el v. 13, aunque podrían aceptar la conclusión del v. 14 por otros motivos. De todas formas, parece paradójico basar la eficacia de la ofrenda personal de Cristo en la de los sacrificios veterotestamentarios.

En un examen más detallado, las diferencias entre estos puntos de vista, aunque son reales, se ven menos marcadas de lo que parecen a primera vista. El contraste entre los sacrificios animales y el sacrificio de Cristo ocupa el primer plano; sin embargo, los vv. 13s. también expresan, en oraciones gramaticalmente subordinadas con un contenido no menos importante, un nuevo contraste entre los efectos de los dos tipos de sacrificio. Tal como el autor ya había declarado en el v. 10, el efecto de los sacrificios del AT (a) solo tenía que ver con la σάρξ, y (b) era temporal. En los vv. 13s., el autor reafirma y desarrolla el punto (a). Los sacrificios del AT son solo πρὸς τὴν τῆς σαρκὸς καθαρότητα, pero Cristo ofreció el sacrificio de sí mismo por medio del poder del Espíritu eterno y, por tanto, puede purificar internamente a las personas, a fin de que tengan verdadero acceso a Dios en la adoración. Véase Zimmermann 1977.192-195.

9:13. Si los sacrificios antiguos purificaran la carne...

Γάρ introduce un argumento que apoya los vv. 11s.

Αἷμα: 2:14; 9:7. El autor invoca el principio de que cualquier tipo de sangre, en última instancia, elimina la impureza, y aunque no lo declara de manera explícita, eso es así porque la sangre es el principio de la vida (Lv. 17:11; Dt. 12:23); y más inmediatamente, porque así lo prescribe la ley.

La frase τράγων καὶ ταύρων está respaldada por numerosas pruebas; en el TR (K L P y algunos minúsculos), seguidos por la AV, se lee ταύρων καὶ τράγων (v. 12), por asimilación a 10:4; cf. Is. 1:11; Sal. 50[49 LXX]:13. Puesto que en Levítico 16 no se habla de toros, su mención aquí, junto con las palabras que siguen, podría indicar que el autor se aleja de la referencia de la liturgia del día de la expiación y comienza a tratar de los principios subyacentes del sacrificio veterotestamentario.

Σπόδος (Mt. 11:21||**) δαμάλεως** hace referencia a las prescripciones de Números 19:9ss. En contraste con los sacrificios que formaban parte de la liturgia del día de la expiación (Lv. 16:3, 14, 15), las cenizas de la novilla alazana debían depositarse "fuera del campamento" (cf. Heb. 13:11-13). La lacónica frase ὕδωρ ῥαντισμοῦ· ἅγνισμά ἐστιν, con la que concluye Números 19:9 (cf. vv. 13, 20s.), indica que las cenizas debían guardarse para ser usadas en el agua para la purificación, como establece Números 19:17. Es tentador, aunque especulativo, pensar que el autor tiene en cuenta el contraste, en los vv. 7-10, entre la inmundicia del sacerdote que sacrifica la novilla, y el ἄνθρωπος καθαρός que debe recolectar las cenizas. La referencia combinada a Levítico 16 y Números 19 tiene algunos puntos de contacto en Filón (*Spec. Leg.* 1.262-272) y Josefo (*Ant.* 4.78-81), pero las analogías no son tan estrechas que hagan pensar en una dependencia literaria directa.

Al autor solo le interesan los datos bíblicos, no las prácticas contemporáneas en Israel de las que puede que no tuviera conocimiento. Las pruebas corroboran que los judíos no volvieron a sacrificar la novilla alazana después del 60 d.C., aunque los samaritanos sí lo hicieron hasta el 1348. *Bern.* 8, un pasaje que tiene puntos de contacto con este versículo y con el v. 20, ilustra un interés contemporáneo por este sacrificio, que puede haber existido también en Qumrán (F. F. Bruce 215s. n.88).

Ῥαντίζω (en la LXX más comúnmente ῥαίνω, también ῥανίζω) se usa para referirse a la acción de rociar, como una purificación ritual dentro del antiguo culto (como aquí, v. 21, y 9:19; cf. Mr. 7:4), y por implicación, a la purificación por medio del sacrificio de Cristo (10:22; Ap. 19:13**; cf. ῥαντισμός en Heb. 12:24; 1Pe. 1:2**). El agua o la sangre siempre están presentes (el v. 13 no constituye una verdadera excepción); las cenizas de la novilla incluían la sangre quemada (Nm. 19:3; cf. también Éx. 24:8; 29:21). Ῥαντισμός, por lo general, aunque no siempre (2Re. [4Re.] 9:33), aparece en un contexto cultual, y suele usarse en sentido literal salvo cuando se refiere al sacrificio de Cristo, donde la metáfora resulta, por tanto, llamativa. En ningún lugar de Hebreos se hace hincapié en el acto físico del rociamiento; lo que importa es la aplicación de la sangre. En otras partes, como en el Salmo 51[50 LXX]:7, el significado del verbo se acerca al sentido más amplio de "purificar". El agente en el rociamiento no es una persona, como en otros lugares en el NT, sino las propias cenizas; cf. Levítico 6:20; 2 Reyes (4 Reyes) 9:33, donde las formas pasivas implican un agente impersonal.

La gramática del v. 13b no está totalmente clara. La forma verbal singular ἁγιάζει debe referirse *ad sensum*, no solo a las cenizas de la novilla alazana, sino también a la "sangre de los machos cabríos y de los toros", que de lo contrario constituiría un cabo suelto. Esto suscita la duda de si ῥαντίζουσα se relaciona, de manera similar, no solo con σποδὸς δαμάλεως desde el punto de vista gramatical, sino también, por atracción, con αἷμα τράγων καὶ ταύρων. Los traductores modernos difieren en este punto: NEB, LBLA, JBS "la sangre de los toros y los machos cabríos y las cenizas rociadas de la novilla", contra REB, "si se rocía la sangre de los machos cabríos y los toros y las cenizas de una novilla..."; de modo semejante RSV, NJB y NIV. Es cierto que según Levítico 16:15, la sangre del macho cabrío y la del toro se esparcen sobre el propiciatorio y delante de él, mientras que en Números 19:18 el agua se rocía sobre las personas, y también sobre la tienda y sus muebles. El autor, sin embargo, no dice, aunque el lenguaje que emplea sí podría implicarlo, que las personas contaminadas eran rociadas; pero de todas formas, el propósito de ambas ceremonias era asegurar la pureza de Israel cuando se congregaban para rendir culto. Al autor, por lo general, le interesan más los principios subyacentes que los detalles rituales; por consiguiente, tal vez sea mejor considerar que todo lo que dice desde ῥαντίζουσα hasta el final del versículo se refiere indistintamente a ambas ceremonias (C.-H. Hunzinger en *TDNT* 6.982s.). La propia distinción entre sangre y agua carece de importancia en el contexto inmediato, aunque en el pasaje en su conjunto (sobre todo en los vv. 21s.), es en la sangre en lo que se hace especial hincapié.

Κοινόω* (cf. κοινός, 10:29) aparece una sola vez (4Mac. 7:6 ℵ B) en la LXX; en Números 19, a la persona contaminada se le llama ἀκάθαρτος y no ἀκάθαρτος; de manera semejante, en Hechos 10:15; 11:9, se usa κοινόω como antónimo de καθαρίζω. Κοινόω puede significar "hacer impuro" o "declarar impuro"; en este contexto, la distinción es irrelevante porque las personas a las que se hace referencia se definen implícitamente como impuras por la plena autoridad de la ley. Κοινόω es un sinónimo cercano de μιαίνω (Heb. 12:15*; cf. Tit. 1:15). Estas expresiones de lenguaje se usan con respecto a la contaminación bajo la antigua dispensación y también bajo la nueva. En cambio, el verbo ἁγιάζω se emplea aquí con referencia al culto veterotestamentario; cf. Levítico 16:19; también Mateo

23:17, 19; en otras partes de Hebreos (2:11), y normalmente en otros escritos del NT, se usa en relación con la dispensación cristiana.

La forma verbal κεκοινωνένους alude al estado de impureza y no al acto por el que alguien se contamina; sin embargo, Números 19 se refiere a la impureza de a lo sumo unos cuantos días, y no hay nada en el contexto de Hebreos que exija un significado más fuerte. Véanse Davis 1968; Zimmermann 1977.192-195.

9:14.… ¡cuánto más la sangre de Cristo purificará nuestra conciencia!

Πόσῳ μᾶλλον le da paso a la conclusión del argumento *qal waḥomer/a fortiori* que comenzó en el v. 13; cf. τοσούτῳ μᾶλλον, 10:25; οὐ πολὺ μᾶλλον…, 12:9; πολὺ μᾶλλον, 12:25; también 12:13*. Es preferible considerar que πόσῳ introduce una exclamación, como en 2 Corintios 7:11, y no una pregunta retórica ni una simple declaración, pero la diferencia de significado es muy leve; véase la nota sobre la puntuación en UBS³; B. R. Moore. En el contexto inmediato, se alega que el sacrificio de Cristo es "mejor" (a) porque es el sacrificio de sí mismo, y (b) porque no solo purifica la σάρξ sino también la conciencia (Vanhoye 1980.221-225).

La frase τὸ αἷμα τοῦ Χριστοῦ, que se mantuvo en reserva hasta ahora, aparece en marcado contraste con τὸ αἷμα τράγων καὶ ταύρων, v. 13; igualmente marcado es el contraste con la expresión ἐν τῷ αἷματι Ἰησοῦ, véase 10:19. Aún en el v. 13, la sangre no actúa como una sustancia mágica ni como un elemento arbitrariamente prescrito por la ley, sino como el principio de vida, ofrecido a Dios en la muerte. Mucho más la ofrenda de sí mismo que hizo Cristo, la naturaleza voluntaria de la cual se pone de relieve en 10:5-10. La ofrenda de su sangre no debe desligarse de la ofrenda de su vida, es decir, de todo su ser (cf. 10:10, σῶμα) en la cruz. Esto se ve confirmado por las referencias a la "muerte" en los vv. 16s., que en el v. 18 se interpreta inmediatamente como la "sangre" (cf. vv. 26-28; Morris 1952; J. Behm en *TDNT* 1.174s.). Las palabras que siguen demuestran claramente que la "sangre" de Cristo es el efecto de su muerte sacrificial (Michel; D. G. Peterson 1982.138).

La cláusula siguiente, ὅς… τῷ θεῷ, tiene varias características que pueden sugerir el uso de un material tradicional (Nomoto 1966.212s.), aunque las pruebas no son concluyentes: (a) el pronombre introductorio ὅς (véase 1:3) podría hacen pensar en una confesión primitiva de fe. (b) διὰ πνεύματος αἰωνίου, un *hápax* en la Biblia griega, cuyo paralelismo más próximo es κατὰ πνεῦμα ἁγιωσύνης (Ro. 1:4), que también podría ser tradicional (cf. además 1Pe. 3:18; 1Co. 15:45; 1Ti. 3:16); sin embargo, αἰώνιος se usa con frecuencia en Hebreos, véase 5:9. (c) Ἄμωμος* se emplea para describir a la novilla alazana en Números 19:3 (cf. también Éx. 29:1, 38, etc.), a la que el autor probablemente se refiere de manera directa, aunque el uso del término en un contexto similar en 1 Pedro 1:19 podría sugerir una tradición común. (d) La afirmación clara de que fue "a Dios" a quien Cristo hizo la ofrenda de sí mismo (véase 11:4 con respecto a Abel) no aparece en ningún otro lugar de Hebreos, aunque la idea se desarrolla en 10:7, 9.

El significado y la referencia de διὰ πνεύματος αἰωνίου son objeto de controversia. No puede atribuírsele ningún significado a la ausencia del artículo, especialmente después de las preposiciones; cf. 2:4; 6:4. Algunos estudiosos niegan una referencia al Espíritu Santo: cf. NEB "un sacrificio espiritual y eterno"; cf. Moffatt, Phillips, Braun, Attridge, NAB. De ser así, la referencia sería al propio espíritu eterno y celestial de Cristo, y tendría esencialmente el mismo significado que κατὰ δύναμιν ζωῆς ἀκαταλύτου en 7:16. El presente versículo podría anticipar, aunque todavía no expresa, la cristología clásica de la doble naturaleza a la que apelan, por ejemplo, Westcott, Windisch y P. E. Hughes (contrástese con F. Büchsel en *TDNT* 4.339 y n.4). Menos probable aún es que exista alguna sugerencia de que el propio sacrificio de Cristo tenga lugar en alguna esfera atemporal, o que se trate de otro sacrificio, distinto del de la cruz. Esto no concuerda con el aoristo προσήνεγκεν en el contexto inmediato, ni con el adverbio ἐφάπαξ de los vv. 12, y 26. Es muy probable que la referencia, al menos implícitamente, sea al Espíritu Santo (así NRSV, NJB, NIV, REB, Lane casi todas las versiones en español), y en ese caso la lectura διὰ πνεύματος ἁγίου (ℵ² D* P 81 104 326 365 424* 436 459 629 630 1319 1852 1912 1962 2200 2464 *al*) sería una glosa correcta. Las referencias explícitas de Hebreos al Espíritu Santo (en contraste con las de Pablo) de otro modo se relacionarían con la Escritura, y esa puede haber sido la razón por la que el autor eligió aquí una expresión diferente; es más probable que el autor deseara relacionar el Espíritu con la redención del v. 12 y la herencia del v. 15, las cuales se describen como "eternas". Una referencia al Espíritu Santo no tiene por qué implicar la teología trinitaria que se desarrolla más adelante. "El Dios eterno que opera en [Cristo] es el poder de la vida indestructible en el hombre Jesús" (Büschel).

El término αἰώνιος en sí mismo (5:9) por lo general tiene connotaciones temporales en Hebreos; pero tal vez lo más importante en este contexto es que ese término denota el lado divino de la realidad, lo que "no es de esta creación" (v. 11); cf. αἰώνιος ἐν τοῖς οὐρανοῖς (2Co. 5:1). Aún en el caso en que al elemento temporal en αἰώνιος se le otorgara mayor peso aquí, el texto seguiría refiriéndose a la acción en el tiempo de un Espíritu eterno, no a una acción que en sí misma es eterna, la cual exigiría la forma verbal προσφέρει.

Otra pregunta es por qué el autor debió especificar que Cristo se ofreció a sí mismo διὰ πνεύματος αἰωνίου. Esta frase probablemente deba tomarse junto con ἑαυτὸν προσήνεγκεν: fue el poder del Espíritu eterno el que hizo posible que Cristo fuera al mismo tiempo el sumo sacerdote y la ofrenda. Los demás sacerdotes dependían de los sacrificios animales para cubrir sus propios pecados; Cristo fue empoderado sobrenaturalmente para ser él mismo una ofrenda inmaculada; o en sentido inverso, fue el poder del Espíritu eterno el que hizo que el único sacrificio de Cristo tuviera un efecto eterno.

Esta frase puede tener matices veterotestamentarios. Bruce, seguido con cierta vacilación por Guthrie, observa aquí una alusión a Isaías 42:1, "he puesto sobre él mi Espíritu". Esto no es imposible, pero las pruebas son menos fuertes que para una alusión al cuarto cántico del Siervo de Yahvé (véase v. 28). Más convincente es el argumento de Vanhoye 1983 de que el autor alude al "fuego continuo" en el templo restaurado de 1 Esdras 6:23, y a la tradición más amplia del fuego divino sobre el altar del AT (cf. Lv. 6:12s. ; 9:24; 2Cr. 7:1; 2Mac. 2:10; Heb. 10:27). Si esto es correcto, podría concluirse que el Espíritu Santo desempeñó en el sacrificio de Cristo un papel análogo al del fuego en el culto veterotestamentario —un fuego al que también se referiría la mención de las "cenizas" en el v. 13.

Algunos especialistas (sobre todo Bleek) han entendido el adjetivo ἄμωμος a la luz de 7:16, 24s.; cf. Romanos 6:9, que se refiere a la condición celestial de Cristo a partir del momento de su exaltación; en otras palabras, a la consecuencia de su sacrificio y no a su presuposición. No obstante, a la luz del contexto y de 4:15, parece más natural considerar que ἄμωμος se refiere a la condición terrenal sin pecado en la que Cristo se ofreció a sí mismo a Dios en la cruz; aunque, por supuesto, Cristo retiene esta pureza en el cielo (7:26).

Καθαριεῖ τὴν συνείδησιν (véase v. 9) ἡμῶν: el verbo καθαρίζω (vv. 22s. acerca del culto del AT; 10:2* de la conciencia; cf. 1:3, καθαρισμὸν ποιησάμενος; también 1Jn. 1:7) se usa como una variante estilística para ἁγιάζω en el v. 13; los dos verbos, por tanto, forman parte de la base de comparación. Καθαριεῖ es principalmente nómico (BD §349[1]) o "lógico" (Michel): si lo que se dijo en el v. 13 es cierto, entonces, lo que se dice en el v. 14 se desprende; la referencia a los efectos futuros del sacrificio de Cristo (sobre todo, si aparece el pronombre ὑμῶν, para los lectores) no puede excluirse (véase v. 12). En lugar de καθαριεῖ, en 206 etc. se lee la forma verbal más frecuente καθαρίσει. Καθαρίζω remplaza al verbo clásico καθαίρω (Jn. 15:2**; raro en la LXX), que se usa en contextos relacionados con la medicina y la agricultura; en el NT, καθαρίζω se emplea mayormente, como aquí, en sentido figurado para referirse a la limpieza moral y religiosa.

Συνείδησις (véase v. 9) contrasta con σάρξ en el v. 13. El mejor sacrificio de Cristo tiene por consiguiente efectos más profundos, que preparan al lector para que pueda tener un acceso más libre y más pleno a Dios. "Las pruebas externas para las dos lecturas, ἡμῶν (A D* K P 075 365 1319 1739* 1912) y ὑμῶν (ℵ Dᶜ 0150 33 81 104 256 263 424 436 459 1241 1573 1739ᶜ 1852 1881 1962 2127 2200 2464 al) están bastante equilibradas". En NA/UBS se opta por ἡμῶν (con una valoración de C) "porque el autor usa el trato directo con sus destinatarios solo en las secciones hortatorias de su epístola" (Metzger 668). La mayoría de las traducciones modernas salvo Moffatt y el texto de la RSV (no la NRSV) comparten el mismo punto de vista; así piensan Attridge, Lane. El contexto inmediato no ofrece ninguna pista, aunque cf. ἡμῖν (7:26); ὑπὲρ ἡμῶν (9:24).

La referencia a la conciencia le pone fin al quiasmo que comenzó en el v. 9, y por ende, ha añadido énfasis.

El alcance del contraste entre las "obras muertas" y "el Dios vivo" (cf. 12:22) está determinado por el contexto, el cual se relaciona con la adoración. En 6:1, el "arrepentimiento de obras mueras" tiene una referencia más amplia, al igual que "el Dios vivo" en 3:12, 10:31. Tal vez sea un tanto exagerado interpretar νεκρὰ ἔργα aquí como "actos que conducen a la muerte" (NVI; cf. *BHD*); pero el autor probablemente sigue influenciado por Números 19:1-10, donde se habla de la impureza de los que tocaban el cadáver de la novilla alazana. En el presente pasaje, la impureza a la que se hace referencia obviamente es más que ritual. El autor no especifica los pecados que podrían negar a sus lectores el acceso a Dios en la adoración; el contexto más amplio sugiere una pérdida general o un debilitamiento de la fe, o en el peor de los casos, la apostasía. Otra posibilidad es que νεκρὰ ἔργα se refiera a la ineficacia del culto veterotestamentario; pero la construcción καθαριεῖ… ἀπό parece implicar una condición que no solo es inútil o ineficaz, sino verdaderamente impura en sí misma; y en Hebreos no se habla nunca del culto veterotestamentario de esta manera. Ἀπό aquí va seguido por el genitivo de separación (BD §180).

Εἰς τὸ λατρεύειν θεῷ ζῶντι (véase 3:12) concluye el contraste entre las dos formas de culto de las que se ha ocupado hasta aquí todo el capítulo 9. La expresión no está elaborada; la adición de καὶ ἀληθινῷ (A P 104 *pc* b bo) es una ampliación tal vez influenciada por 1 Tesalonicenses 1:9.

9:15-22. El nuevo pacto

Todos están de acuerdo en que este versículo marca el principio de un nuevo párrafo o una nueva sección (Vanhoye 151-153; Dussaut 74s.). Pero como de costumbre, la transición no es abrupta. Si la frase διὰ τοῦτο es prospectiva, no se enlaza en primer lugar con el v. 14 (Zimmermann 1977.196), sino con todo el argumento anterior (Michel); de manera directa con los vv. 11-14, y en último término, hasta 7:22, donde se anunció por primera vez el tema del nuevo pacto. Lane (234) cree que "la lógica interna del argumento indica que los vv. 16-22 deben tomarse como una explicación parentética del v. 15, que, a su vez, es el clímax de los vv. 11-14."

La situación es similar con respecto al final del párrafo. En la mayoría de las ediciones y las traducciones se hace una pausa después del v. 22, considerando que la conjunción οὖν del v. 23 indica una conclusión general y, por ende, un nuevo comienzo. Vanhoye (152s.) y Dussaut (73-75), sin embargo, observan vínculos más fuertes entre el v. 23 y lo que precede. Véanse las notas sobre el v. 23.

Dentro del párrafo, hay una subdivisión después del v. 15, y otra probablemente después del v. 17, aunque esta depende en parte de una decisión con respecto al sentido (los sentidos) de διαθήκη en este pasaje. Véanse Giversen; Swetnam 1965; Nomoto 1965.213-232; Vanhoye 1966a.

9:15. La muerte de Jesús establece un nuevo pacto

Διὰ τοῦτο (véase 1:9 = Sal. 45:7[44:8 LXX]; 2:1), solo aquí con καί, indica que va a ofrecerse una nueva información, y por tanto, suele confirmar que se ha llegado ahora a una nueva etapa en el argumento. En cuanto a si esta frase es retrospectiva o prospectiva, véase la nota sobre ὅπως más adelante.

Διαθήκης καινῆς μεσίτης ἐστίν no contiene ninguna información nueva: el nuevo o mejor pacto fue el tema principal del capítulo 8 (véanse sobre todo los vv. 6, 8 = Jer. 31:31, 13), y el papel que desempeñó Jesús para establecerlo se mencionó en 7:22 (ἔγγυος); 8:6, (μεσίτης). En esta cláusula se hace hincapié en el pacto (Westcott, Spicq) y no en Cristo (TEV), a quien no se nombra (contrástese con los vv. 11, 24). El resto del versículo amplía esta declaración, refiriéndose especialmente a los resultados del establecimiento del nuevo pacto. De este modo, el autor revela implícitamente su preocupación por sus lectores, a los que, a pesar de ello, todavía no menciona ni les habla en forma directa (v. 14, ἡμῶν). En esta etapa, ya no cabe ninguna duda con respecto a la acepción de "testamento"; cf. *Ascensión de Moisés* (Bauer *s.v.* μεσίτης), donde Moisés alude se a sí mismo como τῆς διαθήκης μεσίτης. La referencia al nuevo pacto hace recordar claramente 8:8 = Jeremías 31:31. El contexto no se refiere a la última cena como algo diferente de la muerte de Cristo; no obstante, teniendo en cuenta Lucas 22:20; 1 Corintios 11:25; cf. 2 Corintios 3:6, algunos académicos observan aquí una alusión a las palabras de institución de la copa (Nomoto 1965.214; Vanhoye 1972.274; Andriessen 1977.38, revocando su punto de vista anterior; Schröger 1968 discrepa).

La declaración más completa del v. 15b es introducida por ὅπως, "a fin de que" (2:9*). Hay, pues, cierta semejanza entre el significado de διὰ τοῦτο y el de ὅπως. Si la frase διὰ τοῦτο fuera prospectiva (como en Jn. 5:16, 18), las dos expresiones serían estrictamente tautológicas, y el significado sería: "el propósito de un nuevo pacto es que los que han sido llamados reciban las bendiciones eternas"; pero si διὰ τοῦτο fuera retrospectiva (como en Heb. 2:1), el significado sería: "por lo que ha hecho, Cristo dispone un nuevo pacto, para que los que han sido llamados puedan recibir las bendiciones eternas" (Berényi). La gradualidad de las transiciones de Hebreos favorece la segunda alternativa.

Θανάτου γενομένου es un genitivo absoluto gramaticalmente regular; aunque la muerte obviamente es la de Cristo, la muerte en sí no vuelve a mencionarse en ninguna otra parte de la oración (BD §423). Lo que esto significa es que después que (e implícitamente porque) ha tenido lugar una muerte, siguen los beneficios que se mencionan en el resto de la oración. La forma indefinida "una muerte..." no solo sugiere una prudencia reverente al referirse a Cristo (véase 2:9 con respecto a Ἰησοῦν); sino que anticipa la mención del διαθήκη como "testamento" en los vv. 16s., y la conclusión general en el v. 22b

Εἰς ἀπολύτρωσιν... παραβάσεων indica el propósito (Bauer *s.v.* εἰς, 4s.) o el resultado (Bauer 4e; cf. Heb. 4:16) de la muerte de Cristo. Una elección bien definida entre estas alternativas resulta difícil por dos razones: (a) el resultado implica el propósito en este contexto; (b) la decisión depende de la medida en que pueda considerarse que el resto del versículo se refiere a una condición presente o futura; véase más adelante.

Ἀπολύτρωσις no se usa en ninguna otra parte de Hebreos salvo en 11:35*, donde no se hace referencia a la obra de Cristo. El presente versículo refleja y complementa el v. 12: αἰωνίαν λύτρωσιν εὑράμενος. Al igual que en los capítulos 1–2, la filiación exclusiva de Cristo hace posible que otros puedan llegar a ser hijos de Dios, aquí, pues, la liberación que Cristo obtiene por medio de su muerte se pone a disposición de las demás personas a través de él. Podría haber un contraste implícito con la liberación "temporal" de Israel de Egipto (cf. Lc. 1:68; 2:38). Ἀπολύτρωσις en otros lugares (posiblemente ya en la tradición cristiana primitiva) se relaciona con la muerte de Cristo (Ef. 1:7) y con el perdón (ἄφεσις, Col. 1:14; Heb. 9:22; 10:18).

Ἐπί + dativo (8:6; 9:10, 15, 17*), "sobre la base de" (BD §235[2]), no se usa en ningún otro lugar de Hebreos con referencia al antiguo pacto, sino cf. 8:6, ἐπὶ κρείττοσιν ἐπαγγελίαις, con respecto al nuevo; el significado se aproxima al de ἐπ᾽ αὐτῆς, acerca del sacerdocio levítico, en 7:11. El autor se refiere a las infracciones de las disposiciones del antiguo pacto y su ley. Algunos especialistas, sobre todo Spicq, encuentran aquí una manifestación de la idea paulina de que la ley veterotestamentaria ciertamente estimuló el pecado (p. ej., Gá. 3:19-22), pero esto no resulta claro. Por otra parte, el autor no muestra ningún interés, ni aquí ni en ningún otro lugar, por los pecados de los gentiles fuera del antiguo pacto; contrástese con Romanos 1:18-32. No hay ninguna razón para ampliar la referencia a "todas las transgresiones cometidas sobre la base de la ley..." (Westcott).

Ἡ πρώτη διαθήκη: véase 8:7, 13.

Παράβασις, aquí al igual que en 2:2*, alude probablemente a pecados deliberados y también accidentales; sin embargo, el autor puede haber elegido este término en lugar de ἁμαρτία por respeto a la sensibilidad de sus lectores, manteniendo en reserva el término más fuerte (9:22; 10:4). El genitivo es de separación (BD §180), y la frase es sinónima de καθαρίζω ἀπό en el v. 14.

Λαμβάνω (como εὑρίσκω en el v. 12) tiene un significado activo, "tomar" en lugar de "recibir"; incluso "apropiarse". La última acepción podría adaptarse muy bien al concepto de κληρονομία como el hecho de tomar posesión de un don de Dios (1:4, κληρονομέω), lo contrario de ser invitado o llamado a pertenecer a Dios y a su pueblo (οἱ κεκλημένοι, que es la otra cara del pacto). Pero aún queda por dilucidar si el v. 15b se refiere principalmente al presente o al futuro. Las opciones pueden resumirse de la siguiente manera:

Presente	**Futuro**
ὅπως de resultado	ὅπως de propósito
εἰς de resultado	εἰς de propósito
ἀπολύτρωσις una realidad presente para los creyentes, así como (v. 13) para Cristo	ἀπολύτρωσις una realidad futura, como en Efesios 4:30
τὴν ἐπαγγελίαν cumplida	τὴν ἐπαγγελίαν no cumplida todavía
αἰώνιος con referencia al origen (cf. 3:1) o a la cualidad	αἰώνιος temporal (cf. 1:14)
κληρονομία un don ya otorgado	κληρονομία un don que aún debe otorgarse

Además, es necesario decidir si τὴν ἐπαγγελίαν (véase 4:1) τῆς αἰωνίου κληρονομίας es un genitivo objetivo que se refiere a la acción de prometer, o un genitivo apositivo que significa "lo que Dios promete, a saber, una herencia eterna" (como en 2Co. 5:5: τὸν ἀρραβῶνα τοῦ πνεύματος, "la garantía [las arras] que tiene su base en el Espíritu").

Resulta difícil hacer una elección definitiva, pero es muy poco probable que el autor pensara que Dios había establecido por medio de la muerte de Cristo un nuevo pacto cuyos efectos eran totalmente futuros. Lo más probable es que deseara recalcarles a sus lectores que la κληρονομία que Dios le había prometido a su pueblo desde hacía tanto tiempo ahora estaba al alcance, al menos en parte, de los que se aferraban a su esperanza (cf. 6:12; 10:23; contrástese con 11:39). De ser así, la ambivalencia temporal de este pasaje sería un elemento esencial en el propósito del autor. Zimmermann 1977.190s. llega a una conclusión similar por una vía diferente: mientras que en 10:14, una declaración tradicional, se hace hincapié en lo que ya se ha logrado, el presente versículo sugiere que el fin todavía no se ha alcanzado. De este modo, el autor desvía la atención de sus lectores hacia el futuro, no con alguna esperanza vaga, sino por el hecho de que la herencia está ahí, y Dios ha adjuntado a ella su palabra de promesa.

El autor separa τὴν ἐπαγγελίαν de τῆς αἰωνίου κληρονομίας tal vez por razones de ritmo (Riggenbach), o para darle cierto énfasis retórico a las últimas palabras. De acuerdo con la observación de Westcott, la oración podría haber terminado con λάβωσιν, en lo que respecta a su contenido informativo.

Οἱ κεκλημένοι no aparece en ninguna parte en las epístolas; cf. Mateo 22:3, 4, 8∥; Apocalipsis 19:9; un paralelismo más cercano quizás sea κλήσεως ἐπουρανίου μέτοχοι, Hebreos 3:1. La conclusión podría ser "... los llamados reciben la promesa" (Michel, Héring, Braun, Attridge, Lane) o "llamados [a recibir] la herencia eterna" (vg, Lutero). Desde el punto de vista gramatical, κληρονομίας depende de ἐπαγγελίαν, no de κεκλημένοι, pero ἐπαγγελία (4:1) significa "lo que está prometido", a saber, "la herencia eterna" (genitivo apositivo, BD §167). El orden de las palabras no es usual. El autor no especifica si οἱ κεκλημένοι incluyen a los llamados a ser miembros del pueblo de Dios en el período veterotestamentario. Esto es posible, a la luz de 11:40; 12:23, y de la tendencia general del autor a destacar la continuidad del pueblo escogido bajo ambas dispensaciones.

9:16-17. Pactos y testamentos

Los dos pactos de Dios con su pueblo tienen algo en común con un testamento: a saber, que ambos exigen una muerte para que puedan ser efectivos.

La "parábola verbal" (Michel) sugerida por "la herencia eterna" del v. 15 ocupa solo dos versículos cortos, porque no puede forzarse demasiado. Opera dentro de las condiciones o restricciones siguientes:

(1) No hay *prima facie* ninguna razón para imponerles un solo significado a los diversos usos de διαθήκη en los vv. 15-20, y los persistentes esfuerzos que se han hecho para lograrlo (Zimmermann 1977.196) suelen basarse en una visión poco realista de la manera en que funciona el lenguaje. El autor ilustra un sentido de διαθήκη, que él considera fundamental, valiéndose de otro que tiene un alcance más limitado —del mismo modo que κατάπαυσις en 3:7–4:11 se ilustró en 4:9 por medio de σαββατισμός.

(2) No solo no hay ninguna razón para atribuirle un solo significado de διαθήκη: es imposible hacerlo, porque no puede decirse que algún pacto o contrato humano exija una muerte. Por el contrario, la mayoría de los contratos humanos son invalidados por la muerte (cf. Ro. 7:2f.).

(3) Es cierto que los pactos de Dios su pueblo, al igual que un testamento

pero a diferencia de lo que ocurre en un contrato ordinario, no son recíprocos; este hecho, sin embargo, no desempeña ningún papel en el argumento de la epístola.

(4) Hay dos series de características discursivas que apoyan la opinión generalizada de que en el v. 16 tiene lugar un cambio de significado, de "pacto" a "testamento", y en el v. 18, el cambio de nuevo a "pacto". (a) La conjunción explicativa γάρ del v. 16 le da paso a la ilustración, y la conjunción γάρ del v. 17 (también explicativa, pero en un nivel inferior del discurso) introduce una breve ampliación del v. 16. La conjunción más fuerte ὅθεν del v. 18 introduce una conclusión extraída de los vv. 16s. (b) En el v. 15, y también en el v. 18, el primer pacto es catalogado a causa del artículo como "información antigua" en contraste con "un nuevo pacto" sin el artículo, que se menciona por primera vez desde 8:6, 8. El διαθήκη del v. 16s. aparece dos veces sin artículo, sugiriendo con ello que se trata de un tipo de διαθήκη diferente de los dos que se mencionaron en el v. 15.

(5) La estructura de la comparación reúne el pacto antiguo y el nuevo comparándolos implícitamente con un testamento. En el curso más amplio del argumento, esto señala un retroceso estratégico desde el punto que se había alcanzado en los vv. 11-14, en los que se contrastan las dos dispensaciones. Los presentes versículos contribuyen a la conclusión general del v. 22; pero para entonces, la ilustración del testamento ya resultará obsoleta porque un testamento no tiene nada que ver con el perdón, que es el propósito tanto del antiguo como del nuevo pacto. Llama la atención que en esta combinación del pacto antiguo y el nuevo, sea el antiguo el que ocupe el lugar más destacado (cf. v. 22). Los términos del argumento impiden que el autor diga en estos momentos algo acerca de lo que es nuevo en el nuevo pacto. Esta ilustración pronto quedará atrás, pero mientras tanto cumple el propósito de recurrir al antiguo pacto para apoyar la fe en el nuevo.

(6) El valor de la ilustración, por tanto, se limita al hecho de que compara dos instituciones en las que una muerte juega un papel esencial: por un lado, los pactos de Dios con su pueblo, sellados respectivamente por sacrificios animales y por la muerte de Cristo; por otro lado, un testamento, que entra en vigor en el momento en que muere el testador. Quién es el que muere, y cuál es la naturaleza de esa muerte (violenta o natural, voluntaria o involuntaria) se excluyen por el momento de toda consideración. Lo único que importa es la muerte en sí. Véase Anónimo; Vos 1915-16; Villapadierna 1962; Le Déaut 1965.35; Bourgoin 1977; J. J. Hughes.

9:16. Un testamento debe ser constatado

Ὅπου: no un lugar específico, como en 6:20, sino virtualmente = "dondequiera", como en 10:18 (cf. Mt. 24:28), donde el verbo, de manera similar, se omite.

Θάνατον... τοῦ διαθεμένου: la preocupación del autor por la muerte no se limita a la muerte de Cristo (2:15). Aparte de los vv. 16s., el verbo διατίθεμαι en Hebreos solo se usa en citas (8:10; 10:16, ambos = Jer. 31(38 LXX):33; cf. Hch. 3:25; Lc. 22:29). Las mujeres podían heredar tierras en caso de no existir ningún heredero varón (Nm. 27:6-8), pero no hay nada en el AT ni en el judaísmo del período neotestamentario que sugiera que una mujer tuviera el derecho de disponer de su propiedad por medio de un testamento: διαθεμένου aquí y en el v. 17 se refiere a hombres. El lenguaje del *Evangelio de Valentín* o *Evangelio de la Verdad* (códice Jung 20:15ss.), citado por F. F. Bruce, es casi seguro que esté influenciado por Hebreos, pero no se hace referencia a ningún pacto. En cuanto a διαθήκη, 7:22. Véanse también F. Hahn 1967.366-373; Schmitz 272s.; Zimmermann 1977.197.

Ἀνάγκη no se usa aquí en un sentido estricto para referirse a una exigencia legal, sino a algo forzosamente inherente a la situación; en este caso, a la definición de un testamento (7:23).

Φέρεσθαι: la muerte debe ser "constatada", es decir, establecida y declarada oficialmente (Bauer *s.v.* 4.aβ). No se han encontrado paralelismos exactos con esta afirmación, pero cf. Polib. 1.32.4; 12.5.5; 18.13.7; Jn. 18:29; Hch. 25:7.

9:17. Un testamento presupone una muerte

V. 17 repite el contenido del v. 16, en sentido positivo primeramente, y luego en sentido negativo.

Ἐπί + dativo (BD §235[2]) se usa en diversos contextos jurídicos (v. 10; cf. Mt. 19:9; Hch. 4:9; 16:6; Heb. 8:6; 9:15 en relación con el primer pacto; 10:28 = Dt. 17:6 con un complemento personal, como aquí). El significado probablemente es "en caso de muerte"; es decir, "cuando las personas mueren". El plural es una variante estilística para el sustantivo singular genérico διαθέμενος. Aquí, al igual que en el v. 15, se refiere principalmente a una situación que tiene implicaciones legales, pero también hay un elemento temporal.

Βέβαιος, "válido", mantiene la imagen jurídica; en otras partes de Hebreos (2:2) el significado es, más bien, "digno de confianza o de fe", pero entre los dos sentidos hay continuidad.

Ἐπεί (véase 2:14) aquí es una conjunción causal desde el punto de vista gramatical, al igual que en 5:2; con una partícula negativa, como en 10:2 (cf. 9:26 respecto a una condición irreal). De hecho, el v. 17b hace una declaración sinónima, lo contrario del v. 17a, en lugar de expresar una causa o exponer una razón.

En otras partes de Hebreos (2:1; 3:12; 4:1*), μήποτε se usa con un sentido atenuado para expresar preocupación o aprensión; aquí podría ser una negativa contundente, "no puede en modo alguno tener vigencia" (NEB); aunque cf. REB "no tiene fuerza". En ℵ* D* Isidoro de Pelusio, *Ep.* 4.113, se lee μὴ τότε, "que favorecería, y tal vez refleja, la incómoda interpretación patrística de la cláusula como interrogativa 'porque ¿tiene acaso fuerza cuando...?'" (Attridge 253). El sentido temporal "nunca" (Bauer 1, NIV) es menos probable, por cuanto el contexto trata acerca de reglas y no (como en 10:1, 11) de series de acontecimientos. Sin embargo, BD §428 (5) afirma que "nunca" aquí sería μηδέποτε o οὐδέποτε, y que la cláusula es interrogativa (así piensan Ecumenio, Teofilacto; cf. Jn. 7:26; véase la nota sobre la puntuación en UBS³).

Ἰσχύω, "es válido" (Bauer *s.v.* 4; cf. Gá. 5:6; *P. Tebt.* 286.7; MM), es sinónimo de βεβαία en v. 17a.

Ὅτε, excepcionalmente con el tiempo presente, tiene un sentido durativo, "entretanto que el testador vive".

9:18-22. La sangre bajo el primer pacto

Lo que se expone en estos versículos es que el rociamiento de la sangre fue esencial para la inauguración del primer pacto. Este tema se anuncia en el v. 18, y se desarrolla hábilmente en los versículos que siguen. A la vez, se hace hincapié (1) en la naturaleza global del evento (πάσης ἐντολῆς ... παντὶ τῷ λαῷ ..., πάντα τὸν λαόν, y la enumeración en el v. 19; πάντα τὰ σκεύη y otra enumeración en el v. 21; πάντα en el v. 22a, y la declaración explícita del v. 22b); (2) en el rociamiento (ἐράντισεν [roció], vv. 19, 21; αἱματεκχυσία, v. 22); y (3) en la propia sangre (αἷμα, vv. 19, 20, 21, 22; αἱματεκχυσία, v. 22). El tema del pacto quedó establecido con tanta solidez en los versículos anteriores que aquí se hace referencia a él solo en la cita (v. 20 = Éx. 24:8), aunque está implícito en las referencias a la ley de Dios y sus mandamientos. Pero al final de la sección, especialmente en la última y enfática palabra de la misma, ἄφεσις, se hace claramente patente que el autor se interesa por el rociamiento de la sangre como un medio para lidiar con el pecado (cf. 10:18, también enfático). La razón es que la presente sección se basa en el hecho de que el derramamiento de la sangre es la base para establecer una comparación positiva entre los sacrificios inaugurales del antiguo y el nuevo pacto. Por el momento, el autor no tiene nada negativo que decir acerca del antiguo pacto. Sin embargo, él no cree que el antiguo pacto pueda realmente lidiar con el pecado, y por tanto, omite toda referencia al propósito del mismo. Ἄφεσις en v. 22 crea una transición a la sección que sigue, en la que una vez más se hablará claramente del sacrificio de Cristo. El interés dominante subyacente por la muerte de Cristo se manifiesta, empero, en las palabras de la cita en el v. 20.

Como de costumbre, el autor no considera que la inauguración del antiguo pacto sea el principio de ceremonias que habrían de repetirse hasta su propia época, sino un suceso individual del que la Escritura da testimonio permanente (el tiempo perfecto ἐγκεκαίνισται, v. 18), y que, por ende, apunta más allá de sí mismo a un principio permanentemente válido (los verbos en presente en el v. 22). Este pasaje, por tanto, no puede usarse como una prueba firme para la fecha de Hebreos.

9:18. El primer pacto fue inaugurado por medio de un sacrificio

Este versículo marca un giro en el argumento de los vv. 15-22. Ὅθεν, "de ahí que", establece una relación, como en otros lugares de Hebreos (2:17), con lo que precede inmediatamente; en este caso, con la ilustración del testamento (vv. 16s.; así piensan Teofilacto, Moffatt, Montefiore). De hecho, establece un vínculo directo con el análisis acerca del antiguo pacto en los vv. 19-22; y un vínculo indirecto con el análisis sobre el nuevo pacto en los vv. 15 y 23-28. Si se omite ὅθεν, el v. 18 constituye una elaboración natural del v. 15. A pesar de que διαθήκη no se repite, el único significado posible del v. 18 es: "el primer pacto, al igual que el segundo, fue inaugurado con sangre". La idea de un testamento ha desaparecido por completo. Pero esto no destruye el argumento, como supuso Riggenbach, porque el autor no se deja guiar por una deducción lógica, sino por una analogía más esclarecedora.

En cuanto a la doble negación οὐ δὲ χωρὶς αἵματος, véase v. 7; 9:20. Οὐδὲ ἡ πρώτη es el equivalente negativo de καὶ ἡ πρώτη [διαθήκη] en el v. 1, si la conjunción καί allí es original.

Ἆιμα llamativamente remplaza a θάνατος en el v. 16: en este punto del argumento lo que importa ya no es una muerte como tal, sino una muerte violenta y sacrificial. Ἐγκαινίζω, solo se usa aquí en el NT, con referencia a la inauguración del antiguo pacto, y en 10:20, a la inauguración del nuevo. El verbo forma parte de lo que podría llamarse el vocabulario festivo del autor: véase 12:18-24, especialmente πανήγυρις, v. 22 (23); cf. Spicq 1978.221s. Este interés por la inauguración o dedicación cultual hace que resulte más plausible ver en las referencias a la perfección una alusión al uso de τελειόω en relación con la ordenación (2:10); los dos conceptos aparecen juntos en 2 Macabeos 2:9, θυσίαν ἐγκαινισμοῦ καὶ τῆς τελειώσεως τοῦ ἱεροῦ. Ἐγκαινίζω y otros términos cognados (ἐγκαινισμός; ἐγκαίνωσις, Nm. 7:88; cf. τὰ ἐγκαίνια, Jn. 10:22) no son frecuentes en el griego secular. No se usan cuando se habla acerca de un testamento. En la LXX se usan principalmente (a) en relación con la inauguración del templo de Salomón (1Re. [3Re.] 8:63; cf. 1Esd. 7:7) y su altar (2Cr. 15:8; cf. 7:9); (b) para referirse a la (re)dedicación del templo por parte de los macabeos, un suceso que posteriormente se conmemoró en la fiesta de la Janucá (1Mac. 4:36, 54, 57; 5:1; también 2Mac. 2:29), así como a sus sacrificios (2Mac. 2:9); y con ello, por extensión, a sus residencias privadas (Dt. 20:5), al palacio de David (Sal. 30 título[29:1 LXX]), al reino (1Sa. 11:14; cf. Dn. LXX 5:1), y a un ídolo pagano (Dn. 3:2s.). El verbo en voz pasiva se usa cuando Dios es el objetivo (πρὸς μέ) en el sentido de "celebrar una fiesta" (Is. 41:1; 45:16). En la Biblia griega no está presente la idea de la repetición a no ser que lo exija el contexto, tal vez al hablar de una renovación espiritual, aunque incluso ahí la única intención es referirse a la consagración (véanse Sal. 51[50 LXX]:10a [aunque cf. v. 10b]; Is. 16:11). Buchanan de manera poco convincente alude a la ceremonia de renovación del pacto de Josué 24. En 2 Crónicas 15:8, en A B se lee ἀνεκαινίσε en lugar de ἐγκαινίσε. La idea esencial es la de poner algo en servicio; Spicq cita a Crisóstomo: ἐγκαινισμὸς λέγεται ἀρχὴ χρήσεως. En ambas apariciones en Hebreos, el contexto exige que se haga referencia a una inauguración inicial. En el presente versículo, la forma verbal perfecta ἐγκεκαίνισται sugiere una referencia a la inauguración del primer pacto, no como algo que ocurrió en el pasado, sino como un acontecimiento del que la Escritura da testimonio permanentemente (MHT 1.143f., Riggenbach, Michel).

9:19. ¿Cómo se rociaba la sangre?

El lugar que ocupa el rociamiento de la sangre en la inauguración del antiguo pacto (Éx. 24:3-8) se describe más detalladamente.

Desde un punto de vista, los vv. 19-21 forman un tríptico del que la cita del v. 20 constituye el panel central, mientras que los vv. 19 y 21 elaboran los detalles (como en los vv. 2-4). Sin embargo, también hay una progresión del v. 19 al v. 21: el v. 19 se ocupa principalmente de los detalles del procedimiento, y el v. 21 de las características más importantes del culto.

Λαληθείσης: al igual que en 1:1; 2:2 el autor contrapone la comunicación escrita a la comunicación oral. Obsérvese el uso del verbo λαλέω en su contexto veterotestamentario, y tal vez también la presentación oral original de la propia carta a los Hebreos. Puede haber sido elegido por ser menos enfático que el verbo διηγέομαι de la LXX (Éx. 24:3; cf. Heb. 11:32), pero también podría ser un reflejo de Deuteronomio 32:44, ἐλάλησεν πάντας τοὺς λόγους τοῦ νόμου τούτου. De todos modos, el autor suele emplear λαλέω para referirse al anuncio de un mensaje de parte de Dios (1:1). Al libro de la ley se le otorga un lugar destacado más adelante en el versículo (αὐτὸ… τὸ βιβλίον).

Γάρ no introduce una razón sino una confirmación de la declaración general del v. 18 por medio de algo más específico (Bauer 1.d).

Πάσης ἐντολῆς κατὰ τὸν νόμον; cf. Ex. 24:3, πάντα τὰ ῥήματα τοῦ θεοῦ καὶ τὰ δικαιώματα. En cuanto a la colocación de μόμος y ἐντολή, 7:5, 16. La lectura πάσης τῆς ἐντολῆς (Bauer 2a; s.v. πᾶς 1c) cuenta con un respaldo muy débil ($\mathfrak{P}^{46}$ D*), y especialmente inconveniente antes de κατὰ τὸν νόμον. Πάσης ἐντολῆς es una frase genérica en singular: "cada mandamiento", poco o nada más enfática de lo que habría sido πασῶν τῶν ἐντολῶν. La tradición rabínica (S-B 3.742; Bonsirven 1935.2.33), interpretando la respuesta de Israel en Éxodo 24:7 a la luz de Deuteronomio 27:15ss., entendía que el pueblo dio su consentimiento por separado a cada mandamiento. En Hebreos esto podría presuponerse, pero no se declara. Cf. Moule 94s.

En cuanto a la lectura del texto mayoritario κατὰ νόμον (א* D²), véase 7:5. Aquí se podría afirmar que κατὰ τὸν νόμον ($\mathfrak{P}^{46}$ A C D* L 33 81 104 1241 2464 2495 al) es una asimilación al v. 22, pero las pruebas no son concluyentes, y el significado probablemente no se ve afectado; véase 8:13; 10:8. No se hace ninguna referencia aquí al contenido de la ley. El significado más probable de toda la frase es que Moisés expresó cada mandamiento tal como estaba contenido en la ley. Κατὰ τὸν νόμον debe tomarse junto con λαληθείσης. No hay ninguna referencia a un mandato divino separado que se le haya dado a Moisés de proclamar la ley.

Ὑπὸ Μωϋσέως (3:2) explicita lo que está implícito en el genitivo absoluto anterior, y presenta a Moisés como el sujeto de los verbos que siguen.

Παντὶ τῷ λαῷ: en Éxodo 24:3 se lee simplemente τῷ λαῷ; παντί puede estar influenciado por Éxodo 24:3b, donde "todo el pueblo" responde.

El resto del versículo diverge en algunos detalles del relato del AT. Λαβών = Éxodo 24:6, donde se lee que la sangre se dividió en dos partes, y una de las mitades se vertió en tazones y más tarde (v. 8) se roció sobre el pueblo. En Éxodo

24 solo se mencionan terneros no machos cabríos (cf. Filón, *Quæst. in Ex.* 2.32 *l.c.;* Éx. 24:5, μοσχάρια, no se usa en el NT); el término hebreo pudiera denotar bovinos de cualquier edad. El texto de NA μόσχων καὶ τῶν τράγων (א* A C 81 326 436 451 629 1912 2464 2492 cop^sa Eutalio Teodoreto) no es seguro; Zuntz 54s., F. F. Bruce, P. E. Hughes, Attridge, Lane, Braun con reservas, REB, NVI, en contra de la mayoría de las traducciones, prefieren la lectura más corta μόσχων (𝔓^46 א^c K L Ψ 0150 181 1241 1319 1739 1852 1881 sir^{p, h, pal} Orígenes, Crisóstomo), y explican la lectura más larga como una asimilación por parte de un escriba al v. 12. NA^26 (junto con UBS^{3, 4}) encierra καὶ τῶν τράγων entre corchetes. El orden τράγων καὶ τῶν μόσχων (D 365) tal vez esté influenciado por el v. 12. La omisión de la referencia a los machos cabríos, sin embargo, podría ser una asimilación a Éxodo 24:5. El autor probablemente está generalizando sobre la base de lo que había escrito en el v. 12. Es posible que la omisión de los artículos esté influenciada por el v. 12. Su presencia implica una referencia a Éxodo 24:5: "los machos cabríos y terneros (previamente sacrificados)". El autor podría añadir la referencia a los machos cabríos porque su pensamiento está dominado por las ideas del día de la expiación (Lv. 16:5ss.; cf. Heb. 9:13). En Éxodo 24 no se menciona que Moisés haya mezclado la sangre con agua (tal vez para impedir la coagulación y, con ello, hacer posible que fuera rociada), ni el uso de una ramita de hisopo (TEV) para rociarla, ni de un pedazo de lana escarlata (para unir los tallos del hisopo). Estas adiciones están influenciadas por otros dos pasajes del AT: a) Levítico 14:1-9, sobre todo los vv. 4 y 7, en los que se lee que el hisopo y la lana escarlata se utilizan para rociar a un leproso sanado a fin de restaurarlo a la pureza ritual; y (b) Números 19:1-10, al que se hace referencia en Hebreos 9:13, donde una parte de la sangre de una novilla alazana es rociada, pero con el dedo del sacerdote; y se menciona que el hisopo y la lana escarlata son quemados. La aparente confusión entre estos pasajes y Éxodo 24 sugiere que el autor está haciendo alusión a ellos de memoria; por otra parte, ilustra su relativa indiferencia por los detalles secundarios, y hace que el argumento gire en torno al hecho central del uso de la sangre en la purificación. No hay ninguna prueba de que el autor se haya basado en una tradición fuera de la Biblia, aunque Éxodo 24 y Números 19 fueron asociados en el leccionario trienal de la sinagoga (Guilding 100; F. F. Bruce 25s. and *ad loc.;* MHT 4.108).

Μετὰ ὕδατος: el agua está relacionada con la purificación ritual de los leprosos (Lv. 14:5-9), y de los funcionarios y las personas que intervenían en el culto (Nm. 19:7-10), pero ni aquí ni en Éxodo 24 se dice que el pueblo fuera rociado con agua. El agua conserva su significado purificador bajo el nuevo pacto (10:22*).

Ἐρίου (Ap. 1:14**) κοκκίνου*: ἔριον, "lana", es un término más específico que la frase de Levítico 14:4, κεκλωσμένον κόκκινον, "escarlata hilada" (hilo o paño escarlata). La referencia de pasada en Hebreos contrasta con la extensa alegoría cristológica de la lana escarlata en *Bern.* 7s. (Lindars 1961.22n.1, con referencias adicionales).

Ὑσσώπου: es casi seguro que no se trata del hisopo europeo (*Hyssopus*), que no crece en Israel, sino del hisopo sirio (*Origanum syriacum*), que se usaba para rociar la sangre en la ceremonia de purificación (Lv. 14:4s.; cf. Nm. 19:6; Sal. 51[50 LXX]:7; Jn. 19:29**; Zohary 96s.).

Αὐτὸ τὸ βιβλίον: en Éxodo 24:7 hay una referencia aislada al libro del pacto; pero nada se dice acerca de su contenido, y el autor de Hebreos tampoco muestra ningún interés por él. La frase completa debe tomarse junto con ἐρράντισεν, no con λαβών. El autor, pues, va más allá de Éxodo 24:7 cuando afirma que el libro fue rociado con sangre: la referencia, al parecer, es una combinación de las palabras iniciales de Éxodo 24:6, 7, y 8. El pronombre αὐτό se usa probablemente para dar énfasis, como en in αὐτὰ ... τὰ ἐπουράνια, v. 23.

Πάντα τὸν λαόν; véase la nota anterior sobre παντὶ τῷ λαῷ; En Éxodo 24:8 se lee λαβὼν ... τὸ αἷμα κατεσκέδασεν (***) τοῦ λαοῦ. Ἐράντισεν (en lugar de ἐρράντισεν, MHT 2.193): ῥαντίζουσα, v. 13.

9:20. La confirmación de la Escritura

Λέγων: Moisés es el que habla no como autor del Pentateuco, sino como un participante en el relato del éxodo.

El texto de la cita discrepa en varios puntos de Éxodo 24:8 en la LXX, que es una traducción exacta del hebreo. (1) la partícula demostrativa ἰδού de la LXX se remplaza por τοῦτο. La lectura neotestamentaria es firme; en el AT, la versión sahídica y el *Diálogo de Timoteo y Aquila,* "ambos productos de la era cristiana" (Schröger) se lee τοῦτο, reflejando probablemente la tradición eucarística y (véase el comentario más adelante sobre ὁ θεός) la influencia de Hebreos. Casi todos los expertos, con diversos niveles de certidumbre, creen que τοῦτο en Hebreos refleja la tradición eucarística (así piensan Bleek, Westcott, Moffatt, Michel "ciertamente", Loader 1981.196; y con menos firmeza, o negativamente, Riggenbach, Montefiore, Braun, Attridge ["un fenómeno aislado"], Lane, Schröger 1968). Esa tradición podría derivarse de Marcos 14:24 (τοῦτό ἐστιν τὸ αἷμά μου τῆς διαθήκης; cf. Lc. 22:20); o de una fuente precanónica (McCullough 1980; cf. Héring).

El argumento a favor de una influencia eucarística, aunque es cierto que carece de pruebas, no se basa solamente en el uso de τοῦτο, sino en la estructura tipológica del argumento más amplio. El autor, sin duda, no se muestra interesado, en forma clara o explícita, por la eucaristía tal como se celebraba regularmente en la iglesia. Sin embargo, sí se interesa en este pasaje por la ceremonia inaugural del antiguo pacto, y esto sugiere enérgicamente una alusión equivalente a la ceremonia inaugural del nuevo pacto, es decir, a la celebración inicial de la cena del Señor. (2) La forma verbal διέθετο de la LXX se remplaza por ἐνετείλατο, por una o más de las razones posibles: (a) para mejorar el estilo evitando la repetición de διέθετο... διαθήκης; (b) por asimilación a otros textos, especialmente Deuteronomio 28:69 (cf. 23:10; Jue. 2:20; Sal. 111[110 LXX]:9; Sir. 45:3; (c) porque el autor normalmente evita usar διατίθημι cuando habla del antiguo pacto (8:9); menos probable para dar énfasis, o (e) como un reflejo de ἐντολῆς en el v. 19. A pesar del cambio de verbo, el autor imita su texto del AT al escribir πρὸς ὑμᾶς (cf. Hch. 3:25) y no el dativo normal. (3) El término κύριος de la LXX (cf. Dt. 28:69) se remplaza por ὁ θεός, con un cambio de orden que da cierto énfasis a estas palabras. En Éxodo, en d 71 sah también se lee ὁ θεός, y en el *Diálogo de Timoteo y Aquila* ὁ θεὸς ἡμῶν, asimilándose tal vez a Hebreos. El cambio se hace probablemente para dejar claro que el sujeto es Dios, no Cristo.

La función de la cita es proporcionar una referencia histórica para el uso de la sangre en la inauguración del primer pacto (7:22), y con ello, un punto de comparación con el segundo. El estrecho vínculo que existe entre el pacto y la sangre se ve confirmado por el hecho de que, desde este punto de vista, las referencias a un pacto suelen relacionarse con referencias a la sangre (10:29; 12:24; 13:20). Las citas de Jeremías 31 y Éxodo 24 son, por tanto, complementarias: Jeremías habla del nuevo pacto, y Éxodo 24 de la inauguración del antiguo con sangre. La fusión de ambos, en la declaración de que "el nuevo pacto, también, fue inaugurado con sangre", se hará explícita a partir del v. 23.

Tanto el contexto del AT como el del NT dejan bien claro que τὸ αἷμα τῆς διαθήκης implica, no solo "la sangre relacionada con el pacto", sino, "la sangre que sella" (cf. TEV), "constituye, o establece el pacto, en virtud de la vida derramada en sacrificio". Véase Swetnam 1983.

9:21. Moisés también hizo uso de la sangre para purificar el santuario y lo que había en él

Este versículo retoma la enumeración del v. 19, pero también apunta hacia una aplicación más amplia en el v. 22. Al igual que en el v. 19, el autor probablemente presenta una imagen compuesta, que aunque se basa en Éxodo 24:3-8, refleja características de otros pasajes veterotestamentarios. En Éxodo 24:4, sin duda, se habla de un altar, pero no se hace referencia a ningún santuario antes de 25:8 (cf. capítulo 26 *pássim*), y los σκεύη τῆς λειτουργίας forman parte del santuario terminado (cf. también Lv. 16:14, 19). Además, no hay ninguna referencia veterotestamentaria a un rociamiento con sangre de todas estas cosas para purificarlas. Los paralelismos más estrechos son Levítico 8:15 (cf. vv. 19, 24, 30; Éx. 29:10-21), con respecto a la purificación que hizo Moisés del altar con la sangre de la ofrenda por el pecado; y Éxodo 40, acerca de la unción del tabernáculo y todo lo que había en él (v. 9), y del altar de los holocaustos καὶ πάντα τὰ σκεύη αὐτοῦ (v. 10). Una explicación alternativa es que καὶ... δέ (véase más adelante) indica un alejamiento de Éxodo 24 (Riggenbach; cf. F. F. Bruce); sin embargo, esto exige que ὁμοίως (ἐράντισεν) implique "de la misma manera, pero en otra ocasión", lo cual le otorga al griego un peso que apenas puede soportar, e ignora el hecho de que todo el argumento presupone una comparación entre las ceremonias de inauguración de ambos pactos. En su análisis del pasaje de Levítico, Josefo (*Ant. 3.8.6 [206]*) combina en forma parecida las referencias a la unción y al rociamiento con sangre.

Καὶ... δέ, "y también" (Bauer *s.v.* δέ, 4.b), indica la continuación del listado que comenzó en el v. 19, y fue interrumpido por la cita que aparece en el v. 20. Cf. Mateo. 10:18; Juan 6:51; 8:16. El propósito de las conjunciones no solo podría ser reanudar sino también avanzar: "más aún, además", hacia temas más importante de los que se mencionaron en el v. 19.

Πάντα: véase vv. 18-22.

Τὰ σκεύη τῆς λειτουργίας (véase 8:2 acerca de λειτουργός): con mucha menos razón que en los vv. 2-5 podría asignárseles algún significado individual; y tampoco tienen ningún equivalente en la liturgia celestial. Cf. 1 Crónicas 9:28; de manera similar Números 4:12; 2 Crónicas 24:14.

Τῷ αἵματι: tal vez implicando "la sangre del pacto", o de manera más general, "la sangre ya mencionada". Véase también H. Strathmann en *TDNT* 4.276.

Ὁμοίως ἐράντισεν (v. 19), al igual que καὶ... δέ anteriormente en la oración, vincula los vv. 19 y 21, y con ello (a pešar de las divergencias en los detalles) a la inauguración del antiguo pacto en Éxodo 24. Ὁμοίως puede referirse al uso del agua, la lana escarlata y el hisopo; pero es más probable que sea tautológico con τῷ αἵματι —podría ser tal vez la forma en que un escritor sensible muestra que es consciente del peligro de la monotonía en las referencias a la sangre, por muy esenciales que estas sean para el argumento (Schröger 171s.).

9:22. La necesidad del perdón

La purificación por medio de la sangre bajo la ley mosaica indica que, en el nuevo pacto, también es necesario que se derrame sangre para que el pecado pueda ser perdonado.

Este versículo no es solo una "breve digresión" (Moffatt): constituye una etapa esencial en la transición del primer pacto a la del segundo. La transición es tan suave que existen discrepancias sobre cuáles son sus pasos exactos, especialmente sobre la relación entre el v. 22a (hasta κατὰ τὸν νόμον) y el v. 22b. ¿Se refiere el v. 22b (opción A) solo al antiguo pacto, u (opción B) al antiguo y al nuevo?

Entre los elementos que permiten darle solución a este problema se encuentran:

(1) El v. 22a, al menos, se refiere al antiguo orden κατὰ τὸν νόμον; la duda es si esta frase rige también el v. 22b.

(2) Σχεδόν es casi seguro que tiene que ver con πάντα, y por tanto, no se relaciona gramaticalmente con el v. 22b. En cuanto a la relación entre σχεδόν y πᾶς, cf. Filón, *Op. Mundi* 17; Josefo, *Ant.* 1.18. Σχεδόν puede vincularse con un verbo (LSJ IV.2), pero si se vincula con el verbo καθαρίζεται aquí, el significado resultaría inconveniente ("es casi purificado"), porque choca con el orden de la sintaxis griega (que hace hincapié en τῷ αἵματι colocándola entre σχεδόν y πάντα), y choca con el contexto. Con mucha menos razón debería considerarse que σχεδόν modifica la segunda parte del versículo. A lo sumo podría decirse que si el v. 22b se refiere solo al orden antiguo, la condición establecida en el v. 22a, también puede estar implícita en el v. 22b.

(3) El presente del verbo καθαρίζεται muestra que la referencia ya no es a la inauguración del antiguo pacto, sino a la ley mosaica en su conjunto (haciendo alusión especial, como de costumbre, a sus disposiciones cultuales). La duda es si γίνεται tiene la misma referencia, o si establece un principio aún más amplio, que se aplica también a la muerte de Cristo.

(4) La omisión poco usual de ἁμαρτιῶν después de ἄφεσις (véase más

adelante) sugiere que el v. 22b al menos incluye una referencia al antiguo pacto, que sin duda ofrecía algo (descrito en el v. 10) que podría llamarse ἄφεσις, a saber, la eliminación de la impureza ritual, pero que no podía ocuparse del pecado (voluntario) (cf. 10:4).

(5) El v. 23 se refiere explícitamente a los dos pactos, aunque ahora desde el punto de vista territorial y no temporal, y a modo de contraste, no de comparación.

Una de las exposiciones más convincentes de la opción (A) es la de G. R. Hughes (1979.88s.), para quien el autor no se limita a reafirmar sin reflexión "la convicción veterotestamentaria de que la sangre del sacrificio tiene un poder misterioso y expiatorio". El v. 22b "no es en absoluto un criterio personal suyo, sino una simple observación de lo que ocurría dentro de la antigua dispensación jurídica: *'Bajo la ley....'*" De hecho, según Hughes, el autor "sin duda ha remplazado el sacrificio ritual por el concepto infinitamente más profundo del sacrificio de la voluntad" (cf. 10:4-10). Puede aceptarse que las pruebas que ofrece el contexto inmediato y que se sintetizaron anteriormente, no son decisivas para determinar el alcance del v. 22b, y que Hughes tiene razón para trasladar el análisis al contexto más amplio. Sin embargo, cabe cuestionar si la tendencia general del argumento del autor justifica hablar de un remplazo del propio sacrificio, salvo en el sentido ampliado del "sacrificio de la voluntad". Podrían mencionarse las consideraciones siguientes: (1) El hecho histórico de la muerte de Cristo, no solo su obediencia, es un tema fundamental en Hebreos. (2) Es cierto que en 10:5-10, la palabra clave es σῶμα (vv. 5-10); sin embargo, esto se debe probablemente a que σῶμα aparecía en el texto que usó el autor del Salmo 40:6 (39:7 LXX) (10:5); de todas formas, la idea que transmite incluso σῶμα va más allá de la sumisión interior a la voluntad de Dios. (3) La ofrenda voluntaria que hizo Cristo de su propio cuerpo se describe con términos relacionados con el sacrificio (προσφορά), y se contrasta, no con el sacrificio en sí mismo, sino con los sacrificios de animales del AT (10:8s.). La obediencia es lo que da sentido a la muerte de Cristo, pero la propia muerte es la expresión esencial de la obediencia. (4) Más adelante el autor proseguirá refiriéndose sin inhibición a la muerte de Cristo como un sacrificio de sangre (10:4, 19, 29).

Además de estos problemas con la opción (A), la opción (B) también hace que el v. 22b se entienda mejor dentro del desarrollo de las declaraciones del autor sobre el sacrificio. En 9:10, habló de la forma más positiva que le fue posible acerca de lo que el ritual veterotestamentario podía lograr, y a cierto nivel, 9:22b es un resumen de esto. Sin embargo, hay indicios, en el v. 20 (τοῦτο), y tal vez en otra parte del v. 22 (véase el comentario sobre αἱματεκχυσία más adelante), de que su pensamiento ya está orientándose hacia el sacrificio de Cristo, y no hay nada en el v. 22b que diga que no es así. Procura, no obstante, evitar afirmar que el antiguo culto ofrecía perdón de los *pecados*, en el verdadero sentido de la palabra. Pero en 10:4, 11b, el autor sí declara explícitamente que el antiguo culto, con sus sacrificios de animales, *no* logró el perdón de los pecados. Por tanto, 10:4 es el recíproco negativo de 9:22b, no lo contrario (Michel y Zimmermann 1977.198 discrepan).

Si se considera, entonces (al igual que Attridge, Lane y la mayoría de los comentaristas), que el v. 22b enuncia un principio general, igualmente aplicable, aunque de diferentes maneras (Loewenich 171), tanto al antiguo pacto como al nuevo, hay que preguntarse cómo entendía el autor este principio. Cualquier respuesta que se dé ha de ser tentativa, porque el autor establece el principio como un axioma (Moffatt xlii; Schmitz 1910.291, cf. 285), con la esperanza, al parecer, de que así lo fuera también para sus lectores. (1) Existe un elemento sustitutivo en su pensamiento acerca de la muerte de Cristo (9:25-28; 10:10), pero no hay ninguna razón para intuir en el texto más adelante, las doctrinas desarrolladas de la expiación. (2) La objeción de Héring de que "la muerte de Cristo... no implica, estrictamente hablando, el derramamiento de sangre" es ajena al pensamiento de los escritores neotestamentarios, aun cuando no se tenga en cuenta un texto tan explícito como Juan 19:34. Αἷμα suele usarse con el sentido ampliado de muerte violenta (Mt. 27:25; 23:35; Ro. 3:15), sobre todo la muerte sacrificial (p. ej., Ro. 3:25; 5:9; normalmente en Hebreos). (3) Más convincente es una referencia al principio veterotestamentario que vincula la sangre (y por ende, implícitamente, los sacrificios cruentos) con la vida (Lv. 17:11, 14, ἡ... ψυχὴ πάσης σαρκὸς αἷμα αὐτοῦ ἐστιν; sin embargo, en ninguna parte, ni siquiera en 9:14, el autor relaciona la vida (ψυχή, 4:12; ζωή, 7:3) con la sangre o el sacrificio, y además, el término ψυχή no se usa en Hebreos con referencia a Cristo. (4) Muy poderosa es la declaración de Moffatt (131): "No preguntó por qué un sacrificio así [como el de Cristo], por qué el simple hecho de sacrificarse era esencial. Había sido ordenado por Dios en la Biblia, y eso era suficiente para él". Sin embargo, aún esto no es más que un lado de la verdad. La autoridad de la Escritura, aquí como por lo general en Hebreos, es la contratarte de la autoridad del evento de Cristo. De manera más específica, el culto veterotestamentario alcanza su plenitud cuando señala más allá de sí mismo hacia ese único sacrificio de Cristo del que él es el tipo; y en sentido inverso, el sistema sacrificial del AT (y el sacerdocio asociado a él) es para el autor el mejor medio para expresar la importancia de quien era Cristo y de lo que había hecho.

Σχεδόν (2Mac. 5:2; 3Mac. 5:14, 45; Hch. 13:44; 19:26***). Una purificación por otros medios distintos de la sangre se menciona en Éxodo 19:10; Levítico 15:5-12; 16:26, 28; 22:6 (agua); Números 16:46 (incienso); Números 31:22-24 (fuego y agua). En los versículos anteriores se ha exagerado un poco el papel de la sangre en el AT (vv. 19, 21); con la expresión σχεδὸν... πάντα (vv. 18-22) se hace algo por corregirlo.

Ἐν αἵματι es más general que τῷ αἵματι en el v. 21: la referencia ya no es solamente, ni siquiera principalmente, a la inauguración del primer pacto. La cercanía de τῷ αἵματι es, no obstante, un argumento para considerar que ἐν es una variante estilística con un significado similar al dativo anterior, no con un sentido local, "en la sangre" (Robertson, citado por Lane). Ἐν αἵματι es obviamente instrumental en el v. 25, aunque Lane traduce "llevando consigo".

La tendencia generalizadora continúa con el presente καθαρίζεται, que contrasta con los aoristos anteriores.

Χωρίς: véase 4:15; (οὐ) χωρὶς αἵματος, 9:7, 18.

V. 22b tiene paralelismos estrechos aunque tardíos en el Talmud (*Yoma* 5a, *Men.* 93b, *Zeb.* 6a, con referencia a Lv. 17:11); cf. Stewart 1961.122.

Αἱματεκχυσία***: esta es la primera aparición existente de este término. Los especialistas discrepan en cuanto a si fue acuñado por el autor (Thornton 63-65; Vanhoye 1966b; Williamson 114; N. H. Young 1979); cf. ἔκχυσις αἵματος, 1Re. (3Re.) 18:28; Sir. 27:15, no directamente respecto al sacrificio. Hay muchos textos en el AT que hacen referencia al derramamiento de la sangre ofrecida en sacrificio sobre y alrededor del altar; cf. Éxodo 29:12; Levítico 4:7, 15, 18, 19, 25, 30, 34; 2 Reyes (4Re.) 16:15. Lo más importante es el acto cultual de aplicar la sangre en el altar, y no directamente la matanza de la víctima, pero en el ritual del AT ambas cosas están estrechamente relacionadas, y en la muerte de Cristo coinciden. Aquí posiblemente hay una alusión distante a la tradición eucarística representada en Marcos 14:24‖: τὸ αἷμά μου… τὸ ἐκχυννόμενον ὑπὲρ πολλῶν (v. 20).

Γίνεται no indica solamente una situación: "no hay perdón", sino un acontecimiento: "el perdón to tiene lugar", e implícitamente que "Dios no perdona".

Ἄφεσις (10:18*; ἀφίημι no se usa para referirse al perdón en Hebreos, ni en los escritos de Pablo, salvo en Ro. 4:7 = Sal. 32:1) es un término enfático por la posición que ocupa en la oración, al igual que otras referencias al perdón (10:4, 18) y a su equivalente positivo, el acceso a Dios (10:39; 11:4-9). Ἄφεσις no se emplea en la LXX con respecto al perdón de los pecados, con la posible excepción de Levítico 16:26, que podría, no obstante, aludir al macho cabrío de la expiación que se enviaba al desierto (*TDNT* 1.510-512; Spicq 1982.81-87). Por lo demás, el pasaje que más se acerca al uso neotestamentario se encuentra en Isaías 58:6; 61:1 (= Lc. 4:18), donde el concepto de un año de remisión (Lv. 25:10ss.; Dt. 15:1-11) se amplía y espiritualiza; en estos textos incluso ἄφεσις se usa absolutamente. Esto contrasta con el uso que se le da en el NT, donde ἄφεσις casi siempre es modificado por ἁμαρτιῶν (p. ej., Mr. 1:4‖; Hch. 2:38; cf. Ef. 1:7), o al menos, hay una referencia al pecado fuertemente implícita (Mr. 3:29; Heb. 10:18). En el presente versículo, tal como se sugirió anteriormente, la ausencia de ἁμαρτιῶν resulta llamativa, porque el autor no cree que las instituciones del primer pacto podían resolver verdaderamente el problema del pecado. Johnsson 1973.325-329, seguido por Lane aunque no por Attridge, sugiere las traducciones "eliminación decisiva [de la contaminación]" o "purificación decisiva". Véanse Windisch 77-79; Balthasar.

9:23-28. El sacrificio de Cristo es permanentemente eficaz en el cielo

Como se indicó anteriormente (vv. 18, 22) casi todas las ediciones y los comentaristas conectan el v. 23 con los versículos que siguen, pero Vanhoye y Dussaut lo relacionan con lo que precede (cf. nota sobre la puntuación de UBS⁴). Además, Vanhoye (154) observa puntos de contacto con el vocabulario de 8:3-6; la frase κρείττοσιν θυσίαις hace recordar el "mejor pacto basado en mejores promesas" de 8:6; ὑποδείγματα y ἐπουράνια evocan las palabras de 8:5. Como es frecuente en Hebreos, la transición es tan suave que hay puntos de contacto tanto con lo que precede como con lo que sigue. Entre las consideraciones importantes están las siguientes: (1) Ἀνάγκη οὖν es una expresión enfática que indica una transición y se aplica a ambas mitades del v. 23. (2) El v. 23b, sin embargo, introduce una nota de contraste nueva, aunque subordinada, entre los dos pactos. (3) Καθαρίζεσθαι, junto con καθαρίζεται en el v. 22, parece desempeñarse como un "eslabón" que enlaza dos secciones o párrafos. (4) Se mantiene el tema del sacrificio, común a los vv. 18-22 y 24-28, pero no se hace mención a la sangre, que ocupa un lugar menos destacado en los vv. 24-28 que en los vv. 18-22. (La sangre de Cristo no vuelve a mencionarse hasta 10:19.) (5) Una decisión respecto a la división de párrafos afectará en cierta medida la interpretación de οὖν en el v. 23. Si los vv. 23-28 se toman como una nueva sección, lo más probable es considerar que οὖν se refiere al contexto más amplio; si los vv. 18-23 se agrupan, lo más probable es que οὖν se refiera a lo que le precede inmediatamente. En términos generales, tal vez haya algo más que decir sobre la agrupación del v. 23 con lo que precede, pero la segunda mitad del versículo, sin duda, abre una puerta para la próxima etapa del siguiente argumento.

A partir del v. 23b, el autor presenta un desarrollo típico (3:1-6) en el que las declaraciones positivas acerca del antiguo orden (vv. 18-22) van seguidas de comparaciones o contrastes que muestran la superioridad del nuevo (v. 23), y luego, de declaraciones negativas con respecto al antiguo (10:4). En el v. 23, sin embargo, el proceso recién comienza. Las dos partes del versículo no constituyen los dos términos de un argumento *a fortiori*: ambas mitades aparecen como una única conclusión de lo que precede, y el elemento de comparación o contraste (δὲ... κρείττοσιν... παρὰ ταῦτας), aunque se destaca claramente, está subordinado. Además, si bien el autor le llama a la esfera de la liturgia celestial τὰ ἐπουράνια, ni aquí ni en ningún otro lugar, descarta la liturgia terrenal como τὰ ἐπίγεια (como, p. ej., en Jn. 3:12; 1Co. 15:40; Fil. 2:10): el antiguo orden tiene su valor precisamente como τὰ... ὑποδείγματα τῶν ἐν τοῖς οὐρανοῖς. (Χειροποίητα... ἅγια en el v. 24 es bastante más negativo). Véase Zimmermann 1977.198-202.

9:23. El santuario celestial también exige un sacrificio

Ἀνάγκη es un término lógico y no teológico, como en 7:12, 27, o jurídico, como en la ilustración del testamento (9:16). Sin embargo, la relación con ἀνάγκη en el v. 16 es más que verbal: el tema subyacente en cada caso es la necesidad de una muerte, aunque solo aquí, y no en el v. 16, es la muerte sacrificial.

La fuerza precisa de la lógica depende de la manera en que se interprete la conjunción οὖν. Es prácticamente imposible considerar que se refiere a algo más que los vv. 18-22. De hecho, se relaciona de manera natural con el v. 22b: dado que sin derramamiento de sangre no hay remisión, ambos pactos, el antiguo y (aún más) el nuevo, exigieron un sacrificio para su inauguración.

Si el v. 23 se interpreta principalmente como una deducción lógica, será natural usar verbos en presente "atemporal" en ambas mitades de la oración, como en NEB y NJB; cf. Braun, Attridge. Si se hace hincapié, como en los vv. 19-21, en los acontecimientos históricos en virtud de los cuales se inauguraron los pactos, será natural usar verbos en pasado, como en NRSV, NVI, y REB; cf. Lane. Si se considera que la oración se refiere a ambos órdenes, el antiguo y el nuevo, como períodos de tiempo, el primero básicamente pasado y el segundo continuo (cf. νῦν, v. 24), se usará un verbo en pasado en el v. 23a, y un verbo en presente en el v. 23b, como en TEV (D* 424** Orígenes proporciona un verbo principal con la lectura ἀνάγκη... καθαρίζεται, bajo la influencia del v. 22). El contexto inmediato sugiere la primera opción; el contexto más amplio, tal vez con menos contundencia, sugiere la tercera; la segunda sugiere una etapa ligeramente anterior en el argumento; pero es difícil estar seguro. Ὑποδείγματα (4:11 en un sentido diferente; 8:5 con σκιά [cf. 10:1]; y ἀντίτυπα, como aquí) se contrasta con αὐτά... τὰ ἐπουράνια. La imaginería es de carácter territorial, y contiene elementos platónicos; sin embargo, L. D. Hurst (1983) ha defendido tenazmente que los elementos temporales se hallan presentes incluso en los términos σκιά (boceto preliminar) e ὑπόδειγμα (8:5). Aquí, el término ὑπόδειγμα conserva su fuerza etimológica cuando señala algo que está más allá de sí mismo; la traducción "imitación" (Bauer ET; German *Abbild*) es demasiado negativa. La referencia a las "cosas en el cielo sigue siendo bastante general; aparte de los elementos imprescindibles, a saber, un altar, un sacerdote y un sacrificio, el autor no se preocupa por atribuir ningún significado celestial a los detalles del santuario terrenal (*pace* McRay 6); y, por otra parte, las descripciones de la liturgia celestial (especialmente 12:22-24) deben poco, a no ser por algún contraste incidental, a los paralelismos veterotestamentarios.

Οὐρανός: lo que dice Hebreos con respecto al cielo es imposible de incluir en un solo esquema coherente. Eso se debe, entre otras, a las siguientes razones: (a) es probable que bajo la influencia indirecta del dual hebreo šāmayim, no haya prácticamente ninguna diferencia de significado entre el singular y el plural de οὐρανός (1:10; cf. Mt. 18:18s.; Lc. 11:2). (b) El autor suele adoptar un lenguaje veterotestamentario sin cambios ni comentarios (1:10; 12:26; cf. 8:1). (c) El principal interés del autor, en contraste con Filón, no es la cosmología: las conclusiones acerca de su cosmología tienen que deducirse a partir de las declaraciones implícitas en el texto, y por tanto, son inciertas. No obstante, sí está claro que el autor distinguió entre (i) un cielo o firmamento visible, equivalente a la tierra, creado por Dios (1:10 = Sal. 102:25[101:26 LXX]; Heb. 12:26 = Hag. 2:6), y el lugar de las estrellas (11:12); y (ii) una esfera más elevada que la morada de Dios (12:25), y por consiguiente, del Jesús exaltado (8:1). Este último es "el cielo mismo", de cuya realidad el tabernáculo terrenal no es más que un ἀντίτυπος, y se usa en un contexto en el que se habla de movimiento o cambio. Decir que Jesús "traspasó los cielos" (4:4) podría sugerir movimiento a través del cielo visible hasta la morada del propio Dios; y decir que Jesús ha "sido exaltado sobre los cielos" (7:26) puede implicar lo mismo. La manera en que se explicará la cita de Hageo 2:6 en 12:25-28 sugerirá, sin decirlo claramente, una distinción entre el cielo visible, que es conmovido, y un reino inconmovible, y de hecho, inquebrantable, que pertenece o es idéntico a la morada del propio Dios (así piensa N. H. Young 1973.174; contrástese con Andriessen 1986). El uso del adjetivo ἐπουράνιος en Hebreos (3:1) no suele ser lo bastante específico como para permitir una distinción entre un cielo y otro; pero en 8:5; 9:23; 11:16; 12:22, el adjetivo refuerza el contraste tipológico entre el antiguo pacto y la dispensación cristiana.

Τουτοῖς se refiere al tabernáculo y sus utensilios (v. 21), o con menos probabilidad, a los animales sacrificados (τοῖς ἀλόγοις, Teodoreto). Αὐτὰ τὰ ἐπουράνια es demasiado general para exigir que se interprete como una imagen particular del universo; en cuanto a la cosmología implícita, v. 24, αὐτὸν τὸν οὐρανόν. Se ha especulado mucho acerca de lo que significa que las (cosas o lugares) celestiales sean purificados. Algunas de las sugerencias son las siguientes: (1) se ofrecía un sacrificio por adelantado, como una especie de "inmunización" (Spicq), para evitar que el santuario celestial se contaminara cuando los pecadores entraran en él (Riggenbach). (2) La caída contaminó incluso el santuario celestial. Spicq considera que este punto de vista es "disparatado"; no obstante, Lane lo defendió. No tiene indudablemente ningún punto de contacto con el context o, aunque, tal como señala Michel, el autor puede haber expresado solo una parte de lo que sabía. (3) La purificación del santuario celestial exige la destrucción de Satanás, o de un modo más general, de los poderes sobrenaturales del mal (Aquino; Bleek con vacilación; Héring; Michel). Esto difiere de lo que se lee en 2:14, y aún más en Colosenses 1:20, donde se habla de la reconciliación de los poderes sobrenaturales. (4) La idea de que "las (cosas) celestiales" son el pueblo de Dios o la iglesia militante (Lutero, F. F. Bruce, Montefiore) tiene escaso contacto con el contexto (exceptuando posiblemente la frase ὑπὲρ ἡμῶν, v. 24), resulta difícil también en 8:5, y es respaldada a menudo por medio de referencias a textos fuera de Hebreos, como Efesios 2:2; 1 Pedro 2:5. No cabe duda de que en Hebreos se habla de los cristianos como "casa de Dios" (3:6), y se representa a los creyentes como individuos que participan ya de la adoración del cielo (12:22-24), pero eso no es lo mismo que identificarlos con τὰ ἐπουράνια, y sobre todo sin explicación. (5) Aún más difícil es un desarrollo de (4) que identifica τὰ ἐπουράνια con la humanidad representativa de Cristo (Sabourin 1968.248-255). (6) Attridge desarrolla (4) de manera diferente, y sugiere que "las realidades celestiales o ideales purificadas por el sacrificio de Cristo son simplemente las consciencias de los miembros del nuevo pacto... En Hebreos... el lenguaje de las trascendencia cósmica es, en esencia, una forma de hablar acerca de la interioridad humana" (262). En un nivel menos "definitivo", sin embargo, el significado del lenguaje trascendente sigue siendo desconocido. (7) A partir de Lutero, se ha sugerido de vez en cuando que καθαρίζεσθαι no debería tomarse como parte del v. 23b; pero esto resulta forzado en sí mismo, y deja totalmente inconclusa la cuestión de lo que significa el v. 23b. (8) La explicación que concuerda mejor con el contexto está bien expresada en la siguiente nota de la NJB: "La 'purificación' del santuario, ya sea del terrenal o del celestial, no implica necesariamente algún tipo de "impureza" anterior: es un rito inaugural de consagración" (con ello están de acuerdo Bleek, Spicq, P. E. Hughes; cf. Éx. 29:36; Lv. 8:15; y sobre todo 1Mac. 4:36-59, donde καθαρίσαι τὰ ἅγια [v. 36] se usa conjuntamente con ἐγκαινίσαι [v. 36; cf. vv. 54, 57; ἐγκαινισμός, vv. 56, 59] y ἡγίασαι [v. 48]). El autor sigue pensando en la dedicación de un santuario, y no (todavía) en el perfeccionamiento de los adoradores, como en 9:28; 10:1ss.

Κρείττοσιν θυσίαις παρὰ ταύτας: el lenguaje es elíptico: "Pero [es] necesaria que las cosas celestiales [sean purificadas] con mejores sacrificios que los [del santuario terrenal]". El pensamiento se desliza imperceptiblemente de las ceremonias de inauguración a los sacrificios que constituían una parte esencial de los mismos". El plural θυσίαι, aplicado al nuevo pacto, es genérico (cf. νεκροῖς, v. 17) e impreciso. El autor sigue haciendo comparaciones entre el antiguo orden y el nuevo; aún no ha llegado el momento de comenzar a hacer hincapié, como en el v. 26, en la exclusividad del sacrificio de Cristo.

9:24-26. El ministerio de Cristo en el cielo

La relación de la gramática y el significado entre las distintas partes de esta larga oración no es enteramente cierta. La oración puede dividirse de la siguiente manera:

- v. 24a   οὐ γὰρ ... οὐρανόν
- v. 24b   νῦν ... ἡμῶν
- v. 25a   οὐδ᾽ ... ἑαυτὸν
- (v. 25b   ὥσπερ ... ἀλλοτρίῳ
- v. 26a   ἐπεὶ ... κόσμου)
- v. 26b   νυνὶ δὲ ... πεφανέρωται.

Está claro que el v. 25b está subordinado al v. 25a, y el v. 26a subordinado al v. 25b; los vv. 25b-26a, por tanto, están encerrados entre corchetes como un aparte, y hacen recordar los contrastes anteriores con el sacerdocio veterotestamentario (7:11-25; 8:1-7; 9:1-10, cf. v. 12). El v. 24b es una cláusula de propósito subordinada al v. 24a. Las principales inquietudes giran en torno a la situación del v. 25a y el v. 26b. Es, pues, preferible considerar que el 25a es en general paralelo al v. 24b, y dependiente del v. 24a:

él entró ...
    para presentarse ...
    no para ofrecerse muchas veces....

El v. 26b sintetiza esta etapa del argumento, y cumple una doble función. Desde el punto de vista gramatical, se refiere a la misma situación del v. 24a; pero en lo que respecta al significado, νυνὶ δὲ ἅπαξ contrasta con οὐδ[ὲ]... πολλάκις en el v. 25a, en un nivel gramatical inferior.

Este pasaje también ilustra la facilidad con la que el autor usa diferentes expresiones con el mismo significado, y expresiones similares, incluso dentro de un pasaje corto, con un significado o referencia diferente. En estos versículos, para expresar propósito, el autor se vale del infinitivo ἐμφανισθῆναι y de ἵνα + el subjuntivo; προσφέρῃ πολλάκις en el v. 25 tiene una referencia diferente del v. 26; y eso mismo es cierto con respecto a ἐμφανίζω en el v. 24 y φανερόω v. 26.

9:24. Cristo obra ahora en favor nuestro ante la presencia de Dios

Este versículo se ocupa, en primer lugar, de lo que Cristo hizo y hace, y, en segundo lugar, del entorno cosmológico de su obra, y solo de forma casual, del contraste anterior entre el orden antiguo y el nuevo orden (Fritsch; G. W. McRae; Laub 1980.200-203).

(1) Se considera que la obra de Cristo consta de dos fases distintas: (a) el sacrificio por medio del cual entró inicialmente en el santuario celestial y (b) su actividad presente en ese santuario. La fase (a) se explica en los vv. 25-28 (cf. 10:10, 12, 14, 21), haciendo especial hincapié en la naturaleza del sacrificio de Cristo ofrecido una vez para siempre —una característica ya implícita en el aoristo εἰσῆλθεν. La fase (b), lo que hace Cristo actualmente, se define con menos claridad como (i) esperar el triunfo final (10:33; cf. 12:2), (ii) un sacerdocio (10:21); y (iii) de manera muy clara, aunque no en este pasaje, como un ministerio de intercesión (7:25; cf. Rom. 8:34). Una solución sencilla para la aparente superposición o confusión entre estas dos fases sería separar claramente el *sacrificio* de Cristo ofrecido una vez para siempre de su continuo *sacerdocio* (Davies 1968); pero esas distinciones tan nítidas son ajenas a la forma más sintética de expresión del autor, en la que las dos fases de la obra de Cristo aparecen como complementarias, y por ende, estrechamente vinculadas (p. ej., véase v. 26; 10:12s.). La línea de desarrollo es más fuerte en las declaraciones acerca de lo que Cristo hizo y lo que hace ὑπὲρ ἡμῶν "para eliminar el pecado" (v. 26), "para llevar los pecados de muchos" (v. 28), para posibilitar que los creyentes ofrezcan una verdadera adoración (10:1), y preparándolos para ello (10:10, cf. vv. 14, 22) haciéndolos santos y perfectos.

(2) La cosmología implícita es una combinación y un resumen de lo que se dijo por medio de la imaginería horizontal de 6:19s. y de la imaginería vertical de 8:1s. El autor no repite lo que dijo en el v. 11 acerca del paso de Cristo "a través de" un tabernáculo exterior, o de cualquier división permanente entre el tabernáculo terrenal y el celestial. En el presente versículo, su único interés cosmológico es en el acceso de Cristo al tabernáculo celestial.

(3) El contraste entre el santuario terrenal y el celestial se menciona solo de pasada, porque ya se hizo suficiente hincapié en él en los vv. 1-14. Χειροποίητα, que se destaca por el orden poco usual de las palabras, se usa con el sentido definido en el v. 11. El término no significa "idólatra", sino de manera implícita, hecho por manos humanas y no directamente por Dios; se trata, pues, solo de un equivalente inferior del santuario celestial, lo contrario del τύπος de 8:5 = Éxodo 25:40. Nada de esto se pone de relieve, porque no es nuevo en el argumento, y tampoco es el interés principal del autor en este momento. A pesar de los testimonios que demuestran que en algunos contextos ἀντίτυπος puede tener el sentido temporal de un "patrón o molde preliminar" (Hurst 1983.165-168), el contexto inmediato no está dominado por el contraste temporal de los dos órdenes, sino por el contraste territorial de los dos santuarios. Esto está confirmado por dos hechos, a saber, (1) que no se dice nada del traslado de Cristo de la tierra al cielo, y (ii) que νῦν no contrasta (como en 8:6) con el antiguo orden, sino con el evento pasado de la cruz.

Γάρ introduce un desarrollo del contraste en el v. 23 entre las realidades celestiales y su equivalente terrenal (Johnsson 1978b se opone de manera poco convincente a identificar τὰ ἐπουράνια en el v. 23 con "el cielo mismo" aquí).

Εἰσῆλθεν con respecto a los creyentes, y de manera negativa, a los incrédulos, fue una palabra clave en 3:4-11 en la exposición del Salmo 95:11. En 6:19s., la entrada de Cristo en el santuario celestial estaba estrechamente relacionada con la entrada de los creyentes (cf. también 9:12, 25). Sin embargo, el verbo que normalmente se usa para referirse al acceso de los creyentes bajo la antigua dispensación y bajo la nueva es προσέρχομαι (véase 4:16; cf. ἐγγίζω, 7:19).

Ἅγια: véase 8:2. El plural, que continua con τῶν ἀληθινῶν, no se refiere a las partes individuales de cada santuario.

Χριστός (véase vv. 11, 24), que como de costumbre es enfático, forma una inclusio con el v. 24, pero no se contrasta con nadie más, aunque podría presagiar el contraste con ὁ ἀρχιερεύς. El verdadero contraste aparece en un nivel inferior, y no tiene que ver con Cristo mismo, sino con el santuario en el que él entró, y con el que no entró.

Ἀντίτυπος en 1 Pedro 3:21, la única otra aparición cierta en la Biblia griega, denota el mayor de los dos elementos en una comparación; en el caso que nos ocupa, se trata del menor (cf. 8:5 = Éx. 25:40, donde el τύπος es el modelo que Moisés debía copiar). Cf. Ester 3:13d ℵ A en un sentido diferente; *2 Clem*ente 14:3.

El cambio del plural τὰ ἀληθινά por el singular ὁ οὐρανός (véase 1:10) confirma que el interés del autor aquí no es la relación entre el uno y los muchos, ni las diferentes partes del santuario celestial. El paralelismo con ἅγια no permite tomar τῶν ἀληθινῶν como masculino, como en la traducción de Lutero.

Ni νῦν ni ἐμφανισθῆναι indican un punto en la trayectoria del tiempo; el infinitivo aquí denota propósito (BD §390; cf. §§318, 388; MHT 3.135); νῦν se refiere al período que Cristo inauguró por medio de su sacrificio y exaltación, y se prolonga hasta incluir la propia época del autor. Νῦν, pues, se refiere al mismo período que indica τὸ λοιπόν en 10:13. Con menos probabilidad, νῦν podría tomarse como un "presente eterno", en contraste con las fiestas recurrentes del año litúrgico (Spicq; cf. Cody 1960.195). Ἐμφανίζω no es un término exclusivamente cultual, y se usa ampliamente en relación con las declaraciones oficiales que se hacen ante las personas que ejercen autoridad (Hch. 23:15, 22; 24:1; 25:2, 15), con las apariciones sobrenaturales (Mt. 27:53; Jn. 14:21s.; cf. Éx. 33:18 [13] LXX), o de manera más general, con la entrega de información (Heb. 11:14)**. En el presente versículo, ἐμφανισθῆναι es sinónimo de ὀφθῆναι en Deuteronomio 31:11; Is. 1:12; y especialmente el Salmo 42:2 (41:3 LXX) ὀφθήσομαι ἐνώπιον τῷ προσώπῳτοῦ θεοῦ (cf. Mt. 18:10; Ap. 22:4; frecuente en la LXX), con referencia a los adoradores que comparecen ante la presencia de Dios (cf. ὀφθήσεται con respecto al regreso de Cristo, Heb. 9:28). En Hebreos no se observa claramente ninguna distinción ni contraste entre ἐμφαινίζω y φανερόω (vv. 8, 26). Wescott percibe aquí un énfasis en la apertura de la aparición de Cristo ante Dios. Si esto significa que Cristo compareció simplemente ante el Padre, cabría pensar que no hacía falta decirlo. Si lo que significa es que los creyentes ven a Cristo claramente "ahora", tal como se encuentra en la presencia del Padre, esto, al parecer, no se corresponde ni con el significado natural del griego, ni con la experiencia cristiana.

Ὑπὲρ ἡμῶν: véase 6:20; "a favor vuestro" es quizás deliberadamente general. Cf. 2:9: ὑπὲρ πάντος, se usa en 7:25 con referencia a la intercesión; en todos estos casos el sujeto es Cristo; pero también en 13:17 con respecto a los líderes de la iglesia. La frase es más general que ἀντί, "en lugar de", Hebreos 12:2, 16*. Por tanto, el lenguaje en este punto no denota la idea de sustitución; los versículos siguientes, sin embargo, expresan claramente que por medio de su muerte, Cristo hizo algo que ningún sacerdote veterotestamentario, y mucho menos cualquier otro ser humano, pudo hacer por sí mismo ni por ninguna otra persona. Véanse también Cody 1960.152; Fritsch; L. Goppelt en *TDNT* 8.258 sobre ἀντίτυπα; Laub 1980.200-203.

9:25. El sacrificio de Jesús contrasta con el de los sacerdotes levíticos

El centro de interés se traslada nuevamente del ministerio continuo de Cristo a la ofrenda de sí mismo. El autor escribe οὐδ' ἵνα en lugar de οὐχ' ἵνα porque expresa la cláusula principal en forma negativa. El sacrificio de Cristo contrasta con los sacrificios que se ofrecían bajo el antiguo orden en cuanto al lugar (v. 24a) y al tiempo (v. 25):

Cristo hizo su ofrenda una sola vez. Pero esta idea se entrelaza con otras dos. En primer lugar, el propósito de la entrada de Cristo en el santuario celestial, que se expresa de manera positiva en el v. 24b, se lee ahora en forma negativa —y de un modo más específico, que a su vez, será reformulado positivamente en el v. 26b. En segundo lugar, el autor regresa el contraste, del que ya se habló en el v. 12, entre el sacrificio de Cristo de sí mismo, y la ofrenda de los sacerdotes levíticos, no de su propia sangre sino de sangre de animales. Sin embargo, hay un cambio en el énfasis. En el análisis anterior se hizo hincapié en el acceso limitado a la parte interna del antiguo santuario (v. 7); pero ahora la atención se centra en el carácter repetitivo de las ofrendas anuales (cf. 7:27; 10:11, "diariamente").

Προσφέρῃ: véase 5:11, cf. v. 14; 11:17.

Ἑαυτόν (cf. v. 14) contrasta con ἐν αἵματι ἀλλοτρίῳ, "la sangre de algo o de alguien más", donde el adjetivo implícito ἄλλος es un singular genérico que se refiere a las muchas víctimas animales. Ἐν antes de αἵματι (cf. v. 22; 10:19; 13:20) puede ser un dativo de circunstancias relacionadas o acompañantes (BD §198[2]; MHT 3.241), o un dativo instrumental, "por medio de", al igual que διά en un contexto similar en el v. 12 (así piensa Moule 1971.57; Westcott aparentemente hizo una distinción entre ἐν y διά). El autor da por sentado que la sangre es esencial para tener acceso a Dios (οὐ χωρὶς αἵματος, v. 7), y por ende, para lidiar con el pecado (v. 22b). Por el momento, no se hace hincapié en la idea de la ofrenda voluntaria de Cristo; ese tema se desarrollará en forma detallada en 10:5-10.

Ὥσπερ: véase 4:10, más de cerca 7:27, donde se lee οἱ ἀρχιερεῖς en lugar del genérico singular aquí. El contexto deja bien claro que se trata de los sacerdotes del Antiguo Testamento.

Εἰσέρχεται (cf. εἰσῆλθεν, v. 24) indica la base de comparación con la entrada de Cristo en el cielo, pero con un cambio significativo en el tiempo verbal. El presente puede interpretarse como una acción repetida, o como un "presente" atemporal que se refiere a los testimonios usuales y permanentes del AT. No es seguro concluir a partir del uso del tiempo presente que la liturgia del templo todavía se celebraba en la época en que se escribió Hebreos; y menos seguro aún concluir que esta carta se escribió antes del año 70 d.C. (Introducción, págs. 29-33).

Εἰς τὰ ἅγια: el santuario terrenal en su totalidad, que acaba de describirse como "hecho por hombre"; no solamente su parte exterior o su parte interior. En א[2] *pc* sa[mss] se añade τῶν ἁγίων (cf. v. 3), porque no se dan cuenta de esto.

Κατ' ἐνιαυτόν tiene un sentido distributivo, "año tras año". 10:1, 3**; 1 (3) Reyes 5:11 (25 LXX); 2 Crónicas 27:5 (dos veces); Nehemías 10:32 (v. 33 LXX); Ezequiel 15:4; Zacarías 14:16 en un contexto cultual; 1 Macabeos 8:16; 10:42; 11:34; 13:52; 2 Macabeos 10:8; MM 323; Bauer *s.v.* 1; un griego más natural que ἐνιαυτὸν κατ' ἐνιαυτόν, principalmente en los libros protocanónicos de la LXX (por ejemplo 1 Sa. [1Re.] 1:7; también 1Mac. 4:59); sinónimo de ἐνιαυτὸν ἐξ ἐνιαυτοῦ, Dt. 15:20.

9:26. En realidad, Cristo sí murió, una sola vez, para quitar el pecado

El v. 26a (hasta κόσμου) extrae una consecuencia de la declaración irreal del v. 25. El v. 26b hace una declaración positiva equivalente que se repite con diferentes palabras en el v. 28 para mostrar su importancia.

V. 26 (1) ἅπαξ ... (2) εἰς ἀθέτησιν [τῆς] ἁμαρτίας (3) διὰ τῆς θυσίας αὐτοῦ

V. 28 (1) ἅπαξ ... (2) εἰς τὸ πόλλῶν ἀνενεγκεῖν ἁμαρτίας (3) προσενεχθείς

La comparación entre estas dos declaraciones es instructiva en varios sentidos.

(a) El v. 26a es una cláusula principal, el v. 28 una cláusula subordinada. Esto en sí mismo no significa que la primera afirmación tenga más peso o sea más importante, pero en este caso está introducida por la fuerte expresión νυνὶ δέ, que indica un contraste con el v. 25b y atrae la atención hacia lo que sigue. El contexto inmediato del v. 28 se centra en el futuro más que en el pasado. El contexto más amplio, sin embargo, gira en torno a la muerte de Cristo y no a su regreso. De hecho, no sería exagerado decir que aparte de estas dos afirmaciones, los vv. 26-28 se componen, en gran medida, de corolarios más o menos vagamente relacionados con el tema principal, que se retoma en 10:1.

b) Ἀθέτησις aquí (véase 7:18** con un sentido diferente) y ἀναφέρω en el v. 28 no son precisamente sinónimos, sin embargo, el término poco usual ἀθέτησις, que no se usa en ningún otro pasaje de la Biblia griega junto con ἁμαρτία, puede entenderse mejor en un sentido general, "eliminar, lidiar con", que aparece expresado en otro lugar en el lenguaje de Isaías 53:12. De manera menos convincente, Deissmann 1897.55s., seguido de varios comentaristas (cf. Simpson, citado por F. F. Bruce), observa aquí el sentido jurídico de "anular", y lo contrasta con εἰς βεβαίωσιν en

6:16. Este sentido, sin duda, está presente en 7:18, pero el término en la LXX y en otras partes tiene una variedad más amplia de significados, y una connotación jurídica no se ajusta al contexto teológico aquí. Además, en ningún otro lugar de Hebreos se identifica ni siquiera implícitamente el antiguo pacto con el pecado, como sí lo implicaría un paralelismo estrecho entre 7:18 y el presente versículo. De un modo más positivo, Michel cita las esperanzas mesiánico-sacerdotales expresadas en *Test. Levi* 18:9; *Sal. Sal.* 17:36, 41.

(c) Más allá de que [τῆς] aparezca o no (véase más adelante), ἁμαρτίας aquí tiene que ser un genitivo singular. Cabe la posibilidad de que se haya elegido el singular para expresar la totalidad del pecado eliminado por el único sacrificio de Cristo, pero el uso del plural en el v. 27, seguido inmediatamente por el singular otra vez, hace que cualquier distinción, y sin duda cualquier contraste, entre los dos resulte improbable (1:3; 3:13) (en D* Ag aparece ἁμαρτιῶν, tal vez por asimilación al v. 28a).

(d) Aunque el adverbio ἅπαξ se repite desde el v. 26 hasta el v. 28, el alcance el v. 26 es más amplio. El autor considera primero el evento de Cristo en su totalidad (πεφανέρωται); y luego, en el v. 28, la cruz como un punto en el tiempo (προσενεχθείς). La diferencia, sin embargo, no debe exagerarse: la aparición de Cristo en la encarnación culmina en su sacrificio. "Cristo se manifestó en un sacrificio cultual... y todavía se manifiesta en relación con ese sacrificio cultual" (Swetnam 1968a.233).

(e) Hay una dualidad adicional entre διὰ τῆς θυσίας αὐτοῦ aquí y προσενεχθείς en el v. 28. La frase διὰ τῆς θυσίας αὐτοῦ simplemente significa "por su sacrificio", al igual que en la Vulgata *per hostiam suam* (así piensa Bleek). Sin embargo, el contraste con ἐν αἵματι ἀλλοτρίῳ, y el paralelismo con προσφέρῃ ἑαυτόν en el v. 25, sugiere fuertemente que se le atribuya el significado de "por el sacrificio de sí mismo" (así en NRSV, TEV, REB, NJB, NVI, LBLA, RVR "sacrificándose a sí mismo"). La forma αὐτοῦ en lugar de ἑαυτοῦ es poco probable en el griego helenístico (BD §31[1]), pero αὐτοῦ se usa habitualmente con un sentido reflexivo (BD §283). Esto contrasta obviamente con la forma pasiva προσενεχθείς, cuyo sujeto implícito puede ser Dios (cf. el término repetido παρεδόθη de Is. 53:12). Sin embargo, en Hebreos nunca se dice explícitamente que Dios sea el que hace o causa el sacrificio de Cristo, porque eso, de hecho, chocaría con la presentación que hace el autor de Cristo como sacrificio y sumo sacerdote. A la luz de 10:5ss., es mejor pensar que Cristo se ofreció a sí mismo en sumisión a la voluntad de Dios.

El pasaje paralelo más cercano al v. 26 es 1 Pedro 1:20. Es posible que ambos textos se basen en una tradición común. Cf. también la formulación primitiva de 1 Timoteo 3:16, ἐφανερώθη ἐν σαρκί.

Ἐπεί (véase 2:14) le da paso a una consecuencia; pero al igual que en 10:2, la consecuencia de una declaración negativa es una situación irreal; el significado es, por tanto, "si así fuera", lo cual implica "pero no lo es"; más simplemente, "de otra manera" (10:2, NRSV, RVR). Esto está confirmado por el uso del imperfecto ἔδει (2:1); en griego helenístico sin ἄν; cf. 1 Corintios 5:10; 2 Corintios 12:1 (BD §358[1]; MHT 3.90; Moule 1959.249).

Πολλάκις es un término que ya se usó en el v. 25 como lo más importante de la consecuencia extraída de la declaración anterior. Παθεῖν, como es habitual en Hebreos (2:18), implica "morir" (ἀποθανεῖν 1908 *pc* sa es una glosa correcta).

Hasta ahora, el v. 26 ha dicho lo mismo que el v. 25a. Las palabras que siguen, ἀπὸ καταβολῆς κόσμου, aunque en sí mismas no son enfáticas, abren una perspectiva temporal más amplia que se complementa con ἐπὶ συντελείᾳ τῶν αἰώνων en el v. 26b, y de manera menos directa, con la referencia al futuro del v. 28b. Esto da testimonio, en primer lugar, del alcance universal de la obra de Cristo (que implícitamente es más antigua, y por ende, mayor que cualquier institución levítica); y en segundo lugar, de la convicción cristiana primitiva de que la venida de Cristo, y sobre todo su muerte, habían inaugurado los días postreros (Hch. 2:17 = Jl. 3:1; cf. Heb. 1:2). Ἀπὸ καταβολῆς κόσμου es una frase hecha (véase 4:3), sin duda equivalente a "desde los albores de la historia humana" (Guthrie), con la salvedad de que el autor no distingue entre la creación del universo y la de la raza humana. Igualmente, tampoco hace referencia a lo que sucedió πρὸ καταβολῆς κόσμου (Jn. 17:24; Ef. 1:4; 1Pe. 1:20). Su insistencia en el hecho de que la muerte de Cristo ocurrió ἅπαξ también excluye cualquier sugerencia de lo que pudo haber tenido lugar, incluso en la esfera celestial, desde toda la eternidad (como tal vez Apocalipsis 13:8).

Νυνὶ δέ (v. 24, νῦν), "pero de hecho" (NEB, cf. Lane), "en cambio" (TEV) (cf. 1Co. 15:20) cumple principalmente la función de establecer un contraste con la situación irreal descrita en los vv. 25-26a. No obstante, también está latente un contraste temporal, como sugiere la frase "pero la realidad es" (NRSV, NJB; REB). La frase "pero ahora" de la LBLA no le hace justicia al contraste lógico que es el objetivo principal de la oración. El autor considera que él mismo y sus lectores están viviendo en el período inaugurado por la venida de Cristo: el aspecto temporal de νυνί es confirmado por tiempo perfecto de πεφανέρωται.

El autor ni siquiera tiene en cuenta la posibilidad de un segundo sacrificio de Cristo en el futuro; desea, probablemente, que el tiempo de espera sea corto. Moffatt cree que para el autor, "el único sacrificio de Cristo es (fue) eficaz para todo pecado, pasado y también presente y futuro". No hay duda respecto a los pecados pasados, pero el autor, al parecer, no resolvió —y tal vez no planteó— la cuestión de la eficacia del sacrificio de Cristo respecto a los pecados futuros (10:26).

Ἅπαξ (6:4); véase lo que se dijo antes y el comentario sobre el v. 28.

Ἐπὶ συντελείᾳ τῶν αἰώνων: no hay ningún paralelismo exacto en la Biblia griega. La expresión tiene un sentido local ampliado: "al fin de los siglos" (Moule 50), indistinguible de ἐν τῇ συντελείᾳ τῶν αἰώνων [en el fin del siglo] en Mateo 13:40, 49, y comporta un peso mayor que el de la simple frase τὸ τέλος (6:8); cf. τὰ τέλη τῶν αἰώνων, 1 Corintios 10:11. El momento de la venida de Cristo, que se extiende hasta incluir la época del autor, es también el tiempo del fin (cf. ἐπὶ τῇ συντελείᾳ τῶν αἰώνων, *Test. Levi* 10:2; ἕως συντελείας τοῦ αἰῶνος, *Test. Benj.* 11:3). Συντέλεια en la LXX aparece con frecuencia en Daniel, por ejemplo, κατὰ συντέλειαν καιρῶν, 9:27; 12:7, ἕως καιροῦ συντελείας τοῦ αἰῶνος; cf. 12:13, εἰς συντέλειαν ἡμερῶν; por lo demás, en el NT se usa solo en Mateo y en la expresión συντέλεια [τοῦ] αἰῶνος (Mt. 13:39s., 49; 24:3; 28:20**; cf. Dt. 11:12; 2Cr. 24:23; MM). En cuanto a αἰών como "mundo" y como "era/edad", 1:2; aquí el paralelismo con ἀπὸ καταβολῆς κόσμου sugiere que ambos significados están presentes, aunque el aspecto temporal predomina.

[Τῆς] ἁμαρτίας: el tema del pecado y el perdón estará siempre presente desde ahora hasta el final del capítulo 10, mientras que las apariciones anteriores de ἁμαρτία han sido incidentales (3:13; 5:1, 3) o aisladas (1:3; 2:17; 7:27; 8:12 = Jer. 31:34). Las pruebas externas se muestran un tanto a favor de la inclusión del artículo, junto con ℵ A D² I P 33 81 104 365 630 *pc*, en contra de 𝔓²⁶ C Ψ y el texto mayoritario; de lo contrario, puede haber sido eliminado por asimilación a 10:2ss., o menos probablemente porque no hay ninguna referencia inmediatamente anterior al pecado. En D* se lee ἁμαρτιῶν.

En cuanto a διὰ τῆς θυσίας αὐτοῦ, véanse los comentarios anteriores; la misma declaración se repetirá de un modo más enfático en 10:12.

Πεφανέρωται hace recordar el v. 8*, tal vez más que verbalmente, porque la aparición de Cristo posibilita el acceso de los creyentes a Dios. El contexto exige una referencia a la aparición de Cristo en la tierra por el bien de la humanidad, y no a su aparición en el cielo (que ya se mencionó en el v. 24). El lenguaje da por sentada la preexistencia de Cristo. Véase Hegermann 1961.121.

Véanse G. Delling en *TDNT* 8.66; Feuillet 1964.24s.; Swetnam 1968a, b; Loader 1981.54s.; Zimmermann 1977.201.

9:27. Después de la muerte viene el juicio

El evento de Cristo tiene analogías en la experiencia humana, pero son remotas. El hilo principal del argumento se extiende desde el v. 26b hasta el v. 28. Al igual que en 6:16, 7:8, ἄνθρωπος señala una referencia secundaria a la vida humana en general, aunque esto nunca se tiene en cuenta en contextos puramente seculares. Las analogías entre los vv. 27 y 28 se limitan a declaraciones acerca de la muerte, como algo que ocurre una vez para siempre, y lo que sucede después. Sin embargo, el v. 27 no es irrelevante: καθ' ὅσον (3:3; 7:20**; cf. ἐφ' ὅσον, Mt. 25:40, 45; Ro. 11:13) no solo sugiere una comparación, sino también una razón: la situación de Cristo y la de los seres humanos —que son como los lectores de Hebreos— son comparables, pero además, están relacionadas. Por un lado, los lectores se enfrentan a la muerte y al juicio que el pecado vincula con la muerte (Ro. 3:23; 5:12); por otro lado, tal y como mostrará el v. 28, la muerte de Jesús se relaciona con la salvación de la humanidad.

Ἀπόκειμαι, "guardar, reservar", de manera literal en Lucas 19:20; más frecuentemente con una referencia temporal escatológica, como aquí, en Colosenses 1:5; 2 Timoteo 4:8; cf. Génesis 49:10; Job 38:23; 2 Macabeos 12:45; especialmente 4 Macabeos. 8:11***, con respecto a la muerte. Aquí, como ocurre a menudo, se sobrentiende una acción por parte de Dios. No hay nada que sugiera que la idea de un tesoro de méritos (Buchanan) está siquiera implícita: lo que está reservado es simplemente la muerte y el juicio.

Τοῖς ἀνθρώποις es una frase bastante general: Jesús comparte la condición humana (2:14; 4:15), incluyendo la muerte (5:3).

Ἅπαξ es el punto más claro de comparación entre los vv. 27 y 28. La comparación, empero, no se desarrolla; es más, tampoco se expresa el contraste entre la muerte involuntaria de los seres humanos y el sacrificio voluntario que hizo Cristo de sí mismo. El hecho general de la muerte que experimentan los seres humanos de una vez por todas es el término menor en comparación con el evento mayor del único sacrificio de Cristo. Las referencias a individuos que han muerto más de una vez (p. ej., Lázaro, cf. Heb. 11:34), o que escapan por completo de la muerte (p. ej., Enoc, Heb. 11:5; cf. 1Co. 15:52; 1Ts. 4:15-17) no despiertan el interés del autor en este momento.

Ἀποθανεῖν: es posible que aquí se haga referencia a Génesis 3:19, aunque la fraseología es diferente. La universalidad de la muerte es un tema común en las tradiciones judía y griega (Sir. 14:12; Sóf. *El.* 1172s.; Braun; 7:8), pero las palabras que siguen tienen un tono característicamente bíblico.

Μετὰ … τοῦτο deja enteramente a nuestro criterio concluir si el juicio sigue o no inmediatamente a la muerte. El paralelismo con ὀφθήσεται en el v. 28 hace pensar en una conexión entre el juicio y el regreso de Cristo, pero el v. 26 sugiere que el autor creía que él y sus lectores estaban viviendo ya en los últimos tiempos.

Κρίσις (10:30; 13:4; cf. 2:3; 4:1, 13; 6:2) en este contexto es una experiencIa humana universal, y por tanto, no sugiere ningún resultado ni positivo y ni negativo.

9:28. Cristo volverá

El propósito del regreso de Cristo es llevar a cabo la salvación final de los que le aguardan expectantes. La enseñanza es tradicional (Zimmermann 1977.201).

Este versículo cumple una doble función: por una parte, completa la comparación con la situación humana tal como se describe en el v. 27; por otra parte, subraya de nuevo lo que se dijo acerca de la obra de Cristo en el v. 26b y sigue adelante con ese tema. La segunda función es más importante para el desarrollo general del argumento.

Οὕτως καί reanuda lo que comenzó con καθ' ὅσον en el v. 27. La comparación entre Cristo y otros seres humanos se refuerza con el participio pasivo προσενεχθείς. Desde un punto de vista, su muerte fue un acto de sumisión a la voluntad y al propósito de Dios, y en este respecto es un ejemplo para los demás. El agente implícito es Dios; es posible que ya aquí, como sin duda más adelante en este versículo, el autor esté pensado en el pasaje de Isaías 53 en la LXX: v. 6, κύριος παρέδωκεν αὐτὸν ταῖς ἁμαρτίαις ἡμῶν; cf. v. 12, διὰ τὰς ἁμαρτίας αὐτῶν παρεδόθη. En otros lugares, sin embargo, el autor destaca repetidamente que la sumisión de Jesús fue una ofrenda voluntaria: v. 25, προσφέρῃ ἑαυτόν; cf. 5:7 y sobre todo 10:7-10. El cambio del punto de vista activo por el pasivo fue cuidadosamente preparado por las expresiones neutras παθεῖν y πεφανέρωται en el v. 26. Una vez más (cf. vv. 11, 14, 24, 3:6) el autor subraya que fue en calidad de Mesías que Jesús murió por el pueblo de Dios.

Ἅπαξ establece un vínculo con los vv. 26b, 27 y un contraste con ἐκ δευτέρου, acerca de lo cual véase más adelante.

Εἰς τὸ πολλῶν ἀνενεγκεῖν ἁμαρτίας es una alusión verbal a Isaías 53:12 LXX, αὐτὸς ἁμαρτίας πολλῶν ἀνήνεγκε; cf. vv. 4, 11. En el v. 12 el verbo hebreo es *nāśā'*, "quitar, eliminar"; en el v. 11, *qābal*, "llevar". Ἀναφέρω no significa "quitar", y el contexto no exige esa acepción aquí, sino más bien "llevar sobre sí, cargar" (cf. 1Pe. 2:24; *1Clem.* 16:12, 14; Bauer 3; K. Weiss en *TDNT* 9.60s.; Spicq 1978.91-93; MM). Εἰς significa "en este respecto" (Bauer 5). Ἀνενεγκεῖν hace recordar προσενεχθείς: se usa en otros pasajes de Hebreos para referirse a los sacrificios veterotestamentarios (7:27a), al sacrificio de Cristo (7:27b) y al sacrificio de alabanza que ofrecen los lectores (13:15).

La referencia a los "muchos" no debe considerarse (tal y como pensaba Crisóstomo) que limita los efectos del sacrificio de Cristo a los que lo aceptan por fe. El contraste implícito, al igual que en Isaías 52:12; Hebreos 2:10; Marcos 10:45; 14:24‖, es más bien entre el único sacrificio y el gran número de los que se benefician de él. "Él dice los pecados de *muchos*, o sea, de todos, como en Romanos 5:15" (Calvino). No hay ningún punto de comparación con el v. 27: para Cristo, y también para los demás, existe algo después de la muerte. Es, sin embargo, más importante la información nueva, que implica un contraste con lo anterior. A pesar de la insistencia del autor hasta ahora en la naturaleza singular del sacrificio que Cristo ofreció una vez para siempre, él cree que Cristo aparecerá por segunda vez; pero su regreso, a diferencia de su primera venida, no tendrá nada que ver con la expiación por el pecado. Este es el único significado posible de la lacónica frase χωρὶς ἁμαρτίας: el autor ya hizo hincapié (4:15) en la impecabilidad de Jesús durante su encarnación, por tanto, este no puede ser un elemento de contraste con su regreso.

Este versículo, más que ningún otro en el NT, aborda más de cerca el tema de la "segunda venida" de Cristo. Esa misma idea la expresan en otros lugares los sustantivos (y verbos relacionados) παρουσία (p. ej., Mt. 24:3; 1Ts. 2:8; 3:13; 4:15; 5:23), ἀποκάλυψις (p. ej., 1Pe. 1:7, 13), y ἐπιφανεία (p. ej., 1Ts. 2:8; 1Ti. 6:14), ninguno de los cuales se usa en Hebreos. Aquí, ὀφθήσεται señala el cumplimiento de la esperanza del triunfo final de Cristo, que aún no se ha hecho realidad (2:8; cf. 12:14).

Ἀπεκδέχομαι* no se usa en la LXX, pero sí en Filipenses 3:20 para referirse a la anciosa expectativa del regreso de Cristo; y en otros lugares (Ro. 8:19, 23; 1Co. 1:7; Gá. 5:5) con respecto al cumplimiento de los propósitos de Dios para su pueblo. Al igual que aquí, ambos pensamientos están estrechamente relacionados. Hebreos expresa en otros pasajes ideas similares hablando de esperanza (3:6) y de paciencia (véase 10:32), que a menudo se emplea en la LXX para describir la manera en que debemos esperar a Dios (p. ej., Sal. 40[39 LXX]:1; Is. 25:9; 26:8; 33:2).

La construcción del final del versículo no es muy segura. No es imposible combinar εἰς σωτηρίαν con ἀπεκδεχομένοις, en el sentido de que el pueblo de Dios está esperando la salvación de Dios (así opina Bengel); pero la fraseología en ese caso resultaría incómoda, es por eso que casi todos los exégetas modernos combinan εἰς σωτηρίαν con ὀφθήσεται, para indicar que la manifestación visible de Cristo dará lugar a la salvación final de los creyentes (cf. Ro. 10:10, ὁμολογεῖν εἰς σωτηρίαν). Los copistas que combinaron εἰς σωτηρίαν con ἀπεκδεχομένοις insertaron διὰ (τῆς 1611 2005) antes (36 68 min. arm) o después (A P 1245 1898 si[h]) de εἰς σωτηρίαν, tal vez bajo la influencia de 2 Timoteo 3:15. Ἀπεκδεχομένοις aquí se reflejará por medio de ἐκδεχόμενος en 10:13, con referencia a la espera del propio Cristo (cf. 11:10).

Σωτηρία: 1:14. La salvación, al igual que la esperanza y la herencia de salvación, es un don que se le concede al creyente en forma anticipada en este tiempo, pero aguarda su cumplimiento final. El término σωτηρίαν es enfático por la posición que ocupa en la oración. No volverá a repetirse, salvo en un sentido material en 11:7; sin embargo, toda la sección que sigue hará referencia a la salvación como la eliminación del pecado por medio del cumplimiento cabal de la voluntad de Dios por parte de Cristo. En A P 81 2495 *pc* se lee εἰς σωτηρίαν διὰ πίστεως (cf. 2Ti. 3:15), mientras que en 69 *pc* aparece διὰ πίστεως εἰς σωτηρίαν. El tema de la fe (4:2) no ocupará ningún lugar destacado en Hebreos hasta 10:22. Véase Hooker 123s.

SANTIFICADOS POR MEDIO DEL ÚNICO SACRIFICIO DE CRISTO (10:1-18)

Vanhoye 162-171, 268 define este pasaje como la tercera y última sección de la división central de Hebreos, y Dussaut 83-91, de manera similar, lo identifica como la novena de catorce secciones. Ambos también están de acuerdo en cuanto a que hay divisiones de párrafos después de los vv. 3, 10 y 14, aunque Dussaut trata los dos párrafos del centro como un solo segmento. El texto de la UBS, sin embargo, le da inicio al segundo párrafo en el v. 5; la NA no señala ninguna división después de los vv. 3 y 11 y solo una pausa de escasa importancia después del v. 4. Nosotros seguiremos el texto de la UBS, por las razones aducidas en los comentarios sobre el v. 4, para distinguir cuatro párrafos:

vv. 1-4	la impotencia de la ley
5-10	la ofrenda voluntaria de Cristo
11-14	dos tipos de sacerdotes
15-18	la confirmación de la escritura.

Así piensa Andriessen 1972b; véase la nota sobre la puntuación de la UBS[4].

En 9:26-28 se dejó escuchar una nota escatológica. Esto se refleja de manera vaga en la referencia a los "bienes venideros" (10:1). En la sección en su conjunto, sin embargo, la atención se desplaza a la escatología realizada, es decir, a los efectos actuales del sacrificio de Cristo en las vidas de los creyentes, sobre todo en la purificación de sus pecados. La nota escatológica volverá a escucharse en el pasaje parenético que sigue, sobre todo en el v. 25 y la advertencia que viene a continuación, y en el llamado a la perseverancia en los vv. 36-39. La presente sección concluye la parte doctrinal más larga y más importante de Hebreos, pero la preocupación pastoral del autor se abre paso en el v. 10 con las palabras preñadas "por la cual hemos sido santificados".

De los cuatro párrafos, los primeros tres forman un tríptico en el que los vv. 5-10, que contienen la enseñanza nueva, ocupan con toda razón el lugar central, mientras que los vv. 15-18 les recuerdan a los lectores la base bíblica de todo el argumento desde 8:1, la cual se cita en su totalidad en 8:8-12. El patrón podría exponerse de la siguiente manera:

1.	La ley es débil, tanto formal	v. 1a
	y sustancialmente.	1b
	De otra manera … (hipótesis negativa).	2
	Pero de hecho … (declaración positiva).	3
	No los sacrificios de animales (conclusión negativa).4	
2.	Jesús dice, en las palabras del Salmo 40,	5
	no los sacrificios de animales,	vv. 5b-6
	sino hacer la voluntad de Dios.	v. 7
	Esto implica: no los sacrificios del AT,	8
	sino el sacrificio de Cristo.	9a
	El nuevo sacrificio remplaza el antiguo, (forma)	9b
	y nos santifica a los que creemos (sustancia).	10
3.	Por tanto, el culto antiguo es impotente, (vv. 1-4)	11
	pero el sacrificio de Cristo es eficaz	(vv. 5-10)
	como lo confirma el Salmo 110:1.	vv. 12-13
	Conclusión positiva de vv. 1-13.	v. 14
4.	La confirmación biblica de todo el argumento.	15

Existen ciertos vínculos entre esta sección y la anterior: Vanhoye señala σκιά, cf. 8:5; la ley, cf. 8:4; 9:19, 22; los bienes venideros, cf. 9:11; los sacrificios anuales, cf. 9:25. Sin embargo, puede observarse un regreso un tanto inesperado (Vanhoye 268) al tema de la insuficiencia del antiguo culto, que establece un marcado contraste con lo que se dijo en sentido positivo en los vv. 5-10 con respecto al sacrificio de sí mismo que ofreció Cristo.

El pasajes completo está impregnado de las Escrituras, un pasaje arroja luz sobre el otro (Asmussen 93s.). La interpretación del Salmo 40:6-8 a la luz de la cruz (vv. 5-10) conduce a una renovada referencia a la exaltación de Cristo en el lenguaje del Salmo 110:1 (vv. 12s.), mientras que los vv. 16s. repiten la cita de Jeremías 31:33s. para recalcar una vez más que el resultado de la obra de Cristo es el perdón de los pecados de los creyentes y el remplazo de cualquier otro sacrificio. Todo el pasaje (vv. 1-18) ofrece un resumen de la principal enseñanza de la epístola.

La ley, como es habitual en este pasaje (7:5), se entiende en su aspecto cultual. El culto, sin embargo, no es un fin en sí mismo: se relaciona con el propósito de salvación (9:28), que no se cumplió bajo el antiguo pacto, y se interpreta como el perfeccionamiento (10:1), la purificación (10:2) o el perdón de los pecados (10:18).

Tal como cabría esperar en una sección en gran medida recapitulativa, hay una serie de declaraciones generales que expresan conclusiones en tiempo presente. Podrían entenderse mejor como gnómicas o atemporales: sin duda, los vv. 4, 14, y probablemente la mayoría, por no decir todos, los presentes en los vv. 1-3. Dado que el autor no parece tener conocimiento de la existencia de un culto contemporáneo ni muestra ningún interés por él, es mucho menos probable que los vv. 1-3 se refieran a la continuidad del sacrificio en Jerusalén en la época en que escribió. Sin embargo, aun en el caso de que fuera así, esto no exigiría absolutamente asignarle una fecha a la epístola anterior al año 70 d.C., porque hay algunos testimonios de sacrificios que se ofrecieron después de la caída de Jerusalén. En conjunto, no obstante, es mejor tomar los vv. 1-4 en un sentido general.

Véanse Stylanopoulos; Baarlink 85; Zimmermann 1977.116-125; Vanhoye 1980.236-247; Loader 1981.171s.; S-B 3.702-704.

10:1. La ley solo ofrece una sombra ineficaz de la realidad

Esta declaración tal vez habría sido impugnada por los lectores judíos antes que se hicieran cristianos (véase 8:5, τύπος). En esta etapa de Hebreos, sin embargo, el autor ya ha sentado una base sólida para afirmar la inferioridad del estatus del antiguo pacto y sus instituciones.

En el texto de NA, hay un contraste simple entre los dos términos σκιάν (enfático aquí por su posición) e εἰκόνα; εἰκών (al igual que σῶμα en Col. 2:17) y αὐτὰ... τὰ ἐπουράνια (en Heb. 9:23) constituyen la realidad verdadera o mayor (cf. 8:6), y σκιά (al igual que ὑπόδειγμα en 8:5; cf. 9:23) la menor. La Peshita traduce el término εἰκών como "sustancia", Crisóstomo lo parafrasea como ἀλήθεια, y Lutero lo traduce "esencia" *(Wesen)*. Σκιά se contrasta con la realidad en Filón, *Sacr.* 3.102; *Plant.* 27; *Post. Caini* 112; *Migr. Abr.* 12; *Somn.* 1.206; cf. Barrett 386.

Resulta demasiado sutil ver aquí una comparación de tres términos entre (a) la sombra veterotestamentaria, (b) la imagen de las realidades celestiales que los cristianos disfrutan en la tierra y (c) las propias realidades celestiales (así piensan, según Spicq, Teodoreto, Gregorio de Nacianceno, Ecumenio, Aquino; en los tiempos modernos Westcott, Peake, Moffatt; cf. Käsemann 62).

En el uso griego más antiguo, σκιά y εἰκών eran sinónimos y se referían a una realidad inferior: aún en Filón, tanto εἰκών (*Abr.* 3) como σκιά (*Somn.* 1.206) se contrastan con ἀρχητύπος.

Sin embargo, Filón, al igual que el autor de Hebreos, podía contrastar los dos términos, siendo εἰκών el mayor (*Somn.* 1.7; *Leg. All.* 3.96). La duda en cuanto a si el término σκιά, en cualquier caso, metafórico y enfático, es principalmente temporal ("presagiando") o territorial ("sombra") solo puede decidirlo el contexto (8:5). Crisóstomo, seguido por Westcott, contrastó el boceto tosco de un artista con la pintura a todo color (posteriormente) terminada. Cf. Eltester 24s., 130-166; Jervell; Spicq 1982.202-210. El elemento temporal se destaca a lo largo del pasajes, y el uso del término πράγματα no podría ser una forma más general de referirse a la realidad de la que la ley es una σκιά. No obstante, el elemento territorial no debe excluirse por completo, porque el contraste subyacente, tal como 8:5 y 9:23 dejan bien claro, es entre las realidades terrenales y las celestiales. El copista de 𝔓⁴⁶ consideró, al parecer, que σκιά y εἰκών eran sinónimos, y cortó el nudo remplazando οὐκ αὐτήν por καί. Sin embargo, la interpretación de σκιά y εἰκών como sinónimos les creó problemas también a otros escribas: en 69 se lee οὐ κατά, y en 1908 si^p se lee οὐκ αὐτῶν. La diversidad de estas soluciones aumenta la confianza en la lectura οὐκ αὐτήν. Hoskier 30, seguido con algunas reservas por Beare 387, defiende la lectura de 𝔓⁴⁶, y cuenta con el apoyo de Cantalamessa y Sen; contrástese con Zuntz 20-23; Tasker 1954-55.183s.; Metzger 669; Braun, Attridge, Lane. El problema gramatical no se resuelve con la conjetura de Hort, poco probable en sí misma, κατ' ἐνιαυτὸν τὰς αὐτὰς θυσίας προσφέρουσιν, αἳ εἰς τὸ διηνεκὲς οὐδέποτε δύνανται τοὺς προσερχομένους τελειῶσαι.

La interpretación de este versículo también se ve afectada si la forma verbal es singular (δύναται) o plural (δύνανται). (1) Las pruebas externas son un tanto más fuertes para δύνανται (ℵ A C D¹ P 075^sup 33 81 104 256 263 424* 436 459 614 1241 1319 1573 1912 2127 2495 *pm* a b z* vg^ms si) que para δύναται (𝔓⁴⁶ D*,² H K L^s Ψ 0150 88 181 326 365 424^c 629 1739 1852 1881 1962 2200 *pm*), pero no de manera decisiva. (2) Δύνανται hace de la frase (gramaticalmente) incorrecta ἐχὼν ὁ νόμος un participio colgante (MHT 1.225). Este hecho es difícil de evaluar. Por una parte, se alega que el autor de Hebreos suele ser cuidadoso con respecto a estos asuntos, y no hay nada en la epístola que se iguale a este error; pero ese argumento ex silentio no es sólido cuando se trata de un solo escrito. Si la forma verbal δύναται fuera correcta, δύνανται podría derivarse de una asimilación al plural προσφέρουσιν. Por otra parte, el solecismo haría de δύνανται la lectura más difícil, que probablemente se corrigió y cambió por δύναται. (3) Existe una analogía bastante estrecha entre esta declaración inicial y la recapitulación de esta parte del argumento en el v. 11 (véase la introducción a esta sección):

v. 1	v. 11
κατ' ἐνιαυτὸν	1 καθ' ἡμέραν ...
ταῖς αὐταῖς θυσίαις	2, 5 τὰς αὐτὰς ... θυσίας
ἃς προσφέρουσιν	4 προσφέρων
εἰς τὸ διηνεκὲς	3 πολλάκις
οὐδέποτε δύνα[ν]ται	6 αἵτινες οὐδέποτε δύνανται
τοὺςπροσερχο μένους τελειῶσαι	7 περιελεῖν ἁμαρτίας.

Este testimonio no es decisivo, porque algún copista pudo haber escrito δύνανται en el v. 1 por asimilación al v. 11, y el paralelismo seguiría siendo estrecho si se usara la forma verbal en singular. Sí proporciona cierta evidencia en favor de la lectura δύνανται, que es mejor tomarlo como un plural impersonal (MHT 1.58f., 2.447s., 3.292s.) y no como una referencia implícita a los sacerdotes. Tal vez el escritor olvidó que el sujeto era singular, después de las complicaciones introducidas por la cláusula relativa, o bien (como creen Metzger 669 "tras cierta vacilación", Braun "probablemente", Attridge "más probablemente" y Lane "que se trata de un error primitivo") δύνανται es una modificación hecha por un copista bajo la influencia del plural anterior προσφέρουσιν.

Respecto a νόμος, véase 7:5 y la introducción a esta sección.

Si, como se sugirió en esa introducción, los tiempos presentes deben considerarse atemporales, τῶν μελλόντων ἀγαθῶν significará, de una manera igualmente indefinida, "que aún no se habían hecho realidad dentro del antiguo orden que ahora se describe". El contraste con τῶν γενομένων ἀγαθῶν en 9:11 es, pues, un contraste de opinión y no de sustancia: 9:11s., a diferencia del presente pasaje, se ocupa del evento pasado de la obra de Cristo como sumo sacerdote.

Existen discrepancias en cuanto a si εἰς τὸ διηνεκές debe combinarse (1) con προσφέρουσιν (Bleek, Riggenbach [citando padres griegos, algunas versiones siriacas y latinas], Spicq, Moffatt, Héring, Buchanan, P. E. Hughes, Braun, Attridge y Lane; NRSV, TEV, NIV, TOB, NJB, REB, RVR, LBLA, NBLA, también las traducciones al idioma común francés, alemán, griego e italiano) o (2) con τελειῶσαι (etíope, Westcott, Peake, Michel, Montefiore, Morris, NEB, DuCL). En el v. 14, εἰς τὸ διηνεκές se relaciona con τετελείωκεν, apoyando la opción (2) aquí. (2) exige que la frase tenga un significado diferente, "continuamente", que no está confirmado en otra parte de la Biblia griega, pero el estilo del autor es tan flexible que puede permitirlo; en forma paralela Bauer cita a Hipócrates, *Ep.* 17.44, y διηνεκῶς tiene este significado en Ester 3:13d; 3 Macabeos 3:22. Westcott alegó que εἰς τὸ διηνεκές describe "una acción que produce un resultado permanente"; pero este significado se deriva, al menos en parte, del contexto. (En Sal. 48:14[47:15 LXX]; 89[88 LXX]:30, Símaco usa la frase εἰς τὸ διηνεκές como equivalente de εἰς τὸν αἰῶνα τοῦ αἰῶνος, sin hacer referencia a ninguna acción inicial). Los principales argumentos en favor de (1) son que εἰς τὸ διηνεκές sigue inmediatamente a προσφέρουσιν, y (2) que εἰς τὸ διηνεκές pudiera reforzar la frase κατ' ἐνιαυτόν, del mismo modo que en el in v. 11 (véase supra) πολλάκις refuerza la expresión καθ' ἡμέραν.

Aquí, al igual que en otros lugares, y a diferencia de lo que ocurre en Colosenses 2:17, νόμος se refiere principalmente al aspecto cultual de la ley.

La estructura de la oración sugiere enérgicamente que τῶν μελλόντων ἀγαθῶν hace alusión a la misma realidad que τῶν πραγμάτων, describiéndola de un modo bastante más detallado. Teodoreto hace una triple distinción entre la ley del AT, los "bienes" que al presente todavía están "por venir" para los cristianos, y τὰ πράγματα como la realidad de la que un día habrán de gozar. Esta interpretación probablemente está relacionada con la reticencia que existe a darle a εἰκών el estatus de plena realidad.

Γάρ no conecta esta sección con lo que precede inmediatamente, sino con 9:23-28 en su conjunto, y de una manera más estrecha con 9:23.

La frase αὐτὴν τὴν εἰκόνα hace recordar αὐτά... τὰ ἐπουράνια en 9:23 y es igualmente enfática, y apunta a la realidad celestial de la que el antiguo culto no es más que una sombra.

Κατ' ἐνιαυτόν (9:25) aquí forma una inclusio con la misma expresión al final del v. 3; el autor sigue teniendo en cuenta principalmente la celebración anual del día de la expiación, pero sin excluir los sacrificios diarios (v. 11). El punto más importante, como lo explicitará el resto del párrafo, es que esos sacrificios demuestran su ineficacia por el hecho de que tengan que repetirse en forma ilimitada. Τὴν εἰκόνα τῶν πραγμάτων: véase supra, y cf. Plato, *Cra.* 306E, εἰκόνας τῶν πραγμάτων. Πράγματα aquí, como en otras partes de Hebreos (6:18; 11:1), tiene un sentido muy general, "las cosas" (Bauer *s.v.* 4), pero el contexto muestra que el término se refiere a las realidades y no a las sombras.

Ταῖς αὐταῖς θυσίαις obviamente se refiere a los ritos, no a los animales sacrificados.

Ἅς: algunos manuscritos, incluyendo D* H L min. siguen la regla de la asimilación al dativo precedente (BD §294[1]), pero esta regla no se observa en 8:2, por tanto, la lectura de NA, que aparece en 𝔓⁴⁶ᶜ C D² Ψ 𝔐, es quizás la más probable. 𝔓⁴⁶* A 33 2495 *pc* se omite, tal vez por haplografía de θυσίαις αἷς.

Προσφέρουσιν: cabría esperar que el sujeto implícito fueran los (sumos) sacerdotes, pero como no se a hecho referencia a ellos en plural desde 9:6, es preferible tomar el verbo como impersonal, y equivalente a una forma en voz pasiva, "son ofrecidos" (MHT 3.292f.).

Teniendo en cuenta que el interés principal del autor es el culto tal como se describe en la Escritura, sería peligroso tomar el tiempo presente aquí, o la frase que sigue, εἰς τὸ διηνεκές, como una prueba de que el templo de Jerusalén seguía funcionando en la época en que fue escrita la epístola. Εἰς τὸ διηνεκές en este contexto significa "continuamente por un período indefinido" (Moule 164s.), sin plantear ninguna pregunta en cuanto a la frecuencia o un posible cambio en el orden en que tienen lugar estos sacrificios.

Οὐδέποτε (cf. v. 11; 1Co. 13:8) es obviamente más fuerte que οὐ, pero no es, como a veces se ha indicado, enfático por la posición que ocupa en la oración: en todos los pasajes del NT, salvo en Lucas 15:29, precede al verbo.

Δύναται: en cuanto al problema textual, véase supra. La ley no tiene poder (2:18) para perfeccionar (véase 2:10; Vanhoye 1980.239-244) a los que se acercan al altar (7:25) para ofrecer sus sacrificios de animales. Aquí se hace referencia a los laicos, porque aunque no se hace hincapié en la dicotomía entre sacerdotes y laicos, si se presupone.

El sentido cultual de τελειῶσαι (vése 2:10; 9:9) se pone de relieve en la traducción que hace Braun del término como "consagrar" (*weihen;* Bauer 3); y de manera más negativa, Lane lo traduce como "purgar decisivamente". En D se lee καθαρίσαι en lugar de τελειῶσαι; cf. 9:22s.; 10:2.

Véanse Bietenhard; Hillmann 1960; Bruce 1978; Casalini 1987.

10:2. Si los antiguos sacrificios hubieran sido eficaces, habrían dejado de ofrecerse

La lectura ἐπεὶ οὐκ ἄν (BD §360[2]; MHT 3.92) es, por mucho, la que cuenta con el mayor respaldo, y exige que la oración se tome como una pregunta retórica que espera la respuesta: "Sí, los sacrificios habrían cesado". Las variantes κάν (𝔓⁴⁶ [365] 1518 *pc;* cf. REB "habrían ciertamente dejado de ofrecerse"; Lutero; BD §374) y ἄν (H* 614 630 1739 1881 2495 *al*) convierten la oración en una declaración. Si el versículo se interpreta como una pregunta, una cuestión secundaria sería si el signo de interrogación debe colocarse después de προσφέρονται, como en la RSV, NVI, RVA, en consonancia con la AV (en inglés), o al final de la oración. Desde el punto de vista gramatical, el v. 2 está relacionado con el v. 3, como una condición irreal que contrasta con la situación real (ἀλλά, "de otra manera"; Bauer *s.v.* 2; BD §360[2]); pero en lo que respecta al significado, el v. 2 forma un paréntesis y los vv. 3-4 prosiguen el argumento del v. 1. Lo que se da a entender es "si los sacrificios hubieran realmente efectuado una expiación duradera" (Bauer), "si el pueblo que adora a Dios hubiera sido realmente purificado de su pecado" (TEV), "si la ley pudiera haber perfeccionado a sus adeptos" (Moule 1971.151); cf. la REB.

Ἐπαύσαντο προσφερόμεναι: se refiere obviamente a los sacrificios que se mencionaron en el v. 1. Es cierto que el verbo παύω* en el griego secular a menudo significa "sanar" (N. van Brock; cf. Spicq SB), y Crisóstomo, en su comentario sobre este pasaje, compara la muerte de Cristo con una dosis única y eficaz de un medicamento; cf. Números 25:8, con respecto a una plaga a la que se pone fin (NRSV "cesó"); pero el contexto no exige este significado. Παύω normalmente va seguido del participio presente. La implicación más natural es que los sacrificios continuaban ofreciéndose en Jerusalén en la época es que se escribió la epístola; sin embargo, no es absolutamente necesario que haya sido así. El interés del autor se centra tan exclusivamente en el culto tal como está establecido en el AT que lo que dice aquí podría entenderse de la siguiente manera: "Si en algún momento se hubiera ofrecido un sacrificio eficaz, cualquier otro sacrificio habría dejado de ofrecerse por considerarlo superfluo". En este momento, el autor contempla la necesidad del sacrificio desde el punto de vista humano; en los vv. 5ss. complementará esta idea relacionando el sacrificio con la voluntad de Dios.

El resto del versículo contiene cierta repetición: los que ofrecen sacrificios no tendrían más conciencia de pecado, es decir, habrían sido purificados con un efecto permanente (participio de perfecto). Al autor no le interesa distinguir el aspecto subjetivo y objetivo de este acontecimiento, es decir, el sentimiento y el hecho de la purificación. Ambos van juntos, igual que más adelante en el capítulo (sobre todo en el v. 10) la voluntad de Cristo está unida a su acción. Es cierto que συνείδησις aquí (9:9; también Michel 332s., 4) se refiere, incluso menos que en 9:14, a una facultad humana distinta, y por ello, la traducción de la NVI "ya no se habrían sentido culpables de pecado" (criticada por Gaebelen *ad loc.*; a pesar de cf. TEV, REB) es bastante aceptable (cf. el equivalente verbal ἐμαυτῷ σύνοιδα, 1Co. 4:4). Pero la razón por la que no habrían tenido conciencia de pecado es obviamente que la propia impureza que causa la culpa habría sido eliminada.

Λατρεύοντας: véase 9:9, equivalente a προσερχομένους en el v. 1.

Ἅπαξ, no se hace énfasis especial en este término porque se refiere a la antigua dispensación: lo que da a entender es "si los que rendían culto, en cualquier momento del pasado, hubieran sido limpiados del pecado". Dentro del antiguo orden, cualquier purificación eficaz habría tenido un efecto duradero (el verbo en tiempo perfecto κεκαθαρισμένους). El pensamiento del autor está lejos de lo que expresa *Jubileos* 34:18s., a saber, que el día de la expiación había sido instituido para tratar anualmente con los pecados cometidos durante el año transcurrido. El autor, por el contrario, tiene en cuenta aquí el efecto total que ejercen los pecados en la relación de las personas con Dios. Esta idea encuentra cierto apoyo en el relato veterotestamentario de la liturgia del día de la expiación, en la que se hace referencia en repetidas ocasiones a "todos los pecados" (Lv. 16:16, 21, 30).

10:3. El día de la expiación solo les recuerda a las personas sus pecados

Ἀλλά se usa a menudo para destacar lo que sigue, y en una variedad de construcciones elípticas (BD §448). El propósito aquí es poner de relieve el contraste entre la condición irreal del v. 2 y la situación real: "Pero de hecho..." (Attridge, NJB); "tal como ocurre, sin embargo" (TEV). No es necesario, junto con Lane, excluir el elemento de contraste.

Ἐν αὐταῖς es otra referencia a los sacrificios mencionados en el v. 1; ἐν probablemente es una preposición de instrumentación, y la inserción de γίνεται después de αὐταῖς en D 131 221 315 d vg arm es una glosa correcta. "Lo único que hacen los sacrificios es recordar..."

El resto del versículo se ha interpretado de diversas maneras, que no todas se excluyen entre sí.

(a) Ἀνάμνησις por sí mismo podría indicar que es a Dios, o a los adoradores, a los que se les recuerda algo (en este caso los pecados). En este contexto, Dios parece una opción menos probable, no solo porque le daría a κατ᾽ ἐνιαυτόν un significado bastante débil, sino también porque el contexto inmediato (vv. 2-3) alude a la situación de los adoradores. La idea de hacer "públicamente notorios" los pecados (Moffatt) no parece ocupar ningún lugar destacado en este pasaje.

(b) Algunos eruditos han visto en ἀνάμνησις una alusión de la eucaristía. En otros lugares del NT, ἀνάμνησις aparece solo en las palabras de la institución, Lucas 22:19; 1 Corintios 11:24s. Es por eso que Andriessen escribe: "En vez de reservar la palabra "reminiscencia" para referirse al sacrificio del nuevo pacto (el autor) la usa para decirnos que el antiguo pacto sí conocía una reminiscencia, a saber, ¡de los pecados! (Andriessen 1977.39, cf. 38-41; cf. Andriessen 1972a; Andriessen-Lenglet). No es necesaria aceptar la postura extrema de Schröger 1968, para cuestionar una referencia eucarística aquí, de que el autor pertenecía a una comunidad que no practicaba la eucaristía. Es posible que la elección de la palabra ἀνάμνησις, en lugar de μνημόσυνον (Mr. 14:9‖, Hch. 10:4) o ὑπόμνησις (2Ti. 1:5; 2Pe. 1:13; 3:1), puede haber estado influenciada por su uso eucarístico. Está claro, sin embargo, que una referencia significativa a la cena del Señor confundiría irremediablemente un argumento que depende del contraste entre la celebración repetida del día de la expiación y el único sacrificio de Cristo.

(c) Ἀνάμνησις se usa en varios pasajes del AT que tienen puntos de contacto con Hebreos. (i) En Levítico 24:7 dice que el pan de la proposición (cf. Heb. 9:2) se colocaba εἰς ἀνάμνησιν … τῷ κυρίῳ; pero en el pasaje que nos ocupa la ἀνάμνησις es un recordatorio para los adoradores, no para Dios; de todas formas, el autor habría evitado la referencia al pan de la proposición como un "pacto eterno". (ii) Es posible que el autor no interpretara Números 10:10b LXX, ἔσται ὑμῖν ἀνάμνησις ἔναντι τοῦ θεοῦ ὑμῶν, como un resumen de las referencias anteriores a los sacrificios, sino como una alusión contrastante al sacrificio de Cristo como un memorial delante de Dios. Sin embargo, no es a esto a los que se refiere ἀνάμνησις en el presente pasaje. (iii) Menos significativas resultan las palabras εἰς ἀνάμνησιν en los títulos de los Salmos 38 y 70 (37 y 69 en la LXX); aunque en el segundo caso, el autor puede haber considerado que las palabras εἰς τὸ τέλος indicaban un cumplimiento futuro. (iv) Más interesante es la referencia en Sabiduría 16:6 a la serpiente de bronce (Nm. 21:9; cf. Jn. 3:14) como un σύμβολον … σωτηρίας εἰς ἀνάμνησιν ἐντολῆς νόμου σου. La referencia a la ley, que estaría en conflicto con el argumento de Hebreos, se amplía en Sabiduría 16:11 para incluir el recuerdo de las "palabras" (λόγια) de Dios y su "bondad" (εὐεργεσία). (v) En Números 5:15, el sacrificio que ofrecía el esposo celoso se describe como un ἀναμιμνήσκουσα ἁμαρτίαν. A pesar de la referencia a Dios en Hebreos 10:27, hay poco en común entre este sacrificio e incluso el aspecto veterotestamentario del contraste con la muerte de Cristo que el autor de Hebreos está describiendo.

(d) Existe cierta similitud entre el argumento de Hebreos y la espiritualización de Filón del culto veterotestamentario, y en ciertos lugares esta similitud se extiende a algunos obvios paralelismos verbales. (i) Con relación a los sacrificios indignos que ofrecen personas impías, Filón escribe, "sería tonto hacer que los sacrificios hicieran recordar los pecados, y no que hicieran olvidarlos" (*Vit. Mos.* 2.134; cf. Williamson 160-183); de manera similar, en *Vit. Mos.* 2.107, los sacrificios ofrecidos "sin un sentimiento bondadoso de justicia… no logra… la remisión de los pecados pasados sino que actualiza su recuerdo" (οὐ λύσιν ἁμαρτημάτων, ἀλλ᾽ ὑπόμνησιν ἐργάζονται; cf. Spicq *ad loc.* y I.71s.; Sowers 71). Estas palabras expresan una perspectiva menos radical que Hebreos, para los que todo el culto levítico ahora ha sido remplazado; sin embargo, no hay nada en el contexto en Hebreos que sugiera convincentemente un ataque contra Filón, como propone Spicq. Lo más probable es que en Hebreos se debata un tema común independientemente de Filón. (ii) Los sacrificios de los adoradores malvados "sí hacen que [Dios] recuerde la ignorancia y las ofensas de los diversos oferentes" (*Plant.* 108). Filón aquí hace referencia al pasaje de Números 5:15, que se analizó con anterioridad. Lo que se pone de relieve en Hebreos, sin embargo, no es el rechazo por parte de Dios de los sacrificios indignos, sino que el antiguo culto en sí mismo es incapaz de lidiar con los pecados de una manera eficaz. Por tanto, no hay ninguna prueba de que una lectura de Filón haya afectado el argumento de Hebreos en este punto, ni tampoco la elección que hace el autor de las palabras.

(e) El mejor comentario sobre ἀνάμνησις se encuentra en las citas de Jeremías 31(38 LXX):34 en Hebreos 8:12 y 10:17, con respecto al hecho de que Dios "no recordará" los pecados. En estos pasajes y en el presente versículo, y de hecho en la enseñanza bíblica en general, esta recordación no se concibe como un fenómeno sicológico pasivo, sino como una acción que tiene consecuencias en el mundo exterior. Esas consecuencias pueden ser positivas (Hch. 10:4, 31; 11:13s.) o negativas (1Re. [3Re.] 17:18; Ap. 16:19), y son naturalmente muy fuertes cuando el sujeto es Dios (Michel *ad loc.* y en *TDNT* 4.675-678).

Κατ' ἐνιαυτόν demuestra una vez más que desde el punto de vista del autor, hay otras ofrendas veterotestamentarias por el pecado que están incluidas en el ritual del día de la expiación. Sin embargo, el punto principal, tal como lo confirmará la frase καθ' ἡμέρα en el v. 11, no es la frecuencia sino la repetición. Véase Zimmermann 1977.116-125.

10:4. Los sacrificios de animales no pueden eliminar los pecados

Esta simple oración constituye la conclusión de los vv. 1-4; Braulik 1975.278-280, no obstante, considera que forma parte de la introducción a la cita que sigue. Contiene tal vez la declaración negativa más fuerte del autor sobre los sacrificios levíticos. De lo contrario, la evaluación del versículo dependerá en gran medida de las suposiciones del lector. Los comentaristas cristianos, en cuya tradición los sacrificios de animales no cumplen ninguna función, suelen pasar ligeramente sobre este versículo como algo obvio. Ese es el caso de los representantes de la tradición racionalista occidental, quienes tienden a cuestionar el valor de cualquier forma de sacrificio material. En el marco del Tercer Reich, Schmitz 1934 incorporó este tema en un ataque general contra la autoridad del AT para los cristianos. Los que poseen un conocimiento más profundo de la tradición judía hacen hincapié en la naturaleza radical de lo que se dice aquí, pero al mismo tiempo, en su continuidad con la crítica profética del culto (1Sa. 15:22; Is. 1:10-15; 66:3; Jer. 7:21-23; Os. 6:6; Am. 5:12-25; cf. Sal. 40:6-8; 50:7-15; 51:16s.; 69:30s.). En algunas ocasiones, aunque no siempre, esta crítica se acentúa en la LXX; véanse Salmo 106[105 LXX]:28; Job 20:5; G. Bertram en *TDNT* 3.184. Dentro de la tradición judía existen tensiones, incluso después que dejaron de ofrecerse sacrificios en Jerusalén (J. Behm en *TDNT* 3.186-188). Por un lado, la literatura rabínica siguió analizando detalladamente la teoría del sacrificio, mientras que por otro, los sectarios de Qumrán, tras haberse abandonado la participación personal directa en el culto del templo de Jerusalén, espiritualizó el concepto del sacrificio de distintas maneras, todas las cuales tenían algo en común con Hebreos 13:15. En realidad, no hay absolutamente ninguna contradicción, ni en el judaísmo ni en Hebreos. Los profetas veterotestamentarios dijeron insistentemente que ni el sacrificio, ni siquiera la oración, serían eficaces mientras Israel se mantuviera en un estado de rebelión contra Dios (muy claramente en Is. 1:15); por otra parte, el sacrificio animal se contrasta con la obediencia a la voluntad de Dios (1Sa. 15:22; Jer. 7:23; Sal. 40:8), la práctica de la justicia (Is. 1:17; Am. 5:21) y una buena relación con

Dios (Os. 6:6b; Sal. 51:17; 69:30s.). Esto no está lejos de la idea central del pasaje que nos ocupa. Aunque la manera en que el autor cita el Salmo 40 no es exacta en todos sus detalles, y la interpretación del mismo estará influenciada por su deseo de aplicarle el texto a Cristo, se mantiene, sin embargo, esencialmente en sintonía con muchas declaraciones del AT. El presente versículo tampoco choca con la declaración más moderada acerca del sacrificio que aparece en 9:10. Si esas dos declaraciones se leen en forma conjunta y en conexión con los vv. 26-31, podrían reconciliarse de la siguiente manera: el culto veterotestamentario podía ocuparse de una polución accidental pero no del pecado deliberado, que en caso de ser grave solo podía castigarse con la muerte del que lo había cometido (Nm. 15:1-36). La voluntad de Cristo, expresada en su sumisión a través de la muerte a la voluntad del Padre, sí se ocupa eficazmente incluso de los pecados deliberados, de una vez y para siempre. Sin embargo, no queda ninguna esperanza para los que, después de haber llegado a ser verdaderos creyentes, vuelven a caer en un pecado deliberado.

Ἀδύνατον (véase 6:4): hay tal vez un reflejo verbal de Sabiduría 16:15, τὴν δὲ σὴν χεῖρα φυγεῖν ἀδύνατόν ἐστιν, en un pasaje al que podría haberse hecho alusión en Hebreos 10:3, y cuyo contenido se aproxima al v. 31.

Αἷμα (véase 9:7) aquí es la sangre en sí misma, que se ofrece en sacrificio, y no la muerte de los animales.

Ταύρων καὶ τράγων: se mencionan aquí en el mismo orden que en el relato de la liturgia del día de la expiación en Levítico 16. La variante τράγων καὶ ταύρων (אֵ 𝔓⁴⁶ 326 1881 pc sa) probablemente es una asimilación a 9:13; cf. 9:12, 19.

Ἀφαιρεῖν probablemente es una variante estilística para ἀνενεγκεῖν en 9:28; cf. 10:11, περιελεῖν; 9:26, ἀθέτησις. En el versículo que nos ocupa, el infinitivo de presente tiene un sentido durativo. En otros lugares del NT, ἀφαιρεῖν se usa con respecto a la eliminación de los pecados solo en Romanos 11:27 = Isaías 27:9; cf. Sirácides 47:11, pero sí aparece frecuentemente con este sentido en el AT, con diversas palabras que denotan maldad y vergüenza (Números 14:18, ἀφαιρῶν ἀνομίας καὶ ἀδικίας καὶ ἁμαρτίας; cf. Lv. 1:17; Is. 6:7, 17:9; Jer. 11:15; Ez. 45:9). Véanse Loewenich; Stewart 1961; Bruce 1969b; Braulik 1975.272-310.

10:5-10. El sacrificio obediente de Cristo

La Escritura apunta al sacrificio voluntario de sí mismo que ofreció Cristo, y no a los sacrificios de la ley mosaica, como el cumplimiento de la voluntad de Dios.

En cuanto a la división del párrafo aquí y no en el v. 4, véase la introducción a 10:1-4. Una breve introducción (v. 5a) pone en boca de Jesús como propias las palabras de la cita que sigue (vv. 5b-7) del Salmo 40:6-8 (40:7-9 TM; 39:6-8 LXX). La exposición en los vv. 8-9 lleva a la conclusión del argumento en el v. 10, que constituye uno de los puntos culminantes de toda la epístola.

Vanhoye 164-166 señala la interrelación, tanto en la cita como en la exposición, entre los temas de la entrada de Cristo en el mundo, marcando el principio del fin del antiguo culto, y su cumplimiento de la voluntad de Dios de un modo que remplaza la antigua ley. Aquí nuevamente la ley se contempla en su aspecto cultual.

El párrafo es esencialmente doctrinal y enseña acerca de Cristo usando el lenguaje de la Escritura; sin embargo, el interés del autor por sus lectores se pone claramente de manifiesto en la forma verbal correspondiente a la primera persona del plural del v. 10.

Véanse Leonard 1939.382s.; Venard 262; Vaccari 1956.241-243; F. J. Taylor; Kistemaker 1961.124-129; Stott; Nomoto 1965.226-228; Schröger 172-177; McCullough 1971.80-86; Andriessen 1972b; Braulik 1975; Zimmermann 1977.122s.; Bruce 1978.83s.; Vanhoye 1980.257-259; Dussaut 85f.; Levoratti; Casalini 1987.

10:5a. Cristo habla en la Escritura

Διό es preferible tomarla como la conjunción que extrae una conclusión del v. 4, aunque también se relaciona con el argumento más amplio. Es por el hecho de que los sacrificios animales no pueden eliminar el pecado (deliberado) que Jesús hace suyas la crítica del salmista acerca del culto y la elección del salmista de la mejor manera de hacer la voluntad de Dios. De hecho, es posible considerar que διό incluye implícitamente todo el contenido de los vv. 5-10: la ineficacia del sacrificio de animales se combina con el testimonio de la Escritura para señalar hacia el único sacrificio que realmente puede perdonar los pecados.

Εἰσερχόμενος... λέγει: el sujeto "Cristo" se sobrentiende de 9:28, el nombre completo "Jesucristo" se mantiene en reserva hasta que pueda usarse con gran énfasis en el v. 10. No obstante, resulta llamativo que el autor pueda suponer, sin llegar a afirmarlo, que es posible atribuirle al Cristo preexistente las palabras de la Escritura de esta manera. Este hecho marca un paso más allá de la interpretación cristológica de los textos veterotestamentarios en el capítulo 1; el pasaje paralelo más cercano en Hebreos es 2:12s., donde Cristo habla en las palabras del Salmo 22 y de Isaías. No hay ninguna intención de argumentar ni de justificar; contrástese con Hechos 2:24-36, en un contexto apologético. Es probable que esta interpretación cristocéntrica de la Escritura fuera en general aceptada en la comunidad a la que Hebreos fue originalmente destinada. Esto a su vez sugiere que se trataba de una comunidad predominantemente judeocristiana en la que el AT era bien conocido.

La introducción a esta cita hace recordar la introducción en 1:6, pero con diferencias significativas. La cita allí se interpretó probablemente como una referencia a la exaltación de Cristo; aquí es casi seguro que se refiera a la encarnación de Cristo tomada como un hecho aislado, contemplando su sacrificio desde antes de su nacimiento como su culminación.

La diferencia de contexto entre 1:6 y 10:5 se refleja en la redacción del presente versículo: aquí no aparece el adverbio πάλιν (aunque en 1:6 πάλιν simplemente podría introducir una segunda cita) y el término οἰκουμένη es remplazado aquí por κόσμος, que el autor suele usar con matices negativos (11:7, 38). No es totalmente imposible considerar que εἰσερχόμενος tiene un significado futuro ("cuando iba a venir al mundo"; así lo creen Ecumenio, Teofilacto. El tiempo del verbo principal no resuelve el asunto, porque es preferible considerar que λέγει, al igual que en 1:6, es un presente atemporal que se refiere al testimonio permanente de la Escritura (en 2:12s. el autor aplicó a la exaltación de Cristo, sin distinción, textos que hacen referencia al futuro y al presente). Sin embargo, resulta más simple considerar que las palabras de la cita fueron pronunciadas por Cristo antes de la encarnación; no obstante, algunos elementos en la segunda parte del salmo, como la confesión del pecado en el v. 13 no podrían aplicarse a él. El autor no muestra ningún interés por el contexto original del salmo; no hay, por ejemplo, ninguna referencia a David como intermediario de la revelación divina (contrástese con Hechos 1:16).

"Entrar en el mundo" es una expresión judía que significa nacer (S-B 2.358), del mismo modo que "salir del mundo" (cf. 1Co. 5:9) denota muerte. La referencia a Jesús como ὁ ἐρχόμενος εἰς τὸν κόσμον es un lenguaje característicamente joánico (Jn. 1:9; 6:14; cf. 9:39; 12:46; 16:28; 18:37; cf. 1Ti. 1:15); obsérvese de manera especial 11:27, donde la frase se usa prácticamente como un título, junto con "Cristo" e "Hijo de Dios".

10:5-7. Una cita del Salmo 40:6-8

Estos versículos aparecen en un salmo (MT 40:7-9 MT; 39:6-8 LXX) atribuido a David, que tradicionalmente se considera que es quien habla aquí en primera persona (S-B 3.743). Basándose en la suposición de que el que habla es Cristo, el autor adapta hábilmente su texto de la LXX para apoyar esta interpretación, que luego se desarrolla en los vv. 8-9. Para calibrar el alcance de la propia contribución del autor, es necesario en primer lugar reconocer y dejar de lado las variantes textuales que probablemente no tienen su autoría.

(1) Donde en la LXX se lee "cuerpo", en el TM aparece "oídos" (en VL[G] Ga se lee ὠτία en el salmo, como también en sir[p mg] en Hebreos, en todos los casos por asimilación al TM; aunque la LXX de Göttingen adopta el plural ὠτία, presumiblemente como la lectura más difícil). Es probable que σῶμα estuviera en el manuscrito de la LXX que usó el autor de Hebreos the LXX. La explicación más plausible de la discrepancia es que, dentro de la tradición de la LXX, ΗΘΕΛΗΣΑΣΩΤΙΑ se leía de manera incorrecta como ΗΘΕΛΗΣΑΣ (Σ)ΩΜΑ (así Bos). De otro modo, σῶμα podría ser una traducción libre o una "paráfrasis interpretativa del TM" (Lane 255), basada tal vez en la idea del oído que escucha como *pars pro toto*, donde el todo es la persona obediente (cf. Is. 40:4s.).

(2) En algunos manuscritos de la LXX (B ℵ 1219 Ga), y unos cuantos manuscritos de Hebreos (𝔓[46] D E et), aparece el singular ὁλοκαύτωμα, por asimilación al TM. El plural del término en la LXX puede haber surgido por asimilación a la expresión del Salmo 51:16 (50:18 LXX) ὁλοκαυτώματα οὐκ εὐδοκήσεις, que el autor de Hebreos también, tal vez de manera independiente, puede haber entendido a la luz del Salmo 40. Resulta innecesariamente complicado suponer, como hace Vanhoye (1975.165), que el autor leyó el singular en su texto, pero lo cambió por el plural para condenar solo la pluralidad de los sacrificios veterotestamentarios, dejando lugar para el único sacrificio de Cristo. El autor no basa en ninguna parte un argumento en un texto en el que ha introducido cambios significativos; no cambia

los singulares en la primera línea de la cita; y la exposición del v. 8 muestra que
sí es bastante capaz de interpretar estos singulares correctamente como genéricos,
parafraseándolos como plurales.

(3) La LXX de Göttingen acepta la lectura ἠθέλησας (55); la explicación más
simple es que esta forma verbal aparecía en el texto que uso el autor de Hebreos.
Las lecturas de la LXX son ἠτήσας (B, cf. La^G Ga, asimilándose al TM), ἐζήτησας
(א R L^1 A; cf. La^R Ag), y ηὐδόκησας (Bo 2013', tal vez asimilándose al Sal. 51:16
[50:18 LXX] o a Heb. 10:6).

Todas estas opciones son más débiles que la contundente declaración, aceptada
por el autor de Hebreos, de que Dios no "quería" los sacrificios del antiguo pacto
(con respecto a εὐδοκέω, véase BD §148[2]; Spicq 1982.307-315). Al parecer, al
autor no le preocupa la aparente contradicción con Éxodo 24:8, que se cita en 9:20.
Ambas afirmaciones se basan en la Escritura, y la tensión está presente dentro del
mismo AT.

Quedan los cambios significativos que el propio autor parece haber hecho.
Estos se concentran en la última línea de la cita, que en la LXX dice: τοῦ ποιῆσαι
τὸ θέλημά σου, ὁ θεός μου, ἐβουλήθην, una gran parte de las variantes de la LXX
se explican como asimilaciones a Hebreos. La construcción τοῦ + infinitivo no es
un hebraísmo (MHT 2.449s.), sino que "pertenece a un nivel más alto del koiné"
(MHT 3.141); es común en Lucas y en Pablo. El propósito de la restructuración
de Hebreos es hacer hincapié en τὸ θέλημά σου, y por ende, en el contraste con
οὐκ ἠθέλησας. De la incapacidad de los sacrificios veterotestamentarios ya se ha
hablado de manera suficiente, y más recientemente en los vv. 1-4; la declaración
nueva, que aquí se introduce con las palabras de la Escritura y se amplía con la
repetición duplicada del término θέλημα en los vv. 9s., es que la ofrenda obediente
que hace Cristo de su propio cuerpo para ser sacrificado cumple la voluntad
de Dios, y por tanto, santifica a su pueblo. Por el contrario, ὁ θεός μου pierde
importancia por la omisión del pronombre μου, y por el traslado de esta frase al
final de la oración (Stylianopoulos 228 alega de forma poco convincente que los
cambios se hacen "para lograr un final más suave"). La omisión de ἐβουλήθην
enlaza ἥκω directamente con ποιῆσαι, y hace que la expresión resulte más enfática,
pero también introduce una referencia más directa al propósito de la encarnación.
Lo que esto implica enérgicamente es que Jesús no solo "deseó" hacer la voluntad
de Dios: él vino a la tierra para hacerla. Resulta llamativa la manera en la que el
autor abre la posibilidad de esta interpretación mientras hace algunos cambios
mínimos, aceptables sin duda para sus primeros lectores, en la verdadera redacción
de la cita. Se permitirá una libertad algo mayor en la exposición que sigue, pero
el texto en sí mismo permanece en gran medida intacto. La referencia positiva,
en la próxima línea del salmo, a "tu ley en medio de mis entrañas", aunque no es
irreconciliable con Jeremías 31(38 LXX):8-12, se omite por distraer la atención.

Andriessen 1972b defiende el significado "está escrito en el libro" (¿el
AT completo?) "el hacer tu voluntad". Este es esencialmente el significado
veterotestamentario, pero (a pesar de 3:17) la cita abreviada en el v. 9 parece
decisiva en contra de esta construcción, y no hay ninguna prueba en el contexto

del NT que pueda aducirse en su favor. En cuanto al análisis del "libro", con otras referencias, véase Asmussen 93s.

F. F. Bruce (240-241 y n.37) sugirió como "probable que los cuatro términos que el salmista usa para referirse a los sacrificios intentan incluir todos los principales tipos de ofrendas prescritas en el ritual levítico", θυσία es igual a *zebah*, "ofrenda de paz"; προσφορά representa a *minhâ* como la "ofrenda de cereales"; ὁλοκαύτωμα a *'ō lâ* como el "holocausto" y περὶ ἁμαρτίας a *hatā'â* como la "ofrenda por el pecado". Esto podría ser válido en el caso del salmista, sobre todo en lo que respecta a los últimos dos términos. Sin embargo, en la LXX θυσία se usa para traducir los términos *minhâ* (p. ej., Lv. 2, 5, 6) y *zebah* (p. ej., Lv. 3, 4, 7) casi con la misma frecuencia, y προσφορά, raro de todas formas (1Re. [3Re.] 7:48) fuera de los libros deuterocanónicos, se usa solo aquí como traducción de *minhâ*. Sin embargo, no puede decirse con certeza si al autor de Hebreos le interesaba hacer esas distinciones tan marcadas entre las diversas formas del sacrificio veterotestamentario. Θυσία (5:1) se emplea frecuentemente como un término general para referirse al sacrificio (sobre todo de animales), y se considera que su función es lidiar con el pecado (véase más adelante). Προσφορά se utiliza exclusivamente en este pasaje (vv. 5, 8, 10, 14, 18), y siempre, fuera de la cita, con referencia al sacrificio de Cristo. Ὁλοκαύτωμα (vv. 6, 8) no aparece en Hebreos fuera de esta cita (cf. Mr. 12:33** con θυσία). Περὶ ἁμαρτίας (5:1) suele emplearse en la LXX prácticamente como un sustantivo compuesto. En otras versiones griegas del AT se usa el verbo compuesto περιαμαρτίζειν (Aquila, Símaco, Teodocio, Éx. 29:36; Lv. 8:15; 14:49; en Aquila Lv. 6:19; 9:15), y en Símaco se lee περιαμαρτισμός en Zacarías 13:1. El verbo no se usa en Hebreos; el pecado está relacionado igualmente con προσφορά (10:18) y con θυσία (9:26; 10:12, 26).

El autor no hace ningún comentario sobre las palabras ἐν κεφαλίδι βιβλίου γέγραπται περὶ ἐμοῦ, porque la referencia a un libro es irrelevante para su propósito. El κεφαλίς es la perilla que se encuentra en el extremo de un rollo de libro, de ahí, por extensión, el propio rollo (2Esd. 6:2; Ez. 3:1-3). Γέγραπται se usa con frecuencia en el NT en referencia a la Escritura (p. ej., Mr. 1:2; Lc. 2:23; Hch. 1:20; Ro. 1:17; 1Pe. 1:16; Jn. 8:17 aunque no es una expresión típicamente joánica), pero γράφω no se usa en ninguna otra parte de Hebreos. Los estudiosos del Antiguo Testamento discrepan en cuanto a si el "libro" al que se refiere el salmo es (1) la Torá o una parte de ella, tal vez la recién descubierta ley deuteronómica, que David se aplicó a sí mismo, y con ello, por extensión, a los israelitas fieles en general (así en el texto de TEV "tus instrucciones para mí están en el libro de la ley"), o (2) un libro celestial, como en Nehemías 13:1; Daniel 7:10; cf. Salmo 139:16; *'Ab*.2.1 (así en la nota de TEV "de mi devoción hacia ti se da testimonio en tu libro"). El autor de Hebreos no muestra ningún interés por este asunto, pero περὶ ἐμοῦ solo puede tomarse como una referencia a Cristo. Las palabras, de todas formas, son parentéticas.

Respecto a καταρτίζω, véase Spicq 1978.1.253, 416-9. Las tradiciones en torno al sacrificio de Isaac (Gn. 22), sobre las cuales véase Swetnam 1981, influyeron probablemente en el autor de Hebreos (véanse de manera especial los comentarios acerca de 2:5-18 y de 11:17-19), pero no parece haber ningún vínculo directo entre κατηρτίσω aquí y la idea de que Dios proporcionara un cordero para que fuera sacrificado en lugar de Isaac. El lenguaje de Génesis 22:8 en la LXX es diferente, y en Hebreos no se hace ningún comentario sobre esta palabra. En cuanto a εὐδοκέω como un verbo transitivo, véase BD §148 (2); con respecto a τοῦ ποιῆσαι como una expresión de propósito, MHT 1.216-218, 2.448-450, 3.141s.; BD §400.

10:8-10. El salmo muestra la manera en la que Jesús deroga los antiguos sacrificios

Las ediciones y las traducciones difieren en varios aspectos en cuanto a la puntuación de estos versículos (véase las notas de puntuación en UBS[3, 4]), y hasta cierto punto, esto afecta el significado. El punto de partida firme son los dos verbos principales εἴρηκεν y ἀναιρεῖ, que, al no existir ningún vínculo entre ellos, puede suponerse que constituyen dos oraciones. Además, hay un marcado cambio de contenido entre el simple comentario en forma de pésher de los vv. 8-9 y la conclusión de gran alcance del v. 10. No es atípico que el autor introduzca declaraciones importantes en una cláusula subordinada (2:17b).

Al repetir la cita, el autor la parafrasea, pero lo hace con el fin de lograr una variación estilística y concisión y no solamente con el objetivo de importar ideas nuevas en el texto. Tras haber hecho explícita su interpretación cristológica, los cambios adicionales que introduce son mayormente a modo de clarificación. El tono no es polémico, ni siquiera apologético, pero si alguno de los primeros lectores hubiera tenido la intención de cuestionar la interpretación del autor, el texto (con las variaciones que se indicaron anteriormente) ya se había citado sin comentarios y fija la norma para la interpretación.

El hilo del argumento en los vv. 8 y 9, por tanto, es generalmente sencillo.

Ἀνώτερον, "más arriba", es la primera parte de la cita.

Λέγων: dice él (Cristo). El uso de un participio traslada el énfasis al verbo principal εἴρηκεν, y por ende, a la segunda parte, la parte positiva, de la cita. Un participio de presente (2:6) o un presente verbal (1:6, 7) suelen usarse para introducir citas bíblicas de validez permanente. En este pasaje, el participio se verá reforzado por la forma verbal en presente ἀναιρεῖ en el v. 9; véase también la nota sobre εἴρηκεν más adelante.

En las palabras que siguen se combinan la primera y la tercera línea de la cita, y se destruye el paralelismo, que, al parecer, no tuvo en cuenta el autor de Hebreos (y de hecho, ninguno de los demás escritores neotestamentarios; cf. el uso de Zacarías 9:9 en Mateo 21:1-5). Θυσίαν καὶ προσφοράν en la cita original se interpretan correctamente como singulares genéricos y se remplazan por sus plurales en א* A C D* P 33 1175 *pc*; los singulares aparecen, por asimilación al v. 5 y/o a la LXX, en א² D² I Ψ 𝔐. Esto, sin duda, le otorga cierto énfasis adicional al contraste anterior del autor entre los muchos sacrificios levíticos y el único sacrificio de Cristo (9:25-27). Pero este ya no es el centro del argumento; de otro modo el autor habría escrito τὰ πρῶτα en lugar de τὸ πρῶτον en el v. 9.

Al condensar la cita, el autor también combina las formas verbales ἠθέλησας y εὐδόκησας. En esta etapa, no se detiene a distinguir entre ellos. En el contexto más amplio, sin embargo, εὐδόκησας, parece interpretarse a la luz de ἠθέλησας y no *viceversa*, no solo porque ἠθέλησας es más fuerte, sino porque está más estrechamente relacionado con el tema general de la voluntad de Dios.

Resulta llamativo que la línea σῶμα δὲ κατηρτίσω μοι se omita en este punto. Σῶμα no se usa en ninguna otra parte de Hebreos para hablar del sacrificio de Cristo; aparece en el v. 22 en conexión con la ofrenda de su propia persona que, en respuesta, debe presentar el creyente, con respecto a los sacrificios de animales en 13:22, y en un contexto no relacionado en 13:3*. La razón principal para omitir estas líneas en este punto, sin embargo, es que ellas pertenecen a la fase positiva del argumento, y la palabra clave σῶμα se mantiene en reserva para que forme parte de su punto culminante en el v. 10.

Αἵτινες κατὰ νόμον προσφέρονται no es gramaticalmente parentética, y desde el punto de vista semántico, no constituye tampoco una desviación del argumento: de los sacrificios le, son inferiores se dice que están prescritos por la ley (cultual), y por lo tanto, a la luz del argumento anterior (más recientemente el v. 1), son inferiores al sacrificio de Cristo. Κατὰ νόμον sin un artículo no es probable que signifique "en un espíritu puro del deber" (Andriessen 1972b.60), o "de manera legalista" (Andriessen 1971.41); 7:16; 8:4; Filipenses 3:5; es indistinguible, en cuanto a su significado, de la frase más común κατὰ τὸν νόμον. Αἵτινες es una silepsis determinada probablemente por θυσίας y προσφοράς, los únicos dos elementos de la lista que el autor usa en otros lugares como nombres de los sacrificios.

V. 9. Τότε εἴρηκεν podría tomarse como parte de la cita, en la que εἴρηκεν remplaza a εἶπον para mostrar con mayor claridad el efecto duradero de lo que se dice; o, más probablemente, como la introducción a la próxima parte de la cita. Al igual que hace con καί al comienzo del v. 17, el autor incorpora palabras de la Escritura en la estructura de su propia oración. El efecto, en este caso, es hacer hincapié en las palabras que está a punto de citar y que reducen al mínimo la posibilidad de producir algún efecto adicional; las referencias al libro (¿celestial?), y el vocativo ὁ θεός (cf. 1:9), se omiten por no considerarse esenciales en 𝔓⁴⁶ ℵ* A C D K P Ψ 33 326 1175 1881 2464 *al;* ὁ θεός sí aparece en ℵ² 𝔐 por asimilación al v. 7 y/o a la LXX.

A continuación aparece el comentario más importante hasta ahora de esta cita: ἀναιρεῖ τὸ πρῶτον (el sistema de sacrificios levíticos en su conjunto que aparece resumido en la primera parte de la cita), ἵνα τὸ δεύτερον στήσῃ.

Ἀναιρεῖ* es la declaración negativa más fuerte que el autor ha hecho o hará acerca del culto veterotestamentario: por medio de su sacrificio, Cristo lo "deroga" o "destruye". En cuanto a las primeras etapas de la trayectoria hasta este clímax, compárense 8:13 y 10:4. Este es el significado normal del verbo, que por lo general se toma en forma literal; aunque, en *1 Clemente* 21:9 se refiere al aliento de Dios que está en nosotros y que la muerte arrebata; en *Mart. Pol.* 18:1 se refiere al hecho de recoger los huesos de un mártir. El tiempo presente del verbo está relacionado con la exposición de la Escritura (compárese con λέγων en el v. 5); el autor no muestra ningún interés por establecer una relación cronológica entre la muerte de Jesús y el final del sacrificio en el templo de Jerusalén.

Τὸ δεύτερον podría considerarse que se refiere en términos generales a la segunda parte de la cita; es decir, al resultado permanente (ἵνα... στήσῃ) de la sumisión de Cristo a la voluntad de Dios en cuanto a su muerte. Esto le daría mucho sentido al v. 9 si estuviera solo, pero el v. 10, reduce el significado a la "voluntad" como tal, sobrentendiendo específicamente su relación con la cruz.

Στήσῃ: ἱστάνω se usa en forma literal en el v. 11, tal vez por asociación verbal. El contraste entre lo que se mantiene y lo que se destruye reaparece en 12:26-28, con un lenguaje determinado en parte por una cita de Hageo 2:6 en la LXX. Ἱστάνω e ἱστήμι se emplean en la LXX en relación con los pactos, las alianzas y los votos, establecidos por Dios (Ex. 6:4; 1Mac. 2:27) o entre seres humanos (Nm. 30:5, 6, 8, 12, 15; 1Mac. 13:38; 14:18, 24); Bauer *s.v.* I.2a.

El v. 10 también está estrechamente unido a la cita: ni θέλημα, ni προσφορά, ni σῶμα en este sentido forman parte del vocabulario normal de la epístola. Pero el autor se va alejando en cada frase del comentario hasta hacer una declaración que no solo resume toda esta etapa del argumento, sino que también va más allá de la misma para afirmar, de un modo más explícito que la cita, aun cuando se interprete cristológicamente, los beneficios del sacrificio de sí mismo que Cristo ofreció por los creyentes, incluyendo al autor y a sus lectores.

Junto con esta ampliación del tema viene un cambio de referencia temporal: el estatus permanente (ἡγιασμένοι ἐσμέν) de los creyentes depende de la ofrenda hecha una vez para siempre del cuerpo de Cristo. La importancia de la declaración se pone de relieve por el uso que se le da, por primera vez en la epístola (cf. 13:21), en relación con el nombre completo "Jesucristo"; el adverbio ἐφάπαξ (véase 7:27) es enfático por su posición. El sacrificio que hizo Cristo una vez para siempre tiene efectos permanentes (ἡγιασμένοι; véase Lane 256 n.x).

Ἐν ᾧ θελήματι es una frase preñada. Por un lado, es la "voluntad" a la que se hace referencia en el salmo, es la voluntad de Dios que hizo Jesús. Si se tienen en cuenta los presupuestos cristológicos del autor de Hebreos, es mucho lo que puede inferirse del propio salmo. Es, pues, la voluntad de Dios y de Cristo al mismo tiempo; compárese con las palabras de la TEV "porque Jesucristo hizo lo que Dios quería que él hiciera". A partir de este punto, sin embargo, el autor deja atrás el significado del salmo. La intención del salmista era remplazar el sistema antiguo de culto por una vida de obediencia a la ley mosaica. Esto, para el escritor de Hebreos, habría sido de todas formas una antítesis sin sentido, porque él mismo pensaba en la ley mosaica en términos abrumadoramente cultuales (tal como acaban de recordar las últimas palabras del v. 8). Por esa razón, no interpreta las palabras del salmo como una antítesis entre el sacrificio y la obediencia, sino como una antítesis más estrecha en la que el sacrificio es el *tertium comparationis*: "no esos sacrificios, sino otro". En vista de la aparente falta de una comprensión mesiánica de este salvo, la base para la interpretación de Hebreos solo puede ser el acontecimiento histórico de la muerte de Jesús, interactuando creativamente con el propio interés del autor en los temas del sacerdocio y el sacrificio. Dentro de estos temas, debe observarse una doble centralización de la atención: en primer lugar, la agrupación de diversos temas sacrificiales en torno al día de la expiación; y en segundo lugar, el doble papel de Cristo como sacerdote y víctima. Esto es típico de la "fusión de pensamientos" del autor (2:17); que no ve en ello ninguna contradicción.

MHT 2.463, en consonancia con H. A. A. Kennedy, sugiere que ἐν, aquí y en 11:18, podría significar "a causa de, en virtud de, en aras de", bajo la influencia de la traducción de b^e en la LXX.

Ἁγιάζω: véase 2:11. En D¹ 𝔐 aparece οἱ ἡγιασμένοι, "somos los que hemos sido santificados", pero οἱ se omite, correctamente, en 𝔓⁴⁶, ⁷⁹ ᵛⁱᵈ ℵ A C D* P Ψ min.

En lugar de σώματος, en D* se lee αἵματος.

10:11-14. El sacerdocio de Cristo es el único que tiene efectos permanentes

Aunque esta sección que mantiene un vínculo muy estrecho se basa sólidamente en lo que precede, marca un claro paso de avance en el argumento. Se compone formalmente de una declaración negativa acerca de los sacerdotes levíticos (v. 11) contrastada con una declaración positiva con respecto al sacerdocio de Cristo (v. 12, hasta ἐκάθισεν), la cual, a su vez, es corroborada por medio de una fuerte alusión verbal al Salmo 110:1 (v. 12, ἐν δεξιᾷ τοῦ θεοῦ, y el v. 13), y concluye con un resumen (v. 14) en el que se hace hincapié en los puntos esenciales. El contraste entre los vv. 11 y 12 puede mostrarse con más detalles de la siguiente manera:

v. 11	v. 12
πᾶς ... ἱερεὺς	οὗτος
μὲν	δὲ
ἕστηκεν	ἐκάθισεν
καθ' ἡμέραν	εἰς τὸ διηνεκὲς (= v. 14)
λειτουργῶν	
καὶ τὰς αὐτὰς πολλάκις	μίαν (cf. v. 14)
Προσφέρων	προσενέγκας (cf. v. 14)
θυσίας	Θυσίαν
αἵτινες οὐδέποτε δύνανται περιελεῖν ἁμαρτίας	ὑπὲρ ἁμαρτίας (cf. v. 14)

En estas dos declaraciones, las similitudes indican la *tertium comparationis*, y las diferencias señalan la naturaleza peculiar del sacrificio de Cristo y sus efectos. Los antiguos sacerdotes, al igual que sus sacrificios, son muchos (πᾶς), aunque en este punto, no se hace especial hincapié en esto (cf. 7:23); Cristo es uno. Más importante es el hecho de que los antiguos sacerdotes "permanecen" perpetuamente, no porque al autor le interesara la supervivencia del templo de Jerusalén, sino porque los sacrificios que ellos ofrecían debían repetirse constantemente; su obra nunca concluía. Cristo, una vez que ofreció su sacrificio, "se sentó" a la diestra de Dios, tal como había predicho el Salmo 110:4 antes del acontecimiento. Los antiguos sacerdotes tenían que ministrar cada día; el sacrificio de Cristo es eficaz "para siempre" (cf. εἰς τὸν αἰῶνα, Sal. 110:4 = Heb. 5:6). Λειτουργῶν no tiene ningún paralelismo directo en el v. 12, porque (como indica la conjunción καί que sigue) el concepto se desarrolla inmediatamente en una declaración más detallada, en la que cada término tiene su equivalente en el v. 12. Por tanto, el único sacrificio de Cristo se contrasta enérgicamente con las ofrendas continuas bajo el antiguo pacto. A primera vista, la declaración negativa acerca de la incapacidad de los antiguos sacrificios para lidiar con los pecados parece más fuerte que la simple afirmación tradicional en el v. 12 de que Cristo sufrió la muerte "por los pecados" (cf. 1Co. 15:3); pero el equilibrio se restablecerá en el v. 14 con la declaración final acerca del poder del sacrificio de Cristo para perfeccionar y santificar.

El paso adelante en el argumento implica un cambio gradual en la perspectiva temporal. El autor no abandona su énfasis anterior en el carácter único y definitivo del sacrificio de Cristo (μίαν… θυσίαν, v. 12; μιᾷ…προσφορᾷ, v. 14), pero la nota distintiva en estos versículos es el contraste entre dos períodos, el del culto levítico repetido, y el período en el que Cristo está sentado por toda la eternidad a la diestra de Dios, otorgándole santidad y perfección a su pueblo (εἰς τὸ διηνεκές, vv. 12, 14), y aguardando su triunfo definitivo (v. 13).

10:11. Los antiguos sacrificios repetidos no pueden quitar los pecados

Καί al inicio de un párrafo indica el comienzo de una nueva etapa en el argumento (cf. 7:20; 9:15; 10:11; 11:32, 39).

Πᾶς: el autor generaliza; no le preocupa que los sacerdotes ofrecieran los sacrificios diarios por turnos siguiendo un programa establecido (1Cr. 24:19; cf. Lc. 1:8).

Ἱερεύς ($\mathfrak{P}^{13, 46, 79 \text{ vid}}$ ℵ D K Ψ 075^{supp} 33 81 326 330 629 1241 1319 1739 1852 1881 1984 2495 𝔐) es el término que prefieren los editores modernos en lugar de ἀρχιερεύς (A C P 0150 88 104 181 256 263 365 424 436 451 459 614 630 1175 1573 1836 1877 1912 1962 2127 2200 2464 2492 al), ἀρχιερεύς se explica como una asimilación a 5:1; 8:3. (1836 tal vez se asimila a 5:1; 8:3 por la lectura de καθέστηκεν en vez de ἕστηκεν.) El uso en Hebreos no constituye una guía segura: ni en 5:1 ni en 8:3, donde el texto ἀρχιερεύς es firme, el autor se muestra interesado por las funciones exclusivas de los sumos sacerdotes. Aquí el término ἱερεύς resulta adecuado porque las funciones que se describen son las de los sacerdotes en general; y tal vez también porque el autor ya está pensando en el Salmo 110[109 LXX]:4, σὺ ἱερεὺς εἰς τὸν αἰῶνα.

En cuanto al contraste entre ἵστημι aquí y καθίζω en el v. 12, compárese con 2 Crónicas 6:10, 12: Salomón se sienta en su trono, pero está de pie delante del altar. El sacerdote normalmente estaba de pie mientras ejercía sus funciones cultuales (cf. 1Re. [3Re. LXX]8:11; 13:1; Jer. 28(35 LXX):5; 44:15; Jos. *Ant.* 13.372); esa era también la posición de los ángeles en la corte celestial (Lv. 1:1-9; Is. 6:5; Ap. 7:11; 1:3); cf. W. Grundmann in *TDNT* 7.646-653. En el AT, estar en pie en la presencia de Dios se consideraba un honor; pero el Jesús exaltado se sienta para indicar que él comparte la autoridad del propio Dios.

Καθ' ἡμέραν se refiere a los sacrificios diarios, no a la celebración anual del día de la expiación. Tal como mostró en 7:27, el autor no está muy preocupado por esta distinción, por tanto, el contraste con κατ' ἐνιαυτόν en 10:1 carece de importancia. El propósito de la frase καθ' ἡμέραν aquí es destacar la frecuencia de la repetición de los antiguos sacrificios. En comparación, la evaluación del día de la expiación como un tipo del sacrificio de Cristo es bastante más positiva.

Λειτουργέω no se usa en ningún otro lugar del NT en relación con el culto del AT, pero en Hechos 13:2 sí se emplea para referirse a la adoración cristiana, y en Romanos 15:27** al resultado que produce al ayudar materialmente a otros cristianos —un uso que refleja el antiguo sentido secular de prestar un servicio público, especialmente a expensas de uno mismo (LSJ *s.v.* I, II). En 8:6, se empleó el término λειτουργία con referencia a la obra continua de Cristo (H. Strathmann en *TDNT* 4.226-228; Brandt).

La conjunción καί que sigue no indica una nueva información, sino una ampliación de lo que acaba de decirse; porque προσφέρων es sinónimo de λειτουργῶν, καί se omite en D* d e.

Τὰς αὐτὰς... θυσίας, como en el v. 1, significa "el mismo tipo de sacrificios", es decir, sacrificios de animales (o tal vez, de manera más general, no humanos).

Πολλάκις, por otra parte, hace recordar la convicción axiomática del autor de que el sacrificio de Cristo es irrepetible (9:25). En forma menos directa, el autor tal vez está recordando la convicción de que el simple número de sacrificios u oraciones no los hacía aceptables ante Dios (Is. 1:11-15; Mt. 6:7; Filón, *Spec. Leg.* 1.277). En ese caso, lo que desea señalarse con el pronombre αἵτινες, "de ese tipo", podría ser que la propia repetición de los mismos demostraba su ineficacia. Pero el contexto más amplio, y de manera especial αἵτινες en el v. 8, sugiere que este es solo un aspecto del significado. Lo que Cristo hizo patente, por medio de su único sacrificio, es la incapacidad de todo el sistema de sacrificios repetidos e involuntarios de animales para lidiar con los pecados.

Οὐδέποτε (no οὐ, 106*; ni οὐδέπω, 216* 623) δύνανται, al igual que οὐδέποτε δύναται en el v. 1, enuncia un principio general; se refiere al pasado, y el tiempo presente del verbo no presupone la adoración continua en el templo de Jerusalén.

Περιελεῖν: περιαιρέω*, "quitar", es un término general que se usa de forma literal (Hch. 27:40; 28:13); respecto al abandono de la esperanza (Hch, 27:20); y al hecho de quitar el velo que impide comprender la ley del AT (2Co. 3:16; cf. Ex. 34:34). La raíz etimológica del verbo es quitar o sacar una envoltura o cubierta; se aplica a la cancelación de un voto (Nm. 30:13, 14, 16), la abolición de una dinastía (2Sa. 3:10; Zc. 10:11; cf. 2Mac. 4:38), o a la solución de una demanda (*P. Goth.* 13.11), o la liquidación de una deuda (Bauer 2). Dios puede quitar pecados (1Cr. 21:8), reparar injusticias (Sof. 3:15), y quitar enfermedades (Dt. 7:15) y la muerte (Éx. 10:17; cf. Nm. 17:12) (Spicq 1978.677s.). El autor en este momento no se interesa por el modo en que la muerte de Cristo lidia con los pecados: cf. la frase general ὑπὲρ ἁμαρτιῶν en v. 12. Respecto al plural "pecados", 1:3; en 𝔓¹³ cop se lee ἁμαρτίας.

10:12. El único sacrificio de Cristo y su triunfo tienen efectos permanentes

Οὗτος (𝔓¹³, ¹⁶, ⁷⁹ ᵛⁱᵈ ℵ A C D* P Ψ 33 81 1739 1881 2495 *pc*), que en el v. 10 se refiere a "Jesucristo", es sin duda la lectura correcta de las pruebas externas; cf. οὗτος refiriéndose a Jesús en 3:3, y a Melquisedec en 7:4, cf. 7:1. Αὐτός (D² 𝔐) también sería posible en lo que respecta al uso en Hebreos (1:5; 2:14, 18; 5:2 acerca de Jesús), con una pequeña diferencia en el significado.

Δέ, que se remplaza erróneamente por γάρ en 254, introduce la segunda mitad del contraste con los sacerdotes veterotestamentarios; cf. μέν en el v. 11. Solamente en Hebreos, y muy claramente aquí, la única ofrenda de Cristo se contrasta con la pluralidad de los sacrificios judíos; pero la declaración de que Cristo murió "una sola vez" (7:26, ἐφάπαξ) está profundamente arraigada en la tradición cristiana (p. ej., 2Co. 5:14; Ef. 2:16). El orden de las palabras hace resaltar μίαν... θυσίαν.

Ὑπὲρ ἁμαρτιῶν (cf. 5:1), al igual que περὶ ἁμαρτιῶν en el v. 26, significa en forma general "lidiar con el pecado" (MHT 3.269s.; Moule 1971.64; Schelkle 132-134). El significado se expresa de un modo más completo en el texto estrechamente relacionado de 1:3, καθαρισμὸν τῶν ἁμαρτιῶν ποιησάμενος, y en el presente contexto (en Is. 53 LXX se lee διὰ τὰς ἁμαρτίας ἡμῶν en el v. 5, ταῖς ἁμαρτίαις ἡμῶν en el v. 6, y περὶ ἁμαρτίας en el v. 10). El participio de aoristo προσενέγκας contrasta con el presente προσφέρων en el v. 11, y subraya de nuevo, aunque en una cláusula subordinada, que el sacrificio de Jesús es una vez y para siempre. La distinción se disipa con la traducción del término en la vulgata como *offerens* en ambos lugares (F. F. Bruce 239n.67).

Las opiniones de los especialistas están divididas. Algunos piensan que εἰς τὸ διηνεκές debe unirse a (a) lo que precede, y leer la expresión como "habiendo ofrecido un solo sacrificio para siempre", mientras que otros consideran que debe combinarse (b) con lo que sigue, y entenderlo como "se sentó para siempre a la diestra de Dios". Los que abogan por la opción (a) son Lutero, Bengel, Wescott, Spicq, Héring, Montefiore, Morris, Guthrie, Lane, TEV, NKJV, REB y FrCL, y entienden la expresión como "un solo sacrificio, cuyo efecto perdura para siempre". Los que prefieren la opción (b) son Calvino, Bleek, Riggenbach, Peake, Michel, Buchanan, Jewett, Braun, Attridge, H.-F. Weiss, NJB, TOB, Luther 1984 y *BHD*, en NJB se traduce como "él, por otra parte, ha ofrecido un solo sacrificio por los pecados, y entonces *se sentó para siempre, a la diestra de Dios*".

A favor de (a) está el hecho de que en otros lugares de Hebreos (7:3; 10:1, 14), εἰς τὸ διηνεκές se une a lo que precede; pero el estilo de Hebreo es tan flexible que puede permitir ese tipo de variación (cf. 7:28, εἰς τὸν αἰῶνα τετελειωμένον). A favor de (b) está el hecho de que el Salmo 110:1 probablemente se interpreta aquí, como ya ocurrió antes (5:6), a la luz de Salmo 110:4, σὺ ἱερεὺς εἰς τὸν αἰῶνα; y de todas formas, como mostrará el v. 13, presupone un período de sesión a la diestra de Dios (κάθου... ἕως...). Además, μίαν... προσενέγκας θυσίαν εἰς τὸ διηνεκές exige una traducción un tanto exagerada para que no haya contradicción en los términos; mientras que el significado de εἰς τὸ διηνεκὲς ἐκάθισεν es claro y adecuado en el contexto. A veces también se alega que (a) implica una anticipación del pensamiento del v. 14. Este argumento es débil, en parte porque es circular, puesto que el v. 14 podría ser un simple resumen, y en parte porque el v. 14, de hecho, habla mucho más claramente de las consecuencias del sacrificio de Cristo para los creyentes. En general, pues, debe preferirse (b).

Si se elige esta construcción, sus implicaciones son más amplias. En primer lugar, lo que se lee en el Salmo 110:1, en Hebreos 10:13 y en otros pasajes, se interpreta como una sesión permanente a la diestra de Dios, no un período de sesión y espera, seguido de una batalla en la que Cristo estará activo. Sin embargo, es Dios el Padre quien le presenta a Cristo los frutos de la victoria; él es quien pone a los enemigos de Cristo bajo sus pies. En segundo lugar, el orden de los acontecimientos resulta más claro: Cristo ofrece el sacrificio de sí mismo; es elevado a la diestra de Dios, y allí permanece sentado indefinidamente ejerciendo su sumo sacerdocio (Sal. 110:4), de manera especial, con su intercesión (7:26-28).

Véanse Esteve; Du Plessis 231s.; Davies 1968; Loader 1978, 1981.15-21.

10:13. La Escritura confirma el triunfo de Cristo

El final del v. 12, a partir de ἐκάθισεν, y todo el v. 13, se basan en el Salmo 110:1, que, a pešar de ello, no se cita directamente; pero sí se observa una transición suave del hecho de la sesión de Cristo (ἐκάθισεν) al texto que la predice.

Τὸ λοιπόν*, aquí "en este respecto" (cf. 1Co. 4:2), señala la intención del autor de continuar la alusión al Salmo 110:4 que inició con las palabras anteriores.

Ἐκδεχόμενος pone de relieve el significado de ἕως. No implica una espera pasiva, sino una expectativa ansiosa como la que el autor les recomienda a sus lectores (cf. 11:10*; ἀπεκδέχομαι, 9:28); se anticipa ya la transición de la enseñanza a la parénesis (vv. 19ss.). En 𝔓¹³ se omite αὐτοῦ.

Τεθῶσιν, incluso sin las palabras del salmo ἕως ἂν θῶ (Heb. 1:13), podría identificarse como una perífrasis para la actividad de Dios. Por lo demás, el versículo del salmo se transpone simplemente de la segunda a la tercera persona. Al igual que ocurrió antes, su aplicación a Cristo se da por sentada.

10:14. El único sacrificio de Cristo posibilita el acceso continuo a Dios

Μιᾷ... προσφορᾷ: en algunos minúsculos, incluyendo 33 630 1881 2495, también bo, seguidos por Bengel, se lee la nominativa μία προσφορά, lo cual no es imposible, porque la iota como subíndice no aparecía en los unciales ni en los primeros minúsculos (Metzger 1981.27s.). El sujeto de τελειῶσαι en 9:9; 10:1; cf. 7:19, son los sacrificios; en el presente pasaje se contrastan los sacrificios y los sacerdotes, aunque en el v. 18 solo se menciona la ofrenda. Sin embargo, es preferible seguir el modelo del v. 12, donde Jesús, que es el sujeto implícito, se destaca más que el propio sacrificio.

Γάρ relaciona esta conclusión con los vv. 12s.

La razón para elegir προσφορά aquí y no θυσία parece puramente estilística: θυσία es el término que se mencionó más recientemente (v. 12), y el autor tal vez consideró que θυσία y προσφορά presentes en el Salmo 40[39 LXX]:6 = Hebreos 10:5 eran sinónimos.

En el presente pasaje, la προσφορά esencialmente es la muerte de Cristo, que se interpreta por analogía, y sobre todo en contraste, con los sacrificios veterotestamentarios, y en su nivel más profundo como un acto de suprema obediencia. Este acto se relaciona explícitamente con la exaltación de Cristo; el resto de su vida en la tierra, aunque no se excluye, no es el centro de atención en estos momentos (Hay 87; contrástese con Du Plessis 231s.).

Los vv. 12s. (especialmente si la frase εἰς τὸ διηνεκές en el v. 12 se asocia a lo que sigue) se ocuparon de la muerte y la exaltación del propio Cristo; el v. 14 habla de las consecuencia de este acontecimiento para los creyentes. Aquí, al igual que en otros pasajes de Hebreos (2:10), el verbo τελειόω implica el cumplimiento de la meta cristiana, a saber, el acceso a Dios que antes solo era posible para el sumo sacerdote. En Hebreos, el autor hace hincapié en el sacerdocio exclusivo de Jesús (Vanhoye 1980.242-247), y por tanto, no habla explícitamente del sacerdocio de todos los creyentes; pero aquí sí se acerca al tema, y usa un lenguaje que no solo es cultual (Bourgin 1959.79-81) sino también sacerdotal (Zimmermann 1977.116-125, en consonancia con G. Delling en *TDNT* 8.83s.). El tiempo verbal perfecto se une aquí a la frase que sigue para subrayar los efectos permanentes del sacrificio de Cristo.

Εἰς τὸ διηνεκές: Cristo tiene ahora acceso (v. 12) continuo e ininterrumpido al Padre, y comparte la autoridad a su diestra. En virtud de su único sacrificio, los cristianos, aunque están en la tierra, comparten ahora el mismo acceso permanente al Padre.

Τοὺς ἁγιαζομένους: véase 2:11. El valor del participio de presente, en aparente contraste con el perfecto ἡγιασμένοι en el v. 10, es objeto de controversia (MHT 1.127): ¿es atemporal (como creen Riggenbach, Bruce), iterativo ("los que de vez en cuando reciben la santificación"; improbable en el contexto) o durativo ("los que están en el proceso de la santificación", según Michel)? Las explicaciones más probables, no excluyentes entre sí, son (1) que el autor pensó que otra forma verbal perfecta aquí habría sido redundante; y (2) que el tiempo presente se usó para equilibrar las palabras anteriores y evitar la posible implicación de que los cristianos ya habían alcanzado su meta. "La santificación ha tenido lugar, pero sigue siendo una tarea" (Braun); "la apropiación de los efectos permanente de la acción de Cristo es una realidad presente continua" (Attridge). Ἁγιάζω y τελειόω se usan indistintamente en Hebreos (2:11). En 𝔓⁴⁶ aparece ἀνασωζομένους**, "los que están siendo salvos" (26x LXX), aquí por un error de transcripción (Attridge, contra Hoskier 27-30).

10:15-18. El nuevo pacto otra vez

El tema principal de Jeremías 31:33s. es la promesa del perdón que ha obtenido el sacrificio de Cristo que ha hecho que cualquier otro sacrificio resulte superfluo.

Una porción de la cita anterior de Jeremías (Heb. 8:8-12), hábilmente seleccionada y modificada, se repite aquí para concluir la parte doctrinal de la tercera división principal de la epístola (7:1–10:18) (Vanhoye 168f.), o, según Dussaut (88), la novena sección de la epístola (10:1-18), que, por consiguiente, comienza (10:5-7) y termina (10:16s.) con la escritura. Cualquiera de estos esquemas resulta más convincente que imponerle a Hebreos una división demasiado simplificada, más adecuada para algunas de las epístolas paulinas, en una parte doctrinal (1:1–10:18) y una parte parenética (10:19–13:25).

El pasaje de 10:11-14 constituyó una sección, en gran medida, independiente, y la conjunción δέ en el v. 15 marca una transición; la UBS³, por tanto, tiene razón, en contra de NA, cuando comienza aquí un nuevo párrafo. De todas formas, hay una división de primer orden después de 10:18; pero también hay vínculos, que se mencionan a continuación, entre los presentes versículos y la exhortación que sigue, y estos permitirán comprender mejor la razón de la enseñanza.

WH puntuó los vv. 15-18 como una sola oración, pero editores más recientes hacen del v. 18 una oración separada, sobrentendiendo algún verbo como γίνεται (cf. 9:22). De manera similar, el v. 15a (to ἅγιον) es una oración independiente. Algunos copistas añaden glosas correctas, remplazando la conjunción καὶ en el v. 17 por ὕστερον λέγει (0142 69 104 min. sir^h mg cop^sa fay arm), καὶ ὕστερον λέγει (241 462 1739), ὕστερον λέγει κύριος (1610), o τότε εἴρηκεν (1611 2005 2495 *pc* sir^h). Las traducciones modernas siguen el mismo camino: TEV v. 15, "Primero dice"; v. 17, "Y luego dice"; de manera semejante NRSV y la REB. Esto hace que el énfasis recaiga en la última línea de la cita, y por tanto, en el perdón. Esto es menos natural que la NJB, que toma la expresión λέγει κύριος del v. 16 como la introducción al resto de la cita. Es lógico considerar que el Espíritu Santo es el sujeto del verbo implícito (así lo creen Westcott, Moffatt, Spicq).

10:15. El Espíritu Santo habla en la Escritura

Μαρτυρέω: véase 5:9. En 3:7 se hace referencia al Espíritu Santo como el que da o transmite la Escritura, y en 9:8, de manera más general, como el que la revela. Dado que el Espíritu Santo no es un tema central en Hebreos, cabría esperar que esta fuera una enseñanza tradicional; pero la realidad es que al Espíritu Santo no se le menciona en ningún otro lugar del NT en las fórmulas que se emplean para citar la Escritura (1Jn. 5:6 no es una excepción), como sí ocurre en *1 Clemente 13:1*; cf. 16:2 (Hagner 1973.31). En forma similar, en 10:5 el que transmite la Escritura es Cristo, y en 1:5, por ejemplo, Dios.

Ἡμῖν relaciona al escritor con los lectores (cf. ἐσμέν en el v. 10 y προσερχώμεθα en el v. 22). De este modo, se prepara el terreno para la aplicación de la cita de Jeremías, más estrechamente que en el capítulo 8, a la situación de los lectores; el momento para una exhortación directa está cerca. El dativo se usa rara vez después del verbo μαρτυρέω con respecto a la persona a quien se da testimonio (Ap. 22:16, 18); es más común que se use respecto a la persona acerca de la cual se da testimonio (p. ej., Mt. 23:31; Jn. 3:26, 28; Hch. 10:43; Ro. 10:2; probablemente Gá. 4:15).

Λέγει κύριος en v. 16b, en opinión de algunos comentaristas (véase más adelante), apunta a otro hablante: "El Señor Jesús nos da testimonio en los vv. 5-7, el Padre en los vv. 12s., y ahora también el Espíritu Santo" (Braun; de manera similar Bleek, Michel, Riggenbach). Esto resulta innecesariamente difícil: (1) los vv. 5-7 están lejos; (2) el autor de Hebreos, al igual que Clemente (*1Clem.* 13:1, 2), pasa con soltura en las citas bíblicas de un hablante a otro; (3) no hay ninguna referencia al Padre como la persona que habla en la cita implícita en los vv. 12s.; (4) tal como indica el v. 18, el autor muestra más interés por el contenido de la cita que por el que dijo esas palabras (2:6). Por lo tanto, es mejor hacer una interrupción más enérgica después del v. 14, y parafrasear las palabras que siguen de la siguiente manera: "Además de todo esto [el argumento de los vv. 11-14, o los vv. 1-14], el Espíritu Santo nos da testimonio". (Para una función corroborativa diferente del Espíritu, cf. Ro. 8:16).

Τὸ πνεῦμα τὸ ἅγιον: véase 2:4 y el comentario anterior sobre el verbo μαρτυρέω. Al Espíritu ya se hizo referencia como el poder activo en el sacrificio de Cristo (9:14), y está estrechamente relacionado con ese sacrificio en la advertencia siguiente contra la apostasía (10:29).

Γάρ: la declaración general acerca del testimonio del Espíritu se justifica por la cita específica que sigue.

Μετὰ... τὸ εἰρηκέναι: cf. μετὰ τὸ λαβεῖν + un complemento, 10:26; sin duda μετὰ τὸ ἀποκτεῖναι, Lucas 12:5; μετὰ τὸ δειπνῆσαι, 1 Corintios 11:25; Bauer II.4b; BD §402 (3); MHT 3.143; siempre con respecto al tiempo, aunque aquí la forma verbal perfecta (cf. v. 9, εἴρηκεν) hace referencia al testimonio de la Escritura, y "después" se refiere a la secuencia en el pasaje citado. Kilpatrick considera que el infinitivo precedido del artículo es señal de un estilo educado. En el texto mayoritario (K L etc.) se lee

προειρηκέναι (4:7); pero al escritor le interesa más el cumplimiento presente de la profecía que el valor predictivo del propio texto (cf. La forma en que suele evitar las expresiones de lenguaje relacionadas con el cumplimiento).

10:16-17. El nuevo pacto predicho

Una vez más se cita Jeremías 31(38 LXX):33s. En cuanto a los problemas textuales, véase también 8:11s. El autor hace cambios adicionales en el pasaje que ya había citado: (1) en el v. 16a, τῷ οἴκῳ Ισραηλ se remplaza por πρὸς αὐτούς, facilitando así la aplicación del texto a los lectores, entre los cuales tal vez había algunos que eran gentiles (1:1). No hay, empero, ninguna discontinuidad entre el antiguo Israel y el nuevo; de hecho, ese tipo de lenguaje no se usa nunca en Hebreos. Sería bastante desproporcionado afirmar que πρὸς αὐτούς "desnacionaliza" la cita (Braun; de manera similar Theissen 73). (2) Καρδίας en el v. 16c, y διάνοιαν en el v. 16d, se invierten, tal vez simplemente porque el término más común se le ocurrió primero al autor. Thomas, en consonancia con Kistemaker, observa una conexión con los temas del "corazón" en los capítulos 3–4 y la "ley" en el capítulo 10; pero la realidad es que tanto καρδίας como διάνοιαν se relacionan aquí con la inscripción interior de la ley; y por otra parte, una ley interior no es el punto principal de esta cita. (3) La primera conjunción καί en el v. 17, aunque pertenece al texto, no funciona como parte de la cita, sino más bien como una introducción a la segunda sección de la misma, que en esta etapa del argumento del autor contiene su tema principal: el mensaje del perdón. Algunos testigos lo explicitan; véase la introducción a los vv. 15-18. De manera similar, καὶ πάλιν (dos veces) en 2:13; τότε εἶπον en 10:7; hacen más enfática la segunda o última parte de una cita. (4) Las dos mitades de Jeremías 31:34 aparecen condensadas, καὶ τῶν ἀνομιῶν αὐτῶν se añade para compensar la omisión de ὅτι ἵλεως ἔσομαι ταῖς ἀδικίαις αὐτῶν. Es probable que la expresión más condensada tenga por objeto dar énfasis; también es posible que la referencia a las ἀνομίαι haga recordar el rompimiento de un pacto basado en regulaciones jurídicas (cf. ἐνετείλατο 9:20), pero este no es el punto principal en el presente contexto. (5) El aoristo de subjuntivo μνησθῶ (que aparece aquí en $\mathfrak{P}^{46}$, por asimilación a la LXX y/o Heb. 8:12) se remplaza por el futuro de indicativo μνησθήσομαι en $\mathfrak{P}^{13}$ ℵ* A C D* 33 81 1739 1834 1881 1912. Esto a veces se considera más enfático: "Nunca en el futuro más lejano recordaré sus pecados contra ellos" (Vaughan 196, citado por K. J. Thomas 1959.55); pero MHT 1.190 describe el uso de un futuro después de οὐ μή (que en cualquier caso, de por sí es enfático) como "una... construcción agonizante" sin ninguna "diferencia obvia de significado" (así opina Braun). El efecto acumulable de estos cambios adicionales es reforzar la aplicación del texto a los lectores; el énfasis es mayor (como en 12:20), pero no hay ningún radical en el significado.

Entre las variantes menores de los copistas se encuentran las siguientes: en el v. 16, δέ después de αὕτη en $\mathfrak{P}^{13}$ D*,2 f vg Ambrosio; καρδίαν en lugar de καρδίας en 81 104 181* 917 1827 1834, asimilándose al TM o a διάνοιαν en el v. 16d; en sentido inverso, τῶν διανοιῶν, asimilándose a καρδίας, en D¹ L Ψ 326 𝔐. Ἁμαρτιῶν y ἀνομιῶν se trasponen en 257 1827 para armonizar con 8:12. En el v. 17, en $\mathfrak{P}^{13}$ vid, 46 D* 33 104 1739 *pc* se omite αὐτῶν.

10:18. El final del sacrificio

El sacrificio de Cristo logra su fin con el perdón de los pecados; los sacrificios de animales no cumplen ya ninguna función.

Una comparación con 8:13 muestra hasta qué punto ha progresado el argumento, gracias, en gran medida, a la cita y exposición del Salmo 40:6-8. En 8:13, se hizo hincapié en la muerte del antiguo pacto; aquí, en el logro nuevo y definitivo de Cristo.

La ausencia de un verbo (véase la introducción a los vv. 15-18) le da al versículo la forma de un aforismo. En lo que respecta al contenido, constituye una conclusión, no solo o principalmente para la cita de Jeremías, sino también para todo el argumento anterior, al menos a partir de 10:1. Así como en 9:20, la cita de Éxodo 24:8 acerca de la sangre del (antiguo) pacto estaba fusionada (2:17) en la mente del autor con la institución que hizo Cristo del nuevo pacto, así también aquí el perdón al que se refirió Jeremías se fusiona con la ofrenda de la que habló Cristo en el Salmo 40:4-6 (= Heb. 10:5-7). El agente de esta fusión es el acontecimiento histórico de la muerte de Cristo (10:12), que confirmó y a la que le dio un efecto permanente su exaltación por parte de Dios a su diestra conforme a las Escrituras (vv. 12s.).

Ὅπου (6:20) probablemente es una conjunción lógica que "indica" las circunstancias que dan como resultado lo que se lee en la cláusula principal" (Bauer 2a), "en la medida en que" (BD §456[3]). La referencia original y más común al lugar también puede estar presente; cf. πρὸς αὐτούς (v. 16), es decir, en la comunidad de los creyentes.

Δέ es una conjunción continuativa (Bauer 3), no adversativa (Hagner).

Ἄφεσις: véase 9:22, resumiendo la expresión οὐ μὴ μνησθήσομαι ἔτι en el v. 17.

Τούτων, obviamente τῶν ἁμαρτιῶν... καὶ τῶν ἀνομιῶν; pero la omisión del pronombre αὐτῶν posibilita la aplicación a los lectores. En ℵ* b r se omite τούτων.

Οὐκέτι = οὐ μὴ... ἔτι, pero las palabras que siguen amplían el significado haciendo recordar los vv. 5-10. La condensación de la idea resulta llamativa: no hay nada que pruebe que el autor se interesara por los sacrificios paganos, su intención aquí, más bien, es indicar que ya no hay cabida ni para los repetidos sacrificios judíos de animales (cf. 8:13; 9:10; 10:11), ni para que Jesús vuelva a ser sacrificado (cf. 9:25s.). Una consecuencia negativa se extraerá casi de inmediato: puesto que no queda más sacrificio por los pecados (v. 26), no es posible volverse de la apostasía. Al igual que en otros pasajes, προσφορά y θυσία se usan indistintamente.

Προσφορά: 10:5; ἁμαρτία: 1:3. Περί = ὑπέρ en el v. 12 (BD §229[1]; Schelkle 132-134; Kutsch 1977.284-286).

EXHORTACIÓN FINAL (10:19-39)

La división central de la epístola (5:11–10:39), termina del mismo modo que comenzó, a saber, con una sección de exhortación. Vanhoye (228-230; cf. 124-182) señaló numerosos puntos de contacto entre 5:11–6:20 y la presente sección, incluyendo (v. 19) εἴσοδος (cf. 6:19, εἰσέρχομαι); Ἰησοῦς, 6:20; (v. 20) καταπέτασμα, 6:19; (v. 21) ἱερεὺς μέγας (cf. 6:20, ἀρχιερεύς); (v. 22) πληροφορία, 6:11; (v. 23) ἐλπίς, 6:18; (v. 24) ἀγάπη, 6:10; ἔργα (cf. 6:10, ἔργον); (v. 32) φωτισθέντες, cf. 6:4. También hay paralelismos estrechos no verbales entre las advertencias contra la apostasía en 6:4-6 y 10:26-31. Un elemento de especial interés es la referencia en 6:12 a "los" que obtuvieron lo que Dios prometió. En el contexto inmediato se menciona únicamente a Abraham; la lista solo se completará en el capítulo 11.

Existen también puntos significativos de contacto con el comienzo de la segunda división principal (4:14-16): una enfática referencia a Jesús (4:14; 10:19f.), al reconocimiento de Jesús como sumo sacerdote (4:14; 10:23) y al acceso a Dios (προσερχώμεθα, 4:16; 10:22). Estos puntos de contacto ilustran el progreso del argumento en los capítulos intermedios: el pasaje de 4:14-16 prepara la presentación de Jesús como sumo sacerdote, mientras que 10:19-31 extrae consecuencias de ella; el propio paso de Jesús a través de los cielos (4:14) abrió el camino para los creyentes (10:20) (Zimmermann 1977.203).

Estos vínculos se complementan con puntos de contacto con la sección doctrinal precedente (véase más adelante). La presente sección está delimitada por la inclusio formada por referencias a la παρρησία en los vv. 19 y 35. Existen también conexiones entre esta sección y los capítulos que siguen, especialmente entre los vv. 36-39 y el capítulo 11, y entre los vv. 19-25 y 12:1-3.

La opinión generalizada con respecto a la presente sección es que los vv. 19-25 constituyen una exhortación general, y los vv. 26-31 una advertencia. Vanhoye divide el pasaje restante al final del v. 35, mientras que Dussaut (91-96) no lo hace. En defensa de una división después del v. 35 podría alegarse la inclusio de παρρησία y el hecho de que los vv. 36-39 guardan una relación más estrecha con el capítulo siguiente que los vv. 32-35. A esa división se opone la gramática y el hecho de que la segunda sección (negativa) y la tercera (positiva) concluirían entonces con apelación al AT.

El desacuerdo ilustra la suavidad de las transiciones del autor.

10:19-25. Acerquémonos y mantengámonos firme

El efecto retórico acumulable de esta larga oración expresa la intensidad del ruego del autor (cf. 12:18-24), parte de la cual se pierde en el análisis lógico o gramatical. Hay oscuridades en los detalles que se discutirán más adelante, pero la construcción general de la oración es la siguiente:

```
                             ┌─ libertad para entrar en el santuario
Por cuanto tenemos           │
                             └─ un sumo sacerdote

Debemos               acercarnos
                           purificados
                           lavados
                      mantener firme
                      considerarnos unos a otros
                           no dejar de congregarnos
                           sino exhortarnos unos a otros.
```

Véanse Schmitz 275-277; Flew 88s.; Leonard 1939.232-242; Poschmann 44-48; Marchant; Dahl 1951; W. Hahn; Richardson; Flemington 98s.; Schierse 1955.210-215; Betz 1961; Nauck 1960; Moule 1966; Nomoto 1965.195s.; Glombitza; Bruce 1969b.10s.; I. H. Marshall 1969; Hofius 1970c; Sandvik 101-

107; Hofius 1972; Giles 1973; Johnsson 1973.454; Hagen 1974.114f.; Pelser; Weeks; Andriessen 1977.42-49; Zimmermann 1977.203-218; Daly 105-107, 276-278; G. W. McRae; Vanhoye 1980.249-259; Feld 1987.3577-3579; Mugridge.

10:19. Tenemos libre acceso al lugar santísimo de Dios

Esta es la primera de las dos razones en las que el autor se basa para hacer las exhortaciones que siguen:

Ἔχοντες, cf. 4:14; 12:2, es causal: "por cuanto" o "puesto que tenemos ..." (MHT 3.157; BD §418[1]; Nauck 1960.203).

Οὖν es la conjunción "οὖν parenética" (Nauck 1958; Bauer 1b), que extrae una conclusión de todo el argumento anterior; de 8:1 sin duda, y tal vez de 4:14.

Ἀδελφοί (véase 2:11; cf. 3:1, 12), que se usa con moderación en Hebreos, funciona como un marcador discursivo, para llamar la atención sobre un giro importante en el discurso, y como un llamado a la solidaridad característica de los cristianos, en el marco de la cual se asentará la advertencia de los vv. 26ss.

Παρρησία (3:6; 4:16) posee sin duda un aspecto subjetivo, relacionado, al menos en forma indirecta, con el aliento mutuo dentro de la comunidad cristiana (vv. 24s.). Una traducción puramente subjetiva como "confianza" (NRSV, NJB, NIV, LBLA, NBLA, cf. NEB "atrevimiento") es, sin embargo, inadecuada; sería mejor "completa libertad", TEV; "derecho de entrar", JB; "entrada libre", REB "libre acceso", *BHD*; cf. "libertad de acción", LSJ *s.v.* 3; Braun *(Ermächtigung);* Lane "autorización". La libertad de acceso es una realidad presente (ἔχοντες); a pesar de ello, es necesario exhortar a los lectores (v. 35) a aferrarse a los privilegios que Cristo ha obtenido para ellos (cf. la tensión entre el presente y el futuro en 7:25). La conjetura πάρεσιν (Sahlin 85; Ro. 3:25***) no es nada encomiable.

Εἰς: "ir" está implícito, al igual que en Mateo 20:1; cf. Romanos 8:21; Bauer 7

Εἴσοδος se usa en forma literal para referirse a una entrada (Hch. 13:24); por extensión, a la llegada de Pablo y sus compañeros a Tesalónica (1Ts. 1:9; 2:1); y a la entrada en el reino de Cristo en 2 Pedro 1:11** (véanse W. Michaelis en *TDNT* 5.103-109; Bauer 1; BD §183). Aquí se relaciona, tanto en el significado como en la forma, con ὁδός en el v. 20, pero los dos términos no son sinónimos. En el AT griego, εἴσοδος no se usa para referirse a la entrada en el tabernáculo del desierto; pero sí a la entrada en la casa de Dios en 2 Reyes (4Re.) 23:11, y también se emplea con respecto a la entrada terrenal del templo en Filón, *Spec. Leg.* 1.261; Jos. *Ant.* 19.332. Aparece en Ezequiel 44:5, en un contexto relacionado con la rebelión de Israel, la profanación del antiguo templo (cf. Heb. 10:29) y la inauguración de un nuevo templo mesiánico (v. 20); y también en Isaías 66:11, en el contexto de una asamblea general de Israel en Jerusalén (cf. Heb. 11:25; 12:18-24).

Τῶν ἁγίων, como en 9:12, cf. 9:8, alude al santuario celestial sin hacer distinción entre sus partes, no solo al santuario exterior; el significado "cosas santas" (Glombitza 134) es imposible aquí. El acceso a Dios que tienen los creyentes por medio de Cristo no dista mucho del que el propio Cristo alcanzó (cf. el tema del Hijo y los hijos, véase 2:10s.).

Ἐν τῷ αἵματι Ἰησοῦ; ἐν es una preposición de instrumentación (Bauer III.1a). Αἷμα: 2:14 de Cristo; 9:12 con εἰσῆλθεν; 9:14, 28. El pasaje anterior (especialmente 10:10) mostró ampliamente que la sangre de Cristo es inseparable de su sacrificio voluntario; pero en sentido contrario, la analogía con los sacrificios del AT, y las circunstancias históricas de la muerte de Jesús, exigen la referencia, no solo a su cuerpo (v. 10), sino también a su sangre.

Ἰησοῦ (véase 2:9), como de costumbre, es enfático (cf. v. 10); el nombre no volverá a usarse en forma aislada hasta 12:2, en un regreso similar a la exhortación.

10:20. Por medio de la ofrenda de sí mismo Cristo ha abierto un nuevo camino hacia la vida

Ἥν se refiere a εἴσοδον (v. 19), no a παρρησία (Riggenbach); y se define como ὁδὸν πρόσφατον καὶ ζῶσαν. Al igual que en otros pasajes (2:17), el punto más importante de la oración se encuentra dentro de una cláusula subordinada.

Ἐνκαινίζω (véase 9:18**) se usa para referirse a la toma de posesión o la entrega de algo para que sea usado, y por ende, en la inauguración de un reino (1Sa. [1Re.] 11:14) la dedicación de una casa (Dt. 10:5), o especialmente, del templo (1Re. [3Re.] 8:63; 2Cr. 7:5; 1Mac. 4:36, 54, 57) y sus utensilios (2Cr. 15:8); cf. ἐγκαίνια (Jn. 10:22). En Hebreos 9:18 se empleó con respecto a la inauguración del antiguo pacto (e implícitamente, al igual que el nuevo pacto) con sangre. El lenguaje es litúrgico, a incluso festivo (cf. Is. 41:1; 45:17).

Ἡμῖν es un dativo de ventaja (BD §188), e implica "para nuestro beneficio".

Ὁδός se entiende mejor, a la luz del contexto inmediato y más amplio, si se considera prácticamente sinónimo de εἴσοδος; es decir, el "camino" es una metáfora espacial que literalmente denota el acceso a la presencia de Dios que Jesús logró como nuestro πρόδρομος (6:20). Jesús no se identifica, al igual que en Juan 14:6, como el camino, aunque la expresión joánica puede haberse originado en un lenguaje semejante al del presente versículo (véase W. Michaelis en *TDNT* 5.75-78). La descripción del cristianismo como "el camino" (Hch. 9:2; 22:4; 24:14) guarda una relación menos estrecha; y más distantes aún están las asociaciones gnósticas (a pesar de Käsemann 1984.209s., 225; cf. Schenke 1973, especialmente 426). Este medio de acceso se describe como πρόσφατον καὶ ζῶσαν. Πρόσφατος** se deriva de προ + σφάζω/σφάττω, matar con antelación, sobre todo para el sacrificio. Si bien resulta tentador forzar la metáfora del sacrificio aquí (así piensa Boisaca), πρόσφατος se aplica a una variedad tan amplia de objetos "nuevos" y acontecimientos "recientes" (LSJ) que es preferible considerar que se trataba de una metáfora muerta antes del período neotestamentario (así opina Bleek). El adverbio προσφάτως aparece con el significado de "recientemente" en Hechos 18:2**, al igual que en Judit 4:3, 5, en un pasaje en el que el sumo sacerdote (ὁ ἱερεὺς ὁ μέγας, vv. 8, 14; cf. Heb. 10:21) guía a Israel, amenazado por una invasión, en oración para que el templo que recientemente había vuelto a dedicarse (vv. 3, 12; cf. ἐνκαινίζω en el presente versículo) no pueda ser profanado. En forma similar, en 2 Macabeos 14:36, los sacerdotes judíos oran para que el templo recién purificado (τὸν προσφάτως κεκαθαρισμένον οἶκον), amenazado ahora por el sacerdote apóstata Alcimus, no sea profanado. Véase C. Maurer en *TDNT* 6.767. El "camino" se describe también como "vivo", al igual que Dios (3:12; 9:14; 10:31; 12:22) y su palabra (4:12). "Vivo" implica "vivificante": Cristo nos abrió una vía de acceso a Dios, y por ende, a la vida (eterna). De manera semejante, ὅδος ζωῆς (Hch. 2:28 = Sal. 16:11). Para metáforas similares cf. "piedra viva", 1 Pedro 2:4; "pan vivo", Juan 6:51.

La construcción y el significado del resto del versículo plantean diversos problemas relacionados. No hay ninguna razón, junto con Holsten y Buchanan (cf. Schenke 1973.427), para eliminar las palabras τοῦτ' ἔστιν τῆς σαρκὸς αὐτοῦ considerándolas una glosa: las expresiones que comienzan con τοῦτ' ἔστιν son típicas de Hebreos (véase 2:14). Los verdaderos problemas son los siguientes: (a) ¿la frase "de su carne" debe combinarse con "velo" o con "camino"? (b) ¿debe tomarse el κατάπετασμα en sentido negativo como un obstáculo, o en sentido positivo como un medio de acceso? (c) ¿debe atribuírsele a la conjunción διά un sentido locativo o instrumental?

(a) Muchos comentaristas, incluyendo a Ecumenio, Erasmo, Lutero, Attridge y Lane, identifican la "carne" con el "velo"; así RVR, NVI, LBLA, NRSV, NJB, nota de la REB, TEV "a través de la cortina, es decir, a través de su propio cuerpo". Los argumentos lingüísticos a favor de esto son: (i) el orden de las palabras: καταπετάσματος está más cerca de σαρκός que ὁδόν, y (ii) el caso: es normal que τοῦτ' ἔστιν una dos elementos que tienen el mismo caso (Jeremias 1971); por ende, cabría esperar τὴν σαρκὰ αὐτοῦ si el antecedente fuera ὁδόν. El punto de vista contrario lo adoptan Westcott, Andriessen-lenglet 1970, Young 1973b (seguido por Spicq SB), Zimmermann, Héring, Montefiore y Buchanan; así el texto de la REB "el camino nuevo y vivo que él nos abrió a través de la cortina, el camino de su carne". Los principales argumentos a favor de esto son teológicos y no lingüísticos, y están relacionados con el problema (b).

(b) La duda con respecto a si κατάπετασμα debe interpertarse como un obstáculo o como un medio está relacionada con tres temas secundarios.

El primero es la relación que guarda este versículo con los relatos sinópticos de la rasgadura del velo del templo (Mr. 15:38∥). Las opiniones respecto a esta relación difieren: Braun niega cualquier conexión, mientras que Michel afirma que sí existe una relación pero que ambas cosas son claramente diferentes. Parece difícil atribuir a una simple coincidencia la correlación entre la muerte de Cristo y la rasgadura del velo; las diferencias en cuanto al contexto y al lenguaje son tan grandes que tal vez sea mejor pensar en una tradición subyacente común y no que el presente versículo dependa directamente de los relatos sinópticos.

En segundo lugar, los que, en consonancia con Käsemann 1984, observan una influencia gnóstica en Hebreos suelen considerar que el κατάπετασμα es equivalente a la carne de Jesús y les atribuyen a ambas cosas un sentido negativo. "Así, pues, Jesús, al recorrer el camino hacia el tabernáculo celestial, deja atrás su carne, como la primera parte del tabernáculo y el velo" (Braun, citando paralelismos mandeanos). Schmithals (1984.142s.), que normalmente es cauteloso con respecto a la influencia gnóstica en Hebreos, cuando se enfrenta a este texto problemático no excluye la posibilidad de que τοῦτ᾽ ἔστιν τῆς σαρκὸς αὐτοῦ sea una glosa (cf. Schenke 1973, de conformidad con Holsten).

El tercer tema es el significado de σάρξ (véase 2:14; cf. 5:7) en este contexto.

La mayor parte de los que piensan que el καταπέτασμα es un medio de acceso suelen considerar que la "carne" representa la naturaleza humana de Cristo (así Westcott; Schierse 1951; F. F. Bruce discrepa); eso mismo opina Braun, que piensa en la "existencia humana material" de Cristo como un obstáculo que tiene que dejar atrás, e igualmente considera que el término "carne" alude a la humanidad de Cristo. En Hebreos, σάρξ no se usa para referirse a la encarnación independientemente de la ofrenda de Cristo de sí mismo (10:5), y las formulaciones posteriores de la cristología de las dos naturalezas, a las que se alude anticipadamente en Hebreos, no deben forzarse para adaptarlas a textos particulares. De todas formas, una referencia a la eucaristía (que sí observan Teodoreto, PG 82.752B; Delitzsch; Westcott; y Glombitza) resulta ajena al contexto, por no decir a la epístola en general (así piensan Braun, Schröger 1968.170, Williamson 306s.); el uso de aoristos sugiere que se trata de un evento que no se repite. Calvino y Teodorico procuran hallar una posición intermedia que F. F. Bruce (al que cita P. E. Hughes) exploró más detalladamente: "El velo que, desde un punto de vista, mantenía separados a Dios y al hombre, puede considerarse, desde otro punto de vista, que los une a ambos; porque era uno y el mismo velo el que por un lado estaba en contacto con la gloria de Dios y por el otro lado con la necesidad de los hombres. Y por su muerte, podría añadirse, el "velo" de su carne se desgarró y, a través de él, fue consagrado el camino nuevo por el que el hombre puede acercarse a Dios". Sin embargo, existe una tensión entre las dos partes de esta explicación. Parte del problema es que la referencia al velo es muy fugaz.

Podría darse un paso hacia una solución si se distingue entre la imaginería del velo y la realidad a que se refiere. La imaginería obviamente (cf. 9:3) es la del velo entre las dos partes del tabernáculo, a través del cual el sumo sacerdote pasa una vez al año. El autor de Hebreos considera que este es un obstáculo que impide que la gente tenga acceso a Dios. La realidad es Cristo, que en virtud de la ofrenda de sí mismo fue exaltado de su existencia terrenal a un lugar a la diestra de Dios. En relación con esta realidad, al "velo" no debe atribuírsele el ser un medio de acceso en sí mismo, sino el hecho de no constituir una barrera para el que ha sido debidamente designado por Dios para ejercer el oficio de sumo sacerdote en la nueva dispensación.

(c) Esta solución parcial no responde la pregunta de si a la conjunción διά debe adjudicársele un sentido locativo o instrumental. En lo que respecta a la imaginería del velo, es claramente locativa: el sumo sacerdote pasa "a través" del velo. Una segunda conjunción διά parece sobrentenderse antes de τῆς σαρκός (de hecho, se añade en D r). Los esfuerzos que se han hecho para adjudicarle también a esta un sentido locativo son poco convincentes: ¿sería acaso posible decir que Jesús pasó "a través de" su propia carne? N. H. Young 1973b (quien, no obstante, identifica σάρξ con ὁδός) ha defendido de manera convincente, aquí y más claramente en

9:11s. donde διά se repite, la existencia de un "deslizamiento" del sentido de διά de locativo a instrumental (cf. Hofius 1970). El argumento en contra de Braun, de que en este caso la preposición sí debía repetirse, no es convincente; los textos a los que hace referencia (Ro. 2:28d.; 4:25; 11:28) no implican un cambio en el significado, y en 9:11s. la complejidad de la oración hace que la repetición de διά resulte esencial. Hay dificultades tanto de un lado como de otro, pero tal vez sea preferible suponer un cambio de un significado bien confirmado de διά por otro, y no atribuirle a σάρξ un significado totalmente improbable, o ajeno a Hebreos, o ambas cosas. La διά instrumental, que hace referencia a la carne de Cristo, es el complemento y el equivalente de la preposición de instrumentación ἐν del v. 19, que se refiere a la sangre. Lane (273), por consiguiente, traduce: "a través de la cortina (es decir, por medio de su carne)".

¿Cuál es entonces el significado de este versículo? Por medio de la ofrenda de sí mismo, Cristo hizo por nosotros de manera perfecta y real lo que los sumos sacerdotes levíticos hacían imperfecta y figuradamente: obtuvo acceso por un camino nuevo al Dios vivo, no solo para sí mismo, sino para todos los que a través de él participan de la vida de Dios. Además de la bibliografía sobre los vv. 19-25, véanse Jeremias 1971; Laub 1980.177-185; W. Michaelis en *TDNT* 5.75-78.

10:21. Tenemos a Jesús como sumo sacerdote sobre el pueblo de Dios

Desde el punto de vista gramatical, hay un zeugma incómodo entre ἔχοντες… παρρησίαν y ἱερέα μέγαν; pero en lo que respecta al significado, la transición es más suave, porque la sangre de Jesús es el tema del v. 19b, y el tema del v. 20 es el propio Jesús. Este corto versículo es una síntesis de 4:14-16 (cf. 3:6):

4:14-16	10:19, 21-22	3:6
ἔχοντες οὖν	ἔχοντες οὖν	
ἀρχιερέα μέγαν ...	ἱερέα μέγαν	
	ἐπὶ τὸν οἶκον	ἐπὶ τὸν οἶκον
	τοῦ θεοῦ,	αὐτοῦ
προσερχώμεθα ...	προσερχώμεθα ...	

La semejanza, de hecho, es mayor de lo que muestran estos paralelismos verbales. En 4:16, al igual que en 10:19, se hace referencia a la παρρησία. De manera más general, hay una fusión (2:17) entre los conceptos de Cristo como supremo gobernante sobre (ἐπί, 3:6) el pueblo de Dios y como sumo sacerdote (en forma similar 1Mac. 13:42, "gran sumo sacerdote y gobernante [στρατηγός] y líder de los judíos"; cf. Williamson 130-132, 4:14). Ya en 2:17b, la descripción de Cristo como "misericordioso" sumo sacerdote concuerda mejor con la imagen veterotestamentaria del gobernante como un buen pastor de su pueblo (Is. 63:11 con respecto a Moisés; cf. Heb. 3:2-5; S-B 1.755, 972; 2.209, 536, 538 etc.; J. Jeremias en *TDNT* 6.485-582, aquí 487-489, 494); un lenguaje similar se repite en 4:14-16, y al propio Jesús se le llama "gran pastor de las ovejas" en 13:20.

Ὁ ἱερεὺς ὁ μέγας es la expresión que habitualmente se usa en la LXX para referirse al "sumo sacerdote" (p. ej., 2Re. (4Re.) 12:10 con respecto a Joiada; 22:4, 8; 23:4; 2Cr. 34:9 con referencia a Hilcías; Hag. 1:1; 2:2s. a Josué; también ἱερεὺς ὁ μέγας, Sir. 50:1; ἱερεὺς μέγας, 1Mac. 12:20. No hay ninguna razón para observar, como Riggenbah, una diferencia de significado entre ἱερεὺς μέγας aquí, ἀρχιερεύς en general e incluso ἀρχιερεὺς μέγας en 4:14. La elección de ἱερεὺς μέγας aquí podría sugerir relaciones veterotestamentarias, especialmente con las dos apariciones en el Pentateuco de la expresión: Lv. 21:10, donde al sumo sacerdote curiosamente se le describe como τετελειωμένος (cf. Heb. 2:10; 5:9; 7:28 con referencia a Cristo); y de manera especial Números 35:25, 28, 32, con respecto al pecado deliberado (cf. Heb. 10:26) y accidental (cf. Heb. 5:2); tal vez también Zacarías 6:12b, 13a, [Ἰησοῦς] οἰκοδομήσει τὸν οἶκον κυρίου, καὶ αὐτὸς ... καθίετει ἐπὶ τοῦ θρόνου αὐτοῦ, καὶ ἔσται ὁ ἱερεὺς ἐκ δεξιῶν αὐτοῦ, que se interpreta de manera incorrecta como "[Jesús] edificará la casa de Dios, y será el sacerdote [cf. Heb. 5:6 = Sal. 110:4] a la diestra de Dios". Sin embargo, en este pasaje, a Ἰησοῦς se le identifica con Josué, hijo de Josadac, y el autor de Hebreos no muestra ningún interés por la edificación de una "casa del Señor" material. Cf. también Isaías 6:1, 4 (Klinzing 200), donde, no obstante, no se hace referencia a ningún sacerdote.

Después de la declaración explícita en 3:6 "... cuya casa somos nosotros", la principal referencia en el presente versículo debe ser al pueblo de Dios, sinónimo de "nosotros" en el v. 20; no al santuario celestial, como en Bauer *s.v.* 1.αβ. El contexto inmediato alude tanto a la comunidad de creyentes aquí en la tierra (v. 25a) como a una esperanza escatológica que pronto se cumplirá (v. 25b). El pueblo de Dios es uno solo en el cielo y en la tierra (cf. 11:39s.), unidos por Cristo, el cual ya entró en el santuario celestial (v. 19) como πρόδρομος (6:20) de los creyentes. En cuanto al concepto de la casa de Dios, cf. también Efesios 2:19; 1 Timoteo 3:15.

10:22. ¡Acerquémonos pues!

Los lectores deben aprovechar la oportunidad de tener acceso a Dios que el sacerdocio y el sacrificio de Cristo han hecho posible.

La transición de la enseñanza a la exhortación ocurre de manera casi imperceptible; TEV, tras haber dividido la oración después del v. 21, comienza correctamente el v. 22 con "así pues"; de manera similar la REB. Προσερχώμεθα es el primero de una serie de imperativos de la primera persona del plural (cf. κατέχωμεν, v. 23; κατανοῶμεν, v. 24) que gradualmente van tornándose más específicos, y dan lugar, a su vez, a una exhortación dirigida particularmente a los lectores en el v. 25. El indicativo προσερχόμεθα (𝔓⁴⁶* D K L P y muchos minúsculos), aunque está sólidamente confirmado, surge de la confusión muy común entre las vocales homófonas ω y ο (4:16); en 𝔓⁴⁶* también se añade γάρ). Προσέρχομαι se usa aquí en sentido absoluto, al igual que en 10:1, pero a partir del argumento del capítulo 9 queda claro que está implícita la frase "a Dios" (7:25; 11:6; cf. 4:16; 12:22; 7:19, ἐγγίζω τῷ θεῷ, es un sinónimo); cf. Levítico 21:17, 21 en sentido absoluto, con respecto a la adoración; 22:3, πρὸς τὰ ἅγια; cf. Thüsing 1965. El significado no es simplemente "que nuestra adoración sea pura", sino "puesto que por el sacrificio de Cristo hemos sido purificados del pecado, disfrutemos del acceso a Dios que esto ha hecho posible". En el v. 25 el acceso a Dios en la adoración debe interpretarse en función de la de los creyentes en sentido colectivo.

Μετὰ ἀληθινῆς καρδίας; ἀληθινός aquí sugiere fidelidad y estabilidad, no como en 8:2; 9:24* donde implica algún tipo de contraste con un simple reflejo. (Ἀληθής no se usa en Hebreos). La frase "un corazón sincero" no es común en la Biblia griega, aunque cf. Isaías 38:3, respecto a la fidelidad de Ezequías a Dios, y el *Test. Dan* 5:3 (un pasaje que se ocupa, como Hebreos, del peligro de la apostasía, [v. 4]), con referencia al amor entre hermanos. "Corazón sincero" forma parte de un gran grupo de expresiones de las que el autor se vale para desarrollar su exhortación fundamental a la estabilidad en la fe; cf. πληροφορία πίστεως aquí; βέβαιος (2:2); παρρησία (3:6); ὑπόστασις (3:14); κατέχω (3:14), cf. 10:23; ἀσφαλής (6:19).

A lo largo de este pasaje hay un contraste implícito entre el antiguo estado pecaminoso de los lectores (al que, según sugieren los vv. 23-25, algunos pueden volver) y su estado actual como individuos limpios de pecado y, por ende, aptos para acercarse a Dios (3:8 = Sal. 95:8; Heb. 3:12).

Πληροφορία, aquí "plena certidumbre" y no "plenitud" en general; véase en 6:11* "con respecto a la esperanza" (cf. 10:23); aquí con respecto a la "fe". El presente pasaje se torna cada vez más prospectivo, y por ello, la fe y la esperanza están estrechamente relacionadas, al igual que la fe y la confesión (ὁμολογία, v. 23). Véanse G. Delling en *TDNT* 6.310s.; Spicq 1978.707-709; Lane traduce "plenitud"; Attridge "abundancia."

Del mismo modo, las dos expresiones que siguen, "nuestros corazones purificados de mala conciencia" y "nuestros cuerpos lavados con agua pura", deben considerarse unidas, y no contrastantes, como en 1 Pedro 3:21 (οὐ σαρκὸς... ἀλλὰ συνειδήσεως). Crisóstomo observó aquí un contraste similar con los ritos levíticos de purificación: ἐκεῖνοι τὸ σῶμα ἐρραντίζοντο, ἡμεῖς δὲ τὴν συνείδησιν, pero en el presente pasaje, al igual que en 1 Corintios 6:11; Efesios 5:26; Tito 3:5, se mezclan la purificación exterior con la interior, y no se ocupa en este momento de mostrar las deficiencias de la antigua dispensación. Es probable que el autor haya tenido en cuenta los lavamientos veterotestamentarios, como tal vez en 6:2, al expresar su pensamiento acerca del corazón y el cuerpo purificados del cristiano (cf. Ex. 29:4 sobre la ordenación; 30:19-21; 40:32 [no la LXX]; Lv. 14:9; 15 *pássim*; 16:4, 24; 17:5s. con respecto al día de la expiación; Ez. 36:25s.). El corazón y el cuerpo (10:5 = Sal. 40:7; Heb. 10:10) representan por igual a toda la persona; no debe considerarse que la conjunción "y" indica una información nueva. El lenguaje tocante al rociamiento y a la limpieza (λύω*) es común a ambos. Λύω en este contexto es simbólico, tal vez un término litúrgico (Thyen 1971.210), (cf. Jn. 13:10; Ap. 1:5 *v.l.*). Ἀπό denota separación (BD §211). Συνείδησις: véase 9:9. Πονηρός: véase 3:12, allí también con referencia al corazón. Casi todos los comentaristas, con la llamativa excepción de Calvino (cf. Lang), ven aquí una referencia al bautismo, y en ese caso, el participio perfecto reduplicado ῥεραντισμένοι (𝔓⁴⁶ ℵ* A C D* P 38 etc.; BD §68; MHT 2.100; ℵ² D² K L Ψ min. En Teodoreto y en el texto mayoritario se lee ἐρραντισμένοι; 33 69 (ἐραντισμένοι) se referirán a sus efectos permanentes. La prueba más sólida a favor de una referencia al bautismo es la relación entre el lavamiento aquí y la confesión en el v. 23. El lenguaje no es típico de Hebreos y tiene muchos puntos de contacto con otras partes del NT. Efesios 5:26 relaciona "el lavamiento con agua" con "la palabra"; Tito 3:5 presenta "el lavamiento de la regeneración" junto con la "renovación por el Espíritu Santo"; en 1 Corintios 6:11, Pablo les dice a sus lectores que han sido "lavados", "santificados" y "justificados" por el nombre de Cristo y el Espíritu de Dios; cf. 2 Pedro 1:9. La referencia al bautismo en Jn. 13:10 resulta dudosa. En *1 Clemente* 8:4 se cita a Isaías 1:16 con referencia al arrepentimiento, no al bautismo. Filón, *Cher.* 28 (al que cita Moffatt 145) alega que el lavamiento corporal no sirve para nada si el alma no está limpia; cf. 1QS 3: "cuando la carne [de un hombre] es rociada con el agua que purifica y santificada por el agua que lava, quedará limpia si su alma se somete humildemente a todos los preceptos de Dios" (Vermes 1975.75, cf. 45). Ῥεραντισμένοι τὰς καρδίας... λελουσμένοι τὸ σῶμα. El participio perfecto pasivo adopta el acusativo del cuerpo y sus partes (BD §159[3]). El término ático λελουμένοι (BD §70[3]) no aparece solo en ℵ D* P min.

Ὕδωρ (9:19*), al igual que ῥαντίζω (9:13, 19, 21), se usan en otros lugares de Hebreos únicamente con referencia a los antiguos sacrificio; καθαρός*.

La indicación en el aparato de puntuación de la UBS³ de que WH y NEB pueden haber comenzado el v. 23 con καὶ λελουμένοι, siguiendo el ejemplo de algunas ediciones del TR, parece estar errada. Todas las ediciones y traducciones vigentes comienzan el v. 23 con κατέχωμεν.

Véanse también Thüsing 1965a; C.-H. Hunzinger en *TDNT* 6.983 sobre ῥαντίζω; A. Oepke en *TDNT* 4.304 sobre ὕδωρ; L. Goppelt en *TDNT* 8.330 sobre λύω.

10:23. ¡Mantengámonos firmes!

Esta segunda sección tiene un alcance general: no se especifica cuál es el contenido de la confesión de los cristianos, ni en qué consiste su esperanza ni qué es lo que Dios prometió. Sin embargo, el lenguaje de este versículo forma parte de una red de términos que usa el autor para subrayar el propósito que lo mueve a escribir, a saber, exhortar (13:22) a los lectores a mantener firme su fe en Cristo. Hay tres aspectos que se relacionan con esta actitud y la complementan: (1) el aspecto subjetivo: la confianza de los lectores (παρρησία, 3:6; ὑπόστασις, 3:14; πληροφορία, 6:11); perseverancia (ὑπομονή, 10:36), fe (4:2), esperanza (3:6), e incluso jactancia (καύχημα, 3:6); de manera similar, se les propone como ejemplo a los cristianos (6:12, 15) la perseverancia (μακροθυμία) de las figuras veterotestamentarias, en especial Abraham. (2) el aspecto objetivo: la promesa de Dios (4:1; 6:12s.) a los creyentes; el juramento (7:20-22) mediante el cual Cristo fue establecido como sumo sacerdote, y por ende, como el objeto de la esperanza de los creyentes; y la resistencia de Cristo, como un ejemplo para los creyentes (12:3). (3) Dar testimonio (ὁμολογία, 3:1) del contenido de la fe y la esperanza cristianas, tal vez del modo en que aparecían resumidas en un credo primitivo. Cabe mencionar que tanto la acción de Dios (2) como la respuesta humana (3) se describen en términos lingüísticos; en el caso de (2), a menudo con referencia al AT (p. ej., 12:26; cf. 2:2; 4:2). Este lenguaje se refiere a la tradición cristiana y tiene puntos de contacto con otros escritos neotestamentarios, p. ej., Lucas 8:15, con respecto a los que "retienen la palabra"; 1 Corintios 11:2, a los que retienen las "tradiciones"; de manera similar 1 Corintios 11:5 con respecto al "evangelio" (es decir, el kerigma primitivo); 1 Pedro 3:15, al testimonio de "la esperanza que habita en vosotros". Ausente del vocabulario de Hebreos está el verbo τηρέω, que sí se usa en otros pasajes en los que se habla de guardar la palabra de Cristo (Jn. 8:51) y los "mandamientos de Dios", relacionados con la fe en Jesús (Ap. 14:12; cf. 13:10).

Las relaciones dentro de la cláusula que comienza con κατέχωμεν (K P Ψ minn. κατέχομεν) resultan menos claras desde el punto de vista semántico que desde el punto de vista gramatical. (1) Gramaticalmente, ἀκλινῆ concuerda con ὁμολογία: es la confesión cristiana que debe mantenerse intacta; una referencia a la firmeza de los propios creyentes es indirecta y está implícita. (2) Ἡ ὁμολογία (siempre con el artículo en el NT) puede interpretarse como (a) el acto de la confesión (del mismo modo que en 2Co. 9:13, cf. Bauer 1), o (b) el credo cristiano primitivo, tal como ocurre muy probablemente en 4:14, donde ἡ ὁμολογία se usa en sentido absoluto. Es menos probable (a pesar de Bauer 2) que 3:1 deba interpretarse como "Jesús, el sumo sacerdote del que habla nuestra profesión", porque la enseñanza acerca de Jesús como sumo sacerdote es peculiar de Hebreos, no tradicional; la interpretación más probable es "Jesús, a quien nosotros confesamos como sumo sacerdote". K. T. Schäfer 1971.67 defiende el significado: "nuestra confesión tradicional habla de la exaltación de Cristo, e implícitamente, por tanto, de su sumo sacerdocio". En el presente versículo, donde el escritor está recapitulando lo que dijo antes y no desarrollando una nueva enseñanza, se hace referencia probablemente a un resumen de la fe cristiana que estaba en vías de convertirse en una fórmula fija (Laub 1980, aquí 10-13; Zimmermann 1977.207s.). Para exhortar a los lectores había que presuponer lógicamente que ellos ya habían hecho la confesión. A pesar de la posible referencia al bautismo en el v. 22, no es necesario, en general, restringir el significado de ἡ ὁμολογία a una confesión bautismal (así lo creen Michel, Spicq, K. T. Schäfer 1971 y otros; pero cf. 1Ti. 6:12s. para un significado más amplio): "mantengamos firme la esperanza que profesamos" (así en casi todas las versiones, incluyendo NJB, NVI que traduce ὁμολογία como un verbo) y no "… que hemos profesado" (TNT) (así opinan Campenhausen 232-234; Braun; Lane, en consonancia con Pelser 1974.50, "sigamos cuidando…"). (3) La frase τῆς ἐλπίδος debe interpretarse mejor como un genitivo apositivo (BD §167): el contenido de la confesión y el de la esperanza son los mismos; para los que se mantienen firmes, el pasado, el presente y el futuro se hacen uno. En ℵ* lat si^p se añade ἡμῶν. Con respecto a ὁμολογία, véase también Bornkamm 1963.

Ἐλπίς (3:6) es objetiva: lo que esperamos (Michel, Lane, Pelser 1974.50-51); no obstante, está estrechamente relacionada con la confianza y la fe (11:1; cf. 10:22). De hecho, en Ψ 1245 1898 se lee τῆς πίστεως: en ℵ* lat si^s etc. se añade ἡμῶν (cf. 3:1), una glosa correcta. Véase Woschitz 1979.626-631.

Ἀκλινής (4Mac. 6:7; 17:3***, en ambos textos con respecto a soportar torturas): estable, fijo, que no se dobla ni hacia un lado ni hacia el otro, "inquebrantable"

(REB); sinónimo de βέβαιος (3:6, 14; Filón, *Somn.* 2.278; Spicq 1978.60; Williamson 31-36); en otros lugares se usa en forma metafórica para referirse a la amistad y al alma (LSJ); en Filón, a la naturaleza incambiable de Dios (*Leg. All.* 2.83; *Conf. Ling.* 96; *Mut. Nom.* 176; *Post. Caini* 23), y por ende, a seres humanos como Abraham y a Moisés que están cerca de Dios (*Gig.* 49, 54; *Abr.* 170; cf. *Fuga* 47; *Spec. Leg.* 2.2).

La base de la resistencia de los creyentes es la confiabilidad de la promesa de Dios. Πιστός se usa para describir a Jesús en 2:17; 3:2; cf. 3:5), pero prometer, para el autor de Hebreos, es una prerrogativa de Dios, ya sea de manera directa (6:13) o indirecta por medio de la Escritura (12:26). El paralelismo más cercano es 11:11, donde se alude a la promesa que Dios le hizo a Abraham (o a Sara); cf. 6:13. En el presente versículo no se menciona el contenido de la promesa; la atención se centra, más bien, en la naturaleza de Dios como digna de confianza. Al igual que en 6:8, no se expresa ningún verbo; la afirmación de que Dios es fiel es axiomática (p. ej., Dt. 7:9; 32:4; Sal. 145:17 [144:14a LXX]; 1Co. 1:9; 2Co. 1:18), y constituye la base y la razón de la fidelidad de los lectores.

10:24. Considerémonos unos a otros

Con su tercera exhortación, el autor pasa de la dimensión vertical a la dimensión horizontal de la vida cristiana. El entorno implícito, que sí se explicita en los vv. 22, 25 y de manera indirecta en el v. 23, es la comunidad de creyentes, sobre todo cuando se reúnen para adorar. Michel cita como un ejemplo del "estilo hogareño de la antigua sinagoga" CD 8: "Pero los que... guardan el pacto de Dios... hablará entonces cada hombre con su prójimo, para justificar (Michel: fortalecer) cada hombre a su hermano, a fin de que sus pasos tomen el camino de Dios" (Vermes 1975.107). Al igual que en los vv. 22s., el autor se incluye entre sus lectores. El lenguaje es tan general como en el v. 23.

Κατανοέω tiene varias acepciones: "considerar", "prestar atención a" (Mt. 7:3; Lc. 6:41). En 3:1*, el complemento fue Jesús, al igual que con el verbo más fuerte ἀφοράω en 12:2; ambos pasajes tienen que ver con la confesión cristiana. Bauer sugiere para ambos lugares el significado "fija los ojos del espíritu en". Aquí, sin embargo, podría haber una insinuación de estar atentos a posibles deficiencias o debilidades en la comunidad, como en el v. 25, 12:15s. (cf. Jos. *Ant.* 7.204; Braun); aunque no con el motivo hostil del Salmo 37:32. Lane (273) traduce "permaneced cuidándoos los unos a los otros"; cf. Pelser 1974.50.

Ἀλλήλους*; cf. παρακαλεῖτε ἑαυτούς, véase 3:13. En Hebreos se hace hincapié casi exclusivamente en las responsabilidades mutuas de los cristianos, dentro de la comunidad de creyentes (6:10; 10:25; 12:15s.); cf. el alcance veterotestamentario del amor al prójimo dentro de Israel como pueblo especial de Dios, Levítico 19:18, 34, Deuteronomio 10:19; además, 1 Corintios 12:25 con respecto a la comunidad cristiana; 1 Tesalonicenses 3:12, περισσεύσαι τῇ ἀγάπῃ εἰς ἀλλήλους καὶ εἰς πάντας, va más lejos, como también ocurre con Hebreos 13:1s. Esta es una carta pastoral dirigida a una comunidad cuya fe está en peligro; en el v. 25 el escritor destacará la necesidad que tienen los creyentes de mantenerse unidos.

Εἰς παροξυσμόν: παροξυσμός se refiere a una emoción intensa, casi siempre de tipo negativo, como por ejemplo, la ira (Dt. 29:28 [27 LXX]; Jer. 32(39 LXX):37, y se usa frecuentemente con respecto a algo que provoca la ira de Dios) o un fuerte desacuerdo (Hch. 15:39**); y también, de manera literal, con referencia a una irritación o fiebre (H. Seesemann en *TDNT* 5.857); cf. 1 Cor. 13:5, ἡ ἀγάπη ... οὐ παροξύνεται. Es indudablemente por esta razón que en $\mathfrak{P}^{46}$ se lee ἐκ παροξυσμοῦ (Beare 384), "lejos de la ira". Glombitza 143 considera que εἰς παροξυσμόν significa "contra la ira y la amargura"; pero esto fuerza el significado de εἰς y pasa por alto el hecho de que εἰς παροξυσμὸν ἀγάπης καὶ καλῶν ἔργων debe tomarse en su conjunto (Zimmermann 1977.209n.216). Παροξυσμός aqui, por tanto, debe tener un significado neutral, como por ejemplo, "estímulo", que el contexto define como positivo; del mismo modo que παροξύνω recibe a veces de su contexto un significado positivo: πρὸς τὰ καλά, Aristóteles, *Mem.* 3.3:13; πρὸς τὸ ἔργον, Aristóteles, *Hist. An.* 577^{b}.31; Isócr. *Ad Demonium* 46; Jos. *Ant.* 16.125; cf. Proverbios 6:3 en un sentido neutral, "incentiva/provoca a tu amigo" a la acción; probablemente negativo en Hechos 17:16.

Ἀγάπη en 6:10* al igual que aquí está relacionado con buenas obras; de manera similar, 1 Tesalonicenses 1:3. El amor se relaciona especialmente con el servicio (2Cor. 8:6s., 19; Gá. 5:13; Ap. 2:19); y en el presente pasaje también con la fe (Col. 1:4s.; 1Ts. 1:3; 3:6; 2Ti 1:13; Tit. 2:2) y la paciencia (2Ts. 3:5; 2Ti. 3:10; Tit. 2:2). Παροξυσμός está estrechamente vinculado a ἀγάπη y a καλὰ ἔργα, no solo desde el punto de vista gramatical, sino también en cuanto al significado: "el amor y las buenas obras" es una endíadis virtual, porque las buenas obras son la expresión directa del amor.

Καλὰ (véase 5:14) ἔργα (1:10; 4:10) es una expresión que no se encuentra en la LXX ni en ningún otro lugar en Hebreos (13:21 *v.l.*, ἐν πάντι [ἔργῳ] ἀγαθῷ, aunque cf. 6:10. Se hace referencia a las buenas obras en el AT (Is. 58:6f.; Os. 6:6); y más frecuentemente en la tradición judía (Filón, *Sacr.* 53; *Somn.* 2.34; 1QS 1:5; S-B IV.1276 para otras referencias), en el NT (con καλός, Mt. 5:16; Jn. 10:32; 1Ti. 5:10, 25; 6:18 [definición]; Tit. 2:7, 14; 3:8, 14; 1Pe. 2:12; usando ἀγαθός como sinónimo, Ro. 2:7; 13:3; 2Co. 9:8; Ef. 2:10; Fil. 1:6; Col. 1:10; 1Ti. 2:10; 5:10; 2Ti. 2:21; 3:17; Tit. 1:16; 3:1; cf. 2Ts. 2:17), y en Jos. *Ant.* 16.125.

Contrástense con las "obras muertas" de Hebreos 6:1; 9:14. No hay ninguna contradicción entre la referencia a las buenas obras aquí y a "la justicia que viene por la fe" en 11:7; el contexto implica que las buenas obras son una consecuencia natural (aunque no inevitable, o la exhortación no sería necesaria) del acceso a Dios sobre la base de la muerte sacrificial de Cristo y su ministerio como sumo sacerdote. Aquí, al igual que otros lugares en Hebreos, y en contraste con los escritos de Pablo y Santiago, el lenguaje no es polémico.

10:25. ¡Permanezcan juntos!

El cuidado mutuo que el autor les recomendó a sus lectores en el v. 24 es insostenible a no ser que los miembros de la comunidad cristiana se reúnan para alentarse y exhortarse los unos a los otros. Toda negligencia en este sentido está emparentada con la apostasía (vv. 26-28), aunque el autor no afirma que exista ningún vínculo causal directo entre ambas cosas.

Formalmente, el v. 25 se caracteriza por una transición típicamente suave del uso de la primera persona del plural en las exhortaciones de los vv. 22-24, a través de los participios neutrales y el pronombre ambiguo ἑαυτῶν (véase más adelante), al uso de la segunda persona en la forma verbal βλέπετε; y también mediante la introducción de participios que tal vez funcionan como imperativos (obsérvese el adverbio μή antes de ἐγκαταλείποντες, BD §468[2]; MHT 3.343), aunque estos, desde el punto de vista gramatical, dependen de κατανοῶμεν en el v. 24.

Ἐγκαταλείποντες: En $\mathfrak{P}^{46}$ D* 88 aparece el término más débil καταλείποντες; para una variación similar 1Re.11:33; 2Cr. 15:2; Sir. 47:22; Is. 6:12; 17:9s.; Jer. 25(32 LXX):38; Ez. 36:4; Dn. 10:8. Aquí, en א 492 1908 se lee ἐγκαταλίποντες (4:11; BD §23; una variación muy frecuente en la LXX). Pero el uso del verbo ἐγκαταλείπω es muy común en la LXX, especialmente en lo que se refiere al hecho de abandonar a Dios y sus caminos. En el NT se usa, sobre todo en las citas veterotestamentarias, con respecto al abandono por parte de Dios (Mr. 15:34|| = Sal. 22:1[21:2 LXX]; Hch. 2:27 = Sal. 16[15 LXX]:10; Hch.2:31; 2Co. 4:9); también por parte de seres humanos (2Ti. 4:10, 16); en sentido positivo, Romanos. 9:19** = Isaías 1:9 con σπέρμα. Al igual que en 6:6; 9:9, se usa un participio para transmitir una idea al menos tan importante como las expresadas en los verbos finitos. El uso de participios de presente no exige un sentido durativo, pero sí se adaptan bien al contexto: TEV, "no abandonemos la costumbre de reunirnos"; de manera similar Lane. El autor no dice por qué algunos habían dejado las reuniones de la comunidad cristiana, por tanto, no podemos asegurar si esta estaba bajo amenaza de persecución (vv. 32-34). F. F. Bruce, cf. Harnack 1908.1.434s., se refieren a Tert. *Fuga* 3, y de manera más general, con respecto a la necesidad de que los cristianos se reúnan, a *1 Clemente* 48:1ss.; *Didajé* 4,2; Herm. *Sim.*9:20, 26; *Bern.* 4:10; Ignacio *Ef*esios 13:1; *Pol.* 4:2; *Mag.*4; Justino, *Apol.* 1.67. Podría ser también simplemente por causa de la pereza (6:12), o tal vez con menos probabilidad, para formar un grupo rival (cf. 1Jn. 2:19, 24). Véase Spicq 1978.223-226.

Ἐπισυναγωγή es una palabra poco frecuente que aparece en la Biblia griega únicamente en contextos escatológicos: ἕως ἂν συναγάγῃ ὁ θεός ἐπισυναγωγὴν τοῦ λαοῦ, 2 Macabeos 2:7 con referencia a la reunión final del pueblo de Dios, y 2 Tesalonicenses 2:1*** con respecto a la reunión definitiva de los creyentes con Jesús; cf. MM, LSJ, sobre una colecta de dinero. En la última parte del presente versículo se pone de relieve la misma urgencia escatológica. El autor reserva para 12:18-24 su declaración más completa acerca de la suprema importancia de la adoración cristiana, de la que el culto veterotestamentario era a lo sumo un anticipo tipológico. En cuanto a la importancia de la reunión de los cristianos, cf. las advertencias de Ignacio *Ef.* 5:3; *Bern.* 4:10; Herm. *Sim.*9.26.3; y las exhortaciones positivas del *Salmo de Salomón* 17:16; *Did*ajé 16:12; cf. W. Schrage en *TDNT* 7.841-843. El autor de Hebreos evita el uso de συναγωγή, probablemente por ser un término técnico judío, pero por lo demás, ἐπισυναγωγή en este sentido "prácticamente no se diferencia de συναγωγή" (Bauer). Sería tal vez demasiado forzado considerar que el prefijo ἐπι- (tal como sugiere W. Manson 69 de manera muy cautelosa) hace pensar en un "apéndice cristiano de la sinagoga judía", que se hallaba en peligro de volver a disolverse en la vida general de la comunidad judía".

Es probable que el pronombre predicativo ἑαυτῶν no sea enfático. La mayoría de autoridades (BD §§283 [3], 284 [2]; MHT 3.43) y la mayoría de las traducciones (no la NJB) toman ἑαυτῶν como un pronombre de primera persona = ἡμῶν αὐτῶν, dependiente sin duda de κατανοῶμεν (v. 24). Esto se ve favorecido por la delicada tendencia del autor a incluirse entre sus lectores, incluso en las advertencias más severas (cf. ἁμαρτανόντων ἡμῶν, v. 26). Sin embargo, también se posible tomar ἑαυτῶν como un pronombre de segunda persona = ὑμῶν αὐτῶν (MHT 3.42, 190; cf. BJ, NJB); cf. βλέπετε aquí, δοκεῖτε en el v. 29 y tanto más cuanto que el escritor no está en condiciones de asistir a las reuniones de los lectores.

Καθώς: véase 3:7, se usa normalmente con citas del AT. En D Cr lat se añade ἐστίν; cf. ὡς ἔθος ἐστί, 1 Macabeos 10:89; 2 Macabeos 13:4.

Ἔθος* suele referirse a una costumbre colectiva de una nación o un grupo comparable (p. ej., Lc. 1:9; 4:42; Jn. 19:40; Hch. 6:14; 15:1); en Lucas 2:41 (cf. 21:37; *Mart. Pol.* 9:2), respecto a un hábito personal; aquí se refiere a un hábito negativo (cf. Sab. 14:16; Filón, *Decal.* 92; *Mart. Pol.* 13:1) que "algunas personas" habían adquirido. El autor, en su habitual espíritu no polémico, evita identificar a estas personas, diciendo algo acerca de las razones por las que habían dejado de congregarse con los demás cristianos, o indicando en qué otro lugar, si es que lo hacían, solían reunirse ahora. Cualquier conjetura sobre estos temas resulta fútil. Al parecer, no hay nada que sugiera que se trataba de un cisma organizado; en otros lugares sí señala el peligro de que algunos miembros se aparten (τις, 3:12s.; 4:1, 11; 12:15 [*bis*], 16). Véanse H. Preisker en *TDNT* 2.372f.; Spicq 1982.194-201.

Τισίν: en caso dativo como las expresiones impersonales (BD §409[3], cf. §109).

Παρακαλέω denota una insistencia apremiante (13:19), especialmente la de la urgencia escatológica (aquí y en 3:13*); cf. παράκλησις (6:18). Al igual que en 3:13, se insta a los lectores a exhortarse y animarse mutuamente, y de esta forma, participar activamente del propósito de la propia carta a los Hebreos (13:22) y ayudar a combatir la lasitud espiritual de algunos de los lectores (6:12; cf. 5:11). Παρακαλοῦντες se usa en sentido absoluto, en consonancia con el tono general de este pasaje; ἑαυτούς (33 minúsculos si^p) es una glosa correcta.

Τοσούτῳ μᾶλλον: 1:4; no se usa como argumento de la Escritura; cf. πόσῳ μᾶλλον 9:14. El sentido de la frase es ascendente, no comparativo. Τοσούτῳ... ὅσῳ: 1:4**.

Ἐγγίζω aquí es temporal, como en Isaías 13:6; Ezequiel 7:7; 12:23; 22:4; Joel 1:15; 3:14 (ἐγγύς), con respecto al día del juicio; Mateo 3:2‖; 4:17; 10:7; Lucas 10:9, 11, con referencia al reino de Dios; el pasaje paralelo más próximo es Romanos 13:12; cf. también Lucas 21:8; Hechos 7:17. En Hebreos 7:19*, ἐγγίζω tiene un sentido locativo (Bauer 5b). El verbo es sinónimo de προσέρχομαι en el v. 22: así como los cristianos se acercan a Dios en la adoración, también se acerca el día del juicio final y de la liberación de Dios (así en REB, NJB, etc.); no simplemente "más cerca" (TEV); en ediciones anteriores de la TEV se leía "se ha acercado" y (mejor aún) "está acercándose". La expectativa de un final cercano se mantiene viva en Hebreos (Loader 1981.57). Los matices escatológicos son típicos de las exhortaciones en Hebreos (3:6, 14; 6:8, 11; 10:23, 35-39; 12:26s.; 13:14), pero también aparecen en pasajes doctrinales (1:2; 9:26, 28; 11:1, 40).

Es posible que el autor pensara en las persecuciones como señales del fin (vv. 32-34; cf. Mr. 13:12||; Zimmermann 1977.210). Esto le daría un significado literal a βλέπετε, que de otro modo tendría un sentido general como en 3:19 (Bauer 1, 7; Feuillet 1961.26s.; cf. 12:26-28).

Τὴν ἡμέραν en sentido absoluto, se refiere a una información que no admite discusión (Bauer *s.v.* ὁ, II.1aα; "el día por excelencia"); cf. 1 Corintios 3:13; 1 Tesalonicenses 5:4; cf. *Bern.* 7:9; 21:3; aquí los vv. 26-31 sugieren la amenaza del juicio final y no la promesa de "otro día" en 4:8.

10:26-31. Las consecuencias del pecado voluntario

Estos versículos constituyen el segundo párrafo de 10:19-39 (Vanhoye 177-179; Dussaut 92s.). Entre los imperativos de los vv. 22-25 y 32, 35, el autor expone, con más detalles que en 2:2s. y 6:4-6, la naturaleza y las consecuencias de la apostasía, que anteriormente describió como "apartarse del Dios vivo" (3:12). De manera similar a lo que ocurrió en los vv. 19-25 y 32-39, aquí también hay una transición, pero de las formas verbales correspondientes al pronombre de primera persona del plural "nosotros" (vv. 26a, 30) a las que corresponden al pronombre de la tercera persona del singular (v. 29). No hay ningún imperativo directo: la severidad de la advertencia se atenúa, no solo por el uso de las formas en segunda persona del plural, sino también por la pregunta retórica del v. 29, apelando al juicio de los lectores. No puede haber ningún retroceso por parte de los lectores del cristianismo a la situación en la que se encontraban antes de su conversión. Un cristiano que, sabiendo lo que sabe, abandona la comunidad de adoración incurre en la pena de la apostasía de Israel y en cosas peores.

Los temas del pecado y el castigo se entrelazan a lo largo de estos versículos. En el v. 26 el pecado se menciona en forma general; en el v. 27, el castigo en un lenguaje simbólico fuerte pero genérico. En los vv. 28s. aparece un típico argumento *a fortiori* (2:2s.), en el que el término menor hace hincapié en el castigo (de muerte), mientras que el término mayor hace hincapié en la ofensa. Los vv. 30s. concluyen el párrafo con una doble confirmación de la Escritura y un breve comentario. Ambos se refieren al castigo, que pasa a ser entonces el tema dominante del párrafo en su conjunto.

Esto plantea la interrogante de cuál es exactamente el pecado contra el cual el autor advierte a sus lectores con esos términos tan severos. El contexto inmediato sugiere que dicho pecado implica la separación de la comunidad cristiana (v. 24), y con ello, atenta contra Cristo en su condición de Hijo de Dios (6:6), contra su sacrificio y contra el Espíritu Santo (v. 29), y no se identifica con la obediencia de Cristo a la voluntad de Dios (v. 36; cf. 2:4 y sobre todo 10:5-10). El pecado, al parecer, implica una falla voluntaria o deliberada, tanto en la adoración (νόμος, v. 28) como en los actos prácticos que expresan una solidaridad amorosa con los demás miembros de la comunidad de creyentes (vv. 32-34). El pecado se considera persistente (v. 26, ἁμαρτανόντων). Formalmente, el pecado consiste en un descuido en la confianza y la perseverancia (vv. 35s.). Más allá del adverbio ἑκουσίως (v. 26), el autor no establece una distinción entre los pecados que pueden perdonarse y los que no (cf. Mr. 3:28f.‖; 1Jn. 5:16s.). Dussaut 93 percibe un vínculo entre ἑκουσίως = "con *mano* levantada" (p. ej., Nm. 15:30) en el v. 26 y "caer en *manos* del Dios vivo" en el v. 31; pero esto no es perceptible en griego.

Al párrafo le da coherencia la repetición de φοβερός y κρίσις-κρίνω en los vv. 27, 31, que hacen hincapié en el tema del juicio. Ἀπολείπεται en el v. 26 es un reflejo de ἐγκαταλείποντες en el v. 25: si "abandonan/dejan" la comunidad cristiana, no "queda" más sacrificio para ustedes. Más fuertes son los vínculos entre este párrafo (especialmente el v. 26) y la declaración anterior: "ya no hace falta otro sacrificio por el pecado" (v. 18) implica: "no hay ningún otro sacrificio disponible" (v. 26).

Respecto a las advertencias contra la apostasía, 6:4-6; Grässer 1964.231-233 y Laub 1980.213n.103 (ambos con más referencias); Poschmann 44-48; Carlston 1959; Schultz 264-266; Zimmermann 1977.211f.; Ballarini 1978.367-369; Toussaint 75-79.

10:26. Los efectos del sacrificio de Cristo no incluyen a los pecadores pertinaces

Ἑκουσίως es un término enfático por su posición. Su significado, y el de las palabras relacionadas, va desde "a sabiendas" (οὐκ εἰδώς en lugar de ἑκουσίως, Dt. 19:4 B*; cf. 4:42) hasta "adrede" (TEV), "deliberadamente" (RSV, REB, LBLA), o "intencionalmente" (NEB; cf. NRSV), y dentro de ese intervalo se incluyen "voluntariamente", "obstinadamente" y "espontáneamente". El uso veterotestamentario más común del adverbio ἑκουσίως y sus cognados se relaciona con las ofrendas de carácter voluntario que la ley no exigía (Lv. 7:16; 23:38; Nm. 15:3; 29:39; Dt. 12:6; cf. ἑκουσιασμός, Esd. 7:16; ἑκουσιάζομαι, Jue. 5:2; 2Esd. 2:48; 3:5); ἑκουσίως también se refiere más generalmente a la obediencia voluntaria a la ley (1Mac. 2:42), a la alabanza espontánea (Sal. 54:6[53:8 LXX]; 119[118 LXX]:108), a la labor voluntaria (Éx. 36:2), al sufrimiento voluntario (4Mac. 5:23; cf. 8:24), y por ende, al servicio voluntario dentro de la comunidad cristiana (1Pe. 5:2**; cf. Flm. 14). Estas palabras también se usan en algunas ocasiones para referirse a los pecados que implican un acto de la voluntad, en contraste con los pecados involuntarios, como por ejemplo, la contaminación accidental (Nm. 15:24, 27, 28, 29; Lv. 4:2, 13, 22, 27; 5:15; Dt. 19:4) o el homicidio accidental (Jos. 20:3, 9). Los pecados de esta última categoría podían cometerse sin que el que culpable fuera consciente del hecho; es por eso que se describen como pecados de ignorancia (ἄγνοια, Lv. 5:18; 22:14, etc., ἀγνόημα**, Heb. 9:7; cf. 5:2; en Ez. 46:20 se hace una distinción entre ἄγνοια y ἁμαρτία). El culpable podía y debía purificarse ritualmente tan pronto como se diera cuenta de su ofensa (Lv. 5:5; cf. Job 31:33, interpretándolo como ἀκουσίως), pero el castigo para los pecados deliberados era la muerte. El pecado deliberado conllevaba la exclusión de la congregación de Israel (Nm. 15:30s.) y del culto (Éx. 21:14); aun en las ciudades de refugio no había ningún santuario (Dt. 19:11). Filón (*Post. Caini 48*; *Spec.*

Leg. 2.196) creía que el día de la expiación podía eliminar incluso los pecados deliberados, y citaba Levítico 16:16 ("todos sus pecados") como apoyo; pero el autor de Hebreos definió en 9:10 su visión más estrecha del alcance del culto veterotestamentario. En la tradición judía, había una tendencia natural a ampliar la categoría de pecados de ignorancia para incluir, por ejemplo, los pecados cometidos por necedad (*Test. Jud. 19:3s.*) o bajo la presión del miedo (*Test. Zeb. 1:5*); pero el autor de Hebreos probablemente extrajo la distinción directamente de algunos pasajes del AT claves, donde los pecados deliberados son ofensas esencialmente cultuales (Carlston 1959.298). Por tanto, es preferible atribuirle a ἑκουσίως el sentido más fuerte de "voluntariamente" y no el sentido débil de "no por fuerza" (a pesar de las referencias a la persecución en los vv. 32-34). El pecado voluntario, no obstante, adopta un significado diferente y más grave a la luz de la revelación cristiana: "Antes del bautismo todos los pecados son "pecados de ignorancia", porque el que los comete no conoce la oferta de gracia que Dios le hizo a la humanidad en la cruz de Jesús. Es únicamente después del bautismo que surge el "pecado voluntario" que a sabiendas se aleja de la gracia y el perdón" (Michel 350). El autor no se interesa por las controversias posteriores sobre la readmisión de los apóstatas (Telfer): Hebreos "debe... interpretarse dinámicamente, como una advertencia radicalmente seria. Mira al futuro, hacia un posible apóstata, y no al pasado, hacia un verdadero penitente" (Carlston 1959.301).

Γάρ se omite en 𝔓[46] vg[ms]; y aunque es un error, resulta comprensible porque la relación es menor con los vv. 19-25 que con el argumento que termina en el v. 18.

Ἁμαρτανόντων ἡμῶν: el participio de presente sugiere un pecado continuo; más específicamente, una prolongación de la condición existente antes que los lectores vinieran al "conocimiento de la verdad"; de hecho, más que la posibilidad o el riesgo permanente de recaer en el pecado. Michel cita con mucho acierto estas palabras de Teofilacto: ὅρα δὲ πῶς οὐκ εἶπεν ἁμαρτόντων, ἀλλὰ ἁμαρτανόντων, τουτέστιν ἐμμενόντων τῇ ἁμαρτίᾳ ἀμετανοήτως. El genitivo absoluto (correctamente usado; cf. BD §423; MHT 3.322f.) tiene la fuerza de una condición abierta: cf. "si" en 2:2. El autor se incluye entre sus lectores, pero, por supuesto, no implica con ello que él haya cometido los pecados que se especificarán en el v. 29. La discreta forma verbal correspondiente a la primera persona del plural amplía, sin soslayarla, la referencia al pronombre τινός del v. 25.

Μετὰ τὸ (4:7; 10:15) λαβεῖν se refiere al acto inicial de la iluminación cristiana; esto se hace claramente patente en las palabras que siguen, y se confirma en el v. 32. Λαμβάνω aquí significa "recibir", al igual que en 4:16 (con "misericordia" en un pasaje en primera persona del plural; cf. Hch 1:8 con δύναμιν; Ro. 1:5 con χάριν; 8:15 con πνεῦμα; 1Pe. 4:10 con χάρισμα), y no "obtener", como probablemente es el caso en 9:15 "la promesa").

Τὴν ἐπίγνωσιν τῆς ἀληθείας* es "el contenido del cristianismo como la verdad absoluta" (Bauer 2b); "el conocimiento decisivo de Dios que está implícito en la conversión a la fe cristiana" (R. Bultmann en *TDNT* 1.707). El lenguaje no es típico del autor, y hace pensar en una fórmula. Los pasajes paralelos más cercanos son 1 Timoteo 2:4; 2 Timoteo 2:25; 3:7; Tito 1:1, en todos sin el artículo; cf. Juan

8:32; 1 Juan 2:21; 2 Juan 1. En virtud del llamado canon de Apolonio, cada uno o ninguno de los dos sustantivos en la construcción debe normalmente tener el artículo (Moule 1971.114f.; cf. 112; MHT 3.178); por tanto, no es posible basar ningún argumento en la presencia del artículo antes de ἀληθείας in the LXX; cf. Epícteto 2:20, 21; Filón, *Omn. Prob. Lib.* 74. En Hebreos no se usa el sustantivo γνῶσις, y el verbo γινώσκω solo en 10:34 (aparte de las citas) con referencia al conocimiento sobrenatural. Cf., no obstante, ἅπαξ φωτισθέντας en una advertencia similar; véase 6:4. Ἐπίγνωσις y γνῶσις son prácticamente sinónimos en el NT (cf. 1Re. [3Re.] 7:14 [v. 2 LXX] ἐπιγνώσεως A, γνώσεως B); compárese Romanos 1:21 con 1:28; 3:20 con 7:7; Filipenses 1:9 con Romanos 15:14 y 1 Corintios 1:5. En un esfuerzo por convencer a los lectores para que no retrocedieran, el autor les recuerda el acontecimiento decisivo por medio del cual ellos vinieron a la fe. Una alusión más precisa al bautismo es posible pero no la exige el pasaje. La opinión de Kosmala (137) de que "el conocimiento de la verdad" en este versículo "no incluye la fe en Jesucristo" no tiene apoyo y es ajeno al contexto.

Οὐκέτι: (v. 18*); véase la introducción a los vv. 26-31. Περὶ ἁμαρτιῶν (1:3; en cuanto a la frase, véase 5:3, cf. 5:1); cf. περὶ ἁμαρτίας (v. 18), que aparece en el v. 26 por asimilación en 𝔓⁴⁶ D* minúsculos. El uso del plural aquí sugiere el significado "no queda más sacrificio para quitar el pecado", y no simplemente "no más ofrenda por el pecado". La expresión más común de la LXX para "ofrenda por el pecado" es περὶ [τῆς] ἁμαρτίας; περὶ τῶν ἁμαρτιῶν se usa con referencia a una ofrenda por el pecado solamente en Levítico 16:25 (contrástese con el v. 27).

Más significativo que el cambio del singular (v. 18) por el plural (v. 26) es el cambio en la fuerza de οὐκέτι: en el v. 18, implica que "los sacrificios levíticos ya no son necesarios"; aquí el contraste implícito es con algún otro sacrificio inexistente, que está más allá y por encima del de Cristo, el cual no puede repetirse. En el v. 26, ya ha quedado probada de manera tan contundente la ineficacia del culto veterotestamentario que ha dejado de ser objeto de consideración.

Ἀπολείπεται hace recordar 4:6, 9* (cf. también ἐγκαταλείποντες, 10:25); καταλείπεται 𝔓⁴⁶ 4:1; περιλείπεται D* (1Ts. 4:15, 17**), con muy poca o ninguna diferencia de significado en la voz pasiva. Durante el período del AT, Dios mantuvo en reserva, desocupado, un lugar del reposo sabático para los que más adelante creerían en Cristo (cf. 11:40); pero ahora que el sacrificio de Cristo ha sido realizado, ni siquiera a Dios, por así decir, le quedan más recursos. Véase Dibelius 1956.

Θυσία (5:1) es un término enfático; cf. ὑπὲρ ἁμαρτιῶν προσενέγκας θυσίαν (10:12), y περὶ ἁμαρτιῶν supra. Véase también Toussaint 75-79.

10:27. El castigo de la apostasía

Los creyentes que regresan al pecado solo pueden esperar ser juzgados y castigados como adversarios del Señor.

Los pecados que un sacrificio expiatorio no puede tratar solo pueden ser eliminados por medio del juicio. Por tanto, la conjunción δέ marca un contraste, no de manera estrecha entre θυσία (v. 26) y ἐκδοχή (porque a este nivel tanto el

v. 26b como el v. 27 prospectivos) sino entre el v. 26b y en v. 27 en su conjunto (Vanhoye 178).

Φοβερά: el temor es un tema prominente en Hebreos: en 10:31, también con respecto al juicio de Dios; véase 2:15, φόβος, acerca del temor de la muerte; 12:21, ἐκφοβὸς... καὶ ἔντρομος; φοβέομαι, 4:1 en una advertencia; 11:23, 27 con relación a Moisés; 13:6 = Salmo 118(117LXX):6 en sentido negativo, como una expresión de confianza. En 12:21, el temor y el juicio de Dios se mencionan en mitades contrarias de un contraste ampliado; pero el juicio está relacionado con el sacrificio de Cristo (v. 24), y por ende, el contraste principal, en lo que respecta a los sentimientos humanos, es entre el temor y la alegría festiva. El temor no se contrasta, como una condición sicológica, por ejemplo, con la fe o la esperanza; el contraste más profundo es entre el estatus objetivo de los que mantienen su confianza en Cristo y su sacrificio, y los que conocen a Cristo pero persisten en el pecado voluntario (v. 25). En la LXX, φοβερός se usa frecuentemente para describir una actitud humana hacia Dios (p. ej., Sal. 47:2[46:3 LXX]; Sal. 76:7[75:8]; 89:7[88:8]; cf. Gn. 28:17), sobre todo en relación con otros adjetivos que describen la grandeza y el poder de Dios (Neh. 1:5; 4:14; 9:32; Hab. 1:7; 2Mac. 1:24), y la supremacía de Dios sobre otros poderes sobrenaturales (1Cr. 16:25; Sal. 89:7[88:8]; 96[95]:4) o humanos (Sal. 76:12[75:13]).

Τις (2:7 = Sal. 8:6; Heb. 2:9) se usa con adjetivos de calidad y de cantidad en el griego literario, no para restar importancia (como en la KJV "una cierta horrenda expectación de juicio"), sino, por el contrario, para intensificar (Bauer 2bβ; BD §301[1]; MHT 3.195; cf. Hch. 8:9; Stg. 1:18); las traducciones modernas omiten, con excepción de Lane, "inevitable", una traducción posiblemente exagerada.

Ἐκδοχή*** es un término que Hesiquio define como προσδοκία, expectación; Filón usa ἐκδοχέ con el significado no correlativo de "sentido" o "interpretación" (Williamson 118). El paralelismo más cercano en Hebreos es ἐκδεχόμενος, (v. 13), que también se refiere al momento de la victoria final, pero aquí el sujeto es Cristo. Es únicamente el contexto el que indica si los acontecimientos que se esperan son buenos o malos. El tiempo intermedio es un período de expectación, seguro en el caso de Cristo y su pueblo, terrible en el caso de los que por su persistencia voluntaria en el pecado se han convertido en sus adversarios. La expectación, al igual que el temor que recién se mencionó, y del mismo modo que la esperanza cristiana (3:6), no es solo un sentimiento: es la perspectiva de los acontecimientos que con toda certeza tendrán lugar (así lo creen Spicq, Héring, Braun). El lenguaje similar de Lucas 21:26 (προσδοκία) hace recordar las palabras de Hageo 2:6, que se citan en Hebreos 12:26, sugiriendo una tradición escatológica común.

Κρίσεως: presupone la realidad del juicio final, como en 9:27*; pero hay una declaración explícita que confirma su existencia a partir de la Escritura en 10:30.

El resto de este versículo se basa en Isaías 26:11; ζῆλος λήμψεται λαὸν ἀπαίδευτον, καὶ νῦν πῦρ τοὺς ὑπεναντίους ἔδεται. Leonard 1939.232; cf. Salmo 78(77 LXX):5; Sofonías 1:18; 3:8. En el presente versículo, el sustantivo ζῆλος se refiere al celo vengador del Señor; Hebreos 11:31 sugiere que el autor interpretó correctamente que "el Señor" era Dios, no Cristo. En cuanto a λαὸν ἀπαίδευτον, cf. el pasaje de 12:5-11, basado en Proverbios 3:11f., y especialmente Hebreos 5:11–6:1a con respecto al propósito del autor de asegurar que sus lectores no permanezcan en la ignorancia. Νῦν no tiene ningún equivalente directo en Hebreos: el fin está cerca (10:25), de hecho, ya ha sido anunciado (12:26), pero todavía no es visible (2:8). Isaías 26 tiene varios puntos de contacto con Hebreos, incluyendo la breve cita del v. 20 en Heb. 10:37a (Lindars 1961.230s.).

Πυρὸς ζῆλος describe el juicio: la conjunción καί es epexegética (BD §442[9]); Sofonías 1:18, ἐν πυρὶ ζῆλου αὐτοῦ; cf. 3:8; Salmo 79(78 LXX):5. El genitivo πυρός se entiende mejor como apositivo (BD §167): el celo vengador se manifiesta en fuego; cf. πυρὸς φλόγα, 1:7. Πῦρ: 1:7 = Salmo 104 (103 LXX):4; el pasaje paralelo más cercano en Hebreos es 12:29 = Deuteronomio 4:24, con referencia al propio Dios. No hay nada en Hebreos que haga pensar en un fuego de prueba, como en la adoración persa del fuego, o de purificación (p. ej., Sal. 12:6; Is. 48:10; Ez. 22:18; 1Co. 3:13-15); la tradición dominante a lo largo del AT, incluyendo la destrucción de Sodoma y Gomorra (Gn. 19:24) y la séptima plaga de Egipto (Ex. 9:24), vincula el fuego con la destrucción y el castigo, especialmente de los enemigos de Dios (Is. 65:5; Ez. 38:22; 39:6); en la literatura apocalíptica, es una señal del juicio final (Jl. 2:30; Is. 66:24, un testigo temprano del tema del castigo eterno); del mismo modo en el NT en general: Mateo 3:10-12; 7:19 con respecto a la destrucción escatológica; 2 Tesalonicenses 1:8 en relación con la venganza divina final. Este tema es menos prominente en Filón (pero véase *Deus Imm.* 60). Véase F. Lang en *TDNT* 6.928-948.

El significado de ζῆλος* depende en gran medida de Isaías 26:11, donde se alude al celo vengador de Dios; aquí se trata del "ardor consumidor de un fuego (personificado)" (véase A. Stumpff en *TDNT* 2.877-888, aquí 882). En Hebreos no se usa ningún término cognado: el lenguaje del presente pasaje es generalmente tradicional, aunque la redacción es propia del autor (Zimmermann 1977. 224). Con respecto a los espíritus como fuego, véase 1:14.

Ἐσθίειν μέλλοντος: μέλλω con el infinitivo de presente es tan frecuente que no hay ninguna razón para suponer que tenga un significado especial; es el equivalente virtual de un tiempo futuro. Ἐσθίω; cf. Hebreos 13:10*. La idea del fuego que consume o devora es una metáfora natural, habitual en el AT, especialmente en la literatura apocalíptica, en los escritos rabínicos (S-B 4.1226) y también en Qumrán (Braun 1964.270); cf. Isaías 10:17 (φάγω); 26:11 (ἔδομαι); Números 16:35; 26:10 (κατεσθίω); Salmo 21(20 LXX):9 (καταφάγω); Sirácides 45:19 (25) sobre la ira de Dios que consumió a Datán, Abiram y Coré y sus socios por medio del fuego (Lv. 10:2); Isaías 30:27 sobre la ira; Santiago 5:3 sobre el moho.

Τοὺς ὑπεναντίους (ὑπεναντίος como adjetivo, Col. 2:14)**: El autor de Hebreos evita el término ἐχθρός salvo en las citas; el presente versículo incluso, tal como se señaló anteriormente en el comentario sobre ἐκδοχή, hace recordar las palabras de 10:13 y por ende el Salmo 110(109):1. Tanto aquí como en Hebreos 10:13 (cf. 1:13), no queda claro si los enemigos o adversarios son los de Dios o los de Cristo: el v. 29 sugiere que se trata de enemigos de Cristo, pero el uso en Hebreos del Salmo 110 sugiere que Dios es el sujeto; es posible que con su redacción el autor tenga la intención de incluir a ambos. Ὑπεναντίοι se usa en el AT, aunque con menos frecuencia que ἐχθροί, para referirse a aquellos contra los que Dios lucha (2Cr. 20:29; 2Mac. 10:25) y castiga (Is. 26:11).

10:28. La ley del AT también preveía una pena de muerte

Este versículo presenta el término menor de un argumento *a fortiori* que se completará en el v. 29.

Ἀθετέω* tiene una variedad de acepciones que oscilan entre declarar o hacer inválida una institución (Gá. 3:15), hasta rebelarse contra Dios (Is. 1:2) o contra un gobernante humano (p. ej., 1Re. [3Re.] 12:19). El complemento aquí es una institución, la ley de Moisés, pero está implícita la desobediencia voluntaria (cf. ἑκουσίως, v. 26). Ἀθετέω con νόμον es una combinación rara: Isaías 24:16; Ezequiel 22:26 (cf. Jer. 15:16, τοὺς λόγους σου) respecto a los sacerdotes rebeldes; en forma similar 1 Samuel (1Re.) 2:17, en referencia a los hijos de Elí que ἠθέτουν τὴν θυσίαν κυρίου; 1Re. (3Re.) 8:50; 2Cr. 36:14; Jer.12:1 con ἀθέτημα, en lo que respecta a transgresiones individuales; en sentido absoluto Salmo 78(77 LXX):57 א^2; en forma negativa, con Dios como sujeto y el pacto como complemento, Salmo 89:34(88:35 LXX); 132(131):11; Marcos 7:9, τὴν ἐντολὴν τοῦ θεοῦ; Lucas 7:30, τὴν βουλὴν τοῦ θεοῦ; Gálatas 2:21, la gracia de Dios; Lucas 10:16; Juan 12:48; 1 Tesalonicenses 4:8, sobre el rechazo de Cristo o de Dios. Cf. ἀθέτησις, Hebreos 7:18 en cuanto a la abrogación de la ley (en un contraste con la nueva dispensación, no como aquí en un argumento *a fortiori*); véase 9:26** con respecto a la anulación del pecado. Véase C. Maurer en *TDNT* 8.158f.; Bauer 1a; Spicq 1978.47s.

La alternancia de los tiempos verbales (ἀθετήσας aoristo, ἀποθνήσκει presente) guarda relación con el alcance del versículo en su conjunto. La explicación más simple es que ἀποθνήσκει es un presente atemporal (MHT 1.114 describe ἀποθνήσκει como "frecuentativo" refiriéndose al testimonio permanente de la Escritura), y que ἀθετήσας alude a cualquier infracción de la ley antes de haber entrado en vigor. La situación es paralela, aunque distinta, de la del v. 29, donde los participios de aoristo se refieren a los pecados bajo la nueva dispensación que implicarán (¿o implicarían?) un castigo todavía más severo. No obstante, τις podría ser una referencia oblicua al pronombre τινές del v. 25.

La expresión νόμος Μωϋσέως no es frecuente en el NT: aparece en Juan 7:23 en un argumento *a fortiori*, allí y en Lucas 2:22 en referencia a la circuncisión; en 1 Corintios 9:9 respecto a un mandamiento específico; se usa en Hechos 13:39 en sentido negativo, y positivo en Lucas 24:44; Hechos 15:21; 28:23 en relación con la ley mosaica en general; cf. Juan 1:17, 45; de un modo más lejano en Hebreos 9:19. La diferencia entre quebrantar "una ley" y "la ley" es flexible, en virtud de que "si [una persona] las cumple todas pero omite una, es culpable de cada una individualmente" (*Shab.* 70.2, que Ropes cita en un comentario sobre Stg. 2:10). Νόμος normalmente se usa en el NT con referencia a la ley en su conjunto (Bauer 3); y es casi seguro que eso mismo ocurre aquí, a pesar de los pasajes del AT particulares a los que se alude en el v. 28b; la omisión de un artículo no es decisiva (BD §258[2]). Moisés en 3:2; en lugar de Μωϋσέως en A D P min se lee Μωσέως.

La frase χωρὶς (4:15) οἰκτιρμῶν*** (normalmente en plural en la LXX al igual que en el TM, y el NT (salvo Col. 3:12] sigue a la LXX) es una síntesis intensificada de οὐ φείσεται ὁ ὀφθαλμός σου ἐπ᾽ αὐτῷ, Dt. 19:13, 21 (cf. 7:16; 13:8), en el contexto de una referencia al testimonio de dos o tres testigos (véase más adelante). Pablo tiene presente el mismo pasaje en 2 Corintios 13:1s., donde una alusión a dos o tres testigos va seguida de οὐ φείσομαι. En el presente versículo, en D* d e si^c* ^h* se añade καὶ δακρύων; cf. 5:7; 3 Macabeos 1:4; 6:22. El autor (cf. 2:3; 6:8) aparentemente compartía el punto de vista de 2 Esdras 7:33 (citado por Windisch) de que en el juicio final no habría ninguna misericordia (contrástese con Heb. 4:14 con respecto a la oferta de misericordia en la actualidad, en virtud del sacrificio de Cristo). Οἰκτιρμός de Dios, Romanos 12:1; 2 Corintios 1:3; de los cristianos, con σπλάγχνα (que no se usa en Hebreos), Filipenses 2:1; Colosenses 3:12**; οἰκτίρμων de los seguidores de Jesús, Lucas 6:36; de Dios, Santiago 5:11 con πολύσπλαγχνος**. El sustantivo casi siempre se usa en plural, al igual que el término hebreo *raḥāmim;* su significado está estrechamente relacionado con ἔλεος, véase 4:16. En el presente contexto, no hay ninguna referencia perceptible a actos individuales de misericordia (cf. BD §142).

El resto del versículo es una cita abreviada de Deuteronomio 17:6; ἐπὶ δυσὶν μάρτυσιν ἢ ἐπὶ τρισὶν μάρτυσιν ἀποθανεῖται; cf. 19:15; Números 35:30. De estos tres pasajes, Dt. 17:6 es el que tiene una redacción más parecida a la de Hebreos, y es probable que el autor se sintiera motivado a adoptarla por su referencia a la apostasía (vv. 2s.). Sin embargo, Dt. 19:15 resulta también claramente relevante para el argumento de Hebreos, porque sigue a un pasaje en el que se hace diferencia entre los pecados de ignorancia (v. 4) y los pecados deliberados (v. 11); de manera similar Números 35:15, ἀκουσίως, 23, οὐκ εἰδώς; contrástese con el v. 20 (cf. v. 28). De todas formas, el principal interés de Hebreos se centra en la disposición relativa a la pena de muerte: el autor no se preocupa aquí, como sí ocurre en otros pasajes, por el riesgo de incurrir en un error jurídico si se impone una pena de muerte sobre la base del testimonio de una sola persona. Las alusiones neotestamentarias a esta disposición (Mt. 18:16; 2Co. 13:1; cf. Jn. 8:17; Heb. 6:18; Ap. 11:3; cf. S-B 1.790; Filón, *Spec. Leg.* 4.54; Jos. *Life*256) reflejan tal vez ciertas contradicciones en algunos aspectos jurídicos del juicio de Jesús (Mr. 14:56‖), y quizás también una preocupación por la defensa posterior de los cristianos procesados. No obstante, lo que al autor de Hebreos le interesa es la analogía tipológica entre la situación veterotestamentaria y la de sus lectores (véase el comentario sobre ἀποθνῄσκει más adelante). Michel considera que la referencia a tres testigos podría anticipar la triple condenación del v. 29; ese estilo de argumento haría recordar 6:18.

Ἐπί: "sobre la base de (el testimonio de)"; BD §235 (2); Bauer II.1bγ. Τρεῖς*: Hebreos no muestra ningún interés por la numerología. Μάρτυς cf. 12:1*; H. Strathmann en *TDNT* 4.474-514.

Ἀποθνῄσκω: véase 7:8, en el NT siempre con respecto a seres humanos; en algunas ocasiones, como aquí y, por ejemplo, en Hechos 25:11 (Bauer *s.v.* 1a), con referencia a una muerte violenta, tal vez de manera eufemística. Braun cita a Filón, *Vit. Mos.* 2.203; *Spec. Leg.* 2.248, que remplaza el término θανατούσθω en

Levítico 24:16 y θανάτῳ τελευτάω en Éxodo 21:17 (LXX 16) por ἀποθνῆσκειν. El presente del verbo hace referencia al testimonio permanente de la Escritura; al autor no le preocupa si, en la época en que él vivía, las autoridades judías podían imponer la pena de muerte. Otra opción sería atribuirle al presente verbal un sentido frecuentativo, con respecto a la muerte de diversos individuos (Lane).

10:29. Un castigo peor que la muerte

La segunda parte del argumento *a fortiori* que comenzó en el v. 28 se desarrolla, después de una introducción (v. 29a), en tres etapas que corresponden a los participios κατaπατήσας (v. 29b), ἡγησάμενος (v. 29c) y ἐνυβρίσας (v. 29d). Las tres etapas tal vez reflejan a los "dos o tres testigos" del v. 28 (así lo cree Michel; Braun discrepa). Ese tipo de argumentación no sería ajena a Hebreos, pero no se expresa claramente. Por un lado, las tres cláusulas de participio no pueden referirse a tres grupos diferentes de personas, por cuanto se hallan vinculadas por medio del mismo artículo definido ὁ. Por otro lado, no son sinónimas (*pace* G. Bertram en *TDNT* 8.306) y, al parecer, tampoco siguen una línea ascendente. Más bien, la descripción de diferentes aspectos de la apostasía le otorga fuerza acumulativa al argumento (cf. la lista de bendiciones en 6:4s.). Las traducciones a lenguajs contemporáneos (TEV, ItCL) están justificadas cuando omiten la conjunción καί antes del v. 29cd. Los participios de aoristo deben interpretarse como referencias a acontecimientos pasados tomados como hechos puntuales desde el punto de vista de un futuro juez (vg *conculcauerit*, Segond, NJB, TOB "aura foulé aux pieds").

Formalmente, existe una variación entre los vv. 28 y 29, y un paralelismo en general estricto dentro del v. 29. En el v. 28, el participio ἀθετήσας aparece al principio de la cláusula y hace hincapié en el verbo principal ἀποθνῄσκει, mientras que en el v. 29 los participios se encuentran al final de sus respectivas cláusulas. En el v. 28, se usa el pronombre τις para designar al que quebranta la ley, mientras que en el v. 29 se hace referencia al apóstata por medio del artículo definido ὁ. La variación es estilística: no hay ninguna diferencia de significado.

Las ediciones y las traducciones difieren en cuanto a si el v. 29 debe tomarse como una pregunta (AV, NRSV, NIV, BJ, LBLA, JBS, DHH, NVI, RVR), una exclamación (REB, TEV, TLA, BLP, BLPH) o una declaración (NTV, TNT, NJB, *BHD*; la nota de puntuación de UBS[4], a diferencia de la de UBS[3], no hace distinción entre exclamaciones y declaraciones). El pronombre interrogativo πόσος es ambiguo en este respecto (Bauer). Si el versículo en su conjunto se toma como una pregunta, la forma verbal δοκεῖτε tiene que ser interrogativa; si se toma como una exclamación, δοκεῖτε debe interpretarse, de manera poco usual y bastante forzada, como un imperativo. Las versiones que toman el versículo como una declaración suelen traducir de un modo indeficiente (NJB "podéis estar seguros") u omitir (*BHD*) δοκεῖτε; quizás considerando que toman la forma verbal δοκεῖτε como interrogativa, pero que reformulan la pregunta retórica como una fuerte declaración. Aun así, las diferencias son fluidas: las palabras de la NTV, TNT "piensen cuánto más severo será el castigo", al parecer, traducen el versículo como una exclamación, pero lo puntúan como una declaración porque omiten el signo de admiración. En general, δοκεῖτε, y por ende, el versículo en su conjunto, es preferible tomarlos como interrogativos. Forma un paréntesis retórico de menor importancia (BD §465[2]; Lane).

No obstante, la pregunta no es puramente retórica, hace recordar algunos dichos de Jesús donde usa la expresión τί ὑμῖν δοκεῖ; (Mt. 18:12; 21:28; cf. 17:25; Lc. 10:36; 12:51; también *1Clem.* 43:6; *2 Clem.* 7:5; Herm. *Sim.*9.14.5; 9.28.8) para despertar la atención y darle paso a un discurso. Dicha expresión, de hecho, puede recibir una respuesta (como en Mt. 17:25; Lc. 10:37; en Lc. 12:51 por parte del propio Jesús) o no (como en Mt. 18:12; 21:28). (En Mt. 22:42; Stg. 4:5, se usa el verbo δοκέω en preguntas retóricas). En caso de no recibir una respuesta, algo se pierde por la traducción como una declaración. De todas formas, hay un cambio respecto a la obvia declaración ἀποθνῄσκει en el v. 28. El efecto es acentuar la referencia a un castigo que, aunque no se especifica, debe ser mayor que la muerte (física); el v. 30 tampoco lo especifica, pero sí añade la confirmación de la Escritura; el v. 31 también deja abierta la pregunta. Son los propios lectores los que deben proporcionar la respuesta. Dios es el juez supremo, pero se cree que los cristianos son capaces de evaluar que ese castigo tan terrible es merecido (véase el comentario sobre ἀξιωθήσεται, más adelante).

El lenguaje de este versículo hace recordar al del profeta Zacarías, sobre todo 12:3, θήσομαι τὴν Ἰερουσαλημ λίθον καταπατούμενον..., πᾶς ὁ καταπατῶν αὐτὴν ἐμπαίζων ἐμπαίξεται (pero Zacarías, a diferencia de Hebreos, se refiere a una amenaza gentil); 12:10 πνεῦμα χάριτος καὶ οἰκτιρμοῦ. Respecto al uso de este pasaje en otros lugares del NT, cf. Dodd 1952.64-67; Lindars 1961.110-134, 122-127.

NA²⁶ (=UBS³·⁴), a diferencia de las ediciones anteriores de la UBS, pone comas antes y después de ἐν ᾧ ἡγιάσθη, pero no después del v. 29b. Esto no pone en duda el paralelismo entre el v. 29, pero refleja una tendencia a evitar la puntuación cuando sea posible antes del nivel de la cláusula que señala la conjunción καί.

V. 29a, πόσῳ... χείρονος: el argumento sigue un curso similar al de 9:13s., πόσῳ μᾶλλον; cf. 2:2; πόλυ μᾶλλον, 12:9. Cf. Filón, *Spec. Leg.* 2.255; *Fuga* 84. El argumento de 3:1-6, que llevó a la conclusión de que "Jesús es mayor que Moisés", se da por sentado aquí. Πόσῳ se describe como un dativo de relación (MHT 3.220; cf. BD §197); o tal vez más exactamente como un dativo partitivo (Moule 44). Con respecto al verbo δοκεῖτε, véase supra; cf. 4:1; 12:10*; el verbo es parentético (BD §465[2]; cf. Herm. *Sim.*9.28.8, τί δοκεῖτε ποιῆσει). Χείρων*, un término convenientemente general, no se usa en ningún otro lugar del NT en un argumento *a fortiori* (ni tampoco el comparativo alternativo ἥσσων, 1Co. 11:17; 2Co. 12:15**). En cuanto a χείρων con τιμωρία, cf. Josefo, *Vida* 17.2. El futuro pasivo ἀξιωθήσεται, al igual que el perfecto pasivo ἠξίωται en 3:3*, supone una acción divina, en este caso escatológica; pero el contexto sugiere que la condenación de Dios contará con el consentimiento interno de los lectores. En 𝔓⁴⁶ aparece la forma verbal más contundente καταξιωθήσεται, cuyo sujeto suele ser Dios (Bauer). Ἀξιόω se usa por lo general en sentido negativo en el NT; cf. Génesis 31:28; en sentido positivo en 3:3; 1 Timoteo 5:17. Su acepción más común en la LXX (sobre todo en los libros deuterocanónicos) es "suplicar". Τιμωρία** es un término general, se lee 15 veces en la LXX, principalmente en 1-4 Macabeos, y con frecuencia en el griego secular (referencias en Braun); cf. τιμωρέω, Hechos 22:5; 26:11**, con sujetos humanos.

En 1 Esdras 8:24 incluye la pena de muerte y otros castigos menores; cf. Proverbios 24:22; 2 Macabeos 6:12 con una apelación similar al juicio de los lectores.

El artículo definido ὁ del v. 29b introduce una serie de singulares genéricos o colectivos (BD §139; MHT 3.22s.), con significados equivalentes al de plurales indefinidos.

Τὸν υἱὸν τοῦ θεοῦ es enfático, como en 4:14 en una exhortación positiva, 6:6 como aquí en una advertencia; cf. 7:3. Comúnmente la frase "el Hijo" se usa solamente para referirse a Cristo, 1:8; 5:5, 8; 7:28; cf. 1:5. El argumento del capítulo 1 se presupone, y la continuidad entre la Escritura y el evento de Cristo se afirma implícitamente.

Καταπατέω (con el sentido literal de pisotear u hollar en Mt. 5:13; 7:6; Lc. 8:5; 12:1) no se usa con Dios o Cristo como complemento en ningún otro lugar de la Biblia griega (con Dios como el sujeto implícito, de manera poco usual, Is. 63:3, 6). El verbo hace recordar la profanación del templo cuando fue hollado por los paganos en la época de los macabeos (1Mac. 3:45, 51; 4:60; 3Mac. 2:18; cf. 2Mac. 8:2, Dn. 8:13 LXX), y que había sido predicha en Isaías 63:18 A; Job 28:8 LXX. Véanse G. Bertram y H. Seesemann en *TDNT* 5.941s., 944.

V. 29c, τὸ αἷμα τῆς διαθήκης: fue inevitable que algunos manuscritos insertaran aquí καινῆς, como en b r (Harnack 1920.212). El interés del autor en este momento es la continuidad del pacto de Dios (7:22) con su pueblo, y no (como, por ejemplo, en el capítulo 9 y en 12:24) el contraste entre la antigua dispensación y la nueva. Esta frase alude a Éxodo 24:8, que se cita en Hebreos 9:20 (cf. v. 18), y la aplica indirectamente al pacto establecido por el sacrificio de Cristo (cf. 13:20). No hay ninguna razón para suponer que haga referencia al bautismo o a la eucaristía.

Κοινόν* (κοινόω, 9:13*) contrasta con ἡγιάσθη; de hecho, ese contraste podría ser el elemento de la cláusula subordinada ἐν ᾧ ἡγιάσθη, que estropea el paralelismo general del v. 29. El apóstata trata como profano (= ἀκάθαρτος, Hch. 10:14, 28; 11:8; cf. 1Mac. 1:47 con respecto a los sacrificios; Ap. 21:27) no solo lo que realmente es santo en sí mismo, sino también la propia fuente de la santidad que purifica al creyente. El lenguaje es cultual, no ético, y es en este sentido que algunas traducciones como *immundum* en r, y *pollutum* en la vulgata, deben preferirse antes que *communem* en d e, cf. sir[1] (Moffatt "ordinario"); cf. Marcos 7:2. El autor no intenta resolver o explicar la paradoja de los que primero son santificados y luego apostatan. Bieder 254s. y F. F. Bruce 263s. analizan algunas formas que puede haber adoptado la apostasía; todas las explicaciones son conjeturales, pero el sentido de las advertencias sugiere que el autor estaba pensando en un peligro específico, o de lo contrario, en una apostasía que ya había ocurrido. Véase F. Hauck en *TDNT* 3.797; con respecto a la condenación de la profanación de las cosas santas, cf. 'Ab.3:11; 1 Macabeos 1:15; para el significado, cf. 1 Corintios 11:29, sobre la participación indigna de la cena del Señor.

Ἡγησάμενος supone una acción del juicio humano, al igual que δοκεῖτε en el v. 29a, y también implica una conducta basada en esa acción (así en sentido positivo en 11:11, 26; cf. Jos. *Ant.* 8.337, comentando sobre 1Re. 18). Ἡγούμενος se usa con referencia a los líderes en 13:7, 17, 24*. Ἡγέομαι, al igual que otros verbos que significan "considerar/estimar (a alguien) como...", incluye dos acusativos (BD §157[3]; cf. Filipenses 3:8, ταῦτα ἥγημαι... ζημίαν; con un adjetivo (Heb. 11:11;

cf. 2Co. 9:5; Fil. 2:25); con una locución adverbial (Heb. 11:26; cf. 2Ts. 3:15) o un sustantivo (2Pe. 2:13); cf. también *2 Clem.* 5:6; Herm. *Vis*.1.1.7. No hay connotaciones teológicas directas en el término per se. Véase F. Büchsel en *TDNT* 2.907.

Ἐν ᾧ ἡγιάσθη: véase el comentario anterior sobre κοινόν (2:11). Esta frase se omite en A y en algunos lugares en Crisóstomo. Ἐν es una preposición de instrumentación (BD §195; cf. 9:22; Ro. 5:9), y la voz pasiva implica la acción divina. La cláusula completa podría parafrasearse entonces de la siguiente manera: Dios ha santificado a algunas personas, es decir, las ha hecho posesión suya, por medio de la sangre de Cristo. La sugerencia (Weeks 80) de que Cristo es el sujeto de ἡγιάσθη va en contra de la estructura de la oración. Desde el punto de vista gramatical, el sujeto podría ser el pacto; de ser así, el sentido no se vería afectado porque la sangre y el pacto son inseparables.

El v. 29d, τὸ πνεῦμα (2:4) τῆς χάριτος (2:9); cf. Zacarías 12:10; *Test. Jud.*24:2; 1QH 16:9[n]. En cuanto al significado, cf. Gálatas 2:21. Braun 1966.266 cuestiona con razón la referencia de Spicq a 1QSb 2:24.

Efesios 4:30; la frase se repite en *Ap. Const.* 6:18. El Espíritu es el Espíritu Santo (cf. Zac. 12:10), y χάρις la gracia de Dios, tal como se indica explícitamente en 2:9; 12:15 y se sugiere implícitamente en 4:16; 12:28; 13:9. El Espíritu no se concibe como un don de gracia (el cual sería ἡ χάρις τοῦ πνεύματος); sino que τῆς χάριτος podría considerarse que funciona como un adjetivo: "el Espíritu dadivoso" (es decir, dador de gracia), cf. *BHD* = "el Espíritu de quien recibimos gracia".

Ἐνυβρίζω*** (Josefo, *Ant.* 1.47 con respecto al mandamiento de Dios; Bauer), al igual que la forma más simple ὑβρίζω (Lc. 18:32 donde el complemento es el Hijo de Dios), supone una arrogancia insultante, acompañada a menudo de violencia (Mt. 22:6; Hch. 14:5; 1Ts. 2:2). En los escritos macabeos, el verbo ὑβρίζω se usa en voz pasiva para referirse a la actitud de los gentiles hacia los judíos (2Mac. 14:42) y viceversa (3Mac. 6:9). Véase G. Bertram en *TDNT* 8.306.

10:30. La realidad del juicio de Dios está confirmada por la Escritura

El argumento de los vv. 28s. es confirmado (γάρ) por una apelación a la Escritura. La confirmación es de carácter general, no específicamente del aspecto *a fortiori* del argumento, aunque el tiempo futuro de los verbos ἀνταποδώσω y κρινεῖ podría considerarse que se refiere al juicio final, al igual que ἀξιωθήσεται en el v. 29.

La primera parte de la cita (cuyos detalles textuales se analizan más adelante) está tomada de Deuteronomio 32:35a, que también se cita en Romanos 12:19; y es casi seguro que la segunda parte se haya extraído de Dt. 32:36a (véase más adelante).

Οἴδαμεν... τὸν εἰπόντα significa "conocemos a Dios, el cual dijo en la Escritura", pero también "conocemos que fue Dios el que dijo en la Escritura..."; el segundo significado es tal vez más obvio en este contexto. Hay una ambigüedad similar en Juan 13:18, ἐγὼ οἶδα τίνας ἐξελεξάμην. Con respecto al conocimiento de Dios, cf. Hebreos 8:11 = Jeremías 31(38 LXX):34; Juan 4:22; sobre el conocimiento de la Escritura, cf. Hebreos 12:17, en alusión a Génesis 27:30-40; Mr. 10:19, τὰς ἐντολὰς οἶδας; contrástese con Marcos 12:24; Romanos 3:19 con referencia a la ley; 2 Timoteo 3:15 a la Escritura en general. El interés de los lectores o de los oyentes se mantiene, en primer lugar, por medio del uso de formas verbales en primera persona del plural que los incluyen, y en segundo lugar, con la referencia alusiva a Dios (cf. 5:5s.), que sin duda también denota respeto. Τὸν εἰπόντα: el aoristo, como de costumbre, indica un momento en el pasado; cf. 1:5; 3:10; 10:7; 12:21 con referencias a la Escritura.

Ἐμοὶ ἐκδίκησις, ἐγὼ ἀνταποδώσω: el término ἐκδίκησις* reúne los dos aspectos de la venganza: la que se inflige a los impíos (p. ej. 2Ts. 1:8) y la justificación de los justos (p. ej., Lc. 18:7s.). El primero es el principal y el que se pone de relieve aquí, tal como lo confirma el verbo ἀνταποδώσω*. El lenguaje es atípicamente polémico para Hebreos, y fue suavizado por el término introductorio οἴδαμεν. El contexto en Deuteronomio hace referencia al juicio venidero y la destrucción de los paganos, los cuales no constituyen ningún motivo de interés para el autor. Ἐκδίκησις en Lucas 21:22 es semejante a θλῖψις en Mateo 24:21; cf. Hebreos 10:33.

La lectura ἐμοὶ ἐκδίκησις es la del TM sir^p *Tg. Onq.* (S-B 3.300); cf. *Tg. Neof.* y Romanos 12:19; en la LXX se lee la frase ἐν ἡμέρᾳ ἐκδικήσεως, repetida por Filón, *Leg. All.* 3.105 y el pentateuco samaritano. La lectura del TM se explica como una abreviación de la frase original *lywm nqm* (Katz 1951.536; 1957.83n.24; 1958.220); opcionalmente, o en una etapa posterior de la misma tradición, Hebreos y Romanos 12:19 podrían reflejar una fuente griega común (así lo creen Lindars 1961.245; Braun). De todas formas, no hay ninguna razón suficiente para creer que el autor de Hebreos, en contra de su práctica normal, siguiera el TM en lugar de la LXX (según opina K. J. Thomas 1965.315; cf. Le Déaut 1971.511n.1). En el *Tg. Onq.*, al igual que en Hebreos y Romanos 12:19, se añade el pronombre ἐγώ. En Hebreos, en ℵ^c A D^c K sir-hex arm Teodoreto se añade λέγει κύριος, en contraste con el TM y la LXX, para asimilarse a Romanos 12:19; la adición es inadecuada aquí, donde en la introducción a la cita se evitó una referencia directa a Dios. El texto más corto en Hebreos sugiere que esta carta no depende textualmente de Romanos en este punto. Thomas 1965.315s., cf. 1959.121, en consonancia con T. W. Manson 1949-50.16, discrepa. Venard 366 opinaba que el texto se usaba como un proverbio. En cuanto a la cuestión textual en general, véanse A. Clemen 242; Leonard 1939.232s.; Mickelsen 182-187; Kistemaker 1961.46; Smits 563; McGaughey 33; K. J. Thomas 1965.315s., cf. 1959.121; Ahlborn 52-55; Schröger 180s.

Ἀνταποδίδωμι, que a menudo, como aquí, aparece en contextos escatológicos y con frecuencia en la LXX, es una forma algo más fuerte de ἀποδίδωμι (12:11), por lo demás, son sinónimos; Lucas 14:14; Romanos 11:35; 12:19 = Deuteronomio 32:35; 1 Tesalonicenses 3:9; 2 Tesalonicenses 1:6**; F. Büchsel en *TDNT* 1.169.

Καὶ πάλιν (1:5b) se desempeña tal vez como una elipsis, indicando la omisión de Deuteronomio 32:35b-d; pero su función más probable es poner de relieve la segunda parte de la cita, y sobre todo sus últimas palabras, τὸν λαὸν αὐτοῦ. El interés del autor se centra en los juicios de los apóstatas dentro del pueblo de Dios, es decir, la comunidad cristiana como la continuación del pueblo de Dios en el período veterotestamentario. El objetivo de Pablo en Romanos 12:19 es mostrar que es Dios, y no los seres humanos, el que lleva a cabo el juicio final (cf. Lv. 19:18). Esto hace que cobre mucho sentido el pronombre enfático ἐγώ, pero está más lejos del significado de Deuteronomio 32:35s. En D 81 minúsculos lat se añade un ὅτι recitativum (Bauer 2; BD §397).

Κρινεῖ κύριος τὸν λαὸν αὐτοῦ: dado que acaba de citarse Deuteronomio 32:35, es extremadamente probable que esta cita sea del versículo que sigue; la fraseología del Salmo 135(134 LXX):14, no obstante, es idéntica. Cipriano (*Test.* 3.106) parafrasea incorrectamente καὶ πάλιν como *item alibi*, sugiriendo una fuente de testimonios desconocida (cf. Fahey 436s.). El autor de Hebreos da por sentado un juicio final, pero se refiere a él con moderación (κρίσις, 13:4*; κρίνω, 9:27; 10:27; κριτής con respecto a Dios, 12:23; κριτικός, 4:12; F. Büchsel en *TDNT* 3.939). La cita en el TM, y el contexto veterotestamentario, son más positivos que el uso inmediato que se hace de estas palabras en Hebreos: la NRSV y LBLA traducen Deuteronomio 32:36ab como "ciertamente el Señor vindicará a su pueblo, tendrá compasión de sus siervos". Sin embargo, a continuación aparecen palabras de aliento tanto en Deuteronomio (32:40) como en Hebreos (10:32-39).

Κύριος: véase 1:10, aquí, como es usual en Hebreos, se refiere a Dios. En ℵ² Ψ 𝔐 se lee κύριος κρινεῖ, debido posiblemente a la influencia de la interpretación de Romanos 12:19: el Señor, no los seres humanos. Λαός: 2:17.

10:31. ¡Teman el juicio del Dios vivo!

El autor termina a menudo una sección de su argumento con un resumen (2:18; 3:19; 7:28; 8:13; 9:22; 10:18, 39; 11:39s.), pero ninguno es tan escueto como este. No carece por completo de puntos de contacto con el argumento anterior: φοβερός forma una inclusio con el v. 27; el artículo definido τό antes del infinitivo podría apuntar al juicio que se mencionó anteriormente en los vv. 26-30, o al conocimiento que se supone que tengan los lectores (BD §399[1]; cf. MHT 3.140).

El versículo, por tanto, no es una conclusión lógica de lo que precede, sino un resumen que recuerda el contexto de las citas anteriores, especialmente Deuteronomio 32:40s. En la primera lectura, el versículo tiene un tono casi proverbial, y aunque hay muchos paralelismos (véase más adelante) con el uso de algunos términos individuales, la Biblia griega no alude en ningún otro lugar tan negativamente al hecho de caer en las manos del Dios vivo (Zimmermann 1977.214s.; Braun).

Φοβερόν: el temor de la presencia de Dios (12:21), de la muerte (φόβος 2:15) y del juicio (10:27**) es un tema recurrente en Hebreos. Los objetos del temor están probablemente relacionados (cf. 9:27 con respeto a la muerte y el juicio), y en cada caso se implica algo más negativo que la reverencia. El presente pasaje sugiere, sin afirmarlo explícitamente, que el juicio de Dios, sobre todo para los apóstatas, es más terrible que la muerte. Una idea similar se expresa con palabras diferentes, en un contexto más positivo, en 1 Corintios 15:56. La LXX describe con frecuencia a Dios como φοβερός, en especial, cuando menciona sus atributos (p. ej., Dt. 10:17; Ne. 1:5; 9:32; 2Mac. 1:24), y como más terrible que los seres humanos (Sal.66[65 LXX]:5), los gobernantes humanos (Sal. 76:12[75:13 LXX]), los miembros del concilio celestial (Sal. 89:7[LXX 88:8]), y otros dioses (1Cr. 16:25; Sal. 96[95]:4); cf. Génesis 28:17; Isaías 21:1. Al igual que, por ejemplo, en 6:8, se omite ἐστιν después de φοβερός.

Ἐμπεσεῖν: cuando el verbo ἐμπίπτω se usa en sentido figurado, por lo general tiene un sentido negativo: 1 Timoteo 3:6s. con respecto a caer en condenación y descrédito; 6:9 caer en la tentación; cf. Sirácides 8:1; 38:15; Daniel (Susana) 23 caer en las manos de los hombres; del mismo modo, πίπτω ἐν, 4:11, caer en incredulidad; de manera similar con respecto al sentido literal ampliado de ἐμπίπτω, por ejemplo, caer en manos de ladrones, Lucas 10:36.

Χείρ (1:10) se usa en Hebreos principalmente para referirse a la mano (o las manos) de Dios, y mayormente en citas veterotestamentarias. El sentido negativo de ἐμπίπτω se transfiere a las palabras que siguen, "en las manos del Dios vivo", implicando con ello la condenación de los apóstatas en el juicio final. Sin embargo, la mano de Dios se concibe con más frecuencia como el instrumento de una acción positiva, especialmente protectora y salvífica (Sal. 31[30]:6; Lc. 23:46), pero también de castigo (p. ej., Éx. 7:4; 1Sa. [1Re.] 12:15; Is. 1:25); no es posible escapar de la mano de Dios (Sab. 16:15), es decir, de su juicio. 2 Samuel (2Re.) 24:14 ‖ 1 Crónicas 21:13; Sirácides 2:17, en contraste con el presente versículo, implican claramente que es peor caer en las manos inmisericordes de los hombres que en las de Dios; en 2 Macabeos. 6:26, sin embargo, Eleazar dice que aunque lograra por medio de la apostasía librarse de los castigos humanos, τὰς τοῦ παντοκράτορος χεῖρας οὔτε … ἀποθανὼν ἐκφεύξομαι.

La expresión "el Dios vivo" (3:12) no se usa en ningún otro lugar en Hebreos en un contexto de amenaza; por el contrario, en 3:12 lo que sí hay que temer es apartarse de Dios como fuente de vida; de manera similar 9:14; 12:22 de la verdadera adoración; cf. 12:9. 4:12s. es la declaración más completa del autor con respecto a Dios, que está vivo, y por ende, todo lo ve; sin embargo, el juicio implícito (κριτικός, v. 12) allí es un hecho presente, no futuro.

10:32-39. La fe entre el pasado y el futuro

Existe una opinión generalizada sobre la estructura de esta sección: Vanhoye 179-181 la divide en dos párrafos después del v. 35; para Dussaut 95s., sin embargo, se trata de un solo párrafo dividido en el mismo lugar en dos perícopas. El esquema de Vanhoye es ligeramente preferible por dos razones: (1) le concede plena importancia a la inclusio formada por ὑπεμείνατε (v. 32) y ὑπομονῆς (v. 36); μισθαποδοσία (v. 35) y ἀνταποδώσω (v. 30); παρρησία (v. 35; cf. v. 19); (2) reconoce que los vv. 32-35 se orientan principalmente hacia el pasado, mientras que los vv. 36-39 apuntan al futuro. Existen también estrechos vínculos entre esta sección y el principio del capítulo 12, a saber, ὑπομον (10:36; 12:1); ὑπομένω (10:32; 12:2s., 7); y la imaginería relacionada con un combate (ἄθλησις, v. 32; τρέχωμεν… ἀγῶνα, 12:1). Esto sugiere que el capítulo 11, aunque originalmente no era una composición separada, tiene algo de la naturaleza de una digresión ampliada; por el contrario, la presente sección y 12:1-3 podrían interpretarse como la preparación y la continuación del tema del capítulo 11.

10:32. Soportaron bien las primeras pruebas

La advertencia anterior se caracterizó por el uso discreto de las formas verbales en primera persona del singular y otros recursos destinados a ganarse la atención y la aceptación de los lectores. Ahora que el autor pasa de nuevo a las exhortaciones, predominan las formas verbales en segunda persona del plural, salvo en la conclusión general (v. 39).

Ἀναμιμνήσκεσθε (ἀνάμνησις, 10:3*): Lane, en consonancia con J. Thomas 1980, señala que los imperativos directos en Hebreos, de los que este es el primero desde 7:4, suelen ser más "específicos y precisos" que los subjuntivos hortatorios. Si eso mismo ocurre aquí (aunque debe tenerse en cuenta la variación estilística), le otorga mayor peso al pasaje de estímulo que sigue a la severa advertencia precedente. El pasado de los lectores debe ser un ejemplo para su presente; (cf. 1Co. 4:17; 2Ti. 1:6). A pesar de la advertencia anterior, el autor se dirige a ellos, no como personas que ya han renunciado al derecho de ser llamados cristianos, sino como a personas cuyos antecedentes en el conflicto cristiano demuestran que recibieron un don al que solo tienen que aferrarse para ser definitivamente salvos (vv. 35-39). Pablo a menudo apela de manera similar al historial pasado de los cristianos como base para su exhortación presente (más ampliamente en 1Ts. 1–3; también Fil. 1:3-11; 1Co. 4:4-9; 2Co. 7:15; 2Ti. 1:6; contrástese con Gá.1:6).

Δέ (cf. 6:9 en una transición semejante de la advertencia al estímulo) establece un contraste entre los vv. 26-31 y los vv. 32-35(-39). En L min. se omite erróneamente la palabra.

Τὰς πρότερον ἡμέρας: el plural "días" suele referirse, como en 1:2, a un período de tiempo. En ℵ¹ 33 81 *pc* bo (Zuntz 251) se añade ὑμῶν; puede considerarse una glosa correcta que tiene por objeto distinguir el pasado en general, es decir, el período del cristianismo primitivo, del pasado cristiano de los propios lectores. La frase ἁμαρτίας ὑμῶν que aparece en ℵ* es un desliz evidente. Πρότερον es el género neutro originalmente adverbial de πρότερος, que vuelve a usarse como adjetivo; cf. ταῖς πρότερον... ἐπιθυμίαις, 1 Pedro 1:14; Bauer 1bβ; BD §62. También es posible traducirlo en sentido positivo, "aquellos días pasados", REB, NVI; "el pasado", TEV; y no en forma comparativa, "anteriores", NJB, NIV, NKJV; pero el comparativo es conveniente para el contraste con el presente y el futuro inmediato que se presenta en los vv. 35-39. El autor no dice nada que indique la longitud de tiempo que ha transcurrido desde el bautismo o la conversión de los lectores.

Ἐν αἷς: la prep. ἐν indica el período de tiempo en que algo ocurre; Bauer II.1b.

Φωτισθέντες, aoristo (6:4* con ἅπαξ), se refiere al acontecimiento pasado particular de la conversión de los cristianos; es casi seguro que el bautismo esté implícito, pero el autor no hace alusión a él explícitamente y no usa el término φῶς ni otros términos compuestos aparte del verbo φωτίζω. La acción de Dios está implícita: "después que la luz de Dios brilló sobre ustedes" (TEV).

Πολλὴν ἄθλησιν***: el adjetivo πολύς con un sustantivo singular indica grado, y tiene un significado más específico que está determinado por el contexto en cada caso; aquí "una dura lucha" (RSV, NVI); en forma más dudosa "una larga lucha"

(Michel); Bauer I.1bβ. 12:1 sugiere que la imagen de un combate atlético público podría seguir vigente; cf. cf. θεατριζόμενοι, 10:33; ἀγών, 12:1; también 1 Corintios 9:24-27; 1 Tesalonicenses 2:2; 2 Timoteo 4:7s. Ἀθλέω, 2 Timoteo 2:5; ἀθλήτης, 4 Macabeos 6:10; 17:15s.; *1 Clemente* 5:1.

Ὑπεμείνατε (12:2s., 7*) παθημάτων (2:9s.*): ὑπομένω en este contexto conserva el sentido de permanecer en el campo de batalla en lugar de huir; de ahí, aferrarse, soportar (exitosamente); Bauer 2; F. Hauck en *TDNT* 4.588; BD §148.1; Spicq 1982.658-665. El autor anima a sus lectores a "hacer más y más" (cf. 1Ts. 4:10) en las luchas que vendrán (12:4), lo que lograron al principio de sus vidas cristianas. Este pasaje, junto con 12:4, parece descartar la posibilidad de que la carta haya sido compuesta en ciudades como Jerusalén, o Roma después del año 64 d.C., donde la persecución había provocado derramamientos de sangre (F. F. Bruce). Con excepción del término συνεπαθήσατε en el v. 34, las expresiones de lenguaje relativas al sufrimiento y la compasión se aplican en los demás pasajes de Hebreos a Cristo (πάσχω, (2:18); συμπάσχω, (4:15)*). En 13:13 el autor relaciona los sufrimientos de los cristianos con los de Jesús, pero no tan estrechamente como Pablo (2Co. 1:5; Fil. 3:10; Col. 1:24; cf. 1Pe. 4:13). En Hebreos no se usa el término πάθημα con el sentido de "pasión", como por ejemplo, en Romanos 7:5; Gálatas 5:24. Es mejor entender que el genitivo indica contenido (BD §167): el combate consistía de sufrimientos.

10:33. Sufrimientos anteriores

Τοῦτο μὲν… τοῦτο δέ es una construcción clásica (Hdt. 1.161, 3.106, y se usa con frecuencia; Isocr. 4.21, 22; LSJ *s.v.* οὗτος, C.VIII.3), especialmente en griego ático y en el koiné literario; aquí denota correspondencia y no contraste o separación (Bauer μέν, 1c; οὗτος, 1bδ; BD §290[5]; MHT 3.45). El lenguaje del v. 33a es más vívido que el del v. 33b, pero lo que el autor destaca es que la comunidad se había mantenido unida cuando algunos de sus miembros fueron atacados. El versículo completo ilustra el principio expresado en 1 Corintios 12:26.

Ὀνειδισμός, singular en 11:26; 13:13*, y en ambos casos se refiere a los insultos dirigidos contra Cristo o el Mesías que comparten los creyentes; cf. Romanos 15:3; cf. αἰσχύνη, (12:2), con respecto a la vergüenza de la cruz; 1 Juan 2:28, al juicio final; ἐπαισχύνομαι, (2:10); 11:16, negando que Dios pueda avergonzarse de su lealtad hacia los creyentes; con θλῖψις, Isaías 37:3. El término aparece con frecuencia en la LXX relacionado con declaraciones de guerra (1Sa. [1Re.] 17:10, 25s., 36, 45; 2Sa. [2Re.] 21:21; 1Cr. 20:7; Sir. 47:4); con enemigos (Sal. 42[41 LXX]:11; 55[54]:12; 74[73]:10; y con una derrota deshonrosa (Jos. 5:9; Ne. 1:3; 5:9; 1Mac. 4:58); en cualquier caso, implica desprecio (Ne. 4:4; Tob. 3:7); Israel sufre ese desprecio por amor a su Señor (Jer. 15:15; 20:8; Sal. 69:7, 9 [68:8, 10 LXX]). De manera similar, ὀνειδίζω con referencia a la persecución de los cristianos: Mateo 5:11; Lucas 6:22 con ἀφορίζω; 1 Pedro 4:14 con respecto a la persecución "por causa del Nombre"; de manera especial con relación a la crucifixión de Jesús, Marcos 15:32, 34. J. Schneider en *TDNT* 5.240s.; Spicq 1978.2.623-625.

τε καί: véase 2:4. El "abuso y la aflicción" (RSV) están estrechamente relacionados por ser el aspecto interno y el aspecto externo de la misma persecución.

Θλῖψις* es un término frecuente en la LXX y suele usarse para referirse a los sufrimientos de Israel (2Re. [4Re.] 13:4); especialmente del salmista cuando habla en nombre del pueblo (p. ej., Sal. 4:1; 9:9; 10:1[9:22 LXX]); en frecuentes referencias a un "día" (p. ej. Sal. 50[49 LXX]:15; 77:2[76:3 LXX]) o a un "tiempo" (καιρός, Sal. 37[36 LXX]:39; Sir. 2:11) de aflicción; habitualmente en singular, no obstante, cf. 2Cr. 32:11 A; Sal. 25[24 LXX]:22; Is. 28:10). Θλῖψις es uno de los términos más comunes y generales en el rico vocabulario neotestamentario relativo a la persecución: en singular, Marcos 13:19, 24 || en un contexto escatológico; en un contexto no escatológico en Juan 16:33; cf. 1 Corintios 7:28; en plural (por ejemplo, en Hch. 7:10; 14:22; Ro. 5:3; con ἀνάγκη, 1Ts. 3:7); διωγμός, Mr. 4:17||; Ro. 8:35; 2Ts 1:4; con συνοχή, 2Co. 2:4; con στενοχωρία, Ro.2:9; 8:35; cf. 2Co. 4:8; con ὑπομονή, Ro. 5:3, y ὑπομένω, Ro. 12:12, como aquí; con πτωχεία, cf. Heb.10:34, Ap.2:9; con δεσμοί con referencia a la participación de los cristianos en los sufrimientos de Cristo, Col. 1:24; cf. 2Ti. 1:16 y Heb. 10:34; con χαρά, 2Co. 7:4; 8:2; Stg 1:2, como en Hebreos 10:34. La fuente de la aflicción por lo general es un enemigo humano, como en el caso que nos ocupa; en algunas ocasiones es un suceso natural, por ejemplo, una hambruna (Hch. 7:11). El autor de Hebreos no suele mencionar los nombres ni pronunciarse en contra de las personas que habían perseguido a sus lectores; estos sin duda los recordaban, pero a fin de cuentas lo que más le interesa es la manera en que reaccionaron. Véase H. Schlier en *TDNT* 3.143-148.

Θεατρίζομαι*** es una forma pasiva: exponer al ridículo (Lane, en consonancia con Cadbury) como un espectáculo público; cf. el uso figurado (y peyorativo) de θέατρον en 1 Corintios 4:9; en forma similar, ἐκθεατρίζω, "poner en escena/ presentar", como una metáfora neutral en Ateneo 11.506s. (LSJ); en sentido negativo, "hacer un espectáculo público de" (Polib. 3.91.10; 5.15.2; 11.8.7), "exponer a la vergüenza pública" (3.91.10; Filón, *Flac*.72 [sobre la persecución de los judíos an Antioquía en el año 38 d.C.]). La única otra aparición de θεατρίζομαι en la antigüedad es aparentemente neutral, "ser un espectador" (en una inscripción procedente de Gerasa de la época de Trajano: A. H. M. Jones 154; Cadbury 1930; G. Kittel en *TDNT* 3.42s.; MHT 2.407; *Supplementum Epigraphicum Græcum* 7.825.18). La referencia es tan general que no es posible identificarla a ciencia cierta con las antorchas humanas de Nerón (Tácito, *Ann.* 15.44; *1Clem.* 6:1; cf. Josefo, *AP.* 1.43. En D* se lee ονειδιζόμενοι por asimilación a ὀνειδισμοῖς; cf., p. ej., Sal. 69[68 LXX]:9 = Romanos 15:3 [Zuntz 42]).

Κοινωνοί: con respecto al compañerismo cristiano en los sufrimientos, cf. Filipenses 1:7; 4:14, συνκοινωνήσαντές μου τῇ θλίψει; Apocalipsis 1:9; de manera similar κοινωνέω, Hebreos 2:14. La palabra implica apoyo activo y solidaridad, y también compasión (4:15; 10:34); normalmente, visitando a los cristianos encarcelados para llevarles.alimentos que las autoridades no les proporcionaban (F. F. Bruce 269s.; Harnack 1908.1.162ss.; 2.117). Bauer 1aβ; F. Hauck en *TDNT* 3.804-809. Κοινωνός (a diferencia de κοινός) suele adoptar en el NT el genitivo clásico (1Co. 10:18, 20; 2Co. 1:7; 1Pe. 5:1; 2Pe. 1:4); también el dativo, en forma literal, con respecto a los socios de Simón; con ἐν, Mateo 23:30; en sentido absoluto 2 Corintios 8:23; Filemón 17**; MHT 3.215.

Οὕτως (véase 4:4) hace referencia claramente al v. 33a.

Ἀναστρεφομένων es una forma pasiva: el autor evita de nuevo hacer referencia a los enemigos que "trataron" a los lectores de esta manera. Bauer 2bδ; G. Bertram en *TDNT* 7.715-717.

Γίνομαι: véase 1:4; el significado "llegaron a ser" aquí pasa por "vinieron a ser" en dirección a "eran", Bauer II.

10:34. Las pérdidas actuales traerán ganancias duraderas

Este versículo amplía el contenido del v. 33, tal como lo indica la frase καὶ γάρ, "porque también" (4:2; Grosheide 1915; Bauer γάρ, 1b). La mejor manera de entender el v. 34ab es considerar que forma un quiasmo con el v. 33, τοῖς δεσμίοις συνεπαθήσατε y complementa lo que se lee en el v. 33b, καὶ τὴν ἁρπαγὴν... προσεδέξασθε añadiendo detalles de las humillaciones que se describen en el v. 33a, mientras que el v. 34c, γινώσκοντες... μένουσαν extrae una lección para toda la comunidad —cuyo punto principal, al igual que otros lugares de Hebreos, se expresa en una oración de participio (9:9) o una cláusula subordinada (2:17).

Τοῖς δεσμίοις es una lectura ampliamente confirmada (A D* H 0150 6 33 [81 δεσμείοις] 424ᶜ 1573 1739 1912 2127; cf. 13:3; Metzger 670) que explica mejor el origen de las demás: δεσμοῖς (𝔓⁴⁶ Ψ 075ˢᵘᵖᵖ 104 256 Orígenes) por un descuido en la transcripción, suavizado por la adición de μου (ℵ D² K P 88 263 365 424* 436 459 614 1175 1241 1319 1852 1881 1962 *biz.* [K L P] *lect.;* Enslin 316) o αὐτῶν (itᵈ· ⁽ʳ⁾· ⁶⁵*) a imitación de Filipenses 1:7, 13s., 16; Colosenses 4:18 (Metzger 670) dando por sentada la autoría paulina. Δέσμιος, 13:3*, en un contexto similar; δεσμός 11:36*. El encarcelamiento era un rasgo habitual de la persecución religiosa: Zacarías 9:11s.; 2 Macabeos 14:27, 33; 3 Macabeos 4:2; 7:5; Jos. *Ant.* 10:150 con respecto a la época veterotestamentaria; con posterioridad 13:203, 16:8; 18:119 a Juan el Bautista; Filón , *Flac.*74, sobre los judíos en Alejandría; Hechos 16:27; 23:18; 25:14, 27; Efesios 3:1; 4:1; 2 Timoteo 1:8; Filemón 19; cf. Mt. 25:36.

Συνπαθέω: véase 4:15**, de los sufrimientos de Cristo; con el dativo (Moule 90); no en forma literal "sufrir con", sino "sentirse compasivamente afectado" (Aristóteles, *Fisiognómica* 808ᵇ11 del alma y el cuerpo; LSJ *s.v.* συμπαθέω), vg *conpassi estis.*

Καί indica la transición a los que habían sufrido la persecución (v. 33a).

Ἁρπαγή (Mt. 23:25‖Lc. 11:39**; cf. ἁρπάζω, Mt. 11:12; ἅρπαξ, Mt. 7:15; ἁραπαγμός, Fil. 2:6; ninguno de esos verbos se usa en Hebreos) normalmente se refiere al robo o saqueo ilegal, y por extensión a la codicia; Filón, *Flac.*105, al castigo; aquí al "decomiso forzoso de los bienes en una persecución" (Bauer; cf. Euseb. *HE* 3.17 sobre la confiscación de los bienes de los cristianos bajo Domiciano; de manera similar Polib. 4.17.4; 4Mac. 4:10), ocasionado a menudo por algún otro castigo (Michel cita a Mommsen 1006).

Τὰ ὑπάρχοντα, "posesiones", es un sustantivo verbal derivado de ὑπάρχω, "estar a disposición de (alguien)"; de ahí, los recursos disponibles (Jdt. 16:21-

24; Tob. 4:7s.; Hch. 4:32; 1Co. 13:3; Bornhäuser 1932), especialmente los bienes confiscados (Spicq SB cita el papiro Rainer 1.15; cf. *Inscriptions de Bulgarie 1731*). Por lo demás, en el NT solo en Lucas y Mateo, y en particular en un material lucano específico, se refiere a las propiedades que se ceden voluntariamente; con respecto a las propiedades hurtadas (Jb. 17:2) o saqueadas (Ez. 26:12); con el genitivo (Lc. 11:21; 12:33, 44; 14:33; 16:1; 19:8; 1Co. 13:3), o el dativo (Lc. 8:3; 12:15; Hch. 4:32) (en 1836 se lee ὑμῖν en el presente versículo).

Μετὰ χαράς: χαρά: véase 12:2 de Cristo (cf. 5:7); 12:11*, de manera negativa, con respecto a la disciplina. En 1 Crónicas 29:22; Tobías 13:10; cf. 1 Esdras 4:63 de las festividades religiosas (cf. Heb. 12:21-24); por lo demás, 2 Macabeos 15:28; 3 Macabeos. 5:21; 6:34; 7:13, 15; con εὐφροσύνη (1Mac. 4:59; 5:54; 2Mac. 3:30; 3Mac. 7:15); aquí no solo el sufrimiento seguido del gozo (Est. 9:22; Jue. 2:4), sino también la paradoja típicamente neotestamentaria del gozo en el sufrimiento (Mt. 5:11s.; Lc. 6:23; Hch. 5:41; Ro. 5:3; 2Co. 6:10; 7:9; 8:2; Fil. 2:17; Col. 1:24; 1Ts. 1:6; Stg. 1:2; 1Pe. 4:14); a menudo, como aquí, en contextos escatológicos (Jn. 16:20-22, 24; Ro. 15:13; Col. 1:11 con ὑπομονή; 1 Ts. 2:19 con ἐλπίς; Heb. 12:2), anunciado como un don del Espíritu Santo (Gá. 5:22; cf. 1Pe. 1:8); H. Conzelmann en *TDNT* 9.366-371, aquí 368; Spicq 1978.959; Morrice 74, 135.

Προσδέχομαι (11:35*, τὴν ἀπολύτρωσιν) podría ser (1) una referencia presente, con respecto a recibir o acoger favorablemente a alguien o algo: Ezequiel 20:41, la aceptación divina de un Israel restaurado y liberado; cf. 43:27; 2 Macabeos 1:26, orando para que Dios acepte el sacrificio (en estos versículos, cualquier referencia futura es proporcionada por el contexto); Lucas 15:2, la recepción de los pecadores por parte de Jesús; Filipenses 2:29, la bienvenida de Epafrodito "con gozo" (cf. Is. 55:12); cf. Romanos 16:2; o (2) una referencia futura, con respecto a esperar algo o a alguien: por ejemplo, el reino de Dios, Marcos 15:43‖; cf. Lucas 2:25, 38; la resurrección, Hechos 24:15; Tito 2:13; Judas 21; una decisión administrativa, Hechos 23:21; en contextos que aluden a la acción salvífica de Dios, Salmo 55:9 (54:10 LXX); Sabiduría 18:7; Isaías 42:1; 45:4; a esperar aflicción, Is. 28:10. En el versículo 34, la referencia presente está respaldada por la frase "con gozo", pero la referencia futura, que está respaldada por el v. 34c, es más fuerte. Los sufrimientos que hemos de esperar en este tiempo debemos aceptarlos como etapas en el camino que conduce a la salvación final. Bauer 2b; W. Grundmann en *TDNT* 2.57s.

El resto del versículo expone la base del gozo en medio de la persecución. La meta de los creyentes, que en otros pasajes se conoce como el reposo (4:9, 11), la κληρονομία o herencia dada por Dios (9:5; 1:2, 14), o la ciudad celestial (11:16; 12:27), se describe aquí como una posesión (J. A. T. Robinson 1976.212); un juego de palabras (τὰ ὑπάρχοντα —ὕπαρξις; 3:13) expresa el contraste entre las posesiones terrenales temporales y las posesiones celestiales permanentes.

Γινώσκοντες (γινώσκω, 3:10) expresa una base o razón, y se refiere a los "días pasados" (v. 32), es decir, al mismo período de tiempo en el que tuvieron lugar los demás acontecimientos que se mencionan en los vv. 32-34: "porque vosotros sabéis"; así Lane. Sin embargo, dado que el participio no indica principalmente el tiempo, el significado "porque vosotros sabéis", si bien es secundario, no se excluye (BD §339[3]). Γινώσκω con un acusativo y un infinitivo son construcciones clásicas, como ocurre con otros verbos de percepción. Tiene el sentido técnico de "emitir un juicio" o "promulgar un decreto" (Hdt. 1.74; 6.85; Isocr. 17, 16; BD §397[1]), pero también podría significar de manera general "reconocer que" o "considerar que (algo) significa que" (Hdt. 1.78; LSJ), que se adapta mejor al contexto aquí.

En cuanto al pronombre ampliamente confirmado ἑαυτούς ($\mathfrak{P}^{13,\,46}$ ℵ A H^vid Ψ min), en D K min se lee ἑαυτοῖς, mientras que en 075^supp 1881 se lee ἐν ἑαυτοῖς, y en P cop^¿sa? ¿bo? se omite el pronombre (Metzger 670). El pronombre es reflexivo (BD §64[1]; MHT 3.148), no enfático. El pronombre de la tercera persona del plural se usa para la segunda, al igual que en Mateo 23:31; *1 Clemente* 47:7; Bauer ἑαυτοῦ 2. No hay ningún predicado nominal; cf. Filipenses 3:13; *1 Clemente* 3:9 (BD §406[2]).

Κρείττων (1:4; 6:9) es un término que el autor suele usar cuando compara las realidades terrenales con las celestiales. El pasaje más semejante a este es 11:16. En Filón, *Præm. Pœn.* 104, κρείττων de manera similar se refiere al cielo, pero en un argumento del tipo "tanto-como", no como aquí (cf. Heb. 12:26s.; 13:13s.) en un "o (esto) - o (aquello)".

Ὕπαρξις se usa para referirse a la propiedad con una pequeña diferencia entre el singular (Herm. *Sim.*1:4) y el plural (Herm. *Sim.*1:5; Hch. 2:45**); cf. *v.l.* ὕπαρξεις en el Salmo 78[77 LXX]:48; Bauer 2; en la LXX se usa 13 veces con referencia a las posesiones terrenales. En ℵ² D² H² Ψ L P Ψ se añade la glosa correcta, aunque innecesaria, ἐν οὐρανοῖς, probablemente bajo la influencia de Filipenses 3:20.

Μένουσαν es enfático por la posición que ocupa en la oración (cf. MHT 4.107): los creyentes que permanezcan firmes recibirán como justa recompensa (v. 35) una posesión permanente (= αἰώνιος, 9:15), por ende, en el cielo. Μένω (7:3) se usa en contextos escatológicos: el paralelismo más cercano es μένουσαν πόλιν, 13:14; cf. 11:16; 12:27. Véase Cambier 1950.87s.

10:35. Mantengan su valor ahora, y Dios lo recompensará

El autor extrae una conclusión (οὖν) de lo que les recordó a sus lectores en los vv. 32-34. Παρρησία trae a la memoria el v. 19; μισθαποδοσία hace recordar el verbo ἀνταποδώσω en el v. 30.

Μὴ ἀποβάλητε: el verbo ἀποβάλλω no se usa con frecuencia en la Biblia griega. El principal problema, aquí y en otros lugares, consiste en determinar si este verbo denota (1) la acción (vigorosa) de descartar algo (Bauer, Braun, Weber, REB, NIV), en lugar de aferrarse a ello (κατέχω, 3:6; κρατέω, 4:14); o (2) un proceso más pasivo, como el de un árbol que va perdiendo sus hojas (Is. 1:30; así, pues, aquí la frase de la vg *noli amittere;* cf. en D* ἀπολύητε; TEV, NJB, RVR, NVI, "perder"). En Marcos 10:50 alude al hecho de despojarse de una vestidura (así mismo, de manera metafórica en Romanos 13:12 *v.l.*, como sinónimo de ἀποτίθημι); se usa en Deuteronomio 26:5 con respecto a dejar o abandonar una ciudad; Dion Crisóstomo, *Oration* 34.39, lo emplea con τὴν παρρησίαν para referirse a la pérdida del derecho de la libertad de expresión; de modo similar aquí Lane. El pasaje que más se asemeja tal vez es Proverbios 28:24 (cf. Mr. 7:11), donde se habla del que abandona a su madre y su padre; el contexto incluye un uso del término κοινωνός (cf. Heb. 10:33) y un contraste entre la fe y la incredulidad (Pr. 28:25). Bleek, Riggenbach, Westcott, Michel, P. E. Hughes, Braun y la mayoría de los comentaristas optan por (1); Moffatt, Spicq (pero no Spicq SB), Héring y Grässer 1965.98 prefieren (2). Ἀποβάλητε, aoristo de imperativo, es raro en Hebreos (12:25) al igual que en Pablo. Tiene un sentido puntual que implica: "En virtud del historial de su valiente resistencia ante la persecución que acabo de recordarles, no abandonen su fe" (MHT 1.124; BD §§335, 337).

Τὴν παρρησίαν ὑμῶν: en otros lugares de Hebreos se usa en sentido absoluto en pasajes en primera persona del plural (3:6 con ἐλπίς); siempre en exhortaciones. Ἀποβάλητε objetiva la παρρησία: el valor de los creyentes es algo que puede abandonarse o perderse. La παρρησία no es simplemente un estado mental o sentimental (como aquí Lane "audacia, confianza"): se ha manifestado en actos de servicio (vv. 32-34) y por medio de una nueva posibilidad de tener acceso libre a Dios (4:10; 10:19*). Por tanto, está estrechamente relacionada con la πίστις (vv. 38s.), concebida como confianza *(fiducia)*, pero aún más como fidelidad.

Ἥτις (2:3; 8:5; 10:11): "haciendo hincapié en una cualidad característica, mediante la cual ha de confirmarse una declaración anterior" (Bauer); "considerando que [su audacia] tiene una gran recompensa" (Lane); normalmente (2:17; cf. v. 34) el punto principal de la oración se encuentra en una cláusula subordinada.

Ἔχει: tiene en sí misma, y por ende, está latente en lo que la causa; en Sabiduría 8:16, con respecto a la vida en la que la Sabiduría (personificada) produce gozo (cf. Heb. 10:34); en Santiago 1:4, acerca de la ὑπομονή (Heb. 10:36) que produce su "obra perfecta"; en 2:17, sobre la fe que produce obras; en 1 Juan 4:18, con respecto al temor "que está relacionado con el castigo" (TEV; cf. Bauer I.4). El presente uso del verbo, por tanto, podría interpretarse como un fuerte sentido del verbo ἔχω (cf. 4:14; 10:19, 34); resulta tentador, aunque no forzosamente necesario, explicar el presente verbal como una apelación a la fidelidad de Dios (Braun; cf. v. 22), a la inminencia del fin (Bengel; cf. v. 37) o a una recompensa permanente que está reservada y lista para ser recibida por los creyentes (cf. 4:9, 11; 11:40).

Μεγάλην (véase 4:14, normalmente con referencia a Cristo) μισθαποδοσίαν (y 2:2 en sentido negativo; 11:26* con respecto a Moisés, y en contraste con el ὀνειδισμὸν (cf. 10:33) τοῦ Χριστοῦ. Μισθαποδοσίαν aquí, al igual que en otros lugares en Hebreos, es un término enfático por la posición que ocupa en la oración; la lectura invertida μισθαποδοσίαν μεγάλην (K L Ψ 140 etc.) cuenta con un respaldo más débil. En Hebreos no se usa el sustantivo μισθός ni ningún otro término compuesto. Filón (*Abr.* 128) le resta mérito al motivo de la recompensa, pero Jesús no (p. ej., Mt. 5:12; 10:41s.; Lc. 6:35); sin embargo, la recompensa no es material ni terrenal, sino celestial y permanente (Heb. 10:34), Dios la prometió (v. 36), y él la concede (11:6), y consiste en vivir con él. Véanse el comentario de Pönnighaus sobre los vv. 35-39; Bornkamm 1959.69-92; Emery sobre la recompensa.

10:36. La recompensa de la perseverancia

La lógica implícita de este versículo es que las promesas de Dios están destinadas a su pueblo en general, pero se cumplen solamente para los que se mantienen hasta el fin haciendo su voluntad. A diferencia de Pablo, el escritor no muestra ningún interés en la rivalidad entre la fe y las obras como medios para alcanzar la salvación: la sumisión de Cristo a la voluntad de Dios ya fue presentada como un acto de fe que incluye la de todos los demás creyentes (10:5-10).

Este versículo de transición apunta tanto al pasado como al futuro. Ὑπομονῆς hace recordar la forma verbal ὑπεμείνατε en el v. 32 (Vanhoye 179; Spicq; F. F. Bruce 271 n.191 discrepa). Γάρ indica que el v. 36a constituye un equivalente positivo del v. 35a. Τὸ θέλημα τοῦ θεοῦ ποιήσαντες evoca fuertemente las palabras de los vv. 7, 9, que se ponen en boca de Cristo y se aplican inmediatamente a los creyentes, como también ocurre aquí, en el v. 10. Las referencias al futuro son menos numerosas, en parte porque los vv. 32-39 en su conjunto constituyen una conclusión a gran escala para la tercera parte de la epístola (5:11–10:39; Vanhoye 115-182); y en parte por razones estilísticas, para evitar que se conozca de antemano la palabra clave πίστις (v. 38) o la declaración final (v. 39b) acerca del contenido de la promesa. La referencia a esa promesa en el presente versículo tiene por objeto anunciar la cita positiva y prospectiva en los vv. 37s., pero la cita no se anticipa verbalmente. (Este es un argumento que favorece la colocación de un punto al final de este versículo; como en la mayoría de las versiones, en contra de WH). Es posible que haya un leve juego de palabras entre los términos contrastantes ὑπομονῆς (v. 36) y ὑποστολῆς (v. 39, cf. v. 38), al principio y al final de la perícopa.

Por lo demás, el argumento acumulativo del autor, que prosigue a partir de la perícopa anterior, implica el uso de expresiones sinónimas o superpuestas: v. 34 ἔχειν... κρείττονα ὕπαρξιν καὶ μένουσαν; v. 35 ἔχει μεγάλην μισθαποδοσίαν; v. 36 ἵνα... κομίσησθε τὴν ἐπαγγελίαν; v. 39 εἰς περιποίησιν ψυχῆς.

Ὑπομονή (12:1*) suele relacionarse, como en esta sección, con la fe (1Ts. 1:3; 2Ts. 1:4; 1Ti. 6:11; 2Ti. 3:10; Tit. 2:2; Stg. 1:3; 2Pe. 1:5s.; Ap. 2:19; 13:10; 14:12); también con la esperanza (Ro. 15:4; 1Ts. 1:3; cf. 1Co. 13:7, idéntico en la LXX) y con el amor (1Ti. 6:11; 2Ti. 3:10; Tit. 2:2; cf. Ap. 2:19). Sin embargo, no existe ninguna conexión verbal con la cita que sigue (Strobel 1961.80n.2). El uso de ὑπομονή aquí es más amplio y más positivo que el del verbo ὑπομένω en el v. 32, no hay ningún cambio en el significado. Lo que ya se reconocía como una virtud pagana (Séneca, *Espistulæ Morales* 5.67.10) halla cabida en la experiencia cristiana a través de la persecución (como aquí), y especialmente por medio del recuerdo de los sufrimientos y la muerte de Cristo (Heb. 12:2s.). Se usa con referencia a los (materialmente y/o espiritualmente) necesitados, por ejemplo, en el Salmo 9:18; Jeremías 14:8 con respecto a Dios como ὑπομονή (esperanza) de Israel. Véase F. Hauck en *TDNT* 4.485-488.

Ἔχετε χρείαν (5:12): la expresión χρείαν ἔχω se usa con frecuencia en el NT en diversas construcciones: más comúnmente con el genitivo, al igual que aquí (Mt. 6:8; Mr. 2:17; 11:3; 14:63; Lc. 9:11; 10:42; 15:7; Jn. 13:29; 1Co. 12:21ab; Heb. 5:12b; Ap. 21:23; 22:5), en sentido absoluto (Mr. 2:25; Jn. 13:10; Hch. 2:45; 4:35; 1Co. 12:24; Ef. 4:28, 29; 1Ts. 4:12; Tit. 3:14; 1Jn. 3:17), especialmente necesidades de índole material; con el infinitivo (Mt. 3:14; 14:16; 1Ts. 4:9; 5:1) o con el acusativo y el infinitivo (1Ts. 1:8; Heb. 7:11); con el genitivo de un infinitivo precedido por el artículo (Heb. 5:12a); con una cláusula que comienza con ἵνα (Jn. 2:25; 16:30; 1Jn. 2:27); en forma irregular con el acusativo (Ap. 3:17; en $\mathfrak{P}^{46}$* se lee ὑπομονήν en el presente versículo). Χρεία sin el verbo ἔχω (Hch. 6:3; 20:34; 28:10; Ro. 12:13; Fil. 2:25; 4:16, 19)**. La necesidad aquí probablemente implica carencia (cf. Heb. 5:12); existe al menos un peligro de que, al igual que en la época del AT, los miembros individuales de la comunidad (τις, v. 28; el artículo genérico ὁ, v. 29) pierdan por su mala conducta su parte en la herencia que Dios les ha prometido y mantiene en reserva para su pueblo en sentido colectivo. Aquí, los lectores necesitan, y a algunos de ellos podría faltarles, la perseverancia en la fe que les permite atravesar el corto período (vv. 37a) comprendido entre su valor pasado (vv. 32-34) y su salvación final (v. 39).

Ἵνα se usa aquí probablemente como una conjunción causal y no como una conjunción final (Moffatt, citando a Burton 93; aunque cf. BD §391[5]; MHT 3.102; Moule 142s.).

Τὸ θέλημα τοῦ θεοῦ ποιήσαντες, en el contexto inmediato y a la luz de 10:7, 9s., no se refiere al cumplimiento de algún mandato específico, sino a la fidelidad hasta el fin en el discipulado cristiano —el propósito fundamental de la epístola. La acción que indica el verbo ποιέω antecede a la del verbo principal κομίσησθε; no se hace referencia a los acontecimientos que se mencionan en los vv. 32-34 (así opinan Riggenbach y Braun en contra de Bengel).

Κομίσησθε: κομίζω acerca de una promesa (o promesas), en forma positiva 11:19, en forma negativa 11:39; con respecto a Abraham cuando, en sentido figurado, volvió a recibir a Isaac, 11:19*. En sentido literal con respecto a recibir dinero, Mateo 25:27; traer un objeto, Lucas 7:37; en sentido figurado Efesios 6:8; especialmente en lo tocante a recibir una recompensa (1Pet. 1:9; 5:4; cf. Jos. *Ant.* 1.183) o un castigo (Col. 3:25; 2Pe. 2:13; cf. Lv. 20:17; Sal. 40[39 LXX]:15; 2 Mac. 8:33), o ambas cosas (2Co. 5:10); escatológicamente 1 Pedro 1:9, τὸ τέλος τῆς πίστεως; 5:4, la corona de gloria; Bauer 2a. Uno de una serie de sinónimos que se usan en Hebreos para referirse al hecho de recibir lo que Dios ha prometido: ἀναδέχομαι, 11:17; κληρονομέω, 6:12; cf. 6:17; 11:9b; λαμβάνω, 11:13 (*v.l.* κομίζω, προσδέχομαι); τυγχάνω, 6:15; 11:33.

Τὴν ἐπαγγελίαν (4:1) es tan general como "la voluntad de Dios", o la frase "algo mejor" de 11:40; cf. 10:34. Lo único que puede decirse es que en Hebreos, al igual que en otros lugares, se usa la tipología de la entrada de Israel en la tierra prometida.

10:37s. Los fieles son los únicos que sobrevivirán

La mayor parte de esta cita compuesta está tomada de Habacuc 2:3b-4. Con respecto al uso rabínico de esta pasaje, véase Michel 364-366; en cuanto al significado del TM, véanse Emerton 1977; Lanze; sobre la relación entre Habacuc, el comentario sobre Habacuc de la cueva 1 de Qumrán, Pablo y Hebreos, véanse J. A. Sanders 1959; Braun 1966.266s.

LXX

1 διότι ἔτι ὅρασις ...

2 ἐὰν ὑστερήσῃ, ὑπόμεινον αὐτὸν

3 ὅτι ἐρχόμενος ἥξει

4 καὶ οὐ μὴ χρονίσῃ.

5 ἐὰν ὑποστείληται,

6 οὐκ εὐδοκεῖ

7 ἡ ψυχή μου ἐν αὐτῷ.

8 ὁ δὲ δίκαιος

9 ἐκ πίστεώς μου ζήσεται.

Hebreos

1 ἔτι γάρ ...

2 [cf. ὑπομονῆς, v. 36]

3 ὁ ἐρχόμενος ἥξει

4 καὶ οὐ χρονίσει.

8 ὁ δὲ δίκαιός μου

9 ἐκ πίστεως ζήσεται,

5 καὶ ἐὰν ὑποστείληται,

6 οὐκ εὐδοκεῖ

7 ἡ ψυχή μου ἐν αὐτῷ.

Las palabras que se omiten en la LXX son "por un tiempo" (εἰς καιρόν), "y se levantará (ἀνατελεῖ, Heb. 7:14) al fin, y no en vano". Las palabras que se omiten en Hebreos, μικρὸν ὅσον ὅσον, están tomadas de Isaías 26:20, y se analizan más adelante.

Este cuadro muestra que el autor de Hebreos, o menos probablemente su fuente, cambió ampliamente y por ende, reinterpretó el texto de la LXX. (1) La adición del artículo ὁ antes de ἐρχόμενος consolida una referencia mesiánica ya implícita en la LXX (Lindars 1961.231n.1). El texto hebreo significa "(la visión) ciertamente vendrá"; el texto de Hebreos significa "el que viene vendrá"; la frase "el que viene" tiene el valor de un título cristológico (Lewis 1976.91n.1). (2) La omisión de μή después de οὐ responde al uso en koiné (MHT 3.286); no hay ninguna razón para suponer que intente debilitar la referencia a la proximidad del fin (así opina Braun 1966.267, en contra de Spicq). (3) Por el contrario, el cambio del aoristo de subjuntivo χρονίσῃ de la LXX por el futuro de indicativo (10:16) aumenta el énfasis (12:20). La forma que eligió el autor es probablemente la menos clásica, χρονίσει (𝔓¹³, ⁴⁶ ℵ* D* E K L, seguida por la LXX 1I-86-412 26; cf. MHT 2.265), y no la forma ática χρονίει (5 minúsculos Cipr Teod). (4) El cambio más profundo es la inversión de las últimas dos cláusulas de la cita, que conlleva la adición de καί. Este cambio es más que estilístico (Vanhoye 180s.): hace de "mi justo", no la visión, sino el sujeto de ὑποστείληται y así, prepara el terreno para la aplicación en el v. 39 (ὑποστολῆς) a los cristianos que están en peligro de incurrir en apostasía. (5) El hebreo correspondiente a la línea 9 significa "el justo vivirá por su fe", y una versión griega de esto se encuentra en el rollo R (Barthélemy 175).

Los manuscritos de Hebreos varían en función de que μου (a) se encuentre después de δίκαιος (𝔓⁴⁶ ℵ A H* 33ᵛⁱᵈ 1739 1898 vg etc.), dando el sentido de "mi justo vivirá por (su) fe"; (b) se encuentre después de πίστεως (D* pc d e sir), entendiéndose como "el justo vivirá por la fe en mí" o (c) se omita (𝔓¹³ Dᶜ Hᶜ K P Ψ muchos minúsculos etc). (a) es la lectura mejor confirmada y es, al parecer, la base del v. 39; (b) aparentemente se asimila a la LXX B ℵ; (c) se asimila a Romanos 1:17; Gálatas 3:11. Μου no le añade nada al argumento (T. W. Manson

1949-50), y es probable que estuviera presente en el texto que se sigue en Hebreos. (Con respecto al problema textual en Hebreos, véanse Metzger 670s.; Metzger 1970.452-455; Adams 1964.134-137. En la versión de Habacuc en la LXX, F. F. Bruce 273n.196, en consonancia con T. W. Manson 1945, defiende la opción (a) en contra de Zuntz 173, Lindars 1961.231, y la mayoría de los editores, los cuales prefieren [b]). (6) La restructuración del versículo indica que el sujeto de ὑποστείληται ya no es "la visión", como en la LXX, sino "mi justo". Esto apoya la presuposición del autor de que todos sus lectores son creyentes (y por ende, "justos"), pero que algunos de ellos están en peligro de volverse atrás de la vida de fe. (Menos convincente es el argumento de Lewis 1976.93 de que el autor desea disuadir a sus lectores de "volverse atrás" de la audaz "relación con el mundo").

En el v. 37a, es mejor tomar la frase ἔτι γάρ como una reformulación de διότι ἔτι en Habacuc 2:3; aunque en un nivel más profundo del subconsciente del autor también podría estar el adverbio escatológico ἔτι de Hageo 2:6, que se cita en Heb. 12:26. Γάρ (que erróneamente se omite en 𝔓¹³ 104 vg^ms si^p) introduce el respaldo bíblico para la declaración en el v. 36. La expresión μικρὸν ὅσον ὅσον, tomada de Isaías 26:20 (que tambíen se cita en *1Clem.* 50:4), se inserta aquí para reafirmar lo que el autor considera que significa la declaración del autor acerca de la proximidad del fin (οὐ χρονίσει). A pesar de las pruebas indirectas e inconclusas de que estos dos textos ya pueden haber estado combinados en un *testimonium* precristiano (Strobel 1961.84, 176), el autor de Hebreos, conforme a su práctica habitual, centra su atención en el contexto de sus citas. De hecho, al contexto de la cita de pasada de Isaías se le da un uso más exhaustivo que al de las palabras de Habacuc, cuyo tema principal giraba en torno al juicio de Dios contra la idolatría pagana, un asunto ajeno a Hebreos. Compárese Isaías 26:11, πῦρ τοὺς ὑπεναντίους ἔδεται, con Hebreos 10:27; Isaías 26:16, sobre la aflicción (θλῖψις) de la que Dios se sirve para disciplinar a su pueblo, con Hebreos 10:33 (cf. 12:4-11); el contraste de Isaías entre la ciudad de los impíos, condenada a la destrucción (25:2), y la "ciudad fuerte" (26:1) del pueblo de Dios, con Hebreos 11:10, 16; 12:22; 13:14. Estos capítulos son fuertemente escatológicos (Lindars 1961.231), con referencias a la esperanza (Is. 26:4, 8; cf. Heb. 10:23; 11:1) y el uso de la expresión "en aquel día (25:9; 26:1; cf. Heb. 10:25).

La cita aparece cerca del final de la parte tres de Hebreos (5:11–10:39), y por consiguiente, confirma el argumento anterior en lugar de iniciar una nueva etapa. El juicio venidero ya se mencionó en 10:25, y la cita corrobora su proximidad. Sin embargo, el autor no hace ningún comentario propio sobre la cercanía del fin; por tanto, los esfuerzos por sacar conclusiones de este pasaje acerca de su retraso no son concluyentes (Strobel 1961; cf. Schelkle 246; A. L. Moore 148s.). Pablo (Ro. 1:17; Gá. 3:11) combina ἐκ πίστεως con ὁ δίκαιος y lee la cita como "el que es justo, no por obras sino por la fe, vivirá". El escritor de Hebreos no muestra ningún interés por este contraste, y combina ἐκ πίστεως con ζήσεται, e interpreta la expresión como "el que es justo vivirá por su fe (fidelidad)", como en Habacuc. (Con respecto al uso que hace Pablo de Hab. 3:4, véanse Lindars 1961.232-234; M. P. Miller 67f.)

El lenguaje de la cita no es el de Hebreos, aparte de la palabra clave πίστις. Ἔτι es un adverbio de tiempo, al igual que en 7:10, y se refiere a una época que todavía no ha llegado (con μικρόν, Jn. 7:33; 12:35; 13:33; 14:19; Bauer 1c), no tiene valor intensivo como en 7:15. Μικρόν*: el neutro de μικρός (8:11 = Jer. 31 [38 LXX]:34) se usa como un sustantivo, aquí "un poco de tiempo" (Bauer 3e; O. Michel en *TDNT* 4.650-656). Ὅσον ὅσον** (en 𝔓⁴⁶* y muchos minúsculos se omite un ὅσον por haplografía; en cuanto a ὅσος 1:4) denota tiempo y no espacio como en Lucas 5:3 D; Bauer 1; MHT 2.270s sobre las iteraciones en general, cf. 442; aquí el término se repìte para dar enfasis (ὅσον ὃν στιγμή, "tan pequeño como un punto", Leonidas, *Anthologia Palatina* 7.472.3s.; aquí "muy poco tiempo", Lane); e introduce una declaración, no una exclamación como en griego clásico (BD §304; cf. MHT 3.50). Ἐρχόμενος: 6:7, Bauer I1aη, con respecto a un acontecimiento futuro (BD §323[1]). Ἥκω (vv. 7, 9*), solo en citas; se usa a menudo en la LXX para referirse a la venida de Dios para salvar o juzgar; la repetición enfática de una idea es más fuerte en el TM; cf. 6:14 = Génesis 22:17. Ὁ ἐρχόμενος es la expresión que emplea Juan el Bautista en Mateo 11:3‖. Kosmala 98 opina que aquí se hace referencia a Dios, pero el pronombre repetido μου hace que resulte más natural interpretar que Dios es el que habla (al igual que en Habacuc) y que Cristo es ὁ ἐρχόμενος. Χρονίζω (Mt. 24:48‖; 25:5; Lc. 1:21**) se usa en Isaías 13:22 con referencia al juicio venidero. En el v. 38, el artículo definido ὁ introduce un sujeto genérico singular, como se hace claro en el v. 39. Δέ, en la forma reestructurada de la cita, indica una transición y no un contraste como en la LXX: el autor de Hebreos no cambia la fraseología de sus citas innecesariamente. Δίκαιος se emplea en 11:4 en una alusión a Génesis 4:3-10; en 12:23* en sentido escatológico (Bauer 1b; G. Schrenk en *TDNT* 2.191; Bauer *s.v.* πίστις, 2dα. Πίστις: 4:2; 11:1. Ζάω: (2:15), normalmente con respecto a Dios o a Cristo; aquí, por inferencia, "sobrevivirá al juicio y por tanto, vivirá para siempre" (cf. 12:28). La reestructuración de la cita (véase supra) exige la adición de καί; también podría llamar la atención de manera especial al resto de la cita (10:30). Ἐὰν δὲ ὑποστείληται habría marcado el contraste más claramente, pero por razones estilísticas el autor evita la repetición de la conjunción δέ. Ὑποστέλλω se emplea con respecto a la renuencia a predicar (Hch. 20:20, 27) y al desistimiento de Pedro de seguir comiendo con los gentiles (Gá. 2:12**); v. 39, ὑποστολή; K. H. Rengstorf en *TDNT* 7.598. Εὐδοκέω (vv. 6, 8*), siempre en citas; la frase ἡ ψυχή μου es un semitismo equivalente a "yo mismo" (Lane). Ψυχή: 4:12, en otros lugares de Hebreos (incluso en 10:39) denota seres humanos; Lane, en consonancia con G. Schrenk en *TDNT* 2.739, 741, traduce "yo mismo lo rechazaré"; cf. *Gute Nachricht, mit dem will ich nichts zu tun haben;* pero el elemento de eufemismo se conserva en REB; cf. NJB, NKJV, "no causa ningún placer", TEV "no estar complacido".

10:39. El autor y los lectores pueden aguardar con confianza el juicio final

La tercera división de la epístola termina con una conclusión sucinta y positiva (cf. 10:18) en la que aparece en primer lugar un comentario sobre el v. 38bc, y luego sobre el v. 38a. Ἡμεῖς relaciona al autor con sus lectores por primera vez desde el v. 30, pero ahora de manera enfática. Δέ marca el contraste con el v. 38bc. Dentro del v. 39, empero, lo que indica el contraste es la construcción οὐ... ἀλλά, menos frecuente proporcionalmente en Hebreos (2:16) que en los escritos de Pablo —una prueba tal vez del estilo más polémico de Pablo.

Los genitivos ὑποστολῆς ... πίστεως podrían denotar cualidades (así piensa Bauer *s.v.* εἰμί, IV.4), y transmitir el sentido de "no somos de los que retroceden, sino de los que creen". A la luz del capítulo 11 es más probable que sugieran pertenencia a un grupo (cf. "los que pertenecieran a este camino", Hechos 9:2; Bauer εἰμί, IV.2): "No los contamos entre los que retroceden, sino entre los que creen". Esto guarda semejanza con las expresiones semíticas υἱός + genitivo: en la vg se añade "hijos" aquí (cf. Ef. 2:2), y con el contraste entre hijos de la luz/ del día y de las tinieblas/de la noche en 1 Tesalonicenses 5:5, 8, donde el término υἱοί está implícito en los vv. 5b, 8; menos estrecha, empero, es la analogía con Hebreos 5:14, τελείων... στερεὰ τροφή (MHT 3.207s.; BD §162[6]). Ἐσμέν en este contexto expresa la confianza del autor con respecto a la comunidad de los creyentes en general, y su capacidad para perseverar en la fe; no se toma la libertad de anticipar el juicio final haciendo declaraciones acerca del futuro. Ὑποστολή*** deriva claramente su significado del verbo ὑποστείληται en el v. 38; Jos. *Guerra* 2.277; *Ant.* 16.112, sobre los que desisten de hacer mal (MM).

Εἰς ἀπωλείαν* ... εἰς περιποίησιν ψυχῆς: la preposición εἰς indica resultado (Bauer 4e); cf. 4:16, εἰς εὔκαιρον βοήθειαν; εἰς σωτηρίαν (Ro. 1:16; 10:10; 1Pe. 2:2). Εἰς ἀπώλειαν es frecuente en la LXX (p. ej., 1Cr. 21:17; Is. 33:2; Dn. 2:18) y en el NT (Hch. 8:20; 1Ti. 6:9 con ὄλεθρον; Ap. 17:8, 11; εἰς τὴν ἀπώλειαν, Mt. 7:13), con respecto a una destrucción sobrenatural. En Hebreos se usa el verbo ἀπόλλυμι solo en una cita (1:11* = Sal. 102[101 LXX]:27).

Πίστις (4:2; 11:1) sugiere firmeza, no solo por el contraste con ὑποστολή sino también a la luz del contexto más amplio. La repetición de esta palabra clave del v. 38 crea un vínculo sólido con el capítulo 11.

Εἰς περιποίησιν ψυχῆς puede ser una reminiscencia de Hageo 2:9, εἰρήνην ψυχῆς εἰς περιποίησιν, en un pasaje que trata acerca de un templo futuro y más grande del que Hebreos cita en 12:26. Περιποίησις: aquí se usa con el significado de "mantener a salvo" (Bauer 1); cf. 2Cr. 14:13. Se relaciona estrechamente con la salvación (1Ts. 5:9), ἀπολύτρωσις (Efe. 1:14), y con la gloria (2Ts. 2:14); y aquí, por ende, con la vida (v. 38). En Efesios 1:14; 1 Pedro 2:9 = Éxodo 19:5** denota la posesión de Dios; en el presente versículo con un sujeto humano implícito (ἡμεῖς, al igual que ψυχῆς) (v. 38). De la literatura secular, Spicq SB cita a Jen. *Cir.* 4.4.10, con respecto a evitar la muerte física; cf. Spicq 1978.687-689.

LA FE (11:1–12:13)

La historia del pueblo de Dios incluye una serie de ejemplos de fe persistente y con visión de futuro. La historia no está completa sin nosotros. Por nuestra parte, debemos someternos a la disciplina paternal de Dios y mantenernos firmes y unidos en la fe.

LA FE EN LA ÉPOCA DEL ANTIGUO TESTAMENTO (11:1-40)

El tema de la fe se anunció claramente en 10:38s., con referencia a la etapa inicial de la experiencia cristiana de los lectores (10:32) y su necesidad de mantener firme su fe en Cristo. En el capítulo 11, el alcance se amplía e incluye a los que, en opinión del lector, fueron ejemplos de fe y fidelidad a lo largo del período del AT. Hay referencias positivas similares a los antecedentes veterotestamentarios de la fe cristiana en 2:2 (la entrega de la ley); y 6:13-15 (Abraham). Cabría formular las siguientes preguntas de carácter general:

1. ¿Era el capítulo 11 originalmente un discurso separado? (Una pregunta similar se planteó en el caso de 3:7–4:11). A favor de esta sugerencia podría alegarse que (a) su tema y estructura unificados se desmarcan del resto de Hebreos; (b) el final del capítulo 10 y el principio del capítulo 12 pueden relacionarse, haciendo pequeños ajustes en 12:1; (c) no es posible asegurar que se haga referencia a Jesús en el capítulo 11 (11:26); contrástese con 10:29; 12:2; (d) en el capítulo 11 no aparecen contrastes entre la antigua dispensación y la nueva, especialmente en lo que respecta al sacerdocio y al sacrificio; (e) si el contenido de Hebreos fue originalmente transmitido en forma oral, es probable, en razón de testimonios anteriores, que no constara de un solo discurso. Esto, sin embargo, no puede demostrarse porque no hay pruebas textuales de la omisión del capítulo 11, y el autor lo ha dotado de transiciones típicamente suaves.

2. ¿Es todo el capítulo 11 una obra del propio autor o usó alguna fuente? Las pruebas que se han alegado a favor de dicha fuente son las siguientes: (a) la ausencia de alguna referencia a Jesús (punto 1 [c] supra); (b) la peculiaridad de la lista, caracterizada por las 18 repeticiones πίστει, única en Hebreos y, de hecho, en el NT; (c) la existencia de listas similares en otros lugares, especialmente en la literatura sapiencial; (d) la inconsistencia entre el capítulo 11 y otros referencias en Hebreos a algunas figuras veterotestamentarias, en particular Melquisedec; (e)

la aparente contradicción entre los vv. 13 y 39, en los que se lee que algunos personas del AT no recibieron la promesa (o las promesas), y el v. 33, donde se afirma lo contrario. Por estas razones, sobre todo (d), Schille 1960, desarrollando una sugerencia de Michel, propuso que los vv. 10, 13-16, 39s. eran el comentario del autor acerca de una confesión bautismal que constaba de cinco estrofas de seis líneas cada una. Esta propuesta fue aceptada por Jewett, pero Bovon la criticó, alegando principalmente que la fórmula "πίστει" es parte integral del capítulo, cuyo contexto no es la liturgia bautismal sino la tradición sapiencial. Michel, de hecho, va un poco más allá que Schille, e identifica también, aunque con cierta cautela, los vv. 32-38 como un comentario del autor acerca de la fuente en que se inspiró. Esto, sin embargo, dejaría sin resolver la aparente contradicción entre las referencias a las "promesas" en los vv. 13, 33 y el v. 39 (véase 4:1). Esta es la razón principal para dividir el capítulo entre el autor y su hipotética fuente. Si se elimina esta objeción, los puntos (a)-(d) supra no plantean serios problemas: (a) existe una escasez similar de referencias a Jesús en 3:7–4:13 (exceptuando 3:14; contrástese con 3:6; 4:14); (b) el argumento ex silentio no es sólido en el caso de un solo escrito: solo hay una lista de ese tipo en el libro mucho más extenso de Sirácides, pero de todas formas, no existe ninguna razón por la que el autor de Hebreos no debiera haber compuesto una sola lista; (c) no se conserva ninguna lista que pueda proponerse convincentemente como una fuente literaria para Hebreos 11 (véase el punto 4 más adelante); (d) el capítulo 7 dejó suficientemente claro que Melquisedec no es comparable a otras figuras veterotestamentarias, sino solo a Cristo; por tanto, se omite con mucho acierto en el capítulo 11.

3. ¿Cómo debe resolverse entonces al conflicto entre las "promesas" en los vv. 13, 33 y en el v. 39? No se resuelve apelando a algunas características formales como el uso de diferentes verbos que se traducen como "recibir" (λαμβάνω, v. 13; *v.l.* κομίζω, vv. 13, 19 y 39; ἐπιτυγχάνω, v. 33; cf. 6:15*) ni a la alternancia de "promesa" (v. 39) y "promesas" (vv. 13 y 33). Además, en los tres casos el contexto exige una referencia a lo que se promete, no a la acción de prometer. Y aun cuando se aceptara que los vv. 13 y 39 son comentarios del autor, mientras que el v. 33 pertenece a su fuente, eso no explica la manera en que el autor, normalmente tan preocupado en su escrito por la coherencia entre la forma y el fondo, interpretó esta aparente contradicción. La explicación más simple, y que en cada uno de los casos cuenta con el respaldo del contexto, es que el v. 33 se refiere al cumplimiento de las promesas (como por ejemplo, la ocupación de la tierra prometida) dentro del período veterotestamentario, mientras que los vv. 13 y 39 aluden a la falta de cumplimiento de las promesas más amplias de Dios bajo la antigua dispensación. Incluso ahora, tal como 10:36 acaba de recordarles a los lectores y 11:39–12:2 confirmará, el cumplimiento de esos propósitos sigue exigiendo una esperanza confiada que depende de la fidelidad hasta al fin. El conflicto entre los vv. 13, 33 y el v. 39 no sale a la superficie y se resuelve explícitamente porque lo que le preocupa ahora al autor es la continuidad del viejo y el nuevo orden y la necesidad de la fidelidad en ambos casos, y no (como en el análisis sobre el sacerdocio y el sacrificio de Cristo, 7:1–10:18) el contraste entre los dos.

4. ¿Cómo puede compararse Hebreos 11 con listas similares de ejemplos veterotestamentarios? La pregunta es similar a la de las analogías a la lista de citas del AT en 1:4-13; y la conclusión, más sólida aún en el presente caso, es que las diferencias son más notables que las analogías. Dejando de lado las analogías más remotas de algunas listas ajenas (Braun se refiere a Plutarco; cf. Almqvist), los pasajes relevantes incluyen (a) material canónico, deuterocanónico y seudoepigráfico precristiano: Salmos 78; 136:4-22; Sabiduría 10:1–19:22; Sirácides 44:16–50:29; 1 Macabeos 2:49-68; *Jubileos;* (b) Filón, *Præm. Pœn.*11; *Virt.* 198-227; (c) fuentes judías de la era cristiana, y fuentes cristianas: Hechos 7; *1 Clemente* 4:1-13; 9:2–12:8; 17:1–18:17; 31:2–32:2; 4 Macabeos 16:16-23; 4 Esdras 7:105-110. El *alcance histórico* de estas listas varía ampliamente. Por ejemplo, en el grupo (a), el Salmo 78 se centra casi exclusivamente en Moisés, y el Salmo 136 en la creación, el éxodo y la entrada en la tierra prometida. En Sabiduría 10 no se menciona por nombre a ninguna figura, pero se hace referencia a la lista habitual de patriarcas, aun así con diferencias respecto a Hebreos: se omiten Enoc, Sara e Isaac, y se incluyen Adán, Lot y la torre de Babel; la serie llega a su clímax y concluye con Moisés. Sirácides comienza con Enoc, omite a Sara y a José, y después de Moisés solo tiene analogías incidentales con Hebreos, y termina la lista con el sumo sacerdote Simón, hijo de Onías. 1 Macabeos 2 empieza solo con Abraham y culmina con Daniel. Entre los escritos posteriores, *Jubileos* comienza con Adán y concluye con Moisés. En el texto siriaco de *Jubileos*, al igual que en Hebreos 11, se omite toda referencia a Melquisedec; el texto etíope es erróneo en este punto.

El *propósito* de las listas también varía considerablemente: por ejemplo, el pasaje de Sirácides es un panegírico patriótico de los héroes de Israel, mientras que en Sabiduría 10 el elemento conector es la actividad de la sabiduría (palabra que no se usa en Hebreos). La fidelidad es el tema en 1 Macabeos 2, al igual que en Hebreos 11; pero es una fidelidad a la ley y sus mandamientos, al "pacto de sus padres" (v. 50); el escritor de Hebreos no podría haber reaccionado positivamente ante la mención del "sacerdocio eterno" de Finees (v. 54). Entre los documentos posteriores, el pasaje de 4 Esdras menciona a los que oraron por los impíos; aunque *1 Clemente* muestra su dependencia literaria de Hebreos, sus temas van desde los celos (cap. 4) y el arrepentimiento (cap. 7–12) hasta la bendición (cap. 31) y la persecución (cap. 45). El propio discurso de Esteban en Hechos 7, que a primera vista parece ser el pasaje paralelo más cercano a Hebreos 11, presenta un tema casi diametralmente opuesto: para Hebreos 11 (contrástese con 3:7–4:13) la historia veterotestamentaria proporciona ejemplos de fe, mientras que para Esteban el AT es una serie de rebeliones contra Dios y sus mensajeros. Las analogías más cercanas a Hebreos 11 son formales: en particular, el pronombre femenino repetido αὕτη (con respecto a la sabiduría) en Sabiduría 10; de un modo menos llamativo, las cinco referencias a la esperanza que introducen las ilustraciones en Filón, *Præm. Pœn.* 11. Algunos puntos incidentales de contacto entre Hebreos 11 y los escritos mencionados ser mostrarán más adelante, pero las pruebas son tan insuficientes que no permiten sugerir ni la dependencia literaria de Hebreos 11 de algún escrito existente ni la dependencia literaria con cualquier otro escrito de una fuente común. Al parecer, había una tendencia generalizada dentro de la tradición judeocristiana a citar el ejemplo de personas veterotestamentarias prominentes, pero una libertad prácticamente ilimitada en cuanto a la selección y aplicación de estos ejemplos. M. R. Miller 1986 considera que Hebreos 11 es un encomio a Jesús; pero en este capítulo rara vez se menciona a Jesús, por no decir nunca.

5. ¿Cuál es la estructura interna de Hebreos 11? La respuesta depende en gran medida del peso que se les otorgue a las características de la forma o del contenido. La característica formal más obvia es la constante repetición, a lo largo de los vv. 3-12 y 17-31, de la fórmula πίστει. Partiendo de este criterio, los vv. 1-2 aparecen como una introducción, los vv. 3-12 y 17-31 como el cuerpo del capítulo, los vv. 13-16 como un comentario parentético, los vv. 32-38 como un addendum o una serie secundaria, y los vv. 39s. como una conclusión, de manera que las divisiones podrían marcarse después de los vv. 2, 12, 16, 31 y 38. La mayoría de las ediciones y comentarios, de hecho, marcan divisiones adicionales después de los vv. 3 (en lugar del 2), 7 y 22. Estas divisiones parecen reflejar el contenido y no la forma: la declaración πίστει inicial, con la primera persona del plural como sujeto, se hace parte de la introducción, y marca también el principio de las secciones sobre Abraham y Moisés.

Una interpretación complementaria del capítulo en su conjunto prestaría mayor atención a las características formales y retóricas, comenzando, como se hizo antes, con la presencia o la ausencia de la fórmula πίστει:

- vv. 1-2, introducción
- vv. 3-12, primera serie de πίστει
- vv. 13-16, comentario intercalado
- vv. 17-31, segunda serie de πίστει
- vv. 32-38, resumen rápido
- vv. 39-40, comentario final

A partir de este análisis general, pueden extraerse inmediatamente tres conclusiones:

(1) La fórmula πίστει es solo uno de los medios de los que se vale el autor para hacer que el tema de la fe unifique todo el capítulo. Πίστει esencialmente es sinónimo de ἐν ταύτῃ [τῇ πίστει] en el v. 2, de κατὰ πίστιν en el v. 13, de διὰ πίστεως en el v. 33 y de διὰ τῆς πίστεως en el v. 39.

(2) La fórmula πίστει se usa hábilmente para variar el ritmo del discurso, y con ello, su intensidad retórica. La ausencia de πίστει entre los vv. 10 y 12 ralentiza el ritmo para preparar el terreno para el comentario ampliado de los vv. 13-16. Por el contrario, la repetición frecuente de πίστει en los vv. 27-31 aumenta el ritmo como preparación para el resumen aún más rápido de los vv. 32-38, dentro del cual puede percibirse una aceleración todavía mayor.

(3) La alternancia de ejemplo y comentario que caracteriza al capítulo en su conjunto se repite, de manera flexible y en diversos grados, dentro de los ejemplos individuales. Es raro que un ejemplo que haya sido introducido por πίστει se quede sin algún tipo de comentario. Normalmente es un comentario del

propio autor, como en los vv. 3 (εἰς τό...), 4 (δι' ἧς...), 7 (δι' ἧς...), 12 (διό...), 19 (λογισάμενος...), 25 (μᾶλλον ἑλόμενος...), 27 (μὴ φοβηθείς...), 28 (ἵνα μή...) y 29 (ἧς...). La mayoría de estos comentarios resultan necesarios porque, salvo en el caso de Abraham, el AT dice explícitamente poco o nada acerca de la fe de esas personas. Los comentarios, por lo general, se relacionan con el propósito o el resultado de la acción que acaba de mencionarse. Están reducidos al mínimo en los vv. 29-31, donde prácticamente se ven desplazados por la creciente velocidad de la narración. En algunas ocasiones el desarrollo adopta la forma de una cita o alusión bíblica, como en los vv. 5, 12 y 21. A veces el primer comentario del autor da lugar a un segundo o incluso un tercer comentario, aplicando el ejemplo a su propia época, como en los vv. 4 (δι' αὐτῆς), 6, 26a y b, y 27 (τὸν γὰρ ἀόρατον...). Es tal vez en este contexto que el importante comentario de los vv. 13-16, junto con la introducción y la conclusión, puede apreciarse mejor, sin necesidad de recurrir al uso de un *Vorlage*. Vanhoye (183-195) señala las tendencias del autor (1) a colocar en un punto medio un pasaje, como por ejemplo el de los vv. 13-16, cuyo significado se extiende tanto al pasado como al futuro; y (2) en este capítulo, a alternar expresiones positivas y negativas (ver más adelante).

Pasando ahora de la forma al contenido, la cuestión más importante consiste en entender qué es la fe. A veces se dice que la doble definición de la fe en el v. 1 refleja las dos bases del pensamiento del autor: la hebrea/relacionada con el tiempo (ἐλπιζομένων ὑπόστασις) y la griega/relacionada con el espacio (πραγμάτων ἔλενχος οὐ βλεπομένων). Esta interpretación cobra algún sentido cuando el v. 1 se considera en forma aislada, o si se traen a colación otras partes de la epístola (sobre todo el cap. 9) para apoyar el argumento haciendo referencia a los dos tabernáculos, el celestial y el terrenal. Pero la realidad es que las dos secciones de la epístola son muy diferentes: en el capítulo 9 no se menciona la fe, y el capítulo 11 apenas se menciona a Jesús. Dentro del capítulo 11, cualquier antítesis drástica entre el tiempo y el espacio pierde fuerza de varias maneras. (1) La elección que hace el autor de seguir un patrón existente de recapitulación histórica lleva al lector a esperar que el principal interés del escritor en este capítulo será temporal; y esta expectativa no se ve defraudada. (2) La referencia en el v. 7 a "cosas que aún no se (μηδέπω) veían" es obviamente más específica que las "cosas que no se ven" en el v. 1, sin embargo, la repetición, al menos, sugiere la posibilidad de considerar que el v. 1 no se refiere a cosas de por sí invisibles, por lo menos en este mundo, sino a cosas que aún no son visibles en la presente época de la fe. De manera similar, los patriarcas vieron lo que Dios había prometido, pero "desde lejos" (v. 13). (3) Esta posibilidad se ve corroborada por el contenido fuertemente temporal de los comentarios del autor en otros lugares del capítulo. Cuando Abraham "salió" (v. 8), él no sabía (todavía) adónde iba; y aunque en el v. 10 la tierra prometida se funde con la ciudad (implícitamente, celestial), esta sigue siendo el objeto de la esperanza. Aun cuando el sustantivo πόλις, enfático, aunque ambiguo, del v. 16 se interprete fundamentalmente como una alusión a la Jerusalén terrenal, la falta de precisión por parte del autor en este punto (cf. ὄνομα, 1:4) sugiere un marco de referencia diferente del de las distinciones bien claras entre el santuario celestial y el terrenal en el capítulo 9. Asi mismo, no se establece ningún paralelismo cósmico entre el "algo mejor" (indefinido) del v. 40, que sin duda debe entenderse, a la luz del v. 16, como un bien celestial, y el equivalente terrenal lejanamente implícito de la tierra prometida. Esta ciudad, a su vez, se identifica en el v. 16 con la (ahora explícita) patria celestial, como un objeto de "deseo" prospectivo; en cambio, la función de Dios como "artífice y constructor" (v. 10) se interpreta en sentido temporal en el v. 16 como la de "preparar... una ciudad" para los creyentes. (4) Las referencias prospectivas incidentales de otros comentarios deben entenderse de la misma manera: "por su fe" Abel "aun habla" (v. 4); Dios "es galardonador de los que le buscan" (v. 6; cf. v. 26); el tema de la promesa, especialmente en los vv. 9, 11, 13, y sobre todo, en el v. 39. Incluso, y sin duda de forma particular, las muertes de los patriarcas tienen un sentido prospectivo (vv. 20-22), al igual que la muerte virtual del niño Isaac (v. 19; cf. v. 36). El único contraejemplo es la referencia a Moisés que "se mantuvo viendo al invisible" (v. 27); pero esta referencia a Dios no es ni con mucho comparable con las "cosas que (aún) no se ven" de los vv. 1 y 7. Por lo demás, el contenido general del capítulo es histórico, y por ende, temporal, prospectivo y está orientado hacia las exhortaciones anteriores y posteriores a la perseverancia; no es territorial, ni cósmico, ni se relaciona directamente con la enseñanza acerca de la persona y la obra de Cristo. Por el contrario, Dios se menciona con más frecuencia que en cualquier otro capítulo, en especial en los vv. 3-7; su fidelidad (v. 11) es el complemento y el apoyo de la fe humana.

Esta manera de interpretar la fe en el capítulo 11 concuerda bien con el uso de πίστις en otros pasajes de Hebreos, en los que la fe se relaciona mayormente con el tema de la perseverancia: entrar en el reposo de Dios (4:2), recibir lo que Dios ha prometido (6:12; 10:36-39 y mantener la fe (10:23s.). En otras referencias de pasada, la fe en Dios se relaciona con algunos elementos básicos del cristianismo (6:1); su objeto implícito es Cristo (12:2 llamativamente solo aquí), y es ejemplificada por las palabras y la conducta de líderes cristianos anteriores (13:7)*.

El autor se abstiene de hacer referencias cruzadas entre 3:7–4:14 y el presente capítulo. No solo el "reposo" de 3:11 etc. no se identifica con la "ciudad" de 11:10 o la "patria" de 11:14; las palabras claves de 3:7–4:14 son εἰσέρχομαι y κατάπαυσις, que no aparecen en el capítulo 11, y en sentido inverso, las palabras claves del capítulo 11 (con la excepción marginal de πίστις, 4:2), como por ejemplo, πόλις (vv. 10, 16), πατρίς (v. 14), ἑτοιμάζω (v. 16), προβλέπομαι** (v. 40), κομίζω (vv. 19 y 39), λαμβάνω (vv. 8, 11, 29 y 35s.), κληρονόμος (v. 7) y κληρονομία (v. 8), no aparecen en 3:7–4:14. Desde el punto de vista formal, esto podría deberse a que cada sección vio la luz como un discurso separado. En esencia, el ejemplo veterotestamentario de 3:7–4:14 es negativo y contrasta con lo que el autor desea para sus lectores, mientras que los ejemplos veterotestamentarios en el capítulo 11 son positivos porque corroboran la exhortación del autor y complementan (v. 40) la situación de sus lectores.

En cuanto a la fe, véanse Maxwell 511-548; Schlatter; Grässer 1964.227-231 (estudio); Grässer 1965a; Lewis 1965.101ss.; Goppelt 1976.596-659; Lohse; G. R. Hughes 1979.97f., 137-142; Haacker 1983; Cosby 25-40; Hamm; Attridge 311-

314; R. Bultmann en *TDNT* 6.197-228. Véanse también Theissen 97-101; Spicq 1952; Spicq 1.78-85; Neudecker; Greer 34-36; H.-F. Weiss 564-571.

11:1. La fe garantiza lo que los creyentes esperan

Ἔστιν δέ va seguida de un sustantivo sin artículo en las definiciones; Filón, *Deus Imm. 87*; *Leg. All. 3.211*; *Congr. 79*; Platón, *Symp.* 186c; Lc. 8:11; Jn. 21:25; 2Co. 11:10; 1Ti. 6:6; 1Jn. 1:5; más a menudo en sentido negativo, como en Hebreos 4:13 (Woschitz 1979.628-632; MHT 3.307). El uso de ἔστιν sugiere que el versículo es solo una definición o más que una definición. Δέ es una conjunción de transición, no de contraste como en 10:39: el autor va a pasar ahora a un análisis exhaustivo de la fe que acaba de mencionar.

La transición sugerida anteriormente ilustra los dos principales problemas de este versículo, los cuales se relacionan entre sí. El primero consiste en determinar si ὑπόστασις y ἔλεγχος deben interpretarse (a) de manera objetiva, por ejemplo, como una "garantía" (NJB, NVI, en consonancia con Spicq; así opinan Braun, Attridge, Lane, H.-F. Weiss), o (b) de manera subjetiva, por ejemplo como "estar seguro" (NIV, así TEV, NKJV; véase más adelante). En sus conferencias de los años 1516-17, Lutero tradujo ὑπόστασις como *possessio*, pero más tarde, bajo la influencia de Melanchton, adoptó la traducción *Zuversicht* = confianza (Dörrie 1955b.89-91; Hagen 1974.83-87).

El segundo problema consiste en decidir si la oración en su conjunto debe o no debe tomarse como una definición de la fe. Los que consideran que la oración es una definición de la fe tienden de manera natural a optar por una interpretación subjetiva, alegando que la fe supone un sujeto humano.

Las pruebas lingüísticas, sin embargo, demuestran que esto dista mucho de ser cierto. La mayoría de las acepciones de ὑπόστασις pueden estar relacionadas con la etimología, la cual hace pensar en algo que "está debajo" de otra cosa; por consiguiente, al igual que en 1:3, "la naturaleza sustancial, la esencia, el ser, la realidad" (Bauer 1) que está debajo de las apariencias (así Sab. 16:21, con respecto a la naturaleza de Dios; Sal. 139 [138 LXX]:15; Jer. 10:14, sobre la naturaleza humana). La preferencia patrística por este significado refleja el uso de ὑπόστασις en las polémicas trinitarias y cristológicas. En otros lugares de la LXX, el término ὑπόστασις se emplea para referirse a una base, un cimiento o un apoyo: mientras se hunde en el lodo, el salmista se queja: οὐκ ἔστιν ὑπόστασις (Sal. 69:2[68:3 LXX]), no tengo donde apoyar el pie (NVI). De manera similar, con respecto al cimiento de un edificio (Nah. 2:7 y probablemente Ez. 43:11; tal vez Dt. 11:6); a un apoyo (Ez. 26:11); a recursos que le dan apoyo a la vida (humana) (Jue. 6:4; Jb. 22:20; Sal. 39[38]:5, 7; 89[88]:47; este sentido es frecuente en los papiros, cf. MM); a un campamento militar (1 Sa. [1Re.] 13:23; 14:4 = ὑπόστημα; por extensión, a una hipótesis o base para un argumento (Rut 1:12; cf. el término clásico ὑποστάτεον, "cabe suponer"), a una base para hacer un cálculo (1 Sa. [1Re.] 13:21), y a una base para la esperanza (Ez. 19:5) o la confianza (*Sal. Sal.* 15:5); por tanto, cercano a la ὑπόστασις τῆς καυχήσεως (2Co. 11:17; cf. Heb. 9:4); pero no está confirmado con respecto a la "confianza" en sí misma (así opina Bauer 3). Aún el texto de Hebreos 3:14 apunta más allá de un sentimiento subjetivo y se refiere a lo que motiva la confianza cristiana. MM, en consonancia con Spicq (cf. peshitá; Riggenbach), cita el uso jurídico en el sentido de "garantía" o "título de propiedad"; si esto resulta pertinente aquí, la idea sería similar al uso (también prospectivo) de ἀπαρχή en Romanos 8:23 y ἀρραβών en 2 Corintios 1:22; 5:5; Efesios 1:14). La popularidad del significado de "confianza" continúa entre las traducciones vigentes en inglés (p. ej., NAB "seguridad confiada"; RSV y REB "seguridad"; NRSV "convicción"; TEV y la mayoría de las CLT "estar seguro"; de manera similar TNT, NIV, Phillips, el texto revisado de Segond, y *BHD* "sich verlassen"). En cambio, el texto de REB retoma la traducción de la AV "sustancia", aunque la expresión "le da sustancia a nuestra esperanza" podría interpretarse metafóricamente. Sin embargo, no es necesario, junto con Koester (*TDNT* 8.585-588), atribuirle al término el mismo significado, a saber, "sustancia", en cada lugar donde aparece en Hebreos. Resulta difícil considerar que la fe es el elemento constitutivo o la sustancia creadora de las cosas que se esperan. Entre otras traducciones objetivas están "garantía" (NJB, NVI), "realidad objetiva" (Lane), "fundamento" (nota en ItCL), y especialmente "una manera" o "medio de poseer ya lo que se espera" (TOT, ItCL, nota en el texto revisado de Segond). También es posible "realización" (Bauer 3; cf. Did. Síc. 1.3.2), con respecto a la realización/cumplimiento de un plan literario; Cornuto 9, de la realización de la intención de Dios de crear a los seres humanos (Jos. *AP.* 1.1) o al pueblo de Israel (Dörrie 1955a, b; Mathis 1920; Dey 227-233).

Algo similar ocurre con ἔλεγχος**. Las acepciones neotestamentarias más comunes del verbo ἐλέγχω comportan disciplina: convencer, reprobar, corregir o castigar; este es también el significado más común de ἔλεγχος en la LXX (sobre todo en Proverbios, a menudo junto con παιδεία, 12:1; 13:18; 15:10; 15:32), pero aquí obviamente es irrelevante. La elección del término en este contexto está entre (a) el significado objetivo de sacar a la luz (Jn. 3:20; Ef. 5:11, 13), para demostrar, probar (Sab. 1:9; *Ep. Diog.* 9:6; así aquí Calvino) o refutar (*Ep. Diog.* 2:9), de ahí el razonamiento (13:6), el ruego (16:22) y la discusión de Job (23:4; así aquí la Vg); y (b) el significado subjetivo de "convicción" (así normalmente los padres griegos, Bleek, Riggenbach, Michel y F. F. Bruce; cf. ἐλεγμός; 2Ti. 3:16). El significado de (b) de por sí parece poco claro: ¿"la fe es la condición de estar convencido", o "la fe convence al individuo de (la realidad de) lo que no ve"? (a) puede entenderse mejor como "la fe percibe" o "capta evidencias de (la realidad de) lo que uno no ve". Las traducciones actuales normalmente adoptan las mismas opciones que para ὑπόστασις, aunque en la REB aparece la expresión subjetiva "nos convence" sin ninguna nota aclaratoria (de manera similar la TEV y la mayoría de las CLTs, NIV, Phillips; "convicción", RSV, NAB, NBLA, RVR60, nota en el texto revisado de Segond). La afirmación de la TNT, "si tenemos fe... nos hacemos conscientes de que las cosas invisibles existen realmente", expresa la opción subjetiva con la mayor claridad posible (cf. *BHD* "fest [damit] rechnen"). En cuanto al aspecto objetivo, al término "evidencia" de la Antigua Versión (inglés) le sigue "demuestra la existencia de" en la NJB, "demostración" en el texto revisado de Segond, "un medio... para conocer ya" en ItCL (F. Büschel en *TDNT* 2.476).

¿Debe, pues, interpretarse este versículo como una definición de fe? Los padres solían interpretarlo así (véanse Bleek y P. E. Hughes), pero Bleek, Westcott, Riggenbach y otros discrepan. Michel retoma el punto de vista patrístico, alegando que aunque el versículo ciertamente no presenta un análisis completo de la fe basado en los dogmas posteriores, ni define πίστις de la manera en que Pablo usa el término, sí incluye todo lo que se entiende por fe en Hebreos, y de hecho, es la única definición de la fe en el NT. Sin embargo, resulta difícil interpretar este versículo como una definición en sentido estricto, especialmente cuando no hay ninguna referencia inmediata a Dios o a Cristo (véase más adelante). El análisis anterior sobre el significado de ὑπόστασις y de ἔλεγχος sugiere que ese tipo de definición sería de todas formas un ejemplo de lo que significa *"obscura per obscuriora"*, aunque esta objeción podría haber tenido menos fuerza para los contemporáneos del autor que para un lector moderno. Resulta más natural, a la luz del capítulo en su conjunto, considerar que el v. 1 es un resumen de lo que *hace* la fe: la fe une firmemente al creyente con la realidad de lo que (todavía) no ve, pero que sí espera. La dificultad para interpretar la declaración como una definición de fe se atenúa cuando ὑπόστασις y ἔλεγχος, y a veces πίστις también, se traducen como expresiones verbales: por ejemplo, "tener fe es estar seguro de las cosas que esperamos, poseer la certeza de las cosas que no podemos ver" (TEV); "solo [¿?] fe puede garantizar las bendiciones que esperamos, o demostrar la existencia de las realidades que no se ven" (NJB). El propósito que se persigue con esto es presentar el versículo como una declaración sobre la función, y no sobre la naturaleza, de la fe; esto concuerda bien con el resto del capítulo, que trata principalmente acerca de acciones que se llevan a cabo en razón de la fe.

Esto nos lleva a preguntarnos si las dos mitades del versículo deben entenderse como sinónimas, tal como podría sugerir la ausencia de καί antes de πραγμάτων. Los argumentos en contra de esto son contradictorios: por un lado, la declaración temporal en el v. 11a se considera más enfática porque aparece primero; pero por otro lado, si ὑπόστασις se interpreta como "confianza", la acepción de "demostración" para ἔλεγχος haría que el v. 11b resultara más fuerte. Hay tantas incógnitas en la ecuación que es más simple tomar las dos declaraciones como sinónimas, transformando el versículo en su conjunto en un quiasmo típico.

La mayoría de las ediciones, traducciones y comentarios colocan una coma después de ὑπόστασις (así lo hace Feld 1987.3581-3583); WH^mg, en consonancia con Crisóstomo, PG 63.150s., colocaron la coma después de πραγμάτων. Las pruebas a partir del uso en Hebreos son débiles: las expresiones τὸ βλεπόμενον en el v. 3, y τῶν μηδέπω βλεπόμενων en el v. 7 se usan en sentido absoluto; pero el participio pasivo de ἐλπίζω no se emplea en ninguna otra parte del NT. Muchas traducciones toman el término πραγμάτων junto con ambas mitades del versículo, y esto probablemente es válido en cuanto al significado, pero desde el punto de vista gramatical, la expresión negativa οὐ βλεπομένων tal vez necesita, más que ἐλπιζομένων, un sustantivo auxiliar; y desde el punto de vista estilístico, tomar πραγμάτων con lo que sigue produce una oración más equilibrada. En 𝔓⁴⁶ se lee πραγμάτων ἀπόστασις.

El autor no define cuáles son las πράγματα a las que se refiere; por lo general con "cosas", pero más a menudo se trata de acontecimientos, como en 6:18, y no de objetos, como en 10:1. En la situación del lector, que es su principal interés, el contenido más natural es la περιποίησις ψυχῆς que recientemente se mencionó (10:39), y que tanto para ellos como para el autor, era un objeto de esperanza reforzada por la fe, pero que todavía no habían alcanzado, y que podían perderlo si incurrían en apostasía. Sin embargo, la amplitud del lenguaje aquí permite incluir objetos secundarios de esperanza y de fe, que los héroes veterotestamentarios aún no habían visto, pero que se hicieron realidad posteriormente en la historia de Israel, y por ende, prefiguran acertadamente el cumplimiento de las expectativas de los lectores. R. O. P. Taylor propone "asuntos" en el sentido jurídico, pero esto, aunque resulta tentador si se tiene en cuenta el sentido jurídico y el sentido forense de ὑπόστασις y ἔλεγχος, es demasiado restrictivo para este contexto. De manera similar, la sugerencia de Spicq de que la referencia es a la actividad sacerdotal de Cristo es muy ajena al contexto. Véase también C. Maurer en *TDNT* 6.639.

La insuficiencia del autor, aquí y en general, al expresar el objeto de la fe es coherente con su uso en otros lugares: cf. τὴν παρρησίαν ὑμῶν, 10:35; ὑπομονή, 10:36; ὑποστολή, 10:39. Esta reticencia podría tener por objeto poner de relieve, con vistas a una exhortación posterior (12:1ss.), el aspecto humano de la fe; o bien, podría estar reservando el nombre de Dios para usarlo con frecuencia en los versículos que siguen (se evita una referencia directa a Dios de forma similar en el v. 2).

El autor usa la expresión οὐ βλεπομένων (βλέπω 2:9) en lugar de la negación normal μὴ βλεπομένων, tal vez porque la interpreta como un adjetivo, equivalente a ἀόρατος (cf. v. 27; BD §426, 430 [3]; MHT 1.231).

11:2. Por causa de su fe, los antiguos obtuvieron la aprobación de Dios

Este versículo complementa la descripción en el v. 1 de lo que hace la fe; la conjunción γάρ sugiere "por este tipo de fe..." (Bleek).

Ἐν es una preposición de causa o de instrumento (Bauer III.3a, cf. IV.6d; BD §219); la frase ἐν ταύτη es equivalente a διὰ πίστεως en 11:39, con la cual forma una inclusio; cf. δι' ἧς ἐμαρτυρήθη (v. 4a); también δι' αὐτῆς (v. 4b) y δι' ἧς (v. 7).

Respecto a ταύτη, en 𝔓¹³ 103 1908 se lee el pronombre más débil αὐτῇ.

Ἐμαρτυρήθησαν: véase 7:8. El complemento implícito en última instancia es Dios, como sí aparece explícitamente en el v. 4, pero el testimonio de Dios en Hebreos es indistinguible del testimonio de la Escritura (10:15). En *1 Clemente* 17:1ss.; 18:1; 19:1; 30:7 se le da este mismo uso, con respecto al cual, Romanos 3:21 es el pasaje paralelo más cercano en el NT; en Hechos (p. ej., 6:3; cf. también 3Jn. 12), el verbo μαρτύρουμαι se usa para referirse al testimonio humano; en 1 Timoteo 5:10, al testimonio de las buenas obras. Μαρτύρουμαι siempre implica un testimonio favorable, tal como se hace explícito en el v. 4. Aparte de Génesis 15:6, al que simplemente se hace alusión en Hebreos 11:12, no hay en realidad casi ningún texto, por no decir ninguno, en el AT, que tenga que ver con el argumento de Hebreos 11, donde se habla directamente de la fe; en cuanto a Éxodo 14:31, véase el v. 29 de Hebreos 11. El análisis sobre la fidelidad de Moisés en un oficio específico (3:1-6) no guarda relación con el capítulo 11 porque el fin que persigue es doctrinal y, en último término, cristológico, mientras que el capítulo 11 es parenético, orientado hacia la acción por parte de los lectores.

Tal como muestra el resto del capítulo, οἱ πρεσβύτεροι aquí no son ni los ancianos de la iglesia, ni los miembros mayores de la comunidad, ni tampoco exclusivamente los patriarcas (no solo varones, vv. 11, 31), sino las generaciones más antiguas de Israel, del mismo modo que οἱ πατέρες en 1:1. Al igual que en 1:1, pero de un modo menos enfático, hay un contraste entre las generaciones más antiguas, por un lado, y "nosotros" (10:39; 11:3; cf. 1:2; 12:1), es decir, el autor y sus lectores, por otro lado. Como de costumbre, el interés del autor se centra en el período que llega hasta el éxodo y la ocupación de la tierra prometida (vv. 4-31). No hay nada que sugiera que los "antiguos" aquí sean considerados transmisores de la tradición, como sí ocurre (en sentido peyorativo) en Mateo 15:2; Marcos 7:3, 5. Lo que se transmite es la historia de su fe, y la abanderada de esa tradición es la Escritura (en Hebreos no se usan los términos παραδίδωμι, παράδοσις). G. Bornkamm en *TDNT* 6.651-683, especialmente 654; S-B 1.691ss.; Betz 1967.

11:3. El mundo visible fue creado por la palabra de Dios

La fe nos permite entender que el universo visible fue creado por algo invisible, a saber, por la palabra de Dios. La sugerencia de que πίστει se combine con κατηρτίσθαι, y se lea que por la fe Dios creó el mundo (Widdess, Haacker 1969) tiene poco de encomiable; la fe en ningún lugar de Hebreos se le atribuye a Dios, y esta construcción haría que ῥήματι θεοῦ resultara redundante.

Esta suposición general es que el significado de las dos mitades del versículo generalmente es el mismo, y la forma es la de un quiasmo típico:

(1) κατηρτίσθαι	(1') γεγονέναι
(2) τοὺς αἰῶνας	(2') τὸ βλεπόμενον
(3) ῥήματι θεοῦ,	(3') μὴ ἐκ φαινομένων

Εἰς τό, que conecta las dos mitades, normalmente denota propósito en Hebreos (2:17; 8:3; 9:14, 28; 12:10; 13:21; cf. MHT 1.219 [citando a Westcott y Moulton]; Bauer 4e; BD §402[2]); aquí el resultado se ajusta mejor al contexto, aunque entre ambas no se aprecia ninguna marcada diferencia. En realidad, la frase εἰς τό no introduce un segundo acontecimiento que sea resultado del primero, sino un resultado o implicación lógica, que se expresa con términos más helenísticos que la declaración original (cf. 1Ti. 1:15; Michel). Moule 168, después de comentar que este versículo es "muy difícil", escribe: "uno de los resultados o síntomas de la fe... es que nosotros entendemos (νοοῦμεν) que los mundos (αἰῶνες) fueron hechos por la palabra de Dios, εἰς τὸ μὴ ἐκ φαινομένων τὸ βλεμόμενον γεγονέναι —es decir, la referencia parece ser a la creación *ex nihilo*, por cuanto lo *visible* surgió de lo *invisible*; pero, en ese caso, ἐκ μὴ φαινομένων es una frase mucho más natural".

La alternancia de singulares y plurales no afecta en gran manera el sentido. En lugar del término mejor confirmado τὸ βλεπόμενον ($\mathfrak{P}^{13\ vid}$ ℵ A D P* 33 81 1739 1834 *pc*), en D² Ψ 104 326 𝔐 lat si aparece τὰ βλεπόμενα. Τοὺς αἰῶνας, aquí al igual que en 1:2, podría presuponer una pluralidad de mundos, pero no es eso lo que despierta el interés del autor ahora. Cabe la posibilidad de atribuirle a τοὺς αἰῶνας un sentido plural (H. Sasse en *TDNT* 1.204), y pensar que se refiere a los mundos visible e invisible, es decir, "al cielo y a la tierra" (Gn. 1:1) por cuanto ambos fueron creados por la palabra de Dios (Gn. 1:3, etc.); pero es difícil entender cómo seguiría el v. 3b, y la frase ῥήματι θεοῦ chocaría con cualquier idea de que el mundo visible fue creado con materiales del mundo invisible. Es mucho más satisfactorio considerar que el término τοὺς αἰῶνας se refiere al mundo visible, y por tanto, que es sinónimo de τὸ βλεπόμενον. Esta es la interpretación de los escribas (D² K L Ψ etc.) que se ajustan innecesariamente a τὰ βλεπόμενα. La variación del singular y el plural es estilística.

La relación entre ῥήματι θεοῦ y μὴ ἐκ φαινομένων es más problemática. (a) El orden de las palabras μὴ ἐκ φαινομένων es normal en el griego clásico (BD §433[3]; Moule 168, 208) y no afecta el significado, que las versiones antiguas (d e f vg si[p, h] arm) interpretan correctamente como "de cosas que no se ven". Por tanto, no hay ninguna razón para combinar el adverbio μή con la cláusula entera: "… de modo que lo que se ve no fue hecho de cosas que aparecen", dando como resultado un sentido extraño, sino con el participio: "… hecho de cosas que no aparecen", en consonancia con los padres griegos (Crisóstomo, *Hom.* 22:1; Teodoreto) y la mayoría de los comentaristas modernos exceptuando a Delitzsch. Aun en el caso de que ῥήματι θεοῦ y μὴ φαινόμενα se consideraran sinónimos, no existe ninguna razón para pensar que la preposición ἐκ implica que la palabra invisible de Dios es el material del que fue hecho el mundo. Este significado de ἐκ es posible (Bauer 3h), pero resulta mucho más natural tomar ἐκ como una preposición causal (Bauer 3e). (c) Es posible, como hace Stewart 1966, ver la palabra de Dios hipostasiada aquí (como todavía no lo está en Is. 55:11; Ez. 37:4; Sal. 147:13ss.; cf. Sir. 42:14; Sab. 9:1), aunque sin las implicaciones cristológicas del Logos divino en Juan 1:1-14. (d) Si el contenido de este versículo presupone o propugna la doctrina de la *creatio ex nihilo* es un tema muy cuestionado (véanse especialmente Braun *ad loc.*; F. F. Bruce 280n.24, con referencias adicionales). No existe ningún pasaje paralelo exacto, pero cf. *2 Enoc* 26:1 (siglo I d.C.): "Que una de las cosas invisibles salga sólida y visible" (traducción al inglés por F. L. Andersen; cf. *2 Enoc* 25:1; *2 Baruc* 21:4 (comienzos del siglo II d.C.); "tú… que al principio del mundo llamaste lo que aún no existía…" (traducción al inglés por A. F. J. Klijn); Sabiduría 11:17: "tu mano omnipotente… creó el mundo de la materia sin forma" (REB); pero 2 Macabeos 7:28 afirma de manera más contundente la *creatio ex nihilo*: "Dios hizo [el cielo y la tierra] de la nada" (ἐξ οὐκ ὄντων). De todas formas, al autor de Hebreos no le interesa tanto la *creatio ex nihilo* como el origen invisible del mundo visible, un origen que se percibe solo por la fe (P. E. Hughes 1972; Hughes 443-452 estudia la exégesis patrística y posterior).

Κατηρτίσθαι, aquí "ser preparado" (10:5), de manera similar se acerca al significado de γεγονέναι con el sentido de "ser hecho" o "creado" (Bauer I.2a, normalmente con διά; 4:3). Ninguno de los verbos exige el significado de *creatio ex nihilo*. La raíz etimológica de καταρτίζω es 'proporcionar lo que es adecuado o conveniente' (G. Delling en *TDNT* 1.476; con respecto a la creación, Sal. 74[73 LXX]:16; 89[88]:38; cf. Preisendanz 4.1147).

La enseñanza del autor acerca de la creación se basa en Génesis 1. Únicamente sobre esa base es posible fusionar este versículo con el resto del capítulo 11, como "una declaración dogmática que debe desempeñarse como un principio de interpretación para todos los hechos que se mencionan más tarde" (Vanhoye 185). Käsemann 1984.185, sin embargo, tiene una opinión diferente: "La declaración en 11:3… no guarda ninguna relación con la lista de la nube de testigos". La construcción cuidadosa de Hebreos hace que esto, por lo que antecede, resulte poco probable. Además, el sujeto de πίστει aquí, al igual que en los versículos que siguen, es humano. Haacker 1969 ve la creación como la respuesta de seres no vivientes al llamado de Dios; pero el texto claramente nos identifica a "nosotros", y no a la creación, como los sujetos de la fe.

Ῥῆμα θεοῦ (1:3; 6:5) se remonta a la expresión repetida "dijo Dios" en la historia bíblica de la creación, de la cual dan testimonio (tal vez de manera independiente) Sirácides 42:15; Sabiduría 9:1; Filón, *Sacr.* 8; Salmo 33(32):6; Filón, *Deus Imm.* 57; *3 Baruc* 2:4ss.; y 2 Pedro 3:5s. (Leonard 1939.234). La idea esencial es que la creación es obra de Dios (cf. 3:4; 4:3), a quien solo puede percibirse por medio de la fe. El concepto de "ordenar" el universo hace recordar la descripción del caos primitivo (Gn. 1:2) como ἀκατασκεύαστος, mientras que su condición como ἀόρατος (cf. Heb. 11:27) o se malinterpreta como "invisible", o proporciona un punto verbal de contacto. El autor no muestra en estos momentos ningún interés por la función de Cristo como intermediario de la creación (1:2, 10).

La proyección bíblica del pensamiento del autor se confirma por la manera en que evita toda especulación sobre la naturaleza del νοῦς, que el *Corpus Hermeticum* identificó con la deidad, y Plotino describió como la descendencia inmediata de la τὸ ἕν, y por tanto "la suprema hipóstasis en la esfera de lo inteligible" (J. Behm in *TDNT* 4.956; con respecto a νοέω en Hebreos, 11:3). De las 21 palabras relacionadas con νοῦς que aparecen en el NT, en Hebreos solo se usan ἔννοια (4:12), κατανοέω (con Cristo como complemento, 3:1; con otros cristianos como complemento, 10:24), y μετάνοια (como un elemento esencial del cristianismo, 6:1; en sentido negativo, con respecto a un segundo arrepentimiento, 6:6; y a Esaú, 12:17). Νοέω* se usa aquí para referirse a una comprensión que no es a través de los sentidos (cf. Filón, *Leg. All.* 1.91; 2.69). *1 Clemente* 27:3 de manera similar, relaciona πίστις con νοέω al hablar de la creación.

El lenguaje de este versículo evoca las palabras de Romanos 1:20, con su contraste entre ἀόρατα y νοούμενα; pero la idea es diferente. Mientras que Pablo, al parecer, alega que Dios revela su naturaleza por medio del mundo visible, y deja sin excusa a los que no lo reconocen allí, el autor de Hebreos le atribuye a la fe el poder de reconocer al Dios invisible como creador del mundo visible. No hay absolutamente ninguna contradicción entre ambas cosas, ya que la fe puede entenderse como el órgano o la facultad que permite percibir la revelación de sí mismo que Dios ofrece a través de la naturaleza; pero es indudable que Pablo separa las dos cosas, porque no hace mención de la fe entre Romanos 1:17 y 3:22. La diferencia de enfoque se relaciona con la naturaleza más cristocéntrica en Pablo.

Φαίνω*: el uso absoluto del participio como un sustantivo solo se encuentra aquí en la Biblia griega; el sentido filosófico de τὰ φαινόμενα, con referencia a los fenómenos de la experiencia sensorial, es clásico (LSJ II.2a).

En cuanto a la anáfora en los vv. 3-31, véanse Cosby 41-55; BD §491. Véanse también Feld 1987.3589-3591; Mussner 1956b.

11:4. El sacrificio de Abel muestra los resultados de la fe

La historia veterotestamentaria de Caín y Abel (Gn. 4:1-16) no dice nada con respecto a la razón por la que Dios prefirió el sacrificio de Abel y no el de Caín. La especulación comenzó en el v. 7 LXX: οὐκ, ἐὰν ὀρθῶς προσενέγκῃς, ὀρθῶς δὲ μὴ διέλῃς, ἥμαρτες;, una cuestión que plantea otros problemas acerca de "dividir rectamente" los "frutos de la tierra" (cf. Filón, *Quæst. in Gn. 1.62*; S-B 3.759). El punto de vista predominante entre los estudiosos del AT es que Dios, según se creía, prefería un sacrificio de animales por cuanto tenía más valor que cualquier ofrenda de cereales (cf. Lv. 5:11; 14:22, etc.). El autor de Hebreos toma como punto de partida la declaración, sin explicación en el TM, ἐπεῖδεν ὁ θεὸς ἐπὶ Ἄβελ, καὶ ἐπὶ τοῖς δώροις αὐτοῦ (Gn. 4:4), la cual da a entender que Dios se agradó del sacrificio de Abel. Esto, junto con el ejemplo de Enoc que aparece a continuación, se explica por medio del principio que establece que "sin fe es imposible agradar a Dios" (Heb. 11:6). Esto, a su vez, se convierte en la base de la afirmación de que Abel era "justo", puesto que el autor acaba de relacionar la justicia con la fe (10:38 = Hab. 2:4). Génesis 4 no dice nada acerca de la justicia de Abel ni de su fe (Schröger 212f.; contrástese con Jos. *Ant. 1.53*). Para Hebreos, a diferencia de Pablo, aunque lejos de ser una contradicción, el sacrificio de Abel es la expresión de su fe: no existe ninguna dicotomía marcada entre la fe y las obras. Tampoco se contrasta el sacrificio (pre-levítico) de Abel con el de Cristo. En este respecto hay una analogía implícita entre Abel, la primera persona en la Biblia que ofrece un sacrificio, y Melquisedec (Heb. 7:1-10), el primer sacerdote. En Mateo 23:35‖, se menciona a Abel como la primera víctima de homicidio.

Πλείονα: πλείων (véase 3:3; Bauer II.1b) normalmente significa "más grande"; aquí el contexto exige "de mayor valor"; cf. el uso de πλείων en expresiones de valor (MM). A pesar de Zuntz 16, cf. 285, la antigua conjetura ΗΔΕΙΟΝΑ ("más aceptable") en lugar de ΠΛΕΙΟΝΑ resulta innecesaria e inadecuada (Lane; cf. Tasker 1954-55.183). Para el escritor de Hebreos, lo que dio más valor a la ofrenda de Abel fue su fe, no que fuera un sacrificio animal. El contraste de Génesis 4:4s aquí está atenuado al nivel de una comparación, aunque la diferencia probablemente es solo estilística; cf. Hebreos 9:23. En cuanto al uso de la preposición παρά en comparaciones, véanse 1:4; 12:24 para una comparación entre la sangre de Jesús y (la de) Abel. Ni en Hebreos ni en Génesis 4:3, 5 hay ninguna diferencia de significado entre θυσία y δῶρον: los dos términos se usan para variar.

Abel (12:24; Mt. 23:35||Lc. 11:51**; K. G. Kuhn en *TDNT* 1.6-8), en los apócrifos, seudoepigráficos y otros escritos antiguos, es objeto de mucha especulación, especialmente en lo que respecta a la cualidad que hizo aceptable su sacrificio (Filón, *Sacr.* 52, 88; *Conf. Ling.* 124; Jos. *Ant.* 1.54), la manera en que murió (*Vida de Adán y Eva* 21:3; cf. *Gn. Rab. 22:8*; *Jub.* 4:31), y las circunstancias de su entierro (*Vida de Adán y Eva* 40:3-7). En el *Testimonio de Abraham* B 11:2, Abel cumple la función de juez; se describe como el primero en dar testimonio (o sufrir el martirio: μαρτυρήσας); en *Ap. Const.* 8.5.3, aparece como un sacerdote. Los únicos dos aspectos de estas tradiciones extrabíblicas que se reflejan de manera llamativa en Hebreos son: (a) su justicia (Jos. *Ant.* 1.53 dice que él "se esforzó por alcanzar la justicia"; en la *Ascensión de Isaías* 6:8 se hace mención de "Abel y todos los justos"; cf. *Ap. Const.* 8.12.21; Le Déaut 1961.30-33; Delcor 1973.142-145) y (b) su demanda de venganza (*1Enoc* 22:7, extensiva a todos los descendientes de Caín; *Jub.* 4:3; cf. Mt. 23:35||; Heb. 12:24). Véase más adelante las notas sobre δίκαιος, λαλεῖ.

Κάϊν: con respecto a la ortografía, véase BD §37; en 1 Juan 3:12 dice que Caín estaba inspirado por el maligno (cf. *Apoc. Abr.* 24:5); cf. Judas 11; 4 Macabeos 18:11; por lo demás, no se menciona en la Biblia griega fuera de Génesis 4.

Προσήνεγκεν: προσφέρω (5:1), también con θυσίαν; Génesis 4:7 acerca de Caín; φέρω (Gn. 4:3s.) con respecto a Caín y a Abel.

"Las aplastantes pruebas externas" (Metzger 671) favorecen la inclusión de la frase τῷ θεῷ, que omiten 𝔓[13] Clemente, Alejandro, y probablemente el Efrén armenio (𝔓[46] es deficiente en este punto). Προσφέρω τῷ θεῷ, por lo demás, se usa en Hebreos solo con referencia a Cristo, 9:14; (cf. Lv. 3:9; 22:18; Jn. 16:2). Τῷ θεῷ, sin embargo, es una extensión natural, pero Zuntz 33, cf. 51 y la REB prefieren la lectura más corta, a diferencia de REV, NJB, NRSV, Braun, Attridge, Lane, H.-F. Weiss.

Δι' ἧς, al igual que δι' αὐτῆς más adelante en el versículo, deben referirse en estricta gramática a θυσία (así lo creen Spicq; Zerwick-Grosvenor 679) y no a πίστις; en lo tocante al significado, no hay ninguna clara divergencia entre las dos frases. Es casi seguro, sin embargo que la estructura de la anáfora exija que la fe sea el antecedente (así aparece explícitamente en TEV, NIV, REB, LBLA, NVI, RVC; la NJB y la NRSV son tal vez deliberadamente ambiguas).

Ἐμαρτυρήθη (v. 2; 7:8); aquí, al igual que en otros lugares, se hace referencia al testimonio de Dios en la Escritura; en este caso, Dios, por cuanto él es quien realiza la acción en Génesis 4:4. No hay ninguna palabra ni señal de aprobación en Génesis 4; una tradición judía (S-B 3.744), que adoptaron, entre otros, Teodoción y Lutero, asegura que Dios respondió por fuego (cf. 1Re. 18:1-40).

Δίκαιος: véase 10:38 = Habacuc 2:4; Bauer 1b. El pasaje en el que más se acerca la Biblia griega a llamar justo a Abel es en la descripción de Caín como ἄδικος en Sabiduría 10:3. El caso nominativo es normal, al igual que en griego clásico (BD §405[1]; MHT 3.146); la construcción impersonal también se prefiere en el NT (BD §405[2]).

El genitivo absoluto que sigue, μαρτυροῦντος... θεοῦ, subraya y amplía la forma verbal precedente ἐμαρτυρήθη; esencialmente es una glosa sobre Génesis

4:4b, que "no se cita, sino que se interpreta" (Michel). Ἐπί introduce la razón por la que Dios dio un testimonio favorable (Bauer II.1bδ; cf. Ap. 22:16). Τοῖς δώροις es una frase extraída de Génesis 4:4; el contexto sugiere que se trata de varios sacrificios de animales; cf. *1 Clemente* 4:2. Δῶρον suele usarse con referencia a ofrendas/dones sacrificiales (Bauer 2).

Αὐτοῦ τοῦ θεοῦ es "pensándolo bien, la lectura menos insatisfactoria" (Metzger 671s.); cuenta con el apoyo de 𝔓[13*, 46] ℵ[c] K P Ψ 81 614 1739 *lect biz* it[r, 61] cop[bo] al. La variante más generalizada, αὐτοῦ τῷ θεῷ, respaldada por ℵ* A D* 33 326 arm et Eutalio[ms*], da como resultado una pésima gramática y un sentido retorcido. Hort (WH 587) sugirió αὐτῷ τοῦ θεοῦ para explicar las variantes, y esta lectura desde entonces apareció en 𝔓[13c] cop[sa], en los que se omite τῷ θεῷ con anterioridad en el versículo, y también en Clemente. Dicha lectura goza de un amplio respaldo (Riggenbach, Windisch, Moffatt, Michel, Suggs 144), pero está "tan escasamente confirmada que debe considerarse un error de transcripción" (Metzger; así Braun); cabría esperar el orden de las palabras μαρτυροῦντος αὐτῷ.

Δι' αὐτῆς, más probablemente incluso que δι' ἧς, hace referencia a la fe. El autor deja atrás ahora la exégesis y pasa a la aplicación contemporánea, cuyo punto de partida es el presente verbal βοᾷ en Génesis 4:10; cf. la interpretación de ζῇ en 7:8, y λαλοῦντι en 12:24.

Ἀποθανών: el verbo ἀποθνῄσκω (7:8) se usa con relación a una muerte violenta también en 9:27; 11:37. El contexto exige que el participio de aoristo signifique "habiendo muerto" y que aluda a la muerte de Abel en Génesis 4:8, por ende, antes que la "voz de [su] sangre" se dejara oír desde la tierra (v. 10). En REB, cf. TEV, NJB, Attridge, Lane, el contexto demanda un sentido concesivo, "aunque muerto". Ἔτι (7:10) con respecto al momento presente.

Λαλεῖ: λαλέω, véase 1:1. "Lo que habla" probablemente se toma, al igual que en Mt. 23:35‖, como un clamor de venganza (véase supra). A la luz de las severas palabras de 10:27, 29, no parece imposible que el autor haya interpretado ese tipo de clamor como un efecto de la fe; la relación, sin embargo, es indirecta. Abel habla con fuerte voz (λαλεῖ, 𝔓[13, 46] ℵ* A D* P 33 81 1739 1881 *pc*), no para sí mismo ni en una conversación, tal como implicaría (Braun) la voz media λαλεῖται (D K L Ψ etc.). Goodspeed (1922; 1945.118) traduce: "Aun cuando estaba muerto todavía hablaba".Véanse Le Déaut 1961; Delcor 1973; Suggs 144; Tasker 1954-55; Moriarty; McNamara 1966.157-160; Buchanan 1977.122 on McNamara 1972; Bénétreau 1979; Golka.

11:5-6. El "traslado" de Enoc muestra más de lo que es la fe

Desde el punto de vista gramatical, estos versículos constan de cinco cláusulas principales, μετετέθη... ηὑρίσκετο... μεμαρτύρηται... [ἐστιν] ... δεῖ, esta última tiene dos cláusulas subordinadas, ἔστιν... γίνεται. En cuanto al significado, el autor primeramente (v. 5a) se refiere con sus propias palabras a la "metátesis", luego (v. 5b) cita el texto biblico básico y pertinente (Gn. 5:24b). La información que comunican estas cláusulas es esencialmente idéntica. (La puntuación en la REB marca la independencia relativa del v. 5ab del v. 5c; cf. la nota b sobre la puntuación en UBS[3].) A continuación (v. 5c) el autor cita Génesis 5:24a, y (v. 6a) lo interpreta como una evidencia de la fe de Enoc. Esto, a su vez, constituye la base de una declaración más general acerca del contenido de la fe (v. 6bc), que, sin desentenderse de Enoc, prepara el terreno para nuevos ejemplos de una fe prospectiva. En este respecto, la lección de Enoc se extrae de la secuencia de acontecimientos que aparecen en Génesis 5:24: primero el hecho de agradar a Dios, luego la metátesis; la metátesis, por tanto, es la recompensa (v. 6c) por haber agradado a Dios mediante la fe. El autor de Hebreos va más allá de lo que se dice de Enoc en Génesis, donde no se afirma explícitamente que Enoc tuviera fe: en Hebreos también, la conclusión del v. 5c y el v. 6a, "Enoc, por tanto, tenía fe", queda implícita. El autor de Hebreos no parece haber sido influenciado por las cuantiosas tradiciones acerca de Enoc fuera del Génesis. Otras referencias veterotestamentarias (Gn. 4:17s.; 1Cr. 1:3) se encuentran en las genealogías. Sirácides 44:16 extrae de Génesis 5:24 la lección de que Enoc fue "un ejemplo de arrepentimiento para todas las generaciones". Para el autor de Sabiduría 4:10-14, el argumento de Génesis 5:24 es que Enoc fue trasladado para librarlo de una posible contaminación por parte de los pecadores. La evaluación negativa de Enoc es más fuerte en Filón, Abr. 17, donde se lee que Dios sacó a Enoc de su antigua vida de maldad, y *Gn. Rab.* 25:1 (cf. Tg. Onq. 5:24, aunque el texto es poco seguro), también afirma que Enoc había sido anteriormente un hombre impío (S-B 3.744s.). Estas tradiciones, junto con la negativa judía de aceptar cualquiera de los escritos de Enoc en el canon, representan, al parecer, una reacción en contra de la forma más desarrollada de la literatura apocalíptica que presenta a Enoc como el que está "en pie ante el rostro [de Dios] para siempre" (*2Enoc 22:5*), o al menos a la mano izquierda de Dios (24:1); como el que ha recibido el conocimiento de "todas las cosas" (seudo-Eupolemo en Euseb. *Præp. Ev.* 9.17.8s.; cf. 1QapGn 2:19), especialmente la astrología (*2Enoc 23* especifica lo que Enoc aprendió); como el que, junto con Elías, se enfrenta y mata al anticristo (Apoc. Elías 5:32; cf. Apoc. Dn. 14:2). *Enoc también aparece relacionado con Elías en el* Apocalipsis de Elías 4:7-19*; con Elías y otras figuras veterotestamentarias en* el Apocalipsis de Sofonías 9:5, y en oraciones de la sinagoga helenística que se conservan en *Ap. Const. 7.39.3; 8.12.55; 8.41.8*; con figuras del AT y del NT en el Apocalipsis griego de Esdras 6:22; y con Abel en el *Testamento de Abraham 11:3. 1 Enoc 70* es más moderado, se ocupa de la metátesis como tal e introduce las visiones que siguen. *Jubileos 4:16-26* está relacionado con *1 Enoc:* cf. en especial *Jubileos 4:23* y *1 Enoc 70:1-3. Jubileos 10:17* coloca a Enoc por encima de Noé y lo describe como un "testigo"; el *Testamento de Abraham* (cristianizado), recensión B, 11:3-10, presenta a Enoc como "el maestro del cielo y la tierra y el escriba de la justicia", pero no como juez. *1 Clemente 9:3* presenta a Enoc como un ejemplo de justicia obediente; aquí, al igual que Ter*uliano, Pudicitia 50*, es la muerte de Enoc, y no el propio Enoc, lo que se dice que no se ha encontrado. Josefo*, Antigüedades 1:85; 9:28* se mantiene cerca del texto veterotestamentario. Filón considera que la metátesis de Enoc es una transición a una vida mejor de inmortalidad (Mut. Nom. 34-47, especialmente 38; Abr. 17-19; Quæst. en Gn. 1.82). Judas 14, en consonancia con *1 Enoc 60:8*, describe a Enoc como un profeta de juicio. Muy interesante es la *Ascensión de Isaías* 9:9-18 (cristiana), que hace recordar las palabras de Hebreos 11:39 al referirse a Enoc como uno de los que aún no poseen sus tronos o coronas, puesto que los justos no ascendieron con Cristo. Cualquier influencia directa sobre Hebreos probablemente se excluye: M. A. Knibb ubica cronológicamente la visión de Isaías (*Asc. Is.* 6-11) en el siglo II d.C.; Hebreos 11:37, que hace referencia a una tradición registrada en el Martirio de Isaías (*Asc. Is.* 5:11-14), con una fecha no posterior al siglo I d.C. Sin embargo, el presente texto muestra una manera en la que el autor de Hebreos podría haber respondido a una objeción de que Enoc, no Jesús (cf. 10:20), fue el primero en entrar en el cielo.

Μετετέθη: la voz pasiva no se usa principalmente para evitar, en señal de reverencia, el nombre de Dios, sino por razones estilísticas, para no hacer un uso anticipado del término ὁ θεός que aparece en la cita que sigue de Génesis 5:24. Μετατίθημι se emplea con un sentido local, como en Hechos 7:16, y no con respecto a algún cambio mental, moral o de dispensación, como en Gálatas 1:6; Judas 4; Hebreos 7:12**. La ausencia de toda indicación acerca del punto de salida o de llegada del "traslado" de Enoc, junto con el uso del sustantivo μετάθεσις más adelante en el versículo, implica que fue Dios quién lo trasladó (tal como se afirma en Gn. 5:24) de la tierra al cielo. Como de costumbre, y en contraste con *1 Enoc,* al autor no le interesan los detalles del "traslado", sino la importancia que tiene como un testimonio indirecto de la fe de Enoc. El verbo es sinónimo de ἀναλαμβάνω, que se emplea con referencia a Enoc en Sirácides 49:14, a Elías en Sirácides 48:9, y a la ascensión de Cristo en Marcos 16:19; Hechos 1:2, 11, 22; 1 Timoteo 3:16, pero no en Hebreos. Véase C. Maurer en *TDNT* 9.161.

Τοῦ μὴ ἰδεῖν puede ser una cláusula final, como en 10:7 = Salmo 40(39 LXX):8, o consecutiva, como en Hechos 3:12; 7:19. La cita en el v. 5b sugiere la segunda opción, y es la que prefieren Braun, Attridge, Lane, H.-F. Weiss y NRSV, pero este argumento no es concluyente (BD §400[5]; MHT 1.217; 3.141), y la distinción a menudo resulta borrosa.

Ἰδεῖν θάνατον (Sal. 89[88 LXX]:48; Lc. 2:26; Heb. 2:9), all igual que "gustar la muerte" (Mr. 9:1‖; cf. "ver la vida" Jn. 3:36), significa "experimentar la muerte". Ὁράω: véase 2:9; Bauer 1b; Θάνατος: 2:9.

Καί podría ser hebraica o coloquial (Bauer *s.v.* I.2b): no introduce ninguna información nueva. Las palabras que siguen se citan en forma exacta de Génesis 5:24 en la LXX. Ηὑρίσκετο presenta el aumento ático clásico; BD §67 (1). Εὑρίσκω: véase 4:16. "No ser hallado" es una expresión fija que significa "desaparecer", tal vez incluso "morir"; cf. Isaías 35:9; 53:9*; Jeremías 50(27 LXX):20; Apocalipsis 16:20; 18:21. Moffatt cita a Epícteto 3.5.5s., y traduce "no fue sorprendido por la muerte", pero el pasaje de Epícteto aparentemente es un eufemismo poco usual y no un significado regular de εὑρίσκω. Διότι: v. 23*. El aoristo μετέθηκεν (𝔓¹³ א² A D* P) debe preferirse al pluscuamperfecto más suave y no tan bien μετετέθηκεν (𝔓⁴⁶* D¹ ² L minúsculos); en cuatro minúsculos se lee la forma verbal perfecta μετατέθηκεν. El autor de Hebreos, por lo general, tiende a no hacer cambios sin motivo en el texto, y es de otras formas que se dispone a destacar la secuencia de los acontecimientos. Ὁ θεός, ya en la LXX, es un término enfático por su posición; la naturaleza teocéntrica de la fe se explicará en los vv. 5c, 6.

Πρό*, al igual que μετά en 4:7s. y el argumento implícito en 7:1-10 de la prioridad de Melquisedec sobre Leví, introduce una secuencia temporal teológicamente significativa. El orden de las declaraciones en Génesis 5:24 sin duda que refleja el orden de los acontecimientos: primero Enoc agradó a Dios (cf. Gn. 5:22), luego fue "trasladado". A partir del v. 6c se infiere que su "traslado" fue una recompensa por su vida fiel, y la prueba de que había agradado a Dios. Μετάθεσις: véase 7:12; cf. Filón, *Abr.* 18. Μετατίθημι: 7:12 y supra. El texto mayoritario (ℵ² D² K L Ψ etc.) añade el pronombre αὐτοῦ, en contra de 𝔓¹³ 𝔓⁴⁶ ℵ* A D* P minúsculos. Μεμαρτύρηται: véase 7:8; cf. 11:2, 4: la expresión "de parte de Dios, en la escritura" se sobrentiende, tal como lo confirma la cita que sigue de Génesis 5:24a.

En lugar de las palabras del TM "caminó con Dios", el autor de Hebreos adopta la expresión menos antropomórfica de la LXX, "agradó a Dios" (Katz; 1950.19f.; Leonard 1939.234; BD §312[1]). Εὐηρεστηκέναι (𝔓¹³ 𝔓⁴⁶ ℵ D P 1834) está quizás mejor confirmado que εὐαρεστηκέναι (A K L Ψ y muchos minúsculos); Bauer 1; BD §69 (4); MHT 2.192. El verbo se usa en sentido absoluto (v. 6; cf. Filón, *Leg. All.* 3.79; *Abr.* 35), o con preposiciones (Gn. 17:1; 24:40; 48:15; Jue. 10:16; Sal. 56[LXX 55]:13; 116[LXX 114]:9; cf. εὐάρεστον ἐνώπιον αὐτοῦ, Heb. 13:21), o con el caso dativo (como aquí, cf. Gn. 5:22, 24; Sir. 44:16, todos con respecto a Enoc; Gn. 6:9 con respecto a Noé; 39:4). En Hebreos 13:16* se usa la voz pasiva para indicar que Dios es complacido o satisfecho (Bauer 2b). Casi todas las traducciones modernas dejan claro (en contra de la Antigua Versión y la NRSV) que πρὸ... τῆς μεταθέσεως se relaciona con εὐαρεστηκέναι, no con μεμαρτύρηται; es decir, que Enoc agradó a Dios antes que Dios lo trasladara, pero que el testimonio de la Escritura se dio más tarde. En cuanto a Enoc, véanse Grelot; Lührmann 1975; H. Odeberg en TDNT 2.556-560; *ABD* 2.508-526.

11:6. Sin fe es imposible agradar a Dios

El lenguaje de la primera parte de este versículo, en términos generales, es típico de Hebreos: χωρίς, 4:15; ἀδύνατον, 6:4; εὐαρεστῆσαι, v. 5; δεῖ, 2:1; προσερχόμενον, 4:16.

Δέ (1:13) da paso a una nueva etapa en el argumento. De hecho, es la premisa mayor de un silogismo del que el v. 5c constituyó la premisa menor, mientras que la conclusión, "por tanto, Enoc tenía fe" queda implícita. Véase Hegermann 1961.22.

Ἀδύνατον: ἐστιν está implícito, como por ejemplo en 6:4. El adjetivo negativo ἀδύνατον lógicamente equilibra el término positivo δεῖ. Clemente de Alejandría (*Strom.* 2.8.4) añade ἐστιν después de ἀδύνατον y θεῷ después de εὐαρεστῆσαι: una glosa correcta. Δύνατος y los términos cognados suelen exigir a continuación un infinitivo de aoristo (BD 338[2]).

Γάρ relaciona los vv. 5b y 6a con un corolario, cuyo alcance se extiende más allá de Enoc, y expresa dos condiciones de la verdadera adoración, que a la vez, son dos componentes de la fe: (1) que Dios existe y (2) que recompensa a los que lo buscan. Los copistas de 206 216 326 1831 añadieron πρῶτον, y los de 1836, πρότερον, y con ello pusieron claramente de relieve la diferencia entre estos dos aspectos. La simple afirmación de que Dios existe (ἔστιν en sentido absoluto, Bauer D I.1) tiene pocos paralelismos bíblicos. El ateísmo práctico de los que viven como si Dios no existiera es condenado en los Salmos 14:1; 53(52 LXX):1; Sabiduría 12:13 afirma que no hay más Dios que el Señor. La influencia de la traducción de la LXX de YHWH como ὁ Ὤν (Éx. 3:14) podría rastrearse a partir de Sabiduría 13:1 hasta 1 Corintios 8:5; Apocalipsis 11:17; 16:5, etc. Aquí podría observarse un tenue reflejo de Éxodo 3:14, y sobre todo porque Hebreos 11:16 alude a Éxodo 3:6, 15. La discusión griega acerca de la existencia de Dios (o de los dioses), por el contrario, es amplia: por ejemplo, Filón, Op. Mundi 170; Epícteto, *Diss*. 2.14.11; Diódoro Sículo 12.20.2. La cualidad abstracta de las palabras ὅτι ἔστιν, no obstante, está atenuada por las referencias circundantes a la adoración (προσερχόμενον ... ἐκζητοῦσιν). Además, el segundo aspecto de la fe podría dejar de considerarse que está relacionado con el primero e interpretarse como una consecuencia del mismo: "... que él existe, y por tanto, recompensa" (Bauer *s.v. καί*, I.1s.). De todas formas, el tono especulativo solo se escucha de pasada; en todos los lugares de Hebreos (con la posible excepción de πίστεως ἐπὶ θεόν, 6:1), se presupone la existencia de Dios.

Ἐκζητέω, que probablemente es más fuerte que la forma simple ζητέω, no se usa solo con referencia a la adoración (12:17*), aunque el contexto exige aquí este sentido. El lenguaje es propio de la devoción en el AT (Dt. 4:29; Sal. 34:4[33:5 LXX]; 69:32[68:33 LXX] y frecuentemente de los salmos; Hch. 15:17 = Am. 9:12; cf. *1Clem*. 13:1). Es al mismo Dios a quien hay que buscar: no hay nada que deje entrever algún tipo de investigación filosófica de proposiciones acerca de Dios.

El concepto de la recompensa aparece con frecuencia en el AT e incluso en el NT (H. Preisker en TDNT IV.695-728, aquí 701), aunque es probable que el término μισθαποδότης*** sea un neologismo (cf. μισθαποδοσία, 4:2). La naturaleza de la recompensa o de la meta de la fe no se define en este momento, aunque se hace progresivamente más clara a medida que avanza el capítulo, y de manera especial en 12:21-24. En el caso de Enoc, la recompensa sin duda fue su traslado, por parte de Dios, de la tierra al cielo: la idea de que Dios mismo es la recompensa no se expresa aquí, ni tampoco en 12:23.

11:7. Noé también muestra la fe en acción, orientada hacia el futuro

Πίστει: La historia de Noé en Génesis 6–9 no dice nada acerca de su fe; pero sí afirma que Noé agradó a Dios (6:9), por tanto, el autor pudiera haberle aplicado a Noé, y tal vez lo hace implícitamente, el argumento que acabó de usar en el caso de Noé. *1 Clemente 9:4*, que tal vez depende de Hebreos en este punto, describe a Noé como πιστός; en *Or. Sib*. 1.125s. típicamente declara:

Solo Noé entre todos fue el más recto y fiel,
Un hombre muy confiable, preocupado por las obras nobles.

En otros lugares del NT, Noé* se menciona en una genealogía, Lucas 3:36; en una referencia temporal, Mateo 24:37s.‖Lucas 17:26f., con referencias más sustanciales en 1 Pedro 3:20; 2 Pedro 2:5, que tal vez comparten una tradición común. En 1 Pedro 3:20 y Hebreos aparecen solamente las declaraciones básicas (1) que Noé construyó un arca, y (2) que como resultado de su acción, se "salvó" a sí mismo y a otros. 2 Pedro 2:5 repite (2) y forma parte de una tradición sólida que consideraba que Noé predicó la justicia: ya sea a sus hijos y a sus nietos (*Jub.* 7:20-33) o a las naciones (*Or. Sib.* 1.147-198; cf. 1Clem. 7:6; 9:4). De acuerdo a *2 Enoc* 71:12-23, Noé fue el tío de Melquisedec, pero no hay nada que sugiera que el autor de Hebreos tuviera conocimiento de esta tradición o que la considerara importante. En cuanto a que Noé era un hombre justo, véase el comentario sobre el término δικαιοσύνη más adelante.

Χρηματισθείς: véase 8:5; 12:25*, ambos pasajes con respecto a Dios en el período veterotestamentario. La referencia inmediata sin duda es al aviso que Dios le dio (Bauer 1) con antelación a Noé acerca del diluvio; pero el significado de χρηματίζω pudiera incluir las instrucciones de Dios sobre la construcción del arca, Génesis 6:15-18. De todas formas, la voz pasiva implica la acción divina. En Génesis 6:7 se lee simplemente, "Dios dijo"; en *Or. Sib.* 1.127 especifica, "desde el cielo".

Περὶ τῶν μηδέπω** βλεπομένων tiene que ver con χρηματισθείς y, en cierta medida, corrobora la referencia al diluvio; y lo que es más importante, reafirma la concepción de la fe que tiene el autor atribuyéndole una cualidad prospectiva (vv. 1, 6). De manera similar, la frase del v. 20, περὶ μελλόντων, con respecto a Isaac; y la del v. 22, περὶ τῆς ἐξόδου…, se refieren a acontecimientos futuros. Μηδέπω βλεπομένων hace recordar las palabras οὐ βλεπομένων en el v. 1, con la diferencia de que el diluvio era un acontecimiento futuro que se haría manifiesto en el momento oportuno. Los manuscritos d e 13^lect se asimilan al v. 1 con οὐ. Cf. Filón, *Abr.* 7-44. Περί: 2:5; βλέπω: 2:9; 11:1, 3.

Εὐλαβηθείς**; cf. εὐλάβεια en 5:7, que podría connotar (a) temor (*Or.* Sib. 1.147; cf. εὐλαβηθείς, Hch. 23:10 *v.l.*; Andriessen 1974a. 282-284; 1977.49s.), algo difícil de reconciliar con la fe; (b) prudencia, que encaja mejor en el contexto del AT que en el de Hebreos; o (c) reverencia, que se adapta mejor al contexto en Hebreos y al interés general del autor por la adoración; cf. 1 Clemente 44:5; Justino, Dial. 7.1; 123.3; Filón, *Rer. Div. Her.* 29; *Spec. Leg.* 2.54 acerca de Sara; Mut. Nom. 134 con respecto a Moisés. Véanse R. Bultmann en TDNT 2.751-754, aquí 753; Maurer 276.

Κατεσκεύασεν κιβωτόν: Noé expresó su fe por medio de la obediencia (Gn. 7:5; cf. vv. 9, 16; *1Clem.* 10:1s.). En 1 Pedro 3:20 se usan las mismas palabras; en Génesis 6:15s. dice simplemente "hacer"; en *Or. Sib.* 1.133, "construir". Κατασκευάζω: véase 3:3s. con respecto a una casa, 9:2 al tabernáculo, 9:6* al tabernáculo y sus utensilios (por ende, "construir y equipar"). El término suele usarse con referencia a la construcción y al equipamiento de las naves (p. ej., 1Mac. 15:3; Bauer 2).

Κιβωτόν: al parecer, es natural diferenciar claramente el arca de Noé del arca del pacto a la que se hace referencia en 9:4; pero la realidad es que el arca de Noé también estaba relacionada con el establecimiento de un pacto (Gn. 6:18; Sir. 44:18), y esto puede haber sido significativo para el autor y para sus lectores.

Εἰς σωτηρίαν: cf. 9:28; 1 Pedro 3:20, διασώθησαν; *Oráculos Sibilinos* 1.263; cf. Génesis 7:1. En otros pasajes de Hebreos (1:14; 2:3, 10; 5:9) la referencia es a la salvación eterna, relacionada como aquí con la obediencia en 6:9; 9:28; solo aquí se hace referencia al escape temporal de la inundación, pero incluso aquí tal vez no están totalmente ausentes las implicaciones más amplias, puesto que el rescate de Noé del diluvio es un elemento esencial en el propósito de Dios para su pueblo.

Τοῦ οἴκου αὐτοῦ se refiere tal vez, por no decir exclusivamente, a la familia de Noé (Gn. 7:1), que se define de un modo más específico en 1 Pedro 3:20; 2 Pedro 2:5 como un grupo compuesto por ocho personas incluyendo al propio Noé; de manera similar, *Ap. Const.* 8.12.22; *1 Enoc* 106:18; 107:18 (cf. Gn. 9:8) alude solamente a sus hijos; el *Apocalipsis de Esdras* 3:11 a su familia; en *1 Clemente* 9:4 el término ζῷα incluye a los animales. En cuanto a οἴκος como una familia, cf. Génesis 12:1; 18:19; Josué 24:15; Lucas 10:5; Hechos 10:2; 18:8; relacionada con la salvación, Lucas 19:9; cf. Hechos 11:14; 16:31.

Desde el punto de vista gramatical, δι' ἧς debería depender de σωτηρία, pero la interpretación "el juzgó al mundo por el hecho de haber sido rescatado del diluvio" resulta difícil. "Él juzgó al mundo por [su rescate mediante] el arca", combinando δι' ἧς con κιβωτόν, es igualmente forzado. Es mucho mejor relacionar la frase δι' ἧς con el tema dominante de la fe, como en el v. 4.

Las dos cláusulas que siguen (κατέκρινεν … ἐγένετο) forman un contraste implícito entre juzgar al mundo y rescatarlo, y entre el mundo pecador y el nuevo mundo basado en la justicia que viene por la fe, y que le fue confiada a Noé (Gn. 9:1-3).

Κατακρίνω* se usa en Sabiduría 4:16 después de un pasaje (vv. 10s., 13-15) acerca de Noé; es posible que el autor de Hebreos pueda haber considerado que el v. 16 se refería a Noé. En *Jubileos* 7:20-25 (siglo II a. C.), Noé le da inicio a su testamento hablándoles a sus nietos de "todos los juicios que él conoce", y continúa subrayando que el diluvio fue un castigo por el pecado. La presente referencia al "juicio del mundo" por parte de Noé podría estar relacionada con la tradición que describe a Noé como predicador de justicia (véase supra); sin embargo, Jos. *Ant.* 1.74 destaca que el juicio no fue de Noé sino de Dios, y *1 Clemente* 9:4 hace hincapié en el aspecto positivo de la predicación de Noé. Es, pues posible, considerar en este caso, con un sentido ampliado, que Noé juzga: el contraste entre su justicia y la pecaminosidad de la mayoría de sus contemporáneos habla por sí mismo en un juicio sin palabras (así quizás Mt. 12:41s.‖; cf. Ro. 2:27). Podría incluso pensarse en el buen ejemplo de Noé como un juicio permanente contra los impíos; cf. v. 4, ἔτι λαλεῖ. En cualquier caso, el imperfecto κατέκρινεν implica duración.

Κόσμον, acusativo, al igual que los compuestos con κατα- que siguen, se usa en lugar del genitivo ático (BD §181). En 4:3; 9:26; 10:5 las referencias son neutrales al mundo, y contrastan con las referencias negativas aquí y en 11:38* a los habitantes del mundo; cf. 1 Pedro 3:20.

Καὶ τῆς κατὰ πίστιν δικαιοσύνης ἐγένετο κληρονόμος es una expresión difícil y que suele condensarse. Se relaciona con la cláusula anterior formando un contraste, y también con el acontecimiento que sigue en una secuencia. Κατὰ πίστιν es una perífrasis para πίστει (BD §224[1]; cf. Ef. 1:15; Bauer *s.v.* II.7c). Δικαιοσύνη: (1:9); el autor da por sentado que la justicia, e incluso en este caso la justicia que es según la fe, es un elemento esencial en la creencia cristiana; sin embargo, el contraste implícito no es, como en las cartas de Pablo, con la justicia que es por obras sino con el pecado. La tradición que describe a Noé como un varón justo es muy fuerte. Filón, Congr. 90, señala que él es el primer hombre a quien la Biblia llama "justo" (Gn. 6:9), y este hecho sin duda le resultó importante al autor de Hebreos, quien se había sentido atraído por la figura de Melquisedec como el primer sacerdote (7:1-10). En lo que respecta a la justicia de Noé, compárese con Sabiduría 10:4, 6; Sirácides 44:17; *Ap. Const.* 8.12.22; con Daniel y Job, Ezequiel 14:14, 20; cf. 2 Clemente 6:8; Oráculos Sibilinos 1.125; 280; Sanhedrín 108a (S-B 1.963). No obstante, hay textos que relativizan la condición de Noé como un varón justo: Jubileos 10:17 pone a Enoc en un nivel superior; cf. Filón, Abr. 36; Agric. 181; Gn. Rab. 30 (S-B 1.524). En este respecto, podría resultar llamativo que el escritor de Hebreos describa a Noé como justo, pero no como perfecto (como en Gn. 6:9; 7:1; Sir. 44:17).

Γίνομαι: "fue hecho" (Bauer 2a), dando a entender "por Dios". Esto marca un conflicto con Génesis 6:9, donde se afirma que Noé había sido un varón justo desde el principio, y no se hace referencia a su respuesta de fe a las órdenes de Dios. Este problema se ve agravado por el uso del sustantivo κληρονόμος (1:2), que normalmente implica la recepción de un don, en particular, una porción asignada por Dios en la tierra prometida. Si se tiene en cuenta que después del diluvio Dios le confía el mundo entero a Noé (Gn. 9:1-3; cf. *Apoc. Ad*án 3.9), es posible que el sentido implícito aquí sea que Dios le dio a Noé la recompensa (cf. v. 6) idónea para el que es justo por fe. Es decir, Dios le encarga a Noé que mantenga la autoridad sobre la creación que originalmente se le había confiado a Adán; las analogías entre Génesis 1:28-30 y 9:1-3 son estrechas. Sin embargo, las traducciones y los comentaristas por lo general interpretan el don que Dios le dio a Adán de un modo más abstracto, como el de la propia justicia: "recibió de Dios la justicia que viene por la fe" (TEV); "demostró su propio alegato a la justicia que viene de la fe" (REB); "fue capaz de reivindicar la justicia que viene por la fe" (NJB). Esta es la interpretación más simple del griego. Véase Andriessen 1977.49s.

11:8. La obediencia de Abraham constituye un ejemplo de la fe prospectiva

Καὶ ἐπίστευσεν Ἀβραμ τῷ θεῷ, καὶ ἐλογίσθη αὐτῷ εἰς δικαιοσύνην (Gn. 15:6) son palabras que se citan y de las que se habla muchas veces en el NT (Ro. 4:3, 9, 22; Gá. 3:6; Stg. 2:23) y en otros lugares (Filón, Leg. All. 3.228; cf. Jos. *Ant. 1.227*). Se hace alusión al contexto inmediato de estas palabras en el v. 12, y el pasaje precedente se analizó en 7:1-10. "Fue hallado fiel, controlado de espíritu" (Jub 19:8, cf. v. 9; Charles). Pero la fe de Abra(ha)m no se menciona en el relato de Génesis sobre el primer llamado que Dios le hizo y de la promesa que le dio (Gn. 12:1-3; cf.

Hch. 3:25; Gá. 3:8), que el escritor resume con sus propias palabras. En Hebreos se omite de Génesis 12:1-3 la referencia a la tierra y a la parentela que Abram debía dejar, y el especial hincapié que se hace en la promesa de Dios de bendecirlo y multiplicar su descendencia (aunque cf. v. 12, depende de Gn. 22:17; cf. 32:12). El interés preponderante de Hebreos, que se expresa con mayor plenitud en los vv. 13-16, se centra en el aspecto prospectivo de la fe de Abraham. El autor presenta implícitamente a Abraham como un ejemplo de fe; no, de la manera en que se hace en Gálatas 3:6-14, como el padre (espiritual) de un pueblo creyente. Santiago 2:23, en contraste con Pablo, es el representante neotestamentario de una tradición que considera que la fe de Abraham es un logro meritorio que Dios recompensa como corresponde (S-B 3.200s.); Hebreos no entra en esta controversia.

Καλούμενος: Génesis 12:1, εἶπεν. Las pruebas externas a favor de la presencia de ὁ antes καλούμενος ($\mathfrak{P}^{46}$ A D* 33 1739 1881 *pc*) y de la omisión de ὁ (א D² Ψ 𝔐) están bastante equilibradas. Por lo general, se prefiere la lectura más corta; ὁ podría ser una alusión equivocada al cambio de nombre de Abram. Aquí, como en 5:4; 9:15 (con ἐπαγγελία), καλέω significa "llamar" en el sentido de "convocar"; no, como en 2:11; 3:13; 11:18 (Gn. 21:12), "nombrar". No se alude al cambio del nombre de Abram por Abraham en Génesis 17:5 (como confirma el uso que se le da en Hebreos a la forma Ἀβραάμ). El participio de presente indica que se trata de una acción anterior a la del verbo principal (BD §339[3]), pero no hay nada que sugiera que hubo un lapso de tiempo entre el llamamiento de Abraham y su obediencia al mismo; Lane posiblemente exagera al traducir "cuando estuvo siendo llamado". El término πίστει va seguido de un participio pasivo, al igual que en el v. 7; el autor suele variar las construcciones a lo largo del capítulo, pero también repite la misma construcción en versículos sucesivos (cf. vv. 21-24, 27-29, 30s.).

Ἀβραάμ: en Hebreos, así como en el NT en general, Abraham es el personaje veterotestamentario cuyo nombre se menciona con más frecuencia, exceptuando a Moisés. En 2:16 se mencionó a Abraham como representante de la humanidad; en 6:13-15, se hizo hincapié en la certeza de la promesa y el juramento de Dios a Abraham (Gn. 22:17; cf. Sir. 44:21); aquí, en cambio, se le da más importancia a la tierra prometida como el contenido de la promesa que a la propia promesa (cf. v. 9). Véase J. Jeremias en *TDNT* 1.8s.

Ὑπήκουσεν (5:9; cf. ὑπακοή, 5:8) es un equivalente más fuerte de εὐλαβηθείς en el v. 7; cf. ἐξ ἀκοῆς πίστεως respecto a Abraham, (Gá. 3:5). La obediencia de Abraham está implícita por haber "salido" de su patria, tal como Dios le había ordenado (Gn. 12:1, 4, 5); cf. Filón, *Rer. Div. Her.* 7; *Abr.* 60; Jos. *Ant.* 1.225, 233. Solo aquí en el NT ὑπακούω va seguido de un infinitivo (BD §392[5]); el autor se ve forzado por razones estilísticas a ser conciso, y por razones teológicas a hacer más explícito el vínculo entre la "salida" de Abraham y su fe. A pesar del orden de las palabras, en la TEV ἐξελθεῖν está relacionado con καλούμενος ("lo llamó para que saliera"), NIV, NJB, NRSV, REB; cf. BD §392 (4). Ὑπακούω se usa en otros pasajes para referirse a la obediencia de Abraham a Dios (Gn. 22:18; 26:5).

Εἰς τόπον: indefinido por ser desconocido (en el texto mayoritario, en consonancia con א² D¹ K L, se añade incorrectamente el artículo); menos específico que Génesis 12:1, "la tierra"; cf. *1 Clemente* 10:2. De hecho, tal como aclarará la exposición que sigue, el "lugar", en última instancia, es más que Canaán. De manera similar, ἤμελλεν (μέλλω, véase 1:14 con κληρονομέω) podría tener algo del peso escatológico que tiene μέλλω en 2:5; 6:5; 10:1; 13:14.

Λαμβάνειν: λαμβάνω es prácticamente equivalente aquí al hecho de que algo "sea dado", de manera especial por parte de Dios. El texto paralelo más cercano es 9:15; cf. también 7:8s.; 11:11, 35. Εἰς κληρονομίαν, como (= *qua;* Bauer *s.v.* εἰς, 8b) una posesión recibida como regalo de Dios, 1:4; 9:15; cf. κληρονόμος, en sentido metafórico con respecto a Noé, v. 7. La promesa no terminó con la estadía personal de Abraham en Canaán, tal como confirma el v. 13; no hay ninguna contradicción con la declaración de Esteban de que Dios "no le dio herencia" allí (Hch. 7:5).

Μὴ ἐπιστάμενος con respecto al conocimiento de hechos; cf. v. 1. Abraham no sabía adónde iba cuando salió; y, en un sentido, nunca vio en la tierra el cumplimiento de la promesa que Dios le había dado de un hogar permanente para su descendencia. En el NT no se usa el término ἐπιστήμη, y los términos cognados en raras ocasiones; sin embargo, ἐπιστήμη sí aparece con frecuencia en la LXX, especialmente con la acepción de "destreza".

Ποῦ: en el griego biblico así como en el koiné en general, ποῦ remplaza a ποῖ, "adónde" (Bauer 2b; LSJ *s.v.;* cf. Jn. 3:8). Ἔρχεται: el presente por el imperfecto (BD §324). Aquí, de manera inusual y a diferencia de otros usos de ἔρχομαι en Hebreos, probablemente significa "estaba yendo" (Bauer II) en lugar de "estaba viniendo" (Bauer I.1aγ); en caso contrario, es posible, aunque difícil, tomar como punto de referencia el lugar desde el cual Dios está llamando.

Sobre los vv. 8-10, véanse Muntingh; Arowele 269-271; Obermüller 60-62.

11:9. Abraham con su familia como extranjero en Canaán

Παρῴκησεν, en Génesis 35:27, acerca de Abraham con Isaac en Canaán; Por lo demás, παροικέω con respecto a Abraham en Egipto, Génesis 12:10; Deuteronomio 26:5, una fórmula de confesión relacionada con el Salmo 105(104 LXX):12, donde se usa el término παροίκους para referirse a Abraham, Isaac y Jacob en Egipto. Por extensión, Génesis 47:9, con relación a la vida de Jacob en la tierra (cf. Heb. 11:10, 15s.); de manera alegórica en Filón, Conf. Ling. 76-78; Rev. Div. Her. 269; cf. Abr. 79-81 (acerca de Abraham, Isaac y Jacob), 85; y por ende, como una fórmula establecida en los padres apostólicos, con respecto a la "peregrinación" de la iglesia en una ciudad (las introducciones a *1Clem.,* Pol., y *Mart. Pol.*); en el NT literalmente Lucas 24:18**. De manera similar, πάροικος, Hechos 7:6, con referencia a Abraham, ἔσται τὸ σπέρμα αὐτοῦ πάροικον ἐν γῇ ἀλλοτρίᾳ, más cercano a Hebreos que Genesis 15:13, πάροικον ἔσται τὸ σπέρμα σου ἐν γῇ οὐκ ἰδίᾳ; *Testamento de Leví 11:2*, acerca de Leví y su familia inmediata; Hechos 7:29, sobre Moisés en Madián. Por extensión, Efesios 2:19, donde ξένοι se refiere a los cristianos gentiles; 1 Pedro 2:11 donde se usa παρεπίδημοι** para describir a los cristianos como extranjeros; Ep. Diog. 6:8, Χριστιανοὶ παροικοῦσιν ἐν φθαρτοῖς, τὴν ἐν οὐρανοῖς ἀφθαρσίαν προσδεχόμενοι. A Abraham se le considera un extranjero permanente durante toda su vida; de un modo más prominente en Hechos 7:5s.;

Génesis 23:17s.; aunque 33:19 modifica un poco esta imagen. Véanse Mercado; K. L. y M. A. Schmidt en *TDNT 5.841-853*.

En D² P minúsculos se añade Ἀβραάμ después de παρῴκησον.

Εἰς γῆν: εἰς en lugar de ἐν (Bauer 9; MHT 3.254-257); con κατοικέω, Hechos 2:5; cf. Mateo 2:23; 4:13; Hechos 7:4; εἰς Αἴγυπτον, Números 20:15 A, en lugar de ἐν Αἰγύπτῳ; εἰς κατάσχεσιν αἰώνιον, Génesis 17:8, "como una posesión permanente" (Bauer *s.v.* εἰς, 4d). Lane, como Bauer *s.v.* κατοικέω 1c, traduce παρῴκησεν εἰς como "emigró a", lo cual no es imposible, aunque la proximidad de κατοικήσας apoya la traducción normal "(moró) en"; cf. Números 20:15 A, παρῳκήσαμεν εἰς Αἰλύπτον ἡμέρας πλείους. Γῆ, al igual que τόπον en el v. 8, carece de artículo (salvo indirectamente en D* P Ψ minúsculos, tal vez influenciado por Génesis 12:1; en contra de 𝔓⁴⁶ ℵ A D¹ K L 1834). Canaán, sin duda, es la tierra que Dios le prometió a Abraham y a su descendencia, pero no constituye la totalidad del contenido de su promesa, tal como dejarán claro los vv. 10, 13-17. Γῆ: 1:10; ἐπαγγελία: 4:1. Las referencias a la tierra prometida son típicas de Deuteronomio (6:3; 9:28; 11:25; 18:2; 19:8), pero no hay ningún paralelismo exacto con γῆ τῆς ἐπαγγελίας.

Ὡς (véase 3:2; 6:19) ἀλλοτρίαν [γῆν]; 9:25 como un adjetivo; 11:34* como un sustantivo, con referencia a personas; aquí "moró en la tierra prometida como si no fuera suya" (NJB). Cf. Génesis 15:13; véase el comentario anterior sobre παρῴκησεν; con respecto a Moisés, Éxodo 2:22; 18:3. Ὡς expresa la paradoja de la situación de Abraham: por un lado, él es sin duda, por ahora, un extranjero que no posee ninguna tierra en Canaán; pero por otro lado, Dios le prometió virtualmente la tierra al propio Abraham y a sus descendientes.

Ἐν σκηναῖς: "en tiendas". En otros lugares del NT, tal vez incluso en Marcos 9:5‖, se usa el término σκηνή para referirse a un tabernáculo destinado a la adoración, en Hebreos, al tabernáculo terrenal y al celestial; 8:2. Las tiendas aqui no son más que viviendas nómadas, como en Génesis 12:8; 13:3, 18; 18:1, 6, 9s. las de Abraham; 26:25 las de Isaac; 33:19; 35:21 (LXX 16) la de Jacob. Véanse Leonard 1939.234s.; W. Michaelis en *TDNT 7.377*.

Κατοικήσας*; cf. παρῴκησαν véase supra; el contexto inmediato muestra que el término también se refiere a una residencia temporal. Así en Hechos 7:2, 4 *bis*, 48; aparece con frecuencia en Hechos y en Apocalipsis; pero no en Marcos ni en Juan; rara vez usado por Pablo. Cf. οἶκος: 3:2. Véase O. Michel en *TDNT 5.153-155*.

Μετὰ Ἰσαὰκ καὶ Ἰακώβ: con respecto a las dificultades cronológicas que surgen cuando la frase se interpreta estrictamente, véanse Leonard 1939.334s.; Muntingh 1971.113s. Μετά en este contexto significa forzosamente "con", aunque NEB, NIV, NRSV, LBLA, DHH y ediciones posteriores de la TEV reducen la expresión a "como Isaac y Jacob", en contra de AV, AV, RSV, NAB, NASB, NJB, TOB, REB, FrCL y BHD JBS NVI, RVC, RVA; Phillips traduce la expresión en forma exagerada como "las tiendas que él compartía con Isaac y Jacob". El autor no se preocupa por los detalles cronológicos; sigue una tradición que ya era fuerte en el AT (Éx. 2:24; 3:6, 15s.; Dt. 1:8; 6:10; 9:27; Jer. 33:26, etc.; cf. *Ap. Const.* en Eusebio HE 7.26.3; 7.33.2; 2 Baruc 57; 4 Baruc 4:10; 6:21) y que agrupa a Abraham, Isaac y Jacob como los auténticos padres fundadores de Israel. En cuanto a Isaac, cf. vv.

17s., 20; sobre Jacob, cf. vv. 20s. Bauer II.1a; W. Grundmann en TDNT 7.771-773.

Τῶν συγκληρονόμων: con respecto a los cristianos que participan con Cristo de la herencia; Efesios 3:6, los gentiles y los judíos cristianos que participan conjuntamente; 1 Pedro 3:7*, las mujeres y los maridos cristianos; κληρονομέω, 1:14; κληρονόμος, v. 7, 6:17; José y sus hermanos en José y Asenat 24:14; κληρονομία, v. 8, 9:15; Filón, Leg. Gai. 10, 28f.; MM; συνκληρονομέω, Sirácides 22:23***, acerca del prójimo. El contexto indica que el significado debe ser "los que habrían de recibir en el futuro una tierra que Dios les había prometido". Véase W. Foerster en TDNT 3.385.

Τῆς αὐτῆς ἐπαγγελίας: τῆς αὐτῆς (4:11) reafirma la idea de una coposesión (futura) de la tierra; el énfasis se pierde en algunas de las variantes pobremente confirmadas. En ℵ* 255 se omite τῆς. Cf. vv. 14-16. Ἐπαγγελία: 4:1.

11:10. La esperanza de Abraham

Ἐξεδέχετο: 10:13*; en ambos lugares el verbo ἐκδέχομαι se usa para referirse a la expectativa ansiosa de algo futuro; como en Juan 5:3; *2 Clemente 12:1*, ἐκδεχώμεθα οὖν καθ' ὥραν τὴν βασιλείαν τοῦ θεοῦ. Se repite el tono de esperanza que ya se había escuchado en el v. 1. Lo que se dice aquí con respecto a Abraham se aplicará de manera más completa a todos los patriarcas en los vv. 13-16.

Γάρ introduce el comentario sobre los vv. 8s., la razón por la que Abraham "salió" y comenzó una vida nómada.

Τὴν τοὺς θεμελίους ἔχουσαν: en lo que respecta al orden de las palabras, cf. τὸν ἐπ' αὐτῆς ἐρχόμενον, 6:7. Θεμέλιος: véase 6:1* en singular; el plural τὰ θεμέλια, Hechos 16:26, sin ninguna diferencia en el significado, con referencia a un edificio; οἱ θεμέλιοι, Apocalipsis 21:14, 19, de la Jerusalén celestial. Los dos términos, θεμέλιος y θεμέλιον, aparecen en el griego clásico y en la LXX; el significado es el mismo. "Una tienda no tiene fundamentos" (Bengel); la mención de los fundamentos aquí, por tanto, marca el contraste con las peregrinaciones de Abraham en la tierra. Las referencias a lo que es permanente (μένω, 10:34; 12:27; 13:14 con πόλιν) se repiten en los últimos capítulos de Hebreos. Los fundamentos del mundo, o de una ciudad, no se mencionan en las historias de la creación en la LXX, ni en relación con Abraham; en el Pentateuco solamente en Dt. 32:22, donde se lee que Dios sacudirá los montes en su ira. Por lo tanto, el uso del artículo, "los fundamentos", no alude a un fenómeno veterotestamentario; el uso del artículo podría considerarse más bien análogo al se le da con elementos cosmológicos como el sol y la tierra (BD §253), aunque en estos casos el artículo es singular. Lane le atribuye al artículo un valor enfático; la NJB traduce "bien establecida". De todas formas, τοὺς θεμελίους contrasta con el sustantivo sin artículo τόπον, v. 8, y con γῆν, El Salmo 87 (86 LXX) comienza diciendo: Οἱ θεμέλιοι αὐτοῦ ἐν τοῖς ὄρεσι τοῖς ἁγίοις; el contexto hace referencia a Sión como "madre" (cf. Gá. 4:26). Cf. Isaías 54:11, donde Dios dice: ἐγὼ ἑτοιμάζω... τὰ θεμέλιά σου σάπφειρον, en un pasaje en el que se destaca la función de Dios como creador (vv. 5, 16 *bis*), y se dirige a Israel como στεῖρα ἡ οὐ τίκτουσα (v. 1), una expresión que hace recordar la descripción de Sara en Génesis 11:30.

Πόλιν se repite en el v. 16 de forma enfática como conclusión de un comentario más extenso sobre el mismo tema del v. 10; 12:22; 13:14*; por tanto, solo en los últimos capítulos de Hebreos, y siempre en referencia a la ciudad celestial. En este pasaje el autor no se detiene a hacer un contraste explícito entre la ciudad celestial y la terrenal, pero tal vez sí hay un contraste implícito con el estremecimiento de la creación que se menciona en 12:26; en cuanto a la conmoción o destrucción de los fundamentos, cf. Job. 9:6; 18:4; 22:16; Salmo 18(17 LXX):7; 82(81 LXX):5; Oseas 8:14; Amós 1:4, 7, 10, 12, 14; 2:2, 5; Miqueas 6:2; Isaías 13:13; 25:12; Jeremías 6:5; 51(28 LXX):26; Lamentaciones 4:11; Judit 16:15; Sabiduría 4:19; Sirácides 10:16. El contraste entre el cielo y la tierra, aunque todavía es limitado, se torna más claro con el uso del adjetivo κρείττονος en el v. 16, para modificar el sustantivo indefinido πατρίδα en el v. 14. Un contraste más desarrollado se mantiene en reserva hasta 12:18-24, e incluso allí es más tipológico que cósmico. En Hebreos tampoco se habla de una ciudad "nueva". La implicación aquí y en los vv. 14-16 es que Abraham y los demás patriarcas estuvieron buscando una ciudad que, al estar en el cielo, todavía no era (v. 7; cf. v. 3) visible para ellos, pero que (al igual que el "reposo" de Dios en 3:7–4:11) existía desde el principio de la creación, y a la que es posible acercarse por anticipado ahora en la adoración (12:22). La πόλις del v. 10 y la πατρίς del v. 14 se refieren a la misma cosa; sin embargo, en la LXX se usa πόλις y no πατρίς para traducir el término 'îr, que entre otras acepciones incluye la de cualquier lugar fortificado. El tema de la ciudad celestial se deriva en última instancia del concepto de Jerusalén como la ciudad de Dios (H. Strathmann en TDNT 6.516-535, aquí 524s., 531s.; cf. Ap. 3:12; 21:2, 10ss.). Esto se desarrolla y se enriquece en la literatura apocalíptica fuera de la Biblia; en 2 Esdras 10:27, cf. vv. 42, 44; 13:52, Sión se describe como "una ciudad establecida, y un lugar de cimientos gigantescos", a diferencia de las edificaciones humanas (10:53s.), y que todavía no es visible (7:26; cf. Filón, *Migr. Abr.* 5). En *2 Enoc* 55:2 P, el cielo más alto se identifica con Jerusalén. En Gálatas 4:25s., Pablo alude en forma alegórica a la "Jerusalén de arriba" con un lenguaje que hace recordar el Salmo 87(86 LXX):5. En Filipenses 3:20, habla de la ciudadanía celestial (πολίτευμα) de los creyentes. A diferencia de Apocalipsis 21, podría decirse que el autor de Hebreos, lejos de imaginar una ciudad celestial que desciende a la tierra, piensa en creyentes que se levantan para participar de la adoración del cielo (cf. 12:21-24).

El resto del versículo describe a Dios con un vocabulario poco común en la Biblia griega, a saber, τεχνίτης καὶ δημιουργός. La diferencia entre los dos términos es menos clara que la que podrían sugerir "arquitecto y constructor" en la NVI. Lane, en consonancia con Argyle 1955, traduce el pronombre relativo ἧς con un sentido causal, "puesto que su diseñador y creador es Dios", pero la causalidad, tanto aquí como en 9:14 (ὅς), parece a lo sumo implícita. Τεχνίτης no se usa en ningún otro pasajes del NT para referirse a Dios, pero sí se usa con respecto a Dios en Sabiduría 13:1; a la sabiduría divina en 7:21; 8:6; 14:2; a Dios como alfarero en 2 Clemente 8:2; en la Epístola a Diogneto 7:2, siguiendo probablemente el ejemplo de Hebreos, se describe al preexistente Jesús como αὐτὸν τὸν τεχνίτην καὶ δημιουργὸν τῶν ὅλων. Filón a menudo presenta a Dios como un artesano (p.

ej. *Cher.* 128), pero no hay nada aquí que sugiera, como sí ocurre en *Somn.* (MHT 2.278), que δημιουργός se refiera a una condición inferior a la del creador. Τεχνίτης se usa con referencia a artífices en Hechos 19:24, 38; Apocalipsis 18:22**; en estos pasajes, el término hace pensar en hacedores de ídolos. Véase Spicq 1949.547s.

Δημιουργός, "tan antiguo como Homero" (MHT 2.278), se usa solo en 2 Macabeos 4:1*** en la Biblia griega, y allí en sentido peyorativo. El término suele emplearse para referirse a un poder subordinado; Filón, en *Somn.* 1.76, lo contrasta con κτίστης en este sentido, pero lo usa con respecto a Dios en Cher. 127; Mut. Nom. 29-32; cf. Jos. Ant. 7.380; cf. 1.155, 272; 1 Clemente 20:11; 26:1; 33:2; 35:3; 59:2; Epístola a Diogneto 7:2; 8:1; véase Hebreos 4:13, κτίσις; Williamson 42-51; MHT 2.278. 11:3 sugiere que Dios formó el mundo utilizando materiales invisibles.

Ὁ θεός es enfático por su posición; cf. 2:13 (Is. 8:18); 3:4, de manera similar, ὁ δὲ πάντα κατασκευάσας θεός; 4:10 en un contexto parecido; 6:3; 9:20 (Éx. 24:8); 11:5 (Gn. 5:24); 12:7; 13:16. Véanse también G. Jeremias 246s.; Fensham; Nicolau 1979.

11:11. Abraham confió en la promesa de Dios de que Sara tendría un hijo

Los problemas textuales y exegéticos interrelacionados de este versículo llamaron la atención desde tiempos remotos. Las principales opciones, dejando de lado por el momento las variantes menos importantes, son las siguientes:

1. *Sara es el sujeto*. En ese caso, la primera parte del versículo, usando el texto más corto, podría traducirse como: "Por la fe, la misma Sara también recibió...". Esta es la opinión tradicional, apoyada, entre otros académicos, por Crisóstomo, Ecumenio, Teofilacto, Calvino, Beza, Bengel, Bleek, Delitzsch, Westcott, Peake, Moffatt, Spicq, Teodorico, P. E. Hughes, Tasker 1954-55.182s., Héring, Montefiore, Vanhoye 186, Buchanan y Strobel, y entre las traducciones por la Peshittá, AV, Moffatt, Goodspeed, RSV, NAB, TOT, Phillips, NASB, REB, nota de la NIV, NJB, BJ, TOB, LBLA, JBS, RVR60, RVCy otros.

Esto crea una transición incómoda al v. 12, donde el significado de ἀφ' ἑνός tiene que ser forzosamente "de Abraham". Pero el principal argumento en contra de tomar a Sara como sujeto es que καταβολὴ σπέρματος se refiere a la acción masculina de engendrar, no al "poder de la mujer para concebir" (RSV); así lo dice Galen, *De Semine* I: τὸ τοῦ ἄρρενος σπέρμα τὸ καταβαλλόμενον εἰς τὰς μήτρας τοῦ θήλεως. Crisóstomo, por ejemplo, percibe la dificultad, y lo interpreta como εἰς ὑποδοχήν, pero desde el punto de vista lingüístico esto es insatisfactorio: "Lo único que sabemos acerca del uso de *este* sustantivo griego en esa época hace que resulte sumamente improbable que se empleara en el sentido de "concepción", y de manera especial por un individuo como nuestro autor que era tan cuidadoso con el uso de los términos griegos" (F. F. Bruce 296, en contra de Tasker).

La otra vía para escapar de la dificultad consiste en considerar que καταβολὴ significa "fundamento", y σπέρμα "posteridad", como por ejemplo en el v. 18 y en 2:16. Buchanan señala que esto establecería una conexión de ideas, aunque no de palabras, con los "fundamentos" que se mencionan en el v. 10. Los argumentos en contra de esto son, en primer lugar, que es típico del autor de Hebreos (y de los escritores creativos en general) usar las mismas palabras en diferentes sentidos; y, en segundo lugar, que καταβολὴ σπέρματος es una construcción endocéntrica (cf. "White House," Lyons 1969.231-235), con un significado más limitado que el de sus componentes en otros contextos. Este argumento también se opone al planteamiento correcto, aunque básicamente irrelevante, de que en la tradición judía se pensaba que tanto las mujeres como los hombres poseían una "semilla" que era necesario para la concepción (F. Hauck en TDNT 3.621n.3; cf. Spicq SB; Cadbury 1924; Irwin, refiriéndose *inter alios* a Martin Micron [1522-59]).

Greenlee alega, de manera correcta, aunque tal vez demasiado absoluta, "que si Abraham es el sujeto del verbo ἔλαβεν 'recibió', entonces la referencia a Sara en un sentido concesivo tendría que ser [*sic*] en el caso genitivo equivalente a una frase genitiva absoluta con participio —por ejemplo, αὐτῆς Σάρρας στείρας οὔσης 'la misma Sara siendo estéril'— (o una cláusula indicativa introducida por εἰ καί)."

2. *Abraham es el sujeto*. En ese caso, la cláusula principal debe traducirse: "Por la fe Abraham… recibió poder". Esta opción obtiene cierto respaldo del contexto, pues el v. 12 (ἀφ' ἑνός), como el v. 10, se refiere solo a Abraham. De ser así, la referencia a Sara crea un problema que podría resolverse por tres vías esenciales.

La primera, y la más radical, consiste en eliminar especulativamente καὶ αὐτὴ Σάρρα στείρα (Zuntz 16, 34, 170, anticipado de un modo más cauteloso por F. Field 232, Loisy, y Windisch). Esta vía debe ser el último recurso.

La segunda consiste en entender estas palabras como una expresión hebraica circunstancial, y traducirlas parentéticamente como en el texto de la NIV, NVI, NBV, CST, (NRSV): "Por la fe Abraham, a pesar de su avanzada edad —y de que Sara misma era estéril— recibió poder para engendrar hijos..." (GNB, FrCL y *BHD* siguen el mismo texto, pero lo reestructuran cuando lo traducen para eliminar el paréntesis). Black 1964, 1967.87-89 eligió esta opción, seguido por la UBS[3], Metzger 672 (con paréntesis marcados por guiones que NA[26] = UBS[3*, 4] eliminan); y así con cautela MHT 4.112, cf. 152. Sin embargo, hay problemas acumulativos: (a) no parece necesario considerar que καὶ αὐτός sea un semitismo derivado del hebreo *w* (para los diferentes puntos de vista, véase BD §277). Las pruebas son más sólidas para el Apocalipsis (p. ej., 3:20) que para Hebreos, donde καὶ αὐτός en 2:14; 5:2 podría interpretarse como una referencia enfática (o reverente) a Cristo. (b) Hebreos en su conjunto es uno de los libros neotestamentarios que menos se caracterizan por una influencia hebrea directa, y la construcción en cuestión no es prominente en la LXX. (c) BD §§417-424 admite solamente los participios circunstanciales. (d) Esta opción exige que στείρα forme parte del texto, y desde el punto de vista textual, esto resulta dudoso (véase más adelante). La traducción, "por la fe Abraham recibió poder para engendrar hijos, a pesar de que Sara misma era estéril y había pasado la edad normal de la procreación", adquiere coherencia a costa de la presión casi intolerable a la que se somete la estructura de la oración griega.

En tercer lugar, las palabras en cuestión pueden escribirse como αὐτῇ Σάρρᾳ, con o sin el adjetivo στείρα, y entenderse como un dativo asociativo o de compañía (BD §198; cf. MHT 2.85; 3.220; Riggenbach; cf. F. Hauck en TDNT 3.621), que ya se usaba en griego clásico. La cláusula completa se traduciría entonces como: "Por la fe [Abraham] también, junto con Sara" (F. F. Bruce 296), "con la participación de Sara" (Attridge), o más específicamente, "en relaciones sexuales con Sara" (TDNT 6.621). Bleek ya había mencionado esta opción como vigente, aunque no la eligió; sí la eligieron, entre otros, Riggenbach, Michel, Snell 1959, F. F. Bruce seguido por McCullough 1971.351, Andriessen 1977.50-52, R. H. Smith 1984, Braun y H.-F. Weiss; cf. MHT 3.220, BD §194 (1), WH[mg], DuCL. Esta solución suele ser la más satisfactoria, aunque las traducciones tardan en adoptarla.

El texto corto πίστει καὶ αὐτὴ Σάρρα δύναμιν aparece en 𝔓[13vid] ℵ A D[c] K minúsculos. Στεῖρα tal vez se omitió por haplografía, pero sí se añade en 𝔓[46] D* Ψ 𝔐; este es el texto de Nestle[26] = UBS[3, 4]. Las variantes secundarias incluyen la adición del artículo determinado ἡ antes de στεῖρα en D[b] minúsculos, etc.; de οὖσα después de στεῖρα en P minúsculos, etc.; de εἰς τὸ τεκνῶσαι después de ἔλαβεν en D* P 81 2495 *pc;* y de ἔτεκεν después de ἡλικίας en ℵ[2] D[2] 𝔐 (Metzger 673).

Πίστει: los que consideran que el sujeto debe ser Sara tienen que enfrentarse al problema de que la primera reacción de Sara ante la promesa de Dios fue reírse "para sus adentros" (Gn. 18:12; v. 13 LXX). Crisóstomo y otros han ofrecido la explicación improbable de que ella demostró su fe cuando negó que se había reído (v. 15). Sin embargo, hay una tendencia natural a mejorar la imagen de Sara: véanse Filón, Abr. 93-98, 245s.; Rer. Div. Her. 62, 258; Mut. Nom. 77s.; Congr. 6, etc. De una forma más restringida, en 1 Pedro 3:6 se propone a Sara como un ejemplo de la obediencia de la esposa, basándose simplemente en el hecho de que ella se refirió a Abraham como "mi señor" (Gn. 18:12). Incluso la reacción inicial de Abraham fue dudar (Gn. 17:17). Más tarde actuó conforme a la orden de Dios circuncidando a los varones de su casa como señal del pacto (Gn. 18:1-8), peor en Hebreos no se hace referencia a esto; véase πίστει, v. 9.

Si aparece la frase αὐτὴ Σάρρα στεῖρα, la conjunción καί probablemente significará "aún", refiriéndose a la infertilidad de Sara (así piensan M. Black 1964, 1967.86-89; MHT 4.112). Si στεῖρα se omite, καί podría significar (1) "también", reafirmando la acción común de Abraham y Sara expresada por medio del dativo, o (2) "incluso", refiriéndose, por implicación, a la edad y a la infertilidad de Sara o, menos probablemente, a su falta inicial de fe. Αὐτή subraya la posición de Sara junto a Abraham. Σάρρα: en el NT nunca se usa su nombre original Sarai, Σάρα en la LXX; Génesis 17:15.

Στεῖρα (véase la nota textual supra) se usa con respecto a Sarai or Sara en Génesis 11:30; también a las futuras madres de Jacob, Génesis 25:21; de José y sus hermanos, Génesis 29:31; de Sansón, Jueces 13:2s.; de Samuel, 1 Samuel (1Re.) 2:5; y de Juan Bautista, Lucas 1:7, 36. A Dios se le atribuye el poder de dar fertilidad a los hombres y a las mujeres, Éxodo 23:26; Deuteronomio. 7:14 (incluyendo a los animales; se usa un lenguaje diferente con referencia a la tierra fértil, p. ej., Gn. 27:28); cf. Job 24:21; Salmo 113(112 LXX):9; Isaías 54:1, aplicado a Sara en Gálatas 4:26-27; esto implica el poder de Dios para detener la fertilidad, Isaías 66:9. En Sabiduría 3:13, de manera excepcional, se les promete una fertilidad espiritual en el día del juicio a las que permanentemente fueron estériles. Más excepcional aún es Lucas 23:29, profetizando la destrucción de Jerusalén como una catástrofe tan grande que las estériles serán bienaventuradas y las que vivan buscarán la muerte. En forma coherente, se hace hincapié en la descendencia a través de la línea masculina (en Jue. 13 ni siquiera se menciona el nombre de la madre de Sansón). Esta es también la presuposición del autor de Hebreos. (Pablo extrae una lección diferente sobre la elección en Ro. 9:6-13). Pero el concepto principal en el que se hace hincapié en Hebreos, y en la tradición bíblica, es el de la fertilidad, ya sea del hombre o de la mujer, como un don de Dios; en este caso, un don milagroso. No cabe duda de que es de Sara de quien se afirma explícitamente que era estéril; pero la afirmación de que Abraham "recibió poder para engendrar" a Isaac también refleja las narraciones del Génesis, que ponen de relieve tanto la edad de Abraham como la de Sara (17:17; 18:11 de ambos, v. 12 de Abraham, v. 13 de Sara; y así mismo Ro. 4:19 de ambos; 9:9 de Sara). La descendencia posterior de Abraham (Gn. 25:2; P. E. Hughes 474) es irrelevante.

Δύναμις (1:3) normalmente se usa, al igual que en el griego clásico, para referirse al poder físico, pero no específicamente al poder de engendrar (ni al poder de concebir). En la LXX, así como en el NT, se emplea a menudo con respecto al poder de Dios (1:3), y por extensión, así como implícitamente aquí, a los poderes milagrosos de la era nueva (2:4; 6:5; 7:16).

En cuanto a εἰς καταβολὴν σπέρματος, véase supra. Λαμβάνω: véase 2:2; con δύναμις, Hechos 1:8; Apocalipsis 4:11; 5:12; implícitamente, de parte de Dios.

Καὶ (conjunción lógica ascensiva, "aún") παρὰ ("pasado" Bauer *s.v.* III.3) καιρὸν (9:9) ἡλικίας ("la edad normal", ya sea de los hombres o de las mujeres; Bauer *s.v.* 1.cα); implícitamente aquí, la vejez (Bauer *s.v.* 1a; *Mart. Pol.* 7:2; 9:2; Gn. 18:12, πρεσβύτερος; cf. v. 11).

Ἐπεί (2:14), aquí como una conjunción causal normal, "porque, puesto que", introduce el comentario inmediato del autor. La fe de Abraham es una respuesta a la fidelidad de Dios. Πιστός (2:17); aquí enfático por su posición; no alude, como en el caso de Moisés (3:2, 5) o de Jesús (2:17), al fiel desempeño de un oficio en particular, sino, al igual que en 10:23, a Dios, que es fiel en el cumplimiento de sus promesas. Los aoristos hacen referencia a las reiteradas promesas de Génesis 17:16, 19, 21; 18:10, 14, según 21:2 son contempladas como un solo acontecimiento; dichas promesas se cumplieron "conforme a lo que Dios había hablado" con Abraham. Ἡγέομαι (10:29) con respecto a un acto de juicio, sea bueno (11:26) o malo (10:29). La fe no excluye el juicio, sobre la base de la evidencia de la fidelidad de Dios. Al igual que en 10:29, cf. ἔλαβεν en el presente versículo, la referencia indirecta a Dios es por motivos de reverencia. Véanse también Bailly; S. P. Brock 1974.

11:12. De la fe de Abraham salieron innumerables descendientes

Resulta llamativa la manera en que, en este versículo, el autor mantiene unidos dos factores que se contrastan en otros lugares del NT, a saber, la fe y la descendencia física; compárese con Lucas 3:8; Juan 8:39; Gálatas 4:22-31. La idea aparece mayormente en las categorías veterotestamentarias, y la insistencia en la fe tiene aquí su raíz más firme en un texto del AT (Gn. 15:6). Sin embargo, no existe un nacionalismo rígido: ni Israel ni los gentiles se mencionan. Podría pensarse en un público predominantemente, aunque no exclusivamente, judío (1:1, τοῖς πατράσιν).

Διό (3:7) extrae una conclusión adicional (καί) del v. 11a: La posteridad de Abraham es el resultado del poder que Dios le dio, junto con Sara, a causa de su respuesta de fe a la promesa de Dios.

Ἀφ' ἑνός (εἷς, 2:11) obviamente significa "de Abraham", cuyo nombre se mencionó por última vez en el v. 8. Ἑνός hace recordar las palabras de Isaías 51:2:

Mirad a Abraham vuestro padre,
   Y a Sara que os dio a luz;
porque cuando él no era más que uno solo (εἷς en la LXX) yo lo llamé,
   y lo bendije y lo multipliqué.

Esto podría compararse, menos estrechamente, con la confesión israelita: "Un arameo errante fue mi padre; el cual descendió a Egipto y habitó (LXX παρῴκησεν) allí, con unas pocas personas (ἐν ἀριθμῷ βραχεῖ); y allí creció y llegó a ser una nación grande, fuerte y numerosa (πλῆθος πολύ)" (Dt. 26:5). Sirácides 44:19 considera, más bien, que no hay semejante a Abraham en la gloria. Ἀπ' (Bauer V.5); más comúnmente ἐκ con respecto a la descendencia.

Los testimonios de los manuscritos se dividen de manera bastante uniforme entre ἐγεννήθησαν, "fueron engendrados" (ℵ D² Ψ y el texto mayoritario; UBS = NA²⁶), y ἐγενήθησαν, "nacieron" (𝔓⁴⁶ A D* K P 6 33 81 104 326 365 1175 al; NA²⁵); γεννάω (Bauer 1a) se ajusta más al contexto, pero por esta razón podría considerarse la lectura más fácil. Sin embargo, si se lee ἐγεννήθησαν, puede referirse, como ocurre normalmente, a la generación física, o, tal como lo exige el contexto en el v. 23, al nacimiento de manera más general. Γεννάω se usa con un sentido cristológico en 1:5; 5:5 = Salmo 2:7.*

Καὶ ταῦτα** es una expresión enfática, "y de hecho" (Bauer 1.bγ; MHT 3.45; BD §442[9] y no concesiva "aunque" (MHT 1.230; 3.157 [donde en lugar de 11² se lee 11¹²]; BD §425[1]): la referencia general a "uno solo" va seguida de una declaración más específica. Esta forma de uso es clásica (LSJ οὗτος C.VIII.2), especialmente seguida de un participio; y no aparece en ningún otro lugar en el Nuevo Testamento, aunque cf. καὶ τοῦτο, Romanos 13:11; 1 Corintios 6:6, 8 (ταῦτα en el texto mayoritario)..

Νενεκρωμένου: νεκρόω es un término helenístico que no se usa en la LXX. Existe un paralelismo asombrosamente estrecho en Romanos 4:19, que hace pensar en una tradición común: νενεκρώμενος se usa con respecto a Abraham, con referencia a su fe y a la promesa de Dios (v. 20); Pablo describe a Dios como δύνατος (v. 21) donde Hebreos lo llama πιστός (11:11), pero la idea es similar. El término da a entender en ambos lugares probablemente que Abraham se había vuelto impotente (Bauer, Lane). Los dos pasajes contrastan con la reacción inicial de Abraham, tal como aparece descrita en Génesis 17:17, ante la promesa específica que Dios le hizo de que Sara daría a luz un hijo suyo. Νεκρόω se usa en sentido metafórico en Colosenses 3:5**; cf. Filón, *Aet. Mundi* 125; S-B 2.215 con respecto al pene; Ahlborn 1966.37-41.

El resto del versículo, καθὼς τὰ ἄστρα..., tiene un trasfondo veterotestamentario complejo. (a) A raíz del ofrecimiento que hizo Abraham de su hijo Isaac, un ángel le dijo en el nombre del Señor: "... bendiciendo te bendeciré, y multiplicando multiplicaré tu simiente ὡς τοὺς ἀστέρας τοῦ οὐρανοῦ, καὶ ὡς τὴν ἄμμον τὴν παρὰ τὸ χεῖλος τῆς θαλάσσης ..." (Gn. 22:17). Este versículo tiene otros puntos de contactos en Hebreos. La primera parte del versículo se cita en 6:13 (cf. *1Clem.* 32:2; *Ap. Const.* 7.33.4); 7:6-9 contiene alusiones a todo el versículo; el sacrificio de Isaac se recuerda en 11:17; cf. Génesis 23:4 con Hebreos 11:13. Con respecto al tema en general, véase Swetnam 1981, especialmente 86-129 sobre Hebreos 11:17-19. (b) La segunda comparación tiene un paralelismo en la oración de Jacob antes de su encuentro con Esaú, en la que se cita la promesa de Dios: ...θήσω τὸ σπέρμα σου ὡς τὴν ἄμμον τῆς θαλάσσης, ἣ οὐκ ἀριθμηθήσεται ἀπὸ τοῦ πλήθους (Gn. 32:13); sin embargo, no se hace referencia a Abraham. (c) La fraseología de la primera comparación se acerca más a Éxodo 32:13 (que, en cambio, no tiene ninguna semejanza con la segunda): Πολυπληθυνῶ τὸ σπέρμα ὑμῶν ὡσεί τὰ ἄστρα τοῦ οὐρανοῦ τῷ πλήθει. En el contexto, Moisés recuerda la promesa hecha a Abraham, a Isaac y a Jacob; pero no sería atípico de Hebreos recurrir a un relato secundario. A Éxodo 32:13 le sigue inmediatamente una referencia a la expiación del pecado, sin ninguna alusión a los sacrificios de animales; Leonard 1939.235. (d) En Deuteronomio 1:10; 10:22, la frase ὡσεὶ τὰ ἄστρα τοῦ οὐρανοῦ τῷ πλήθει se interpreta como el cumplimiento de la promesa que Dios le hizo a Abraham. (e) Daniel 2:36 (no en el TM) hace referencia conjuntamente a Abraham, a Isaac y a Jacob, y contiene ambas comparaciones. (f) En Sirácides 44:21 se recuerda la promesa a Abraham, pero la fraseología difiere significativamente de la de Hebreos. (g) Ἀναρίθμητος** es un adjetivo bastante frecuente en los libros de la LXX que datan de una fecha posterior, pero no se encuentra en ningún relato de las promesas a los patriarcas. La fuente principal es Génesis 15:5 ("Mira ahora los cielos, y cuenta las estrellas..."), aunque cf. (b) supra.

Ἡ ἄμμος ἡ παρὰ τὸ χεῖλος...: en cuanto a la repetición del artículo, cf. BD §269 (5). Ἄστρα*: cf. W. Foerster en TDNT 1.503-505; cf. Platón, *Eutidemo* 20.I.294b. Ἄμμος*: BD §§34 (4); 49 (1); "la arena del mar" es una frase hecha: Génesis 32:13; Salmo 78(LXX 77):27; Oseas 2:1. Θάλασσα: v. 29*. Filón le da un sentido alegórico en *Somn.* 1.175. Pablo usa la misma imagen para referirse a un gran número en Romanos 9:27, combinando Isaías 10:22-23 con Oseas 1:10, pero la aplica al remanente de Israel, no a todo el pueblo. Cf. *1 Clemente* 10:5 (Gn. 13:6). En 𝔓⁴⁶* D* Ψ y en la versión etiópica se omite ἡ παρὰ τὸ χεῖλος ya sea por similidesinencia por asimilación a Génesis 32:13. Ἀναρίθμητος es enfático por la posición que ocupa en la oración y también por su propio peso, porque acentúa el contraste con el solitario Abraham (cf. Gn. 15:5, que se cita en 1Clem. 10:6; Jos. Ant. 1.183; S-B 3.213s.

11:13-16. El propósito del viaje

En la mitad de la lista de héroes de la fe del AT, el autor ofrece su interpretación de la historia de la salvación. La posición que ocupan estos versículos en el centro de la lista tiene por objeto destacar su importancia; no son un simple paréntesis. Podría parecer más natural que se hallaran ubicados al final de esta exposición, ya sea del período patriarcal (después del v. 22), o del éxodo (después del v. 31). Pero no es posible que el autor dijera acerca de la generación del éxodo, como sí podía decir con respecto a Abraham y sus compañeros, que "ellos habrían tenido la oportunidad de regresar" a "esa tierra de la que habían salido". La cita del Salmo 95(94 LXX) en Hebreos 3:7-11, y más aún sus antecedentes en Números 14, dejaron bien claro que la generación del éxodo (con excepción de Josué, Caleb y los niños) no pudo entrar en la tierra prometida (Nm. 14:39-45), ni volver a Egipto bajo el mando de un líder de su propia elección (Nm. 14:2-4): sus cuerpos "cayeron en el desierto" (Heb. 3:17; cf. Nm. 14:29). Los vv. 13-16, al parecer, interrumpen la historia de Abraham porque la última parte del resumen de Hebreos, si bien introduce un ejemplo claro de su fe (v. 17, cf. v. 8), se relaciona estrechamente con Isaac, y por ende, con Jacob (v. 20) y el éxodo (v. 22). Al llegar al v. 12, el período de aquella peregrinación aparentemente sin rumbo ha terminado, y resulta oportuno señalar que estas generaciones también πατρίδα ἐπιζητοῦσιν (v. 14). Hacia el v. 17, esto ya no es necesario: implícitamente, la marcha hacia la tierra prometida ha comenzado, y el autor ha dejado en claro que su importancia es secundaria. El registro del AT es evaluado de manera positiva: ni aquí ni en 11:39–12:3 la situación de los personajes veterotestamentarios se contrasta con la del autor y sus lectores. Todos deben seguir adelante hacia la meta de la salvación; ninguno ha alcanzado todavía el "algo mejor" (v. 40, cf. v. 16) que Dios ha previsto. La única diferencia es que la expectativa lejana del período veterotestamentario (v. 13) se ha convertido en Jesús en una realidad en la que los creyentes deben fijar su mirada (12:2). Véase Souček 15s.

El argumento en esta sección alterna declaraciones negativas y positivas. Los patriarcas eran extranjeros en la tierra (v. 13); anhelaban una patria permanente (v. 14). Habían abandonado su país de origen (v. 15); la ciudad que buscan está en el cielo (v. 16a); Dios aprueba su búsqueda y les concederá lo que anhelan.

11:13. Extranjeros en la tierra

Los patriarcas reconocían que no eran más que residentes temporales en la tierra.

Κατὰ πίστιν (en sentido absoluto en Tit. 1:1**; con un sentido limitado en Heb. 11:7; Mt. 9:29; Tit. 1:4) denota manera, mientras que πίστει denota medio. El resto del versículo especificará que la muerte de los patriarcas "conforme a la fe" (casi "en un estado de fe") estuvo marcada por la esperanza y no por el cumplimiento. Sin embargo, a diferencia del v. 1, aquí no se hace ningún contraste entre la fe y la vista (ἰδόντες).

Ἀπέθανον (7:8) οὗτοι πάντες (cf. v. 39, en un contexto similar). El interés principal del autor es mostrar que los personajes del AT murieron en un estado de fe, sin haber visto cumplidas sus expectativas. No se hace hincapié en ἀπέθανον, y Enoc no constituye una verdadera excepción para la declaración; de hecho, él no murió (v. 5), pero tampoco recibió lo que Dios había prometido en el momento en que fue "transpuesto". La sugerencia de que el autor estaba atacando la tradición de Enoc (Lührmann 1975.115, que cita Braun) es, pues, irrelevante, y en cualquier caso, la desmiente el v. 5. El tema principal en el v. 13, y por ende, la referencia directa de οὗτοι, gira en torno a Abraham (Gn. 23:4), y de una forma menos directa, en torno a Jacob (Gn. 47:9), de los cuales la Escritura da testimonio permanente que son (εἰσιν) residentes temporales en Canaán (cf. Heb. 11:9). Esta referencia histórica continúa en el v. 14 con la insinuación de que Abraham podría haber regresado a Ur. Sin embargo, el adjetivo πάντες sugiere una referencia más amplia, como en el v. 39, y el lenguaje que se emplea en los vv. 13-14 es tan general que le da cabida a la declaración explícita en el v. 16 de que la meta de sus peregrinaciones no era una patria terrenal sino una tierra prometida celestial. No se excluye incluso una referencia posterior, a personajes veterotestamentarios que aún no se han mencionado; véanse más adelante las notas sobre ἀλλὰ πόρρωθεν αὐτὰς ἰδόντες y sobre ξένοι καὶ παρεπίδημοι.

Πάντες se torna un poco más relevante por su ubicación después de οὗτοι (cf. 2:11; 12:8, 14; 13:4).

Μὴ λάβοντες (𝔓⁴⁶ ℵ² D K L Ψ 6 104 1739 𝔐), contra κομισάμενοι (ℵ* I P 33 81 326 436 minúsculos), que se asimila al v. 39 (cf. 10:36), donde el texto es firme; προσδεχάμενοι (A), por asimilación al v. 35 (cf. 10:34). La historia de la acción y el esfuerzo que se describen a lo largo de este capítulo sugiere para λαμβάνω el significado de "obtener" y no simplemente "recibir"; 2:2; 4:16. La expresión de pasada ἐπέτυχον ἐπαγγελιῶν (v. 33) se refiere probablemente al hecho de haber recibido en este mundo la tierra que Dios les prometió; no hay ninguna razón para suponer que el v. 33 es obra de otro autor (en contra de Arowele 267, 272-274).

Τὰς ἐπαγγελίας debe referirse, tanto aquí como en 4:1 (contrástese con 9:15), al contenido de las promesas, no solo a las promesas mismas; esto está confirmado por el verbo ἰδόντες que sigue. Los padres llegaron a la muerte sin haber obtenido lo que Dios había prometido. El hecho de no haber logrado entrar en Canaán es un tipo de las esperanzas aún incumplidas para los cristianos a pesar de estar garantizadas en Cristo.

Ἀλλὰ πόρρωθεν αὐτὰς ἰδόντες: la conjunción ἀλλά (cf. 10:39) como de costumbre es adversativa, no concesiva. De manera similar, la contemplación distante de Canaán desde la cumbre del Pisga por parte de Moisés, no atenuó su exclusión de la tierra prometida, sino que la hizo aún más patente (Dt. 3:27; cf. 34:4; no hay ninguna alusión verbal aquí a estos pasajes). Πόρρωθεν (en sentido literario, BD §104[3]) y otros términos cognados (el clásico πρόσω) denotan principalmente lugar (así literalmente πόρρωθεν, Lc. 17:12**); y también, por extensión, tiempo, lo cual se adaptaría bien al contexto aquí. En cuanto a la idea de que los profetas previeron algo que todavía no se había cumplido, especialmente con respecto a los días del Mesías, véanse Juan 8:56, donde se lee que Abraham vio el "día" de Cristo; 12:41, en cuanto a que Isaías vio la gloria de Cristo; Hechos 2:31, donde se dice que David vio de antemano la resurrección de Cristo; 1 Pedro 1:10-12, con respecto a los profetas (y los ángeles) que inquirieron acerca de los sufrimientos y la gloria de Cristo; cf. Mateo 13:17; Lucas 10:24; BD §34 (2).

Ἀσπασάμενοι: en cualquier otro pasaje de la Biblia griega, ἀσπάζομαι se usa con un complemento personal, o al menos personalizado; generalmente en forma literal respecto a personas que saludan (dos veces en 13:24). Filón, *Spec. Leg.* 4.17, con otras palabras, se refiere a los esclavos que ya no pueden "albergar la ilusión de volver a saludar el suelo de su país natal (πατρίς). El complemento poco usual, y aparentemente impersonal, sugiere que para el autor, la ciudad celestial es principalmente una comunidad; cf. 12:22-24. Véase H. Windisch en TDNT 1.500-502.

Καὶ ὁμολογήσαντες: se usa normalmente para referirse a la confesión de la fe o del pecado; aquí "admitir", Bauer 2; no se emplea con este sentido en otras partes del NT, aunque cf. Sabiduría 18:13, con respecto al reconocimiento por parte de los enemigos de Israel de que los israelitas eran hijos de Dios; cf. Jos. *Ant.* 3.322 sobre los gentiles que admitían el origen divino de la Torá; 2 Macabeos 6:6, 4 Macabeos 13:5; Ign. *Mag.* 8:1; O. Michel en TDNT 5.199-220, en especial 207.

Ξένοι καὶ παρεπίδημοι: Abraham alude a sí mismo como πάροικος καὶ παρεπίδημος en Génesis 23:4; παροικέω se usa para referirse a Jacob y a sus antepasados en 47:9; los términos πάροικοι, παροικέω se emplean con respecto a Israel "sobre la tierra" bajo David, y a "todos nuestros padres" (πάντες como aquí) en 1 Crónicas 29:15; de manera similar, πάροικος ἐγώ εἰμι ἐν τῇ γῇ καὶ παρεπίδημος, καθὼς πάντες οἱ πατέρες μου, Salmo 39(38 LXX):12 B, una expresión que se le atribuye a David; en Efesios 2:19 dice que los cristianos ya no son ξένοι καὶ πάροικοι; el adjetivo παρεπίδημοι se usa con respecto a la diáspora cristiana en 1 Pedro 1:1; en 2:11, se emplea la frase πάροικοι καὶ παρεπίδημοι para describir a los cristianos, implícitamente en la tierra, después de una fuerte declaración en los vv. 9-10 en la que se afirma que ahora son el pueblo de Dios; en la *Ep. Diog.* 5:5 se hace referencia a los cristianos como πάροικοι y ξένοι incluso en sus propios países. Los tres términos se usan indistintamente (D* ξένοι καὶ πάροικοι καὶ παρεπίδημοι; P ξένοι καὶ πάροικοι) en contraste con los ciudadanos nativos (πολίται, Ep. *Diog.* 5:5), de un modo más específico, el pueblo del pacto al que Dios ha unido a sí mismo (Heb. 11:16). Es posible que el autor Hebreos evite el término πάροικοι porque en el v. 9 se usó el verbo παροικέω. Los extranjeros residentes suelen tener un estatus inferior al de los ciudadanos, y el lenguaje aquí es claramente negativo (2Sa. 15:19; Rt. 2:10; Mt. 25:35-44). La inseguridad de un πάροικος sin techo se describe gráficamente en Sirácides 29:21-28; cf. Aristeas 249. Sin embargo, en el AT ellos gozan de una protección especial (Éx. 12:48; Lv. 22:11), y esta tradición se mantiene en el judaísmo; Abraham fue tenido por un prosélito (*Mek. Mishpaṭim 18*, que se cita en G. F. Moore 1.342-344). Véanse W. Grundmann en TDNT 2.64s.; Spicq 1978.592-596, 669-672; G. Stählin en TDNT 5.1-36, aquí 29; K. L. y M. A. Schmidt sobre πάροικος en TDNT 5.851s.

Εἰσιν, en presente, se refiere al registro permanente de la Escritura, de manera especial a Génesis 23:4. Lane, con J. Thomas 1980, sugiere que el tiempo presente "implica la identificación de la audiencia del escritor con los patriarcas, como ocurre con los verbos en tiempo presente en el v. 14" (346 n.v.). Esta implicación, aunque es típica de las transiciones graduales de Hebreos, es difícil de plasmar en la traducción: en la REB, "reconocían que eran extranjeros y ajenos".

Ἐπὶ τῆς γῆς: no, como en el entorno histórico original, "en Canaán", sino "en la tierra"; Lane, con Buchanan, discrepa, pero lo contrasta con ἐπουράνιος, v. 16.

11:14. Los patriarcas buscaban una patria permanente

Γάρ extrae una conclusión del v. 13b; es decir, del hecho de que Abraham, e implícitamente todos los héroes de la fe del AT, se consideraran residentes extranjeros en la tierra. El escritor nunca sugiere que el nomadismo sea un estilo de vida válido; por el contrario, es un estado temporal que es preciso dejar atrás (cf. vv. 7, 38). De igual manera, el "pueblo peregrino de Dios" (Käsemann) va en busca de una patria permanente e inquebrantable" (12:28; 13:14); no hay nada que sugiera que es "mejor peregrinar con esperanza que llegar".

Οἱ... τοιαῦτα λέγοντες se refiere principalmente a Abraham y a Jacob (v. 13); τοιαῦτα alude a la descripción que hacen de sí mismos como ξένοι καὶ παρεπίδημοι... ἐπὶ τῆς γῆς; el verbo λέγοντες retoma el sentido de ὁμολογήσαντες.

Ἐμφανίζουσιν: ἐμφανίζω, cuando no tiene la acepción habitual de "aparecer" (que se usa en sentido absoluto en 9:24*), puede significar (1) mostrar en forma implícita, como el humo que muestra la presencia del fuego (1Mac. 4:20; cf. Sab. 18:18); pero aquí la implicación de las palabras de los patriarcas es tan directa que atenúa esos matices. Más verosímil es (2) la sugerencia de un informe o declaración oficial (Hch. 23:22; 24:1; 25:2, 15). Esto se ve confirmado por el uso continuo del presente de los verbos, para referirse (al igual que εἰσιν en el v. 13) al testimonio permanente de la Escritura (o bien, el tiempo presente podría sugerir la vivacidad del ejemplo de los padres; así opina Braun); también por la construcción poco usual con la conjunción sustantiva ὅτι (en ningún otro lugar de la Biblia griega; cf. Jen. *Cyr.* 8.1.26). De otro modo, ἐφανίζω aquí podría significar simplemente "mostrar". R. Bultmann y D. Lührmann en *TDNT* 2.7.

Πατρίδα: patria o ciudad natal, en dependencia del contexto: Marcos 6:1||, Lucas 4:23 con respecto a Nazaret; Lucas 2:3 D *pc* como una variante para πόλις; Juan 4:44 es un proverbio, pero el contexto sugiere que debe aplicarse a Galilea. Aquí, la declaración culminante de que los padres estaban buscando una patria celestial (v. 16) fue hábilmente preparada; primero, por medio de la exclusión de la tierra como su verdadera patria (v. 13b), y ahora, mediante el uso del sustantivo πατρίς sin artículo, y su repetición implícita con el pronombre ἐκείνης (v. 15) y el adjetivo κρείττονος (v. 16a). Esta es la única vez que aparece el término πατρίς en las epístolas; y lo que es más importante, es la única vez que se usa en sentido figurado en la Biblia griega. Por el contrario, en Jeremías 22:10, parte de la pena del que muere es el hecho de que nunca más volverá a ver su πατρίς; en 2 Macabeos 13:10, una derrota a manos de un enemigo pagano haría que el pueblo "perdiera la ley, la patria (πατρίς) y el templo santo" (REB); la tierra de Israel es una dimensión integral de su fe. Muy diferente es el uso metafórico libre de Filón, para quien πατρίς puede denotar el mundo (*Somn.* 1.39; Conf. Ling. 106); la vida física (*Plant.* 147); la virtud (o virtudes) (*Abr.* 31; *Virt.* 190; *Cher.* 2; *Conf. Ling.* 81); el alma (*Rer. Div. Her.* 82); el conocimiento de Dios (*Fuga* 76); el cielo (*Agric.* 65; *Conf. Ling.* 78; cf. *Elio Arístides* 43.18K, τὴν πρώτην πατρίδα τὴν οὐράνιον; esta y otras referencias más en Bauer); o, para Moisés, el propio Dios *(Rer. Div. Her.* 26s.). De manera similar, Plutarco dice que la muerte es un regreso al hogar (*Cons. ad Apoll.* 23; cf. *Fac. Lun.* 28). Aquí se refiere claramente al cielo; el uso de πατρίς junto con πόλις (v. 16) y el uso de πόλις en un contexto similar (13:14) definen el significado del término como ciudad natal; cf. también la descripción de la Jerusalén celestial en 12:22-24. Menos probable, aunque no debe excluirse, es la idea de una patria celestial (cf. βασιλεία, 12:28). No hay nada que haga pensar (*pace* Braun 1970, 1971 y el comentario), como en Filón, en una preexistencia, que haría posible un regreso al hogar celestial. El lenguaje aquí se relaciona con el lugar y no con el tiempo, aunque véase v. 16; 13:14. Véanse H. Strathmann en *TDNT* 6.530s.; Cambier 1950; Schierse 1955.115-121; Spicq 1950.230 y 1.84; la respuesta en Williamson 326-328; Arowele 274-277.

Ἐπιζητοῦσιν: es enfático por su posición, al igual que en 13:14*, pero, por lo demás, es sinónimo de ζητέω. El significado siempre depende del contexto, más allá de que sea literal, como ocurre normalmente, o figurado, como en Hechos 13:7 (con respecto a Sergio Paulo, quien "procuraba oír la palabra de Dios"). Aquí el viaje literal a la tierra prometida en este mundo se convierte en el tipo de la peregrinación de los padres al cielo, una enseñanza que no se encuentra en ningún otro lugar del NT. En Isaías 62:12, a Israel se le llama "pueblo santo, redimido del Señor. Ciudad deseada, no desamparada" (ἐπιζητουμένη πόλις en la LXX); pero el contexto sugiere una búsqueda del Israel terrenal por parte de los gentiles, un tema ajeno a Hebreos. Cf. Filón, *Somn.* 1.45; H. Greeven en *TDNT* 2.895s.

11:15. Los padres no se referían al lugar terrenal en el que habían nacido

La lógica de este versículo es alusiva pero clara. Expresa una condición irreal (εἰ + el imperfecto del verbo, seguido de la partícula condicional ἄν en la cláusula principal; 4:8; Boyer; BD §§360, 371 [3]) que contrasta con la situación real descrita en el v. 16 (μὲν… δέ). Una declaración negativa constituye la base de una conclusión positiva, al igual que en 7:11; 8:7; 10:1s. Más específicamente, el presente versículo constituye la premisa menor de un silogismo:

> ellos decían que buscaban una patria (v. 14)
> no podía ser el lugar terrenal en el que habían nacido (v. 15)
> por tanto, tenía que ser una patria en el cielo (v. 16a).

Además, todo este argumento es un midrash asociado a la frase ξένοι καὶ παρεπίδημοι en el v. 13, y en última instancia, a las palabras de Abraham en Génesis 23:4, aunque Jacob está relacionado con él, tal vez como un segundo testigo, y el lenguaje relativo al exilio tiene implicaciones más amplias. El argumento, tal como se desarrolla en Hebreos, no se basa directamente en el texto del AT. Es más, su base inmediata no son las palabras de Abraham propiamente dichas, sino la conclusión que se extrae de ellas en el v. 14, a saber, que Abraham, e implícitamente los padres en general, estaban buscando una patria (que aún estaba por definir). Esta patria, alega el autor, no puede haber sido Ur porque Abraham sí sabía dónde se encontraba y podía haber regresado allí en cualquier momento. De hecho, no solo no lo hizo, sino que impidió que sus descendientes lo hicieran (cf. Gn. 24:6; Schröger 206). Esta es la línea principal del argumento; para una posible alusión veterotestamentaria adicional, véase más adelante el comentario sobre ἐξέβησαν. Si el autor hubiera albergado alguna idea sobre la preexistencia de las almas en el cielo, este versículo habría resultado fatalmente ambiguo en su forma actual, y habría sido necesario especificar que la patria de la que los padres "salieron" era una patria terrenal.

Καί indica aquí una nueva etapa en el argumento (Bauer *s.v.* 8), a saber, la premisa menor.

Ἐκείνης (8:7), + πατρίδος implícita, la lejana ciudad natal en Mesopotamia, que Abraham ahora ha dejado para siempre.

Ἐμνημόνευον, imperfecto en condiciones irreales; 33 104 *pc* ἐμνημόνευσαν, asimilándose al aoristo ἐξέβησαν; 𝔓⁴⁶ ℵ* (D*) Ψ 81 1739* 1881 *pc* μνημονεύ ουσιν, asimilándose probablemente a los presentes en los vv. 13b y 14. Μνημονεύω con un genitivo, como en 13:7; o con περί, como en 11:22; "recordar", a menudo con la idea de mencionar. Abraham obviamente sí recordaba a Ur, y el autor de Hebreos no podría haber pensado lo contrario. Lo que él quiere señalar es lo siguiente: al describirse a sí mismo como un extranjero residente, implicando con ello que estaba buscando una patria, Abraham no podía estar refiriéndose a Ur; por tanto, "quiero decir" (NJB, Phillips) es una traducción más adecuada que "estado pensando" (NRSV, NIV, LBLA, NBV, NVI ,RVC), y sin duda mejor que "si sus corazones [REB "pensamientos"] hubieran estado en el país que habían dejado..." (NEB). O. Michel en *TDNT* 4.682s.; BD §175.

Ἐξέβησαν**; en ℵ² D² Ψ etc. se remplaza con el verbo mucho más común ἐξῆλθον, probablemente por asimilación al v. 8. El uso del verbo poco usual ἐκβαίνω podría sugerir una alusión secundaria al relato del paso de Israel a pie a través del Jordán antes de entrar a Canaán, ἐκβαίνω se usa tres veces en Josué 4:16-18 en relación con la salida del Jordán, en un contexto en el que se hace referencia a la actividad sacerdotal, al arca del pacto y a las piedras memoriales. Por extensión, todo Israel, al igual que Abraham, tuvo una oportunidad de permanecer fuera de la tierra prometida. El aoristo indica un período anterior a la línea principal de la narración, para la cual en los vv. 13-16 se usa el presente de los verbos. Ἐκβαίνω se emplea en sentido figurado en Siácides 38:18.

Καιρόν (9:9), aquí, en sentido general, "una oportunidad", no hay nada que sugiera, como por ejemplo, en Marcos 1:15‖, que se trata de un momento decisivo en la historia de la salvación; ni siquiera, probablemente, de una oportunidad única específica de regresar; la posibilidad de volverse atrás siempre existió, al menos a lo largo de la vida de Abraham. Véase G. Delling en *TDNT* 3.459-462.

Ἀνακάμψαι*: "una oportunidad de regresar"; cf. Filón, *Abr.* 86; *Sobr.* 42; en cuanto a la forma, cf. MHT 1.204.

11:16. Los padres buscan a toda costa una patria celestial

Νῦν actúa como una partícula lógica, al igual que en 2:8; 8:6; 12:26; el presente verbal ὀρέγονται prosigue la secuencia que comenzó con εἰσιν en el v. 13; ἐξέβησαν en el v. 15 indica un período anterior al de la narración principal. Δέ introduce una declaración sobre la situación real, la cual contrasta con la condición irreal (μέν) del v. 15.

Κρείττονος (πατρίδος), del mismo modo que en el v. 15, implica "mejor que Ur", 1:4; en cuanto a la elipsis, cf. BD §241. Sin embargo, la propia ciudad de Ur no se menciona ni en este pasaje ni en el v. 8; tras el comparativo gramatical subyace un contraste absoluto entre el orden actual, terrenal y transitorio y el orden del pacto nuevo y mejor (7:22; 8:6) que se basa en mejores promesas (8:6), y en última instancia, en el mejor sacrificio de Cristo (12:24; cf. 9:23), que para los padres aun es objeto de esperanza (7:19).

Ὀρέγονται: solo aquí en la Biblia griega se lee ὀρέγομαι, un término típicamente estoico, que se usa con el sentido de esforzarse por alcanzar, o anhelar, una meta celestial; cf. 1 Timoteo 3:1; 6:10***. Filón emplea la palabra con el sentido de luchar denodadamente para lograr una relación con Dios (*Virt*. 218). La idea implícita en el término no es la intensidad del sentimiento, sino una esperanza realista basada en la promesa de Dios. El tiempo presente hace recordar otros presentes similares en los vv. 13 (εἰσιν) y 14. Aquí podría considerarse atemporal o nómico (BD §333[1]), al referirse al testimonio permanente de la Escritura, o al intentar incluir el anhelo de los destinatarios; "los vemos anhelando...", REB. Véase H. W. Heidland en *TDNT* 5.447f.; con el genitivo, BD §171 (1).

Τοῦτ' ἔστιν: véase 2:14; cf. 10:20.

Ἐπουρανίου: ἐπουράνιος, es enfático por su posición, y al igual que κρείττων, un término esencial para describir el orden más alto al que son llamados los creyentes (3:1); la frase τὰ ἐπουράνια se usa para referirse al cielo (8:5; 9:23), y la nueva Jerusalén se describe como ἐπουράνιος en contraste con la ciudad terrenal (12:22).

La lógica que implica la conjunción διό puede interpretarse de tres maneras. (1) Διό extrae una conclusión del v. 16a: la promesa de Dios de ser el Dios de los padres, y la ciudad que él ha preparado para ellos son su respuesta a los esfuerzos de ellos por procurar algo mejor que una patria terrenal. Esto invertiría el orden teológico normal de Hebreos (y del AT), en el que la promesa de Dios, y su fidelidad para mantenerla, están primero. (2) Διό extrae una conclusión general de los vv. 13-16a, o tal vez un corolario de la conclusión principal en el v. 16a. Esto está sujeto, en cierta medida, a la misma objeción que (1), y además, no le concede la importancia debida al v. 16b. (3) Διό se refiere, elípticamente, a otra alusión bíblica. Una traducción ampliada, por tanto, sería: "Es por eso que Dios (primeramente en Éx. 3:6, aunque cf. Gn. 28:13, en el contexto de la promesa de la tierra, Éx. 3:15; 4:5; 29:45; cf. Mr. 12:26) se permite identificarse (antes de la revelación de su Nombre en Éx. 3:14) como 'el Dios de Abraham, de Isaac y de Jacob': porque no se avergüenza de ser conocido y llamado Dios de ellos; y es por esta razón que ya ha preparado para ellos la ciudad celestial que se esfuerzan en fe por alcanzar". Esta no solo es la explicación más sólida, sino también la que concuerda con la forma flexible y alusiva con la que el autor de Hebreos usa los textos bíblicos, a menudo en grupos de dos que se apoyan entre sí (cf. 3:7–4:14).

Οὐκ ἐπαισχύνεται evoca la voluntad de Cristo de identificarse con sus "hermanos" (2:11); cf. Marcos 8:36 ‖; 2 Timoteo 1:8, cf. vv. 12, 16; Job 34:19 en un sentido diferente; Isaías 1:29, en cuanto a avergonzarse de los ídolos; especialmente Salmo 119(118 LXX):6***, sobre la confianza del salmista en la presencia de Dios. Solo aquí, en la Biblia griega, el verbo ἐπαισχύνομαι va seguido de un pronombre personal en acusativo + un infinitivo; αὐτούς resulta redundante, teniendo en cuenta el pronombre αὐτῶν que viene a continuación.

El orden de las palabras θεὸς ἐπικαλεῖσθαι αὐτῶν destaca el pronombre αὐτῶν y, de hecho, unifica las dos apariciones del sustantivo θεός; en D* se lee ἐπικαλεῖσθαι αὐτῶν θεός; por lo demás, las variantes dependen mayormente de las versiones. Ἐπικαλέω* en la LXX se usa con más frecuencia en voz media con el significado de "llamar, invocar"; el contexto aquí (y también el contexto veterotestamentario de Éx. 3:6) exige el sentido pasivo de "ser llamado". Καλέω se usa en un contexto similar en 2:11; en K aparece καλεῖσθαι en el presente texto. Αὐτῶν, en vista de la alusión a Éxodo 3:6, debe significar "de Abraham, Isaac y Jacob"; las implicaciones más amplias, para otros héroes de la fe y para los lectores, se mantienen en reserva hasta los vv. 39f. Αὐτῶν es un genitivo de pertenencia; Bauer θεός, 3c; Leonard 1939.235s.; Spicq 1982.286-291; K. L. Schmidt en *TDNT* 3.496-500.

Γάρ introduce la prueba concluyente de la preocupación de Dios por los padres: aún antes de Éxodo 3:6, él ya había preparado una ciudad para ellos. El lenguaje se diferencia de lo que se dijo en 3:7–4:14 acerca del reposo de Dios, pero la idea se conecta en este punto. Ἑτοιμάζω* se usa para referirse a la preparación de Dios de la tierra prometida, Éxodo 23:20; a la preparación de Dios de un lugar (implícitamente, protegido del mal), Juan 14:2s.; Apocalipsis 12:6; la nueva Jerusalén, Apocalipsis 21:2; el reino preparado desde el principio del mundo, Mateo 25:34; cf. *Didajé* 10:5. El uso generalizado de ese tipo de lenguaje se pone de manifiesto en 1 Corintios 2:9, donde Pablo emplea la expresión καθὼς γέγραπται para introducir una referencia a "las cosas que Dios ha preparado para los que le aman", que no es posible identificar en la Escritura. Véase W. Grundmann en *TDNT* 2.704-706. Αὐτοῖς, dativo de ventaja: "para su beneficio". Πόλιν: véase v. 10; en ambos lugares se refiere a la ciudad permanente construida por Dios.

11:17. Abraham estuvo dispuesto a sacrificar a Isaac, su único hijo

Los vv. 17s. ilustran el principal interés del autor, no en textos individuales, sino en pasajes de la Escritura. La historia de la intención de sacrificar, o la "atadura" de Isaac (Gn. 22:1-10; Swetnam 1981), va seguida de la promesa citada en el v. 18 (Gn. 21:12; cf. 22:16-18 y véase más adelante) y precede a la descripción que hizo Abraham de sí mismo como extranjero residente (Gn. 23:4), la cual constituyó la base de los vv. 13-16. Schröger 218. Respecto a los vv. 17-19, véase Lindars 1961.227.

Πίστει: A Abraham se le describe como πιστός en Sirácides 44:20; 1 Macabeos 2:52; cf. *Jubileos* 18:16; el relato del Génesis destaca más bien su temor de Dios (22:12; cf. 4Mac. 15:28) y su obediencia (22:16, 18).

Προσενήνοχεν: προσφέρω (5:1) se usa con referencia a Isaac en *Bernabé* 7:3; en Génesis 22:2 y Santiago 2:21 se lee ἀναφέρω, que Hebreos (7:27) usa en el mismo sentido. El tiempo perfecto (MHT 1.142, 143s.) suele usarse con respecto al testimonio permanente de la Escritura, "un ejemplo perdurable" (MHT 1.142-144; BD §342[5]); con menor probabilidad, que el propio Abraham tuvo la intención de que su sacrificio tuviera consecuencias perpetuas (Spicq, Swetnam 1981.122).

El resto del versículo tiene una estructura quiástica:

(A)	Ἀβραάμ		(B)	τὸν Ἰσαάκ
(B')	τὸν μονογενῆ		(A')	ὁ τὰς ἐπαγγελίας ἀναδεξάμενος

El efecto que se persigue es concentrar la atención en Abraham, y con ello, preparar el desarrollo en los vv. 18-19. Esta estructura, que se encuentra en ℵ A y el texto mayoritario, se ve alterada por las variantes προσενήνοχεν τὸν Ἰσαὰκ Ἀβραὰμ πειραζόμενος (2495 *pc*); ... πειραζόμενος Ἀβράμ (D); en Ψ 2005 b vg^ms si^h se omite Ἀβραάμ; en 𝔓^46 se omite Ἀβραὰμ τόν; véase Metzger 673. Lane cree que Ἀβραάμ podría ser secundario; la mayoría de los comentaristas y todas las traducciones consultadas conservan el sustantivo Ἀβραάμ; Attridge cree que se omitió porque era innecesario con ὁ τὰς ἐπαγγελίας ἀναδεξάμενος. O bien, puede ser simplemente que los copistas no hayan reconocido el quiasmo.

Πειραζόμενος, πειράζω: véase 2:18. Génesis 22:1 declara sin lugar a dudas que "Dios tentó a Abraham"; una declaración que los escritores consideraron problemática (cf. Stg. 1:13). El escritor de *Jubileos* (silo II, d.C.) eligió la solución radical de hacer que Mastema, y no Dios, sea el que tienta a Abraham; cuando Dios interviene para salvar a Isaac, Mastema es humillado (*Jub*. 17:15f.; 18:9, 12). En el seudo Filón (siglo I, d.C.), se exige el sacrificio porque los ángeles están celosos de Abraham (cf. *Gn. Rab.* 55:4), pero es Dios quien da la orden. El autor de Hebreos evita decir quién tentó a Abraham (cf. ἐν πειρασμῷ, Sir. 44:20; 1Mac. 2:52), pero el cuidado general que suele mostrar al seguir el relato bíblico sugiere que la acción de Dios está implícita, como en ἐλαλήθη en v. 18. Para *Pirqe 'Ab*.5:3; *Jub*. 19:8; cf. 17:17s., el sacrificio de Isaac es la mayor de las diez tentaciones de Abraham; Josefo, *Ant*.223, 233 interpreta la tentación como una prueba.

Ἰσαάκ: así por lo general en la LXX, y el peso de las pruebas de los manuscritos aquí; en 𝔓^46 ℵ D* etc. se lee Ἰσάκ.

La conjunción καί no introduce una información nueva, sino una reformulación más específica de lo que acaba de decirse (Bauer 3; BD §327). Lane admite que esto es así, pero su traducción excesiva como "no solo esto" sugiere erróneamente que se trata de una información nueva. La segunda mitad del versículo cambia el orden de la primera; cualquier influencia de un "paralelismo del sentido poético del AT" (MHT 4.109; cf. 4.15s.) es, pues, limitada.

Τὸν μονογενῆ*, "uni (-génito)"; en sentido literal, como en Lucas 7:12; 8:42; 9:38; sin matices mesiánicos. El relato del Génesis describe a Isaac como el hijo "amado" de Abraham (ἀγαπητός, 22:2, 12, 16; ὃν ἠγάπησας, 22:2; en LXX sev 467 arab se lee τὸν μονογενῆ). Los dos conceptos son cercanos: Jesús como el Hijo amado de Dios en Marcos 1:11‖ pasa a ser su "unigénito" en Juan 1:14; cf. Filón, *Ebr.* 30, μόνος καὶ ἀγαπητὸς υἱός; C. H. Turner. En realidad, Isaac no era el único hijo de Abraham en ese momento; pero en la tradición judía, Ismael (Gn. 15:16) no cuenta como un "hijo de la promesa", y Hebreos está de acuerdo; véase F. Büchsel en *TDNT* 4.739-741. Sobre la "ν ilógica" de μονογενῆν en D*, véase MHT 2.139.

Προσέφερεν: imperfecto de intención (o conativo); Abraham "estaba sacrificando" o "trató de sacrificar" (Lane) a Isaac, pero el sacrificio no fue consumado (MHT 1.129; 3.65; Moule 9).

Abraham se describe como ὁ τὰς ἐπαγγελίας ἀναδεξάμενος: antes que Dios le pidiera que sacrificara a Isaac, él ya había recibido las promesas divinas (17:19; 18:10, 14; 21:12; 22:16-18; cf. 4Mac. 16:20; S-B 3.242), no solo del nacimiento de un hijo, sino también de una innumerable posteridad. Ἀναδέχομαι (Hch. 28:7; 2Mac. 6:19, acerca de recibir vida; 8:36***; Ditt. *Syll.*⁴ 608.5s.; 761, B3, sobre recibir un oráculo) es uno de una variedad de términos que se usan en Hebreos, sin distinción de significado, para referirse al hecho de recibir una o más promesas: κληρονομέω, 6:12, cf. 17; 11:9; ἐπιτυγχάνω, 6:15; 11:33; ἔχω, 7:5; λαμβάνω 9:15; κομίζω, 10:36; 11:13, 39. Lane exagera al traducir "aceptó". En K minúsculos se lee δεξάμενος. Ἐπαγγελία: 4:1. Véanse Swetnam 1981, especialmente 86-129; Spicq 1978.83s.

11:18. La promesa clave que Dios le hizo a Abraham (Gn. 21:12)

Πρός: no "con relación a" como en 1:7 (así aquí Lutero), sino simplemente "a (él se le dijo)", como en 1:8; 5:5.

Ὅν: Abraham.

Ἐλαλήθη: sobrentendido que es "por Dios"; tal vez también en segundo lugar "en la Escritura"; en Génesis 21:12, Dios es el que habla en la Escritura; cf. 3:5. La voz pasiva de λέγω se usa de manera similar en 7:13; 9:2s.; se hace referencia indirectamente a Dios, en relación con las citas de la Escritura, en 5:5 (λαλέω) y 7:21 (λέγω). En los demás lugares, se especifica que el sujeto implícito de λαλέω en voz pasiva son los ángeles (2:2), el Señor (es decir, Jesús; 2:3), o Moisés (9:19).

Ὅτι aparece en el texto de Genesis 21:12 con el significado de "porque"; aquí introduce una cita directa (Bauer *s.v.* 2). Ὅτι se omite en 𝔓⁴⁶ ℵ D* P Ψ minúsculos. Con respecto a ἐν 10:10.

El autor sigue al pie de la letra el texto de la LXX que tiene a su disposición, y este se ajusta al TM; en la LXX se lee κληθήσεται, una lectura que Braun acepta como genuina (cf. Ahlborn 41). Pablo usa de manera diferente el mismo texto, en la misma forma, en Romanos 9:7. Pablo, siguiendo el contexto de Génesis, hace hincapié en la distinción entre Isaac e Ismael: la verdadera posteridad de Abraham no será considerada linaje de Ismael sino linaje de Isaac. El propósito de Pablo es mostrar que el verdadero Israel es, a la vez, más que los descendientes físicos de Jacob y menos que ellos; y que por ende, incluye a todos los que creen en Cristo, sean judíos o gentiles. La misión a favor de los gentiles está más allá del alcance de Hebreos, por tanto, Génesis 21:12 se usa simplemente como un texto de apoyo para la historia del sacrificio de Isaac. Dentro de la cita, σπέρμα tiene el significado ampliado habitual de "descendientes" (Bauer 2b), no el significado literal de "simiente", como en el v. 11 (Bauer 1b). Καλέω significa "llamar" (2:11); pero la declaración de Dios es performativa, de manera que el significado fundamental es: "tu verdadera posteridad será a través de Isaac". Cf. Romanos 9:7 (Leonard 1939.348). Respecto a Isaac, cf. v. 9; McNamara 1966.164-168; J. E. Wood.

11:19. La devolución de Isaac a Abraham fue semejante a una resurrección

Este versículo constituye el punto culminante del argumento en los vv. 17-19, y resuelve el dilema planteado en los vv. 18s. Por una parte, fue Dios quien exigió el sacrificio de Isaac; por otra parte, el mismo Dios le había prometido a Abraham una posteridad a través de Isaac. El v. 19a especula sobre la posibilidad de que Abraham debe haber pensado que era posible que Dios permitiera que Isaac fuera sacrificado, y luego, le devolviera la vida; el v. 19b concluye que, en cierto sentido, esto fue lo que sucedió. No hay ninguna declaración veterotestamentaria directa que fundamente esta especulación: las palabras de Abraham a Isaac: "Dios se proveerá de cordero para el holocausto" (Gn. 22:8), se alejan del presente versículo no solo en lo que respecta al lenguaje sino también al contenido (Amsler 24). Los paralelismos en otros lugares de la tradición bíblica y judía son también demasiado remotos para haber ejercido algún tipo de influencia sobre el autor de Hebreos en este punto. Daniel 12:2 es uno de los pocos textos que aluden inequívocamente a la resurrección, pero en él no se hace referencia ni a Abraham ni a Isaac; en Sirácides 48:5 se habla de Elías como ὁ ἐγείρας νεκρὸν ἐκ θανάτου; cf. S-B 3.212, 746. Lo que dice el presente versículo acerca de la resurrección no se deriva obviamente del AT ni de otras fuentes precristianas, sino de la tradición cristiana primitiva. Esto está confirmado por el hecho de que su lenguaje, aunque es frecuente en otras partes del NT, no es propio de Hebreos.

En la primera mitad del versículo aparece una declaración general acerca de la fe de Abraham de que Dios podía resucitar a los muertos; la referencia implícita a la resurrección de Isaac se hace explícita (αὐτόν) en la segunda mitad.

Λογιζόμενος: λογίζομαι*, al igual que el verbo "contar" en español, se usaba ya en la época clásica con un sentido ampliado, sin referencia a cálculos matemáticos (BD §397[2]; LSJ *s.v.* II; cf. H. W. Heidland en *TDNT* 4.184-292). El verbo es típico de Pablo, tanto en el sentido presente de "considerar, contarse" (2Co. 10:7, 11; cf. Jn. 11:50; 1Pe. 5:12) como en el sentido pasivo, especialmente en el midrash de Romanos 4 sobre Génesis 15:6. Λογίζομαι aparece con más frecuencia seguido de ὅτι. La primera conjunción καί es enfática, "aún", y pone de relieve el poder de Dios (así Zuntz 211, Attridge, Lane, NJB, NKJV, REB).

Ἐκ νεκρῶν (νεκρός, véase 6:1) es una frase hecha, se usa con relación a la resurrección de entre los muertos en los sinópticos (p. ej., Mt. 17:9; Mr. 6:14; Lc. 9:7), en Juan (p. ej., 2:22), en Hechos (p. ej., 3:15), en Romanos (p. ej., Ro. 4:24), y en 1 Pedro (1:3, 21); también en Ign. *Mag.* 9:3; Pol. 2:1s.; 5:2. En términos generales, Bauer podría estar en lo cierto al afirmar que el artículo "tiene que omitirse porque el objeto de estudio es el concepto, no los muertos en sentido colectivo" (254 [2]), sin embargo, no en todos los casos puede señalarse la distinción (ἐκ τῶν νεκρῶν, Ef. 5:14 = Is. 26:19; Col. 1:18; 1Ts. 1:10; ἀπὸ τῶν νεκρῶν, Mt. 14:2; 27:64; 28:7; pero ἀπό νεκρῶν en Lc. 16:30s., donde, al parecer, se hace referencia a los "muertos en sentido colectivo"). En el versículo que nos ocupa, se trata solamente de la resurrección de la muerte, pero el sustantivo θάνατος no se usa en ese tipo de expresiones; lo que más se acerca es σῴζειν... ἐκ θανάτου (5:7).

Ἐγείρειν (𝔓⁴⁶ ℵ K L Ψ etc.), en lugar de ἐγείραι (A P 33 minn. etc.), sobre la base de las pruebas externas; el autor está pensando en el poder de Dios en general (presente nómico), y no en un acontecimiento pasado específico. Ἐγείρω* es un verbo tradicional que se usa con frecuencia en los Evangelios, en Hechos y por Pablo, para referirse, de manera especial, a la resurrección de Jesús (Bauer *s.v.* 1αβ; A. Oepke en *TDNT* 2.333-337). Ἐγείρω alude, normalmente en el NT, y aquí en forma explícita, a un acto positivo de Dios al resucitar a alguien de entre los muertos. Hebreos generalmente incluye (salvo cf. 13:20, otro pasaje tradicional) la resurrección de Jesús en el concepto más amplio de su exaltación (1:3), pero para la resurrección de los creyentes, cf. 6:2; 11:35.

Δυνατός* no se refiere en este contexto a una simple posibilidad (como en la expresión usual εἰ δυνατός, p. ej., Mr. 13:22‖), sino al gran poder de Dios, como ocurre a menudo en la LXX en referencia a una guerra; cf. δυνατὸς γάρ ἐστιν ὁ θεός, Ro. 11:23; 2Ti.1:12, y al poder de Dios para liberar a los cautivos de la prisión, en ningún otro lugar en el NT se usa con relación a la resurrección. Ἔστιν se toma junto con δυνατός, como en Santiago 3:2; Marcos 10:27 *v.l.;* más comúnmente con δυνατά, πάντα δυνατά en cuanto a Dios, Marcos 10:27; 14:36, y por ende, al creyente, Marcos 9:23; τὸ δυνατὸν αὐτοῦ respecto al poder de Dios, Romanos 9:22; no en los escritos joánicos. Cf. δύναμις (1:3); δύναμαι (2:18). En lugar de δυνατός, en A D¹ Ψ etc. aparece el término más débil δύναται, y en P se lee δυνατός ἐστιν. Véase W. Grundmann en *TDNT* 2.284-317, en especial 306.

Ὅθεν puede interpretarse de dos maneras: (1) que se refiere a ἐκ νεκρῶν (según Bleek, Westcott, Goodspeed, LBLA, RVR, RVR60, AV, ¿TEV?, FrCL, ¿NIV?, y Phillips; y en forma explícita en la REB "y fue de entre los muertos..."), o (2) como un conector lógico, "de ahí, por tanto" (como creen Braun, Attridge, Lane, H.-F. Weiss, JBS, DHH, NJB, GrCL, y ItCL; NRSV no lo traduce). El contexto inmediato parece favorecer la opción (1); algunas traducciones consideran necesario completar el sentido del v. 19b como "lo recibió de entre los muertos". A favor de (2) se alegan los siguientes argumentos: (a) que este es el significado de ὅθεν en otros lugares de Hebreos (2:17; 3:1; 7:25; 8:3; 9:18), y (b) que ὅθεν en última instancia se refiere a la fe de Abraham orientada hacia al futuro, y por ende, forma parte integral del argumento más amplio de este capítulo. En vista de la naturaleza recargada del v. 19b en general (véase más adelante), es probable que (2) deba preferirse, pero no es imposible que el autor pensara directamente en (1), y en (2) por implicación. Αὐτόν, sin lugar a dudas, es Isaac.

Braun destaca correctamente la importancia del orden de las palabras que siguen καὶ ἐν παραβολῇ; la conjunción καί no marca simplemente el próximo paso en la acción; centra la atención en el significado más amplio de la devolución de Isaac a Abraham. Con respecto a παραβολή véase 9:9, también se refiere a un tipo, pero no, como habitualmente ocurre en los sinópticos, a una parábola histórica. La interpretación de ἐν παραβολῇ aquí debería tal vez ubicarse en un punto intermedio entre la expresión débil de la TEV, "por así decirlo", por un lado (puesto que de todas formas la referencia es a un acontecimiento, no a palabras), y por otro lado, los diversos intentos de alegorizar con excesivos detalles el significado cristológico del sacrificio de Isaac. La mayor parte de estos son patrísticos o medievales; pero las razones que ofrece el texto no son suficientes para afirmar, por ejemplo, que el autor "creía que a partir de este suceso, Abraham sin duda había llegado a la conclusión de que Dios resucitaría a alguien de entre los muertos, tal vez incluso que Dios resucitaría a su Hijo unigénito de entre los muertos" (A. T. Hanson 1949.251). Καὶ ἐν παραβολῇ hace pensar en una referencia más allá del propio Isaac, y el interés del autor de Hebreos por la resurrección de los creyentes (relativamente mayor que su claro interés por la resurrección de Jesús) sugiere que es a esta que se hace referencia aquí. Pero ἐν παραβολῇ en este punto, al igual que en 9:9, cumple también una función limitadora: la devolución de Isaac es *solo* un tipo de lo que vendrá. La frase, por tanto, aporta al tema de todo el capítulo, a saber, la naturaleza orientada hacia el futuro de la fe veterotestamentaria.

Ἐκομίσατο, κομίζω: véase 10:36, en otros lugares de Hebreos se usa para referirse al hecho de recibir una promesa de Dios. El contexto y el uso de la voz media excluyen la posibilidad de un esfuerzo activo por parte de Abraham.

11:20. La fe de Isaac mira hacia el futuro

Καί se omite equivocadamente en ℵ D² K L P Ψ 𝔐, por asimilación a los v. 3; sí aparece en 𝔓⁴⁶ A D* 33 81 88 1739 1881 *pc*. Si la frase πίστει καί estuviera al principio del v. 21, se interpretaría en forma natural como "él también bendijo", pero este significado no tiene cabida aquí. "También por fe" es débil. Las dos opciones principales son: (a) que la conjunción καί vincula estrechamente a Isaac, mencionado ya en el v. 18, con Abraham, del mismo modo que en el v. 11 πίστει καί vincula a Sara con Abraham; (b) que καί debe tomarse junto con περὶ μελλόντων, e implica que la fe de Isaac, al igual que la de Abraham (vv. 17-19) y los demás patriarcas (vv. 13-16), está orientada hacia el futuro. La opción (b) ofrece el significado más fuerte, y no excluye a (a).

Περὶ μελλόντων: μέλλω véase 2:5. Dentro del texto del AT, las bendiciones incluyen, para Jacob, una prosperidad material futura y el dominio sobre Esaú y sus demás hermanos (Gn. 27:27-29); y para Esaú, una prosperidad similar (v. 39), junto con una vida en guerra, y la subordinación a Jacob, pero solo por un tiempo (v. 40). (*Jub.* 26:33s. va más allá de Génesis porque elimina todo elemento de bendición de las palabras de Isaac a Esaú). El autor de Hebreos no se muestra interesado por los términos de estas bendiciones, ni tampoco por la distinción entre los dos hermanos (contrástese con Filón, *Mut. Nom.* 230; cf. *Quæst. en Gn.*27.39 = 4.233).

Es posible, aunque no puede asegurarse, que esta distinción le impidiera al autor escribir περὶ μελλόντων ἀγαθῶν; cf. 10:1. Por lo tanto, es difícil saber con certeza si el autor consideraba que las μέλλοντα eran terrenales, como en Génesis 27, o celestiales, como en Hebreos 11:16. El argumento de 3:7–4:14 sugiere que en los pasajes parenéticos en los que se usa la historia de Israel como fuente de ejemplos, cuando el sacerdocio de Cristo se contrasta con el de la antigua dispensación, no hay oposición entre ellos, sino continuidad. Basta con que las bendiciones de Isaac le muestren que está abierto al futuro. Περὶ μελλόντων acompaña a εὐλόγησεν, no a πίστει; el sentido es "bendijo en cuanto a, con referencia a, en relación con, con respecto a" (Bauer *s.v.* περί, 1.e); un conector poco exacto, similar a περί + genitivo con verbos de habla, de audición, etc., y significa "acerca de, con respecto a" (Bauer 1.a). Es sin duda cierto que la bendición en la Biblia "ayuda a hacer del futuro una realidad presente" (Brady 332; cf. Westermann 1978); pero esto no se especifica aquí, ni en el contexto ni por medio del uso de περί. La NJB exagera al traducir, "para el futuro aún distante"; la traducción de la RSV "invocó bendiciones futuras" no resulta clara; la NRSV traduce, "invocó bendiciones para el futuro". Mejores son las traducciones que forman una cláusula separada: "... y habló de cosas que habrían de venir" (REB); "porque sus palabras trataban acerca de lo que sucedería en el futuro" (Phillips), cf. *BHD*. Εὐλογέω: véase 6:14. El orden de las bendiciones está determinado por Génesis 27 y no revista ninguna importancia especial para Hebreos. Esaú se mencionará de nuevo en 12:16, y también en sentido negativo, al igual que en Romanos 9:13 = Malaquías 1:3s.**; fuera de Génesis 25–36, se hace referencia a Esaú en sentido neutral en Deuteronomio 2:4; Josué 24:4; 1 Crónicas 1:34s., y de manera negativa en Abdías 1:6-21; Jeremías 49:10 (30:4 LXX). Véanse Schenk 1967.35-42; H. W. Beyer en *TDNT* 2.754-765, aquí 761.

11:21. Jacob mira hacia el futuro con fe cuando bendice a sus nietos

Respecto a Jacob, véase vv. 9, 20. José, véase v. 22*. El presente texto es la mejor muestra de interés por parte de un escritor neotestamentario en los hijos de José, Efraín y Manasés: en Juan 11:54, Efraín es una expresión geográfica; en Mateo 1:10, Manasés es un eslabón en una genealogía; Apocalipsis 7:6 hace referencia a la tribu de Manasés.

Aquí y en el v. 22, el autor de Hebreos centra su interés en ciertos aspectos de las naciones de Génesis 47–50 que apuntan al futuro del pueblo de Dios; es decir, al Israel fiel y a la comunidad cristiana como prolongación de este. El autor no hace uso de las referencias a José como el antepasado de "multitud de naciones" (Gn. 48:4, 19; cf. Judá como προσδοκία ἐθνῶν, 49:10). Las palabras con las que Jacob introduce la bendición de sus hijos (Gn. 49:1, ἐπ' ἐσχάτων τῶν ἡμερῶν) hacen recordar la propia introducción del autor (1:2).

Es posible observar cierta fusión en el uso que hace el autor de estas últimas narraciones patriarcales. La cita, de Génesis 47:31 LXX, no está tomada del relato de la bendición de los hijos de José, sino del pasaje en el que Jacob le hace jurar a José que no lo entierre en Egipto, sino con sus padres. Las narraciones de Génesis sin duda le otorgan un lugar mucho más destacado a los preparativos para la sepultura de Jacob (47:29-31; 49:29-32; 50:5-14) que para la de José, de la que se ocupa Hebreos 11:22.

Ἀποθνῄσκων: ἀποθνῄσκω véase 7:8; allí y en 9:27 con respecto a la muerte natural, al igual que aquí; 11:4, 37 con referencia a una muerte violenta; 10:28 sobre la pena capital; 11:13, como implícitamente aquí, con respecto a la muerte en estado de fe. Τελευτῶν en el v. 22 es un sinónimo que el autor usa para variar. Ἀποθνῄσκων aquí tiene un sentido durativo (MHT 1.114): la muerte de Jacob ocupa el período descrito en Génesis 47:27–49:33.

Ἕκαστον: véase 3:13.

Εὐλόγησεν: ηὐλόγησεν (A D Ψ 33 etc.). Εὐλογέω: véase 6:14 = Génesis 22:17; Hebreos 11:20. La bendición de Jacob contempla una generación en el futuro más allá de la de Isaac, aunque el autor no hace hincapié en esto, y no muestra ningún interés por el contenido de las bendiciones, ni en la prioridad del hijo más joven Efraín (Gn. 48:13-22).

La cita es fiel a la LXX, salvo en la omisión del nombre de Israel. Esto podría interpretarse como un simple ajuste gramatical, ya que el nombre menos ambiguo de Jacob se mencionó en los vv. 20 y 21a. Sin embargo, dado que en Hebreos nunca se menciona a Israel fuera de las citas (8:8, 10) y en la frase conocida οἱ υἱοὶ Ἰσραήλ (11:22; contrástese con los diez usos de la frase solo en Romanos), podría omitirse aquí para evitar cualquier posible contraste o división entre Israel y la comunidad cristiana.

Προσκύνησεν: προσκυνέω (1:6* = Dt. 32:43) no forma parte del vocabulario propio de Hebreos; en el resto del NT se usa solo en los evangelios (especialmente Mateo y Juan), en Hechos, en Apocalipsis y en 1 Corintios 14:25, y eso sugiere que en general no se había adoptado como un término característico para la adoración cristiana.

Ἐπὶ τὸ ἄκρον τῆς ῥάβδου αὐτοῦ: muchas versiones, incluyendo d e vg^cl, omiten una traducción de ἐπί, con lo cual presentan a Jacob adorando el extremo de su bordón; vg *adoravit fastigium virgæ eius*, aunque en Génesis 47:31 *conversus ad lectuli caput* (F. F. Bruce). Esta interpretación se perpetúa o se repite en las traducciones católico-romanas (Lane), incluyendo la NJB, donde se lee: "se inclinó con reverencia mientras se apoyaba en su báculo" (JB "apoyándose en el extremo de su bastón mientras se inclinaba para orar"). Buchanan cree que el texto de Hebreos respalda o incluso exige esta explicación. Bruce concuerda de manera similar, considerando que "la imagen del patriarca sentado en su cama y apoyándose en su bordón... es suficientemente convincente"; pero esto es innecesario. Heller apela a Números 24:17 (donde en el TM se lee "cetro", pero en la LXX aparece ἄνθρωπος) y al Salmo 110:2 en un esfuerzo por revivir el concepto de "báculo" como un título mesiánico; pero a pesar del interés evidente del autor de Hebreos por estos pasajes, el argumento no es convincente, sobre todo porque depende del texto Hebreos, al que el autor probablemente no tuvo acceso directo, y va en contra de la LXX de la que suele citar. El problema se complica porque aquí la LXX traduce el término hebreo *miṭṭâ*, "cama" como *maṭṭeh*, "bordón", ῥάβδος

(1:8 = Sal. 45:6[44:7 LXX]; 9:4*). La posición en la que Jacob adora contrasta con la de Efraín y Manasés, que por ser jóvenes podían postrarse con sus rostros en tierra (Gn. 48:12). Ἄκρον, Marcos 13:27‖; Lucas 16:24**; con respecto a diversos tipos de extremidades, como por ejemplo, la punta de un dedo; una forma clásica sería ἐπὶ τὴν ῥάβδον ἄκρον (MHT 3.225).

11:22. Las últimas palabras de José apuntan al futuro

La referencia al futuro es clara en Génesis 50:24s., a la que alude Hebreos:

> Y José dijo a sus hermanos: "Yo voy a morir; pero Dios os visitará, y so hará subir de esta tierra a la tierra que juró a Abraham, a Isaac y a Jacob". Entonces hizo jurar a los hijos de Israel, diciendo: 'Dios os visitará, y haréis llevar de aquí mis huesos'".

La referencia, como se hace explícito en Hebreos, es al éxodo de Egipto, tomado como una visitación positiva del pueblo de Dios (cf. Éx. 3:16; Sab. 2:20; 3:13; Jb. 10:12; 29:4; Lc. 19:44; cf. 1:68). El pasaje veterotestamentario, por tanto, tiende un puente entre Génesis y Éxodo, así como el presente versículo en Hebreos se relaciona por su lenguaje con lo que precede (v. 21), y por su contenido con lo que sigue.

Πίστει: acerca de la fe de José, cf. Filón, *Migr. Abr.* 18.

Ἰωσήφ: véase v. 21.

Τελευτῶν: τελευτάω (con τὸν βίον implícito; BD §480[2]) es un eufemismo estándar para "morir". En Génesis 50:24 se lee ἀποθνήσκω, que en Hebreos se evita porque se usó en el v. 21; el verbo τελευτάω se emplea en Génesis 50:26; cf. vv. 5 y 16 con respecto a Jacob; Éxodo 1:6 acerca de José y su generación; Mateo 2:19 de Herodes. No hay ningún reflejo del uso teológico de τελειόω y sus cognados, sobre el cual véase 2:10.

Περὶ τῆς ἐξόδου τῶν υἱῶν Ἰσραήλ: este es el único lugar en el NT (o los Padres apostólicos) donde se usa el término ἔξοδος para referirse al éxodo de Israel de Egipto; en Lucas 9:31 se emplea con relación a la muerte de Jesús; en 2 Pedro 1:15, a la muerte de Pedro. Ἔξοδος aparece en Éxodo 19:1; 1 Reyes (3Re.) 6:1, donde la fecha que se les asigna a los eventos se cuenta a partir del éxodo; Salmo 105(104 LXX):38; 114(113 LXX):1; Filón, *Migr. Abr.* 15.151; *Vit. Mos.* 1.105, 122; 2 (3).248; Jos. *Ant.* 2.271; 3.305; 5.72; 8.61; *AP.*1.230; Bauer *s.v.* 1; TDNT 5.103-107. La expresión completa, tal como se lee aquí, es "el éxodo de los hijos de Israel" (p. ej., 1Re. [3Re.] 6:1); resulta especialmente interesante Números 33:38, donde dice que Aarón murió ἐν τῷ τεσσαρακοστῷ ἔτει (cf. Heb. 3:10 = Sal. 95[94 LXX]:8, τῆς ἐξόδου τῶν υἱῶν Ἰσραὴλ ἐκ γῆς Αἰγύπτου). En Génesis 50:25 la expresión "los hijos de Israel" tiene un sentido literal, pero en el presente versículo tiene el significado más amplio, común en el AT, y de manera particular en pasajes del NT relacionados con el AT, de "los descendientes del (patriarca) Israel", y por ende, sin referencia al patriarca, "israelitas", con omisión del artículo (BD §262.3); cf. Mateo 27:9 – Zacarías 11:13; Lucas 1:16; Hechos 5:21; 7:23, 37;

9:15; 10:36; Romanos 9:27 = Isaías 10:22; 2 Corintios 3:7, 13; Apocalipsis 2:14; 7:4; 21:12. Ἰσραήλ: v. 21.

Ἐμνημόνευσεν: μνημονεύω (v. 15), al igual que el verbo en español "recordar", incluye los significados de "acordarse", "pensar" y "mencionar"; el contexto aquí (cf. Gn. 50:25, λέγων) sugiere el sentido de "mencionar", y no el de "recordar" un hecho ya pasado; así aparece en la mayoría de las traducciones, incluyendo la NJB en contra de la JB; Bauer 1c, solo aquí en el NT seguido de περὶ τινός.

La conjunción καί no es epexegética, como tal vez en el v. 21; sin embargo, las dos mitades del presente versículo están estrechamente relacionadas, al igual que en Génesis 50:24s.: el cortejo fúnebre de José que salió de Egipto anticipa el éxodo de todo el pueblo. Sin embargo, en Sirácides 49:15 se interpreta erróneamente la relación y se alude a los huesos de José como el objeto de la "visitación" de Dios. El *Testamento de Simeón* 8:2s. amplía el contenido de Génesis 50:24s.; Éxodo 13:19 con el fin de hacer más clara la relación entre el éxodo y la sepultura de José: los huesos de Simeón son sacados secretamente de Egipto y llevados a Hebrón; pero "los egipcios custodiaban los huesos de José en las cámaras de los reyes, porque los magos les habían dicho que cuando salieran sus huesos habría en Egipto oscuridad y tinieblas en todo el país..."; cf. Éxodo 10:21-23. De manera similar *Jubileos* 46:5s., donde José ordena específicamente que los hijos de Israel "se lleven de Egipto sus huesos el día que salgan de allí".

Περὶ τῶν ὀστέων αὐτοῦ ἐνετείλατο: en Éxodo 13:19 se recuerdan las instrucciones de José; para instrucciones funerales similares, cf. 1 Reyes (3Re.) 13:31. Ὀστέον* se usa solo en este pasaje del NT en relación con el entierro. Para la forma no contraída, cf. BD §45. Ἐντέλλομαι, véase 9:20*; cf. Éxodo 24:8; solo en voz media en el NT; περὶ τινός, Génesis 12:20; Números 9:8; 1 Macabeos 3:34; 9:55; Mateo 4:6‖ = Salmo 91(90 LXX):11. Véase Wilcox.

11:23. Los padres de Moisés demostraron su fe cuando lo ocultaron cuando nació

Vv. 23-31: Moisés y Abraham ocupan los lugares más prominentes en la lista de la fe; y el acontecimiento principal de la vida de ambos, en la forma en que los presenta Hebreos, es un viaje. Vanhoye (189-191) trata estos versículos como el tercer párrafo de los cuatro que componen el capítulo 11; Dussaut los trata como el último párrafo de su sección 11. En cualquier caso, el tema unificador es el éxodo, y por ello, los vv. 30-31 complementan lo que se dice de las peregrinaciones de Moisés. A partir del v. 27, e incluso dentro de la historia de Moisés, comienza una aceleración retóricamente efectiva de la narración que se prolongará hasta el v. 38; las oraciones, y las cláusulas posteriores, se vuelven en general progresivamente más cortas (tal como ocurre en menor medida en los vv. 20-22, adjuntos a la historia de Abraham). Véanse Leonard 1939.237; Childs 171-174 sobre los vv. 23-28.

La base del v. 23 es Éxodo 2:2: véase el análisis detallado más adelante. Al igual que en algunos versículos anteriores, como por ejemplo, los vv. 5-6, puede observarse una transición de la narración a la interpretación. De las tres cláusulas, la primera (hasta τῶν πατέρων αὐτοῦ) está tomada casi directamente del texto del AT; la conjunción διότι en la segunda le da paso a una conclusión natural que se extrae de la narración; en la tercera, se hace claro que la fe de los padres de Moisés radicaba en su intrepidez (cf. v. 27).

Πίστει Μωϋσῆς: desde el principio de la oración y el párrafo, Moisés es la figura central, aunque la forma pasiva ἐκρύβη muestra pronto que no es su fe a la que se hace referencia. Cualquier sugerencia en sentido contrario es pura especulación, sin ninguna base en el texto de Hebreos, y menos aún en Éxodo 2. Μωϋσῆς: véase Hebreos 3:2. Véase P. R. Jones 98s.

Γεννηθείς, γεννάω: véase 1:5; 11:12; Hechos 7:20, ἐγεννήθη con respecto a Moisés; Éxodo 2:2 dice simplemente que la madre de Moisés "dio a luz un hijo". El nacimiento de Moisés contrasta con las muertes de Jacob y José (vv. 21s.).

Ἐκρύβη, aoristo segundo helenístico (BD §76[1]); κρύπτω* aquí con su sentido literal no teológico (Bauer 1), como por ejemplo en Mateo 25:18; *1 Clemente* 12:3 acerca de Rahab; con respecto a los usos del verbo, véase A. Oepke en *TDNT* 3.957-978. En Éxodo 2:2 se lee ἐσκέπασαν, que en sentido estricto significa "cubrir", "proteger" (cf. σκέπασμα, 1 Tim. 6:8 con referencia a la ropa); pero el verbo κρύπτω se emplea en el versículo siguiente, y el autor elige el término más común y menos ambiguo.

Τρίμηνον** es un adjetivo que significa "durante tres meses" (2Re. [4Re.] 24:8; 2Cr. 36:2; cf. τετράμηνον, Jue. 19:2 A; 20:47 A; BD §241[3]); el sustantivo (ἡ) τρίμηνος (περίοδος) también se usa (cf. ἡ τετράμηνος, Jn. 4:35). En el presente versículo, en 𝔓⁴⁶ se lee τρίμηνος, el adjetivo predicativo usado como adverbio (BD §243). En Éxodo 2:2 y Hechos 7:20 dice μῆνας τρεῖς (cf. MHT 3.17, 225).

Ὑπὸ τῶν πατέρων αὐτοῦ (1:1) se refiere claramente al padre y la madre de Moisés, el único sentido natural de Éxodo 2:1-3; no su padre y su abuelo, como pensó Bengel. En cuanto a πατέρες como "padres", cf. Efesios 6:4; Colosenses 3:21; Bauer 1a.

Διότι: véase v. 5* = Génesis 5:24. No está claro si διότι aquí se relaciona (a) solo con la segunda cláusula, o (b) con la segunda y la tercera cláusulas; en otras palabras, si "no temieron el decreto del rey" pueda considerarse la expresión de su fe, o una razón por la que los padres ocultaron al niño. La lógica sugiere la opción (a): el hecho de ocultar al niño podría interpretarse con más naturalidad como una expresión de temor, y así lo entendió Filón, *Vit. Mos.* 1.8-11. La opción (a) también concordaría mucho mejor con la práctica del autor de Hebreos en otros lugares (p. ej., vv. 5s.) de hacer progresivamente más explícita la razón por la que propone a alguien como un ejemplo de fe, donde esto no resulta inmediatamente obvio. En 𝔓⁴⁶ se omite la conjunción καί, eligiendo, al parecer, la opción (b); y así tal vez WH, que no pone ninguna coma después de παιδίον.

Εἶδον ἀστεῖον τὸ παιδίον; Éxodo 2:2, ἰδόντες δὲ αὐτὸ ἀστεῖον; a Moisés se le llama παιδίον en Éxodo 2:6. En griego clásico, el adjetivo ἀστεῖος* amplió su significado original de "cortés, educado" y se convirtió en un término general de aprobación aplicándose a cualquier cosa que fuera buena en su género, y no solo a la apariencia agradable. En la LXX se usa para referirse a la belleza y al encanto físicos (Jue. 3:17; Jdt. 11:23; Sus. 7), como quizás en Éxodo 2:2; pero Esteban le atribuyó al término el sentido de "agradable (a Dios)" (Hch. 7:20), y este podría ser el significado aquí, aunque el autor solo parafrasea levemente el texto veterotestamentario (véase Bauer 1 y 2). Παιδίον: véase 2:13* = Isaías 8:18; el diminutivo, con referencia a un niño muy tierno, está justificado por el contexto. En א se usa el término no clásico ἄστιος (MHT 2.78). Véase Spicq 1978.152s.

Οὐκ ἐφοβήθησαν τὸ διάταγμα τοῦ βασιλέως: esta interpretación de la acción de los padres refuerza el argumento del autor por cuanto pone de relieve la fe de ellos, pero va más allá de lo que se lee en Éxodo 2. Φοβέομαι: véase 4:1; en relación con el hecho de ocultar algo en Mateo 25:25; Juan 19:38. En Éxodo 2 no se alude a ningún διάταγμα**, pero Sabiduría 11:7 se refiere al mismo decreto real como νηπιόκτονος διάταγμα; en Éxodo 1:17, 22; se usa el término συντάσσω; διάταγμα, como aquí, normalmente se refiere a un edicto promulgado por alguien que tiene autoridad. Βασιλεύς: Faraón, cuyo título se usa como contraste en el v. 24, a menudo es llamado "rey de Egipto" o "rey de los egipcios" (p. ej., Ex. 1:15, 17; cf. v. 8). El autor da por sentado que sus lectores conocen la historia, y por tanto, no especifica de qué rey se trata. En D* 1827 d e vg[mss] se añade al final del versículo: "por la fe Moisés, ya siendo adulto, destruyó a los egipcios cuando observó la humillación de sus hermanos" (Metzger 673s.). La fraseología está tomada principalmente de Éxodo 2:11, pero Esteban también se refirió a este incidente (Hch. 7:24).

11:24-26. Moisés demuestra su fe solidarizándose con el pueblo de Dios

Al igual que en v. 23, pero en mayor escala, el autor alude a la fe de Moisés con términos que van desde la historia hasta la interpretación. Los vv. 24-26 deben tomarse en su conjunto. Moisés rechazó su estatus en la familia de Faraón (v. 24). La importancia inmediata de este hecho fue que él eligió ser maltratado con el pueblo de Dios, rechazando con ello los deleites temporales de la vida en la corte (v. 25). La importancia más profunda de su elección fue que él rechazó deliberadamente las riquezas de Egipto para poder identificarse con Cristo en su humillación (v. 26a). Y lo hizo, creyendo que al final recibiría una recompensa (mayor). El lenguaje es recargado y alusivo; su significado se analizará con más detalle con posterioridad. Véase A. T. Hanson 1965.73ss.

El v. 24 va un poco más allá de las declaraciones del AT. Puede observarse cierta fusión de (a) Éxodo 2:11, μέγας γενόμενος Μωϋσῆς, que en su contexto original introduce la historia del homicidio del egipcio por parte de Moisés (cf. Heb. 11:23 D* etc), y (b) Éxodo 2:10, ἐγενήθη αὐτῇ εἰς υἱόν, que concluye el relato del descubrimiento y la adopción del recién nacido Moisés por parte de la hija del Faraón. Μέγας: vése 4:14; aquí, solo en Hebreos, con un significado literal ampliado, "cuando creció" (Bauer s.v. 2aα).

Ἠρνήσατο: por un lado, ἀρνέομαι* implica "decir no" y es lo contrario de ὁμολογέω; al decirle "no" a Egipto, Moisés le dice "sí" a una vida de exilio errante sobre la tierra (cf. v. 13). Sin embargo, en Éxodo 2 en realidad no dice que Moisés haya declarado que renunciaba a su herencia egipcia. Sus acciones fueron más elocuentes que las palabras: salió de Egipto para ir a la tierra de Madián (Éx. 2:15), un suceso del que Hebreos 11:27 se ocupará directamente. El significado del verbo, por tanto, es "renunciar" y no "negar"; LSJ 2 cita a *P. Fiorentini* 61.49 (siglo I d.C.) en cuanto a renunciar a una herencia; cf. Bauer 1; H. Schlier en *TDNT* 1.469-471; sobre una posible alusión a 4 Macabeos 8:6, véase v. 25. La referencia a Cristo en el v. 26 sugiere que la elección del verbo ἀρνέομαι por parte del escritor podría estar influenciada por la sólida tradición de los dichos cristianos acerca de negar a Cristo (Mt. 10:33‖; Hch. 3:13; 1Jn. 2:23; 2Pe. 2:1; Jud. 4).Lane, en consonancia con Riesenfeld, defiende el significado de "despreciar, desdeñar" (así Bauer 1), pero en LBLA, JBS, NTV, RVR60, RVA, TEV, NJB, NIV, NRSV y REB se lee "rehusó". Ἀρνέομαι con el infinitivo (BD §429); sin la partícula negativa redundante μή, se usaba ya en griego clásico (LSJ 4).

Λέγεσθαι: la voz pasiva de λέγω que se usa, al igual que en 7:11; 9:2s., con el sentido de "ser llamado" (Bauer II.3).

Υἱòς θυγατρòς* Φαραώ: θυγατὴρ Φαραώ, Éxodo 2:9; las palabras ἐγενήθη αὐτῇ εἰς υἱόν (v. 10), hacen recordar las citas en Hebreos 1:5, cuyas consecuencias, para los creyentes como hijos de Dios y hermanos de Cristo, se expusieron en el capítulo 2. En 1:5, como probablemente aquí, el sustantivo υἱός sin artículo indica el estatus de hijo, y no la existencia o no de otros hijos; de manera similar con θυγατήρ. Φαραώ (Hch. 7:10, 13, 21; Ro. 9:17**), al igual que en la LXX, funciona como un nombre propio; el título equivalente se usa en los vv. 23, 27.

11:25. La elección de la humillación

Μᾶλλον… ἤ* no señala una simple preferencia, y tampoco un argumento *a fortiori*, como ocurre con πολύ o πόσῳ μᾶλλον (9:14; así lo cree Braun); sino la elección de una opción sobre otra que está introducida por ἤ (Bauer 3c; Lane, en consonancia con Kruse).

Ἑλόμενος: αἱρέομαι con respecto a una elección personal (Fil. 1:22; cf. 1Cr. 21:10; Jb. 34:4); de una decisión real (2Mac. 11:25; cf. 2Sa. [2Re.] 15:15); una elección basada en el afecto (1Sa. [1Re.] 19:2); escogiendo la vida antes que la muerte (Jer. 8:3); sobre una persona que escoge a Dios (Jos. 24:15), con respecto a Dios escogiendo a una persona (Is. 38:17), y a la elección mutua de Dios y su pueblo en el pacto (Dt. 26:17s.); y por ende, a la elección en el sentido teológico (2Ts. 2:13**); H. Schlier en *TDNT* 1.180. La voz media del verbo aquí, para destacar la decisión de Moisés (Lane), va seguida de dos infinitivos, que es la construcción clásica; cf. Deuteronomio 26:17; y no, como en la mayoría de los usos bíblicos del verbo, de un complemento directo.

Συγκακουχεῖσθαι***, "sobrellevar la adversidad con", una construcción no clásica, es uno de un grupo de términos compuestos con el prefijo συν- raros en el NT, o propios de Hebreos: συναπόλλυμι, 11:31**; συνδέομαι**, 13:3; συνεπιμαρτυρέω**, 2:4; συγκεράννυμι, 4:2; 1 Corintios 12:24**; συγκληρονόμος, 11:9; συμπάσχω, 4:15; 10:34**; συντέλεια, 9:26. Teniendo en cuenta la extrema facilidad con la que el griego helenístico y el griego anterior forjaron esos compuestos, la importancia de esto no debe, con todo, exagerarse; MHT 2.324-326; BD §202. El autor de Hebreos es también el único escritor neotestamentario que usa el verbo κακουχέομαι, 11:37; 13:3; también se usa con referencia a lo que Abiatar sufrió junto con David, 1 Reyes (3Re.) 2:26; 11:39 A***.

Τῷ λαῷ τοῦ θεοῦ: ὁ λαὸς τοῦ θεοῦ: 4:9*; λαός, 2:17. La acción de Moisés, de hecho, denota solidaridad con su pueblo ante la opresión egipcia (συγκακουχεῖσθαι); pero lo que verdaderamente importa, en última instancia, es su elección de identificarse con el pueblo de Dios, y por tanto, con Cristo en su humillación, y la recompensa que Dios dará (v. 26). En ningún lugar el autor expresa de un modo más contundente su sentido de la continuidad entre Israel y la comunidad cristiana.

Πρόσκαιρος: "temporal, pasajero"; Marcos 4:17‖ con respecto a los brotes en un suelo poco profundo; 2 Corintios 4:18 en cuanto a las cosas visibles, en contraste con las invisibles que sí son eternas; especialmente 4 Macabeos 15:2, 8, 23***, sobre la madre anciana que prefirió el martirio para sus siete hijos antes que su seguridad temporal y los altos cargos que les habían prometido en el gobierno de Antíoco Epífanes si renunciaban a su ciudadanía ancestral (ἀρνησάμενοι (v. 24) τὸν πάτριον ὑμῶν τῆς πολιτείας, 8:7), comían carne de cerdo y "se entregaban a los deleites juveniles" (ἐντρυφ[άω] ταῖς νεότησιν ὑμῶν). Hay abundantes pruebas de que el autor usa la situación de sus lectores para analizar la de Moisés a través del prisma de las narraciones macabeas.

Ἔχειν: infinitivo de presente, con referencia a un período (corto).

Ἁμαρτίας (1:3) ἀπόλαυσιν: ἀπόλαυσις, 1 Timoteo 6:17, en sentido positivo de lo que Dios les da a los creyentes para su disfrute, pero en contraste con las "riquezas inciertas"; 3 Macabeos 7:16***, también de manera positiva, con respecto a los fieles judíos que disfrutan de la liberación, mientras que los apóstatas son destruidos. El sustantivo no vuelve a aparecer en ningún otro lugar hasta el siglo VI (Spicq 1978.137s.), aunque es un derivado natural del verbo ἀπολαύω, que no se usa en el NT; sí se emplea en Proverbios 7:18, con respecto al disfrute de la lujuria adúltera (una referencia accidental a Egipto en el v. 16 no reviste probablemente ninguna importancia significativa para el presente versículo); en Sabiduría 2:6, con relación a los goces pasajeros; en 4 Macabeos 5:8; 8:5; 16:18, sobre el disfrute de la vida, pero solo en 16:18 con respecto a la vida como un don de Dios. Los deleites de la corte de Faraón se describen como "pecado", no en razón de algo que se lea en Éxodo 2, sino tal vez a causa del lenguaje que se usa en 4 Macabeos para referirse al estilo de vida griego. En un nivel más profundo, si Moisés hubiera elegido permanecer en Egipto, él mismo se habría excluido del propósito de Dios —algo que el autor teme que pueda ocurrirles a sus lectores.

11:26. Humillación y recompensa

En este versículo continúa la interpretación, que comenzó en el v. 25, de la acción de Moisés (v. 24; cf. Éx. 2:10-12) al identificarse con su propio pueblo (que es el de Dios), y no con su familia egipcia adoptiva. La manera en que los vv. 25 y 26 dependen gramaticalmente del v. 24 refleja una relación de significado; para el autor de Hebreos, no obstante, el punto principal radica en la interpretación. Los vv. 25 y 26a (hasta Χριστοῦ) coinciden, en cierta medida, en el significado: μείζονα; cf. μᾶλλον, v. 25; ἡγησάμενος; cf. ἑλόμενος, v. 25. Y lo que es más importante, el hecho de soportar los sufrimientos junto con el pueblo de Dios (v. 25) guarda una relación muy estrecha con el ὀνειδισμὸς τοῦ Χριστοῦ, por no decir que es lo mismo. El v. 26a difiere del v. 25 por la forma más acentuada en que destaca el lado positivo del contraste; el lado negativo se reduce a una frase carente de énfasis, a saber, τῶν Αἰγύπτου θησαυρῶν, mientras que τὸν ὀνειδισμὸν τοῦ Χριστοῦ sobresale por su posición. Desde el punto de vista gramatical, es preferible interpretar el v. 26b como una conclusión separada del v. 24, pero en cuanto al significado, desarrolla la paradoja del v. 26a, indicando (aunque con términos generales y alusivos) la naturaleza de las "mayores riquezas", por medio del contraste implícito con los vv. 25-26a. El rechazo por parte de Moisés de las comodidades y las riquezas inmediatas constituyó sin duda la elección de una recompensa (implícitamente, más grande).

Μείζονα: μείζων: véase 6:13; aquí, al igual que con μᾶλλον en el v. 25, no un argumento *a fortiori* sino una elección exclusiva.

Πλοῦτον: en lugar de "riqueza", en d e, seguidos a veces por Ambrosio, se lee *honestatem*, tal vez para evitar describir la recompensa de Dios como "riqueza". Todos los usos neotestamentarios de πλοῦτος con referencia a la riqueza literal (Mr. 4:19‖; 1Ti. 6:17; Stg. 5:2; Ap. 18:17) son negativos; todos los usos en sentido figurado (Ro. 2:4; 9:23; 11:12, 33; 2Co. 8:2; Ef. 1:7, 18; 2:7; 3:8, 16; Fil. 4:19; Col. 1:27; 2:2; Ap. 5:12**, y el presente texto) son positivos. La naturaleza de la riqueza suele definirse, por ejemplo, como "riquezas" (Ro. 11:33), como gracia (Ef. 2:7) o gloria (Ro. 9:23; Ef. 3:16) de Dios, o como Cristo (Ef. 3:8). En 2 Corintios 8:2, el sentido literal y el figurado se encuentran prácticamente fusionados en una referencia a las "riquezas de la generosidad" de las personas pobres (cf. Mr. 12:42s.). Las referencias veterotestamentarias positivas a las riquezas son frecuentes (p. ej., Gn. 31:1; Jos. 22:8; Sal. 112[111 LXX]:3; Pr. 8:18, 21); sin embargo, la riqueza constantemente se considera un don de Dios (p. ej., Pr. 8:21; Ec. 5:19; 6:12), y se hace hincapié en el peligro que representa usarla como un medio para independizarse de Dios (p. ej., Dt. 8:17s.; Sal. 49:6; 52:7; Ez. 28:5). La elección entre la riqueza material y la verdadera riqueza, a la que se alude aquí y en 1 Timoteo 6:17 (cf. Mt. 6:19s.), no es un tema del AT; pero la sabiduría se considera mejor que las riquezas en Sabiduría 7:8: πλοῦτον οὐδὲν ἡγησάμην ἐν συγκρίσει αὐτῆς (τῆς σοφίας), en un pasaje al que Hebreos hace referencia en otra parte. Filón describe a Dios como la verdadera riqueza (*Rer. Div. Her.* 27; *Plant.* 66). Véanse F. Hauck y W. Kasch en *TDNT* 6.318-332, aquí 330; Goppelt 1939.210s.

Ἡγησάμενος: ἡγέομαι véase 10:29; 11:11.

Τῶν Αἰγύπτου θησαυρῶν: Egipto (3:16); θησαυρός*. Éxodo 2 podría hacernos suponer que el autor de Hebreos se refiere a la riqueza de la familia real egipcia, o de Egipto en general (cf. Gn. 41:57). Los tesoros y las tesorerías, sin embargo, se asociaban a menudo con los templos, y los tesoros de los templos egipcios eran famosos. Es posible que el autor, con su interés general en el culto, pensara aquí en los tesoros del templo (así opina Braun); pero de todas formas, la actividad sacerdotal de Cristo no se pone de relieve en este capítulo.

Τὸν ὀνειδισμὸν τοῦ Χριστοῦ es una alusión al Salmo 89:51(88:52 LXX), donde se lee que los gentiles (a quienes nunca se hace referencia en Hebreos) ὠνείδισαν τὸ ἀντάλλαγμα τοῦ χριστοῦ σου; cf. v. 50 (51 LXX), τοῦ ὀνειδισμοῦ τῶν δούλων (singular en el TM) σου; Salmo 69:9(68:10 LXX) οἱ ὀνειδισμοὶ τῶν ὀνειδιζόντων σε ἐπέπεσαν ἐπ' ἐμέ. Estos dos salmos se citan se alude a ellos extensamente en otros lugares del NT. (Sal. 69:4 = Jn. 15:25; Sal. 69:9a = Jn. 2:17; Ro. 15:3; Sal. 69:22s. = Ro. 11:9s.; Sal. 69:25 = Hch. 1:20; Sal. 89:20 = Hch. 13:22; Sal. 69:21, cf. Mr. 15:23‖; 15:36‖; Sal. 69:24, cf. Ap. 16:1; Sal. 69:28, cf. Fil. 4:3; Sal. 89:3s.; Sal. 89:4, cf. Jn. 12:34; Sal. 89:10, cf. Lc 1:51; Sal. 89:11, cf. 1Co. 10:26; Sal. 89:26, cf. 1Pe. 1:17; Sal. 89:27, cf. Ap. 1:5; Sal. 89:36, cf. Jn. 12:34; Sal. 89:50s., cf. 1Pe. 4:14; Dodd 1952.57-59; Lindars 1961.103-107). El Salmo 89 trata, al igual que Hebreos, del pacto de Dios con David y sus descendientes (vv. 3, 34); el autor de Hebreos podría haber interpretado el Salmo 69:8 como un resumen de Éxodo 2:11-15:

> extraño he sido para mis hermanos,
>   un desconocido para los hijos de mi madre

Es probable que el Salmo 89:52 y los pasajes relacionados hayan influido en los relatos de la crucifixión (Mr. 15:32, 34‖), y en la tradición posterior representada por Marcos 15:34 *v.l.*, εἰς τί ἐγκατέλιπές με;. En cuanto a los vituperios de los que se hace objeto a los cristianos, cf. Mateo 5:11‖; 1 Timoteo 4:10; 1 Pedro 4:14. Ὀνειδισμός es un término helenístico (Plut. *Art.* 22; Jos. *Ant.* 19.7.1), que remplaza en gran medida al clásico ὄνειδος (Lc. 1:25**). El autor de Hebreos observa entre los sufrimientos de Moisés y los de Cristo una analogía positiva que difiere del tratamiento negativo de Moisés en 3:1-6. En 3:1-6 se desarrolló un contraste entre la persona de Moisés y la de Cristo; el presente versículo se interesa más por Moisés como un ejemplo para el pueblo de Dios. Sin embargo, es probable que el autor viera en el Salmo 89 una alusión directa a Jesús, en particular a su muerte, y no un concepto generalizado de "los sufrimientos del Mesías" (a pesar de cf. Lc. 24:36; así piensa Lane), o al Cristo preexistente (Schelkle 1959.304; M. P. Miller 26; A. T. Hanson 1949.352; 1974.15; 1982.339-342; D'Angelo 95-149). De todas formas, los sufrimientos de Cristo, aunque son únicos en su efecto, también constituyen una muestra del tratamiento que deben esperar sus seguidores (Heb. 13:12s.).

En el 26b, la "mayor riqueza" que escogió Moisés se describe como una "recompensa" μισθαποδοσία, véase 2:2; 10:35**; cf. 11:6). Hay otra definición que se reserva para 11:39–12:2. En última instancia, es una participación de la gloria de Cristo a la diestra de Dios. Pero ni a Moisés ni a los demás héroes del AT se les otorga inmediatamente, se mantiene en reserva para que la disfruten junto con "nosotros" (11:40); es decir, con el autor y sus lectores, y de manera más general, con los creyentes en Cristo. Tanto el contexto inmediato (v. 25) como el contexto más amplio sugieren que la μισθαποδοσία, a pesar de estar relacionada con la acción de Moisés, es un don de Dios; cf. τὴν ἐπαγγελίαν (v. 39).

Ἀπέβλεπεν: ἀποβλέπω** será reflejada verbalmente por προβλεψαμένου en el v. 40, y en el significado por ἀφορῶντες en 12:2. El tiempo imperfecto hace pensar en una acción repetida. Podría haber una referencia tipológica a Moisés contemplando la tierra prometida en la que no iba a entrar (Dt. 3:27), pero el lenguaje es diferente, y lo que sugiere ἀποβλέπω en el presente contexto es más bien desviar la mirada de Egipto. Spicq 1978.130s. cita a Filón, *Spec. Leg.* 1.293 donde se lee que Moisés fijó sus ojos en la grandeza de Dios, y a *P. Strassburg* 305.6 con respecto a mirar hacia el futuro. La referencia futura implícita se hace explícita en la frase "recompensa futura" de la TEV, en la "recompensa venidera" de la REB; cf. NRSV, Lane, que traduce ἀποβλέπω como "mirar hacia adelante".

11:27. Moisés demostró su fe cuando mantuvo sus ojos fijos en Dios

La forma de este versículo obedece a un patrón ya establecido: una referencia a un acontecimiento del AT ("Moisés se marchó de Egipto"), seguida de una interpretación a dos niveles ("no temiendo la ira del rey", y τὸν γὰρ ἀόρατον... ἐκαρτέρησεν). Sin embargo, la concisión de expresión por parte del autor y la levedad de otras posibles alusiones al AT crean problemas particulares para la exégesis.

Καὶ κατέλιπεν (*v.l.* καταλείπεν [𝔓⁴⁶ L* etc.]) Αἴγυπτον. La primera referencia es a Éxodo 2:15: ἀνεχώρησεν δὲ Μωυσῆς ἀπὸ προσώπου Φαραω. Καταλείπω: véase 4:1; con respecto a dejar un lugar, Mateo 4:13; cf. 2 Reyes (4Re.) 8:6; 1 Macabeos 10:13 ; en cuanto a la partida de Moisés de Egipto, Filón, *Vit. Mos.* 1.149; *Leg. All.* 3.14. El contexto hace referencia a la muerte de un egipcio a manos de Moisés, y Éxodo 2:15 en el TM afirma que Moisés "huyó" a Madián. Αἴγυπτος (v. 26).

Μὴ φοβηθεὶς τὸν θυμὸν τοῦ βασιλέως parece contradecir lo clara afirmación de Éxodo 2:14 de que Moisés tuvo miedo (ἐφοβήθη), aunque no directamente de Faraón. Es comprensible que el autor de Hebreos deseara evitar referirse al temor de Moisés, que es difícil de reconciliar con la fe (1Jn. 4:18); sin embargo, el autor suele estar atento al contexto de sus referencias veterotestamentarias. Muchos intérpretes han procurado eludir la dificultad alegando que el presente versículo no se refiere a la huida de Moisés de Madián, sino al éxodo, antes del cual Moisés mostró una gran valentía enfrentándose a Faraón, y animando a los israelitas cuando tuvieron miedo (Éx. 14:10, 13); y no puede negarse que la alusión verbal a Éxodo 2:15 es mínima. El principal argumento en contra de esta solución es que esta aparentemente perturba la secuencia histórica de los acontecimientos, que el autor por lo general se esmera por seguir en este capítulo porque la primera pascua, a la que se alude en el v. 28, se celebró en Egipto (Éx. 12:1). Una solución alternativa podría encontrarse en Éxodo 11:8, un pasaje un tanto oscuro sobre algo que ocurrió inmediatamente antes de la institución de la pascua, y en el que se lee que "Moisés salió de la presencia de Faraón muy enojado" (ἐξῆλθεν δὲ Μωυσῆς ἀπὸ Φαραὼ μετὰ θυμοῦ). Es probable que en su contexto original la declaración se refiriera al enojo de Moisés (cf. Éx. 32:19); pero el autor de Hebreos podría haber interpretado que se refería al enojo de Faraón. También es posible, aunque no existen pruebas, que el autor fusionara mentalmente Éxodo 2:15 con 11:8.

Μή suele usarse en el NT antes de un participio (BD §426).

Φοβηθείς: φοβέομαι véase 4:1 y esp. 11:23. En Éxodo 3:6, dice que Moisés tuvo miedo de mirar a Dios, pero el verbo que se emplea es εὐλαβέομαι, no φοβέω.

Τὸν θυμόν: θυμός se usa en el NT para referirse a la ira humana, como aquí (Lc. 4:28; Hch. 19:28), sobre todo en las listas de vicios (2Co. 12:20; Gá. 5:20; Ef. 4:31; Col. 3:8); con respecto al diablo (Ap. 12:12); a Dios frecuentemente en Apocalipsis (14:10, 19; 15:1, 7; 16:1, 19; 19:15); por lo demás, solo de manera implícita en Romanos 2:8; tal vez con relación a la pasión sexual (Ap. 14:8; 18:3**; pero la referencia podría ser a la ira de Dios frente a la inmoralidad). En el AT, θυμός se utiliza más profusamente con respecto a la ira de Dios (p. ej., contra Moisés, Éxodo 4:14; también 22:24; 32:12). Véase F. Büchsel en *TDNT* 3.167s.

Al igual que en el v. 23, se alude a Faraón simplemente como ὁ βασιλεύς (v. 24), Φαράω.

Τὸν γὰρ ἀόρατον ὡς ὁρῶν ἐκαρτέρησεν: del mismo modo que en el v. 26, γάρ introduce la fase final de la interpretación del autor acerca de un acontecimiento veterotestamentario. Ἀόρατος se emplea aquí explícitamente con relación a Dios, al igual que en Colosenses 1:15; 1 Timoteo 1:17; en el presente versículo, con la omisión reverente del nombre de Dios (1:3); con respecto a algunos aspectos de la actividad de Dios en Romanos 1:20; y a seres creados invisibles en Colosenses 1:16; en el AT en Génesis 1:2; Isaías 45:3; 2 Macabeos 9:5***, nunca para referirse a Dios en la Biblia, aunque sí frecuentemente en Filón. Ὥς (6:19) puede introducir una cualidad real (Braun), pero el contexto sugiere más bien una atenuación de la expresión: "como si fuera, viendo al invisible" (MHT 3.320). El autor no cuestiona si Moisés vio a Dios o no (W. Michaelis en *TDNT* 5.369n.9, cf. 331); pero véase más adelante la nota sobre καρτερέω.

Ὁρῶν: ὁράω véase 2:8, en cuanto a ver al Cristo triunfante; el regreso de Cristo, 9:28; el Cristo resucitado, Juan 20:18; 1 Corintios 9:1; con respecto a ver a Dios, como aquí, Hebreos 12:14; Mateo 5:8; Juan 1:18; 6:46; 1 Juan 4:20; 3 Juan 11; Éxodo 3:4, con referencia a Dios viendo a Moisés; en forma similar Hechos 9:17, sobre la aparición de Jesús a Saulo; de manera más general, en relación con la percepción humana, por ejemplo, Hechos 8:23. En Filón, *Migr. Abr.* 183, ἀόρατος ὡς ἂν ὁρατός es una declaración desvinculada de la fe.

El significado del v. 27b depende del significado de καρτερέω aquí. Su significado normal es "esforzarse, resistir, soportar, perseverar", que armonizaría muy bien con la intención general de Hebreos; el significado a veces se debilita en la prosa clásica posterior y denota la idea de "esperar" (LSJ). Whitaker, basándose en ciertos textos de Plutarco, abogó por el sentido de "fijar los ojos en", y esto se ajustaría bien al contexto inmediato (ἀπέβλεπεν, v. 26). Sin embargo, no lo exige porque el participio junto con καρτερέω "no denota una circunstancia acompañante, sino más bien la calidad en la que alguien soporta o se mantiene firme". (Bauer, citando Diod. Sic. 8.18.3; 14.65.4; 18.60.1; Arriano, *Anábasis* 7.8.3; Ps.-Dicaerco). Bauer pues traduce: "él mantuvo al n que es invisible continuamente ante sus ojos"; cf. W. Grundmann en *TDNT* 3.617. Lane adoptó esta traducción, pero no así Attridge, H.-F. Weiss (*er hielt stand*), TEV, NIV, NJB, NRSV ni REB, en los que se lee "perseveró" o expresiones sinónimas. Deja de lado la conjunción ὡς, y Bauer[6], seguido por Braun, no la traduce. Es cierto que καρτερέω + el participio de presente suelen significar "continuar (haciendo algo)", como tal vez en Job 2:9. Pero la construcción aquí con ὡς exige la idea de persistencia.

Queda aún por responder la pregunta de si ὡς aquí significa que Moisés ciertamente vio al Dios invisible (ὡς = "como", en alemán *als*), o si perseveró como (en alemán *wie*) alguien que lo vio. La primera opción la eligen Westcott, D'Angelo 95-149, y la NIV "porque vio al que es invisible"; eligen la segunda la mayoría de los comentaristas y de las traducciones, incluyendo TEV, NRSV "como si", cf. NJB, Spicq, Michel, Braun y Lane. Attridge cree que la ambigüedad es deliberada porque el autor de Hebreos está más interesado en la fe de Moisés que en sus visiones.

Aquí, pues, no se hace referencia a la revelación del nombre de Dios en Éxodo 3:6, donde se lee que Moisés se volvió de espaldas para no ver a Dios; sino más bien a la firmeza con la que Moisés se aferró al propósito de Dios. Por tanto, incluso en este versículo en que se usa el contraste introducido en los vv. 1, y 3, entre lo que se ve y lo que no se ve, la idea en la que se hace especial hincapié es la perseverancia en el tiempo, y por ende, la fe que mira hacia el futuro. Hay una posible alusión secundaria al rostro resplandeciente de Moisés después de haber hablado con Dios durante un tiempo, Éx. 34:29s.; cf. 2Co. 3:13; en cuanto a la cualidad numinosa de los encuentros de Moisés con Dios, cf. Hebreos 12:20s.

11:28. La pascua se erige como un monumento a la fe de Moisés

Esta breve referencia al establecimiento de la pascua (Éx. 12:21-30) no tiene mucho para interpretar; pero tampoco está estrechamente relacionado con la fraseología del pasaje del AT (véase más adelante).

Πίστει πεποίηκεν τὸ πάσχα καὶ τὴν πρόσχυσιν…: aliteración de la letra π, al igual que en 1:1 (MHT 4.107).

Πεποίηκεν: el tiempo perfecto, en contraste con los aoristos en los vv. 27 y 29, señala el establecimiento de la pascua como una institución permanente, el νόμιμος αἰώνιος de Éxodo 12:14, 17, relacionado con la entrada a la tierra prometida, Éxodo 12:25-27; BD §342 (4). Πάσχα ποιεῖν, Éxodo 12:48; Números 9:2-14; Deuteronomio 16:1; πάσχα θύειν, Éxodo 12:21; Deuteronomio 16:2-6; en 1 Esdras 1:6 aparecen ambas expresiones. Πάσχα, primero en Éxodo 12:11, luego aquí y normalmente τὸ πάσχα, porque se supone que la institución es bien conocida. Πάσχα aparece con frecuencia en los Evangelios y en Hechos 12:4; 1 Corintios 5:7; por lo demás, en el NT solo aquí, donde no hay ninguna razón para imponerle al texto la interpretación cristológica de 1 Corintios 5:7, que no tiene ningún paralelo en la Biblia; véase J. Jeremias en *TDNT* 5.896-904, aquí 898.

Τὴν πρόσχυσιν: πρόσχυσις*** proviene del verbo προσχέω, "rociar/esparcir", con respecto a Moisés en el monte Sinaí, Éxodo 24:6 (Heb. 12:18-21); a la ordenación de los sacerdotes, Éxodo 29:16, 21; pero en el presente versículo se refiere a la acción de mojar una rama de hisopo (Heb. 9:19) en sangre y untarla en el dintel de las casas de los israelitas o esparcirla alrededor de sus puertas, Éxodo 12:22. La conjunción καί que precede a la frase denota una relación muy fuerte; casi "con" (Bauer *s.v.* 2b), porque la sangre era la del sacrificio pascual y una condición esencial para que el "pasara" por alto a las familias israelitas. Αἷμα: véase 2:14, aquí de manera literal.

Ἵνα μὴ* ὁ ὀλοθρεύων τὰ πρωτότοκα θίγῃ αὐτῶν podría significar (1) "para que el destructor de los primogénitos no los tocara a ellos" (Erasmo, Lutero, Calvino, Michel, Westcott, Attridge, NRSV, RVR), o (2) "para que el destructor no tocara a sus primogénitos" (REB; cf. Windisch, Héring, Moffatt, Montefiore, Braun, Lane, H.-F. Weiss, NJB, TEV); la NVI aparentemente duplica la traducción. (2) es tal vez preferible porque le da a ὁ ὀλοθρεύων un sentido absoluto (como en Sab. 18:25), sigue un orden de palabras natural para el autor (cf. θεὸς ἐπικαλεῖσθαι αὐτῶν, v. 16), y centra el interés del autor en los primogénitos de Israel (a menos que el pronombre αὐτῶν sea enfático por posición, y establezca un contraste implícito con los primogénitos de Egipto). En cualquiera de los casos, αὐτῶν no tiene ningún antecedente gramatical: se sobrentiende que sea el "pueblo de Dios" (v. 25), pero el plural se deriva probablemente de "los hijos de Israel" en Éxodo 12:21.

Ὁ ὀλοθρεύων (ℵ K L P; ὀλεθρεύων, 𝔓⁴⁶ A D): Éxodo 12:23, "el Señor pasará de largo por la puerta de los [israelitas], y no permitirá que τὸν ὀλοθρεύοντα entre en vuestras casas para herir[os]". TEV y REB aluden explícitamente a un ángel destructor; de todas formas, el destructor se diferencia del Señor. Cf. Sabiduría 18:25***, con respecto al relato de Números 16:46-48, según el cual, Aarón detuvo la plaga que siguió a la apostasía de Coré. Ambos pasajes poseen un tono fuertemente sacerdotal y hacen referencia en términos impersonales a la acción destructiva de Dios (cf. "la ira ha salido de la presencia del Señor", Nm. 16:46; "la ira", Sab. 18:25; quizás también "la cólera", Sab. 18:21-22, si en lugar del término sin sentido τὸν ὄχλον se lee el término conjetural τὸν χόλον). El autor de Hebreos adopta una tradición establecida, pero no hace hincapié en ella ni la desarrolla.

Τὰ πρωτότοκα (ὁ πρωτότοκος, véase 1:6) es neutro porque, en los relatos del AT suelen incluirse los primogénitos de los animales, ya sea de manera directa (p. ej., Ex. 11:5; 12:12, 29; 13:1, 13, 15; 34:20; Nm. 3:13) o en el contexto inmediato (Ex. 22:29; Nm. 3:40); por tanto, se convirtió en una expresión establecida, especialmente en contextos cultuales.

Θίγῃ: θιγγάνω, Éxodo 19:12, que se cita en 12:20; Colosenses 2:21***. Aquí, al igual que en 12:20, Hebreos acentúa el impacto del pasaje veterotestamentario: en Éxodo 12:23 dice que el destructor no "herirá" (πατάξαι) a los israelitas; en Hebreos, que ni siquiera los "tocará".

11:29. Por la fe los israelitas cruzaron el mar Rojo con seguridad

Por única vez en este capítulo, el término πίστει se refiere a la fe de un grupo (aunque cf. v. 13); el pronombre αὐτῶν al final del v. 28, no obstante, preparó la transición de Moisés a los israelitas; el antecedente gramatical sigue siendo "el pueblo de Dios" en el v. 25. En Sabiduría 19:5-9 se relata de manera similar el paso a través del mar Rojo, pero sin mencionar a Moisés; en Hechos 7:36, por el contrario, Moisés es el sujeto, pero se hace referencia al paso a través del mar Rojo solo de pasada.

¿En qué consiste la fe de los israelitas? La respuesta debe buscarse en una comparación implícita entre su situación y la de los lectores de Hebreos, y no en estrechos paralelismos verbales con Éxodo 14 (cf. Sab. 10:18s.; 19:4s.; Bovon 138). Los israelitas fueron salvados de la destrucción en el momento de la pascua (v. 28); pero ahora, mientras los egipcios los persiguen en su camino hacia el mar Rojo, tienen miedo (Éx. 14:10) y desearían no haberse marchado de Egipto jamás (v. 12). Moisés les ordena que se mantengan firmes (στῆτε, v. 13), y les dice: "El Señor peleará por vosotros; y vosotros estaréis tranquilos" (ὑμεῖς σιγήσετε, v. 14). Dios entonces toma la palabra para animar a Moisés y darle instrucciones (vv. 15-18), y el paso a través del mar tiene lugar (vv. 19-29). Como resultado de esto, después del acontecimiento, "el pueblo temió al Señor, y creyó a Dios (ἐπίστευσαν τῷ θεῷ) y a Moisés su siervo" (θεράπων, v. 31, Heb. 3:5).

Las implicaciones para un grupo de cristianos tentados a caer en apostasía son tan claras que el autor no necesita explicarlas en detalle. Y hacerlo tampoco resultaría útil para su propósito inmediato; pero la lección se extraerá en 12:1ss.

Διέβησαν: el verbo διαβαίνω se usa para referirse a la acción de pasar a la tierra prometida (Nm. 32:7), y muy frecuentemente al paso a través del Jordán (p. ej., Nm. 32:29s., 32; Dt. 3:25, 27s.; 27:2-4; Jos. 1:2, 11; 2Sa. [2Re.] 19:18, 36; 1Mac. 5:24, 52), pero nunca en el AT con relación al paso a través del mar Rojo; Éxodo 14:22 dice simplemente que los israelitas "entraron" (εἰσῆλθον) por en medio del mar. En otros lugares del NT; el verbo διαβαίνω se emplea con referencia al paso del "seno de Abraham" a la tierra (Lc. 16:26), y de Troas a Macedonia (Hechos 16:9)**.

Τὴν Ἐρυθρὰν Θάλασσαν: el mar *Rojo*, como siempre en la LXX; pero el término hebreo es equivalente a "el mar Rojo"; por lo demás, ἐρυθρός aparece solo en Isaías 63:2 (como una traducción de 'ādōm, el color de la sangre, p. ej., 2Re. [4Re.] 3:22, que normalmente se traduce como πυρρός). En griego clásico y en el griego posterior, ἐρυθρός se usa, entre otras cosas, para referirse a las rosas, al cobre, al oro, a la sangre, al néctar y a erupciones cutáneas; en hebreo y en el griego bíblico, los colores suelen percibirse generalmente como matices entre el negro y el blanco (R. A. Cole en *IBD* 1.306f.; LSJ; Bauer *s.v.*). En griego clásico, ἡ Ἐρυθρὰ Θάλασσα se usaba normalmente para referirse al océano índico, incluido el mar Rojo; más tarde, al mar Rojo o al golfo pérsico (LSJ *s.v.*).

Ὡς διὰ ξηρᾶς γῆς: la conjunción ὡς (v. 9; 3:2) parece debilitar el relato veterotestamentario, el cual afirma que los israelitas pasaron por en medio del mar Rojo "sobre tierra seca": κατὰ τὸ ξηρόν, Éxodo 14:16, 22; διὰ ξηρᾶς, Éxodo 14:29; 15:19; cf. Josué 3:17a (διά denota extensión a través de un área, Moule 55); cf. ἐπὶ (τῆς) ξηρᾶς, 3:17b; 4:18, 22, con respecto al paso a través del Jordán; ὡς con ξηρός en comparaciones, Isaías 9:18 (17); 37:27; Sirácides 6:3; 39:22. Sin embargo, es mejor combinar ὡς con διέβησαν; el significado entonces no es que el lecho marino se haya secado, sino que los israelitas pasaron a través de él como lo habrían hecho sobre tierra seca. Filón, *Vit. Mos.* 2.254, piensa en un paso elevado pavimentado.

Tò ξηρόν o ἡ ξηρά (γῆ) se contrastan con el agua (p. ej., Gn. 1:9s.) y con θάλασσα (Jl. 2:20; Hg. 2:6; 1Mac. 8:23, 32). En el presente versículo, en D² K L P 𝔐 se omite γῆς, en contra de 𝔓¹³ 𝔓⁴⁶ ℵ A D* Ψ 0227 etc. (MHT 3.17).

Ἧς πεῖραν λαβόντες: el pronombre relativo ἧς se combina de manera muy natural con la frase inmediatamente anterior, "tierra seca", pero también posiblemente con "el mar Rojo"; la diferencia de significado es pequeña. Πεῖραν λαμβάνω, "probar, tratar, experimentar", aquí en sentido irónico; menos probablemente "intentar" (Bauer *s.v.* πεῖρα, a); Hebreos 11:36***, "experimentar" (Bauer *s.v.* b).

Οἱ Αἰγύπτιοι, plural (Hch. 7:22); en otros lugares en singular (Hch. 7:24, 28; 21:38**), pero no en relación con el mar Rojo.

Κατεπόθησαν: En 9 minúsculos, incluidos el 104 y el 1912, se lee κατεποντίσθησαν ("fueron ahogados"), al igual que en Éxodo15:4 A F. Καταπίνω se usa mayormente para referirse al hecho de absorber, o ser absorbido o tragado por el agua, como aquí, en Éxodo 15:4 B; Apocalipsis 12:16. Cuando se dice que la tierra se traga algo, la imagen implícita es la de la tierra que se bebe el agua de sus arroyos (Éxodo 15:12; Bauer *s.v.* 1a). Καταπίνω también se usa con respecto a devorar sólidos, como en Mateo 23:24; 1 Pedro 5:8, en forma literal dentro de las imágenes; en sentido puramente figurado con relación a la muerte que será absorbida o tragada (1Co. 15:54; cf. 2Co. 5:4), o al hecho de ser consumido por el dolor (2Co. 2:7). El prefijo es intensivo.

11:30. La fe de los israelitas hace que las paredes de Jericó caigan

El autor no afirma que se trate de la fe de los israelitas, pero las referencias implícitas a ellos en los vv. 28s. lo dejan claro. Josué, al igual que Moisés en el v. 29, pasa a un segundo plano: lo importante aquí es el pueblo de Dios que se encamina a tomar posesión de la tierra que Dios había prometido. Menos claro aún es determinar en que consistía su fe. Las explicaciones posibles son (a) la persistencia de los israelitas en continuar marchando alrededor de Jericó durante siete días (ἐπὶ ἑπτὰ ἡμέρας, una frase un tanto enfática por su posición); y (b) su obediencia a las órdenes de Dios. El relato del AT (Jos. 6:1-21) pone de relieve que la caída de Jericó fue una acción de Dios y no un logro humano. Antes de la batalla, Josué tiene un encuentro con el capitán de los ejércitos del Señor (5:15), y Dios le promete a Josué que los muros de la ciudad caerán αὐτόματα (6:5; cf. 2Mac. 12:15, "sin arietes ni máquinas de guerra"). El muro de Jericó se convirtió, por su parte, en un tipo de las acciones posteriores de Dios (2Mac. 12:15s.), pero no en Hebreos. Los reflejos del éxodo resultan sorprendentes: el paso a través del río Jordán (3:14–4:24) es similar al del mar Rojo (Heb. 11:29); relacionados con él están los memoriales (Jos. 4:1-9, 19-24; cf. Éx. 13:9), la circuncisión (Jos. 5:2-9; cf. Ex. 12:44, 48), la celebración de la pascua (Jos. 5:10-12; cf. Éx. 12:1-20; 13:1-9), y el encuentro del líder con un ángel (Jos. 5:13-16; cf. Éx. 3:2-5). El autor de Hebreos no recuerda estas analogías, exceptuando tal vez el uso de διέβησαν en 11:29, pero pueden haber facilitado su transición de un acontecimiento al otro. Sorprendente también, incluso en una referencia tan breve, es la elusión por parte del autor de las fuertes asociaciones cultuales de la conquista de Jericó: no se hace mención ni de los sacerdotes ni del arca del pacto (Jos. 6:6-13, 16. 20; cf. Hch. 7:45). El autor aquí, fiel a su costumbre, separa su tratamiento negativo del culto veterotestamentario, remplazado por Cristo, de su evaluación positiva de los individuos y grupos del AT, como ejemplos que refuerzan la fe de sus lectores.

Τὰ τείχη: τεῖχος, "muro", especialmente con respecto a una ciudad como Damasco (Hch. 9:25; 2Co. 11:33) o la nueva Jerusalén (Ap. 21:12-19**); y por extensión, un fuerte o ciudad amurallada (LSJ *s.v.*); pero también con respecto a la pared de una casa (p. ej., Lv. 14:37). En Josué 6, se usan tanto el plural (v. 5) como el singular (v. 20), el plural predomina en las referencias a los muros de una ciudad.   Ἰεριχώ*, esta es la única referencia neotestamentaria fuera de los Evangelios; cf. Josué 6:1.

Ἔπεσαν: véase 3:17; ἔπεσεν, Josué 6:20, cf. v. 5; en el presente versículo, en 𝔓⁴⁶ D² K L 1834 se lee el término ático ἔπεσε (ν); con respecto al plural que sigue a un plural neutro, véanse BD §133; MHT 3.312s.

Κυκλωθέντα: κυκλόω se usa con referencia a la acción de rodear ciudades (Lc. 21:20) o personas (Jn. 10:24; Hch. 14:20**); Jos. 6:7, κυκλῶσει; 6:15, περιήλθοσαν.

Ἐπὶ ἑπτὰ ἡμέρας: ἐπί + acusativo*, con referencia a un período de tiempo (Bauer III.2b). El autor de Hebreos resume el relato del AT, en el que los primeros seis días y el séptimo día se mencionan por separado, pero en los que en otros aspectos el número siete ocupa un lugar más destacado (Jos. 6:8,13). Ἑπτά solo aparece aquí entre Romanos y Judas, se usa frecuentemente con un sentido simbólico en Apocalipsis; ἕβδομος, Hebreos 4:4 = Génesis 2:2. No hay nada que sugiera un significado simbólico en el presente versículo, aunque tal vez constituye la base de Josué 6.

11:31. Rahab se salvó por su hospitalidad para con los espías israelitas

La historia de Rahab cuando escondió a los espías, y la promesa que ellos le hicieron de protegerla (Jos. 2:1-22), precede a la caída de Jericó; pero el principal interés del autor se centra en el rescate de Rahab de la destrucción general de la ciudad (Jos. 6:17; 22-25), por tanto, la referencia se encuentra en su orden cronológico (y veterotestamentario) correcto. Sin embargo, no depende estrechamente de la redacción del AT (Leonard 1939.237; véase más adelante). La fe de Rahab no se menciona en forma directa en los relatos del AT, pero ella habla con toda libertad en Josué 2:9-12 del Dios de los israelitas, y anhela la ocupación israelita de Jericó.

Ῥαάβ, que no debe confundirse con la Ῥαχάβ de Mateo 1:5, se menciona en Santiago 2:25** como un ejemplo de la justificación por medio de las obras. No hay ninguna contradicción real con Hebreos porque aquí la fe de Rahab se expresa en acción. Se le describe como "una ramera" la primera vez que se la nombra (Jos. 2:1), y a partir de ese momento, con la frase estereotipada ἡ πόρνη (6:17, 23, 25; Stg. 2:25; *1Clem.* 12:1). Josefo (*Ant.* 5.7s.) evita la expresión, pero el autor de Hebreos no se muestra interesado en suavizarla, añadiendo, por ejemplo, ἐπιλεγόμενη (como en ℵ siʰ Efrén y una variante en *1Clem.* 12:1; Zuntz 218s.

o describiéndola como una tabernera (Nicolás de Lira IV.1492, 1971; así *The Berkeley Version of the New Testament*, cf. Verkuyl).

Οὐ συναπώλετο: es un resumen de lo que se lee en Josué 6:24s., donde no se emplea el término συναπόλλυμι (ἀπόλλυμι, Heb. 1:11 = Sal. 102[101 LXX]:26). En la LXX, συναπόλλυμι se usa siempre, al menos implícitamente, para referirse a justos que no son destruidos junto con malhechores (Gn. 18:23; 19:15; Nm. 16:26; Dt. 29:19; Sal. 26[25 LXX]:9; 28[27 LXX]:3; Sab. 10:3; Sir. 8:15; Dn. LXX 2:13***).

Τοῖς ἀπειθήσασιν: véase 3:18*, también con respecto a un grupo veterotestamentario. No hay nada en el relato del AT que sugiere que Jericó haya sido destruida por causa de la desobediencia o la incredulidad de sus habitantes; la única razón es que "el Señor os la ha dado a vosotros [a Israel]" (Jos. 6:16). Por otra parte, el autor de Hebreos tampoco contrasta directamente la fe de Rahab con la incredulidad de los demás habitantes. Es posible que malinterpretara que ὁ ἀνάθεμα (Jos. 6:18) implicaba una condenación moral de Jericó, cuando en realidad no era más que una referencia a la prohibición en virtud de la cual todo lo que había en ella debía ser destruido, salvo Rahab, su familia y sus propiedades. Ἀπειθέω se emplea en Josué 1:18; 5:6 con respecto a los israelitas desobedientes, de los que el autor no se ocupa aquí (contrástese con Heb. 3:18).

Δέχομαι no se usa en las historias de Rahab en la LXX; cf. λαβοῦσα, Josué 2:4; en otro lugar se lee que Rahab "escondió" a los espías. Δέχομαι, "recibir de buen grado" con respecto a un huésped, como en Mateo 10:14, 40s.; Colosenses 4:10; Bauer 1. En *1 Clemente* 12:4 se usa ἐπιδέχομαι, y en *1 Clemente* 12:1 se asocia la fe de Rahab con su hospitalidad (φιλοζενία). En cuanto a la relación entre Hebreos, *1 Clemente* y la tradición judía, véanse A. T. Hanson 1978; Lindars 1961.21.

Ὁ κατάσκοπος** no se usa en los relatos de Josué, en los que, no obstante, sí se lee un equivalente verbal (2:1-3; 6:22s., 25; cf. Gn. 42:9-34).

Μετ' εἰρήνης tal vez (7:2) aquí significa paz en contraste con la guerra que se esperaba con Israel.

En 11:32-38, se intensifica la aceleración que comenzó en el v. 27: los personajes ya no se analizan uno por uno, y a partir del v. 32 ni siquiera se mencionan sus nombres. El movimiento hacia un clímax retórico coincide con el mayor interés del autor por el período que llega hasta la ocupación de la tierra prometida y la incluye. Sin embargo, aun el estilo comprimido (asíndeton, BD §494) varía por el discurso conectado en los vv. 35s., y la rápida sucesión de alusiones veterotestamentarias no excluye un comentario del autor, hábilmente entretejido en el resumen de la historia posterior del AT (διὰ πίστεως, v. 33; ἵνα κρείττονος ἀναστάσεως τύχωσιν, v. 35; especialmente ὧν οὐκ ἦν ἄξιος ὁ κόσμος, v. 38).

11:32. Se nombran seis héroes de la historia posterior del AT

Καί introduce una abrupta pregunta retórica (Bauer I.2h). Τί (Bauer τίς, 1.bα) probablemente va seguido, por única vez en Hebreos, de un subjuntivo deliberativo (cf. Mt. 16:26; 23:33; 26:8; Ro. 10:14s.; 1Co. 14:7; BD §366; MHT 3.98f.), "¿Qué más digo?"

Ἔτι es un adverbio temporal, véase 7:10.

Es cierto que el uso del verbo λέγω no demuestra que este pasaje hubiera sido originalmente verbalizado (Bauer I.8b, II.1f. sobre el empleo de λέγω con respecto a textos escritos). En el caso de un escritor hábil como el autor de Hebreos, el asunto tal vez no necesita pruebas. Pero la combinación de λέγω con una pregunta retórica, el uso por primera vez de la primera persona del singular (13:19), y la referencia a la falta de tiempo producen un efecto oral acumulativo.

Ἐπιλείπω: "faltar, ser demasiado corto"; Abdías 1:5 (ℵ¹***), con respecto a dejar algún rebusco; también con el dativo (MM); frecuente en textos retóricos (p. ej., Filón, *Vit. Mos.* 1.213). El tiempo futuro seguido de un participio condicional (BD §418[2]) es equivalente a "el tiempo me faltaría" (LBLA, NRSV; cf. AV); otros lo traducen con un presente ("el tiempo es demasiado corto", REB; cf. TEV, NJB, NIV; cf. Dem. 18.296; BD §473[2]); en Ψ 215 1912 se omite γάρ.

En lugar de με γάρ, ℵ A D* 33, la forma más regular γάρ με se lee en 𝔓¹³ 𝔓⁴⁶ D² I K L P 1834 (BD §475[2]); en Ψ 215 1912 se omite γάρ.

Διηγέομαι puede usarse aquí para variar después de λέγω, con el cual se remplaza en Mateo 17:9||Marcos 9:9; en otras partes del Evangelio remplaza a ἀπαγγέλλω (Mr. 5:19||Lc. 8:39; Mr. 6:30||Lc. 9:10) o es remplazado por él (Mc. 5:16||Lc. 8:36); en Hechos (8:33 = Is. 53:8; 9:27; 12:17), como ocurre generalmente y en el presente versículo, διηγέομαι suele presuponer un discurso prolongado. El participio masculino desmiente el argumento de Harnack de que Priscila fue la autora (Appel 42, en contra de Harnack 1900).

Χρόνος: 4:7; G. Delling en *TDNT* 9.481-493; cf. "brevemente", 13:22.

Los seis nombres no se mencionan en orden cronológico: Gedeón (Jue. 6:11–8:33***; cf. 1Sa. 12:11); Barac (Jue. 4:6-22; 5:1, 12, 15; 1Sa. 12:11***); Sansón (Jue. 13:24–16:30***); Jefté (Jue. 11:1–12:7; 1Sa. 12:11***); David (1Sa. 16:13–30:31; 2Sa. *pássim;* 1Re. 1–2; 1Cr. 11–29; frecuentes referencias a David en otros lugares del AT, en los sinópticos y en Hechos, particularmente como un ancestro; "casa de David", p. ej., en Ne. 12:37; Zac. 12:7-12; a Jesús como hijo de David, p. ej., en Mr. 10:47s.; Lc. 18:38s.; cf. Jn. 7:42; Ro. 1:3; 2Ti. 2:8; Ap. 5:5; 22:16; también como salmista, en Mr. 12:36s.||; Hch. 2:25; Ro. 11:9; Heb. 4:7*); Samuel (1Sa. 1:20–4:1; capítulos. 7–13, 15s., 19 *pássim;* como vidente, 1Cr. 9:22; 26:28; como profeta, 2Cr. 35:18; Hch. 3:24; 13:20**; y de manera implícita en el presente versículo). Es posible entender el orden de los nombres aquí si se leen como tres pares, Gedeón-Barac, Sansón-Jefté, David-Samuel, el miembro más importante de cada par es el que se menciona primero. De manera similar, en 1 Samuel 12:11 el nombre de Jerobaal (Gedeón) aparece antes de Barac. Otra razón para dejar a Samuel para último es asociarlo más estrechamente con los (demás) profetas anónimos (69 y algunas versiones y los Padres añaden ἄλλων antes de προφητῶν). David, en cambio, si bien se dice que anunciaba por inspiración divina (Mr. 12:36||) cosas que habrían de venir (Hch. 1:16; cf. Heb. 4:7), no se le llama explícitamente profeta, aunque en *Bernabé* 12:10 se introduce una cita al Salmo 110:1 con la frase αὐτὸς προφητεύει Δαυείδ. En cuanto a la forma Σαμψών, véase MHT 2.102.

Existe una amplia variación entre los manuscritos respecto a las conjunciones que usan en el v. 32b (a partir de Βαράκ): antes de Βαράκ, τε καί (Ψ), καί (D* min.); Βαράκ τε καὶ Σαμψών καί (D[*] L P Ψ min.); Βαράκ τε καὶ Σαμψών (K min.). Las variantes no parecen reflejar ningún sistema coherente de agrupación de los nombres. Sobre la composición retórica de los vv. 32-40, véase Cosby 57-74.

11:33s. Los logros de la fe

No existe una correlación estrecha entre los individuos que se mencionan en el v. 32 y los logros que se enumeran en los versículos que siguen. Solo aquí en Hebreos se usa οἱ en lugar del pronombre relativo indefinido ὅστις (BD §293), tal vez para evitar la repetición de la *s* y la *t*; el significado es "esos personajes", es decir, los que tienen fe.

Διὰ πίστεως: véase 6:12; cf. διὰ τῆς πίστεως, 11:39; διά es una preposición de instrumentación, y por ello, διὰ πίστεως es sinónimo de πίστει en los demás lugares del capítulo 11. Los logros mencionados, hasta el final del v. 34, suponen una actividad humana intensa; por eso es importante afirmar desde el principio que fueron posibles gracias a la fe (implícitamente en Dios). La fe, sin embargo, se ejerce en ciertos acontecimientos que tuvieron lugar durante la vida de los interesados; solo a partir del v. 35 volverá a ponerse de relieve la orientación futura de la fe.

Desde el punto de vista retórico, las seis cláusulas que siguen a la frase διὰ τῆς πίστεως forman un equilibrio rítmico, cada cláusula tiene de 9 a 10 sílabas; la velocidad disminuye algo en las últimas dos cláusulas del v. 34, que tienen de 11-12 sílabas, y más adelante, en el v. 35, añadiéndoles importancia a las referencias a la resurrección. En cuanto a la estructura retórica del resto del párrafo, véase v. 36.

Con respecto a la identificación de los personajes veterotestamentarios a los que se alude en este pasaje, véase, además de los comentarios, Leonard 1939.238s.; en la tradición georgiana, las identificaciones se insertan en el texto.

Κατηγωνίσαντο βασιλείας (el verbo se omite accidentalmente en 𝔓⁴⁶): καταγωνίζομαι*** es un verbo poco frecuente en griego clásico, *Mart. Pol.* 19:2 con un acusativo de persona (Moule 37); Filón, *Abr.* 105; Jos. *Ant.* 4.153; 7.53, con respecto a David; Ditt., *Orientis Græci Inscriptiones Selectæ* 553.7, καὶ τοὺς ὑπεναντίους; aquí se refiere a una guerra literal, no al conflicto espiritual ni a un combate deportivo en un estadio. Κατηγωνίσαντο expresa una acción terminada (MHT 1.116). Βασιλεῖς (𝔓⁴⁶) es un error del copista.

El lenguaje y la idea recuerdan a los libros de los Macabeos, especialmente 4 Macabeos 3:5; 15:29; 16:16ss.; 17:14, 17s. (E. Stauffer en *TDNT* 1.136-139); el tema de la contienda reaparece en un nivel más alto en Hebreos 12:3s. David les arrebató por la fuerza a los gobernantes filisteos el poder real (1Sa. 8:1; cf. Jos. *Ant.* 6.90); se hacen declaraciones similares con respecto a Barac (Jue. 4:24); a Gedeón (Jue. 7); a Jefté (Jue. 11) y a Sansón (Jue. 16). En estos relatos, aunque es poco lo que se dice acerca de la fe, las victorias de Israel se le atribuyen a Dios (véase Jue. 7), y los enemigos de Israel se identifican con los de Dios. Este es el único pasaje del NT en el que se asocia la fe con conquistas militares (contrástese con Mt.

5:44s.); pero estos ejemplos constituyen los peldaños de una sucesión escalonada que va en ascenso y culmina con historias de sufrimiento y martirio (vv. 36-38; cf. Vanhoye 191s.). Βασιλείας, plural indefinido sin artículo, suele hacer referencia a los enemigos de Israel;   como por ejemplo, en el Salmo 79 (78 LXX); cf. Dt. 3:21, en relación con Josué; 1 Reyes 10:16, singular, con respecto a Saúl.

Εἰργάσαντο δικαιοσύνην en este contexto probablemente no se refiere de manera general a las personas que hacen lo correcto (Bauer 2a; Sal. 14:2; Hch. 10:35; *Sal. Sal.* 17:19; *1Clem.* 33:8; Herm. *Vis.*2.27; *Man.*5.1.1; *Sim.*9.13.7), sino a jueces o gobernantes que administran, y por ende, defienden o dispensan, la justicia en la tierra; así en Jueces 5:6-11, principalmente con respecto a los hechos victoriosos del Dios justo; 2 Samuel (2Re.) 8:15, ἦν Δαυὶδ ποιῶν κρίμα καὶ δικαιοσύνην ἐπὶ πάντα τὸν λαὸν αὐτοῦ; cf. 1 Samuel (1 Reyes) 12:4, 23 con referencia a Samuel; y en sentido negativo Santiago 1:20 (Bauer 2b); cf. Herm. *Sim.*5.1.4.

Ἐργάζομαι, aquí al igual que en Mateo 25:16; 3 Juan 5, hace pensar en una actividad que se lleva a cabo durante un período de tiempo; en cuanto a la forma verbal εἰργάσαντο ($\mathfrak{P}^{46}$ ℵ² A D² K L P etc.; ἠργάσαντο, ℵ* D* 1908*) véanse BD §67 (3); MHT 2.189f. Δικαιοσύνη: 1:9; 5:13; especialmente 11:7.

Ἐπέτυχον ἐπαγγελιῶν: ἐπιτυγχάνω + un genitivo, como en 6:15, o un acusativo, como en Ro. 11:7 (MHT 3.232). Ἐπαγγελία: 4:1. La declaración es bastante general, y se refiere a la recepción en la tierra, incluso en aquel mismo tiempo, de lo que Dios les había prometido (p. ej., 2Sa. 5:7 con respecto a David cuando tomó posesión de Jerusalén). No hay ninguna contradicción con Hebreos 11:39, donde se alude al cumplimiento definitivo de las promesas de Dios a su pueblo. Cualquier referencia al hecho de recibir y pasar las promesas mesiánicas es ajena al contexto.

Ἔφραξαν στόματα λεόντων: φράσσω junto con στόμα, Romanos 3:19; de manera implícita, 2 Corintios 11:10**; Bauer 1b. El pasaje del AT al que esto se refiere más claramente es Daniel 6:16-23 (Θ vv. 17-24, no la LXX; Montgomery 49; Hartman 80); y en el v. 18 (Θ v. 19; Hartman-Di Lella), se lee que Dios cerró las bocas de los leones; cf. 1 Macabeos 2:60, con respecto a la inocencia (ἁπλότης) de Daniel, e indirectamente a la actividad de Dios; también Sansón, Jueces 14:5s.; David, 1 Samuel (1 Reyes) 17:34s. Στόμα, v. 34*; λέων, 2 Timoteo 4:17 singular, con στόμα, probablemente en sentido figurado; 1 Pedro 5:8, en cuanto al diablo; Apocalipsis 6x** (13:2 con στόμα).

11:34. Más héroes anónimos de la fe

Ἔσβεσαν δύναμιν πυρός: la referencia es a la liberación de Sadrac, Mesac y Abednego (es decir, Ananías, Azarías y Misael, Dn. 3:88 = S3C 65) del horno de fuego ardiente; Daniel 3:49s. (S3C 25s.); cf. 3:23, 88 (S3C 65), 92 (25), 94 (27); Josefo, *Ant. 10.214f.*; S-B 1.479. El lenguaje hace recordar otros relatos del período macabeo (véase más adelante), pero cf. también Nm. 11:2, donde se emplea un verbo diferente (ἐκόπασεν). Las palabras de 1 Macabeos 2:59. πιστεύσαντες ἐσώθησαν ἐκ φλογός se refiere a la fe de los amigos; por lo demás (3Mac. 6:6; *Apoc. Zp.* 6:6) la liberación de ellos se le atribuye expresamente a Dios; cf. 4 Macabeos 13:9; 16:3; 18:12.

Σβέννυμι* no se emplea en estos relatos; se usa de forma literal en 4Mac. 9:20; 18:20; en sentido figurado en Esd. 4:17; Cnt. 8:7; 3Mac. 6:34; 4Mac. 3:17. En otros pasajes, apagar el fuego simboliza la destrucción de la vida de un pueblo o una comunidad (2Sa. 14:7; 21:7). En un contexto litúrgico, 2 Crónicas 29:7. En el NT, el verbo σβέννυμι se usa normalmente con respecto al fuego (Mt. 12:20; 25:8; Mr. 9:48; Ef. 6:16); por extensión, al Espíritu Santo (1Ts. 5:19**); F. Lang en *TDNT* 7.167s.; Spicq 1978.789s. Δύναμις (1:3; 11:11) y πυρός (1:7) aparecen juntos en Sabiduría 16:19, en un midrash sobre Éxodo 9:22ss.; 4 Macabeos 14:10.

Ἔφυγον στόματα μαχαίρης: los testimonios acerca de personajes que escaparon de una muerte violenta incluyen a Moisés (Éx. 18:4), a David (1Sa. 19:10), a Elías (1Re. [3Re.] 19:2s., 10 [con μάχαιρα]), y a Eliseo (2Re. [4Re.] 6:12-16). Es posible que, al igual que en otra parte de este pasaje, algunos acontecimientos que habían tenido lugar en el período macabeo ocuparan un lugar más destacado en la memoria del autor. 1 Macabeos 2 incluye el lamento de Matatías porque los jóvenes de Jerusalén habían sido asesinados ἐν ῥομφαίᾳ ἐχθροῦ (v. 9) y una referencia a la huida a las montañas y al desierto (vv. 28s.; cf. Heb. 11:38). Φεύγω* (*v.l.* en 12:25), "escapar" (Bauer 2), aparece solo aquí en el NT, con la excepción poco probable de Marcos 14:52; Moulton, sin embargo, piensa que incluso el uso del verbo aquí se refiere al "comienzo de la acción —no a la meta de seguridad alcanzada, sino al primer paso decisivo para alejarse del peligro" (MHT 1.116). Φεύγω con un complemento directo, como aquí (cf. *Mart. Pol.* 2:3; *2 Clem.* 18:2), o seguido de ἀπό (Mt. 3:7; 23:33; Lc. 3:7).

Στόμα μαχαίρης (Hofius 1971) es el filo de una espada (Bauer *s.v.* στόμα 2; cf. Gn. 34:26; Jos. 19:47; 2Sa. [2Re.] 15:14; Sir. 27[LXX *]:18 [22]; Lc. 21:24; Jdt. 5:5; *Test. Leví* 6:6; cf. στόμα ῥομφαίου, p. ej., 1Mac. 5:28, 51). El plural στόματα se refiere a una espada de dos filos; cf. 4:12. Στόμα: v. 33; μάχαιρα: 4:12 en un símil; 11:37* en forma literal, como aquí. En 𝔓¹³ 𝔓⁴⁶ א A D* se lee μαχαίρας; cf. BD §43 (1).

Ἐδυναμώθησαν ἀπὸ ἀσθενείας: ἀσθενεία puede significar enfermedad (Bauer 1a), como en el caso de Ezequías (Is. 38, especialmente el v. 16), o de manera más general, debilidad (Bauer 1b), como en los casos de Sansón y Judit, los cuales oraron pidiendo fortaleza antes de usar violencia en el nombre del Señor (Jue. 16:28; Jdt. 13:7 [9]). Dado que Sansón se mencionó en el v. 32, es posible que sea a él a quien se alude más directamente, tomando su oración como la prueba de su fe. La voz pasiva de δυναμόω sugiere la acción de Dios, como en Efesios 6:10 *v.l.;* Colosenses 1:11**; cf. Salmo 68:28(67:29 LXX). Solo aquí en el NT, sin embargo, puede entenderse que se trata del poder físico; véase Grundmann en *TDNT* 2.299-317, especialmente 305. En lugar de ἐνδυναμώθησαν, en א² D² Ψ se lee ἐνεδυναμώθησαν; ἐνδυναμόω no se encuentra en ninguna otra parte de Hebreos, pero es más frecuente que δυναμόω en el NT, aunque ἐνδυναμόω solo aparece como un *v.l.* en la LXX. Ἀπό sustituye a la preposición clásica ἐκ, "fuera de" o "después", BD §209 (4); MHT 3.255. Ἀσθενεία: véase 4:15; con δύναμαι, 2:2; 7:28, ambos relacionados con la debilidad, como aquí, no con la enfermedad.

Ἐγενήθησαν ἰσχυροὶ ἐν πολέμῳ: así como en la cláusula anterior el autor no expresa la paradoja paulina de la fortaleza en la debilidad (2Co. 12:10), aquí tampoco se detiene a afirmar que en las narraciones del AT es a los débiles a los que Dios hace poderosos en batalla (Josué, Sir. 46:1; cf. 47:5), pero eso es lo que implica el verbo ἐγενήθησαν. Γίνομαι (1:4); ἰσχυρόω (5:7); πόλεμος*. Ἐμ πολέμῳ se lee en 𝔓¹³ (MHT 2.105).

Παρεμβολὰς ἔκλιναν ἀλλοτρίων pudiera referirse al ataque de Gedeón contra el ejército de Madián (Jue. 7:21-23), o a Barac, con cuya ofensiva ἔπεσεν πᾶσα ἡ παρεμβολὴ Σισάρα ἐν στόματι ῥομφαίας, Jueces 4:16; cf. Salmo 27(LXX 26):3. Παρεμβολή debe referirse a una línea de combate o a un ejército en orden de batalla (Bauer 3), como en Éx.15:19s.; Jue. 4:16; 8:11; 1Sa. (1Re.) 14:16; 28:19; no al campamento israelita en este contexto, como en in 13:11, 13; cf. Éx. 29:14; Ap. 20:9; *1 Clemente* 4:11 (Bauer 1d). La palabra no se usa en ninguna otra parte en el NT con el sentido con que se usa aquí, aunque cf. Salmo 46(LXX 45):7, ἔκλιναν βασιλεῖαι (cf. Heb. 11:33a), en un contexto en el que se habla de una conmoción cósmica (cf. Heb. 12:26). Aquí, Lane, en consonancia con Zerwick-Grosvenor 683, sugiere que el matiz de ἔκλιναν connota la idea de romper una formación militar; de manera más general, hacer que un ejército ceda (LSJ I.1). Ἀλλότριος (9:25) significa "extranjero, foráneo", por ende aquí, implícitamente, "enemigo". El término se usa con frecuencia en la LXX con un sentido religiosamente negativo, con respecto a pueblos paganos, pero aquí hace referencia al pasado de Israel y por tanto, no ofendería a ningún lector no judío de Hebreos.

11:35. La fe y la resurrección

Los vv. 35s. mencionan con más detalle que los versículos anteriores y siguientes, tres grupos de creyentes. Los dos primeros (v. 35ab) se relacionan entre sí por medio del tema de la resurrección, pero se diferencian por el hecho de que el v. 35a trata acerca de la restauración temporal a la vida terrenal, mientras que el v. 35b declara explícitamente que se refiere a "una mejor resurrección" (véase más adelante). Los vv. 35b y 36 tienen en común el tema, directamente pertinente a la situación de los lectores (10:32-39; 12:4), de la paciencia bajo la persecución, que se desarrollará con más amplitud en las brevísimas alusiones de los vv. 37s.

Los vv. 35s., por tanto, representan una pausa momentánea en la aceleración general del discurso, que llegará a su punto culminante en los vv. 37s.

En vista de las frases ἄλλοι δέ en el v. 35b y ἕτεροι δέ en el v. 36, podríamos esperar οἱ μέν aquí, pero el uso en el NT es irregular; cf. Bauer *s.v.* ἄλλος 1c.

La referencia en el v. 35a es a Elías cuando resucitó al hijo de la viuda de Sarepta (1Re. [3Re.] 17:17-24), y a Eliseo cuando resucitó al hijo de la mujer de Sunem (2Re. [4Re.] 4:18-37). En las narraciones veterotestamentarias, la viuda de Sarepta, pasó de su aparente falta inicial de fe (1Re. [3Re.] 17:18), mediante una obediencia pasiva (v. 19), a la confesión que le hizo a Elías diciéndole: —"yo sé… que la palabra del Señor en tu boca es verdad" (v. 24). La historia de Eliseo es más detallada, y en ella la mujer desempeña un papel más destacado y activo, aunque no hace ninguna confesión explícita; cf. Josefo, *Ant.* 8.325-327.

Ἔλαβον: véase 2:2; 4:16; es un término enfático por su posición. "Recibieron" aquí implica que "les fueron dados", en ambos casos por un profeta, pero en última instancia por Dios. Elías ἔδωκεν αὐτὸ [τὸ παιδάριον] τῇ μητρὶ αὐτοῦ, 1 Reyes (3Re.) 17:23 (cf. Lc. 7:15, con respecto a Jesús y la viuda de Naín, ἔδωκεν αὐτὸν [τὸν υἱὸν] τῇ μητρὶ αὐτοῦ); Eliseo le dijo a la mujer sunamita: λάβε τὸν υἱόν σου, 2 Reyes (4Re.) 4:36; por consiguiente, ἔλαβε τὸν υἱὸν αὐτῆς, v. 37. En lugar de γυναῖκες, en ℵ A D* 33 1912 d e aparece el error primitivo γυναῖκας (BD §46[2]), que, desde el punto de vista gramatical, es imposible con νεκρούς.

Γυνή*; A. Oepke en *TDNT* 1.776-789, especialmente 787s. Aunque no se usa el término γυνή, se mencionaron mujeres en Hebreos 11:11, 31 como ejemplos de fe. Ἐξ es causal; cf. Bauer 3f.

Ἀνάστασις se emplea para referirse al regreso de la vida en la edad presente; cf. Bauer 2ª; en el v. 35b respecto a la resurrección futura; cf. Bauer 2b. El contenido semántico de la palabra es el mismo en ambos contextos (Louw-Nida 23.93). Por lo demás, en Hebreos solo hay una referencia pasajera (6:24) a la resurrección como una de las doctrinas cristianas básicas. Véase A. Oepke en *TDNT* 1.368-371, esp. 370. En el NT se presupone la posibilidad de una resurrección presente (Mr. 6:14); para otros ejemplos, cf. Mr. 5:35-43||; 9:14-29||; Jn. 11:1-44; Hch. 9:36-43.

Τοὺς νεκροὺς αὐτῶν: νεκρός se usa como sustantivo en 6:2; 9:17; 11:19; 13:20; con un pronombre posesivo en Mateo 8:22||; Apocalipsis11:9; y en Génesis 20:3-8; 23:11-15 con respecto a Abraham.

Οἱ ἄλλοι (ἄλλος, 4:8*) introduce el segundo grupo, así como ἕτεροι en el v. 36 introducirá el tercero. No hay ninguna diferencia de significado entre las dos expresiones en el período neotestamentario; la variación es estilística. Véanse Bauer 1c, F. Büschel en *TDNT* 1.264; cf. Mateo 16:14; 1 Corintios 12:8-10; 2 Corintios 11:4. La referencia aquí es a algunas figuras del período macabeo: Eleazar, 2 Macabeos 6:18-31; 4 Macabeos 6–7; los siete hermanos y su madre, 2 Macabeos 7; 4 Macabeos 8–18. La fe en Dios se menciona de pasada, y en términos generales, en 2 Macabeos 7:21, y la esperanza de la madre en el v. 20, pero hay otros aspectos que ocupan un lugar más destacado, incluido el deseo de servir de ejemplo (ὑπόδειγμα, 2Mac. 6:28, 31; 4Mac. 17:23), y, de manera especial en 4 Macabeos, el poder de la razón (λογισμός, p. ej., 6:7, 30-35; 7:1, 4, 12, 14-20, 8:1).

Τυμπανίζω se usa en el AT solo en 1 Samuel 21:13 ***, pero no en alusión a la tortura; τύμπανον se usa para referirse a un instrumento de tortura en Daniel 7:11; en 2 Macabeos 6:19, 28, con respecto a los sufrimientos de Eleazar; ἀποτυμπανίζω en 3 Macabeos 3:27 a la tortura, haciendo más hincapié que aquí en la muerte como su resultado final (así en D en el presente versículo); LSJ 1 con referencias adicionales como "crucificar en un tablón", también en voz pasiva. La referencia más antigua, al parecer, era a una víctima que se ataba a un τύμπανον, posiblemente un tambor, y luego se golpeaba; cf. RVᵐᵍ "golpeada hasta morir". El último significado encaja en el contexto en el caso de Eleazar (2Mac. 6:30; cf. 7:1). Los términos se usaron con posterioridad de manera más general para referirse a la tortura, incluida la decapitación; pero como se menciona separadamente en el v. 37, es poco probable que ese sea el significado aquí (LSJ *s.v.* τυμπάνω, II.1; ἀποτυμπανίζω). En cuanto al tema del martirio, cf. Kellermann, aquí 119-122.

Οὐ προσδεξάμενοι τὴν ἀπολύτρωσιν: οὐ es un adverbio clásico, μή es más común en el NT (BD §430[3]; MHT 1.231). Προσδέχομαι: Bauer 1b. El verbo se usa en 10:34* con referencia a una aceptación voluntaria: aquí se usa en sentido negativo, al igual que en *Bernabé* 11:1, donde alude a la acción de negarse a aceptar el bautismo, pero en ninguna otra parte del NT; cf. W. Grundmann en *TDNT* 2.57f. Ἀπολύτρωσις no se emplea aquí del mismo modo que en 9:15* para referirse a la cancelación o remisión de los pecados, sino en forma literal (solo aquí en el NT) con el sentido de liberar (aquí de la cautividad, en otros lugares de la esclavitud); Daniel 4:32 LXX, acerca de la liberación de Nabucodonosor de la locura. En cuanto al concepto, cf. 2 Macabeos 6, especialmente los vv. 23, 30; 4 Macabeos 8:4-14. La distinción entre λύτρωσις como una liberación temporal y ἀπολύτρωσις como una liberación permanente de la esclavitud se debilita en el koiné, y es en gran medida irrelevante para el NT; véase F. Büchsel en *TDNT* 4.352, 354. En $\mathfrak{P}^{46*}$ se lee ἀπόλυσιν, una lectura que Hoskier 30-31 defiende, pero sin apoyo.

Ἵνα κρείττονος ἀναστάσεως τύχωσιν: el contraste de la resurrección futura con la liberación presente podría sugerir una comparación tipológica de los dos conceptos, pero la elección entre ellos hace pensar más bien en una antítesis (aunque cf. H. Traub en *TDNT* 5.540); cf. la mejor tierra celestial de 11:16; la ciudad futura y permanente de 13:14; y las posesiones mejores y permanente de 10:34. Sin embargo, en una perspectiva más amplia, aún el término resurrección es demasiado limitado para definir la recompensa de la fe; es más, la declaración final en el v. 40 hablará solo en forma alusiva de κρεῖττόν τι.

Τύχωσιν: τυγχάνω, 8:6, respecto a Cristo como mediador de un nuevo pacto; 2Ti.2:10, sobre la obtención de la salvación por parte de los creyentes. Con vistas a su presente propósito, el autor hace hincapié en la actividad de los creyentes, pero siempre está implícita la actividad subyacente de Dios como fuente y objeto de la fe.

11:36. La persecución de los fieles

Las formas de persecución que se mencionan son demasiado generales para permitirnos identificar con certeza cuáles son las víctimas a las que se hace referencia, pero la evidencia acumulada (véase más adelante) indica que, al igual que en el v. 35 y en otro lugar de este pasaje, el autor está pensando principalmente en los macabeos (Hartman-Di Lella, 83). Resulta llamativo que no haya ninguna alusión clara al maltrato que sufrió Jesús antes de su crucifixión; la referencia de Bertram a la "piedad de los mártires cristológicamente definida" (*TDNT* 5.636, sobre ἐμπαιγμός), si bien es importante desde el punto de vista teológico, excede la evidencia lingüística. Hay puntos de contacto con la experiencia de los propios lectores que se describe en 10:33s.

Ἕτεροι (Bauer 1b) se usa después de ἄλλοι en el v. 35 (BD §306[4]; MHT 3.197f.); la conjunción δέ, como en el v. 35, no indica un contraste, sino una transición.

Ἐμπαιγμός**, "burla", con ὀνειδισμός (10:33; Sir. 27:28), de ahí "objeto de burla", Ezequiel 22:4; εἰς ἐμπαιγμόν en Sabiduría 12:25 significa "hacer que se burlen de ellos". En 2 Macabeos 7:7, ἐπὶ τὸν ἐμπαιγμόν significa "convertirlo en el hazmerreír". La expresión está estrechamente relacionada con el desprendimiento del cuero cabelludo del segundo hijo de Eleazar, y la relación se extiende tal vez al autor de Hebreos y a sus primeros lectores, pero no hay razón para pensar en ἐμπαιγμός como una forma de tortura. G. Bertram en *TDNT* 5.630-636, esp. 636.

Μάστιξ*, normalmente en plural en la Biblia griega; aquí se usa en sentido literal para referirse al azotamiento o la flagelación, como en Hch. 22:24; *Bernabé* 5:14 = Is. 50:6; *Mart. Pol.* 2:2; en otros pasajes, por extensión, a cualquier tipo de sufrimiento al que se ven sometidos los inocentes (p. ej., Sal. 38:17[37:18 LXX]; 39:10[38:11 LXX]) o los culpables (p. ej., Sal. 32[31]:10; 73[72]:4; 89:32[88:33 LXX]); cf. la expresión de Roboam, "mi padre os castigó con azotes..." (1Re. [3Re.] 12:11, 14, 24‖); respecto a Eleazar (2Mac. 6:30; 4Mac. 6:3, 6), a su hijo mayor (4Mac. 9:12), y sus siete hijos juntos (2Mac. 7:1, con νευραί, azotes); en relación con los cristianos (Hch. 22:24); en los sinópticos, esp. en Marcos, respecto a las enfermedades sanadas por Jesús (Mr. 3:10, *v.l.* ἀσθενείας; 5:29, 34, ambos en singular; Lc. 7:21 con νόσοι**); en otros lugares con referencia a la disciplina divina (Jer. 6:7; Sir. 22:6; 30:1); cf. μαστιγόω, Heb. 12:6; Bauer 1; C. Schneider en *TDNT* 4.512s.; Spicq 1978.539-542.

Πεῖραν ἔλαβον: la misma expresión en el v. 29** tenía un significado activo; aquí, en sentido pasivo, "experimentaron".

Ἔτι δέ, "y además de esto, e incluso"; posiblemente "aún" (Lane, en consonancia con Zerwick-Grosvenor 683); cf. 2 Macabeos 6:4 en un contexto diferente; Hechos 2:26; en cuanto a ἔτι véase 7:10. No se sugiere ningún cambio en la época, ni en las personas que sufren persecución; véase Bauer 2b.

Δεσμῶν καὶ φυλακῆς: δεσμός* (*v.l.* 10:34); en sentido literal, "cadenas, grilletes", quizás por extensión "esclavitud", haciendo con ello que δεσμοί sea prácticamente sinónimo de φυλακή, o una endíadis. El plural es δεσμοί como en Policarp 1:1, y en griego moderno; δεσμά en Lucas-Hechos, *1 Clemente* 5:6; 55:2; ambas formas son clásicas. Vetio Valente (siglo II d.C.) escribe, δεσμῶν πεῖρων λαμβάνοντες. Las "cadenas" de los judíos se mencionan en 3Mac. 5:6; ἄδικα δεσμά, 3 Macabeos 6:27; con respecto al séptimo hijo de Eleazar, 4 Mac. 12:3. Véase G. Kittel en *TDNT* 2.43. Φυλακή literalmente significa "cárcel"; con referencia a Sansón, Jue. 16:25; a menudo con relación a Jeremías; a Jonatán, 1Mac. 13:12; Josefo, *Ant.* 12:192; acerca de los principales hijos de los macabeos, 1Mac. 9:53. En cuanto a la idea, cf. Heb. 10:33: es posible que los lectores hubieran visitado a los hermanos cristianos encarcelados. Véase G. Bertram en *TDNT* 9.244; Bauer 3.

11:37. Fieles hasta la muerte

La aceleración retórica llega a su punto culminante con una secuencia asindética (MHT 4.107f.). Las alusiones veterotestamentarias tienden a desplazarse de lo que es específico e identificable a lo general. También hay puntos de contacto (v. 36) con la experiencia de los cristianos.

a. Ἐλιθάσθησαν: cf. λιθοβολέω, 12:20; cf. Éxodo 19:13. Es casi seguro que la alusión sea a Zacarías, el hijo de Joiada, que fue apedreado hasta morir por mandato del rey Joás a causa de su condenación profética; el único profeta del que el AT dice que fue apedreado hasta morir (véase empero más adelante la nota sobre Nabot, que no era profeta). Goodenough 1964.10.188-190 (cf. D. R. A. Hare en Charlesworth 2.388) observa en el v. 37abc alusiones a la ejecución de Jeremías, Isaías y Ezequiel; en cuanto a Jeremías, cf. *The Life of the Prophets* (siglo I d.C.) 2:1; Tertuliano, *Scorpiacæ* 8 (*CSEL* 20.161); para las dificultades con respecto a Ezequiel 37c. Otros paralelismos en Schoeps. Por lo demás, el verbo λιθάζω se usa en 2 Samuel 16:6, 13 en referencia a un ataque que sufrieron David y sus compañeros; como castigo para el adulterio, Jn. 8:5; como una amenaza a Jesús, 10:31-33; 11:8; a los oficiales judíos, Hch. 5:26; con respecto a un ataque contra Pablo, Hechos 14:19; 2Co. 11:25; *1 Clemente* 5:6***. Más comúnmente, sin ninguna diferencia de significado, se emplea el verbo λιθοβολέω; para ambos verbos, el propio contexto determina si se trata de un castigo jurídico o de un ataque por parte de una turba, y si termina o no con la muerte. Casi siempre, se trata de un castigo que lleva a cabo un grupo de personas, y es un castigo típicamente israelita. Λιθοβολέω (12:20) se usa para referirse al ataque por parte de los arrendatarios del viñedo, Mateo 21:35 (aquí y en 23:37|| una alusión probable a los que fueron enviados por Dios); con respecto a Esteban, Hechos 7:58s.; a una amenaza a Pablo y Bernabé, Hechos 14:5; a Moisés y al pueblo, Éxodo 8:26; a David, 1 Samuel 30:6; como castigo de un buey, Éxodo 21:28s., 32; como castigo de la idolatría, Levítico 20:2; Deuteronomio 13:11; 17:5; de la práctica de la magia, Levítico 20:27; por maldecir el nombre de Dios, 24:14, 16, 23; cf. Nabot, que fue acusado falsamente de haber maldecido a Dios y al rey, 1 Reyes (3Re.) 21:10, 13-15; como castigo por quebrantar el día de reposo, Números 15:35s.; para un hijo rebelde, Deuteronomio 21:21; por delitos sexuales, Deuteronomio 22:21, 24; para Adoram, el malvado recaudador de impuestos, 1 Reyes 12:18; 2 Crónicas 10:18; en general con respecto a los justos, *1 Clemente* 45:4. Véase W. Michaelis en *TDNT* 4.267s.

b. Ἐπρίσθησαν: La referencia es a la tradición precristiana no canónica de que Isaías fue aserrado y dividido en dos bajo el reinado de Manasés: *Asc. Is.* (siglo II, a.C. o con posterioridad) 5:11-14; *The Life of the Prophets* (1:1); *b. Yeb.* 49b; *Sanh.* 10:28c, 37; Justino, *Trypho* 120.5; Tertuliano, *De Patientia* 14 (*CSEL* 47.21); *Scorpiacæ* 9 (*CSEL* 20.161). El verbo se usa en otros lugares para referirse a la atrocidad que cometió Damasco contra Galaad (Am. 1:3); como castigo de un delito sexual, Daniel LXX (Susana) 13:59***; cf. v. 55 (σχίζει... μέσον). Las tradiciones iraníes sobre esta forma son demasiado tardías para haber influido en estos relatos.

Ἐπρίσθησαν por si solo aparece en 𝔓⁴⁶ 1241ˢᵘᵖᵖ 1984 *pc;* precedido por ἐπειράσθησαν en ℵ L P 048 33 81 326 1611 2495 *pc*, y seguido de ἐπειράσθησαν en 𝔓¹³ ᵛⁱᵈ A D² K Ψ 88 104 181 330 436 451 614 629 630 1739 1877 1881 1962 2127 2492 𝔐; para leves variaciones y conjeturas, véanse MHT 2.72, Zuntz 47-48, Braun, Metzger 674s. La fuerza de las pruebas externas a favor de ἐπειράσθησαν se ve reducida por la probabilidad de que se trate de una diptografía, y por su decepcionante inconveniencia en una lista de atrocidades; NASB y Swetnam 1981.88 n. 14; cf. 89 n.18 adoptan la lectura más larga.

c. Ἐν φόνῳ μαχαίρης: véase 4:12; 11:34 = "muertos por la espada" es una expresión que se usa en el AT para referirse a la matanza de los enemigos de Israel (Dt. 20:13), como por ejemplo, los amalecitas (Éx. 17:13) y los amorreos (Nm. 21:24), y también los idólatras (Dt. 13:15). Lo más probable aquí es que dicha expresión aluda al asesinato a espada (ῥομφαία) de los verdaderos profetas en el reinado de Acab, 1Re. (3Re.) 19:10; cf. Jer. 2:30; Mt. 23:31. Ἀποθνῄσκω: véase 7:8.

d. Περιῆλθον: en cuanto a περιέρχομαι véase J. Schneider en *TDNT* 2.682f. Ἐν μηλωταῖς: μηλωτή ("piel de oveja") se usa en otros lugares de la Biblia griega solo para referirse a la vestimenta de Elías, 1 Reyes (3Re.) 19:13, 19; 2 Reyes (4Re.) 2:8, 13s.*** El uso de esta expresión prosigue el tema del sufrimiento de los profetas inocentes. Ἐν αἰγείοις δέρμασιν: αἴγειος ("de una cabra") con respecto a las ofrendas el santuario, Éxodo 25:4; 35:6; cf. Números 31:20: la alusión podría ser al "manto velloso" del profeta de Zacarías 13:4.

e. Ὑστερούμενοι: ὑστερέω: véase 4:1; aquí con respecto a una falta material (Ballarini 1978.363), como en Mateo 19:20; Marcos 10:21; Lucas 15:14; 22:35; Juan 2:3; 1 Corintios 8:8; 12:24 en cuanto a la pobreza en general; así pues 2 Corintios 11:9; acerca de la falta de bienes espirituales, Romanos 3:23 (gloria); 1 Corintios 1:7 (dones espirituales); 2 Corintios 11:5; 12:11; Hebreos 4:1; 12:15**. Véase U. Wilckens en *TDNT* 8.598.

f. Θλιβόμενοι: el verbo θλίβω* se usa con frecuencia, especialmente en el AT, para referirse a la opresión o aplastamiento físicos, por ejemplo, en Mr. 3:9; sobre todo en batalla, 1Mac. 9:7; cf. v. 68; respecto a los enemigos que se oprimen mutuamente, 1Mac. 10:46; 11:53; al sitio de una ciudad, 1Mac. 15:14; 2Mac. 11:5; a los justos en general, Sal. 34:19(33:20 LXX), que se cita en 4Mac.18:15; por ende, acerca de la persecución de Pablo y de otros apóstoles 2Co. 1:6; 4:8; 7:5, y de los cristianos en general, 2Ts. 1:6s. Θλιβόμενοι hace recordar el término θλίψεσιν de 10:33.

g. Κακουχούμενοι: κακουχέομαι, 13:3; 1 Reyes (3Re.) 2:26 con respecto al sacerdote Abiatar que había compartido las aflicciones de David; véase 11:39***.

11:38. El pueblo fiel de Dios, del cual el mundo no era digno

Ὧν οὐκ ἦν ἄξιος ὁ κόσμος: Estas palabras no constituyen un paréntesis gramatical (BD §465), sino que interrumpen la línea de pensamiento entre la secuencia asindética anterior (v. 37) y la descripción final que sigue de los sufrimientos del pueblo de Dios. El autor considera retóricamente efectivo colocar las dos mitades de la parábola una al lado de la otra, sin "aunque" ni otro conector lógico similar.

Es relativamente poco importante si el aparte se encuentra entre paréntesis, guiones o comas (véase la nota de puntuación de UBS³). Desde el punto de vista gramatical, el antecedente de ὧν es ἕτεροι δέ, v. 36; pero no sería raro que el autor estuviera preparando el terreno para la conclusión general en los vv. 39s., οὗτοι πάντες. Ἄξιος* con un genitivo de persona, Mateo 10:37s.; cf. ἀξιόω, 3:3, con respecto a Cristo que es digno de honor; 10:29, a los apóstatas que son dignos de castigo; véase W. Foerster en *TDNT* 1.379f. Κόσμος no se usa aquí para referirse neutralmente al universo o al mundo como creación de Dios (4:3), sino al mundo y todo lo que hay en él que se opone a Dios (11:7; Bauer 7; muy a menudo por Pablo y Juan; véase H. Sasse en *TDNT* 3.867-898, aquí 889-895). Si algún contraste implícito hay aquí con "algo mejor" (v. 40), no es con la tierra prometida de Israel, porque esta promesa ya se había cumplido para aquellos a los que se alude más directamente (véase más adelante); los creyentes eran "dignos" (implícitamente, considerados dignos por Dios, a causa de su fidelidad) de algo mejor que el mundo (visible y presente) en general. El interés del autor no se centra en el hecho de que el pueblo perseguido de Dios no tiene un hogar o posesiones permanentes; en algunos de los incidentes a los que pudiera hacerse referencia, lo que se pone de relieve más bien es que las personan buscan seguridad en lugares remotos.

Ἐπὶ ἐρημίαις πλανώμενοι: ἐπί aparece en $\mathfrak{P}^{13,\ 46}$ ℵ A P 1241^{supp} 1739 1881 pc; en D Ψ 𝔐 se lee la preposición gramaticalmente más fácil (BD §479[2]) y más común ἐν; la misma atenuación se pone de manifiesto entre Marcos 8:4, ἐπ' ἐρημίας, y el pasaje paralelo en Mateo 15:33, ἐν ἐρημίᾳ; cf. 2 Corintios 11:26**; véase G. Kittel en *TDNT* 2.657-659. En cuanto a πλανάω, véase H. Braun en *TDNT* 6.228-253, aquí 242.

La experiencIa del desierto posterior al éxodo dejó una marca permanente en la consciencia de Israel. Fue un lugar de relativa seguridad para David cuando se vio amenazado por Saúl, 1 Samuel 23:14; 24:2; para Elías cuando Jezabel lo amenazó, 1 Reyes (3Re.) 19:4; para Matatías y sus seguidores en el período macabeo, 1 Macabeos 2:29, 31; Josefo, *Ant.* 12.271s.; y para Judas Macabeo y sus seguidores, 1 Macabeos 9:33; 5:24, 28; para Judas, el desierto también fue un lugar que le permitió reagruparse para la batalla. Aquí, como en otras partes en este pasaje, predominan las alusiones macabeas. Πλανάω (3:10); solo en este pasaje del NT se usa para referirse a una deambulación de carácter físico (Bauer 2a).

Ὄρεσιν: ὄρος: véase 8:5 = Éxodo 25:40; 12:20* = Éxodo 19:13, ambos pasajes se refieren al Sinaí; 12:22, a la Sión celestial. Los montes, al igual que el desierto, eran lugares de refugio: para Israel de los madianitas, Jueces 6:2 B; para Elías en el monte Horeb, 1 Reyes (3Re.) 19:8; para Matatías y sus hijos, 1 Macabeos 2:28. Cf. Cornuto 14, página 17, 16ss. (Horst 171), ἐν δὲ τοῖς ὄρεσιν... εἰς τὴν ἐρημίαν.

Σπηλαίοις: σπήλαιον*. El refugio en cuevas a menudo se asocia con las montañas y el desierto: Jueces 6:2; Sansón, Jueces 15:8; los israelitas cuando estaban amenazados por los filisteos, 1 Samuel 13:6; David en la cueva de Adulam, 1 Samuel 22:1; los cien profetas que escondió Abdías, 1 Reyes (3Re.) 18:4; Elías, 1 Reyes (3Re.) 19:9; los judíos amenazados por Ptolomeo, 2 Macabeos 6:11; Judas Macabeo y sus compañeros, 2 Macabeos 10:6; Josefo, *Ant.* 6.247; 12.272, 274. Las cuevas proverbialmene eran lugares de refugio para los ladrones, Marcos 11:17∥ o para evitar el castigo, Jeremías 4:29; Apocalipsis 6:15. Se usaban como tumbas, Juan 11:38.

Ταῖς ὀπαῖς τῆς γῆς: ὀπή puede significar caverna, pero el contexto, y el uso normal, exigen algo más pequeño que σπήλαιος. La palabra se usa para referirse a un hueco, como lugar de escondite y protección, Éxodo 33:22 con respecto a Moisés; 4 Macabeos 14:16 para pichones; Abdías 3 como mun lugar de jactancia; Santiago 3:11** acerca del hueco en la tierra del que brota un manantial; por extensión, Zacarías 14:12 con referencia a la cuenca del ojo; quizás de manera especial acerca de Sansón, Jueces 15:11, *v.l.* τρυμαλιάν; cf. Marcos 10:25 sobre el ojo de una aguja.

11:39. Los creyentes en el período del AT no recibieron lo que Dios había prometido

Aunque Dios, por medio de las Escritura, había testificado a favor de los creyentes del AT a causa de su fe, ellos no recibieron en ese momento lo que Dios le había prometido a su pueblo. Los vv. 39 y 40 expresan las dos mitades complementarias de la conclusión al capítulo 11 (Cosby 71-74). El presente versículo se refiere exclusivamente a personajes del AT. Es, pues, predominante negativo, y no contiene prácticamente ninguna información nueva —a lo sumo, extiende a todos los héroes de la fe lo que se dijo de los patriarcas en el 13a. El v. 40, en cambio, se ocupará principalmente (al igual que 12:1-13) de los contemporáneos del autor; será predominantemente positivo (a pesar de la negación gramatical en el v.40b); y contendrá una información nueva y significativa.

La similitud del contenido entre los vv. 13a y 39 se oculta hábilmente detrás de la variación de la forma:

v. 13a	**v. 39**
a. κατὰ πίστιν ἀπέθανον	b. καὶ οὗτοι πάντες μαρτυρηθέντες
b. οὗτοι πάντες,	a. διὰ τῆς πίστεως
c. μὴ λαβόντες	c. οὐκ ἐκομίσαντο
d. τὰς ἐπαγγελίας	d. τὴν ἐπαγγελίαν

El paralelo ha perturbado la tradición de los manuscritos: el v. 13 por la *v.l.* κομισάμενοι en lugar de λαβόντες. En el presente versículo (v. 39), en A I etc. se lee τὰς ἐπαγγελίας, tal vez por asimilación al v. 13. Es posible que οὗτοι πάντες aquí sea también una asimilación al v. 13; o bien, podría ser una glosa esclarecedora correcta: οὗτοι no se encuentra en 𝔓⁴⁶ 1739 1881 sa Cl. Alex., y aparece después de μαρτυρηθέντες en D d e f vg. Zuntz 33-34 y Braun le atribuyen al pronombre οὗτοι una importancia secundaria, pero se incluye en las ediciones modernas como una prueba externa. La conjunción καί al inicio de la oración marca una nueva etapa en el argumento, al igual que en el v. 32; aquí un resumen.

Arowele 266 observa una contradicción en los vv. 39s. y 3:16-19, donde no "todos" sino solo algunos israelitas sobreviven para tomar posesión de la tierra prometida; para explicar la contradicción, identifica el capítulo 11 como una tradición separada. Esto en sí mismo no es imposible (véase la introducción al capítulo 11), pero 3:16-19 representa un punto de vista diferente y no una declaración contradictoria. El autor allí advierte; aquí anima. Allí, se refiere al pueblo en su conjunto, diezmado por causa de su incredulidad; aquí se ocupa de creyentes individuales, incluyendo a Moisés (vv. 27-31), no de generaciones enteras. En ninguno de los pasajes el autor se refiere, como sí lo hace Pablo en Romanos 9–11, a la reunión final de Israel en su conjunto.

Μαρτυρηθέντες: el verbo μαρτυρέω se usa en 7:8; 11:2, 4, 5 en relación al testimonio de Dios, o de la Escritura, o más probablemente, de Dios en la Escritura, sin distinción. El contexto deja claro, y se explicita en los vv. 4s., que el testimonio es favorable.

Διὰ τῆς πίστεως: διά es una preposición que expresa medio o instrumento, como, por ejemplo, en 2:10, 14; 9:26; 10:10; διὰ πίστεως, y en 11:33 como sinónimo de πίστει.

Οὐκ ἐκομίσαντο τὴν ἐπαγγελίαν: κομίζω véase 10:36; τὴν ἐπαγγελίαν, "lo que Dios prometió", no se diferencia de τὰς ἐπαγγελίας en el v. 13. Ni aquí ni en el v. 40 (κρεῖττόν τι) se define el contenido de la promesa. Se considera que es la posesión de una patria segura (vv. 13-16), y se relaciona con la resurrección (v. 35); más adelante se interpretará como un logro a través de la fe, junto con el Cristo exaltado (12:1-3), dentro de una comunión festiva más amplia de santos (12:21-24). El orden de las palabras hace que resulte poco convincente tomar διὰ τῆς πίστεως junto con ἐκομίσαντο: "no recibieron lo que se les había prometido por su fe" (D'Angelo 23).

11:40. El logro del pueblo de Dios

Este versículo, al igual que otras transiciones en Hebreos, cumple una doble función. Por un lado, constituye junto con el v. 39 la conclusión al estudio histórico del capítulo 11; y por otro lado, prepara el terreno para la exhortación que comienza en 12:1. Sin embargo, este rasgo formal es solo la parte externa de una declaración teológica: que las generaciones de creyentes en el pasado y en el presente están unidas en el propósito de Dios. Dentro de esta unión, se hace hincapié en la presente generación, es decir, en los primeros lectores de la epístola.

El problema de la relación de las generaciones precristianas con el evento de Cristo se pone de manifiesto en distintas formas en varias partes del NT. Para Pablo, la consumación de la misión gentil es una precondición para la salvación de "todo Israel" (Ro. 11:25s.); pero el autor de Hebreos parece evitar deliberadamente hacer referencia a la dicotomía entre judíos y gentiles, posiblemente debido a la diversidad étnica de sus lectores (1:1 el comentario acerca de τοῖς πατράσιν, y la introducción, págs. 21-27). Una dicotomía similar se refleja en las visiones de Juan de "ciento cuarenta y cuatro mil sellados, de cada tribu de... Israel" (Ap. 7:4), y de una "una gran multitud" procedente de todas las naciones (v. 9); y también en la visión de los mártires que esperan hasta que se complete su número (6:9-11); pero el interés de Hebreos se centra en el martirio, no en sí mismo, sino como un resultado de la fe. El contenido de 1 Pedro 3:19-21 preserva una tradición que afirma que Jesús, aparentemente entre su muerte y su resurrección, les predicó a los espíritus encarcelados; aunque el tema de ese pasaje gira más bien en torno al diluvio como un tipo del bautismo. El enfoque de Hebreos es diferente pero no contradictorio (como aduce Lohmann 124). E. Stauffer (*TDNT* 3.328n.54) cita Juan 4:36b como un paralelo del presente versículo, pero la interpretación de ese texto (que tal vez originalmente era un logion aislado) no es segura.

Τοῦ θεοῦ... προβλεψαμένου: la referencia a la actividad de Dios en el v. 39 solo fue implícita, por tanto, el genitivo absoluto es gramaticalmente correcto, como de costumbre en Hebreos (BD §423). En lugar de προβλεψαμένου, en 365 1241[supp] se lee προσβλεψαμένου, "habiendo considerado", que más adelante se corrompió y apareció como προσβλεψάμενοι en 𝔓⁴⁶. Προβλέπομαι es una forma verbal en voz media que se usa con un sentido activo; cf. Salmo 37(36 LXX):13***; *Bern.* 3:6; 6:14; 9:7; BD §316 (1); MHT 3.55. La elección de este término poco usual refleja la ausencia generalizada en Hebreos del lenguaje relacionado con la profecía y su cumplimiento (véase 1:1 sobre προφήτης).

Περὶ ἡμῶν: este es el primer uso significativo de la primera persona del singular (dejando de lado la forma verbal νοοῦμεν en el v. 3) desde 10:39; le sigue inmediatamente la frase χωρὶς ἡμῶν, y la expresión enfática καὶ ἡμεῖς del 12:1, señalando así una transición importante de la retrospectiva histórica a la aplicación actual.

Κρεῖττόν τι: 1:4; 11:39; y en especial 6:9, donde se contrastan esencialmente los temores del autor y las esperanzas de sus lectores. En el presente versículo resulta menos claro (a) en qué sentido la situación de la generación actual es mejor, y (b) en qué consiste ese "algo mejor".

(a) Si se tiene en cuenta el tono positivo del capítulo 11 en su conjunto, el contraste debe ser entre lo bueno y lo mejor, no, como en 6:9, entre lo bueno y lo malo. El lenguaje relativo al logro en el presente versículo y en 12:2 sugiere un contraste con el AT como un período en el que no se alcanzó la meta, tipificado por la peregrinación de los patriarcas (vv. 13-16), pero que continúa después de la ocupación de la tierra prometida (v. 38). La presente generación de creyentes, en cambio, es una época de logros, al menos por anticipación.

(b) Cualquier esfuerzo por identificar el "algo mejor" referencialmente va a más allá de donde el autor desea llegar en la presente etapa. El contexto más restringido y el más amplio, sin embargo, sugieren que el logro presente está relacionado con la persona y la obra de Jesús (12:2; cf. 12:24; 2:10), cuya muerte sacrificial, que de por sí es un logro de su misión, hace posible para los creyentes lo que algunos describen como "la salvación eterna" (5:9), y otros como santificación y perfeccionamiento (10:14). La posición privilegiada de los lectores se deriva del hecho de que ellos tienen, a diferencia de las generaciones anteriores, a Jesús como su sumo sacerdote (8:1; 9:11). El autor basa su argumento en las realidades de la historia de la salvación; cualquier conjetura acerca de lo que habría ocurrido si los creyentes del AT no hubieran tenido que esperar el cumplimiento de las promesas resulta irrelevante y fútil.

Ἵνα μὴ χωρὶς ἡμῶν: cf. κρείττονος ἀναστάσεως τύχωσιν, v. 35, pero el presente versículo tiene una connotación presente y no futura. La doble negación es esencialmente igual a una declaración positiva, "solo con nosotros", pero la negación (junto con la expresión indefinida κρεῖττόν τι, sobre la cual véase el comentario supra) tiene por objeto restarle importancia al presente versículo, y dirigir la atención hacia la declaración positiva que culmina en 12:21-24. En cuanto al AT como un período de espera y en el que no se alcanzó la meta, cf. 3:7–4:11; en el pasaje que nos ocupa, no se hace hincapié en el factor temporal. Χωρίς: véase 4:15. Τελειόω: véase 2:10.

ES NECESARIO RESISTIR CON PACIENCIA (12:1-13)

El capítulo 12 contiene, en los vv. 18-24, el clímax retórico de la epístola; también contiene la última enseñanza más importante del autor, y su postrer llamado general a los lectores para que eviten la apostasía. El tema principal de Cristo como Hijo y sumo sacerdote ya ha sido exhaustivamente analizado, y el tono dominante de este capítulo es parenético; en última instancia, empero, la exhortación y la cristología no pueden separarse ni contraponerse (Laub 1980.154-161).

La mayoría de los comentaristas ven este versículo como un nuevo comienzo, marcado por la sólida conjunción inferencial τοιγαροῦν. (Dussaut 122-126 agrupa de manera poco convincente 11:32–12:13 como la duodécima sección de la epístola). El pasaje de 12:1-2 presenta de nuevo a los dos participantes esenciales que han estado ausentes en gran medida desde el capítulo 10, a saber "nosotros" (ἡμεῖς enfático, v. 1) y "Jesús" (enfático por su posición al final del v. 2a). El centro gramatical de los vv. 1-2 es el único verbo principal τρέχωμεν, que retoma la exhortación de 10:32-39 a proseguir con firmeza (δι᾽ ὑπομενῆς, 12:1) el viaje de la fe que los lectores habían comenzado. Resulta llamativo que no sean los creyentes del AT del capítulo 11, cuya vida de fe hasta ese momento no había obtenido su fin (11:40), los que se propongan como ejemplos a seguir, sino el propio Jesús, ἀρχηγὸς καὶ τελειότης de la fe, cuya vida terrenal llegó a la meta cuando se sentó a la diestra de Dios; la alusión veterotestamentaria en el v. 3 es un mal ejemplo que también se ofrece como advertencia.

Vanhoye 197s., en los vv. 1-3 y Horing, en los vv. 1-2, observan estructuras quiásticas que difieren en algunos detalles. La introducción al capítulo 12 contenida en los vv. 1-3 se desarrolla en los vv. 4-13 (así lo cree Vanhoye 196-204, que adjunta los vv. 12s. a esta sección alegando razones lingüísticas).

12:1. La nube de testigos

Τοιγαροῦν aparece ubicado enfáticamente al comienzo del versículo; esto es irregular en griego clásico, pero común en el griego bíblico (Jb. 7:11 A*; 22:10; Pr. 1:26, 31; Is. 5:13; Sir. 41:16; 2Mac. 7:23; 4Mac. 1:34; 1Ts. 4:8; en segunda posición Jb. 24:22; 4 Mac. 9:7; 13:16; 17:4***); introduce exhortaciones en Sir. 41:16; 4 Mac. 9:7; 13:16; 17:4; MHT 3.347; Moule 167.

Καὶ ἡμεῖς: frase enfática. La analogía entre los creyentes del AT y los lectores de la epístola es más fuerte en el v. 1: las figuras del AT son (entre otras cosas) ejemplos de perseverancia en la fe. El v. 2 aplicará explícitamente a los lectores lo que sin duda estaba implícito, pero fue expresado, en el capítulo 11, a saber, que la meta de su peregrinación, la consumación de su fe, se encontraba en la persona de Jesús. Hasta aquí el autor se identifica con sus lectores; en el v. 3, tal vez con el fin de preparar el terreno para la enseñanza sobre la παιδεία del Señor, se dirigirá a ellos en segunda persona.

Τοσοῦτον, aquí acusativo neutro en correspondencia con νέφος, antes de una vocal; también nominativo; τοσοῦτο (7:22) antes de una consonante (MHT 2.178);

aquí enfático (BD §473[2]); la variante τηλικαύτον en ℵ* es una glosa correcta.
Ἔχοντες tiene valor causal, (BD §418[1]), al igual que en griego clásico; en este
caso: "puesto que tenemos...". Περικείμενον (περίκειμαι, véase 5:2; cf. προκειμένης
más adelante), aquí respecto a una multitud que rodea a los lectores (Bauer 1b),
como en un estadio. Νέφος se usa a menudo en sentido figurado para referirse a
una muchedumbre de personas (véanse LSJ *s.v.* II, Bauer, Bleek y Braun).

Μαρτύρων: la connotación esencial de μάρτυς (10:28) es la de alguien que
testifica ante un tribunal de justicia; pero es casi seguro que este sentido se excluya
aquí, porque lo que el contexto exige es que se refiera a espectadores en un estadio
que presencian una competencia atlética. El papel inmediato que desempeñan
es pasivo a diferencia del de Jesús, y de hecho, del de los lectores, porque los
espectadores no pueden alcanzar su meta a menos que los lectores también la
alcancen (11:40); los detalles de la imaginería no deben forzarse demasiado. Hay
un reflejo verbal de μαρτυρέω en 11:2, 4, 5, pero el significado es diferente.

Ὄγκον es enfático por su posición (BD §473[2]): ὄγκος***, "peso, carga", aquí
alude implícitamente a un atleta que se despoja de las vestiduras que le impedirían
hacer un buen papel. Πάντα muestra que la referencia es general, pero las palabras
que siguen definen el impedimento como el pecado; no, como en Filón (*Post. Caini*
137) el cuerpo; Porfirio de Tiro (*De Abstinentia* 1.31) habla de desnudarse para
una pelea. Ἀποθέμενοι: ἀποτίθεμαι* se usa en sentido literal en Hechos 7:58 (cf.
Mart. Pol. 13:2) para referirse a la acción de quitarse (e implícitamente, colocar
en cierto lugar) la ropa; y en sentido figurado con respecto a despojarse a diversas
formas de mal: τὰ ἔργα τοῦ σκότους, Romanos 13:12; τὰ πάντα seguida de una
lista de vicios, Colosenses 3:8; τὸν παλαιὸν ἄνθρωπον, Efesios 4:22; τὸ ψεῦδος, v.
25; πᾶσαν ῥυπαρίαν, Santiago 1:21; πᾶσαν κακίαν, 1 Pedro 2:1; Bauer 1b; Spicq
1978.623-625; aquí probablemente con un sentido imperativo (Lane). El uso de
este verbo anticipa ya la mención del equivalente literal del ὄγκος.

Καὶ τὴν εὐπερίστατον ἁμαρτίαν puede ser una definición más precisa de lo que
impide al que corre (Braun) o un equivalente literal, con la conjunción epexegética
καί: "toda carga, es decir, esencialmente, el pecado". Εὐπερίστατος***: al igual que
en el griego clásico, el prefijo εὐ- a menudo tiene el significado de "fácil", como
en εὐάλωτος, "fácil de tomar o aprehender", εὐεπίθετος, "fácil de atacar o asaltar".
Aquí el significado es "que fácilmente nos rodea", de περιΐσταμαι, "rodear",
que a menudo se usa respecto a circunstancias o acontecimientos (BD §117[1]);
posiblemente, como pensaba Crisóstomo, "para conducirnos a la angustia"
(cf. περίστασις), pero esto es dudoso. La acepción de "atrapar", al parecer, la
presuponen algunas versiones latinas y siríacas; cf. lo que dice el autor respecto al
pecado en 3:13; 11:25. La lectura εὐπερίσπαστον ($\mathfrak{P}^{46}$ 1739 it$^{d? e? z?}$), con el sentido
pasivo de "fácilmente distraídos" [Jen. *Cyr.* 2.7 con el sentido activo de "fácil de
alejar (apartar)"] resultaría atractiva si el significado de la lectura contara con un
testimonio más amplio; sí la aceptan Hoskier 31; Beare 388; Zuntz 25-29, F. F.
Bruce y Lane, pero no Braun, Attridge ni H.-F. Weiss. Vaccari 1958a b, seguido
de Vanhoye 197n, la combina con una enmienda conjetural y da como resultado
εὐπερίσπαστον ἀπαρτίαν, donde ἀπαρτία significa "enseres del hogar" (Éx. 40:36)

o "botín", incluyendo a los cautivos (Nm. 31:17s.); la imaginería, pues, sería la de un atleta alejado o distraído de su tarea por la carga de un equipaje engorroso (*impedimenta*). Sin embargo, en términos generales es más satisfactorio suponer que el autor complementa su imagen de la carga con un lenguaje más literal (aunque personalizado) acerca del pecado; cf. Metzger 675; MHT 2.282; Spicq 1978.325s.; Kudasiewicz; Lane. Ἁμαρτία, véase 1:3.

Δι' ὑπομονῆς: διά respecto a las circunstancias concomitantes (Bauer A.III.1c), como en Ro. 8:25; ὑπομονή, 10:36; cf. ὑπομένω, 10:32; 12:2, 3, 7). El autor está preparando el terreno para la poderosa exhortación que hará a sus lectores para que se mantengan firmes en su fe, de la cual Jesús es el objeto y el ejemplo supremo.

Τρέχωμεν: τρέχω* no significa simplemente adoptar un estilo de vida (como περιπατέω, 13:9), sino específicamente correr, de manera especial en una carrera a pie Ro. 9:16; 1Co. 9:24; Fil. 2:16), o en forma más general, avanzar a buen ritmo (Gá. 5:7; Bauer 2a). La imaginería connota no solo esfuerzo, ni velocidad en primer término, y casi seguro tampoco connota la idea de competencia con los demás participantes, sino (como en los textos paulinos citados) la posibilidad del éxito o el fracaso, de alcanzar o no alcanzar la meta (Heb. 2:1-4; 4:1, 11; 6:4-6; 10:26-31). El subjuntivo es hortatorio (BD §364); dicho subjuntivo aquí no implica por sí mismo que se trate de una acción continua, aunque el contexto sí exige ese significado en este caso.

En el análisis anterior se dio por sentado que ἀγών aquí se refiere a una carrera a pie. Este, y no el significado más amplio de una lucha (Fil. 1:30; Col. 2:1; 1Ts. 2:2; 6:12 con respecto a la batalla de la fe; 2Ti. 4:7**), es lo que demanda el contexto, aunque ἀγών podría referirse a cualquier tipo de competencia atlética (Bream-Weeks, contra Robb; cf. Lane). El autor presupone que él comparte la condición de los lectores; así mismo Pablo, con un lenguaje diferente, en Filipenses 3:12.

Προκείμενον: es lógico interpretar πρόκειμαι aquí a la luz del uso del mismo verbo en el v. 2, donde el sentido indica más claramente que el "gozo" no solo "está delante" de Jesús, sino que "fue puesto delante" de él, implícitamente por Dios; del mismo modo tal vez aquí con respecto a la competición a la que están llamados los creyentes. Así NVI "la carrera que tenemos por delante", RVC, NRSV, Lane, contra TEV, NJB, REB, Attridge; cf. Bauer *s.v.* 2.3. Véase también Käsemann 1948 acerca de 12:1-12. D. A. Black 1987a sobre 12:1s.

12:2. Jesús, el origen y la meta de la fe

Por primera vez desde 10:19 se menciona a Jesús por nombre. Está relacionado de varias maneras con la fe de los lectores (e implícitamente, con la del escritor también; cf. la repetición del pronombre de primera persona del plural en el v. 1): los lectores deben "mantener sus ojos puestos" en él; él es el "pionero y el consumador" de la fe; y su perseverancia frente a la crucifixión es el ejemplo supremo para los creyentes. Al igual que en el pasaje en general, el tono es hortatorio. Cuando se usa un lenguaje distintivo (ἀρχηγὸς καὶ τελειωτής), no se desarrolla ni se explica. Una gran parte de las expresiones que se utilizan son tradicionales ("sentado a la diestra de Dios"), históricas ("la cruz") o no directamente teológicas ("gozo", "vergüenza"). La humanidad de Cristo se describe con todo esmero. Lo que vincula el versículo con el desarrollo más amplio del argumento es esencialmente el tema de la fe perseverante y con visión de futuro.

Ἀφορῶντες: el verbo ἀφοράω se usa con un sentido más general en Filipenses 2:23**. La comparación con 4 Macabeos 17:10 resulta muy didáctica: con respecto a Eleazar y su familia se lee: Οἳ καὶ ἐξεδίκησαν τὸ γένος εἰς θεὸν ἀφορῶντες, καὶ μέχρι θανάτου [cf. Heb. 12:4] τὰς βασάνους ὑπομείναντες. La ὑπομονή de los mártires se menciona dos veces más en 4 Macabeos 17:23. Los puntos de contacto con el presente pasaje son obvios, pero la nota étnica, como siempre en Hebreos, se evita. El participio de presente sugiere la atención constante que el autor ha recomendado repetidamente desde 2:1. Véase Spicq 1978.170-172.

Εἰς τὸν τῆς πίστεως ἀρχηγὸν καὶ τελειωτὴν Ἰησοῦν: la alusión a 2:10, πολλοὺς υἱοὺς εἰς δόξαν ἀγαγόντα τὸν ἀρχηγὸν τῆς σωτηρίας αὐτῶν διὰ παθημάτων τελειῶσαι, es ineludible; pero mientras en el pasaje anterior la atención se centró en la relación entre el Hijo y los hijos, y la enseñanza sobre el sumo sacerdocio de Cristo todavía no se había introducido, en el pasaje actual todo el análisis anterior puede considerarse válido y no es necesario reformularlo explícitamente. Obsérvese que en 2:10 se hace referencia a Jesús mediante una perífrasis reverente, mientras que la posposición del nombre en este versículo lo hace muy relevante. Los estudios realizados para determinar si ἀρχηγός aquí significa "autor" o "líder" implican hasta cierto punto una falsa antítesis. En el contexto inmediato, el contraste con τελειωτής exige el significado de "autor" (Johnston); pero la enseñanza que se dio por válida acerca de que Cristo "llevó muchos hijos a la gloria" o a la perfección (2:10; 11:40) sugiere la acepción de "líder" o "pionero". Más adelante aparece la enseñanza, aunque también se presupone, con respecto a lo que Cristo logró para los creyentes mediante su sacrificio: "Él es el primero en llegar al final del camino a la salvación y el que hace posible que lo sigamos" (Loader 1978.207). El propio Cristo ha corrido, hasta llegar al final con "gozo" y "gloria", la carrera que los lectores han comenzado, y que los creyentes del AT no llegaron a completar; los que lo siguen deben mantenerse contemplando a su líder. El autor no está pensando en este momento en divisiones vicarias, aunque véase 2:9 con respecto a ὑπὲρ παντός, y ἀντί más adelante. Τελειωτής***, un término "aparentemente acuñado por el autor" (MHT 2.365; cf. G. Delling en *TDNT* 8.86f.), recuerda claramente el verbo τελειόω, en particular en 2:10; 11:40. Τῆς πίστεως: véase 4:2; no puede hacerse hincapié en el uso del artículo, pero el término πίστις normalmente en Hebreos no va precedido por un artículo, y cuando se usa el artículo (4:2; 13:7), este se refiere a la fe de grupos específicos. Aquí hay probablemente una referencia directa a la fe del autor y sus lectores, junto con una referencia menos directa a la fe de los creyentes del AT que se analizaron en el capítulo 11. El contexto sugiere que a Jesús también se le considera un creyente (cf. πεποιθώς, 2:13 en una cita del AT; πιστός, 3:2). El contexto también sugiere que la fe se entiende como una cualidad de adhesión persistente a Cristo, no como una aceptación de "la fe" en el sentido de una serie de proposiciones catequéticas. Véanse Du Plessis 218s., 222-224; Hegermann 1961.22; Fiorenza, aquí 270-280; Müller 1973; Trilling.

Esto no excluye de ningún modo la posibilidad de que el v. 2b sea esencialmente un credo. Su contenido parece en gran medida tradicional, y el pronombre ὅς (1:3; cf. Fil. 2:7; Col. 1:15) señala a menudo el comienzo de una declaración de fe. Pero el credo, si en realidad lo es, se centra en los acontecimientos más importantes de la historia de la salvación, y también podría describirse como un himno de alabanza.

El significado de ἀντὶ τῆς προκειμένης (6:18) αὐτῷ χαρᾶς es incierto en varios aspectos: (a) ἀντί podría significar (i) "en lugar de" (Bauer 1), o tal vez (ii) más generalmente "por, a causa de" (Bauer 3); aunque con respecto a ἀντί en el v. 16*, la frase "a cambio de una sola comida", que se menciona en Bauer 3, incluye el sentido más específico de una cosa que remplaza a otra. (b) el elemento προ- en πρόκειμαι puede ser (i) espacial o (ii) temporal o (como probablemente ocurre en el v. 1) ambas cosas; en 6:18 el contexto es temporal ("la esperanza"). Si en el presente versículo, προ- se toma como espacial, podría referirse al gozo futuro de sentarse a la diestra de Dios. Una combinación de los significados (a) (i) y (b) (ii) puede descartarse por razones lógicas y contextuales: Jesús no hizo nada que implicara renunciar al gozo de su exaltación. Véase Louw 53s.

Una combinación de (a) (i) con (b) (i) sugeriría el significado: "en lugar del gozo (terrenal) que tenía a su alcance, Jesús soportó la cruz y así obtuvo un mayor gozo en el cielo". Esto encajaría bien con la probable alusión del escritor a Getsemaní (5:9), con las alusiones a Eleazar y su familia (especialmente 4Mac. 15:2), y con la mención de la elección de Moisés del maltrato temporal con miras a una mayor recompensa futura (11:25s.); cf. el interés general del autor de Hebreos por el tema de la recompensa (2:2). El problema principal es que "gozo" parece una expresión demasiado fuerte para referirse simplemente al hecho de escapar de la muerte. Además, esta interpretación exigiría que πρόκειμαι se usara en el v. 1 para indicar una vía a seguir, y en el v. 2 una vía rechazada; esto, aunque no es imposible, debilita el argumento.

Si se elige la acepción más general de ἀντί, resulta relativamente poco importante determinar si el gozo celestial estaba "delante de" Jesús en el espacio o en el tiempo. (Sin embargo, no hay ninguna razón para ver aquí una referencia a una anticipación de la gloria celestial futura en el momento de la transfiguración, cf. 2 Pedro 1:17; el interés del autor en este punto se centra exclusivamente en la muerte y la exaltación de Jesús). La interrogante principal con respecto a esta interpretación es si hay alguna probabilidad de que ἀντί tenga el significado atenuado de "a causa de", "en razón de" = ὑπέρ o πρός + genitivo; Génesis 44:33 debe significar "permaneceré contigo como siervo en lugar del muchacho" (Bauer 3); el significado de Marcos 10:45 es cuestionado, y los ejemplos no bíblicos que se citan en LSJ I.4 son escasos. La mayor parte de los comentaristas modernos eligen el significado "en razón de", que en general es preferible en este contexto, pero "en lugar de" no es imposible. Véanse Moule 1953.204; N. Turner 1965b; Andriessen 1975 ("en lugar de"); Bonnard 1975 ("en razón de"); otro análisis y más referencias en Lane 399-400, n.l.

Ὑπέμεινεν: ὑπομένω, 10:32; cf. δι' ὑπομενῆς, 12:1, con un sujeto humano.

Únicamente en 10:32; 12:2s., dentro del NT, se usa este verbo con Jesús como sujeto. Su perseverancia (incluso hasta la muerte, a la que los lectores todavía no han tenido que enfrentarse, v. 4) es el ejemplo supremo para los creyentes. El verbo hace referencia a una acción positiva y no a la aceptación pasiva de la muerte; Jesús cargó con la cruz.

Σταυρόν*, por una extensión natural del significado "muerte de cruz". En $\mathfrak{P}^{13}$ $\mathfrak{P}^{46}$ D*, 2 se añade τὸν, por asimilación al uso general en el NT, aparte de Filipenses 2:8. En Hebreos no se usa el verbo σταυρόω; ἀνασταυρόω se emplea en sentido metafórico en 6:6, donde también interviene la ignominia. Aquí se hace referencia al hecho histórico de la crucifixión de Jesús, tal como confirman los aoristos ὑπέμεινεν y καταφρονήσας. A diferencia de Pablo (p. ej., Gá. 6:12, 14), y de hecho, la tradición evangélica (Mr. 8:34||), el autor de Hebreos no habla de la crucifixión metafórica de los creyentes en unión con Cristo; pero al igual que Pablo (Fil. 2:7), él considera que la muerte de Cristo es un acto de obediencia que tiene consecuencias para los creyentes (Heb. 10:5-10). Véase J. Schneider en *TDNT* 3.411n.4 para más bibliografía; 7.572-584, aquí 577.

Αἰσχύνης καταφρονήσας: αἰσχυνή*; cf. ὀνειδισμός en un contexto similar, 10:33; también 13:13. El autor no especifica si la vergüenza o deshonra de la crucifixión se encuentra en la aparente derrota de Jesús por parte de sus enemigos, o en el castigo en sí mismo (cf. Gal. 3:13). Este es el único lugar en el NT en el que se usa el verbo καταφρονέω en un sentido positivo, o con Dios o Cristo como sujeto. El efecto aquí es fuertemente irónico. Véanse Spicq 1982.374-378; C. Schneider en *TDNT* 3.631s.; cf. Romanos 1:18; 2 Timoteo 1:8, en cuanto a no avergonzarse de la fe; Hebreos 2:11, en relación con Cristo; 11:16, con respecto a Dios que no se avergüenza de los creyentes.

El resto del versículo es tradicional en su exposición; véase 1:3; 1:13 = Salmo 110(109 LXX):1; ἐν δεξιᾷ en lugar de ἐκ δεξιῶν, como de costumbre salvo en la cita. Τοῦ θρόνου τοῦ θεοῦ es una perífrasis retórica para τοῦ θεοῦ, 10:12; cf. τῆς μεγαλωσύνης, 1:3; τοῦ θρόνου τῆς μεγαλωσύνης, 8:1. Κεκάθικεν, en lugar de ἐκάθισεν ($\mathfrak{P}^{46}$) como en 1:3; 8:1; 10:12, porque, en contraste con los aoristos anteriores, el autor desea terminar el período de Cristo en la tierra con una afirmación enfática de su triunfo permanente, y por ende, tal vez en forma implícita de los efectos permanente de ese triunfo para los creyentes; cf. προσεληλύθατε, vv. 18, 22. Véanse Nisius; Healon; Garvie; Schelkle 55; Lindars 1961.45-51; Zimmermann 1977.161s., 173s.; Horning; Laub 1980.154-161.

12:3. ¡Manténganse firmes, como hizo Jesús!

Este versículo completa la transición del "nosotros" del v. 1 a una alocución directa a los lectores, pasando por la referencia en tercera persona a Jesús en el v. 2. Al mismo tiempo, el participio perentorio ἀφορῶντες va seguido de un imperativo, para realzar el llamado; y el mensaje entonces pasa a relacionarse más específicamente con la apatía que amenaza a los lectores (5:11; 6:12).

Ἀναλογίσασθε: ἀναλογίζομαι, "considerar, tener en cuenta", dirige la atención de los lectores a un tema nuevo; originalmente "contar, hacer un recuento de" pero a menudo como una metáfora muerta con un amplio abanico de complementos: Sabiduría 17:13 א, la ignorancia; 2 Macabeos 12:43, la resurrección; 3 Macabeos 7:7***, la amistad y la constancia de los judíos para con los egipcios; *1 Clemente* 38:3. El significado aquí coincide con el de ἀφορῶντες, pero la metáfora de la mirada se remplaza por una expresión literal.

Γάρ marca una fuerte afirmación, "consideren a toda costa" (Bauer 2; cf. Lane), e indica al vínculo estrecho con el v. 2: los lectores deben considerar la perseverancia de Jesús cuando estaba bajo presión, y seguir el ejemplo de su conducta.

Τὸν... ὑπομεμενηκότα: la referencia directa y enfática a Jesús en el v. 2 se complementa con el lenguaje indirecto aquí. Ὑπομένω: v. 2; 10:32. El participio perfecto denota correctamente resistencia durante un período de tiempo (BD §342[5]). Τὸν, que se omite en 𝔓¹³ 𝔓⁴⁶ D*, aclara la referencia a Jesús.

Τοιαύτην... ἀντιλογίαν: τοσοῦτος, 1:4; 7:22. Τοιαύτην implica una oposición intensa, y junto con los vv. 2, 4 probablemente también implica que "lo que Jesús sufrió hasta la muerte a ustedes todavía no se les ha pedido que sufran". Ni el lenguaje ni el argumento exigen una referencia específica a la crucifixión. Ὑπὸ τῶν ἁμαρτωλῶν εἰς ἑαυτόν plantea problemas relativos al texto y a la exégesis. En Tischendorf y en algunas ediciones modernas se lee εἰς ἑαυτόν en consonancia con A P 104 326 1241 1877 etc.; la lectura singular alternativa εἰς αὐτόν aparece en Dᶜ K Ψ* 88 181 330 min. 𝔪; entre las versiones, itᵃʳ, ᶜ, ᵈᵉᵐ, ᵈⁱᵛ, ᶠ vgᶜˡ sirʰ presuponen una lectura plural. Westcott y Hort adoptan la lectura εἰς ἑαυτούς, que se encuentra en א* D* 256 1573 2127 sirᵖ; εἰς αὐτούς se lee en 𝔓¹³ 𝔓⁴⁶ א² Ψᶜ 048 33 81ᵛⁱᵈ 451 1739* Teodoreto; itᵇ, ᶻ vgʷʷ, ˢᵗ copᵇᵒ presuponen una lectura plural. Entre las traducciones, a Wescott y Hort le siguen la RV y Goodspeed: "piensen en la oposición que él encontró en esos pecadores contra ellos mismos"; cf. ARV, NJB, Montefiore, Lane, H.-F. Weiss, a diferencia de la mayoría de las traducciones y comentarios; véanse Zuntz 1953.120, Metzger 675. Braun, por ejemplo, explica la lectura singular como una corrección de una corrupción primitiva. El dilema es que aunque las pruebas externas están a favor del plural, "contra ellos (mismos)", resulta difícil entender lo que eso pudiera significar. La construcción de Teodoreto, ἀντιλογίσασθε... εἰς ἑαυτούς, es obviamente forzada, al igual que la construcción bohaírica = ἀντιλογίαν εἰς ἑαυτούς. La interpretación psicologista de von Soden y otros, a saber, que al contradecir a Cristo los pecadores estaban contradiciendo la verdadera o mejor parte de ellos mismos, también está fuera de lugar. Sin embargo, la lectura plural podría entenderse como una alusión a Números 16:37f. (17:2s. LXX), ἡγίασαν τὰ πυρεῖα τῶν ἁμαρτωλῶν τούτων ἐν ταῖς ψυχαῖς αὐτῶν, que probablemente significa: "Ellos [Coré, Datán y Abiram] han santificado los incensarios de estos [250] que pecaron a costa de sus vidas". Si esta explicación es correcta, ἀντιλογίαν tendría nexos con la rebelión de Israel en Meriba (Éx. 17:1-7; cf. Heb. 3:8s. = Sal. 95[94 LXX]:8; Jud. 11). Es posible incluso (aunque, como supone H. –F. Weiss 642 n.45, el argumento no depende de esto) que el autor de Hebreos considerara que el pecado de Israel en el período veterotestamentario formó parte de una ἀντιλογία más amplia contra Cristo antes de su encarnación. Una versión ampliada del presente versículo podría leerse entonces de la siguiente manera: "Comparen, pues, su situación con la de Cristo, que a lo largo de la historia de nuestro pueblo soportó una oposición similar a la que ustedes soportan: en especial, cuando 'los pecadores', descarriados por Coré y sus amigos, provocaron su propia destrucción" (Ellingworth 1980). Sobre esta base, el artículo definido τῶν antes de ἁμαρτωλῶν se referiría directamente a los responsables de la crucifixión, pero también indirectamente, más allá de ellos, a los "pecadores" a quienes el autor aludió con anterioridad; εἰς ἑαυτούς indicará el objetivo, en un sentido hostil (Bauer 4ca). Lane, no obstante, rechaza la referencia a Números 16:37s., pero defiende la lectura plural remitiéndose al dativo de desventaja en 6:6, ἀνασταυροῦντας ἑαυτοῖς. Ἁμαρτωλός (7:26*) no ocupa un lugar destacado en el vocabulario del autor. Se usa con respecto a los enemigos de Jesús en Marcos 14:41‖; Lucas 24:7, con la probable implicación, con respecto a la cual no hay ninguna evidencia en Hebreos, de que los enemigos eran gentiles; la tradición oral acerca de los últimos días de la vida terrenal de Jesús podría, sin embargo, ser la base de este versículo (Cullmann 1963.97). Ἀντιλογία (6:16) en este contexto no solo implica una contradicción verbal sino una acción hostil (Bauer 2); de manera similar, Lucas 2:34, ἀντιλέγω se refiere a una acción en contra de Jesús; Hechos 28:22, en contra de los cristianos.

Ἵνα μὴ κάμητε ταῖς ψυχαῖς ἐκλυόμενοι: κάμνω en relación con una enfermedad física, Santiago 5:15**; con respecto al hastío de David, 4 Macabeos 3:8; Spicq 1978.400-402. Ταῖς ψυχαῖς es un dativo de referencia (MHT 3.221). Ἐκλύομαι se usa en sentido literal con respecto a una multitud cansada en Marcos 8:3‖; Gálatas 6:9**; μὴ ἐκλυόμενοι en sentido metafórico e imperativo, como aquí. El autor está adelantándose a la cita de Proverbios 3:11 en el v. 5. El verbo se usa en Filón, *Migr. Abr.* 133, para referirse a un corredor cansado en el estadio, pero esta imagen no está presente en el pasaje de Proverbios y probablemente se dejó atrás en el versículo que nos ocupa. Ψυχή: véase 4:12.

12:4. La amenaza de persecución

Este versículo ofrece pocas pruebas sólidas de la situación histórica en la que se escribió Hebreos, y menos aún de la fecha de la carta (véase la introducción, 29-33). No se hace hincapié en el hecho de que "ustedes" (la comunidad a la que pertenecen los lectores) aún no han sufrido el martirio, pero es justo suponer que el autor y sus lectores tienen conocimiento de cristianos que en otros lugares han muerto por su fe. Es incluso posible que esos mártires fueran miembros de una comunidad cristiana en otra parte de una gran ciudad como Roma; pero esto es menos probable. Este versículo debería leerse conjuntamente con 10:32-34, donde se alude a un período de persecución en el pasado que aparentemente no implicó el martirio (aunque véase más adelante el comentario sobre μέχρις αἵματος). Es posible que el autor haya tenido razones para temer que una persecución más fiera se avizoraba ya, pero la epístola naturalmente no nos dice si ese temor se tornó en realidad. Más importante aún es la evaluación que hace el autor de la capacidad de los lectores para soportar un ataque así. Al parecer, duda de que puedan resistir tan bien como lo habían hecho en el pasado, y el propósito esencial de la epístola es fortalecer su determinación (παράκλησις, v. 5; cf. 13:22).

Este y los versículos que siguen tienen varias conexiones con lo anterior y con otras partes de la epístola. (Esto fue reconocido por los copistas que añadieron γάρ después de οὔπω, D* L minn. etc., aunque la lectura cuenta con un respaldo pobre para que pueda considerarse original). La resistencia μέχρις αἵματος evoca claramente la manera en que Cristo soportó la cruz (v. 2); la resistencia propiamente dicha, a la que hace referencia el verbo ἀντικατέστητε, hace recordar la ἀντιλογία de los enemigos de Jesús (v. 3); al igual que ocurrió con Jesús, el objeto de la resistencia es el pecado o los pecadores (v. 3); la forma verbal ἀνταγωνιζόμενοι alude a la lucha de la fe, y hace recordar el ἀγών en el v. 1; y el peligro que representa el hecho de olvidar (v. 5) complementa el llamado que se les hace a los lectores a poner los ojos en Jesús (v. 1). En forma más amplia, la referencia al cansancio, que podría sugerir enfermedad, en el v. 3, se desarrolla en los vv. 12s. por medio de una alusión a una dislocación paralizante, aunque en este momento el autor no está hablándoles directamente a los lectores, sino (al menos abiertamente) a los miembros más débiles de la comunidad a quienes ellos pueden ayudar. Con mayor amplitud aún, el tema de la filiación, que se desarrolla a partir del v. 5, hace recordar el tratamiento diferente que se le dio al mismo tema en 2:10-17: la idea central allí fue la gloria de la participación en la propia filiación de Cristo, mientras que aquí se trata más bien de las responsabilidades que conlleva esa filiación.

Οὔπω: en 2:8* el "aún no" se refiere a una etapa que todavía no se ha alcanzado en la historia de la salvación. Aquí resulta tentador suponer que el escritor está exponiendo el simple hecho de que a los lectores aún no se les ha llamado a afrontar el martirio. Sin embargo, este hecho tal vez no está desconectado, en la mente del autor, con el cataclismo final que aún está por venir (12:25-29). Así como, en términos generales, la distinción entre doctrina y parénesis en Hebreos no es absoluta, tampoco existe ninguna barrera entre el cuidado pastoral del autor y su visión del propósito en la historia. Beare 391 defiende la lectura ὅπου de 𝔓⁴⁶, con el significado "… donde él [Cristo] resistió hasta la sangre", pero sobre la base de ese testimonio tan débil, difícilmente pueda ser original.

Μέχρις αἵματος: μέχρις (3:6); respecto a la ς final, quizás de manera especial delante de una vocal, cf. MHT 2.113; αἷμα: véase 2:14. El término αἷμα en Hebreos normalmente tiene connotaciones sacrificiales; pero aquí la idea que transmite es simplemente la de una muerte violenta (v. 2, σταυρός). El significado es "hasta el punto de morir" (Bauer).

La alusión a Judas Macabeos en 2Mac. 13:14 —παρακαλέσας τοὺς σὺν αὐτῷ γενναίως ἀγωνίσασθαι μέχρι θανάτου— es inconfundible, pero los objetos de su lucha (las leyes, el templo, la ciudad) son diferentes. Μέχρι θανάτου también se lee en Fil. 2:8; Ap. 12:11. En el presente texto no hay nada que sugiera que μέχρις αἵματος deba interpretarse en sentido metafórico; porque aun si hubiera una alusión a Getsemaní, como es muy probable en 5:7, las "gotas de sangre" que se mencionan en los manuscritos de Lucas 22:44 fueron reales. A pesar de este versículo, algunos comentaristas creen, en virtud de lo que dice en 13:7, que hubo casos de martirio entre los fundadores o primeros líderes de la comunidad, aunque en 10:32-34 solo se habla de "desprecio y persecución" y no se hace ninguna distinción entre los sufrimientos de los lectores y los de sus compañeros cristianos. Del mismo modo, el presente versículo no sugiere que los lectores, a diferencia de otros, aun no hubieran enfrentado el martirio; en caso contrario cabría esperar, por ejemplo, ὑμεῖς antes de μέχρις αἵματος. En general, parece mejor considerar que 13:7 no se refiere al martirio sino al tema más central de la fidelidad hasta el fin de la vida terrenal de los lectores.

Ἀντικατέστητε: en L* 5 33 181 330 *pc* se lee ἀντεκατέστητε con doble aumento; MHT 2.198; BD 69 (3); en 𝔓⁴⁶ se lee la forma ilógica ἀντικατέστηκεν, haciendo de Jesús el sujeto. Ἀντικαθίστημι, Deuteronomio 31:21; Miqueas 2:8, con referencia a la rebelión de Israel contra Dios; Josué 5:7***, seguido como de costumbre por una preposición diferente (Moule 92). Fuera de la Biblia grieta, el verbo se usa en relación con competencias deportivas y con combates mortales (Spicq 1978.102s.), pero si alguna asociación deportiva hay aquí, sería con el boxeo, y no en el v. 1 con una carrera a pie.

Ἀνταγωνιζόμενοι: el único otro uso de ἀνταγωνίζομαι en la Biblia griega es la referencia en 4 Macabeos 17:14*** al "tirano" Antíoco, en el combate con Eleazar y su familia, los "atletas" creyentes. Véase Bruce 1987.3518f.

12:5a. Los lectores necesitan el aliento de las Escrituras

Los comentarios y las traducciones difieren en cuanto a si la introducción a la cita debe considerarse una pregunta retórica (NTV, RVA, RSV, NJB, TEV, *BHD* y Andriessen 1974b) o una afirmación (LBLA, NVI, RVR60, RVC, UBS3, 4, AV, REB, NIV, NRSV y TOB). El *onus probandi* debe recaer en los que piden un cambio de construcción después de la declaración anterior. El autor no tiene temor de hablarles con severidad a sus lectores (cf. 5:1+1s.; 10:36), aunque normalmente equilibra su reprensión con palabras de aliento (cf. 10:39), como hace aquí con el uso del término παράκλησις (6:18). Si la conjunción καί introduce un tema nuevo, como por ejemplo en 11:32, sería adecuado un punto al final del v. 4. Si, como parece más probable, el v. 5a guarda una relación lógica con el v. 4, posiblemente de efecto a causa (así piensa Braun; cf. Bauer *s.v.* καί, II.3), una coma es suficiente. Un punto al final del v. 5a resultaría inadecuado, porque el v. 5a es la introducción a la cita: la παράκλησις es específicamente "el texto de la Escritura que se dirige a ustedes como hijos y les suplica con estas palabras:" (NEB).

Ἐκλέλησθε: ἐκλανθάνομαι***; el tema del recuerdo y el olvido se repite en varios contextos, en los que se usan los verbos λανθάνω, 13:2; μνημονεύω, 11:15, 22; 13:7; μιμνήσκομαι, 2:6 = Salmo 8:5; 8:12; 10:17 = Jeremías 31:34; 13:3; ἀναμιμνήσκομαι, *10:32;* y ἐπιλανθάνομαι, 6:10; *13:2, 16* (en las referencias en cursiva los lectores son el sujeto); O. Michel en *TDNT* 4.675-683. El prefijo es intensivo: "olvidar por completo". Aquí ἐκλέλησθε podría interpretarse como una afirmación (LBLA, NVI, RVR60, RVC, NIV, NRSV, REB, Attridge), en correspondencia con el indicativo ἀντικατέστητε, o menos probablemente, como una pregunta retórica (NTV, RVA, TEV, NJB, McCown 203-205, Lane).

Παρακλήσεως: παράκλησις véase 6:18; véase también la nota anterior; aquí se trata más bien de una exhortación estimulante (Bauer 1) más que un consuelo o una consolación; pero el propósito de todas formas es positivo. Aunque el contexto exige una referencia específica a la cita que sigue, no puede hacerse hincapié en el uso del artículo; cf. 13:22, con referencia a la propia epístola. El tono de la cita es sin duda alentador (vv. 5b-6), y así mismo, al final, es la lección que el autor extrae de ella (v. 11).

El considera que vale la pena afirmar, aunque no es necesario argumentar o probar, que la cita se dirige a los lectores (ὑμῖν). Cabe suponer que los lectores, al igual que el autor, estaban más interesados en la aplicación contemporánea de la Escrituras, al menos en este caso, que en el entorno original de la cita. Al parecer, tampoco les resultó difícil entender Ὑιέ μου, no como el título que emplearía un maestro sabio para dirigirse a su discípulo, sino como un singular genérico, con el que la Escritura se dirigía a ellos (vv. 5b-6). No hay ninguna referencia aquí a Dios como el autor supremo de la Escritura (contrástese con 1:5, 6; cf. 2:6), sin duda porque en la cita se menciona a Dios en tercera persona. El argumento del autor no depende del hecho de que Dios se dirija a los creyentes como hijos suyos (ver más adelante), y esto sería una complicación innecesaria.

Ὡς υἱοῖς, en aposición a ὑμῖν, introduce lo que para el autor es la palabra clave de la cita. La Escritura no se dirige a los lectores, como si fueran hijos, sino *qua* hijos, en su verdadero estatus, que están en peligro de perder por negligencia; véase 6:19. La relación entre el tema de la filiación aquí y en 2:5-18 es compleja. El capítulo 2 es cristológico y soteriológico; Cristo, al asumir una naturaleza humana y ofrecerla a Dios como sumo sacerdote, "lleva muchos hijos a la gloria", haciéndolos hermanos suyos e hijos de Dios. El presente pasaje da por sentado este logro, y su alcance es parenético. No hay ninguna referencia directa a la obra de Cristo, y la imaginería de la familia es por tanto más simple, limitándose a Dios como un Padre que disciplina a sus hijos.

Διαλέγεται: en dependencia del contexto, διαλέγομαι puede significar "discutir", "disputar" (p. ej., Hch. 24:12; Jud. 9; tal vez Mr. 9:34; cf. διαλογισμός), o como aquí, simplemente "hablar" (así mismo quizás Hch. 20:7, 9). El verbo se usa generalmente en Hechos con referencia a las discusiones de Pablo en las sinagogas acerca del evangelio (17:2; 18:4, 19; 19:8s.) y en otros lugares (19:10; 24:25**). La Escritura desempeñaba claramente un papel importante en estas discusiones (17:2); pero la Escritura no es el sujeto de διαλέγομαι en otros lugares de la Biblia griega, aunque cf. Filón, *Leg. All.* 3.118.

12:5b-6. Enseñanza del AT sobre lo que significa ser hijo de Dios

El contexto original de esta cita de Proverbios 3:11s. es el de un sabio que se dirige a su discípulo llamándolo "hijo", en un sentido ampliado y no literal. El trato parece ser convencional, hasta el punto de que puede variar entre el singular υἱέ (Pr. 1:10; 2:1; 3:1, 11, 21; 4:10, 20, etc.) y παῖδες (4:1); sin dirigirse, de hecho, a ninguna persona en particular. En forma similar, el autor de Hebreos considera que el pasaje tiene una aplicación general. Basándose posiblemente en la frase πάντα υἱόν que se lee en la propia cita, usa el plural "hijos" (vv. 7, 9) o un equivalente genérico singular (τίς … υἱός …; v. 7), y presupone, al parecer, que sus lectores no tendrán ninguna dificultad en aceptar que la aplicación del pasaje (también) los incluye a ellos (ὑμῖν, v. 5). La relación entre Cristo como Hijo y los creyentes fieles como hijos quedó firmemente establecida en los capítulos 1–2, y el tema de la disciplina se aplicó a Cristo en 5:8 haciendo especial hincapié en su muerte. El tema de los παιδεία, por tanto, no es algo improvisado, aunque el término no se usa en ningún otro lugar de Hebreos.

La cita plantea tres problemas textuales. (a) De manera inusual, Hebreos concuerda con el TM en contra de la LXX cuando usa la expresión "hijo mío" y no simplemente "hijo". Algunas citas patrísticas del pasaje de Proverbios, se asimilan a Hebreos; en Hebreos, en D* 0142 69 81 88 614 630 1241[supp] b d etc. se omite el pronombre μου, asemejándose a la LXX. La adición de μου en Hebreos es probablemente una ampliación natural y no el resultado de seguir un texto hebreo (cf. el punto [c] más adelante). (b) Hebreos concuerda con LXX ℵ A etc. en la lectura de παιδεύει, la traducción normal que hace la LXX del término כי en Proverbios, en contra de ἐλέγχει en LXX B*. Los dos verbos se usan como sinónimos en Apocalipsis 3:19. (c) Hebreos y la LXX concuerdan en contra del TM en la lectura de μαστιγοῖ, que, no obstante, podría representar un texto hebreo más primitivo.

El contexto del AT gira en torno a la σοφία, un término que se evita en Hebreos. Sin embargo, hay indicios verbales de que el autor de Hebreos tuvo en cuenta el contexto más amplio de la cita: παραρρέω, 2:1; cf. Proverbios 3:1; el lenguaje relativo a la vida y a la sanidad en Hebreos 12:9; cf. Proverbios 3:2; Hebreos 12:13, cf. Proverbios 4:26. El tema de la παιδεία aparece de nuevo en Proverbios 4:1, y el v. 3 puede haberle sugerido al escritor de Hebreos la idea de que el propio Salomón fue obediente a su padre (cf. Heb. 12:7). En cambio, el tema de la παιδεία ocupa un lugar destacado en una serie de pasajes que tienen puntos de contacto verbal con esta y otras partes de Hebreos. (a) En Dt. 12:2 LXX, Moisés contrasta la situación de los israelitas "hoy" con la de sus descendientes, que no experimentaron la παιδεία del éxodo. El ejemplo admonitorio de Datán y Abiram se menciona en el v. 6, y se alude a él en Hebreos 12:3. (b) En 2 Macabeos 6:12-17, el sufrimiento de Israel bajo la persecución se interpreta como una παιδεία divina. El escritor "exhorta" a sus lectores a considerar (λογίζεσθαι, v. 12; cf. ἀναλογίσασθε, Heb. 12:3) que Dios les inflige castigos a los judíos μὴ πρὸς ὄλεθρον (cf. Heb. 11:28),

ἀλλὰ πρὸς παιδείαν, y concluye que aunque Dios disciplina a su pueblo, nunca los desampara (οὐκ ἐγκαταλείπαι, 2Mac. 6:16; cf. Heb. 13:5). (c) El *Sal. Sal.*8, al igual que Hebreos, aborda el tema de la persecución (v. 1; cf. Heb. 12:4). El salmo contiene numerosos puntos verbales de contacto con Hebreos, incluyendo referencias a la παιδεία de Dios en los vv. 26, 28 (32, 35).

El significado de παιδεία oscila entre enseñanza y castigo corporal. En términos generales, la tradición griega hacía hincapié en el valor educativo de la παιδεία, mientras que la tradición hebrea acentuaba el valor positivo de la disciplina de su pueblo (en especial la disciplina de Dios) por medio del castigo (Bertram y en *TDNT* 5.596-625, aquí 621-623; Bornkamm 1960). Παιδεία y παιδεύω son términos característicos de la literatura sapiencial veterotestamentaria, en especial Proverbios y Sirácides; pero la idea de la disciplina por medio del sufrimiento se pone de relieve, para citar un caso, a lo largo de todo el libro de Jueces (p. ej., 3:7-9, 12-15; 4:3-4; 6:1s., 7s.). En Hebreos, al igual que en Proverbios, se considera explícitamente que la παιδεία incluye elementos desagradables; de hecho, el tema se introduce porque los lectores estaban experimentando el dolor de la persecución; sin embargo, el aspecto físico de la disciplina parental que transmite el verbo μαστιγοῖ no se menciona en la exposición.

El tema principal de la cita es la importancia de la disciplina en la relación entre un padre y un hijo: lo mismo que en las familias humanas, también en el seno de la familia de Dios. El verbo enfático παραδέχεται, con el que concluye la cita, también la relaciona con el propósito más amplio de asegurar de que los lectores permanezcan fieles hasta el fin, y así sean (finalmente) "recibidos" por Dios (cf. 2:1; 6:11; 10:39). El curso de la exposición que sigue le dará así al presente verbal παραδέχεται un sentido escatológico prácticamente ausente en Proverbios.

Ὀλιγώρει: el verbo ὀλιγωρέω, "menospreciar" (cf. ὀλίγας ἡμέρας, v. 10), no se usa en ninguna otra parte de la Biblia griega; cf. Williamson 1970.573-575; BD §176.2; Filón, *Congr.* 177. Con respecto a παιδεία, véanse los comentarios anteriores. Κύριος se identifica en el v. 7 como Dios; cf. "el Padre", v. 9. Ἐκλύου: v. 3. Ἐλεγχόμενος depende de ὑπ' αὐτοῦ.

En el v. 6, el pronombre ὅν es genérico, como muestra la expresión paralela con πάντα υἱόν. No existe ninguna prueba de que el autor de Hebreos, o de hecho ningún otro escritor neotestamentario (cf. Mt. 21:2-4), reconociera paralelismos sinónimos en el AT; pero no hay ninguna sugerencia en el presente pasaje de que se refiera a un individuo en particular.

Ἀγαπᾷ: ἀγαπᾶν (véase 1:9), solo en citas; ἀγάπη, 6:10; 10:24, solo respecto al amor humano, en ambos lugares se expresa por medio de buenas obras. De manera similar, se describe a Dios como Padre solo en una cita (1:5) y en la exposición de la presente cita (12:7). Κύριος es Dios, como en el v. 5. Παιδεύει, vv. 7, 10*, v. 5, παιδεία. El verbo, al igual que el sustantivo, se usa para referirse a un castigo corporal (Lc. 23:16, 22 a los azotes, un sentido que no está confirmado fuera de la Biblia griega; cf. 2Co. 6:9); a la disciplina de la iglesia (1Ti. 1:20); a la formación juvenil (Hch. 7:22), incluyendo la educación religiosa judía (Hch. 22:3) y cristiana (Tit. 2:12); a la disciplina saludable de Dios, como aquí (1Co. 11:32); el pasaje paralelo más cercano es el texto en el que se citan las palabras del Cristo resucitado a la iglesia de Laodicea, ἐγὼ ὅσους ἐὰν φιλῶ ἐλέγχω καὶ παιδεύω, Ap. 3:19.

Μαστιγοῖ: μαστιγόω*, cf. μάστιξ (11:36*), se diferencia de παιδεύω porque μαστιγόω se refiere específicamente a la flagelación, un aspecto de la disciplina que el escritor de Hebreos ignora porque no la considera apropiada para su argumento; era una forma de castigo tanto judía (Mt. 10:17; 23:34; cf. Dt. 25:2s.) como romana (Jn. 19:1; cf. Mr. 10:34‖); el término se usa también para referirse a la prueba a la que Dios somete a los buenos, Job 30:21, o para castigar a los malos, Job 15:11; Jeremías 5:3; Sabiduría 16:16; 2 Macabeos 3:26, 34, 38; 5:18; con ἔλεγχος, Salmo 73(LXX 72):14. Δέ (cf. μηδέ, v. 5) indica una conexión, no un contraste. Πάντα υἱόν: véase el comentario anterior sobre ὅν.

Παραδέχεται: παραδέχομαι con respecto a recibir la Palabra de Dios, Marcos 4:20; a la bienvenida cristiana (implicando tal vez hospitalidad, como δέχομαι en Heb. 11:31*), Hechos 15:4; en los demás lugares del NT con un objeto impersonal (Hch. 16:21, costumbres; especialmente una evidencia, Hch. 22:18; 1Ti. 5:19)**. De todo esto puede inferirse que si los lectores soportan la disciplina dolorosa de Dios con perseverancia, él los recibirá el día final en la "reunión festiva" celestial a la que ya se han "acercado" (12:22-24); a su vez, ellos "recibirán un reino inconmovible" (v. 28). Véase Spicq 1978.539-542.

12:7. La filiación implica disciplina

En lugar de εἰς, en Ψ* 104 326 630 2127 *al*, seguidos por KJV, Riggenbach y la versión de Lutero revisada, se lee εἰ, tal vez por asimilación al εἰ en el v. 8. Las pruebas externas a favor de εἰς, ℵ A D K L P etc., son sólidas. Παιδείαν debe entenderse mejor como un acusativo predicativo, bajo la influencia semítica (Bauer 8b; cf. MHT 4.112), aunque también podría indicar el objetivo del sufrimiento (Bauer 4a; cf. MHT 3.266s.). Si se usa εἰς, ὑπομένετε (10:32) puede interpretarse como indicativo (NJB, Vanhoye 1974.200 y Braun) o imperativo (NIV, NRSV, TEV y otras CLT, TOB, Attridge, Lane, H.-F. Weiss; cf. D* 1245, ὑπομείνατε con el apoyo de las versiones). El contexto inmediato es expositivo y no directamente hortatorio, y por ende, favorece el indicativo. "Sus pruebas" (Lane) o alguna expresión equivalente está implícita (así por ejemplo, TEV "lo que sufrís", NIV "dificultad", NRSV "pruebas").

Ὡς υἱοῖς, al igual que en el v. 5, indica que los lectores poseen realmente el estatus de hijos; contrástese con Filón, *Spec. Leg.* 2.122, con respecto a los esclavos comprados que deben ser tratados (προσφέρω, véase más adelante) como si fueran trabajadores asalariados, no como los nacidos en la esclavitud.

Προσφέρεται: προσφέρω (5:1); se usa frecuentemente, con diversos significados; este es el único pasaje del NT donde aparece en voz media con el significado de "tratar" + el dativo de la persona (Bauer 3), no con el sentido cultual que comúnmente tiene el verbo en voz activa en Hebreos. Ὁ θεός es un término enfático por su posición (MHT 4.124s.); el argumento se ve reforzado por un recordatorio de que Dios, aunque no es quien habla directamente en la cita, es la máxima autoridad que rige la Escritura en general.

El resto del versículo es una pregunta retórica que contiene una doble negación implícita; podría reformularse, con pérdida de énfasis, pero sin ningún cambio en el significado referencial, como una fuerte declaración positiva de que cada padre disciplina a su hijo. Γάρ introduce una conclusión del v. 7b. En ℵ² D K L 1834 𝔪 se añade innecesariamente ἐστιν después de τίς γάρ; en 𝔓¹³ ℵ* A I P Ψ

104 256 se omite. Παιδεύει: v. 6. Πατήρ es paralelo a ὁ θεός al final de la cláusula anterior. Πατήρ, empero, no tiene ningún artículo, ya sea porque se refiere a una función paternal esencial, o más simplemente, porque la anáfora se pasa por alto (BD §257[3]; cf. MHT 1.82s.; 3.174).

12:8. Solo los hijos ilegítimos quedan fuera de la disciplina de sus padres

Esta declaración negativa debe considerarse a la luz de las declaraciones enfáticas anteriores —que la Escritura se dirige a los lectores, y que Dios los trata, como hijos (vv. 5, 7). De manera más específica, el v. 8 es el equivalente negativo del v. 7c. El argumento parece presuponer la ley romana que colocaba a los hijos ilegítimos fuera de la *patria potestas* (Braun, citando a Kleiner Pauly 1.1269). El autor aplica esto por extensión a los tratos de Dios con su familia de creyentes, y les sugiere a los lectores que tendrían más razones para preocuparse si no experimentaran la disciplina por medio del sufrimiento de la persecución. El propósito de Dios puede verse incluso a través de los sucesos negativos que son malos en sí mismos; una idea que permanece firmemente arraigada en la tradición del monoteísmo del AT (p. ej., 1Sa. 16:14-16, 23; Is. 45:7; Jer. 4:6; 6:19; La. 3:38; Am. 3:6). El autor no especifica lo que, en términos literales, implicaría el hecho de ser un miembro ilegítimo de la familia de Dios. El contexto no hace referencia, ni siquiera en forma indirecta, a "falsos hermanos que entraron subrepticiamente" (Gá. 2:4). El contexto más amplio sí sugiere que esos vástagos ilegítimos son apóstatas como Coré, Datán y Abiram, a los que probablemente se alude en el v. 3; o de manera más general, los que no mantienen la fe firmemente hasta el fin (10:39). El autor no tiene en cuenta en su llamado la posibilidad de que esas cuestiones puedan estar predeterminadas: en el plano de las relaciones personales, sí vale la pena hacer el llamado. Pero dicho llamado se basa en la evidencia de la persecución en sí misma, de manera que esta, a su vez, se convierte en una razón para alentar a los lectores.

Εἰ … ἐστε … ἐστε: ni el uso del indicativo ni la ausencia de ἄν hace pensar en una condición real, y el contexto exige que la condición sea contraria al hecho (BD §360[1], [4]). Δέ no sugiere un contraste con el v. 7c, sino una nueva etapa en el argumento. Χωρίς es uno de los términos favoritos del escritor (4:15); aquí χωρὶς… παιδείας es una variante estilística para οὐ παιδεύει en el v. 7. Παιδεία: v. 5.

Μέτοχοι γεγόνασιν πάντες es básicamente un comentario acerca de πάντα υἱόν en la última línea de la cita (v. 6b). El contexto inmediato exige que πάντες se refiera a "todos los hijos legítimos", pero el autor no especifica quienes son estos. Los héroes de la fe del AT no fueron catalogados como "hijos" en el capítulo 11; las alusiones a los sufrimientos y la muerte de Jesús, en los primeros versículos del capítulo 12, junto con el argumento de los capítulos 1–2, sugieren que el autor podría seguir considerando que Jesús es el Hijo de Dios por excelencia, pero no es esto en lo que se centra la atención aquí. Μέτοχος (1:9; 3:1) es otra de las palabras favoritas del autor; no se usa aquí para referirse a la asociación con Cristo, aunque ese significado, que sí se expresa en 3:14 (también con el tiempo perfecto de γίνομαι, cf. 6:4), tal vez está indirectamente implícito aquí. Cf. μετάσχετε παιδείας, Sirácides 51:28; ἀνὴρ μετεσχηκὼς παιδείας, Jos. *AP.*

1.73; γίνεσθαι μέτοχον παιδείας, Dion Crisóstomo 4.31; Spicq 1978.555-559. El contenido de la enseñanza se sugiere más adelante: τὸ μεταλαβεῖν τῆς ἁγιότητος αὐτοῦ, Heb. 12:10; paz y justicia, v. 11. Γεγόνασιν insinúa adecuadamente un período indefinido de tiempo, en contraste con el presente ἐστε.

Ἄρα νόθοι καὶ οὐχ υἱοί ἐστε: ἄρα (4:9) hace resaltar la conclusión que sigue: "entonces, como resultado..."; cf. REB "entonces tenéis que ser ilegítimos" (Bauer *s.v.* 3). Menos probablemente, Lane, en consonancia con Clark 1972.77-79, 81-84, traduce con cierta vacilación, "Sois hijos ilegítimos... ¿no es cierto?". Νόθος se usa en Sabiduría 4:3***, en un pasaje que tiene muchos puntos de contacto con Hebreos. El pasaje contrasta, por un lado, a los justos, que son "castigados a los ojos de los hombres, y sin embargo, su esperanza está llena de inmortalidad" (3:4); ὀλίγα παιδευθέντες, pero "recompensados en gran manera" (3:5; cf. Heb. 12:10); que confían en el Señor (πεποιθότες ἐπ' αὐτῷ, cf. Heb. 2:13) y son πιστοί (Sab. 3:9, cf. v. 14); que en la muerte hallan reposo (ἀναπαύσει, 4:7), como Enoc (μετετέθη, 4:10; cf. Heb. 11:5); y, por otro lado, los impíos, que desprecian la παιδεία (Sab. 3:11), y los bastardos (τέκνα ... μοιχῶν, v. 16; νόθοι, 4:3) que florecen por un tiempo pero no perduran porque no tienen raíces (vv. 3s.; cf. Mr. 4:17‖). Es muy probable que este pasaje influyera en la elección de las palabras en Hebreos, y es posible que los lectores lo identificaran con su propia situación. Καί es epexegética: "bastardos, no hijos". Υἱοί: véase 2:10. Νόθοι καὶ οὐχ υἱοὶ se lee en D¹ K L P etc. Spicq 1987.3609n.30 hace referencia a Filón, *Leg. All.*III.182.

12:9. Tenemos incluso más razón para obedecer a Dios que a nuestros padres humanos

Este versículo, al igual que el v. 10, consta de dos partes en las que se contrasta a Dios con los padres humanos. El v. 9 presenta un argumento *a fortiori*, el v. 10 una contraposición; el v. 9 se ocupa de las actitudes de los hijos hacia los padres, el v. 10 de la conducta de los padres para con sus hijos. Dentro del v. 9, hay otra diferencia: en la primera mitad, el complemento precede al verbo; en la segunda, lo sigue. Ambas mitades terminan con un verbo principal adicional (καὶ ἐνετρεπόμεθα... καὶ ζήσομεν), pero este paralelismo es puramente formal. Ahora que el reproche vuelve a darle paso al aliento, el autor, por primera vez desde el v. 3, se incluye de nuevo repetidamente entre sus lectores por medio del uso de formas verbales en primera persona del plural.

Εἶτα*, "además" introduce un nuevo argumento; εἶτα no se usa de esta manera en ningún otro pasaje del NT, pero cf. Job 12:2; Sabiduría 14:22; *Bernabé* 13:2; Bauer 2; BD §35 (3).

Τοὺς μὲν τῆς σαρκὸς ἡμῶν πατέρας: sobre μέν, véase el comentario sobre δέ más adelante. Aunque σάρξ es el rasgo distintivo de la mitad inferior de la comparación, y los padres humanos son objeto de crítica en el v. 10, es probable que σάρξ se use de manera neutral, "humanos" en lugar de "pecaminosos", igual que en 2:14, y no de forma negativa como en 9:10, 13, y a menudo en los escritos de Pablo (E. Schweizer en *TDNT* 5.621-623). Πατήρ respecto a padres humanos, v. 7; 7:10.

Εἴχομεν παιδευτὰς καὶ ἐνετρεπόμεθα: el tiempo imperfecto de los verbos sugiere que la sumisión respetuosa a los padres humanos se prolongó por un período extenso aunque pasado. El significado de παιδευτής oscila, al igual que el de παιδεία (v. 5), entre "maestro" y "corrector" (Os. 5:2, sobre el castigo de Dios a los sacerdotes idólatras). Existe una posible alusión a 4 Macabeos 9:6***, donde el hijo de Eleazar se refiere a él como παιδευτής; pero en ese pasaje, la enseñanza es más prominente, y la corrección menos prominente, que aquí. Véanse G. Bertram en *TDNT* 5.621-623; Spicq 1978.639-641. Ἐντρεπόμεθα es una forma pasiva, con sentido medio, de ἐντρέπω; aquí connota la idea de respeto, no de vergüenza (como, p. ej., en Sir. 41:16–42:8); también en Marcos 12:6‖; Lucas 18:2, 4 (con un complemento humano, y con φοβέομαι con respecto a Dios); Bauer 2b. Vanhoye 201-202 considera que ἐντρεπόμεθα implica un resultado, "aprendimos disciplina" o "buena conducta", paralelo a ζήσομεν en el v. 9b.

Οὐ πολὺ [δὲ] μᾶλλον ὑποταγησόμεθα...; una pregunta retórica equivalente a la declaración positiva introducida por πολὺ μᾶλλον en el v. 25*; πόσῳ μᾶλλον, 9:13; Pablo usa la frase πολλῷ μᾶλλον en el mismo sentido (p. ej., Ro. 5:9s., 15, 17); el *qal waḥomer* rabínico. Las pruebas de los manuscritos están divididas entre la inclusión de δέ (𝔓¹³ 𝔓⁴⁶ ℵ² D* 1739 1881 *pc* NA²⁵) y su omisión (ℵ* A D² I Ψ 048 𝔐; NA²⁶; BD §447[6]). El autor de Hebreos emplea μέν... δέ en forma correlacionada; 7:18 constituye una excepción. Dado que el argumento de este versículo se mueve de forma progresiva no por oposición, las pruebas internas tienden a favorecer la lectura más corta. Ὑποτάσσω es un verbo clave en el argumento de 2:5-8* (cf. Sal. 8:7), donde se usa una forma pasiva en el v. 8b para referirse a que todas las cosas están sometidas a Cristo. Más cercano al presente pasaje es el uso en 5:8s. de ὑπακούω, ὑπακοή, con respecto a la obediencia de Cristo a su Padre.

Τῷ πατρὶ τῶν πνευμάτων: el sustantivo πατήρ se usa en Hebreos con respecto a Dios solo aquí, y en 1:5b en una cita. Esto contrasta con las muchas ocasiones en las que se hace referencia a Dios como Padre en otros lugares del NT, en especial en Mateo, en la literatura de Juan y de Pablo; este tipo de lenguaje se desarrolló solo en forma gradual en el AT (G. Quell en *TDNT* 5.945-974, aquí 966-974; G. Schrenk acerca del NT en *TDNT* 5.982-1014, 1014 sobre Hebreos). La reticencia de Hebreos contrasta con la importancia del título "Hijo" que se aplica a Jesús (1:5). Resulta llamativo que en este pasaje, a pesar de la prominencia de la cosmología dualística en otras partes de Hebreos, el autor no contraste los padres terrenales con un Padre celestial. No está claro si τῶν πνευμάτων se refiere (a) únicamente a espíritus humanos, o (b) a espíritus sobrenaturales también. El uso en Hebreos del término πνεύματα no es concluyente: en el capítulo 1 alude a ángeles, pero en una cita (v. 7) o en una exposición (v. 14); en 12:23, a los espíritus de los seres humanos justos. Las razones que pueden aducirse para afirmar que se refiere a espíritus sobrenaturales son (1) la ausencia del pronombre ὑμῶν y (2) el uso del plural, en contraste con el sustantivo singular σαρκός en el v. 9a. En Números 16:22, en la historia de la apostasía de Coré y sus compañeros (12:3), se describe a Dios como θεὸς τῶν πνευμάτων καὶ πάσης σαρκός (contrástese con la expresión hebrea "el Dios de los espíritus de toda carne"). La LXX sugiere una referencia a espíritus sobrenaturales; así también en Números 27:16 (cf. Nm. 16:22; 2Mac. 3:24), en la historia de la apostasía de Israel en Cades-barnea (Heb. 3:8s.). No hay duda de que en el presente pasaje el argumento principal gira en torno a los tratos de Dios con los seres humanos; pero no puede excluirse una alusión secundaria a Dios como Padre de los espíritus. En lugar de πνευμάτων, en 440 se lee πνευματικῶν, en 88 489 642 1241^{supp} πατέρων. Véase E. Schweizer en *TDNT* 6.445f.

Καὶ ζήσομεν: la conjunción καί introduce otro resultado (MHT 3.334). La persecución que los lectores temen tiene por objeto conducirlos a la vida, no a la destrucción. El tiempo futuro del verbo hace pensar en la vida eterna (Bauer 2aα), al igual que en el uso en sentido absoluto de ζάω en 7:8, pero en ninguno de esos lugares se hace referencia a la resurrección. Cf. la referencia frecuente en Hebreos al Dios "vivo", e implícitamente dador de vida (3:12).

12:10. La disciplina de Dios es más duradera que la de los padres humanos

En el v. 9 se afirmó que la sumisión a Dios tiene más valor que la sumisión a los padres humanos; en el v. 10, valiéndose de un nuevo contraste (οἱ μὲν... οἱ δέ), explica cuál es la razón (γάρ). El contraste es entre κατὰ τὸ δοκοῦν αὐτοῖς y ἐπὶ τὸ συμφέρον. Es decir, los padres humanos disciplinan a sus hijos "de acuerdo con su propio criterio", que es falible; Dios, como Padre, procura el verdadero bien de sus hijos que, según se especifica inmediatamente, es εἰς τὸ μεταλαβεῖν τῆς ἁγιότητος αὐτοῦ. Un aspecto adicional del contraste, en el que no se hace hincapié, se relaciona con su duración: la disciplina parental es πρὸς ὀλίγας ἡμέρας, mientras que aun cuando no haya nada en la segunda mitad del versículo que sugiera que la disciplina divina dure más tiempo (y πρὸς... τὸ παρόν en v. 11, si se aplica a la disciplina en general, señala en la dirección contraria), el infinitivo de aoristo sugiere que los efectos de la disciplina de Dios son permanentes. Οἱ μὲν... ὁ δέ (7:5; BD §250; MHT 3.36) se refiere a los padres humanos y al Padre divino acerca de los cuales trató el v. 9. Πρὸς ὀλίγας* ἡμέρας: πρός con expresiones de tiempo, Bauer III.2b; ὀλίγος, H. Seesemann en *TDNT* 5.171-173; cf. πρὸς τὸ παρόν, v. 11; πρὸς ὀλίγον, Stg. 4:14; ἡμέραι ὀλίγαι, Gn. 29:20; cf. Sal. 109(108 LXX):8; ἐν ἡμέραις ὀλίγαις, Hch. 15:30 D*; πρὸς ὀλίγον χρόνον, 4Mac. 15:27, con respecto a la esposa de Eleazar cuando rechazó el rescate temporal de sus hijos. Los pasajes paralelos más cercanos son Sabiduría 3:5, donde se dice que los justos que ὀλίγα παιδευθέντες, τηεψ ωιλλ βε γρεατλψ ρεωαρδεδ, y después en 4:13 dice οφ Ενοχη, ωηο τελειωθεὶς ἐν ὀλίγῳ ἐπλήρωσε χρόνους μακρούς; y en Sabiduría 12:2, respecto al espíritu de Dios que castiga κατ' ὀλίγον a los que caen (v. 9). De manera similar, en este pasaje, podría haber un contraste implícito entre el castigo humano temporal y la recompensa permanente que se les da a los que se someten a la disciplina divina. No está claro a qué se refieren los "pocos días", si son más que un reflejo convencional del lenguaje sapiencial veterotestamentario. El contexto exige el significado de "un corto período"; que puede interpretarse de un modo más natural como el período de tiempo en que un hijo es menor de edad, y no como todo el tiempo durante el cual un padre y su hijo están vivos.

Κατὰ τὸ δοκοῦν αὐτοῖς ἐπαίδευον: la frase κατὰ τὸ δοκοῦν no se usa en ninguna otra parte de la Biblia griega; Herm. *Man*.4.2.2; cf. 4.8.6, n; 4.10.1s.; δοκέω: véase 4:1: aquí significa "como les parecía (bien)", conforme a su discreción; Bauer *s.v.* 3a; LSJ *s.v.* II.4a; G. Kittel en *TDNT* 2.232f. Τὸ δοκοῦν aquí contrasta con οὐ δοκεῖ en el v. 11: lo que parece bueno a los padres no parece bueno a los hijos. Los tiempos verbales aquí son significativos: la facultad permanente del padre para juzgar le permite castigar repetidamente. Ἐπαίδευον (v. 6).

Ἐπὶ (Bauer III.1b) τὸ συμφέρον (Bauer 2bγ; BD §§187[8]; 353[5]; K. Weiss en *TDNT* 9.69-77, aquí 77); συμφέρω*; la expresión no se usa en ningún otro pasaje del NT, aunque cf. πρὸς τὸ συμφέρον, 1 Corintios 12:7, con respecto a la manifestación del Espíritu. El contexto allí exige el significado "para el bien general" (así NJB, de manera similar la mayoría de las traducciones, en contra de JB, "con un buen propósito"); así también en 2 Macabeos 11:15; 4 Macabeos 5:11; y explícitamente *Bernabé*.4:10, τὸ κοινῇ συμφέρον. El presente contexto sugiere "para bien", en sentido absoluto, tal como Dios lo ve. El estilo es elíptico: παιδεύει debe sobrentenderse; no está claro si el autor implica "para nuestro bien" (cf. v. 9) o "para vuestro bien" (cf. vv. 12ss.).

Εἰς τὸ μεταλαβεῖν τῆς ἁγιότητος αὐτοῦ: la cláusula, en su conjunto, desarrolla el significado de ζήσομεν en el v. 9; y se desarrollará aún más en el v. 11b. Εἰς τό (2:17) podría ser una variante estilística para el término ἐπί, que acaba de usarse. Μεταλαβεῖν: μεταλαμβάνω, 6:7*; el infinitivo de aoristo sugiere la posesión permanente (Moule 62) de un don que viene de Dios, un tema que recorre toda la epístola (1:2 acerca de κληρονόμος), como lo opuesto a la condición del "pueblo errante de Dios". Ἁγιότης, 2 Corintios 1:12, en ambos lugares es una cualidad de Dios, "su carácter santo" (Lane); y también por extensión 2 Macabeos 15:2*** del día de reposo (O. Procksch en *TDNT* 1.114). En Hebreos no se usa ἁγιοσύνη; ἅγιος: véase 2:4; el tema de la santidad aparece nuevamente en el v. 14 con el término ἁγιασμός. La recompensa de los creyentes no consiste solamente en formar parte de un pueblo apartado para Dios (aun cuando la vida de la comunidad es aquí el principal interés del autor), sino en compartir unos con otros (y con Jesús, 12:24) la vida del propio Dios.

12:11. El objetivo final de la disciplina

El autor resume ahora la digresión sobre la disciplina que comenzó en el v. 4. Declaraciones conclusivas similares a esta se encuentran, por ejemplo, en 3:19; 8:13; 10:18. La referencia al contraste entre la tristeza y el gozo señala hacia el ejemplo de Cristo que se mencionó con anterioridad (v. 2). La referencia a la paz apunta hacia delante, al v. 14. En cuanto a la aliteración con π, véase 1:1.

Πᾶσα δὲ παιδεία: esta referencia final a la παιδεία va más allá de la distinción de los vv. 9s. entre la disciplina humana y la divina. No hay nada en el versículo que se refiera exclusivamente a la segunda. Por el momento, el argumento prosigue con el lenguaje propio de la sabiduría práctica, pero las referencias teológicas y escatológicas no están muy lejos (vv. 10, 14). Δέ = "pero", marca un contraste con el v. 10b. Μέν se lee aquí en ℵ* P min, tal vez por confusión con la partícula μέν que sigue.

Πρὸς μὲν τὸ παρόν: πρός con una expresión de tiempo, como πρὸς ὀλίγας ἡμέρας en el v. 10; μὲν... δέ marca el contraste entre la tristeza temporal y el beneficio final. Para contrastes similares cf. Juan 16:20-22; 2 Corintios 7:7-10. Τὸ παρόν: un participio que se usa como sustantivo, al igual que τὸ συμφέρον en el v. 10; MHT 3.151; cf. κατὰ τὸ παρόν, 3 Macabeos 3:11; *Mart. Pol.* 20:1.

Οὐ δοκεῖ χαρᾶς εἶναι ἀλλὰ λύπης: δοκέω: véase 4:1; en el v. 10 con un sentido y una construcción diferentes. Aquí los genitivos de cualidad (BD §165) funcionan como adjetivos, p. ej., en la TEV "algo que nos entristece, no nos alegra". Χαρά: véase 10:34; aquí marca una inclusio con 12:2, y de ese modo, une la enseñanza cristológica y la ética. Εἰμί + genitivo: véase 5:14; como aquí, denota una cualidad, 10:39; Bauer IV.4. Λύπη*: cf. 2 Corintios 7:10; 1 Pedro 2:19 en contextos similares; R. Bultmann en *TDNT* 4.313-322, aquí 322; Spicq 1978.513-519.

Ὕστερον δὲ καρπὸν εἰρηνικόν: el resto del versículo contrasta con la descripción de los creyentes inmaduros en 5:13 (cf. γυμνάζω, (5:14) y hace recordar la enseñanza de la epístola acerca de la perfección o madurez (2:10, τελειόω). Ὕστερον no es explícitamente escatológico, pero a la luz de los vv. 9b (ζήσομεν), y 10b (μεταλαβεῖν), no pueden excluirse matices escatológicos. Καρπός, 13:15*; U. Wilckens en *TDNT* 8.595s.; aquí se usa en sentido metafórico para referirse a la última etapa de un proceso de disciplina. La palabra se emplea junto con εἰρήνη (y χαρά) en Gálatas 5:22; con δικαιοσύνη en Efesios 5:9; cf. Filipenses 1:11; Santiago 3:18; Moule 1963.140. Εἰρηνικός, Santiago 3:17**, con respecto a la sabiduría celestial; cf. Isaías 32:17. En la LXX, la palabra se usa mayormente con referencia al discurso apacible o a las ofrendas de paz (1Sa. [1Re.] 10:8; 11:15; 13:9; 2Sa. [2Re.] 6:17; 24:25; 1Re. [3Re.] 9:25 [LXX 3:1 LXX]; 8:63s.; Pr. 7:14; se emplea como sustantivo con este sentido en 2Re. [4Re.] 16:13). Resulta especialmente significativo el "consejo de paz" que, según Zacarías 6:13, reinará entre dos figuras mesiánicas, una de las cuales es un sacerdote. Cf. también 1 Macabeos 10:47, donde se describe a Alejandro como ἀρχηγὸς λογῶν εἰρηνικῶν. En el presente versículo, la palabra se refiere principalmente a un contraste con la persecución que se mencionó anteriormente; pero tanto εἰρηνικός como καρπός (13:15) se relacionan con el culto. Καρπὸν εἰρηνικόν significa probablemente "el fruto que consiste de paz", una variante estilística para el genitivo apositivo que sigue, δικαιοσύνης: "lleva fruto en paz y justicia" (NJB, cf. NIV). Τοῖς δι' αὐτῆς γεγυμνασμένοις: el antecedente es necesariamente παιδεία, no λύπη. Γυμνάζω: 5:14; el tiempo perfecto indica el resultado permanente de un período de formación. A παιδεία probablemente se le atribuyen ahora connotaciones atléticas que hacen recordar los vv. 1-3.

Ἀποδίδωσιν: ἀποδίδωμι, v. 16; 13:17* con diversos sentidos; aquí con el recibir una recompensa; véase F. Büchsel en *TDNT* 2.169-172. Δικαιοσύνης, genitivo de explicativo; δικαιοσύνη, véase 1:9; 11:33 con respecto a la justicia como una recompensa. La intención que se persigue con el orden de las palabras es poner de relieve la referencia a la justicia (MHT 4.107), no solo porque δικαιοσύνης es un polisílabo de peso, sino principalmente porque al término pueden atribuírsele diversos significados, incluyendo las relaciones correctas dentro de la comunidad y entre los seres humanos y Dios. La atención se centra aquí en lo primero, pero lo segundo no debe excluirse.

12:12. Se anima a los lectores a fortalecerse mutuamente

Los vv. 12s. podrían tomarse como la conclusión a los vv. 1-13 (de acuerdo con Vanhoye y la mayoría de comentaristas), o bien, como el comienzo de una exhortación que se prolonga hasta el v. 29: así, entre otros, Betz 1961, que observa un tema eucarístico a través del pasaje (cf. la opinión contraria de Schröger 1968), y Schierse 1955.148s., que describe el pasaje de manera bastante unilateral como "el último discurso intimidatorio". Como de costumbre, la transición es suave: la conjunción lógica διό (véase más adelante) indica una conexión lógica con lo anterior; la imaginería de la ejercitación en el v. 11 pasa de forma natural a la mención de los que por diversos motivos no son aptos; pero el v. 12 también marca el comienzo de un largo discurso dirigido a los creyentes, usando formas verbales imperativas, como en los vv. 12-16, 25, o en modo indicativo, como en los vv. 17-24.

Διό: véase 3:7. La conclusión no se deriva directamente de lo que precede. Los vv. 4-11 van dirigidos a la comunidad de creyentes sin distinción, mientras que en los vv. 12s. se exhorta a los miembros fuertes de la misma a alentar a los débiles. La misma ambivalencia puede observarse en el resto del capítulo: el v. 14 es una exhortación general, que pronto se transforma en los vv. 15s. en una advertencia triple contra la deserción de cualquiera de los miembros (μή τις). Al parecer, no se hace ninguna distinción entre los destinatarios en los vv. 17-25, después de los cuales se amplía el alcance para incluir al universo en los vv. 26s., y el autor vuelve a hacer uso de formas verbales correspondientes a la primera persona del plural en los vv. 28s. Una gran parte del capítulo 13 se ocupará de las relaciones dentro de la comunidad, y entre la comunidad y el propio autor. *A priori* es poco probable que el autor dirigiera su llamado a una comunidad que tenía razones para creer que ya había caído en una irremediable apostasía. Por tanto, es probable que las referencias especiales al grupo de los fuertes y al grupo de los débiles no sean solo conceptos diplomáticos, sino que reflejen la situación real. Todos necesitan advertencia y aliento; pero entre los destinatarios, hay algunos que tienen una necesidad especial de que otros los fortalezcan. Sin embargo, resulta llamativo que el autor mantuviera en reserva esta distinción hasta esta fase final de la epístola: en 5:11–6:12, se refirió a los maestros y a los estudiantes, y a la enseñanza elemental y avanzada; pero tanto su advertencia como su aliento iban dirigidos en ese momento a la comunidad en general. Véase Andriessen 1974b.1061-1063.

Las imaginerías médicas de los vv. 12s. están extraídas en gran medida de la Escritura. El presente versículo es un alusión verbal a Isaías 35:3, que en el TM, al igual que aquí, dice: "Fortaleced las manos débiles, y afirmad las rodillas débiles"; contrástese con la LXX: Ἰσχύσατε, χεῖρες ἀνειμέναι καὶ γόνατα παραλελυμένα. Dado que el autor de Hebreos sigue normalmente a la LXX, es posible que en este caso haya adaptado su texto para que se ajustara a su propósito, o que siguiera un texto en el que se leía χεῖρας ἀνειμένας (LXX 22-311'-96). Isaías 35:3 también se cita en 1QM 14:6, pero allí como una acción de Dios, no como aquí, a manera de exhortación dentro de la comunidad (Braun 1966.268). Sirácides 25:23 también hace referencia a χεῖρες παρειμέναι καὶ γόνατα παραλελυμένα. El pasaje de Sirácides, que trata acerca de una mala esposa, es irrelevante para Hebreos; lo único que sí resulta importante es el uso de παρειμέναι, "debilitados", con respecto a los músculos "flojos o lánguidos", en cuanto a ἀνειμέναι, "relajado" (véase más adelante; también Heb. 13:5). Sin embargo, Isaías 35:3 aparece en un pasaje que hace recordar una serie de temas significativos en Hebreos, incluyendo la gloria del Señor y (no en TM) la majestad del Dios (v. 2; es posible que el autor de Hebreos haya interpretado esto, p. ej., en el capítulo 1, como una referencia a Cristo y al Padre); el aliento (παρακαλέσατε, v. 4; cf. Heb. 12:5); perturbaciones cósmicas (Is. 34:4); y el juicio (34:8; 35:4; cf. Heb. 10:30; 12:26). Cf. también Job 4:3s., respecto a la manera en que Job enseñaba y fortalecía a otras personas; *Salmo de Salomón* 8:5.

Τὰς παρειμένας χεῖρας: el artículo definido τάς, y el siguiente τά, sugieren que los lectores sabían, al menos en forma general, a quiénes se refería el autor; pero nunca menciona sus nombres, ni siquiera en los vv. 15s. Παρίημι se usa en Lucas 11:42** con un sentido diferente; con χεῖρες en sentido figurado en Sirácides 2:12, en el curso de una exhortación a mantener la fe en el Señor; Jeremías 4:31; Sofonías 3:16; cf. Josefo, *Ant.* 6.35; con respecto a hombres (2Sa. [2Re.] 4:1) y mujeres (Jud. 12:12); con respecto al corazón (Sir. 2:13); con νωθρός (Sir. 4:29; 5:11; *1Clem.* 34:1, cf. v. 4). En cuanto a su uso como un término médico, para los músculos flojos, véase Areteo de Capadocia 3.7.3. Véase R. Bultmann en *TDNT* 1.509-512; BD §97 (3). Χεῖρ: véase 1:10; 6:2. La imaginería alude al hecho de permanecer aferrado a la fe; el lenguaje fue diferente en los vv. 1-2, pero ya en el v. 3b comenzaba a emerger la imagen de la debilidad.

Καὶ τὰ παραλελυμένα γόνατα ἀνορθώσατε: las referencias en sentido figurado a dos partes del cuerpo se complementan mutuamente y están unidas por un solo verbo. Παραλύω, siempre pasivo en el NT; en las demás ocasiones en que aparece en el NT se refiere a la parálisis literal; el participio perfecto se usa como un sustantivo en Lc. 5:18, 24; Hch. 8:7; como un adjetivo en Hch. 9:33**. Con γόνατα (véase supra), χεῖρες, Jer. 6:24; 50:43; Ez. 7:27; 21:7 (LXX); véase la discusión sobre afecciones médicas de las rodillas en Areteo de Capadocia 3.7.2. En otros pasajes del NT, las rodillas se mencionan solo en relación con el hecho de arrodillarse en la adoración. H. Schlier en *TDNT* 1.738-740. Ἀνορθόω, Lucas 13:13, respecto a la curación de una mujer con un espíritu de enfermedad; Hch. 15:16** = Am. 9:11 (no en la LXX) acerca de la restauración de la ciudad de David. De manera similar en 2Sa.(2Re.) 7:13, 16‖ con referencia al trono, 7:26‖ a la casa de David; más cerca del pensamiento del autor de Hebreos se encuentra el Sal. 18:35(17:36 LXX), ἡ παιδεία σου ἀνώρθωσέ με εἰς τέλος, que puede haber influido en su elección de este verbo; cf. Sal. 145(144 LXX):14; 146:9(145:8 LXX) con κατερραγμένους. Cf. ὀρθός, 12:13. Véase Mugridge sobre los vv. 12-17, 25-29.

12:13. Procuren sanar para que las cosas no empeoren

En otros lugares (p. ej., 2:12s.; 5:5s.) el autor se vale de un solo texto de la Escritura para reforzar otro; en los vv. 12s., sin embargo, no se usan citas explícitas, sino alusiones verbales. Aquí se hace referencia a Proverbios 4:26, Ὀρθὰς τροχιὰς ποίει τοῖς ποσί; cf. v. 27, donde se lee que el Señor (aunque no en el TM): Ὀρθὰς ποιήσει τὰς τροχιάς σου. Las alusiones en los vv. 12 y 13 están vinculadas por medio de las palabras ἀνορθώσατε y ὀρθός. El v. 13 desarrolla la idea del v. 12 (véase más adelante), y por ende, la conjunción καί no es puramente epexegética. El pasaje de Proverbios aparece en el contexto más amplio de la cita en Hebreos 12:5s. El autor lo aplica de nuevo ahora para referirse a una acción que no realiza un individuo humano ni tampoco Dios, sino los miembros aptos (en sentido figurado) de la comunidad en beneficio de los que no son aptos.

Τροχιὰς ὀρθὰς ποιεῖτε τοῖς ποσὶν ὑμῶν: τροχιά, "carril"; cf. Ez.27:19, de ahí "camino"; presenta un paralelismo sinónimo con ὁδός, Proverbios 4:11, 26; 5:6, 21; cf. 4:26; también 2:15 ("torcidos")***; siempre en plural y en sentido figurado.

Ὀρθός (v. 12), literalmente significa "recto", ya sea en forma vertical, "derecho", o como en este caso, de manera horizontal, "en línea recta"; no es lo mismo que las "sendas derechas (εὐθείας)" de Marcos 1:3|| = Isaías 40:3, pero no hay ninguna diferencia cuando se usa en sentido figurado para referirse a los que son moralmente rectos; en la LXX, en especial en Proverbios, se emplea en forma directa con respecto a hombres (Pr. 11:6) o personas (12:6), y en forma indirecta, con respecto a su corazón (15:14), ojos (4:25), labios (8:6; 12:6), de manera literal, a las palabras (16:13; cf. 8:6), juicios (31:5), acciones (21:8); 4:11, 26, 27 con τροχιαί, 12:15; 14:12; 16:25 con ὁδοί; cf. ὀρθῶς en lo tocante al discurso, Marcos 7:35 literalmente; Lucas. 20:21; cf. 10:28, con relación a las palabras y la enseñanza rectas; 7:43, con respecto al juicio acertado. La idea que transmite el versículo hasta aquí es que los miembros fuertes de la comunidad ayudan a los miembros más débiles a avanzar por un camino recto, por así decirlo, hacia la madurez cristiana. Ποιεῖτε, 𝔓⁴⁶ ℵ* P 33 pc (Zuntz 174, Beare 393); con menos probabilidad ποιήσατε, ℵ² A D H Ψ 𝔐; ποιήσετε, 048. Πούς: véase 1:13; se usa en Hebreos únicamente en las citas, y en sentido figurado. Ὑμῶν: el plural remplaza al genérico singular en el texto citado, sin alterar el significado.

Ἵνα μὴ τὸ χωλὸν ἐκτραπῇ: ἵνα μή, véase 3:13; 12:3. Los miembros débiles de la comunidad necesitan, de manera especial, "sendas derechas" en razón de su discapacidad; literalmente hablando, los fuertes deben ayudar a los débiles a desarrollar (o recobrar) una fe madura, y permanecer fieles hasta el fin (cf. Ro. 15:1; Gá. 6:2). Τὸ χωλόν, "lo cojo", como en Malaquías 1:8, cf. v. 13, con referencia a las ofrendas indignas; el único otro uso del neutro en la Biblia griega. El contexto aquí, y el uso general, exige una referencia metafórica a un pie o pierna cojos, aun cuando χωλός también puede referirse a una mano lisiada. Casi todos, por no decir todos, los usos son literales, aunque algunos de ellos pudieran tener connotaciones simbólicas, como en Mateo 11:5||Lucas 7:22. Ἐκτρέπω: aquí no se usa con el significado intransitivo de "volverse o girar", sino que es una forma pasiva con un sentido medio que hace pensar en alguien que está haciendo que otra persona o una cosa se vuelva o gire (de o hacia). Sin embargo, es casi seguro que su uso aquí tenga un sentido médico técnico y se refiera a un pie que se dobla hasta el punto de llegar a dislocarse. Grotius (Braun) columbró este significado en 1756, y fue confirmado por las pruebas lingüísticas posteriores; es aceptado por Spicq 1978.236, citando a Hipócrates, con más vigor que en su comentario de 1952. Este significado también se adapta al propósito general de la epístola, la cual presupone que los miembros débiles de la comunidad deben avanzar hasta la madurez, para no caer en un estado peor que el que tenían cuando comenzaron su vida cristiana (6:4-6). Algunos significados que antes gozaban de amplia aceptación son menos probables: "para que el cojo no se desvíe (del sendero recto)"; o incluso "para que (las personas) eviten lo que es cojo"; cf. Bauer; van Brock sobre la terminología médica en general.

Ἰαθῇ δὲ μᾶλλον: ἰάομαι* se usa a menudo literalmente, pero en sentido figurado en el NT solo aquí, en citas de Isaías 6:10 (Mateo 13:15; Juan 12:40; Hechos 28:27), en 1 Pedro 2:24 con respecto a las heridas de Cristo, y posiblemente en Santiago 5:16 (aunque el contexto se refiere a la sanidad literal); con un lenguaje más general acerca de la curación de las personas y de los pecados: Mateo 13:5; Lucas 4:18; Hechos 28:27; *1 Clemente* 15:6; 56:7; *2 Clemente* 9:7; *Bernabé* 5:2; 14:9; A. Oepke en *TDNT* 3.194-215, aquí 215. Μᾶλλον: 9:14; en Hebreos en argumentos *a fortiori* salvo aquí y en 11:25; aquí μᾶλλον δέ, "sino más bien", para contrastar la sanidad con la dislocación.

SENDAS DERECHAS (12:14–13:25)

El escritor aconseja a sus lectores sobre la manera en que deben vivir como miembros de una comunidad de fe que está bien fundada en la esperanza pero rodeada de peligros.

ÚLTIMAS ADVERTENCIAS (12:14-29)

12:14. Paz y santidad

La ausencia de conectores sugiere que este versículo se relaciona más estrechamente con lo que sigue que con lo que precede, aunque hay reflejos del pasaje anterior que se señalan más adelante. La estructura de los vv. 14-16 es clara: una exhortación positiva (v. 14) seguida de tres advertencias paralelas (vv. 15ab, 16), cada una de las cuales es introducida por la frase μή τις. En el conjunto de las tres advertencias, hay una progresión clara: la primera es corta y general; la segunda es más larga y contiene una alusión veterotestamentaria al peligro de la apostasía en Israel; la tercera es aún más larga, y se basa en el ejemplo específico de Esaú, que suscita un comentario en una oración separada (v. 17). El versículo forma un trímetro (BD §487; Moule 199; v. 13); véase más adelante el comentario sobre οὗ χωρίς.

A los lectores se les exhorta a buscar primero la paz, y luego, la santidad; esta última (οὗ) es una condición para ver a Dios. Algunas traducciones (véase la nota de puntuación en UBS³) clarifican la construcción porque no insertan una coma después de ἁγιασμόν.

Εἰρήνην (7:2; 11:31; 12:11; 13:20) es enfático por su posición, y hace recordar un tema prominente en esta última división de la epístola. El significado de εἰρήνην... μετὰ πάντων es objeto de controversia. W. Foerster (*TDNT* 2.413s., cf. 416s.) alega por razones lingüísticas y contextuales que esto no se refiere (a) a una relación pacífica con todas las personas, que es la explicación habitual adoptada, entre otros, por Braun, Attridge y todas las traducciones consultadas; Lane "junto con todos", sino (b) al hecho de buscar la paz en compañía de, o junto con, todos, y la "paz" en este contexto (así lo cree Moffatt) es probablemente sinónimo de salvación. Para comenzar por el último punto, es cierto que el contexto se relaciona implícitamente con la salvación, al igual que la frase καρπὸς εἰρηνικός del v. 11; pero esta razón no es suficiente para entender una referencia de pasada a εἰρήνη en este sentido. En segundo lugar, es cierto que en el pasaje similar δίωκε... δικαιοσύνην... εἰρήνην μετὰ τῶν ἐπικαλουμένων τὸν κύριον... (2Ti. 2:22), el contexto exige la construcción μετά + genitivo para que pueda tener su significado mas antiguo de "en compañía de". Pero hay pruebas de un desarrollo en el que la distinción entre μετά, en este sentido, y σύν o πρός, desaparece, con lo cual debe aceptarse el significado (a) en el presente caso; cf. Ro.12:18, μετὰ πάντων ἀνθρώπων εἰρηνεύοντες; cf. Bauer A.II.3b; BD §227 (3); MHT 3.269. En tercer lugar, el adjetivo "todos" en este contexto se refiere probablemente a "todos los miembros de la comunidad cristiana", ya sean fuertes o débiles, sanos o enfermos (cf. vv. 12s.), y no a "todos los seres humanos, cristianos u otros" (como por ejemplo, los perseguidores, a los que, sin embargo, no se mencionan en este pasaje). La idea de que la paz debe buscarse "en compañía de" personas que no son cristianas sería doblemente improbable. Διώκω* a menudo significa "perseguir, ir en pos", con una intención hostil, de ahí, "seguir" con el objetivo de obtener o alcanzar, "buscar", como aquí. Suele usarse en un sentido positivo con complementos como la paz, Ro. 12:18; 1Pe. 3:11 (cf. εἰρηνεύω, Mr. 9:50; Ro. 14:19; 2Co. 13:11; 1Ts. 5:13); τὸ ἀγαθόν, 5:15; "este camino", es decir, el cristianismo, Hch. 22:4; el amor, 1Co. 14:1; la hospitalidad, Ro. 12:13; y especialmente la justicia, Ro. 9:30; 1Ti. 6:11; 2 Ti. 2:22; cf. Ro. 9:31; Heb. 12:11.

El presente texto es probablemente una alusión al Salmo 34:14 (33:15 LXX), ζήτησον εἰρήνην, καὶ δίωξον αὐτήν, que forma parte de una larga cita en 1 Pedro 3:10-12; en Hebreos 6:4s. se alude al Salmo 34:8 (Lindars 1961.97).

Ἁγιασμός*, no es una forma clásica; se usa en el NT para referirse al fin o propósito de la vida cristiana (εἰς ἁγιασμόν, Ro. 6:19, 22); y se combina, como aquí, con otras virtudes (la sabiduría, la justicia, 1Co. 1:30, de Cristo; la fe, el amor, 1Ti. 2:15) y con el Espíritu Santo (2Ts. 2:13; 1Pe. 1:2); a la ética sexual (1Ts. 4:4, 7); a "la voluntad de Dios" (4:3); es un término poco frecuente en la LXX, donde se usa con referencia a Dios (2Mac. 14:36), a su nombre (Sir. 17:10), o su camino (Jer. 6:16 A); asimismo a personas (Am. 2:11), lugares (Ez. 22:8 B; 45:4; 2Mac. 2:17; 3Mac. 2:18), y dinero (Jue. 17:3 A)*** dedicados a Dios; aquí cf. ἁγιότης, v. 10, es también una cualidad de Dios.

Οὗ χωρὶς οὐδεὶς ὄψεται τὸν κύριον: este es el único caso en la Biblia griega en el que χωρίς (4:11) está precedido por su complemento (Moule 87; BD §§216[2], 487); la razón probablemente no es crear un trímetro, sino evitar la desagradable repetición οὗ οὐδείς. Οὐδείς (2:8; 7:13) introduce una declaración general, pero el autor tal vez ya estaba pensando en la posible apostasía de algunos miembros individuales de la comunidad (cf. μή τις, vv. 15s.). Las referencias bíblicas al hecho de ver a Dios normalmente son negativas (así en el NT, en general Jn. 1:18; 6:46; 1Jn. 4:20; respecto a los que hacen lo malo, 3Jn. 11) o futuras (Mt. 5:8, en cuanto a los limpios de corazón, el pasaje paralelo que más se acerca al presente texto; Heb. 9:28, sobre el regreso de Cristo); pero Juan 20:18; 1 Corintios 9:1 hacen referencia a apariciones pasadas del "Señor", es decir, el Cristo resucitado. En Hebreos 12:5s. = Pr. 3:11s., κύριος es Dios, y por ese motivo, la mayoría de los comentaristas (salvo F. F. Bruce) lo adoptan aquí, aunque el escritor no hace ningún comentario sobre el título en su exposición de la cita de Proverbios, ni en ningún otro lugar, y 9:28, cf. 12:24, aluden a los creyentes que ven a Jesús en el futuro. Es incluso posible que la intención sea referirse a Dios y a Cristo, sin distinción.

12:15. ¡Cuídense de la contaminación que viene de su interior!

Las advertencias anteriores (5:11s.; 10:25, 35s.) iban dirigidas a toda la comunidad sin distinción, como también las palabras de aliento (5:9s.; 10:32-34). Las presentes advertencias también se dirigen a la comunidad en su conjunto, pero presuponen una situación en la que algunos miembros deben mantenerse atentos para que otros no pierdan su fe y perjudiquen la salud de todo el cuerpo. Los grupos o individuos dentro de la comunidad no se identifican de un modo más específico (p. ej., como "líderes", 13:7, en contraste con los simples miembros). No resulta productivo conjeturar si el peligro que el autor teme ya se había convertido en una realidad; y menos aún si estaba pensando en algunos individuos en particular. Aun en este pasaje, donde su preocupación por algunos individuos ocupa un lugar destacado, esta preocupación está subordinada a su interés por el bienestar de todo el grupo.

Ἐπισκοποῦντες μή τις ὑστερῶν ἀπὸ τῆς χάριτος τοῦ θεοῦ: ἐπισκοπέω (1Pe. 5:2 *v.l.***; Bauer 1; ἐπισκέπτομαι en otro sentido, 2:6 = Sal. 8:5), no se refiere aquí a la supervisión ejercida por los superiores, sino a la atención constante que se presta especialmente para avistar el peligro, con ese sentido, σκοπέω μή, Lc. 11:35; Gá. 6:1; cf. Ro. 16:17; Filón, *Decal.* 98; BD §101 *s.v.* σκοπεῖν; MHT 2.258. Ἐπισκοπέω μή***: Bauer *s.v.* μή, 1; "μή de aprensión" BD §370 (1); MHT 3.99; H. W. Beyer en *TDNT* 2.599-605, aquí 604. Μή τις, v. 15*; en advertencias dirigidas a la comunidad de creyentes, Mr. 13:5∥; Col. 2:8, 16; 1Ts. 5:15; 1Pe. 4:15; por lo demás, Jn. 7:48; Hch. 27:42; 2Co. 8:20. Ὑστερέω: 4:1; Bauer 1a; U. Wilckens en *TDNT* 8.596s.; cercano al significado literal de llegar demasiado tarde y por tanto quedar excluido (como Esaú, v. 16); con ἀπό, Ec. 6:2; Daniel LXX 4:30, con el sentido de que no hay falta de (nada); Esopo, *Fábulas* 134 H, sobre un cabrito que ὑστερήσας ἀπὸ ποίμνης; menos probablemente aquí con respecto a un "retroceso" deliberado de la gracia de Dios (Marshall 1969.143s.). Aunque la construcción ὑστεροῦνται τῆς δόξης τοῦ θεοῦ en Romanos 3:23 es diferente, tiene un significado cercano, e influyó en K para que se leyera δόξης en lugar de χάριτος en el presente versículo. Χάρις (τοῦ) θεοῦ (2:9): la gracia de Dios, que para Pablo (p. ej., Ro. 5:15-21; 6:14-17) es una verdad fundamental que debe anunciarse y defenderse del peligro de creer que la salvación se obtiene por medio de las obras, para el autor de Hebreos es solo una presuposición, y no aborda esta polémica (1:10; 6:1 sobre ἔργα).

Μή τις ῥίζα πικρίας ἄνω φύουσα ἐνοχλῇ: una alusión verbal a Deuteronomio 29:17 [en la LXX], μή τίς ἐστιν ἐν ὑμῖν ῥίζα ἄνω φύουσα ἐν χολῇ καὶ πικρίᾳ. En Hebreos, en 𝔓⁴⁶ se lee ενχ (.)λη. Katz 1958 (otras referencias en BD §165) conjeturó que ἐνοχλῇ era una corrupción primitiva para ἐν χολῇ = LXX. (El verbo ἐνοχλῇ de Hebreos es adoptado por los manuscritos B* A F* de la LXX; cf. Leonard 1939.241.) Sin embargo, al margen de las abrumadoras pruebas externas a favor de ἐνοχλῇ, esta forma verbal perturba el equilibrio de las tres expresiones o cláusulas que comienzan con μή τις en los vv. 15s., y por consiguiente, es la lectura más difícil. Es más probable que el autor haya reproducido correctamente un texto de la LXX en el que se leía ἐνοχλῇ. Véase más adelante el comentario sobre πικρίας.

Deuteronomio 29:18 se refiere a personas o tribus que podrían apartarse del Señor para adorar dioses paganos. El contexto más amplio de Deuteronomio 29:17s. se usa extensamente en Hebreos, y hace recordar el tema del "pueblo errante de Dios" que dominó el capítulo 11. El autor de Hebreos se inquieta al pensar en que sus lectores pudieran abandonar el (nuevo) pacto, una preocupación que se refleja en 29:20. La referencia en el v. 21 a una generación venidera abre la posibilidad de darle al pasaje una reinterpretación contemporánea, aunque lo más probable es que el AT aquí se refiera a la generación inmediatamente siguiente ("hijos" en el sentido estricto). El presente versículo podría incluir también una referencia secundaria a acontecimientos históricos más recientes. A Antioco Epífanes se le llama ῥίζα ἁμαρτωλός en 1 Macabeos 1:10; la expresión ἵνα μὴ μιανθῶσιν, del v. 63, se refleja en el lenguaje de Hebreos 12:15b, aunque la contaminación allí no es, como para los macabeos, por la comida y la bebida.

Ῥίζα* πικρίας* (la frase no se usa en ningún otro lugar en la Biblia greiga) es un genitivo de cualidad (BD §165; MHT 3.212-214; cf. χαρᾶς, λύπης, v. 11): "una raíz amarga"; el artículo ᾗ se sobrentiende. Tal como muestra el adverbio ἄνω que sigue, el significado de ῥίζα aquí no puede ser "raíz" (como, p. ej., metafóricamente en Romanos 11:18, refiriéndose tal vez a los patriarcas como ancestros) sino "brote" en lenguaje metafórico (Bauer 2), pero no en el sentido de "descendientes" (como en Ro. 15:12 = Is. 11:10, aplicado a Cristo; Ap. 22:16 = γένος), sino más bien como el principio a partir del cual crece algo más grande, ya sea malo (como aquí; cf. 1Ti. 6:10, el pasaje paralelo más cercano) o bueno (la sabiduría, Sir. 1:6, 20; la inmortalidad, Sab. 15:3; la fe, *Mart. Pol.* 1:2; Bauer 1b; C. Maurer en *TDNT* 6.985-991, aquí 990).

Πικρία con χολή, Hch. 8:23; Ro. 3:14 = Sal. 10:7 donde el término connota la idea de un daño malicioso; Ef. 4:31 con θυμός; cf. πικραίνω, Col. 3:19, respecto al maltrato de los padres a sus hijos; παραπικρασμός, Heb. 3:8 = Sal. 95(94 LXX):8. En cuanto a la idea, cf. Hebreos 3:12s., donde παραπικρασμός puede interpretarse como καρδία πονηρὰ ἀπιστίας en un pasaje en el que se exhorta a los creyentes a velar unos por otros (βλέπετε... μήποτε), para que ninguno caiga en apostasía. Cf. W. Michaelis en *TDNT* 6.122-125. Ἄνω*; cf. Gá.4:26, ἡ ... ἄνω Ἰερουσαλήμ (Heb. 12:22). Φύω: Lc. 8:6, 8**, hasta ahora solo en sentido transitivo; aquí intransitivo (MHT 2.264).

Ἐνοχλῆν: ἐνοχλέω: Lc. 6:18**, con respecto a los que eran atormentados por espíritus malignos; la idea de la contaminación expresada mediante el verbo μιαίνω ya está implícita. Δι᾽ αὐτῆς, 𝔓⁴⁶ A H K P 048 etc. NA²⁶, debe preferirse hasta cierto punto a διὰ ταύτης, ℵ D Ψ 𝔐 NA²⁵ sobre la base de las pruebas externas. Μιαίνω: en Jn. 18:28, y con frecuencia en la LXX, alude a la contaminación ceremonial; en Tito 1:15, a la corrupción de la mentes y la conciencia; en 1Mac. 1:46, a la contaminación del templo en el reinado de Antíoco; en cuanto al concepto, cf. Gá. 5:9, donde se emplea una imaginería ritual, como aquí, para expresar la idea de una ruptura radical en la fe; F. Hauck en *TDNT* 4.644-647; cf. ἀμίαντος, Heb. 13:4.

Πολλοί sin οἱ en 𝔓⁴⁶ C D H K L P Ψ 𝔐, al igual que en otras partes de Hebreos (véase especialmente 9:28, donde πολλοί se usa en sentido absoluto, como aquí); con οἱ en ℵ A 048 33 81 104 326 1241ˢᵘᵖᵖ 2495 *pc;* véanse Beare 392-393; Zuntz 52-53. La idea aquí no es que la mayoría de los miembros de la comunidad estuvieran en peligro de caer en apostasía, sino simplemente que un gran número podía ser afectado por la falla de un solo miembro. Con respecto a los vv. 15-17, véanse Poschmann 48-52; Grässer 1964.231-233; I. H. Marshall 1969.143-145.

12:16. ¡Eviten seguir el mal ejemplo de Esaú!

La tercera y última expresión que comienza con μή τις desarrolla la idea de la contaminación de la comunidad por parte de un solo individuo, y quizás implícitamente, por medio de una sola acción, aunque esta debe ser equivalente a renunciar al lugar que el individuo ocupa dentro del pueblo de Dios.

Μή τις πόρνος ἢ βέβηλος ὡς Ἠσαῦ. No está claro si πόρνος se refiere aquí a la inmoralidad sexual, a la infidelidad a Dios, o a ambas cosas. Πόρνος en 13:4 alude literalmente a la fornicación, a diferencia del adulterio; lo cual también es válido para la referencia general en Sirácides 23:16s., 18 A†. En otros pasajes neotestamentarios donde se usa el término, como aquí, πόρνος está relacionado con otros pecados o tipos de pecadores: ἀκάθαρτος (cercano en su significado a βέβηλος) y πλεονέκτης, al parecer, con un sentido puramente ético, pero inmediatamente definido como idolatría, en Efesios 5:5; en 1 Timoteo 1:10 en una larga lista de pecadores que incluye a los homosexuales pero también ἀνόσιοι καὶ βέβηλοι (v. 9; cf. 3Mac. 2:2); en Apocalipsis 21:8 con ἄπιστοι καὶ ἐβδελυγμένοι, pero también con los cobardes, idólatras y mentirosos; de manera similar Apocalipsis 22:15 (donde "perros" se refiere probablemente a los homosexuales); y en especial 1 Corintios 5:9-11, donde πόρνος encabeza una lista de pecadores que abarca desde los calumniadores hasta los idólatras, pero Pablo subraya que los creyentes no deben relacionarse con ese tipo de individuos si afirman que son cristianos. Allí, al igual que en el presente texto, lo que está en juego es la pureza de la comunidad de creyentes. Con esta condición, πόρνος probablemente debe tomarse ante todo en un sentido literal, como en otras partes de la Biblia griega, pero con el matiz veterotestamentario de πορνεία como infidelidad a Dios, que, al fin y al cabo, es la principal preocupación del autor de Hebreos; F. Hauck y S. Schulz en *TDNT* 6.574-595, aquí 593. Lane, en consonancia con W. Manson 85 y Williamson 265-66, traduce el término como "apóstata". La conjunción ἤ se usa en listas de vicios en 1Co. 5:10s.; Ef. 5:5; la conjunción καί en Ap.21:8; 22:15; en 919 aparece καί aquí, donde no se implica una marcada distinción. La conjetura de que ἤ debe ir antes de ἤ (BD §128[4]; MHT 3.307, citando a Nissen) resulta innecesaria; una elipsis similar se señaló en el v. 15. Βέβηλος, "accesible" (de βαίνω, "venir, ir"), de ahí "profano", en contraste con santo: Lv. 10:10; Ez. 22:26; 44:23 = ἀκάθαρτος; 1Sa. 21:5s. (1Re. 21:4s. LXX); Ez. 4:14 A² B, ambos en relación con la comida; 21:25 con respecto a un futuro gobernante indigno de Israel; 2Mac. 5:16 acerca de la contaminación del templo por parte de Menelao; especialmente 3Mac. 2:2 (con ἀνόσιος); 2:14;

4:16 con referencia a Antíoco Epífanes; 7:15 a los judíos contaminados; 1Ti. 1:9 con ἀνόσιος (cf. 3Mac. 2:2); en particular con respecto a las cosas que se hablan (1Ti. 4:2; 6:20; 2Ti. 2:16***). En el presente pasaje, las asociaciones con el culto también son fuertes; cf. μιαίνω, v. 15. De manera similar βεβηλόω, Mt. 12:5 el día de reposo (cf. 1Mac. 1:43, 45 y con frecuencia); Hch. 24:6** el templo, frecuente en la LXX, esp. en Ezequiel, respecto al hecho de profanar el nombre de Dios (Lv. 18:21; Ez. 20:9) y lo que está dedicado a Dios, incluyendo el templo (Nm. 18:32; Ez. 28:18), el pacto (Sal. 89:34[88:35 LXX]; Mal. 2:10), y el día de reposo (Is. 56:2; Ez. 20:16, 21); está prohibido casarse con una mujer que sea βεβηλωμένην καὶ πόρνην (Lv. 21:14); Spicq 1978.186-188; F. Hauck en *TDNT* 1.604s.

¿Hasta qué punto estos vicios que se les atribuyen a Esaú constituyen una interrogante que no es posible responder a partir del AT (Gn. 25:29-34; 26:34; 36:2) o de otras referencias de; NT? En 11:20 se vincula simplemente a Esaú con Jacob, mientras que en Romanos 9:13 = Malaquías 1:3 se establece un contraste entre ellos. La tradición judía posterior al canon se aferró al hecho de que Esaú había tomado mujeres extranjeras (Gn. 26:34; 36:2s.) para describirlo con términos cada vez más negativos: en *Jubileos*.25:1 dice que "todas las obras de Esaú y de sus mujeres son fornicación y lujuria"; cf. 35:14 alude a su "contaminación y errores"; cf. *Gn. Rab.* 67 sobre 27:33s.; 78 sobre 33:8s., con respecto a las frecuentes visitas de Esaú a los templos paganos; H. Odeberg en *TDNT* 2.953s.

Ὃς ἀντὶ βρώσεως μιᾶς ἀπέδετο τὰ πρωτοτόκια ἑαυτοῦ: ἀπέδοτο δὲ Ἠσαῦ τὰ πρωτοτόκια τῷ Ἰακώβ, Génesis 25:33. Ἀντί: véase v. 2*; aquí literalmente "a cambio de"; BD §208 (2); Moule 71, 204; menos probable "en lugar de, en vez de" (Lane 439n.m, con referencias adicionales), como en 12:2. El adjetivo genitivo μιᾶς es enfático. Βρῶσις* aparece en Génesis 25:28, pero no se refiere específicamente al potaje. Βρῶσις no se usa en ningún otro lugar del NT en relación con una comida en particular. βρῶμα, 9:10, en un contexto cultual. Μιᾶς, aunque no en el pasaje del AT, es enfático por su posición; εἷς por lo general se usa en Hebreos para hacer énfasis; 2:11 en una naturaleza común; 11:12 una descendencia común; 10:12, 14* en el único sacrificio de Cristo. Ἀποδίδωμι en diferentes sentidos, v. 11; 13:17*. En lugar de la forma regular ἀπέδοτο, en A C se lee ἀπόδοτο (BD §101 *s.v.* πιπράσκειν; MHT 2.212). Τὰ πρωτοτόκια (Gn. 25:31-34; 27:36; Dt. 21:17; 1Cr. 5:1); Aquila y otras versiones griegas a veces prefieren ἡ πρωτοτοκ (ε)ία, con ninguna diferencia de significado, aunque Lane, junto con TEV, NIV, pero no NJB, NRSV, REB, conservan el plural ("derechos hereditarios") en la traducción; aquí en 𝔓⁴⁶, τὰς πρωτοτοκείας. Ἑαυτοῦ, ℵ* A C D²; αὐτοῦ, ℵ² D* Ψ 𝔐; 𝔓⁴⁶ se omite; la forma enfática (cf. μιᾶς) se adapta bien al contexto.

12:17. El final de Esaú muestra cuán difícil es arrepentirse

Este versículo alude a la historia del engaño de Esaú por parte de Jacob (Gn. 27:30-40), pero con un uso mínimo de ese lenguaje de ese pasaje y una interpretación que va más allá del texto (véase la nota sobre el v. 16 y más adelante).

Ἴστε γάρ: introduce un hecho bien conocido que no será cuestionado; se trata de una referencia veterotestamentaria. Οἴδαμεν ὅτι, Pablo también emplea la pregunta retórica (ἤ) οὐκ οἴδατε, con un efecto similar. Ἴστε es el equivalente antiguo de οἴδατε, la única aparición cierta del término en el NT; la lectura probable en Efesios 5:5 en un contexto similar, y en Santiago 1:19**; aquí probablemente es una muestra de lenguaje literario; BD §99 (2); MHT 2.220-222; para la construcción con la conjunción ὅτι véase BD §397 (1). Aquí γάρ sugiere que ἴστε es indicativo (así lo creen la mayoría de los comentaristas y todas las traducciones consultadas; MHT 1.245 describe el indicativo ἴστε aquí como "menos improbable" que con Pablo; cf. MHT 2.221, 222), aunque en la vulgata se lee *scitote enim*. De todas formas, γάρ conecta el v. 17 con el v. 16. El comienzo de una nueva oración indica que este versículo contendrá la idea central del pasaje, el punto culminante de la advertencia del autor. El autor, pues, empieza apelando implícitamente a la autoridad de la Escritura que tanto él como sus lectores presuponen.

Ὅτι καὶ μετέπειτα: la conjunción καί da paso a un tema nuevo (Bauer *s.v.* I.5), tal vez incluso a un contraste con lo anterior (BD §442[1]). La referencia que sigue es a Gn. 27:30-40, en contraposición a Gn. 25:33s. en el v. 16: los dos acontecimientos se diferencian claramente en la propia narrativa ("[Jacob] me ha suplantado estas dos veces", Gn. 27:36), y de pasada en *Jubileos* (24:1-7; 26). El adverbio μετέπειτα clásico (originalmente poético) y helenístico está asociado en la LXX con un marcado contraste entre (el pasado), el presente y el futuro: Judit 9:5; Ester 3:13 (final); 3Mac. 3:24***; cf. Hermas, *Vis.*2.4.2; Josefo, *Ant.*6:66; MM. El sentido exacto de μετέπειτα aquí está menos claro: ¿"después de los acontecimientos que se recordaron en el v. 16"? Más probable, aunque menos explícito es "después que Isaac bendijo a Jacob"; Esaú llega demasiado tarde (ὑστερῶ, v. 15). También es posible que la elección de esta fuerte expresión ya estuviera influenciada por el mensaje de todo el versículo: "después de la apostasía, no hay ninguna posibilidad de un segundo arrepentimiento"; cf. πάλιν, 6:6; οὐκέτι, 10:26.

Θέλων κληρονομῆσαι τὴν εὐλογίαν ἀπεδοκιμάσθη: θέλω: véase 10:5; no es frecuente en Hebreos fuera de las referencias del AT; no se usa en Gn. 27. Κληρονομέω: véase 1:4; Gn. 28:4 con respecto a la herencia de Jacob, no de Esaú; aquí tiene el significado de "recibir como un don (de Isaac), y como una posesión permanente". Τὴν εὐλογίαν: el autor no establece ninguna diferencia entre la bendición que se le dio a Jacob y la segunda bendición por la que Esaú ruega en Gn. 27:38. Su interpretación intensifica el contraste entre la salvación y la apostasía, y no toma en cuenta el tono positivo con el que concluyen las palabras de Isaac a Esaú (Gn. 27:40b). (Este hecho, a su vez, podría estar relacionado con la manera en que el autor evita hacer referencia a las tensiones entre judíos y gentiles, pero este no es el punto principal aquí). Εὐλογία: véase 6:7; Gn. 27:35s., 38, 41; cf. εὐλογέω, 6:14; frecuente en Gn. 27. La referencia inmediata aquí es al acto de bendecir por parte de Jacob, pero el uso del verbo κληρονομέω hace pensar en una referencia adicional a "bendiciones" concretas, es decir, al contenido de la bendición (cf. Gn. 27:28s.), la descripción más completa del autor de lo que está por venir (vv. 22-24). Ἀποδοκιμάζω no se usa en relación con Esaú en Gn. 27 ni en ninguna otra parte; en otros pasajes del NT siempre se refiere al rechazo de Cristo (Mr. 8:31‖, en voz pasiva como aquí), especialmente en relación con el Salmo 118(117LXX):22 (Mr.

12:10||; 1Pe. 2:4, 7**); W. Grundmann en *TDNT* 2.255-260; pero aquí se da por sentado que el rechazo de Esaú es justo. En Génesis 27:37, 39s., las palabras que Isaac le dirige a Esaú son en realidad menos severas de lo que sugeriría el verbo ἀποδοκιμάζω. En Hebreos, Isaac es el agente más obvio implícito en ἀποδοκιμάσθη, pero en vista de la lección que el autor desea extraer del ejemplo de Esaú, es posible entender el verbo como una voz pasiva con el fin de evitar referirse a una acción divina (así Michel, Andriessen-Lenglet 228, Lane): el temor subyacente es que Dios rechace a los apóstatas entre los lectores.

El significado, la construcción y la puntuación del resto del versículo son problemáticas en dos aspectos principales (cf. la nota de puntuación en la UBS³). (1) Si se considera que el antecedente de αὐτήν es el sustantivo más cercano μετανοίας, la cláusula μετανοίας... εὗρεν no puede interpretarse como un paréntesis, como ocurre en la RV y la ASV^mg, y sería posible colocar un punto final después de ἀπεδοκιμάσθη. Por el contrario, si se considera que αὐτήν se refiere a εὐλογίαν, que aunque está más distante concuerda con el caso y el género (Andriessen 1977.52-55, en consonancia con Lenski), entonces es mejor interpretar μετανοίας... εὗρεν como un paréntesis, o que está precedido o seguido por una puntuación secundaria; pero el uso de γάρ se opone a esto. En Génesis 27, está claro que se trata de la bendición que Esaú está buscando; no hay razón para dudar a qué se refiere el término μετάνοια, ni, de hecho, en qué consiste el pecado de Esaú. Pero al escritor de Hebreos le preocupa sobremanera el arrepentimiento (6:1, 6*), y de manera más específica, el peligro de que (algunos de) sus lectores puedan apostatar y con ello, no tener la posibilidad de arrepentirse (ἀδύνατον, 6:4). Por tanto, es preferible, tanto por razones lingüísticas como a la luz del propósito de Hebreos, entender que Esaú en Hebreos busca en vano la posibilidad de arrepentirse, aun cuando esto implica reconocer que la interpretación con orientación pastoral del autor deforma el significado de la historia en Génesis. (2) Interpretar que μετανοίας... εὗρεν indica que Esaú no pudo hacer que Isaac cambiara de opinión (Héring) violenta la estructura gramatical del pasaje, en el que no se hace mención explícita de Isaac, y también su significado.

Μετανοίας γὰρ τόπον οὐχ εὗρεν: μετάνοια, no con el sentido secular de un cambio de mente (Riggenbach, Michel, McCullough 1974.4; NIV, REB), sino con el sentido religioso que tiene en otros lugares en Hebreos (6:1, 6); así opinan Andriessen 1977, en consonancia con J. Behm en *TDNT* 4.1006n.175; Lane. Τόπος: véase 8:7, como aquí con el significado de "ocasión" u "oportunidad"; en 11:8 "lugar"; Bauer *s.v.* 2c. Cabe la posibilidad de que τόπος se use en el sentido jurídico técnico de las razones que asisten a un juez para cambiar su veredicto, en cuyo caso μετάνοια se referiría a ese cambio. Esto podría subyacer tras la expresión de la TEV, "él no pudo encontrar ninguna manera de cambiar lo que había hecho", y de la nota de la NRSV, "cambiar la opinión de su padre"; con mayor claridad en la NJB, "revertir la decisión". Lane señala acertadamente, en contra de Spicq, que la expresión jurídica latina *locus pœnitentiæ*, que posiblemente constituye la base de τόπον μετανοίας, siempre se refiere a un individuo que cambia de opinión, no la de otro. Pero no hay nada en el contexto, y mucho menos en in Génesis 27, que exija ese sentido tan limitado, y tensa la relación con μετάνοια. El significado más probable es que Esaú se colocó en una posición en la que no había cabida para el arrepentimiento; algo que tal vez ni siquiera está implícito en la historia del AT. Véase el v. 16 con respecto al oscurecimiento posterior al AT de la imagen de Esaú. Εὑρίσκω: 4:16; τόπον δίδωμι es una expresión más común. Εὗρεν sin aumento temporal (en 2 minúsculos se lee ηὗρεν), BD §67 (1).

Καίπερ μετὰ δακρύων ἐκζητήσας αὐτήν: καίπερ (5:8), μετὰ δακρύων (5:7), ambos respecto a los sufrimientos de Jesús. En Gn. 27:38 LXX se lee: "Turbándose Isaac" ἀνεβόησε φωνὴν Ησαυ καὶ ἔκλαυσεν; pero al autor de Hebreos no le interesa la bendición menor de Esaú que sigue. En Gn. 27:34, que aunque es más contundente, guarda una relación menos estrecha con la búsqueda de una bendición por parte de Esaú, se lee que después que Esaú supo que Isaac había bendecido a Jacob, ἀνεβμβόησε φωνὴν μεγάλην καὶ πικρὰν σφόδρα. El hecho de que en Hebreos se evite mencionar a Isaac sugiere una vez más que el autor se refiere a Esaú cuando buscó en vano de Dios la posibilidad de arrepentirse; así lo cree la mayoría de los comentaristas, Casey 1977.135-146, el texto de la TEV. En otras traducciones (nota de la TEV, NIV, NRSV, REB) aparece "bendición" como el antecedente; la NJB es ambigua. El término "bendición" se adapta a la narración, pero "ocasión para el arrepentimiento" refuerza el mensaje de Hebreos. En lugar de καίπερ, en 𝔓⁴⁶ se lee erróneamente καίτοι. Ἐκζητέω (11:6*) hace pensar en una búsqueda exhaustiva (MHT 3.310). Véase Westermann 1978.70-99; Daly 1978a.278-281.

12:18-24. Los montes santos

Estos versículos constituyen el clímax retórico de la epístola (Lindarse 1989.415). Están categóricamente divididos en dos mitades contrastantes:

v. 18 Οὐ γὰρ προσεληλύθατε ...
v. 22 ἀλλὰ προσεληλύθατε ...

Dentro de cada mitad, los elementos unidos por la conjunción καί se amontonan para formar una imagen creciente, pero no hay ningún paralelismo estrecho entre los elementos de cada lista. Cada una de ellas termina con una referencia a la acción de hablar (φωνῇ ῥημάτων, v. 19; λαλοῦντι, v. 24), pero el v. 24 se relaciona explícitamente con la figura de Abel, no de Moisés, como en la primera mitad, ni de Jesús, como cabría esperar en la segunda. Más importante es el tema del alcance y el propósito de la doble imagen en su conjunto. Se presenta como un contraste, no como un argumento *a fortiori* (aparte del adjetivo subordinado κρεῖττον en el v. 24). El lenguaje es espacial, tal como deja bien claro el uso repetido de προσέρχομαι. La base común para las dos mitades del contraste en que Dios habla en cada una de ellas (v. 25, τὸν λαλοῦντα; cf. 5:5f.; véanse Rusche 1971.96s., 103s.; G. R. Hughes 1979.44; O. Betz en *TDNT* 9.297). La figura central en la primera mitad es Moisés, y en la segunda es Jesús; en ambas mitades, este hecho solo se hace patente hacia el final, a manera de clímax. En la primera mitad predominan las características impersonales, especialmente meteorológicas, y el temor es el tono dominante; en la segunda mitad predominan las características personales, y el tono dominante es el gozo festivo. La idea, pues, no es (*pace* Braun) que los creyentes corren más peligro bajo el nuevo pacto que bajo el antiguo: el peligro de los lectores es el de perder (cf. ὑστερῶν, v. 15) la expresión más alta de la gracia de Dios en el sacrificio de Cristo. Al final, después de las advertencias de los vv. 15-17, las palabras de aliento (13:22) predominan sobre las advertencias.

La mitad de la comparación que tiene que ver con el Sinaí es ligeramente más corta, y tiene una sola referencia marginal del AT ("Abel"); pero aquí, también, en el v. 24 se amplía un poco para incluir el comentario del autor sobre el significado del sacrificio de Cristo.

Fl pasaje completo ilustra bien la interacción entre el uso de la Escritura por parte del autor y su preocupación por sus lectores. Existe un estrecho paralelismo entre los relatos de la teofanía de Horeb en Deuteronomio 4:9-24, en especial los vv. 11s., y 5:1-33, particularmente el v. 22. Hebreos sigue de cerca estos relatos, aunque hay algunos cambios menores en el v. 18. El texto de Deuteronomio 4:24 se cita en Hebreos 12:29. La reacción del pueblo ante la teofanía se describe con más detalle en Deuteronomio 5 y es similar a la de los lectores, de acuerdo con la manera en que el autor de Hebreos ve la situación. Los lectores ya experimentaron la revelación de Dios en una ocasión: "Hoy hemos visto que Dios habla al hombre, y este aún vive" (Dt. 5:24); una declaración que el autor de Hebreos puede haber considerado que no significaba, como en Deuteronomio, que los seres humanos pueden vivir a pesar de haber visto la gloria de Dios, sino que la revelación da vida. No obstante, se trata de un acontecimiento exclusivo: el pueblo tiene temor de que "si oímos la voz del Señor nuestro Dios otra vez [ἔτι, Heb. 10:37 = Hab. 2:3; Heb. 12:26 = Hag. 2:6]…, moriremos" (Dt. 5:25). Por esa razón, piden la mediación de Moisés (v. 27), y Moisés acepta hacerlo. Si Israel obedece las leyes de Dios, tal como Moisés se las transmite, Dios les dará descanso (ὅπως καταπαύσῃ σε, v. 33; cf. Heb. 4:4 = Gn. 2:2), y ellos heredarán la tierra prometida. Véanse Goppelt 1939.209s.; Sandvik 107s.; Laub 1980.253-257; J. M. Casey 1982.18-24.

12:18. La sombra amenazadora del Sinaí

La comprensión general de los vv. 18-24 que acaba de exponerse está confirmada por el hecho de que no existe ninguna relación directa entre el v. 18 y lo que precede inmediatamente (cf. Vanhoye 206s.). El tema del arrepentimiento, e incluso el de la apostasía, ya quedaron atrás: la conjunción γάρ no vincula los vv. 18-24 con el ejemplo de Esaú (como sí hace γάρ en el v. 17b), sino con la situación general de los lectores, tal como se describe en los vv. 14-17: el pueblo de Dios ahora debe ser aún más santo que en los días de Moisés, porque se halla en un lugar que es más santo que el Sinaí.

Προσεληλύθατε: la alocución directa a los lectores, que comenzó con ἴστε en el v. 17, se afirma con más firmeza; pero el propósito inmediato del autor es trazar el cuadro de dos situaciones —la exhortación comenzará de ~~nuevo~~ en el v. 25. Cf. Deuteronomio 4:11: Καὶ προσήλθετε καὶ ἔστητε ὑπὸ τὸ ὄρος. El tiempo verbal perfecto de προσεληλύ θατε sugiere que se trata de una condición duradera, cuyas implicaciones se exponen explícitamente en los vv. 26-28, de manera especial en el v. 28, βασιλείαν ἀσάλευτον παραλαμβάνοντες. Προσέρχομαι (4:16) se usa siempre en Hebreos para referirse a la adoración o el acercamiento a Dios, pero no hay nada que apoye una referencia a la cena del Señor. La declaración negativa y la positiva de los vv. 18 y 22 respectivamente se complementan entre sí y deben interpretarse juntas: "Las condiciones en las que ustedes, creyentes cristianos, viven y adoran no son las del Sinaí sino las del cielo".

Cabría preguntarse entonces si προσέρχομαι en este pasaje pudiera tener un componente negativo: "acercarse, pero no encontrarse o unirse o entrar". Existen problemas similares en torno a la interpretación de otras declaraciones, como ἤγγικεν ἡ βασιλεία τοῦ θεοῦ, Mr. 1:15||, solo que en el presente pasaje la situación de los lectores está determinada por el sacrificio y la exaltación de Jesús. Indirectamente a favor de la hipótesis (escatológica no cumplida) de "acercarse" está el hecho de que, tal como el autor afirma enfáticamente, a los israelitas e incluso a sus animales no se les permitió tocar el monte Sinaí; pero en los vv. 22-24 no hay ninguna declaración paralela, si bien no se dice nada en sentido contrario. Es posible entender este uso cultual de προσέρχομαι como una metáfora muerta que interpreta, en ambas mitades del contraste, la acción de adorar como entrar (no solo acercarse) a la presencia de Dios; en todas las traducciones modernas consultadas se lee "habéis/han acercado". Tal vez sea mejor considerar que la ambigüedad de προσεληλύθατε indica un equilibrio delicado dentro de la propia situación de los lectores, tal como la aborda el autor. La vida de ellos, y especialmente su adoración, están dominadas y determinadas por la realidad del cielo; aunque ya están recibiendo un reino inconmovible (v. 28); todavía necesitan la exhortación negativa y positiva (βλέπετε μή, v. 25; ἔχωμεν χάριν, v. 28), y la posibilidad de la apostasía todavía es real (cf. v. 29). Véanse Dibelius 1942; W. Hahn 112s.; Daly 1978b; G. R. Hughes 1979.67; F. Hahn 1965-66; J. Schneider en *TDNT* 2.683-684.

Los vv. 18s. se inspiran en el lenguaje del AT, sin aludir a un texto únicamente. Entre las fuentes posibles se encuentran Éxodo 19:16-22; 20:18-21; Deuteronomio 4:11f.; 5:22-27; 9:19 (Leonard 1939.242-245; Schröger 1968.206s.; Buchanan 1975.328). El pasaje de Éxodo 20:18-21 puede descartarse porque no contiene ningún elemento que se use en Hebreos que no esté presente también en Éxodo 19:16-22. Las características meteorológicas de Hebreos 12:18 aparecen en Deuteronomio 4:11, que encuentra un paralelismo exacto en 5:22. Hebreos presenta dos cambios. En primer lugar, ἐκαίετο en Deuteronomio 4:11; cf. 5:23; 9:15 se cambia por la forma perfecta κεκαυμένῳ, e implica que el fuego fue encendido por un agente invisible (Miguel; cf. αὐτοματή πυρά, Sab. 17:6, en un pasaje que se usa mucho en Hebreos). En segundo lugar, σκοτός se remplaza por el sinónimo ζόφος, con el que se transpone.

Ψηλαφωμένῳ: ψηλαφάω, Lucas 24:39 con respecto a tocar al Cristo resucitado, cf. 1 Juan 1:1; Hechos 17:27 en cuanto a los gentiles que buscan a tientas a Dios, no se usa nunca en la Biblia griega para referirse al hecho de tocar un monte; aquí se trata probablemente de una variante estilística para θιγγάνω en v. 20. En el texto mayoritario, en consonancia con D K Ψ minúsculos etc., se añade ὄρει despué

(69 etc. antes) de ψηλαφωμένῳ, por asimilación al v. 22; una glosa correcta, por cuanto la referencia es al monte Sinaí. El autor, no obstante, omite ὄρει porque su interés no se centra en la ubicación, sino en que es algo material y palpable, y por ende, "de esta creación" (cf. 9:11; cf. 11:27). La lectura más corta se corresponde con las expresiones absolutas τὸ διαστελλόμενον, v. 20; τὸ φανταζόμενων, v. 21; cf. οὐ βλεπομένον, 11:1; μὴ ἐκ φαινομένων, 11:3. No hay ninguna contradicción entre ψηλαφωμένῳ aqui y la prohibición de tocar en el v. 20: el monte Sinaí, en principio, sí podía tocarse. El hecho de que no es posible tocar el Sinaí celestial está implícito pero no se enfatiza. Véanse E. C. Selwyn 1910-11; Thompson 1982.45. Las enmiendas conjeturales que menciona Lane son innecesarias.

Καὶ κεκαυμένῳ πυρὶ καὶ γνόφῳ καὶ ζόφῳ καὶ θυέλλῃ: καίω*; cf. πῦρ, véase 1:7; relacionado con el juicio en el v. 29; cf. 1 Corintios 13:3; Apocalipsis 19:20; 21:8; el tiempo verbal perfecto sugiere que se trata de una condición de larga duración, no un incendio repentino; o posiblemente el testimonio permanente de la Escritura de que el monte Sinaí ardió. La REB omite καί, y traduce "el fuego tangible y ardiente del Sinaí". Hay una tautología con πυρί que no depende de la manera en que está construida la oración; pero esto no es raro; cf. Apocalipsis 8:8, ὡς ὄρος μέγα πυρὶ καιόμενον. Κεκαυμένῳ difícilmente podría combinarse con todos los sustantivos que siguen ("ardiendo... con oscuridad"); las opciones reales son (a) tomar κεκαυμένῳ en sentido absoluto, como ψηλαφωμένῳ: "algo palpable y ardiente, con fuego y oscuridad..."; así piensa Braun; (b) combinar κεκαυμένῳ con πυρί: "fuego ardiente, y oscuridad..." (NRSV). (a) proporciona una estructura más coherente y es probablemente la opción que debe preferirse: la descripción del Sinaí se compone de dos participios generales, seguidos de una serie de sustantivos más específicos. La conjunción repetida καί, que en Hebreos se usa con moderación, expresa un énfasis creciente. Obsérvese también la serie de sustantivos sin artículo (Moule 114). Contrástese con Deuteronomio 4:11: καὶ τὸ ὄρος ἐκαίετο πυρὶ ἕως τοῦ οὐρανοῦ, que destruiría el contraste con la Sión celestial de los vv. 22-24. Γνόφος**, "oscuridad", especialmente de las nubes; Deuteronomio 4:11, después de σκότος, al que ℵ² D² añaden σκότῳ junto con 𝔐; 𝔓⁴⁶ Ψ, σκότει (BD §41[2]; MHT 2.127) se asimilan a ζόφῳ en el presente texto; ζόφος, "oscuridad" siempre se relaciona con el juicio en el NT: 2 Pedro 2:4s., con σειραῖς; cf. Hebreos 12:26s.; Judas 6, 13**. Θυέλλα**, "(una) tempestad", Deuteronomio 4:11.

12:19. El temor del pueblo

Sin indicar ninguna transición o distinción, el autor pasa del relato de la teofanía de Horeb en Deuteronomio 4–5 a la del Sinaí en Éxodo 19–20, de la cual se tomará la cita en el v. 20; en el v. 21 volverá al relato de Deuteronomio.

Καὶ σάλπιγγος ἤχῳ καὶ φωνῇ ῥημάτων: el término σάλπιγξ se usa en 1 Corintios 14:8 en un contexto militar, a modo de ilustración; en otros pasajes del NT se usa en forma escatológica: Mt. 24:31; 1Co. 15:52, ἐν τῇ ἐσχάτῃ σάλπιγγι; 1Ts. 4:16; Ap.1:10; 4:1; 8:2, 6, 13; 9:14**; cf. *Didajé* 16:6. El autor hace alusión aquí a Éx. 19:13 = *yôḇēl*, "cuerno de carnero" que no se diferencia del *shofar*, Éx. 19:16, 19;

20:18, ambas cosas se traducen en la LXX como σάλπιγξ. "En 19:13, se exponen las condiciones que Dios establece para que los seres humanos se acerquen al monte; 19:16 se oye el sonido del shofar; y en 19:19 el shofar se convierte en el acompañamiento de la voz divina" (I. H. Jones 141; cf. 137s.). La trompeta tiene connotaciones cultuales (Lv. 25:34), especialmente con el año sabático levítico, que era, al igual que en Hebreos, constituía una advertencia en lo tocante a la santidad, y al castigo de Dios por la desobediencia (Lv. 26). Ἦχος, Lc. 4:37 con respecto a las noticias; 21:25 al rugido del mar, en un pasaje escatológico; Hechos 2:2** al viento de Pentecostés; Sir. 17:4 al castigo divino de los egipcios; por lo demás, el término "sonido" se usa en textos poéticos; con φωνή, Filón, *Spec. Leg.* 2.189; *Decal.* 33; cf. ἠχέω, Éx. 19:16; 1Co. 13:1 acerca de un instrumento musical, como aquí. En cuanto al género variable de ἦχος, véanse BD §§50, 51 (2); MHT 2.125, 126; cf. Bauer 1. Φωνῇ ῥημάτων**: φωνὴν ῥημάτων, Dt. 4:12; φωνή, 3:7, 15; 4:7, siempre = Salmo 95(LXX 94):7, con respecto a la voz de Dios; de manera similar en la historia del Sinaí, Éx.19:16, 19; 20:18; cf. Filón, *Decal.* 46; Josefo, *Ant.* 3.90; S-B 2.354. Ῥῆμα: véase 1:3, solo aquí en plural en Hebreos; siempre se refiere a lo que dice Dios; G. Kittel en *TDNT* 4.112. El autor de Hebreos, al parecer, se basa en Dt. 4:12b, "ninguna semejanza vieron, ἀλλ' ἢ φωνήν" y no en 5:24, donde también se alude al hecho de ver la gloria de Dios.

Ἧς οἱ ἀκούσαντες παρῃτήσαντο: Dt. 4:12a, φωνὴν ῥημάτων, ἣν ὑμεῖς ἠκούσατε; Dt. 5:24, τὴν φωνὴν αὐτοῦ ἠκούσαμεν. Παραιτέομαι puede usarse en sentido positivo, "pedir, suplicar", como una forma más fuerte de αἰτέω (1Sa. [1Re.] 20:6, 28; Est. 4:8 LXX; 7:7; Mr. 15:6; Bauer *s.v. παραιτέομαι*, 1; F. Stählin en *TDNT* 1.195), y también en sentido negativo, para negarse a aceptar algo, o negarse a hacer algo por alguien (así en el v. 25a, b; 1Ti. 5:11; Tit. 3:10; Bauer 2); el vínculo entre el sentido positivo y el negativo es, al parecer, el uso eufemístico que se hace del verbo para "excusarse" (4Mac. 11:2; Lc. 14:18s.), como una forma cortés de negación. Si el sentido negativo se sobrentiende aquí, el adverbio de negación μή que sigue es pleonástico (Braun, Lane), y por ende se omite en ℵ* P 048 etc.; pero es más simple, y está más en consonancia con el relato veterotestamentario, interpretar παρῃτήσαντο como positivo, y considerar que μή indica el contenido negativo de lo que se pidió (Bauer 2c, *s.v. παραιτέομαι*; *s.v. μή*, A.II.1a). El autor de Hebreos no dice, como sí hace Filón en *Vit. Mos.* 1.83, que los israelitas rechazaron la mediación de Moisés entre ellos y Dios; lo único que dice es que pidieron que Dios no volviera a darles ningún otro mensaje (implícitamente, en forma directa; así piensa Calvino; cf. Dt. 5:25). Este es el significado de προστίθημι* aquí; Bauer 1; C. Maurer en *TDNT* 8.167. Λόγος, aquí como es habitual en Hebreos (4:2), se trata de un mensaje, no de una sola palabra; Bauer 1bα, un mensaje de parte de Dios. Προσετέθησαν ... λόγοι, Jer. 36 (LXX 43):32; cf. Herm. *Vis.*2.4.2, respecto a palabras escritas; 2Sa. (2Re.) 2:22; 7:20, a palabras habladas.

12:20. ¿Por qué el pueblo le pidió a Dios que se mantuviera distante?

En Éxodo 19, Dios prepara al pueblo para el encuentro de Moisés con él en el monte Sinaí ordenándoles por medio de Moisés que se consagren, que laven sus vestidos y se abstengan, bajo pena de ser apedreados o asaetados, de subir o acercarse al monte, o permitir que sus animales lo hagan, hasta que un largo sonido de la trompeta indique que ya pueden subir. La LXX, sin embargo, dice que "cuando las voces y las trompetas y la nube se aparten de la montaña, ellos (ἐκεῖνοι, el pueblo, v. 13, e incluso quizás los animales) "subirán al monte" (Ex. 19:13); esto concuerda mejor con los vv. 16s. en el TM, donde la trompeta acompaña a la teofanía. Los fenómenos a los que se hace referencia en Hebreos 12:18 no se mencionan hasta que tiene lugar la verdadera teofanía, dos días después, en Éxodo 19:16, y es solo en 20:19 que el pueblo le pide que a Dios que no vuelva a hablarles directamente. En Hebreos, en cambio, el autor presenta la referencia a Éxodo 19:12s. como la razón por la que (γάρ) el pueblo pidió que Dios no les hablara de nuevo. Sin embargo, la conjunción γάρ tal vez debería tomarse en forma más general, como la introducción de una amenaza de muerte, expresada con palabras de la Escritura, que constituye el culmen de los fenómenos espantosos mencionados en los vv. 19s. Desde el punto de vista retórico, esto es efectivo, aunque implica cierto reordenamiento de los detalles del relato veterotestamentario.

La cita no se introduce de manera formal, aunque la frase τὸ διαστελλόμενον está claramente en aposición a las palabras citadas. Οὐκ ἔφερον: es decir, los que estaban escuchando (v. 18) no podían soportar más mensajes de parte de Dios (Bauer 1c; K. Weiss en *TDNT* 9.56-60, aquí 59; cf. en este sentido *1Clem.* 16:3 [cf. Is. 53:3]; Heb. 13:13 [cf. Ez. 34:29]; con Dios como sujeto, Ro. 9:22). Τὸ διαστελλόμενον*; cf. τὰ διασταλμένα (con ἔφερεν), 2 Macabeos 14:28; en los Evangelios, normalmente con respecto a Jesús cuando le ordenaba a la gente que guardara silencio, Mateo 16:20; Marcos 5:43; 7:36; 8:26; 9:9; cf. Hechos 15:24.

El texto del AT está muy abreviado:

Hebreos: Κἂν θηρίον θίγῃ τοῦ ὄρους, λιθοβοληθήσεται.

Éxodo 19:12s. LXX: Προσέχετε ἑαυτοῖς τοῦ ἀναβῆναι εἰς τὸ ὄρος, καὶ θίγειν τι αὐτοῦ. πᾶς ὁ ἁψάμενος τοῦ ὄρους θανάτῳ τελευτήσει. οὐχ ἅψεται αὐτοῦ χείρ. ἐν γὰρ λίθοις λιθοβοληθήσεται ἢ βολίδι κατατοξευθήσεται. ἐάν τε κτῆνος ἐάν τε ἄνθρωπος, οὐ ζήσεται.

Las principales modificaciones en Hebreos son las siguientes: (1) se añade la conjunción adverbial κἂν (BD §18); con respecto al significado de esto, véase el punto siguiente. (2) θηρίον* (diminutivo en cuanto a la forma, pero no al significado, del sustantivo más raro θήρ; W. Foerster en *TDNT* 3.133-135) remplaza al término κτῆνος de la LXX; en Éxodo 34:3 se mencionan ovejas y bueyes. Estos cambios podrían interpretarse de dos maneras principales: (a) que θηρίον tenga su significado habitual de "animal salvaje", o al menos, de un animal que vive en estado silvestre; y que lo que el autor quiere decir es que aún si un animal que no está al cuidado de algún pastor se extravía en la montaña, debe ser apedreado. En este caso, κἂν implicaría "animales domésticos e incluso salvajes". O bien, (b) que el sustantivo θηρίον se tome en sentido genérico, y por ende, incluya animales domesticados (como tal vez en Mr. 1:13; así opina Louw 61), y en ese caso κἄν implicaría "animales y más aún seres humanos". (b) se adapta mejor al contexto, puesto que el pasaje se interesa más por las reacciones humanas que por las distinciones entre los animales salvajes y domesticados. De cualquier forma, κἄν aporta a la tensión emocional del pasaje, junto con la abreviación del texto de Éxodo y la ubicación de κἄν θηρίον en la posición inicial; cf. el próximo punto. (3) Θίγη (para θιγγάνω 11:28*, allí también con respecto a un toque hostil) podría ser más fuerte que el verbo ἅπτομαι en Éxodo 19:12s.; no obstante, θίγειν se usa en el v. 12a, aparentemente como un sinónimo (al igual tal vez que en Col. 2:21); en Hebreos no se usa el verbo ἅπτω. Τοῦ ὄρους: ὄρος, 8:5. La referencia al monte aquí muestra que ὄρει era una glosa correcta en el v. 18. En Filón, *Quaest. in Ex*. 2.45, al pueblo no solo se le prohíbe tocar el monte: es imposible hacerlo porque el monte es espiritual. En Hebreos, por el contrario, se mantiene la distinción tipológica entre el monte terrenal y el celestial.

Λιθοβοληθήσεται: λιθοβολέω*, en el Pentateuco suele usarse con referencia al castigo por medios humanos que Dios ordenó, implícitamente en Éx. 8:26; 19:13; 21:28-32; Lv. 20:2 por la idolatría; cf. Dt. 13:10; 17:5; Lv. 20:27 por el pecado de adivinación; 24:14, 16, 23 por la blasfemia; Nm. 15:35 por quebrantar el día de reposo; Dt. 21:21 por la desobediencia a los padres; 22:21, 24 por inmoralidad sexual; cf. Ez. 16:40 con respecto a la infidelidad de Israel hacia Dios, también 23:47; Jos. 7:25 con referencia al castigo de Acán; en otros lugares normalmente con respecto a la violencia no autorizada, 1Sa. (1Re.) 30:6; 1Re. (3Re.) 12:18||2Cr.10:18; 1Re. 21(3Re. 20):10, 13; 2Cr. 24:21; en referencias del AT en Mt 21:35; 23:37||Lc 13:34; con relación a una violencia colectiva en Hch. 7:58s.; 14:5. Véase W. Michaelis en *TDNT* 4.267z.

2 *pc* continúan la cita añadiendo ἢ βολίδι κατατοξευθήσεται (Metzger 1992.198).

12:21. Moisés también tuvo miedo

La cláusula anterior terminó con la contundente forma verbal λιθοβοληθήσεται; el presente versículo, empero, constituye el clímax de la primera parte de la comparación entre el monte terrenal y el celestial. El autor mantiene la tensión, (1) por medio de la conjunción aislada y un tanto ascensiva καί (que aunque se relaciona con todo el versículo, el significado no es "incluso Moisés"); (2) por medio del paréntesis que sigue οὕτω… φανταζόμενον; (3) por medio de la última declaración, que si bien el autor la presenta como una cita de la Escritura, es de hecho más fuerte que el texto veterotestamentario del cual probablemente se extrajo (véase más adelante).

Οὕτω… φανταζόμενον es un paréntesis: el significado no es "la vista era tan aterradora que Moisés dijo…", sino "además (¡qué vista tan aterradora!) Moisés dijo…" (Bauer *s.v.* οὕτως, 3). En ℵ² C D^{1, 2} Ψ L P se usa el adverbio más común οὕτως, pero el testimonio a favor de οὕτω (ℵ A D min.) es más sólido, como en Hechos 23:11; Filipenses 3:17; Apocalipsis 16:18, y posiblemente en otros lugares (Bauer 21; MHT 2.112s.), siempre antes de consonantes en el texto de la UBS.

Φοβερόν: φοβερός, 10:27; Jueces 13:6, con respecto a un ángel con forma humana; no se usa en Éxodo 19; aquí apunta a la confesión que hará Moisés de su propio temor.

Tò φανταζόμενον forma una aliteración con φοβερόν; φαντάζω, "hacer visible, mostrar" (Sab. 6:16), suele usarse en voz pasiva con el significado de "hacerse visible", como aquí, pero también "imaginar, fantasear", como en Sir. 31 (34):5*** (R. Bultmann y D. Lührmann en *TDNT* 9.7). El contexto aquí muestra que el significado es neutral, y el autor no sugiere que la visión sea irreal (contrástese con Herodiano 8.3.7s. sobre una visión de Apolo); algunos de los términos cognados se usan en forma peyorativa, especialmente φάντασμα (Sab. 17:14) y φαντασία (Sab. 18:17) relacionado con el éxodo, pero con respecto a los egipcios y no a Moisés. En 635 se lee θαυμαζόμενον, tal vez con el fin de evitar asociaciones negativas.

Μωϋσῆς: véase 3:2. El autor introduce la cita por medio de la forma verbal εἶπεν (1:5; cf. Fitzmyer 1971.10s.). Los problemas textuales e históricos que plantea ya fueron señalados por algunos comentaristas medievales y de la reforma (Hagen 1974.28s.). En Dt. 9:19 Moisés dice ἔκφοβός εἰμι pero el contexto es el relato sobre una escena posterior en la narración del Sinaí, en la que él teme que la ira de Dios se vuelva contra los que fabricaron el becerro de oro, e intercede por ellos. (Εἰμι, en este pasaje, es un presente histórico aislado). La explicación más probable de la cita en este versículo es que el autor, al igual que en el v. 20, ha fusionado distintos aspectos de lo que aconteció en el Sinaí; otras explicaciones, que hacen referencia al temor que sintió Moisés de mirar a Dios ante la zarza que ardía (Éx. 3:6; Aquino, Lutero), o a un temor implícito en la expresión absoluta "Moisés hablaba" de Éxodo 19:19, no son convincentes. Calvino piensa que Moisés habla aquí por el pueblo, pero no hay nada que sugiera que no compartiera su temor. Ἔκφοβος se usa en Marcos 9:6** con respecto a los discípulos en la transfiguración.

Καὶ ἔντρομος (ἔκτροπος***, ℵ D*, probablemente por asimilación a ἔκφοβος, MHT 2.311; cf. ἐκτρέπομαι, 12:13) se añade tal vez para dar énfasis (cf. ἔντροπος... καὶ ἔκφοβος, 1Mac. 13:2, con respecto a Israel amenazado por una invasión); Hechos 7:32 acerca de Moisés; 16:29**; Sabiduría 17:9 sobre los egipcios "muertos de miedo" en el momento del éxodo; Katz 1958.220.

12:22. La ciudad celestial

El contraste entre el monte terrenal de Sinaí (vv. 18-21) y el monte celestial de Sión (vv. 22-24) se hace tan claramente patente como en Gálatas 4:24-26; el primero se caracteriza por *objetos* que aterrorizan, el segundo por *personas* que ayudan (Braun). Desde el punto de vista formal, el contraste está marcado por la conjunción ἀλλά, que casi siempre se usa en Hebreos (salvo en 12:11) para contrastar cláusulas completas, como aquí y, por ejemplo, en 3:13; y en 9:24; 12:26; 13:14, al igual que aquí, para contrastar la realidad terrenal y la celestial. En cuanto a los vv. 18-24 en su conjunto, y ciertas características comunes como la falta de artículos, véase v. 18.

Un paralelismo con 1QM 12:1-4 es sorprendente aunque limitado: "Porque la multitud de los santos (está contigo) en el cielo, y el ejército de los ángeles está en tu santa morada, alabando tu nombre... [la lista] de los nombres de todas sus huestes está contigo en la morada de su santidad.... Has dejado registrados para ellos, con el buril de la vida, los favores de [tus] bendiciones y el pacto de tu paz... Reunirás las [huestes de] tus [eleg]idos, por sus millares y miríadas, con tus santos [y con todos] tus ángeles..." (Vermes 1975.139). Pero la Regla de guerra, como su nombre sugiere, tiene un alcance militar ajeno a Hebreos; el texto continúa, "... para que sean poderosos en la batalla, [y hieran] a los rebeldes de la tierra..." (Braun 1966.269).

En contraste con el Sinaí en el v. 18, el reino celestial se identifica primero en forma explícita como el "monte de Sión", y la referencia final a Jesús y a su sacrificio (v. 24) es claramente enfática; pero el orden de los elementos entre ambas esferas, con su alternancia entre los seres creados y divinos, hace pensar en un "amontonamiento" retórico más que en una secuencia lógica. En particular, es probable que no deba atribuirse ningún significado a la mención de los residentes angélicos antes que los humanos de la ciudad celestial (3:2).

La relación entre el "monte de Sión", la "ciudad del Dios vivo" y la "Jerusalén celestial" es probablemente una sinonimia; la primera conjunción καί es explicativa (Bauer; cf. cf. πανηγύρει καὶ ἐκκλησίᾳ, vv. 22s.) y no indica una relación entre la parte y el todo, o el todo y la parte (Bauer I.1c). En cuanto al tema de Sión y Jerusalén en general, véanse G. Fohrer y E. Lohse en *TDNT* 7.292-338; con respecto a Hebreos, 337. La referencia geográfica cambiante de "Sión" (sobre lo cual véase *TDNT* 7.295) estaba probablemente tan lejos de la mente del autor como cualquier diferencia entre Sión y Jerusalén. Σιών* en el NT suele aparecer en citas del AT; de otro modo, el "monte de Sión", Ap. 14:1; cf. *3Bar.* 4:2-6; 2 Esd. 7:26.

Πόλει θεοῦ ζῶντος: es probable que la primera alusión sea a Deuteronomio 5:26, donde Moisés pregunta en forma retórica quien puede oír la voz del Dios vivo, ὡς ἡμεῖς (en el Sinaí), y vivir; cf. πόλις τοῦ θεοῦ ἡμῶν, Salmo 48(47 LXX):9; πόλις τοῦ θεοῦ, Salmo 46(45 LXX):5; Filón, *Somn.* 2.250, llama a Jerusalén θεοῦ πόλις; cf. Zacarías 14:9-11 (Buchanan 1975.327s.).

El vocabulario de este versículo es una combinación de elementos apocalípticos tradicionales y del AT (Σιών*, Ἰερουσαλήμ*, μυριάς*), y elementos significativos que se mencionaron anteriormente en forma individual, pero que el autor reúne ahora en una sola declaración culminante (ὄρος, 8:5; 12:20; πόλις, 11:10; θεοῦ ζῶντος, 3:12; 9:14; 10:31; ἐπουράνιος, 3:1). El lenguaje se hace progresivamente más distintivo en los vv. 23s., pero el autor se abstiene en este punto de introducir ideas sustancialmente nuevas.

Προσεληλύθατε (v. 18). Esta forma verbal marca probablemente la expresión más fuerte de esperanza escatológica del autor; no se contradice con 13:14, donde les recuerda a sus lectores que esa esperanza se verá plenamente realizada arriba, y es todavía futura (cf. Gá. 4:25s., contraponiendo ἡ νῦν a ἡ ἄνω Ἰερουσαλήμ). Προσέρχομαι en los contextos cultuales no debe entenderse como "acercarse" en contraste con "llegar", sino más bien en el sentido de tener comunión con Dios en la adoración —el cumplimiento, para Hebreos, de lo que la antigua dispensación no pudo lograr.

En el contexto inmediato, el autor no explica cómo los lectores "se han acercado" a la ciudad celestial; pero el contexto más amplio de los capítulos 12–13 relaciona este acercamiento con la vida corporativa de los creyentes, de la que el culto era indudablemente el centro, aunque de ningún modo el todo. Tal como se expresa de una manera diferente en Qumrán, "toda la vida de la comunidad, así como toda la historia de la comunidad, se consideraba una liturgia integral (Patte 292; cf. Klinzing 201s.). La referencia sin duda no es exclusivamente eucarística (*pace* Schütz 207s.). La epístola en su conjunto habla del viaje o peregrinación de los creyentes hacia su meta permanente o celestial (4:16; 6:1; 13:13s.), y relaciona esto con el sacrificio y exaltación de Cristo (10:19-22). La imaginería estática y vertical de la Jerusalén celestial se subsume en la imaginería dinámica y horizontal de la peregrinación cristiana; en última instancia, la Jerusalén celestial es la ciudad que está por venir (13:14) (Goppelt 1976.579; Arowele 279-291). Esta concepción de la esperanza cristiana debe distinguirse de la expectativa veterotestamentaria y judía de una restauración de la Jerusalén terrenal (p. ej., Is. 2:2-4||Mi. 4:1-3; Ez. 43:6-9; Zac. 1:12); y tampoco se describe la ciudad celestial, como en Apocalipsis 21:2, 10, como una ciudad "que desciende del cielo". La imagen expresa más bien lo contrario a lo que hacen los cristianos en la tierra que ya participan de antemano de la vida de una ciudad sobrenatural de la que Dios es el único constructor (cf. 11:10, 16). Véanse Cambier 1950.82s. (25s.); Cody 1960.71-73.

Ἰερουσαλήμ es la forma derivada del hebreo (que se usa en Mt. 23:37; con frecuencia en Lucas y Hechos, 7 veces en Pablo, 3 veces en Apocalipsis), en contraste con la forma helenizada Ἰεροσόλυμα (que se emplea en los libros deuterocanónicos; en el NT solo en los evangelios y en Hechos, 3 veces en Gálatas; Jeremias 1974.273-276). Ἐπουράνιος se mantiene en reserva para lograr un efecto retórico; se refiere a toda la expresión desde Σιών, no a Ἰερουσαλήμ solamente. Ἰερουσαλὴμ ἐπουράνιος***: la Jerusalén celestial remplaza a la terrenal por cuanto es la "ciudad del Dios vivo".

La segunda conjunción καί, a diferencia de la primera, sí introduce una información nueva: el autor deja de lado la ciudad y pasa a hablar de sus habitantes. Μυριάς se usa frecuentemente con respecto a los ángeles: de manera implícita en Judas 14, y explícitamente en Apocalipsis 5:11, y con relación al ejército celestial en 9:16. Μύριοι*; literalmente "diez millares", sobre todo en plural y sin el acompañamiento de ningún otro numeral, se refiere normalmente a un número tan grande que no puede contarse; Dt. 33:2; Da.7:10; Jud. 14; Ap. 5:11; 9:16; *1 Enoc* 40:1; 71:8.

12:23. Los habitantes de la ciudad celestial

Πανήγυρει: Los textos de la UBS y la NA colocan el sustantivo πανήγυρει en el v. 22, pero relacionados mediante la puntuación con el v. 23. De las opciones de puntuación que se mencionan en UBS[3], las más significativas están representadas por el texto de la NRSV: "... a innumerables ángeles en reunión festiva, y a la asamblea...", y la nota de la NRSV: "a innumerables ángeles, y la reunión y asamblea festivas...". El argumento más fuerte a favor del texto de la NRSV es que los elementos que aparecen en las listas (vv. 18-24) están unidos por medio de καί. La puntuación de UBS = NA, seguida por la nota de la NRSV y la REB (que incluye πανηγύρει en el v. 23), haría de πανήγυρει καὶ ἐκκλησίᾳ una expresión sinónima similar a Σιὼν ὄρει καὶ πόλει en el v. 22. Si se sigue la puntuación del texto de la NRSV, μυριάσιν ἀγγέλων πανηγύρει y ἐκκλησίᾳ πρωτοτόκων... se convierten en dos frases retóricamente equilibradas y semánticamente complementarias, que se refieren respectivamente a los habitantes humanos y angélicos de la ciudad celestial (Dumbell). La adoración cristiana ocupa así su lugar dentro de la adoración del cielo (W. Hahn 113s.).

Spicq (1953; 1978.642-646; 1987.3608n.3; cf. H. Seesemann en *TDNT* 5.722) descubre los siguientes elementos significativos en πανήγυρις**: (a) asamblea plenaria (cf. Thuc. 3.104.4, μεγάλη σύνοδος); (b) festival (cf. Os. 2:11; 9:5; Am. 5:21; Ez. 46:11 con ἑορτή); (c) competencia atlética (cf. 12:1s.); (d) significado religioso; y (e) panegírico entendido como un discurso en alabanza de alguien (cf. v. 24). De estos, (a) parece esencial en el presente contexto, mientras que (b) y (d) se presuponen; (c) presumiblemente se excluiría si la referencia fuera a los ángeles. Hay una posible alusión a Isaías 66:10: εὐφράνθητι, Ιερουσαλημ, καὶ πανηγυρίσατε ἐν αὐτῇ, πάντες οἱ ἀγαπῶντες αὐτήν. El escenario hace recordar Apocalipsis 4, donde, no obstante, no se usa πανήγυρις. El término de por sí es neutral; en contraste con los pasajes veterotestamentarios citados, el contexto aquí es claramente positivo.

Ἐκκλησία: véase 2:12 = Salmo 22:22(21:23 LXX); Hechos 19:32, 39s; con respecto a una asamblea civil, pero en la Biblia griega casi siempre se refiere a una asamblea del pueblo de Dios, por ende, de seres humanos, tal como es casi seguro aquí (véase además el comentario sobre πρωτοτόκων a continuación).

Πρωτότοκος: véase 1:6 con respecto a Cristo, que en 2:10-17 se dice que tiene "hermanos" (2:12 = Sal. 22:22[21:23 LXX]; cf. 2:11, 17) que son a la vez los "hijos" (2:13 = Is. 8:17) que Dios le dio (2:10). La alusión al Salmo 22:22 podría recordarse aquí; de otro modo, la referencia es, de manera más general, al concepto veterotestamentario del primogénito como un individuo que pertenecía especialmente a Dios (Éx. 13:13; 34:20; Nm. 18:15 [cf. Lc. 2:23s.]; cf. W. Michaelis en *TDNT* 6.865-882, aquí 881); o a generaciones anteriores del pueblo de Dios, que esperan a que se les una en el cielo la generación de cristianos a quienes se dirige Hebreos (cf. 11:40); una referencia a la primogenitura de Esaú (cf. 11:20) es posible (Marshall 1969.133) pero remota. Una referencia a los ángeles queda probablemente excluida por las palabras que siguen (véase más adelante; así piensa Lécuyer, en contra de Spicq *ad loc.*). Sería contrario al concepto total del pueblo de Dios en Hebreos hacer una división marcada entre los creyentes antes y después de Cristo; pero πρωτότοκος sugiere una distinción temporal. Πρωτότοκος se usa en Éxodo 4:22; cf. Sirácides 36:11; 2 Esdras 6:55 acerca de Israel, pero el plural aquí es poco usual. Buchanan 1975.327s. sugiere una referencia a la iglesia en Jerusalén, pero esto parece oscurecer el sentido de ἐπουράνιος.

Ἀπογεγραμμένων ἐν οὐρανοῖς: ἀπογράφομαι se usa solo en otro pasaje del NT para referirse al censo ordenado por Augusto (Lc. 2:1, 3, 5**); en la LXX se usa 7 veces, pero nunca se dice que la inscripción sea llevada a cabo por Dios o por los ángeles, puesto que en ese caso normalmente se usa el verbo simple γράφω. El tiempo perfecto aquí pone de relieve la permanencia de la inscripción. El verbo ἀπογράφω a veces implica contar, como en Lucas 2; cf. 1 Esdras 8:30; en un pasaje en el que varias veces se hace hincapié en el gran número de seres reunidos, la sugerencia podría ser que Dios es el único que puede contarlos. En cualquier caso, la idea de que Dios tiene registrados en un libro o libros los nombres y/o las obras de los seres humanos está muy extendida en toda la Biblia y aún fuera de ella: Éxodo 32:32s. con respecto a Moisés; Salmo 139(138 LXX):16 a los "días" del salmista; Isaías 4:3 a los habitantes de la ciudad restaurada de Jerusalén; Daniel 12:1 a los que han de ser salvos en el momento del fin; Lucas 10:20 a los setenta discípulos; Apocalipsis 3:5 sugiere que Cristo tienen autoridad para retener los nombres en el libro de la vida; y en Apocalipsis 17:8 se hace referencia al "libro de la vida del Cordero"; cf. *Test. Jacob* 7:27; *Jub.* 19:9 acerca de Abraham; 30:20-22; *1 Enoc* 47:3; 108:3; *José y Asenat* 15:4. Ninguno de estos textos sugiere que aparte de los nombres humanos se creyera que había otros registrados en el libro de la vida. La mayoría de ellos se refiere a la inscripción de nombres de personas vivas, pero en Daniel 12:1; *Testamento de Jacob* 7:27; y tal vez *1 Enoc* 47:3 al menos se incluyen a los que han muerto. Eso mismo, al parecer, es cierto en el presente texto. No hay ninguna referencia clara a una elección irrevocable (I. H. Marshall 1969.147s.). Véase G. Schrenk sobre βίβλος en *TDNT* 1.618-620.

Οὐρανός: véase 1:10: como confirma ἐπουράνιος en el v. 22, el plural no implica una distinción entre dos o más cielos.

Καὶ κριτῇ θεῷ πάντων: "el orden retórico libre hace que resulte imposible decidir si el autor quiso decir "Dios, el juez de todos" o "el Juez, el Dios de todos" (MHT 4.109; cf. 3.350; Moule 170); la primera opción ofrece un sentido bastante más fuerte, pero el orden no es usual. El juicio sigue siendo un elemento en el gozo escatológico; el juicio, al igual que la asamblea festiva, se espera intensamente, pero todavía no es una realidad. Κριτής* con respecto a Dios, Hechos 10:42 y tal vez Santiago 5:9; probablemente acerca de Cristo, 2 Timoteo 4:8; κρίνω, 10:30 = Deuteronomio 32:36; 13:4, en ambos pasajes con respecto a Dios; κρίσις, 9:27; 10:27; κρίμα, 6:2, en todos estos lugares con referencia al juicio de Dios.

Καὶ πνεύμασι δικαίων τετελειωμένων: el adjetivo δικαίων (10:38) se refiere claramente a seres humanos, no sobrenaturales; en otro pasaje (2:10) se usa πνεῦμα con respecto a los ángeles o al Espíritu Santo; pero es posible que en 12:9 se incluyan espíritus tanto humanos como angélicos. La referencia a estos espíritus humanos que "han sido hechos perfectos" contradice aparentemente lo que se lee en 11:40. Si τελειόω se usa en el mismo sentido, y no hay ninguna razón (*pace* Michel) para ponerlo en duda, esto también podría indicar que lo que se dice acerca de la πανήγυρις es solo una anticipación, aún no se ha hecho plena realidad: los adoradores disfrutan ahora de una comunión anticipada con los justos de las generaciones anteriores con quienes serán hechos perfectos en el momento del fin. La sugerencia de Käsemann (1961.466ss.) de dos tradiciones resulta poco convincente, y en cualquier caso, solo acrecienta el problema. Podría ser engañoso sugerir que lo que aquí se desea indicar es que los justos han sido perfeccionados en el espíritu, pero aún no en el cuerpo: esta dicotomía no parece significativa en Hebreos. El término πνεύματι en D* es un primer intento de clarificación, posiblemente para crear una referencia trinitaria (Lane). Véanse Teodorico 1958b; Dumbrell; Jelonek 1978.

12:24. Jesús en la ciudad celestial

Este versículo constituye el clímax de los vv. 18-24, y retóricamente, por tanto, de toda la epístola. Presupone tantas cosas del argumento anterior que no es posible comprenderlo fuera de su contexto más amplio. Sus dos mitades, que se refieren respectivamente a Jesús y a la sangre de su sacrificio, guardan una relación estrecha, pero no de sinonimia, como los tres nombres de la ciudad celestial en el v. 22, sino en el sentido de que el v. 24b toma como base y desarrolla el v. 24a. El pasaje paralelo más cercano y el mejor comentario es 9:15-22, donde, al igual que aquí, el nuevo pacto, Jesús como su mediador y la sangre mediante la cual es sellado el pacto, son inseparables.

Διαθήκη: 7:22, no se menciona desde 10:29: una primera señal del amplio alcance del presente versículo.

Νέας*: el adjetivo νέος no se usa para referirse a un pacto en ningún otro lugar de la Biblia griega ni de los padres apostólicos; el uso dominado por καινός en Jeremías 31(38 LXX):8, se reflejó en Lucas 22:20 y 1 Corintios 11:25. Pero la coincidencia en cuanto al significado entre νέος y καινός en el griego helenístico era casi total (así opina Braun en contra de muchos comentaristas y de Delorme 348; Szlaga 1976; Harrisville 70): Pablo usa tanto καινός (p. ej., καινὸς ἄνθρωπος, Ef. 4:24; καινὴ κτίσις, 2Co. 5:17) como νέος (νέον [ἄνθρωπον] {(hombre) nuevo}, Col. 3:10; νέον φύραμα, 1Co. 5:7) para referirse a las características distintivas de la existencia cristiana; y no hay ninguna diferencia perceptible de significado entre νέα διαθήκη aquí y καινὴ διαθήκη en 9:15. Además, el lenguaje de Hebreos acerca de los pactos es generalmente flexible (cf. κρείττων, 7:22; 8:6, para el nuevo pacto, y πρῶτος, 9:15, para el viejo).

El uso de μεσίτης aquí hace recordar la comparación y el contraste con Moisés y el antiguo pacto en 8:5s. y 9:15, 19; también se hace referencia en forma implícita a Moisés como "mediador" con respecto al antiguo pacto en Gálatas 3:19, cf. v. 17, pero no en el AT. Al igual que en 9:15, la referencia a Jesús como mediador conlleva inmediatamente a una referencia a su muerte.

Ἰησοῦ: véase 2:9, pospuesto para dar énfasis; sobre la forma dativa cf. BD §55.1(s).

Αἵματι ῥαντισμοῦ: αἷμα (2:14); ῥαντισμός (8:6; 9:15). En la LXX, ῥαίνω (Éx. 29:21; Lv. 4:17; 5:9; 6:27; 8:11; 14:26, 27; 16:14; Nm. 19:4; Ez. 36:25) o un término compuesto (προσραίνω, Lv. 4:6; 8:30; περιραίνω, Lv. 14:7, 51; Nm. 8:7; 19:18s.; cf. Heb. 9:19) suelen usarse para referirse al rociamiento de la sangre (salvo en Nm. 19:21, περιρραίνων ὕδωρ ῥαντισμοῦ), y ῥαντισμός del agua (Nm.

19:9, 13, 20, 21; implícitamente Salmo 51:7(50:9 LXX); el verbo ῥαντίζω también se usa en relación con la sangre (Lv. 6:27; 2Ki. [4Re.] 9:33). En Hebreos (9:19) ya se relaciona estrechamente la sangre con el rociamiento del agua con un hisopo. El autor da por sentado, y parece suponer que sus lectores también dan por sentado, que el sacrificio de sangre es una condición esencial del acceso a Dios (9:7, 12; 10:19), y por ende, de la purificación (9:21s.). Respaldado por el argumento de los capítulos 9 y 10, el autor puede asegurar ahora que la única purificación verdadera (al igual que el único acceso verdadero a Dios, προσεληλύθατε, v. 22) es por medio del sacrificio de Cristo. Ῥαντισμός se usa también con referencia a la sangre de Cristo en 1 Pedro 1:2**; véase también el verbo ῥαντίζω, Hebreos 9:13, 19, 21; Apocalipsis 19:13 *v.l.*; en la LXX, solo con respecto a la purificación por medio del rociamiento del agua; cf. ῥαντίζω, Marcos 7:4. En Éxodo 24:8 se emplea el término κατασκεδάννυμι***, que también se usa para referirse al esparcimiento de sólidos, al rociamiento del pueblo con la sangre del pacto; a pesar de la diferencia en la fraseología, es probable que el autor tuviera presente las palabras de Éxodo 24:8 aquí, y también en 9:20 (así piensan Le Déaut 1965; Lécuyer 164). El autor aquí se basa en su argumento anterior de que el propósito, y el resultado efectivo, del sacrificio de Cristo es la santificación (10:10) o el perdón del pecado (10:18).

Κρεῖττον λαλοῦντι παρὰ τὸν Ἄβελ. La repentina introducción de Abel en un punto tan culminante inicialmente resulta desconcertante. Hay una referencia clara a 11:4, donde el autor dice positivamente de Abel que él, por su fe, "todavía habla". Aquí se usa el mismo verbo, no de forma peyorativa sino como el término menor en una comparación. La mayoría de los comentaristas, sin duda con razón, observan aquí un contraste entre la sangre de Abel que clama (βοᾷ, Gn. 4:10), pidiendo venganza contra Caín (cf. Mt. 23:35‖Lc. 11:51), y el mensaje más grande o mejor de salvación "hablado" (Heb. 2:3) por Cristo. Podrían tomarse en cuenta otros tres factores. En primer lugar, del mismo modo que el autor se interesó por Melquisedec tal vez por ser el primer hombre al que se le da el título de sacerdote en la Escritura, puede haberse sentido atraído por Abel por ser el primer hombre del que la Escritura dice que ofreció un sacrificio aceptable (Gn. 4:4). La superioridad de Cristo sobre Abel subsumiría y confirmaría así su superioridad sobre los sacrificios levíticos. En segundo lugar, λαλοῦντι se refleja inmediatamente en la forma verbal λαλοῦντα en el v. 25, sugiriendo que el "que habla" allí, y por ende, implícitamente en Éxodo 19:18, puede pensarse que sea Jesús, y sugiriendo que lo que "habla" Jesús, que es mejor o más grande, también puede implicar una amenaza si se ignora o se rechaza su voz (cf. también la referencia en el v. 23 a Dios como juez). En última instancia, el contraste entre la antigua dispensación y la nueva no es esencialmente entre el terror y el gozo (aunque eso sí es una consecuencia); es entre una revelación menor y una mayor. Los oyentes rechazarán la revelación mayor a pesar del riesgo mayor que corren. Si esta interpretación es correcta, muestra una vez más la habilidad del autor, con gran concentración y economía, para llevar a su culminación una fase de su argumento, y al mismo tiempo sentar las bases de la próxima. Pero en tercer lugar, el uso del presente verbal λαλοῦντι, aunque lo sugería el presente de βοᾷ en Génesis 4:10, implica además que el sacrificio ofrecido por Jesús una vez y para siempre tiene una importancia permanente para la adoración del pueblo de Dios en la Jerusalén celestial (W. Hahn 115-121).

Κρείττων: véase 1:4 + genitivo; + παρά, 9:23; en otros lugares en Hebreos se usa en sentido absoluto; respecto al pacto, 7:22; 8:6; aquí en 𝔓⁴⁶ se lee κρείττονα. Λαλοῦντι: λαλέω, (1:1). El contexto refuerza el sentido presente del participio, aquí y en el v. 25. En lugar de τὸν Ἄβελ 11:4; en 𝔓⁴⁶ L^supp pc se lee τὸ Ἄβελ, pero el autor (véase supra) no restringe la referencia a la sangre de Abel. Véase Baarlink.

12:25. No desechen el llamado de Dios desde el cielo

El escritor se vuelve de las alturas de los vv. 18-24 a la principal preocupación práctica de la epístola: una advertencia contra la apostasía. El versículo se compone de una advertencia (v. 25a, hasta τὸν λαλοῦντα) y las dos partes de un argumento *a fortiori/qal waḥomer* (v. 25b, hasta χρηματίζοντα, y el v. 25c).

Βλέπετε: véase 2:9; βλέπετε μή: 3:12*. La advertencia va dirigida a un grupo, como en Hch. 13:40; 1Co. 8:9; Gá. 5:15; así mismo, desde el punto de vista gramatical, en 3:12, aunque el contexto probablemente reduce la referencia a un individuo en particular; cf. Mr. 13:5‖ τις; βλέπετω, 1Co. 10:12, tal vez un singular genérico.

Παραιτήσησθε hace recordar el verbo παρητήσαντο en el v. 19, pero el significado ha cambiado: aquí, al igual que παραιτησάμενοι en el v. 25b*, "rechazar", ya sea con el sentido absoluto de rechazar a Dios, o más probablemente, en este contexto, de negarse a escucharlo y, por ende, a obedecerlo (2:1 sobre ἀκούω). Solo aquí en la Biblia griega se usa παραιτέομαι con un complemento divino. El verbo a menudo tiene matices eufemísticos de respeto; por tanto, aquí podría tratarse de un tono de tacto persuasivo, el sinónimo más fuerte ἀποστρεφόμενοι se mantiene en reserva para el clímax de la advertencia. 1 Timoteo 5:11; Tito 3:10 en este sentido con un complemento humano; cf. 3 Macabeos 6:27; 4 Macabeos 11:2 con un complemento impersonal; Filón, *Rer. Div. Her.* 109. Aquí, al igual que en 10:35, el aoristo podría sugerir una ocasión particular en la que existe el peligro de rechazar el mensaje de Dios; MHT 1.124.

La estructura de la oración sugiere que la expresión τὸν λαλοῦντα (v. 24) rige ambas partes del siguiente argumento *a fortiori*; en otras palabras, que τὸν λαλοῦντα es lo mismo que τὸν χρηματίζοντα (expresado en el v. 25b e implícito en el v. 25c). Esto está confirmado por los versículos que siguen, en los que se afirma que el mismo Dios actuó en el pasado (τότε, v. 26) y en épocas posteriores; cf. también el v. 19. Lo que habla Jesús a través de su sacrificio (v. 24), sin duda, está estrechamente relacionados con lo que habla Dios, pero los dos no se confunden entre ellos ni se identifican el uno con el otro; de manera similar en 1:1s., en cuanto a que Dios habló en el pasado por medio de los profetas y en el "presente tiempo del fin" por medio de su Hijo (así lo entienden Spicq; Andriessen 1977.55s.; Braun y otros, en contra de A. T. Hanson 1964.402-405, 1965.78-80; y otros). Una forma reverente de referirse a Dios indirectamente se mantiene hasta el v. 27; Dios se menciona de manera directa en el v. 28 y con un énfasis culminante en el v. 29. De los verbos que se usan en este pasajes sin especificar ningún sujeto, λαλέω

(1:1) se emplea en otras partes de Hebreos con diversos sujetos, más comúnmente Dios; χρηματίζω (8:5; 11:7) tiene a Dios como sujeto; Dios es el sujeto de ἐπαγγέλλομαι en 6:13, e implícitamente en 10:23. El argumento más sólido a favor de identificar a Cristo, no a Dios, como "el que habla", es la mención de Cristo, o más precisamente de su sangre "hablando" en el v. 24. Sin embargo, el autor hace un cambio indeterminado similar de sujeto en 8:5; y el tema cambia aquí entre la expiación, en el v. 25, y el cataclismo escatológico, a partir del v. 26. Dado que a Dios se le menciona explícitamente en los vv. 28s., es, pues, mejor considerar en general que se hace referencia a él de manera implícita, como ocurre a menudo en Hebreos, desde el v. 25 en adelante.

Γάρ: el argumento *a fortiori* del v. 25bc apoyará la advertencia del v. 25a, y él mismo, a su vez, será apoyado por el argumento de la Escritura en los vv. 26s.; otras consecuencias se extraerán en el v. 28 (διό) y en el v. 29 (γάρ).

εἰ	πολὺ μᾶλλον
ἐκεῖνοι	ἡμεῖς
οὐκ ἐξέφυγον	[ἐκφευξόμεθα, cf. 2:3]
ἐπὶ γῆς	ἀπ' οὐρανῶν
παραιτησάμενοι	οἱ ... ἀποστρεφόμενοι
τὸν χρηματίζοντα	[τὸν χρηματίζοντα]

La expresión es elíptica pero clara; la ampliación conjetural de los vv. 25s. que hace Sahlin 85s. es innecesaria. Cabe hacer las siguientes observaciones sobre las distintas partes de este paralelismo:

(1) Εἰ aquí introduce una condición real; BD §372.1b; MHT 1.201. La desobediencia a Dios se castigaba aún bajo la antigua dispensación. Este es uno de los varios puntos de contacto entre el v. 25bc y 2:1-3. Πολὺ μᾶλλον (12:9*) en un contraste similar entre la paternidad terrenal y la celestial; cf. 9:14 y κρείττων, 12:24. En lugar del adjetivo πολύ, un acusativo neutro usado como un adverbio, que se lee ℵ A C D* K L P etc., en 𝔓⁴⁶ D² K L P Ψ 0121b etc. aparece πολλῷ, dativo de grado de diferencia (Bauer I.2.c).

(2) El contexto más amplio sugeriría que el pronombre ἐκεῖνοι se refiere a los ἀκούσαντες del v. 19, pero no hay nada que indique que los "oyentes" del v. 19 fueron transgresores, por tanto, es mejor suponer que el sentido se ha ampliado en el v. 25 para que incluya a todos los que vivían bajo la antigua dispensación; el significado, pues, se acercaría al de 2:2s. Para otra indicación de una perspectiva más amplia, véase el punto (4) más adelante. En el v. 25c, al igual que en los vv. 28s., el autor suaviza su advertencia identificándose con sus oyentes o lectores. Esto presupone que los participios son condicionales (véase el punto [5] más adelante). El pronombre enfático "nosotros" es contrastado con apóstatas en 10:39; cf. 3:6.

(3) En lugar de ἐξέφυγον (2:3*), que aparece en ℵ* A C I P 048 33 etc., en 𝔓⁴⁶ ℵ² (D) K L Ψ 0243 𝔐 se lee el verbo más común ἔφυγον (cf. 11:34; Beare

1944.393). El verbo en futuro está implícito en el v. 25c. Se usa en Romanos 2:3; cf. 2 Macabeos 6:26; 7:35; 4 Macabeos 9:32, con respecto al hecho de no poder escapar del juicio de Dios; Lucas 21:36; 1 Tesalonicenses 5:3, en cuanto a no poder escapar de la catástrofe escatológica (como aquí; cf. vv. 26s.); en otros lugares se refiere a un escape físico (Hch. 16:27; 2Co. 11:33); en Hechos 19:16 el significado probablemente es "escapar (de una casa)".

(4) Ἐπὶ γῆς es ligeramente enfático por su posición; el orden normal sería τὸν ἐπὶ γῆς χρηματίζοντα (BD §474.5c, como en 𝔓⁴⁶ אᶜ K L P Ψ). En los vv. 18-24, el contraste era entre el monte Sinaí terrenal, que sí podía tocarse, y la Jerusalén celestial. En el v. 25, la primera mitad del contraste se amplió para que incluyera a la tierra en general. El tema del cielo y la tierra será desarrollado en los vv. 26s., como un contraste (cf. 8:4; 11:13, 16) y no en un sentido complementario, como probablemente también en el propio texto de Hageo 2:6, y en Hebreos 1:10 = Sal. 102(101 LXX):26. Ni en ἐπὶ γῆς ni en ἀπ' οὐρανῶν se emplean artículos, como es habitual; MHT 3.175.

(5) Παραιτησάμενοι y ἀποστρεφόμενοι probablemente es preferible considerar que tienen un significado condicional: "si ellos (entonces) rechazaron...", "si nosotros (ahora) rechazamos…". Esta interpretación se hace explícita en 𝔓⁴⁶ᵈ con la omisión de οἱ. Ἀποστρέφω* a veces significa simplemente "apartarse de" (cf. Mt. 5:42; BD §149), pero el contexto aquí hace pensar en la apostasía, y la posición de la palabra le da énfasis; cf. Filón, *Conf. Ling.* 131; G. Bertram en *TDNT* 7.719-722.

(6) Τὸν χρηματίζοντα está implícito en el v. 25c. En 8:5 el verbo se usa para referirse a Dios cuando instruye a Moisés, pero aquí la idea de que Dios habla por medio de Moisés resultaría distractiva. A lo largo del pasaje la atención se centra en Dios como la fuente del mensaje, y se excluyen los agentes secundarios; contrástese con la referencia a los ángeles en 2:2.

Respecto a los vv. 25-29, véanse Leonard 1939.245-247; Oberholtzer.

12:26. Se citan las palabras de Hageo 2:6 para confirmar el argumento

El versículo consta de una introducción más larga de lo habitual, y de la cita como tal. La manera en que se presentan la introducción y la forma de la cita tiene por objeto establecer un contraste con la conmoción de la tierra en el período del AT y la conmoción escatológica aún mayor del cielo y la tierra.

Es posible que las referencias en Hageo 1:1, 12, 14; 2:2 a un sumo sacerdote llamado Ἰησοῦς llamaran en primera instancia la atención del autor de Hebreos sobre este pasaje; pero el uso que le da a la cita y su contexto demuestran cuidado y moderación, y no pudo dejar de observar que el Jesús/Josué en Hageo, según dice el profeta, es hijo de Josadac, y que Jesús en Hageo no es quien habla sino aquel a quién Dios se dirige.

Οὗ: con respecto al que habla y advierte, a saber, Dios.

Φωνή se refiere a la voz de Dios (3:7) = Salmo 95(94 LXX):7; 12:19; cf. Éxodo 19:20; G. Bertram en *TDNT* 7.69s. Τὴν γῆν: v. 25.

Σαλεύω y σείω son sinónimos muy cercanos; se usan juntos, por ejemplo, en Jueces 5:4s. Σείω es bastante menos común en toda la Biblia griega; el autor de Hebreos conserva el verbo en la cita, pero emplea, en cambio, σαλεύω en los vv. 26s.* Σαλεύω suele usarse para referirse a la conmoción de la tierra (Sal. 18:7[17:8 LXX]; 46[45]:6; 77:18[76:19]; 97[96]:4; 99[98]:1; cf. 82[81]:5; 96[95]:9); de los montes (Jue. 5:5; Jud. 16:15; Sir. 16:18; 43:16); y del mar (Sal. 98[97]:7); normalmente en voz pasiva, lo cual podría considerarse que se refiere implícitamente a una acción por parte de Dios, como ocurre probablemente en Mr. 13:25‖; la conmoción de algunos lugares en los que están reunidos y orando los cristianos, Hch. 4:31; 16:26, es posible que tenga connotaciones escatológicas; σαλεύω se usa en Ap. 6:13 en un símil escatológico. Σείω también se emplea para referirse a la conmoción de la tierra (Jue. 5:4; Sal. 68:8[67:9 LXX]; Pr. 30:21; Is. 13:13, cf. 24:18); de las montañas (Nah. 1:5); de los montes (Nah. 1:5); y también del cielo (Jb. 9:6; Joel 2:10; 3:16 A B א; cf. Hag. 2:6s. [LXX v. 7, συσσείσω], 21 [22]). H. Braun señala que en 2 Samuel (2Re.) 22:8; 2 Esdras 3:8; cf. *Test. Levi* 3:9, en contraste con Hebreos, se habla de una conmoción del cielo en el momento de la entrega de la ley en el monte de Sinaí. Jerome Smith (1969a.165n.22) observa en el presente versículo alusiones secundarias al Sal. 96(95 LXX):10 (κατώρθωσεν τὴν οἰκουμένην, ἥτις οὐ σαλευθήσεται), y de manera menos convincente, a Is.62:4.

Τότε tiende a confirmar que el autor todavía está pensando en los fenómenos aterrorizadores que acompañaron a la entrega de la ley en el Sinaí (Éx. 19:18; cf. Heb. 12:18), aunque en el Pentateuco no se usan ni σείω ni σαλεύω; cf. 2 Pedro 3:6, donde τότε se emplea para referirse al diluvio.

La yuxtaposición de τότε y νῦν δέ acentúa el contraste, y confirma que a νῦν (2:8) aquí debe atribuírsele un sentido temporal.

El uso de ἐπαγγέλλομαι (4:1) en un contexto de advertencia al principio resulta desconcertante (cf. el problema inverso que ocurre con μεμφόμενος cuando introduce una promesa en 8:8), pero el verbo debe tomarse en su sentido estricto y positivo y entender que no se refiere directamente a la cita de Hageo, sino a la esperanza implícita de la estabilidad final para los creyentes. Esto, a su vez, sugiere que la declaración positiva del v. 28 es el punto culminante de este párrafo, a pesar de la advertencia que se añade en el v. 29. El uso de la forma verbal ἐπήγγελται en pretérito perfecto, en voz media con un significado activo, refleja la permanencia de la promesa. Λέγων le da paso a la cita, al igual que en 2:6 (cf. λέγει, 1:6); el sujeto implícito sigue siendo Dios.

Las palabras de Hageo están modificadas en la LXX, y más aún en la cita. (1) En la LXX se omite "de aquí a poco"; puesto que el autor de Hebreos esperaba una parusía temprana, es improbable que hubiera omitido estas palabras de haberlas encontrado en el texto del que disponía (10:25). (2) Οὐ μόνον (μόνον con función adverbial, MHT 3.225s.) y ἀλλά se añaden en Hebreos para poner de relieve la referencia al cielo. (3) Τὸν οὐρανόν se transfiere para dar énfasis al final de la oración. (4) El contraste entre el cielo y la tierra se hace más prominente con la omisión de las referencias adicionales de Hageo a la conmoción del mar y la tierra seca. Además, en lugar de σείσω, que aparece en א A C M y Hageo 2:6 LXX, en D K L P Arm se lee σείω, posiblemente por asimilación a Hageo 2:21 LXX. El futuro está más confirmado y se ajusta mejor al contexto. El propósito de la cita es sin duda el mismo que el de toda la epístola: animar a los destinatarios a aferrarse a su fe durante el cataclismo final en el que Dios conmoverá ambas partes de su creación, pero del que su reino, del que los creyentes ya participan, emergerá inconmovible de ahí en adelante. Esto implica, aunque el autor no desarrolla el tema, que el término οὐρανός aquí, como probablemente también en 1:10; 4:14; 7:26; 11:12, se refiere a la parte más elevada del universo creado, y no, como tal vez en 9:24 (αὐτὸν τὸν οὐρανόν), e incluso en 12:23, 25, a la inmediata presencia de Dios. El uso de una cita hace que el autor emplee el término οὐρανός en un sentido diferente al del párrafo anterior.

Véanse Leonard 1939.245-247; Feuillet 1961.29s.; Vögtle, especialmente 26s.; Toussaint 79s.

12:27. Como resultado de la conmoción final solo quedará el cielo

La idea de los vv. 27-29 está condensada y combina diversos temas, incluyendo (1) el contraste tradicional entre el cielo y la tierra, que se expuso en los vv. 18-24 de una manera no tradicional (porque en la tradición judía es muy difícil que el Sinaí pudiera formar parte de una realidad terrenal inferior); (2) la expresión más completa de la escatología del autor; y (3) su preocupación pastoral, en la que se alternan el estímulo y la advertencia.

Bajo esta presión, el significado que se le da a Hageo 2:6 resulta muy diferente del que tenían las palabras citadas en su contexto veterotestamentario. La principal preocupación del profeta allí era la "conmoción" de las naciones extranjeras como preludio del establecimiento en Jerusalén de un templo restaurado, más rico que el que había remplazado (cf. Hag. 2:9). El autor de Hebreos ya ha demostrado ampliamente que, en su opinión, el culto terrenal y sus sacrificios son, en el mejor de los casos, un tipo de la adoración celestial y el sacrificio de Cristo. Aquí, él habla con más énfasis que nunca sobre el fin del culto terrenal, aunque ese fin todavía es futuro. Al leer este pasaje, deben evitarse dos peligros: (1) el de subestimar la fuerza de la catástrofe final; y (3) el de aislar un elemento de los otros en el pensamiento del autor, especialmente su cosmología de su soteriología.

Τό, como sucede a menudo, introduce una palabra o frase de una cita que ya se mencionó; cf. 3:13; Gálatas 4:25; Efesios 4:9; Bauer II.8b; MHT 3.182.

Ἅπαξ (6:4) es una palabra clave en el vocabulario de Hebreos; pero aquí no se refiere al único sacrificio de Cristo, sino a la gran conmoción del fin de los tiempos, que casi por definición solo puede ocurrir una vez. Además, al igual que en Gálatas 4:25; Efesios 4:9 (y en contraste con Heb. 3:13), el autor no llama la atención sobre una frase aislada, sino sobre un aspecto significativo de todo el acontecimiento al que se refiere la cita. Podría parafrasearse de la siguiente manera: "esta conmoción final implica...".

Δηλόω (9:8*) se usa con respecto a la comunicación natural (1Co. 1:11; Col. 1:8; cf. Jos. 4:7; Tob. 10:9) y, más frecuentemente en la Biblia griega, a la revelación dada por Dios (p. ej., Éx. 6:3; 33:12; Dt. 33:10; implícitamente en voz pasiva, 1Co.

3:13, en un pasaje escatológico), por Cristo (2Pe. 1:14), o por el Espíritu Santo (Heb. 9:8; 1Pe. 1:11**). Aquí δηλόω se refiere a una explicación de la Escritura; en Daniel 2 LXX *pássim*, con respecto a la explicación del sueño de Nabucodonosor; no hay ninguna referencia inmediata a una revelación sobrenatural.

El texto de las palabras que siguen es incierto: τὴν τῶν σαλευομένων μετάθεσιν, ℵ* A C 33 etc.; τὴν τῶν σαλευομένων τὴν μετάθεσιν, ℵ² 88; τῶν σαλευομένων τὴν μετάθεσιν, D² K L P 𝔐 𝔓⁴⁶ D* 048 0243 323 1739 arm omiten τὴν, tal vez correctamente porque su lugar no es seguro en otros manuscritos (así piensan Zuntz 117-118, Lane).

Μετάθεσις (v. 26) puede significar "remoción o transformación" (Thompson 1982.48, en consonancia con Bauer). En el griego clásico la raíz etimológica es "cambio de posición", y podría ampliarse a "cambio" en general (LSJ). En la LXX el sustantivo aparece una sola vez, y se refiere a un cambio de las costumbres judías por las gentiles (2Mac. 11:24). Μετατίθημι se usa con un sentido similar en 2 Macabeos 7:24; Hebreos 7:12, donde el contexto sugiere de manera más natural una referencia a un *cambio* de un orden de sacerdocio por otro, que conlleva una *remoción* del sistema legal antiguo (que no es remplazado por uno nuevo). En Hebreos 11:5***, el sustantivo se usó en sentido técnico con respecto al "traslado" de Enoc, es decir, su remoción de la tierra (implícitamente, al cielo); el término se emplea de manera similar en Sabiduría 4:10; Sirácides 44:16; 49:14. El verbo se usa para referirse a la eliminación de fronteras (Dt. 27:17; Pr. 23:10) o linderos (Os. 5:10); a la remoción de los montes (Sal. 46:2[45:4 LXX]); pero también al cambio de bosques por campos fértiles y viceversa (Is. 29:17); y por extensión, a un cambio de actitud (Est. 4:17) o de opinión (2Mac. 4:46); con respecto a la acción de Jezabel para desviar a Acab (1Re. 21:25 [3Re. 20:25]), y a un amigo que se torna en enemigo (Sir. 6:9). En Isaías 29:14, Dios, al parecer, habla de la remoción y la destrucción de Israel y no de un simple cambio; pero en 4 Macabeos 2:18, μεταθεῖναι contrasta probablemente con ἀκυρῶσαι, y alude a un cambio y no a la destrucción. En el presente versículo se habla de la remoción de la parte superior y de la parte inferior del universo visible de sus lugares aparentemente establecidos (v. 26); su destrucción podría estar implícita, pero la aniquilación total tal vez está más allá del horizonte del autor. Véanse también Vögtle 241-253; J. M. Casey 1977.540-554.

Ὡς (1:11) indica que se trata de una propiedad real (cf. 3:5f.) del universo visible, y no de una comparación (cf. 1:11f.). El universo visible fue "hecho" (1:2), obviamente por Dios; pero el autor aquí hace hincapié en el estatus inferior del mismo tal como lo perciben los sentidos (cf. v. 18); y comparte la presuposición platónica de que lo invisible es mejor y más real que lo perceptible. En su pensamiento, pues, no hay cabida para un cielo nuevo y una tierra nueva (como en 2Esd. 7:75; 10:27; *1Enoc* 45:4; Ap. 21:1; Thompson 1982.48s., con más referencias). El tiempo perfecto de πεποιημένων implica que son "(cosas) que fueron hechas y siguen existiendo".

El equivalente positivo de esta escatología radical se hace patente en la última cláusula del v. 27, y en el v. 28. Hay cierta falta de claridad en los detalles, pero la secuencia principal de pensamiento es clara. El deseo del autor no es negar que él y sus lectores, por ejemplo, formen parte del universo creado por Dios. Su interés, más bien, es afirmar que es mediante la participación, a través de la fe, en el nuevo orden que inauguró el Cristo exaltado, que ellos sobrevivirán a la conmoción escatológica. Μένω (v. 27) se usa con referencia al sacerdocio de Cristo (7:3, 24) y, como aquí, a los dones permanentes que los creyentes poseen y disfrutan por medio de él (10:34; 13:14). Ἵνα μείνῃ τὰ σαλευόμενα podría indicar (a) que la esfera invisible sobrevive a la conmoción final, o (b) que evade por completo dicha conmoción. La opción (b) parece ser el significado más natural, y confirmaría el punto de vista de que el escritor considera que el "cielo y la tierra" de Hageo se refieren solo a la parte superior y a la inferior del universo visible. La naturaleza de este estado de seguridad definitiva será el tema del v. 28.

12:28. Los creyentes deben vivir como ciudadanos de un reino eterno

En los vv. 28s. se hace una transición típicamente suave de lo escatológico al presente; de la preocupación del autor por la perseverancia final de sus lectores a su preocupación complementaria por la vida diaria y la adoración de su comunidad. Διό (3:7; aquí como en el v. 12 para introducir una parénesis) marca el principio de esta transición; el resto del v. 28a (hasta χάριν), junto con el v. 29, resume el fundamento del llamado del autor, y en el v. 28b comienza la serie de instrucciones particulares que ocupan casi todo el capítulo 13.

Los lectores, junto con el autor, están recibiendo un reino inconmovible; este es el lado positivo de un pasaje predominantemente amonestador. El significado exacto de estas palabras es difícil de determinar, aunque el sentido general resulta bastante claro.

(1) ¿Tiene βασιλεία aquí su raíz etimológica de "reino, monarquía", o se refiere a un reino concreto (aunque sea invisible)? Βασιλεία en 1:8 = Salmo 45(44 LXX):7 se refería exclusivamente al reinado de Dios (θρόνος); en 11:33*, en cambio, se refería a los creyentes que obtuvieron reinos terrenales. En el pasaje paralelo más cercano, Daniel 7:18, se habla de los santos del Altísimo que tomarán el poder en lugar de los cuatro reinos de la bestia. La expresión παραλήψονται τὴν βασιλείαν allí se traduciría mejor como "tomarán el poder real"; en Daniel 7:14, se usa βασιλεία como sinónimo de ἐξουσία. Lucas 19:12 se refiere a un hombre noble que emprendió un largo viaje cuyo propósito se describe como λαβεῖν ἑαυτῷ βασιλείαν; es probable que ambos significados de βασιλεία, el abstracto y el concreto, estén incluidos. En el presente texto, la balanza tal vez se inclina hacia el significado concreto por el uso en Hebreos de imágenes similares como πόλις (11:10), πατρίς (11:14), κληρονομία (9:15; 11:8, en ambos casos con λαμβάνω), y κατάπαυσις ("reposo/lugar de reposo" 3:11). Bauer, sin embargo, s.v. παραλαμβάνω 2bβ, traduce "reinado".

(2) Si βασιλεία se interpreta como "reino", παραλαμβάνοντες significará "recibiendo" (de Dios; Bauer 2), "(les) está siendo dado" (por Dios), y no "tomando" (Bauer 1). En las relaciones humanas, al menos en el período veterotestamentario,

como nos recuerda 11:33, la fe tenía un aspecto dinámico, casi agresivo, pero esto sería incompatible con la "reverencia y el temor" que deben caracterizar la relación de los creyentes con Dios.

(3) La fuerza del participio παραλαμβάνοντες aquí probablemente debe mantenerse en este contexto en el que los principales verbos están en presente; el fin todavía no ha llegado, y los creyentes aún tienen que recibir su herencia definitiva (Feuillet 1961.29; BD §323; Lane). El significado del participio está definido por el contexto: por cuanto están recibiendo este don, los creyentes deben ser agradecidos.

(4) El versículo anterior sugirió ya que la esfera celestial invisible, a diferencia de la parte superior del universo visible, está fuera del alcance del cataclismo final. Ἀσάλευτος, "inconmovible", declarará explícitamente lo que la frase μὴ σαλευόμενα declaró implícitamente en el v. 27; las dos expresiones, de hecho, son sinónimas (BD §65[3]). Ἀσάλευτος se usa en forma literal para referirse a un barco encallado en Hechos 27:41, y en sentido figurado, a la permanencia de la Torá y sus enseñanzas, en Éxodo 13:16; Deuteronomio 6:8; 11:18***.

(5) La perspectiva general de Hebreos con respecto a la meta permanente y al estatus final de los creyentes sugiere, pues, que el significado principal de la expresión "recibir el reino" aquí no es ni (i) someterse al gobierno monárquico de Dios, como probablemente en Marcos 10:15||, ni (ii) tomar parte activa en el gobierno de Dios sobre los demás, como por ejemplo, en Mateo 19:28||; 1 Corintios 6:2s., sino (iii) ocupar un "lugar" eternamente seguro donde Dios reina para siempre junto con Cristo a su diestra.

Los creyentes deben responder a este don, ante todo, con agradecimiento (implícitamente, a Dios); un argumento que se expresa de un modo más pleno en 13:14s. Χάριν ἔχειν es una expresión bien conocida para mostrar agradecimiento, especialmente a Dios (cf. 1Ti. 1:12; 2Ti. 1:3), pero también a los seres humanos (cf. Flm. 7; Bauer *s.v.* χάρις, 5); ver aquí una referencia a la gracia (como hacen algunos comentaristas más antiguos y Montefiore) resulta forzado. En muchas autoridades, incluyendo 𝔓⁴⁶* A C D 0243, aparece la lectura secundaria ἔχομεν; en cuanto a la confusión frecuente entre ο y ω, véase 4:16. Según afirma Spicq (cf. Vanhoye 209), hay una inclusio con τῆς χάριτος τοῦ θεοῦ en el v. 15; pero esta repetición verbal no exige el significado de "conservemos la gracia" aquí.

Esa acción de gracias conduce, en segundo lugar (δι᾽ ἧς [χάριτος]), a una vida de temor reverente, dentro de la cual, los mandatos particulares del autor, a su vez, encontrarán su lugar natural. La adoración, pues, tiene cierta prioridad sobre la actividad cristiana práctica, pero ambas irán de la mano a lo largo del capítulo 13.

Λατρεύωμεν: λατρεύω (8:5), suele usarse en Hebreos con referencia al culto levítico, pero aquí y en 9:14 a la adoración cristiana. En lugar del subjuntivo hortatorio λατρεύωμεν (A D L 048 33 etc.), en ℵ K P Ψ 0243 𝔐 se lee λατρεύομεν (véase anteriormente el comentario sobre ἔχομεν), pero el contexto exige una exhortación.

Εὐαρέστως***, "agradando", aquí explícitamente "a Dios"; cf. εὐάρεστος τῷ θεῷ, p. ej., Romanos 12:1; 14:18; Filipenses 4:18; Sabiduría 4:10; cf. Efesios

5:10, "al Señor"; de manera similar εὐχαρεστέω τῷ θεῷ (Heb. 13:16), se usa especialmente con respecto a Enoc (Gn. 5:22, 24; cf. Sir. 44:16); BD §337 (3). En D 326 483 1912 se lee εὐχαρίστως, tal vez influenciado por ἔχωμεν χάριν en v. 28.

La frase μετὰ εὐλαβείας καὶ δέους es mejor interpretarla como una endíadis: "con temor reverente". El significado de εὐλαβεία** en 5:7 (reverencia hacia Dios, o temor de la muerte) es objeto de controversia; e incluso en 11:7 (εὐλαβέομαι), aunque la reverencia de Noé sin duda predomina sobre su temor, este no puede excluirse. En Proverbios 28:14 el término se refiere al temor religioso, pero en Pol. 6:3 se usa εὐλαβεία como sinónimo de φόβος, con Dios como complemento. El uso de δέος en el presente versículo hace que "temor" sea el significado más probable de εὐλαβεία; δέος se emplea en relación con seres humanos en 2 Macabeos 3:17; 12:22; 13:16; 15:23, aunque el último uso es en una oración. En lugar de δέους, en ℵ² D² P 0243 etc. se lee el término más débil αἰδοῦς, "respeto"; en K L Ψ y el texto mayoritario aparece la frase αἰδοῦς καὶ εὐλαβείας, y hay otras variantes menores. El sustantivo más fuerte δέους concuerda mejor con la advertencia que sigue.

12:29. Una última advertencia con el lenguaje de la Escritura

Aunque no hay ninguna fórmula para introducir la cita, esta afirmación se basa claramente en Deuteronomio 4:24, donde la advertencia de Moisés a Israel contra el peligro que representa quebrantar el pacto y entregarse a la idolatría concluye con estas palabras: ὅτι κύριος ὁ θεός σου πῦρ καταναλίσκον ἐστίν, θεὸς ζηλωτής. Hebreos 10:27 habla en una advertencia similar de πυρὸς ζῆλος, aunque la referencia a Dios allí está implícita. En el contexto del AT, Moisés se dirige a Israel indiscriminadamente usando el pronombre σύ, como en Deuteronomio 4:24, 25a, y ὑμεῖς como en 21-23, 25b-31. El autor de Hebreos adapta la cita a las expresiones en primera persona del plural de Hebreos 12:25b, 28. No usa la expresión "nuestro Dios" en ningún otro lugar, la cual presupone un entorno politeísta y no el entorno esencialmente judeocristiano de Hebreos. En el NT en general, la frase "nuestro Dios" se emplea casi siempre en citas del AT (Mr. 12:29‖; Hch. 3:22) o en pasajes fuertemente influenciados por el lenguaje testamentario (Lc. 1:78; Ap. 7:3, 10; 12:10; 19:1, 6); la construcción de 2 Pedro 1:1 es objeto de disputa. En el AT, la frase aparece con más frecuencia, de manera especial en Deuteronomio (1:6; 2:33; 3:18; 4:7; 5:2; 6:20, 24; 29:15, 18) como una variante de la frase mucho más común "el Señor vuestro Dios", y en Jeremías (3:22, 23, 25; 31:18), donde "el Dios de Israel" es frecuente; por lo demás, la frase es rara desde Génesis a Números (Éx. 3:18); en otras partes, por ejemplo, en Jos. 22:19; Jue. 11:24; 2Sa. 10:12; 1Re. 8:57, 59; 1Cr. 16:14; 2Cr. 14:11; Esd. 8:31; Neh. 10:39; Salmos (donde "mi Dios" es más común) 20:5, 7; 40:3; 48:1; 147:1, 7; Is. 26:13; Da. 9:10, 13-15; Joel 1:16; Mi. 4:5; 7:17; se usa a menudo en oración, y tal vez con matices litúrgicos en el presente versículo. Otras posibles asociaciones veterotestamentarias son con Deuteronomio 9:3, donde, no obstante, el πῦρ καταναλίσκον de Dios va dirigido contra los enemigos de Israel, y no, como en Hebreos, contra una posible apostasía dentro del pueblo de Dios; Sirácides 45:19 (cf. Nm. 16, en especial el v. 25), con referencia a la destrucción por medio del fuego de Coré y sus socios; e Isaías 33:14. Los pasajes de Sirácides y de Isaías tienen otros puntos de contacto con Hebreos. En el AT, la frase "nuestro Dios", y otras expresiones similares aluden constantemente al Dios de Israel; en Hebreos, hacen alusión, más bien, a la comunidad cristiana, pero no hay nada que sugiera un contraste o una discontinuidad con Israel. Es innecesario ver, como hace A. H. Williams 142-144, un contraste entre el temor de Dios y el temor de la crueldad del emperador Gayo.

Καὶ γάρ: la conjunción καί no tiene ninguna fuerza independiente (Bauer *s.v.* γάρ, 1b; BD §452[3]; 5:12), aunque aquí la expresión completa, desde el punto de vista retórico, podría tener por objeto hacer más enfática la declaración que sigue.

Πῦρ καταναλίσκον: πῦρ, 1:7; normalmente en Hebreos, como aquí, el término πῦρ denota la acción de Dios, sobre todo en lo que respecta al juicio; en 11:34, indirectamente, su acción misericordiosa al extinguir los fuegos humanos. El lenguaje es fuerte aunque metafórico; Dios (*pace* Braun) no se identifica con el fuego, como en algunas otras tradiciones religiosas (cf. F. Lang en *TDNT* 6.928-952, aquí 945); en la Biblia, las referencias al fuego de Dios a menudo son escatológicas, al igual que en este caso. En cuanto al tema del juicio en Hebreos, véase 10:31. Cuando se alude a Dios como un fuego se hace hincapié en un solo aspecto de su ser; cf. las referencias a su gracia (2:9; 4:16; 13:9, 25) y a sus promesas (6:12); y, en el pasaje de Deuteronomio en el que se inspira este versículo, a su misericordia fiel (Dt. 4:31, con un lenguaje similar al de Dt. 31:6, que se cita en Hebreos, 13:5). Καταναλίσκω**.

ÚLTIMAS INSTRUCCIONES (13:1-19)

El capítulo 13 es más específico que el resto de Hebreos en cuanto a la información que da acerca de la situación de los lectores, y también en lo que respecta a sus consejos e instrucciones. Sin embargo, se hacen patentes las mismas preocupaciones básicas: como el escritor subrayó con anterioridad, los lectores tienen la opción de elegir entre la vida y la muerte. Deben aferrarse a la revelación inmutable que ha alcanzado su pleno cumplimiento en Cristo; no tener miedo ni avergonzarse de los sufrimientos que puede conllevar y participar de los privilegios exclusivos disponibles dentro de la comunidad de fe. En cambio, deben rechazar las "doctrinas extrañas" (v. 9). El hecho de haber elegido el camino cristiano tiene consecuencias para la vida diaria, en la práctica del amor, el apoyo mutuo y la fidelidad en el matrimonio. Eso es lo que significa ser el pueblo del nuevo pacto, y permitir que Dios obre su perfecta voluntad en medio de su pueblo.

Hay varios factores que han hecho que algunos académicos crean que este capítulo, o algunas partes del mismo, no formaban parte originalmente de Hebreos. (1) El capítulo 13 se considera una adición destinada a un grupo que vivía en el mundo, y que contrasta con el grupo monástico al que fueron dirigidos los capítulos 1–12 (Buchanan). (2) El vocabulario del capítulo 13 incluye palabras que no aparecen en el resto de Hebreos, o se usan solo en otros sentidos (E. D. Jones, en contra de C. R. Williams). (3) 13:1 marca, al parecer, un cambio abrupto con respecto al capítulo 12. (4) Los vv. 1-7, en particular, se consideran "un revoltijo informe de advertencias bastante comunes" (Torrey). Algunos académicos que creen en la autenticidad del capítulo 13, piensan, sin embargo, que es un apéndice, compuesto con menos cuidado que el resto de Hebreos (Tasker 1935, Spicq 1947a).

Otros académicos han visto coherencia dentro del capítulo 13, y puntos de contacto con el resto de Hebreos. (1) Thurén 1973 divide los vv. 1-6 en tres elementos binarios, vv. 1-3, 4-5a y 5b-6. (2) Michel distingue cuatro pares de exhortaciones, vv. 1-2, 3, 4 y 5-6. (3) La preocupación del autor por la vida interna de la comunidad a la cual dirige su carta, y la conducta de sus miembros, ya se expresó con anterioridad, y más recientemente en 12:14ss. Oepke 72-74 señala que el tema del pueblo de Dios es común al capítulo 13 y al resto de Hebreos. (4) Vanhoye 1977a descubre que los vv. 1-6 constan de tres partes, los vv. 1-3, 4 y 5-6, y que cada parte contiene un elemento de paralelismo sinónimo (véanse los detalles más adelante). Reexamina también el vocabulario del pasaje y llega a la conclusión de que "no hay ninguna razón seria para separar Hebreos 13:1-6 del resto de la epístola" (130). En consonancia con Thurén, encuentra temas similares en las partes parenéticas de las cartas paulinas (1Ts. 4:1-12; Ef. 5:2-5; Col. 3:1ss.), pero ninguna semejanza en lo que respecta a la forma. Véase también la nota sobre el v. 1 más adelante. Vanhoye 1965.210ss., cf. 301s., toma los vv. 1-6 y 7-19 respectivamente como el segundo y el tercer párrafos de una sección que comenzó con 12:14. Dussaut 131-137 también hace una división después del v. 6, pero subdivide los vv. 7s., 9-16, y 17-19. El análisis detallado en Lane 495-507 conduce a un resultado similar, con la excepción de que Lane comienza un nuevo párrafo en el v. 10, no en el v. 9. D. G. Peterson 1984 cuestiona la contribución del capítulo 13 a una teología neotestamentaria de la adoración.

13:1. Una comunidad de amor mutuo

La aparente brusquedad de este versículo contrasta con las introducciones más amplias a las parénesis paulinas (p. ej., Ro. 12:1; Col. 3:1s.; 1Ts. 4:1) y hace difícil tomarlo como el comienzo de un documento independiente. Vanhoye 1977a también señala que la ruptura con el capítulo 12 no es total: "la vida de amor fraternal constituye un aspecto esencial de la adoración que los cristianos deben rendir a Dios; sin amor fraternal, no hay una adoración auténtica" (138). La relación se confirma explícitamente en el v. 16.

Φιλαδελφία se usa en 4 Macabeos 13:23, 26; 14:1 para referirse al amor mutuo que se profesaban los siete de Eleazar que fueron martirizados; de manera similar, los hermanos en el sentido físico (Plutarco, *De Fraterno Amore* 2.478A-492D; Stob. IV, págs 656-675); ἀδελφότητα καὶ φιλίαν, 1 Macabeos 12:10; ἀδελφότης, v. 17. En el NT, se usa φιλαδελφία distintivamente, con respecto a los miembros sin vínculos físicos de la familia cristiana (Ro. 12:10, al igual que aquí en las exhortaciones finales; 1Ts. 4:9; 1Pe. 1:22; 2Pe. 1:7***; H. von Soden en *TDNT* 1.144-146); cf. el uso veterotestamentario de ἀδελφός para referirse al "hermano israelita", que se refleja en Hebreos 7:5; 8:11 = Jeremías 31(38 LXX):34; y al uso cristiano de ἀδελφός con referencia al "hermano cristiano", como vocativo con respecto a los lectores (3:1); a Timoteo (13:23). Φιλαδελφία no debe interpretarse como un amor fraternal en sentido figurado, sino como el amor mutuo de los que están unidos en la ἀδελφότης cristiana (1Pe 2:7; 5:9; cf. φιλαδελφός, 1Pe. 3:8). Una nota característica en Hebreos es que los cristianos no solo son hermanos entre sí sino también del propio Cristo (2:11, 12, 17). Los términos con el prefijo φιλ- son típicos de Sabiduría, 2-4 Macabeos y en el NT en las epístolas pastorales; φιλοξενία (13:2) es el único otro ejemplo en Hebreos. El autor de Hebreos no distingue claramente entre φιλαδελφία y ἀγάπη: ἀγάπη, también, es una actividad humana dirigida hacia los hermanos cristianos (6:10; 10:24).

Este amor fraternal cristiano debe "permanecer" (μένω, 7:3); el autor da por sentado que ese amor ya existe, que es normal entre los cristianos, y tal vez que se ve amenazado. No considera necesario mencionar alguna razón para que los creyentes se amen unos a otros como hermanos y hermanas en la familia de Cristo.

13:2. El deber de la hospitalidad

Esta segunda exhortación forma un paralelismo negativo con la primera; pero a diferencia de la primera, está respaldada por una razón extraída del AT. Aunque el término φιλοξενία aparece solo aquí y en Romanos 12:13*** en la Biblia griega, la hospitalidad juega un papel importante en el AT (Gn. 19:2; 31:32; cf. *Test. Zeb. 6:4f.*; 2Sa. [2Re.] 12:4; Is. 58:7), donde se condena la falta de hospitalidad para con los extranjeros (Sab. 19:13s.; cf. Jos. *Ant. 1.194*; 5.141ss.). La hospitalidad es mucho más prominente en los Evangelios, especialmente en Lucas (p. ej., 7:36ss.; 9:51ss.; 10:38ss.; 14:1ss.). Jesús depende de la hospitalidad que recibe (p. ej., Mr. 1:29ss.; 2:15ss.; 14:3ss.) y destaca su importancia (p. ej., Lc. 10:34s.; 11:5; 14:12ss.). De manera similar, la hospitalidad pasa a formar parte de la tradición de la iglesia primitiva (Ro. 12:13s.; 1Pe. 4:9; cf. *1 Clem. 1:2*), y se recomienda de manera especial a sus líderes (1Ti. 3:2; Tit. 1:8; cf. 1Ti. 5:10). Así como en la tradición rabínica (S-B 4.565, 568; cf. 1.588-590) la práctica de la hospitalidad estaba en gran medida limitada a los hermanos judíos, en el NT normalmente presupone el derecho especial que tienen los evangelistas itinerantes a recibir la hospitalidad de la congregación local; una práctica de la que pronto se abusó (*Did. 11s.*). En Hechos 28:7 se hace referencia a la hospitalidad con la que recibió a los evangelistas un individuo que no era cristiano. El presente versículo alude probablemente a la hospitalidad para con hermanos cristianos, aunque no se hace hincapié en ello. Φιλοξενία hace recordar el término φιλαδελφία en el v. 1; cf. φιλόξενος, 1 Timoteo 3:2; Tit. 1:8; 1 Pedro 4:9; ξενίζω en el sentido de recibir o atender a un huésped, Sirácides 29:25; Hechos 10:23; 28:7; o en voz pasiva para referirse al hecho de ser atendido como un huésped (Hechos 10:6, 32; 21:16; más referencias en Bauer 1; ξενία como alojamiento, Flm. 22; Hch. 28:23). Véanse G. Stählin en *TDNT* 5.20-22; Spicq 1978.932-935.

Ἐπιλανθάνομαι: véase 6:10 con referencia a Dios, y 13:16* a los lectores; cf.

λανθάνω* con un sentido diferente más adelante en el versículo. "No olvides" (Dt. 9:7), se le pide a Dios que preste atención a las necesidades de los pobres (Sal. 10:12; 74[73 LXX]:19), y a los que le suplican (Sal. 74:23 [LXX 73]). Solo aquí en el NT con el genitivo; en ℵ* d se usa el acusativo (BD §175; Spicq 1978.466s.). No hay nada que indique por qué el autor consideró necesario hacer esta exhortación. Algunos comentaristas patrísticos y Tomas de Aquino sugirieron que los lectores se habían empobrecido. Braun sugiere que la hospitalidad tal vez era peligrosa en un tiempo de persecución; el posible "olvido" de los lectores al que se hace referencia aquí y en el v. 16 puede haber formado parte del temor general del autor de que ellos estuvieran perdiendo el celo que tenían al inicio (5:11ss.; 12:4ss.). P. E. Hughes propone la traducción "no sigan siendo olvidadizos", pero esto no dejaría lugar para la expresión "continúen recordando" en el v. 3.

La exhortación es respaldada por una alusión a la bienvenida de Abraham a tres "hombres" (Gn. 18:2, 16), uno de los cuales le prometió que Sara tendría un hijo; estos visitantes se identifican aparentemente con los "dos ángeles" (19:1, cf. 15s.) que visitan a Lot en Sodoma, pero declinan su oferta de hospitalidad (v. 2). En el *Testamento de Abraham* se hace hincapié en la hospitalidad de Abraham para todos (Recensión A, 1:2; cf. 2:2), y se describe extensamente la bienvenida que le dio al arcángel Miguel "sin saber quién era" (Recensión B, 2:2).

La construcción del v. 2b es clásica, pero no solo literaria; no tiene paralelo en el NT. El verbo funciona como un adverbio y modifica un participio en caso nominativo (BD §414[3]; MHT 3.159, 226; MM 370 restaura el texto de *P. Geneva* I.17.16 como ἐνθρώσκων ἔλαθεν ὕδατι, "se lanzaron al agua sin ser notados"; cf. *P. Hamburg* I.27.9. En cuanto a ξενίζω, véase la nota anterior sobre φιλοξενία. Ἄγγελος: véase 1:4. Véase Nitschke 180s.

13:3. Atiendan a los que tienen alguna necesidad especial

Este conciso versículo contiene dos exhortaciones más, cada una de las cuales va seguida por una razón para actuar de esa manera:

μιμνῄσκεσθε τῶν δεσμίων   ὡς συνδεδεμένοι,
τῶν κακουχουμένων   ὡς καὶ αὐτοὶ ὄντες ἐν σώματι.

Este versículo y el v. 2, en general, son semejantes en cuanto al tema y la estructura, pero diferentes en lo que respecta a los detalles. Los sustantivos abstractos de los vv. 1s. son remplazados por referencias a personas. "Acuérdense" aquí obviamente es el equivalente positivo de la expresión "no se olviden" en el v. 2. La evocación de la Escritura en el v. 2 va seguida aparentemente por dos evocaciones del sentimiento humano de camaradería. Sin embargo, ese sentimiento está implícitamente relacionado con la propia identificación de Cristo con la situación humana (4:15; cf. 2:14-18); y la insistencia repetida del autor en el cuidado de los presos (10:34) se vincula claramente con un entorno de persecución por causa de la fe (Moule 1963.111).

Μιμνήσκομαι (2:6; + genitivo, como en griego clásico, MHT 3.234; BD §175), "continuar recordando" en otros lugares de Hebreos se usa solo en citas, y con Dios como sujeto; pero la epístola está llena de expresiones similares pidiéndoles a los lectores, por ejemplo, que "presten atención" (2:1, προσέχω), que "consideren" (3:1, κατανοέω; 12:3, ἀναλογίζω), y no sean tardos para oír (5:11); la causa de la apostasía puede ser la rebelión deliberada pero también la negligencia. Además de las posibles razones para olvidar que se mencionaron en el comentario sobre el v. 2, los presos son fáciles de olvidar porque no están a la vista (Moffatt). Δέσμιος (10:34* en un contexto similar) se usa en Hechos 16:25, en plural al igual que aquí; en otras partes del NT se emplea solo con referencia a Pablo, pero Pablo alude a los que estaban presos junto con él como συναιχμάλωτοι (Ro. 16:7; Col. 4:10; Flm. 23), que es probablemente un sinónimo. El sentido tiende a ampliarse de tal manera que pierde la referencia específica a las cadenas. Cf. δεσμός, 11:36*.

Ὡς συνδεδεμένοι** refleja el compañerismo recién mencionado en el sufrimiento. El uso del autor de Hebreos de términos con el prefijo συν- es mucho menos creativo y teológicamente significativo que el de Pablo, salvo cf. συναπόλλυμαι** (11:31). Cabe destacar que el escritor pasa de un uso hipotético de la conjunción ὡς en el v. 3a a un sentido real en el v. 3b: los lectores no están realmente en prisión, pero sí están realmente "en el cuerpo" (3:2). Συνδέομαι en otras partes de la Biblia griega aparece solo como una variante en Sofonías 2:1; allí puede ser correcto, porque de ser una traducción errónea es la lectura más difícil. En este versículo, el participio perfecto hace pensar en un período de prisión.

Τῶν κακουχουμένων: en 𝔓⁴⁶ ℵ A D* 33; D² K L P 0243 y muchos minúsculos se lee κακοχουμένων, una variante ortográfica (MHT 2.392). El uso en Hebreos de esta palabra poco habitual (11:37), que mayormente se emplea para referirse al maltrato que recibe una esposa (referencias en Bauer, MM, LSJ), puede deberse en parte a su aparición en dos contextos de la LXX, en uno de los cuales se habla del sumo sacerdocio en relación con la edificación de la "casa" de David, y en ambos se hace referencia a un sufrimiento compartido (1Re. [3Re.] 2:26; 11:39***). Tal vez por razones de prudencia, el escritor de Hebreos no especifica, ni aquí ni en ninguna otra parte, cuál es la fuente de la que procede el maltrato de los cristianos.

El resto del versículo es muy parecido al v. 3a en cuanto a su significado (exceptuando el cambio en la referencia de ὡς, mencionado anteriormente). Καὶ αὐτοί (cf. 8:10 = Jer. 31[LXX 38]:33, allí tal vez no enfático; cf. καὶ αὐτός enfático, Heb. 5:2) es un sinónimo equivalente algo más fuerte de συν- en el v. 3a. El paralelismo sinónimo aquí y en el v. 2 sugiere que ὄντες ἐν σώματι debe entenderse en forma negativa, pero no en el sentido de que el cuerpo sea la sede del mal, como es frecuente en la literatura pagana (aunque cf. la expresión paulina ἐν σαρκί, Ro. 7:5; 8:8), sino más bien que la expresión "estar en el cuerpo" no indica simplemente estar vivo, sino "sujeto a males mortales" (Bauer σῶμα, 1b); los lectores, por tanto, están expuestos a ser κακουχούμενοι. Εἰμί se refiere a los estados del ser, σῶμα (10:5) al cuerpo de Cristo; 10:22 a los cuerpos de los fieles cristianos; en el presente texto, no hay referencia a la iglesia como el cuerpo de Cristo, como pensaba Calvino.

13:4. Dios juzgará a los que sean infieles en el matrimonio

Una vez más, el patrón de mandatos y razones se repite con habilidosa variación. El matrimonio debe ser sumamente valorado y (sinónimamente o más específicamente) los cónyuges deben guardarse exclusivamente el uno para el otro, para no incurrir en el juicio de Dios. La condenación del adulterio es universal en la Biblia al igual que en el judaísmo posterior y el cristianismo: Éxodo 20:14 codifica una tradición ya fuerte (F. Hauck en *TDNT* 4.729-735; S-B 1.294-301; 3.342, 366-368).

El lenguaje se mantiene conciso. En este contexto las primeras dos expresiones han de tomarse como exhortaciones, no declaraciones; ἔστω, no ἐστίν, es la forma verbal que debe añadirse.

Τίμιος*, aquí enfático por su posición, se usa comúnmente en la Biblia griega con referencia a piedras preciosas, de manera literal (p. ej., 1Re. [3Re.] 7:9-11) o en la imaginera escatológica (p. ej., Ap. 18:12, 16, 21). No se emplea en ningún otro lugar en relación con el matrimonio, aunque en cf. Proverbios 6:26, alude a las almas preciosas de los hombres que peligran por causa de una prostituta; en 12:27; 20:6; Hechos 5:34, a un hombre bueno; en Hechos 20:24, a la vida de Pablo; en 1 Pedro 1:19, a la sangre de Cristo; el término no se emplea en el NT para referirse al valor material. Γάμος* se utiliza casi siempre en plural con el significado de "bodas", y en algunas ocasiones "festividad" (Est. 9:22); solo aquí en la Biblia griega aparece en singular, y significa "matrimonio"; en Sabiduría 14:24, 26, el plural γάμοι alude a muchos matrimonios, no a una sola boda. Bauer 2, se refiere a Jos. *Ant.* 4.4.67, donde se hace una distinción entre el singular y el plural; Ign. *Pol.* 5:2; MM. Ἐν πᾶσιν es una expresión a la que Braun le atribuye el género masculino, pero la mayoría de los comentaristas (también Andriessen 1977, en contra de Vanhoye 1977a, Bauer 2aδ) la consideran neutra, y la interpretan como "en todos los aspectos", al igual que en el v. 18; cf. ἐν παντί, v. 21; διὰ παντός, 2:15; κατὰ πάντα, 4:15. Si la expresión se entiende de esta manera, el primer mandato se torna tan insistente como el segundo, con su adjetivo enfático ἀμίαντος. De cualquier forma, el significado de las dos expresiones es muy similar, la primera declara en sentido positivo lo que la segunda expresa por medio de una doble negación; por tanto, καί no indica que lo que sigue sea una información nueva.

Ἡ κοίτη se usa de forma literal en Lc. 11:7; en referencia a la generación humana en Ro. 9:10 (RSV "por un solo hombre"); a la inmoralidad sexual en Ro. 13:13**; solo aquí en el NT se emplea de manera positiva con respecto a las relaciones sexuales en el matrimonio. La palabra aparece con frecuencia en el LXX; pero nunca en este sentido exactamente; el reflejo más potente es el de Sab. 3:13:

ὅτι μακαρία στεῖρα ἡ ἀμίαντος,
ἥτις οὐκ ἔγνω κοίτην ἐν παραπτώματι;

cf. v. 16, donde el término κοίτη vuelve a aparecer en una condenación al adulterio.

Ἀμίαντος se usó con respecto a Cristo en 7:26*; cf. el temor de la contaminación de la comunidad cristiana se expresa por medio del verbo μιαίνω en 12:15. La (ausencia de) contaminación es ahora espiritual, no física ni ritual, como por ejemplo en Juan 18:28; pero permanece relacionada con la adoración y la oración; cf. Sabiduría 4:2; 8:20; 2 Macabeos 4:36 con referencia al templo; 15:34. Hay obviamente un imperativo implícito.

La motivación (γάρ) sigue, como en los versículos anteriores: pero ahora, en lugar del incentivo positivo del v. 2, hay una amenaza de juicio. En un contexto relacionado exclusivamente con el matrimonio, la distinción entre πόρνος (12:16*), que se refiere a la inmoralidad sexual en general, y μοιχός*, al adulterio, tiende a desaparecer; ambas cosas merecen la misma condenación divina. Πόρνος y μοιχός aparecen juntos, con una amenaza similar de juicio, en 1Co. 6:9. La sugerencia de Moffatt de que πόρνους se refiere a personas casadas que practican el incesto o la sodomía es demasiado específica para el contexto. Κρίνω: véase 10:30 = Dt. 32:36; en ambos lugares el verbo alude al juicio futuro, y tiene a Dios (el Señor) como sujeto. El último ὁ θεός es enfático por su posición (cf. 3:4; 4:10; 6:3; 11:10; 13:16).

13:5-6. Dios ha prometido que va a proteger y mantener a su pueblo

Uno de los resultados de la persecución fue la pérdida de los bienes (10:34). En estas circunstancias, la reacción del cristiano no debe ser aferrarse con más avidez a la riqueza material, sino confiar sosegadamente en la provisión de Dios, a pesar incluso de la oposición humana. El argumento es corroborado con la ayuda de dos citas de la Escritura, la primera expresa el apoyo fiel que Dios le da a su pueblo, y la segunda la respuesta confiada de ellos.

La epístola en su conjunto no sugiere que la razón principal por la que el autor pensó que la fe de sus lectores podía correr peligro fueran las presiones materiales; de hecho, en 10:34 se habla de la resistencia exitosa que habían mostrado ante esas presiones en una época anterior; pero sí es posible que hayan sido un factor que contribuyera a la pérdida de su celo. Esta posibilidad es sugerida por la insistencia aparentemente desproporcionada en las razones para evitar la avaricia: en última instancia, es incompatible con la confianza en Dios, que el principal propósito de la carta desea mantener.

Al igual que en 10:34, las prisiones (13:3) y la pérdida de los bienes están relacionados. En 10:34b-35, el autor evoca la mayor y más grande recompensa, implícitamente reservada para ellos en el cielo; en 12:27 acaban de leerse unas palabras de aliento similares, y por tanto el autor no las repite aquí, prefiriendo apelar a la Escritura con un brevísimo comentario.

13:5. La provisión de Dios

Ἀφιλάργυρος aparece en 1 Timoteo 3:3*** en una descripción de requisitos que debe reunir un *episkopos* (así en *Did. 15*; Ign. *Pol. 5:2*; con respecto a los cristianos en general, *Did. 3:5*), pero en ningún otro lugar en la Biblia griega ni en la literatura clásica. Φιλάργυρος se usa en Lucas 16:14 con referencia a los fariseos; cf. 4 Macabeos 2:8. La literatura clásica da testimonio de algunas palabras relacionadas (LSJ); φιλαργυρία se describe en 1 Timoteo 6:10 como la raíz de todos los males (para una metáfora similar, Heb. 12:15); cf. 4Mac. 1:26 con otras formas con el prefijo φιλ-; 4 Macabeos 2:15 *v.l.;* φιλαργυρέω, 2 Macabeos 10:20; sinónimo de πλεονεξία (p. ej., Mr. 7:22, μοιχεῖαι πλεονεξίαι; Col. 3:5, la avaricia es idolatría; 1Co. 5:10, πόρνοι con πλεονέκται). Las advertencias en contra de la avaricia están muy extendidas; Mateo 6:24‖; cf. Marcos 14:11; Eclesiastés 5:9; Sirácides 8:3; 34 (31):5;*Testamento de Leví 17:11*; Filón, *Gig. 37*; *Omn. Prob. Lib. 84* sobre los esenios; algunos textos de Qumrán exigen la renuncia a los bienes materiales (H. Braun 1966.270); en cuanto a la tradición rabínica cf. S-B I.822-825. Spicq 1978.53-56, 169. Ὁ τρόπος* aparece solo aquí en el NT con el sentido de "estilo de vida, conducta, carácter" (Bauer 2); en otras partes se usa mayormente en expresiones adverbiales. Puesto que Hebreos 13 se ocupa sobre todo de la conducta, es natural que incluya sinónimos de "estilo de vida": ἀναστροφή*, v. 7 (cf. ἀναστρέφω, 10:33); περιπατέω, v. 9; en Hebreos no se usa el término ὁδός con el sentido de "estilo de vida (cristiano)".

Ἀρκούμενοι τοῖς παροῦσιν: una orden positiva sigue a una negativa, formando así un quiasmo con el v. 4. La tendencia a un paralelismo sinónimo en este pasaje apoya el punto de vista de que el participio descriptivo ἀρκούμενοι no está subordinado a un imperativo implícito en el v. 5a, sino que se desempeña como un imperativo (BD §468[2]; MHT 1:180-182; 3.343). En MHT 4.111, N. Turner sugiere que el participio imperativo "pudiera perfectamente ser un reflejo del griego judío", pero no hay nada que haga pensar en un *Vorlage* hebreo. Ἀρκέω*: aquí, como de costumbre, el complemento indirecto de un verbo que adopta el caso dativo se convierte en el sujeto cuando el verbo se usa en voz pasiva (MHT 3.57s.). El pasaje paralelo más cercano es Lucas 3:14: ἀρκεῖσθε τοῖς ὀψωνίοις ὑμῶν. Τοῖς παροῦσιν: "con lo que tenéis a vuestra disposición" (Bauer *s.v.* πάρειμι, 2).

Αὐτός: El mismo Dios, a quien acaba de hacerse referencia en el v. 4, hablando en su propio nombre en la cita de la Escritura que sigue. A pesar de la opinión de N. Turner (MHT 4.108), αὐτός probablemente es enfático, o posiblemente reverente, o ambas cosas, y no semítico (cf. 1:5; 2:14, 18 con respecto a Jesús). Γάρ introduce la razón de las dos instrucciones anteriores (cf. vv. 2, 4). Εἴρηκεν le da paso a una cita, al igual que en 1:13. El tiempo verbal perfecto es muy importante: lo que Dios dijo en la época del AT se aplica también a la situación de los lectores.

El pasaje paralelo de la LXX que más se acerca a la fraseología de la cita es Deuteronomio 31:6 A: οὐ μή σε ἀνῇ οὐδ' οὐ μή σε ἐγκαταλίπῃ; cf. Deuteronomio 31:8 (ἀνήσει); Génesis 28:15 (οὐ μή σε ἐγκαταλίπω); Josué 1:5; 1 Crónicas 28:20; de manera más remota Salmo 37(LXX 36):28. La fraseología de Hebreos, empero, sí encuentra un paralelo exacto en Filón, *Conf. Ling.* 166. Algunos la han interpretado como una fusión de Génesis 28:15 con Deuteronomio 31:6, 8 bajo la influencia de Filón (Katz 1952.523-525), y como la reproducción, por parte de Hebreos y de Filón, de una fuente común (Williamson 571; cf. Sowers 66). A favor de la primera explicación puede alegarse la presencia de una fusión en 10:37s., en alusiones (12:18s., 21) y tal vez en 1:10-12. A favor de la segunda está el hecho de que la exposición de Filón tiene poco en común con la de Hebreos. Y aunque se excluya la influencia de Filón, aún puede haber habido una fusión en una fuente común. Hebreos cita directamente de Deuteronomio 31 en 1:6; 10:30, y hace alusión a él en otra parte; el cambio de la tercera persona por la primera puede haber estado influenciado por Gn. 28:15. El autor de Hebreos hace el cambio inverso de las personas en 6:13 = Génesis 22:16, pero no hay ningún paralelismo claro que le permita al autor basar su argumento en un texto diferente de su *Vorlage*; por tanto, es probable que en el texto que usaba ya apareciera la primera persona.

Οὐ μή σε ἀνῶ, una negación enfática (8:11) que aquí va seguida por el aoristo de subjuntivo (BD §365[3]). Σε: en Dt. 31:8, Moisés se dirige al pueblo en singular, y el autor de Hebreos aplica este texto, sin ninguna modificación al respecto, a la comunidad a la que escribe. Ἀνίημι "abandonar, desertar" (Bauer 2), solo aquí en este sentido en el NT. Οὐδ' οὐ μή es una negación triple redundante sin ningún apoyo en los textos de la LXX; οὐ μή se repite tal vez para añadirle más énfasis a la primera mitad de la cita (BD §431[3]; MHT 3.96, 97; Moule 22, 157). Ἐγκαταλείπω, 10:25; los únicos pasajes en los que se usa este verbo con Dios como sujeto son citas del AT. Ἐγκαταλίπω es la forma correcta del aoristo de subjuntivo, confirmada en muchos minúsculos, pero la forma itacista ἐγκαταλείπω está confirmada con mucha más solidez por ℵ A C D² K L P Ψ 0243 33 𝔐, y podría ser original.

13:6. La protección de Dios es suficiente contra cualquier amenaza

Las citas en los vv. 5 y 6 están relacionadas como la promesa de Dios y la respuesta humana: la seguridad de la protección de Dios le da confianza al creyente, sobre todo en tiempos de persecución.

Ὥστε*, aquí, como de costumbre en el NT, se usa para indicar un resultado y marca la relación que existe entre la dos citas. La construcción más común en el NT es con el acusativo y el infinitivo (Bauer 2aβ), pero el acusativo a menudo se omite, del mismo modo que aquí en 𝔓⁴⁶ Ψ 0243 1880 se omite ἡμᾶς (Beare 393, BD §407). No hay ninguna otra conexión con el contexto inmediato, pero la epístola en su conjunto se describirá en el v. 22 como un λόγος τῆς παρακλήσεως.

Θαρροῦντας: θαρρέω, "estar confiados, ser valientes" (2Cor. 5:6, 8; 7:16; 10:1s.**), aparece cada vez con más frecuencia en el período neotestamentario junto con θαρσέω, "estad alegres, ser valientes"; cualquier diferencia en el significado es mínima, de hecho, los copistas confunden a menudo ambos términos. Las dos formas se usan más comúnmente en el modo imperativo; el participio se emplea, al igual que aquí, en Proverbios 1:21; 2 Corintios 5:6. El significado probablemente es "podemos decir confiadamente", con la omisión de δύνασθαι como en 1 Corintios 13:2; cf. 2 Corintios 2:6s. (Moule 144).

Λέγειν, no funciona aquí como una fórmula para introducir una cita, y es posible tomar las palabras como una expresión de confianza humana en Dios (Leonard 1939.248, cf. 345s.); la idea, aunque no la fraseología, es similar a la de Romanos 8:31. "Podemos (decir)" está implícito. Este es el único lugar en Hebreos en el que se cita la Escritura sin hacer referencia a Dios como la fuente de la autoridad de la misma.

No obstante, es probable que el autor, como de costumbre, interpretara las palabras citadas del Salmo 118(117 LXX):6 en su contexto. En este salmo se hace referencia a la persecución (v. 5), la fe (v. 8), y la esperanza (v. 9), y a la παιδεία (v. 18; cf. Heb. 12:5-11). El salmo se utiliza ampliamente en el NT (Dodd 1955.35s., 99s.; Lindars 1961.169-188; Sicre). El uso del verbo ἐγκαταλείπω en el Salmo 119(118 LXX):8 puede haberle sugerido al autor la relación entre sus dos citas en 13:5s.; no existe ninguna prueba de que ellas formaran parte de un florilegium, y ninguna de ellas se aplica cristológicamente como testimonio.

El texto de la cita plantea tres interrogantes. (1) En hebreo, las palabras iniciales son simplemente "el Señor [está] por mí"; βοηθός se añadió en la LXX, tal vez para destacar la fuerza del pronombre personal (Hatch 1889.17). El autor de Hebreos sigue el ejemplo de la LXX.

(2) Las pruebas se dividen entre la presencia ($\mathfrak{P}^{46}$ $\aleph^2$ A C² D K L Ψ 0243 1834 $\mathfrak{M}$) y la ausencia ($\aleph$* C* P 33 1739 etc.) de καί; en la LXX, καί se omite en *L* A, y podría ser una adición luciánica (Ahlborn 126; Zuntz 172; K. J. Thomas 1964-65.319; McCullough 107). Los escribas tendían espontáneamente a insertar καί en conformidad con el TM y el texto mayoritario de la LXX. La inserción de καί con el fin de destacar las palabras que siguen no sería nada extraño en el caso del autor de Hebreos (1:8; cf. 10:30), pero οὐ φοβηθήσομαι no parece ser el clímax de esta cita. En general, podría decirse que es muy probable que el autor siguiera un texto que no contenía la conjunción καί.

(3) El último punto afecta en cierta medida la estructura de todo el versículo. Las ediciones del texto hebreo dividen el versículo después de "no temeré", exigiendo que la segunda parte se traduzca como "¿qué puede hacerme el hombre?", y este es el significado más natural del hebreo. La forma en que puntúan el texto las ediciones de la LXX demanda una traducción como: "El Señor es mi ayudador, no temeré lo que pueda hacerme el hombre". Τί se emplea en algunas ocasiones como sustituto del pronombre relativo (Bauer *s.v.* τίς, 1ζ; BD §298[4]), pero normalmente se usa como un pronombre interrogativo: "¿qué?"; por lo tanto, es preferible tomar las últimas cuatro palabras como una oración separada, del mismo modo que en las ediciones del NT griego.

Κύριος se refiere a Dios. Ἐμοί: el autor no ve ninguna dificultad en que cada uno de los diversos miembros de la comunidad ("nosotros", v. 6a) se identifique con el salmista, cuyas palabras de todos modos se usaban tradicionalmente en la adoración pública. Βοηθός**; cf. βοηθέω (2:18); βοήθεια (4:16); F. Büchsel en *TDNT* 1.628s. Φοβηθήσομαι: φοβέομαι (10:27), en otros lugares se usa en sentido positivo; θαρσέω junto con "no temer" Marcos 6:50‖. El significado aquí es lineal: "no teman" en lugar de "no se asusten" (MHT 1.150; Moule 10).

La última línea de la cita se repite exactamente en el Salmo 56:11(55:12 LXX). Ἄνθρωπος (2:6) es enfático por su posición, al igual que en el hebreo. La pregunta retórica es equivalente a una declaración negativa contundente.

13:7. El ejemplo de líderes anteriores

Las citas de la Escritura en los vv. 5s. le pusieron fin a una etapa del análisis, y las referencias a los "líderes" (ἡγούμενοι) en los vv. 7, 17 se consideran acertadamente como una inclusio que marca los límites de un pasaje relacionado con la vida interna de la comunidad de creyentes (Vanhoye 211) —aunque cabe destacar que no se hace ninguna distinción clara entre sus aspectos prácticos y litúrgicos. Este pasaje, empero, se relaciona también con lo anterior y con lo que sigue: no solo de palabra (μνημονεύετε, v. 7, evoca el uso de μιμνήσκεσθε en el v. 3; ἀναστροφή, v. 7, anticipa el uso de ἀναστρέφεσθαι en el v. 18) sino también de pensamiento. El tema de la comunidad es constante, y existe un vínculo natural entre el respeto por los líderes pasados y presentes (vv. 7, 17) por un lado, y la oración por el autor (vv. 18s.), por el otro. Las sugerencias de que los vv. 7-15 tienen que ver con el ministerio de la palabra, y los vv. 16s. con la eucaristía, van mucho más allá de las pruebas (Kuss 1956.266s.nn.264, 266, en contra de Middendorf 161s.; cf. Schierse 1955.184-195); pero la posibilidad de una referencia eucarística en este pasaje se analizará en relación con el v. 10 más adelante. Los temas principales de la epístola en general vuelven a aparecer en estas últimas conclusiones: la perseverancia en la fe (v. 7), y el sumo sacerdocio de Cristo (v. 12).

Μνημονεύετε: μιμνήσκομαι, véase 11:15; aparece más comúnmente acompañado de un genitivo, y siempre en Hebreos: aquí significa "continúen recordando". En dependencia del contexto, el hecho de recordar a menudo implica preocupación, y, en un entorno cristiano, oración por aquel que es recordado: Pablo en la cárcel (Col. 4:18; cf. Heb. 13:3); Pablo y los tesalonicenses recordándose mutuamente (1Ts. 1:3; 2:9); los líderes judíos, cuando les escribieron a los lacedemonios: ἐν παντὶ καιρῷ ἀδιαλείπτως ἔν τε ταῖς ἑορταῖς ... μιμνησκόμεθα ὑμῶν ... καὶ ἐν ταῖς προσευχαῖς ... (1Mac. 12:11); cf. Ign. *Eph.* 21:1; *Mag.* 14:1; Bauer 1a; O. Michel en *TDNT* 4.675-683. En el presente versículo, el "recuerdo" va aparejado a la consideración sobre el ejemplo de los antiguos líderes, posiblemente también al afecto y al agradecimiento; el tema de la oración de intercesión se pone de relieve en los vv. 18s.

Τῶν ἡγουμένων ὑμῶν: ἡγούμενος, vv. 17, 24*; en Hechos 15:22 se alude a Judas, Bernabé y Saulo como "varones principales entre los hermanos"; ἡγέομαι con un sentido diferente en 10:29. Ἡγούμενος no es un término distintivamente religioso (ejemplos seculares en Bauer 1; cf. Hch. 7:10 con respecto a un funcionario de alto rango; 1Mac. 9:30; 2Mac. 14:16), aunque también se usa para referirse a líderes religiosos (p. ej., Sir. 33:19). El término no es característico de la comunidad de Qumrán (Braun 1966.271, en contra de Spicq). Lo único que nos dice el presente versículo acerca de estos antiguos líderes es (1) que ejercieron un ministerio de la palabra; (2) que al menos algunos de los destinatarios los habían conocido personalmente y (3) que habían muerto. La prueba para la tercera declaración no se limita a la referencia al "resultado de su vida" (véase la nota sobre ἔκβασις más adelante); también incluye la orden de "acordarse" de ellos, y el uso de la forma verbal en pasado ἐλάλησεν. No existe ninguna evidencia clara de que estos líderes fueran los fundadores de la comunidad, y 2:3s. tal vez sugiere que esta había tenido una historia más extensa. Esos versículos tampoco ofrecen ninguna prueba de que estos líderes hubieran sufrido el martirio; a partir de las palabras de 12:4 es mejor entender que en esta comunidad todavía no había habido ningún mártir. Y menos acertado aún sería afirmar que este versículo da motivos para especular sobre la persecución que los líderes anteriores habían sufrido. Sin embargo, desde el punto de vista del autor, podría suponerse que los líderes pasados y presentes (cf. v. 17) no diferían mucho en cuanto a su función y su carácter. El autor probablemente se identifica a sí mismo como uno de los líderes de esta iglesia (cf. vv. 17s.), y por eso se dirige aquí a los lectores en segunda persona del plural al igual que en el v. 9a, que también trata acerca de un ministerio de enseñanza, aunque del tipo equivocado. Véanse Spicq 1978.348-352; Laub 1981-82.

Οἵτινες... ὦν: la diferencia entre ὅστις y ὅς va desapareciendo (MHT 3.47; cf. 9:2).

Estos lectores les habían "hablado la palabra de Dios" a los primeros lectores de Hebreos. La transmisión pública del mensaje cristiano es un tema recurrente, aunque subyacente, en Hebreos (G. R. Hughes 1979.92); 1:1; 2:2; también en otro lugar del NT: λαλέω teniendo como complemento "la palabra de Dios", Hechos 4:31, cf. v. 29; 16:32; "la palabra", Marcos 2:2; 4:33; 8:32; Acts 11:19; 14:25; 16:6; "la palabra del Señor", Hechos 8:25; cf. 1 Corintios 2:6s.; Colosenses 4:3; 1 Tesalonicenses 2:2; Juan 3:34 con respecto a la ῥήματα de Dios hablada por Cristo, y el uso joánico característico del término λελάληκα, para referirse a las expresiones orales de Cristo (implícitamente, con efecto permanente, y por tanto, con autoridad divina). Λόγος τοῦ θεοῦ: 4:12. La palabra aquí es "hablada"; el contexto no exige ninguna otra referencia al Logos eterno que inspira la predicación del evangelio (así opina Clavier 1959).

Ἀναθεωροῦντες... μιμεῖσθε podría ser un equivalente estilísticamente más atractivo de ἀναθεωρεῖτε... μιμεῖσθε; compárese con el participio imperativo ἀρκούμενοι en el v. 5. Aquí, una vez más, se recomienda una acción continua. El único otro pasaje de la Biblia griega en el que se usa el verbo ἀναθεωρέω es Hechos 17:23***, donde se hace referencia a Pablo que "observaba" los objetos de adoración de los atenienses; es una forma más enfática de θεωρέω, véase 7:4.

El significado de ἔκβασις, como de costumbre, debe determinarse a partir del contexto. El sentido general, que se deriva del verbo ἐκβαίνω, "salir [especialmente 'dejar o abandonar']" (11:15**), connota la idea de "salida", de ahí que en algunos contextos aparezca como "vía de escape" (1Co. 10:13). En Sabiduría 11 se analiza el contraste entre los israelitas fieles y los infieles durante el éxodo, un tema cercano al de Hebreos (3:7–4:13). De los infieles se lee que rechazaron a Moisés con desprecio cuando era un niño, pero "cuando vieron lo que sucedió al final" (ἐπὶ τέλει τῶν ἐκβάσεων, v. 14), se maravillaron. Hay algunas referencias similares a un resultado temporal en Sabiduría 2:17 ("lo que le sucederá al [justo]", τὰ ἐν ἐκβάσει αὐτοῦ) y 8:8*** (ἐκβάσεις καιρῶν καὶ χρόνων). Braun cita a Marinus, *Vita Procli* 26, donde el contexto relaciona ἔκβασις con el fin de la vida (πρὸς τῷ τέλει τοῦ βίου). En el presente versículo, la referencia probablemente es a una conducta que, como los primeros lectores sabían bien, permaneció fiel hasta el fin. Si esa fidelidad fue sellada por el martirio sigue siendo una incógnita. Lo cierto es que la fe de los lectores anteriores de la comunidad se propone como un ejemplo, e implícitamente al lado de la fe de los primeros héroes de los que trató el capítulo 11; cf. J. A. T. Robinson 1976.209. Ἀναστροφή en 2 Macabeos 5:8 tiene un significado cercano al sentido etimológico y clásico de poner algo al revés o hacer retroceder; pero la referencia neotestamentaria normal es a una conducta, sea buena (como aquí y en Gá. 1:13; 1Ti. 4:12; Stg. 3:13; 1Pe. 1:15; 2:12; 3:1; 2Pe. 3:11; cf. Tob. 4:14; 2Mac. 6:23 con respecto a Eleazar) o mala (Ef. 4:22; 1Pe. 1:18; 2Pe. 2:7**); ἀναστρέφω se usa de manera similar en 10:33; 13:18 y con frecuencia en la LXX. Véase Spicq 1978.85-88.

Μιμεῖσθε evoca el sonido de μνημονεύετε al principio del versículo, y de μιμνήσκεσθε en el v. 3. Μιμέομαι se usa con complementos personales (el "nosotros" apostólico, 2Ts. 3:7, 9; cf. 4Mac. 9:23; 13:9) e impersonales ("lo bueno", 3Jn. 11**; "la virtud," Sab. 4:2). Μιμητής se emplea de manera similar con referencia a Dios, a Pablo (1Co. 4:16; 11:1), a "nosotros" (1Ts. 1:6), y a los hermanos cristianos (1Ts. 2:14); igualmente, en Hebreos 6:12 se exhorta a "imitar a los que por medio de la fe y la paciencia heredan las promesas". En raras ocasiones, y solo cuando lo exige el contexto, estos y otros temas relacionados connotan la idea de algo falsificado o inferior; excepcionalmente en Sabiduría 15:9 el verbo se refiere a la confección de dioses falsos (cf. v. 8); en Sabiduría 9:8, μίμημα se utiliza para referirse a la construcción del templo de Salomón copiando el modelo del santuario eterno en el cielo (Heb. 8:5). En el presente versículo, el significado es simplemente "moldeen su fe conforme al patrón de la de ellos". En este contexto, el término "fe" implica sobre todo "fidelidad"; el autor desea que sus lectores se mantengan firmes hasta el fin, como habían hecho sus predecesores en la iglesia local. Véase Perrot; W. Michaelis en *TDNT* 4.659-674.

13:8. El Cristo eterno

Esta declaración aparentemente aislada no tiene ninguna conexión sintáctica con lo que precede ni con lo que sigue; su contenido también parece general y ajeno a las exhortaciones circundantes. Tradicionalmente se le ha dado una interpretación metafísica, al igual que Éxodo 3:14. Sin embargo, F. F. Bruce (1969b.16) afirma con razón que todo el resto de la epístola se deriva de esta afirmación; también tiene conexiones con algunos temas anteriores. Un punto de partida para entender esto es el orden un tanto incómodo de las palabras, en el que "ayer y hoy" están separados de "por los siglos" por medio de ὁ αὐτός. "Ayer y yo", en el sentido amplio de estos términos, aluden respectivamente a la generación anterior y la actual de la vida de la iglesia local a la que Hebreos va destinada, y a la que se hace referencia en el v. 7. "Y por los siglos" es una información nueva en el contexto inmediato; se destaca por su posición (MHT 4.107), e implícitamente centra la atención de los lectores en el gran tema del sumo sacerdocio eterno de Cristo (5:6 = Sal. 110[109 LXX]:4). Su sacrificio se recordará en el v. 12, y su naturaleza eterna en el v. 20. El pasaje neotestamentario paralelo es la descripción de Dios como ὁ ὢν καὶ ὁ ἦν καὶ ὁ ἐρχόμενος (Ap. 1:4); MHT 2.154 cita Ζεὺς ἦν, Ζεὺς ἔστιν, Ζεὺς ἔσσεται ὦ μέγαλε Ζεῦ.

Ἰησοῦς Χριστός: véase 10:10; Χριστός: 3:6. El nombre completo "Jesucristo" se usa tal vez para dar énfasis, al igual que en el v. 21, y en ambos pasajes podría tener connotaciones litúrgicas. No hay nada que sugiera que Χριστός aquí sea un título; tal uso sería raro en Hebreos (probablemente 11:26; posiblemente 6:1), y sin precedentes en lo que respecta a "Jesucristo". Lindars 1989.387 descubre aquí una referencia alusiva a la confesión primitiva "Jesús es el Cristo". Ἔστιν (o ἦν seguido de ἐστιν) se sobrentiende (6:8).

Ἐχθὲς καὶ σήμερον: la frase a veces es equivalente a "ahora" (Bauer *s.v.* ἐχθές), pero el versículo anterior sugiere una distinción aquí entre el pasado y el presente. Los términos obviamente se usan en un sentido general, del mismo modo que χθιζοί en Job 8:9, y σήμερον en otro lugar de Hebreos (1:5); y en un sentido no literal como ἐχθές en Juan 4:52; Hechos 7:28**. Ἐχθές no se utiliza en ninguna otra parte del NT en relación con Cristo. Σήμερον se emplea en otros lugares de Hebreos solo en citas, o en comentarios directos, de textos del AT.

Ὁ αὐτός* forma parte de la frase anterior, que de otro modo carecería prácticamente de sentido; pero puede sobrentenderse que se repite con las palabras que siguen. El uso de este término como sustantivo, y sin comparación, hace recordar 1:12 = Salmo 102(101 LXX):27, que se aplica a Cristo. Cf. αὐτός, de manera reverente con respecto a Cristo (2:14); ὁ γὰρ αὐτὸς κύριος πάντων con una elipsis similar, "el mismo [Señor] es Señor de todos", Romanos 10:12; ὁ αὐτὸς κύριος, 1 Corintios 12:5 acerca de Cristo; cf. v. 6, ὁ αὐτὸς θεός. El significado recuerda el tema de la "permanencia" (μένω, vv. 1, 14), especialmente la de Cristo como "sumo sacerdote para siempre" (7:3), aunque la frase exacta εἰς τοὺς αἰῶνας*, que aquí es enfática por su separación del resto del versículo (Mt. 6:13 *v.l.;* Lc. 1:33, 55; Ro. 1:25; 9:5; 11:36; 2Co. 11:31), no aparece en ninguna otra parte en Hebreos; cf. la forma más completa en el v. 21; se usa el plural en lugar de un singular (MHT 3.25).

13:9. Advertencia contra las enseñanzas y prácticas falsas

Los vv. 9-14 han dado lugar a una amplia variedad de interpretaciones, y no es posible hacer una elección definitiva entre ellas antes de haber examinado el pasaje completo. El principal problema surge (como en algunas otras partes del NT, p. ej. 1-2 Corintios) porque el escritor se refiere en forma alusiva a una situación que los primeros lectores conocían bien, pero de la que los lectores modernos tienen un conocimiento muy escaso. El principio rector del exégeta, como siempre, debe ser considerar primero las pruebas que ofrece la propia epístola, y en segundo lugar, lo que se conoce del contexto más amplio. Otro problema podría ser la tendencia del autor, especialmente pero no solo en este pasaje, a pasar con rapidez de un aspecto del tema a otro, y por tanto, el exégeta debe estar alerta tanto a las conexiones como a cualquier información nueva. Un tercer factor de complicación consiste en el carácter distintivo del capítulo 13, y en particular de estos versículos, en los que, sin abandonar su postura normalmente no polémica, el autor profundiza más que en otros pasajes su contraste entre la comunidad cristiana y los que están fuera de ella. Con respecto al pasaje en su conjunto, véanse Cambier 1950; H. Koester 1962; Moe 1951; Betz 1961; Schröger 1968; Schierse 1955.187ss. (sobre el cual véase Mussner 1956b.57); Thompson 1982.141ss.; Weeks; N. H. Young 1973a.237-242. Algunos de estos autores se interesan principalmente por la cuestión de la referencia eucarística, que analizamos en relación con el v. 10.

La conexión con el v. 8 es implícita pero clara. Por un lado, está el único Jesucristo, que es siempre el mismo. Por otro lado, existen múltiples enseñanzas inútiles. El plural διδαχαί*** tiene un sentido peyorativo. De hecho, el uso en Hebreos de διδαχή y otros términos cognados suele ser bastante negativo: la enseñanza elemental (5:12), por ejemplo con respecto a los "bautismos" (6:2*), es algo que los lectores deben haber dejado atrás; la referencia en 5:12 a los lectores como διδάσκαλοι puede incluir cierto tono de ironía; bajo el nuevo pacto, los creyentes ya no necesitarán enseñarse los unos a los otros (8:11 = Jer. 31[38 LXX]:34). Esta actitud hacia la enseñanza contrasta con el uso más positivo que hace el autor de algunas palabras como λαλέω (2:2f.; 13:7) y εὐαγγελίζομαι (4:2, 6; pero no εὐαγγέλιον ni κηρύσσω y otros términos cognados).

La referencia negativa a las "enseñanzas" es reforzada por la adición de ποικίλος, que no solo significa muchas sino también diversas (ποικίλαις καὶ πολλαῖς... τιμωρίαις, 3Mac. 2:6; cf. 1:21); el término se usa a veces en forma positiva, por ejemplo con respecto a los milagros en 2:4* (véase más adelante para otros puntos de contacto entre el presente versículo y 2:1-4), y a la multiforme gracia de Dios en 1 Pedro 4:10 (cf. Heb. 1:1); o neutralmente, como en Génesis 37:3, 23, 32 acerca de la túnica de muchos colores de José, y en Zacarías 1:8; 6:3, 6 de los caballos de varios colores; pero en el NT se emplea con más frecuencia en sentido negativo, con referencia a enfermedades, Marcos 1:34||; concupiscencias, 2 Timoteo 3:6; Tito 3:3; y tentaciones, Santiago 1:2; 1 Pedro 1:6**.

Estas enseñanzas se describen también como "extranjeras", "extrañas" (ξένος, se usa como sustantivo en 11:13*). El problema, que en esta etapa debe permanecer en suspenso consiste en determinar si ξένος tiene un sentido cualitativo local o metafórico; más precisamente, si significa (1) extranjeras, (a) en el sentido estricto de que fueron introducidas en la comunidad por maestros itinerantes procedentes del extranjero (como en Atenas, Hch. 17:18, cf. v. 21), o de manera más general (b) que se derivaron de otras religiones extranjeras (cf. Bauer 1a); o (2) "extrañas", en el sentido de que eran ajenas (a) a toda la tradición judeocristiana, o (b) al nuevo pacto en Cristo (así piensa Lindars 1989.388, que observa aquí "una referencia oblicua a las detalladas enseñanzas judías sobre la purificación, de las que el día de la expiación constituye un elemento central"). Hay innumerables posibilidades de que entre estas categorías existan superposiciones o fusiones, y es poco probable que el autor las hubiera definido de una manera tan exclusiva; pero es importante para la comprensión del pasaje en su conjunto identificar el eje principal de su pensamiento. Un paralelo muy didáctico es Ef. 2:11s., donde a pesar de ser un pasaje dirigido de manera explícita a los cristianos gentiles, el hecho de que ellos estuvieran étnicamente "alejados de la ciudadanía de Israel" es casi seguro que está subordinado al hecho de que ellos, desde el punto de vista religioso, estaban "separados de Cristo... eran ajenos a los pactos de la promesa, sin esperanza y sin Dios en el mundo". Con más razón en Hebreos, que no se interesa por las tensiones entre judíos y gentiles, es probable que ξένος tenga un sentido cualitativo. El pasaje que sigue (a partir del final del v. 9), con su contraste entre la iglesia y el templo, sugiere que el significado (2b) es muy importante; no resulta necesario afirmar que este significado es exclusivo. De todas formas, ποικίλαις καὶ ξέναις puede interpretarse como una endíadis: "todo tipo de enseñanzas extravagantes" (REB; cf. TEV, NJB, NIV, NKJV). Véase también Attridge 394-396.

Παραφέρεσθε: παραφέρω*, "llevar" o "arrastrar"; Bauer 2b. No está claro si el presente de imperativo es iterativo, refiriéndose a las repetidas amenazas de las falsas enseñanzas (MHT 1.125; Lane), o durativo, refiriéndose al proceso continuo de dejarse llevar (cf. BD §336). Una idea similar se expresó en 2:1 por medio del presente de subjuntivo παραρυῶμεν. Cf. Spicq 1978.666s.

El resto del versículo sugiere fuertemente que las enseñanzas falsas tienen algo que ver con los alimentos, así como, en sentido contrario, la gracia ocupa el lugar central de la enseñanza cristiana verdadera; esto se confirma en los versículos que siguen. Es difícil ser más específicos en la identificación de los βρώματα: Braun, de forma inverosímil, observa una referencia negativa a la eucaristía cristiana (cf. Schröger 1968); Spicq y otros ven una referencia a los banquetes sacrificiales paganos (cf. 1Co. 8); Lindars 1989.388 encuentra "una alusión… a las cenas comunitarias que se celebraban en los días festivos judíos en el judaísmo de la diáspora" (cf. Jos. *Ant.* 14.213-216, σύνδειπνα). Βρώμα no se usa nunca en la LXX para referirse a las comidas sacrificiales (Lane).

La conjunción γάρ indica la relación con lo que sigue. La declaración inicial (v. 9b) parece apelar a algo que, una vez que el autor haya indicado que es "bueno", los lectores aceptarán de buen grado en virtud de las convicciones que comparten; esto contrasta con la serie estrechamente unida de conectores lógicos en los siguientes versículos (γάρ, v. 11; διό, v. 12; τοίνυν, v. 13; γάρ, v. 14; οὖν, v. 15).

Καλός: véase 5:14; se omite ἐστιν, como por ejemplo en 13:4, 8.

La referencia a la gracia (χάρις, 2:9), de manera bastante inusual en Hebreos, no está modificada por ninguna referencia directa a Dios ni a Cristo (cf. 13:25). La proximidad del v. 8 sugiere que se trata de la gracia de Cristo o la gracia de Dios en Cristo, o ambas. El contraste con los "alimentos" (en el que se hace hincapié por medio del orden quiástico de las palabras) sugiere (a) que la esfera de la gracia se contrasta con un culto en el que la salvación, o al menos el "fortalecimiento", se ofrece a través de comidas rituales, o (b) que una comida ritual ajena se contrasta con una comida cristiana, a saber, la eucaristía, por medio de la cual se dispensa la gracia de Dios. No hay nada en el presente versículo que sugiera (b), pero antes de dar una conclusión final es necesario estudiar los versículos que siguen.

Βεβαιοῦσθαι: βεβαιόω (2:3*), con respecto al mensaje de salvación que les fue "confirmado" a los que lo oyeron; cf. 1 Corintios 1:8; 2 Corintios 1:21, acerca del fortalecimiento que viene de Dios; Colosenses 2:7, del fortalecimiento en (la) fe; el adjetivo βέβαιος (2:2) aparece con frecuencia en Hebreos. El uso de estos términos, y de otras palabras como μένω (7:3), guarda relación con el interés del autor por fortalecer la fe de sus lectores cuando considera que esta es inmadura y corre peligro de debilitarse si es sometida a presiones o por medio de la indiferencia.

El uso del singular καρδίαν (3:8) probablemente no resulta significativo: el contraste es entre el Cristo único y las diversas enseñanzas falsas, y el singular y el plural de καρδία se emplean indistintamente en 10:22. Aquí, como en otros lugares, el corazón representa el centro de la existencia humana; Dios lo ve (4:12) y lo purifica (10:22).

Οὐ βρώμασιν: la única otra vez que se lee el término βρῶμα en Hebreos (9:10*) aparece en un pasaje negativo acerca del "tiempo presente", cuyo sistema sacrificial consiste "solo en alimentos y bebidas y diversos lavamientos", pero pertenece a la esfera de la σάρξ, y por ese motivo, no puede hacer nada a favor de la conciencia del adorador. Debe haber una fuerte presuposición de que el presente versículo se refiere a los βρώματα en el mismo sentido, y esto podría estar confirmado por las referencias a los sacrificios cristianos no materiales en los vv. 15s. En cuanto al principio, cf. Marcos 7:19; de manera más remota, Juan 4:34.

El antecedente de ἐν οἷς claramente es βρώμασιν, pero la redacción plantea dos problemas. (1) La preposición ἐν, al parecer, cumple una doble función: instrumental con relación a ὠφελήθησαν y local (en sentido metafórico) con respecto a οἱ περιπατοῦντες; de ser así, una traducción provisional podría ser "alimentos por los cuales los que andan en ellos no se benefician". Esto estaría en armonía con el estilo elíptico del autor, especialmente en este pasaje.

(2) La traducción provisional pone de relieve la incomodidad adicional de "andar en… alimentos", incluso metafóricamente. El verbo περιπατέω siempre se usa en sentido metafórico en las epístolas neotestamentarias, salvo en 1 Pedro 5:8 donde forma parte de una imaginería más amplia. Pero se utiliza normalmente con sustantivos abstractos u otras expresiones figuradas: con ἐν, "en tinieblas o en luz" (Jn. 8:12; 1Jn. 1:6s.; 2:11); "en verdad" (2Jn. 4; 3Jn. 4s.); "en sabiduría" (Col. 4:5); "en la carne" (2Cor. 10:3; cf. κατὰ σάρκα, Ro. 8:4; 1Co. 10:2); "en amor" (Ef. 5:2; cf. κατὰ ἀγάπην, Ro. 14:15); pero también "en el Señor" (Col. 2:6); "en [pecados]" (Col. 3:7); cf. con el dativo "en el Espíritu" (Gá. 5:16). Ninguna de estas expresiones establece un paralelismo estrecho con el presente versículo; pero a partir de ellas y de otros usos de περιπατέω resulta claro que el verbo se refiere probablemente a una forma de vida en la que los alimentos desempeñaban de alguna manera un papel principal. El paralelismo con 9:9s. sugiere que la referencia es al lugar que ocupaban los alimentos en el culto levítico.

Ὠφελήθησαν: ὠφελέω, véase 4:2; Juan 6:63 con respecto a la carne en contraste con el espíritu; Marcos 8:36‖ a ganar el mundo y perder el alma.

13:10. El altar cristiano

La referencia a βρώματα dirige la atención del autor a un contraste más fundamental entre el culto levítico, por un lado, y la fe y la adoración cristianas, por el otro. Aunque el interés principal del autor se centra en los aspectos cultuales de la ley del AT, hasta ahora no ha analizado en detalle las comidas comunitarias que los fieles compartían con el sacerdote, y menos atención aún le presta a las regulaciones dietéticas. En el presente pasaje, retoma su tema central del sacrificio de Cristo, que contrasta con los sacrificios levíticos y los remplaza. Sin embargo, no hay ningún conector gramatical que indique un vínculo estrecho entre los vv. 9 y 10; los vv. 10-16, en cambio, sí están estrechamente relacionados y para examinar el presente versículo es necesario prever, en cierta medida, el análisis posterior.

El argumento de estos versículos podría parafrasearse de la siguiente manera. Existe una ruptura total entre los cultos levítico y cristiano: los sacerdotes levíticos no ocupan ninguna posición en la iglesia. Sigue entonces una audaz reinterpretación de las regulaciones concernientes al día de la expiación (esencialmente contenidas en Lv. 16, pero el autor tiene en cuenta también las disposiciones de Lv. 17). El objetivo de estas regulaciones era centralizar el culto en el templo de Jerusalén para reducir el peligro de la idolatría (Lv. 17:5, 7). Los animales podían sacrificarse fuera del campamento (16:27; 17:3), pero su sangre debía llevarse a la puerta del tabernáculo y ofrecerse al Señor (17:4, 6); se prohibía bajo pena de excomunión que se ofrecieran sacrificios en otro lugar (17:8s.).

El autor de Hebreos invierte por completo el énfasis de este pasaje. Para él, a diferencia de lo que se lee en Levítico, lo importante no es que el acto central del culto, el esparcimiento de la sangre, tenga lugar en el tabernáculo, sino que el sacrificio de algunos animales (Lv. 17:3b), y sobre todo la incineración de la piel, la carne y el estiércol de los animales sacrificados el día de la expiación (16:27), tuvo lugar "fuera del campamento". El autor es tan consciente del sentido original de los textos de Levítico que incluye en una cláusula subordinada y sin importancia una referencia a "aquellos animales cuya sangre es introducida en el santuario por el sumo sacerdote como ofrenda por el pecado"; pero lo que sí reviste importancia para su argumento es que sus "cuerpos... son quemados fuera del campamento" (v. 11). El sacrificio de los animales fuera de la puerta presagia la muerte de Jesús fuera de los muros de Jerusalén; el hecho de que su sangre fue también derramada allí confirma implícitamente la ruptura total con el antiguo sistema cultual (v. 12).

Con esto, el autor les hace justicia, a su manera, tanto a los textos veterotestamentarios como a los hechos fundamentales de la historia cristiana. Además, encuentra otro argumento para animar a sus lectores a optar por la nueva dispensación y asumir las consecuencias (que aunque inicialmente sean negativas, a larga, resultarán positivas) de esa elección (vv. 14s.). La nueva dispensación, al igual que la antigua, se contempla en un marco esencialmente cultual (v. 15); sin embargo, el culto cristiano no consta solo de palabras sino también de hechos. Esta interpretación general debe confrontarse con los detalles del texto.

Ἔχομεν: en otros lugares con respecto a Cristo como sumo sacerdote (4:15; 8:1); a la esperanza en Cristo como un ancla (6:19); a la ciudad celestial venidera (13:14). En cada caso, la forma verbal de primera persona del plural alude a "nosotros los cristianos", como en 1 Corintios 2:16; en 1 Corintios 9:4-6; 11:16, "tenemos" se refiere probablemente a los apóstoles y otros evangelistas. Con excepción de 6:19, se establece un contraste con los que no son cristianos, así como aquí ἔχομεν, con respecto a los cristianos, contrasta con οὐκ ἔχουσιν con referencia a los sacerdotes levíticos. No se hace énfasis en la primera persona del plural, pero no porque haya alguna sugerencia de que a los cristianos se les prohibiera participar en las comidas cultuales, sino porque los elementos de comparación positiva en esta etapa del argumento son más prominentes que los elementos de contraste: (a) nosotros, al igual que los fieles bajo el orden antiguo, tenemos un altar; (b) así como a los sacerdotes levíticos no se les permitía comer los sacrificios en el día de la expiación, tampoco se les permite comer el sacrificio cristiano. Ἔχομεν, sin embargo, ocupa una posición enfática en la oración, tal vez como respuesta a los críticos judíos y/o paganos (Moule 1963.45; J. A. Sanders 1969.242), pero más bien quizás para animar a los lectores recordándoles las bendiciones que ya se habían hecho realidad en su adoración (G. R. Hughes 1979.27, 72s).

Θυσιαστήριον: en 7:13*, este término se usa en una declaración de que Jesús, como descendiente de Judá, no reunía los requisitos necesarios para oficiar como sacerdote bajo el antiguo orden. Los dos versículos presentan aspectos negativos y positivos de la misma verdad: la separación total entre el orden levítico y el que está fundado en el sacrificio de Cristo. El asunto no es que los sacerdotes levíticos quisieran oficiar en el culto cristiano; y mucho menos que estuvieran tratando de infiltrarse en la comunidad cristiana sin reconocer la exclusividad del sacerdocio y el sacrificio de Cristo; sino más bien, que los dos órdenes eran distintos dentro del propósito de Dios. La fraseología es diferente, pero el argumento subyacente complementa el de 7:11-14 (especialmente v. 12); cf. 8:13. La pregunta: ¿cuál es entonces el altar cristiano? se analizará más adelante a la luz de todo el versículo.

Ἐξ οὗ φαγεῖν οὐκ ἔχουσιν ἐξουσίαν: ἐσθίω, 10:27* en sentido figurado; ἐξουσία*. Esto hace referencia a Levítico 16:27, donde se prescribe que el becerro y el macho cabrío inmolados el día de la expiación debían ofrecerse como holocausto, y no podían comerse. Aun cuando se admita el estilo elíptico del autor, es difícil hacer que esto signifique que: "así como a los sacerdotes levíticos les estaba vedado comer los sacrificios del Yom Kippur, a los cristianos también nos está vedado comer del altar cristiano" (así opina Braun, con otras referencias). Este no es el significado más natural del griego, independientemente del valor referencial que se le otorga a θυσιαστήριον (véase más adelante); los sujetos de los verbos ἔχομεν y ἔχουσιν es casi seguro que sean diferentes.

Οἵ τῇ σκηνῇ λατρεύοντες: el término σκηνή (8:2) aquí alude claramente al tabernáculo levítico terrenal. Λατρεύω (8:5) se usa indistintamente con respecto al culto del AT (como aquí, cf. λατρεία, 9:1, 6*) y del NT (9:14; 12:28); en otros lugares del NT, el verbo λατρεύω se emplea con más frecuencia para referirse a la adoración de Dios, sin la distinción de Hebreos entre la antigua y la nueva dispensación; en Hechos 7:42, a la adoración pagana. Aquí y en 8:5, el autor en forma peculiar "añade…. en caso dativo los objetos santos de los que se vale el sacerdote para rendir culto" (Bauer *s.v.* λατρεύω). En otros pasajes, se usa el verbo λατρεύω de un modo más amplio con referencia a la adoración del pueblo, y aún en el presente versículo está implícita la idea de que si los sacerdotes no pueden comer, muchos menos puede hacerlo cualquier otra persona (Snell 1964.18).

Ningún argumento para asignarle una fecha a Hebreos puede basarse en el presente verbal de λατρεύοντες: podría ser atemporal, pero de todos modos, el autor muestra muy poco interés en el culto contemporáneo de Jerusalén.

¿Cuál es entonces el θυσιαστήριον cristiano al que se hace referencia en este versículo? La única otra aparición del término en Hebreos (7:13) alude al altar levítico. El presente contexto se refiere claramente, aunque sin usar las palabras "sacrificio" o "altar", al sacrificio de Jesús (v. 12), y los versículos que siguen aplican el término θυσία a la alabanza que los cristianos le tributan a Dios por medio de Cristo (v. 15) y a sus acciones de hacer el bien y de la ayuda mutua (posiblemente una endíadis; v. 16). Algunas referencias anteriores al sacrificio que hizo Cristo de sí mismo (9:26; cf. v. 25; 10:10) permiten entender de manera lógica que el sacrificio está estrechamente relacionado con el altar. No hay ciertamente ninguna referencia explícita a la eucaristía, ni aquí ni en ningún otro lugar de Hebreos, aunque muchos académicos han observado referencias implícitas (po ejemplo en 6:4s.; 9:20; 10:29; 12:24; y aquí; Loader 1981.247n.29). Si alguien ve una referencia implícita depende, en parte, de su evaluación general de la 'disciplina del secreto' en las comunidades a las que fueron dirigidos este y otros escritos del NT. El *onus probandi* parece recaer en los que confirman esa referencia, que, en cualquier caso, estaría subordinada a la clara alusión al sacrificio de Cristo. La posibilidad adicional de una referencia anti-eucarística depende, para Braun y otros (Moffatt, Creed), de que se interprete que este versículo afirma que los cristianos no tienen derecho a comer de su propio θυσιαστήριον —una interpretación que ya fue rechazada anteriormente. Este punto de vista no depende de un juicio *a priori* de que la enseñanza y la práctica eucarística de todos los grupos cristianos primitivos deben amoldarse a una norma común (y menos aún, a una norma posterior).

En la historia de la interpretación (Schierse 1955.189s.), la tendencia general de los exégetas católico-romanos ha sido, naturalmente, ver en este versículo una referencia a la eucaristía, y por tanto, un texto que prueba la interpretación sacrificial de la misa, mientras que los exégetas protestantes han entendido que el "altar" es el propio Cristo (p. ej., F. F. Bruce, P. E. Hughes), o su cruz (p. ej., Delitzsch, Montefiore, Morris), o bien, un altar celestial (Cambier 1949.69f.; Theissen 1969.78; Williamson 1975.308). Sin embargo, a la división nunca ha resultado clara: Tomas de Aquino entendió que el término se refería a Cristo o a su cruz; en la misma tradición el concilio de Trento no utilizó este versículo para definir su teología eucarística, y una nota de la NJB especifica que "no es la mesa que se usa para la eucaristía, sino la cruz en la que Cristo fue sacrificado, o el propio Cristo mediante el cual nosotros ofrecemos el sacrificio de oración a Dios". También entre los católico-romanos, Snell 1964 y Schröger 1968 niegan una referencia a la eucaristía (en contra de Schröger, véase Andriessen 1972a), mientras que Hænsler reconoció la preponderancia de la interpretación eucarística, pero consideró que este versículo no debía usarse para apoyar el sacrificio de la misa. En épocas más recientes, tal vez el más vigoroso defensor de una referencia a la cena del Señor es Betz 1961, quien, no obstante, exagera el argumento. Por el contrario, hay algunos eruditos protestantes que apoyan fuertemente la interpretación eucarística, en particular G. Bornkamm, por ejemplo, 1963.194s.; Sandvik, especialmente 108-110; cf. Feld 1985.97.

La diversidad de interpretaciones entre los especialistas continúa reflejándose en algunas notas incluidas en otras ediciones actuales de la Biblia: "Algunos intérpretes ven aquí una referencia a la cena del Señor, pero el versículo debe entenderse más bien en sentido figurado: el altar es la cruz de la cual viven ('comen') los creyentes (TEV1983), de manera similar, la Biblia de estudio de la NIV; pero la FrCL aplica el versículo al santuario celestial, y hace referencia a 9:11-14. Entre los especialistas existe también una tendencia cada vez mayor a reconocer cierta ambivalencia en el propio texto, no solo en nuestra comprensión del mismo. Mientras afirmaba una referencia eucarística secundaria, Westcott ya escribió que "en [el] primer y más alto sentido..., el único "altar" terrenal es la cruz en la que Cristo se ofreció a sí mismo: Cristo es la ofrenda: él mismo es el festín del creyente. El altar no se considera en ningún momento separado de la víctima". De manera semejante, W. Manson (149-156) interpretó el "altar" como la cruz, pero dejó lugar, en una nota adjunta, para una interpretación eucarística. Michel (503) pone en duda que el autor haya considerado necesario elegir entre el Gólgota y la celebración de la cena del Señor; y Strobel interpreta el "altar" espiritualmente como el sacrificio de Cristo, pero la expresión "del cual comemos" en sentido real, tal vez como la eucaristía. (En forma similar, Ruager; H.-F. Weiss 722n.60 discrepa). Un respaldo indirecto para esas interpretaciones polisémicas podría extraerse de la flexibilidad con la que Ignacio usa el término θυσιαστήριον para referirse al sentido eucarístico de la unidad de la comunidad cristiana (en su carta *Ef.* 5:2); del propio Cristo (*Mag.* 7:2); de la comunidad cristiana sin una referencia eucarística abierta (*Trall.* 7:2); y en *Philoctetes* 4 de la "única eucaristía" que implica entre otras señales de unidad "un solo altar"; Policarpo (4:3) describe a las viudas como "altares de Dios", con un sentido claramente metafórico. No fue hasta Cipriano que la mesa eucarística fue reconocida como un altar (P. E. Hugues 578). Tal vez la prueba más sólida para una interpretación flexible de θυσιαστήριον se encuentra en la propia epístola, en la que 12:22-24 se refiere sin duda a la adoración que ya ofrecían los destinatarios, pero lo hace con un lenguaje que desdibuja la línea divisoria entre la tierra y el cielo.

13:11. "Fuera del campamento" en el Antiguo Testamento

Γάρ establece una relación sin demasiado rigor con el v. 10: los holocaustos del Yom Kippur se quemaban, no se comían. Pero el pensamiento del autor se traslada rápidamente a un punto nuevo y más importante. El culto veterotestamentario, al cual acaba de referirse el autor (οἱ τῇ σκηνῇ λατρεύοντες), aunque ha sido remplazado, prefigura otro tipo de sacrificio —un sacrificio que no tuvo lugar en el santuario, sino, por el contrario, "fuera del campamento". La importancia de este culto diferente se pondrá de manifiesto en el v. 12.

Todo lo que se lee en el presente versículo está basado en Levítico 16:27: καὶ τὸν μόσχον τὸν περὶ τῆς ἁμαρτίας καὶ τὸν χίμαρον τὸν περὶ τῆς ἁμαρτίας, ὧν τὸ αἷμα εἰσηνέχθη ἐξιλάσασθαι ἐν τῷ ἁγίῳ, ἐξοίσουσιν αὐτὰ ἔξω τῆς παρεμβολῆς καὶ κατακαύσουσιν αὐτὰ ἐν πυρί.... La adaptación de este pasaje en Hebreos no genera serios problemas. El presente atemporal εἰσφέρεται remplaza el aoristo, que hace referencia a la forma verbal εἰσοίσει en Lv. 16:12, 15. Εἰσφέρω* se usa de manera literal (Bauer 1; K. Weiss en *TDNT* 9.64f.), con el prefijo redundante εἰς, al igual que en 1Ti. 6:7; cf. Mt. 6:13‖; Hch. 17:20. Ὧν aquí se refiere por adelantado a ζῷα, y no como en Levítico 16:27 a los animales que se mencionaron antes. Se hace referencia de manera concisa al macho cabrío y al becerro que se sacrificaban el día de la expiación como ζῷα*, un término típico de Ezequiel, Sirácides y Apocalipsis, y se usa en Gn. 1:21 pero en ningún otro lugar del Pentateuco. Περὶ ἁμαρτίας (5:3; BD §229[1]; MHT 3.27), desde la frase περὶ τῆς ἁμαρτίας (dos veces) en Levítico 16:27, se remplaza el sinónimo ἐξιλάσασθαι (en Hebreos se usó la forma simple ἱλάσκομαι en 2:17). En A se omite περὶ ἁμαρτίας, en unos cuantos manuscritos se lee περὶ ἁμαρτιῶν, y existen diferencias insignificantes en cuanto al orden de las palabras, pero el texto de NA no se cuestiona. Τὰ ἅγια y τὸ ἅγιον son expresiones sinónimas y ambas se utilizan con respecto al santuario (8:2). Puesto que la referencia aquí es al día de la expiación, se trata del lugar santísimo; pero al autor no le preocupa hacer esa distinción en este momento. El "sumo sacerdote" de Hebreos, algo enfático por su posición, es una glosa generalmente correcta de "Aarón" en Levítico (p. ej., 16:23), donde las estipulaciones se extienden a sus descendientes (v. 32), el nombre se usa en forma genérica para incluir a los descendientes de Aarón y sus sucesores en el cargo; el término ἀρχιερεύς (2:17), sin embargo, refleja una distinción posterior entre los rangos en el sacerdocio. Διὰ τοῦ ἀρχιερέως: διά + genitivo podría denotar aquí al iniciador de una acción (Bauer I.2bα; pero cf. BD §223[2]; MHT 3.267; Moule 57, 204), y no a un simple agente. En Hebreos se añade el pronombre τούτων, pero tal vez no para diferenciar los holocaustos del macho cabrío de la expiación, sino más bien, con efectos aclaratorios, porque el autor amplió la cláusula subordinada anterior que sigue a ὧν. El orden de las palabras no es clásico (BD §284[3]; MHT 3.189f.). En Levítico no se mencionan los "cuerpos" del becerro y del macho cabrío: el autor Hebreos usa el término σῶμα influenciado quizás, desde el punto de vista lingüístico, por las alusiones al cuerpo de Aarón en 16:26, 28, y referencialmente por su conocimiento de que solo los cuerpos de los animales, y no su sangre, se quemaban fuera del campamento (véase más adelante). Una referencia eucarística (que Holtzmann 256 afirma aquí, y que E. Schweizer en *TDNT* 7.105n.370, Michel y Braun consideran posible) es muy poco probable. Κατακαίω*, del texto de Levítico (cf. 9:11; también 8:17s., 32; 16:28; 19:6 con respecto a los sacrificios de animales), no se usa en ningún pasaje del NT en este sentido; cf. (12:18) con relación al Sinaí; 12:29 en cuanto al significado del fuego en Hebreos. El autor de Hebreos remplaza la forma verbal impersonal κατακαύσουσιν por una forma pasiva, sin ningún cambio de significado. En Hebreos se omite el término πυρί redundante.

La frase clave ἔξω τῆς παρεμβολῆς se traslada al final la oración para darle énfasis; v. 12, ἔξω τῆς πύλης. Παρεμβολή se usa aquí y en el v. 13 para referirse al campamento de Israel en su marcha hacia la tierra prometida; con un sentido diferente en 11:34*. Ἔξω (menos comúnmente ἐκ) τῆς παρεμβολῆς aparece frecuentemente en la LXX, sobre todo en Levítico. Es el lugar donde se queman los holocaustos (como aquí; cf. Lv. 9:11; 17:3); donde se ofrecía la vaca alazana (Nm. 19:3, 9; cf. Heb. 9:13); el lugar a donde concurrían los que estaban ritualmente impuros (Lv. 13:46; 14:3; Nm. 31:19; Dt. 23:11, 13), especialmente los leprosos (Nm. 5:2s.; 12:14s. con respecto a María); un lugar relacionado con la muerte (Dt. 2:14), en particular por lapidación (Lv. 24:14, 23; Nm. 15:36); pero también, de manera excepcional, un lugar de refugio, en un tiempo en el que Dios estuvo purificando el propio santuario por medio del fuego (Lv. 10:4s.). Los animales en el día de la expiación, de hecho, se sacrificaban (a diferencia de lo que ocurrió con Jesús) en el santuario, y su sangre era llevada "dentro del velo" (Lv. 16:12, 15) y se rociaba allí; solo después se quemaban fuera del campamento. Pero en Levítico 17:3s. se alude a animales sacrificados fuera del campamento, que luego serían ofrecidos en sacrificio en el santuario.

En Heb. 13:11-13 hay reflejos sorprendentes, aunque secundarios, de Éx. 33:7-11, donde se lee que Moisés levantó ἔπηξεν (v. 7; cf. Heb. 8:2), "fuera del campo" (vv. 7s.), un tabernáculo que el Señor visitaba, y en el que hablaba con Moisés cara a cara. "Todos los que buscaban al Señor" salían (ἐξεπορεύετο, v. 8; cf. ἐξερχώμεθα, Heb. 13:13; Andriessen 1977.57-59) a este tabernáculo. No es imposible que el autor de Hebreos viera un significado tipológico en el hecho de que Josué permaneciera en el tabernáculo cuando Moisés lo dejó para regresar al campamento (Ex. 33:11).

El propósito del autor al referirse a Levítico 16:27 y otros textos relacionados no es ciertamente describir lo que ocurrió "fuera del campamento" como espiritual, y no terrenal, (como sí hace Filón, *Gig.* 54; cf. Williamson 41); pero tampoco se preocupa, al igual que el autor del pasaje de Levítico, por ubicarlo dentro de una categoría moderna de lo secular (así opina en general Koester 1962). Su propósito más bien, como lo confirmarán los versículos que siguen, es animar a sus lectores a ocupar un lugar junto a Jesús y lejos del culto levítico. Los términos en los que se concibe la vida de la comunidad cristiana son principalmente cultuales (v. 15), pero también incluyen una ética práctica.

13:12. La muerte de Jesús fuera de las puertas de la ciudad

A partir de la práctica sacrificial veterotestamentaria a la que se hace referencia en Levítico 16:27, el autor extrae una consecuencia doble: para Jesús (v. 12) y para los lectores (v. 13). Los tres versículos se mantienen unidos por medio de las frases ἔξω τῆς παρεμβολῆς/ἔξω τῆς πύλης/ἔξω τῆς παρεμβολῆς. Las analogías son, sin embargo, mucho más estrechas entre los vv. 11 y 12, e identifican el grado relativo de comparación y contraste entre el tipo del AT y su cumplimiento en el Nuevo:

v. 11		v. 12	
(1')	ὧν ... εἰσφέρεται	(1)	Ἰησοῦς
(3')	ζῴων τὸ αἷμα	(2)	ἵνα ἁγιάσῃ
(2')	περὶ ἁμαρτίας	(3)	διὰ τοῦ ἰδίου αἵματος
(2'')	εἰς τὰ ἅγια	(4)	τὸν λαόν,
(1'')	διὰ τοῦ ἀρχιερέως	(5)	ἔξω τῆς πύλης

(3")   τούτων τὰ σώματα

(6')   Κατακαίεται   (6)   ἔπαθεν.

(5')   ἔξω τῆς παρεμβολῆς

El autor le resta importancia a la función del sumo sacerdote en la liturgia del AT (items 1, 9); la función de Jesús, en cambio, es esencial. La sangre de animales (no identificados) (3') se contrasta con la propia sangre de Jesús (3). El propósito del sacrificio veterotestamentario es lidiar con el pecado (2'), pero esto es minusvalorado por el uso de la frase tradicional con respecto a las ofrendas por el pecado; el sacrificio de Jesús, por el contrario, sí "santifica" verdaderamente (2). El hecho de que el derramamiento de la sangre en el culto del AT tenga lugar en el santuario (2") no juega ningún papel positivo en el argumento: a lo sumo hay un contraste secundario, dentro del v. 11, entre lo que sucede en el santuario (2") y fuera del campamento (5'). La referencia al pueblo (4) como beneficiarios del sacrificio no tiene ningún equivalente en el v. 11, porque el autor no cree fundamentalmente que fueron beneficiados. No hay ninguna referencia equivalente al cuerpo de Jesús (cf. 3' '), a diferencia de su sangre (3), que contradiga una referencia eucarística en este contexto (cf. 10:5, 10). No existe obviamente ningún paralelismo neotestamentario con la incineración de los holocaustos (6'): Jesús simplemente "padeció" (6), es decir, murió (2:18; cf. 9:26); la forma específica de su muerte no es lo importante en este momento. El sacrificio de Jesús, al igual que los holocaustos veterotestamentarios, fue consumado para el autor "afuera". El uso de πύλη* (5) en lugar de παρεμβολή (5') se debe en parte al deseo del autor de no repetir el mismo término en tres versículos sucesivos, pero tal vez más al recuerdo histórico de que Jesús murió fuera de las puertas de Jerusalén (Mr. 15:20, ἐξάγουσιν; Mt. 17:21; Lc. 23:26, ἀπήγαγον; Jn. 19:17, ἐξῆλθεν; v. 20, el Gólgota estaba "cerca de la ciudad"; cf. Mt. 21:39; Nm. 15:35s.; Hch. 7:58; R. E. Brown sobre Jn. 19:17; J. Jeremias en TDNT 6.921s.; cf. también la frase escatológica "fuera de la ciudad" de Ap. 14:20). En lugar de πύλης, en 𝔓[46] P 104 se lee παρεμβολῆς, en armonía con (12).

Διὸ (3:7) καί, una frase que no se usa en ninguna otra parte de Hebreos, pero sí se encuentra en el griego clásico y en los papiros, introduce un resultado (Lc. 1:35; Hch. 10:29; 24:26; Ro. 4:22; 15:22; 2Co. 1:20; BD §442.12; 451.5) y a menudo es prácticamente sinónima de διὰ τοῦτο; es poco probable que la conjunción καί le añada énfasis a la comparación entre los sacrificios del AT y del NT. Ἰησοῦς (2:9) es enfático, como de costumbre; no se le da ningún título en su humillación. Ἁγιάζω: véase 2:11 en un contexto similar; también 10:10, 14, 29; aquí tal vez con la idea de "capacitar o preparar al pueblo para rendir una adoración aceptable" (Snell 1964.18 cf. Éx. 19:10; 1Sa. [1Re.] 16:5). Διά + genitivo que indica agencia (BD §223.2); la redacción hace recordar la del v. 11, pero el significado es bastante diferente. Τοῦ ἰδίου αἵματος (9:12); αἷμα (2:14). Λαός (2:17); 7:27 en contextos semejantes: el autor se interesa por identificar la posición de sus lectores dentro del pueblo de Dios. En cuanto a πύλη* y ἔπαθεν (2:18; cf. 9:26), véase la nota anterior. El autor obviamente es consciente del lugar y la manera (5:7; 12:2; Grässer 1965b) en que ocurrió la muerte de Jesús, pero su uso de un término más general amplía la referencia e incluye, al menos potencialmente, a todos los que en el período del AT, fueron muertos, normalmente por lapidación, fuera de las puertas de la ciudad, ya sea de acuerdo con la ley (Lv. 24:14, 23; Nm. 15:36) o injustamente (1Re. 21 [3Re. 20]:13; cf. Lc. 4:29 con respecto a un atentado contra la vida de Jesús; Hch. 7:58 de Esteban); para paralelismos no bíblicos, véase Lührmann 1978.

13:13. "Fuera del campamento" para Jesús

En el v. 11 la atención se centró en el culto veterotestamentario; en el v. 12, en la muerte de Jesús; y desde aquí hasta el v. 16, en las consecuencias para los creyentes. Hasta ahí todo es claro. Los problemas surgen cuando se intenta, en primer lugar, especificar con más detalles las etapas lógicas en el argumento; y en segundo lugar, identificar el comienzo y el final de la trayectoria implícita en la forma verbal ἐξερχώμεθα.

El primer problema tal vez podría resolverse mejor si se considera que τοινῦν no indica una consecuencia lógica estricta, sino el punto de comparación entre la situación del Cristo humillado y la situación que el escritor les pide a sus lectores que acepten. Del mismo modo, las últimas palabras del versículo (véase más adelante) se entienden mejor como una exhortación a los lectores para que sobrelleven la humillación como lo hizo Jesús, de manera realista en sus propias vidas; no por medio de una identificación mística con él, y ciertamente no en sustitución de él. Respecto a la estructura lógica de este pasaje, véase Arowele 292-301.

El segundo problema sigue generando interpretaciones diametralmente opuestas de este versículo. Por un lado, se entiende como una exhortación a dejar este mundo y buscar a Cristo en el cielo (así piensan, p. ej., Cambier 1950.72-78; Nitschke 182). Por otro lado, se toma como un llamado a abandonar el mundo cultual por el secular (así opina, p. ej., van den Bergh van Eysinga 311s.; J. A. Sanders 1969). Entre estos extremos, hay varias explicaciones más: los lectores deben abandonar el judaísmo, deben "salir" a meditar para encontrarse con su Señor (Bruce 1969b.17); deben cambiar los deleites mundanos por el ascetismo; deben huir de lo material para refugiarse en lo espiritual (así Filón). La cuestión no puede resolverse apelando únicamente al contexto inmediato: el v. 14 se cita en apoyo de una interpretación de "otro mundo", mientras que el v. 16 sugiere claramente que los lectores todavía tienen deberes en este mundo. La interpretación de este pasaje como un llamado a abandonar el judaísmo por el cristianismo es ajena al alcance total del pensamiento del autor, que se mueve constantemente dentro de la categoría de la doble acción de Dios a favor de su único pueblo. Obermüller cree con razón que el pasaje exige una doble hermenéutica: litúrgica y sociológica; pero esto expone el problema en lugar de resolverlo. El problema no se resuelve ni siquiera apelando al contexto de toda la epístola, con su cosmología implícita y expresa; en primer lugar, porque el autor, al parecer, trabaja con dos esquemas cosmológicos distintos (Ellingworth 1986); y en segundo lugar, y más importante, porque la presente "ubicación" de los cristianos en cualquier esquema de este tipo es, por su propia naturaleza, ambivalente y transitoria —como dice el autor, deben estar activos. 12:22-24 es el *locus classicus* para la interpenetración de la tierra y el cielo en el presente estado de los cristianos: ellos ya se han "acercado" a la Jerusalén celestial, no en el sentido negativo de haberse acercado pero no llegado, sino en el sentido cultual positivo de haber obtenido el acceso a Dios que era imposible en la antigua dispensación. Esa interpretación del presente pasaje le haría justicia a la manera en que combina la participación en la humillación de Cristo (v. 13) con las buenas obras (v. 16), vinculándose ambas cosas por medio de la adoración (v. 15).

Τοινῦν, conjunción inferencial. Aquí, al igual que en Lucas 20:25; 1 Corintios 9:26**, en contra del uso clásico, es la primera palabra de su cláusula; aparece con frecuencia en 4 Macabeos; en el NT se emplea con un subjuntivo hortatorio, como aquí y en 1 Corintios 9:26, cf. τοιγαροῦν en 12:1; o un imperativo, Lucas 20:25. MHT 3.347 sugiere una influencia semítica para colocar τοινῦν primero, pero la influencia no es general en la LXX: solo Isaías 3:10; 5:13; 27:4; 33:23; Jeremías 7:14 A; cf. BD §§107, 451 (3). Cf. καίτοι, 4:3.

Ἐξερχώμεθα: ἐξέρχομαι, 3:16 con respecto al éxodo; 11:8 a la salida de Abraham de Ur; en el presente texto cf. Levítico 16:27 (v. 12). Solo aquí en Hebreos con referencia a los cristianos; pero el contraste implícito es entre la lealtad a Cristo y el apego al antiguo orden con sus sacrificios de animales (vv. 10s.). La elección entre dos comunidades está implícita, pero la ausencia en Hebreos de una dimensión gentil amortigua la tirantez si se compara, por ejemplo, con Romanos 3:1-8; 9:1-5. Hay una analogía general con la "salida" de los esenios de Jerusalén para dirigirse a Qumrán (Fensham; Spicq); pero los documentos de Qumrán, en los que para ellos el punto de referencia es su propio "campamento", no hablan positivamente con respecto al hecho de "salir" de otro campamento o ciudad (Braun 1966.272s.). Y el contexto tampoco sugiere la idea de "salir y separarse" de los malhechores (2Co. 6:17; cf. Is. 52:11).

En lugar de especificar cuál es el punto de partida de la peregrinación de los lectores, el autor afirma en sentido positivo que la meta de dicha peregrinación es Jesús (πρὸς αὐτόν; cf. v. 12); Jesús, que sin duda ahora se encuentra en el cielo (12:24), pero es accesible a los lectores en la adoración (v. 15), no está lejos de ellos, ni siquiera metafóricamente, en tiempo ni en espacio.

Ἔξω τῆς παρεμβολῆς (v. 11). Junto con la referencia principal a Levítico 16:27, es probable que en esta frase haya un reflejo de Éxodo 33:7-11, con respecto al tabernáculo del testimonio que Moisés levantó fuera del campamento, al que salían todos los que buscaban al Señor (ἐξεπορεύετο, v. 7; McNamara 1966; *HBD* 1014a). No cabe argumentar en contra de esto que el escritor de Hebreos llama a toda la comunidad, incluyéndose a él mismo, a "salir", porque bajo la antigua dispensación todos podían conocer al Señor (cf. 8:11 = Jer. 31[38 LXX]:11).

Τὸν ὀνειδισμὸν αὐτοῦ φέροντες: ὀνειδισμός, 10:33 de los cristianos; especialmente 11:26, τοῦ Χριστοῦ; cf. el tema de la humillación en el Salmo 69(68 LXX):7, 9s., 19s. (Lindars 1961.99-108; A. T. Hanson 1974.15). La vergüenza de Cristo estaba históricamente relacionada con su muerte en la cruz, a la que ya aludió el v. 12; cf. Gálatas 3:13 = Deuteronomio 21:23. Los lectores deben compartir, no necesariamente la vergüenza de la propia crucifixión, sino la vergüenza de la relación con el Jesús crucificado (cf. 12:1-3). El significado inmediato de φέροντες en este contexto probablemente es el de soportar, en sentido figurado, o lidiar con algo desagradable (así opina Bauer *s.v.* 1c); pero los matices de llevar la cruz (Lc. 23:26) y cargar con el pecado (*1Cle.* 16:4 = Is. 53:4) no deben excluirse por completo.

13:14. La ciudad permanente

Los sufrimientos de los creyentes (v. 13; cf. 12:10), al igual que los del propio Jesús (2:9; cf. 12:2), son de corta duración, y no pueden compararse con las bendiciones permanentes que han de venir (cf. Ro. 8:18). Este versículo ha sido descrito como el punto culminante de Hebreos (Brady 336, en consonancia con Käsemann 1957.9). Esto es una exageración porque no domina su contexto inmediato, como sí lo hace 12:24 o 9:11: el presente versículo es, más bien, una declaración final y concisa de un tema fundamental de la epístola. Consta de una antítesis clara (ἀλλά) entre la declaración negativa del v. 14a y la declaración positiva que sigue; la forma verbal ἔχομεν se contrasta con ἐπιζητοῦμεν, con una variación quiástica del orden de las palabras; ὧδε se contrasta implícitamente con un lugar (metafórico), "fuera del campo" (vv. 11, 13) o "fuera de la puerta de la ciudad" (v. 14), y un lugar de desgracia (v. 13) que pronto será considerado un lugar de bendición permanente y celestial. Μένουσαν forma un juego de palabras contrastante con μέλλουσαν (cf. ἔμαθεν—ἔπαθεν, 5:8). El sustantivo πόλιν está expreso en el v. 14a e implícito en el v. 14b. El artículo definido τήν allí hace referencia a la información que acaba de mencionarse; una información que tal vez el autor presuponía que los lectores conocían bien, ya sea por la enseñanza anterior de la epístola, o más probablemente por la tradición común. Él y sus lectores saben que hay una ciudad preparada para ellos, que se describe de diversas maneras: como una ciudad celestial (12:22), una herencia eterna (9:15), un reposo definitivo (3:11), un reino (12:28) y una patria (11:14). Al igual que en Juan 14:1-4, el lugar se identifica como un sitio en el que Jesús fue el primero en entrar (cf. πρὸς αὐτόν, Heb. 13:13); cf. Hch. 7:55s., 59s. (Mundle 140).

Ἔχομεν: cf. v. 10; 4:14: Los cristianos ya tienen un altar (cf. 15) en el que participan por adelantado de la adoración celestial; pero antes que puedan disfrutar de la vida eterna del cielo, deben experimentar una humillación temporal por su vinculación con Jesús (v. 13) y enfrentar el cataclismo final que conmoverá todas las cosas, y dejará en pie solo lo que, por ser de Dios, es intrínsecamente permanente (12:26-28). El presente versículo, junto con su contexto, contiene un equilibrio adecuado de expresiones que denotan movimiento (ἐπιζητοῦμεν; cf. ἐξερχώμεθα, v. 13) y estabilidad (μένουσαν πόλιν); y también de vocabulario espacial (ὧδε) y temporal (μέλλουσαν) (Goppelt 1976.579).

Ὧδε: véase 7:8*, en un contraste (ἐκεῖ) entre los sacerdotes levíticos y Melquisedec; BD §103. Aquí ὧδε señala una ampliación de la perspectiva de la antigua dispensación cultual, en la que se centra la atención en los vv. 10-13, a este mundo en contraste con el cielo.

Μένουσαν: μένω (7:3), se usa con un sentido escatológico respecto a Melquisedec (7:3); a Jesús (10:34); a lo que sobrevive el cataclismo final (12:27); pero también con un sentido ético en relación al amor fraternal cristiano (13:1). Cambier 1950 considera que μένειν es una categoría fundamental de la epístola (cf. F. Hauck en *TDNT* 4.574-576 es también característicamente joánico); pero μέλλω (1:14), en especial el uso absoluto del participio ὁ μέλλων, es más frecuente en Hebreos, o al menos igualmente significativo (Cody 1960.141-143). Aparte del uso de μέλλω en referencia a una acción prevista (8:5; Bauer 1cγ) y como un futuro perifrástico (10:27; Bauer 1cβ), el participio se emplea para referirse a la salvación que habrá de heredarse (1:14); al mundo venidero como tema de la epístola (2:5); de los poderes del mismo, que los creyentes ya han gustado (6:5); del sumo sacerdocio de Jesús (9:11 *v.l.*); de la ley como sombra de los bienes venideros (10:1); de la herencia prometida a Abraham (11:8); y del contenido profético de la bendición de Isaac (11:20). Hay sobradas pruebas de que en el uso de Hebreos, μέλλω se refiere a algo que no es totalmente futuro, sino que ha sido prometido y anticipado (E. Lohse en *TDNT* 7.337). En este versículo, τήν implica que esto forma parte de la dimensión futura de la fe de los lectores (cf. 6:2), que la epístola se propone sostener.

Ἐπιζητοῦμεν: el verbo ἐπιζητέω se usa en un contexto similar en 11:14*, con referencia a la patria celestial. El prefijo, en ambos lugares, es intensivo: "estamos esperando intensamente" (Lane). Es probable que haya reflejos de Éxodo 33:7, con respecto al tabernáculo del testimonio que Moisés levantó y al que salían πᾶς ὁ ζητῶν κύριον; y también de la ἐπιζητουμένη πόλις de Isaías 62:12 (van der Waal 1971.90), la cual, sin embargo, en su contexto original se refiere a una Jerusalén terrenal restaurada. Véanse Nitschke 185; Reissner; Theobald.

13:15. El sacrificio de alabanza

Hasta aquí, el autor ha afirmado que existe un altar cristiano, y que es muy diferente del altar del culto levítico. Y ahora hace dos declaraciones más específicas, identificando como sacrificios cristianos (1) la alabanza y (2) las buenas obras (v. 16). Ninguna de estas declaraciones exige o excluye una referencia a la cena del Señor (v. 10); el interés principal del autor, al igual que en el v. 10, es más bien contrastar la adoración cristiana espiritual y práctica, por un lado, con los sacrificios de animales del antiguo orden. Las dos declaraciones no están estrechamente relacionadas entre sí (δέ, v. 16). La forma de ellas es diferente: un subjuntivo hortatorio en el v. 15, y un imperativo en el v. 16; pero el significado de esta distinción probablemente es leve porque en los vv. 13-15 los verbos se conjugan en primera persona del plural, y en los vv. 16-18 en segunda persona del plural. El lenguaje del v. 15 no es típico de Hebreos, y tal vez está influenciado por una tradición litúrgica (véase más adelante).

Δι' αὐτοῦ: es decir, por medio de Jesús (v. 12; cf. πρὸς αὐτόν, v. 13); la reanudación de la referencia pronominal, incluso después de la interrupción del v.

14, podría ser reverencial; de todas formas, la frase es enfática por su posición. En cuanto a la forma, la frase hace recordar las construcciones διὰ τοῦ ἀρχιερέως (v. 11) y διὰ τοῦ ἰδίου αἵματος (v. 12), pero el significado en cada caso es muy diferente. La preposición διά aquí transmite la idea de mediación (1:2): la alabanza se le ofrece a Dios a través o por medio de Jesús (así piensa con cierta reserva Moule 57), del mismo modo que es por medio de Jesús (7:25), o más específicamente, por medio de su sacrificio (9:26), que los creyentes tienen acceso a Dios.

Las pruebas a favor y en contra de la omisión están equilibradas (Metzger 676; Zuntz 192);en ℵ² A C D¹ 0150 0243 y en muchos minúsculos (véase UBS⁴) se incluye; en 𝔓⁴⁶ ℵ* D* P Ψ d siᵖ se omite. Puede preferirse la lectura mayoritaria más larga, y la lectura más corta explicada por la haplografía de ΑΥΤΟΥΟΥΝΑΝΑ.... Si aparece οὖν, puede entenderse hasta cierto punto el hecho de tomar el v. 15 como el punto culminante del pasaje, y el v. 16 como una transición a los mandatos más prácticos que siguen; pero esos asuntos no pueden exponerse estrictamente por escrito de un modo tan fluido como Hebreos.

Ἀναφέρωμεν (en K P y muchos minúsculos se lee -ομεν, 4:16) que verbalmente hace recordar la forma φέροντες en el v. 13, aunque el significado no guarda ninguna relación. Ἀναφέρω, literalmente "elevar" (Mr. 9:2‖; Lc. 24:51), se usa ampliamente en la LXX como una traducción literal del hifil de 'lh (p. ej., Gn. 8:20; Lv. 3:16; 16:25; Nm. 5:26; Sal. 51:19[50:21 LXX, ἀναφορά]; 1Mac. 4:53; 2Mac. 1:18).

La frase θυσία (τῆς) αἰνέσεως (genitivo epexegético: la alabanza es el sacrificio) puede aplicarse a las ofrendas animales de acción de gracias (a menudo con σωτηρίου), como en Lv. 7:12, 13, 15; 2Cr. 29:31; 33:16 LXX; 1Mac. 4:56; en el Salmo 50(LXX 49 LXX):14, sin embargo, el autor puede haber observado un contraste entre la alabanza y el sacrificio de animales (cf. vv. 8-13), y no hay referencias a los sacrificios de animales en otros salmos (27:6[26:6 LXX ℵ²]; 50[49]:23; 107[106]:22; 116:17 [115:8 LXX]) en los que se usa la frase. En el NT, el pasaje paralelo más cercano es 1Pe. 2:5, ἀνενέγκαι πνευματικὰς θυσίας; en Hebreos se usa el verbo para referirse tanto a las ofrendas levíticas por el pecado (7:27a) como al propio sacrificio de Cristo (7:27b; 9:28; cf. 1Pe. 2:24); cf. Stg. 2:21, con respecto a la atadura de Isaac; *Bernabé* 12:7; *2 Clemente* 2:2, acerca de las oraciones.

Διὰ παντός aquí como en 9:6 con un sentido absoluto; 2:15*, διὰ παντὸς τοῦ ζῆν. Los llamados a la oración constate son frecuentes en las epístolas neotestamentarias (p. ej., Ef. 6:18; Col. 1:3, 9; 1Ts. 5:17; 2Ts. 1:11; cf. Lc. 18:1; *Test. Leví* 4:8), y ocupa un lugar natural aquí en una epístola que fue escrita para sustentar la fe (10:25).

Τῷ θεῷ: la referencia a Dios no está de más, porque los pronombres anteriores se han referido a Jesús: podría haber un reflejo del Salmo 50(LXX 49):14 (cf. v. 23), θῦσον τῷ θεῷ θυσίαν αἰνέσεως.

Τοῦτ' ἔστιν: véase 2:14; la explicación resulta necesaria porque la expresión anterior podría referirse a los sacrificios de animales.

Καρπὸν χειλέων: καρπός, 12:11*; χεῖλος, 11:12* con un sentido diferente; χειλέων sin contracción (MHT 2.139). Cf. Oseas 14:3, ἀνταποδώσομεν καρπὸν χειλέων ἡμῶν (así opinaba ya Cappell 1657); Isaías 57:18 (MT v. 19; la LXX es diferente). El escrito paralelo más cercano es el *Salmo de Salomón* 15:3, "el fruto de los labios con el instrumento afinado de la lengua", un salmo que tiene muchos puntos de contacto con Hebreos. Algunos paralelismos de Qumrán como 1QM 12:1ss. tienen más en común con Hebreos 12:24ss. (Braun 1966.172; Klinzing 202s., en contra de Gärtner; de manera similar Batdorf; cf. Uhle-Wettler). La frase "fruto de los labios" no se refiere siempre a la oración; cf. Proverbios 18:20; 31:31 (*Od. Sal.* 16:2).

Ὁμολογούντων: ὁμολογέω, véase 11:13*, en un sentido diferente. En el presente versículo, el contexto exige el significado de "alabar" (Bauer 5; O. Michel en *TDNT* 5.199-220, especialmente 213s.; Snell 1964.20s.; Braun; Lane) en lugar de "confesar" o "reconocer", como en Attridge y en todas las traducciones consultadas. No hay ninguna razón para ver una alusión a la cena del Señor (Kuss 1956.271; cf. Deichgräber 117s.).

Τῷ ὀνόματι αὐτοῦ: ὄνομα, véase 1:4; Bauer I4b. El "nombre" es el de Dios; en Hebreos no se usa ὄνομα con respecto al nombre de Cristo, y en el NT en general, normalmente se refiere a Dios; cf. Salmo 22:25(21:23 LXX) = Hebreos 2:12; 6:10. La frase exacta no aparece en ninguna otra parte del NT; cf. Apocalipsis 3:5, ὁμολογήσω τὸ ὄνομα, con un sujeto humano. En contextos de alabanza, el término helenístico ἐξομολογήσω es más común en la Biblia griega: Salmo 99:3(98:4 LXX); 106(105 LXX):47; Sirácides 51:1; Mateo 11:25‖; Romanos 14:11 = Isaías 45:23; Romanos 15:9 = Salmo 18(17 LXX):50; Filipenses 2:11. Véase también Cilia.

13:16. La adoración cristiana en acción

Cambier 1950.63 comienza aquí un nuevo párrafo, pero los dos versículos están relacionados por medio de la repetición de θυσία. La segunda forma del sacrificio cristiano, que sigue a la alabanza a la que se hizo referencia en el v. 15, se describe como εὐποιΐα καὶ κοινωνία. El uso de εὐποιΐα*** está confirmado solo dos veces antes de este texto (las inscripciones de Priena 112.19; 113.76; Spicq 1978.327, en consonancia con Bolkestein 102); en Filón, *Mut. Nom. 24* y en Josefo, *Ant. 2.261* con εὐεργεσία; no en los papiros anteriores al siglo III, y allí en escritos cristianos. El significado, en dependencia del contexto, fluctúa entre una práctica general de hacer el bien, como aquí (Bauer *s.v.* 1; cf. εὖ ποιῆσαι, Mr. 14:7), y una buena obra específica, como en Ignacio, *Pol. 7:3* (Bauer 2; cf. εὖ πράσσω, Hechos 15:29). De manera similar, el significado de κοινωνία* pasa fácilmente de una práctica general de la generosidad o la camaradería (como aquí; Bauer *s.v.* 2) a una acción en particular que demuestra compañerismo o unidad; por ende, un don (Bauer 3). De hecho, hay tantas coincidencias entre el significado de εὐποιΐα y el de κοινωνία en este contexto que los dos términos pueden tomarse como una endíadis virtual, que se refiere a la práctica de hacer el bien a los hermanos cristianos. Esta interpretación estaría muy de acuerdo con la referencia a la φιλαδελφία en el v. 1, con la concepción de la φιλοξενία que se sugirió anteriormente (v. 2), con la alusión a los presos (cristianos) en el v. 3, y la referencia que sigue a los líderes cristianos (v. 17; cf. v. 7); cf. también 10:32-36. Los que están fuera de la comunidad de los creyentes no están excluidos, pero no se hace hincapié en ellos (Schulz 260). Los dos sustantivos abstractos hacen referencia a acciones, y por tanto, a menudo se traducen por medio de verbos: por ejemplo, NRSV y NVI "hacer bien y compartir lo que tenéis". Esto tiene la ventaja de evitar la connotación de filantropía organizada, especialmente para un grupo separado de un estatus más bajo que el de los destinatarios. La manera en que Cristo compartió la naturaleza humana se refleja en la manera en que sus seguidores comparten lo que tienen los unos con los otros (W. Schenk 1985).

Los presentes mandatos éticos se relacionan con el interés general del escritor de que sus lectores no se desvíen de la fe, y por ende, de un estilo de vida, que habían aceptado con anterioridad: no deben olvidarse de hacer bien (cf. μὴ ἐπιλανθάνεσθε v. 2, que forma una inclusio con el uso presente del verbo; "acordarse", vv. 3, 7).

La segunda mitad del versículo expone la razón para ese tipo de acciones, del mismo modo que en los vv. 2b, 3b, 5b, and 9b: son sacrificios que agradan a Dios. El plural "tales sacrificios" no se refiere probablemente a la beneficencia y al hecho de compartir como entidades distintas, sino a acciones repetidas en las que se realizan ambas disposiciones. Τοιαύταις... θυσίαις, dativo de causa (BD §196; MHT 3.57). Τοιοῦτος (7:26) es bastante frecuente en Hebreos. "Tales sacrificios" se contrastan implícitamente, no con la cena del Señor (Braun), sino con los sacrificios materiales bajo el antiguo pacto. Θυσία (5:1); en cuanto a su uso metafórico (13:15). Anteriormente en la epístola, el escritor insistió con tanta firmeza en la exclusividad del sacrificio de Cristo que ahora puede aplicar el mismo término a la respuesta de los cristianos sin temor de que pueda crear confusión, o sugerirles que sus buenas obras les garantizan automáticamente el favor de Dios. Εὐαρεστέω en la Biblia griega, sin embargo, no se usa para referirse a los sacrificios, sino casi siempre a personas, que agradan, generalmente a Dios (Enoc, Heb. 11:5f.*; Gn. 5:22; Sir. 44:16; Noé, Gn. 6:9), pero a veces a otros seres humanos (Gn. 24:40; Ex. 21:8); excepcionalmente con un sustantivo abstracto, en el Salmo 26(25 LXX):3, εὐαρέστησα ἐν τῇ ἀληθείᾳ σου. Dios, como el sujeto del verbo pasivo (MHT 3.242), se menciona en forma enfática al final de la oración.

13:17. Los líderes y los liderados

La referencia a los ἡγούμενοι forma una inclusio con el v. 7; pero ahora el interés del autor se centra en los líderes de la comunidad que están vivos, no en los que ya murieron. La insistencia en la sumisión a estos líderes tiene que ver tal vez con el temor del autor de que los lectores puedan aceptar una falsa enseñanza (v. 9), posiblemente en asuntos relacionados con los alimentos, pero resulta difícil ser más específicos. La yuxtaposición de las referencias a los líderes (v. 17) y al propio escritor (v. 18) refuerza el punto de vista de que el escritor se consideraba un líder de la comunidad a la que dirige esta carta; no hay indicios de que se atribuyera una autoridad más general, por ejemplo, apostólica. No obstante, el hecho de que el autor no equilibre sus instrucciones a los miembros de la iglesia con las instrucciones a los propios líderes (como en Stg. 3:1; 1Pe. 5:2s.) sugiere lo contrario. Este versículo, empero, sí se refiere implícitamente a la responsabilidad de los líderes ante Dios. Laub 1980-81.187s. observa en *1 Clemente* (especialmente en 1:3; 21:6), aunque no en Hebreos, una asimilación de los ἡγούμενοι cristianos a los seculares.

Πείθω, "obedecer" (Stg. 3:3 acerca de los caballos; 4Mac. 10:13; 15:10; 18:1; *2Clem.* 17:5; *Ep. Diog.* 5:10; *Ign. Rom.* 7:2 *bis;* Bauer 3b; R. Bultmann en *TDNT* 6.3s.; BD §187.6). Πείθεσθε sugiere que se trata de una acción continua. Pablo desarrolla el tema de la sumisión dentro de la comunidad cristiana, y a él mismo, valiéndose del verbo ὑπακούω y otros términos cognados (Fil. 2:12; 1Co. 16:16; 1Ts. 5:12s.; 2Ts. 3:14; 1Ti. 5:17), y en Hebreos se usa para referirse a la obediencia de Cristo y de los cristianos por igual (5:8s.; cf. 11:8); también ὑποτάσσω, con respecto a la obediencia a Dios. El tema de la obediencia a los líderes humanos dentro de la comunidad de creyentes se remonta al AT (Gn. 41:40; Éx. 16:20; Jos. 1:18; cf. 1 Mac. 14:43; Jos. *Ant.* 13.201; *AP.*2.194) y al judaísmo (S-B 1.909s.); poco después de Hebreos, se le dio a este tema una importancia capital en la comunidad cristiana (*Ign. Rom.* 7:2; *2Clem.* 17:5; cf. *1Clem.* 1:3; 57:1; *Ign. Eph.* 2:2; 20:2; *Mag.* 2; 13:2; *Pol.* 5:3). En Hebreos, la exclusividad del sacerdocio de Cristo no evita la necesidad de un liderazgo pastoral en la comunidad; pero ese liderazgo es ejercido por un grupo (cf. Fil. 1:1), no por un solo individuo.

El imperativo πείθεσθε es reforzado por medio del verbo menos frecuente pero quizás más fuerte ὑπείκετε: 4 Macabeos 6:35***, con respecto a la razón, que nunca cede a los placeres; aquí en cuanto a la deferencia que los liderados les deben a sus líderes.

Merecen esa deferencia por los beneficios que los líderes les proporcionan a los liderados. El pronombre ὑτοί aquí puede ser enfático, para distinguir a los verdaderos líderes de los falsos maestros (v. 9); de lo contrario, αὐτοί podría referirse a "los [líderes] que acaban de mencionarse (BD §288).

Ἀγρυπνέω: primero literalmente, luego, como aquí, en el sentido metafórico de "velar" (Ef. 6:18; *Ep. Diog.* 5:2; *Barn.* 20:2; MM; Bauer 2). Aquí está implícita la imaginería de un pastor, y por ende, de manera indirecta en el v. 20, la subordinación de ellos a Jesús, el gran jefe de los pastores. Como ocurre en múltiples ocasiones en la tradición bíblica, el gobierno y el cuidado están unidos (Vanhoye 1980.256-259; Laub 1981-82).

Ψυχή: véase 4:12; el plural en 12:3, en un contexto de advertencia más fuerte que el presente versículo. El autor no deja entrever ninguna separación entre el alma y el espíritu, pero su interés se centra claramente en el bien espiritual de la comunidad. No hay ninguna referencia ostensible a miembros individuales de la comunidad, como tampoco en el v. 9.

Ὡς: no señala una comparación, sino que introduce algo que conlleva el hecho mismo del liderazgo; si no, podría expresar un motivo: "con la conciencia que ellos deben tener" (MHT 3.158).

Λόγον ἀποδώσοντες: "dar cuenta", aquí con un sentido absoluto, implícitamente a Dios, así como explícitamente en Mateo 12:36; 1 Pedro 4:5. El participio de futuro podría implicar "con la conciencia de que" ellos tendrán que rendirle cuentas a Dios (BD §425[3]; cf. MHT 3.87; así en TEV, "tienen que darle a Dios cuenta de su servicio"; de manera similar NIV, NVI, NJB, REB; NRSV más débilmente "darán cuenta". Lane observa aquí un vestigio del uso clásico en el que ὡς + el participio de futuro denota una fuerte intención.

El resultado de la sumisión de los lectores se describe por medio de dos expresiones contrastantes: los líderes ejercerán su función asistencial μετὰ χαρᾶς (10:34, donde la alegría también tiene que ver con el esfuerzo), y μὴ στενάζοντες. La primera se relaciona con el hecho de "vigilar", no con la "rendición de cuentas".

Στενάζω*, "suspirar, quejarse" se usa para referirse a una amplia variedad de emociones y situaciones dolorosas, incluyendo el sufrimiento físico de Job (9:27; 23:2 A; cf. 30:25; 4Mac. 9:21); la frustración (Sir. 30:20); el gemido anhelante (2Co. 5:2, 4); el lamento (Ez. 26:17; 28:19); la agonía (Is. 59:10-11); el duelo (1 Mac. 1:26); la opresión de los enemigos (Is. 21:2; Lm. 1:21; Ez. 21:11s.); y la vergüenza (Jer. 38:19; Lm. 1:8). El contraste con la alegría en el presente versículo podría sugerir una tristeza general (como en Tob. 3:1 א); pero el contexto también permite interpretar que se trata de la vergüenza de los lectores si la cuenta que tienen que rendir es negativa.

Ἀλυσιτελές***, "no es provechoso", es un eufemismo, mejorado tal vez por el uso de una expresión poco común, con el sentido de "no rentable, dañino", lo segundo se refiere a los líderes que hacen su trabajo con un espíritu negativo. La metáfora es comercial (J. A. T. Robinson 1976.212). Cf. λυσιτελεῖ** Lucas 17:2, donde el significado se define por medio de los términos paralelos καλόν, Marcos 9:42, y συμφέρει, Mateo 18:6. La forma leve de expresión en Hebreos podría incluir un temor más profundo con respecto al bienestar de los lectores.

13:18. ¡Sigan orando por nosotros!

Los versículos restantes constituyen la conclusión de la carta. No hay ninguna conexión verbal entre los vv. 17 y 18. En D* d Cr se añade la conjunción καί antes de ἡμῶν, probablemente por analogía con 1 Tesalonicenses 5:25, donde el uso de καί cuenta con un respaldo más fuerte. Hay una transición natural en el hilo de pensamiento de los líderes de la comunidad local (v. 17) al escritor y sus compañeros, que también son considerados líderes. La relación sería más estrecha si se tomara el v. 18 como una defensa implícita contra los ataques al escritor por parte de los falsos maestros a los que se hace referencia en el v. 9, o por los miembros de la comunidad que habían sido desviados por ellos. Aunque esta conclusión es posible, es especulativa; menos posible aún es determinar cuál puede haber sido el tema de los ataques: ¿su crítica al judaísmo y a la ley (Spicq y muchos exégetas patrísticos); sus planes futuros (cf. v. 19; Moffatt, Montefiore) y su enseñanza ácerca de las comidas rituales (Hollmann, Seeberg)? Existe una conexión más estrecha entre los vv. 18 y 19 (la oración por el autor y sus compañeros, y luego específicamente, por el propio autor), y por ende, con la bendición de los vv. 20s.

El uso del pronombre exclusivo "nosotros" también indica que el discurso está adquiriendo el carácter de una carta personal. En conjunto, pues, es preferible considerar que la conclusión comienza con el v. 18 y no con el v. 20 (UBS³, ⁴), pero como siempre la transición es suave. El uso del exclusivo "nosotros", junto con el pronombre "yo" en el v. 19, sugiere que el "nosotros" no es epistolar, sino que se refiere a un grupo real, que por el momento no incluye a Timoteo (v. 23), pero sí, sin duda, a compañeros evangelistas como él (así opinan Braun en contra de Spicq; MHT 3.28; BD §280, y otros). No hay nada que indique que el escritor y sus compañeros fueran predicadores itinerantes (por analogía, p. ej., con Pablo y Timoteo, 2Co. 1:1; Fil. 1:1; Col. 1:1), o que el escritor fuera un antiguo líder de la comunidad a la que escribe, y asocia con él a los otros líderes de su presente comunidad. El tono de la carta no sugiere que se trate de un evangelista pionero que se base en la experiencia de muchas situaciones diferentes, pero es difícil probar un hecho negativo.

Προσεύχεσθε: la única vez que se usa el verbo προσεύχομαι en Hebreos, no obstante, cf. la referencia a la oración de Jesús, 5:7. De esto puede inferirse que los lectores ya habían estado orando por el escritor y su grupo. Y ahora él les pide, en primer lugar, que continúen orando (MHT 3.75), y luego, que lo hagan más intensamente (ποιῆσαι, v. 19; BD §336[3]). El verbo va seguido por περί, como en Lucas 6:28; Colosenses 1:3; 1 Tesalonicenses 5:25 (Bauer *s.v. προσεύχομαι*, y περί, 1s); pero también puede ir seguido por ὑπέρ (p. ej., Mt. 5:44) sin diferencia en el significado; y por ἵνα, por ejemplo, en Mateo 24:20. Se pide oración especialmente por y para los gobernantes y líderes: Faraón les pidió a Moisés y a Aarón que oraran por él (Éx. 8:28), al igual que Jeroboam a un varón de Dios (1Re. [3Re.] 13:6 A); cf. Sal. 72(71 LXX):15; Ro. 15:30; 2Co. 1:11; Col. 4:3, 12. Los pedidos de oración aparecen normalmente hacia el final de las cartas. Enslin 315s. observa innecesariamente, en los puntos de contacto entre 13:18s. y Filemón 22, y entre Heb. 13:23 y Fil. 2:19, 23s., un intento de añadir una marca paulina al final de Hebreos. Moule 1963.111 observa en los vv. 18s. una sugerencia de que el escritor tal vez estaba preso, pero hay muchas otras razones que pudieran haberle impedido visitar a los lectores (cf. Ro. 1:13). Véase *TDNT* 2.775-808, aquí H. Greeven 807s.

Πειθόμεθα fonéticamente hace recordar el imperativo πείθεσθε en el v. 17, pero el verbo allí se usa con un sentido diferente. El presente aquí es perfectivo (BD §322; MHT 3.62), infrecuente en el NT. BD §397 (2) prefiere la lectura mayoritaria πεποίθαμεν (א² C² D¹, ² K Ψ etc.), que MHT 3.62, sin embargo, considera una corrección al uso normal. Puede percibirse un tono autodefensivo, aunque con menos fuerza que a veces por Pablo, por ejemplo, en 1Co. 4:1-11; 2Co. 3:1-6; 7:1-4; 10-13; Gá. 1:10; Fil. 1:15-18; esp. en 2Co. 3:4. Los verba credendi, que en griego clásico van seguidos de un infinitivo, a menudo usan la conjunción ὅτι en el NT (BD §397[2]). La función de γάρ es difícil de determinar. La explicación más simple es que la conciencia clara del escritor y sus compañeros, junto con su deseo de obrar correctamente, les da la confianza necesaria para pedir el apoyo de los lectores en oración. Sin embargo, hay pocos paralelismos bíblicos para un argumento de ese tipo. 1 Pedro 3:21 es una oración para que el escritor tenga una buena conciencia; Ignacio (*Smyrn.* 11:1) manifiesta que él es indigno de las oraciones de sus lectores; los salmistas a veces exponen su justicia como una razón por la que Dios debería responder sus oraciones (p. ej., Sal. 4:3; 17:1-5; 26; cf. *Sal.*

Sal. 1:2). La confianza en la oración se basa en la obediencia a los mandamientos de Dios y en la práctica de lo que a él le agrada (1Jn. 3:21s.); Pablo en 2 Timoteo 1:3 ora con buena conciencia, aunque entre ambas cosas no existe una relación causal; *Didajé* 4:14; *Bernabé* 19:12 previenen contra la oración que se hace con una mala conciencia; por el contrario "la oración que nace de una buena conciencia libra de la muerte", *2 Clemente* 16:4.

El adjetivo καλός se usó en 6:5 con respecto a la palabra de Dios, y en 10:24 a las buenas obras. Συνείδησις: en 9:9; 10:22 se refiere a una mala conciencia; aquí significa "conciencia", no "conocimiento" como en 10:2; por lo demás, la conciencia se describe como ἀγαθή en Hch. 23:1; 1Ti.5:19; como καθαρά en 1Ti. 1:5; 2Ti. 1:3; 1Pe. 3:16, 21; ἀπρόσκοπος en Hch. 24:16. El escritor se atribuye una buena conciencia con la misma sencillez con la que los salmistas (véase nota anterior) aseguran que han hecho la voluntad de Dios; no hace reflexiones teológicas en torno a la conciencia, como Pablo, por ejemplo, en 1Co. 4:4.

Ἐν πᾶσιν, es una frase a la que muchos escritores patrísticos y Lutero atribuyen el género masculino, "entre todos los seres humanos", posiblemente por analogía con el v. 4, que el presente versículo refleja; pero los exégetas modernos, por gran mayoría, eligen el género neutro, "en todas las cosas". Καλῶς ἀναστρέφομαι***: el adverbio καλῶς refleja y reafirma el adjetivo καλήν en el v. 18a. Θέλω: 10:5: no hay nada que sugiera que el escritor y su grupo solo *quisieran* hacer lo correcto; no se hace hincapié en θέλοντες, y ἀναστρέφεσθαι expresa su ferviente voluntad de hacer el bien. Ἀναστρέφω: 10:33*; en voz pasiva, "vivir, conducirse" (Bauer 2). No hay ninguna referencia explícita a la voluntad de Dios, ni a ningún otro factor teológico similar: la expresión es tan general como εὐποιΐα en el v. 16.

13:19. Oren especialmente para que yo pueda volver a verlos pronto

Περισσοτέρως: véase 2:1; περισσότερος (6:17) es tal vez un adverbio elativo (Bauer 2), "especialmente," como en 2 Corintios 1:12; 2:4; 7:13, 15; 1 Tesalonicenses 2:17, y no comparativo, aunque Bauer 1 le atribuye el significado de "tanto más" para este texto, cf. 2:1; Sabiduría 3:19; Filipenses 1:14. El escritor prosigue su pedido general de oración (v. 18) con una solicitud específica relacionada con su esperanza de reunirse con los lectores. La conjunción δέ marca esta nueva etapa en su pedido. Desde el punto de vista gramatical, el adverbio περισσοτέρως se relaciona con la actividad del autor, παρακαλῶ, y no con la de los lectores, τοῦτο ποιῆσαι; pero es razonable suponer que el autor esperaba una respuesta especial a su pedido especial. (Véase BD §60 (3).

Παρακαλῶ: παρακαλέω, véase 3:13; el uso del término aquí se repite en el v. 22; cf. παράκλησις, v. 22, con un significado diferente. No se hace hincapié en la transición de orar "por nosotros", v. 18, y orar personalmente por el autor, pero el uso de la primera persona del singular pone de relieve el carácter específico de la petición y reafirma el estilo epistolar de esta conclusión. El uso de la forma verbal correspondiente a la primera persona del singular es menos formal y más personal que en 11:32; se repite dos veces en el v. 22 y una vez en el v. 23, pero el pronombre ἐγώ no se emplea en Hebreos fuera de las citas bíblicas (1:5). Bjerkelund 31s. propone innecesariamente eliminar los vv. 19, 22-24.

El contenido de la solicitud se expresa por medio de τοῦτο ποιῆσαι, que se refiere al imperativo προσεύχεσθε en el v. 18. Ἵνα introduce el contenido (y no el propósito) de la oración; Bauer II.1aγ.

Τάχιον (v. 23*; 𝔓⁴⁶ ℵ A etc. ταχεῖον) puede tener un sentido comparativo y connotar la idea de "más pronto que si no oran" (Bauer *s.v.* ταχέως, 2a; BD §244 (1); por tanto, RSV "cuanto antes", NJB "lo más pronto posible" Braun, Attridge, Lane, H.-F. Weiss; cf. Jn. 20:4); o simplemente "pronto" (Bauer 2b), como en el v. 23 (cf. Jn. 13:27; 1Ti. 3:14). Τάχιον no tiene por qué tener el mismo significado en los vv. 19 y 23, pero el sentido comparativo aquí es algo forzado; cf. MHT 3.30, TEV, NIV "pronto" NAB, NRSV "muy pronto".

Ἀποκατασταθῶ: ἀποκαθίστημι puede significar "restaurar, restablecer" (Hch. 1:6); "traer de vuelta" (Jer. 16:15); o "devolver", como aquí; pero en ningún otro lugar con este sentido en el NT, cf. 2Sa. (2Re.) 9:7; Job 8:6; 2 Mac. 1:25; Jos. *Ant.* 15.195; MM; comúnmente respecto a la devolución de un objeto material, pero cf. *P. Oxy.* 38.12 la restitución de un hijo a su padre. La forma pasiva, junto con la referencia a la oración, sugiere una acción divina. La implicación que puede extraerse es que el escritor y sus compañeros habían tenido contacto personal con anterioridad; tal vez incluso pertenecieron a la misma iglesia (Lindars 1989.386). Es inútil especular sobre las razones por las que su comunicación actual tiene que ser por carta; el autor en estos momentos no está preso (v. 23; no existe ninguna contradicción entre los dos versículos, como alega Enslin 314s). Véase A. Oepke en *TDNT* 1.387-393.

CONCLUSIÓN Y ÚLTIMOS SALUDOS (13:20-25)

13:20s. Una última bendición

La bendición resulta notable por la manera tan completa en que expone las bases de la invocación a Dios por parte del autor (v. 20), y de las bendiciones que pide para sus lectores (v. 21). En contraste, el v. 25 no será más que una despedida.

El problema de la relación entre los vv. 20 y 21 depende del sentido de la preposición ἐν antes de αἵματι διαθήκης: ¿denota acompañamiento ("con", Bauer I.4cβ) o instrumentalidad ("por", Bauer IIIa), como en 9:22, 25; 10:19? Las opiniones de los académicos están divididas: entre otros, Calvino, Bleek, Windisch, Moffatt, Montefiore y Braun optan por "con"; Lutero, Bengel, Delitzsch, Riggenbach, Westcott, Spicq, Michel, F. F. Bruce, P. E. Hughes, Strobel, Kistemaker, Attridge, Lane y H.-F. Weiss *(kraft des Blutes)* eligen "por". Las traducciones normalmente están a favor de "por" o alguna otra preposición equivalente: así NRSV, REB, NIV ("a través de"), TEV ("como resultado de su muerte sacrificial"), de manera similar, TOB, FrCL; la traducción ampliada de *BHD* incluye tanto "durch seinen Tod" como "mit seinem Blut", asimismo Attridge; en GrCL se lee με, que podría significar "por" o "con". Cualquiera que sea la opción que se elija, el significado resulta difícil. La idea de que Dios levantó a Cristo de los muertos por medio de su muerte sacrificial aparentemente no tiene precedentes en el NT, y parece diluir la acción de Dios que es predominante en otras partes de esta bendición. Bruce dice que la resurrección de Jesús es "la demostración de que el sacrificio que hizo de sí mismo fue aceptado por Dios y que el nuevo pacto fue establecido sobre la base de ese sacrificio" (388), y esa, aunque sacando demasiadas conclusiones a partir de ἐν, podría ser la interpretación más satisfactoria. En comparación, la idea de que Dios levantó a Cristo de los muertos "con" la sangre del pacto es tan general que los problemas que plantea son más que los que soluciona; un intento de hacer el significado más explícito pudiera conducir a una interpretación no muy diferente de la de Bruce. Resulta tentador tomar ἐν τῷ αἵματι διαθήκης αἰωνίου junto con καταρτίσαι, haciendo de la muerte de Cristo la base de las bendiciones que el escritor pide para sus lectores; aun cuando se tenga en cuenta la tendencia del autor de deslizarse de un aspecto de un tema a otro, debe admitirse que el orden de las palabras hace que esto resulte muy forzado.

Ὁ... θεὸς τῆς εἰρήνης es una expresión frecuente en las conclusiones paulinas: el pasaje paralelo más próximo es 1 Tesalonicenses 5:23, que introduce una oración por la santificación de los lectores; también Romanos 15:33; 16:20; 2 Corintios 13:11; Filipenses 4:7. En el *Testamento de Dan* 5:2, en una exhortación, es diferente. Cf. ὁ κύριος τῆς εἰρήνης, 2 Tesalonicenses 3:16, probablemente se refiere a Cristo. El significado aquí es "Dios, que da paz"; τῆς εἰρήνης es un genitivo de cualidad (BD §165); el contexto sugiere que el establecimiento de la paz está relacionado con la instauración de un pacto eterno. Aquí, como ocurre a menudo, la "paz" implica la acción de Dios a favor de la salvación de toda la persona; no se hace referencia a ninguna disensión dentro de la comunidad. Bauer *s.v.* εἰρήνη, 3; G. von Rad y W. Foerster en *TDNT* 2.400-417, aquí 412-415.

Δέ indica una transición, y es normal en las conclusiones epistolares (Cuming 1975; véanse los pasajes paulinos paralelos anteriores). La conjunción aquí vincula la oración con el discurso precedente (Lane).

Ὁ ἀναγαγών: participio atributivo, frecuente en el NT con o sin el artículo, cf. 4:13; 6:18; equivalente a una cláusula relativa. El contexto define el tiempo verbal implícito como pasado. Tanto la construcción como la fraseología hacen recordar a Isaías 63:11, donde, en una alusión a Moisés y al éxodo, se hace referencia a Dios como ὁ ἀναβιβάσας ἐκ τῆς θαλάσσης τὸν ποιμένα τῶν προβάτων. Ἀνάγω*, aquí, como de costumbre (salvo con el sentido náutico de "zarpar", común en Hechos), supone un movimiento de un lugar más bajo a uno más alto, en este caso, del Seol, el lugar de los muertos, implícitamente a la diestra de Dios. El pasaje paralelo más cercano es Romanos 10:7, Χριστὸν ἐκ νεκρῶν ἀναγαγεῖν, en un midrash sobre Deuteronomio 30:13; el cambio que hace Pablo de θάλασσα por ἄβυσσος sugiere una referencia similar al Seol. Cf. 1 Samuel 2:6 en el cántico de Ana: Dios κατάγει εἰς ᾅδου καὶ ἀνάγει, es idéntico a lo que se lee en Tobías 13:2; Salmo 30:3(29:4 LXX), ἀνήγαγες ἐξ ᾅδου τὴν ψυχήν μου; de manera más remota, 1 Samuel 28:11 con respecto a la adivina de Endor cuando hizo subir (el espíritu de) Samuel (implícitamente, del inframundo). En Hebreos no se usa la expresión más común ἐγείρω ἐκ νεκρῶν (11:19) con respecto a la resurrección de Cristo; el verbo ἀνίστημι (7:11, 15) no se usa en Hebreos en relación con la resurrección. Para otras referencias a la resurrección de los muertos, véase 6:1s.; 11:35; ninguna de estas alude específicamente a la resurrección de Cristo, que normalmente se incluye en la imagen de su exaltación a la diestra de Dios. El análisis detallado en Loader 1981.49-54 concluye que el autor no nos permite decir con certeza si el presente versículo se refiere al regreso de Jesús de la muerte a la vida, o a su entrada en el mundo celestial; lo primero probablemente da por sentado lo segundo. Lo que realmente importa es que Dios rescató a Jesús de la muerte, y con ello, les dio a sus seguidores una razón para pedir la ayuda de su Señor viviente. Ἐκ νεκρῶν (νεκρός 6:1), sin el artículo (BD §254), es una frase hecha que se refiere al Seol como el lugar de los muertos, y no a sus habitantes, ni aun en términos generales.

Ποιμήν*: el vocabulario pertenece a la tradición cristiana primitiva, tal vez litúrgica. A Jesús se le llama, o él mismo se llama, pastor, de manera implícita en Mr. 14:27 = Zac. 13:7, y en Juan 10, y explícitamente en los vv. 11, 14; cf. y de forma más remota en la parábola de la oveja perdida, Mt. 18:10-14‖. Ποιμαίνω también se usa con referencia a Jesús, explícita o implícitamente, en Mt. 2:6 = Mi. 5:1; Ap. 7:17; 12:5; 19:15; pero no en Hebreos. El paralelismo más cercano al "gran pastor" de Hebreos (véase más adelante) es ἀρχιποιμήν en 1 Pedro 5:4 (BD §118[2]). Ποιμήν se usa con respecto a los líderes de la iglesia en Efesios 4:11, y también, con más frecuencia, ποιμαίνω (Jn. 21:16; Hch. 20:28; 1Co. 9:7; 1Pe. 5:2; Ap. 2:27; en sentido negativo, Judas 12, en una alusión a Ezequiel 34:8). La imaginería del pastor, heredada del AT, describe a alguien que cuida y gobierna. El autor de Hebreos no limita la función de Cristo como pastor a la reunión de Israel (como, p. ej., en Ez. 34), pero tampoco está pensando en la misión gentil. Véase J. Jeremias en *TDNT* 6.485-499, aquí 492-494. Πρόβατον*: cf. ποιμήν ... τῶν προβάτων, Juan 10:2. Véanse H. Preisker y S. Schulz en *TDNT* 6.689-692.

La frase τὸν μέγαν es enfática por su posición: Cristo es el gran pastor, como también es el gran (sumo) sacerdote (4:14; 10:21) en contraste con los sumos sacerdotes levíticos inferiores, y tal vez con los líderes subordinados de la comunidad cristiana, como los ἡγούμενοι de los vv. 7, 17; también respecto a Moisés, que se menciona en Is. 63:11, y al que tradicionalmente se conoce como "el pastor de Israel" (P. R. Jones 101-103). Sin embargo, es una relación de dependencia, no solo de contraste (cf. el tema del Hijo y los hijos en los capítulos 1-2).

Ἐν αἵματι διαθήκης αἰωνίου: con respecto al sentido de ἐν, véase la introducción a los vv. 20s. Αἷμα: véase 2:14, se usa para referirse la muerte sacrificial de Cristo (9:12, 14; 10:19; 12:24; 13:12), y específicamente al nuevo pacto (9:20 = Éx. 24:8; 10:29 en un pasaje de advertencia); cf. Zac. 9:11, ἐν αἵματι διαθήκης (Lindars 1961.131s., 201; MHT 2.25). Διαθήκη, 7:22, se relaciona con la muerte en 9:16s. En ningún otro lugar de Hebreos se describe el nuevo pacto como αἰώνιος (5:9), pero el autor insiste repetidamente en la naturaleza pasajera del antiguo pacto (p. ej., 8:13) y la naturaleza permanente de la obra de Cristo (p. ej., 9:25-28; 10:12s.; cf. ἀπαράβατος, 7:24), que en 9:14s. se relaciona con el nuevo pacto. La frase "pacto eterno" aparece en los escritos de Qumrán (1QS 4:22; 5:5s; 1QSb 1:2s.; 2:25), pero no hay ninguna razón para suponer que el autor hace alusión a ellos, y mucho menos que ese tipo de alusión resulte polémica (Braun 1966.274, en contra de Spicq); en Is. 55:3 se habla de un pacto eterno. El nuevo pacto no será remplazado jamás porque pertenece al orden de las realidades eternas. (Cody 1960.133s.).

Τὸν κύριον ἡμῶν Ἰησοῦν: κύριος, véase 1:10, respecto a Cristo 2:3; solo aquí con el nombre de Jesús (2:9), que como de costumbre es enfático por su posición. En estos versículos se alternan formas verbales de la primera y la segunda persona del plural; véase la nota textual acerca de ἐν ἡμῖν, v. 21 más adelante.

13:21. ¡Que sus voluntades sean la voluntad de Cristo!

Καταρτίσαι es optativo, como ocurre frecuentemente en las oraciones en la LXX y en el NT (BD §384; Jewett 23-24): καταρτίζω, véase 10:5. En los capítulos anteriores el autor expuso ante sus lectores el ejemplo de la completa sumisión de Cristo a la voluntad de Dios (10:5-10) y el peligro que representaría para ellos el hecho de oponerse a esa voluntad (6:4-6; 10:26s.). Ahora finalmente llega al corazón del misterio, que Dios que lleva a cabo su voluntad dentro de la voluntad humana, sin destruir su libertad. El texto de Filipenses 2:12s. es el mejor comentario; cf. también el Salmo 17(16 LXX):5. El antecedente de ποιῶν sigue siendo Dios; en cuanto al antecedente del pronombre ᾧ en el v. 21c, véase más adelante. El significado de καταρτίζω varía: en 10:5 es "hacer, crear" (Bauer 2), mientras que aquí es "completar, equipar totalmente" (Bauer 1b), un aspecto del tema central de la epístola, a saber, la τελείωσις; pero la colocación en ambos lugares junto con θέλημα difícilmente podría ser accidental; el autor desea que la sumisión voluntaria de Cristo sea homologada en él mismo y en sus lectores. Ἐν παντὶ ἀγαθῷ (ℵ D* Ψ), que se lee en la mayoría de los testigos latinos y otros (𝔓⁴⁶ τῷ ἀγαθῷ), debe preferirse como la lectura más corta. (Τὸ) ἀγαθόν en el NT aparece a menudo junto con verbos como trabajar o hacer (p. ej., Ro. 2:10; 13:3; Ef. 4:28), y por ende, la ampliación a παντὶ ἔργῳ ἀγαθῷ (C Dᶜ K P 0243 etc.) es natural; en arm se lee ἔργῳ ἀγαθῷ sin παντί. En A se lee παντὶ ἔργῳ καὶ λόγῳ ἀγαθῷ por asimilación a 2Ts. 2:17 (Beare 385; Zuntz 108; Metzger 676).

Εἰς τὸ ποιῆσαι τὸ θέλημα αὐτοῦ: εἰς τό en este contexto connota finalidad, pero la idea de resultado no puede excluirse. Θέλημα: véase 10:7.

Ποιῶν solo está ampliamente confirmado (ℵ² C² D K P Ψ 0243 etc.), y lo prefieren la mayoría de comentaristas. Αὐτῷ ποιῶν, sin embargo, se lee en ℵ* A C etc., una lectura más difícil que Metzger 676, de hecho, describe como "ininteligible" y explica como ditografía del pronombre anterior αὐτοῦ, pero que podría interpretarse como "haciendo por sí mismo", un dativo de ventaja (12:3); de esto podrían derivase las variantes αὐτὸ ποιῶν (𝔓⁴⁶) y αὐτὸς ποιῶν (451 2492 itᵈ·ᶻ).

Ἐν ἡμῖν (𝔓⁴⁶ ℵ A D K 𝔐 0243 33 81 614 1739) está mejor confirmado que ἐν ὑμῖν (C P Ψ etc.), y debe considerarse la lectura más difícil porque implica un cambio de persona después de ὑμᾶς (así opinan NA, Braun, Attridge, Lane, H.-F. Weiss, en contra de Riggenbach, Héring, Moffatt y Michel). Τὸ εὐάρεστον ἐνώπιον αὐτοῦ subraya mediante la repetición la idea del v. 21a. Con respecto a εὐάρεστος, véase W. Foerster en *TDNT* 1.456f.; cf. τὰ εὐάρεστα, *1 Clemente* 21:1; no se usa como sustantivo en ninguna parte de la Biblia griega, pero sí como adjetivo, Sabiduría 4:10 (τῷ θεῷ); 9:10; Romanos 12:1 seguido de τῷ θεῷ; 12:2, τὸ θέλημα τοῦ θεοῦ … εὐάρεστον; 14:18, εὐάρεστος τῷ θεῷ; cf. 2 Corintios 5:9; Efesios 5:10; Filipenses 4:18; Colosenses 3:20, todos con respecto a agradar a Dios o a Cristo; solo en Tito 2:9*** expresa la idea de agradar a un amo humano. Ἐνώπιον αὐτοῦ: 4:13*, también se refiere a Dios.

Διὰ Ἰησοῦ Χριστοῦ: cf. 1:2 con respecto a la acción (ποιέω) de Dios por medio de Cristo. Aquí, al igual que en 13:8 y 10:10*, se usa la forma litúrgica "Jesucristo".

Ὧ ἡ δόξα…. Hay doxologías similares que se dirigen a Dios (4Mac. 18:24; Ro. 11:36; 16:27; Gá. 1:5; Ef. 3:21; Fil. 4:20; 1Ti. 1:17; Jud, 25; Ap. 5:13; 7:12) y a Cristo (2Ti. 4:18; 2Pe. 3:18; Ap. 1:6; *1Clem.* 20:12); el contexto de la doxología en 1 Pedro 4:11 sugiere una referencia a Dios, a pesar de la frase inmediatamente anterior διὰ Ἰησοῦ Χριστοῦ. El presente texto resulta menos claro, y los especialistas tienen opiniones divididas: la mayoría prefiere una referencia a Dios, que fue el sujeto en el resto de los vv. 20s.; entre los que adoptan el otro punto de vista, basándose fundamentalmente en el hecho de que Jesucristo acaba de mencionarse, son Bleek, G. Kittel en *TDNT* 2.248, y Spicq; algunos, incluyendo a Michel, Cranfield 441 y Vanhoye 217s., se muestran indecisos; las traducciones literalmente tienden a hacer de Jesús el complemento, pero también lo hace la TEV: "Y a Cristo sea la gloria….". En otro lugar de Hebreos, Cristo refleja la gloria de Dios (1:3), y Dios glorifica a Jesús (2:7-10); Jesús tiene una gloria mayor que la de Moisés (3:3). En general, una referencia a Dios debe preferirse aquí.

Εἰς τοὺς αἰῶνας [τῶν αἰώνων]: la fórmula más larga aparece aquí en ℵ A K P 0243 33 etc., también en 1 Timoteo 1:17; 2 Timoteo 4:18; y 11 veces en Apocalipsis; es la lectura probable en Gálatas 1:5; Filipenses 4:20; 1 Pedro 4:11; 5:11; Apocalipsis 1:6. La forma más corta, que se lee aquí en 𝔓⁴⁶ C³ D Ψ etc., se usa en Hebreos 5:6 etc. en las citas del Salmo 110(109 LXX):4, así como en 1 Pedro 1:25; es la lectura probable en 2 Corintios 9:9; pero ninguno de estos textos es una doxología; Metzger 677 llama a Hebreos 13:8, donde aparece la forma más corta, una "quasi-doxología". Es difícil determinar el equilibro de las probabilidades entre una ampliación litúrgica y una asimilación al v. 8; las pruebas externas dificultan la posibilidad de rechazar la lectura más larga en este caso. La lectura ἀμήν* está bien confirmada aquí, aunque no en el v. 25; véase H. Schlier en *TDNT* 1.335-8; S-B 3.456-461.

13:22. El autor les pide a sus lectores que sean tolerantes

Παρακαλῶ… ὑμᾶς, "les ruego", se repite inmediatamente en la frase λόγον τῆς παρακλήσεως, "una palabra de exhortación", aunque el significado es diferente. De manera menos inmediata, el verbo παρακαλῶ hace recordar el v. 19, en un discurso similar dirigido a los lectores. A pesar de este reflejo, Vanhoye 221 observa una interrupción entre los vv. 21 y 22, y considera que los vv. 22-25 constituyen una nota de presentación separada, de un autor desconocido, que acompaña el sermón escrito contenido en 1:1–13:21 (así opina Slot 52-55). Otros, como Wrede (v. 19), han asignado a los vv. 19, 22-24 una fuente diferente. Bjerkelund 31s., empero, reconoce el claro uso epistolar de παρακαλῶ sin separar estos versículos del resto de Hebreos. La referencia a la brevedad (διὰ βραχέων, véase más adelante) es un convencionalismo literario que podría perfectamente incluir un escrito tan extenso como Hebreos: Josefo (*Ant. 20.266*) usa el adjetivo βραχέα para referirse a un escrito al menos el doble de largo; la lectura de Hebreos en voz alta habría llevado alrededor de una hora (Bruce 413). Resulta más simple, en ausencia de los testimonios de los manuscritos, considerar que los vv. 22-25 forman parte integrante de Hebreos. Es posible, aunque no está probado, que haya sido el propio autor quien los haya añadido (Lindarse 1989.385).

Παρακαλῶ (3:13), "exhortar"; cf. v. 19 con el mismo sentido. El uso del imperativo correspondiente a la segunda persona del plural en el versículo anterior hace innecesaria la presencia de un complemento en el v. 19; en el v. 22, la repetición del pronombre ὑμᾶς del v. 21 marca un nuevo comienzo, después de la resonante doxología. Δέ tiene una función similar. Ἀδελφοί, un vocativo al igual que en 3:1, 12; 10:19, cumple la doble función de introducir un punto nuevo y reavivar la atención de los destinatarios. Sin embargo, 2:11-17 demostró cuán lejos estaba de ser una mera formalidad el uso que hizo el autor de ese lenguaje.

Ἀνέχεσθε: en el NT se usa el verbo ἀνέχω solo en voz media; 2Co. 11:1 de manera similar en modo imperativo; cf. Ef. 4:2; Col. 3:13, donde los participios probablemente tienen un efecto imperativo; respecto a soportar a las personas, Mr. 9:19||; Hch. 18:14; 1Co. 11:1, 4, 19 (así en la mayoría de las traducciones); con relación a soportar la persecución o el maltrato, 1Co. 4:12; 2Co. 11:20; 2Ts. 1:4; a estar dispuestos a recibir la enseñanza, 2Ti. 4:3; cf. 2Co. 11:4; Filón, *Sacr.* 79; *Omn. Prob. Lib.* 36; según Lane, "escuchar de buen grado"; cf. NJB, "reciban estas palabras de aliento cordialmente". El autor no habla en forma irónica, como sí lo hace Pablo en 2 Corintios 11:1, 4. Véase H. Schlier en *TDNT* 1.359f.

Καὶ γάρ, al igual que en 4:2; 5:12; 12:29, introduce un punto diferente aunque relacionado: el llamado del autor a sus lectores puede ser independiente, pero la relativa brevedad de la epístola es una razón adicional para exhortarles a ser pacientes. En ℵ* se omite la conjunción γάρ.

Τοῦ λόγου τῆς παρακλήσεως: λόγος, "mensaje", 4:2; Bauer 1αζ. El genitivo de la causa de la emoción sobrevive solo con ἀνέχω en el NT (BD §176[1]). A pesar del tacto que muestra, el autor es consciente de la importancia solemne de su mensaje (véase más adelante el comentario sobre ἐπέστειλα), por tanto, "exhortación" es tal vez una traducción más adecuada que "aliento". Los frecuentes pasajes parenéticos también hacen que esta traducción resulte apropiada; y παράκλησις se aplica mejor a Hebreos en su conjunto que a estos últimos versículos directamente epistolares. El mensaje de Pablo en la sinagoga de Antioquía en Pisidia, que se describe como un λόγος παρακλήσεως, contenía sin duda expresiones de aliento, pero la propia frase se refiere de manera más general a una homilía o un sermón. Ese sermón fue claramente oral, como tal vez lo fue Hebreos originalmente; pero el término λόγος se usa por lo general para referirse a textos tanto orales como escritos (Hch. 1:1; cf. Ef. 3:3; 1Pe. 5:12).

Διὰ βραχέων*** , "en pocas palabras, brevemente", es un sinónimo algo más literario de δι' ὀλίγων en un contexto similar en 1Pe. 5:12, donde en 𝔓⁷² de hecho se lee διὰ βραχέων; cf. 2Mac. 6:17; de manera similar Isócrates 14:3; Luciano, *Toxaris* 56; Aristeas 128; más ejemplos en Bleek *ad loc.* Βραχύς: véase 2:6-8. La expresión de la modestia del autor no requiere ninguna explicación más detallada, pero las palabras "con relativa brevedad para la grandeza del tema" podrían estar implícitas; menos probablemente, "con relativa brevedad, teniendo en cuenta la situación peligrosa de los lectores" (Lutero). Trudinger 1982 cree que διὰ βραχέων se refiere solamente a Hebreos 13. Feld 1987.3539, con Guthrie, observa un contraste implícito entre una carta breve y un encuentro personal más extenso.

Ἐπέστειλα** es un sinónimo más literario de ἔγραψα (1Pe. 5:12); en algunos contextos, y posiblemente aquí, podría sugerir la idea de transmitir instrucciones por escrito. En 𝔓⁴⁶ D minúsculos se lee la forma verbal más común ἀπέστειλα. El dativo, respecto a los destinatarios del mensaje, puede estar expreso como aquí y en Hch.15:20; *1Clem.* 47:3, o implícito como en Hch. 21:25**; *1Clem.*7:1; cf. *1Clem.* 62:1. En Hebreos no se usa ἐπιστολή. Véase K. H. Rengstorf en *TDNT* 7.593-595.

13:23. Los viajes de Timoteo y del autor

La comprensión total de este versículo depende de la información que el autor y sus lectores compartían, y que, por ende, no se expresa, pero no está disponible para nosotros. Los principales aspectos que generan incertidumbre son los siguientes:

(1) ¿Es γινώσκετε indicativo o imperativo? ¿Está el autor recordándoles algo a sus lectores, o dándoles una información nueva? La primera alternativa no es imposible, pero resulta más natural suponer que la primera mitad de la oración contiene una declaración acerca de Timoteo que en cierto modo se relaciona con la última afirmación del autor sobre sus propios movimientos. Cf. MHT 3.162. In any case. De todas formas, la construcción γινώσκω + acusativo es equivalente a una cláusula ὅτι (Bauer 3a; no hay ninguna referencia al conocimiento de personas, tal como Bauer 6αβ parece sugerir. Γινώσκω: véase 3:10 en una cita; 10:34; el imperativo, p. ej., en Marcos 13:28s.‖; Juan 15:18, se usa como una vía para transmitir información; en otro sentido, Hebreos 8:11 = Jeremías 31(38 LXX):34.

(2) ¿Significa ἀπολελυμένον que Timoteo ha sido "liberado", implícitamente de la cárcel (Bauer 1; cf. 1Mac. 10:29, cf. v. 43; 2Mac. 4:47; 10:21; 12:25; 3Mac. 5:34; 11:13; 12:8; 4Mac. 6:28 [sinónimo de λύω, v. 27]; 8:2; 12:25; Sus. 53; Hch. 4:23); o que se "ha marchado" (cf. Ex. 33:11), ya sea que ἀπολελυμένον se considere pasivo (Bauer 2b), o medio (Bauer 3; cf. Hch. 28:25)? En el NT, aparte del presente texto, el verbo ἀπολύω se usa solo en los Evangelios y en Hechos. El contexto aquí ayuda muy poco a definir el significado (salvo que algunos sentidos, como "morir", p. ej., Gn. 15:2, y"divorciarse," 1Esd. 9:36, están claramente excluidos). La acepción más común en la Biblia griega es "liberar", y este sentido estaría muy de acuerdo con la preocupación del autor por los presos (10:34; 11:36; 13:3) y con el uso de ἀπολύτρωσις en 11:35. Braun considera innecesariamente esa referencia a la liberación de Timoteo repentina y carente de sentimiento (cf. 10:34).

No hay ninguna otra referencia al encarcelamiento de Timoteo. En general, junto con la mayoría de los comentaristas (incluido Attridge), el sentido de "liberar" es probablemente preferible, pero "marcharse" no es imposible.

(3) No resulta claro si se esperaba que Timoteo viajara para reunirse con el autor, a fin de visitar juntos a los destinatarios; o si Timoteo iría directamente al lugar donde vivían los destinatarios, para que el autor lo viera allí. Ἔρχομαι puede significar "venir" (Bauer I) o (con menos frecuencia) "ir" (Bauer II), y el contexto aquí no aclara la cuestión. El primer sentido es quizás el más probable aquí, pero el segundo no es imposible. De todas formas, hay tres cosas que sí están claras. La primera, que no hay ninguna razón para suponer que la visita del autor a los destinatarios dependiera de algún modo de la venida de Timoteo: lo que sí puede inferirse, más bien, es que si venía pronto, viajarían juntos (μεθ' οὗ es enfático por su posición), pero si no venía, el autor viajaría solo. La segunda es que aunque no existe ninguna contradicción entre este versículo y el v. 19, la esperanza de una visita temprana a los lectores, a la que se alude en el v. 19, ahora parece haberse reforzado con la expectativa de que esa visita ocurrirá pronto. Y la tercera es que la declaración sugiere que el autor no está confinado en prisión (Westcott).

Τὸν ἀδελφὸν ἡμῶν: ἀδελφός, véase 2:11; 13:22. La expresión "nuestro hermano" se aplica a Timoteo en 1 Tesalonicenses 3:2, pero no es común en el NT: en 2 Pedro 3:15, a Pablo se le llama "nuestro amado hermano", y Pablo llama "mi hermano" a Tito (2Co. 2:13) y a Epafrodito (Fil. 2:25). La expresión más común es simplemente ὁ ἀδελφός (que se usa con referencia a Timoteo, 2Co. 1:1; Col. 1:1; Flm. 1; a Sóstenes, 1Co. 1:1; a Apolos 1Co. 16:12; a Onésimo, Col. 4:9; y a Cuarto, Ro. 16:24; a Tíquico se le llama "el hermano amado", Ef. 6:21; cf. 1Pe. 5:12 con respecto a Silvano [Silas]). Pero ἀδελφός, y de hecho, otros términos de parentesco, se usan ampliamente para referirse a los hermanos cristianos (3:1), y en el curso de una alocución dirigida a los lectores es más natural atribuirle al pronombre ἡμῶν un sentido inclusivo, y no considerarlo equivalente a "mi colaborador". Timoteo es un nombre helenístico; el otro Timoteo bíblico prominente fue el líder militar que luchó contra los judíos en el período macabeo (1Mac. 5:6; 2Mac. 8:30; y frecuentemente; Jos. *Ant.* 12.329-343). El Timoteo del NT fue compañero de Pablo desde su primer encuentro en Listra (Hch. 16:1-3; cf. 20:4). Pablo le confió misiones en Macedonia (Hch. 17:14, con Silas; cf. 18:5; 19:22, con Erasto; 1Ts. 3:2, cf. 3:6), a Corinto (1Co. 4:17; cf. 16:10; con Silas, 2Co. 1:19), y tal vez a Filipos (Phil. 2:19). Pablo menciona el nombre de Timoteo junto con el suyo al principio de Filipenses, Colosenses, 1 y 2 Tesalonicenses y Filemón; sin embargo, no es posible asegurar que esto implique que fueran coautores. A Timoteo se le describe como "hermano" de Pablo (véase supra), como su "colaborador" (Ro. 16:21), su "verdadero hijo en la fe" (1Ti. 1:2), y su "amado hijo" (2Ti. 1:2). Esta relación estrecha y (fuera del presente versículo) aparentemente exclusiva con Pablo puede haber sido un factor que haya influido en la atribución de Hebreos a Pablo. De hecho, hay puntos de contacto entre este versículo y otras referencias a Timoteo: ἐὰν δὲ ἔλθῃ Τιμόθεος, 1 Corintios 16:10; Pablo les ordena a Timoteo y a Silas que lo sigan ὡς τάχιστα a Atenas, Hechos 17:15; Pablo espera enviar a Timoteo a Filipos ταχέως, Fil. 2:19). Esas coincidencias, no obstante, resultan insuficientes para confirmar el punto de vista de que el presente versículo es (parte de) un pastiche de otras referencias neotestamentarias a Timoteo, y la referencia probable al encarcelamiento de Timoteo (por lo demás desconocido) desmentiría esta teoría.

Τάχιον (v. 19*), aunque es una forma comparativa, es menos probable que en el v. 19 que signifique algo más que "pronto" (MHT 3.30); "muy pronto" (BD §244[1]) es posible.

Ὄψομαι: ὁράω, véase 2:8; futuro, 9:28; 12:14, con respecto a ver a Cristo o a Dios; aquí se refiere a la visión terrenal normal.

13:24. Salutaciones finales

Ambas mitades de este versículo, al igual que el v. 23, plantean preguntas históricas que no podemos responder categóricamente porque carecemos de datos. El pasaje paralelo más cercano es 3 Juan 15, donde el orden aparece invertido. El v. 24a (hasta ἁγίους) suscita la cuestión de la relación entre los destinatarios inmediatos de la epístola y los líderes y miembros de la comunidad cristiana mencionados. El autor se dirige a los destinatarios inmediatos en plural, al igual que en toda la epístola, y como es costumbre en las epístolas del NT (incluso en 1Ti. 6:21; 2Ti. 4:22b; Tit. 3:15c). Llama la atención que el adjetivo πάντας/πάντων se repita tres veces en los vv. 24s. Los saludos a "todos" son normales en la conclusión de las cartas neotestamentarias a las iglesias (Colosenses es una excepción), y aparece también en Tito 3:15. La repetición en Hebreos 13:24s. indica una preocupación pastoral por cada miembro de la comunidad (cf. μή τις, 12:15s.). La expresión inicial πάντας τοὺς ἡγουμένους ὑμῶν, que refleja una preocupación por la estructura de la comunidad de creyentes que se pone de relieve más claramente en el capítulo 13 (vv. 7, 17), sugiere que los destinatarios inmediatos de la carta son dos o más personas que no fueron contadas entre los líderes, pero se les pide que transmitan los saludos del autor a la comunidad en su conjunto (πάντας τοὺς ἁγίους).

Esta oración en sí misma no exige la hipótesis de que estos cristianos estaban repartidos entre varias iglesias domésticas o grupos similares, pero podría aplicarse a una situación de ese tipo.

El v. 24b plantea preguntas sobre la identidad y la ubicación de οἱ ἀπὸ τῆς Ἰταλίας (véase la introducción, 21-28). Una identificación exacta, como la de Montefiore cuando sugiere a Aquila y Priscila, o la de Badcock 185-192 cuando sugiere que se trata de los peregrinos italianos que iban a Jerusalén, es especulativa. A pesar de la flexibilidad en el uso de las preposiciones en koiné, parece probable que las personas a las que se hace referencia "procedían de Italia", es decir, nacieron o tenían sus raíces allí (cf. p. ej., οἱ ἀπὸ Κιλικίας καὶ Ἀσίας, Hch. 6:9; τὴν ἀπὸ Ἰόππης, 10:23; οἱ ἀπὸ τῆς Θεσσαλονίκης Ἰουδαῖοι, 17:13). El equilibrio de las probabilidades sugiere que no estaban en Italia en el momento en que enviaron sus saludos: hacer referencia a "los italianos" en Italia parecería ocioso, a no ser que en la comunidad cristiana en el lugar en el que se escribió Hebreos hubiera realmente un gran número de expatriados italianos. No es válida la objeción de que cabía esperar que toda la comunidad, no solo sus miembros italianos, enviara saludos: los saludos especiales no requieren saludos más generales. La conclusión adicional de que la carta iba dirigida a cristianos en Italia es menos segura, pero en general lo más probable es que no fuera así. En ninguna otra conclusión a una carta neotestamentaria se hace una distinción así entre los líderes y la comunidad en general, salvo cf. Filipenses 1:1, donde el orden se invierte. Además de los comentarios, véanse MHT 1.237; 3, 15; BD §437; Bauer IV.1b; Deissmann 1902.645s.; Moule 72.

Ἀσπάσασθε: ἀσπάζομαι, 11:13*, allí lo que se saluda es un objeto; aquí, como es más común, se saludan personas. El verbo, sin más especificaciones, no implica el "ósculo santo" (Ro. 16:16; 2Co. 13:12; 1Ts. 5:26; 1Pe. 5:14).

Ἡγούμενοι: v. 7; cf. Laub 1981-82.

Τοὺς ἁγίους: ἅγιος, 3:1, aquí, como ocurre a menudo, es el título que usan cristianos para referirse los unos a los otros cf. 6:10.

Ἰταλία: "hacia mediados del siglo I este nombre llegó a tener esencialmente su significado geográfico moderno" (J. D. Douglas en *IBD s.v.*). El predominio de Roma sugiere que el grupo al que se hace referencia no procedía exclusivamente de la capital. El nombre se usa normalmente con el artículo (BD §261).

13:25. La gracia

La última bendición, u oración pidiendo la gracia, es breve, aunque no suele ser así: Colosenses y 1 y 2 Timoteo terminan simplemente con las palabras ἡ χάρις μεθ' ὑμῶν, y el saludo a Tito es idéntico al de Hebreos. La χάρις (2:9; 13:9) es un elemento normal en ese tipo de conclusiones. En este punto, al igual que en el v. 9, el autor tal vez no hace ninguna distinción entre Dios y Cristo como la fuente de la gracia por la que ora; pero puesto que Dios es el origen cuando este se especifica (2:9; 12:15), esto es probablemente lo que se presupone aquí; contrástese con Apocalipsis 22:21. Μετὰ πάντων ὑμῶν, cf. Romanos 16:24; 2 Corintios 13:13; 2 Tesalonicenses 3:18; Tito 3:15.

El uso litúrgico de las epístolas neotestamentarias condujo a la ampliación sistemática de sus últimos versículos, especialmente la adición de ἀμήν; en el presente versículo, en todos los testigos salvo en 𝔓[46] ℵ* I[vid] 33 cop[sa] arm, en los que aparece la lectura más corta; en 1241 se lee πάντων ἡμῶν. Ἀμήν; y en D* πάντων τῶν ἁγίων, posiblemente por asimilación al v. 24. Ἀμήν se añade en los manuscritos de todas las epístolas del NT con la excepción de Gálatas 6:16 y Judas 25, donde la lectura con ἀμήν es firme (cf. Heb. 13:21); podría ser auténtico en 2 Pedro 3:18; ἀμήν probablemente ocupa un lugar secundario en Apocalipsis 22:21.

ÍNDICE DE TEMAS

véase también santo(a).

santo(a), 92, 197, 216, 400, 423, 479, 517, 540, 595, 596, 655, 669, 676, 677, 710, 736

semántica, 50, 53, 54, 58, 59, 135, 161, 162, 200, 348, 370, 437, 504, 525, 628

Septuaginta, *véase* Biblia griega.

sufrimiento, 16, 24, 31, 71, 94, 105, 124, 153, 155–158, 161, 163, 165, 167, 171, 180, 186, 191, 193, 268, 271, 272, 275, 281, 282, 286–294, 309, 394, 531, 546–549, 552, 572, 594, 612–614, 625, 628–630, 632, 643, 644, 646, 648–651, 669, 691, 696, 703, 715, 716, 718, 724; *véase también* muerte.

tabernáculo, 10, 161, 204, 205, 234, 262, 346, 399, 401, 402, 406–408, 411, 420–426, 431–433, 437–440, 442, 445–448, 450–452, 470, 476, 477, 479, 517, 519, 520, 562, 578, 583, 709, 710, 714

temor, 8, 32, 34, 44, 45, 65, 66, 69, 125, 136, 155, 174, 175, 238, 290, 291, 415, 532, 534, 543, 544, 551, 578, 600, 609, 615, 619, 654, 668, 669, 672, 674–676, 691–693, 695, 697, 701, 724; *véase también* reverencia.

templo, 27, 28, 31–33, 184, 197, 204, 207, 220, 223, 254, 255, 262, 270, 271, 312, 347, 376, 394, 395, 401, 408, 421, 424, 425, 426–429, 431, 433, 451, 457, 466, 482, 493, 497, 505, 507, 508, 517–519, 540, 557, 595, 613, 632, 676–687, 698, 704, 707, 709

tentación, 27, 72, 80, 107, 163, 180, 182, 186, 191, 257, 266, 268, 269, 393, 544, 600, 619, 706

testimonio, 7, 13, 168, 207, 208, 245, 428, 567, 572, 573, 635, 701

testimonios, 40, 109, 110, 116, 149, 415, 543, 555

texto (de Hebreos), 81–85

tiempo, 40, 44, 76, 96, 98, 109, 117, 125, 133, 147, 153–155, 162, 190, 198, 205, 215, 223, 228, 247, 250–252, 282, 287, 313, 321, 378, 391, 397, 416, 418, 437, 439–444, 451, 457, 458, 476, 478, 480, 481, 483–485, 488, 505, 513, 534, 545, 556, 562, 573, 578, 593, 597, 598, 617, 621, 630, 641, 652, 654, 656, 683, 687, 717

tipología, 49, 118, 119, 133, 181, 215, 256, 299, 320, 333, 351, 431, 437, 440, 443, 445, 446, 450, 451, 469, 477, 528, 537, 553, 585, 615, 629, 675, 714

tradición, 4–7, 11, 13, 16, 17, 19, 22–24, 27, 37–39, 42, 45, 47, 48, 50, 53, 55, 57, 66, 67, 69, 71–73, 89, 96–98, 100, 103–105, 109, 111–113, 116, 118, 119, 121, 127, 129–131, 133, 134, 157, 158, 161, 167, 170, 172–175, 182, 184–189, 191, 194, 199, 214, 217, 220, 225, 226, 229, 230, 235, 242, 243, 253, 258, 262, 264, 267, 269, 271, 272, 281, 282, 284–287, 289, 292, 294, 296–298, 302, 304, 306, 310, 312–317, 321, 325, 328, 330, 335–337, 339, 341, 347, 350, 352–355, 357, 365, 379, 386, 394, 395, 398, 399, 402, 407, 414, 417, 418, 426, 428, 430, 434, 435, 441, 446–448, 450, 453, 456, 457, 460, 462, 467–469, 474, 483, 486, 497, 500, 502, 507, 509, 512, 519, 525, 527, 532, 534, 535, 542, 559–561, 568, 572, 574, 575, 578–581, 583, 586, 587, 589, 590, 593, 594, 601–603, 611, 614, 618, 622, 624, 631, 634, 635, 639, 641, 642, 644, 649, 651, 666, 677, 681, 687, 693, 694, 697, 699, 701, 704, 706, 711, 715, 718, 719, 723, 729

transición, 53, 55, 71, 90, 95, 103, 104, 107, 108, 116, 128, 132, 134, 157, 160, 163, 179, 180, 193, 204, 210, 212, 215, 219, 229, 237, 251, 258–260, 265, 271, 281, 295, 296, 298, 318, 325, 334, 339, 345, 350, 359, 360, 367–370, 372, 377, 382, 388, 392, 400, 405, 418, 433, 444, 445, 452, 459, 460, 465, 471, 474, 480, 486, 510, 512, 516, 521, 522, 528, 530, 545, 548, 552, 556, 558, 564, 574, 586, 594, 608, 618, 620, 629, 632, 635, 636, 642, 657, 672, 689, 716, 720, 724, 726, 728

universo, 65, 76, 93–96, 101, 127, 128, 151, 197, 204, 206, 477, 484, 568, 570, 632, 657, 687, 688, 689, 690; *véase también* cosmología, creación.

vida, 8, 9, 16, 42, 53, 65, 71, 74, 75, 77, 126, 170, 175, 176, 209, 219, 221, 222, 228, 261, 263, 271, 282, 285, 287, 293, 310, 338, 360, 364, 367, 378, 379, 454, 456, 457, 470, 473, 485, 518, 519, 521, 544, 551, 557, 564, 574, 575, 601, 602, 611, 612, 626–628, 636, 644, 648, 654, 655, 660, 670, 677, 680, 692, 702, 703, 708, 716, 718, 729

ÍNDICE DE AUTORES

ÍNDICE DE PALABRAS GRIEGAS

ἀνυπότακτος	152	ἀφιλάργυρος	698s.
ἀνώτερον	503	ἀφομοιόω	358s.
ἀνωφελής	381	ἀφοράω	640
ἄξιος	632	βαπτισμός	315s., 443
ἀξιόω	204	βασιλεία	624, 627, 689s.
ἀόρατος	616	βασιλεύς	355–357
ἀπαγγέλλω	168	βέβαιος	138, 340, 346s., 464
ἅπαξ	319, 482, 486s., 495, 687	βεβαιόω	707
ἀπαράβατος	359	βέβηλος	665
ἀπάτωρ	357s.	βιβλίον	469, 502
ἀπαύγασμα	98	βλέπω	154, 213, 221, 236, 567–569,
ἀπείθεια	250, 259		578, 683
ἀπειθέω	235s., 622	βοήθεια	270s.
ἄπειρος	305s.	βοηθέω	191s.
ἀπεκδέχομαι	487s.	βουλή	341s.
ἀπιστία	236	βούλομαι	341
ἀποβάλλω	550s.	βραχύς	153s., 732s.
ἀποβλέπω	615	βρῶμα	443, 708
ἀποδεκατόω	363	βρῶσις	443, 666
ἀποδίδωμι	656s., 723s.	γάμος	697
ἀποδοκιμάζω	667s.	γενεαλογέομαι	365
ἀποθνήσκω	367, 486, 537s., 573, 593, 606	γεννάω	609
ἀποκαθίστημι	727	γεύομαι	157, 320
ἀπόκειμαι	485	γεωργέω	327
ἀπολείπω	239, 250, 255, 533	γῆ	127, 583, 595, 685
ἀπλύτρωσις	460, 629	γηράσκω	418s.
ἀπολύω	723s.	γίνομαι	105, 138, 182, 227, 294, 304,
ἀπόστολος	199s.		349, 374s., 378, 449s., 474, 580,
ἀπώλεια	557		626s.
ἀρκέω	699	γινώσκω	549s., 733
ἀρέομαι	610s.	γράφω	417
ἁρπαγή	548	γυμνάζω	309, 656
ἄρτος	422s.	γυμνός	264
ἀρχή	227, 311, 358	γυνή	628
ἀρχηγός	160s., 640	δάκρυον	669
ἀρχιερεύς	183–188, 266, 272, 278, 296,	δέησις	287
	393, 400, 449, 480, 507, 515,	δείκνυμι	407
	522, 690	δέκατος	356, 361
ἀσθένεια	268, 277, 626	δεκατόω	365
ἀσθενής	381	δεξιός	102s.
ἀσπάζομαι	594, 736	δέος	691
ἀστεῖος	609s.	δέσμιος	548
ἀστήρ	591	δεσμός	630
ἀσφαλής	346s.	δεύτερος	412, 504s.
ἀφαιρέω	498	δηλόω	437, 687s.
ἀφανισμός	418s.	δημιουργός	585s.
ἄφεσις	471, 474	διαβαίνω	619
ἀφίημι	152, 311	διαθήκη	385–388, 420s., 427s., 459s.,

ἐπίσταμαι	582
ἐπιστέλλω	733
ἐπισυναγωγή	528s.
ἐπιτελέω	407, 433
ἐπιτρέπω	317
ἐπιτυγχάνω	338s., 625
ἔπος	368s.
ἐπουράνιος	198, 320, 476s., 598, 678
ἐργάζομαι	625
ἔργον	314s., 330s., 458s., 527
ἐρημία	633
ἔριον	468
ἑρμηνεύω	300
ἔρχομαι	327, 556
ἐσθίω	535
ἔσχατος	93
ἕτερος	283, 373, 375, 378, 629
ἔτος	129
εὐαγγελίζω	240
εὐάρεστος	690s.
εὐδοκέω	504, 556, 722
εὔθετος	327
εὐθύτης	123
εὔκαιρος	270s.
εὐλάβεια	289–291, 691
εὐλαβέομαι	578
εὐλογέω	326, 337, 356, 366, 605s.
εὐπερίστατος	638s.
εὑρίσκω	452, 575
ἐφάπαξ	319, 394, 396
ἐχθές	705
ἔχω	329s., 336, 420, 517, 551, 612, 709s., 718
ζάω	175, 261, 392, 544, 654, 677
ζῆλος	534s.
ζητέω	412
ζωή	358
ζῷον	713
ἡγέομαι	702s.
ἡμέρα	223, 287, 358, 395, 416, 508, 530, 545
θάνατος	154, 172s., 390, 460, 463s., 575
θαρρέω	700
θεατρίζω	547
θέλημα	505s., 553, 730
θέλησις	142s.
θέλω	504, 667
θεμέλιος	313, 584
θεμελιόω	127
θεός	124, 188, 196, 257, 456, 540, 580s., 586, 728
θεράπων	207
θηρίον	674s.
θησαυρός	613s.
θιγγάνω	618
θλίβω	632
θλῖψις	547
θρόνος	123, 270
θυγάτηρ	611
θυμιατήριον	425–427
θυμός	615
θυσία	273–275, 441, 502–504, 508, 533
θυσιαστήριον	376, 710–712
ἰάομαι	660
ἴδιος	257, 452
ἱερατεία	362
ἱερεύς	296, 355, 378, 384, 507, 521s.
ἱερωσύνη	371s., 391
Ἰησοῦς	153, 200, 267, 349, 704
ἱκετηρία	287
ἱλάσκομαι	188s.
ἱλαστήριον	429–431
ἱμάτιον	121, 128
ἵστημι	505, 507
ἰσχυρός	626s.
ἰσχύω	465
καθαρίζω	458, 471
καθαρισμός	101s.
καθίζω	102s.
καθώς	282s., 407, 529
καινός	459s.
καιρός	440s., 597
καίω	672
κακός	309s.
κακουχέομαι	632, 695s.
καλέω	224, 462, 581
καλός	309, 527, 726
κάμνω	644
καρδία	221, 416, 513s., 524
καρπός	720s.
καρτερέω	616s.
καταβάλλω	313
καταβολή	586s.
καταγωνίζομαι	624
κατάδηλος	377

στάμνος	428	τραχηλίζομαι	264s.
στάσις	439	τρέχω	639
σταυρός	642	τρίβολος	328
στεῖρα	588s.	τρίμηνον	609
στενάζω	724	τροφή	304s.
στερεός	304s.	τροχιά	659
στέφανος	155	τυγχάνω	409, 629
στοιχεῖα	303s.	τυμπανίζω	628
στόμα	625s.	τύπος	408
συγκακουχέομαι	611s.	ὕδωρ	468
συγκεράννυμι	243	ὑετός	327
συγκληρονόμος	583s.	υἱός	93s., 325, 358s., 540, 647
συμπαθέω	268, 548	ὑπακοή	294, 581
συμφέρω	655	ὕπαρξις	550
συναντάω	355s., 369	ὑπάρχω	548
συναπόλλυμαι	622	ὑπεναντίος	535s.
συνείδησις	442, 458	ὑπόδειγμα	258s., 406, 476
συνεπιμαρτυρέω	141	ὑπομένω	546, 641–643
συντέλεια	484s.	ὑπομονή	552, 639
συντελέω	415s.	ὑπόστασις	227, 564s.
σχεδόν	471, 473	ὑποστέλλω	556
σώζω	288, 391	ὑποστολή	557
σῶμα	500s., 524	ὑποστρέφω	356
σωτηρία	139, 295, 329s., 488, 579	ὑποτάσσω	145, 653
τάξις	283s., 350, 372, 390s.	ὕσσωπος	468
ταῦρος	454, 498	ὑστερέω	240, 632, 663
τάχιον	727, 735	ὕστερον	656
τεῖχος	621	ὑψηλός	103, 394
τέλειος	308, 450	φαίνω	569, 571
τελειότης	312	φανερόω	437s., 485
τελειόω	161–163, 294, 381s., 397, 442, 493	φαντάζομαι	675s.
		φέρω	100, 312, 464
τελείωσις	371	φεύγω	626
τελειωτής	640	φημί	407
τελευτάω	607	φιλαδελφία	693s.
τέλος	228, 328	φιλοξενία	694
τέρας	142	φλόξ	121
τεχνίτης	585	φοβερός	534, 543, 675s.
τίθημι	131, 510	φόβος	175
τίκτω	327	φόνος	631
τιμή	204, 280	φράσσω	625
τοιγαροῦν	637	φυλακή	630
τοιοῦτος	393, 722	φωνή	685
τομός	261s.	φωτίζω	319s., 545
τόπος	283, 412, 581s., 668s.	χαρά	549
τοσοῦτος	385, 529, 637s.	χαρακτήρ	99
τράγος	454, 498	χάρις	155–157, 270, 541, 663, 690, 707, 736
τράπεζα	422		

χεῖλος	591, 720s.
χείρ	127, 316, 544
χειροποίητος	451
Χερούβ	430
χολή	664
χρηματίζω	407, 578, 685
Χριστός	209, 311, 449, 480, 704
χρονίζω	556
χρόνος	252, 302s., 623
χρυσούς	427s.
χωλός	659
χωρίζω	394
χωρίς	269, 383, 434, 537, 636, 662
ψεύδομαι	343
ψηλαφάω	671s.
ψυχή	263, 346, 557, 723
ὠφελέω	241s., 708